国家社会科学基金重点课题（12AJL009）最终研究成果

中国社会科学院创新工程学术出版资助项目

经济与管理系列

中国城市化模式、演进机制和可持续发展研究

——转向效率导向的城市化理论和政策研究

(上)

张自然 张 平 刘霞辉 等著

A Study on the Pattern, Evolution Mechanism and
Sustainable Development of China's Urbanization

中国社会科学出版社

图书在版编目（CIP）数据

中国城市化模式、演进机制和可持续发展研究：转向效率导向的城市化理论和政策研究：全2册/张自然等著．—北京：中国社会科学出版社，2016.3

（中国社会科学院创新工程学术出版资助项目）

ISBN 978-7-5161-7745-7

Ⅰ.①中⋯　Ⅱ.①张⋯　Ⅲ.①城市化—研究—中国　Ⅳ.①F299.21

中国版本图书馆CIP数据核字（2016）第045767号

出 版 人	赵剑英	
责任编辑	卢小生	
责任校对	周晓东	
责任印制	王　超	

出　　版	中国社会科学出版社	
社　　址	北京鼓楼西大街甲158号	
邮　　编	100720	
网　　址	http：//www.csspw.cn	
发 行 部	010-84083685	
门 市 部	010-84029450	
经　　销	新华书店及其他书店	

印　　刷	北京君升印刷有限公司	
装　　订	廊坊市广阳区广增装订厂	
版　　次	2016年3月第1版	
印　　次	2016年3月第1次印刷	

开　　本	710×1000　1/16	
印　　张	63.25	
字　　数	1065千字	
定　　价	180.00元（全二册）	

内容提要

2012年，中国城市化水平已达到52.57%，跨过了城市化率50%这一重要临界点。根据国际城市化经验，在这个临界点之后，城市化进程将从量变转向质变，主要标志是经济增长动力因素发生了根本转变：经济增长动力由城市化初期的产业发展带动城市发展，转变为城市化中后期的以"空间资源配置"推动增长的阶段，空间集聚推动着技术进步、知识溢出和经济结构快速调整。

本书报告包括总报告和五部分内容。其最突出的是中国城市的最大最优规模研究和中国264个地级及地级以上城市可持续发展评价两个方面。关于城市规模最重要的发现是，城市净收益峰值规模在556万—614万人，即600万人左右，城市相对规模净收益为正的规模区间为65万—3569万人，说明城市（镇）规模过小并不利于城市经济持续发展，而目前超大规模城市北京、上海等城市规模并没有超过净规模收益的最大区间。另外，本报告数据处理工作量极大，包括中国城市可持续发展报告的1990—2011年22年间中国264个城市近200种数据100多万条数据的处理工作，虽然有《中国城市年鉴》和各种统计年鉴，但除了录入处理以外，还有大量针对统计口径变化所做的相应调整，其中，仅264个城市GDP增长率就花了整整四周的时间来处理，工作量之大可见一斑。

总报告是全书一个总揽式的概括。首先，从历史的角度探索中国城市化阶段、思想演进、规律及城市化模式，从城市化规律和思想演进中我们发现，城市化模式应该以大、中城市为主，并带动中、小城市（镇）发展，进而论证中国城市的最大最优规模，并分析中国超大城市转型升级的驱动因素：持续的效率改进推动技术创新和经济结构调整；探索新时期中国城市化与产业竞争力的关系；并研究城市化与城市聚集创新理论，提出城市化增长三动力理论；还重点介绍对1990—2011年中国264个地级及地级以上城市可持续发展水平进行客观评价结果。其次，提出城市化转向可持续发展的政策选择，具体有五个方面的政策建议：（1）调整城市的规模结构，提高城市聚集度；（2）充分发挥市场配置资源的决定性作用；（3）通过持续的效率改进推动技术创新和经济结构调整；（4）城市治理模式创新；（5）城市化制度创新。

　　第一部分为从历史角度探索中国城市化阶段及思想演进和规律、城市化模式和城市最大最优规模及中国特大城市创新转型发展指标体系。（1）根据我国城市化思想与实践以改革开放为分界点划分为两个阶段。（2）城市化模式主要有大城市重点论、中等城市重点论、小城镇重点论和城市体系论四种观点。我们认为，应该优先发展大、中城市，通过大、中城市的集聚和外溢效应带动中、小城市（镇）的发展。（3）采用 Logistic 模型，研究了中国城市化规律，并预测了未来 20 年的城市化水平。（4）探讨中国城市最大最优规模问题。采用成本—收益法对 1990—2011年中国 264 个地级及地级以上城市的最大最优规模进行研究。并按不考虑人力资本、考虑人力资本和人均受教育年限三种情况来分析 264 个城市规模收益情况，外部成本则考虑政府成本、企业工资成本、通货膨胀成本、住房成本和环境成本几个方面，得出了最小及最大城市规模范围和最优城市规模范围，最优城市规模即净收益峰值规模在 556 万—614 万人，外部相对成本最低时的城市规模为 578 万人。城市相对规模净收益为正的区间为 65 万—3569 万人。根据这一结论，中国城市（镇）的最小城市规模应该在 65 万人以上才能发挥城市规模"集聚效应"。而净收益为正的城市规模区间达到 3569 万人说明，虽然中国有北京、上海等超大城市，但城市的最大规模还并没有达到极限，宜用市场化手段对城市规模进行调节，而不宜盲目使用行政手段限制城市规模的扩展，更不用说限制大城市的发展了。我们认为，这一结论为政策制定者提供了一定的理论依据。

　　有鉴于此，作为本课题的一部分，我们在为上海市政府所做课题"上海市创新转型发展指标体系研究"中对上海、北京、天津、广州和深圳几个特大城市进行了研究。"中国特大城市创新转型发展指标体系研究"是在此课题基础上提炼的，本报告梳理了世界发达经济体和发展中国家的经济发展经验，讨论了从经济增长加速到减速的核心原因，发现成熟经济体持续、均衡增长的长期驱动因素就是持续的效率改进，它推动着技术创新和经济结构的调整，并提出政策建议。《世界城市发展与产业效率提升——上海样本》在此基础上进一步探讨了特大城市发展和产业提升的问题，并针对上海发展提出了政策建议。

第二部分探索新时期中国城市化与产业竞争力的关系，包括城市化与人均 GDP、城市化与三次产业和第三产业就业的关系。

第三部分研究城市化与城市聚集创新理论，讨论了创新聚集的一个理论模型，并探讨了 TFP 增长对中国城市经济增长的波动与影响，包括城市化过程中的技术创新、体制创新和管理创新等。

第四部分为了客观地评价 1990—2011 年 22 年间中国 264 个地级及地级以上城市可持续发展水平，本报告提出了一套地级及地级以上城市经济可持续发展评价体系。

（1）此可持续发展评价体系一级指标包括经济增长、增长可持续性、环境质量、政府效率和人民生活五个部分，通过产出效率、经济结构、经济稳定、产出消耗、增长潜力、居住环境、环境质量、政府效率、人民生活等方面 42 个具体指标，运用主成分分析法对 264 个地级市可持续发展状况进行客观分析，得出了中国 264 个地级市 1990—2011 年的可持续发展排名。基本结论是：在经济高速增长的同时，中国 264 个城市可持续发展指数得到了一定的改善，经济增长质量和经济可持续发展能力不断提高。

（2）从 1990—2011 年，全国 264 个城市可持续发展指数平均上升了26.60%，东部、中部和西部地区可持续发展指数分别改善了 25.28%、28.82% 和 25.41%。中部地区城市可持续发展改善优于西部地区城市和东部地区城市，西部地区城市可持续发展改善优于东部地区城市。1990—2011 年中国 264 个城市可持续发展指数，朔州市的可持续发展指数改善最大，柳州市的可持续发展指数改善最小。22 年来，吉安市的经济增长指数改善最大，柳州市的经济增长指数改善最小；北京市的增长可持续性指数改善最大，七台河市的增长可持续性改善最小；安康市的环境质量指数改善最大，巴中市的环境质量改善最小；聊城市的政府效率指数改善最大，齐齐哈尔市的政府效率改善最小；嘉峪关市的人民生活指数改善最大，河池市的人民生活改善最小。

（3）对 264 个地级市分别按 1990 年以来、2000 年以来两个阶段以及 2009 年、2010 年和 2011 年三个年份，依照权重比 3:3:2:1:1 对 264 个地级市的经济可持续发展状况划分为五个级别。此外，还分析了一些地级市经济可持续发展的影响因素，包括一级指标权重与其主要影响因素，并绘制了 1990 年以来、2000 年以来、2009 年、2010 年和 2011 年地级及地级以上城市以经济增长、增长可持续性、环境质量、政府效率和人民生活为指标的可持续发展雷达图以及列出了各具体指标的权重。

第五部分为中国城市可持续发展专题，包括中国经济转型的结构性特征、风险与效率提升路径、全要素生产率对中国地区经济增长与波动的影响、政治外溢与中国的区域差距、中国居民 Geary-Stone 加总效用函数实证研究、中国地级市城市发展水平评估、城市化进程中土地财政的宏观作用机制、结构性减速与中国经济再调整、反思增长政策等涉及中国城市可持续发展专题。

关键词： 城市化　模式　聚集　可持续发展

目　　录

第二部分 城市化与产业竞争力研究

第三部分　城市化与城市聚集创新理论

第四部分　中国城市可持续发展评价

第五部分　中国城市可持续发展专题

下　册

附　录

主报告 中国城市化模式、演进机制和可持续发展研究

一 引 言

改革开放以来，以沿海地区为先导，我国经历了一个工业规模迅速扩张的时期，我们称之为"低价工业化"。但是，低价工业化导致了一些突出问题，比如，以单一资源集聚为特征的"块状经济"、产业链条偏短、分工程度低。长期以来，受制于户籍制度改革滞后及工业化发展水平落后，我国城市化进程相对缓慢。20 世纪 90 年代末期以来，随着经济建设投资向城市部门发展的倾斜，快速城市化进程启动，2011 年，城市化率达到 51.27%，第一次跨过城市化率 50% 这一重要临界点，2012 年城市化率达到 52.57%。根据国际城市化经验，在这个临界点之后，城市化进程将从量变转向质变，其主要标志是经济增长动力因素发生了根本转变：经济增长动力由城市化初期的产业发展带动城市发展，转变为城市化中后期的以"空间资源配置"推动增长的阶段，空间集聚推动着技术进步、知识溢出和经济结构快速调整。

在城市化水平 50%—70% 这个阶段，如果进展顺利，城市化的集聚效应将会推动人均国民收入迅速提高和产业结构优化，完成增长方式的转变，顺利进入可持续发展的轨道；如果进展不顺利，也可能导致城市化高

[作者简介] 张自然，中国社会科学院经济研究所副研究员、经济学博士，研究方向：技术进步与经济增长。张平，中国社会科学院经济研究所副所长、研究员、博士生导师，研究方向：经济增长。刘霞辉，中国社会科学院经济研究所经济增长理论研究室主任、研究员、博士生导师，研究方向：经济增长。本报告曾发表在《经济学动态》2014 年第 2 期。

成本，抑制产业调整，降低国家竞争力，从而导致经济增长与社会发展脱节，甚至陷入"中等收入陷阱"。拉美国家在 1950—1980 年创造了经济增长奇迹，其间，城市化水平由 40% 提高到 60%，人口向少数大城市高度集中。但是，20 世纪 80 年代以后，城市化水平提高，却没有带来人均国民收入的相应提高，城市规模效应缺失、城市化与产业发展和社会进步脱节，导致拉美发展的停滞。而发达国家，如德国、日本、美国在城市化稳步提高的同时，长期积极推动技术进步和产业竞争力提高，促使经济进入持续发展轨道。

为适应经济发展需要，我国在不同历史时期提出了相应的城市发展方针。改革开放以来，工业化进一步促进了城市化演进。1996 年，我国城市化率达到 30%，进入城市化快速发展阶段；2012 年，中国城市化水平已达到 52.57%，已经跨越城市化由量增到质变的临界点。但是，问题也开始显现：一是土地城市化远远快于人口城市化，服务业发展严重滞后于工业部门发展；二是以外延式扩张为特征的城市化后劲不足，地区内部、区际发展不平衡；三是收入差距日益扩大，失地农民、城市低收入人群和农民工面临"贫困化"威胁，影响社会经济的不稳定性因素增加；四是依赖资源扭曲、土地财政和负债扩张的政府主导型投资模式难以持续，城市的无序扩张、拥挤与污染、基本公共服务不足与管理效率不高的问题比较突出。

中国城市化模式和演进机制的选择，是决定城市化空间资源配置成功与失败的关键，也是决定城市经济可持续发展的关键。鉴于国内外城市化的经验教训，本报告致力于研究城市化率达到 50% 以后的中国可持续发展，包括：（1）从历史角度探索中国城市化的阶段特点、规律，城市规模则是不可回避的重要问题之一，因此本报告重点研究了中国城市的最大最优规模；（2）探索新时期中国城市化与产业竞争力的关系，包括城市化与产业结构、第三产业就业的关系；（3）研究城市化与城市聚集创新理论；（4）对 1990—2011 年中国 264 个地级及地级以上城市可持续发展水平进行客观评价；（5）提出城市化转向可持续发展的政策选择。

二　城市化发展规律

（一）中国城市化思想演进

发达国家绝大部分的劳动人口和产出都集中在城市，落后国家的人口则主要集中在农村。这就意味着，经济发展的过程同时也是一个空间结构转变过程，即城市化。城市化的主要特征是人口的大量迁徙，来自各个地区、操着南腔北调的人相互聚集在一起并形成城市。城市化已经成为中国经济的主推动力。城市化是指随着社会经济的发展，非农人口占总人口的比重不断提高的过程。人口和资本向城市集中，是由于生产要素在空间上的聚集所产生的外部效益，以及城市的先进文化、生活方式等所产生的城市引力。按照最新的研究结果，中国在2011—2016年为城市化增速最高水平。这一时期的城市化增长率约为1.4个百分点，城市化率则在51.27%—58.5%，此后，中国的城市化增速将逐步放缓。采用中国城市化Logistic增长模型预测结果，2015年、2020年、2030年中国的城市化率分别为57.11%、63.94%和75.86%，可以预测，中国2030年将有10.62亿的城市人口，即10亿多中国人生活在城市里。要达到2030年75.86%的城市化率的目标，今后每年要提高城市化水平1.29个百分点，相当于每年有近1900万人转移到城市中来。

新中国成立以来，我国城市化思想的变迁不断地反映和指导着我国城市化的实践，这种变迁经历了一个否定之否定过程。以改革开放为界，改革开放之前，经历了一个从新中国成立之初的城乡人口自由流动、农村人口自发向城市集聚、城市的发展不受规模限制，到限制城乡人口自由流动、农民就地城市化、限制大城市发展的变迁；改革开放之后，经历了一个反向过程，从限制农村人口向城市转移的僵化的城乡隔离户籍制度逐渐过渡到城乡人口按经济规律双向流动的一体化户籍制度，从限制大城市规模、小城镇遍地开花到大中小城市共同发展同时限制特大城市人口规模的城市化方针的变迁。

新中国成立后，建设一个富强独立的社会主义国家成为当时的追求目标，尽快实现工业化是全体中国人的强烈愿望，城市化程度和途径是从属于工业化方式的。在新中国成立时经济极端落后的基础上建设一个基本完整的工业体系，我国选择的是偏重于积累、压缩消费、优先发展重工业的策略。相应的，在城市发展上，强调建设生产性城市，反对消费性城市。最初几年并没有明确反对建设大城市，也没有明确限制农村人口迁移到城市。但是，随着计划经济体制的实施、粮食统购统销中的失误、"大跃进"、浮夸风等一系列"左"的错误思想的发展，粮食供给发生多次紧张，正常的城乡人口流动机制逐渐被僵化的城乡分割的户籍制度所代替。"大跃进"后直至改革开放，人民公社体制成为农村奔向共产主义天堂的"金桥"，成为"乡村化城市"或"城市化乡村"的载体。但是，二十年的人民公社并没有给农村带来城市般的生活，带来的却是城乡差距的拉大，二元经济结构的加深。

改革开放后，学术理论界有了较大的自由研究空间，关于我国城市化的各种主张都被表达了出来。虽然直到 20 世纪末，在最近 20 多年的时间里，"限制大城市规模，大力发展小城镇"的思想一直占据主导地位，但其他城市化道路的声音也一直未断。21 世纪初，人们在城市化理论上和实践中都更前进了一步，提出了以城市群为我国城市化的主要形态，大中小城市共同协调发展，放开中等城市户籍限制，鼓励大中城市发展并以经济手段取代行政手段来控制特大城市人口过快增长，逐步实施城乡一体化的户籍管理制度的城市化思想。工业化创造供给，城市化创造需求。东南亚金融危机后，我国主要采取扩大投资需求的措施使经济克服了通缩状态。时至今日，我国经济趋缓单靠扩大投资需求来拉动，效果已极为有限，甚至会对我国经济结构的调整带来许多负面影响。扩大消费需求应当是我国当前和今后促进经济发展的主要措施，而加快城市化进程，则可以释放出巨大的国内消费需求。

根据我国城市化思想与实践，以改革开放为分界点，划分为两个阶段：一是改革开放前城市化发展不稳定阶段；二是改革开放后城市化进入复苏和加速发展阶段。改革开放前，新中国成立前后到"大跃进"开始，坚持"城市发展工业，城市领导乡村，城乡互助"的方针；"大跃进"开始至"文化大革命"结束，以人民公社为城市化载体，追求公社工业化，消灭城乡差别。改革开放以来，城市化思想主要体现在对城市规模和发展模式的讨论中，重点发展小城镇的思想占主导地位，中国分散式城市化特征比较明显，这种特征与低成本工业化的资源粗放利用机制相互关联。然而，随着空间集聚进程的演进，中国经济增长的土地、能源、环境压力越来越大，如何在分散式的城镇发展与集中的城市化之间寻找平衡，就成为越来越引人注目的话题。时至今日，大中小城市共同发展，加快城市化推动经济可持续增长成为大部分学者的共识。十八届三中全会提出，推进农业转移人口市民化，逐步把符合条件的农业转移人口转为城镇居民。创新人口管理，加快户籍制度改革，全面放开建制镇和小城市落户限制，有序放开中等城市落户限制，合理确定大城市落户条件，严格控制特大城市人口规模，预示着新型城市化路径和理念进入城市发展规划的视野。

（二）中国城市化模式

由于中国的渐进式改革，使我们不得不将城市化这样一个长期结构性问题的视野放回到改革开放前。计划经济时期中国的城市发展，受到重工业优先发展战略和计划经济的严重限制。重工业的资本密集型特征，要求严格限制城市部门的就业人数。改革开放以后，劳动力空间流动并没有放开，乡镇企业为代表的、以市场为导向的工业化是在农村土地上开始的。由于中国政治体制对于政治中心的强调，中国市场经济推动的、以"乡镇企业"为主体的农村工业化相对应的城市化只表现为"县域城市化"。近年来，由于土地管理制度问题，县域和地级市一级的城市化更为明显。大城市的范围扩展，则受到户籍制度的明显限制，说明中国城市化模式存在一定的问题。

中国城市空间结构存在的问题，集中在关于城市化模式的讨论上。选择"小城镇"模式还是"大城市"模式，是中国城市化战略中最旷日持久的争论。归纳起来，主要有以下几种观点：

（1）大城市重点论。主张中国城市化以大城市为主体的思路认为，大城市发展是城市化过程中的普遍现象；大城市的规模经济和集聚效应远高于中小城市，能最大限度地节约土地；大城市有利于资源环境管理，节省土地资源、水资源和公共建设资源，而且有利于第三产业发展，增加就业机会（如王小鲁等，1999）。

（2）中等城市重点论。主张中国城市化以中等城市为主体的思路认为，比起小城镇来，中等城市具有较大的生产生活集聚效应，又能够避免大城市人口、经济密度过高引发的城市病；与大城市和小城镇相比，中等城市比较容易实现经济效益、社会效益和环境效益的统一；发达国家城市化过程出现的"分散—集中—再分散"趋势，人口最终趋于向中等城市扩散（如李金来，1990）。

（3）小城镇重点论。其理论依据为，中国农村人口众多，现有大中城市基础设施无法承接将要从农业中转移出来的几亿剩余劳动力，而通过小城镇发展乡镇企业和商品经济，既可以容纳农村剩余人口，发展农村的第二、第三产业，提高农民的收入，也可以促进城乡交流，避免西方国家城市化过程中"大城市病"和农村凋敝并存现象的发生。

（4）城市体系论。国家"十一五"规划纲要提出，在继续坚持大中小城市和小城镇协调发展的基础上，把城市群作为推进城镇化的主体形态，形成高效协调可持续的城镇化空间格局。

在选择城市化模式问题上，我们更应该考虑城市化的出发点，是应该以转移农村剩余劳动力为核心，以低成本为政策取向；还是应当以长期增长和知识空间外溢为核心，以效率为政策取向？随着刘易斯转折点的出现和中国农村剩余劳动力转移的逐步完成，效率和长期增长可能更应该成为城市化模式的落脚点。由于低成本同时意味着低收入和粗放，在转变经济发展方式、缓解资源约束考量下，特大城市和大城市带动周边城市发展的城市群战略应当成为我们的首选，促进产业竞争力的提高和空间的优化，带动经济结构的转型升级。

（三）中国的最优城市规模

空间集聚效应的有效发挥，需要依托适度城市规模。从各国城市化路径看，对于最佳城市规模及城市分布模式，国情不同差异较大。最佳城市规模问题受到广泛关注的原因是最佳城市规模与用地规模和公共设施规模相关，与产业的效率相关，与城市可持续发展相关。最佳城市规模形成的机制是随着空间集聚规模的增大，集聚成本也会上升，最终在特定阶段达到平衡。尽管促使最佳城市规模形成的因素很多，但发达国家的城镇化经验显示，城市最佳规模与城市的产业特征关系极大。比如德国、意大利，最佳的城镇人口规模为20万—50万人。参照国外经验，在研究中国城市最佳规模时，我们立足于中国城市化趋势，基于规模的成本—收益法对中国最佳城市规模问题进行探讨。

是不是存在城市最优规模、中国适合发展哪种规模的城市的争论一直不断。1980年，《全国城市规划工作会议纪要》提出："控制大城市规模，合理发展中等城市，积极发展小城市，作为我国城市发展的基本方针。"此后，中国城市化实际上是围绕这个方针进行的。岳清唐在《建国以来我国城市化思想之演进》一文中总结出发展大城市的几条理由：第一，大城市的发展是工业化过程中的普遍现象；第二，大城市的规模经济和集聚效应远高于小城镇，大城市能最大限度地节约土地；第三，小城镇浪费土地资源、水资源和公共建设资源，不容易解决环境污染问题，影响第三产业发展，就业机会有限。也有提走中等城市道路的。中等城市既能够发挥工业生产与城市社区的集聚效应，克服小城镇在这方面的不足；又能够避免大城市人口过度密集可能引发的城市病（岳清唐，2009）。现在又开始提倡"城镇化"作为中国经济的"引擎"，"城镇化"真的能引导中国经济转换经济增长方式吗？城市规模小真的合理吗？

国内外经济学家对是不是存在最优城市规模做了开拓性研究。国外对城市规模研究的情况有：阿隆索（Alonso，1971）、罗伯特（Robert，1978）、哈维（Harvey，1981）、理查森（Richardson，1972）、亨德森（Henderson，1974）、卡马尼（Camagni，1993）、托利和克瑞菲尔德（2001）、斯特拉斯蔡姆（2001）、杜兰顿和普加（Duranton and Puga，2004）、奥和亨德森（Au and Henderson，2006）、阿瑟·奥莎利文（2008）等。

阿隆索（1971）提出了一个城市总成本—收益模型，认为城市边际收益和边际成本会随着城市规模的扩大而增加，但呈递减趋势，后者呈递增趋势，两条边际曲线的交点即为最优城市规模点。

安东尼和罗伯特（Anthony and Robert，1978）、哈维（1981）等则进一步发展了阿隆索的总成本—收益模型，认为城市的实际规模即城市均衡规模由平均收益曲线和平均成本曲线的交点决定，而最优规模由边际收益曲线和边际成本曲线的交点决定。由于边际收益曲线和边际成本曲线分别处在平均收益曲线和平均成本曲线的上方，这说明，城市存在一个内在的驱动力，使得城市的实际规模要大于它的最优规模。

理查森（1972）根据聚集经济和不经济提出了城市最优规模理论，他认为，随着人口的聚集，聚集经济使居民的边际收益呈倒 U 形曲线变化，而聚集不经济使居民的边际费用呈 U 形曲线变化，边际收益与边际费用相等时的人口规模为城市最优规模。正外部性促使生产集中，负外部性（如土地成本、房价、物价上升和环境污染）促使生产分散，因此城市会有一个最优规模。

亨德森（1974）认为，城市的内在驱动力的实质是城市聚集经济。如果城市聚集经济的规模效应可以弥补城市规模扩大带来的交通拥挤、环境污染、房价上升、物价上涨、资源约束以及其他生产生活费用上升等方面的负面影响，城市扩张的边际社会收益大于边际社会成本，即意味着偏大城市规模不一定会导致效率损失。只有聚集经济带来的收益全部转化为城市地租，流入土地所有者手中，城市规模扩张的内在驱动力才会因为可获土地的限制而逐渐弱化。

卡马尼（1993）认为，大多数最优城市规模模型研究的是单个城市的最优规模，忽略了城市与其所在的城市体系的紧密联系，而且它们多数是在新古典框架下进行的，城市内部市场被假定为完全竞争市场，经济计量分析中用同一城市生产函数来估计所有城市最优规模，因此不可避免地会产生相同的最优规模城市，从而将最优规模提升到网络城市层面。

托利和克瑞菲尔德（2001）、斯特拉斯蔡姆（2001）也认为存在最优城市规模。

杜兰顿和普加（2004）将迪克西特—斯蒂格利茨（Dixit-Stiglitz）垄断竞争模型引入单中心城市增长模型，得出了最优城市规模与城市聚集经济关系表达式：

$$N^* = \frac{e}{(1+2e)t}$$

上式表明，最优城市规模 N^* 与反映城市聚集成本的参数 t（单位交通成本）成反比，与反映城市聚集收益的参数 e（中间产品不变替代弹性的值）成正比，最优城市规模与城市"集聚效应"呈倒 U 形关系。

奥和亨德森（2006）发现，城市的净"集聚效应"首先随着城市规模上升而急剧上升，在达到峰值之后缓慢下降，因此与城市规模之间的关系呈倒 U 形变化。随着城市的产业结构变化，城市的最优规模也有不同；当制造业与服务业增加值之比为 1 时，城市的最佳就业人数规模在 127 万人，相当于最优人口规模 250 万人。而当上述比值为 0.6 时（适用于更大城市），最优人口规模为 290 万—380 万人，并得出中国城市的平均规模过小的结论。

阿瑟·奥莎利文（2008）研究了城市规模状态，认为大城市的自我强化效应将导致城市陷入"过大"的低效率状态，而在城市化快速发展时期，由于大城市的集聚效益更大，吸引了更多的人口和资源进入大城市，而使小城市规模难以扩大，从而造成了城市规模的"两极分化"趋向。

国内针对城市规模研究主要有：杨小凯和霍格宾（Yang and Hogbin，1990）、王小鲁和夏小林（1999）、金相郁（2004）、李秀敏等（2007）和杨波（2008）等。

杨小凯和霍格宾（1990）在一个分权的分层网络框架中探讨了最优城市规模和城市层级问题，认为最优的城市层级是生产分工水平的增函数，是城市规模和交易效率的递减函数。分工水平提升将增加城市数量，城市规模越大、交易效率越高，城市数量就越少。

王小鲁、夏小林（1999）采用成本—收益方法得出中国的最优城市规模为100万—400万人，并认为中国的大城市不是太多，而是太少；中国应该改变限制大城市而重点鼓励小城镇发展的政策，优化城市规模，这将改善资源配置状况，提高资源利用效率和经济效益，加速经济增长。

金相郁（2004）利用聚集经济方法与最小成本方法度量并比较中国东部沿海地区三个超大城市的最佳城市规模，得出2002年北京、天津、上海三大直辖市的最佳城市规模为1251.7万人、951.3万人和1795.5万人；而用最小成本法得到的三个城市的最优规模分别为801.5万人、1126.2万人和2123.1万人。

李秀敏等（2007）和杨波（2008）采用王小鲁和夏小林（1999）的成本—收益法，分别用不考虑人力资本和考虑人力资本得到的城市最优规模分别为270万人和249.63万人，最大规模分别为1086万人和1002.25万人。

在总结前人城市规模探讨的基础上，选取中国264个地级及地级以上城市1990—2011年的数据采用成本—收益法来研究中国城市的最大最优适度规模问题。并按不考虑人力资本、人均受教育年限和考虑人力资本三种情况来分析264个城市规模收益情况，外部成本则考虑政府成本、企业工资成本、通货膨胀成本、住房成本和环境成本几个方面，得出了最小及最大城市规模范围和最优城市规模范围——最优城市规模即净收益峰值在556万—614万人，外部相对成本最低时的城市规模为578万人。合理的城市相对规模净收益大于0.3的城市规模为166万—2441万人，此时的外部相对成本大部分不超过0.5。城市相对规模净收益为正的区间在65万—3569万人。根据这一结论，中国的大城市、超大城市不是太多而是太少。说明中国发展小城镇、小城市的净收益不为正，最小的城市规模应该在 65 万人以上。而净收益为正的城市规模在 3569 万人说明，虽然中国有北京、上海等超大城市，但城市的最大规模还并没有达到极限，宜用市场化手段对城市规模进行调节，而不宜盲目使用行政手段限制城市规模的扩张，更不用说限制大城市的发展了。我们认为，这一结论对政策制定者能提供一定的理论依据。

有鉴于此，作为本报告的一部分，我们在为上海市政府所做课题"上海市创新转型发展指标体系研究"时，也对北京、天津、上海、广州和深圳几个特大城市进行了研究。《中国特大城市创新转型发展指标体系研究》是在此课题基础上提炼出来的，本报告梳理了世界发达经济体和发展中国家的经济发展经验，讨论了从经济增长加速到减速的主要原因，发现成熟经济体持续、均衡增长的长期驱动因素就是持续的效率改进，它推动着技术创新和经济结构的调整，并提出政策建议。

三　城市化与产业竞争力

城市化与产业竞争力的问题，其实是城市化和产业结构匹配的问题，包括城市化与工业发展的匹配、城市化与服务业发展的匹配、城市化与农业发展的匹配、城市化与就业的匹配等方面。

（一）城市化与工业发展的匹配

城市化和工业化呈阶段性特征，即在工业化初、中期，人均 GDP 和城市化水平还不高，城市化水平随着工业的发展而提高，工业化进程带动了城市化的发展，城市化水平与工业化呈正的相关性；在工业化中后期，随着人均 GDP 的提高，人们对服务业的需求增加，服务业在 GDP 中所占比重也呈上升趋势，工业占 GDP 的比重则降低，城市化水平仍然逐步提高，城市化与工业化呈现负相关的特征。鉴于中国经济发展现状和可持续发展要求，低成本工业化模式向城市化演进中的一个重要任务，是充分利用空间集聚提升工业化水平。因此，城市化进程中的再工业化依然任重道远，城市化发展应该适应工业化的这一客观要求。新时期中国城市化量增到质变的主要特征，是城市化推动工业内生型增长路径形成。厘清"工业发展—地理集中"的发展脉络，有助于我们理解工业化和城市化的关联机制。

（二）城市化与服务业发展的匹配

与城市化和工业化的阶段性特征不同，各国和地区的城市化和服务业显著正相关，即随着人均 GDP 的提高，对服务业的需求越来越多，服务业得到发展，城市化水平越来越高。辛格尔曼（Singelmann，1978）首次明确了城市化是服务业发展的原因。丹尼尔斯（Daniels，1991）等通过计量分析检验了美国大中小城市区域的服务业成长，研究认为，城市形成的区域市场是服务业发展的基础，城市化的发展促进了服务业的扩张。哈里斯（Harris，1995）就城市在印度经济中的作用进行了研究，结果表明城市在国家经济发展中起了关键作用，城市是流通商品的主要中心，发挥着巨大的网络效应，是服务业中许多行业的核心。张五常等（Chang et al.，2006）对中国城市化和经济增长的研究表明，城市化通过服务业部门的扩张创造了大量的就业机会。农村部门自给自足决定了其对服务业的需求有限，而城市生活的市场倾向引致居民对于运输、零售等服务业的需求更大，城市化能够刺激服务业的产出和就业的增加。

张自然（2008）发现，人均服务业增加值与城市化水平之间存在长期均衡关系，城市化对人均服务业增加值的正向作用明显强于人均服务业增加值对城市化的反向作用。而中国服务业发展滞后的问题，主要与以下因素有关：分散式城镇化模式对服务业集聚的整合力度不够、服务业效率偏低及服务业产业化滞后。新时期城市化与服务业的匹配，主要体现在工业集聚与服务业集聚的良性互动中：集聚效应导致的工业技术进步，要求有服务业技术进步相匹配；集聚效应导致的分工深化，不仅表现为城市内部工业与服务业的联系趋于紧密，而且表现为城市之间专业分工的明晰。鉴于中国服务业发展现状，以空间结构调整带动服务业发展，是一个值得系统探讨的路径。

（三）城市化与农业发展的匹配

城市化对资源的整合，不仅是城市集聚效应对工业和服务业的提升，而且，随着人口向城市的迁移，农业部门的增长也内生于这个过程。我们关注城市化与农业匹配的主要原因是：未来一二十年时间里，城市人口将达到 10 亿，工业发展和人口增长的农业保障问题将越来越显著，土地制度、农业生产方式、农业生产结构等方面的变革要求也自然产生，农业现代化问题也相应提上日程。

（四）城市化与就业的匹配

基于廉价劳动力比较优势的低成本工业化，为推动中国经济规模迅速扩张做出了贡献，可以看作中国经济高速增长时期对人力资源的第一次整合和使用。然而，随着人口红利窗口的关闭，依赖廉价劳动力进行资本积累的禀赋优势逐渐丧失。面对这种问题，城市化进程制度建设、政策制定和管理措施实施，更需要具有前瞻性，充分运用城市化资源集聚优势，在人力资本培育、人口健康保障方面有力应对，是新时期政策和管理的核心。

四　城市化与城市聚集创新

从发达国家经济增长的历史来看，工业化、城市化和现代化过程，不仅表现在经济结构的变化上，而且表现在地理空间的变迁上。空间集聚的本质是人口迁移所导致的城市人口密度和经济密度的提高，以及由此产生的内生增长效应。莱恩纳特（Reinert，2009）在对发达国家和发展中国家经济增长进行考察后认为，两者差距的根源在于截然不同的增长路径。发达国家竞争力的根源在于对"增长三动力"的严格发挥，即创新、报酬递增和集聚效应（空间集聚、创新集聚和城市群）。

"增长三动力"的核心，是新技术和新生产模式带来的知识和劳动生产率的增长，这也是理解经济发展的关键。就技术创新而言，包括企业的"产品创新"和"过程创新"。"产品创新"是报酬递增和经济持续发展的保证，通过产业联动和城市化的空间集聚效应，产品创新又被发挥成"过程创新"，两个创新的互动在更大程度上导致了整体经济的报酬递增。通过技术创新，发达国家长期保持了竞争优势。技术创新的目的，是筑起产业进入的高壁垒和获得高利润。在开放条件下，发达国家利用这种优势让本国产品和服务与外国竞争，并保持国内真实收入的增长。因此，竞争力可以看作真实工资提高的过程，不完全竞争导致的"租金"与之紧密相关。

（一）创新

熊彼特认为，"创新"就是把生产要素和生产条件的新组合引入到生产体系中，也就是实现生产函数的变化，包括五个方面：引入一种新产品；引入一种新工艺；开发新的市场；开发新的原材料来源；引入一种新的产业或企业组织形式。内生增长理论继承和发展了熊彼特技术创新和制度创新思想，从经济主体的利益最大化行为出发，提出品种多样化创新（产品创新）和质量创新（工艺创新）等；新制度从组织效率、制度、文化等角度研究创新问题。

创新活动是一种经济活动，但不是一种普通的经济活动。它的活动主体是研发人员，涉及专业化分工、知识的生产和外溢。而一个研发人员必须在一个大市场中才能专门发展其才能，不断地得到雇佣。创新活动有两种集聚力量：一是分工即第一种集聚力量，大的市场能够加深分工，而分工的不断深化导致创新活动的不断集聚。二是知识的外溢，知识的外溢受距离限制。虽然随着现代通信技术的发展，编码知识的传播对距离的依赖性减少，但是，创新活动更多地依赖面对面的默示知识，依赖人们面对面的交流和思想碰撞，而这将决定集聚在一起会带来更多的创新灵感。创新活动的三种离心力量：第一种离心力量是运输成本。不论是农产品、普通产品，还是创新产品，要到达消费者手中是有运输成本的，运输成本过大，将降低集聚区域人们的效用水平，使人们倾向于分散存在，以便靠近产品生产地。即大的运输成本是第一种离心力量。第二种离心力量是拥挤成本。创新活动集聚在某一区域，会随着经济活动密度的增加，区域内的拥挤成本上升，租金、交通时间等大幅提高，会带来区域内人们效用水平的下降。第三种离心力量是由于地域文化、传统、政府政策、自然条件所导致的生产要素的不可流动性，使人们不可能集聚在一起。本报告讨论了流通成本的高低对创新分布状态的影响。当流通成本较高时，创新活动倾向于分散分布；当流通成本在较低的水平时，创新活动倾向于集聚分布；而当流通成本为零时，创新活动呈对称均衡分布，这正是新古典经济学中假设交易成本为零的结果。本报告的简化分析提出两个临界点，这两个临界点的大小都与 μ 和 σ 相关。μ（消费者在创新产品上的支出比重）越大，两个临界点的值就越大；σ（创新产品之间的替代弹性）越大，两个临界点的值就越小。

（二）规模报酬递增

经济研究对于规模报酬递增机制的关注，贯穿于当代内生增长理论、企业管理理论和新经济地理理论的发展过程中。根据舒尔茨（2001）的论述，报酬递增源于以下几个方面：（1）劳动分工和专业化；（2）技术进步；（3）人力资本积累、教育培训、"干中学"和知识获得；（4）知识外溢、经济思想；（5）经济制度和经济组织；（6）恢复经济均衡。在这些来源中，舒尔茨特别强调专业化和人力资本对于报酬递增的重要性。并认为，专业化、人力资本促进经济增长，现代经济系统的最突出特点是人力资本的增长，人力资本积累带来了人均国民收入的增加。

主流经济学文献对报酬递增因素及其对经济增长影响机理进行了分析。Young（1928）在其经典文献《报酬递增与经济进步》中用迂回生产的概念深化斯密的分工思想，他认为，表现为报酬递增的主要是生产资本化或迂回方法的经济，并发展出"分工一般取决于分工"的著名论断。阿罗（1962）的干中学理论认为，知识经济活动的产物，将在企业的生产经营活动中得到积累；企业积累的知识会逐渐变成全社会的公共知识，即"干中学"有较强的正外部性，"干中学"是报酬递增的来源。罗默（1986）和卢卡斯（1988）发展了阿罗的"干中学"思想，并把阿罗的劳动者专业技能提高导致递增报酬的假设，扩展到由知识和人力资本外部性导致的递增报酬假设，分别建立了基于知识外溢导致报酬递增的内生增长模型和基于人力资本外溢导致报酬递增的内生增长模型。罗默1990年的模型假定技术进步由追求利润最大化的代理人有意识的投资行为带来，因此，技术进步在模型中是内生的。

新经济地理理论为报酬递增的认识注入了新的要素。以克鲁格曼为代表的新经济地理学派，在迪克西特—斯蒂格利茨模型的基础上，建立了描述经济活动在空间分布的区域模型、城市体系模型和国际模型（Fujita、Krugman and Venables，1999）。其中，用于描述区域经济活动分布的核心—外围模型是所有其他空间经济模型的基础模型。藤田昌久和蒂斯（Fujita and Thisse，2002）把格罗斯曼—赫尔普曼—罗默的具有产品差异的内生增长模型结合进上述核心—外围模型，提出了一个分析集聚与增长的"一般"分析框架。集聚经济是规模经济和范围经济的深化，产生于特定区域内企业集群（杨国亮，2005）。由于企业集群具有空间上集聚和专业化的特征，因此，与单个企业相比，企业集群内企业在横向规模上扩张了，而在纵向规模上收缩了。纵向一体化程度低是集群企业的一般特征，意味着企业之间分工和专业化程度不断提高，进而形成有利于知识传播、创新网络，在扩大市场需求的同时，降低生产成本，提高效率。

（三）空间集聚

世界银行（2009）的研究报告提出城市化促进经济增长的相互联系"三维角度"：密度、距离和分割。城市化过程中空间人口密度的上升，不仅缩短了信息知识传播的地理距离，而且消除了经济联系的地理分割，从而节约了交易成本、增加了效率提高和收入公平的机会，这都是经济获得持续增长动力的必要条件。

（1）空间集聚、规模效率与报酬递增：人口和资源的空间集聚，是城市规模扩张和规模经济产生的前提。空间集聚的规模效率，主要表现为城市公共设施及公共服务的利用效率。因此，城市规模扩张中蕴含了人均成本降低所带来的报酬收益。公共设施建设及公共服务的有效提供，是城市化顺利推进的必要条件，也是避免城市化消极效应的保证。

（2）空间集聚、创新外溢与报酬递增：产业集聚需要三个关键因素：专业劳动力"稠密市场"的存在、基础设施的支持，以及知识和技术的外溢。产业的空间集群导致成本降低、区域创新网络的形成以及区域规模报酬的出现。因此，我们关注中国城市化的创新潜力挖掘及创新政策的作用。

（3）空间集聚、分工深化与报酬递增：改革开放以来，以沿海地区为先导，我国经历了一个工业规模迅速扩张的时期，但是低成本工业化也导致了一些突出问题，比如以单一资源集聚为特征的"块状经济"、产业链条偏短、分工程度低。新时期城市化进程中的产业结构差异度及其作用分析，是我们关注的重点之一。

（4）空间集聚、范围经济与报酬递增：空间集聚导致的范围经济，是指多元化集聚经济优势。城市化进程中的空间结构调整，具有将不同层次的人力资源、消费群体整合在一起的功能，这种多元化集聚有利于城市市场规模的扩大，对于内需具有较大的拉动作用，并间接带动经济效率的提升。

（四）创新集聚

创新集聚是伴随城市化过程中生产要素的空间集聚所产生的一种现象，城市化对于人口、经济密度的提升，对于空间距离的拉近以及市场分割的削弱具有重要作用，为创新集聚提供了土壤，各种各样的创新动因也产生于这个环境中。研究认为，创新集聚的激励因素，包括：

（1）创新投入要素的地理集中。这一机制一般采用知识生产函数的形式，即创新过程的产出是研发投入或人力资本投入的函数，投入因素的空间集聚导致了更多的创新产出。比如，卢卡斯（Lucas，1988）认为，人力资本的区域集聚，是技术水平提高的动因。一些研究认为，人口密度的提高有助于专利的生产和知识传播、溢出，类似的，研发资金、实验室的集聚及其外部性对于产业创新作用显著。

（2）空间布局与生产集中的互动。创新活动通常伴随着生产活动的集中，而生产活动集中又产生于空间布局的变动，因此，创新活动与空间布局之间存在良性的互动关系。而且，空间布局的不断创新，有利于优化创新资源的流动和整合，保持创新的活力。

（3）创新网络的协同效应。弗里曼（Freeman，1991）对创新网络的定义是，创新网络是处理系统性创新的一种制度安排，网络构架的主要连接机制是企业间的创新合作关系。创新网络类型包括合资企业和研究公司、合作研发协议、技术交流协议，有技术因素推动的直接投资、许可证协议、分包、生产分工和供应商网络、研究协会、政府资助的联合研究项目等。企业网络结构及其联系的区域性外溢效应，是促进创新的重要动力。

区域创新集聚的主要载体是城市化集聚辐射效应。城市化与产业集群互动，产业集群拓展城市空间结构。发达国家城市化过程的一个显著现象是，大城市产业集聚发展到一定程度后，将产生对城市周边地区的辐射带动效应，从而促进周边地区城市化水平的提高。知识、产业的关联把城市联系起来，形成城市群或城市圈。因此，城市群是不同等级规模的城市以大城市为核心组成的城市集合体，是城市化进程演进到高级阶段的地理经济现象。

城市集群的形成，使得城市分工和专业化成为可能。位于城市圈核心的大城市，以其规模和强大的资源集聚能力，更有可能充当创新集聚的角色，并经由创新扩散和知识传播，促进区域产业集群结构的升级，最终促进创新集群产生。根据丁魁礼等（2010）的研究，所谓创新集群，是指以新知识生产、新产品大量涌现为本质含义的创新型组织（创新型企业、各种知识中心和相关机构），基于地理集中或技术经济空间集中与外界形成有效互动的产业组织形态，如技术集群、知识集群、智力集群等。城市群的发展和演化，为报酬递增的创新集聚要素的成长提供了条件，创新动力是产业集群结构优化、产业竞争力持续提高的动力源。

五　中国城市可持续发展评价

为了探讨中国各地级市经济可持续发展情况，本报告提出了一套地级及地级以上城市经济可持续发展评价体系。此可持续发展评价体系一级指标包括经济增长、增长可持续性、环境质量、政府效率和人民生活五个部分，通过产出效率、经济结构、经济稳定、产出消耗、增长潜力、居住环境、环境质量、政府效率、人民生活等方面42个具体指标，运用主成分分析法对264个地级市可持续发展状况进行客观分析，得出了中国264个地级市1990—2011年的可持续发展排名。

中国264个城市1990—2011年可持续发展评价的基本结论是，在经济高速增长的同时，中国264个城市可持续发展指数得到改善，经济增长质量和经济可持续发展能力不断提高。

1990—2011年，全国264个城市可持续发展指数平均上升了26.60%，东部、中部和西部地区可持续发展指数分别改善了25.28%、28.82%和25.41%。中部地区城市可持续发展改善优于西部地区城市和东部地区城市，西部地区城市可持续发展改善优于东部地区城市。1990—2011年，中国264个城市可持续发展指数，朔州市的可持续发展指数改善最大，柳州市的可持续发展指数改善最小。22年来，吉安市的经济增长指数改善最大，柳州市的经济增长指数改善最小；北京市的增长可持续性指数改善最大，七台河市的增长可持续性改善最小；安康市的环境质量指数改善最大，巴中市的环境质量改善最小；聊城市的政府效率指数改善最大，齐齐哈尔市的政府效率改善最小；嘉峪关市的人民生活指数改善最大，河池市的人民生活改善最小。

一级指标方面，1990—2011年，全国264个城市经济增长指数平均上升了24.44%，东部、中部和西部地区经济增长分别改善了19.64%、29.06%和25.05%。而中部地区城市经济增长改善优于西部地区城市和东部地区城市，西部地区城市经济增长改善优于东部地区城市。全国264个城市增长可持续性指数平均上升了35.53%，东部、中部和西部地区增长可持续性分别改善了37.89%、34.80%和33.01%。

东部地区城市增长可持续性改善优于中部地区城市和西部地区城市，中部地区城市增长可持续性改善优于西部地区城市。全国 264 个城市环境质量指数平均上升了 20.12%，东部、中部和西部地区环境质量分别改善了 21.29%、20.68% 和 17.57%。东部地区城市环境质量改善优于中部地区城市和西部地区城市，中部地区城市环境质量改善优于西部地区城市。全国 264 个城市政府效率指数平均上升了 31.45%，东部、中部和西部地区政府效率分别改善了 34.71%、24.05% 和 37.17%。西部地区城市政府效率改善优于东部地区城市和中部地区城市，东部地区城市政府效率改善优于中部地区城市。全国 264 个城市人民生活指数平均上升了 22.56%，东部、中部和西部地区人民生活分别改善了 24.96%、19.72% 和 23.01%。东部地区城市人民生活改善优于西部地区城市和中部地区城市，西部地区城市人民生活改善优于中部地区城市。

本报告将 1990 年后、2000 年后平均、2009 年、2010 年和 2011 年按权重比 3∶3∶2∶1∶1 将 264 个城市分为五级。从 2011 年分级来看（见表1），和 2010 年相比 2011 年可持续发展水平方面变化的城市有：

第一级：从Ⅱ级上升到Ⅰ级上升了一级的城市有：苏州市、嘉兴市、东营市、梅州市、丽水市。

第二级：从Ⅰ级下降到Ⅱ级下降了一级的城市有：伊春市、鹤岗市、铜陵市、东莞市；从Ⅲ级上升到Ⅱ级上升了一级的城市有：雅安市、新余市、牡丹江市、鄂州市、忻州市、连云港市、株洲市、玉溪市、酒泉市、云浮市。

第三级：从Ⅱ级下降到Ⅲ级下降了一级的城市有：马鞍山市、白银市、扬州市、齐齐哈尔市、潍坊市、营口市、宜昌市、十堰市；从Ⅳ级上升到Ⅲ级上升了一级的城市有：龙岩市、临汾市、安阳市、淮安市、焦作市、宝鸡市、辽源市、邯郸市、南平市、盐城市、日照市、怀化市、衡阳市；从Ⅴ级上升到Ⅲ级上升了二级的城市有：自贡市。

第四级：从Ⅲ级下降到Ⅳ级下降了一级的城市有：延安市、本溪市、鞍山市、德州市、咸阳市、柳州市、通辽市、聊城市、白城市、枣庄市；从Ⅱ级下降到Ⅳ级下降了二级的城市有：廊坊市；从Ⅴ级上升到Ⅳ级上升了一级的城市有：濮阳市、朔州市、鹤壁市、萍乡市、泸州市、安庆市、信阳市、汕尾市、三门峡市。

第五级：从Ⅲ级下降到Ⅴ级下降了二级的城市有：丹东市、随州市；

表1　　　　　　**264个城市2011年可持续发展水平等级划分**

可持续 发展水平	城　市
Ⅰ级 （共44个）	北京市、深圳市、上海市、珠海市、广州市、杭州市、厦门市、南京市、克拉玛依市、天津市、兰州市、太原市、乌鲁木齐市、海口市、济南市、成都市、武汉市、大连市、长沙市、沈阳市、昆明市、合肥市、嘉峪关市、大庆市、重庆市、宁波市、铜川市、西宁市、绍兴市、银川市、西安市、包头市、青岛市、南昌市、苏州市、石家庄市、无锡市、嘉兴市、东营市、梅州市、贵阳市、威海市、福州市、丽水市
Ⅱ级 （共67个）	伊春市、长春市、鹤岗市、铜陵市、东莞市、舟山市、常州市、镇江市、泉州市、晋城市、郑州市、南宁市、淄博市、乌海市、阳泉市、秦皇岛市、烟台市、哈尔滨市、湖州市、大同市、中山市、盘锦市、呼和浩特市、莱芜市、惠州市、温州市、三亚市、金昌市、金华市、淮南市、绵阳市、韶关市、芜湖市、黄山市、通化市、黄石市、运城市、广元市、呼伦贝尔市、抚顺市、许昌市、湘潭市、长治市、辽阳市、衢州市、黑河市、雅安市、攀枝花市、新余市、佛山市、佳木斯市、牡丹江市、鄂州市、忻州市、连云港市、株洲市、武威市、桂林市、南通市、玉溪市、白山市、酒泉市、台州市、张家界市、景德镇市、云浮市、江门市
Ⅲ级 （共61个）	马鞍山市、白银市、汕头市、铁岭市、河源市、鸡西市、扬州市、齐齐哈尔市、石嘴山市、三明市、张掖市、安康市、常德市、龙岩市、乐山市、潍坊市、淮北市、娄底市、营口市、邢台市、汉中市、德阳市、普洱市、榆林市、临汾市、宜昌市、安阳市、岳阳市、滨州市、淮安市、新乡市、吴忠市、泰州市、焦作市、唐山市、赤峰市、徐州市、临沂市、吉林市、潮州市、十堰市、肇庆市、宝鸡市、辽源市、邯郸市、鹰潭市、泰安市、南平市、盐城市、锦州市、蚌埠市、济宁市、平顶山市、洛阳市、日照市、保定市、怀化市、自贡市、衡阳市、承德市、阜新市
Ⅳ级 （共37个）	延安市、遵义市、廊坊市、郴州市、本溪市、清远市、咸宁市、鞍山市、濮阳市、邵阳市、德州市、朔州市、鹤壁市、天水市、咸阳市、柳州市、漳州市、菏泽市、通辽市、荆门市、平凉市、萍乡市、聊城市、白城市、双鸭山市、泸州市、张家口市、安庆市、枣庄市、莆田市、宁德市、宣城市、沧州市、阳江市、信阳市、汕尾市、三门峡市
Ⅴ级 （共55个）	六盘水市、丹东市、葫芦岛市、遂宁市、襄阳市、宜宾市、七台河市、渭南市、四平市、北海市、九江市、宿迁市、黄冈市、六安市、益阳市、内江市、南充市、曲靖市、阜阳市、随州市、漯河市、保山市、湛江市、开封市、安顺市、上饶市、荆州市、吉安市、孝感市、驻马店市、滁州市、赣州市、松原市、茂名市、百色市、南阳市、揭阳市、衡水市、宜春市、资阳市、永州市、巴中市、钦州市、防城港市、商丘市、周口市、朝阳市、宿州市、绥化市、河池市、玉林市、贵港市、亳州市、昭通市、梧州市

从Ⅳ级下降到Ⅴ级下降了一级的城市有：葫芦岛市、襄阳市、宜宾市、七台河市、六安市、益阳市、百色市、河池市。

2011年264个城市可持续发展综合得分情况见图1、图2、图3、图4和图5。

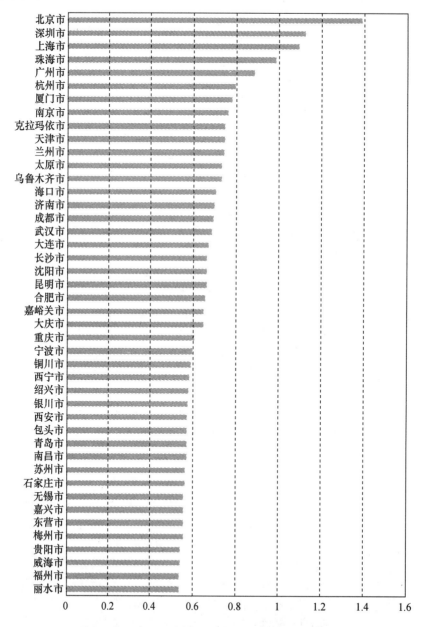

图1 2011年264个城市可持续发展综合得分（Ⅰ）

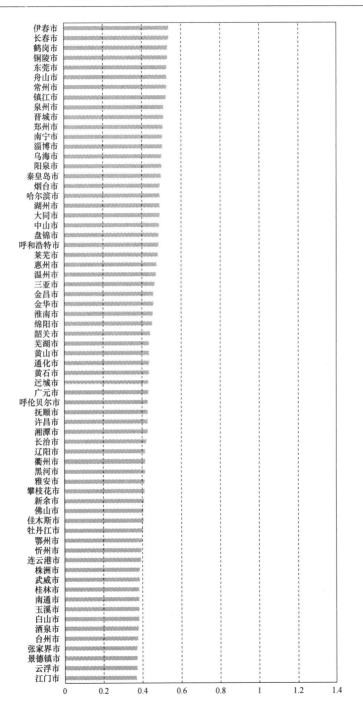

图2　2011 年 264 个城市可持续发展综合得分（Ⅱ）

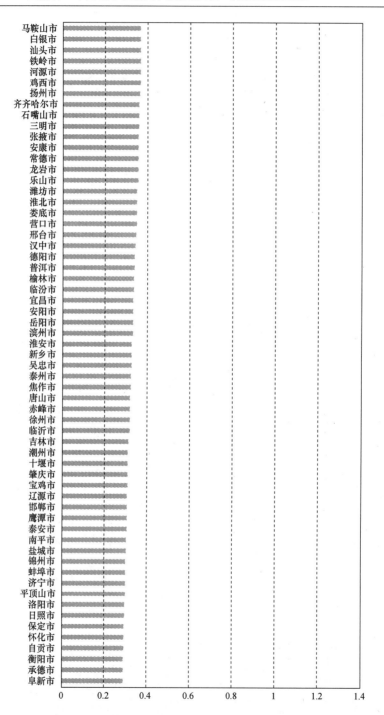

图 3　2011 年 264 个城市可持续发展综合得分（Ⅲ）

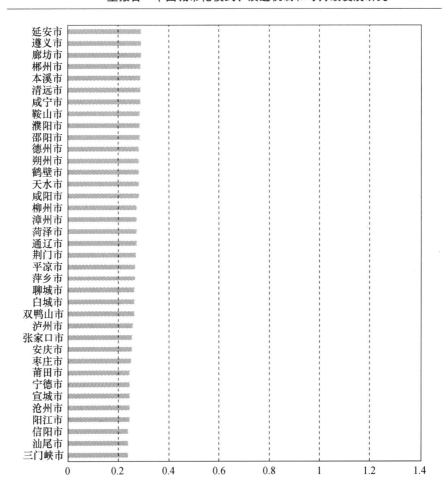

图4　2011年264个城市可持续发展综合得分（Ⅳ）

　　本报告对影响264个城市发展前景的主要因素进行分析，一级指标中，经济增长占22.99%的权重，增长可持续性占14.94%，环境质量占18.93%，政府效率占18.67%，人民生活占24.47%。二级指标中，人民生活所占的权重最高，为24.47%，其次是政府效率，权重为18.67%，环境质量权重为12.07%，经济结构权重为10.41%。

　　具体指标权重最高的城市化率权重为4.715%，后面分别为万人拥有医生数、万人公共图书馆藏书量、交通基础设施指数、经济增长波动指标、绿地提供指数、工资收入和人均GDP增长率的权重分别为4.639%、4.602%、3.894%、3.817%、3.608%、3.522%和3.518%。这反映了

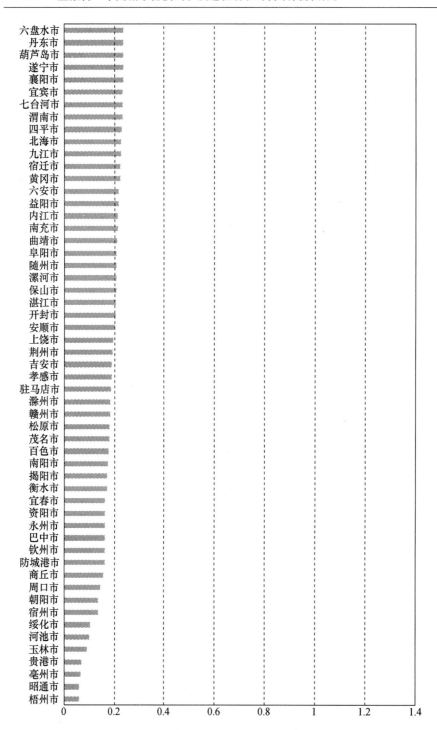

图 5 2011 年 264 个城市可持续发展综合得分（V）

我国从工业化转向为城市化过程中，涉及的城市化水平、医疗、文化、交通、环境、收入等和城市化密切相关的指标的重要程度。

还绘制了 1990 年和 2000 年以来，2009 年、2010 年和 2011 年影响主要城市的一级指标的雷达图，从图中可以看出，主要城市一级指标在全部城市中的地位和自身一级指标发展的均衡情况。

六　城市转向可持续发展的政策选择

2012 年，中国城市化水平已达到 52.57%，已经跨越城市化由量增到质变的临界点（即城市化率为 50%）。而中国经济的长期增长，正经历着工业化阶段结构性加速向城市化阶段结构性减速的转型，城市化过程中存在以下问题：

（1）土地城市化远远快于人口城市化，服务业发展严重滞后于工业部门发展。

（2）以外延式扩张为特征的城市化后劲不足，地区内部、区际发展不平衡。

（3）收入差距日益扩大，失地农民、城市低收入人群和农民工面临"贫困化"的威胁，影响社会经济的不稳定性因素增加。

（4）依赖资源扭曲、土地财政和负债扩张的政府主导型投资模式难以持续，城市的无序扩张、拥挤与污染、基本公共服务不足与管理效率不高的问题比较突出。

（5）人口结构转型及相应的劳动力供给的减少。

（6）城市化水平持续提高及相应投资增长速度的放缓。

（7）资本效率递减和过度无效投资。

（8）全要素生产率改进空间变窄。

（9）经济杠杆率持续拉升，增加了经济运行的风险。

（10）城市产业结构服务化导致的过快减速风险。

（11）对福利的重视及相应分配格局调整导致的减速效应。

在理解中国城市化的阶段特征、演进机制的基础上，为了解决当前中国城市化面临的问题和今后的可持续发展，我们提出以下政策建议：

（1）调整城市规模结构，提高城市聚集度。

（2）充分发挥市场配置资源的决定性作用。

（3）通过持续的效率改进推动技术创新和进步、提高资本效率、劳动生产率和人力资本水平、改善供给效率，进而提高潜在增长率。

（4）城市治理模式创新。

（5）城市化制度创新。

（一）调整城市规模结构，提高城市化的集聚度

1. 积极提高城市化的空间集聚度

在我国城市化模式选择的关键时期，应加速人口城市化的步伐。人口城市化的核心是依托城市化逐步建立以人为本的社保体系，而不是画地为牢的社会保障，逐步取消户籍制度，建立一个广覆盖、可转换的基本社保体系，才能提升真正意义上的人口城市化，提升空间集聚效率，获取城市建设、管理和公共支出等的规模经济，这将有效地改变原有的土地利用模式，降低土地资源压力。提升空间的集聚度才能从根本上促进服务业的发展，国际经验表明服务业和城市化发展高度相关，更与城市化规模、人口密度等集聚程度直接相关，调整服务业和工业结构关键在于增加空间集聚。从扩大消费需求角度看，随着城市化的推进，城市服务业的发展，能够满足人们日益增长的服务需求。其实，在未来消费项目的增长中，服务的消费将占主导。

全球城市化发展的经验表明，一国城市化水平与单位资本 GDP 高度相关。原因是人口和资源的空间集聚产生了规模收益递增的效应。对于工业化的城市，"集聚效应"更明显，因为知识和新技术在交流、竞争和传播等方面效率更高，城市运行成本低（因公用设施密集），产出效率高。可以观察到，以东亚为主的新兴经济体走的正是以大城市圈为特征的、围绕工业化而展开城市化的路子。随着空间要素集聚水平、人口密度和规模的提高，服务业会被快速推动，使得城市发展的多样性增加，服务业就业和产值占 GDP 的比重会快速上升。

2. 调整城市规模结构，发挥城市"集聚效应"

通过成本—收益法我们得出了最小最大城市规模范围和最优城市规模范围，即最优城市规模即净规模收益峰值在 556 万—614 万人，外部相对成本最低时的城市规模为 578 万人。合理的城市相对规模净收益大于 0.3 的城市规模为 166 万—2441 万人，此时的外部相对成本大部分不超过 0.5。城市相对规模净收益为正的区间在 65 万—3569 万人。根据这一结论，中国的大城市、超大城市不是太多而是太少。像北京、上海这样的超大城市虽然目前面临交通拥挤、环境污染尤其是严重的雾霾这类问题，但是，其城市规模还远远没有达到饱和的区间。因此，我国的城市化战略有必要进行规模结构上的调整。中国应该大力发展大中城市，因地制宜地提高城市规模，以大城市带动中、小城市，促进其集聚逐步形成城市群，以充分发挥大城市及城市群的集聚效应。

3. 稳速增效，围绕潜在增长率均衡发展

以中国经济潜在增长率区间为基准，稳速发展，为经济结构调整留有余地，保持经济增长稳定的同时，将发展的目标转向提高经济效益，可持续发展的轨道上来。

（二）充分发挥市场配置资源的决定性作用，建立均衡增长机制

充分发挥市场配置资源的决定性作用。经过几十年的培育和发展，我国的市场经济体系已初步成形，特别是商品市场得到了较大发展。但是，市场准入没有完全放开，投资主体没有多元化。有学者统计，目前，垄断行业约占我国 GDP 的 40%，降低了市场的竞争性。应在深化国有企业改革的基础上，给所有经济主体以平等的市场待遇，从而形成规范的竞争性市场环境，提高投入要素的产出效率。

完善相对价格体系，形成有效反映企业真实效率的价格机制，通过正确的价格信号改变对市场参与者的引导，引导资源的有效配置，从而实现结构的优化。要坚持市场化改革，充分发挥市场配置资源的决定性作用，加强反垄断机制的建立，特别是缩小行政垄断的范围，逐步调整资源价格，提升资本市场在优化资源配置方面的积极作用，让市场能有效地配置资源，让微观企业能按市场信号进行理性决策，这样，才能有效地消除结构失衡及其利益激励基础，建立起均衡增长的机制。

1. 空间配置为主，推进三次产业协调发展

要推动经济从主导产业作为基准转向以城市为带动的空间配置为主的转变，这一转变的关键是找到城市化与产业（包括第一产业、第二产业、第三产业）竞争力相互协调的道路，城市化直接推高了产业投入的土地、劳动力、环保等多要素的价格，但同时也提供了基础设施、人口集聚等的规模收益，特别是城市集聚导致的规模报酬递增（创新）收益，如果它能超过产业成本，提高产业效率，则产业竞争力与城市化相容，否则会出现相互抵消效应。

提高结构转型效率。随着我国城镇化的迈进及城市第三产业发展，第三产业的低效率问题应受重视。考察发达国家和发展中国家的产业结构调整历史，可以总结出两个经验事实：一是发达国家工业部门保持高就业份额。二是发达国家第三产业劳动生产率普遍高于或相当于第二产业。由此可见，发展中国家产业结构演进存在的问题在于，只是复制了发达国家产业结构服务化的外壳，但缺少效率支持，从而可能导致资源错配，向经济严重服务化和低效率路径演进，并可能落入"中等收入陷阱"。所以，产业结构调整的正确选择应该是劳动力和资本首先向劳动生产率较高的第二产业倾斜，在提高经济整体效率的基础上发展服务业。事实上，亚洲成功地实现赶超的几个经济体走的就是这条路。

作为一个发展中国家，产业协调发展是经济发展过程中的关键内容。我国应针对三次产业制定相应的政策方针。就农业而言，要加大对农业的资本投入，努力提高农业的资本存量、技术水平与全要素生产力。对工业而言，要加大对制造业的支持力度，推动制造业的长期稳定发展，以保证第二产业对第一产业、第三产业发展的资本品产出支持。对服务业而言，要避免低端服务业过度发展，加大对现代服务业的支持，以效率导向促进服务业的持续发展。

2. 优化资源配置

从总量上看，中国经济中投资数量与资本存量都远低于东亚经济体类似发展阶段水平，但是，中国经济现阶段投资对经济增长的拉动力在逐渐减弱，其主要原因可能是投资主体的不适当造成的资本错误配置。Hsieh和Klenow（2009）指出，中国的生产要素错误配置程度非常突出，如果中国能够调整资本配置结构，生产率将提高30%—50%。

从结构性改革看，中国结构性的核心问题是政府干预要素配置方式的改革，最基本的改革路线是：

（1）削减政府规模，大幅度取消政府行政审批的权力。

（2）国有企业战略性调整，以效率为准绳，推进国有企业的战略性重组，坚决淘汰那些大而弱的企业。

（3）放松管制，特别是现代服务业的管制，积极引导民间资金进入，以提升服务业的劳动生产效率。

（4）财政体制改革，1994年中国的财政改革是适合工业化的，在城市发展的现阶段需要重新建立新的财政体制，要让城市有更大的财政和融资权利服务于城市建设和市民公共服务需求，实行个人税收直接征缴，将个人税收与公共服务联系起来，逐步建立现代的公共财政体制。

（5）金融体制改革，推进利率市场化，核心是建立储蓄保险制度，让资本市场有效地配置资源，实行创新。

3. 进行中国版的资产购买，继续提升资本存量

中国城市化过程中已经积累了大量的基础设施投资和相应的负债，由于基础设施投资回报期长，而对应的负债主要来自银行贷款，从而期限较短，这使得这些基础设施投资严重影响了地方政府的正常运营和银行等金融资产的安全。政府应该积极地应对经济进一步减速导致的地方政府资产恶化引起的金融冲击，推出中国版的资产购买计划，发行特别国债等金融工具对长期限的城市化基础设施资产进行购买，以缓解地方政府的债务状况。这在银行改革中已经充分运用过了，而现在我们工具更为丰富。只有调整当前的债务架构，才能继续扩大投资和提升中国资本存量。

（三）通过持续的效率改进推动技术创新和经济结构调整

1. 提高全要素生产率增长，提高全要素生产率增长对经济增长的贡献率

利用1990—2011年中国264个地级及地级以上城市投入产出数据分析了全要素生产率增长及相关要素对经济增长的贡献，并按分区域分析全要素生产率及要素增长及波动对经济增长的影响，发现全国、东部、中部和西部地区城市TFP增长均呈下降趋势。1990—2011年，中国264个城市全要素生产率平均增长1.4%。TFP增长对经济增长的贡献较低，仅为11.66%，并且对TFP增长起主要作用的是技术效率变化，技术进步起着辅助作用。由此提出如下政策建议：

（1）从264个地级及地级以上城市1990—2011年全要素生产率增长近些年呈下降趋势的现实看，需要采取措施提高全要素生产率水平，提高全要素生产率增长对经济增长的贡献率。

（2）尤其是要提高东部TFP增长水平。东部地区GDP增长率和TFP增长高度正相关（尤其是第三阶段），说明东部地区提高TFP增长对GDP潜在增长率有促进作用。

（3）提高中部、西部固定资本存量水平。中部、西部地区GDP增长率与固定资本存量的增长率有正相关性，说明中部、西部地区仍然可以通过提高固定资本存量的方式来提高GDP潜在增长率。

（4）提高劳动增长率。全国 GDP 增长率趋势值与劳动增长率趋势值高度正相关，提高劳动增长率也可以提高潜在增长率。

2. 提高劳动生产率

经济发展的趋势是不可避免地会导致"结构性减速"：

（1）人口转型直接会降低增长速度。

（2）产业结构的服务化，如果不能有效地提升第三产业的劳动生产率，也直接会降低劳动生产率。

（3）城市化率超过57%后，投资率下降，投资效率低，再加上资本存量增长减速，也会降低经济增长速度。

（4）随着经济增长和劳动力供给放缓，要素分配会更趋向于劳动要素，会引致劳动要素分配份额上升，也意味着按 C—D 生产函数核算的潜在增长率增速下降。现在，很多因素都比我们假设出现的问题严重，经济结构性减速挑战大，应对挑战就是提高三个生产率：劳动生产率，特别是服务业劳动生产率、资本效率和全要素生产率，才能保证中国经济健康可持续发展。

第二、第三产业劳动生产率绝对水平的对比表明，两产业之间存在巨大的效率失衡，鉴于服务业劳动生产率提高速度普遍慢于工业劳动生产率增长速度，如何缩小两个产业效率差异并保持两个产业增长质量提高，是中国未来面临的关键问题。

依据《联合国人口前景展望》对中国人口增长的中速预测数据，在劳动生产率和劳动参与率不变的假设下，中国未来五年的经济增长均值会下降到7.86%。但是，从趋势上看，劳动参与率有进一步加速下降的趋势，人口转型也有加快的趋势，这些因素都会直接抑制经济增长速度的提高。因此，提高劳动生产率是唯一缓和经济增长过快减速的措施。

3. 提高资本效率

中国经济增长中重复建设和低效率问题的核心是政府主导的低价工业化模式（张平、刘霞辉，2007）所诱致的低效率企业风险累积。在有利的开放环境下，累积风险往往为高增长吸收，但是，以廉价劳动力和资本自然资源价格扭曲为支撑的高投资不可能持续太久。中国经济要完成由高速增长向高效增长的过渡，建立低效率企业市场出清机制是必由之路。低效率企业市场出清机制的重要环节之一，是产业组织结构的深度调整。意味着异质性较强的生产性服务业部门打破行政分割和行政垄断，以中小企业的活力支撑起生产性服务业的强劲发展、缩小工业与服务业效率失衡的缺口。产业组织结构的深度调整，同时意味着制造业部门摆脱高投资驱动、低成本国际竞争的模式，让制造业增长方式逐步转型到高效率竞争路径上，获得经济持续增长的根基。

4. 推动创新和产业的现代化

中国经济的技术创新一方面有赖于国家的税收补贴等的激励，另一方面更有效的激励则来自资本市场，因此，发展金融服务技术促进技术创新是重要的。中国当前的技术创新活动不仅仅是工业，而且应更广泛地包括现代服务业的创新活动。当前中国资本市场的制度架构仍不完善，配置功能没能发挥，技术创新激励严重不足，导致资产价格出现高估，这直接影响了实体和资产部门的经济流向。

5. 持续效率改进推动技术创新和经济结构的调整

我们还专门针对中国的特大城市（北京、上海、广州和天津）进行转型升级和可持续发展研究，通过梳理世界发达经济体和发展中国家的经济发展经验，讨论了从经济增长加速到减速的核心原因，发现成熟经济体持续、均衡增长的长期驱动因素就是持续的效率改进，它推动着技术创新和经济结构的调整。

中国发达城市未来发展转型升级的策略有四个方面：

（1）清晰地理解经济增长减速的原因，通过市场化的改革来实现转型升级的机制调整，而不是重新回到产业干预政策的老路子上。

（2）效率持续改进应成为中国特大城市转型发展的核心目标，推动服务业的贸易水平，将服务延伸到城市圈、全国和全球，通过服务业效率的持续改进来提升现代服务业的比重和扩大服务的规模。

（3）保持制造业的优势，提升其人力资本和技术创新是根本，抑制房价过快上涨也是重要的，特别应该抓住全球绿色创新的技术进步趋势，通过政府引导创新。

（4）通过金融、税收等手段实现"以效率持续改进推动转型升级"的目标。

（四）城市治理模式创新

1. 制度创新的顶层设计

"顶层设计"的含义主要有三点：

（1）指导方针。着力于提高发展的全面性、协调性、可持续性，在实践中不断开拓科学发展之路。

（2）基本内容。强调坚持统筹兼顾、突出重点，从党和国家全局出发，提高辩证思维水平、增强驾驭全局能力，把经济社会发展各领域各环节协调好，同时要抓住和解决牵动全局的主要工作、事关长远的重大问题、关系民生的紧迫任务。

（3）实现路径。重点解决体制性障碍和深层次矛盾，全面协调推进经济、政治、文化、社会等体制创新。"顶层设计"是在中国经济社会发展新形势下，科学把握城市化规律的要求，对于制度改革阶段性复合目标的定位、约束条件的分析以及实现路径的规划等均具有很好的指导意义。

2. 政府治理模式的创新，建立服务型政府

理想的政府治理方式包括以下几个方面：第一，治理的合法性，即权威和政治秩序被认可和服从；第二，透明性，即政治经济等各种信息的公开透明化；第三，责任性，即治理者对其行为负责；第四，回应性，即治理者（机构和职员）必须对公民的呼吁和要求做出及时负责的回应；第五，有效性，即管理机构设置合理，经济有效（俞可平，2000）。伴随城市化及公民社会组织的发展，政府治理模式越来越具有治理权利主体多元化趋势，在治理权利向社会回归的情况下，政府与非政府部门的合作协调，成为最主要的治理方式。

中国政府治理模式的创新，应当把握以下几点：

（1）公共服务型政府的建立。经济发展的城市化阶段与工业化阶段的本质不同在于，城市社会对公共服务的需求不断扩大，这些服务涵盖了包括水、电、气、路、通信、交通工具等有形的物质产品及包括安全、医疗、教育、娱乐等在内的公共物品和公共服务。公共物品供给体系的高效运行，需要精心的制度设计和组织安排，这种要求非全能型政府管理模型所能满足。

（2）非政府组织的发展。培育发展经济类、公益慈善类、民办非企业单位和城乡社区社会组织，强化其服务职能；推动行业协会、商会改革和发展，发挥沟通企业与政府的作用；推动政府部门向社会组织转移职能，向社会组织开放更多的公共资源和领域。

（3）政府治理的公共性。主要是强化政府治理过程中的公民参与意识和公民主体性，鼓励公民在经济、政治和社会事务领域参与管理。

3. 财政体制改革的创新

财政体制改革具有两个改革方向：

（1）从2009年开始推行的省管县财政体制，即地级市不再集中县财政收入、转移支付及专项资金不再经过地级市结算、加强县级财政实力和省对县的财政平衡。

（2）广东、上海、浙江、深圳等地开展地方政府自行发债试点，是适应城市化要求而进行的大胆创新。工业化模式下，中国公路、铁路等基础建设主要由国家来做，地方市政融资需求并不大。但是，随着城市化的推进，地方融资需求增大，这就要求地方拥有一定的独立融资权，以解决城市化过程中的市政融资问题。地方政府独立融资是用市场来对政府融资及信用的新形式，能够促进地方政府的资金使用效率，而且，也有利于解决地方与银行之间融资的不透明问题。

（五）城市化制度创新

1. 土地制度创新

土地财政是我国城市化快速发展时期呈现出的经济现象。为保证城市化的顺利进行和经济增长稳定，未来土地制度创新应包括以下几个方面：

（1）改革城乡土地二元制度，建立统一土地市场。由于城乡二元土地制度的存在，农地转为非农用地时，首先要进行土地集体所有向国有所有的转换，然后由地方政府将土地使用权转让给土地使用者，土地财政收益就包含在这些转换和转让的环节中，同地同价原则也因此遭到破坏。因此，加快建立城乡统一的土地市场、完善土地转让制度，是遏制土地财政、减少农户损失的重要措施。

（2）探索和完善土地交易机制，建立土地市场化交易平台。总结近年来在广东、上海、江苏、浙江等发达地区出现的土地交易模式，建立土地产权交易平台，为土地指标跨区交易创造条件，促进土地合理价格的形成。

（3）经济开发区土地资源节约利用机制。为了避免经济开发区集聚效应不显著、管理混乱等问题，对于开发区用地效率建立科学合理的量化评价指标。

2. 户籍制度改革

为保持经济的稳定发展，户籍改革的步骤如下：

第一，明确户籍不是简单的户口本，而是户口本所代表的社会保障、优质教育资源、便利的生活方式。既然出于各种各样的原因，户口本不能向有需求的农民工敞开发放，那么，城市对农民工子女应敞开其教育资源。

第二，健全农民保障体系，增加农民的保障额度，缩小城乡居民福利差距。

第三，稳步推进城镇化建设，打造城乡一体化格局。

3. 扩大就业提高劳动者报酬，建设社会分享机制

扩大就业，建立经济增长的社会分享机制，提高居民收入才能从根本上解决消费投资失衡，内外需失衡的问题。

扩大就业，提高劳动者参与到经济增长过程中，并通过劳动制度的改革，提高劳动者报酬比率是未来最为重要的以人为本的富民目标。依托城市化，促进农村劳动力的转移，加快发展服务业，特别是增加可贸易服务业的比重，扩大就业，提高收入是这一时期的重点。

改革收入分配制度：调整收入分配机制，缩小收入差距，扩大社会保障体系的覆盖面，积极促进卫生、教育、保障性住房和公共服务的发展，实现社会的和谐化，根本上就是要建立一个社会普遍分享的机制，为2020年全面小康打下坚实的基础。

4. 统一城乡劳动力市场，促进第三产业就业和城市化发展

政府需要做的事主要是改善城市的基础设施条件，做好城市规划，取消那些不合理的限制政策，提供优化城市经济的公共服务系统，来促进、鼓励城市化的发展。为了有效地推动城市化进程，做好两件事情是至关重要的。

（1）允许农民自由迁徙，减少农民进城的限制，农民应该像市民那样享有在不同地域和不同行业之间自主选择职业的权利。

（2）要减少各种政策和现实的对农民工的歧视，逐渐给予农民工平等的社会福利保障，农民工的医疗保险、养老保险、工伤保险等都应该随经济发展相应提高保障水平和保障覆盖面。当从农民到市民的"转型成本"降低以后，更多的农民就能更快地转换为城市产业主要是第三产业的劳动力，从而更快地转换为"市民"。同时，城市居民的增加势必会对服务业提出更高的要求从而推动服务业的快速发展。

5. 社会保障安全网构建

城市化最大的特征是社会保障制度的健全，大规模人口向城市的集聚

以及人口老龄化的趋势，要求城市化过程中的失业保险、养老保险、医疗保险等网络的构建。未来具有中国特色的保障模式包括以下几个转型：

（1）城镇保障向全民保障的转型，这是缩小城乡居民福利差距的重要途径，其中，国家对失地农民和农民工社会保障的健全尤为迫切。

（2）差别型保障向公平型保障的转型。这种差别主要存在于城市内部，机关、企业、事业单位之间存在各种各样的保障差别，最重要的是整合现阶段存在的多种退休和养老保险制度，实现机关、企业、事业单位养老保险制度的并轨。

（3）保障型保障向福利型保障的转型。这是随着城市化、现代化发展，国家经济强盛而来的社会保障待遇提高，在这个愿景下，由保障基本生活升级为增加居民福利。

第一部分　中国城市化发展规律

报告1　我国城市化发展阶段和思想演进

岳清唐　张自然

摘　要：我国城市化思想与实践以改革开放为分界点划分为两个阶段：一是改革开放前城市化发展不稳定阶段；二是改革开放后城市化进入复苏和加速发展阶段。改革开放前，其一为新中国成立前后到"大跃进"开始，坚持城市发展工业，城市领导乡村，城乡互助的方针；其二为"大跃进"开始至"文化大革命"结束，以人民公社为城市化的载体，追求公社工业化，消灭城乡差别。改革开放以来，城市化思想主要体现在对城市规模和发展模式的讨论中，重点发展小城镇的思想占主导地位，中国分散式城市化特征比较明显，这种特征与低成本工业化的资源粗放利用机制相互关联。然而，随着空间集聚进程的演进，中国经济增长的土地、能源、环境压力越来越大，如何在分散式的城镇发展与集中的城市化之间寻找平衡，就成为越来越引人注目的话题。时至今日，大中小城市共同发展，加快城市化推动经济可持续增长成为大部分学者的共识。"十五"规划提出了"大中小城市和小城镇协调发展"以及建立"城镇密集区"的思路，预示着集中城镇化路径和理念进入城市发展规划的视野。十八届三中全会决定提出，推进农业转移人口市民化，逐步把符合条件的农业转移人口转为城镇居民。创新人口管理，加快户籍制度改革，全面放开建制镇和小城市落户限制，有序放开中等城市落户限制，合理确定大城市落户条件，严格控制特大城市人口规模，则是经济学者城市化思想的部分政策体现。厘清城市化阶段和思想演进，并对各种城市化路径的利弊进行比较，有利于城市化模式选择思路的清晰。

关键词：城市化　阶段　思想演进

［作者简介］岳清唐，中国政法大学商学院副教授、经济学博士，中国社会科学院经济所博士后，研究方向：经济增长与空间经济学、经济思想史与经济史；张自然，中国社会科学院经济研究所副研究员、经济学博士，研究方向：技术进步与经济增长。

一　引　言

城市化已经成为中国经济的主推动力。城市化是指随着社会经济的发展，非农人口占总人口的比重不断提高的过程。人口和资本向城市集中，是由于生产要素在空间上的聚集所产生的外部效益，以及城市的先进文化、生活方式等所产生的城市引力。按照最新的研究结果，中国在2011—2016年城市化增速达到最高水平。这一期间的城市化增长率约为1.4个百分点，城市化率则在51.43%—58.5%，此后，中国的城市化增速将逐步放缓。采用中国城市化Logistic增长模型预测结果为2015年、2020年、2030年中国的城市化率分别为57.11%、63.94%和75.86%，可以预测中国2030年将有10.62亿的城市人口，即10亿多中国人生活在城市里。要达到2030年75.86%的城市化率的目标，今后每年要提高城市化水平1.29个百分点，相当于每年有近1900多万人转移到城市来。党的十八届三中全会提出，推进农业转移人口市民化，逐步把符合条件的农业转移人口转为城镇居民。创新人口管理，加快户籍制度改革，全面放开建制镇和小城市落户限制，有序放开中等城市落户限制，合理确定大城市落户条件，严格控制特大城市人口规模。因此，探讨中国的城市化阶段，理解中国城市化思想脉络，研究中国城市化发展模式已经迫在眉睫。

（一）国外研究进展

国外城市化研究关注的重心一直是集聚经济产生的原因，以及集聚经济与城市和城市规模发展的关系。集聚经济和城市经济的详细论述，通常溯源于马歇尔关于空间集聚降低企业成本的思想，以及胡佛对于集聚经济三种类型的划分（即内部规模经济、区位经济和城市经济）。其后，增长极模型、孵化器模型、产品生命周期模型分别从创新、企业所有权结构以及空间投资模式等角度，对区域经济集聚的机制进行了研究。20世纪90年代以来，Saxenian（1994）、波特（1998）等对产业集群内创新条件和机制进行了分析。然而，在现实生活中，同时存在集聚和分散两种趋势，进而决定了城市空间分布和数量分布的特征（McCann，2001）。近年来的研究文献中，"新经济地理学"吸收了城市经济学、区域科学和经济区位论等有关空间经济的传统思想，结合产业组织理论关于不完全竞争和收益递增研究的最新进展，试图构建"空间经济"的理论体系。以克鲁格曼为代表的新经济地理学派学者，在迪克西特—斯蒂格利茨模型（1977）的基础上，建立了描述经济活动空间分布的区域模型、城市体系模型和国际模型（Fujita，Krugman and Venables，1999）。其中，用于描述区域经济活动分布的中心—外围模型，是所有其他空间经济模型的基础。藤田昌久、蒂斯（Fujita and Thisse，2002）把具有产品差异的内生增长模型与中心—外围模型相结合，提出了分析集聚与增长的一般性框架。麦卡恩和谢弗（McCann and Shefer，2004）从复杂、多变的地理—企业—产业的组织关系出发，提出了产业集聚的三种类型：纯集聚模型、产业联合体模型与社会网络模型，并对这三种类型进行了比较研究。"2009年世界发展报告"（世界银行，2008）对城市化特征及经验教训进行了分析，重构了城市化、区域发展和区域一体化的政策框架，是近年来这一领域的集大成之作。麦肯锡研究报告（MGI，2009）对中国未来城市化趋势进行了模拟，并就城市化的潜在问题及对策进行了解读。

（二）国内研究进展

改革开放以来，我国城市化思想呈现出百花齐放的形势。

（1）20世纪90年代中期以前城市化问题之辩。20世纪80年代和90年代，城市化发展阶段问题以及城市规模问题受到研究关注。费孝通在1984年《瞭望》上发表了一系列文章，提出了"小城镇，大问题"这个命题。胡兆量（1986）、饶会林（1989）分别从城市化规律、城市化规模效益角度，对重点发展大城市的必要性进行了分析。李金来（1990）认为，我国应积极主动发展中等城市，走一条超前型具有中国特色的城市化道路。胡鞍钢（1989）应用钱纳里的世界发展模型对照中国现状，指出了中国城市化严重滞后于工业化的问题。周一星（1992）认为，城镇体系是由大中小各级城镇组成的，各级城市都有发展的客观要求，并结合城市发展的客观规律提出了"多元论"的城市化方针。

（2）20世纪90年代中期以来城市化问题之辩。这一时期，加快发展小城镇，走中国特色的城市化道路仍然是许多人的主张，但同时强调现有小城镇要适当集中合并，提高规模效益。聂振邦、王建、吴阿南（1996）认为，中国经济发展已经进入了工业化的中期，社会财富的高速累积引起经济增长速度进一步加快、城市化比率迅速提高。王小鲁、夏小林（1999）主张，应在继续为小城镇发展提供必要条件的同时，把政策重心从消极限制转向积极鼓励发展大城市——特别是一二百万人口的城市。叶裕民（1999）认为，工业化弱质是中国城市化滞后的经济根源。城市化滞后直接导致产业结构调整困难和市场扩张乏力，这又成为中国实现可持续发展的重要限制因素。温铁军（2000）认为，国家采取城镇化发展战略的理由，不是理论界讨论的规模效益或者其他经济理性，而是特定经济阶段国家对小城镇发展必要性的认可。刘福垣（2000）认为，要把城市化和工业化结合起来，把工业和商业结合起来，控制工业布局，抑制分散，建立集中机制。杨开忠（2001）认为，在城市化过程中，政府没有必要也不应该规定是重点发展大城市还是重点发展小城镇。政府作用的关键，在于为不同区位、不同规模等级的城市竞争创造公开、公正的条件和环境。顾朝林（2006）认为，信息化、全球化对城市的发展产生了巨大的影响，传统的高密度城市正在向多中心巨型城市转化。中国城市发展的趋势是，城市作为创新的枢纽，知识经济和文化经济的再植入成为最新特征。魏后凯（2010）认为，城市转型是一种多领域、多方面、多层次、多视角的综合转型。巴曙松、邢毓静、杨现领（2010）对中国未来城市化与经济增长潜力的关系，给出了框架性分析。樊纲、吴良成（2010）从城市化质量提高与经济可持续发展角度，把城市化解读为一系列公共政策的集合。

中国社会科学院经济研究所经济增长前沿课题组近几年持续关注中国城市化问题。2008年，课题组论文《中国可持续增长的机制：证据、理论和政策》探讨了城市化快速提高时期政府目标转型的重要性，认为政府福利支出应与经济发展能力相匹配，而不是靠债务融资推动福利和经济增长，这就需要加大改革力度，更多地让市场发挥激励创新和优化配置资源的功能，促进经济的可持续增长。2008年的课题组著作《改革年代的经济增长与结构变迁》以及2009年的课题组论文《城市化、产业效率与经济增长》，在理论上分析了城市化的集聚效应和成本上升对产业竞争力的影响，认为城市化模式的转变，是促进工业化和城市化的协调发展的关键。2010年，课题组论文《中国转向"结构均衡增长"的战略要点和政策选择》立足于中国城市化发展趋势，提出以"空间再配置"作为战略着眼点，通过城市集聚和创新提升经济效率，是实现结构均衡和可持续发展的必由之路。2011年，课题组论文《城市化、财政扩张与经济增长》再次基于中国城市化发展现状，明确新型城市化条件下理顺财政扩张和经济增长关系的必要性。

关于中国城市化模式讨论很多，不外乎小城镇化为主、中等规模城市为主、大城市化以及大中小城市并举等多种城市化模式。本报告通过梳理新中国成立以来城市化思想脉络，试图探索中国城市化模式和城市化发展的合理轨迹。按照中国主流城市化思想，本报告以改革开放为节点将中国的城市化过程划分为两个大的阶段。

二 中国城市化发展阶段

中国的城市化进程可以分为改革开放前和改革开放后两个大的阶段。改革开放前可以分为三个阶段：1949—1957 年的正常发展时期；1958—1965 年的不稳定发展阶段；1966—1977 年的停滞发展阶段。而改革开放后，也可以分为三个阶段：1978—1984 年以农村经济体制改革为主要动力推动城市化阶段；1985—1991 年，城市体制改革和乡镇企业双重推动城市化阶段；1992 年至今，城市化全面推进阶段。

中国城市化水平见表 1－1 和图 1－1，中国城市化增长率见图 1－2。

表 1－1　　　　　　中国城市化水平（1949—2012 年）

年份	总人口（万）	城市人口（万）	农村人口（万）	城市化水平（%）
1949	54167	5765	48402	10.64
1950	55196	6169	49027	11.18
1951	56300	6632	49668	11.78
1952	57482	7163	50319	12.46
1953	58796	7826	50970	13.31
1954	60266	8249	52017	13.69
1955	61465	8285	53180	13.48
1956	62828	9185	53643	14.62
1957	64653	9949	54704	15.39
1958	65994	10721	55273	16.25
1959	67207	12371	54836	18.41
1960	66207	13073	53134	19.75

年份	总人口（万）	城市人口（万）	农村人口（万）	城市化水平（%）
1961	65859	12707	53152	19.29
1962	67295	11659	55636	17.33
1963	69172	11646	57526	16.84
1964	70499	12950	57549	18.37
1965	72538	13045	59493	17.98
1966	74542	13313	61229	17.86
1967	76368	13548	62820	17.74
1968	78534	13838	64696	17.62
1969	80671	14117	66554	17.50
1970	82992	14424	68568	17.38
1971	85229	14711	70518	17.26
1972	87177	14935	72242	17.13
1973	89211	15345	73866	17.20
1974	90859	15595	75264	17.16
1975	92420	16030	76390	17.34
1976	93717	16341	77376	17.44
1977	94974	16669	78305	17.55
1978	96259	17245	79014	17.92
1979	97542	18495	79047	18.96
1980	98705	19140	79565	19.39
1981	100072	20171	79901	20.16
1982	101654	21480	80174	21.13
1983	103008	22274	80734	21.62
1984	104357	24017	80340	23.01
1985	105851	25094	80757	23.71
1986	107507	26366	81141	24.52
1987	109300	27674	81626	25.32
1988	111026	28661	82365	25.81
1989	112704	29540	83164	26.21
1990	114333	30195	84138	26.41
1991	115823	31203	84620	26.94
1992	117171	32175	84996	27.46

续表

年份	总人口（万）	城市人口（万）	农村人口（万）	城市化水平（%）
1993	118517	33173	85344	27.99
1994	119850	34169	85681	28.51
1995	121121	35174	85947	29.04
1996	122389	37304	85085	30.48
1997	123626	39449	84177	31.91
1998	124761	41608	83153	33.35
1999	125786	43748	82038	34.78
2000	126743	45906	80837	36.22
2001	127627	48064	79563	37.66
2002	128453	50212	78241	39.09
2003	129227	52376	76851	40.53
2004	129988	54283	75705	41.76
2005	130756	56212	74544	42.99
2006	131448	58288	73160	44.34
2007	132129	60633	71496	45.89
2008	132802	62403	70399	46.99
2009	133450	64512	68938	48.34
2010	134091	66978	67113	49.95
2011	134735	69079	65656	51.27
2012	135404	71182	64222	52.57

资料来源：《中国统计年鉴》（2012）、《中国统计年鉴》（2013）、《中国统计年鉴》（1999）和《中国人口年鉴》（1985）。1949—1977年部分数据来自许涤新主编《当代中国的人口》，中国社会科学出版社1988年版，第493页。

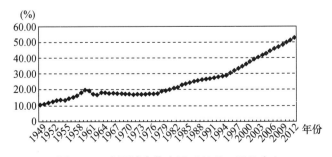

图1—1 中国城市化水平（1949—2012年）

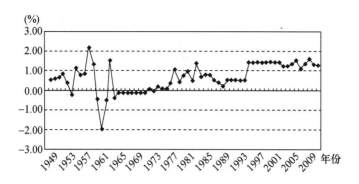

图1-2 中国城市化增长率（1949—2009年）

（一）改革开放前城市化发展不稳定阶段

改革开放前，中国的城市化呈现出以下几个特点：（1）政府是城市化动力机制的主体。（2）城市化对非农劳动力的吸纳能力很低。（3）城市化的区域发展受高度集中的计划体制的制约。（4）劳动力的职业转换优先于地域转换。（5）城市运行机制具有非商品经济的特征。

1. 1949—1957年正常发展时期

1949年，中共中央七届二中全会提出了"党的工作重心由农村转向城市"的主张，"第一个五年计划"的顺利实现，多项重大城市工业发展项目的确立以及当时推行的城市对农村开放的政策，积极吸收农民进入城市和工厂矿区就业，推动了我国的城市化进程。

从1953年起，国家开始大规模的经济建设，进入工业化时期。与此相适应，一批新城镇出现，一部分农民进入城市，城市化呈稳步上升趋势，城镇人口迅速增长，由1949年的5765万人，占全国总人口的比重为10.64%，增加到1957年的9949万人，占全国人口的比重为15.39%。

这一时期城市化的主要特征是：城市领导乡村，城乡互助，统筹发展。中国共产党人在以毛泽东同志为核心的中共第一代领导集体的带领下，新中国成立初期，对中国的城市化建设道路进行了积极探索。这条道路就是城市发展工业，变消费性城市为生产性城市；城市为农村提供消费品，工业为农业提供机械化手段，农村为城市提供粮食蔬菜肉类等生活物资，农业为工业提供原材料和市场；城市领导乡村，工业领导农业，工业发展、城市发展同时又要以农村、农业发展为基础。城乡之间存在互帮互助、统筹发展的辩证关系。

　　早在中国人民战胜法西斯日本的前夕，毛泽东在中国共产党第七次全国代表大会上，就对抗战胜利后中国未来的城市化问题有过论述。这是在论述土地问题时毛泽东谈到农民向市民的转化，他认为："农民——这是中国工人的前身。将来还要有几千万农民进入城市，进入工厂。如果中国需要建设强大的民族工业，建设很多的近代的大城市，就要有一个变农村人口为城市人口的长过程。"可以看出，此时，毛泽东对城市化的认识是农民要进城，要进工厂，要发展大城市，城市化是一个长期的过程。在新中国成立前夕的中共七届二中全会上，毛泽东又进一步地论述了城市的重要性及城乡之间的关系。指出："从现在起，开始了由城市到乡村并由城市领导乡村的时期。党的工作重心由乡村移到了城市。""城乡必须兼顾，必须使城市工作和乡村工作，使工人和农民，使工业和农业紧密地联系起来。"毛泽东在这里强调随着革命形势的发展，以农村包围城市，最后夺取政权的战略已经实现。党的下一步工作是学会建设城市，以城市发展带动农村发展，并且城乡一定要统筹发展这样一种思想。

　　周恩来在1949年年底的一系列会议讲话中也谈到了城乡关系。他认为，中国革命通过农村包围城市，进而解放城市，回过头来再以集中的城市领导分散的农村，以工业领导农业进行建设，这是城乡之间的一种辩证关系。对于为什么确立城市领导乡村，工业领导农业的方针，周恩来认为："城市对粮食和工业原料的需要刺激乡村的农业生产，城市以消费品和生产资料的供应保证和促进乡村的农业生产。"但是，城乡之间的辩证关系还体现了农村和农业在新中国经济建设中的基础地位的作用。如果没有粮食，城市人民就不能生活下去。只有农业恢复和发展，工业生产才能得到恢复和发展。1949年9月29日中国人民政治协商会议第一届全体会议通过的《中国人民政治协商会议共同纲领》第二十六条中也提出了"城乡互助"的经济建设根本方针。

　　这一时期，优先发展重工业的工业化战略是影响城市化思想和实践的重要因素。城市的发展，城市与农村之间的关系都是从属于如何实现我国社会主义工业化这个国家长远利益的。按照马克思主义理论和苏联的经验，优先发展重工业成为当时我国工业化的主要任务。认为只有重工业（冶金、动力、燃料、基本化学和机械制造业）有了一定的发展基础，才能为轻工业、交通运输业和农业的现代化提供装备条件。因此，在经过1950—1952年三年的国民经济恢复阶段后，我国从1953年开始了大规模的有计划的基本建设时期，重点是第一个五年计划（1953—1957 年）中由苏联帮助设计和建设的 156 个重工业项目。在城市发展思想上与此相适应，执行"重点建设稳步前进"的方针。即集中全国力量建设那些有重要工程的新工业城市，以及在原来有一定工业基础的近代化城市扩建和新建一批工厂。

新中国成立初期，我国虽然没有出现明确的城市化理论，但在指导思想上城市化发展路径和城市化先行国家的道路是类似的。即城市化是伴随工业化而产生的，城市的发展是工业发展的结果和要求，城市的发展是为工业的发展服务的。工业的发展必然带来人口、交通、文化教育等资源的集聚，从而带来城市的发展。对城市发展的规模也没有明确的限制，但有三点不同：

第一，我们强调社会主义城市不同于资本主义城市。社会主义城市不能出现资本主义城市发展过程中出现的种种弊端，例如，城市中的"贫民窟"现象。

第二，强调要建设生产性城市。因为当时认为只有有形产品的生产才是真正的生产，而商业性活动等服务业部门是纯消费性的，从事商业买卖、文教卫生的人士不是生产阶级。主张要把中国许多古老落后的消费性城市变为新型社会主义工业生产性城市。

第三，强调城市和乡村要相互帮助，统筹发展。

2. 1958—1965 年不稳定发展阶段

1958 年中国开展了盲目的"超英赶美"、"跑步进入共产主义"的"大跃进"运动。轰轰烈烈的"全民大炼钢铁运动"。从 1957—1960 年城市人口由 9949 万猛增至 13073 万，城市人口占全国总人口的比例由 15.39% 增至 19.75%。城市人口增长超过了城市容量和负荷力，其结果是城市发展不起来，农业生产也遭到破坏。

受政策失误、中苏关系恶化和连续三年的自然灾害等因素的影响，中国经济陷入全面萎缩，城市化进程在这场危机中也深受其害。从 1961 年开始，国家被迫采取大力压缩城市人口的政策，精减职工，停建缓建大批项目，动员部分职工家属和知识青年务农，把已经进入城市的人口疏散回农村，使城市人口大幅减少。到 1965 年年底，城镇人口已接近 1957 年的水平，随着总人口的增长，城镇人口比重反而降低了。1962 年，中共中央、国务院做出了调整市镇建制的决定，1963 年又相继颁布了新的市镇设置标准。1961—1965 年，是新中国成立以来的第一次逆城市化阶段，这种逆城市化是对前一时期超速发展所做的纠正。

3. 1966—1977 年停滞发展阶段

"文化大革命"给中国社会经济发展带来了前所未有的灾难，工农业生产停滞不前。学校关门，机关"闹革命"，干部、专业人员、青年学生以至城市居民，在"不在城里吃闲饭"的口号下，都被动员上山下乡，接受贫下中农再教育。此后累计约有 3000 万人被强制性地迁往农村，而城镇企事业单位又大量从农村招收职工，由于管理上的混乱，使得很多农村人口通过各种各样的渠道，变成了城市人口，其总数累计达 2000 余万人。进出相抵后，城镇人口净迁出 500 余万人。在此期间城市化水平基本停滞不前，1966 年城市化水平为 17.86%，到 1977 年城市化水平为 17.55%。

这一时期的主要特征是：人民公社成为城市化的主要载体，在城市有城市人民公社，在农村有农村人民公社。在思想上追求公社工业化、城乡一体化、城乡均衡发展、消灭城乡差别。但在实践中却由于"大跃进"、"文化大革命"等严重的"左"倾政策形成了城乡隔离，城乡差别不断扩大的局面。

1956 年，我国基本上完成了对农业、手工业和资本主义工商业在生产资料私有制方面的社会主义改造。从 1957 年年底开始，在工业、农业和所有制等各方面我国很快进入了所谓"大跃进"的局面。1958 年的"大跃进"及其所造成的后果使中国的城市化近乎停滞了，农村人口向城市人口的转移被严格限制；相反，城市人口逆向地大量向农村转移。中国第一个五年计划向苏联学习，资金积累优先投向重工业，农业和轻工业的发展受到较大影响。由于重工业的超前发展，农业发展的相对滞后，城镇人口增加对粮食的需求量超过了农业产出扣除农村自用后的可供量，出现了多次粮食紧张状况。中共中央解决粮食紧张的对策是实行粮食的统购统销，统购统销适应了计划经济体制，适应了抽取农业剩余来发展工业的需要，但却使农业的发展更无力量。急于过渡到共产主义社会的"左"倾冒进思想在党内民主集中制遭到严重破坏的条件下畅通无阻，"大炼钢铁"、"公共食堂"、"人民公社"、"浮夸风"等使我国农村、农业、农民的生存状况恶化，我国的现代化进程严重受挫。

"人民公社"虽不是毛泽东首创，但他极为赞同并大力推行。他设想："那时我国乡村中将是许多共产主义公社，每个公社有自己的农业、工业，有大学、中学、小学，有医院，有科学研究机关，有商店和服务行业，有交通事业，有托儿所和公共食堂，有俱乐部，也有维持治安的民警，等等。若干乡村公社围绕着城市，又成为更大的共产主义公社。前人的'乌托邦'的想法，将被实现，并将超过。"毛泽东这样憧憬着通过在农村人民公社兴办工业、教育、医院、学校等城市化基础设施，使广大的农民在农村就地过上相当于或还高于城市人的幸福生活，消除城乡差别。毛泽东的这种思想不仅源于马克思主义，而且也是他对中国现实的一种考虑。《共产党宣言》十大措施中就有一条：把农业和工业结合起来，促使城乡对立逐步消灭。列宁认为：马克思和恩格斯的理论在这方面的一个基本原理，即城乡的对立破坏了工农业间必要的适应和相互依存关系，因此随着资本转化为高级形态，这种对立就必然消除。

新中国成立以后，中国出现过多次粮食紧张问题，原因很多，但城市人口的增加对粮食的需求超过了当时农村所能提供的剩余粮食供给量是其中重要因素之一。第一次发生在1953年，之前每年国家向农民征收300亿—400亿斤公粮就可以稳定市场，而该年公粮加上购买农民的余粮共830亿斤仍不能稳定粮食市场。主要原因在于1952年上半年城市人口不过6100万，而从下半年起由于准备实施第一个五年计划，政府机构扩大了，企业和基本建设的职工都增加了，城市人口在下半年增加到7800万，一下子增加了1700万。政府为了保障五年计划的实施，在这年十月对粮食实行统购统销。1954年、1957年分别又出现了粮食供给紧张问题。最严重的一次就是在1958年秋天之后的三年，这三年虽在局部地区有自然灾害，但主要是人为因素导致的。为了实现1958年钢产量比1957年翻一番（由535万吨到1070万吨）的"大跃进"目标，9月1日的《人民日报》社论向全国人民发出了"立即行动起来，完成把钢产翻一番的伟大任务"。于是，钢铁工业的队伍从几十万人迅速扩张到几百万人，从中南海到小山沟到处都支起了"炼钢炉"，在秋收季节全民大炼钢铁，任庄稼烂在田里。与此同时，城市人口到1961年年中却猛增到1.3亿。在农村出现大面积因饥荒饿死人的同时，城市粮食供给也出现严重紧张局面。粮食供给的多次紧张使中共中央认识到农村能有多少剩余粮食，决定了我国工业和城市发展的速度和规模，城市人口的规模不能增长过快。实际上，从1952年起政府就采取了一些限制农民自发向城市流入的政策。《中央人民政府政务院关于劳动就业问题的决定》中就指出："城市与工业的发展，国家各方面建设的发展，将要从农村吸收整批的劳动力，但这一工作必须是有计划、有步骤地进行，而且在短时期内不可能大量吸收。故必须大力说服农民，以克服农民盲目地向城市流动的情绪。"1961 年中共中央多次下发紧急文件①，动员城市人口下乡，精减下放城市职工，加强城市人口户籍管理，要求在三年内减少城镇人口 2000 万以上。

因此，新中国成立后的经济发展现实使毛泽东的城市化思想发生了一些变化：以前主张随着国家工业化的发展，农村中的剩余劳动力要进城，将会出现许多大城市；现在主张农村中的富余劳动力不要大量进入城市，要就地通过农村工业化，进而实现城市一样的生活。由于新中国成立后在城市中优先发展重工业，强调要建设生产性城市，削弱为城市消费提供服务的第三产业。但重工业相比轻工业和服务业对城市就业的吸纳要小许多，因此，面对我国既要迅速发展重工业的工业化战略要求，又要考虑 80% 的人口生活在农村这样一个现实，毛泽东在《读苏联〈政治经济学教科书〉的谈话》中提出，"在社会主义工业化过程中，随着农业机械化的发展，农业人口会减少。如果让减少下来的农业人口，都涌到城市里来，使城市人口过分膨胀，那就不好。从现在起，我们就要注意这个问题。要防止这一点，就要使农村的生活水平和城市的生活水平大致一样，或者还好一些"。毛泽东设想要把农村建设得和城市一样吸引人，或者还更好一些，发展乡村型的城市或像城市一般的乡村。在实践中，试图通过在农村中发展人民公社这种政社合一的新型农村经济组织和社会组织来防止城市人口的过分膨胀。毛泽东所尝试的这条离土不离乡、务工又务农、农忙务农、农闲务工、工农结合、城乡结合，使农民生活就地转化成市民生活的城乡一体化城市化道路不同于欧美国家建立在工业化发展自然引致人口集聚的传统城市化道路，也不同于第二次世界大战后拉美和印度等国建立在服务业发达的城市化道路。可以说，这是一种结合国情的有益的探索，但是由于随后发生的长达十年的"文化大革命"的干扰和以阶级斗争为纲的工作中心，通过农村工业化进而就地实现城市化的探索直到改革开放后 20 世纪八九十年代才有所体现。

---

①　参见中共中央文献研究室编《建国以来重要文献选编》第十四册，中央文献出版社 1995 年版。

（二）改革开放后，城市化进入复苏和加速发展阶段

改革开放后，中国的城市化改革呈现出"自下而上"的特点。即由乡镇企业发展和外商直接投资为动力的"自下而上"的城市化模式，导致了非农产业的空间分散，但"自下而上"模式影响了我国城乡人口移动的特点，制约了城市化水平的提高。这种城市化模式下，流动人口在非农产业中从事劳动密集型工作和非正式的服务业工作，以临时工、合同工、自谋职业为主要工作形式，工作的流动性较大，大量在乡镇企业和外资企业工作，不享受城市户籍居民享有的社会福利保障制度，不纳入传统的城市人口统计范围，从而无法割断与土地的联系。非农产业和非农人口的增长形成了分散的空间格局，造成工业、服务业和国际贸易对人口的集聚能力较低。经过30年的改革开放，中国城市化水平从1978年的17.92%提高到2007年的45.89%。

改革开放以来，中国的城市化进程大致经历了以下三个阶段：

1. 1978—1984年：以农村经济体制改革为主要动力推动城市化阶段

1978—1984年为以农村经济体制改革为主要动力推动城市化阶段。这个阶段的城市化带有恢复性质，"先进城后建城"的特征比较明显。城市化率由1978年的17.92%提高到1985年的23.71%，年均提高约0.83个百分点。其中，主要表现为大约有2000万上山下乡的知识青年和下放干部返城并就业；高考的全面恢复和迅速发展也使得一批农村学生进入城市；城乡集市贸易的开放和迅速发展，使得大量农民进入城市和小城镇，出现大量城镇暂住人口；乡镇企业的发展也促进了小城镇的发展；提高了城市维护和建设费，结束了城市建设多年徘徊的局面。

2. 1985—1991年：城市体制改革和乡镇企业双重推动城市化阶段

1985—1991年，城市体制改革和乡镇企业双重推动城市化阶段。这个阶段以发展新城镇为主，沿海地区出现了大量新兴的小城镇。这一时期，经济体制改革的重点转移到了城市经济和国有企业，"放权让利"、"利改税"、"租赁承包经营"、"价格并轨"等改革措施使经济活力大增，乡镇企业获得大发展，经济活跃的地区出现了许多新兴的小城镇，同时伴随着许多县城升格为市。1992年城市数量增长到517座，年均复合增长7.04%，人口城市化率达到27.46%。

3. 1992—2012年：城市化全面推进阶段

1992—2012年为城市化全面推进阶段，以城市建设、小城镇发展和

普遍建立经济开发区为主要动力。这一阶段的显著特征为：1992 年土地由划拨改为可买卖；1997 年消费信贷（个人介入）；1998 年取消福利分房。1992—2012 年，城市化率由 27.46% 提高到 52.57%，年均约提高 1.26 个百分点。大中小城镇建设投资的急剧扩张，已经成为 90 年代以来新一轮经济高速增长的主导因素之一。

三　城市化思想演进

改革开放以来，我国城市化思想呈现出百花齐放的形势。除了占主导地位的小城镇理论外，其他城市化的思想也异彩纷呈。新中国成立后一直到 20 世纪 80 年代初，由于经常不断的政治运动和对国外的相对封闭，我国城市化的思想仅仅体现在毛泽东等政治人物的政策主张中，缺乏学术界的讨论。国门打开之后，国外有关城市化的理论和实践逐渐被国人所了解和研究，同时对新中国成立以来我国城市化发展的历史和经验也进行了总结，许多学者从不同的角度提出了各种各样的城市化思想。

（一）小城镇重点论

我国的改革首先从农村开始，联产承包制提高了农业产出，农村中隐性的剩余劳动力逐渐显性化。这些"不愿务农"的剩余劳动力或者头脑精明，跑买卖经商，或者随着商品市场的松动，原来的社队企业逐渐复兴和发展。人民公社体制的放弃和乡镇体制的恢复，使以乡镇企业的发展为依托的小城镇在全国各地尤其是东部沿海地区兴旺发达起来。小城镇的大发展不仅得到了政策的支持，也得到了主流理论的证明。

1980 年 12 月 9 日，国务院向各地各部门批转了《全国城市规划工作会议纪要》，纪要回顾了我国城市规划工作发展的历史，认为第一个五年计划期间城市规划工作开展得比较顺利，但从 20 世纪 50 年代末直到"文化大革命"结束，城市规划工作实际上被取消了，造成了严重后果：大城市规模失去控制，小城镇没有得到应有的发展；城市内部建设混乱。为此，纪要明确提出，今后我国城市发展要遵循："控制大城市规模，合理发展中等城市，积极发展小城市，是我国城市发展的基本方针。"理由是国内外经验证明，城市规模过大，带来许多难以解决的弊端；我国中等城市数量较多，分布较均衡，在这些城市有选择地搞一些工业项目，有利于争取建设时间，提高经济效果；而依托小城镇发展经济，有利于生产力的合理布局，有利于就地吸收农业剩余劳动力，有利于支援农业和促进当地经济文化的发展，有利于控制大城市的规模，有利于逐步缩小城乡差别和工农差别。

自 1980 年《全国城市规划工作会议纪要》公布以来，整个八九十年代我国城市化发展的理论与实践问题就主要围绕着以城市规模大小为取向的所谓城市化道路选择的争论上。大部分都是赞同和论证限制大城市规模和大力发展小城镇的声音，其中费孝通先生在 1984 年《瞭望》上发表了一系列文章，提出了"小城镇，大问题"这个命题。费先生组织一个课题组，以社会学的视角通过实地调查对苏南的小城镇发展进行了研究，探讨了商品经济、社队企业的发展与小城镇的兴衰间的关系。费先生的结论是：小城镇的兴衰关系到城乡商品经济的发展，社队企业的发展是苏南小城镇重获生机的重要原因；小城镇应成为农村商品流通中心、服务中心、文化中心和教育中心；小城镇作为"人口蓄水池"是农村中几亿剩余劳动力从农业中转移出去的出路；小城镇的兴衰是关系到我国现代化发展的大事。一石激起千层浪，费先生的命题提出后，许多文献对大力发展小城镇问题进行了更广更深入的探讨[①]，并把它总结为走具有中国特色的城市化道路。这些论证的主要依据是中国农村人口众多，现有大中城市基础设施无法承接将要从农业中转移出来的几亿剩余劳动力，而通过小城镇发展乡镇企业和商品经济，既可以容纳农村剩余人口，发展农村的第二、第三产业，提高农民的收入，也可以促进城乡交流，避免西方国家城市化过程中"大城市病"和农村凋敝并存现象的发生。

大力发展小城镇的理论和政策适应 20 世纪 80 年代大力发展乡镇企业的需要，适应我国改革逐步推进的需要。我国经济体制改革的基调是增量式的改革，在稳定城市国有经济的同时，首先在城乡接合部，在小城镇发展集体经济、个体经济，在特区、在开放城市发展"三资"经济。在 80 年代乡镇企业的大发展为多种经济成分并存和调整经济结构做出了重要贡献。90 年代之后"三资"企业的作用逐渐超过了乡镇企业，但大力发展小城镇依然是政策的基调和理论的主要声音。1990 年实施的《中华人民共和国城市规划法》继续明确"国家实行严格控制大城市规模，合理发

---

① 据中国期刊网数据库，1980—1999 年大约有 2588 篇期刊论文以小城镇为主题。

展中等城市和小城市的方针，促进生产力和人口的合理布局"为我国城市发展的基本方针。

（二）中等城市重点论

1990年前后，中等城市的作用得到许多学者的重视。中等城市被认为既可以克服大城市和小城镇的缺陷，又可以发挥大城市和小城镇的各自优点。中等城市既能够发挥工业生产与城市社区的集聚效应，克服小城镇在这方面的不足；又能够避免大城市人口过度密集可能引发的城市病。与大城市和小城镇相比，中等城市比较容易实现经济效益、社会效益和环境效益的统一。我国城乡之间落差较大，主要是由于中等城市发展不足所致，中等城市一般位于大城市和小城镇的接合部，加快其发展可以起到沟通大城市和小城镇之间的桥梁作用，从而实现城乡协调发展的目标。比如宋书伟等（1990）指出，客观条件不允许我国走西方大城市化道路，大城市容易出现"现代城市病"；而由于传统农业社会结构的惰性太强，加之自然条件不允许，在农村就地实现城市化的阻力太大。建议采取中间突破带两头的办法——直接有计划地建设和发展人口在20万—50万的中等城市，吸引大城市和农村的人力物力向它们转移和集中。万大平（1990）认为，中等城市能使城市规模和城市效益二者良好地结合起来。李金来（1990）认为，世界发达国家城市化的进程中在城市结构上普遍经历了"分散—集中—再分散"三个历史阶段。即发生产业革命之前，普遍存在的是分散的小城镇；产业革命后出现了越来越多的大城市，人口向大城市集中；但随着大城市病的出现，城市人口已不再向少数大城市聚集，而出现了明显的向中小城市分散的趋势。并以德国莱茵—鲁尔区为例，说明中等城市组成的城市群代表着城市发展的方向。我国不应再沿袭"小城市—大城市—中城市"的发展模式，应积极主动发展中等城市，走一条超前型具有中国特色的城市化道路。

（三）大城市重点论

虽然重点发展小城镇的声音在这个时期占据主导地位，但强调大城市的优势，主张重点发展大城市的声音也不绝于耳。胡兆量（1986）认为，工业革命以来，大城市的发展速度明显加快了。大城市的人口增长速度比城市人口增长块，比总人口增长更快，它的出现具有普遍性、反复性与客观性，具有统计上的规律性。李迎生（1988）认为，根据城市化发展的一般规律和我国现阶段的基本国情，现阶段我国城市化的合理模式必须选择以大城市为主体的城市化模式。李迎生的大城市发展模式包括三个方面的含义：一是继续发展现有的大城市，并随着质量和效益的提高，适当扩大其规模。二是根据社会经济发展的需要，将一批各方面条件优越、经济效益较高的中小城市扩建为大城市。三是在一切可能的地方新建大城市，以推动区域城市化的发展。饶会林（1989）从城市经济规模效益、社会规模效益、环境规模效益和建设规模效益四个方面论述了大城市比中小城市更有利，并依据我国1984年的统计资料，计算按城市人口平均的工业生产总值，发现只有100万人口以上的特大城市才能达到平均水平以上。张正河、谭向勇（1998）认为，中国的小城镇道路是不得已而为之的，已出现比城市病更麻烦的村镇病。大力发展小城镇的政策和观点是出于保障城市居民福利的思想，而非发展的道路。把大力发展小城镇作为我国城市化的唯一道路是一条非常危险的道路。

主张重点发展大城市的研究者列举的理由主要包括：第一，大城市的发展是工业化过程中的普遍现象；第二，大城市的规模经济和集聚效应远高于小城镇，大城市能最大限度地节约土地；第三，小城镇浪费土地资源、水资源和公共建设资源，不容易解决环境污染问题，影响了第三产业发展，就业机会有限。

（四）大中小城市协调发展的理念

1998年以后，中国逐渐告别了短缺经济时代，进入了过剩经济时代。大部分的最终消费产品都面临着激烈竞争局面。通货紧缩现象的出现使不少学者认为中国长达20年的高速增长阶段已经结束，中国将进入一个低速增长的结构调整期。形成中国的通货紧缩和需求不足状况既有国际大环境的因素，更是国内经济结构和宏观经济政策的反映。一方面，城市居民对普通家电产品的消费已经饱和，产品结构亟须升级；另一方面，"三农"问题更加凸显，乡镇企业的发展出现迟缓，农民收入增长缓慢，农村公共投入不足，农业效益不高。国内这两方面的因素加上东南亚金融危机使我国经济增长放缓。这个时候许多学者提出，加快城市化的进程可以一举多得，既可以刺激需求，调整产业结构，也可以促进"三农"问题的解决。因此，20世纪末，城市化问题、城市发展模式问题又成为热点问题。这个时候，由于市场经济的冲击，户籍制度也有所松动，城市里尤其大城市里流动人口已经很多；小城镇的发展也遇到了环保、技术、市场、规模等"瓶颈"。人们对城市化的讨论除城市规模这个老问题之外，更有学者把目光投向了城市本身，研究城市本身的现代化问题。

城市规模问题仍然是争论的焦点之一，不过，这时候已发生了一些变化。加快发展小城镇，走中国特色的城市化道路仍然是许多人的主张[①]，但同时强调现有小城镇要适当集中合并，克服散乱状况以利于环境保护问题的解决，提高规模效益。柳随年（2001）认为，小集镇从历史上看主要是地区的贸易集散地，目前交通通信便利，经济发展有更高的要求，不宜再强调发展，还应适当撤并，以便向市县和中心镇集中。

充分发挥大城市的作用，不要人为限制大城市发展的声音得到越来越多人的支持。饶会林十年之后再谈城市规模效益问题，通过比较不同规模等级城市的人均产值和地均产值，以1991—1996年数据计算的结果是：人均GDP随城市规模的增大而增大，200万人口以上的超大城市人均GDP最高，20万人口以下的小城市人均GDP最低。所以他认为，城市规模效益规律是贯穿城市发展过程中的重要客观规律，城市规模效益应当成为制定城市发展政策的主要依据，至于城市化过程中出现的"城市病"问题，可以通过一定的途径加以缓解和避免。王小鲁、夏小林（1999、2000）认为，改革开放后，中国工业化进程中近20年大规模的农村工业化（乡镇集体企业的大发展）是在市场发育不充分，特别是在要素市场尚未形成的条件下走出的一条迅速发展市场导向产业的捷径。但是，随着要素市场的逐渐形成、城乡壁垒的打破和乡镇企业在某些地区的饱和与竞争力下降，农村工业化已不再是农村发展的唯一可行之路。迅速发展城市经济，将上亿农村劳动力吸收到城市产业中来，将是中国经济未来发展的一条必由之路。王小鲁、夏小林进一步建立了一个简单的城市经济模型，并通过计量分析探讨城市规模收益和外部成本的关系，得出人口规模在100万—400万时城市的净规模收益最大。因此，他们主张应在继续为小城镇发展提供必要条件的同时，把政策重心从消极限制转向积极鼓励发展大城市，特别是一二百万人口的城市。巫文艳（2001）认为[②]，城市的规模越大，居民的消费水平就越高。国民经济高速增长的实现很大程度上需

---

① 比如，国务院研究室李炳坤撰文继续论证我国城市化应当实行"大中小并举，以小城镇为主"的基本方针。参见李炳坤《论加快我国小城镇发展的基本思路》，《管理世界》2000年第3期。

② 参见巫文艳《中国需要发展大城市》，《国土经济》2001年第4期。

要城市化所带来的消费需求迅速扩张。增加大城市的数量和比重，优化特大和超大城市的功能结构，将对我国今后若干年的经济增长起推动作用。张自然（2013）在总结前人城市规模探讨的基础上，选取中国 264 个地级及地级以上城市 1990—2011 年的数据，采用成本—收益法来研究中国城市的最大最优适度规模问题。并按不考虑人力资本、人均受教育年限和考虑人力资本三种情况来分析 264 个城市规模收益情况，外部成本则考虑政府成本、企业工资成本、通货膨胀成本、住房成本和环境成本几个方面，得出了最小最大城市规模范围和最优城市规模范围，即最优城市规模即净规模收益峰值在 556 万—614 万人，这一净规模收益的结果比王小鲁、夏小林（1999）的 100 万—400 万人高出了 200 万—400 万人。外部相对成本最低时的城市规模为 578 万人。合理的城市相对规模净收益大于 0.3 的城市规模为 166 万—2441 万人，此时的外部相对成本大部分不超过 0.5。城市相对规模净收益为正的区间为 65 万—3569 万人。根据这一结论，中国的大城市、超大城市不是太多而是太少。

城市化动力问题的研究也更深入地展开，不仅研究城市化本身的动力问题，而且应用 20 世纪 90 年代以来新经济地理学派发展的"迁移驱动模型"和"投入—产出联系驱动模型"等理论，对我国城市化驱动区域经济增长的机制进行了初步探究。杨开忠（2001）得出的结论和政策建议是：要素自由流动和商品自由贸易是城市化和经济发展的重要驱动力与前提，在城市化过程中，政府没有必要也不应该去规定人口和企业区位的选择，没有必要也不应该规定是重点发展大城市还是重点发展小城镇，政府作用的关键在于为个人和企业的区位决策，为不同区位、不同规模等级的城市之间的竞争创造公开、公正的条件和环境。

国家政策方面的变化也反映了上述理论研究的成果。2001 年 3 月 15 日九届全国人大通过的国家"十五"计划中关于城市化提出的总纲是"实施城镇化战略，促进城乡共同进步"，提出要走符合我国国情、大中小城市和小城镇协调发展的多样化城镇化道路，逐步形成合理的城镇体系。有重点地发展小城镇，积极发展中小城市，完善区域性中心城市功能，发挥大城市的辐射带动作用，引导城镇密集区有序发展，防止盲目扩大城市规模。而 2006 年十届全国人大通过的国家"十一五"规划纲要中对城市化问题的指导思想则更进一步，在继续坚持大中小城市和小城镇协调发展的基础上，提出要把城市群作为推进城镇化的主体形态，以若干城市群为主体，其他城市和小城镇点状分布，永久耕地和生态功能区相间隔，高效协调可持续的城镇化空间格局。并强调要改革城乡分割的就业管理制度，深化户籍制度改革，逐步建立城乡统一的人口登记制度，要形成用经济办法来控制城市人口过快增长的机制。

党的十八届三中全会提出，推进农业转移人口市民化，逐步把符合条件的农业转移人口转为城镇居民。创新人口管理，加快户籍制度改革，全面放开建制镇和小城市落户限制，有序放开中等城市落户限制，合理确定大城市落户条件，严格控制特大城市人口规模。此决定在"十一五"规划的基础上又前进了一步。

（五）非城市化思想

"非城市化思想"在改革开放后虽不是主流思想，响应者也寥寥无几，但作为百花中的一朵，仍不失为参考观点。这种观点主要是从马克思、恩格斯、列宁、斯大林的著作中寻找论据，从资本主义和社会主义的不同制度角度来论证我国实现工业化和现代化不必伴随着城市化的发展。如陈可文、陈湘舸（1982）认为："城市化道路不是一切工业化国家的必由之路，工业化只有在资本主义制度下才必然导致城市化。而在社会主义社会，工业化却完全可以不走城市化的道路。"汪巽人（1983）认为："工业化导致城市化是资本主义社会的特有规律"，"同资本伴生的社会矛盾是加剧城乡对立的城市化，随公有制而来的社会演变是消灭城乡差别的城乡一体化。""苏联出现城市化是源于国家在指导思想上的失误，并不表明工业化导致城市化的规律适用于社会主义制度。""社会主义制度为我国做出了抉择，实现人口的战略转移必须摒弃西方世界的城市化道路，必须努力探索有中国特色的非城市化道路"。

非城市化道路思想从消除城乡对立的目标出发，认为社会主义国家可以凭借其公有制的制度优势有计划地将工业在全国均衡分布，在发展工业的同时不会引起人口的集中，不会带来资本主义国家常见的城市分离和对立。这种思想是我国当时仍处在计划经济体制下的一种反映，仍带有意识形态特征，它与经济发展带来人口集中的自然趋势相违背，也不符合经济社会发展的事实。因而这种观点在改革开放后并没有引起多大反响。

四 总结

新中国成立以来，我国城市化的实践和思想变迁经历了一个否定之否定过程。以改革开放为界，改革开放之前，经历了一个从新中国成立之初的城乡人口自由流动、农村人口自发向城市集聚、城市的发展不受规模限制，到限制城乡人口自由流动、农民就地城市化、限制大城市发展的变迁；改革开放之后，经历了一个反向过程，从限制农村人口向城市转移的僵化的城乡隔离户籍制度逐渐过渡到城乡人口按经济规律双向流动的一体化户籍制度，从限制大城市规模、小城镇遍地开花到大中小城市共同发展同时限制特大城市人口规模的城市化方针的变迁。

新中国成立后，建设一个富强独立的社会主义国家成为当时追求的目标，尽快实现工业化是全体中国人的强烈愿望，城市化的程度和途径是从属于工业化方式的。在新中国成立时经济极端落后的基础上建设一个基本完整的工业体系，我国选择的是偏重于积累而压缩消费，优先发展重工业。相应地在城市发展上强调建设生产性城市，反对消费性城市。最初几年并没有明确反对建设大城市，也没有明确限制农村人口迁移到城市。但随着计划经济体制的实施、粮食统购统销中的失误、"大跃进"、浮夸风等一系列"左"的错误的发展，粮食供给发生多次紧张，正常的城乡人口流动机制逐渐被僵化的城乡分割的户籍制度所代替。"大跃进"后直至改革开放，人民公社体制成为农村奔向共产主义天堂的"金桥"，成为"乡村化城市"或"城市化乡村"的载体。但20年的人民公社并没有给农村带来城市般的生活，带来的却是城乡差距的拉大，二元经济结构的加深。

改革开放后，我国在城市化的实践和思想方面都有了较大的自由发展空间。虽然直到20世纪末，最近20多年的时间里，"限制大城市规模，大力发展小城镇"的实践和思想一直占据主导地位，但其他的城市化道路声音也一直未断。21世纪初，人们在城市化的理论上和实践中都更前进了一步，提出了以城市群为我国城市化的主要形态，大中小城市共同协调发展，放开中等城市户籍限制，鼓励大中城市发展并以经济手段取代行政手段控制特大城市人口过快增长，逐步实施城乡一体化的户籍管理制度的城市化思想。工业化创造供给，城市化创造需求。东南亚金融危机后我国主要采取了扩大投资需求的措施使经济克服了通缩状态。时至今日，我国经济趋缓单靠扩大投资需求来拉动，效果已极为有限，甚至会对我国经济结构的调整累积许多负面影响。扩大消费需求应当是我国当前和今后提升经济的主要措施，而加快城市化进程，则可以释放出巨大的国内消费需求。因此，厘清新中国成立以来我国城市化阶段和思想演进的轨迹，对于提出以城市化与工业化双轮驱动的发展脉络具有现实意义。

参考文献

［1］管岭：《毛泽东城市化思想初探》，《毛泽东思想研究》2008 年第 3 期。

［2］申小蓉：《邓小平城市化建设思想探析》，《毛泽东思想研究》2006 年第 3 期。

［3］王颖：《城市发展研究的回顾与前瞻》，《社会学研究》2000 年第 1 期。

［4］王琼：《改革开放以来我国城市化道路选择的若干观点述评》，《上海经济研究》2002 年第 9 期。

［5］薛凤旋：《中国城市与城市发展理论的历史》，《地理学报》2002 年第 6 期。

［6］郭元阳：《改革开放前新中国小城镇战略的历史沿革》，《大庆师范学院学报》2007 年第 1 期。

［7］邹远修：《中国小城镇的曲折发展及其原因》，《山东师范大学学报》2003 年第 3 期。

［8］秦尊文：《小城镇偏好探微——兼答陈美球同志之商榷》，《中国农村经济》2004 年第 7 期。

［9］《毛泽东选集》第三卷，人民出版社 1991 年版。

［10］《毛泽东选集》第四卷，人民出版社 1991 年版。

［11］周恩来：《当前财经形势和新中国经济的几种关系》，载中共中央文献研究室编《建国以来重要文献选编》第 1 册，中央文献出版社 1992 年版。

［12］中共中央文献研究室编：《建国以来重要文献选编》第 5 册，中央

文献出版社 1993 年版。

[13] 薄一波：《若干重大决策与事件的回顾》下卷，中共中央党校出版社 1993 年版。

[14] 中共中央文献研究室编：《建国以来重要文献选编》第十一册，中央文献出版社 1995 年版。

[15] 中共中央文献研究室编：《建国以来重要文献选编》第三册，中央文献出版社 1995 年版。

[16]《毛泽东文集》第八卷，人民出版社 1999 年版。

[17] 陈可文、陈湘舸：《论城市化不是唯一的道路》，《求索》1982 年第 5 期。

[18] 汪巽人：《论我国的非城市化道路》，《求索》1983 年第 5 期。

[19] 费孝通：《小城镇，大问题》，《瞭望》1984 年第 2—5 期。

[20] 杨重光、廖康玉：《试论具有中国特色的城市化道路》，《经济研究》1984 年第 8 期。

[21] 胡兆量：《大城市的超前发展及其对策》，《北京大学学报》1986 年第 5 期。

[22] 李迎生：《关于现阶段我国城市化模式的探讨》，《社会学研究》1988 年第 2 期。

[23] 饶会林：《试论城市规模效益》，《城市》1989 年第 4 期。

[24] 张正河、谭向勇：《小城镇难当城市化主角》，《中国软科学》1998 年第 8 期。

[25] 中国社会科学院社会学研究所编：《中国社会学年鉴》（1979—1989），中国大百科全书出版社 1989 年版。

[26] 李金来：《我国城市应走优先发展中等城市的道路》，《城市问题》1990 年第 2 期。

[27] 方向新：《我国城镇化道路的抉择与城镇体系的建立和完善》，《人口学刊》1989 年第 6 期。

[28] 周一星：《论中国城市发展的规模政策》，《管理世界》1992 年第 6 期。

[29] 刘鹤等：《中国经济增长的可持续性》，《管理世界》1999 年第 1 期。

[30] 柳随年：《关于推进城镇化进程若干问题的思考》，《管理世界》

2001 年第 6 期。

［31］饶会林、丛屹：《再谈城市规模效益问题》，《财经问题研究》1999
年第 10 期。

［32］王小鲁、樊纲主编：《中国经济增长的可持续性——跨世纪的回顾
与展望》，经济科学出版社 2000 年版。

［33］杨开忠：《中国城市化驱动经济增长的机制与概念模型》，《城市问
题》2001 年第 3 期。

［34］林均昌：《城市化进程中的城市民族问题研究》，中央民族大学出版
社 2009 年版。

［35］武力：《1978—2000 年中国城市化进程研究》，《中国经济史研究》
2002 年第 3 期。

报告2　中国城市化模型研究

张自然

摘　要：本报告主要探讨改革开放后中国的城市化进程。利用 1978—2012 年的城市化数据得出中国城市化两阶段 Logistic 增长模型。第一阶段 1978—1995 年中国城市化 Logistic 增长模型的增长速度为 0.0365。第二阶段 1996—2012 年中国城市 Logistic 增长模型的增长速度为 0.0573，快于 1978—1995 年这个阶段增长速度的 0.0365，更远快于世界平均水平。预计中国将在 2011—2016 年城市化增速为最高水平，这个时期的城市化增长率约为 1.4 个百分点，城市化率则在 51.27%—58.5%，此后中国的城市化增速逐步放缓。按照中国城市化 Logistic 增长模型预测，预计 2015 年、2020 年、2030 年中国的城市化率分别为 57.11%、63.94% 和 75.86%，可以预测中国 2030 年将有 10.62 亿的城市人口，即 10 亿多中国人生活在城市里。要达到 2030 年 75.86% 的城市化率的目标，今后每年要提高城市化水平 1.29 个百分点，相当于每年有 1900 多万人转移到城市来，这是一个非常庞大的数字。如果目前的城市化势头保持不变，中国城市化率将在 2030 年接近 76% 还是有可能的，但鉴于中国农村人口占总人口很大的比例，且随着老龄社会的到来等因素的影响，76% 可能是中国未来 20 年城市化发展的顶部，此后一个较长的时期城市化水平将维持在 76% 左右。

关键词：城市化　Logistic 增长曲线　城市化预测

一　引　言

城市化已经成了当今中国最为重要的现象。城市化是指随着社会经济的发展，非农人口占总人口的比重不断提高的过程。人口和资本向城市集中，是由于生产要素在空间上的聚集所产生的外部效益，以及城市的先进文化、生活方式等所产生的城市引力。已有学者采用多种方法对中国城市化水平进行了预测。杜鹰等（2002）[①] 按照 20 世纪 90 年代城市化率平均每年提高 0.6 个百分点的速度增长，预计到 2010 年我国城市化率为 45%—47%，2020 年为 53%—57%，2030 年为 61%—66%。李善同、侯永志（2002）[②] 认为，2020 年我国城镇化水平将会提高到 60% 左右，2030 年为 60%—65%，城镇人口年增长率在 2.0%—2.3%。陈彦光、周一星（2005）[③] 借助 Logistic 增长模型的理论分析和城市系统指数模型的特征尺度修正并尝试完善 Northam 曲线。李林杰、金剑（2005）[④] 在客观评述国内外主要预测方法的基础上，根据中国 1949 —2004 年城市化水平的时间序列资料，构建城市化水平的时间序列预测模型，并进行实证检验和预测。曹桂英、任强（2005）[⑤] 利用 IIASA（国际应用系统分析研究院）的模型对全国和地区未来 30 年人口城镇化水平进行预测。结果显示了全国和不同区域的城镇化长期趋势；揭示了城乡间的迁移和农村居民身份的改变，是城镇地区人口高速增长的重要因素。伴随城镇化的加速，农村地区人口老龄化速度快于城市。其方法实际也是利用 Logistic 模型。白先春、李炳俊（2006）[⑥] 采用新陈代谢 GM（1，1）模型预测 2018 年我国城市化水平将会达到 70.23%。宋丽敏（2007）[⑦] 在对现有城市化水平预测模型与方法进行评价与选择后，采用 Logistic 增长模型预测中国未来的城市化水平，结果显示中国城市化水平在 2030 年将达到 60% 左右。张佰瑞（2007）[⑧] 对我国学术界使用的多种预测方法和模型进行了比较、评

①　杜鹰、陈甬军、陈爱民：《中国的城镇化战略及相关政策研究》，载陈甬军、陈爱民主编《中国城市化：实证分析与对策研究》，厦门大学出版社 2002 年版。

②　李善同、侯永志：《中国城市化若干问题的分析》，载陈甬军、陈爱民主编《中国城市化：实证分析与对策研究》，厦门大学出版社 2002 年版。

③　陈彦光、周一星：《城市化 Logistic 过程的阶段划分及其空间解释——对 Northam 曲线的修正与发展》，《经济地理》2005 年第 6 期。

④　李林杰、金剑：《中国城市化水平预测的时间序列模型及其应用》，《中国人口科学》2005 年第 S1 期。

⑤　曹桂英、任强：《未来全国和不同区域人口城镇化水平预测》，《人口与经济》2005 年第 4 期。

⑥　白先春、李炳俊：《基于新陈代谢 GM（1，1）模型的我国人口城市化水平分析》，《统计与决策》2006 年第 5 期。

⑦　宋丽敏：《中国人口城市化水平预测分析》，《辽宁大学学报》（哲学社会科学版）2007 年第 3 期。

⑧　张佰瑞：《城市化水平预测模型的比较研究——对我国 2020 年城市化水平的预测》，《理论界》2007 年第 4 期。

价和印证，并对我国 2020 年城市化水平进行了预测，得出了 2020 年我国城市化水平的最低值、期望值和乐观值以及相应的人口分布格局的变动值。王崇锋、张古鹏（2009）[1] 通过回归估计城市化率与 GDP 增长率的关系，然后假定 GDP 按 8% 的速度递增，到 2020 年我国城市化水平大约为 55.44%。丁刚（2010）[2] 利用 PDL 和 ARMA 模型组合方法预测城市化发展水平后，认为与仅考虑了当期经济发展水平对城市化发展的影响所建立的传统线性预测模型相比，PDL 模型的预测效果更为理想。曹飞（2012）[3] 运用结构突变理论对 1978—2010 年我国城市化率 Logistic 进行估计，实证分析得到 1995 年为我国城市化率的结构突变点，并利用估计的模型预测 2030 年我国城市化率将达到 70% 左右。陈昌兵（2013）[4] 认为，不同时期我国城市化率服从不同的 S 形增长曲线，并利用虚拟变量估计了不同时期城市化率 S 形增长曲线，得出我国城市化在 1996 年以后发生了结构性变化，1996 年以后的城市化率 S 形增长曲线向左移动，形状变陡，变动后的增长曲线拐点提前了大约 8 年。从已有中国城市化预测来看，采用 Logistic 增长模型预测中国城市化水平的居多，并且越是采用近期的城市化数据得到的城市化曲线越是与实际情况相近。按照多位学者及笔者的分析，1995 年是中国城市化的"分水岭"，本报告在尝试三阶段分析改革开放后的城市化规律后，即对中国改革开放以来的规律进行探讨。

二 城市化模型的理论基础

诺瑟姆（1975）[5] 提出的城市化发展曲线类似于 S 形曲线（见图 2-1）。按照诺瑟姆的观点，世界城市化具有明显的阶段性，可以分为三

① 王崇锋、张古鹏：《我国未来城市化发展水平预测研究》，《东岳论丛》2009 年第 6 期。
② 丁刚：《基于 PDL 模型的城市化水平预测方法研究》，《西北农林科技大学学报》（社会科学版）2010 年第 3 期。
③ 曹飞：《中国人口城市化 Logistic 模型及其应用——基于结构突变的理论分析》，《西北人口》2012 年第 6 期。
④ 陈昌兵：《城市化率多重 S 形曲线估计及预测——基于我国城市化发展的结构性变化分析》，载张平、刘霞辉主编《宏观经济蓝皮书——中国经济增长报告（2012—2013）》，社会科学文献出版社 2013 年版。
⑤ Ray M. Northam, *Urban Geography*. John Wiley & Sons, New York, 1975.

个阶段。第一个阶段城市化水平小于 30%，此时城市人口增长缓慢，当城市人口比重超过 10% 以后城市化水平才略微加快。第二个阶段城市化水平在 30%—70%，当城市人口比重超过 30% 城市化进入加速阶段，城市化进程出现加快趋势，这种趋势一直要持续到城市化水平达到 70% 才会逐渐稳定下来。第三个阶段城市化水平大于 70%。此时，社会经济发展渐趋成熟，城市人口保持平稳。这一规律已经被大部分国家城市化过程所验证。

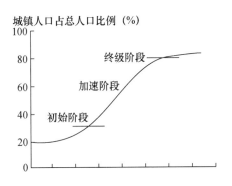

城镇人口占总人口比例（%）

图 2 - 1 城市化过程的 S 形曲线

资料来源：Ray M. Northam, *Urban Geography*. John Wiley & Sons, New York, 1975, p. 66.

在第一阶段，农业经济占主导地位，农业比重较大，农业人口占有绝对优势。在这一阶段农业劳动生产率较低，农产品剩余还较少，同时人口增长处于高出生率高死亡率的缓慢增长阶段。农村对劳动力的推力还不够。而现代工业则刚刚起步，规模较小，发展中受到资金和技术的制约，因此城市对农村人口的拉力还不够大。推力和拉力的共同作用效应比较低，从而使农村人口向城市转移的速度较为缓慢。世界城市化过程从两河流域的城市出现开始至世界城市化水平达到 20.5% 的 1925 年历时 5400 多年。① 工业化和城市化起步最早的英国 1820 年的城市化率为 32%（美国 1850 年城市化率为 12%，加拿大 1890 年城市化率为 32%）。

在第二阶段，随着工业化的逐步发展，尤其是服务经济出现，城市经济发展迅速，城市的就业岗位逐步增多，且城市就业岗位的工资相对较高，对农业人口形成的拉力加大。农业劳动生产率也得到相应提高，使更多的农业劳动力从土地上解放出来。同时农村土地资源有限，农业人口就

———————————

① 陈治中：《论城市化与经济增长》，中国博士学位论文全文数据库，2002 年。

业压力增大，农村的推力明显加大。农村人口向城市集中的速度明显加快，城市化进入加速发展阶段。而城市化水平在20%—30%到70%左右，西方发达国家用了100年左右的时间。但目前大部分国家仍处于这一阶段即加速城市化的过程中。

在第三阶段，城市化水平达到70%左右后，城市化发展速度开始转向缓慢。服务业经济占GDP的份额为70%—80%，城市就业的70%—80%集中在服务业，城市就业岗位趋于饱和，城市就业岗位和工资相对于农民来说已经趋同，城市对农民的拉力减小。同时，农村人口经过上一阶段的转移，人口就业和资源环境的压力减小，农民生活条件显著改善，同时农业劳动生产率进一步提高已经比较困难，这样农村的推力也比较小。这样城市化进程开始放慢。[①]

人们通常将城市化发展的阶段性规律用Logistic增长函数来描述：

$$P = \frac{1}{1 + e^{a-bt}} \tag{2.1}$$

（2.1）式中，P为城市化水平，a为初始状态城市化水平；b为斜率，表示增长速度，增长速度b越大，城市化发展就越快；t表示时间。

对（2.1）式进行微分有：

$$\frac{dP}{dt} = \frac{be^{a-bt}}{(1 + e^{a-bt})^2} \tag{2.2}$$

$$\frac{d^2P}{dt^2} = \frac{b^2 e^{a-bt}}{(1 + e^{a-bt})^3}(1 - e^{a-bt}) \tag{2.3}$$

其中，$\frac{dP}{dt}$表示城市化水平变化。

当城市化加速度为0时，城市化增长速度最大，此时：

$$\frac{d^2P}{dt^2} = 0$$

即：$1 - e^{a-bt} = 0$。

此时，$a - bt = 0$。即：

$$t = a/b \tag{2.4}$$

因此，当t的值为a/b时，城市化速度最快。

---

① 陈治中：《论城市化与经济增长》，中国博士学位论文全文数据库，2002年。

三　改革开放后两阶段城市化模型

在城市化理论分析基础上，我们尝试对改革开放后的城市化规律进行研究，用 1978—2012 年长序列城市化数据模拟的结果与实际数据偏差较大。通过梳理改革开放后的城市化数据发现，由于 1996 年城市化加速，年均增速显著超过 1.4 个百分点，1995 年为中国城市化的结构性拐点（陈昌兵，2013）。[①] 因此，本报告将 1978 年后中国城市化进程分为两个阶段。1978—1995 年为城市化第一阶段，1996—2012 年为城市化第二阶段。

（一）第一阶段（1978—1995 年）

以 1800 年为基期对 1978—1995 年城市化的 Logistic 函数分析结果：

$$P = \frac{1}{1 + e^{7.956827 - 0.036466t}} \tag{2.5}$$

$R^2 = 0.9676$，调整的 $R^2 = 0.9656$，F 统计量 $= 477.937$。

常数 a 的显著程度为 25.567，时间 t 的系数 b 的显著程度为 21.862，均在 5% 条件下显著。

b 为 0.036466，远远快于世界平均水平 0.01729。[②]

转换为一般形式为：

$$P = \frac{1}{1 + 15796.06 \times e^{-0.036466t}} \tag{2.6}$$

据式（2.4）得：

$t = a/b = 7.956827/0.036466 = 218.199$

约为 219，即按照 1978—1995 年中国城市化数据，大约在 2019 年城市化增速出现拐点，而 1996 年中国城市化的显著加速显然改变了这一发展趋势。

（二）第二阶段（1996—2012 年）

以 1800 年为基期对 1996—2012 年城市化的 Logistic 函数分析结果：

---

① 陈昌兵：《城市化率多重 S 形曲线估计及预测——基于我国城市化发展的结构性变化分析》，载《宏观经济蓝皮书——中国经济增长报告（2012—2013）》，社会科学文献出版社 2013 年版。

② 谢文惠、邓卫：《城市经济学》，清华大学出版社 1996 年版，第 40 页。

$$P = \frac{1}{1 + e^{12.02706 - 0.057271t}}$$　　　　　　　(2.7)

$R^2 = 0.9986$，调整的 $R^2 = 0.9985$，F 统计量 $= 10491.08$。

常数 a 的显著程度为 105.409，时间 t 的系数 b 的显著程度为 102.426，均在 5% 条件下显著。

b 为 0.057271，快于 1978—1995 年这个阶段的 0.036466，更远远快于世界平均水平 0.01729。[①]

转换为一般形式为：

$$P = \frac{1}{1 + 167219 \times e^{-0.057271t}}$$　　　　　(2.8)

据式（2.4）得：

$t = a/b = 12.02706/0.057271 = 210.003$

约为 211，即大约在 2010 年年底和 2011 年年初，即 2011 年左右城市化增速出现拐点，与中国 2010 年城市化率达到 49.95% 和 2011 年城市化率达到 51.27% 的实际情况相符。

1996—2012 年作为第二阶段用 Logistic 增长函数模拟的城市化率比实际结果高 0.29 个百分点，与第三阶段划分的 2000—2012 年采用 Logistic 增长函数所得的误差仅为 0.03 个百分点，从中可以看出模拟的时间与预测点越近，模拟的结果就越准确（见图 2-2 和表 2-1）。

从预测的城市化增长率见图 2-3 和表 2-2，可以看出，中国城市化增长最快的区间在 2011—2016 年，在此期间的城市化增长率约为 1.4 个百分点，城市化率则在 51.43%—58.5%。此后中国的城市化增长逐步放缓。

按照 Logistic 增长模型预测，到 2015 年为 57.11%，2020 年中国的城市化率为 63.94%，比李善同、侯永志估计的到 2020 年中国城镇化水平将提高到 60% 左右略高，2030 年城市化率达到 75.86%，比李善同、侯永志估计的 2030 年为 60%—65% 高出近 10 个百分点（见表 2-1）。

按第六次全国人口普查估计，2030 年中国人口最多也就 14 亿，按照 2030 年的城市化率 75.86% 计算，中国 2030 年将有 10.62 亿城市人口，即 10 亿多中国人生活在城市里。要完成 2030 年 75.86% 的城市化水平，按照 2012 年中

---

① 谢文惠、邓卫：《城市经济学》，清华大学出版社 1996 年版，第 40 页。

国的城市化率为52.57%，今后每年要提高城市化水平1.29个百分点，相当于每年有近1900多万人转移到城市来，这是一个非常庞大的数字。

如果目前的城市化势头保持不变，中国城市化率将在2030年达到75.86%左右还是有可能的，但鉴于中国农村人口占总人口很大的比例，且随着老龄社会的到来等因素的影响，76%可能是中国未来20年城市化发展的顶部，此后一个较长的时期城市化水平将维持在76%左右。

而模型预测2050年城市化率为90.81%则稍微显得久远，除非是中国的城市化进程特别顺利，还要有更多针对全民的社会保障、医疗保障、计划生育改革等方面措施的支持，更需要全体人民的观念的革新，这一城市化目标才有可能达到。

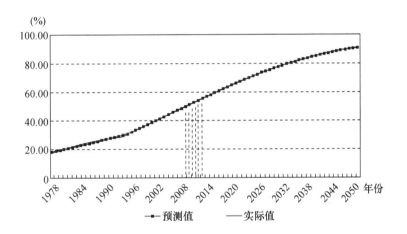

图 2-2　城市化率和城市化率预测（1978—2050 年）

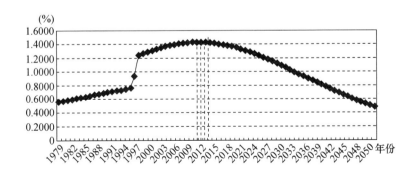

图 2-3　中国城市化增速预测（1979—2050 年）

表 2-1 　　　　中国城市化率预测（2011—2050 年）　　　　单位：%

年份	2011	2012	2013	2014	2015	2016	2017	2018	2019	2020
城市化率	51.27	52.57	54.28	55.70	57.11	58.50	59.89	61.25	62.60	63.94
年份	2021	2022	2023	2024	2025	2026	2027	2028	2029	2030
城市化率	65.25	66.53	67.80	69.03	70.24	71.43	72.58	73.71	74.80	75.86
年份	2031	2032	2033	2034	2035	2036	2037	2038	2039	2040
城市化率	76.90	77.90	78.87	79.81	80.72	81.59	82.44	83.25	84.03	84.79
年份	2041	2042	2043	2044	2045	2046	2047	2048	2049	2050
城市化率	85.51	86.21	86.87	87.51	88.13	88.71	89.27	89.81	90.32	90.81

表 2-2 　　　　中国城市化增长率预测（2011—2050 年）　　　　单位：%

年份	2011	2012	2013	2014	2015	2016	2017	2018	2019	2020
城市化率	1.43	1.30	1.71	1.42	1.41	1.40	1.38	1.37	1.35	1.33
年份	2021	2022	2023	2024	2025	2026	2027	2028	2029	2030
城市化率	1.31	1.29	1.26	1.24	1.21	1.18	1.15	1.12	1.09	1.06
年份	2031	2032	2033	2034	2035	2036	2037	2038	2039	2040
城市化率	1.03	1.00	0.97	0.94	0.91	0.88	0.84	0.81	0.78	0.75
年份	2041	2042	2043	2044	2045	2046	2047	2048	2049	2050
城市化率	0.72	0.70	0.67	0.64	0.61	0.59	0.56	0.54	0.51	0.49

四　　结　论

通过分析本报告得出中国城市化 Logistic 增长模型，并预测中国城市化发展趋势。

本报告利用 1978—2012 年的城市化数据得出中国城市化两阶段 Logistic 增长模型。第一阶段 1978—1995 年中国城市化 Logistic 增长模型的增长速度为 0.036466，远远快于世界平均水平 0.01729。第二阶段 1996—2012 年中国城市 Logistic 增长模型的增长速度为 0.057271，快于 1978—1995 年这个阶段的 0.036466，更远快于世界平均水平。

　　预计中国将在 2011—2016 年城市化增速达到最高水平，这个时期的城市化增长率约为 1.4 个百分点，城市化率则在 51.43%—58.5%，此后中国的城市化增速逐步放缓。

　　按照中国城市化 Logistic 增长模型预测，预计 2015 年、2020 年和 2030 年中国的城市化率分别为 57.11%、63.94% 和 75.86%，可以预测中国 2030 年将有 10.62 亿的城市人口，即 10 亿多中国人生活在城市里。要达到 2030 年 75.86% 的城市化率的目标，今后每年要提高城市化水平 1.29 个百分点，相当于每年有近 1900 多万人转移到城市来，这是一个非常庞大的数字。如果目前的城市化势头保持不变，中国城市化率将在 2030 年达到 75.86% 左右还是有可能的，但鉴于中国农村人口占总人口很大的比例，且随着老龄社会的到来等因素的影响，76% 可能是中国未来 20 年城市化发展的顶部，此后一个较长的时期城市化水平将维持在 76% 左右。

参考文献

[1] Northam, R. M., *Urban Geography*. Wiley New York, 1975.

[2] 丁刚:《基于 PDL 模型的城市化水平预测方法研究》,《西北农林科技大学学报》(社会科学版) 2010 年第 3 期。

[3] 王崇锋、张古鹏:《我国未来城市化发展水平预测研究》,《东岳论丛》2009 年第 6 期。

[4] 白先春、李炳俊:《基于新陈代谢 GM (1, 1) 模型的我国人口城市化水平分析》,《统计与决策》2006 年第 5 期。

[5] 宋丽敏:《中国人口城市化水平预测分析》,《辽宁大学学报》(哲学社会科学版) 2007 年第 3 期。

[6] 李林杰、金剑:《中国城市化水平预测的时间序列模型及其应用》,《中国人口科学》2005 年第 S1 期。

[7] 李善同、侯永志:《中国城市化若干问题的分析》, 载《中国城市化:实证分析与对策研究》, 厦门大学出版社 2002 年版。

[8] 杜鹰、陈甬军、陈爱民:《中国的城镇化战略及相关政策研究》, 载陈甬军、陈爱民主编《中国城市化:实证分析与对策研究》, 厦门大学出版社 2002 年版。

［9］曹飞：《中国人口城市化 Logistic 模型及其应用——基于结构突变的理论分析》，《西北人口》2012 年第 6 期。

［10］曹桂英、任强：《未来全国和不同区域人口城镇化水平预测》，《人口与经济》2005 年第 4 期。

［11］张佰瑞：《城市化水平预测模型的比较研究——对我国 2020 年城市化水平的预测》，《理论界》2007 年第 4 期。

［12］陈治中：《论城市化与经济增长》中国博士学位论文全文数据库，2002 年。

［13］陈彦光、周一星：《城市化 Logistic 过程的阶段划分及其空间解释——对 Northam 曲线的修正与发展》，《经济地理》2005 年第 6 期。

［14］谢文蕙、邓卫：《城市经济学》，清华大学出版社 1996 年版。

［15］陈昌兵：《城市化率多重 S 形曲线估计及预测——基于我国城市化发展的结构性变化分析》，载张平、刘霞辉主编《宏观经济蓝皮书——中国经济增长报告（2012—2013）》，社会科学文献出版社 2013 年版。

报告3 中国最优最大城市规模探讨
——基于 264 个城市规模成本—收益分析

张自然

摘　要： 在总结前人城市规模研究的基础上，选取中国 264 个地级及地级以上城市 1990—2011 年的数据，采用成本—收益法来研究中国城市的最大最优适度规模问题。并按不考虑人力资本、考虑人均受教育年限和考虑人力资本三种情况来分析 264 个城市规模收益情况，外部成本则考虑政府成本、企业工资成本、通货膨胀成本、住房成本和环境成本几个方面，得出了最小最大城市规模范围和最优城市规模范围，即最优城市规模即净规模收益峰值在 556 万—614 万人，外部相对成本最低时的城市规模为 578 万人。合理的城市相对规模净收益大于 0.3 的城市规模为 166 万—2441 万人，此时的外部相对成本大部分不超过 0.5。城市相对规模净收益为正的区间为 65 万—3569 万人。根据这一结论，中国的大城市、超大城市不是太多而是太少。像北京、上海这些超大城市虽然目前面临交通拥挤、环境污染尤其是严重的雾霾这类问题，但其城市规模还远远没有达到饱和的区间。需要做的是以效率创新驱动经济转型升级，转变经济增长方式，以改善人民的福利水平。

关键词： 最优城市规模　成本—收益法　人力资本

一　引　言

中国处于高速城市化进程中。按最新的中国城市化预测结果，中国在 2011—2016 年为城市化增速最高水平，这个时期的城市化增长率约 1.4 个百分点，城市化率则在 51.43%—58.5%，此后中国的城市化增速将逐步放缓。按照中国城市化 Logistic 增长模型预测，预计 2015 年、2020 年、

2030 年中国的城市化率分别为 57. 11%、63. 94% 和 75. 86%，可以预测中国 2030 年将有 10. 62 亿的城市人口，即 10 亿多中国人生活在城市里。要达到 2030 年 75. 86% 的城市化率的目标，今后每年要提高城市化水平 1. 29 个百分点，相当于每年有近 1900 多万人转移到城市来。如此快速的城市化直接导致城市人口规模空前巨大、大型、中型规模城市快速增加。

1996 年中国人口在 100 万以上的"大"城市只有 34 座，总共拥有 7300 万非农业人口，城市化率仅 30. 48% （王小鲁等）。[①] 今天中国城市化进程则是突飞猛进，我们按 2010 年常住人口计算本报告的 264 个地级及地级以上城市覆盖人口为 118497. 83 万，占全国常住人口 137053. 69 万的 86. 46%。264 个城市中超过 2000 万人口的城市有 2 座（2012 年北京市常住人口已经超 2000 万人），城市人口在 1000 万—2000 万人的城市有 11 座，城市人口在 500 万—1000 万人的城市有 73 座，城市人口在 200 万—500 万人的城市有 134 座，城市人口在 100 万—200 万人的城市有 34 座，城市人口在 50 万—100 万人的城市有 7 座，城市人口在 30 万—50 万人的城市有 2 座，低于 30 万人口的城市仅 1 座。大规模和超大规模城市越来越多。城市规模增大由于各种生产要素产生聚集而得到规模收益，但是，人口规模达到一定程度必然对城市产生一定的负面效应，包括城市交通拥挤、环境污染、资源压力、市政基础设施跟不上城市扩张和人口规模膨胀的步伐，城市规模过大也因外部成本过大而存在一些问题。

是不是存在城市最优规模、中国适合发展哪种规模的城市的争论一直不断。1980 年《全国城市规划工作会议纪要》提出："控制大城市规模，合理发展中等城市，积极发展小城市作为我国城市发展的基本方针。"此后中国城市化实际上是围绕这个方针进行。岳清唐在《建国以来我国城市化思想之演进》一文中则总结出发展大城市的几个理由：第一，大城市的发展是工业化过程中的普遍现象；第二，大城市的规模经济和集聚效应远高于小城镇，大城市能最大限度地节约土地；第三，小城镇浪费土地资源、水资源和公共建设资源，不容易解决环境污染问题，影响了第三产业发展，就业机会有限。也有人提出走中等城市道路。中等城市既能够发挥工业生产与城市社区的集聚效应，克服小城镇在这方面的不足；又能够避免大城市人口过度密集可能引发的城市病（岳清唐，2009）。这届政府

---

① 王小鲁、夏小林：《优化城市规模　推动经济增长》，《经济研究》1999 年第 9 期。

现在又开始提倡"城镇化"作为中国经济的"引擎","城镇化"真的能引导中国经济转换经济增长方式吗？城市规模小真的合理吗？

国内外经济学家对是不是存在最优城市规模做了开拓性的研究。国外对城市规模研究的有：阿隆索（Alonso，1971）①、安东尼和罗伯特（Anthony and Robert，1978）②、哈维（Harvey，1981）③、理查森（Richardson，1972）④、亨德森（Henderson，1974）⑤、卡马尼（Camagni，1993）⑥、托利和克瑞菲尔德（2001）⑦、斯特拉斯蔡姆（2001）⑧、Duranton和Puga（2004）⑨、Au和Henderson（2006）⑩、阿瑟·奥莎利文（2008）⑪ 等。阿隆索（1971）⑫ 提出了一个城市总成本—收益模型，认为城市边际收益和边际成本会随着城市规模的扩大而增加，但是，呈递减趋势，后者呈递增趋势，两条边际曲线的交点即为最优城市规模点。安东尼和罗伯特（1978）⑬、哈维（1981）⑭ 等则进一步发展了阿隆索的总成本—收益模型，认为城市的实际规模即城市均衡规模是由平均收益曲线和平均成本曲线的交点决定的，而最优规模是由边际收益曲线和边际成本曲

① Alonso, W., The Economics of Urban Size [J]. *Papers in Regional Science*, 1971, 26 (1): 67 - 83.

②⑬ Anthony and Robert, An Indirect Test of Efficient City Sizes [J]. *Journal of Urban Economics*, 1978, 5 (1).

③ Harvey, J., *The Economics of Real Property* [M]. Macmillan, 1981.

④ Richardson, H. W., Optimality in City Size, Systems of Cities and Urban Policy: A Sceptic's View [J]. *Urban Studies*, 1972, 9 (1): 29 - 48.

⑤ Henderson, J. V., The Sizes and Types of Cities [J]. *The American Economic Review*, 1974, 64 (4): 640 - 656.

⑥ Camagni, R. P., *From City Hierarchy to City Network*: *Reflections about an Emerging Paradigm*, in *Structure and Change in the Space Economy*, 1993, Springer, pp. 66 - 87.

⑦ 托利、克瑞菲尔德：《城市规模与位置的政策问题》，《城市经济学——区域和城市经济学手册》第2卷，经济科学出版社2001年版，第486—488页。

⑧ 斯特拉斯蔡姆：《城市住宅区位理论》，《城市经济学——区域和城市经济学手册》第2卷，经济科学出版社2001年版，第25—26页。

⑨ Duranton, G., D. Puga, Micro-foundations of Urban Agglomeration Economics [J]. *Handbook of Regional and Urban Economics*, 2004, 4, pp. 2063 - 2117.

⑩ Au, C. - C., J. V. Henderson, Are Chinese Cities too Small? [J]. *The Review of Economic Studies*, 2006, 73 (3), pp. 549 - 576.

⑪ 阿瑟·奥莎利文：《城市经济学》，北京大学出版社2008年版，第43页。

⑫ Alonso, W., *The Economics of Urban Size* [J]. Papers in Regional Science, 1971, 26 (1), pp. 67 - 83.

⑭ Harvey, J., *The Economics of Real Property* [M]. Macmillan, 1981.

线的交点决定的。由于边际收益曲线和边际成本曲线分别处在平均收益曲
线和平均成本曲线的上方，这说明，城市存在一个内在的驱动力，使得城
市的实际规模要大于它的最优规模。理查森（Richardson，1972）[①] 根据
聚集经济和不经济提出了城市最优规模理论，他认为，随着人口的聚集，
聚集经济使居民的边际收益呈倒 U 形曲线变化，而聚集不经济使居民的
边际费用呈 U 形曲线变化，边际收益与边际费用相等时的人口规模为城
市最优规模。正的外部性促使生产集中，负的外部性（如土地成本、房
价、物价上升和环境污染）促使生产分散，因此城市会有一个最优规模。
亨德森（Henderson，1974）[②] 认为，城市的内在驱动力的实质是城市聚
集经济。如果城市聚集经济的规模效应可以弥补城市规模扩大带来的交通
拥挤、环境污染、房价上升、物价上涨、资源约束以及其他生产生活费用
上升等方面的负面影响，城市扩张的边际社会收益大于边际社会成本，即
意味着偏大城市规模不一定会导致效率损失。只有聚集经济带来的收益全
部转化为城市地租，流入土地所有者手中，城市规模扩张的内在驱动力才
会因为可获土地的限制而逐渐弱化。卡马尼（Camagni，1993）[③] 认为，
大多数最优城市规模模型研究的是单个城市的最优规模，忽略了城市与其
所在的城市体系的紧密联系，而且它们多数是在新古典框架下进行的，城
市内部市场被假定为完全竞争市场，经济计量分析中用同一城市生产函数
来估计所有城市最优规模，因此不可避免地会产生相同的最优规模城市。
从而将最优规模提升到网络城市层面。托利、克瑞菲尔德（2001）[④] 和斯
特拉斯蔡姆（2001）[⑤] 也认为，存在最优城市规模。Duranton 和 Puga
（2004）[⑥] 将迪克西特—斯蒂格利茨垄断竞争模型引入单中心城市增长模

① Richardson, H. W., Optimality in City Size, Systems of Cities and Urban Policy: A Sceptic's
View [J]. *Urban Studies*, 1972, 9 (1), pp. 29 – 48.

② Henderson, J. V., The Sizes and Types of Cities [J]. *The American Economic Review*, 1974,
64 (4), pp. 640 – 656.

③ Camagni, R. P., *From City Hierarchy to City Network*: *Reflections about an Emerging Paradigm*, in *Structure and Change in the Space Economy*, 1993, Springer, pp. 66 – 87.

④ 托利、克瑞菲尔德：《城市规模与位置的政策问题》，《城市经济学——区域和城市经济
学手册》第 2 卷，经济科学出版社 2001 年版，第 486—488 页。

⑤ 斯特拉斯蔡姆：《城市住宅区位理论》，《城市经济学——区域和城市经济学手册》第 2
卷，经济科学出版社 2001 年版，第 25—26 页。

⑥ Duranton, G., D. Puga, Micro-foundations of Urban Agglomeration Economies [J]. *Handbook of Regional and Urban Economics*, 2004, 4, pp. 2063 – 2117.

型，得出了最优城市规模与城市聚集经济关系表达式：$N^* = e/(1+2e)t$，它表明最优城市规模 N^* 与反映城市聚集成本的参数 t（单位交通成本）成反比，与反映城市聚集收益的参数 e（中间产品不变替代弹性的值）成正比，最优城市规模与城市"集聚效应"呈倒 U 形关系。Au 和 Henderson（2006）[①] 发现城市的净"集聚效应"首先随着城市规模上升而急剧上升，在达到峰值之后缓慢下降，因此与城市规模之间的关系呈倒 U 形关系。随着城市的产业结构变化，城市的最优规模也有不同；当制造业与服务业增加值之比为 1 时，城市的最佳就业人数规模在 127 万人，相当于最优人口规模 250 万人。而当上述比值为 0.6 时（适用于更大城市），最优人口规模为 290 万—380 万人，并得出中国城市的平均规模过小的结论。阿瑟·奥莎利文（2008）研究了城市规模状态，认为大城市的自我强化效应将导致城市陷入"过大"的低效率状态，而在城市化快速发展时期，由于大城市的集聚效益更大，吸引了更多的人口和资源进入大城市，而使小城市规模难以扩大，从而造成了城市规模的"两极分化"趋向。

国内针对城市规模研究主要有：杨小凯和霍格宾（Yang and Hogbin，1990）[②]、王小鲁和夏小林（1999）[③]、金相郁（2004）[④]、李秀敏等（2007）[⑤] 和杨波（2008）。[⑥] 杨小凯和霍格宾在一个分权的分层网络框架中探讨了最优城市规模和城市层级问题，认为最优的城市层级是生产分工水平的增函数，是城市规模和交易效率的递减函数。分工水平提升将增加城市数量，城市规模越大、交易效率越高，城市数量就越少。王小鲁和夏小林（1999）[⑦] 采用成本—收益法得出中国的最优城市规模为100 万—400 万人，并认为中国的大城市不是太多，而是太少；中国应

---

① Au, C. -C., J. V. Henderson, Are Chinese Cities too Small? [J]. *The Review of Economic Studies*, 2006, 73 (3), pp. 549 –576.

② Yany, X., G. Hogbin, The Optimum Hierarchy [J]. *China Economic Review*, 1990, 1 (2), pp. 125 –140.

③ 王小鲁、夏小林：《优化城市规模　推动经济增长》，《经济研究》1999 年第 9 期。

④ 金相郁：《最佳城市规模理论与实证分析：以中国三大直辖市为例》，《上海经济研究》2004 年第 7 期。

⑤ 李秀敏、刘冰、黄雄：《中国城市集聚与扩散的转换规模及最优规模研究》，《城市发展研究》2007 年第 2 期。

⑥ 杨波：《中国城市集聚与扩散转换规模的实证研究》，东北师范大学，2008 年。

⑦ 王小鲁、夏小林：《优化城市规模　推动经济增长》，《经济研究》1999 年第 9 期。

该改变限制大城市而重点鼓励小城镇发展的政策，优化城市规模，这将改善资源配置状况，提高资源利用效率和经济效益，加速经济增长。金相郁（2004）[①] 利用聚集经济方法与最小成本方法度量并比较中国东部沿海地区三个超大城市的最佳城市规模，得出 2002 年三大直辖市的北京、天津、上海的最佳城市规模为 1251.7 万人、951.3 万人和 1795.5 万人；而用最小成本法得到的三个城市的最优规模分别为 801.5 万人、1126.2 万人和 2123.1 万人。李秀敏等（2007）[②] 和杨波（2008）[③] 采用王小鲁、夏小林（1999）的成本—收益法并分别用不考虑人力资本和考虑人力资本得到的城市最优规模分别为 270 万人和 249.63 万人，最大规模分别为 1086 万人和 1002.25 万人。

从已有的研究来看，大多数学者认为，城市有一个最优规模，只是对最优规模的具体处于什么样的范围存在着较大的争议。比较典型的有：王小鲁、夏小林（1999）认为，城市最优规模在 100 万—400 万人。这一最优规模和当时的城市数量、规模的环境相适应。在 1995 年后中国城市化处于结构性拐点并进入加速阶段，城市的数量和规模已非王小鲁、夏小林（1999）当时的状况可比。因此，我们有必要探讨中国城市尤其是地级及地级以上城市现今阶段是不是存在最优城市规模，在这个城市规模下城市规模收益最大而城市外部成本最低，即通常所说的城市规模净收益最大化。本报告选取中国 264 个地级及地级以上城市 1990—2011 年的数据来研究中国城市的最大最优适度规模问题。按不考虑人力资本、人均受教育年限和考虑人力资本三种情况来分析 264 个城市规模收益情况，外部成本则考虑政府成本、企业工资成本、通货膨胀成本、住房成本和环境成本几个方面，得出了最小最大城市规模范围和最优城市规模范围（由于条件限制暂不考虑资源约束）。最优城市规模即净规模收益峰值在 556 万—614 万人，外部相对成本最低时的城市规模为 578 万人。合理的城市相对规模净收益大于 0.3 的城市规模为 166 万—2441 万人，此时的外部相对成本大部分不超过 0.5。城市相对规模净收益为正的区间在 65 万—3569 万人。

① 金相郁：《最佳城市规模理论与实证分析：以中国三大直辖市为例》，《上海经济研究》2004 年第 7 期。

② 李秀敏、刘冰、黄雄：《中国城市集聚与扩散的转换规模及最优规模研究》，《城市发展研究》2007 年第 2 期。

③ 杨波：《中国城市集聚与扩散转换规模的实证研究》，东北师范大学，2008 年。

二 城市规模收益、外部成本模型

随着城市规模的增大，由于集聚效应引致各种要素、资源向城市集中，各种要素和资源的集中同时给城市带来外溢效应，反过来促进城市规模的扩大，并相应产生了城市规模收益。同时城市规模的扩大也导致人口的过分集中，各种外部成本包括交通拥挤、环境污染、公共服务基础设施不足等负的外部效应逐步显现。因此，城市规模同时伴生着城市规模收益和城市外部成本两个方面。城市规模收益呈倒U形形状：随着城市规模的扩大，城市规模收益逐渐上升，当城市规模达到一定地步，城市规模收益开始逐步减小。在城市规模比较小时基本的基础设施、公共服务和环境维护仍然存在较大的外部成本，当城市规模逐步扩大，城市逐步有足够的财力提供市政基础设施、解决环境污染、交通拥挤和公共服务等外部问题，城市外部成本逐步减小。当城市规模达到一定程度，人口过分集中，各种市政基础设施、解决交通拥挤、环境治理和提供公共服务能力达到极限，此时外部成本逐渐上升。因此，城市外部成本呈U形形状。

城市的规模收益用 Y 表示，外部成本用 X 表示，U 是城市人口规模，本报告参考王小鲁和夏小林（1999）[①] 构建城市模型：

$$Y = Y_u(U) \tag{3.1}$$

$$X = X_u(U) \tag{3.2}$$

（一）城市规模收益模型

假定资本存量 K 与人力资本 H 和劳动力 L 的规模报酬不变，用柯布—道格拉斯函数，不考虑城市规模收益的柯布—道格拉斯函数为：

$$Y_N = AK^\alpha (HL)^{1-\alpha} \tag{3.3}$$

对上式两边取对数有：

$$\ln[Y_N/(HL)] = C + gT + \alpha\ln[K/(HL)] \tag{3.4}$$

其中，Y_N 为不考虑城市规模收益的产出。

考虑城市规模收益的城市生产函数：

---

① 王小鲁、夏小林：《优化城市规模 推动经济增长》，《经济研究》1999 年第 9 期。

$$Y = AK^{\alpha}(HL)^{1-\alpha}U^{\gamma} \tag{3.5}$$

其中，Y、K、H、L 和 U 分别表示国内生产总值 GDP、固定资本存量、人力资本存量、劳动力和用城市人口总数表示的城市规模。α 和 $1-\alpha$ 分别表示资本和考虑人力资本的劳动的产出弹性，γ 代表城市规模效应。

A 生产率水平：

$$A = A_0 e^{gT} \tag{3.6}$$

其中，A_0 是初始生产率水平，g 是生产率增长率，T 是时间。

(3.5) 式两边取对数。为了反映规模收益之间可能的对数非线性关系，该函数在取对数形式时还加入了 U 的对数二次项：

$$\ln[Y/(HL)] = C + gT + \alpha\ln[K/(HL)] + \gamma_1\ln U + \gamma_2(\ln U)^2 \tag{3.7}$$

其中，$C = \ln(A_0)$，T 是时间趋势 $(t = 0，1，2，\cdots)$。(3.7)式与城市规模有关的部分是：

$$f(u) = \gamma_1\ln U + \gamma_2(\ln U)^2$$

由(3.4)式和(3.7)式有：

$$\ln[Y/(HL)] = \ln[Y_N/(HL)] + f(u) \tag{3.8}$$

即：

$$\ln(Y) = \ln(Y_N) + f(u) \tag{3.9}$$

其中，Y 为城市总产出，Y_N 为不考虑城市规模收益的产出。

城市总的产出等于不考虑城市规模收益的产出和城市规模收益的产出部分之和，即：

$$Y = Y_N + Y_U \tag{3.10}$$

其中，Y 为城市总产出，Y_N 为不考虑城市规模收益的产出，Y_U 为城市规模收益导致的产出。

由 (3.9) 式和 (3.10) 式有：

$$\ln(Y) = \ln(Y - Y_U) + f(u) \tag{3.11}$$

$$\ln[(Y - Y_U)/Y] = -f(u) \tag{3.12}$$

$$Y_U/Y = 1 - \exp[-f(u)] \tag{3.13}$$

设 y_u 为相对规模收益，即城市规模收益占 GDP 的比重 $y_u = Y_U/Y$，有：

$$y_u = 1 - 1/\exp[\gamma_1\ln U + \gamma_2(\ln U)^2] \tag{3.14}$$

（二） 城市外部规模成本模型

构造和城市规模相关的部分的外部成本模型：

$$\ln Cost = \ln Cost_c + \beta_1 \ln U + \beta_2 \left(\ln U \right)^2 \tag{3.15}$$

三　数据来源及处理

采用 1990—2011 年 264 个地级及以上城市的数据，数据均来自历年《中国城市统计年鉴》、《中国统计年鉴》、中国各省区市统计年鉴和具体城市统计年鉴。

（一）　GDP

产出数据采用 264 个城市全市的地区生产总值 GDP。由以 1990 年为基期的各市 1990—2011 年的国内生产总值指数和当年 GDP 可以得到以 1990 年为基期的不变价格地区生产总值 GDP。

（二）　固定资本存量

资本投入应该采用资本服务值，是一个流量的概念。资本投入量为直接或间接构成生产能力的资本存量，它包括直接生产和提供各种物质产品和劳务的各种固定资产和流动资产，也包括为生活过程服务的各种服务和福利设施的资产。但由于资本的使用者往往是资本的所有者，不存在一个市场化的资本租赁价格对资本的实际使用进行准确的度量。因此，通常的做法是用资本存量数据替代资本的流量数据。目前测量资本存量的通用方法是永续盘存法（PIM）。永续盘存法是对历年投资形成的固定资产进行重估价后，根据所选折旧方式来确定某个资本消耗，按逐年推算的方法计算历年的资本存量总额。[1] 对中国的固定资本存量进行估算比较典型的有贺菊煌（1992）[2]、邹至庄（Chow，1993）[3]、王小鲁和樊纲（2000）[4] 和

---

[1]　张自然：《中国生产性服务业和技术进步研究——基于随机前沿分析法》，《贵州财经学院学报》2010 年第 2 期。

[2]　贺菊煌：《我国资产的估算》，《数量经济技术经济研究》1992 年第 8 期。

[3]　Chow，G. C.，Capital Formation and Economic Growth in China [J]. *The Quarterly Journal of Economics*，1993，108（3）.

[4]　王小鲁、樊纲：《中国经济增长的可持续性》，经济科学出版社 2000 年版。

吴延瑞（2003）。[1]

本报告也采用永续盘存法来计算固定资产存量，计算方法是将第 i 个城市的第 t 年的固定资本存量表示为：

$$K_{it} = K_{i,t-1}(1-\delta) + I_{it} \tag{3.16}$$

其中，I_{it} 是第 i 城市第 t 年的当年新增固定资产投资，K_{it} 是第 i 城市第 t 年的固定资本存量，δ 是折旧率。

固定资本存量的确定涉及基年固定资本存量、折旧率、新增固定资产投资和固定资产价格指数等方面。

1990 年，各市的固定资本存量由各省区市固定资本存量按当年各市占各省区市的全社会固定资产投资的比例来确定。

把各市的全社会固定资产投资总额按照全国的全社会新增固定资产投资与全社会固定资产投资总额的比例换算成各市的全社会新增固定资产投资。

各市 1991 年后的固定资产价格指数直接引用《中国统计年鉴》（2012）中各省区市的固定资产价格指数，再将 1990—2011 年的固定资产价格指数换算成以 1990 年为基期的固定资产价格指数。

由于中国法定残值率为 3%—5%，而且现有文献中一般选择折旧率为 5%，本报告也选取折旧率为 5%。

由各市 1990 年的固定资本存量、全社会新增固定资产投资、以 1990 年为基期的固定资产价格指数和折旧率，按照永续盘存法（3.16）式就可以计算出 264 个城市 1990—2011 年以 1990 年为基期的固定资本存量。

（三）劳动投入

在全要素生产率分析中，投入数据应当是一定时期内要素提供的"服务流量"，它不仅取决于要素投入量，而且还与要素的利用效率、要素的质量等因素有关。劳动投入有如下三种指标：①劳动者报酬；②总劳动时间，通过平均劳动时间乘以就业人数取得；③劳动者人数，通常采用就业人数。理想的劳动投入指标应既能反映劳动投入的数量，也要能反映劳动投入的质量。从这个角度来说，劳动者报酬是比较理想的指标。如果一个国家或地区产业结构相对成熟，就业市场化程度很高，劳动的供给和

---

① Wu, Y., "Has Productivity Contributed to China's Growth?" [J]. *Pacific Economic Review*, 2003, 8 (1), pp. 15 – 30.

需求保持着较为稳定的关系，劳动报酬完全由劳动的数量和质量决定。但劳动者报酬存在变量的选择和数据采集的问题，还存在如何才能准确反映价格调整的问题。作为劳动投入，总劳动时间比劳动者人数统计得更细，也更准确，但也不能反映劳动的质量。同时，我们国家统计数据并没有劳动小时数的统计，有部分研究者用抽样调查的方式获取劳动时间，其结果可能比采用劳动人数更不准确。因此，多数研究选用劳动者人数即就业人数作为劳动投入。这是因为，它能够简明直接地体现劳动投入量的规模，不存在价格调整的问题，统计数据也较容易获得。劳动投入采用中国 264 个城市 1990—2011 年末全市就业人口数。

（四）人力资本

采用各地级及地级以上城市小学、中学和大学的在校生数量来衡量。人力资本的衡量有教育年限法、劳动者的收入水平和受教育水平的不同三种方式支出来衡量。

第一种方式是教育年限法。教育年限法在承认不同等级教育的就业人口具备不同的人力资本水平的前提下，按受教育年限将就业人口进行分类。人力资本仅考虑受教育年限的影响，可以分为特殊教育、小学教育、初中教育（包含职业初中）、高中教育、中专教育（包含职中）、大专及以上教育（包含本科生、研究生）。受教育年限分别设定为特殊教育 6 年、小学毕业 6 年、初中毕业 9 年、高中毕业 12 年、中专教育 12 年、大专及以上毕业为 15 年。

蔡昉、都阳（2003）[1] 用每年新增劳动者的人力资本数量作为一个社会的新增人力资本。每年新增的人力资本等于各教育阶段毕业的学生中没有继续接受教育的人数乘以他们完成的学习年数，其计算化式为：

$$h_i = \sum (g_i - r_{i+1}) y_i$$

其中，g_i 表示某教育阶段的毕业生人数，r_{i+1} 表示下一个教育阶段的招生数，y_i 表示完成的受教育年限，具体用 6、9、12、16 分别代表我国小学、初中、高中、大学的教育年限。与此类似，罗凯（2006）[2] 用平均

---

[1]　蔡昉、都阳：《"文化大革命"对物质资本和人力资本的破坏》，《经济学》2003 年第 4 期。

[2]　罗凯：《健康人力资本与经济增长：中国分省数据证据》，《经济科学》2006 年第 4 期。

受教育年限，黄永兴（2007）[①]采用受教育年限累积法来计算人力资本的度量。本数据包括小学、中学和大学的在校学生数。可以认为，小学：中学：大学 = 6：12：16。

第二种方式是以劳动者的收入水平来作为人力资本衡量。其理论依据是在规模报酬不变的情况下，要素报酬刚好将劳动产出分配完，劳动者的报酬刚好反映其边际产出。但我国各省市劳动者的收入情况很难获得，而且没有对应的劳动者收入指数，并且劳动者收入并不能反映其边际产出，所以这一方法在中国难以使用。

第三种方式是通过受教育水平的不同支出来衡量人力资本，这里称为人力资本。教育成本法则主要是从成本和收益的角度来观察人力资本水平的高低。各层次受教育人口的教育支出比例大致为：小学：初中：高中：大专及以上 = 1：1.7：4：22。[②] 这里有：小学：中学：大学 = 1：2.55：22。我们认为，以各种受教育水平的不同支出衡量人力资本更合理。

城市规模采用各地级及地级以上城市人口数。本报告将通过不考虑人力资本、考虑人均受教育年限和考虑人力资本三种方式来估算城市规模收益情况。

四　实证：适度城市规模——城市规模收益和外部成本

（一）相对规模收益函数

下面分别计算不考虑人力资本、考虑人力资本和人均受教育年限三种情况的规模收益函数和相对规模收益。

1. 不考虑人力资本的相对规模收益

$$\ln(Y/HL) = -0.9527 + 0.0601 \times T + 0.3768 \times \ln(K/HL) + 0.3741 \times$$

$$t \quad\quad -5.7109 \quad\quad 52.804 \quad\quad\quad 48.354 \quad\quad\quad 6.29$$

$$\ln U - 0.0256 \times (\ln U)^2$$

$$-4.839$$

① 黄永兴：《中国经济增长因素的计量分析》，《安徽工业大学学报》2007 年第 1 期。

② 边雅静、沈利生：《人力资本对我国东西部经济增长影响的实论分析》，《数量经济技术经济研究》2004 年第 12 期。

R 为 0. 7854，调整的 R^2 为 0. 7852，F 为 5310. 877。t 均在 5% 条件下显著。

其中，$\gamma_1 = 0. 3741$，$\gamma_2 = -0. 0256$。

由（3.14）式有城市相对规模收益函数为：

$$y_u = 1 - 1/\exp\left[0. 3741 \times \ln U - 0. 0256 \times (\ln U)^2\right] \tag{3.17}$$

（3.17）式表示城市的相对规模收益，从图 3 - 1 的 YuH - Xu 曲线可以看出，城市的相对规模收益曲线呈倒 U 形，表明随着城市规模的增大，城市相对规模收益递增。当城市规模增大超过城市的最优规模时，城市的相对规模开始递减。①

2. 考虑人力资本的相对规模收益

$\ln(Y/HL) = -2. 1548 + 0. 0261 \times T + 0. 5136 \times \ln(K/HL) + 0. 7867 \times$

t　　　　　$-11. 301$　　　$-11. 355$　　　$25. 5$　　　　$64. 003$

$\ln U - 0. 0686 \times (\ln U)^2$

　　11. 581

R^2 为 0. 6293，调整的 R^2 为 0. 6291，F 为 2463. 442。t 均在 5% 条件下显著。

其中，$\gamma_1 = 0. 7867$，$\gamma_2 = -0. 0686$。

由（3.14）式有城市相对规模收益函数为：

$$y_u = 1 - 1/\exp\left[0. 7867 \times \ln U - 0. 0686 \times (\ln U)^2\right] \tag{3.18}$$

（3.18）式表示城市的相对规模收益，从图 3 - 1 的 YuH 曲线可以看出，城市的相对规模收益曲线呈倒 U 形，表明随着城市规模的增大，城市相对规模收益递增。当城市规模增大超过城市的最优规模时，城市的相对规模开始递减。

3. 人均受教育年限的相对规模收益

$\ln(Y/HL) = -2. 3833 + 0. 0513 \times T + 0. 3868 \times \ln(K/HL) + 0. 4641 \times$

　　　　t　　　$-6. 565$　　$-14. 084$　　　$47. 731$　　　$49. 384$

$\ln U - 0. 0352 \times (\ln U)^2$

　　7. 714

---

①　王小鲁、李秀敏和杨波计算的规模收益只包含 $(\ln U)^2$ 部分，最终结果都是规模收益只随着城市规模上升直到占 GDP 的 100%，即 $y_u = \dfrac{Y_u}{Y} = 1$。与现实经济不符。

R^2 为 0.7407，调整的 R^2 为 0.7405，F 为 4144.513。t 均在 5% 条件下显著。

其中，$\gamma_1 = 0.4641$，$\gamma_2 = -0.0352$。

由 (3.14) 式有城市相对规模收益函数为：

$$y_u = 1 - 1/\exp\left[0.4641 \times \ln U - 0.0352 \times (\ln U)^2\right] \qquad (3.19)$$

(3.19) 式表示城市的相对规模收益，从图 3 - 1 的 YuEdu 曲线可以看出，城市的相对规模收益曲线呈倒 U 形，表明随着城市规模的增大，城市相对规模收益递增。当城市规模增大超过城市的最优规模时，城市的相对规模开始递减。

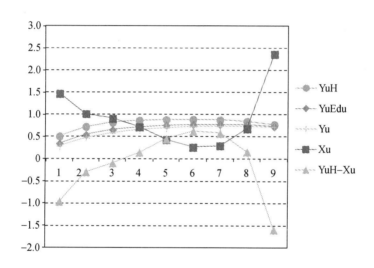

图 3 - 1　相对规模收益和相对规模外部成本曲线

注：YuH、YuEdu 和 Yu 分别为考虑人力资本、考虑人均受教育年限和不考虑人力资本的城市相对规模收益曲线；Xu 为城市外部相对成本；YuH - Xu 为考虑人力资本的城市相对规模净收益。横轴为城市常住人口数的自然对数 $\ln U$。

（二）城市规模外部相对成本

考虑到外部性问题，并不只是企业和个人来承担外部城市规模成本，政府作为市场的监督者有义务承担城市规模扩展过程中的相当大一部分。城市规模外部相对成本包括政府支出成本、企业工资成本、通货膨胀成本、住房成本和环境成本等部分。

1. 政府支出成本函数

政府成本主要有城市公共基础设施投资、公共服务管理成本等，用地方财政支出占 GDP 现价的比来表示。可以建立城市相对地方政府支出函数为：

$$\ln g = \ln g_c + a_1 \ln U + a_2 (\ln U)^2 \qquad (3.20)$$

其中，$g = G/Y$ 是财政支出占 GDP 的比重，g_c 是财政支出的初始值。

设 g_U 表示由政府负担的城市外部相对成本占 GDP 的比重，由式（3.20）可以导出由政府支出，本报告认为，政府支出外部相对成本即财政支出，从而可以得出政府负担的城市外部相对成本函数，即政府成本函数：

$$g_U = g = \exp \left[\ln g_c + a_1 \ln U + a_2 (\ln U)^2 \right] \qquad (3.21)$$

用 264 个地级及地级以上城市 1990—2011 年的数据模拟的结果为：

$$\ln g = 0.4882 - 1.6166 \times \ln U + 0.1729 \times (\ln U)^2$$

$$\ln g_c = 0.488169$$

$g_c = 1.6293$ ［王小鲁和夏小林（1999）的计算结果为 0.152］。

2. 个人和企业的外部规模成本

鉴于王小鲁等、李秀敏等[①]和杨波[②]计算的个人消费外部成本随着规模的增大而远远超过 GDP，说明采用大、中城市和农村商品零售价格指数来衡量的外部消费成本不是太合适。[③] 而李秀敏等和杨波用工资成本和房地产价格得到的地租成本来表示的企业成本随着城市规模的扩大先有所增长，随后却变为负数，与现实意义不符。

（1）企业承担的工资成本。企业的工资成本用工资总额与 GDP 现价的比值来表示。

$$\ln W = \ln W_c + a_1 \ln U + a_2 (\ln U)^2$$

$$\ln W = -0.590582 - 0.451713 \times \ln U + 0.026437 \times (\ln U)^2$$

$$W = \exp \left[-0.590582 - 0.451713 \times \ln U + 0.026437 \times (\ln U)^2 \right]$$

（2）个人承担的物价成本。用消费价格指数来衡量物价成本。物价上升幅度为消费者个人承担的城市规模成本。物价成本为：

---

① 李秀敏、刘冰、黄雄：《中国城市集聚与扩散的转换规模及最优规模研究》，《城市发展研究》2007 年第 2 期。

② 杨波：《中国城市集聚与扩散转换规模的实证研究》，东北师范大学，2008 年。

③ 例如，当城市规模到 1096 万人时王小鲁、杨秀敏和杨波计算的个人消费外部成本超过 GDP 的 50%，而目前已经达到这一城市规模的上海和北京的个人外部成本显然远远没有这么高。

$$\exp[\,0.059043 - 0.009791 \times \ln U + 0.000905 \times (\ln U)^2\,] - 1$$

（3）住房成本。住房成本用房地产投资与 GDP 现价的比表示。住房成本为：

$$\exp[\,-9.435881 + 0.758815 \times \ln U + 0.03576 \times (\ln U)^2\,]$$

（4）共同承担的环境成本。环境成本用全市工业废水排放和全市工业烟尘排放的加权平均得到。环境污染成本为：

$1 - POWER($全市工业废水排放达标率$)C_2 \times$全市工业烟尘排放达标率$(C_2, 1/2)$。

环境成本为：

$$\mathrm{EXP}[\,-3.67017 + 1.828238 \times \ln U - 0.278213 \times (\ln U)^2\,]$$

（三）三种情况城市规模

考虑人力资本（YuH）、人均受教育年限（YuEdu）和不考虑人力资本（Yu）的城市规模范围见表 3 - 1，限定外部相对成本的三种城市规模见表 3 - 2。

表 3 - 1　　　　　　　三种情况城市相对规模净收益情况

YuH	净规模收益大于 0		最优规模	净规模收益 >0.4		净规模收益 >0.45		净规模收益 >0.3	
指标	最小规模	最大规模	最优规模	最小规模	最大规模	最小规模	最大规模	最小规模	最大规模
$x = \ln U$	3.45	8.18	6.32	4.81	7.6	4.99	7.48	4.48	7.8
U（万人）	32	3569	556	123	1998	147	1772	88	2441
YuEdu	净规模收益大于 0		最优规模	净规模收益 >0.4		净规模收益 >0.45		净规模收益 >0.3	
指标	最小规模	最大规模	最优规模	最小规模	最大规模	最小规模	最大规模	最小规模	最大规模
$x = \ln U$	3.99	8.1	6.38	5.3	7.35	5.54	7.16	4.92	7.62
U（万人）	54	3294	590	200	1556	255	1287	137	2039
Yu	净规模收益大于 0		最优规模	净规模收益 >0.4		净规模收益 >0.45		净规模收益 >0.3	
指标	最小规模	最大规模	最优规模	最小规模	最大规模	最小规模	最大规模	最小规模	最大规模
$x = \ln U$	4.18	8.07	6.42	5.55	7.22	5.87	6.94	5.11	7.55
U（万人）	65	3197	614	257	1366	354	1033	166	1901

注：YuH、YuEdu 和 Yu 分别为考虑人力资本、考虑人均受教育年限和不考虑人力资本的城市规模收益。

表 3 - 2　　　　　　　　　　限定外部相对成本城市规模范围

外部成本	最低成本	外部成本不超过 0.45		外部成本不超过 0.5		外部成本不超过 0.6	
指标	规模	最小规模	最大规模	最小规模	最大规模	最小规模	最大规模
x = lnU	6.36	4.96	7.56	4.77	7.68	4.43	7.87
U（万人）	578	143	1920	118	2165	84	2618

1. 考虑人力资本的城市规模范围

考虑人力资本的城市净相对规模净收益大于 0 的城市规模范围为 32 万—3569 万人；

只考虑城市净相对规模收益最大时，城市最优规模为 556 万人；

限定城市净规模收益大于 0.3 时，城市规模范围为 88 万—2441 万人；

限定城市净规模收益大于 0.4 时，城市规模范围为 123 万—1998 万人；

限定城市净规模收益大于 0.45 时，城市规模范围为 147 万—1772 万人。

2. 考虑人均受教育年限的城市规模范围

考虑人均受教育年限的城市净相对规模净收益大于 0 的城市规模范围为 54 万—3294 万人；

只考虑城市净相对规模收益最大时，城市最优规模为 590 万人；

限定城市净规模收益大于 0.3 时，城市规模范围为 137 万—2039 万人；

限定城市净规模收益大于 0.4 时，城市规模范围为 200 万—1556 万人；

限定城市净规模收益大于 0.45 时，城市规模范围为 255 万—1287 万人。

3. 不考虑人力资本的城市规模范围

不考虑人力资本的城市净相对规模净收益大于 0 的城市规模范围为 65 万—3197 万人；

只考虑城市净相对规模收益最大时，城市最优规模为 614 万人；

限定城市净规模收益大于 0.3 时，城市规模范围为 166 万—1901

万人；

限定城市净规模收益大于 0.4 时，城市规模范围为 257 万—1366 万人；

限定城市净规模收益大于 0.45 时，城市规模范围为 354 万—1033 万人。

4. 限定外部相对成本范围时的城市规模

外部相对成本最低时，城市规模为 578 万人；

限定外部相对成本不超过 0.45 时，城市规模范围为 143 万—1920 万人；

限定外部相对成本不超过 0.5 时，城市规模范围为 118 万—2165 万人；

限定外部相对成本不超过 0.6 时，城市规模范围为 84 万—2618 万人；

城市相对规模净收益大于 0：最小规模城市人口时，人力资本应该相对比较低，此时按不考虑人力资本的最小城市规模为 65 万人；城市规模较大时，人力资本相对较高，最大城市规模采用考虑人力资本的城市规模为 3569 万人。

城市相对规模净收益大于 0.3 时，不考虑人力资本时为 166 万人，考虑人力资本时为 2441 万人。

城市相对规模净收益大于 0.4 时，不考虑人力资本时为 257 万人，考虑人力资本时为 1998 万人。

城市相对规模净收益大于 0.45 时，不考虑人力资本时为 354 万人，考虑人力资本时为 1772 万人。

限定外部相对成本不超过 0.5 时，城市规模范围为 118 万—2165 万人。

最优城市规模：考虑人力资本时为 556 万人，考虑人均受教育年限时为 590 万人，不考虑人力资本时为 614 万人。这是在相对规模净收益在峰值的情况下。实际最优城市规模结合具体情况应该有一个范围。

综合三种情况来看，最优城市规模即净相对规模收益峰值在 556 万—614 万人，外部相对成本最低时城市规模为 578 万人。合理的城市相对规模净收益大于 0.3 时，城市规模为 166 万—2441 万人；小于 1920 万人时，外部相对成本不超过 0.45；小于 2165 万人时，外部相对成本不超过 0.5，

2165 万—2441 万人时，外部相对成本不超过 0.6。城市相对规模净收益
为正的区间是 65 万—3569 万人（王小鲁等 1999 年计算的最优城市区间
在 100 万—400 万人）。

五 结 论

（一）对王小鲁、李秀敏、杨波等城市规模收益和成本的分析

王小鲁、李秀敏等和杨波计算的规模收益只包含 $(\ln U)^2$ 部分，最终
结果都是规模收益随着城市规模而上升到占 GDP 的 100%，即 $y_u = \dfrac{Y_u}{Y} = 1$。
与现实经济不符。

（相对规模收益计算公式为：$y_u = 1 - 1/\exp\left[\gamma_1 \ln U + \gamma_2 (\ln U)^2\right]$）

王小鲁等、李秀敏等采用工业固定资产投资或者工业固定资产原值，
并且未对 GDP 和固定资产原值进行价格指数折算，杨波进行了固定资产
原值折算，但 GDP 采用指数不详。

采用财政支出占 GDP 比来衡量相对政府规模支出成本部分比较合理。
但政府支出成本中与规模无关部分的确定方式均比较牵强，即政府支出规
模成本为政府支出占 GDP 的比重减去与城市规模无关的值，这个值不论
计算结果是多少，最后，它们基本定在 3% 左右。

采用商品零售价格指数衡量的居民支出成本有一定的合理性，但居民
规模支出成本随着城市规模增大持续上升，最终超出了 GDP 的承受范围，
感觉可以对这一计算方法进行改进。另外，大城市、地级城市和农村的商
品零售价格的比是城市居民成本增加的一个因素，但城市居民成本更大的
部分可能是居民消费价格指数，同时房地产价格上升导致居民居住成本的
上升。

企业成本部分的工资成本部分随着城市规模增大略有上升后（李秀
敏等计算的工资成本最高占 GDP 的 21.9%，杨波计算的结果为 12.4%），
规模继续增大，工资外部相对成本转变为负。减去与规模无关的部分值也
在 3% 左右，但解释较为牵强。结果不太合理。

地租成本最高占 GDP 的 17.2%（杨波计算的地租成本为 5%），随着
规模增大也变为负。减去与规模无关的部分值也在 3% 左右，但解释较为

牵强。地租成本衡量企业的城市规模成本也存在一定的问题。

相对政府支出成本、企业成本的工资成本和地租成本等均存在减去3%左右的与城市规模无关的值，减去这三项与规模无关的项的和为9%左右，但就是1%的变化却对最优和最小、最大城市规模的计算也会产生非常大的影响。相对城市规模成本的这个与城市规模无关的值的确定有点随意，而且缺少合理的解释。

在相对规模收益固定的情况下，外部相对成本的变动将对城市最大规模产生很大的影响。考虑到王小鲁等的个人消费外部相对成本的计算方式不太合理（个人消费外部相对成本远大于财政支出成本）。同样，另外两位作者衡量企业的工资成本和租金成本的方式也不够合理（工资成本和租金成本递减至负数）。

（二）分析结果

采用1990年不变价格的GDP和以1990年为基期的固定资本存量得出的相对城市规模收益，以政府成本、个人成本、企业成本和环境成本来衡量外部相对成本，用两者收益之差来判断最大最优规模相对较为合理。

本报告采用264个地级及地级以上城市1990—2011年的数据分析城市相对规模收益和城市外部相对成本，得出了最小的最大城市规模范围和最优城市规模范围。最优城市规模即净相对规模收益峰值在556万—614万人，外部相对成本最低时，城市规模为578万人。合理的城市相对规模净收益大于0.3时，城市规模为166万—2441万人；城市规模小于1920万人时，外部相对成本不超过0.4；城市规模小于2165万人时，外部相对成本不超过0.5；城市规模为2165万—2441万人时，外部相对成本不超过0.6。城市相对规模净收益为正的区间是65万—3569万人。

根据这一结论，中国的大城市、超大城市不是太多而是太少。像北京、上海这样的超大城市虽然目前面临交通拥挤、环境污染尤其是严重的雾霾这类问题，但其城市规模还远远没有达到饱和的区间。需要做的是，以效率创新驱动经济转型升级，转变经济增长方式，以改善人民的福利水平。

当然，城市规模本身就是一个动态变化过程，城市规模往往受到历史条件、地理位置、经济发展、技术进步等的影响，具有不同自然资源条件地区的城市规模也会不同。城市规模可以随着技术进步、交通设施改进、环境质量改善，城市最优规模的边界也相应变大。

报告 3　附录

王小鲁、李秀敏、杨波等计算的规模收益和外部成本

x = lnU	王小鲁等计算的规模收益和外部成本			李秀敏等规模收益与成本					杨波等城市规模与收益（人力资本）			
	王 Yu	gu	pS	作者 H1gu	wu	ru	pS	Yu	作者 H2gu	wu	ru	Yu
1	0.0222	0.077	0.049	0.1022	0.04149	0.033	0.0522	0.05	0.02624	0.0415	0.0272	0.023
2	0.0861	0.052	0.063	0.0697	0.09219	0.066	0.0706	0.19	− 0.0154	0.0796	0.0427	0.089
3	0.1833	0.042	0.087	0.0527	0.15046	0.104	0.0988	0.37	− 0.0374	0.1114	0.0502	0.19
4	0.3023	0.042	0.125	0.0457	0.19905	0.139	0.1432	0.56	− 0.0495	0.1237	0.0471	0.312
5	0.4302	0.051	0.191	0.0466	0.21935	0.164	0.2146	0.73	− 0.0565	0.1108	0.0345	0.443
6	0.5551	0.075	0.309	0.0556	0.2027	0.172	0.3331	0.85	− 0.0606	0.0787	0.0167	0.569
7	0.668	0.126	0.528	0.0756	0.15623	0.162	0.5352	0.92	− 0.063	0.0406	− 0.001	0.682
8	0.7631	0.237	0.953	0.1132	0.09806	0.135	0.8899	0.96	− 0.0642	0.0085	− 0.015	0.776
9	0.8384	0.499	1.82	0.1833	0.04602	0.098	1.5318	0.99	− 0.0646	− 0.013	− 0.025	0.85
10	0.8946	1.183	3.673	0.3181	0.00948	0.061	2.7292	0.99	− 0.0643	− 0.024	− 0.03	0.904
11	0.9343	3.18	7.837	0.5925	− 0.011	0.029	5.0332	1	− 0.0632	− 0.029	− 0.032	0.941
12	0.9608	9.763	17.68	1.1901	− 0.021	0.004	9.608	1	− 0.061	− 0.03	− 0.033	0.966
13	0.9777	34.38	42.15	2.5924	− 0.025	− 0.01	18.985	1	− 0.0572	− 0.031	− 0.034	0.981
14	0.9878	139.1	106.3	6.1554	− 0.027	− 0.02	38.83	1	− 0.0508	− 0.031	− 0.034	0.99
15	0.9937	646.8	283.2	15.988	− 0.027	− 0.03	82.208	1	− 0.0396	− 0.031	− 0.034	0.995
16	0.9968	3460	797.8	45.524	− 0.027	− 0.03	180.15	1	− 0.0194	− 0.031	− 0.034	0.997
17	0.9985	21290	2376	142.27	− 0.027	− 0.03	408.65	1	0.01845	− 0.031	− 0.034	0.999
18	0.9993	2E + 05	7482	488.3	− 0.027	− 0.03	959.49	1	0.09359	− 0.031	− 0.034	0.999
19	0.9997	1E + 06	24904	1840.8	− 0.027	− 0.03	2331.9	1	0.25118	− 0.031	− 0.034	1
20	0.9999	1E + 07	87641	7623.5	− 0.027	− 0.03	5866.4	1	0.60185	− 0.031	− 0.034	1
21	1	1E + 08	3E + 05	34683	− 0.027	− 0.03	15276	1	1.43137	− 0.031	− 0.034	1
22	1	2E + 09	1E + 06	173338	− 0.027	− 0.03	41176	1	3.52056	− 0.031	− 0.034	1
23	1	2E + 10	5E + 06	951695	− 0.027	− 0.03	114881	1	9.12957	− 0.031	− 0.034	1
24	1	4E + 11	2E + 07	6E + 06	− 0.027	− 0.03	331771	1	25.1971	− 0.031	− 0.034	1
25	1	7E + 12	1E + 08	4E + 07	− 0.027	− 0.03	991773	1	74.3432	− 0.031	− 0.034	1

注：gu 是政府支出规模成本，pS 是居民消费成本，wu 是工资成本，ru 是租金成本，Yu 是规模收益。

参考文献

[1] Alonso, W., The Economics of Urban Size [J]. *Papers in Regional Science*, 1971, 26 (1), pp. 67 – 83.

[2] Au, C. – C., J. V. Henderson, Are Chinese Cities too Small? [J]. *The Review of Economic Studies*, 2006, 73 (3), pp. 549 – 576.

[3] Camagni, R. P., *From City Hierarchy to City Network：Reflections about an Emerging Paradigm*, in *Structure and Change in the Space Economy*, 1993, Springer, pp. 66 – 87.

[4] Duranton, G., D. Puga, Micro-foundations of Urban Agglomeration Economics [J]. *Handbook of Regional and Urban Economics*, 2004, 4, pp. 2063 – 2117.

[5] Harvey, J., *The Economics of Real Property* [M]. Macmillan, 1981.

[6] Henderson, J. V., The Sizes and Types of Cities [J]. *The American Economic Review*, 1974, 64 (4), pp. 640 – 656.

[7] Richardson, H. W., Optimality in City Size, Systems of Cities and Urban Policy：A Sceptic's View [J]. *Urban Studies*, 1972, 9 (1), pp. 29 – 48.

[8] Yang, X., G. Hogbin, The Optimum Hierarchy [J]. *China Economic Review*, 1990, 1 (2), pp. 125 – 140.

[9] Yezer, A. M. J., R. S. Goldfarb, An Indirect Test of Efficient City sizes [J]. *Journal of Urban Economics*, 1978, 5 (1), pp. 46 – 65.

[10] 托利·克瑞菲尔德：《城市规模与位置的政策问题》,《城市经济学——区域和城市经济学手册》第 2 卷, 经济科学出版社 2001 年版。

[11] 李秀敏、刘冰、黄雄：《中国城市集聚与扩散的转换规模及最优规模研究》,《城市发展研究》2007 年第 2 期。

[12] 金相郁：《最佳城市规模理论与实证分析：以中国三大直辖市为例》,《上海经济研究》2004 年第 7 期。

[13] 阿瑟·奥莎利文：《城市经济学》, 北京大学出版社 2008 年版。

[14] 斯特拉斯蔡姆：《城市住宅区位理论》,《城市经济学——区域和城

市经济学手册》第 2 卷，经济科学出版社 2001 年版。

[15] 杨波：《中国城市集聚与扩散转换规模的实证研究》，东北师范大学，2008 年。

[16] 王小鲁、夏小林：《优化城市规模 推动经济增长》，《经济研究》1999 年第 9 期。

[17] 王小鲁、樊纲：《中国经济增长的可持续性》，经济科学出版社2000 年版。

[18] 边雅静、沈利生：《人力资本对我国东西部经济增长影响的实证分析》，《数量经济技术经济研究》2004 年第 12 期。

[19] 罗凯：《健康人力资本与经济增长：中国分省数据证据》，《经济科学》2006 年第 4 期。

[20] 黄永兴：《中国经济增长因素的计量分析》，《安徽工业大学学报》2007 年第 1 期。

[21] 蔡昉、都阳：《"文化大革命"对物质资本和人力资本的破坏》，《经济学》2003 年第 4 期。

[22] 张自然：《中国生产性服务业的技术进步研究——基于随机前沿分析法》，《贵州财经学院学报》2010 年第 2 期。

[23] 贺菊煌：《我国资产的估算》，《数量经济技术经济研究》1992 年第8 期。

[24] Chow, G. C., Capital Formation and Economic Growth in China [J]. *The Quarterly Journal of Economics*, 1993, 108 (3), pp. 809 – 842.

[25] Wu, Y., Has Productivity Contributed to China's Growth? [J]. *Pacific Economic Review*, 2003, 8 (1), pp. 15 – 30.

报告4　世界城市发展与产业效率提升
——上海样本

中国经济增长前沿课题组[*]

　　本次报告是《上海市创新转型发展指标体系研究》提出的"持续效率改进推动结构变革"命题的延续，主要基于上海的发展阶段和新的经济理论观点对上海当前和今后五年逐步深化的"世界城市发展和产业效率提升"进行关键要素调研和测量。我们走访了金融、科技创新企业、开发区、医院、互联网培训、德国商会等十家机构调查，并对劳动力市场、产业、制度分割和服务业的外部效应做了测量，给出了上海发展趋势的政策性评估。

一　基本结论

　　上海处于关键转型期，作为今后一二十年中国发展的新示范，要求在战略上有突破性思维和举措：

　　（1）上海要从作为增长极发展起来的特大城市角色，转向参与国际竞争的国际城市发展的道路；要从作为主导外围制造基地发展起来的副控中心城市，转向作为服务于全球资源再配置和高端产业链延伸的主控中心城市。

　　（2）上海必须打破工业化时期运营系统、管理体制等的分割问题，

　　*　中国经济增长前沿课题组，负责人为中国社会科学院经济研究所张平、刘霞辉、袁富华。本项目受国家社会科学基金重大招标课题"加快经济结构调整与促进经济自主协调发展研究"（12&ZD084）和中国社会科学院陆家嘴研究院重大招标课题资助。本报告执笔人有张自然、袁富华、张平、刘霞辉。参加本项目调研的人员有：张磊、陈昌兵、王宏淼、付敏杰、张小溪、张鹏、陆明涛、李芳芳、辛超、王亮。本报告发表在《上海证券报》2014年4月29日A4版。

加速产业横向融合，提高知识配置力，加快制度矩阵创新，培育城市集聚—创新潜力。

（3）进行产业结构转型，提高服务业的效率和生产系统升级，通过可贸易现代服务业体系的建立，沿着效率提升技术创新系统；促进现代制造业零部件的国产化，通过加工度深化和一体化潜力的开发，使上海生产系统内生于国际分工之中。

（4）借助自贸区的制度实验，突破传统体制对金融、医疗、教育、信息、法律等现代服务业的羁绊，特别应该探索金融和财税的体制试点改革，形成参与全球竞争的新体制。

二　上海市面临的问题

进入 21 世纪以来，2013 年城市化率突破 90%，进入稳定期，投资推动乏力，消费拉动超过了投资；上海市服务业增加值比重超过 50%，工业规模化扩张动力减弱，近年来表现出持续的"结构性减速"，增长落潮过程中各种各样的体制分割问题及其对持续增长的摩擦加剧。

从其他国家经济追赶经验来看，一旦高增长启动，工业化的强大推动力将发生作用，"增长极"的资源集聚能力持续累积。此时，经济的主要矛盾和问题集中于规模化扩张之上，同时把制度安排及过程调整置于一种被动适应的地位。而当经济减速发生时，规模化工业扩张所带来的负面影响显现。从经验来看，有两种力量制约工业化规模扩张，一种是工业资源的制约，另一种是土地租金的上升。两个因素迫使资源环境消耗性重化工业转移，"增长极"消失，经济减速发生。

经济由高速增长向低速增长的演替，使得一些制度缺陷和经济矛盾凸显。典型的是所谓"结构双重性"问题。与历史上拉美国家、日本等初级重化工业化高增长结束后所面临的问题相似，上海也不得不面对诸如大型企业和小型企业效率、工资双重性差异、产业间效率工资差异等问题，这些矛盾将是生产系统梯度由初级（传统）重化工业化向深加工度持续爬升的重要阻力。上海"结构双重性"问题的根源在于自身生产组织安排：不但面临工业化带来的生产运营制度的分割——每一个产业纵向分割，要素横向基本不进行交换，更严重的是传统计划体制带来的部门分割。以开发区为例，每个开发区从园区名字就能看出主管部门，开发区成为部委的自留地。课题组走访的大量企业的共同特点是，只要能翻越制度分割篱笆，就能获得创新的利润，不论是金融企业、技术创新企业、互联网公司、德国的职业培训机构、开发区甚至是医院，都迫切需要体制变革打破分割，推动创新发展。

作为中国工业化发展时期的大城市，上海市是中国发展的"增长极"，是中国所有先导产业配置的中心，成为中国工业化发展最快的典范。2007年工业化带来的高增长阶段逐步回落后，工业化带来的产业纵向一体化分割和制度分割显露出来，追赶所导致的经济异质性加剧，构成由高速增长向均衡增长的主要障碍。分割产生的内在原因是，政府主导经济增长模式下"增长极"对资源的过度集聚和依赖，先导产业的国家战略支持，"选择性融资支持"。这三条在新的发展阶段遇到了问题，在上海，作为在工业化中定义的高产业关联性主导产业从高度聚集开始进入迁出阶段，如钢铁和重化工、造船和汽车制造等高关联产业因环保、土地价格上涨、劳动力成本等多因素需要转移，选择性融资支持也失去对象，工业化中的资源集中也变得没有方向了。城市中企业空间聚集和创新活动赖以发展的"横向联系聚集—创新模式"即所谓的"面对面交流"、"劳动力流动"、"企业家创业聚集"和"大学知识外溢"等创新机制，与原有的工业化推动的"纵向一体化"聚集有着巨大的差异。工业化推动的纵向分割的主要表现是各种各样的结构双重性、大企业与小企业生产率的差异、产业间生产率的差异、区域间生产率的差异、（在中国）所有制企业生产率的差异，以及相应工资的差异等。

以上海为例做简单的测量，得出了上海经济分割现象的结论，具体情况见表4-1、表4-2、表4-3和表4-4，分别从企业规模、企业所属关系（中央企业、地方企业）和企业所有制关系三个层面，给出上海效率和工资分割状况的简单说明。前期《上海报告》中，我们已经就第二、第三产业效率差异问题，做了比较详细的说明，因此，这里就行业和工业企业的问题进行具体分析。

（一）大中小工业企业效率分割显著

表4-1和表4-2是按照工业企业规模对效率分割给出的比较。截至2011年，经过30多年的规模化扩张，大企业与中小企业之间的劳动生产率和人均资本装备差异比较明显。

表 4 – 1   上海按规模分的工业企业效率双重性（2011 年）

规模	总产值劳动生产率（万元/人）	人均资产（万元/人）	资产利润率（%）
1 万人及以上	375.5	296.9	5.8
5000—9999 人	190.7	190.6	14.7
3000—4999 人	185.9	154.4	10.5
2000—2999 人	125.7	126.6	6.3
1000—1999 人	36.1	36.8	6.5
500—999 人	88.7	82.7	7.4
300—499 人	120.2	113.4	9.8
100—299 人	77.5	74.4	6.9
100 人以下	108.5	101.6	5.8

资料来源：历年《上海统计年鉴》。

表 4 – 2   上海按规模分的工业企业效率双重性（2002 年和 2007 年）

规模	2002 年			2007 年		
	总产值劳动生产率（万元/人）	人均资产（万元/人）	资产利润率（%）	总产值劳动生产率（万元/人）	人均资产（万元/人）	资产利润率（%）
1 万人及以上	103.5	196.9	6.5	360.9	279.0	6.3
5000—9999 人	80.1	110.3	7.9	109.7	137.9	7.2
3000—4999 人	61.5	83.3	5.6	147.4	117.0	7.1
1000—2999 人	38.3	51.7	3.1	75.0	84.8	6.5
1000 人以下	42.5	56.8	5.1	63.7	59.3	6.6

资料来源：历年《上海统计年鉴》。

从 2011 年与之前年份的总产值劳动生产率对比来看，尽管中小型工业企业与大型工业企业表现出缩小的态势，但是，其差距依然较大，除了 1 万人及以上的大型企业，3000 人以上的大型企业劳动生产率约为小型企业的 2—3 倍。大型企业与中小型企业效率的差异，主要来源于人均资本装备水平的差距。从数据可以看出，大型企业与中小型企业人均资产的差异也通常在 2—3 倍。

一般认为，由于资本存量较低，中小型企业往往比大型企业具有较高的资本利润率，因为只有这样，经过一段时期的发展，才能实现自由竞争的利润均等化和中小企业对大企业的追赶。但是，上海的工业企业的资本利润率，在大型企业和中小企业之间差距缩小的趋势不显著，这是规模化经济增长中的一个值得关注的问题。

（二）中央和地方工业企业分割显著

表4-3中上海中央和地方工业企业的分割，主要表现在劳动生产率和资本装备的差异上。从2002年以来的情况看，上海市地方工业企业的劳动生产率与人均资本装备，与中央企业的差距越来越大。地方工业企业的资产增值能力（资产利税率），在2007年以前与央企有较大差距，但近年来差距逐步缩小，2011年基本与央企资产利税率持平。

表4-3　　　　　　　上海中央、地方大中型工业企业双重性

	2011年		2007年		2002年	
	中央	地方	中央	地方	中央	地方
工业总产值劳动生产率（万元/人）	467.5	112.0	319.3	82.7	74.7	45.5
年末人均资产（万元/人）	14.1	91.4	418.8	65.7	143.6	57.8
资产利润率（%）	4.2	9.9	7.1	6.3	5.7	5.2
资产利税率（%）	14.7	13.9	13.4	9.5	11.9	8.7

资料来源：历年《上海统计年鉴》。

（三）不同所有制行业分割显著

表4-4提供了上海不同所有制行业的工资比较，包括国有企业、集体企业、外资企业以及其他企业。总体印象是，汇集了中国个体私营小企业的"其他企业"，与国有企业、集体企业、外资企业的工资差距，在各个行业均比较明显（除去个别行业——如公共管理和社会组织）。一个有意思的现象是，上海国有企业工资与外资企业工资比较起来，只要是行政垄断程度低的行业——特别是服务业中一些垄断程度较低的行业，外资企业工资都比国有企业的高。

表4-4　　　上海不同所有制行业工资的制度双重性：工资指数的比较

	国有企业工资指数	集体企业工资指数	港澳台及外商投资企业工资指数	其他企业工资指数
全市	1.6	1.0	1.4	0.7
制造业	1.5	1.0	1.3	0.7

续表

	国有企业 工资指数	集体企业 工资指数	港澳台及外商 投资企业工资指数	其他企业 工资指数
建筑业	1.6	1.3	2.2	0.9
交通运输、仓储和邮政业	1.2	0.6	1.4	0.9
信息传输、计算机服务和软件业	1.7	1.0	1.6	0.7
批发和零售业	1.6	1.0	2.4	0.6
住宿和餐饮业	1.5	1.1	1.0	0.9
金融业	1.2	0.5	1.8	0.9
房地产业	1.4	1.1	1.6	0.8
租赁和商务服务业	1.3	0.9	3.3	0.7
科学研究、技术服务和地质勘查业	1.4	1.2	2.2	0.7
水利、环境和公共设施管理业	1.2	0.8	0.5	0.8
居民服务和其他服务业	2.2	1.6	1.3	0.9
教育	1.1	0.7	1.6	0.9
卫生、社会保障和社会福利业	1.1	0.8	1.4	0.4
文化、体育和娱乐业	1.4	1.0	0.8	0.5
公共管理和社会组织	1.0	0.8	0.0	1.1

注：工资指数＝各所有制企业工资÷平均工资。

资料来源：历年《上海统计年鉴》。

更为重要的是，在上海结构性减速日渐显著的情况下，如果分割问题解决不好，很可能从与国际结构型互补，转变为"结构平行"，形成比较劣势。即当上海这样的大城市演化出来类似于发达国家的产业结构（或者产业服务化）时，如果依然坚持原有"干中学"技术模仿路径，那么制造业和服务业效率提高要受制于发达国家的技术扩散，而成本又大大高于后发国家，将面临国际市场竞争的"双重比较劣势"。随着上海的资源约束加剧、劳动力成本提高，如果不能及时转型，制造业比较优势不久将丧失殆尽，加之服务业本来受到管制效率就低，"双重比较劣势"已经逐步显现。这种"双重比较劣势"的后果，比单一工业化时期对经济的打击还要大。

三 上海市经济转型的理念

上海是新兴经济体特大城市发展的典型样本之一，它所赖以成功的基点是通过政府的特定政策集聚了大量资源，在产业上则表现为劳动分工的深化。分工创造效率是经济学诞生时就已经确定的基本经济规律之一，该理论最成功的应用对象是工业化，特别是生产各类标准品的工业产品。但是，过细的劳动分工产生的最大问题是，企业的生产或经营体系过度标准化，资源分割，人的作用变得越来越小。现代经济理论表明，经济中真正活跃的要素，也是可以长期促进经济增长的应该是创新和人力资本的提升，也就是人的作用应该变得越来越大。从目前的情况看，政府可以通过一定的政策集中资源，但是，如果人的作用变得越来越小，产业和分工越来越细，这些资源就很难得到集聚所产生的正效应。上面的分析表明，上海目前缺的不是资源，而是这些资源在现阶段不能得到有效的组合和使用。这就要求我们重新思考，上海怎样从过去追求分工深化来创造效率方面，转向集聚创造效率的方面来。

作为中国经济的心脏，上海长期扮演着发动机的角色。它既从国外吸收技术和资源，又将这些资源和技术向国内扩散；它既从国内吸收人才和资金，又向国外出口中国制造的各种类型的产品。但是，如果从全球经济的角度看，上海本质上内生于中国的经济体制和经济系统中，外生于全球经济系统；它是全球经济的参与者，但不是全球经济体系的决策者，更不是全球经济规则的制定者。从本质上说，它属于全球经济的外围，而不是核心决策层。上海所追求的世界城市的目标应该是将上海内生于全球经济体系之中，成为其中的参与者和决策者。上海自贸区的建立为此目标已经迈进了一步，但路还很长。

服务业从"分工结果"到"增长条件"，最终成为"创新推进器"。从生产关联角度看，对于服务业的作用，存在两种认识："结果说"和"条件说"。结果说认为，服务业作为经济增长的结果而存在，或者近似表述为，服务业作为工业化过程分工的一个环节而存在。条件说认为，服务业的重要性远超过单纯生产率的衡量范畴，在很多情况下，服务业不是增长的结果，而是增长的前提条件。目前，全球价值链（GVN）已经将产品设计、品牌分销、管理和金融服务以及产品技术定义为微笑曲线的利润两头了，而一般制造是最低端的，服务已经成为驱动经济的动力条件。联合国贸易发展理事会 1985 年的研究报告指出，服务业是增长的条件。1990 年之后服务业的研究受到欧洲的广泛重视，到了 21 世纪，互联网已经推动了全球服务业的大范围贸易。以互联网推动的服务业贸易带动了基于复杂产品系统的技术创新和智能制造体系发展，已经构成了新的全球创新动力，也成为发达国家对发展中国家进行利润获取的新工具，当前的全球服务业谈判都直指这方面。我们希望上海市经济转型架构于基于创新的服务业平台上。

四　上海市生产系统转型的方向

工业化过程的增长加速与减速，与生产系统梯度升级的特定阶段有关。相应的，分割治理与生产组织方式和制度框架的功能演进密切相关。借用小泽辉智（Terutomo Ozawa）的雁阵追赶分析框架，图 4 - 1 给出了生产系统结构升级梯度的一个直观表述，这个图示是线性升级路径——升级环节具有清晰的阶梯爬升特征。基于现有工业化经验，产业结构次序爬升的路径如下：①要素禀赋产业阶段（资本、劳动驱动阶段，典型如纺织业）→②非差异化专业分工阶段（即规模驱动阶段，此时重化工过程发生，企业产品相似，后果是重复建设，典型如钢铁、石化产业）→③差异化专业分工阶段（装配线生产阶段，典型如汽车、电子元件产业）→④创新型产业阶段（知识驱动阶段）→⑤信息经济产业阶段（IT 驱动阶段或新经济阶段）。

上述五个生产阶段对应着五种生产组织管理方式：①准市场或政府主导的生产组织→②水平分工的企业集群模式 I →③垂直分工的企业集群模式 II →④封闭的系统集成模式 I （即企业、金融等的国内一体化）→⑤开放的系统集成模式 II（典型如美国、欧盟企业全球资源配置）。我们把上述五个生产系统升级梯度粗略地划分为三类：①到②为初级重化工业化阶段，这个阶段的增长主要由劳动、资本要素驱动，在国际分工体系中处于产业链末端，原材料进口支撑制成品出口和规模化是其典型特征。政府主导的水平分工是主要生产组织形式，生产管理粗放、重复建设、资源消耗、

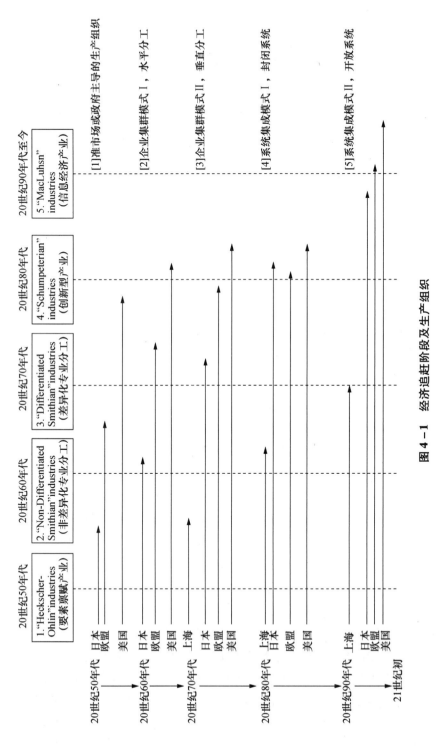

图 4 - 1 经济追赶阶段及生产组织

资料来源：Terutomo Ozawa（2005），历年《上海统计年鉴》。

附加值低、生产链条短、以低要素价格获得国际竞争力是主要问题。③为深加工度化阶段，这个阶段的重要特征是生产一体化，生产上移到国际产业链的中间环节。"以机械设备进口支撑机械制造出口"和注重效率是其典型特征，由于一体化的需要，协调管理作为一种创新形式逐渐变得重要。④和⑤为精细化阶段，网络化资本主义作为一种创新形式开始出现。

发展成功的经济体如日本、韩国、中国台湾，生产系统以制造业转型为核心进行梯度升级的两条并行路径是产业的深加工度化和制度矩阵更新。这也是上海生产系统转型的方向和趋势。

从工业化国家成败的经验教训看，生产系统转型成功与否，关键就是看能不能迈过制造业深加工度化这道门槛。深加工度化的魅力和建立困难，就在于该阶段有一个不同于初级（或传统）重化工业化阶段的鲜明的特征即生产的网络化和默认知识。此时，保持稳定（均衡）增长的制度安排必须重新构建，不能依靠本土资源的增长极进行扩张了，而要积极参与到国际要素流的主动配置过程中，从制造中心向服务中心转变，主动调整制度安排是这一阶段所必需的。

深加工度化阶段，无论是汽车、飞机还是现代电子产品，其生产的支撑单元是高附加值零部件，其组织形式是围绕装配线生产的一系列网络化零部件供应商，纵向和横向联合组成了一个生产综合体（或企业集团）。一旦这样的企业集群形成，便具有了生产环节上的垄断优势。典型的例子是，发达国家的汽车生产商向国外转移，常常连同其主要零配件供应商也一起转移（或者零部件从母国进口），因为 FDI 接受国在短期内不可能建立起本地高质量的服务商。更重要的是，深加工度化阶段的企业集团不仅仅是一个技术概念，它更多的是一种生产组织管理观念，大量的技术知识、管理知识都以默认知识（师傅带徒弟，口传身教）的形式存在，需要大量的培训、试错才能获得。

制度矩阵嬗变的目标是促使生产系统梯度爬升，我们提出两阶段的创新路径：第一阶段，分割打破即通过制度整合和激励规则消除分割，这是城市经济的核心层面，我们把这样的创新叫作"初级创新"。协调管理的初级创新，本质上是生产组织和制度的整合，在由初级重工业化向深加工度化和纵向一体化演进的十字路口，至关重要。从生产系统结构梯度看，"次级创新"发生在生产集成化时期，与深加工度化的纵向一体化相比，这个时期工业部门内部、工业与服务业之间，城市生产与生活消费之间，已经形成紧密的纵横网格。因此，由"初级创新"向"次级创新"的演替，是自主创新普遍的时期，不可能蛙跳实现。

面对初级重化工业化后增长减速，我们认为，上海现阶段首要的任务是治理分割问题即要想实现生产系统的深加工度化，制度矩阵需要更新，目的是提高上海新增长阶段的制度适应性效率。只有横向的制度支撑建立起来，上海才有可能走向有效率的稳定路径，进而爬升到"次级创新"的梯度。

五　上海市作为世界城市的核心命题

全球经济发展经验表明，工业化阶段服务业向城市化阶段服务业发展导致结构性减速。但是发达国家保持竞争优势的核心仍是服务业和制造业的效率改进，尽管各国策略不同。

初级重化工业化阶段，服务业作为"分工的结果"存在，由于这个阶段选择性融资对工业尤其大型重化工业的支持，服务业比较效率低下有其内在经济逻辑。之后待生产系统完成向深加工度化的转型，升级服务业、提高服务业可贸易性，才合乎经济逻辑，深加工度化阶段后，服务业是作为制造业"互补性条件"而存在，这是高级阶段的"生产条件说"。因此，我们给出的经验准则是：在生产系统梯度进入深加工度化之后，高效的服务业效率才能带来了更高的制造业效率。

世界城市就是服务于全球资源再配置和创新，它起到了全球网络控制中心节点的作用，即作为创新"缩放器"和"干中学"的知识配置力而存在，不断升级生产系统，利用制度体系服务于全球产业的要素流的配置。工业化的规模化扩张时期，初级重化工业化的技术来源是"干中学和投中学"，生产系统的知识配置能力弱，甚至对创新具有抑制作用。深加工度化阶段以后，随着城市化的发展，经济网络化程度更高，如果这个梯度得以顺利推进，那么网络的知识配置力会越来越大。换言之，各种"节点"通过知识网络的相互作用会放大能力。即通过"学中学"不断增加网络的"知识转移能力"和企业的"知识吸收能力"，两个能力累积扩张，最终推动经济效率路径的形成。

从世界城市比较看，依据2010年英国经济学家咨询发表的《全球城市竞争力基准》报告比较看，上海市的物质方面指标居于全球第一方阵，如经济活力位列全球120个城市的第五位；物质资本和金融成熟均保持着较高的水平，略低于前六位城市，稳居大陆的首位。

但是，上海软实力就相对比较弱了，特别是：（1）制度效率低。制度效率的细类指标包括财政自主权（权重占28.6%）、政府效率（权重占28.6%）和税收包括增值税（权重占14.3%）、法律执行和民主（权重占14.3%），这说明了城市的成熟需要更多的财政自治，才能有自我发展和完善的能力。（2）社会文化和人力资本层次较低。主要差距来自文化开放、多元和活力，而人力资本上缺乏企业家精神以及教育质量等问题。但是，总体上看，上海人力资本在国内排第一，在全球处于中上水平。（3）全球吸引力方面。世界500强进驻、国际航班次数、全球领先的大学、有影响力的国际会议和著名智库注册数量，在这方面上海还有很多可进取和改进的地方。

而向世界城市升级的根本是靠软实力，即制度、人才、企业家精神、全球资源聚集吸引力。上海已经完成了全球制造业"副控制中心"，即链接全球和区域配置的核心地位，现在要进一步突破原有增长极赶超时的制度桎梏，重塑上海的世界资源配置的服务能力，制度变革是关键。

六　几点建议

第一，打破选择性融资支持体制，还大企业和小企业公平的投融资环境。主要是打破大企业的自然、行政垄断优势，给予小企业在市场、融资上的便利，提升城市就业能力，增加企业创新活力。

第二，以自贸区进行全新的制度实验。（1）确立境内关外的自贸区架构，设立自贸区管委会制度，并依据自身需求设立组织机构，割断原有纵向体制对自贸区的延伸，否则打破纵向切割就成了空谈。（2）探索区域拥有适度立法权，建立财政和税收的相对独立体制，建立符合国际标准的法规体系，适应国际资源配置需要。（3）探索建立高效的监管模式。

第三，自贸区的建立着重探索世界城市的财税和金融的改革，为中国未来发展找出新的路径，集中在：（1）探索建立与国际接轨的地方税制体系，如向居民开征零售税（VAT）、居民消费时缴纳的价外增值税；进而探索不动产税等，形成地方体制。（2）探索资本项下自由兑换，为多层次全球金融服务体系探索开路。

第四，加强知识产权保护和人力资本提升。（1）有效落实公共资助研究知识产权保护。（2）尝试适度吸收德国知识产权管理的发明人原则，充分保障研究人员参与技术创新的权利。具体地讲，就是将公共资助研究成果首先归属于研究人员，只有通过特定的行为、程序才能转化为公共研究组织的财产。（3）要求公共研究组织成立专业化技术转让部门，实施排他性专利许可，并激励其建立高科技衍生企业或初创企业，以增强公共研究组织，特别是研究人员参与创新合作的谈判能力，从而发挥基础研究在突破性创新中不可替代的作用。（4）借鉴英国模式，由政府资助机构在体制、融资和技能上对公共研究组织成果商业化活动提供一次性的全方位扶持。（5）重塑公平的市场竞争环境，按照党的十八届三中全会精神，尽快建立知识产权法庭，确保创新外溢效应的发挥。在知识产权保护的同时，提升人力资源的培训系统，增加人力的集聚，保证服务业的提升和生产系统升级。

参考文献

［1］Miyohei Shinohara, *Structure Change in Japanese Economic Development*. Kinokuniya Bookstore Co. Ltd. Tokyo.

［2］Mitchell, B. R., 1998, *International Historical Statistics* (4th ed.)：1750－1993, New York：Stockton Press.

［3］Pim den Hertog et al., 1995, Assessing the Distribution Power of National Innovation Systems Pilot Study：The Netherlands, STB/95/051.

［4］R. Nurkse, 1953, *Problems of Capital Formation in Underdeveloped Countries*. Oxford University Press.

［5］Terutomo Ozawa, 2005, *Institutions, Industrial Upgrading, and Economic Performance in Japan*. Edward Elgar, MA, USA.

［6］马莉莉：《香港之路——产业内分工视角下的世界城市发展》，人民出版社 2001 年版。

［7］中国经济增长前沿课题组：《上海市创新转型发展指标体系研究》，上海研究报告，2011 年。

［8］中国经济增长前沿课题组：《中国经济长期增长路径、效率与潜在增长水平》，《经济研究》2012 年第 11 期。

［9］中国经济增长前沿课题组：《中国经济减速的结构性特征、转型风险与效率提升路径》，《经济研究》2013 年第 3 期。

［10］周振华：《营业税改征增值税研究》，格致出版社 2013 年版。

［11］左学金等：《世界城市空间转型与产业转型比较研究》，社会科学文献出版社 2011 年版。

报告5 中国特大城市创新转型发展指标体系研究[*]

——以北京、上海、天津、广州和深圳为例

张 平 刘霞辉 张自然 袁富华 王宏淼

本报告梳理了世界发达经济体和发展中国家的经济发展经验，讨论了从经济增长加速到减速的核心原因，发现成熟经济体持续、均衡增长的长期驱动因素就是持续的效率改进，它推动着技术创新和经济结构的调整。

纵观全球发展有两条路径：一条是成熟经济体走的较为均衡型的路径，另一条是发展中国家走的赶超型的路径。发展型政府的非均衡结构主义特征明显，即通过政府动员储蓄，投入到工业部门中，并利用资源禀赋的比较优势获得赶超速度。但当经济发展到中高收入阶段后，赶超经济体面临着巨大转型，或掉入中等收入陷阱，或转向持续发展的均衡道路。经过30余年来在全国的领先发展，以五市为代表的中国特大型城市，已经进入"高收入经济体"区间。但是，2007年以来，北京、上海、广州、深圳四个发达城市GDP增长持续减速，天津市GDP增速徘徊不前。类似问题在沿海诸发达省区市亦已出现，经济已经很难维持原有增速了，甚至还会面临发展停滞的风险。但很多省区市的政府仍希望制定更强有力的产业政策、数量化的转型指标强力推动转型，加大投资，保持增长，这实际上已经不符

* 限于篇幅，本报告仅为课题组2012年在上海市政府做的《上海市创新转型发展指标体系研究》基础修改而成的《中国特大城市创新转型发展指标体系研究》的摘要，并将数据更新到2012年，属于本课题阶段性成果。

[作者简介] 张平，中国社会科学院经济研究所副所长、研究员、博士生导师，研究方向：经济增长。刘霞辉，中国社会科学院经济研究所经济增长理论研究室主任、研究员、博士生导师，研究方向：经济增长。张自然，中国社会科学院经济研究所副研究员、经济学博士，研究方向：技术进步与经济增长。袁富华，中国社会科学院经济研究所副研究员、经济学博士，研究方向：就业与经济增长。王宏淼，中国社会科学院经济研究所副研究员、经济学博士，研究方向：国际宏观经济与金融。

合发展阶段的内在规律了，我们认为，需要改变这种发展主义的理念，转向成熟经济体的依托市场激励、以效率持续改进推动转型与增长。

转型发展可以理解为人类社会生产方式和生活方式的结构转变，转型升级受到效率提高和广义恩格尔定律的牵引。传统工业和现代工业的差别在生产方式上，同样传统服务业和现代服务业的差别也在生产方式上。现代生产方式的表现是生产的分工深化，获得规模化生产能力，并得到规模收益，核心是劳动效率能得到持续的提升。现代生产方式推动了产业结构的调整，从低效率的农业转向高效率的工业，从高效率的工业转向更高效率的服务业，在此过程中也推动了农业和工业发展，直到产业间效率均衡、结构稳定。生活方式则体现在广义恩格尔定律上，即从食品占消费支出比重的下降拓展到物质消费占消费支出比重的下降。因此，人类需求结构会牵引产业不断变化，服务业比重会越来越大。但在可贸易条件下，一国或一个地区供给结构不一定与需求结构完全吻合，而供给结构更多地服从效率原则（比较优势）。但从全球范围看，广义恩格尔定律又是决定性的，服务业需求比重持续提高。

从全球经济发展规律看：将一个国家增长速度分解后，增长份额最大的贡献者是各国产业部门的比重和该产业部门效率变动的乘积。如果服务业的比重持续提高，制造业比重持续下降，但服务业效率改进速度又慢于制造业效率变动速度，则整个经济增长速度将下降，欧美国家进入高收入水平后经济增长减速就是受到了上述规律的影响。服务业比重提高是因为受到广义恩格尔定律牵引，而服务业可贸易水平低于制造业，由规模引致的效率持续改进要低于可贸易水平高的制造业。随着全球服务贸易的加速发展，这种局面会得到改善。综观发达国家，由于服务业占 GDP 的比重不断上升和服务业不可贸易导致的效率改进速度慢等因素降低了发达国家的增长速度，但也成就了它们比较均衡的经济结构。它们保持竞争优势的核心仍是服务业和制造业的效率改进，尽管各国策略不同，如德国更倾向于制造业，英美更倾向于服务业，但效率改进是核心，而效率改进的背后是市场激励、人力资本、企业竞争力的提升，以及政府和社会协调效率的改善。

按照发达国家在 20 世纪 70 年代初期第二次产业劳动力比重在 40%—45% 的水平和第三次产业劳动力比重在 50% 的水平的情况，可以认为，现阶段中国发达城市的发展水平相当于发达国家 20 世纪 70 年代初期的情景。这些特大城市未来一段时期的经济增长将处于规模收益递增

（下凹形增长曲线）向收益递减（上凸形增长曲线）演变的转折阶段，是从要素投入型规模扩张增长向效率驱动的集约和创新型增长过渡的时期。值得注意的是，中国发达城市当前的增长减速实际上遇到了和发达国家同样的问题，城市化水平高达90%，服务业比重不断上升，制造业比重不断下降，导致GDP增长速度下滑，重返过去的增长方式已不可能，解决问题的核心是如何能持续改进效率并形成更均衡的产业结构。本研究中的指标设计尝试一个不同于以产业政策干预为基准的"转型升级指标"，而以效率为主导，结构并举，把增长潜力（人力资本、企业研发等）、生活质量和稳定性纳入上海转型升级的评价体系中，强调持续劳动生产率的改善才是转型升级的根本。在国内外现代化指标的基础上，本报告结合中国发达城市实际，将中国发达城市转型升级分为五个一级指标，并选取了28个具体指标，利用2005—2012年数据和层次分析法对发达城市转型升级进行更进一步的系统量化研究。

　　数据分析发现，与全球发达国家相比，中国特大城市近年来效率改进速度显著，但也面临着很大问题，主要是第三产业相对劳动生产率（第三产业与第二产业劳动生产率之比，第二产业劳动生产率为1）持续降低，低于发达国家第三产业相对劳动生产率大于或等于1的水平。如果不加速改善服务业劳动效率，而盲目提高服务业比重的话，就会形成低效的产业结构，而提高现代服务业比重是提升服务业效率的关键。中国发达城市"每百万劳动力中研发人员数"与发达国家相比差距大，未来效率提升需要靠人力资本积累。结构方面，一些特大城市，如上海、天津等工业部门就业和产值比重高，效率改善不错，但未来必然受到广义恩格尔的需求牵引，保持制造业的优势非常困难。从德国和新加坡的经验看，抑制地产泡沫是保持产业竞争力的关键。根据需求偏好相似理论，中国发达城市整体需求与消费将逐步与国际上的高收入经济体趋近，消费需求升级、生活质量的提高将成为未来经济发展新的经济增长点，创新、消费、投资、贸易和金融等都将围绕着与城市生产、生活相关的现代服务业大发展机会而展开，能否抓住这一机会将成为发达城市经济转型和可持续增长的关键所在。

　　由上面的分析可知，中国发达城市未来发展转型升级的策略有四个方面：（1）清晰地理解经济增长减速的原因，通过市场化的改革来实现转型升级的机制调整，而不是重新回到产业干预政策的老路子上；（2）效率持续改进应成为中国特大城市转型发展的核心目标，推动服务业的贸易水平，将服务延伸到城市圈、全国和全球，通过服务业效率的持续改进来提升现代服务业的比重和扩大服务的规模；（3）保持制造业的优势，提升其人力资本和技术创新是根本，抑制过快房价上涨也是重要的，特别应该抓住全球绿色创新的技术进步趋势，通过政府引导创新；（4）通过金融、税收等手段实现以"效率持续改进推动转型升级"的目标。

报告5 附录

基市评价方法、指标结构和评价结果

在2012年发达城市创新驱动转型升级指标研究的基础上，本报告继续对包括上海市的发达城市的创新驱动转型升级发展指标进行研究，并将年份从2010年延续到2012年。摘要包括上海创新发展转型升级指标设计、各级权重和发达城市转型升级评价结果。

一 上海创新发展转型升级指标设计

将转型升级指标分为两级，其中一级指标包括效率、结构、潜力、生活和稳定。一级指标包含28个具体指标。其中，效率包括TFP贡献率、GDP2劳动生产率、GDP3劳动生产率、资本产出率、土地产出率、地方税收增长；结构包括服务业就业比重、服务业占GDP比重、消费对经济增长的贡献、贸易依存度、万元GDP能耗；潜力包括R&D、每万劳动力中研发人员数、专利授权量、劳动力受教育程度、城市建成区与规划区比重、资本形成/GDP；生活包括环境指数、基础设施指数、公共服务覆盖率、人均收入增长、人类发展指数（HDI）、平均房价收入比、家庭财富增长；稳定包括基尼系数（GINI）、增长波动率、通货膨胀率、政府收入稳定（见表1）。

表1   上海转型升级指标设计

层次	指标
效率	TFP 贡献率
	GDP2 劳动生产率
	GDP3 劳动生产率
	资本产出率
	土地产出率
	地方税收增长

续表

层次	指标
结构	服务业就业比重
	服务业占 GDP 比重
	消费对经济增长的贡献
	贸易依存度
	万元 GDP 能耗
潜力	R&D
	每万劳动力中研发人员数
	专利授权量
	劳动力受教育程度
	城市建成区与规划区比重
	资本形成/GDP
生活	环境指数
	基础设施指数
	公共服务覆盖率
	人均收入增长
	人类发展指数（HDI）
	平均房价收入比
	家庭财富增长
稳定	基尼系数（GINI）
	增长波动率
	通货膨胀率
	政府收入稳定

注：环境指数包括人均公共绿地、空气质量、城市噪声。基础设施指数包括万人拥有医生数、万人床位数、万人医院数、人均液化石油气家庭用量、万人影剧院数、万人实有出租车数、每公共汽电车客运总数、万人公共电汽车数量、人均铺装道路面积、人均供水量。公共服务覆盖率包括基本养老保险覆盖率、基本医疗保险覆盖率、失业保险覆盖率。人类发展指数（HDI）包括预期寿命指数、教育指数、人均 GDP 指数。

二　各级权重

运用层次分析法，得出一级指标权重，其中，效率占 0.2970，结构占 0.2970，潜力占 0.1807，生活占 0.1370，稳定占 0.0883。

效率具体指标权重为：TFP 贡献率占 0.0462，GDP2 劳动生产率占

0.0653，GDP3 劳动生产率占 0.0988，资本产出率占 0.0359，土地产出率占 0.032，地方税收增长占 0.0188。

结构具体指标的权重为：服务业就业比重占 0.1069，服务业占 GDP 比重占 0.0747，消费对经济增长的贡献占 0.0566，贸易依存度占 0.0318，万元 GDP 能耗占 0.027。

潜力具体指标的权重为：R&D 每万劳动力中研发人员数占 0.0266，专利授权量占 0.0402，劳动力受教育程度占 0.058，城市建成区与规划区比重占 0.0122，资本形成/GDP 占 0.0188。

生活具体指标的权重为：环境指数占 0.0094，基础设施指数占 0.0154，公共服务覆盖率占 0.021；人均收入增长占 0.0288；人类发展指数（HDI）占 0.011；平均房价收入比占 0.0121；家庭财富增长占 0.0394。

稳定具体指标的权重为：基尼系数（GINI）占 0.0265，增长波动率占 0.017，通货膨胀率占 0.0339，政府收入稳定占 0.0108。

三 排名情况

上海市转型升级综合排名情况为：除 2005 年、2006 年居第 2 位外，2005—2012 年的其他年份上海市转型升级综合排名第一，2005 年、2006 年北京市排名第一。发达城市仅三个城市以 2005 年为基期的转型升级指数超过 100，上海市的转型升级指数为 105.37，天津市的转型升级指数为 104.90，深圳市的转型升级指数为 100.37，排名见表 2。

上海市效率综合排名情况为：除 2005 年、2006 年居第 2 位外，相应年份排第一的是广州市，2009 年排名第 3 位，相应居于第 1 位的是深圳市，其他年份包括综合得分上海市都是排名第一。北京市效率综合排名第五。发达城市仅两个城市以 2005 年为基期的效率指数超过 100，上海市的效率指数为 165.01，天津市的效率指数为 101.05。上海市的效率指数改善显著。

上海市结构综合排名情况为：2005—2012 年及综合排名均第 2 位。而 2005—2012 年北京市结构综合排名第一。发达城市仅三个城市以 2005 年为基期的结构指数超过 100，北京市的结构指数为 107.81，上海市的结构指数为 103.82，深圳市的结构指数为 102.78。

上海市潜力综合排名情况为：2005—2012 年及综合排名第 2 位。2005—2012 年北京市潜力综合排名第一。发达城市仅三个城市以 2005 年为基期的潜力指数超过 100，天津市的潜力指数为 114.09，广州市的潜力指数为 108.49，上海市的潜力指数为 101.83。

上海市生活综合排名情况为：2009 年、2010 年排第 1 位。2005 年排名第 2 位，2012 年排名第 2 位，2006—2008 年排名第 4 位。发达城市仅三个城市以 2005 年为基期的生活指数超过 100，天津市的生活指数为 155.11，深圳市的生活指数为 110.98，广州市的生活指数为 103.63。上海市的生活指数为 96.25，低于 100。

上海市稳定综合排名情况为：2005 年、2012 年排名第 1 位、2006 年排名第 2 位、2007—2011 年排名第 3 位。北京市 2006—2010 年排名第 1 位，2005 年排名第 2 位，2011 年、2012 年排第 4 位。发达城市仅三个城市以 2005 年为基期的稳定指数超过 100，深圳市的稳定指数为 110.78，天津市的稳定指数为 108.32，广州市的稳定指数为 104.69。上海市的稳定指数则低于 100，为 91.03。

还得出，2005 年以来、2005—2012 年转型升级一级指标雷达图，从雷达图可以看出，影响发达城市转型升级的一级指标效率、结构、潜力、生活、稳定的得分情况对比，从而可以对发达城市之间和自身发展状况进行比较。

表2　　　　　　　　近八年国内主要城市的评价排名情况

综合排名	2005 年	2006 年	2007 年	2008 年	2009 年	2010 年	2011 年	2012 年	2005 年后平均
北京市	1	1	2	2	2	2	2	2	2
天津市	5	5	5	5	5	5	5	4	5
上海市	2	2	1	1	1	1	1	1	1
广州市	3	4	4	3	3	4	4	5	4
深圳市	4	3	3	4	4	3	3	3	3
效率排名	2005 年	2006 年	2007 年	2008 年	2009 年	2010 年	2011 年	2012 年	2005 年后平均
北京市	5	5	5	5	5	5	5	5	5
天津市	4	4	4	4	4	4	3	2	4
上海市	2	2	1	1	3	1	1	1	1
广州市	1	1	3	3	2	3	4	4	3
深圳市	3	3	2	2	1	2	2	3	2

续表

效率排名	2005 年	2006 年	2007 年	2008 年	2009 年	2010 年	2011 年	2012 年	2005 年后平均
结构排名	2005 年	2006 年	2007 年	2008 年	2009 年	2010 年	2011 年	2012 年	2005 年后平均
北京市	1	1	1	1	1	1	1	1	1
天津市	5	5	5	5	5	5	5	5	5
上海市	2	2	2	2	2	2	2	2	2
广州市	3	3	4	4	4	4	4	4	4
深圳市	4	4	3	3	3	3	3	3	3
潜力排名	2005 年	2006 年	2007 年	2008 年	2009 年	2010 年	2011 年	2012 年	2005 年后平均
北京市	1	1	1	1	1	1	1	1	1
天津市	5	5	5	5	5	5	5	5	5
上海市	2	2	2	2	2	2	2	2	2
广州市	4	4	4	4	4	4	4	4	4
深圳市	3	3	3	3	3	3	3	3	3
生活排名	2005 年	2006 年	2007 年	2008 年	2009 年	2010 年	2011 年	2012 年	2005 年后平均
北京市	1	1	1	2	2	5	1	4	1
天津市	5	5	2	3	3	3	4	5	5
上海市	2	4	4	4	1	1	2	3	3
广州市	4	3	3	1	4	4	5	2	2
深圳市	3	2	5	5	5	2	3	1	4
稳定排名	2005 年	2006 年	2007 年	2008 年	2009 年	2010 年	2011 年	2012 年	2005 年后平均
北京市	2	1	1	1	1	1	4	4	1
天津市	4	3	4	4	4	4	1	2	4
上海市	1	2	3	3	3	3	3	1	2
广州市	3	4	2	2	2	2	2	3	3
深圳市	5	5	5	5	5	5	5	5	5

第二部分　城市化与产业竞争力研究

报告6 城市化水平与产业结构演化的国际比较

——基于 38 个国家和地区数据

张自然　　魏晓妹

摘　要： 本报告从世界各国城市化发展的规律及发展模式出发，通过对 38 个国家和地区 1976—2011 年城市化与人均 GDP、工业和服务业的理论和实证研究后认为，中国和世界平均城市化水平差距为 4—11 个百分点。中国的城市化水平与世界城市化水平有一定的差距，但差距没有想象的那么大。中国城市化与人均 GDP 的回归曲线离日本的最近，中国最有可能采用日本和德国的城市化发展模式，在很长的一段时间内中国的城市化率只能发展到 76% 的水平。工业仍然和城市化一起在中国经济增长中发挥着重要作用，但服务业占 GDP 的比重将逐步提高，服务业在经济增长中将越来越重要，提高服务业相对于工业的劳动生产率是今后中国经济发展的必然选择。决策者应该根据城市化发展阶段和人们收入水平制定城市化发展政策。

关键词： 城市化　人均 GDP　产业结构　服务业

一　引言

城市化已经成了中国经济的主推动力。城市化是指随着社会经济的发展，非农人口占总人口的比重不断提高的过程。人口和资本向城市集中，

［作者简介］张自然，中国社会科学院经济研究所副研究员、经济学博士，研究方向：技术进步与经济增长。魏晓妹，中国银监会日照监管分局，经济学硕士，研究方向：金融学国际金融方向。本报告发表在《北京工商大学学报》（社会科学版）2015 年第 2 期。

是由于生产要素在空间上的聚集所产生的外部效益，以及城市的先进文化、生活方式等所产生的城市引力。按照我们最新的研究结果，中国在2011—2016 年城市化增速为最高水平，2011 年城市化率为 51.27% 验证了这一判断。这一期间的城市化增长率约为 1.4 个百分点，城市化率则位于 51.27%—58.5%，此后中国的城市化增速将逐步放缓。采用中国城市化 Logistic 增长模型预测结果为 2015 年、2020 年和 2030 年中国的城市化率分别为 57.11%、63.94% 和 75.86%，可以预测中国 2030 年将有 10.62亿的城市人口，即 10 亿多中国人生活在城市里。要达到 2030 年 75.86%的城市化率的目标，今后每年要提高城市化水平 1.29 个百分点，相当于每年有近 1900 多万人转移到城市来。

　　一般认为，中国的城市化滞后于经济的发展，其中一种观点认为，中国城市化滞后于国内工业化水平；另一种观点认为，中国城市化远远滞后于同等收入水平的其他国家。从 20 世纪 90 年代开始就有不少学者研究中国的城市化发展水平并认为中国城市化滞后于工业化或其他国家：辜胜阻（1991）[1] 采用 IU 比、NU 比和亚洲模型分析后认为，中国的城市化发展水平滞后 10 多个百分点。杜辉（1992）[2] 利用工业化与城镇化的偏差分析后认为城镇化滞后于工业化。余立新（1994）[3] 采用钱纳里模型和经济计量模型分析后认为中国的城镇化发展水平滞后约 15 个百分点。俞德鹏（1994）[4] 利用城市化发展经验数据的 "大国模型" 得出中国城市化发展水平滞后约 10 个百分点的结论。付晨（1995）[5] 通过 114 个国家人均GNP 水平与城市化水平的国际比较后认为，城市化水平提高幅度差距为 7个百分点。孙立平（1996）[6] 采用修正后的人均 GDP 及其城镇化水平的国际比较后得出中国城镇化发展水平落后于同等发展程度国家 13—33 个百分点。叶裕民（1999）[7] 通过中国、日本工业化与城市化发展的比较后认为，1997 年中国的工业化和城市化水平与 1965 年的日本相比，城市化

---

① 辜胜阻：《非农化与城镇化研究》，浙江人民出版社 1991 年版。

② 杜辉：《略论我国工业化升级转换中的战略选择》，《经济研究》1992 年第 4 期。

③ 余立新：《排除认识障碍，加快城镇化进程》，《人口研究》1994 年第 1 期。

④ 俞德鹏：《中外城市化进程的定量比较》，《人口研究》1994 年第 2 期。

⑤ 付晨：《农村城市化滞后的症结与对策》，《经济体制改革》1994 年第 2 期。

⑥ 孙立平：《中国的城镇化是滞后还是超前》，《探索与争鸣》1996 年第 5 期。

⑦ 叶裕民：《中国城镇化滞后的经济根源及对策思路》，《中国人民大学学报》1999 年第 5期。

发展的差距为 38.2 个百分点。周一星等（1999）① 通过人均 GDP 与世界下中等国家及平均水平的比较后认为，中国城镇化发展水平滞后 12—14 个百分点。王茂林（2000）② 通过工业人口比重与城市化比重国际比较后认为，1990 年中国城市化水平滞后约 17 个百分点。孙永正（2001）③ 与同期世界城市化进程相比较后认为中国的城市化水平比世界城市化水平平均率低 12 个百分点。而简新华、黄锟（2010）④ 认为，中国城镇化水平不仅滞后于国内经济发展水平、工业化或非农化进程，也滞后于国外同等发展水平国家或同样发展阶段的城市化水平。

从上面学者的研究可以发现，中国的学者认为，中国的城市化滞后于工业化和其他国家基本在 10—40 个百分点。笔者基于 38 个国家和地区的 1976—2011 年的城市化与人均 GDP 和产业结构的数据则发现与以上研究结果不同的地方，城市化和经济发展阶段相适应，什么样的经济阶段和什么样的城市化进程相适应。即考虑城市化发展阶段与人均 GDP 及产业结构等情况后，中国的城市化可能不一定滞后于经济发展水平，也不一定滞后于相近时期其他国家的城市化水平。

国内外有不少学者关于城市化和产业结构方面的论述。西蒙·库兹涅茨（1989）⑤ 认为，随着经济发展水平的提高，产业结构工业化、服务化必然会带动居民，就业和资本向城市转移，进而推动城市化水平的提高。亨德林（Henderson，1997）⑥ 认为，城市所处的规模等级与专门化产业之间存在着稳定的联系。格拉瑟（Glaeser，2005）⑦ 认为，城市化是否成功和它适应产业结构的能力密切相关。张魁伟（2004）⑧ 认为，城市化发

---

①　周一星、曹广忠：《改革开放 20 年来的中国城市化进程》，《城市规划》1999 年第 12 期。

②　王茂林：《新中国城市经济 50 年》，经济管理出版社 2000 年版。

③　孙永正：《城市化内涵、进程和目标水准实证研究》，《中国软科学》2001 年第 12 期。

④　简新华、黄锟：《中国城镇化水平和速度的实证分析与前景预测》，《经济研究》2010 年第 3 期。

⑤　西蒙·库兹涅茨：《现代经济增长》，北京经济学院出版社 1989 年版。

⑥　Henderson, V., Medium Size Cities [J]. *Regional Science and Urban Economics*, 1997, 27 (6), pp. 583 –612.

⑦　Glaeser, E. L., Reinventing Boston: 1630 – 2003 [J]. *Journal of Economic Geography*, 2005, 5(2), pp. 119 –153.

⑧　张魁伟：《产业结构与城市化，区域经济的协调发展》，《经济学家》2004 年第 4 期。

展水平对产业结构的合理调整起着积极促进的作用。程庆生和李昌中（2004）[①] 认为，农村剩余劳动力向非农产业部门转移，是产业结构大规模调整的结果，这也是城市化的生产方式。李诚固等（2004）[②] 认为，区域产业结构调整与优化显著地促进了城市化地域形态和城市职能结构的转变以及城市化水平的提高。陈柳钦（2005）[③] 认为，产业结构的调整与优化是推动城市发展的基本动力。刘艳军等（2007）[④] 认为，东北地区中心城市的产业结构调整与优化为区域城市化的发展注入新的增长动力。中国经济增长与宏观稳定课题组（2009）在《城市化、产业效率与经济增长》[⑤] 一文中已经利用世界银行 1976—2007 年的数据探讨了中国城市化规律、世界城市化发展规律和模式以及城市化与产业竞争力之间的关系。本报告在此基础上将数据年限延长到 1976—2011 年，进而考察基于人均 GDP 和产业结构的中国城市化水平。

二　中国城市化的发展状况

（一）中国的城市化增长速度很快

用 Logistic 函数模拟中国城市化水平的结果显示，中国城市化增速为 0.05727，大大快于世界平均水平 0.01729。[⑥] 大约在 2010 年年底 2011 年年初，即 2011 年左右城市化增速出现拐点，中国城市化增长最快的区间在 2011—2016 年，与中国 2010 年城市化率达到 49.95% 和 2011 年城市化率达到 51.27% 的实际情况相符。在此期间，中国的城市化率在 51.27%—58.5%，这一阶段为城市化增速最高阶段，增速平均约为 1.4 个百分点（见图 6 – 1 和图 6 – 2）。

---

①　程庆生、李昌中：《我国产业结构与城市化关联分析》，《统计与决策》2004 年第 6 期。

②　李诚固、韩守庆、郑文升：《城市产业结构升级的城市化响应研究》，《城市规划》2004 年第 4 期。

③　陈柳钦：《论城市发展的动力机制——从产业结构转移与发展的视角来研究》，《现代经济探讨》2005 年第 1 期。

④　刘艳军、李诚固、董会和、李如生：《东北地区产业结构演变的城市化响应：过程、机制与趋势》，《经济地理》2007 年第 3 期。

⑤　中国经济增长与宏观稳定课题组：《城市化、产业效率与经济增长》，《经济研究》2009 年第 10 期。

⑥　谢文惠、邓卫：《城市经济学》，清华大学出版社 1996 年版，第 40 页。

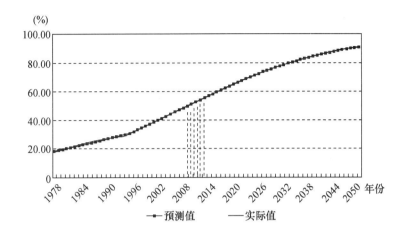

图 6 - 1　城市化率和预测（1978—2050 年）

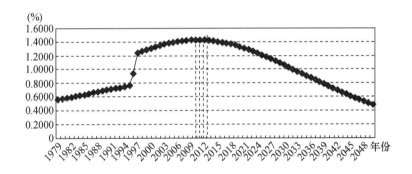

图 6 - 2　中国城市化增速预测（1979—2050 年）

按照我们的预测，2015 年城市化率为 57.11%，2020 年为 63.94%，比李善同、侯永志（2002）①　预测的 2020 年城市化率为 60% 稍高。而我们预测的 2030 年城市化率达到 75.86%，比李善同、侯永志估计的 2030 年为 60%—65% 高出近 10 个百分点。

按第六次全国人口普查估计 2030 年中国人口最多也就 14 亿人，按照 2030 年的城市化率 75.86% 计算，中国 2030 年将有 10.62 亿城市人口，即 10 亿多中国人生活在城市里。要完成 2030 年近 76% 的城市化水平，即每年提高城市化水平 1.29 个百分点，相当于每年有 1900 万以上的农村

---

①　李善同、侯永志：《中国城市化若干问题的分析》，载陈甬军、陈爱民主编《中国城市化：实证分析与对策研究》，厦门大学出版社 2002 年版。

人口转移到城市中来。

按照目前城市化的发展势头，中国城市化率可能在 2030 年达到 76%。但是，由于户籍、医疗社保等政策发展的滞后，农民工入籍大中城市的意愿相对较低，这一城市化率可能是今后 20 年城市化率的最高点。

（二）中国城市化仍处于加速阶段

按照各国城市化发展如同 S 形曲线（诺瑟姆，1975），并且世界城市化呈现出阶段性特征（见图 6 - 3）。第一个阶段城市化率为 30%。这一阶段城市人口增长缓慢，只是在城市化率达到 10% 后城市化水平才略微加快。第二个阶段城市化率位于 30%—70%。城市化率达到 30% 后城市化进入加速阶段，这种加速一直持续到城市化率达到 70% 才基本稳定下来。第三个阶段城市化率大于 70%。这时城市化和经济进入发展的高级阶段。2013 年中国城市化率为 53.73%，和 2012 年城市化率比较，提高了 1.16 个百分点。中国城市化已经进入增速下降区间，但城市化水平仍在提高。

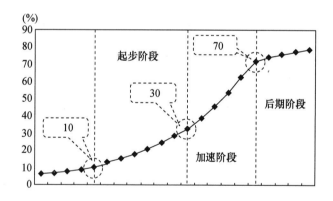

图 6 - 3 世界城市化的基本规律

资料来源：该图源于张平研究员的《宏观政策的有效性和可持续增长路径探索》的演讲稿。

（三）中国城市化与工业和服务业的关系

中国第二产业占 GDP 的比重从 1978 年的 47.88% 到 2008 年的 48.6%，略有上升，此后开始逐渐下降，到 2013 年第二产业占 GDP 的比重为 43.9%（见图 6 - 4）。目前，中国第二产业所占 GDP 的比重略高于四成，我们国家仍然处于工业化深化阶段。

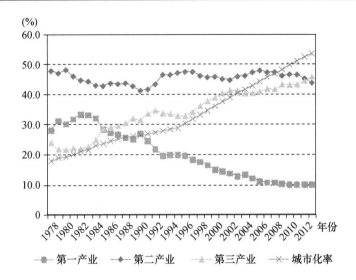

图6-4　中国三次产业占 GDP 的比重和城市化率

资料来源：1978—2013 年资料源于历年《中国统计年鉴》。

而中国第三产业占 GDP 的比重则由 1978 年的 23.94% 不断上升至 2013 年的 46.1%（见图 6-4），中国的城市化水平也由 1978 年的 17.92% 上升到 2013 年的 53.73%。1978 年以来，中国的第三产业和城市化的上升势头基本一致。2003 年中国城市化率首次超过第三产业占 GDP 的比重，但仍低于第二产业占 GDP 的比重，直到 2009 年后城市化进程继续加快进而超过第二产业占 GDP 的比重。

三　城市化与产业结构的演进关系

长期以来，在人们的印象中中国的城市化水平与世界差距巨大，但是，我们通过对 1976—2011 年世界 38 个国家和地区的人均 GDP 和城市化进行回归，发现中国和世界平均城市化水平差距仅为 4—6 个百分点（考虑人均 GDP、工业和服务业之后的差距为 11 个百分点），中国的城市化水平与世界城市化水平有一定的差距，但差距没有想象的那么大。并且研究发现，中国城市化发展与世界城市化发展规律相吻合，即随着人均 GDP 的增长，城市化水平逐步提高。各国的城市化与人均 GDP 的关系均符合这一规律。

（一）建模及数据处理

考虑人均 GDP、第二产业占 GDP 比重和第三产业占 GDP 比重的城市化得到如下回归方程：

$$urban = c + \alpha_1 \times \ln(pgdp) + \alpha_2 \times [\ln(pgdp)]^2 + \alpha_3 \times [\ln(pgdp)]^3 + \beta_1 \times IND + \beta_2 \times SERV$$

其中，$pgdp$ 是以 2000 年美元衡量的人均 GDP，IND 是工业占 GDP 的比重，$SERV$ 是服务业占 GDP 的比重。

（二）城市化与人均 GDP 的关系

城市化与经济增长间存在着正相关，城市化是经济增长的重要推动力。国内外学者对城市化与人均 GDP 的关系进行了研究。大量国内外学者的研究发现，城市化与人均 GDP 或人均 GNP 具有高度相关性（钱纳里，1988；亨德森，2000；周一星，1995；许学强等，1989；高佩义，2004；成德宁，2004）。[①]

通过对 1976—2011 年 38 个国家和地区城市化与人均 GDP 的关系的研究，本报告认为，这些国家和地区城市化水平随着人均 GDP 的增长而提高（见图 6 - 5），而且经济增长阶段和水平决定了各国城市化进程。当一个国家或地区达到中等收入水平后，其城市化的模式也各不相同。

根据前面城市化与人均 GDP 关系的理论总结，我们用 1976—2011 年 38 个国家和地区的城市化和人均 GDP 数据回归得到如下方程：

$$urban = 179.203 - 76.949 \times \ln(pgdp) + 11.709 \times [\ln(pgdp)]^2 - 0.497 \times$$
$$t \qquad (6.776) \qquad (-7.202) \qquad (8.455)$$
$$[\ln(pgdp)]^3$$
$$(-8.588) \tag{6.1}$$

$R^2 = 0.9774$，调整的 $R^2 = 0.9767$，$F = 1373.943$，t 参量均在 1% 条件下显著。模型的拟合优度、方程显著性和变量显著性均良好。

---

① 钱纳里：《发展形式：1950—1970》，经济科学出版社 1988 年版。Henderson, J. V., How Urban Concentration Atfects Economic Growth ［M］, Vol, 2326, *The Wold Bank Polivy Rearol Working Paper*, 2000。周一星：《城市地理学》，商务印书馆 1995 年版。许学强、朱剑如：《现代城市地理学》，中国建筑工业出版社 1989 年版。高佩义：《中外城市化比较研究》，南开大学出版社 2004 年版。成德宁：《城市化与经济发展——理论、模式与政策》，科学出版社 2004 年版。

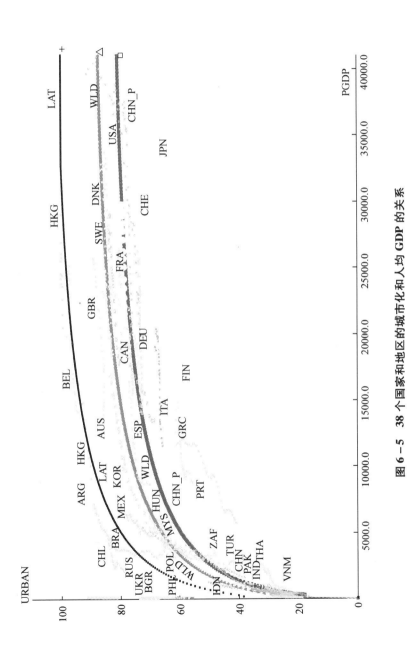

图6-5　38个国家和地区的城市化和人均 GDP 的关系

注：标记为方形、十字形和三角形对应的曲线分别是中国、拉美地区和各国或地区平均的城市化与人均 GDP 的回归曲线，其余为其他国家或地区散点图。

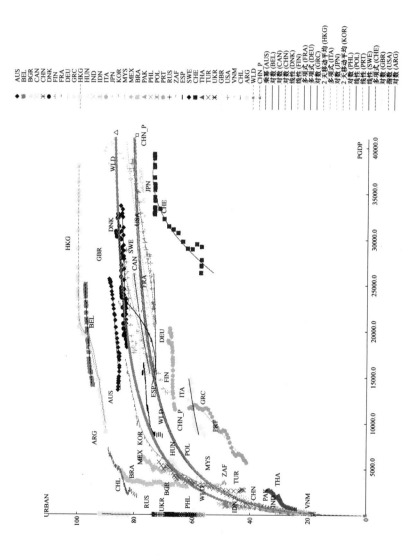

图6-6 38个国家和地区的城市化和人均GDP的关系散点图

注：其中三角形标记WLD的曲线是各国城市化与人均GDP的平均曲线回归曲线；正方形标记为CHN_P的曲线是中国城市化与人均GDP的回归曲线。

其中，中国的固定效应部分为 −5.812。仅考虑城市化和人均 GDP，中国和世界平均城市化水平差距为 6.205。世界平均固定效应为 0.393，拉美平均固定效应为 14.564。

根据 38 个国家和地区城市化和人均 GDP 的关系的分析和图 6−6，我们对世界各国的城市化发展模式总结如下：各个国家和地区经济发展阶段和城市化模式的选择决定了其城市化发展水平，各个国家和地区城市化发展模式有如下四种：

1. 欧美发达国家城市化发展模式

这一城市化发展模式下国家的人均 GDP 均超过 1 万美元，城市化水平大于 75%，有美国、加拿大、澳大利亚、法国、瑞典、英国等国家。其第三产业占 GDP 比重在 60%—80%，并且第三产业占 GDP 的比重是随着城市化水平的提高而提高。当城市化率达到 75% 以上时，城市化水平基本稳定，第三产业则持续稳定发展，相应的第三产业占 GDP 的比重也相应持续提高。而第二产业占 GDP 的比重则逐步降低到不足 30%，第二产业在经济中的重要性也逐步下降。欧美国家工业化的发展推动了城市化进程，城市化的发展反过来促进了非农产业的发展。随着城市化和第三产业的发展，第三产业独立于第二产业而发展，城市化的发展就是以第三产业发展为目的。

2. 日本和德国城市化发展模式

这一城市化发展模式下国家的人均 GDP 也超过 1 万美元，城市化率在 60%—75%，包括德国、日本、意大利、希腊等国家。这一城市化模式下，第二产业占 GDP 的比重为 30% 左右，第二产业在经济中仍然发挥着非常重要的作用。日本和德国的城市化发展模式是工业化带动城市化进程，进而推动第三产业的发展；城市化产生"集聚效应"，通过技术创新不断推动第二产业的发展，进而带动第三产业的发展。

3. 拉美等国家城市化发展模式

这一城市化发展模式下，城市化水平很高，超过 75%，但人均 GDP 不到 6000 美元，包括巴西、智利、阿根廷、墨西哥等国家。这一城市化发展模式下第三产业占 GDP 的比重在 50%—70%，但第三产业内部发展很不均衡，并且工业化水平相对也较低（占 GDP 的比重在 25%—50%）。拉美等国家选择高于世界平均水平以上的城市化发展模式，人均 GDP 在 3000 美元以上就快速城市化。拉美国家依靠其丰富的资源产业，并以此推动城市化进程，从而推动了第三产业的发展。

其他暂且可以称为新兴市场国家模式，这一模式人均 GDP 较低，不到 5000 美元，城市化水平低于 75 个百分点，这一模式是指城市化和人均GDP 尚处于发展之中，还没有达到上述三种模式的发展水平。包括中国（CHN）、波兰（POL）、土耳其（TUR）、俄罗斯（RUS，72%）、乌克兰（UKR，67%）、保加利亚（BGR）、马来群岛（MYS）、印度尼西亚（IDN）、印度（IND）、菲律宾（PHL）、泰国（THA）、越南（VNM）、巴基斯坦（PAK）和南非（ZAF）等国家和地区。美欧模式和日德城市化模式基本上是工业和服务业分别良性发展，工业和服务业彼此促进，具有外溢效应（仅匈牙利的服务业和工业对城市化的拉动作用不太明显，但其城市化、工业和服务业发展水平较高）。而拉美模式的工业和服务业对城市化的拉动作用有限。新兴市场国家的城市化模式，除土耳其工业和服务业同时对城市化拉动作用较大，中国仅工业对城市化有较大的拉动作用外，其他新兴国家的城市化与工业、服务业及工业和服务业的关系不太密切。

以上四种模式中，欧美模式和日德模式都是发达国家典型的城市化发展模式，城市化水平比较高，非农产业均高度发达，服务业与工业互动发展或者相对独立发展并推动城市化进程。

（三）城市化与人均 GDP、工业和服务业

城市化与人均 GDP、工业和服务业的样本数为 1248 个。

$$urban = 177.833 - 80.782 \times \ln(pgdp) + 11.345 \times [\ln(pgdp)]^2$$
$$t \qquad (7.512) \qquad (-8.443) \qquad (9.016)$$
$$-0.477 \times [\ln(pgdp)]^3 + 0.550 \times SERV + 0.491 \times IND$$
$$(-8.935) \qquad (18.076) \qquad (12.866) \qquad (6.2)$$

$R^2 = 0.983$，调整的 $R^2 = 0.982$，$F = 1691.654$，t 参量均在 1% 条件下显著。模型的拟合优度、方程显著性和变量显著性均良好。

其中，中国的固定效应部分为 -11.403。考虑了工业和服务业后，中国城市化与世界平均水平差距为 11.834。世界平均固定效应为 0.430，拉美平均固定效应为 12.975。

（四）城市化与工业化的关系

城市化与工业化的关系在不同发展阶段具有不同的特点。在工业化初、中期，人均 GDP 和城市化水平还不高，城市化水平随着工业的发展而提高，城市化水平与工业化呈正相关性；在工业化的中、后期，随着经

济的发展，人们的收入逐步提高，对服务业的需求也日益增加，服务业占GDP 的比重也逐渐上升，工业占 GDP 的比重则有逐步下降的趋势，此时城市化水平也逐渐提升。城市化与工业化呈负相关关系①，从图 6 - 7 即可看出这一点。

1. 考虑人均 GDP 与工业呈线性相关

城市化与人均 GDP、工业和服务业的样本数为 1098 个。

$$urban = 208.667 - 89.518 \times \ln(pgdp) + 13.656 \times [\ln(pgdp)]^2$$
$$t \quad (7.700) \quad (-8.159) \quad (9.525)$$
$$-0.593 \times [\ln(pgdp)]^3 - 0.123 \times IND$$
$$(-9.782) \quad (-5.938) \tag{6.3}$$

$R^2 = 0.978$，调整的 $R^2 = 0.977$，$F = 1293.137$，t 参量均在 1% 条件下显著。模型的拟合优度、方程显著性和变量显著性均良好。

其中，中国的固定效应部分为 -4.067。考虑了工业后，中国城市化与世界平均水平差距为 4.584。世界平均固定效应为 0.517，拉美平均固定效应为 14.138。

2. 考虑人均 GDP 与工业呈非线性关系

1976 -2011 年城市化与人均 GDP、工业的样本数为 1258 个。

$$urban = 226.23 - 94.572 \times \ln(pgdp) + 14.429 \times [\ln(pgdp)]^2 - 0.631 \times$$
$$t \quad (8.176) \quad (-8.542) \quad (9.929) \quad (-10.210)$$
$$[\ln(pgdp)]^3 - 0.496 \times IND + 0.005 \times IND^2$$
$$(-3.853) \quad (2.938) \tag{6.4}$$

$R^2 = 0.982$，调整的 $R^2 = 0.981$，$F = 1357.742$，t 参量均在 1% 条件下显著。模型的拟合优度、方程显著性和变量显著性均良好。

其中，中国的固定效应部分为 -4.229。考虑了工业后，中国城市化与世界平均水平差距为 4.689。世界平均固定效应为 0.46，拉美平均固定效应为 13.943。

3. 不考虑人均 GDP，城市化与工业的关系

可以看出，城市化除与人均 GDP 正相关外，还和工业占 GDP 的比重呈负相关关系。为了更清晰地分析城市化与工业占 GDP 比重的关系，我

---

① 其回归方程为：$IND = 214.672 - 90.864 \times \ln(pgdp) + 14.500 \times [\ln(pgdp)]^2 - 0.709 \times [\ln(pgdp)]^3 - 0.230 \times urban$。

们认为，城市化与工业可能呈 U 形曲线。设定不考虑其他因素，仅考虑城市化与工业占 GDP 的比重和工业占 GDP 比重的平方之间的关系。

1976—2011 年城市化与工业的样本数为 1258 个。

$$urban = 83.347 - 0.881 \times IND + 0.010 \times IND^2$$

$$t \quad (27.425) \quad (-5.217) \quad (4.553) \quad\quad (6.5)$$

$R^2 = 0.949$，调整的 $R^2 = 0.947$，$F = 582.101$，t 参量均在 1% 条件下显著。模型的拟合优度、方程显著性和变量显著性均良好。

从 1976—2011 年各国的面板数据就可以看出这一特点（见图 6 - 7）：在工业化初、中期，城市化与工业化呈正相关关系。工业化中、后期，城市化与工业化呈负相关关系。

（五）城市化与服务业的关系

随着城市化的发展，经济水平的提高，人均 GDP 和人们的收入也得到相应的提高，人们对服务业的需求越来越多，需求的种类也越来越多样化。城市化促进了服务业的发展，并为服务业的发展创造了大量的产出和就业机会。从这一角度来说，城市化是服务业发展的原因，城市化对服务业的正向作用显著强于服务业对城市化的反向作用，服务业与城市化水平之间存在长期均衡的关系（Singelmann，1978；Daniels 等，1991；Harris，1995；Chang 等，2006；张自然，2008）。[①] 各个国家和地区的城市化和服务业显著正相关，这一点从城市化和服务业关系的散点图 6 - 8 可以看出。

1. 考虑城市化、人均 GDP 和服务业

城市化与人均 GDP、工业和服务业的样本数为 1098 个。

$$urban = 225.234 - 98.0846 \times \ln(pgdp) + 14.60614 \times [\ln(pgdp)]^2$$

$$t \quad (9.034) \quad (-9.712) \quad (11.117)$$

$$- 0.637363 \times [\ln(pgdp)]^3 + 0.204362 \times SERV$$

$$(-11.525) \quad\quad (13.425) \quad\quad (6.6)$$

$R^2 = 0.981$，调整的 $R^2 = 0.980$，$F = 1521.324$，t 参量均在 1% 条件下

---

① Singelmann, J., *From Agriculture to Services: The Transformation of Industrial Employment* [M]. Sage Publications, 1978. Daniels, P. W., *Services and Metropolitan Development: international perspectives* [M]. Routledge, 1991. Harris, N. Bombay In a Global Economy – Structural Adjustment and the Role of Cities [J]. *Cities*, 1995, 12 (3), pp. 175 – 184. Chang, G. H., Brada, J. C., The paradox of China's Growing Under-urbanization [J]. *Economic Systems*, 2006: 30, pp. 24 – 40. 张自然:《中国服务业增长与城市化的实证分析》,《经济研究导刊》2008 年第 1 期。

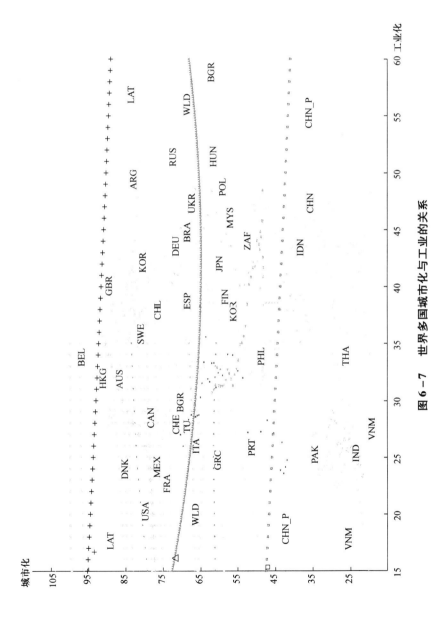

图6-7 世界多国城市化与工业的关系

注：标记为方形、十字形和三角形的曲线相应是中国、拉美国家和38个国家和地区平均的城市化与工业的回归曲线。

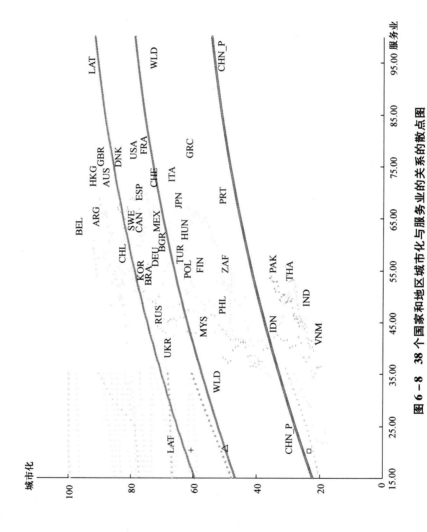

图 6 - 8　38 个国家和地区城市化与服务业的关系的散点图

注：标记为方形、十字形和三角形的曲线分别是中国、拉美国家和 38 个国家和地区平均的城市化与服务业的回归曲线。

显著。模型的拟合优度、方程显著性和变量显著性均良好。

中国的固定效应为 - 5.546。考虑了人均 GDP 和服务业后，中国城市化与世界平均水平差距为 5.963。世界平均固定效应为 0.416，拉美平均固定效应为 13.076。

从（6.6）式可以看到，城市化与服务业占 GDP 的比重呈正相关关系。为了更清晰地分析城市化与服务业的关系，我们认为，城市化与服务业占 GDP 的比重可能呈倒 U 形曲线。假定城市与服务业占 GDP 比重、服务业占 GDP 比重为二次方的关系。

2. 不考虑人均 GDP 的城市化与服务业的关系

$$urban = 36.800 + 0.654 \times SERV - 0.002 \times SERV^2$$

$$t \qquad (14.584) \qquad (6.999) \qquad (-2.819) \qquad\qquad (6.7)$$

$R^2 = 0.964$，调整的 $R^2 = 0.963$，$F = 843.607$，t 参量均在 1% 条件下显著。模型的拟合优度、方程显著性和变量显著性均良好。

四　结论和政策建议

（一）结论

从 38 个国家和地区城市化和产业结构演化的国际比较，我们可以发现，中国城市化发展与世界城市化发展规律相吻合，各个国家或地区城市化水平随着人均 GDP 的增长而提高，而且经济增长阶段和水平决定了各国城市化进程。当一个国家或地区达到中等收入水平后，其城市化的模式也各不相同。

城市化与产业结构之间具有阶段性的特点。在工业化初、中期，人均 GDP 和城市化水平还不高，城市化水平随着工业的发展而提高，城市化水平与工业化呈正相关性。在工业化的中、后期，随着经济的发展，人们的收入逐步提高，人们对服务业个性化需求越来越多，需求的种类也越来越多样化，城市化促进了服务业的发展，并为服务业的发展创造了大量的产出和就业机会，服务业占经济的比重也逐渐上升，而具有规模扩张特点的工业占经济的比重则有逐步下降的趋势。因此，工业化中期、后期，城市化与工业化呈负相关，而与服务业呈正相关。

通过对 1976—2011 年世界 38 个典型国家和地区的人均 GDP 和城市

化进行回归，发现中国和世界平均城市化水平差距仅为 4—6 个百分点，而同时考虑人均 GDP、工业和服务业之后的差距为 11 个百分点。中国的城市化水平与世界城市化水平有一定的差距，但差距没有想象的那么大。单独考虑工业或服务业后中国与世界城市化平均水平的差距相对较小，而同时考虑工业和服务业后其差距反而比不考虑工业和服务业时大约一倍，这其中的经济运行机理值得下一步做更深入研究。

（二）政策建议

中国城市化发展的回归曲线和日本比较接近，中国可能比较合适采用日本和德国的城市化发展模式。中国的工业化仍然处于深化阶段，中国的城市化水平不一定需要发展得特别高，工业仍然和城市化一样在经济增长中扮演极为重要的角色。同时，第三产业在经济增长中的地位也会越来越高，提高服务业相对于工业的劳动生产率是今后中国经济发展的必然选择。

世界城市化发展具有阶段性的特点，城市化发展与各国的人均 GDP、产业发展均有紧密的联系。因此政府部门不宜为城市化而城市化，而应该根据城市化发展阶段和人们收入水平制定城市化发展政策，解决户籍、社会保障、公共服务等一系列体制机制问题，为实现农民工真正向市民身份转移提供条件。

参考文献

[1] 辜胜阻：《非农化与城镇化研究》，浙江人民出版社 1991 年版。

[2] 杜辉：《略论我国工业化升级转换中的战略选择》，《经济研究》1992 年第 4 期。

[3] 余立新：《排除认识障碍，加快城镇化进程》，《人口研究》1994 年第 1 期。

[4] 俞德鹏：《中外城镇化进程的定量比较》，《人口研究》1993 年第 3 期。

[5] 付晨：《农村城市化滞后的症结与对策》，《经济体制改革》1995 年第 3 期。

[6] 孙立平：《中国的城镇化是滞后还是超前》，《探索与争鸣》1996 年第 5 期。

［7］ 叶裕民：《中国城镇化滞后的经济根源及对策思路》，《中国人民大学学报》1999 年第 5 期。

［8］ 周一星、曹广忠：《改革开放 20 年来的中国城市化进程》，《城市规划》1999 年第 12 期。

［9］ 王茂林：《新中国城市经济 50 年》，经济管理出版社 2000 年版。

［10］ 孙永正：《城市化内涵、进程和目标水准实证研究》，《中国软科学》2001 年第 12 期。

［11］ 简新华、黄锟：《中国城镇化水平和速度的实证分析与前景预测》，《经济研究》2010 年第 3 期。

［12］ 西蒙·库兹涅茨：《现代经济增长》，北京经济学院出版社 1989 年版。

［13］ Henderson，V.，Medium Size Cities ［J］. *Regional Science and Urban Economics*，1997，27（6），pp. 583 – 612.

［14］ Glaeser，E. L.，Reinventing Boston：1630 – 2003 ［J］. *Journal of Economic Geography*，2005，5（2），pp. 119 – 153.

［15］ 张魁伟：《产业结构与城市化、区域经济的协调发展》，《经济学家》2004 年第 4 期。

［16］ 程庆生、李昌中：《我国产业结构与城市化关联分析》，《统计与决策》2004 年第 6 期。

［17］ 李诚固、韩守庆、郑文升：《城市产业结构升级的城市化响应研究》，《城市规划》2004 年第 4 期。

［18］ 陈柳钦：《论城市发展的动力机制——从产业结构转移与发展的视角来研究》，《现代经济探讨》2005 年第 1 期。

［19］ 刘艳军、李诚固、董会和、李如生：《东北地区产业结构演变的城市化响应：过程、机制与趋势》，《经济地理》2007 年第 3 期。

［20］ 中国经济增长与宏观稳定课题组：《城市化、产业效率与经济增长》，《经济研究》2009 年第 10 期。

［21］ 谢文蕙、邓卫：《城市经济学》，清华大学出版社 1996 年版。

［22］ 李善同、侯永志：《中国城市化若干问题的分析》，载陈甬军、陈爱民主编《中国城市化：实证分析与对策研究》，厦门大学出版社 2002 年版。

［23］ 钱纳里：《发展形式：1950—1970》，经济科学出版社 1988 年版。

［24］ Henderson, J. V., *How Urban Concentration Affects Economic Growth* ［M］. Vol. 2326, The World Bank Policy Research Working Paper, 2000.

［25］ 周一星：《城市地理学》，商务印书馆 1995 年版。

［26］ 许学强、朱剑如：《现代城市地理学》，中国建筑工业出版社 1989 年版。

［27］ 高佩义：《中外城市化比较研究》，南开大学出版社 2004 年版。

［28］ 成德宁：《城市化与经济发展——理论、模式与政策》，科学出版社 2004 年版。

［29］ Singelmann, J., *From Agriculture to Services: The Transformation of Industrial Employment* ［M］. Sage Publications, 1978.

［30］ Daniels, P. W., *Services and Metropolitan Development: International Per Spectives* ［M］. Routledge, 1991.

［31］ Harris, N., Bombay In a Global Economy-structural Adjustment and the Role of Cities ［J］. *Cities*, 1995, 12 (3), pp. 175 – 184.

［32］ Chang, G. H., Brada, J. C., The Paradox of China's Growing Underurbanization ［J］. *Economic Systems*, 2006: 30, pp. 24 – 40.

［33］ 张自然：《中国服务业增长与城市化的实证分析》，《经济研究导刊》2008 年第 1 期。

报告7　中国有多少结构问题？

付敏杰

摘　要：中国有多少结构问题？这些结构问题之间的关系是什么？尚未有文献进行系统分析。本报告将困扰中国长期发展的结构性问题系统梳理为内需—外需结构、投资—消费结构、产业结构、空间结构、工业化—城市化结构、收入分配结构、所有制结构、政府—市场结构等。本报告认为，这些结构问题背后的共同原因，是中国政府以扭曲资源配置为表现的政府制度特征。只有实现从生产型政府到公共政府的转型，才是解决结构性问题的有效方法。

关键词：经济结构　政府转型　生产型政府

在探讨如何实现经济结构的战略性调整之前，一个更加重要并且有趣的问题是：中国有多少结构问题？这些结构问题之间的关系是什么？本报告将困扰中国长期发展的结构性问题——内需—外需结构、投资—消费结构、产业结构、空间结构、工业化—城市化结构、收入分配结构、所有制结构、政府—市场结构——做一个系统性理解，认为这些结构问题背后的共同原因，是中国政府以扭曲资源来实现的生产型政府制度特征，从而为经济结构的战略性调整奠定理论基础。

[作者简介] 付敏杰，中国社会科学院财经战略研究院副研究员、博士后，研究方向：公共部门与经济增长。本报告是国家社科基金重大项目"扩大内需的财税政策"（09&ZD031）、国家社科基金重大项目"加快经济结构调整与促进经济自主协调发展研究"（12&ZD084）、国家社科基金项目"政府行为与中国经济增长：比较经济发展视角的解读"（12CJL027）和国家社科基金重点项目"中国城市化模式、演进机制和可持续发展研究（12AJL009）"的阶段性成果。本报告发表在《经济学动态》2013年第5期。

一　内需—外需结构：顺差还是平衡？

宏观经济学将一个经济体的总需求归纳为内需和外需两部分，内需包括居民消费、企业投资、政府购买和净出口。[①] 但是，内外需很难做到平衡发展。

对外开放与对内改革并列为中国的基本国策。从改革开放之初，中国的对外贸易就步入了增长的"快车道"。但是，由于中国是从计划经济的短缺中走出来的，只有供求关系发生根本改变，即经济体基本进入供过于求的状态时，才能凸显需求面对于经济增长的意义，作为外需的出口才会真正成为拉动经济增长的"三驾马车"之一。1996 年中国基本告别短缺，1998 年在内贸部统计的 613 种主要商品中，供不应求的不到 2%，供求平衡的超过 60%，供大于求的超过 30%，标志着中国进入"供过于求"的时代（李晓西，2005）。

1998 年是中国国内供求结构转折的历史性时刻，恰逢东南亚金融危机爆发，中国经济进行了第一次以扩张总需求为特征的萧条期调控。[②] 为了鼓励出口，国家将产品的最高出口退税率提高至 17%。出口开始进入增长轨道，出口额占 GDP 的比重开始迅速攀升。2001 年年底，中国正式加入世界贸易组织，成为其第 143 个成员国，在国际贸易的舞台上正式可以按照市场经济规则进行贸易。2003 年脱胎于对外经贸部的商务部正式组建，中央政府开始从制度层面上给予外贸和内贸同等程度的关注。但是长期以来追求外资优惠政策和出口导向政策的结果（余永定，2010），使中国的出口额、出口占 GDP 比重、进出口总额及其占 GDP 比重和外贸顺差开始迅速扩大，外汇储备迅猛增加，2004—2007 年各年分别达到 2667亿美元、8374 亿美元、1.42 万亿美元和 2 万亿美元。经济危机似乎并没

---

① 国家统计局在进行支出法核算 GDP 的过程中就是采用了这种分类，可参见许宪春（2010）。至于出口部门是采用出口还是净出口，其含义是不同的。从总需求角度分为消费、投资和净出口，从而可以进行 GDP 核算。也有文献直接采用出口，因为其代表了对于本国商品的三种需求。

② 改革开放以来，我国共进行过 7 次明显的宏观调控，其中 5 次是因为经济过热，剩下的两次是 1998 年东南亚金融危机和 2008 年国际金融危机时期以扩张总需求为核心的需求管理政策（张五常，2009）。

有太多影响中国外汇储备的增速，2011 年年底达到 3.1 万亿美元的规模（见图 7-1）。由于我国实行强制结汇制度，庞大的外汇储备给人民币带来了很大的升值压力，也带来了巨大的效率损失（张曙光、张斌，2007；张斌等，2010）。中美双边贸易的顺差成为美国要求人民币升值的主要借口，也是几次中美战略年会的重要内容。

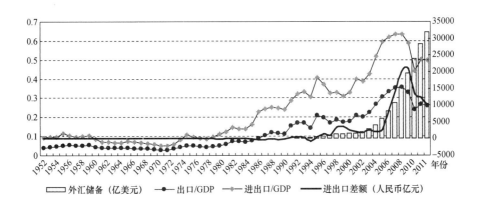

图 7-1　中国的内外均衡（1952—2011 年）

资料来源：《新中国 60 年统计资料汇编》和《中国统计年鉴》（2012），以后者数据为主。

　　追求外贸顺差是中国对外经济交往长期以来追求的目标。在计划经济时期，这可能是出于对赶超所需的国外先进技术和设备的渴望。随着改革开放的推进，中国的外部环境逐步缓和，但是在官方意识形态上却从未放弃对外贸顺差的追求，这导致中国政府对于外需的重视程度远远超过内需。对国内市场分割的研究发现，地方政府更愿意用国际贸易来取代由于行政壁垒导致国内市场不足的问题，地方政府间"以邻为壑"型策略互动，导致其放弃了国内市场的规模效应（陆铭、陈钊，2009）。

　　目前来看，缓解国际收支不平衡的主要措施是人民币逐步升值。我们担心的问题是，人民币升值对于顺差的缓解并不能立竿见影，原因有二：（1）从理论上看，本币升值在短期内会造成贸易顺差进一步加大。升值越快，顺差加大的就越多，这就是"反 J 曲线效应"。如果人民币是逐步升值到位，"反 J 曲线效应"就会持续存在。（2）渐进式升值带来的热钱流入。由于人民币并不是一步升值到位，升值的窗口一开，带来了大量国际热钱的流入，狂赌后期的人民币升值。这两种效应的存在，致使经常项目和资本与金融账户收支平衡同步恶化，外汇储备进一步增加。由于中国实施资本项目管制，很多热钱以假 FDI 身份进入中国，这使判断人民币何时升值到位更加艰难。

更重要的是，人民币升值并不会带来均衡发展。汇率是一个重要的政策变量，也是一个重要的市场均衡变量。中国的国际收支失衡来自经常项目，来自中国进出口相对规模的变化，导致一个国家国际贸易出口规模的因素来自很多方面，例如比较优势、内部要素扭曲、制度等，比货币更加重要。近期以来人民币升值，并没有带来顺差的消失（尽管金融危机以来中国国际收支顺差下降了很多，见图 7 - 1），原因就在于导致中国出口贸易超强竞争力的制度和要素扭曲并没有发生改变。

从货币角度考虑，汇率是否应该升值和如何升值，其背后是人民币资产的重新估值和中国经济国际竞争力的重新定位，其含义远远超过了国际收支失衡或者经常项目失衡。决策者必须保持足够的耐心，立足长远，对政策效果要有充分全面的估计。在升值之前，不妨自问一下，中国政府已经从追求顺差走向平衡发展了吗？如果中央政府已经做好了准备，那么地方政府会从利用国际贸易平台转向国内市场吗？过去的五年中，我们进行了什么样的制度改革来消除地方政府间的"以邻为壑"政策？

二　投资—消费结构："投资驱动型"增长还能支撑多久？

尽管我们一直坚信"消费是经济增长的最终决定力量"，"生产的目的是为了满足人民群众日益增长的物质文化需求"，但是中国经济依靠投资驱动的基本事实长期存在，近十年来投资—消费结构还有不断恶化的趋势（见图 7 - 2）。2008 年为了应对国际金融危机带来的"四万亿投资计划"进一步恶化了投资消费结构，使宏观调控有了一丝"饮鸩止渴"的味道。如果我们把政府支出看作政府投资和政府消费的综合体，一个国家的 GDP，按照 SNA 体系可以划分为投资和消费。2010 年随着投资率超过 48%，居民消费占 GDP 的比重也下降到历史最低的 35% 以下，而 2007 年美国的该比重为 70%。虽然我们并没有说美国居民消费率就是合理的，但是，中国居民消费率过低，已经成为影响整个宏观经济可持续健康发展的重要问题。

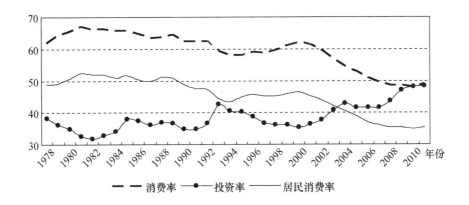

图 7 - 2　中国的投资—消费结构

资料来源：《中国统计年鉴》（2012）。

　　投资率高一直是中国经济增长的典型事实，但是，中国的投资率是否已经过高？关于这个问题研究的三部分文献——资本回报率、动态效率和福利效应——并没有达成一致。从微观上讲，判断投资是否过度的主要标准是资本回报率，一系列的研究发现中国的投资回报率很高：白重恩等（2006）和北京大学课题组（2007）估计了中国不同年份的资本回报率，发现中国的资本回报率很高并在 2006 年之前有明显的上升趋势。白重恩等（2006）估计，中国的税前资本回报率为 20% 左右，意味着中国是全球资本回报率最高的国家之一。假定资本边际报酬递减规律成立，这意味着中国的投资率并不够高，投资没有过度。

　　在资本动态效率的研究上，很多文献认为，中国的投资是过度的，资本已经进入动态无效率的区间。[①] 从时间序列数据来看，中国的投资效率最差的时期有两个，分别是 1998 年和 2008 年，这也是两轮扩大内需宏观调控措施的实施时间。[②] 第一轮研究中国经济动态无效率的高潮是 21 世纪初，当时正值中国经济供过于求，新的国际市场还没有找到，而 1998

　　① 资本动态效率的基本命题来自 2006 年诺贝尔经济学奖得主埃德蒙·菲尔普斯（Edmond Phelps，1966），通过消费最大化分析来纠正集权经济框架下的索洛模型中关于"高储蓄率对应高稳态"可能招致过度储蓄和投资的结论。由于在集权框架中不包含消费者和企业最优化行为，储蓄和投资都是外生于经济增长的，储蓄率和投资率超过资本积累黄金率是有可能的，这会带来资本积累动态无效率：在稳态框架下，降低储蓄率既可以提高当期消费，又可以提高未来消费。

　　② 按照课题组（2012）的数据，1998 年和 2008 年中国的增量资本产出比 ICOR 都超过了 5，是改革开放以来投资效率最低的时期。

年扩大内需措施，更加助长了地方政府的投资热潮。政府投资所伴随的巨大资本需求，拉高了市场利率，导致资本成本上升，收益率开始明显下降。史永东、齐鹰飞（2002）发现，1992—1998 年中国的动态无效率表现为总投资净收益为负。袁志刚、何樟勇（2003）认为，快速的资本产出比上升，是 20 世纪 90 年代以来导致动态无效率的原因。随着中国加入世界贸易组织，新的国际市场的开放为本国的投资找到了新需求，外资的涌入也缓解了国内资本供求矛盾，中国经济重回正轨，动态无效率问题再无人研究。第二轮研究中国经济动态无效率的高潮是 2008 年以后（至少从文章发表的时间来看是如此），国际金融危机倒逼中国再次扩大内需，同样的故事上演，但是这次已经不可能依靠外部市场的大幅开放来解决。吕冰洋（2008）研究了 1978—2005 年的中国现阶段高投入的增长模式具有动态效率，但项本武（2008）则发现，1992—2003 年中国经济大部分年份是动态无效率的，黄飞鸣（2010）通过修正 1985—2005 年的统计数据后认为，中国的动态效率从 20 世纪 90 年代以后逐渐变差，21 世纪以后更加恶化。

从社会福利角度进行的研究表明，我国的投资率过高。Lee 等（2012）发现，中国的投资率明显高于采用宏观经济基本面进行跨国回归的预测结果。在过去十年中差值呈现加大的趋势，目前这个差值已经达到GDP 的 10%。由于中国的投资主要依靠国内融资，外部环境的变化并不会带来经济危机，但资源从消费领域转入投资的福利成本是 GDP 的 4% 左右。李稻葵等（2012）测算后认为 2002 年以后中国的平均境内投资率高于福利最大化投资率的 5%，1990—2008 年实际投资的福利损失相当于每期 GDP 的 3.8%。

在市场经济中，不论采用何种指标，投资基本上是一种企业的微观行为[①]，投资驱动型增长的上限是投资回报率大幅下滑。中国就在经历这样一个时期。金融危机以来政府主导的四万亿投资，带来了房地产价格的过快上涨和通货膨胀，后期严格的房地产调控、国际市场萎缩等，和强制的国际再平衡、巨大的基础设施投资结合在一起，降低了资本的投资效率。课题组（2012）的数据显示，2008 年的宏观调控，增量资本产出比 ICOR 比前两年上涨了一倍多，尽管我们不能判断这种回报率的下降是不是持久

---

①　公共投资，尤其是基础设施投资，目的也是补充和引导私人投资。

的,但是,资本的长期利率上升已经成为板上钉钉的事实,政府主导下投资驱动的增长还能持续多久?

三　产业结构:服务业如何崛起?

落后国家经济发展的一个重要特征是工业化,表现为:首先是工业部门的迅速兴起和农业部门重要性的相对下降,到了工业化后期,农业部门的重要性继续下降,工业的主体地位会被服务业所取代(钱纳里等,1995)。这个产业结构转变过程,体现在产出结构和就业结构上,已经被美国等发达国家的发展历史很好地证明。

国际金融危机爆发后,服务业发展被认为是扩大内需和减少国际收支不平衡的重要措施,促进服务业发展已经成为产业升级和经济转型的重要抓手(夏杰长,2010)。但是,很多的研究表明,相对于制造业而言,中国的服务业税负并不高。江小涓(2011)发现,2008 年中国的服务业实际税负仅为7.45%,仅相当于制造业 11.82% 实际增值税率的 63%。当前服务业营业税改征增值税的制度安排也证明了这一点,在财政部估计的减税 2000 亿元左右的规模下,为了保持"营改增"对于产业结构的最小影响,新增的适用于服务业的两档增值税税率是 11% 和 6%,远远低于工业17% 和 13% 的水平,服务业两档名义税率的算术平均数仅为工业的 56%。如果税负并不是造成服务业长期发展滞后的根本原因,那么以减税来促进服务业发展似乎很难有什么实质效果,因为这种局部估计会受到服务业发展其他制度安排的一般均衡效果的影响。

给定中国特有的产业税:从工业增值税和服务业营业税两税分立,到"营改增"以后的差别增值税,在服务业发展问题上,依然存在的三个基本问题是:中国政府真的做好促进服务业发展的准备了吗?促进工业发展的经验在促进服务业发展上可以直接应用吗?工业和服务业在发展中是什么动态平衡关系,或者我们以什么样的工业政策改变来促进服务业发展?

改革开放以后,中国以市场为导向的工业化是从农村乡镇企业起步的,1994 年分税制改革后,增值税的引入巩固了工业作为地方经济的支柱地位。建设"工业强市"、"工业强省"的目标大多是基于政府收入考虑的,直至今天也没有太多改变,即使是北京这样的国际大都市,对于工业也有特殊的体制性偏爱。虽然部分发达省市，像北京、上海、广州甚至包括温州，由于近年来要素升级和成本上涨的压力，已经没有了发展工业的土壤，但是，对于工业发展的体制性偏爱并没有根本改变，我们的产业管理模式、统计方式依然以工业为基础。对于中国习惯于通过开发区来推动投资和经济增长的地方政府来说，工业依然是不二之选。金融危机后，中国政府首先推出的大规模救市措施，并不是促进服务业发展，而是"十大产业振兴规划"。[①]

改革开放30多年来，推动中国工业快速发展的制度安排是中国政府的行为人特征，即财政分权下政府内部的"晋升竞标赛"和政府收入竞争（沈坤荣、付文林，2006；周黎安，2007；张军，2007）。过去30多年来，中国政府的财政和其他收入是通过自身配置资源和生产私人产品得到的。国有企业、事业单位和大量的国有资源，再加上经济建设支出、向工业扭曲的协议低价格、金融抑制下的低利率与高收益率的反差等来补贴工业产品生产者，成为中国产品出口超强竞争力和中国奇迹的制度基础（陶然等，2007；王永钦等，2007；付敏杰，2011；张莉等，2011）。

以土地政策为例，中国工业的发展是以牺牲服务业为代价的，例如，工业享受的是开发区内低于"七通一平"成本价的协议土地低价格，但服务业却必须承受"招拍挂"所带来的垄断高价。从实践来看，后一种扭曲所带来的巨额土地收益，是前一种扭曲的资金保证。这样的结果是，在世界银行课题组的调研中，发现经济发展基础较好的东部地区，工业用地价格竟然低于经济并不发达的西部省区市（课题组，2004）。两种扭曲同时存在的关联性，意味着我们从不包含土地一般均衡作用机制的局部回归中得到的结构参数是有偏的：从发展工业中得到的经验并不能在发展服务业中直接套用。除此之外，新经济地理中所强调的中心—外围关系，也意味着我们不可能以牺牲工业来换取服务业发展，从而使整体经济进入较低规模的稳态。在体制性偏好不改变和要素扭曲持续存在的情况下，单独的财税政策如何才能促进服务业发展？

---

① 十大产业是汽车、钢铁、船舶、石化、纺织、轻工、有色金属、装备制造、电子信息和房地产。

四　空间结构：选择什么样的城市化模式?

与产业结构差别一样，落后国家和发达国家经济活动的空间结构上也呈现出很大的差别：发达国家绝大部分的劳动人口和产出都集中在城市，落后国家的人口则主要集中在农村。这就意味着，经济发展的过程同时也是一个空间结构转变过程，这就是城市化。城市化主要特征是人口的大量迁徙，来自各个地区，操着南腔北调的人相互聚集在一起并形成城市。按照2012年年底中央经济工作会议的安排，城市化是未来十年中国经济发展的主要载体，提高城镇化质量是本届政府工作的重要内容。

由于中国的渐进式改革，使我们不得不将城市化这样一个长期结构性问题的视野放回到改革开放前。计划经济时期中国的城市发展，受到了重工业优先发展战略和计划经济的严重限制。重工业的资本密集型特征，要求严格限制城市部门的就业人数。改革开放以后，劳动力空间流动并没有放开，以乡镇企业为代表的、以市场为导向的工业化是在农村土地上开始的。由于中国政治体制对于政治中心的强调，中国市场经济推动的、以"乡镇企业"为主体的农村工业化相对应的城市化只表现为"县域城市化"。近年来，由于土地管理制度的原因，县域和地级市一级的城市化更为明显。大城市的范围扩展，则受到了户籍制度的明显限制。

中国空间结构存在的问题，集中在关于城市化模式的讨论上。选择"小城镇"模式还是"大城市"模式，是中国城市化战略中最旷日持久的争论。截至"十二五"规划，中国官方文件依然将城市化称为"城镇化"。从总体来看，自从费孝通的《江村经济》出版以来，以"三农"问题为研究对象的"农派"经济学家，基本都赞同以小城镇来解决中国城市化问题（陈美球，2003），研究经济增长的"城派"经济学家赞同大城市优先发展（饶会林，1989；王小鲁、夏小林，1999；王小鲁，2010；秦尊文，2001）。这两派经济学家关于城镇化模式争论的核心是，前者主要以解决农村剩余劳动力为出发点，认为小城镇模式具有低成本特征；后者以长期增长为目标，以效率为导向，认为大城市具有规模优势；前者强调中国特色，后者强调国际经验。按照国际经验，大城市为城市发展提供了更为雄厚的工业基础和服务业基础，更集约和节约土地资源，更易于控制和减少污染（蔡继明等，2012），有利于区域平等，实现增长与和谐的共赢（陆铭等，2011）。人口比较稠密的东亚国家，尤其是韩国、日本，都采取了大城市模式。中国特色能在很大程度上对空间结构均衡起作用？

在城市化模式选择问题上，我们更应该考虑城市化的出发点，是应该以转移农村剩余劳动力为核心，以低成本为政策取向；还是应当以长期增长和知识空间外溢为核心，以效率为政策取向？随着刘易斯转折点的出现和中国农村剩余劳动力转移的逐步完成，效率和长期增长可能更应该成为城市化模式的落脚点。由于低成本同时意味着低收入和粗放，在转变经济发展方式、缓解资源约束考量下，大城市和城市群战略应当成为我们的首选。但问题似乎并不是这么简单，在最近十年来关于"新农村"的系列建设中，大量的道路硬化和农村基础设施建设，在很大程度上成了中国当前城市建设的主要方式。在"民生财政"和"城乡基本公共服务均等化"的政策背景下，这一点正在被不断强化。"十二五"规划中，"坚持走中国特色城镇化道路"被表述为"按照以大带小的原则，遵循城市发展客观规律，以大城市为依托，以中小城市为重点"，政策依然在两种模式之间徘徊。但2012年年底党的十八大后第一次中央经济工作会议就将工作重点放在提高城镇化质量上，似乎有了一定的政策价值取向。但是高质量的城镇化，究竟是指发展小城镇还是发展大城市，并没有完全明确。在国际惯例和中国特色之间，中国的空间结构将何去何从？

五　产业结构与空间结构
——从"过度工业化"到"过度城市化"

工业化与城市化之间的关系，也是中国经济的重要结构特征。很多学者将工业化理解为供给，城市化理解为需求，那么工业化与城市化之间的关系也就是总供给—总需求关系。这一点颇似投资率与消费率，但是却更加复杂，因为工业化和城市化本身就是结构指标。如果我们回顾过去30多年来的工业化、城市化与经济增长之间的关系，一个大致的轮廓就会非常明显：与快速增长相伴随的，是中国从20世纪末期的"过度工业化"

（张军，2002）到21世纪初期"过度城市化"（课题组，2011）的系统性演变，从而使中国的经济发展呈现出显著的两阶段特征（付敏杰，2011）。

20世纪最后十年，经过1992—1993年的开发区扩张与整治后，相对于80年代"遍地开花"的农村工业发展模式而言，土地集中利用的能力已经大为增强。乡镇企业在1992年到达其在国民经济中最重要的阶段后[1]，开发区已经成为中国经济增长的引擎，但是城市建设依然严重滞后。世界银行（1994）发现，基础设施能力和经济产出同步增长——基础设施存量增长1%，GDP就会增长1%。发展中国家的基础设施投资应当占GDP的4%左右，或者固定资产投资的9%—15%。随后的研究发现，发展中国家基础设施投资占GDP比重上升到7%。20世纪90年代，中国基础设施投资的比重，远远低于上述比例，政府长期压缩城市基础设施投入，很大程度上是由于基础设施的"非生产性"（李扬，1992）。

进入21世纪以来，城市的快速扩张和基础设施的巨大进步成为中国发展的重要表现（张军等，2007），中国也成为全球城市化速度最快的国家。从"西部大开发"中巨大的城市间铁路、公路基础设施建设，到城市环路、地铁、城铁等基础设施建设的快速跟进和拔地而起的不断刷新纪录的摩天大楼，再到城市市容市貌绿化、美化和正在进行的以"城市精神"为核心的城市文化建设，中国城市建设成就举世瞩目，也成为中国区别于印度、巴西和俄罗斯其他三个金砖国家的重要象征。进入新世纪以来，中国新增城市人口2.54亿，等于第二次世界大战以来整个欧洲城市人口的增量，或者现有的美国城市人口总量。[2]

尽管城市人口增加很快，但是土地城市化的扩张速度还是远远超过了人口城市化的扩张速度。2000—2011年，中国的城市人口增加了50%左右，同期建成区面积却几乎增加了一倍。[3] 土地城市化两倍于人

---

[1] 1992年乡镇企业在全国工业总产值中已经是"三分天下有其一"，成为农村和整个国民经济发展的重要支柱，这是乡镇企业在中国国民经济中最重要的阶段。

[2] 《中国统计年鉴》（2012）的数据显示，中国城市人口从1999年年底的4.37亿增加到2011年年底的6.91亿，共增加了2.54亿。按照联合国世界城市化展望（World Urbanization Prospects：The 2011 Revision）的数据，欧洲1950年城市人口为2.81亿，2010年为5.37亿，新增2.56亿，2010年美国城市人口为2.55亿。

[3] 按照《中国统计年鉴》（2012）的数据，2000—2011年中国的城市建成区面积从2.24万平方公里增加到4.36万平方公里，同期的人口从4.59亿增加到6.91亿。

口城市化速度的结果是建成区内城市人口密度急剧下降，造成了巨大的土地资源浪费（郑秉文，2011；王桂新，2012）。城市化应有的集聚功能几乎没有体现，这一点也严重制约了中国的服务业发展（陶然、曹广忠，2008）。

观察中国工业化与城市化相对关系的过程，不由得让我们提出一个更为重要的问题：是什么原因导致了中国从十年前的"过度工业化"走向了今天的"过度城市化"？二者有没有共同的制度基础？在关于中国过度工业化的论述中，地方政府通过扭曲资源价格或直接采用行政手段配置土地来竞相招商引资行为一直被学术界所关注。在近年来的城市化"大跃进"中，地方政府主导的基础设施建设和由此所伴随的土地财政、城投平台也备受争议。目前来看，"晋升激励"、"财政分权"和"土地统筹"等，依然是对这个转变的主流解释，但是忽略了对于地方政府经济动机的考察（张军，2002，2007；课题组，2011；沈坤荣、付文林，2006；黄少安等，2012；陶然等，2009；张力等，2012）。

六　收入分配结构：劳动报酬份额的下降趋势何时才能逆转

收入分配状况不断恶化，致使中国的基尼系数在世界上名列前茅。西南财经大学中国家庭金融调查中心根据其住户调查计算的 2010 年全国居民收入的基尼系数为 0.61。国家统计局公布的基尼系数显示，2003—2012 年，全国居民基尼系数在 0.47—0.49。[①] 国家统计局对自己数据的评估是，高收入群体的真实收入信息缺失，导致了城镇居民收入基尼系数偏低（岳希明、李实，2013）。近年来，由于房价上涨导致的财产膨胀，使我们有理由相信，借助金融中介所发生的财产分配正在急剧恶化。有房者和无房者之间的财产差距拉大的速度，远远超过了收入差距所能显示的内容，一个以土地和住房为载体的巨大食利者阶层正在形成。无论采用何种指标，中国收入差距偏大的基本判断都会成立。导致收入分配差距变大的

[①] 国家统计局公布的基尼系数显示，2003—2012 年，全国居民收入的基尼系数分别为 0.479、0.473、0.485、0.487、0.484、0.491、0.490、0.481、0.477、0.474。

因素来自地区、行业和个体差距，其中，国民产出在劳动和资本之间的份额分配，是度量初次分配中劳动者分享程度的重要指标，也是整个国民收入分配的核心问题。

劳动报酬份额稳定是增长理论必须模拟的稳态增长典型事实（Kaldor，1961）。这个典型事实的两个基本要点是：（1）不同国家的稳态水平不同，发达国家的劳动报酬份额在高水平上保持稳定，发展中国家则在低水平上保持稳定。在 1992 年 94 个拥有数据的国家中，劳动报酬份额最低的国家加纳只有 0.051，最高的乌克兰则高达 0.77，其中共有 18 个国家的劳动报酬份额低于 0.30，8 个国家的劳动报酬份额高于 0.60（Gollin，2002）。美国的劳动报酬比重一直保持在 0.67，这也是 C—D 函数数值模拟的统计基础。（2）当一个国家通过工业化从不发达状态向发达状态转变中，劳动报酬份额呈现出从低水平到较高水平稳态的跃迁。从雇员劳动报酬份额来看，英国劳动报酬份额从 1860—1869 年的 48.5% 上升到 1950—1959 年的 72.4%，美国劳动报酬份额从 1900—1909 年的 55% 上升到 1947—1952 年的 65.5%，韩国劳动报酬份额从 1970 年的 34% 上升到 1990 年的 50%，日本的劳动报酬份额从 1970 年的 42% 上升到 1975 年的 53%（张车伟、张士斌，2011；张车伟，2012；张士斌，2012）。

由于经济发展所造成的静态收入份额差别，很大程度上来自就业人口中自我雇佣的比重（Gollin，2002）。在联合国统计口径中，劳动报酬仅仅统计雇员劳动收入，自我雇佣的收入被列入资本收入。这就使得自我雇佣程度较高的发展中国家的劳动报酬比重被系统性地低估。采用 GDP 收入法核算的数据显示，最近十年来，中国劳动报酬比重下降了 10 个百分点左右，虽然这在一定程度上是由于 2004 年统计口径调整所致。如果只考虑到雇员工资，十年来中国的劳动报酬份额并没有明显变化，但是似乎已经被锁定在 30% 左右的低水平陷阱上。考虑到雇员在总体就业中比重的不断上升趋势，雇员劳动报酬稳定意味着工薪劳动者的实际工资是下降的。劳动者不但完全没有分享到经济增长的好处，反而处境不断恶化（张车伟，2012）。如果考虑到国家统计局的劳动报酬收入包含了社会福利缴款，经调整后的劳动报酬比重会更低（白重恩、钱震杰，2010）。①

---

① 根据白重恩、钱震杰（2010）的测算，在 1995—2007 年社保福利缴款在 GDP 中所占比重从 1.65% 上升到 4.2%。剔除社保福利缴款后，劳动者实际取得的收入在 GDP 中所占比重从 1995 年的 49.8% 下降到 2007 年的 40.9%，下降了 8.9 个百分点。

从国内的区域横向比较来看，经济发展水平越高的地区，劳动报酬比重就越低（钱晓烨、迟巍，2011）。过去十年来，经济增长和区域发展中出现的劳动报酬份额下降何时才能逆转？

七 中国经济的深层结构性问题

（一）财政收入与支出方式：面向企业还是面向个人

在财政收入与支出方式上，中国与发达国家存在的不同之处在于，中国的财政收入以企业为征收对象，财政支出也主要面向企业，即"从企业来，到企业去"。直接税和直接面向个人的支出，也就是需求面管理，则占很小的比重。从理论上看，效率和公平是财税体制和财税政策的核心。除了收入分配主要以平等为目标之外，提供公共产品、反垄断、消除外部性和信息不对称等，还具有重要的市场资源配置效率含义。从现有的财税结构来看，增值税主要针对企业征收。作为市场配置资源的主体，企业所缴纳的税收具有明确的效率含义，从而意味着增值税是以企业的效率损失为代价。直接税的作用则相反，直接针对消费者个人征收，由于消费者决策的目标是效用最大化，因而直接税具有更明确的公平含义。从财政支出来看，直接支出给企业的部分将内生于企业的选择和经营行为而直接表现为经济利润，从而具有效率含义，而直接支出给个人的部分内生于消费者效用，具有公平含义。

中外财税制度结构上反映的效率含义差别巨大。中国的财政收入结构的典型特征是以间接税为主，尤其是增值税和营业税，直接税比重低。2012年个人所得税仅为税收收入的6%左右，纳税主体工薪阶层的个税还是由企业代扣代缴的。在美国，个人所得税的比重接近税收收入的50%，美国税务局最大的任务就是审核和统计数亿份的所得税账单。服务业"营改增"的逐渐推广后，增值税的比重会更高。中国的财政支出大部分直接面向企业这个产品和服务供给方的效率主体，医疗支出给医院，教育支出给学校，直接支付给家庭的比重甚少。关于财政支出给家庭的数据很少，目前来看，比较明显的是部分城镇居民的生活补贴和残疾人、贫困人口和五保户。与国外财税制度相比，中国的财政收入"从企业来，到企业去"的特征，具有收入和支出面的双重效率搅拌特征。国外收入来自个人或家庭，以及财政支出补给作为需求方的个人和家庭，从而具有更明显的公平指向。通过财税制度来实现效率与公平携手并进的关键，在于逐步走向以直接税为主体的财政收入体制，实现宏观制度对于资源配置效率的最小扭曲，财政支出逐步进行需求面管理，更加关注公平。

（二）政府与市场：政府来调整结构的局限

政府与市场关系的第一个层面是宏观税负。什么样的宏观税负水平是合理的？国内已有的文献基本沿着两条线展开：国际比较和增长（投资）最大化（付敏杰，2012）。国际比较的基本结论是：小口径税负偏低，全口径税负偏高，这个基本判断从20世纪90年代一直维持到现在（刘佐，2011；鞠东升、陈琍，2003；林赟等，2009；林颖，2009；李永刚，2010；陈旭东，2012）。增长（投资）最大化的文献强调：税收增长应当依靠经济增长来取得，将税收弹性控制在一定范围内对于经济增长是有利的，增长最大化文献普遍认为，我国宏观税负在20%左右比较合适，这符合世界银行关于低收入水平国家宏观税负的判断（马拴友，2001；李晓芳，2007；董玉婷、董承章，2009；杨中全等，2010）。按照SNA体系，除转移支付外的政府的任何支出活动，都可以划归为投资和消费的一部分，从而计入总需求和GDP。政府、居民和企业并列为国民经济内需形成的三个基本部门，作为一个严格的统计核算体系，三个部门的结构间存在着严格的此消彼长关系（Fukao，2012）。如果我们以政府部门为研究对象，政府的收入总量会影响居民和企业在国民收入中的比重。实行分税制以来，中国政府收入的快速增长，直接挤压了居民和企业部门在国民收入中的份额。政府部门占比的迅速上升，是导致居民部门分配份额受到压缩的重要原因（白重恩、钱震杰，2010）。由政府来调节经济结构，必须要求政府实施更多的经济职能，所以，政府来调整结构的第一个局限是政府的相对规模会越来越大。

政府来调整产业结构的第二个局限是弱化企业自生能力。2008年国际金融危机以来，中国政府推动产业结构转型升级的主要表现有两个：一个是太阳能光伏产业，另一个是文化产业。这两个产业无一例外都是在名目繁多的土地、资本和财政补贴的共同作用下，取得了快速发展。自2011年美国、欧盟对中国光伏产业实行"反倾销"和"反补贴"调查以来，中国的光伏产业发展面临空前危机，美国商务部的终裁认为，中国企业接受了中国政府的"非法补贴"包括金太阳示范工程、优惠政策性贷款等 11 项内容（史丹、白旻，2012）。① 文化产品基本属于非贸易品，所以并没有受到国际竞争对手的过多挑战，但是，企业缺乏自生能力的基本判断并没有改变（赵春晓、付敏杰，2012）。文化产业中发展最迅猛的动漫产业，2011 年实现增加值为 500 亿元，但是，各种形式的政府补贴早已经远远超过了 500 亿元。

政府与市场的关系的第二个层面是产业结构如何形成，政府推动和市场需求导向各自起到什么作用。从需求面来看，改革开放以来，中国在地方政府直接推动基础上形成的出口导向发展战略，对产业结构和市场需求有着特殊的强调。在加工贸易模式下，中国生产的产品是为了满足国际市场需要，而非国内市场需要。而由于国际市场远远大于国内市场，相对于国内市场来说，由政府推动的投资规模明显过大，远远超过了国内市场均衡的需要。从供给方面来看，在特定的贸易导向下，政府的招商引资行为严重影响了本地区的产业分布、专业化和分工。内需导向的经济发展战略，客观上要求降低政府对于企业投资行为的推动，强化政府作为市场监管者和竞争规则制定者的地位，让产业结构在市场主体自发投资基础上形成。

（三）所有制结构："国进"还是"民进"？

所谓一个社会主义市场经济国家，我们还必须研究不同所有制之间的关系，因为其在官方意识中涉及国家根本制度问题。中国可能是全球所有制结构最复杂、最混乱的国家之一：私有制、股份制、集体所有制和全民所有制并存，并经历着各种不同的动态转化。近期以来，关于"国进民退"的声音不绝于耳。中国政府实际控制的巨额国有资产，在市场中究竟在如何运转？直接关系到中国政府的各种收入类型如何进入全口径的统一预算，部门之间的利益该怎么平衡，国有企业究竟是要弥补市场的不足，还是作为市场经济的基础存在，这些不同思路的存在，对于中国经济的进一步改革和发展具有至关重要的影响。在"国退民进"战略性布局之后，已经退出竞争领域的国有企业要不要做大做强，然后重新进入竞争领域，并以其垄断领域的利润在国内以类似于倾销的不公平竞争方式来支

---

① 2013 年 3 月 20 日，中国光伏产业的绝对明星、全球四大光伏产业之一的无锡尚德宣告破产整顿，用 6 年的时间上演了从 40 万美元到首富神话的施正荣，用 7 年时间续写了"从首富到零"的神话。无锡尚德经历巨变的背后，是政府对于光伏产业过度干预导致企业缺乏自生能力的结果。

撑其竞争部门的发展？① 除了垄断利润，垄断企业的"强"依靠什么来衡量？要不要进行公共规制，以维持市场正常的竞争环境和国民经济的和谐健康发展？

八 解决结构问题——政府转型

结构问题是前一个阶段经济增长的结果，又是下一个时期经济增长的起点。顺差导致的国际收支不平衡，回报率下降导致投资推动的增长已经没有空间，服务业发展缓慢，小城镇强调过多和大城市发展受抑制，从过度工业化发展到过度城市化，劳动收入比重不断下降，面向企业的财政支出方式，由政府推动的结构调整和发展中的阶段性"国进民退"，是中国当前面临的主要结构问题。这些结构问题是发展中国家经济增长的一个缩影，其他赶超国家（例如亚洲"四小龙"）也或多或少出现过相同的问题。只是由于中国经济增长和社会变迁更快，从而导致这些问题积累的速度也更快、更明显、更严重。我们感兴趣的问题是，这些问题背后有没有共同的因素？如果有的话，这个共同的制度性因素是什么？

我们所说的总供给和总需求和其他宏观结构问题，很大程度上是特定区域或者时间范围内单个企业供给和个人需求的加总，而企业的供给和个人消费的形成，是企业和个人等市场主体在一组制度变量下决策的结果。制度对于经济发展的主要影响机制，是塑造人们在特定法律、契约和制度环境下的行为动机并对经济增长产生长期影响（North and Thomas，1973；North，1981，1990；La Porta et al.，1998，1999；Acemoglu et al.，2001，2005；Acemoglu and Robinson，2012）。我们所说的结构问题——内需—外需结构、投资—消费结构、产业结构、空间结构、工业化与城市化相对结构、收入分配结构、所有制结构、政府与市场的结构等则是市场主体在特定制度结构下选择行为的比例结构，从这个意义上讲，我们可以把国民经济失衡理解为制度的失衡，均衡理解成制度的均衡。

鉴于前述众多文献对于政府竞争、土地资源配置、劳动力流动、城市

---

① 马俊（2013）将"国进民退"总结为垄断延伸、依靠资金优势进入、借助行政许可扩张、在政府主导的产业结构调整中扩张和借助财政与国有资源扩张。

化模式、财政行为等的关注（沈坤荣、付文林，2006；周黎安，2007；张军，2007；张军等，2007；蒋省三等，2007；陶然等，2009；张五常，2009；陆铭、陈钊，2009；杨帅、温铁军等，2010，黄少安等，2012；课题组，2011，2012），本报告将导致中国出现结构性问题的共同制度性基础指向中国"政府驱动型"经济增长模式背后的政府行为特征——生产型政府（付敏杰，2011）。表现为：在资源公有制背景下，通过扭曲资源价格来实现对资本的补贴，通过向市场提供私人产品来获取交易性收入，并在此基础上实现财政收入增长正循环。这种补贴具有重要的再分配和结构效果，既是造就中国低成本产品国际竞争力，促进通过对外贸易拉动的经济快速增长以形成"中国奇迹"的关键，也是造成中国众多结构性问题的共同制度性基础。表现为以劳动力和土地补贴资本所形成的低成本国际竞争力和由此所导致的国际贸易顺差和国内投资—消费结构失衡，对于小城市发展所具有的低成本特征的偏好，在增值税下，对于工业化时期工业投资的体制性偏好和城市化时期土地财政背景下对于房地产业的体制性偏好，对于资本的过度补贴所导致的劳动收入份额过低，对于国有企业所带来的资本经营性收入偏好和在此基础上形成的立足于通过政府驱动来实现产业机构转型升级的偏好等。作为中国政府的典型制度性特征，在生产型政府制度安排下，中国政府，尤其是分税制下的地方政府，是中国的企业家。与一般强调政府角色对于中国结构问题影响类文献的区别在于，我们更加强调政府实现角色的途径是扭曲资源价格。除了这些结构问题外，生产型政府还有其他表现：为中国带来了良好的基础设施（张军等，2007），却忽视了"非经济型"公共产品的供给和由此导致的经济与社会发展脱节（傅勇，2010）。这种制度安排下地方政府"以邻为壑"型策略互动所导致的市场分割和区域发展不平衡（陆铭、陈钊，2009），只能通过日益膨胀的中央政府转移支付来解决（范子英、张军，2010）。

从这个意义上讲，本报告强调实现转型升级、均衡发展和内需导向的长效发展战略的核心在于政府转型，逐步放弃政府在要素领域的定价权和配置权，通过市场来实现基本生产要素的配置。这种转型必须通过改革来实现，改革的核心是政府向自己开刀，放弃手中可以轻易扭曲资源就影响整个国民经济资源配置的权力。改革的原因是原有模式不可持续，改革的目标是创造制度条件，引导均衡实现。对于政府而言，这个转型过程将是漫长、痛苦的，但却是必需的。

西方有一句谚语：让每一个耐心都得到它应有的回报。在中国政府从依靠扭曲资源获得收入转向依靠提供公共服务获得收入的过程中，由于原有政府推动的市场发展模式不可持续，会阶段性出现向计划体制复归的现象。如何保证改革沿着市场经济方向继续，应该在什么程度上放弃计划体制复归的趋势，无疑是一个必须通过实践来解决的问题。政策制定者必须保持足够的耐心，注重研究改革时滞由此带来的"时间不一致性"问题。

参考文献

［1］《中共中央关于制定国民经济和社会发展第十二个五年规划的建议》，《人民日报》2010 年 10 月 28 日。

［2］ Acemoglu, D., Johnson, S., Robinson, J. A., The Colonial Origins of Comparative Development：An Empirical Investigation ［J］. *American Economic Review*, 200191（5）, pp. 1369 – 1401.

［3］ Acemoglu, D., S. Johnson and J. Robinson, 2005, Institutions as the Fundamental Cause of Long-run Growth ［M］. *Handbook of Economic Growth*, P. Aghion and S. Durlauf（eds.）, Elsevier.

［4］ Acemoglu, Daron and James Robinson, 2012, Why Nations Fail：The Origins of Power, Prosperity, and Poverty, Crown Business.

［5］ Chong-En Bai, Chang-tai Hsieh and Yingyi Qian, "The Return to Capital in China", Brookings Papers on Economic Activity, 2006, No. 2, pp. 61 – 101.

［6］ Fukao, Mitsuhiro, 2012, Comment on "The Fall and Rise of Keynesian Fiscal Policy" ［J］. *Asian Economic Policy Review* 7, pp. 176 – 177.

［7］ Gollin, D., 2002, "Getting income shares right" ［J］. *Journal of Political Economy* 110（2）, pp. 458 – 475.

［8］ Houng Lee, Murtaza Syed and Liu Xueyan, 2012, Is China Over-Investing and Does it Matter?, IMF Working Paper WP/12/277.

［9］ Kaldor, N., 1961, Capital Accumulation and Economic Growth, In F. A. Lutz and D. C. Hague eds., *The Theory of Capital*. St. Martin's Press.

［10］ La Porta, R., Lopez-de-Silanes, F., Shleifer, A., Vishny, R.,

1999, The Quality of Government [J]. *Journal of Law, Economics and Organization* 15, pp. 222 – 279.

[11] La Porta, R., Lopez-de-Silanes, F., Shleifer, A., Vishny, R., 1998, Law and Finance [J]. *Journal of Political Economy* 106, pp. 1113 – 1155.

[12] North, D. C., 1981, *Structure and Change in Economic History* [M]. W. W. Norton & Co., New York.

[13] North, D. C., Thomas, R. P., 1973, *The Rise of the Western World: A New Economic History* [J]. Cambridge University Press, Cambridge, UK.

[14] North, D. C., 1990, *Institutions, Institutional Change, and Economic Performance* [J]. Cambridge University Press, New York.

[15] 白重恩、钱震杰:《劳动者报酬占比——考察经济体健康度》,《中国社会科学报》2010 年 1 月 26 日。

[16] 北京大学课题组:《我国资本回报率估计(1978—2006)——新一轮投资增长和经济景气微观基础》,北京大学中国经济研究中心讨论稿系列,2007 年。

[17] 蔡继明、王成伟、周炳林:《我国城市化战略选择与定量分析》,《当代经济研究》2012 年第 12 期。

[18] 陈美球:《小城镇道路是我国城镇化进程中必不可少的重要途径》,《中国农村经济》2003 年第 1 期。

[19] 陈旭东:《国际比较视角下中国宏观税负水平客观分析》,《现代财经》2012 年第 3 期。

[20] 董玉婷、董承章:《影响中国经济增长的最优宏观税负水平研究——基于状态空间模型的实证分析》,《中央财经大学学报》2009 年第 2 期。

[21] 范子英、张军:《财政分权、转移支付与中国区域市场的整合》,《经济研究》2010 年第 3 期。

[22] 傅勇:《财政分权、政府治理与非经济性公共物品供给》,《经济研究》2010 年第 8 期。

[23] 黄飞鸣:《中国经济动态效率——基于消费—收入视角的检验》,《数量经济技术经济研究》2010 年第 4 期。

[24] 黄少安、陈斌开、刘资彤:《"租税替代"、财政收入与政府的房地产政策》,《经济研究》2012 年第 8 期。

[25] 贾根良:《国内经济一体化:扩大内需战略的必由之路》,《社会科学战线》2012 年第 2 期。

[26] 鞠东升、陈琍:《90 年代中国宏观税负的比较研究》,《财政研究》2003 年第 5 期。

[27] 课题组:《城市化、土地制度与经济可持续发展——靠土地支撑的城市化还将持续多久》,世界银行,2004 年。

[28] 李稻葵、徐欣、江红平:《中国经济国民投资率的福利经济学分析》,《经济研究》2012 年第 9 期。

[29] 李俊霖:《宏观税负、财政支出与经济增长》,《经济科学》2007 年第 4 期。

[30] 李晓芳:《运用状态空间模型估计我国动态的最优宏观税负》,《财政研究》2007 年第 2 期。

[31] 李晓西:《宏观经济学》,中国社会出版社 2005 年版。

[32] 李永刚:《中国宏观税负是高还是低——基于国际比较和经济增长视角》,《华中科技大学学报》2010 年第 6 期。

[33] 林颖:《我国宏观税负水平评析:基于 IMF 和 OECD 税收收入口径》,《涉外税务》2009 年第 11 期。

[34] 林赟、李大明、邱世峰:《宏观税负的国际比较 1994—2007 年:基于 OECD 的概念界定》,《学习与实践》2009 年第 1 期。

[35] 刘佐:《宏观税负调整:"十二五"税制改革的首要问题》,《税收经济研究》2011 年第 1 期。

[36] 陆铭、陈钊:《分割市场的经济增长:为什么经济开放可能加剧地方保护》,《经济研究》2009 年第 3 期。

[37] 陆铭、向宽虎、陈钊:《中国的城市化和城市体系调整:基于文献的评论》,《世界经济》2011 年第 6 期。

[38] 吕冰洋:《中国资本积累的动态效率:1978—2005》,《经济学》(季刊)2008 年第 7 卷第 2 期。

[39] 马拴友:《宏观税负、投资与经济增长:中国最优税率的估计》,《世界经济》2001 年第 9 期。

[40] 钱纳里、鲁宾逊、塞尔奎因:《工业化与经济增长的比较研究》,生

活·读书·新知三联书店 1995 年版。

[41] 钱晓烨、迟巍：《国民收入初次分配中劳动收入份额的地区差异》，《经济学动态》2011 年第 5 期。

[42] 秦尊文：《小城镇道路：中国城市化的妄想症》，《中国农村经济》2001 年第 12 期。

[43] 饶会林：《试论城市规模效益》，《中国社会科学》1989 年第 4 期。

[44] 沈坤荣、付文林：《税收竞争、地区博弈及其增长绩效》，《经济研究》2006 年第 6 期。

[45] 史永东、齐鹰飞：《中国经济的动态效率》，《世界经济》2002 年第 8 期。

[46] 陶然、曹广忠：《"空间城镇化"、"人口城镇化"的不匹配与政策组合应对》，《改革》2008 年第 10 期。

[47] 陶然、陆曦、苏福兵、汪晖：《地区竞争格局演变下的中国转轨：财政激励和发展模式的反思》，《经济研究》2009 年第 7 期。

[48] 陶然、袁飞、曹广忠：《区域竞争、土地出让与地方财政效应：基于 1999—2003 年中国地级城市面板数据的分析》，《世界经济》2007 年第 10 期。

[49] 王桂新：《我国城市化发展的几点思考》，《人口研究》2012 年第 2 期。

[50] 王宏淼：《中国的"新重商主义"及其改进思路：对外开放模式的一个审视》，《经济与管理研究》2008 年第 4 期。

[51] 王小鲁：《中国城市化路径与城市规模的经济学分析》，《经济研究》2010 年第 10 期。

[52] 王小鲁、夏小林：《优化城市规模　推动经济增长》，《经济研究》1999 年第 9 期。

[53] 王永钦、张晏、章元、陈钊、陆铭：《中国的大国发展道路——论分权式改革的得失》，《经济研究》2007 年第 1 期。

[54] 夏杰长：《迎接服务经济时代的来临》，《财贸经济》2010 年第 11 期。

[55] 项本武：《中国经济的动态效率：1992—2003》，《数量经济技术经济研究》2008 年第 3 期。

[56] 许宪春：《准确理解中国统计》，《经济研究》2010 年第 5 期。

[57] 杨中全、邹俊伟、陈洪宛:《中国宏观税负、非税负担与经济增长》,《中央财经大学学报》2010 年第 3 期。

[58] 余永定:《美国经济再平衡视角下中国面临的挑战》,《国际金融研究》2010 年第 1 期。

[59] 袁志刚、何樟勇:《20 世纪 90 年代以来中国经济的动态效率》,《经济研究》2003 年第 7 期。

[60] 岳希明、李实:《我们更应该相信谁的基尼系数?》,《华尔街日报》2013 年 1 月 24 日。

[61] 张斌、王勋、华秀萍:《中国外汇储备的名义收益率和真实收益率》,《经济研究》2010 年第 10 期。

[62] 张车伟:《中国劳动报酬份额变动与总体工资水平估算及分析》,《经济学动态》2012 年第 9 期。

[63] 张车伟、张士斌:《关于中国劳动报酬占 GDP 份额变动的研究》,《劳动经济学评论》2011 年第 4 卷第 1 辑。

[64] 张军:《资本形成、工业化与经济增长:中国的转轨特征》,《经济研究》2002 年第 6 期。

[65] 张军:《分权与增长:中国的故事》,《经济学》(季刊)2007 年第 7 卷第 1 期。

[66] 张军、高远、傅勇、张弘:《中国为什么拥有了良好的基础设施?——分权竞争、政府治理与基础设施的投资决定》,《经济研究》2007 年第 3 期。

[67] 张莉、王贤彬、徐现祥:《财政激励、晋升激励与地方官员的土地出让行为》,《中国工业经济》2011 年第 4 期。

[68] 张平:《"结构性"减速下的中国宏观政策和制度机制选择》,《经济学动态》2012 年第 10 期。

[69] 张士斌:《工业化过程中劳动报酬比重变动的国际比较》,《经济社会体制比较》2012 年第 6 期。

[70] 张曙光、张斌:《外汇储备持续积累的经济后果》,《经济研究》2007 年第 4 期。

[71] 张五常:《中国的经济制度》(神州大地增订版),中信出版社 2009 年版。

[72] 郑秉文:《拉美城市化的教训与中国城市化的问题——"过度城

化"与"浅度城市化"的比较》,《国外理论动态》2011 年第 7 期。

[73] 中国经济增长课题组:《城市化、财政扩张与经济增长》,《经济研究》2011 年第 11 期。

[74] 中国经济增长课题组:《中国经济长期增长路径、效率与潜在增长水平》,《经济研究》2012 年第 11 期。

[75] 周黎安:《中国地方官员的晋升锦标赛模式研究》,《经济研究》2007 年第 7 期。

报告8 中国城市化和第三产业就业关系研究

张自然

摘　要：为了研究我国城市化与第三产业就业之间的相互作用关系，本报告通过1978—2012年的时序数据，利用回归分析、协整检验、误差修正模型和格兰杰因果检验等，对第三产业就业与城市化水平的关系进行了实证分析。研究表明，我国第三产业就业对城市化的正向作用明显强于城市化对第三产业就业的反向影响，第三产业就业是城市化的格兰杰原因；城市化水平与第三产业就业之间存在长期均衡关系。对中国城市化与第三产业就业关系的深入探讨，有利于决策者在推动城市化和促进第三产业就业的过程中采取合理对策。

关键词：第三产业就业　城市化　格兰杰因果检验

一　引　言

配第一克拉克定律认为，随着一国人均国民生产总值的提高，劳动力首先由第一产业向第二产业转移；当人均国民生产总值达到一定水平后，劳动力将从第二产业向第三产业转移。农业人口最终要向第三产业转移是经济发展的客观规律。城市化在这个过程中承接了农业人口的转移，充当了农业人口转变为非农业人口的容器的角色。

1978—2012年，中国第一产业的就业量下降了9%，第二产业增长了2.35倍，第三产业增长了4.66倍。从1994年开始，第三产业的就业开始超越第二产业，成为吸纳劳动力就业的第二大产业。2012年第三产业的就业比重从1978年的12.2%上升为36.1%，上升了23.9个百分点，其绝对就业人数也从1978年的4890万人增加到2012年的27690万人，增长约 4.66 倍，超过第二产业 5.8 个百分点。第一产业就业份额呈下降趋势，第二产业的就业比重一直在 20% 以上并在 2012 年首次超过 30%，为 30.3%，第三产业的就业份额则呈现大幅上升的趋势。三次产业的就业结构从 1978 年的 70.5∶17.3∶12.2 转变为 2012 年的 33.6∶30.3∶36.1，如图 8－1 所示。我国就业结构的这一变动趋势与配第—克拉克定律基本相符，即劳动力由第一产业向第二产业继而向第三产业转移。这表明经过30 多年的改革与发展，中国的就业结构已经得到了一定的改善。

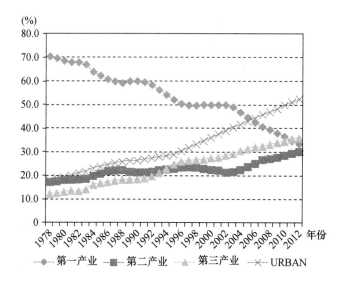

图 8－1　三次产业就业比重及城市化（1978—2012 年）

但是，我国的三次产业就业结构不合理的问题仍然突出，尤其是第三产业就业相对落后。目前，发达国家第三产业的就业比重已高达 70% 左右，中等收入国家在 50%—60%，而我国是 36.1%，比低收入国家的平均水平还要低，因此说中国的第三产业就业比重仍然相对偏低。

1978—1996 年，中国的城市化水平和第三产业就业比重基本是同步提高，两者基本呈平行关系，中国城市化水平从 1978 年的 17.92%，上升到 1995 年的 29.04%，第三产业就业比重则从 12.2% 上升到 24.8%。1996 年后，中国城市化进程显著加快，中国的城市化水平从 1996 年的30.48% 迅速上升到 2012 年的 52.57%，而同期第三产业就业比重分别为26% 和 36.1%，城市化水平增速远远快于第三产业就业比重的增长，这样城市化与第三产业就业之间差距越来越大。

二　综述

20世纪70年代以来，对城市化和第三产业就业之间的关系，国内外很多学者进行了研究。辛格尔曼（Singelmann，1978）实证研究了实现工业化国家1920—1970年劳动力转移过程，动态比较的结果说明，劳动力在城市非农业部门特别是服务业部门集中，研究发现，城市化是促成一个国家由农业型经济向服务型经济转变的重要因素，他首次明确了城市化是服务业发展的原因。[①] 库兹涅茨认为，随着时间的推移，第一产业的国民收入在整个国民收入中所占比重和第一产业劳动力在全部劳动力中所占比重均在不断下降；第二产业的国民收入在整个国民收入中所占比重大体是上升的；第二产业劳动力在全部劳动力中所占比重大体不变或略有上升；第三产业的劳动力在全部劳动力中所占比重基本是上升的。[②] 霍利斯·钱纳里指出，从劳动力资源的再配置模式看结构变动存在两个特点：第一，与农业产值比重下降的幅度相比，农业劳动力份额的下降明显滞后；第二，制造业就业的增长幅度远远落后于农业就业的下降幅度。在工业化及结构变动过程中，劳动力的转移主要发生在农业与非农产业之间。他们的这些研究成果均表明，经济结构的变迁过程主要体现为非农人口不断增加的城市化过程和服务业产值及就业比重不断提高的服务业发展过程。丹尼尔斯（1994）通过计量分析检验了美国大城市、中等城市、小城市的区域服务业成长，研究认为，城市形成的区域市场是服务业发展的基础，城市化的发展促进了服务业的扩张。

Miura等（1997）的研究发现，服务业人口和城市人口的比重与城市化密切相关，城市化促进了服务业从业人员的增加。[③] 蒂芬（Tiffen，2003）认为，随着农业人口向城市的释放，制造业和服务业将获得较快

---

① Singelmann，J.，"The Sectoral Transformation of the Labor Force in Seven Industrialized Countries，1920－1970"［J］. *The American Journal of Sociology*，1978，83（5），pp. 1224－1234.

② 西蒙·库兹涅茨：《现代经济增长》，北京经济学院出版社1989年版。

③ Miura，H. et al.，"Socioeconomic Factors and Dental Caries in Developing Countries：A Cross－national Study"［J］. *Social Science & Medicine*，1997，44（2），pp. 269－272.

发展，而制造业和服务业的发展又会进一步吸引农业劳动力的转移。[①] 张五常等对中国城市化和经济增长的研究表明，城市化通过服务业部门的扩张，创造了大量的就业机会。农村部门的自给自足决定了其对服务业的需求有限，而城市生活的市场倾向引致居民对于运输、零售等服务业的需求更大，城市化能够刺激服务业的产出和就业的增加。[②] 埃克斯坦（Eckstein）等通过对美国服务业劳动力就业结构的实证分析认为，服务业就业人员的增加的主要贡献来自政府支出增加。[③] Messina（2004）的研究表明，政府部门规模、城市化程度等对于服务业就业份额具有显著的统计正向作用，公共部门和城市化水平的提高对于服务业相对规模的发展具有显著作用。[④]

Fuchs 则从考察美国经济中日益重要的服务业就业开始，探究了可能引起服务业就业较快增长的三个原因：（1）服务需求的收入弹性大于1，即当实际人均可支配收入增加时，实际人均服务消费将以大于收入增长率的速率增长。因此，服务不仅消耗了国民收入的越来越大的份额，而且吸纳了国民就业的越来越大的份额。（2）随着经济增长与分工深化，由原先在公司或家庭内部提供服务转变为从市场上购买服务。服务的提供量可能与以前没有什么两样，但不同的是，这些服务变得市场化了，而且，专业化程度的提高还导致了服务的较高质量和（或）较低的平均成本，进而导致对这些服务的需求和生产的增加。（3）服务业相对于其他产业尤其是制造业的较低的劳动生产率增长率，说明了国民经济中服务业就业的日益重要。低于平均水平的服务业生产率增长率意味着服务业平均成本高于整体平均水平。如果服务需求对于价格上升相对不敏感，那么，随着国民经济的进一步扩张，服务业就业在总就业中的比重将不断增加。[⑤]

江小涓（2004）认为，城市化水平是影响服务业特别是服务业就业

① Tiffen, M., "Transition in Sub - Saharan Africa: Agriculture, Urbanization and Income Growth" [J]. *World Development*, 2003, 31 (8), pp. 1343 - 1366.

② Chang, G. H., Brada, J. C., "The paradox of China's Growing under - urbanization" [J]. *Economic Systems*, 2006, 30, pp. 24 - 40.

③ Eckstein, A., D. Heiden, "Causes and Consequences of Service Sector Growth: The U. S. Experience" [J]. *Growth and Change*, 1985, 16 (2), pp. 12 - 17.

④ Messina, J., "Institutions and Service Employment: A Panel Study for OECD Countries" [J]. European Central Bank Working Paper Series, 2004, No. 320.

⑤ 程大中：《中国服务业增长的特点、原因及影响——鲍莫尔—富克斯假说及其经验研究》，《中国社会科学》2004 年第 2 期。

比重的重要因素。城市化对服务业的发展具有重要的正向作用，而且在各个方程中这种作用都很稳定。其中对服务业就业的影响更显著。城市人口比重每提高 1 个百分点，就有 0.398 个百分点的人口转移到服务业中。[①]周叔莲、郭克莎（2002）认为，服务业发展与城市化是相互依赖、相互促进的。服务业发展拉动非农就业增长而带动城市化率的上升，而城市化的加快也能够促进服务业的较快扩张。从二者发展的逻辑顺序和长期进程来看，主要趋势是先有服务业的发展和就业的增加，再有农村人口的转移和城市化率的上升。[②]

综合来看，学者认为，第三产业就业和城市化相关性极强，城市化带动第三产业就业的发展，第三产业的发展促进了第三产业的就业，反过来带动城市化水平的提高。但是，究竟是先有城市化再有第三产业就业，还是先有第三产业就业再有城市化的发展，学者的意见大致分为两种：一种是城市化水平的发展带动第三产业就业的提高，城市化是第三产业就业提高的原因；另一种是第三产业的发展促进第三产业就业，第三产业就业的提高带动了城市化水平的上升，第三产业就业是城市化发展的原因。

三　建模及数据处理

（一）建模

随着城市化水平的提高，规模扩大，"集聚效应"产业，使经济结构得到优化，从而促进第三产业增长，进而促进第三产业就业的提高。随着城市化水平的提高，农村人口向城市迁移，农村人口就业主要通过第二产业和第三产业来实现，而中国的第二产业吸收人口的能力有限，因此，农业人口的就业主要应该通过第三产业来完成。因此，中国第三产业就业与城市化水平存在显著的正相关关系。这里就要对第三产业就业与城市化之间是不是存在正相关关系，并且相关程度如何进行实证分析。

一般认为，就业与城市化两个变量之间的数学模型可以表示为：

---

① 江小涓：《关于测度服务业发展水平的探讨——几个理论模型及其应用》，《财贸经济》2004 年第 7 期。

② 周叔莲、郭克莎：《工业化与城市化关系的经济学分析》，《中国社会科学》2002 年第 2 期。

$$\ln LABOR = c + \alpha \ln URBAN + \varepsilon_i \tag{8.1}$$

其中，$LABOR$ 表示就业，$URBAN$ 是城市化水平，即城市化率，c 和 α 是常数，ε_i 是随机误差序列。

结合学者对城市化与就业的研究，参考模型（8.1），本报告认为，第三产业就业比重与城市化率两个变量之间的数学模型可以表示为：

$$\ln LABOR_3 = c + \alpha \ln URBAN + \varepsilon_i \tag{8.2}$$

其中，$LABOR_3$ 表示第三产业就业，$URBAN$ 是城市化水平，即城市化率，c 和 α 是常数，ε_i 是随机误差序列。

鉴于我国在改革开放前对第三产业一直处于抑制的状态，第三产业就业与城市化率之间的关系处于扭曲状态，故采用1978—2012年的数据。

（二）数据来源及处理

城市化又称城镇化，是当今世界上重要的社会经济现象之一。城市化的各种定义中，比较主要的定义是"人口向城市集中的过程"，这一过程包含了社会、人口、空间及经济转换等多方面的内容。目前，国际上比较通用的测度城市化水平的指标是城镇人口占总人口的比重。本报告也采用这一定义，即城市化水平是指城镇人口占总人口的比重，也称为城市化率。第三产业就业用第三产业就业占整个就业的比重来表示。本报告选择1978—2012年的时间序列数据，主要是根据《中国统计年鉴》（2013）的数据。

四　实证结果

利用表8-1数据对（8.2）式采用最小二乘法（OLS）进行估计。结果显示，t 统计量显著，且拟合优度为96.10%，说明该方程拟合程度相当高。但 $D—W$ 值为0.1706，因此，该模型可能存在自相关性。

表8-1　　　1978—2012年中国城市化率和第三产业就业情况

年份	$URBAN$	$LABOR_3$	$\ln URBAN$	$\ln LABOR_3$	$\Delta\ln URBAN$	$\Delta\ln LABOR_3$	$\Delta^2\ln URBAN$	$\Delta^2\ln LABOR_3$
1978	17.92	12.2	2.8859	2.4997				
1979	18.96	12.6	2.9423	2.5352	0.0564	0.0355		
1980	19.39	13.1	2.9648	2.5695	0.0224	0.0343	-0.0340	-0.0013
1981	20.16	13.6	3.0037	2.6098	0.0389	0.0403	0.0165	0.0061

续表

年份	URBAN	LABOR₃	lnURBAN	lnLABOR₃	ΔlnURBAN	ΔlnLABOR₃	Δ²lnURBAN	Δ²lnLABOR₃
1982	21.13	13.5	3.0507	2.5986	0.0470	− 0.0112	0.0081	− 0.0515
1983	21.62	14.2	3.0736	2.6551	0.0229	0.0565	− 0.0241	0.0676
1984	23.01	16.1	3.1359	2.7761	0.0623	0.1211	0.0394	0.0646
1985	23.71	16.8	3.1659	2.8190	0.0300	0.0429	− 0.0323	− 0.0782
1986	24.52	17.2	3.1995	2.8438	0.0336	0.0248	0.0036	− 0.0181
1987	25.32	17.8	3.2316	2.8792	0.0321	0.0353	− 0.0015	0.0105
1988	25.81	18.3	3.2508	2.9059	0.0192	0.0267	− 0.0129	− 0.0086
1989	26.21	18.3	3.2661	2.9073	0.0154	0.0014	− 0.0038	− 0.0253
1990	26.41	18.5	3.2737	2.9178	0.0076	0.0105	− 0.0078	0.0091
1991	26.94	18.9	3.2936	2.9392	0.0199	0.0214	0.0123	0.0108
1992	27.46	19.8	3.3127	2.9857	0.0191	0.0465	− 0.0008	0.0251
1993	27.99	21.2	3.3318	3.0540	0.0191	0.0683	0.0000	0.0218
1994	28.51	23	3.3503	3.1355	0.0184	0.0815	− 0.0007	0.0132
1995	29.04	24.8	3.3687	3.2108	0.0184	0.0753	0.0000	− 0.0062
1996	30.48	26	3.4171	3.2581	0.0484	0.0473	0.0300	− 0.0281
1997	31.91	26.4	3.4629	3.2733	0.0458	0.0152	− 0.0025	− 0.0320
1998	33.35	26.7	3.5071	3.2847	0.0441	0.0113	− 0.0017	− 0.0039
1999	34.78	26.9	3.5490	3.2921	0.0420	0.0075	− 0.0022	− 0.0039
2000	36.22	27.5	3.5896	3.3142	0.0406	0.0220	− 0.0014	0.0146
2001	37.66	27.7	3.6286	3.3214	0.0390	0.0073	− 0.0016	− 0.0148
2002	39.09	28.6	3.6659	3.3534	0.0373	0.0320	− 0.0017	0.0247
2003	40.53	29.3	3.7020	3.3776	0.0362	0.0242	− 0.0011	− 0.0078
2004	41.76	30.6	3.7319	3.4210	0.0299	0.0434	− 0.0063	0.0192
2005	42.99	31.4	3.761	3.4452	0.029	0.0242	− 0.0009	− 0.0192
2006	44.34	32.2	3.7819	3.4725	0.0209	0.0273	− 0.0081	0.0031
2007	45.89	32.4	3.8053	3.477	0.0234	0.0045	0.0025	− 0.0228
2008	46.99	33.2	3.8499	3.5025	0.0446	0.0255	0.0212	0.0210
2009	48.34	34.1	3.8783	3.5293	0.0284	0.0267	− 0.0162	0.0012
2010	49.95	34.6	3.9110	3.5439	0.0327	0.0146	0.0043	− 0.0122
2011	51.27	35.7	3.9371	3.5752	0.0261	0.0313	− 0.0066	0.0167
2012	52.57	36.1	3.9621	3.5863	0.0250	0.0111	− 0.0010	− 0.0202

资料来源：国家统计局：《中国统计年鉴》（2013），中国统计出版社2013年版。

采用迭代估计法估计模型，可得：

$$\ln LABOR_3 = 0.524 + 0.771 \times \ln URBAN [AR(1) = 1.375, AR(2) = -0.452]$$

$$t \qquad (0.507) \qquad (2.837)\ (8.564) \qquad (-2.870)$$

$$(8.3)$$

$R^2 = 0.995$，调整的 $R^2 = 0.994$，$F = 1876.519$，$D—W = 1.770$.

（一）模型检验

1. 统计检验

由 $R^2 = 0.995$，调整的 $R^2 = 0.994$，$F = 1876.519$，$t = 2.837$ 可知，模型（8.3）的拟合优度、方程显著性和变量显著性均良好。

2. 序列相关检验

经检验，$d_l = 1.32$，$d_u = 1.47$，$d_u = 1.47 < D—W = 1.770 < 4 - d_u = 4 - 1.47 = 2.53$。因此，模型（8.3）不存在序列自相关，故可以确定模型（8.3）为最终模型。

3. 异方差检验

由于本报告采用时间序列数据，可能因为经济的波动会导致模型产生异方差，因此，必须对模型进行异方差检验。本报告采用戈德菲尔德—昆特（Goldfeld-Quandt）检验法、ARCH 检验、怀特（White）异方差检验、Glejser 检验、帕克（Park）检验等多种方法进行异方差检验，第三产业就业与城市化的回归方程均不存在异方差。

（二）模型处理

1. 单整检验

协整理论主要用于寻找两个或多个非平稳变量间的均衡关系，如果某两个或多个同阶时间序列向量的某种线性组合可以得到一个平稳的误差序列，表示这些非平稳的时间序列之间存在长期均衡关系，即具有协整性。只有相同单整阶数的变量才可能存在协整关系，因而协整分析前要检验变量的单整阶数。

（1）$LABOR_{3P}$ 与城市化率 $URBAN$ 的单整性。对第三产业就业百分比 $LABOR_{3P}$ 与城市化率 $URBAN$ 进行协整分析，即检验两个变量的时间序列是否平稳。

由表 8 - 2 可知，变量第三产业就业的自然对数即 $\ln LABOR_3$ 和城市化率 $\ln URBAN$ 在 1% 下具有二阶单整，故两者的线性组合可能协整。

（2）检验回归方程残差平稳性。回归模型的残差为：

$$\varepsilon_i = \ln LABOR_3 - 0.524 - 0.771 \times \ln URBAN \tag{8.4}$$

检验残差序列 ε_i 是否平稳，即 ε_i 是否为 $I(0)$ 序列。

表 8 - 2　　　　　　　　　　　进行 ADF 检验结果

变量	检验形式	ADF 检验值	临界值（1%）	临界值（5%）	结论
$\ln URBAN$	$(C, T, 1)$	-1.484	-4.297	-3.568	不平稳
$\Delta \ln URBAN$	$(C, 0, 1)$	-1.953	-3.679	-2.968	不平稳
$\Delta^2 \ln URBAN$	$(0, 0, 1)$	-5.887	-2.650	-1.953	平稳（1%）
$\ln LABOR_{3p}$	$(C, T, 1)$	-2.422	-4.297	-3.568	不平稳
$\Delta \ln LABOR_{3p}$	$(C, 0, 1)$	-3.622	-3.679	-2.968	不平稳
$\Delta^2 \ln LABOR_{3p}$	$(0, 0, 1)$	-5.676	-2.650	-1.953	平稳（1%）

注：（1）检验形式（C, T, L）中的 C、T、L 分别表示模型中的常数项、时间趋势项和滞后阶数。（2）滞后期的选择以施瓦茨信息准则（SC）为依据。

由残差序列 ε_i 的 ADF 检验统计量明显小于 1% 时的临界值，估计残差序列为平稳序列，即 $\varepsilon_i \sim I(0)$，表明 $\ln LABOR_3$ 与 $\ln URBAN$ 之间存在协整关系，即第三产业就业与城市化之间存在长期动态均衡关系。表明我国第三产业就业与城市化存在着稳定的彼此相关的关系。

2. 误差修正模型

误差修正模型（ECM）是由恩格尔和格兰杰于 1987 年提出的，其基本思想是：如果变量之间存在协整关系，则表明这些变量之间存在着长期均衡的关系，而这种长期均衡的关系是在短期波动过程的不断调整下得以实现的。即大多数经济时间序列具有长期的均衡的关系是因为有一种调节机制——误差修正机制在起作用，防止了长期均衡关系出现较大的误差。

利用模型（8.4）得到误差序列如下：

$$ecm = \ln LABOR_3 - 0.524 - 0.771 \times \ln URBAN \tag{8.5}$$

对下列误差修正模型进行估计：

$$\Delta \ln LABOR_{3p}(t) = \alpha \Delta LABOR_{3p}(t-1) + \beta \times \Delta \ln URBAN + \gamma \times ecm + \varepsilon_t \tag{8.6}$$

估计后得到：

$$\Delta \ln LABOR_{3p}(t) = 0.438 \times \Delta LABOR_{3p}(t-1) + 0.398 \times \Delta \ln URBAN -$$
$$t \qquad\qquad (2.802) \qquad\qquad\qquad (2.011)$$
$$0.075 \times ecm$$
$$(-2.011) \tag{8.7}$$

模型满足各指标。

在模型中，各差分项反映了变量短期波动的影响。被解释变量的波动可以分为两部分：一部分是短期波动，另一部分是长期均衡。根据模型的参数估计量，短期城市化率的变化将引起第三次产业就业比重相同方向的变化，如果城市化率变化1%，引起第三产业就业比重变化0.398%；而上期第三产业就业比重的变化，也引起第三产业就业比重的相同方向的变化，弹性为0.438，反映了第三产业就业惯性的延续。ecm 项系数的大小反映了对偏离长期均衡的调整力度，从系数估计值来看，调整力度较弱。

3. 格兰杰因果检验

协整检验揭示变量序列之间是否存在长期均衡关系，而格兰杰因果检验则可以揭示变量之间是否具有因果关系。根据数据，对 $LABOR_3$ 和 $\ln URBAN$ 进行格兰杰因果检验，取最大滞后阶数为9，得到检验结果如表 8-3 所示。

表8-3　　对 $LABOR_3$ 和 $\ln URBAN$ 进行格兰杰因果检验的结果

因果关系	滞后期数	F 统计值	P 值
$\ln URBAN$ 不是 $\ln LABOR_3$ 的格兰杰原因	1	0.011	0.919
$\ln LABOR_3$ 不是 $\ln URBAN$ 的格兰杰原因	1	2.180	0.150
$\ln URBAN$ 不是 $\ln LABOR_3$ 的格兰杰原因	2	1.547	0.231
$\ln LABOR_3$ 不是 $\ln URBAN$ 的格兰杰原因	2	1.327	0.281
$\ln URBAN$ 不是 $\ln LABOR_3$ 的格兰杰原因	3	0.996	0.411
$\ln LABOR_3$ 不是 $\ln URBAN$ 的格兰杰原因	3	1.925	0.151
$\ln URBAN$ 不是 $\ln LABOR_3$ 的格兰杰原因	4	2.262	0.095
$\ln LABOR_3$ 不是 $\ln URBAN$ 的格兰杰原因	4	1.870	0.152
$\ln URBAN$ 不是 $\ln LABOR_3$ 的格兰杰原因	5	0.859	0.526
$\ln LABOR_3$ 不是 $\ln URBAN$ 的格兰杰原因	5	1.218	0.339
$\ln URBAN$ 不是 $\ln LABOR_3$ 的格兰杰原因	6	2.115	0.108
$\ln LABOR_3$ 不是 $\ln URBAN$ 的格兰杰原因	6	1.465	0.252
$\ln URBAN$ 不是 $\ln LABOR_3$ 的格兰杰原因	7	3.346	0.029
$\ln LABOR_3$ 不是 $\ln URBAN$ 的格兰杰原因	7	1.528	0.242
$\ln URBAN$ 不是 $\ln LABOR_3$ 的格兰杰原因	8	3.032	0.052
$\ln LABOR_3$ 不是 $\ln URBAN$ 的格兰杰原因	8	1.394	0.306
$\ln URBAN$ 不是 $\ln LABOR_3$ 的格兰杰原因	9	6.346	0.012
$\ln LABOR_3$ 不是 $\ln URBAN$ 的格兰杰原因	9	1.807	0.224

表 8-3 中检验结果表明：滞后 1—6 期的 $\ln LABOR_3$ 不是 $\ln URBAN$ 的格兰杰原因的概率小于 35%，其中滞后 1 期时 $\ln LABOR_3$ 不是 $\ln URBAN$ 的格兰杰原因的概率为 15.0%，我国第三产业的就业比例对城市化的效应在滞后 1 年时就很明显，第三产业就业是城市化的格兰杰原因。

而滞后 1 期的 $\ln URBAN$ 不是 $\ln LABOR_3$ 的格兰杰原因的概率在 90% 以上，说明滞后 1 期的城市化率对第三产业就业的推动效应不明显。滞后 3 期，说明滞后 3 期的城市化可能是第三产业就业的格兰杰原因。而滞后 2 期、4 期、6 期、7 期、8 期和 9 期的第三产业就业比重和城市化水平互为格兰杰原因。

自改革开放以来，我国第三产业就业对城市化水平的作用要明显强于城市化水平对第三产业就业的影响。主要原因是第三产业就业比重的提高促使就业结构变动，推动产业结构升级，促进农业人口向城市集中，从而促进城市化水平的提高。而我国城市化滞后，城市化水平对促进产业结构升级，促进服务业的发展，并形成"集聚效应"还不够明显，因而城市化水平对第三产业就业的影响能力也较弱。从而我们可以得出结论，首先要促进产业结构的完善，促进第三产业的发展，从而促进第三产业就业，提高第三产业就业在总就业中的比重，推动农业人口向城市流动，最终带来城市化水平的提高。是先有第三产业就业的提高，再有城市化水平的提高。没有第三产业在整个经济中比重的提高，进而第三产业就业比重的提高，城市化是不可能真正得到提高的。

五　结论及政策建议

本报告通过格兰杰因果检验得出结论：滞后 1—6 期的 $\ln LABOR_3$ 不是 $\ln URBAN$ 的格兰杰原因的概率小于 35%，其中滞后 1 期时 $\ln LABOR_3$ 不是 $\ln URBAN$ 的格兰杰原因的概率为 15.0%，我国第三产业就业的比例对城市化效应在滞后 1 年时就很明显，第三产业就业是城市化的格兰杰原因。

而滞后 1 期的 $\ln URBAN$ 不是 $\ln LABOR_3$ 的格兰杰原因的概率在 90% 以上，说明滞后 1 期的城市化率对第三产业就业的推动效应不明显，说明滞后城市化 3 期的可能是第三产业就业的格兰杰原因。而滞后 2 期、4 期、6 期、7 期、8 期和 9 期的第三产业就业比重和城市化水平互为格兰杰原因。

通过研究，提出如下四条政策建议：

（一）优先提高第三产业就业的比例，促进城市化水平的提高

从未来我国经济增长和产业结构变动的趋势看，工业就业比重上升的空间已经较小，而我国第三产业扩张的空间很大，必须通过加快第三产业的发展，来带动第三产业就业比重的上升，从而带动城市化水平的提高，而不是将重点放在依靠加快城市化来促进服务业发展从而促进第三产业就业的提高上。

在我国城市化进程中，城市是第二、第三产业聚集的地区，城市化人口的就业领域自然是城市工业和城市服务业。从我国产业结构的现状来看，工业化程度已相当高，工业部门的扩张空间相对较小；第三产业比重不仅大大低于发达国家水平，而且与同等发展程度的发展中国家相比也存在相当差距，其发展空间相对较大。因此在城市两大产业中，第三产业是城市化人口的主要就业出路。同时在城市大、中、小三类企业中，大型企业由于技术不断升级和资本有机构成逐步提高，就业机会的增长率很低，对低技术能力的农村转移劳动力几乎不存在需求。因此，农村人口城市化的就业空间将主要集中在中、小企业。

（二）统一城乡劳动力市场，促进第三产业就业和城市化发展

由于我国长期实行城乡分离的就业政策，限制农民到城市定居，使经济社会呈现出明显的二元特征。在就业体系上就表现为城市和农村两个分离的劳动力市场，农民被排斥在城市大门之外。改革开放以来，市场取向的改革使户籍管理有所松动，农村劳动力向城市转移的障碍日益减少，大量农民进城成为城市的"农民工"。但仍然存在各级政府为了保护城市劳动者就业，以舆论的、经济的，甚至行政的手段排斥农村劳动力在城市就业：通过各种收费渠道加大农村劳动力转移的成本；规定诸多岗位不允许雇用外地劳动力；以"再就业工程"的名义，通过奖罚手段诱导企业用本地失业工人替代外来劳动力等。歧视性就业政策不仅无助于两种就业市场的统一，而且还在相当程度上继续使城乡隔离，提高了农村剩余劳动力的转移成本，阻止农村剩余劳动力向城市转移，由此抑制了第三产业发展，进而阻碍第三产业就业，最终减慢了中国的城市化进程。

因此，政府需要做的事主要是改善城市的基础设施条件，做好城市规划，取消那些不合理的限制政策，提供优化城市经济的公共服务系统，来促进、鼓励城市化的发展。为了有效地推动城市化进程，做好两件事情是至关重要的。一是允许农民自由迁徙，减少农民进城的限制，农民应该像市民那样享有在不同地域和不同行业之间自主选择职业的权利。二是要减少各种政策的和现实的对农民工的歧视，逐渐给予农民工平等的社会福利保障，农民工的医疗保险、养老保险、工伤保险等都应该随经济发展相应提高保障水平和保障覆盖面。当从农民到市民的"转型成本"降低以后，更多的农民就能更快地转换为城市产业主要是第三产业的劳动力，从而更快地转换为"市民"。同时，城市居民的增加势必会对服务业提出更高的要求从而推动服务业的快速发展。

（三）调整城市规模结构，促进第三产业就业的提高

城市化的规模和结构对第三产业的发展有重要的影响。我国实行"严格控制大城市规模，合理发展中等城市和小城市"的方针，20世纪八九十年代大力发展城镇，发展乡镇企业，短期内对解决农村剩余劳动力的转移问题有一定作用，但是近十年的发展表明，小城市、城镇因为其规模过小（小于15万人的"集聚效应"的阈值），很难产生"集聚效应"，不具备发展第三产业的条件，因此也很难促进城市化水平的提高。因此，我国的城市化战略有必要进行结构上的调整。要在积极发展中小城市，扩大小城镇规模的基础上，有计划地建设好一批大城市，引导好城市群的发展。这样，既有效地扩大了大城市的聚集相应，充分发展了第三产业，又克服了城市容量不足的问题。

（四）加快发展劳动密集型产业

可以通过向整个世界市场出口劳动密集型产品和快速发展服务业吸收国内剩余劳动力，从而中国可以主要让市场力量来决定城市规模的分布和城市化的水平和速度。

在城市化过程中还是应当把市场机制作为最主要的调节机制。过去30多年来中国的经济增长在很大程度上靠的是市场化取向的改革，从计划经济转向了市场经济。今后更多地要靠市场的引导，要靠充分竞争的市场所带来的对资源配置的导向作用来促进城市发展。

参考文献

[1] Black，D.，V. Henderson，Urban Evolution in the USA［J］．*Journal*

of Economic Geography, 2003, 3 (4), pp. 343 – 372.

［2］Henderson, V., Medium Size Cities ［J］. *Regional Science and Urban Economics*, 1997, 27 (6), pp. 583 – 612.

［3］江小涓:《关于测度服务业发展水平的探讨——几个理论模型及其应用》,《财贸经济》2004 年第 7 期。

［4］西蒙·库兹涅茨:《现代经济增长》,北京经济学院出版社 1989 年版。

［5］钱纳里、赛尔奎因:《发展的格局 (1950—1970)》,中国财政经济出版社 1989 年版。

［6］周叔莲、郭克莎:《工业化与城市化关系的经济学分析》,《中国社会科学》2002 年第 2 期。

［7］程大中:《中国服务业增长的特点、原因及影响——鲍莫尔—富克斯假说及其经验研究》,《中国社会科学》2004 年第 2 期。

［8］Chang, G. H., Brada, J. C., The paradox of China's Growing under-urbanization ［J］. *Economic Systems*, 2006, 30, pp. 24 – 40.

［9］Messina, J., *Institutions and Service Employment: A Panel Study for OECD Countries* ［J］. European Central Bank Working Paper Series, 2004, No. 320.

［10］Tiffen, M., *Transition in Sub-Saharan Africa: Agriculture, Urbanization and Income Growth* ［J］. *World Development*, 2003, 31 (8), pp. 1343 – 1366.

［11］Eckstein, A., D. Heiden, *Causes and Consequences of Service Sector Growth: The U. S. Experience* ［J］. *Growth and Change*, 1985, 16 (2), pp. 12 – 17.

［12］Miura, H. et al., Socioeconomic Factors and Dental Caries in Developing Countries: A Cross-national Study ［J］. *Social Science & Medicine*, 1997, 44 (2), pp. 269 – 272.

第三部分　城市化与城市聚集创新理论

报告9 创新理论创新集聚的一个理论模型

岳清唐

摘　要：创新活动作为经济活动的重要方式之一，不但在时间上呈现非线性现象，在空间上也往往并不是对称分布，而是呈集聚形态。集聚状态的产生和维持是由某种形式的递增报酬所导致的，传统的一般均衡分析框架不能解释递增报酬现象。本报告在新经济地理学的一般分析框架内，从静态角度建立了一个描述创新空间分布机制的初步模型，并在此基础上简要探讨了创新活动在空间上的分布状态及其稳定性。

关键词：创新　空间分布　集聚　分散

经济活动在空间上的不均衡分布是显著存在的现象。从全球层面来看，南北半球存在着经济密度的巨大差异；从一个国家内部来看，也存在着经济发达与欠发达地区，例如，中国东部沿海地区的经济活动较中西部地区大许多。而正是这种不均衡才导致了经济增长。创新活动是一种重要的经济活动，可以观察到，创新活动在空间上也呈现出不均衡分布现象。硅谷、128 号公路、中关村等许多科技园区的存在提示了创新活动不但在时间上是不均衡的，而且在空间上也是不均衡的。传统新古典经济学长期以来不关注经济活动的空间不均衡性，在做理论分析时，总是假定空间是均质的，经济活动均匀分布。原因在于经济活动在空间上的不均衡分布与标准的阿罗—德布鲁一般均衡框架不相容。经济活动在空间上的不均衡分布是由某种形式的规模递增报酬所导致的，规模报酬递增的存在会导致不完全竞争市场的存在，这将动摇一般均衡的存在性和唯一性。因此，在一般均衡的框架内难以分析空间这个重要因素。近些年来，以克鲁格曼为代表的新经济地理学，在迪克西特—斯蒂格利茨（1977）模型的基础上，建立了描述经济活动在空间分布的区域模型、城市体系模型和国际模型

（Fujita，Krugman and Venables，1999）。其中，用于描述区域经济活动分布的核心—外围模型是所有其他空间经济模型的基础模型。藤田昌久和蒂斯（2001）把格罗斯曼—赫尔普曼—罗默的具有产品差异的内生增长模型结合进上述核心—外围模型，提出了一个分析集聚与增长的"一般"分析框架。本报告将在以上分析框架基础上不考虑时间因素，建立一个描述创新集聚机理的初步模型，用以讨论创新活动在空间上的分布状态及其稳定性。

一　模型的基本假设

假设我们所考虑的经济体有 R 个区域，两个部门：一个是普通产品生产部门[①]，另一个是带有研发机构的创新产品生产部门。普通产品部门生产单一的同质产品，处在完全竞争的市场结构下，创新产品部门生产差异化的产品，处在迪克西特—斯蒂格利茨模型的垄断竞争市场结构中，假设普通产品和创新产品的生产空间都是连续的。

假设普通产品部门的生产只使用一种要素即普通劳动力，创新产品部门的生产使用两种要素即普通劳动力和研发人员。普通劳动力总量固定，定义为 L，L 在区域间均衡分布，且不流动，每一区域的普通劳动力比例为外生变量，设为 φ；假定研发人员的总量也是固定的，定义为 H，研发人员可以在区域间自由流动，任意时点 r 区域研发人员占的比重为 λ_r。

从模型要分析的对象、目的和简化推导考虑，假定普通产品在同一区域和区域之间的流通成本为零，从而各区域普通产品价格相同。创新产品在同一区域流通成本为零，而在不同区域之间有流通成本发生。

创新产品部门的生产需要研发人员和普通劳动力的投入。每一种差异化产品的生产技术都是投入 f 单位的研发人员获得的，其成本作为企业生产创新产品的固定成本 F。假定创新企业一旦获得一项差异化产品的生产技术，就可以使用 C^L 单位的普通劳动力来生产一单位的这种创新产品。每一种差异化产品都由一家企业生产。

---

① 如同迪克西特—斯蒂格利茨模型中假设的那样，我们可以把普通产品部门理解为创新产品部门之外的经济中其他所有部门的加总，包括普通制造品和农产品等。

二 消费者行为分析

我们假设所有消费者对普通产品和创新产品都具有相同的偏好①，其某一时点的瞬时效用函数定义为柯布—道格拉斯（Cobb-Douglas）模型：

$$U = M^\mu X^{1-\mu} \tag{9.1}$$

其中，M 代表消费者对所有种类的创新产品消费量的综合消费指数，X 是消费者对普通产品的消费量。μ 是消费者在创新产品上面的支出份额，$1-\mu$ 是消费者在普通产品上面的支出份额。消费指数 M 是一个定义在创新产品种类的连续空间上的子效用函数，用 $m(i)$ 表示第 i 种可得创新产品的消费量，用 n 表示创新产品种类数。假定 M 采取一种特殊的函数形式——CES 函数，使得每两种创新产品之间的替代弹性为常数，并且相等：

$$M = \left[\int_0^n m(i)^\rho \mathrm{d}i \right]^{\frac{1}{\rho}}, \rho \in (0,1), \quad i \in [1,n] \tag{9.2}$$

其中，参数 ρ 为多样化偏好率，表示消费者对创新产品多样性的偏好程度。ρ 越小时，表示消费者更倾向于多样化产品；ρ 越大时，表示消费者越不重视产品的多样性，产品之间的可替代性越强。这种常替代弹性函数是迪克西特和斯蒂格利茨在处理消费者对差异化产品选择时所首次采用的，在这种偏好形式下，每两种创新产品之间的替代弹性是常数，定义为 σ，$\sigma \equiv 1/(1-\rho)$。

由于假定普通产品市场上存在的是完全竞争的单一同质产品，又假定它们在区域间的流动没有成本，所以，我们将普通产品选择为计价物，即把它们在任意时间和任意空间的价格标准化为 1。我们用 ε 来表示消费者在 t 时期内的消费支出，$p(i)$ 表示第 i 种创新产品的价格，那么消费者的选择就是在以下的预算约束条件下使其效用最大化。

$$X + \int_0^n p(i)m(i)\mathrm{d}i = \varepsilon \tag{9.3}$$

我们分两个步骤来解这个最优化问题。首先要考虑的是，不论 M 是

---

① 此处我们不考虑区域因素，一般性地分析消费者行为。

多少，都要选择每一个 $m(i)$，使消费者获得创新产品组合 M 的成本最小。即首先解决下述成本最小化问题：

$$\min \int_0^n p(i)m(i)\,\mathrm{d}i$$

$$\text{s. t.} \left[\int_0^n m(i)^\rho \,\mathrm{d}i \right]^{1/\rho} = M \tag{9.4}$$

上述最小化问题可用拉格朗日方法求解，得出其一阶条件是任意两种创新产品之间的边际替代率等于其价格之比：

$$\frac{m(i)^{\rho-1}}{m(j)^{\rho-1}} = \frac{p(i)}{p(j)} \tag{9.5}$$

由 (9.5) 式得到 $m(i) = m(j)\left[p(j)/p(i) \right]^{\frac{1}{(1-\rho)}}$，将该表达式代入此最小化问题的约束条件 $\left[\int_0^n m(i)^\rho \,\mathrm{d}i \right]^{1/\rho} = M$ 中，并将公共项 $m(j)p(j)^{\frac{1}{(1-\rho)}}$ 放到定积分符号的外边，可以得到第 j 种创新产品的补偿需求函数：

$$m(j) = \frac{p(j)^{\frac{1}{(\rho-1)}}M}{\left[\int_0^n p(i)^{\frac{\rho}{(\rho-1)}}\,\mathrm{d}i \right]^{\frac{1}{\rho}}} \tag{9.6}$$

将 (9.6) 式代入创新产品组合 M 的最小成本表达式中：

$$\int_0^n p(j)m(j)\,\mathrm{d}j = \int_0^n p(j)\frac{p(j)^{\frac{1}{(\rho-1)}}M}{\left[\int_0^n p(i)^{\frac{\rho}{(\rho-1)}}\,\mathrm{d}i \right]^{\frac{1}{\rho}}}\,\mathrm{d}j \tag{9.7}$$

将公共项放到定积分符号外面，并注意到：

$$\int_0^n p(j)p(j)^{\frac{1}{(\rho-1)}}\,\mathrm{d}j = \int_0^n p(j)^{\frac{\rho}{(\rho-1)}}\,\mathrm{d}j = \int_0^n p(i)^{\frac{\rho}{(\rho-1)}}\,\mathrm{d}i \tag{9.8}$$

(9.8) 式可整理为：

$$\int_0^n p(j)m(j)\,\mathrm{d}j = M\frac{\left[\int_0^n p(i)^{\frac{\rho}{(\rho-1)}}\,\mathrm{d}i \right]}{\left[\int_0^n p(i)^{\frac{\rho}{(\rho-1)}}\,\mathrm{d}i \right]^{\frac{1}{\rho}}} = \left[\int_0^n p(i)^{\frac{\rho}{(\rho-1)}}\,\mathrm{d}i \right]^{\frac{(\rho-1)}{\rho}}M \tag{9.9}$$

(9.9) 式右边第一项是创新产品组合 M 的价格指数，我们用 G 表示：

$$G \equiv \left[\int_0^n p(i)^{\frac{\rho}{(\rho-1)}}\,\mathrm{d}i \right]^{\frac{(\rho-1)}{\rho}} \tag{9.10}$$

由于替代弹性和多样性偏好之间存在 $\rho \equiv (\sigma-1)/\sigma$ 的关系，我们也可以把价格指数表述为：

$$G \equiv \Big[\int_0^n p(i)^{1-\sigma} \mathrm{d}i \Big]^{\frac{1}{(1-\sigma)}} \tag{9.11}$$

价格指数 G 也可以被看作支出函数，它和效用函数 M 是对偶关系。将 (9.11) 式代入 (9.6) 式，可得：

$$m(j) = \Big[\frac{p(j)}{G} \Big]^{\frac{1}{(\rho-1)}} M = \Big[\frac{p(j)}{G} \Big]^{-\sigma} M \tag{9.12}$$

接下来，要解决的问题是支出 ε 在普通产品消费数量 X 和创新产品消费数量指数 M 之间如何分配，即归结为求解下述问题：

$$\max U = M^\mu X^{1-\mu}$$

$$\text{s. t. } GM + X = \varepsilon \tag{9.13}$$

用拉格朗日方法求出的解为：

$$M = \mu\varepsilon/G, X = (1-\mu)\varepsilon \tag{9.14}$$

把以上求解结合起来，可以得到用支出和价格表示的马歇尔需求函数。

对普通产品，需求函数为：

$$X = (1-\mu)\varepsilon \tag{9.15}$$

对创新产品，每一种类的需求函数为：

$$m(j) = \mu\varepsilon \frac{p(j)^{-\sigma}}{G^{-(\sigma-1)}}, j \in [0, n] \tag{9.16}$$

把 (9.14) 式代入 (9.1) 式中，我们可以得到以价格和支出表示的间接效用函数：

$$V = \mu^\mu (1-\mu)^{1-\mu} \varepsilon G^{-\mu} \tag{9.17}$$

其中，$G^{-\mu}$ 是该经济体的生活费用指数。

现在，我们来考虑不同区域情况下的创新产品的价格指数和需求函数。假设每种差异化创新产品只在一个区域生产，所有特定区域生产的产品都是对称的，有相同的市场份额和相同的价格。即对于同一区域的所有差异化产品 i（从 1—n），都有 $q(i) = q$ 和 $p(i) = p$。前面已假设差异化产品在区域内部流通成本为零，但在区域之间流通时有成本发生。我们将这种成本按"冰山成本"形式处理，即一单位的产品从区域 r 运送到另一个区域 s 时，由于流通成本的存在，将只有 $\frac{1}{T_{rs}}$ 数量的产品到达，T_{rs} 用来衡量流通成本的大小。$T_{rs} = 1$ 时流通成本为零（此时，$r = s$），$T_{rs} \to \infty$ 时（$r \neq s$），区域间流通不可能。若用 p_r 表示 r 区域差异化产品的出厂价（或称离域价），则这种产品在另一区域 s 的消费价格将为：

$$p_{rs} = T_{rs}p_r \tag{9.18}$$

由于流通成本的存在，各区域差异化产品的价格指数会有所不同。我们用 G_s 来表示考虑了流通成本后的 s 区域差异化产品价格指数，用 n_r 来表示 r 区域差异化产品种类数，则根据（9.11）式和上面的假定得到：

$$G_s = \left[\sum_{r=1}^{R} n_r (p_r T_{rs})^{1-\sigma} \right]^{\frac{1}{(1-\sigma)}}, s = 1, \cdots, R \tag{9.19}$$

假设 r 区域消费支出为 ε_r，s 区域消费支出为 ε_s，那么，根据（9.16）式可写出 s 区域对 r 区域生产的一种创新产品的需求量为：

$$\mu\varepsilon_s (p_r T_{rs})^{-\sigma} G_s^{\sigma-1} \tag{9.20}$$

因为一单位的产品从 r 区域流通到 s 区域只有 $\dfrac{1}{T_{rs}}$ 部分到达，所以，要流通到 s 区域 1 单位产品销售，必须在 r 区域装运 T_{rs} 倍的数量。因此，r 区域创新产品在全局经济中的需求量为：

$$q_r = \mu \sum_{s=1}^{R} \varepsilon_s (p_r T_{rs})^{-\sigma} G_s^{\sigma-1} T_{rs} \tag{9.21}$$

三　生产者行为分析

（一）利润最大化

根据前面的假设，普通产品的生产只使用普通劳动力，并且普通产品处于完全竞争市场结构中，其投入要素的价格，即各区域普通劳动力的工资率等同，我们以此工资率为计量单位，将普通劳动力的工资率标准化，即有：

$$w_r^L = 1 \tag{9.22}$$

前面我们已经假定 r 区域创新产品生产部门取得一项差异化产品生产技术需要固定投入 f 单位的研发人员，设研发人员的工资为 w_r，则创新产品企业固定投入为 $F_r = w_r f$。变动投入部分为普通劳动力，假设和普通部门一样生产一单位的差异化产品需要 C^L（为简单起见，假设 $C^L = 1$）单位的普通劳动力，假设 t 时期内产量为 q_r，则变动成本为 $C^L q_r w^L = q_r$，那么创新企业所得利润为：

$$\pi_r = p_r q_r - q_r - w_r f \tag{9.23}$$

在价格指数 G_s 给定①的情况下，假定所有厂商都选定各自的产品价格，因此需求弹性等于 σ。利润最大化的一阶条件为 $MR = MC$，注意到 $MR = p_r(1-1/\sigma)$，则有：

$p_r(1-1/\sigma)=1$，由此得到均衡价格：

$$p_r^* = 1/(1-1/\sigma) = 1/\rho \tag{9.24}$$

垄断竞争下的厂商均衡时利润为零，因此有：

$$q_r^* = w_r f/(p_r - 1) \tag{9.25}$$

将（9.24）式代入（9.25）式，整理后得到创新部门任何厂商的均衡产出：

$$q^* = w_r f(\sigma - 1) \tag{9.26}$$

其中，r 区域研发人员数量为 $H\lambda_r$，因为每一种差异化产品唯一地由一个厂商生产，每个厂商对研发人员的需求是 f，所以均衡时区域 r 内产品种类数目为：

$$n_r = H\lambda_r/f \tag{9.27}$$

（二）研发人员的工资方程

创新产品部门市场均衡时，均衡产出等于需求，由（9.21）式和（9.26）式，可以得到：

$$w_r f(\sigma - 1) = \mu \sum_{s=1}^{R} \varepsilon_s (p_r T_{rs})^{-\sigma} G_s^{\sigma-1} T_{rs}$$

将（9.24）式代入上式，整理后得到：

$$w_r = \frac{\mu\rho^\sigma}{f(\sigma - 1)} \sum_{s=1}^{R} \varepsilon_s (T_{rs})^{-\sigma} G_s^{\sigma-1} T_{rs} \tag{9.28}$$

（9.28）式就是研发人员的工资方程，在给定所假定的外生参数及各区域支出水平、价格指数、流通成本下，就可以计算出各个区域创新产品部门均衡时研发人员的工资水平。工资方程表现出，各区域支出水平越高、流通成本越低、价格指数越低，则工资水平就越高。上述工资方程是在假定垄断竞争的创新企业自由进出是瞬间完成的，利润为零时，也是在研发人员没有超额工资的情况下取得的。方程中 w_r 表示的是创新部门厂

---

① 把价格指数看作常数，是假定厂商之间没有策略性行为，一个厂商的选择行为不会影响到另一个厂商。这实际上是假定厂商数目（差异化产品种类数目）很大，可以忽略单个差异化产品价格变化对其他差异化产品价格和产量的影响。即假定交叉价格弹性为零。

商数目不为零的任何地区现行的工资，从长期来看，这个工资水平也就是研发人员的供给价格。但从短期来看，两者可能不相等，只要两者有差异，就会产生动态调整。

（三）价格指数方程

把（9.24）式、（9.27）式代入（9.19）式，可以得到：

$$G_s = \left[\sum_{r=1}^{R} \frac{\rho^{\sigma-1} H\lambda_r}{f} (T_{rs})^{1-\sigma} \right]^{\frac{1}{(1-\sigma)}}, s = 1, \cdots, R \tag{9.29}$$

（四）名义支出方程

假定消费者的名义支出等于其名义工资收入，即收入全部用于消费，没有储蓄和资本积累。r 区域研发人员的名义收入为 $H\lambda_r w_r$，普通劳动力的名义收入为 $L\varphi$，则 r 区域名义支出：

$$\varepsilon_r = H\lambda_r w_r + L\varphi \tag{9.30}$$

（五）实际工资方程

我们用 ω_r 表示 r 区域研发人员的实际工资，实际工资等于名义工资除以生活费用指数 G_r^μ 得到：

$$\omega_r = w_r G_r^{-\mu} \tag{9.31}$$

四　均衡模型

创新活动在空间分布的瞬时均衡将由（9.28）式、（9.29）式、（9.30）式、（9.31）式所构成的方程组来决定。为了便于分析，我们通过一个两区域的简单情况分析模型的解。此时，$\varphi = 1/2$，$\lambda_1 = \lambda$，$\lambda_2 = 1 - \lambda$，$T_{rs} = T(r \neq s) T_{rs} = 1(r = s)$，则两区域的均衡模型由以下 8 个方程构成的方程组形成。

$$\varepsilon_1 = H\lambda w_1 + \frac{L}{2} \tag{9.32}$$

$$\varepsilon_2 = H(1-\lambda) w_2 + \frac{L}{2} \tag{9.33}$$

$$G_1^{1-\sigma} = \frac{\rho^{\sigma-1} H}{f} \left[\lambda + (1-\lambda) T^{1-\sigma} \right] \tag{9.34}$$

$$G_2^{1-\sigma} = \frac{\rho^{\sigma-1} H}{f} \left[\lambda T^{1-\sigma} + (1-\lambda) \right] \tag{9.35}$$

$$w_1 = \frac{\mu \rho^\sigma}{f(\sigma-1)} (\varepsilon_1 G_1^{\sigma-1} + \varepsilon_2 T^{1-\sigma} G_2^{\sigma-1}) \quad\quad (9.36)$$

$$w_2 = \frac{\mu \rho^\sigma}{f(\sigma-1)} (\varepsilon_1 T^{1-\sigma} G_1^{\sigma-1} + \varepsilon_2 G_2^{\sigma-1}) \quad\quad (9.37)$$

$$\omega_1 = w_1 G_1^{-\mu} \quad\quad (9.38)$$

$$\omega_2 = w_2 G_2^{-\mu} \quad\quad (9.39)$$

上述方程组看起来仍比较复杂，要求出其确定的解是困难的。但是，我们可以设定一些条件，给某些参数一定的值，从而简化分析。基本思路是如何回答以下问题：研发人员的集聚会提高创新的速度，但研发人员在空间的集聚是否能够发生？能够发生的条件是什么？集聚不能够发生（对称分布）的条件又是什么？对称均衡和不对称均衡分布的稳定条件是什么？我们假定研发人员的流动与否的唯一激励因素是其实际工资的变动。先假定研发人员的分布处于某一个均衡状态，这时研发人员如果从一个区域流动到另一个区域带来实际工资的增加，则研发人员流出实际工资低的区域，目前的均衡是不稳定的；如果从一个区域流动到另一个区域带来实际工资的减少，研发人员则不流动，目前的均衡是稳定均衡。即对于：

$$\Delta\omega = \omega_2 - \omega_1 \quad\quad (9.40)$$

如果 $\Delta\omega \leq 0$，则目前的均衡是稳定的；如果 $\Delta\omega \geq 0$，则目前的均衡是不稳定的。

上述方法是被称之为"特别动态方法"的一种动态演化分析方法。这里的"动态演化"分析并不是一个建立在基于厂商和家庭的理性预期的跨时决策模型，因为经济活动在空间的集聚和扩散随时间流逝具有循环累积、不断自我强化的特征，并且常常存在多重均衡，最优化的跨时决策模型将会使本已十分复杂的分析更为复杂。所以，在空间经济模型的分析中常用这种方法来解释静态模型。这种方法首先将静态模型写下来，然后把动态方法运用到模型中。它与"演化博弈论"中的"复制动态"极为相似，是一种简单的动态演化分析方法，也有人①称为"马歇尔动态"，实际上是比较不同的瞬时均衡状态，即比较静态分析。

（一）创新活动集聚分布均衡分析

我们首先利用"特别动态方法"来分析创新集聚状态得以维持的

① Davis, D., 2002, Book Review [J]. *Journal of International Economics* 57, pp. 247 – 251.

条件。

我们假设开始时创新活动都集聚到一个区域，比如区域1，我们考察这种分布是否稳定呢？即如果有个别研发人员从区域1准备流动到区域2，那么他们比留在区域1的研发人员是否能得到更高的实际工资呢？如果能得到，那么集聚状态是不可维持的，如果不能得到，那么集聚状态就是稳定的。

（9.40）式可以转化为：$\Delta\omega = \omega_2 - \omega_1 = \omega_1(\omega_2/\omega_1 - 1)$

很容易看出，当 $\omega_2/\omega_1 < 1$ 时，对应有 $\Delta\omega > 0$。

下面我们来研究 ω_2/ω_1。

将（9.32）式至（9.35）式代入（9.36）式和（9.37）式中，整理可得：

$$w_1 = \frac{\mu\rho}{H(\sigma-1)}\left\{\frac{H\lambda w_1 + L/2}{[\lambda + (1-\lambda)T^{1-\sigma}]} + \frac{T^{1-\sigma}[H(1-\lambda)w_2 + L/2]}{\lambda T^{1-\sigma} + (1-\lambda)}\right\} (9.41)$$

$$w_2 = \frac{\mu\rho}{H(\sigma-1)}\left\{\frac{(H\lambda w_1 + L/2)T^{1-\sigma}}{[\lambda + (1-\lambda)T^{1-\sigma}]} + \frac{[H(1-\lambda)w_2 + L/2]}{\lambda T^{1-\sigma} + (1-\lambda)}\right\} \qquad (9.42)$$

将 $\lambda = 1$ 代入上述方程，得到：

$$w_1 = \frac{\mu\rho L}{H(\sigma - 1 - \mu\rho)} \qquad\qquad (9.43)$$

$$w_2 = \frac{\mu\rho T^{1-\sigma}}{\sigma-1}w_1 + \frac{\mu\rho L}{2H(\sigma-1)}(T^{1-\sigma} + T^{\sigma-1}) \qquad (9.44)$$

将 $\lambda = 1$ 代入（9.34）式和（9.35）式，可以得到：

$$G_1^{1-\sigma} = \frac{\rho^{\sigma-1}H}{f}, \quad G_2^{1-\sigma} = \frac{\rho^{\sigma-1}H}{f}T^{1-\sigma}, \text{ 进而得到：}$$

$$\frac{G_2}{G_1} = T \qquad\qquad (9.45)$$

将（9.43）式和（9.44）式、（9.45）式代入（9.38）式、（9.39）式，我们可以得到：

$$\frac{\omega_2}{\omega_1} = \frac{w_2 G_2^{-\mu}}{w_1 G_1^{-\mu}} = \frac{w_2}{w_1} \times \left(\frac{G_2}{G_1}\right)^{-\mu} = \frac{\mu\rho}{\sigma-1}T^{1-\sigma-\mu} + \frac{\sigma-1-\mu\rho}{2(\sigma-1)}T^{1-\sigma-\mu} + \frac{\sigma-1-\mu\rho}{2(\sigma-1)}$$

$$T^{\sigma-1-\mu} \qquad\qquad (9.46)$$

下面进行分析：如果区域间创新产品的流通成本为零，也就是 $T = 1$，那么有 $\omega_2 = \omega_1$，即研发人员在两个区域的实际工资相同。但实际上流通成本不可能为零，当流通成本从零起稍有增加，即 $T > 1$ 时，等式右边第

一项和第二项随着 T 的增加是不断减少的（因为 $\sigma > 1$，$\mu \geqslant 0$）；第三项要分两种情况，当 $\mu > \sigma - 1$ 时，第三项也是随着 T 的增加而不断减少的，等式右边随着 T 的增加一直小于 1（见图 9 - 1）。即在满足 $\mu > \sigma - 1$ 的条件下，有：

$$\omega_2/\omega_1 < 1, \quad \Delta\omega < 0$$

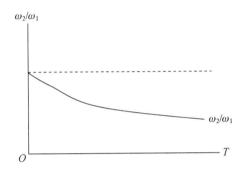

图 9 - 1　黑洞条件下的 ω_2/ω_1 随 T 变动的趋势

即此种情况下，集聚力量足够强大，就像"黑洞"一样，把所有创新活动都吸引到一个中心，一切对集聚均衡状态的偏离和扰动都会被立刻吸引回去，集聚均衡状态是稳定的。为什么会有这么强大的集聚力量呢？μ 表示创新产品在消费中所占的比重，σ 表示创新产品之间的替代弹性。σ 越小，说明消费者对创新产品之间的多样化消费越强烈，产品差别越大则消费者效用水平越高，对流通成本的高低越不敏感。

当 $\mu < \sigma - 1$ 时（类似所谓"非黑洞条件 $\mu < \rho$"），第三项的值随着 T 的增加而增加，当 T 趋近无穷大时，第三项趋于无穷大，集聚均衡不再稳定。

在满足"非黑洞条件"的情况下，ω_2/ω_1 的值随 T 的增加起初是减少的，即小于 1，在达到一个低点后会随着 T 的增加而继续增加，在某一个 T 值时回升到 $\omega_2/\omega_1 = 1$，随着 T 继续增大，ω_2/ω_1 的值远大于 1，集聚均衡被打破（见图 9 - 2）。

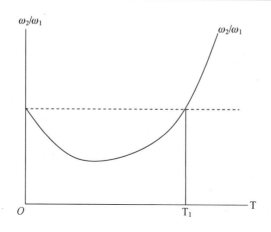

图 9 - 2 ω_2/ω_1 随 T 变动的趋势

为了证明在"非黑洞条件"下，即第三项随着 T 的增加而增加的情况下，ω_2/ω_1 的值在较小的 T 值区间仍是小于 1，也就是集聚仍是稳定的。我们将 ω_2/ω_1 对 T 求导，并对 $T=1$ 处的导数进行估值，分析其变化趋势。通过求导计算（见本报告附录 1），我们有：

$$\frac{\mathrm{d}(\omega_2/\omega_1)}{\mathrm{d}T} = -\mu(\rho+1) < 0 \tag{9.47}$$

因此，即使在非黑洞条件下，在较低的流通成本情况下，集聚也会稳定地发生。

当流通成本进一步增加到 T_s 时，ω_2/ω_1 值增加到 1。T 值继续增加，ω_2/ω_1 将大于 1，集聚将被打破，因此 T_s 被称为集聚的支撑点。流通费用小于该值，集聚都是稳定的；流通费用大于该值，创新活动将分散存在。支撑点的值受 μ 和 σ 的影响，μ 越大，即创新产品在支出中的比重越大，创新产品在人们生活中的重要性越大，所能允许的 T_s 越大；σ 越小，产品的差异性越大，创新产品带给人们的效用越大，所能接受的 T_s 也就越大。T_s 的值由下式的解决定：

$$\frac{\mu\rho}{\sigma-1}T^{1-\sigma-\mu} + \frac{\sigma-1-\mu\rho}{2(\sigma-1)}T^{1-\sigma-\mu} + \frac{\sigma-1-\mu\rho}{2(\sigma-1)}T^{\sigma-1-\mu} = 1 \tag{9.48}$$

将 $\rho = \dfrac{\sigma-1}{\sigma}$ 代入 (9.48) 式，最终可以简化为：

$$(\sigma+\mu)T^{1-\sigma-\mu} + (\sigma-\mu)T^{\sigma-1-\mu} = 2\sigma \tag{9.49}$$

很难写出上式的解析解，但可以借助计算机，当给予一定的 σ 和 μ

后可以求出 T 的值。

简要总结上述结论如下：

当存在 $\mu \geqslant \sigma - 1$ 时，对于任何大于零的 T 值，即只要有流通成本，集聚均衡始终都是稳定的。

如果存在 $\mu \leqslant \sigma - 1$，即满足"非黑洞条件"情况下，则只有在流通成本小于支撑点 T_s 时，集聚均衡才是稳定的；大于该值后创新活动将分散分布。

（二）创新活动对称分布均衡分析

从图 9-2 中我们观察到，在满足"非黑洞条件"下，当流通成本较高时创新活动将呈对称分布。如果假定现在已处于对称分布，我们来分析当流通成本降低到什么程度，对称分布均衡将被打破？

为此，我们需要求解由（9.41）式和（9.42）式构成的方程组。该方程组看似简单，但手工求解十分困难，我们借助计算机求解（见本报告附录2）。得到的解为：

$$\frac{w_2}{w_1} = \frac{2T^{1-\sigma}(\sigma-1)(1-\lambda) + [(\sigma-1+\mu\rho)\varphi^2\lambda + (\sigma-1-\mu\rho)\lambda]}{2T^{1-\sigma}(\sigma-1)\lambda + [(\sigma-1+\mu\rho)\varphi^2 + (\sigma-1-\mu\rho)](1-\lambda)}$$

(9.50)

由（9.38）式、（9.39）式、（9.50）式可以得到：

$$\omega_2/\omega_1 = \frac{w_1 G_1^{-\mu}}{w_2 G_2^{-\mu}} = \left[\frac{(1-\lambda) + T^{1-\sigma}\lambda}{\lambda + T^{1-\sigma}(1-\lambda)}\right]^{\frac{\mu}{\sigma-1}} \times$$

$$\frac{2T^{1-\sigma}(\sigma-1)(1-\lambda) + [(\sigma-\mu\rho-1) + T^{2(1-\sigma)}(\sigma+\mu\rho-1)]\lambda}{2T^{1-\sigma}(\sigma-1)\lambda + [(\sigma-\mu\rho-1) + T^{2(1-\sigma)}(\sigma+\mu\rho-1)](1-\lambda)}$$ (9.51)

将 $\lambda = 1/2$ 代入上式，可得到：$\omega_2/\omega_1 = 1$，即对称分布对任何 T 值都是一个均衡，但是，是否都是一个稳定均衡呢？我们要考察稍微偏离对称分布时的稳定性，为此，我们求 ω_2/ω_1 对 λ 的导数。令 $\varphi = T^{1-\sigma}$，并将 $\lambda = 1/2$ 代入，可以得到（具体过程见本报告附录3）：

$$\frac{\mathrm{d}(\omega_2/\omega_1)}{d\lambda}\bigg|_{\lambda = \frac{1}{2}} =$$

$$\frac{4(\varphi-1)[(\sigma-1+\mu)(\sigma+\mu\rho-1)\varphi - (\sigma-1-\mu)(\sigma-\mu\rho-1)]}{(\sigma-1)[2\varphi(\sigma-1) + (\sigma-\mu\rho-1) + \varphi^2(\sigma+\mu\rho-1)]}$$

(9.52)

令上式等于零，我们得到两个 φ 值：

$$\varphi_1 = 1$$

$$\varphi_2 = \frac{(\sigma - 1 - \mu)(\sigma - \mu\rho - 1)}{(\sigma - 1 + \mu)(\sigma + \mu\rho - 1)}$$

将 $\rho = \dfrac{\sigma - 1}{\sigma}$ 代入上式，并消去 ρ 后，有：

$$\varphi_2 = \frac{(\sigma - 1 - \mu)(\sigma - \mu)}{(\sigma - 1 + \mu)(\sigma + \mu)}$$

当 $\mu > \sigma - 1$ 时，$\varphi_2 < 0$，使得 $\dfrac{d(\omega_2/\omega_1)}{d\lambda}\bigg|_{\lambda = \frac{1}{2}} > 0$，从而 $\omega_2/\omega_1 > 1$，$\Delta\omega > 0$，对称均衡对一切 T 值都不是稳定的，创新活动最终都将积聚在一起，这就是前面所说的"黑洞条件"。

当"非黑洞条件"得到满足时，即当存在 $\mu < \sigma - 1$ 时，将存在一个正值 φ_2，且 $0 < \varphi_2 < 1$。

令 $\dfrac{d(\omega_2/\omega_1)}{d\lambda}\bigg|_{\lambda = \frac{1}{2}} = \Phi_{(\varphi)}$，我们求 Φ 对 φ 的导数，并在 $\varphi = 1(T = 1)$ 和 $\varphi = 0(T \to \infty)$ 处观察 Φ 的变化趋势（见本报告附录4）。

当 $\varphi = 1(T = 1)$ 时，我们有 $\dfrac{d\Phi}{d\varphi} > 0$，即 $\omega_2/\omega_1 > 1$，对称均衡在 φ 接近 1（T 很小）时是不稳定的。

当 $\varphi = 0(T \to \infty)$ 时，我们有 $\dfrac{d\Phi}{d\varphi} < 0$，即 $\omega_2/\omega_1 < 1$，对称均衡在 φ 很小（T 很大）时是稳定的。

φ_2 是对称均衡由稳定向不稳定变化的转折点，任何小于 φ_2 的 φ 值都是稳定的，而大于 φ_2 的 φ 值都是不稳定的（见图9-3和图9-4）。由 φ_2 确定的 T 值为创新活动由对称分布均衡向集聚分布均衡的突变点 T_B，它的值由下式决定：

$$T_B = \left[\frac{(\sigma - 1 + \mu)(\sigma + \mu)}{(\sigma - 1 - \mu)(\sigma - \mu)}\right]^{\frac{1}{\sigma - 1}} \tag{9.53}$$

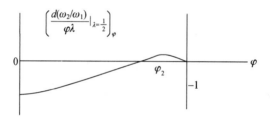

图9-3 Φ 随 φ 的变化趋势

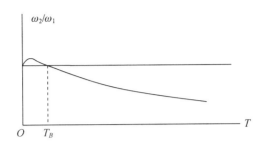

图 9 - 4　ω_2/ω_1 随 T 的变化趋势

简要地概括上述结论如下：当流通成本小于 T_B 时，对称均衡是不稳定的；当流通成本大于 T_B 时，对称均衡是稳定的；T_B 的值由 (9.53) 式决定，它也依赖 σ 和 μ，随 μ 增大而增大，随 σ 增大而变小。

（三）模型的数值模拟

利用计算机，我们可以对 (9.49) 式和 (9.53) 式进行数值模拟。赋予 σ 和 μ 一系列数值，并注意满足 $\sigma-1>\mu$，我们可以得到一系列使集聚得以维持和对称被打破的流通成本的临界值（见表 9-1）。从表 9-1 中我们可以看出，随着 μ 增加，两个临界值都增大，即创新产品在人们消费中所占的比重越大，集聚均衡所要求的流通成本的范围就越大。而随着 σ 的增大，两个临界值都变小，即创新产品之间替代弹性越大，集聚均衡越难以发生，必须在很低的流通成本下才可以。在相同的参数下，T_S 大于 T_B。

表 9 - 1　　　　　　　　　　不同 σ 和 μ 下的临界 T 值

σ	$\mu=0.2$		$\mu=0.3$		$\mu=0.4$		$\mu=0.5$		$\mu=0.6$		$\mu=0.7$	
	T_B	T_S	T_B	T_S	T_B	T_S	T_B	T_S	T_B	T_S	T_B	T_S
①	1.833	1.857	2.513	2.633	3.5	3.954	5	6.596	7.429	13.451	11.769	42.206
②	1.182	1.183	1.286	1.29	1.401	1.412	1.528	1.552	1.669	1.718	1.828	1.918
③	1.081	1.0813	1.124	1.125	1.169	1.171	1.216	1.221	1.266	1.274	1.318	1.331
④	1.046	1.0464	1.07	1.0702	1.094	1.095	1.12	1.1208	1.146	1.148	1.172	1.176
⑤	1.029	1.03	1.045	1.0452	1.0605	1.0608	1.076	1.0768	1.092	1.093	1.109	1.1101

根据表 9-1 的信息和以上的分析，我们可以把创新活动在空间上是集聚还是分散的全景描绘在一个图上（见图 9-5）。粗线表示稳定均衡，

细线表示不稳定均衡。对于对称均衡而言，临界点发生在 T_B 处，对于集聚均衡而言，临界点发生在 T_S 处。在重合部分，即 T_B 到 T_S 之间，对称均衡和集聚均衡都是稳定的，究竟出现哪一种均衡，将由历史因素或偶然因素决定。

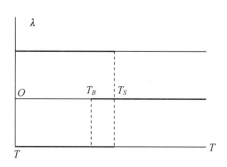

图 9 - 5　创新活动集聚与分散的 T 值范围和临界点

五　讨论和总结

创新活动在空间的分布是集聚均衡状态还是分散均衡状态，从市场机制的角度上说，取决于经济行为人对利益的追求所导致的集聚力和分散力的力量对比。当集聚力大于分散力时，创新活动趋向集聚状态；反之，则趋向分散状态。那么，这种集聚力和分散力究竟来自何处？

创新活动是一种经济活动，但又不是一种普通的经济活动。它的活动主体是研发人员，它涉及专业化分工，涉及知识的生产和外溢。而一个研发人员必须在一个大市场中才能专门发展其才能，不断地得到雇佣。就像亚当·斯密在论述分工受市场范围限制时所指出的，市场要是过小，那就不能鼓励人们终身专务一业。有些业务只能在大都市里才能不断地得到市场，才能使人们专务一业。因此可以说，分工是第一种集聚力量，大的市场能够加深分工，而分工的不断深化导致创新活动的不断集聚。第二种集聚力量是知识的外溢。知识的外溢受距离限制。虽然随着现代通信技术的发展，编码知识的传播对距离的依赖性减少。但创新活动更多的是依赖面对面的默示知识，依赖人们面对面的交流和思想碰撞，而这将决定集聚在一起将会带来更多的创新灵感。

不论是农产品、普通产品，还是创新产品，要达到消费者手中是有运输成本的，运输成本过大，将降低集聚区域人们的效用水平，使人们倾向于分散存在，以便靠近产品生产地。即大的运输成本是第一种离心力量。创新活动集聚在某一区域，会随着经济活动密度的增加，区域内的拥挤成本上升，租金、交通时间等会大幅提高，这是第二种离心力量，会带来区域内人们效用水平的下降。第三种离心力量是由于地域文化、传统、政府政策、自然条件所导致的生产要素的不可流动性，使人们不可能集聚在一起。

本报告仅仅讨论了流通成本的高低对创新分布状态的影响。当流通成本较高时，创新活动倾向于分散分布；当流通成本在较低的水平时，创新活动倾向于集聚分布；而当流通成本为零时，创新活动呈对称均衡分布，这正是新古典经济学中假设交易成本为零的结果。究竟流通成本大于多少时，创新活动呈现分散分布？流通成本小于多少时，创新活动呈现集聚分布？本报告的简化分析提出两个临界点，这两个临界点的大小都与 μ 和 σ 相关。μ（消费者在创新产品上的支出比重）越大，两个临界点的值都变大；σ（创新产品之间的替代弹性）越大，两个临界点的值越小。

空间因素在经济活动中的影响是复杂的，它影响经济活动的渠道是多方面的。本报告的讨论是在许多假定之下进行的，比如假定普通产品的市场是完全竞争的，普通产品的流通成本为零；消费者的效用水平仅取决于所消费的普通产品和创新产品的数量，而没有考虑租金和交通等拥挤成本。因而，本文只是对空间因素如何影响创新活动的一个初步理论思考，进一步的研究将结合创新的实践对模型进行检验和修正。

参考文献

［1］藤田昌久、保罗·克鲁格曼、安东尼·J. 维纳布尔斯：《空间经济学》，梁琦主译，中国人民大学出版社 2005 年版。

［2］藤田昌久、雅克弗朗克斯·蒂斯：《集聚经济学》，刘峰等译，西南财经大学出版社 2004 年版。

［3］Davis，D.，2002，Book Review ［J］. *Journal of International Economics* 57，pp. 247 – 251.

［4］ Dixit, Avinash K. and Stiglitz, Joseph E., "Monopolistic Competition and Optimum Product Diversity". A. E. R., Vol. 67, No. 3 (Jun., 1977), pp. 297 - 308.

［5］ Grossman, G. M., Helpman, E., Quality Ladders in the Theory of Growth [J] . *The Review of Economic Studies*, Vol. 58, No. 1. (Jan., 1991), pp. 43 - 61.

［6］ Krugman, P., "Increasing Returns and Economic Geography" [J] . *The Journal of Political Economy*, Vol. 99, No. 3 (Jun., 1991), pp. 483 - 499.

［7］ Krugman, P., Space: "The Final Frontier" [J] . *The Journal of Economic Perspectives*, Vol. 12, No. 2 (Spring, 1998), pp. 161 - 174.

报告9 附录1

$$\frac{\mathrm{d}\omega_2/\omega_1}{\mathrm{d}T} = \frac{\mu\rho}{\sigma-1}(1-\sigma-\mu)T^{-\sigma-\mu} + \frac{\sigma-1-\mu\rho}{2(\sigma-1)}(1-\sigma-\mu)T^{-\sigma-\mu} +$$

$\frac{\sigma-1-\mu\rho}{2(\sigma-1)}(\sigma-1-\mu)T^{\sigma-\mu-2}$ 将 $T=1$ 代入上式，得到：

$$\frac{\mathrm{d}\omega_2/\omega_1}{\mathrm{d}T} = \frac{\mu\rho}{\sigma-1}(1-\sigma-\mu) + \frac{\sigma-1-\mu\rho}{2(\sigma-1)}(1-\sigma-\mu+\sigma-1-\mu)$$

$$= \frac{\mu\rho}{\sigma-1}(1-\sigma-\mu) + \frac{2\mu(\sigma-1-\mu\rho)}{2(\sigma-1)}$$

$$= \frac{\mu(\rho-\rho\sigma-\sigma+1)}{\sigma-1}$$

$$= \frac{\mu[(\rho+1)-\sigma(\rho+1)]}{\sigma-1}$$

$$= \frac{\mu(\rho+1)(1-\sigma)}{\sigma-1}$$

$$= -\mu(\rho+1) < 0$$

报告9 附录2

为求解由 (9.50) 式和 (9.51) 式构成的方程组，我们令 $x = w_1$，$y = w_2$，$\varphi = T^{1-\sigma}$，$l = L/2$，$b = 1-\lambda$，$a = \sigma-1$ 来使方程组显得简洁些。

这样方程组可以改写为：

$$\frac{xaH}{\mu\rho} = \frac{H\lambda x + l}{(\lambda + b\phi)} + \frac{\phi(byH + l)}{\lambda\phi + b}$$

$$\frac{yaH}{\mu\rho} = \frac{(H\lambda x + l)\phi}{(\lambda + b\phi)} + \frac{Hby + l}{\lambda\phi + b}$$

利用 MAPLE 求解，得出的结果为：

$$x = \{\mu\rho l(-\mu\rho b + ba\phi^2 + \phi^2\mu\rho b + ba + 2a\lambda\phi)/[H(-b^2\mu\rho a\phi + b^2 a^2\phi -$$
$$2ba\mu\rho\lambda + b\mu^2\rho^2\lambda + ba^2\lambda + ba^2\phi^2\lambda - b\mu^2\phi^2\rho^2\lambda + a^2\lambda^2\phi - a\mu\rho\lambda^2\phi]\}$$

$$y = \{(2a\phi b + \phi^2\mu\rho\lambda + a\phi^2\lambda + a\lambda - \mu\rho\lambda) \mid \rho\mu/[H(-b^2\mu\rho a\phi + b^2 a^2\phi -$$
$$2ba\mu\rho\lambda + b\mu^2\rho^2\lambda + ba^2\lambda + ba^2\phi^2\lambda - b\mu^2\phi^2\rho^2\lambda + a^2\lambda^2\phi - a\mu\rho\lambda^2\phi]\}$$

解的表达式很长很复杂，但我们只需要知道 ω_2/ω_1 即可。很幸运，这两个解的分母完全相同，因此，我们有：

$$\frac{w_2}{w_1} = \frac{y}{x} = \frac{\mu\rho l(2a\varphi b + \varphi^2\mu\rho\lambda + a\varphi^2\lambda + a\lambda - \mu\rho\lambda)}{\mu\rho l(-\mu\rho b + ba\varphi^2 + \varphi^2\mu\rho b + ba + 2a\lambda\varphi)}$$

$$= \frac{2T^{1-\sigma}(\sigma-1)(1-\lambda) + [(a+\mu\rho)\varphi^2 + (a-\mu\rho)]\lambda}{2T^{1-\sigma}(\sigma-1)\lambda + [(a+\mu\rho)b\varphi^2 + (a-\mu\rho)b]}$$

$$= \frac{2T^{1-\sigma}(\sigma-1)(1-\lambda) + [(\sigma-1+\mu\rho)\varphi^2\lambda + (\sigma-1-\mu\rho)\lambda]}{2T^{1-\sigma}(\sigma-1)\lambda + [(\sigma-1+\mu\rho)\varphi^2 + (\sigma-1-\mu\rho)](1-\lambda)}$$

报告9　附录3

$$\frac{\mathrm{d}(\omega_2/\omega_1)}{\mathrm{d}\lambda} = \frac{\mu}{\sigma-1}\left[\frac{1-\lambda+\varphi\lambda}{\lambda+\varphi(1-\lambda)}\right]^{\frac{\mu}{\sigma-1}-1} \times$$

$$\frac{(-1+\varphi)[\lambda+\varphi(1-\lambda)] - (1-\varphi)(1-\lambda+\varphi\lambda)}{[\lambda+\varphi(1-\lambda)]^2} \times$$

$$\frac{2\varphi(\sigma-1)(1-\lambda) + [(\sigma-\mu\rho-1) + \varphi^2(\sigma+\mu\rho-1)]\lambda}{2\varphi(\sigma-1)\lambda + [(\sigma-\mu\rho-1) + \varphi^2(\sigma+\mu\rho-1)](1-\lambda)} +$$

$$\left[\frac{(1-\lambda)+\varphi\lambda}{\lambda+\varphi(1-\lambda)}\right]^{\frac{\mu}{\sigma-1}} \times$$

$$\left\{\frac{-2\varphi(\sigma-1) + (\sigma-\mu\rho-1) + \varphi^2(\sigma+\mu\rho-1)}{2\varphi(\sigma-1)\lambda + [(\sigma-\mu\rho-1) + \varphi^2(\sigma+\mu\rho-1)](1-\lambda)} - \right.$$

$$\frac{2\varphi(\sigma-1) - [(\sigma-\mu\rho-1) + \varphi^2(\sigma+\mu\rho-1)]}{2\varphi(\sigma-1)\lambda + [(\sigma-\mu\rho-1) + \varphi^2(\sigma+\mu\rho-1)](1-\lambda)} \times$$

$$\left.\begin{array}{l}2\varphi(\sigma-1)(1-\lambda)+[(\sigma-\mu\rho-1)+\varphi^2(\sigma+\mu\rho-1)]\lambda\\2\varphi(\sigma-1)\lambda+[(\sigma-\mu\rho-1)+\varphi^2(\sigma+\mu\rho-1)](1-\lambda)\end{array}\right\}$$

将 $\lambda=1/2$ 代入上式，可得：

$$\frac{\mathrm{d}\omega_2/\omega_1}{\mathrm{d}\lambda}=\frac{\mu}{\sigma-1}\left[\frac{\dfrac{1}{2}+\dfrac{1}{2}\varphi}{\dfrac{1}{2}+\dfrac{1}{2}\varphi}\right]^{\frac{\mu}{\sigma-1}-1}\times$$

$$\frac{(-1+\varphi)\left[\dfrac{1}{2}+\varphi\dfrac{1}{2}\right]-(1-\varphi)\left(\dfrac{1}{2}+\varphi\dfrac{1}{2}\right)}{\left[\dfrac{1}{2}+\varphi\dfrac{1}{2}\right]^2}\times$$

$$\frac{2\varphi(\sigma-1)\dfrac{1}{2}+[(\sigma-\mu\rho-1)+\varphi^2(\sigma+\mu\rho-1)]\dfrac{1}{2}}{2\varphi(\sigma-1)\dfrac{1}{2}+[(\sigma-\mu\rho-1)+\varphi^2(\sigma+\mu\rho-1)]\dfrac{1}{2}}+\left[\frac{\dfrac{1}{2}+\varphi\dfrac{1}{2}}{\dfrac{1}{2}+\varphi\dfrac{1}{2}}\right]^{\frac{\mu}{\sigma-1}}\times$$

$$\left\{\frac{-2\varphi(\sigma-1)+[(\sigma-\mu\rho-1)+\varphi^2(\sigma+\mu\rho-1)]}{2\varphi(\sigma-1)\dfrac{1}{2}+[(\sigma-\mu\rho-1)+\varphi^2(\sigma+\mu\rho-1)]\dfrac{1}{2}}-\right.$$

$$\frac{2\varphi(\sigma-1)-[(\sigma-\mu\rho-1)+\varphi^2(\sigma+\mu\rho-1)]}{2\varphi(\sigma-1)\lambda+[(\sigma-\mu\rho-1)+\varphi^2(\sigma+\mu\rho-1)](1-\lambda)}\times$$

$$\left.\frac{2\varphi(\sigma-1)\dfrac{1}{2}+[(\sigma-\mu\rho-1)+\varphi^2(\sigma+\mu\rho-1)]\dfrac{1}{2}}{2\varphi(\sigma-1)\dfrac{1}{2}+[(\sigma-\mu\rho-1)+\varphi^2(\sigma+\mu\rho-1)]\dfrac{1}{2}}\right\}=$$

$$\frac{\mu}{\sigma-1}\times\frac{4(\varphi-1)}{\varphi+1}+\left\{\frac{[-2\varphi(\sigma-1)+(\sigma-\mu\rho-1)+\varphi^2(\sigma+\mu\rho-1)]}{\varphi(\sigma-1)+\dfrac{1}{2}[(\sigma-\mu\rho-1)+\varphi^2(\sigma+\mu\rho-1)]}-\right.$$

$$\left.\frac{[2\varphi(\sigma-1)-(\sigma-\mu\rho-1)-\varphi^2(\sigma+\mu\rho-1)]}{\varphi(\sigma-1)+\dfrac{1}{2}[(\sigma-\mu\rho-1)+\varphi^2(\sigma+\mu\rho-1)]}\right\}$$

$$=\frac{\mu}{\sigma-1}\times\frac{4(\varphi-1)}{\varphi+1}+\frac{-4\varphi(\sigma-1)+2(\sigma-\mu\rho-1)+2\varphi^2(\sigma+\mu\rho-1)}{\varphi(\sigma-1)+\dfrac{1}{2}[(\sigma-\mu\rho-1)+\varphi^2(\sigma+\mu\rho-1)]}$$

$$=\frac{4\mu(\varphi-1)}{(\sigma-1)(\varphi+1)}+\frac{4[-2\varphi(\sigma-1)+(\sigma-\mu\rho-1)+\varphi^2(\sigma+\mu\rho-1)]}{2\varphi(\sigma-1)+(\sigma-\mu\rho-1)+\varphi^2(\sigma+\mu\rho-1)}$$

$$=\frac{4\mu(\varphi-1)[2\varphi(\sigma-1)+(\sigma-\mu\rho-1)+\varphi^2(\sigma+\mu\rho-1)]}{(\sigma-1)(\varphi+1)[2\varphi(\sigma-1)+(\sigma-\mu\rho-1)+\varphi^2(\sigma+\mu\rho-1)]}+$$

$$\frac{4(\sigma-1)(\varphi+1)(\varphi-1)\left[(\sigma+\mu\rho-1)\varphi-(\sigma-\mu\rho-1)\right]}{(\sigma-1)(\varphi+1)\left[2\varphi(\sigma-1)+(\sigma-\mu\rho-1)+\varphi^2(\sigma+\mu\rho-1)\right]}$$

$$=\frac{4(\varphi-1)\left[2\mu\varphi(\sigma-1)+\mu(\sigma-\mu\rho-1)+\mu\varphi^2(\sigma+\mu\rho-1)\right]}{(\sigma-1)(\varphi+1)\left[2\varphi(\sigma-1)+(\sigma-\mu\rho-1)+\varphi^2(\sigma+\mu\rho-1)\right]}+$$

$$\frac{4(\varphi-1)(\sigma-1)\left[\varphi^2(\sigma+\mu\rho-1)+(\sigma+\mu\rho-1)\varphi-(\sigma-\mu\rho-1)\varphi-(\sigma-\mu\rho-1)\right]}{(\sigma-1)(\varphi+1)\left[2\varphi(\sigma-1)+(\sigma-\mu\rho-1)+\varphi^2(\sigma+\mu\rho-1)\right]}$$

$$=\frac{4(\varphi-1)\left[\mu\varphi^2(\sigma+\mu\rho-1)+(\sigma-1)\varphi^2(\sigma+\mu\rho-1)\right]}{(\sigma-1)(\varphi+1)\left[2\varphi(\sigma-1)+(\sigma-\mu\rho-1)+\varphi^2(\sigma+\mu\rho-1)\right]}+$$

$$\frac{4(\varphi-1)\left[2\mu\varphi(\sigma-1)+(\sigma-1)(\sigma+\mu\rho-1)\varphi-(\sigma-1)(\sigma-\mu\rho-1)\varphi\right]}{(\sigma-1)(\varphi+1)\left[2\varphi(\sigma-1)+(\sigma-\mu\rho-1)+\varphi^2(\sigma+\mu\rho-1)\right]}+$$

$$\frac{4(\varphi-1)\left[\mu(\sigma-\mu\rho-1)-(\sigma-1)(\sigma-\mu\rho-1)\right]}{(\sigma-1)(\varphi+1)\left[2\varphi(\sigma-1)+(\sigma-\mu\rho-1)+\varphi^2(\sigma+\mu\rho-1)\right]}$$

$$=\frac{4(\varphi-1)\left[(\sigma-1+\mu)(\sigma+\mu\rho-1)\varphi^2-(\sigma-1-\mu)(\sigma-\mu\rho-1)\right]}{(\sigma-1)(\varphi+1)\left[2\varphi(\sigma-1)+(\sigma-\mu\rho-1)+\varphi^2(\sigma+\mu\rho-1)\right]}+$$

$$\frac{4(\varphi-1)\left[(2\mu\sigma-2\mu+\sigma^2+\sigma\mu\rho-\sigma-\sigma-\mu\rho+1-\sigma^2+\sigma\mu\rho+\sigma+\sigma-\mu\rho-1)\varphi\right]}{(\sigma-1)(\varphi+1)\left[2\varphi(\sigma-1)+(\sigma-\mu\rho-1)+\varphi^2(\sigma+\mu\rho-1)\right]}=$$

$$\frac{4(\varphi-1)\left[(\sigma-1+\mu)(\sigma+\mu\rho-1)\varphi^2+(2\mu\sigma-2\mu+2\sigma\mu\rho-2\mu\rho)\varphi-(\sigma-1-\mu)(\sigma-\mu\rho-1)\right]}{(\sigma-1)(\varphi+1)\left[2\varphi(\sigma-1)+(\sigma-\mu\rho-1)+\varphi^2(\sigma+\mu\rho-1)\right]}$$

$$=\frac{4(\varphi-1)(\varphi+1)\left[(\sigma-1+\mu)(\sigma+\mu\rho-1)\varphi-(\sigma-1-\mu)(\sigma-\mu\rho-1)\right]}{(\sigma-1)(\varphi+1)\left[2\varphi(\sigma-1)+(\sigma-\mu\rho-1)+\varphi^2(\sigma+\mu\rho-1)\right]}$$

$$=\frac{4(\varphi-1)\left[(\sigma-1+\mu)(\sigma+\mu\rho-1)\varphi-(\sigma-1-\mu)(\sigma-\mu\rho-1)\right]}{(\sigma-1)\left[2\varphi(\sigma-1)+(\sigma-\mu\rho-1)+\varphi^2(\sigma+\mu\rho-1)\right]}$$

报告 9 附录 4

$$\frac{\mathrm{d}\Phi_{(\varphi)}}{\mathrm{d}\varphi}=\frac{4}{(\sigma-1)}$$

$$\left\{\frac{\left\{\left[(\sigma-1+\mu)(\sigma+\mu\rho-1)\varphi-(\sigma-1-\mu)(\sigma-\mu\rho-1)\right]+(\varphi-1)(\sigma-1+\mu)(\sigma+\mu\rho-1)\right\}}{\left[2\varphi(\sigma-1)+(\sigma-\mu\rho-1)+\varphi^2(\sigma+\mu\rho-1)\right]}-\right.$$

$$\left.\frac{\left[2(\sigma-1)+2\varphi(\sigma+\mu\rho-1)\right](\varphi-1)\left[(\sigma-1+\mu)(\sigma+\mu\rho-1)\varphi-(\sigma-1-\mu)(\sigma-\mu\rho-1)\right]}{\left[2\varphi(\sigma-1)+(\sigma-\mu\rho-1)+\varphi^2(\sigma+\mu\rho-1)\right]^2}\right\}$$

将 $\varphi=1$ 代入上式，则有：

$$\frac{\mathrm{d}\Phi_{(\varphi)}}{\mathrm{d}\varphi}=\frac{4}{(\sigma-1)}\left\{\frac{\left[(\sigma-1+\mu)(\sigma+\mu\rho-1)-(\sigma-1-\mu)(\sigma-\mu\rho-1)\right]}{\left[2(\sigma-1)+(\sigma-\mu\rho-1)+(\sigma+\mu\rho-1)\right]}\right\}$$

$$=\frac{4}{(\sigma-1)}\left\{\frac{\left[(\sigma-1+\mu)(\sigma+\mu\rho-1)-(\sigma-1-\mu)(\sigma-\mu\rho-1)\right]}{\left[2(\sigma-1)+(\sigma-\mu\rho-1)+(\sigma+\mu\rho-1)\right]}\right.$$

$$= \frac{4}{(\sigma-1)} \frac{2\mu(\sigma-1)(\rho+1)}{4(\sigma-1)}$$

$$= \frac{2\mu(\rho+1)}{(\sigma-1)} > 0$$

将 $\varphi=0$ 代入上式，则有：

$$\frac{\mathrm{d}\varPhi_{(\varphi)}}{\mathrm{d}\varphi} =$$

$$\frac{4}{(\sigma-1)} \left\{ \frac{[-(\sigma-1-\mu)(\sigma-\mu\rho-1)-(\sigma-1+\mu)(\sigma+\mu\rho-1)]}{[\sigma-\mu\rho-1]} - \right.$$

$$\left. \frac{2(\sigma-1)(\sigma-1-\mu)(\sigma-\mu\rho-1)}{[2\varphi(\sigma-1)+(\sigma-\mu\rho-1)+\varphi^2(\sigma+\mu\rho-1)]^2} \right\} < 0$$

报告10　TFP增长对中国城市经济增长与波动的影响

——基于264个地级及地级以上城市数据

张自然

摘　要： 本报告分析利用1990—2011年中国264个地级及地级以上城市投入产出数据分析了全要素生产率增长及相关要素对经济增长的贡献，并按区域分析全要素生产率及要素增长及波动对经济增长的影响，分析得出结论并提出如下政策建议：（1）从264个地级及地级以上城市1990—2011年全要素生产率增长近些年呈下降趋势的现实，需要采取措施提高全要素生产率水平，提高全要素生产率增长对经济增长的贡献率。（2）尤其是要提高东部TFP增长水平。东部地区GDP增长率和TFP增长高度正相关（尤其是第三阶段），说明东部地区提高TFP增长对GDP潜在增长率有促进作用。（3）提高中部、西部固定资本存量水平。中部、西部地区GDP增长率与固定资本存量的增长率有正相关性，说明中部、西部地区仍然可以通过提高固定资本存量的方式提高GDP潜在增长率。（4）提高劳动增长率。全国GDP增长率趋势值与劳动增长率趋势值高度正相关，提高劳动增长率也可以提高潜在增长率。

关键词： 城市　TFP增长　潜在增长率　Malmquist指数法

一　引言

中国经济经历了30多年的高速增长，2011年开始出现减速趋势：2010年GDP增长率为10.2%，2011年GDP增长率开始下降为8.7%，2012年GDP增长率继续下降为8.2%，2013年中国GDP增长率继续明显下降，全年增长率为7.6%，今后几年潜在增长率下降是必然趋势，中国经济已经进入结构性减速期。影响潜在增长率的三个要素分别为投资、就业和技术进步。高投资高增长是中国前30年增长的主要特色，高投资积累导致今后投资不可能持续保持30%—40%以上的增速；人口老龄化的提前到来，也让中国的就业增长率下降而且很快面临拐点，由此直接导致潜在增长率的快速下降，而减缓中国经济潜在增长率下降只有靠技术进步和技术创新即全要素生产率的提高。

关于中国全国或者分省区市的全要素生产率方面的讨论已经很多了（Sachs and Woo，1997；Young，2000；谢千里等，2001[①]；张军和施少华，2003[②]；Guillaumont 和 Hua，2003[③]；Zheng 和 Hu，2004[④]；颜鹏飞和王兵，2004[⑤]；郑京海和胡鞍钢，2005[⑥]；孙琳琳和任若恩，2005[⑦]；郭庆旺和贾俊雪，2005[⑧]；张自然和陆明涛，2013[⑨]）。其中不乏认为中国经济增长的主推动力是要素投入的积累，质疑中国经济高速增长是不是存在技术进步，并且否认中国经济增长中存在技术创新（Young，1992[⑩]，1995[⑪]，2000[⑫]；Krugman，1994[⑬]），但是，近些年来，越来越多的国内外学者认

---

① 谢千里、罗斯基、郑玉歆、王莉：《所有制形式与中国工业生产率变动趋势》，《数量经济技术经济研究》2001 年第 3 期。

② 张军、施少华：《中国经济全要素生产率变动：1952—1998》，《世界经济文汇》2003 年第 2 期。

③ Guillaumont, Jeanneney S., Hua, P., Real Exchange Rate and Productivity in China [J]. 4th International Conference on the Chinese Economy. *The Efficiency of China's Economic Policy*, 2003, pp. 23 – 24.

④ Jinghai Zheng, Hu, A., An Empirical Analysis of Provincial Productivity in China (1979 – 2001) [J]. *Goteborg*, *Department of Economics*, 2004.

⑤ 颜鹏飞、王兵：《技术效率、技术进步与生产率增长：基于 DEA 的实证分析》，《经济研究》2004 年第 12 期。

⑥ 郑京海、胡鞍钢：《中国改革时期省际生产率增长变化的实证分析（1979—2001 年)》，《经济学》2005 年第 2 期。

⑦ 孙琳琳、任若恩：《中国资本投入和全要素生产率的估算》，《世界经济》2005 年第 12 期。

⑧ 郭庆旺、贾俊雪：《中国全要素生产率的估算：1979—2004》，《经济研究》2005 年第 6 期。

⑨ 张自然、陆明涛：《全要素生产率对中国地区经济增长与波动的影响》，《金融评论》2013 年第 1 期。

⑩ Young, A., A Tale of Two Cities: Factor Accumulation and Technical Change in Hong Kong and Singapore [J]. *NBER Macroeconomics Annual*, 1992, 7, pp. 13 – 54.

⑪ Young, A., The Tyranny of Numbers: Confronting the Statistical Realities of the East Asian Growth Experience [J]. *The Quarterly Journal of Economics*, 1995, 110 (3), pp. 641 – 680.

⑫ Young, A., The Razor's Edge: Distortions and Incremental Reform in the People Republic of China [J]. *Quarterly Journal of Economics*, CXV, 2000.

⑬ Krugman, P., The Myth of Asia's Miracle [J]. *Foreign Aff.*, 1994, pp. 73, 62.

为，中国的经济增长主要依赖全要素生产率的增长（郑玉歆，1999[①]；Ezaki 和 Sun，1999[②]；Islam 和 Dai，2004[③]；郑京海和胡鞍钢，2005[④]；Bosworth 和 Collins[⑤]，2008；Lee，2009；Ozyurt，2009[⑥]；Brandt 和 Zhu，2010）。[⑦]

目前，对中国全要素生产率的研究主要有以下三个方面：（1）对具体行业的全要素生产率的研究。这些研究主要集中于工业和农业，近些年开始出现针对服务业全要素生产率的研究。（2）对中国经济总量全要素生产率的研究。（3）对中国各省区市全要素生产率的研究，分析全要素生产率增长、技术进步、技术效率和区域差距。但很少有人基于中国各个城市来分析全要素生产率及其对经济增长潜在增长率的影响。本报告即用中国 264 个地级及地级以上城市 1990—2011 年的数据来分析分区城市全要素生产率增长及其对经济潜在增长率的影响。

二　研究方法和数据处理

（一）研究方法

全要素生产率的研究方法主要有增长核算法和考虑技术效率的前沿分析法（包括随机前沿分析法和非参数 DEA Malmquist 生产率指数法）。增长核算法（包含柯布—道格拉斯生产函数法和对偶法），要求市场完全竞争、规模报酬不变、技术进步为希克斯中性，且不能将全要素生产率增长

---

①　郑玉歆：《全要素生产率的测度及经济增长方式的"阶段性"规律：由东亚经济增长方式的争》，《经济研究》1999 年第 5 期。

②　Ezaki Mitsuo, Sun, L., Growth Accounting in China for National, Regional, and Provincial Economies：1981 – 1995 [J]. *Asian Economic Journal*, 1999, 13 (1), pp. 39 – 71.

③　Islam, N., E. Dai., Alternative Estimates of TFP Growth in Mainland China：An Investigation Using the Dual Approach. in the 9th International Convention of the East Asian Economic Association (EAEA) 2004.

④　郑京海、胡鞍钢：《中国改革时期省际生产率增长变化的实证分析（1979—2001 年)》，《经济学》2005 年第 2 期。

⑤　Bosworth, B., S. M. Collins, Accounting for Growth：Comparing China and India [J]. *Journal of Economic Perspectives*, 2008, 22 (1), pp. 45 – 66.

⑥　Ozyurt, S., Total Factor Productivity Growth in Chinese Industry：1952 – 2005 [J]. *Oxford Development Studies*, 2009, 37 (1), pp. 1 – 17.

⑦　Brandt, L., Xiaodong Zhu, Accounting for China's Growth [J]. IZA Discussion Paper No. 4764, 2010.

分解为技术进步和技术效率变化。由于中国处于由计划经济向市场经济的转型阶段，20 世纪 90 年代前中国经济并不符合完全竞争市场、规模报酬不变和技术进步为希克斯中性等条件。一些研究者采用索洛增长核算法研究中国的全要素生产率增长时假定资本和劳动的产出弹性分别为 0.6 和 0.4 就值得商榷。用柯布—道格拉斯生产函数法将资本和劳动的产出弹性之和设定为 1 也存在类似的问题。因此本报告不考虑使用增长核算法（含对偶法）、C—D 生产函数法和指数法来研究中国的全要素生产率增长。[1]

由于中国处于经济转型期，时间跨度大，涉及的城市众多，且城市间发展不均衡，很难用统一的生产函数来描述，我们也不考虑用随机前沿分析法来研究中国的全要素生产率增长情况。

非参数 DEA Malmquist 生产率指数法是用数学规划的方法进行分析，无须对生产函数和无效率项的分布进行假设；没有规模报酬不变、资本和劳动产出弹性相关限制；也不需要对参数进行估计，无须考虑投入产出价格，在存在价格扭曲的情况下仍然适用；生产力指数构建无须考虑诸如成本最小化或利润最大化假设，在经济单位行为未知的情况下仍然适用；生产力指数的可分解性，有利于全要素生产率增长的来源的深化分析；也不需要对市场竞争状况做出假设，它使用数据包络分析的方法构建最佳实践面。同时允许技术非效率的存在，并且是确定性分析方法，不考虑随机冲击的影响，其好处是所分析结果比较稳定，当数据调整时，只是相关年份会进行变化，其他部分则保持不变。由于 Malmquist 指数法在基于中国省区市面板数据应用的普遍性，适合应用于中国这样处于经济转型的国家，我们采用 Fare 等（1994）[2] 构建的基于 DEA 的 Malmquist 指数法来分析中国 264 个地级及地级以上城市的全要素生产率增长情况。

Malmquist 指数在规模报酬不变时（CRS）将全要素生产率增长指数分解为技术进步指数（TP）和技术效率指数（TEC）。规模报酬可变时（VRS）技术效率指数（TEC）又可以分解为纯技术效率指数（PEC）和规模效率指数（SEC）。本报告采用规模报酬可变的 Malmquist 指数法。

①　张自然、陆明涛：《全要素生产率对中国地区经济增长与波动的影响》，《金融评论》2013 年第 1 期。

②　Fare, R., Grosskopf, S., Norris, M., Zhang, Z., Productivity Growth, Technical Progress, and Efficiency Change in Industrialized Countries [J]. *American Economic Review*, 1994, 84 (1), pp. 66 – 83.

Malmquist 指数法公式的具体推导过程见张自然和陆明涛（2013）。[①]

（二）数据来源及处理

本报告采用 1990—2011 年 264 个地级及以上城市的数据，数据均源于历年《中国城市统计年鉴》、《中国统计年鉴》、中国各省区市统计年鉴和城市统计年鉴。

1. GDP

产出数据采用 264 个城市全市的地区生产总值 GDP。由以 1990 年为基期的各市 1990—2011 年的国内生产总值指数和当年 GDP 可以得到以 1990 年为基期的不变价格地区生产总值 GDP。

2. 固定资本存量

资本投入应该采用资本服务值，是一个流量的概念。资本投入量为直接或间接构成生产能力的资本存量，它包括直接生产和提供各种物质产品和劳务的各种固定资产和流动资产，也包括为生活过程服务的各种服务和福利设施的资产。但由于资本的使用者往往是资本的所有者，不存在一个市场化的资本租赁价格对资本的实际使用进行准确的度量。因此，通常的做法是用资本存量数据替代资本的流量数据。目前，测量资本存量的通用方法是永续盘存法（PIM）。永续盘存法是对历年投资形成的固定资产进行重估价后，根据所选折旧方式来确定某个资本消耗，按逐年推算的方法计算历年的资本存量总额。[②] 对中国的固定资本存量进行的估算比较典型的有贺菊煌（1992）[③]、邹至庄（1993）[④]、王小鲁和樊纲（2000）[⑤] 和吴延瑞（2003）。[⑥]

本报告也采用永续盘存法来计算固定资产存量[⑦]，计算方法是将第 i

---

①　张自然、陆明涛：《全要素生产率对中国地区经济增长与波动的影响》，《金融评论》2013 年第 1 期。

②　张自然：《中国生产性服务业的技术进步研究——基于随机前沿分析法》，《贵州财经学院学报》2010 年第 2 期。

③　贺菊煌：《我国资产的估算》，《数量经济技术经济研究》1992 年第 8 期。

④　Chow, G. C., "Capital formation and economic growth in China" [J]. *The Quarterly Journal of Economics*, 1993, 108 (3), pp. 809 – 842.

⑤　王小鲁、樊纲：《中国经济增长的可持续性》，经济科学出版社 2000 年版。

⑥　Wu, Y., "Has productivity contributed to China's growth?" [J]. *Pacific Economic Review*, 2003, 8 (1), pp. 15 – 30.

⑦　张自然：《考虑人力资本的中国生产性服务业的技术进步》，《经济学》（季刊）2011 年第 1 期。

个城市的第 t 年的固定资本存量表示为：

$$K_{it} = K_{i,t-1}(1-\delta) + I_{it} \qquad\qquad (10.1)$$

其中，I_{it} 是第 i 城市第 t 年的当年新增固定资产投资，K_{it} 是第 i 城市第 t 年的固定资本存量，δ 是折旧率。

固定资本存量的确定涉及基年固定资本存量、折旧率、新增固定资产投资和固定资产价格指数等方面。

1990 年各市的固定资本存量由各省区市固定资本存量按当年各市占各省区市的全社会固定资产投资的比来确定。

把各市的全社会固定资产投资总额按照全国的全社会新增固定资产投资与全社会固定资产投资总额的比换算成各市的全社会新增固定资产投资。

各市 1991 年后的固定资产价格指数直接引用《中国统计年鉴》(2012) 中各省区市的固定资产价格指数，再将 1990—2011 年的固定资产价格指数换算成以 1990 年为基期的固定资产价格指数。

由于中国法定残值率为 3%—5%，且现有文献中一般选择折旧率为 5%，本报告也选取折旧率为 5%。

由各市 1990 年的固定资本存量、全社会新增固定资产投资、以 1990 年为基期的固定资产价格指数和折旧率，按照永续盘存法就可以计算出 264 个城市 1990—2011 年以 1990 年为基期的固定资本存量。

3. 劳动投入

在全要素生产率分析中，投入数据应当是一定时期内要素提供的"服务流量"，它不仅取决于要素投入量，而且还与要素的利用效率、要素的质量等因素有关。劳动投入有如下三种指标：（1）劳动者报酬；（2）总劳动时间，通过平均劳动时间乘以就业人数取得；（3）劳动者人数，通常采用就业人数。理想的劳动投入指标应能既反映劳动投入的数量，也能反映劳动投入的质量。从这个角度来说，劳动者报酬是比较理想的指标。如果一个国家或地区产业结构相对成熟，就业市场化程度很高，劳动的供给和需求保持着较为稳定的关系，劳动报酬完全由劳动的数量和质量决定。但劳动者报酬存在变量的选择和数据采集的问题，还存在如何才能准确反映价格调整的问题。作为劳动投入，总劳动时间比劳动者人数统计得更细，也更准确，但也不能反映劳动的质量。同时我们国家统计数据并没有劳动小时数的统计，有部分研究者用抽样调查的方式获取劳动时间，其结果可能比采用劳动人数更不准确。因此多数研究选用劳动者人数即就业人数作为劳动投入。这是因为，它能够简明直接地体现劳动投入量的规模，不存在价格调整的问题，统计数据也较容易获得。劳动投入采用中国264 个城市 1990—2011 年年末全市就业人口数。

三 分地区城市 TFP 增长及贡献情况

根据中国 264 个城市 1990—2011 年的面板数据，利用 Coelli（1996）年给出的数据包络分析软件包 DEAP 计量软件对中国各省区市的经济进行全要素生产率分解，得到 1991—2011 年中国的 Malmquist 生产率指数分解（见表 10 - 1）。

（一）中国全要素生产率增长的变动

1990—2011 年，中国 264 个城市全要素生产率平均增长 1.4%。TFP增长对经济增长的贡献为 11.66%。将 Malmquist 指数分解为技术效率变化和技术进步两个部分，可以发现技术进步年均增长 0.1%，而技术效率变化为 0.4%，对全要素生产率增长起主要作用的是技术效率，技术进步起着补充作用（见表 10 - 1）。

表 10 - 1 中国城市 Malmquist 生产率指数分解（1991—2011 年）

时间	技术效率指数	技术进步指数	纯技术效率指数	规模效率指数	TFP 指数	TFP 贡献率（%）
1990—1991 年	0.995	1.057	0.988	1.008	1.052	50.99
1991—1992 年	0.962	1.138	0.976	0.985	1.095	64.20
1992—1993 年	1.033	1.050	1.029	1.004	1.085	64.11
1993—1994 年	0.950	1.132	0.978	0.971	1.075	57.42
1994—1995 年	1.003	1.031	0.975	1.029	1.034	33.43
1995—1996 年	0.977	1.065	1.004	0.973	1.04	37.71
1996—1997 年	0.967	1.072	0.971	0.996	1.037	30.43
1997—1998 年	1.007	1.008	0.994	1.013	1.015	15.44
1998—1999 年	0.977	1.027	0.964	1.013	1.003	3.65
1999—2000 年	1.030	0.970	0.999	1.031	1	0.00

续表

时间	技术效率指数	技术进步指数	纯技术效率指数	规模效率指数	TFP 指数	TFP 贡献率（%）
2000—2001 年	1.068	0.933	1.023	1.044	0.997	-3.22
2001—2002 年	1.078	0.924	1.035	1.042	0.996	-3.88
2002—2003 年	1.072	0.939	1.045	1.026	1.007	5.27
2003—2004 年	1.06	0.964	1.047	1.013	1.022	14.83
2004—2005 年	1.064	0.937	1.058	1.006	0.997	-2.13
2005—2006 年	1.038	0.953	1.038	1	0.989	-7.60
2006—2007 年	1.026	0.969	1.019	1.007	0.994	-3.92
2007—2008 年	1.01	0.968	1.002	1.007	0.978	-17.02
2008—2009 年	1.06	0.884	1.019	1.04	0.937	-51.03
2009—2010 年	0.951	1.019	0.948	1.003	0.969	-22.50
2010—2011 年	0.967	1.017	0.972	0.995	0.983	-13.68
平均	1.013	1.001	1.004	1.01	1.014	11.66

中国 264 个城市全要素生产率的平均增长如图 10 - 1 所示，264 个城市 1991—2011 年全要素生产率平均增长与通过 30 个省区市得到 1991—2011 年的平均全要素生产率增长①趋势基本一致。

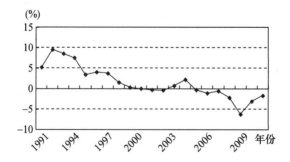

图 10 - 1　中国城市全要素生产率平均增长情况

1991—2011 年，中国 264 个城市的平均技术进步情况见图 10 - 2。中

---

① 参见《金融评论》2013 年第 1 期《全要素生产率对中国地区经济增长与波动的影响》一文。

国 264 个城市的分地区平均技术进步情况见图 10 - 3。

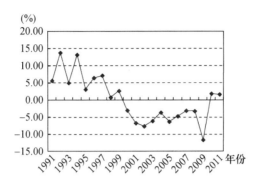

图 10 - 2　中国城市平均技术进步情况

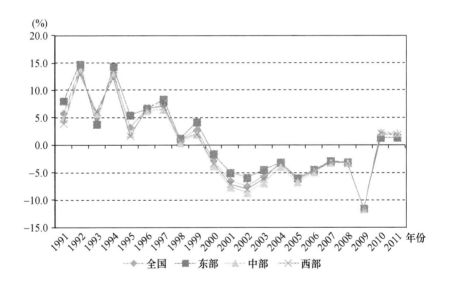

图 10 - 3　中国全国东部、中部、西部地区城市 TP 增长情况

　　1991—2011 年，中国 264 个城市全国、东部、中部、西部地区城市的平均技术效率变化见图 10 - 4。从图 10 - 4 可以看出，2000 年前中国 264 个城市平均技术效率变化波动比较频繁。2000—2009 年技术效率变化总体处于改善状态，2010 年后技术效率变化又处于恶化状态。

　　1991—2011 年，中国 264 个城市全国、东部、中部和西部地区城市的平均技术效率见图 10 - 5，2000 年后全国、东部、中部和西部地区城市平均技术效率呈上升趋势，2010 年后相应地区的平均技术效率又开始下降。

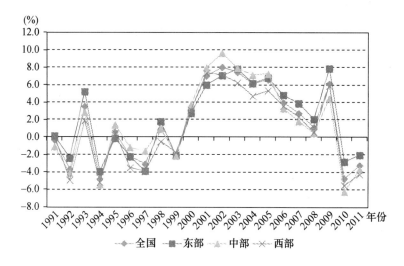

图 10 - 4　中国城市分区平均技术效率变化率

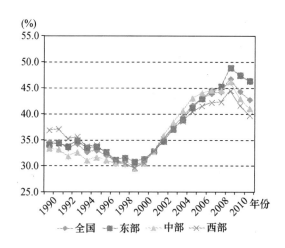

图 10 - 5　中国城市分区平均技术效率

1991—2011 年，中国 264 个城市全国、东部、中部和西部地区城市的平均纯技术效率变化见图 10 - 6。从图 10 - 6 可以看出，1991—2000 年，中国 264 个城市全国、东部、中部和西部地区城市的纯技术效率变化波动频繁。2000—2009 年，中国全国及分区城市平均纯技术效率变化为正，2010 年后相应地区平均纯技术效率转而下降。

　　1991—2011 年，中国 264 个城市全国、东部、中部和西部地区的平均规模效率变化见图 10 - 7。从图 10 - 7 可以看出，2000 年前规模效率变化上下波动，2000—2009 年，规模效率变化处于改善状态，但 2010 年后 264 个城市全国、东部、中部和西部地区规模效率变化恶化。

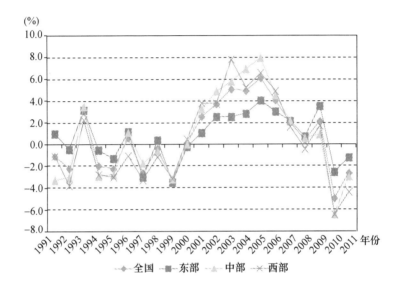

图 10 - 6　中国城市分区平均纯技术效率变化

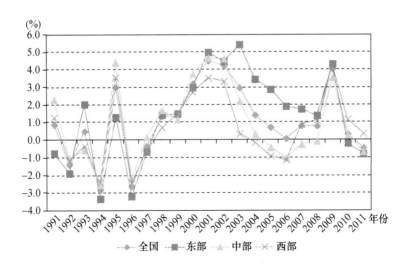

图 10 - 7　中国城市分区平均规模效率变化

（二）分地区全要素生产率的变动

按照东部、中部、西部地区分析各省区市的全要素生产率变动情况如表 10-2 所示。从表 10-2 可以看出，全要素生产率增长最快的是东部地区，TFP 平均增长年均为 3.0%，东部 TFP 增长对经济增长的贡献为 23.4%。处于第二位的是中部地区，年均 TFP 增长 1.3%，中部 TFP 对经济增长的贡献仅为 11.3%。处于最后的是西部地区，年均 TFP 增长为 0.8%，西部 TFP 增长对经济增长的贡献仅为 6.9%。

表 10-2　　　　　分地区 TFP 各分项及其对经济增长的贡献率　　　　单位:%

地区	TFPG	TFPG 贡献率	TP	TP 贡献率	TEC	TEC 贡献率	PEC	PEC 贡献率	SEC	SEC 贡献率
全国	1.8	15.2	0.6	5.1	1.5	12.7	0.5	4.6	1.1	8.9
东部	3.0	23.4	1.3	10.3	2.0	15.4	0.7	5.8	1.3	10.1
中部	1.3	11.3	0.1	1.0	1.5	13.1	0.5	4.6	1.0	9.2
西部	0.8	6.9	0.2	2.0	0.9	7.7	0.3	2.6	0.8	6.7

注: TFPG 为 TFP 增长率, TP 为技术进步率, TEC 为技术效率变化, PEC 为纯技术效率变化, SEC 为规模效率变化。

我国全国、东部、中部、西部地区的技术进步分别为 0.6%、1.3%、0.1% 和 0.2%，技术进步均不快，但东部地区快于中部、西部地区，西部地区略快于中部地区。我国全国、东部、中部和西部地区技术进步对经济增长的贡献分别为 5.1%、10.3%、1.0% 和 2.0%，均相当低。

我国全国、东部、中部、西部地区的技术效率变化分别为 1.5%、2.0%、1.5% 和 0.9%，技术效率变化快于技术进步，但东部地区快于中部、西部地区，中部地区略快于西部地区。我国全国、东部、中部和西部地区技术效率变化对经济增长的贡献分别为 12.7%、15.4%、13.1% 和 7.7%，高于技术进步对经济增长的贡献。技术效率变化对 TFP 增长起主要作用，技术进步对 TFP 增长起补充作用。

我国全国、东部、中部、西部地区的纯技术效率变化分别为 0.5%、0.7%、0.5% 和 0.3%，纯技术效率变化低于技术效率变化，但东部地区略快于中部、西部地区，中部地区略快于西部地区。我国全国、东部、中部和西部地区纯技术效率变化对经济增长的贡献分别为 4.6%、5.8%、4.6% 和 2.6%，低于技术效率变化对经济增长的贡献。

我国全国、东部、中部、西部地区的规模效率变化分别为 1.1%、1.3%、1.0% 和 0.8%，规模效率变化低于技术效率变化，但高于纯技术效率变化，且东部地区略快于中部、西部地区，中部地区略快于西部地区。

我国全国、东部、中部和西部地区规模效率变化对经济增长的贡献分别为 8.9%、10.1%、9.2% 和 6.7%，低于技术效率变化对经济增长的贡献，但高于纯技术效率变化对经济增长的贡献。规模效率变化对技术效率变化起主要作用。

264 个城市平均技术效率从 1991 年的 34.6% 提高到 2011 年的 42.8%，22 年改善了 8.2 个百分点，平均每年改善 0.39 个百分点。东部地区平均技术效率从 1991 年的 34.1% 提高到 2011 年的 46.4%，22 年改善了 12.3 个百分点，平均每年改善 0.58 个百分点，东部地区平均技术效率改善较大。中部地区平均技术效率从 1991 年的 33.4% 提高到 2011 年的 41.1%，22 年改善了 7.7 个百分点，平均每年改善 0.36 个百分点。西部地区平均技术效率从 1991 年的 36.9% 提高到 2011 年的 39.7%，22 年改善了 2.8 个百分点，平均每年改善 0.13 个百分点，西部地区平均技术效率改善较小。

264 个城市 1991—2011 年平均 TFP 增长最高的城市是绍兴市，其值为 11.00%；TFP 增长最低的城市是宁德市，其值为 -6.60%。其中，技术进步最快的城市是娄底市，其值为 9.60%；重庆市最慢，其值为 -5.7%；技术效率变化最高的城市是茂名市，其值为 7.80%；技术效率变化最低的城市是莆田市，其值为 -3.90%；纯技术效率变化最高的城市是铜川市，其值为 6.50%；纯技术效率变化最低的城市是莆田市，其值为 -4.00%；规模效率变化最高的城市是重庆市，其值为 5.50%；规模效率变化最低的城市是辽源市，其值为 -1.60%，见表 10-3。

表 10-3　中国城市 TFP 相关项最高和最低的城市（1991—2011 年）　　单位:%

地区	技术效率变化	技术进步	纯技术效率变化	规模效率变化	TFP 增长
最高城市	茂名市	娄底市	铜川市	重庆市	绍兴市
最高值	7.80	9.60	6.50	5.50	11.00
最低城市	莆田市	重庆市	莆田市	辽源市	宁德市
最低值	-3.90	-5.70	-4.00	-1.60	-6.60

（三）资本、劳动和 TFP 对 GDP 的贡献率

利用随机前沿分析法得到的资本和劳动的产出弹性，将 TFP 增长对 GDP 的贡献的剩余部分通过资本和劳动的份额平摊得到资本和劳动对 GDP 的贡献率。具体来说，就是计算出 TFP 贡献之后，将剩余部分根据资本份额与资本增长率之乘积（即 $\alpha\dot{K}$）与劳动份额与劳动增长率之乘积（即 $\beta\dot{L}$）按比例分摊，则得到资本和劳动的贡献份额，见图 10 – 8。

1995 年前中国 264 个城市平均 TFP 增长对经济增长的贡献率在 50% 以上，此后 TFP 增长对经济增长的贡献率一直下降。

而固定资本存量对经济增长的贡献率持续上升，1995 年后超过 TFP 增长对经济增长的贡献，此后固定资本存量对经济增长的贡献一直高于 50%，高于 TFP 增长的贡献率，并在 2009 年达到最高，贡献率为 115.8%，此后开始固定资本存量的贡献率逐步下降。

劳动对经济增长的贡献率呈 V 字形，在 1990 年劳动的贡献率为 20.6%，此后劳动的贡献率一直下降，并在 2001 年降为最低 – 3.8%，2001 年后劳动对经济增长的贡献逐步升高，直到 2011 年为最高，为 32.7%。

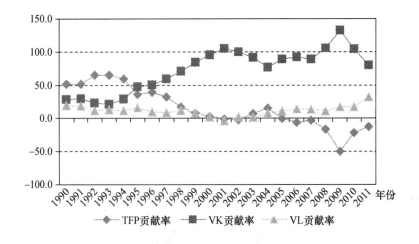

图 10 – 8　TFP 增长、资本和劳动对 GDP 的贡献率

注：K 贡献率 O 和 L 贡献率 O 是按照传统方法得到的资本和劳动对 GDP 的贡献率。K 贡献率和 L 贡献率则是将 TFP 增长对 GDP 贡献的剩余部分按传统的资本和劳动的份额进行分配得到。

四　TFP 增长对潜在增长率的影响

（一）TFP 增长、要素与 GDP 增长率的 HP 滤波与分解

将 264 个城市 GDP 增长率水平进行 HP 滤波，得到去除经济波动的 GDP 增长的趋势值，GDP 增长率的趋势值加上 GDP 增长率的波动值即 GDP 实际增长率。其中 GDP 增长趋势值即我们所关注的 GDP 的潜在增长率。在滤波时，我们采用通行的 λ = 100。同样，我们将 TFP 增长率、资本增长率、劳动增长率进行 HP 滤波，也能得到 TFP 增长、资本和劳动的趋势值和波动值。并探讨 TFP 增长率、资本增长率和劳动增长率的趋势值与 GDP 增长率趋势值的相关关系。

除中部地区在 1990—1998 年 GDP 增长率经历了先上升后下降再上升外，全国、东部、西部地区城市 GDP 增长率均经历了先下降后上升的阶段。GDP 增长率于 1997—1998 年降到最低，此后逐步回升。2006 年前东部地区城市 GDP 增长率一直高于全国、中部、西部地区，2007 年后东部地区城市 GDP 增长开始放缓，并低于全国、中部、西部地区城市。而中部、西部地区城市 GDP 增长率仍保持上升势头，导致全国城市 GDP 增长率保持上升，但上升速率放缓，见图 10 – 9。

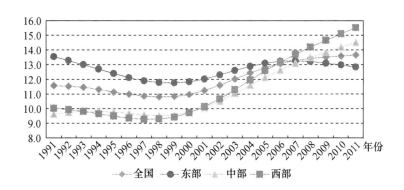

图 10 – 9　全国、东部、中部、西部地区城市 GDP 增长率趋势

全国、东部、中部和西部地区城市固定资本存量增长率持续增长，2010 年前西部地区固定资本存量增长率一直高于全国、东部、中部地区

城市。中部地区固定资本存量增速在 2004 年、2005 年分别超过东部地区和全国平均，并于 2011 年超过西部地区。

1990—2011 年，全国、东部、中部、西部地区城市的劳动增长率趋势值曲线呈 U 形，劳动增长率从 1990 年的 1.5%—2.1% 下降到 2000 年、2001 年的 0—0.9%，并在 2001 年后逐步回升到 2011 年的 2.2%—4.7%。1994 年前中部地区劳动增长率高于东部、西部地区，到 1995 年后，东部地区城市的劳动增长率则一直高于全国平均和中部、西部地区。到 2011 年的数据暂时还看不出来城市劳动增长放缓。

全国、东部、中部和西部地区城市 TFP 增长均呈下降趋势，其中东部地区城市 TFP 增长高于全国和中部、西部地区城市，中部地区城市 TFP 增长高于西部地区城市。

（二）GDP 增长、TFP 增长与要素之间趋势相关性

从 1990—2011 年整个阶段来看，全国、中部、西部地区 GDP 增长趋势值与 TFP 增长趋势值呈负相关，东部地区 GDP 增长率与 TFP 增长呈现较弱的正相关。

将 1990—2011 年划分为三个阶段：第一阶段为 1990—1999 年；第二阶段为 2000—2007 年；第三阶段为 2008—2011 年。第一阶段全国、东部、西部 GDP 增长趋势与 TFP 增长趋势显著相关，相关度分别为 0.982、0.990 和 0.926，就中部地区呈弱相关，相关系数为 0.354。第二阶段全国、东部、中部和西部地区 GDP 增长趋势和 TFP 增长趋势高度负相关。第三阶段，全国、中部、西部 GDP 增长趋势与 TFP 增长趋势高度负相关，仅东部地区城市 GDP 增长趋势与 TFP 增长趋势高度正相关，相关度高达 0.996（见表 10 - 4）。

表 10 - 4　　　　　GDP 增长趋势与 TFP 增长趋势相关系数

	全国	东部	中部	西部
平均	- 0.765	0.090	- 0.914	- 0.835
2000 年后	- 0.966	- 0.771	- 0.996	- 0.997
1990—1999 年	0.982	0.990	0.354	0.926
2000—2007 年	- 0.995	- 0.984	- 0.998	- 0.997
2008—2011 年	- 0.997	0.996	- 1.000	- 1.000

全国、中部、西部地区 GDP 增长率与固定资本存量增长率具有很强的正相关性，而东部地区 GDP 增长率与固定资本存量呈极弱的负相关性。全国、东部、中部和西部地区城市 GDP 增长率趋势值和固定资本存量增长率趋势值相关系数分别为 0.801、-0.086、0.967、0.881，其中中部地区的相关系数高达 0.967，极其相关。说明扩大中部、西部地区城市的投资仍然可以提高 GDP 增长率。

按三个阶段考虑 GDP 增长趋势与固定资本存量增长趋势之间的相关情况，第一阶段全国、东部和西部地区城市 GDP 增长趋势与固定资本存量增长趋势高度负相关，中部地区城市则呈现弱负相关；第二阶段全国、东部、中部和西部地区城市 GDP 增长趋势与固定资本存量增长趋势高度相关，相关系数均大于 0.988；第三阶段全国、中部、西部地区城市 GDP 增长趋势与固定资本存量增长趋势高度相关，而东部地区城市 GDP 增长趋势已经与固定资本存量增长趋势显著负相关，说明东部地区城市固定资产投资已经很难推动 GDP 增长了，而中部、西部地区则仍然可以通过提高固定资本存量增长来促进 GDP 增长（见表 10 - 5）。

表 10 - 5　　　　　GDP 增长趋势与固定资本存量增长趋势相关系数

	全国	东部	中部	西部
平均	0.801	-0.086	0.967	0.881
2000 年后	0.967	0.819	0.993	0.994
1990—1999 年	-0.983	-0.993	-0.285	-0.942
2000—2007 年	0.995	0.988	0.998	0.998
2008—2011 年	0.997	-0.993	1.000	1.000

综合来看，TFP 增长与固定资本存量增长对于 GDP 潜在增长率的影响是互补的，当 TFP 增长与 GDP 增长趋势相关系数较高的时候，固定资本存量增长率与 GDP 增长趋势的相关系数则较低，当 TFP 增长趋势与 GDP 增长趋势相关系数为负时，固定资本存量增长与 GDP 增长趋势相关系数为正；反之亦然。

全国 GDP 增长率趋势值与劳动增长率趋势值高度相关，相关系数高达 0.833，而东部、中部、西部地区城市 GDP 增长率趋势值与劳动增长率相关性由低到高分别为 0.473、0.648、0.686。与东部、中部、西部地区劳动增长率的高低相反，即劳动增长率高的地区 GDP 增长率与劳动增长率的相关性反而较低，劳动增长率低的地区 GDP 增长率与劳动增长率的相关性相对要高。

分阶段来看，第一阶段，全国、东部和西部 GDP 增长趋势与劳动增长趋势高度相关，而中部地区城市则呈弱相关；第二阶段，全国、东部、中部和西部地区城市 GDP 增长趋势均和劳动增长趋势高度相关，相关系数均高于 0.92；第三阶段，全国、中部、西部地区城市 GDP 增长趋势和劳动增长趋势高度正相关，相关系数均超过 0.991，但东部地区 GDP 增长趋势与劳动增长趋势呈高度负相关，东部地区城市已经难以依靠劳动的增加来提高 GDP 潜在增长率了，而中部、西部城市劳动增长的提高仍然能有效地提高其潜在增长率（见表 10 - 6）。

表 10 - 6   GDP 增长趋势与劳动增长趋势相关系数

	全国	东部	中部	西部
平均	0.833	0.473	0.648	0.686
2000 年后	0.877	0.599	0.937	0.960
1990—1999 年	0.982	0.997	0.221	0.966
2000—2007 年	0.941	0.922	0.933	0.970
2008—2011 年	0.991	- 0.999	0.999	0.999

第二、第三阶段 GDP 增长趋势与固定资本存量增长趋势和劳动增长趋势相关性趋于一致，两者均与 TFP 增长趋势相关性相反。

GDP 增长趋势和 TFP 增长趋势相关性方面，1990—2011 年，平均来看，相关系数高于 0.9 的城市有 12 个，0.8—0.9 的城市有 16 个，0.7—0.8 的城市有 9 个，0.6—0.7 的城市有 14 个，高度负相关的城市有 116 个，弱负相关的城市有 54 个。

分阶段来看，第一阶段为 1990—1999 年，相关度高于 0.9 的城市达 144 个，高度负相关的城市只有 45 个，弱负相关的城市有 28 个；第二阶段为 2000—2007，年 GDP 增长趋势和 TFP 增长趋势相关度高于 0.9 的城市则只有 26 个，而高度负相关的城市则有 190 个，弱负相关的城市有 16 个；第三阶段为 2008—2011 年，相关度高于 0.9 的城市有 85 个，高度负相关的城市有 167 个，弱负相关的城市则只有 2 个。

GDP 增长趋势和固定资本存量增长趋势方面，1990—2011 年，平均来看，相关系数不小于 0.9 的城市有 76 个，0.8—0.9 的城市有 37 个，0.7—0.8 的城市仅有 23 个，0.6—0.7 的城市仅有 17 个，弱正相关的城市则有 41 个，高度负相关的城市有 33 个，而弱负相关的有 29 个。

分阶段来看，第一阶段为 1990—1999 年，相关度高于 0.9 的城市仅58 个，高度负相关的城市达 143 个，弱负相关的城市有 12 个。第二阶段为 2000—2007，年 GDP 增长趋势和固定资本存量增长趋势相关度高于0.9 的城市则达 188 个，而高度负相关的城市则只有 26 个，弱负相关的城市只有 13 个；第三阶段为 2008—2011 年，相关度高于 0.9 的城市达192 个，高度负相关的城市有 57 个，弱负相关的城市则只有 4 个。

GDP 增长趋势和劳动增长趋势方面，1990—2011 年，平均来看，相关系数大于 0.9 的城市有 32 个，相关系数为 0.8—0.9 的城市有 35 个，0.7—0.8 的城市有 24 个，0.6—0.7 的城市仅有 27 个，弱正相关的城市则有 59 个，高度负相关的城市有 33 个，而弱负相关的城市有 39 个。

分阶段来看，第一阶段为 1990—1999 年，相关度高于 0.9 的城市有107 个，高度负相关的城市有 87 个，弱负相关的城市只有 18 个；第二阶段为 2000—2007，年 GDP 增长趋势和劳动增长趋势相关度高于 0.9 的城市则达 138 个，而高度负相关的城市则只有 29 个，弱负相关的城市只有12 个；第三阶段为 2008—2011 年，相关度高于 0.9 的城市达 171 个，高度负相关的城市有 85 个，弱负相关的城市则只有 2 个。

从 264 个城市 GDP 潜在增长率曲线的形态来看，2008 年以来，东部地区城市的潜在增长率呈现出下降趋势，东部地区城市 GDP 增长趋势已经与固定资本存量增长趋势和劳动增长趋势为显著负相关，说明东部地区城市靠提高固定资本存量增长和劳动增长已经难以提高 GDP 潜在增长率了，但第三阶段东部地区城市 GDP 增长趋势与 TFP 增长趋势高度正相关，说明提高 TFP 增长对提高东部地区城市 GDP 潜在增长率有显著的正向作用。由于 TFP 增长、资本和劳动的提高都能提高潜在增长率，则由于随着中国经济中资本存量的增加，资本回报率逐渐降低，对于经济增长的推动作用逐渐减弱；东部地区城市多年来劳动增长率也一直高于中部、西部地区城市劳动增长率，且中国开始面临人口老龄化等一系列问题，已经不能靠劳动的增长来提高潜在增长率了。因此只有不断通过进行技术研发、提高人力资本、制度变革等方式提升全要素生产率增长水平，优化资源合理配置，才能保持经济的长期持续增长。

（三）GDP 与 TFP 和要素增长波动相关性

GDP 增长率和 TFP 增长波动相关性比较大。1990—2011 年，全国、东部、中部和西部地区城市平均 GDP 增长率波动与 TFP 增长率波动相关性较高，相关系数分别为 0.803、0.810、0.765 和 0.746。东部地区的 GDP 增长率波动与 TFP 增长波动相关性大于全国平均和中部、西部。说明东部 TFP 增长的波动对 GDP 增长的波动影响更大（见表 10 - 7）。

表 10 - 7　　　　GDP 增长波动与 TFP 增长波动相关系数

	全国	东部	中部	西部
平均	0.803	0.810	0.765	0.746
2000 年后	0.653	0.727	0.594	0.544
1990—1999 年	0.948	0.912	0.906	0.888
2000—2007 年	0.928	0.929	0.905	0.829
2008—2011 年	0.179	0.336	0.052	- 0.297

GDP 增长率波动与固定资本存量增长率波动呈现一定的负相关性。全国、东部、中部和西部 GDP 增长率波动与固定资本存量增长率波动相关系数分别为 - 0.303、- 0.214、- 0.201 和 - 0.426（见表 10 - 8）。

表 10 - 8　　　　GDP 增长波动与固定资本存量增长波动相关系数

	全国	东部	中部	西部
平均	- 0.303	- 0.214	- 0.201	- 0.426
2000 年后	- 0.093	0.037	- 0.134	- 0.221
1990—1999 年	- 0.533	- 0.454	- 0.412	- 0.692
2000—2007 年	- 0.103	0.149	- 0.286	- 0.512
2008—2011 年	0.062	0.018	0.152	0.414

全国、中部、西部地区 GDP 增长率波动与就业劳动率波动呈非常弱的正相关性，而东部地区 GDP 增长率波动与劳动增长率波动呈非常弱的负相关性（见表 10 - 9）。

表 10-9   GDP 增长波动与劳动增长波动相关系数

	全国	东部	中部	西部
平均	0.003	-0.009	0.046	0.060
2000 年后	0.080	0.135	0.012	0.022
1990—1999 年	-0.350	-0.377	0.145	0.164
2000—2007 年	0.610	0.525	0.293	0.316
2008—2011 年	-0.568	-0.419	-0.668	-0.970

分阶段来看，第一、第二阶段，全国、东部、中部和西部地区城市 GDP 增长波动与 TFP 增长波动高度相关，相关系数在 0.829 以上；第三阶段全国、东部地区城市 GDP 增长波动与 TFP 增长波动呈弱相关性，中部地区城市则呈现极弱相关性，而西部地区城市则呈弱负相关性。

从 GDP 增长波动与固定资本存量波动相关性来看，第一阶段，全国、东部、中部和西部地区城市均呈负相关；第二阶段，全国、中部、西部地区城市呈弱负相关，仅东部地区城市呈较弱正相关；第三阶段，全国、东部、中部地区城市呈极弱正相关，仅西部地区城市呈弱正相关。

从 GDP 增长波动与劳动增长波动来看，第一阶段全国、东部地区城市呈弱负相关性，中部、西部地区呈较弱正相关性；第二阶段全国、东部地区城市呈正相关性，中部、西部地区城市呈弱正相关性；第三阶段，全国、东部、中部地区城市呈负相关性，西部地区则呈高度负相关性。

GDP 增长波动和 TFP 增长波动相关性方面，1990—2011 年，平均来看，没有相关系数为负的城市：相关系数高于 0.9 的城市有 42 个，0.08—0.9 的城市有 80 个，0.7—0.8 的城市有 54 个，0.6—0.7 的城市有 43 个。

分三个阶段来说，第一阶段为 1990—1999 年，除一个城市弱负相关外，其他城市均正相关，其中相关度高于 0.9 的城市达 129 个，高度负相关的城市只有 0 个，弱负相关的城市有 1 个；第二阶段为 2000—2007 年，GDP 增长波动和 TFP 增长波动相关度高于 0.9 的城市则有 57 个，高度负相关的城市只有 5 个，弱负相关的城市有 29 个；第三阶段为 2008—2011 年，相关度高于 0.9 的城市只有 37 个，高度负相关的城市有 56 个，弱负相关的城市则也有 62 个。第一阶段高度相关的城市最多。

GDP 增长波动和固定资本存量增长波动方面，1990—2011 年，平均来看，没有相关系数大于 0.8 的城市，0.7—0.8 城市仅有 1 个，0.6—0.7 的城市仅有 2 个，弱正相关的城市则有 129 个，高度负相关的城市有 5 个，而弱负相关的有 122 个。

按三个阶段来说，第一阶段为 1990—1999 年，相关度高于 0.9 的城市仅 0 个，弱正相关的城市有 107 个，高度负相关的城市有 23 个，弱负相关的城市达 118 个；第二阶段为 2000—2007 年，GDP 增长波动和固定资本存量增长波动相关度高于 0.9 的城市则仅 1 个，弱正相关的城市有 75 个，而高度负相关的城市则有 51 个，弱负相关的城市有 80 个；第三阶段为 2008—2011 年，相关度高于 0.9 的城市有 22 个，弱正相关的城市有 73 个，高度负相关的城市有 32 个，弱负相关的城市则有 55 个。

GDP 增长波动和劳动增长波动方面，1990—2011 年，平均来看，没有城市相关系数大于 0.8，0.7—0.8 的城市仅有 1 个，0.6—0.7 的城市仅有 2 个，弱正相关的城市则有 160 个，高度负相关的城市有 2 个，而弱负相关的城市有 92 个。

按三个阶段来说，第一阶段为 1990—1999 年，相关度高于 0.9 的城市有 0 个，弱正相关的城市有 112 个，高度负相关的城市有 11 个，弱负相关的城市达 108 个；第二阶段为 2000—2007 年，GDP 增长波动和劳动增长波动相关度高于 0.9 的城市则仅 3 个，弱正相关的城市有 122 个，而高度负相关的城市则只有 14 个，弱负相关的城市有 69 个；第三阶段 2008—2011 年，相关度高于 0.9 的城市 9 个，弱正相关的城市有 60，高度负相关的城市有 85 个，弱负相关的城市则有 76 个。

五 结论及政策建议

从前面中国 264 个城市 TFP 增长、各要素对经济增长的贡献、GDP 增长与各要素增长趋势和波动关系的分析中可以得出如下结论：

第一，全国、东部、中部和西部地区城市 TFP 增长均呈下降趋势。1990—2011 年中国 264 个城市全要素生产率平均增长 1.4%。TFP 增长对经济增长的贡献为 11.66%，TFP 增长对经济增长的贡献比较低，并且对全要素生产率增长起主要作用的是技术效率变化，技术进步起着辅助作用。技术效率变化起着主要作用说明 1990 年后中国的 TFP 增长主要是由于实行市场化改革体制机制变革导致的技术效率的改善，技术进步对中国城市全要素生产率增长的贡献较低。

第二，资本对经济增长的贡献率持续上升，1995 年后超过 TFP 增长对经济增长的贡献，并在 2009 年达到最高，此后开始固定资本存量的贡献率逐步下降。说明资本对经济增长促进作用逐步减小，已经不能走以往那种依赖投资来推动经济增长的发展道路。

第三，从 GDP 增长趋势和各要素的增长趋势来看，（1）仅东部地区 GDP 增长率与 TFP 增长呈现较弱的正相关。而且第三阶段仅东部地区城市 GDP 增长趋势与 TFP 增长趋势高度正相关，相关度高达 0.996。（2）全国、中部、西部地区 GDP 增长率与固定资本存量增长率具有很强的正相关性，而东部地区 GDP 增长率与固定资本存量呈极弱的负相关性。说明东部地区城市固定资产投资已经很难推动 GDP 增长，扩大中部、西部地区城市的投资仍然可以提高增长率。（3）TFP 增长与固定资本存量增长对于 GDP 潜在增长率的影响是互补的，当 TFP 增长与 GDP 增长趋势相关系数较高的时候，资本与 GDP 增长趋势的相关系数则较低，当 TFP 增长趋势与 GDP 增长趋势相关系数为负时，固定资本存量增长与 GDP 增长趋势相关系数为正；反之亦然。（4）全国 GDP 增长率趋势值与劳动增长率趋势值高度正相关。

第四，2008 年以来东部地区城市的潜在增长率呈现出下降趋势，东部地区城市 GDP 增长趋势已经与固定资本存量增长趋势和劳动增长趋势显著负相关，说明东部地区城市靠提高固定资本存量增长和劳动增长已经难以提高 GDP 潜在增长率了，但第三阶段东部地区城市 GDP 增长趋势与 TFP 增长趋势高度正相关，说明提高 TFP 增长对提高东部地区城市 GDP 潜在增长率有显著的正向作用。因此只有不断通过进行技术研发、提高人力资本、制度变革等方式提升全要素生产率增长水平，优化资源合理配置，才能保持经济的长期持续增长。

第五，从 GDP 增长率与各要素增长波动来看，（1）GDP 增长率和 TFP 增长波动相关性比较大。东部 TFP 增长的波动对 GDP 增长的波动影响更大。（2）GDP 增长率波动与固定资本存量增长率波动呈现一定的负相关性。（3）全国、中部、西部地区 GDP 增长率波动与就业增长率波动呈非常弱的正相关性，而东部地区 GDP 增长率波动与就业增长率波动呈非常弱的负相关性。

提出如下政策建议：（1）从 264 个地级及地级以上城市 1990—2011 年全要素生产率增长近些年呈下降趋势的现实来看，需要采取措施提高全要素生产率水平，提高全要素生产率增长对经济增长的贡献率。（2）尤其是要提高东部 TFP 增长水平。东部地区 GDP 增长率和 TFP 增长高度正相关（尤其是第三阶段），说明东部地区提高 TFP 增长对 GDP 潜在增长率有促进作用。（3）提高中部、西部固定资本存量水平。中部、西部地区 GDP 增长率与固定资本存量的增长率有正相关性，说明中部、西部地区仍然可以通过提高固定资本存量的方式提高 GDP 潜在增长率。（4）提高劳动增长率。全国 GDP 增长率趋势值与劳动增长率趋势值高度正相关，提高劳动增长率也可以提高潜在增长率。

参考文献

［1］张自然：《考虑人力资本的中国生产性服务业的技术进步》，《经济学》（季刊）2011 年第 1 期。

［2］张自然、陆明涛：《全要素生产率对中国地区经济增长与波动的影响》，《金融评论》2013 年第 1 期。

［3］王小鲁、樊纲：《中国经济增长的可持续性》，经济科学出版社 2000 年版。

［4］郭庆旺、贾俊雪：《中国全要素生产率的估算：1979—2004》，《经济研究》2005 年第 6 期。

［5］孙琳琳、任若恩：《中国资本投入和全要素生产率的估算》，《世界经济》2005 年第 12 期。

［6］张自然：《中国生产性服务业的技术进步研究——基于随机前沿分析法》，《贵州财经学院学报》2010 年第 2 期。

［7］张军、施少华：《中国经济全要素生产率变动：1952—1998》，《世界经济文汇》2003 年第 2 期。

［8］谢千里、罗斯基、郑玉歆、王莉：《所有制形式与中国工业生产率变动趋势》，《数量经济技术经济研究》2001 年第 3 期。

［9］贺菊煌：《我国资产的估算》，《数量经济技术经济研究》1992 年第 8 期。

［10］郑玉歆：《全要素生产率的测度及经济增长方式的"阶段性"规律：

由东亚经济增长方式的争》,《经济研究》1999 年第 5 期。

[11] 郑京海、胡鞍钢:《中国改革时期省际生产率增长变化的实证分析 (1979—2001 年)》,《经济学》2005 年第 2 期。

[12] 颜鹏飞、王兵:《技术效率、技术进步与生产率增长:基于 DEA 的 实证分析》,《经济研究》2004 年第 12 期。

[13] Bosworth, B., S. M. Collins, Accounting for Growth: Comparing China and India [J]. *Journal of Economic Perspectives*, 2008, 22 (1), pp. 45 – 66.

[14] Brandt, L., Xiaodong Zhu, Accounting for China's Growth [J]. IZA Discussion Paper No. 4764, 2010.

[15] Chow, G. C., Capital Formation and Economic Growth in China [J]. *The Quarterly Journal of Economics*, 1993, 108 (3), pp. 809 – 842.

[16] Ezaki Mitsuo, Sun, L., Growth Accounting in China for National, Regional, and Provincial Economies: 1981 – 1995 [J]. *Asian Economic Journal*, 1999, 13 (1), pp. 39 – 71.

[17] Fare, R., Grosskopf, S., Norris, M., Zhang, Z., Productivity Growth, Technical Progress, and Efficiency Change in Industrialized Countries [J]. *American Economic Review*, 1994, 84 (1), pp. 66 – 83.

[18] Guillaumont, Jeanneney S., Hua, P., Real Exchange Rate and Productivity in China [J]. 4th International Conference on the Chinese Economy. The Efficiency of China's Economic Policy, 2003, pp. 23 – 24.

[19] Islam, N., E. Dai, Alternative Estimates of TFP Growth in Mainland China: An Investigation Using the Dual Approach. in the 9th International Convention of the East Asian Economic Association (EAEA) 2004.

[20] Krugman, P., The Myth of Asia's Miracle [J]. *Foreign Aff.*, 1994, 73, p. 62.

[21] Ozyurt, S., Total Factor Productivity Growth in Chinese Industry: 1952 – 2005 [J]. *Oxford Development Studies*, 2009, 37 (1), pp. 1 – 17.

[22] Wu, Y., Has Productivity Contributed to China's Growth? [J]. *Pacific Economic Review*, 2003, 8 (1), pp. 15 – 30.

[23] Young, A., The Razor's Edge: Distortions and Incremental Reform in the People Republic of China [J]. *Quarterly Journal of Economics*, CXV, 2000.

[24] Young, A., A Tale of Two Cities: Factor Accumulation and Technical Change in Hong Kong and Singapore [J]. NBER Macroeconomics Annual, 1992, 7, pp. 13 – 54.

[25] Young, A., The Tyranny of Numbers: Confronting the Statistical Realities of the East Asian Growth Experience [J]. *The Quarterly Journal of Economics*, 1995, 110 (3), pp. 641 – 680.

[26] Jinghai Zheng, A. Hu, An Empirical Analysis of Provincial Productivity in China (1979 – 2001) [J]. *Goteborg, Department of Economics*, 2004.

报告11　城市化过程的技术创新

袁富华

摘　要：工业化向城市化的转型，本质上意味着增长结构由失衡向均衡的演变。这个过程中，一些新的促进增长的因素被陆续发掘，典型的"增长三螺旋"——创新、报酬递增、协作（集聚）效应将被启动。本报告就城市化过程中空间集聚之于经济增长的潜在影响进行分析，空间集聚以其网络协作效应和创新效应，为创新集聚提供动力，这种动力的出现，是未来中国经济持续稳定增长的源泉。

关键字：城市化　技术创新　聚集

一　报酬递增的源泉：规模经济、范围经济和集聚经济

经济研究对于规模报酬递增机制的关注，贯穿于当代内生增长理论、企业管理理论和新地理经济理论的发展过程中。根据舒尔茨（2001）的论述，报酬递增源于以下几个方面：（1）劳动分工和专业化；（2）技术进步；（3）人力资本积累、教育培训、"干中学"和知识获得；（4）知识外溢、经济思想；（5）经济制度和经济组织；（6）恢复经济均衡。在这些来源中，舒尔茨特别强调专业化和人力资本对于报酬递增的重要性。并认为，专业化、人力资本促进经济增长，现代经济系统的最突出特点是人力资本的增长，人力资本积累带来了人均国民收入的增加。

主流经济学文献对报酬递增因素及其对经济增长的影响机理进行了分析。在其经典文献《报酬递增与经济进步》中，Young（1928）用迂回生产的概念深化斯密的分工思想，他认为，表现为报酬递增的主要是生产资本化或迂回方法的经济，并发展出"分工一般取决于分工"的著名论断。

阿罗（Arrow，1962）的"干中学"理论认为，知识经济活动的产物，将在企业的生产经营活动中得到积累；企业积累的知识会逐渐变成全社会的公共知识，即"干中学"有较强的正外部性，"干中学"是报酬递增的来源。罗默（Romer，1986）和卢卡斯（Lucas，1988）发展了阿罗的"干中学"思想，并把阿罗的劳动者专业技能提高导致递增报酬的假设扩展到由知识和人力资本外部性导致的递增报酬假设，分别建立了基于知识外溢导致报酬递增的内生增长模型和基于人力资本外溢导致报酬递增的内生增长模型。罗默 1990 年的模型假定技术进步由追求利润最大化的代理人有意识的投资行为带来，因此，技术进步在模型中是内生的。

从生产者角度看，上述报酬递增的因素被组合和利用，形成熊彼特意义上的创新（熊彼特，1990），并表现为通常意义上的规模经济、范围经济。从定义来，规模经济和范围经济的划分，是基于规模特性的定义：第一，企业重复生产同种产品的数量；第二，企业内部一体化程度的高低或企业生产环节的数量。上述规模属性分别代表了横向企业规模和纵向企业规模，规模经济主要来自横向规模的扩大（泰勒尔，1999）。（1）规模经济。理论分析中，规模经济被看作在某些产量范围内随着生产扩大而出现的平均生产成本下降现象，因此，长期平均成本曲线就是规模曲线。联系报酬递增的上述各个要素，劳动分工和专业化、人力资本积累、教育培训、"干中学"、技术进步等都是导致规模经济的有利因素。（2）范围经济。范围经济是规模经济的扩展，是指企业通过扩大经营范围，增加产品种类，生产两种或两种以上的产品而引起的单位成本的降低。与规模经济不同，它通常是企业或生产单位从生产或提供某种系列产品（与大量生产同一产品不同）的单位成本中获得节省。作为报酬递增源泉的专业化、经济组织和管理变革，也是范围经济的源泉。

新经济地理理论为报酬递增的认识注入了新的要素。以克鲁格曼为代表的新经济地理学，在迪克西特—斯蒂格利茨模型的基础上，建立了描述经济活动在空间分布的区域模型、城市体系模型和国际模型（Fujita，Krugman and Venables，1999）。其中，用于描述区域经济活动分布的核心—外围模型是所有其他空间经济模型的基础模型。藤田昌久和蒂斯（2002）把格罗斯曼—赫尔普曼—罗默的具有产品差异的内生增长模型结合进上述核心—外围模型，提出了一个分析集聚与增长的"一般"分析框架。集聚经济是规模经济和范围经济的深化，产生于特定区域内企业集群（杨国亮，2005）。由于企业集群具有空间上集聚和专业化的特征，因此，与单个企业相比，企业集群内企业在横向规模上扩张了，而在纵向规模上收缩了。纵向一体化程度低是集群企业的一般特征，意味着企业之间分工和专业化程度不断提高，进而形成有利于知识传播、创新的网络，在扩大市场需求的同时，降低生产成本，提高效率，关于这一点，我们在下文将展开分析。

二　中国城市化关键期增长动力的转换

（一）"增长三螺旋"：两种不同的增长方式

在对发达国家和发展中国家经济增长进行考察后，莱恩纳特（Reinert，2009）认为，两者差距的根源在于截然不同的增长路径。发达国家竞争力的根源，在于对"增长三螺旋"或"增长三动力"的严格发挥，即创新、报酬递增、协作（集聚）效应。

"增长三螺旋"的核心，是新技术和新生产模式带来的知识和劳动生产率的增长，这也是理解经济发展的关键。就技术创新而言，包括企业的"产品创新"和"过程创新"。"产品创新"是报酬递增和经济持续发展的保证，通过产业联动和城市化的空间集聚效应，产品创新又被发挥成"过程创新"，两个创新的互动在更大程度上导致了整体经济的报酬递增。通过技术创新，发达国家长期保持了竞争优势。技术创新的目的，是筑起产业的高进入壁垒和获得高利润。是在开放条件下，发达国家利用这种优势让本国产品和服务与外国竞争，并保持国内真实收入的增长。因此，竞争力可以看作是真实工资提高的过程，不完全竞争导致的"租金"与之紧密相关。

相对于发达国家而言，发展中国家在国际竞争中处于下风，为了获得竞争优势，通常采用低成本竞争策略，压低劳动力成本。因此采用了一条与发达国家相反的增长路径。一般而言，欠发达国家生产要素中普遍缺乏知识和创新因素，主要依靠劳动力、资源和资本驱动增长，这恰恰是报酬递减的发展方式。古典经济理论很早就注意到，依赖土地、自然资源的经济，迟早会遇到发展"瓶颈"和报酬递减；新古典理论也认为，劳动力、资本的过度投入，最终将产生收益递减的后果。经常发生的事实是，经济发展中知识和创新环节的缺失，使得发展中国家只能在产业链的低端生产。生命周期理论揭示，位于产业链低端的产品生产，往往被发达国家认为是已经成熟、不再具有报酬递增的产品生产。因此，发展中国家长期从事着报酬递减的生产，与发达国家的差距越来越大。

（二）低阶工业化模式下资本驱动力的下降趋势

中国的低阶工业化模式，以劳动力、资本、资源消耗为主要特征，属于典型的资本驱动型经济增长。近年来，资本投资报酬递减效应开始出现，并表现为投资效率的降低趋势。投资效率问题一直为广大研究者和决策者所关注。研究中观察投资效率的简便方法是计算投资边际生产率即通常所说的投资效率。依据投资效率判断中国投资效率需要综合考虑两个层次的因素：一是中国固定资产投资效率的时间序列趋势；二是经济发展相似阶段中国与国外状况的对比。本部分两个层次的综合分析表明，工业化城市化加速发展时期的中国经济增长，投资效率不仅表现出了持续下降的普遍规律，而且，与日本的相似经济发展阶段比较起来，中国固定资本投资效率递减的趋势出现得过早，下降程度也更大。[①]

1. 资本的边际生产率

作为衡量投资效果的常用方法，资本的边际生产率可以表示为产出的增量与资本增量或新增投资之比，即 $\Delta GDP/I$。首先来看全社会资本边际生产率状况（见图 11-1），改革开放 30 多年来，中国全社会固定资本投资经历了由上升到下降的变化，这种变化符合资本驱动经济增长的规律，因为，在投资依趋势增长的过程中（请参见主报告），随着资本积累的增加，资本报酬不可能一直增加下去，资本边际生产率递减趋势迟早要发生。资本边际生产率递减趋势发生在 20 世纪 90 年代中期以后，1981—1995 年，全社会资本边际生产率保持在 0.4—0.5 的水平，1995 年之后出现持续下降，目前处于倒 S 形曲线的平缓部分，基本维持在 0.2—0.3。对于 1995 年以后的下降趋势，我们在图 11-2 中进行了分解，该图提供了 1996—2010 年中国三次产业的固定资产投资边际生产率变动状况：第一产业的投资份额在全社会中占比较少，但是，近年来资本边际产出表现出显著的上升趋势；第三产业基本稳定，在 0.2 左右；第二产业的下降趋

---

① 了方便长期趋势的分析，下文对资本边际生产率序列进行了 HP 滤波、资本—产出的统计相关性分析，也是立足于长期滤波趋势序列。

势比较明显，由 1996 年的 0.4 下降为 2010 年的 0.24。再来看三个地区的资本边际生产率。图 11 – 3 提供了中国东部、中部、西部地区资本边际生产率的变动趋势：东部和中部地区在 1979—1995 年基本保持在 0.5—0.6 的水平，两个地区的边际生产率相差不大；1995 年之后，均出现持续下降趋势，1996—2010 年下降 50%。西部地区的资本边际生产率，在 1979—1995 年出现先上升后下降的趋势，进入 21 世纪以来维持在 0.3 左右的水平。

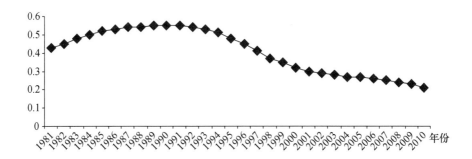

图 11 – 1　1981—2010 年中国全社会固定资本投资边际生产率（HP 滤波）

资料来源：历年《中国统计年鉴》。

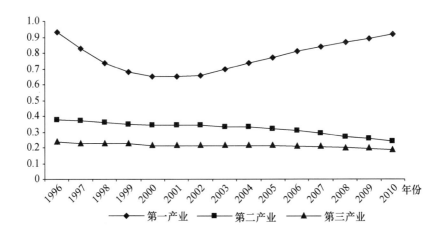

图 11 – 2　1996—2010 年中国三次产业全社会固定资本投资边际生产率（HP 滤波）

资料来源：历年《中国统计年鉴》。

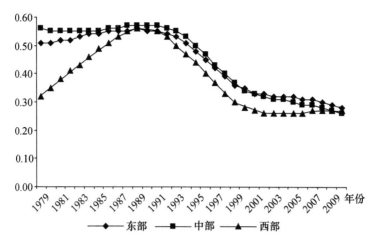

图11-3 1979—2010年中国三次产业全社会固定资本投资边际生产率（HP滤波）
资料来源：历年《中国统计年鉴》。

2. 产出的投资弹性

设GDP的增长率为g，资本形成的增长速度为k，那么产出的投资弹性可以表示为g/k。正如上文的变量序列处理方法，我们以实际GDP和投资序列的滤波趋势计算g/k。实际GDP增长率直接取自有关统计年鉴，实际资本形成序列以GDP减缩指数缩减名义资本形成序列得到。图11-4是1979—2010年中国全社会产出的投资弹性长期趋势，基于用前文实际GDP、固定资本形成HP滤波序列的增长率计算得到（见图11-4）。改革开放以来，产出的投资弹性表现出较为明显的下降趋势：由起初的接近于1逐渐下降到目前的0.8左右。

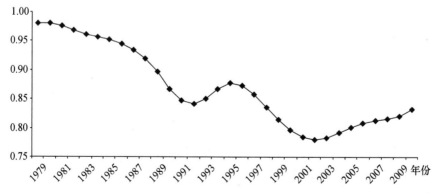

图11-4 1979—2010年中国全社会产出的投资弹性
资料来源：历年《中国统计年鉴》。

3. 投资效率的国际比较

我们以日本的相似工业化城市化阶段的固定资本投资边际生产率与中国相比。图11-5提供了日本城市化加速至成熟时期固定资本投资边际生产率的HP滤波趋势。20世纪50年代，日本人口城市化率为30%左右，到70年代中期达到70%，走向城市化发展成熟时期，用了不到30年时间，产生了典型的"压缩"工业化城市化发展路径。图中灰色区域显示，1956—1975年，日本固定资本投资边际生产率在0.35—0.45之间，有缓慢的递减趋势，其后的20年，投资边际生产率持续下降。中国自90年代以来进入城市化加速期，目前已经达到50%的水平，预计10年左右将抵达城市化60%—70%的水平，因此工业化城市化的特征与日本具有较大的可比性。根据前文所述，在1990—2010年的20年里，中国投资边际生产率由0.55下降为0.2，相对于日本类似的发展阶段来说，固定资产投资效益递减的势头来得较快，程度也较大。因此，中国经济增长中的投资质量相对较差。

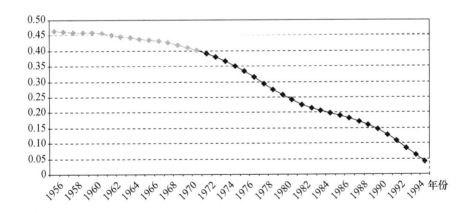

图11-5 1956—1995年日本全社会固定资本投资边际生产率（HP滤波）

资料来源：日本总务省统计局。

（三）城市化关键期增长动力转换的必要性

我们把中国城市化水平进入50%这个临界点以后的发展阶段（持续到70%这个城市化成熟期分界点），称为中国城市化的关键期，这个关键时期，也是空间集聚报酬递增效应最大的时期。规模经济、创新溢出、分工深化、范围经济程度，成为中国城市化关键期经济增长的新动力。

中国 2011 年跨过城市化率 50% 这一重要增长门槛。根据国际城市化经验，在这个临界点之后，城市化进程将发生从"量"的增加向着"质"的提高的转变，主要标志是经济增长动力因素发生了根本转变：即经济增长动力由城市化初期的资本积累驱动增长和城市发展，转变为城市化中后期的以"空间资源配置"推动增长的阶段，空间集聚推动了技术进步、知识溢出和经济结构快速调整。

城市化水平 50%—70% 这个阶段，如果进展顺利，城市化的集聚效应将会推动人均国民收入迅速提高和产业结构优化，完成增长方式的转变，顺利进入到可持续发展的轨道；如果进展不顺利，也可能导致城市化的高成本抑制产业调整，降低国家竞争力，拉大收入差距，城市失业严重等社会发展矛盾，容易陷入"中等收入陷阱"。拉美国家在 1950—1980 年创造了经济增长奇迹，其间，城市化水平由 40% 提高到 60%，人口向少数大城市高度集中。但是，20 世纪 80 年代以后城市化水平提高，却没有带来人均国民收入的相应提高，城市规模效应缺失、城市化与产业发展和社会进步脱节，导致拉美的停滞。而发达国家，如德国和日本在城市化稳步提高的同时，长期积极推动技术进步和产业竞争力提高，促使经济进入持续发展轨道。

为适应经济发展需要，我国在不同历史时期提出了相应城市发展方针。改革开放以来，工业化促进了城市化演进。1996 年我国城市化率达到 30%，进入城市化快速发展阶段；2011 年城市化水平达到 50%，开始步入城市化由量增到质变的临界点。城市化对创新潜力、报酬递增和集聚效应的开发，是缓解资源压力、劳动力成本上升的冲击的重要促动力，也是新时期经济可持续发展的要求。

三　城市化与创新集聚

（一）创新

熊彼特认为，"创新"就是把生产要素和生产条件的新组合引入到生产体系中，也就是实现生产函数的变化，包括五个方面：引入一种新产品；引入一种新工艺；开发新的市场；开发新的原材料来源；引入一种新的产业或企业组织形式。其后，研究者对创新的认识不断深入。岳清唐

（2009）把"创新"理论的发展归纳为四条线索：（1）理论经济学关于创新的分析。内生增长理论继承和发展了熊彼特技术创新和制度创新思想，从经济主体的利益最大化行为出发，提出品种多样化创新（产品创新）和质量创新（工艺创新）等；新制度从组织效率、制度、文化等角度研究创新问题。（2）科技政策管理理论分析。"国家创新系统理论"认为创新不是企业的孤立行为，而是涉及包括政府在内的一个复杂系统，从而提出了国家创新系统。"区域创新系统理论"是国家创新系统研究的拓展，关注跨国经济区域以及国内各层次经济区域创新的组织结构、空间结构、创新环境、创新绩效等。（3）科学哲学和社会学家理论分析。代表性的行动者网络理论主张，科学知识与技术的构建不单是由社会（人）来决定，而是同时由人与非人（工具、物、被研究的对象），等等，构成一个"异质物的网络"来加以决定。（4）创新集聚和集成创新理论。作为熊彼特创新理论的深化，两种理论分别从产业层面和微观方面对创新之于产业结构和企业竞争力的影响进行分析。创新集聚理论把创新的空间分布纳入分析视野，为城市化规模报酬递增的认识注入了活力。

（二）空间集聚

从发达国家经济增长的历史来看，工业化、城市化和现代化的过程，不仅表现在经济结构的变迁上，而且表现在地理空间的变迁上。空间集聚的本质，是人口迁移所导致的城市人口密度和经济密度的提高，以及由此产生的内生增长效应。世界银行（2009）的研究报告提出了城市化促进经济增长的相互联系"三维角度"：密度、距离和分割。城市化过程中空间人口密度的上升，不仅缩短了信息知识传播的地理距离，而且消除了经济联系的地理分割，从而节约了交易成本、增加了效率提高和收入公平的机会，这都是经济获得持续增长动力的必要条件。

1. 空间集聚、规模效率与报酬递增

人口和资源的空间集聚，是城市规模扩张和规模经济产生的前提。空间集聚的规模效率，主要表现为城市公共设施及公共服务的利用效率。因此，城市规模扩张中蕴含了人均成本降低所带来的报酬收益。公共设施建设、公共服务的有效提供，是城市化顺利推进的必要条件，也是避免城市化消极效应的保证。

2. 空间集聚、创新外溢与报酬递增

产业集聚需要：专业劳动力"稠密市场"的存在、基础设施的支持以及知识和技术的外溢三个关键因素。产业的空间集群导致成本降低、区域创新网络的形成以及区域规模报酬的出现。同时，城市化进程中的空间结构调整，具有将不同层次的人力资源、消费群体整合在一起的功能，这种多元化集聚有利于城市市场规模的扩大，对于企业竞争力的提高具有重要作用。

（三）创新集聚

近年来，创新的空间集聚问题越来越受到研究者和政府的关注，人们对于创新集聚机制及其作用的认识也逐渐深入。

作为一种新的理论认识，尽管创新集聚目前还没有建立起统一的概念体系和研究规范（刘凤朝等，2011），但是，研究者通过创新集聚案例研究和借鉴产业集聚研究成果，对创新集聚产生了不少新的认识。就现有研究看，创新集聚包括以下几个方面：（1）创新投入的集聚，一般运用研发支出和人力资本（如科学家、工程师）等指标的空间分布，对创新集聚进行描述；（2）创新组织的集聚，一般运用高新技术企业和企业研发实验室的分布状况，对创新集聚进行描述；（3）创新产出的集聚，通常运用专利或出版物的空间分布进行描述。

创新集聚是伴随城市化过程中生产要素的空间集聚所产生的一种现象，城市化对于人口、经济密度的提升，城市化对于空间距离的拉近以及市场分割的削弱，为创新集聚提供了土壤，各种各样的创新动因也产生于这个环境中。研究认为，创新集聚的激励因素，包括以下几个方面：（1）创新投入要素的地理集中。这一机制一般采用知识生产函数的形式，即创新过程的产出是研发投入或人力资本投入的函数，投入因素的空间集聚导致了更多的创新产出。比如，卢卡斯（1988）认为，人力资本是区域经济中技术水平提高的动因。一些研究认为，人口密度的提高有助于专利的生产和知识传播、溢出，类似的，研发资金、实验室的集聚及其外部性对于产业创新作用显著。（2）空间布局与生产集中的互动。创新活动通常伴随着生产活动的集中，而生产活动集中又产生于空间布局的变动，因此，创新活动与空间布局之间存在良性的互动关系。而且，空间布局的不断创新，有利于优化创新资源的流动和整合，保持创新的活力。（3）创新网络的协同效应。弗里曼（Freemau，1991）对创新网络的定义是，创新网络是处理系统性创新的一种制度安排，网络构架的主要连接机制是企业间的创新合作关系。创新网络类型包括合资企业和研究公司，合作研发协议，技术交流协议，有技术因素推动的直接投资、许可证协议、分包、生产分工和供应商网络、研究协会、政府资助的联合研究项目等。企业网络结构及其联系的区域性外溢效应，是促进创新的重要动力。

（四）城市群与创新集群

区域创新集聚的主要载体是城市化集聚辐射效应。城市化与产业集群互动，产业集群拓展城市空间结构。发达国家城市化过程的一个显著现象是，大城市产业集聚发展到一定程度后，将产生对城市周边地区的辐射带动效应，从而促进周边地区城市化水平的提高。知识、产业的关联把城市联系起来，形成城市群或城市圈。因此，城市群是不同等级规模的城市以大城市为核心组成的城市集合体，是城市化进程演进到高级阶段的地理经济现象。

城市集群的形成，使得城市分工和专业化成为可能。位于城市圈核心的大城市，以其规模和强大的资源集聚能力，更有可能充当创新集聚的角色，并经由创新扩散和知识传播，促进区域产业集群结构的升级，最终促进创新集群产生。根据丁魁礼等（2010）的研究，所谓创新集群，是指以新知识生产、新产品大量涌现为本质含义的创新型组织（创新型企业、各种知识中心和相关机构），基于地理集中或技术经济空间集中与外界形成有效互动的产业组织形态，如技术集群、知识集群、智力集群等。

与通常意义的产业集群比较起来，创新集群强调技术的创造或生成性特征，而不是发展中国家经济中通常呈现的低成本产业集群或技术模仿；创新集群强调创新型组织之间的互动，而非单纯的空间集聚。创新集群随着城市集群演进而产生，是区域经济的创新集聚的载体。创新集群与非创新产业集群互动，保持了特定区域产业发展的均衡和产业竞争力。

四　中国城市化与产业竞争力

（一）中国城市化模式

改革开放以来，以沿海地区为先导，我国经历了一个工业规模迅速扩张的时期，但是低价工业化也导致了一些突出问题，比如，以单一资源集聚为特征的"块状经济"、产业链条偏短、分工程度低。长期以来，受制于户籍制度改革的滞后，以及工业化发展水平的落后，我国城市化进程相对缓慢。20 世纪 90 年代末期以来，随着经济建设投资向城市部门发展的倾斜，快速城市化进程启动，目前达到 50% 的水平，向城市化成熟迈进。

但是，城市化过程中的诸多问题也开始显现：一是土地城市化远远快于人口城市化，工业增长质量不高及工业服务业不匹配问题突出；二是以外延式扩张为特征的城市化后劲不足，地区内部、区际之间发展不平衡；三是收入差距日益扩大，失地农民、城市低收入人群和农民工面临"贫困化"的威胁，影响社会经济的不稳定性因素增加；四是依赖于资源扭曲、土地财政和负债扩张的政府主导型投资模式难以持续，城市的无序扩张、拥挤与污染、基本公共服务不足与管理效率不高的问题比较突出。

针对上述问题，近年来，就如何城市化的问题，学术界一直存在很大的争论。（1）大城市重点论。主张中国城市化以大城市为主体的思路认为：大城市发展是城市化过程中的普遍现象；大城市的规模经济和集聚效应高，能最大限度地节约土地；大城市有利于资源环境管理，节省土地资源、水资源和公共建设资源，且有利于第三产业发展，增加就业机会（如王小鲁等，1999）。（2）中等城市重点论。主张中国城市化以中等城市为主体的思路认为，比起小城镇来，中等城市具有较大的生产生活集聚效应，又能够避免大城市人口、经济密度过高引发的城市病；与大城市和小城镇相比中等城市比较容易实现经济效益、社会效益和环境效益的统一；发达国家城市化过程的"分散—集中—再分散"趋势，人口最终趋于向中等城市扩散（如李金来，1990）。（3）城市体系论。国家"十一五"规划纲要提出，在继续坚持大中小城市和小城镇协调发展的基础上，把城市群作为推进城镇化的主体形态，形成高效协调可持续的城镇化空间格局。

我们认为，强调大城市优先发展和中等城市有限发展的理论，都是立足于单个城市角度对城市化问题进行分析，有其局限性。城市体系发展理论，应突出城市群发展对于产业竞争力的促进作用，不只是优化空间问题，而且是以空间格局优化带动经济结构的优化和升级的问题。

（二）中国的城市群状况

改革开放以来，伴随着工业化演进，产业的集聚促进了城市集群的发展。现阶段，初具规模的国家级城市群是珠江三角洲城市群、长江三角洲城市群、京津唐城市群和成渝城市群。正在发展的省级城市群包括辽中南、山东半岛、北部湾、长株潭、武汉、环鄱阳湖、皖江、中原、太原、关中等城市群；地方级的城市群包括温州、汕头、徐州等城市群（黄顺江，2010）。被公认的三大经济圈中，长三角城市圈城市化水平较高，空间布局由分散走向集中，大中城市发展趋势明显，在竞争中一直保持着显著的区位优势；京津唐城市群知识产业互补优势明显，产业配套能力强，具有较强的资源集聚优势；珠三角在产业规模和知识资源方面虽然不能与其他两个城市群相比，但是在制度创新方面一直走在全国前列，具有较强的制度创新和经济发展活力。

从经济总量来看，长三角、珠三角、京津唐三个城市群 GDP 占全国 GDP 的比重达 40%，但是，资源驱动型经济增长方式依然比较显著。根据吴晓隽（2008）的测算，1986—2006 年：长三角资本、劳动和 TFP 对经济增长的贡献分别为 38%、16%、46%；珠三角资本、劳动和 TFP 对经济增长的贡献分别为 32%、21%、47%；京津冀资本、劳动和 TFP 对经济增长的贡献分别为 29%、12%、59%。从 TFP 的表现来看，京津冀城市群比其他两个城市群稍高，但是与发达国家 70%—80% 的水平相差较远。

实际上，由于对经济增长速度的片面追求，城市群产业结构趋同、结构优化升级步伐缓慢问题仍然阻碍着城市增长质量的提高，三大城市群都面临结构调整与竞争力提高的问题。比如，区位优势较为明显的长三角城市群，正经历向工业化后起的过渡，摆脱工业发展的资源驱动模式，发展先进制造业和升级服务业结构，是未来需要面对的问题；受劳动力、资源价格上升的倒逼，珠三角城市群资源驱动型增长呈现乏力态势，以低利润加工贸易为主导的制造业经济发展模式面临着挑战；京津唐城市群产业竞争力的提高，也需要解决该区域分工协作及经济一体化问题。

（三）城市集群提升产业竞争力

城市群的发展和演化，为报酬递增的创新集聚要素的成长提供了条件，创新动力是产业集群结构优化、产业竞争力持续提高的动力源。之所以强调城市群的创新功能，是因为产业集群也像单个产品一样，具有生命周期的特性。蒂奇（Tichy，1998）认为，产业集聚从盛到衰经历四个阶段，（1）形成阶段，期间企业聚集在一起，通过分工协作进行产品生产和开发，获得竞争优势；（2）成长阶段，产品大规模生产成为可能，主导产业或产品形成，产业集群迅速扩张，资源集聚能力扩大；（3）成熟阶段，产品生产标准化，学习效应减小，区域内市场竞争加剧；（4）衰退阶段，企业大量退出市场。

中国工业化过程中产业竞争力主要是通过压低要素成本获得的，包括压低劳动力成本和扭曲资源价格。以产品加工和技术模仿为主的国内生产，由于市场进入门槛较低，因此，当国际产业转移的机会到来时，短期内机会出现大量企业。国内学者把这种现象称为"吹哨经济"、"潮涌现象"等。改革开放30多年来，中国工业技术进步主要依靠"干中学"途径获得，内生增长机制一直没有很好地建立起来。经济增长过程中，尽管中国工业效率表现出追赶发达国家的趋势，但是现阶段不但与发达国家差距甚远，而且与新兴工业化经济体比较起来也不尽如人意。

近年来，为了促进产业结构性转型和核心竞争能力的提升，国家批准了一系列战略性区域规划和区域文件。比如，《国务院关于进一步推进长江三角洲地区改革开放和经济社会发展的指导意见》、《珠江三角洲地区改革发展规划纲要（2008—2020）》等，明确了高新技术产业为龙头、空间布局优化为载体、自主创新为核心、企业竞争力提升为的目标的结构优化方向，并对中心城市集聚扩散的带动作用进行了强调。因此，未来城市化过程对空间资源和产业资源的整合优化，是产业发展素质提高的重要动力。

参考文献

[1] 丁魁礼、钟书华：《创新集群的本质含义及其与产业集群的区分》，《科技进步与对策》2010年第10期。

[2] 黄顺江：《我国城市群发展现状与趋势》，《2010年中国城市发展报告》，2010年。

[3] 李金来：《我国城市应走优先发展中等城市的道路》，《城市问题》1990年第2期。

[4] 刘凤朝、杨玲、孙玉涛：《创新活动空间集聚及其驱动因素国外研究进展评述》，《管理学报》2011年第9期。

[5] 世界银行：《2009年世界发展报告》，清华大学出版社2009年版。

[6] 舒尔茨：《报酬递增的源泉》，北京大学出版社2001年版。

[7] 藤田昌久、保罗·克鲁格曼、安东尼·J.维纳布尔斯：《空间经济

学》中译本，中国人民大学出版社 2005 年版。

[8] 藤田昌久、雅克弗朗克斯·蒂斯：《集聚经济学》中译本，西南财经大学出版社 2004 年版。

[9] 泰勒尔：《产业组织理论》，中国人民大学出版社 1999 年版。

[10] 王小鲁、夏小林：《优化城市规模，推动经济增长》，《经济研究》1999 年第 9 期。

[11] 吴晓隽：《中国三大都市圈经济发展方式的比较研究》，上海交通大学博士后报告，2008 年。

[12] 熊彼特：《经济发展理论》，商务印书馆 1990 年版。

[13] 杨国亮：《论范围经济、集聚经济与规模经济的相容性》，《当代财经》2005 年第 11 期。

[14] Arrow, Kenneth J. , 1962, The Economic Implications of Learning by Doing. *Review of Economic Studies*, 29, pp. 153 – 173.

[15] Erik S. Reinert, 2008, *How Rich Countries Got Rich and Why Poor Countries Stay Poor*. New York: Public Affairs, 2009.

[16] Freeman, C. , 1991, Networks of Innovations: A Synthesis of Research Issues. *Research Policy* 20, pp. 499 – 514.

[17] Lucas, Robert E. , 1988, On the Mechanics of Economic Development. *Journal of Monetary Economics*, 1988, 22 (1), pp. 3 – 42.

[18] Romer, Paul M. , 1986, Increasing Returns and Long-Run Growth. *Journal of Political Economy*, 94 (5), pp. 1002 – 1037.

[19] Romer, Paul M. , 1987, Growth Based on Increasing Returns to Specialization, American Economic Review Papers and Proceedings, 1987, 77 (2), pp. 56 – 62.

[20] Romer, Paul M. , 1990, Endogenous Technological Change. *Journal of Political Economy*, 98 (5): 71 – 102.

[21] Tichy, G. , 1998, Clusters: Less Dispensable and More Risky than Ever, Clusters and Regional Specialisation, London: Poin Limited.

[22] Young, A. , 1928, Increasing Returns and Economic Progress, Increasing Returns and Economic Progress. *The Economic Journal*, Volume 38, pp. 527 – 542.

报告12　城市化过程的体制和管理创新

袁富华

摘　要： 工业化阶段向城市化阶段转型以及城市发展过程中，经济增长的目标将发生变化。我国低成本工业化下的目标主要是经济规模的扩大，在城市化阶段，持续稳定的经济增长固然必要，但更重要的是确立居民福利提高目标。这就涉及经济管理一系列的理念和制度创新，包括政府治理模式的创新、社会保障网络的建设、社会公平等。本报告对新增长模式下主要的制度变革趋势，给出了一个描述。

关键词： 城市化　体制创新　管理创新

一　治理模式创新

（一）制度创新的顶层设计

城市化阶段的经济发展具有多极性、网络性和系统性，因此比工业化阶段更需要制度创新赋予活力。在制度变革方面，应突破以往"摸着石头过河"的思维方式，注重制度创新的战略性、整体性，树立制度创新的顶层设计理念。党的十七届五中全会和"十二五"规划中，提出加强"改革顶层设计"这一新理念，目的是强调改革的"整体的明确性"和"具体的可操作性"，在实践过程中能够"按图施工"，避免各自为政造成工程建设过程的混乱无序（竹立家，2011）。"顶层设计"的含义有三点：一是指导方针，着力于提高发展的全面性、协调性、可持续性，在实践中不断开拓科学发展之路；二是基本内容，强调坚持统筹兼顾、突出重点，从党和国家全局出发，提高辩证思维水平、增强驾驭全局能力，把经济社会发展各领域各环节协调好，同时要抓住和解决牵动全局的主要工作、事关长远的重大问题、关系民生的紧迫任务；三是实现路径，重点解决体制性障碍和深层次矛盾，全面协调推进经济、政治、文化、社会等体制创新。"顶层设计"是中国经济社会发展新形势下，科学把握城市化规律的要求，对于制度改革阶段性复合目标的定位、约束条件的分析以及实现路径的规划等均具有很好的指导意义。

（二）政府治理模式的创新

理想的政府治理方式包括以下几个方面：（1）治理的合法性，即权威和政治秩序被认可和服从；（2）透明性，即政治经济等各种信息的公开透明化；（3）责任性，即治理者对其行为负责；（4）回应性，即治理者（机构和职员）必须对公民的呼吁和要求做出及时负责的回应；（5）有效性，即管理机构设置合理，经济有效（俞可平，2000）。伴随城市化及公民社会组织的发展，政府治理模式越来越具有治理权利主体多元化趋势，在治理权利向社会回归的情况下，政府与非政府部门的合作协调，成为最主要的治理方式。

长期以来，"强政府、弱社会"一直是我国政府治理模式的主要特征，生产型政府是在这种管理模式的主要表现形式。对于工业化的资源动员和经济增长来说，强势政府的存在有其有利的一面，政府主导的经济发展推动了中国工业化进程。但是，这种治理模式的弊端也有目共睹，典型如权力垄断导致的腐败和资源浪费、政务透明度低、缺乏民众信任感等。党的十七大报告提出，坚持国家一切权力属于人民，从各个层次、各个领域扩大公民有序政治参与，最广泛地动员和组织人民依法管理国家事务和社会事务、管理经济和文化事业。这个思路为我国政府治理模式由政府单独治理模式向政府—社会共治模式转变指明了方向。

中国政府治理模式的创新，应当把握以下几点：（1）公共服务型政府的建立。经济发展的城市化阶段与工业化阶段的本质不同在于城市社会对公共服务的需求不断扩大，这些服务涵盖了包括水、电、气、路、通信、交通工具等有形的物质产品及包括安全、医疗、教育、娱乐等在内的公共物品和公共服务。公共物品供给体系的高效运行，需要精心的制度设计和组织安排，这种要求非全能型政府管理模型所能满足。（2）非政府组织的发展。培育发展经济类、公益慈善类、民办非企业单位和城乡社区社会组织，强化其服务职能；推动行业协会、商会改革和发展，发挥沟通企业与政府的作用；推动政府部门向社会组织转移职能，向社会组织开放更多的公共资源和领域。（3）政府治理的公共性。主要是强化政府治理过程中的公民参与意识和公民主体性，鼓励公民在经济、政治和社会事务领域参与管理。

(三) 财政体制改革的创新

改革开放 30 多年来，为适应经济发展的需要，我国财政体制不断在调整和理顺中创新（侯一麟，2009）。1979—1993 年是调整时期，主要是放权让利以调动地方积极性；1994 年以来是理顺时期：1994—1998 年分税制推行，使得中央具有大规模提供公共产品和公共服务的能力；1999 年以来开始公共财政体系的探索。财政体制的改革，归根结底是中央与地方财权事权的关系问题，从这一点来说，分税制改革所带来的矛盾也是争论最多的。争论焦点一致集中于分税制导致了中央财政的集中，随着地方政府公共服务化职能的明晰和公共品供给规模的扩大，分税制下的地方政府面临着财权与事权不匹配的问题，地方财政捉襟见肘。对这一问题的解决，存在两个改革方向：一个是从 2009 年开始推行的省管县财政体制，即地级市不再集中县财政收入、转移支付及专项资金不再经过地级市结算、加强县级财政实力和省对县的财政平衡。另一个是广东、上海、浙江、深圳等地开展地方政府自行发债试点，是适应城市化要求而进行的大胆创新。工业化模式下，中国公路、铁路等基础建设主要由国家来做，地方市政融资需求并不大。但是，随着城市化的推进，地方融资需求增大，这就要求地方拥有一定的独立融资权，以解决城市化过程中的市政融资问题。地方政府独立融资是通过用市场来对政府融资和扩张信用的新形式，能够促进地方政府的资金使用效率，而且，也有利于解决地方与银行之间融资的不透明问题。

二 城市化制度创新

(一) 土地制度创新

土地财政是我国城市化快速发展时期呈现出的经济现象。正如一项研究所指出的那样（王慈航，2010），这种模式一方面推动了房地产经济的无序发展，遏制了其他国民经济部门的活力。透支居民未来消费能力，容易诱发金融风险；另一方面土地财政模式导致了地方政府财政收入的不可持续和不稳定，容易诱发财政风险。同时，城乡土地二元制度的存在，也使得政府土地征收中的农户补偿问题较突出（顾惠芳等，2011）。为保证城市化的顺利进行和经济增长稳定，未来土地制度创新应包括以下几个方面：（1）改革城乡土地二元制度，建立统一土地市场。由于城乡二元土地制度的存在，农地转为非农用地时，首先要进行土地集体所有向国有所有的转换，然后由地方政府将土地使用权转让给土地使用者，土地财政收益就包含在这些转换和转让的环节中，同地同价原则也因此遭到破坏。因此，加快建立城乡统一的土地市场、完善土地转让制度，是遏制土地财政、减少农户损失的重要措施。（2）探索和完善土地交易机制，建立土地市场化交易平台。总结近年来在广东、上海、江苏、浙江等发达地区出现的土地交易模式，建立土地产权交易平台，为土地指标跨区交易创造条件，促进土地合理价格的形成。（3）经济开发区土地资源节约利用机制。为了避免经济开发区集聚效应不显著、管理混乱等问题，对于开发区用地效率建立科学合理的量化评价指标。

（二）户籍制度改革

20 世纪 80 年代，为抑制农产品、原材料短缺而设置的城乡户籍障碍，其影响和后果波及至今。在户籍壁垒之下，广大农村被屏蔽在增长收益的合理分享之外，城乡差距日益扩大，也造就了"农民工"这个特殊的群体。户籍改革的背后，是城乡居民的利益大调整，因此进展缓慢，也在预期当中。但是，为保持经济的稳定发展，这个壁垒必须拆除。原因很明显，不让农民工变市民，农民在人力资本上就无法提高，自身劳动生产率就无法提高；只要农民工认为城市生活好，就会撂荒土地进程，无法提高农业生产率，最终导致城乡发展失衡及经济和社会问题。户籍改革的步骤如下：第一，明确户籍不是简单的户口本，而是户口本所代表的社会保障、优质教育资源、便利的生活方式。既然出于各种各样原因，户口本不能向有需求的农民工敞开发放，那么，城市对农民工子女应敞开其教育资源。第二，健全农民保障体系，增加农民的保障额度，缩小城乡居民福利差距。第三，稳步推进城镇化建设，打造城乡一体化格局。

（三）社会保障安全网构建

城市化最大的特征是社会保障制度的健全，大规模人口向城市的集聚以及人口老龄化的趋势，要求城市化过程中的失业保险、养老保险、医疗保险等网络的构建。就中国社会保障建设的总体状况而言，城镇基本拥有了基础较好的保障体系，但是农村的保障建设还刚刚起步。根据一些最新的研究成果（如陈颐，2010），未来具有中国特色的保障模式包括以下几个转型：（1）城镇保障向全民保障的转型，这是缩小城乡居民福利差距的重要途径，其中，国家对失地农民和农民工社会保障的健全尤为迫切。（2）差别型保障向公平型保障的转型：这种差别主要存在于城市内部，机关、企业、事业单位之间存在各种各样的保障差别，最重要的是整合现阶段存在的多种退休和养老保险制度，实现机关、企业、事业单位养老保险制度的并轨。（3）保障型保障向福利型保障的转型。这是随着城市化、现代化发展，国家经济强盛而来的社会保障待遇提高，在这个愿景下，由保障基本生活升级为增加居民福利。

（四）改革收入分配制度

我国的工业化竞争力是建立在廉价劳动力成本基础之上，初次收入分配存在着明显向企业倾斜的特征，劳动力和资本要素收入比例基本是三七开，这也是研究者在估算中国经济增长方程时，习惯把劳动力弹性和资本弹性赋值 0.3 和 0.7 的原因。20 世纪 90 年代以来，我国居民收入差距持续扩大，不仅表现在城乡居民的收入间，而且表现在城市、农村居民的收入之间。产生收入差距的原因有：劳动生产率差异、行政垄断、自然垄断等。因此，中国居民收入差距问题不只是利益分配格局的问题，还牵扯市场、管理体制等方方面面的因素，所以，收入分配步伐调整非常迟缓。未来收入差距的调整，可以分以下几步：第一，完善个人收入所得税征收制度；第二，教育资源的公平化，尤其是加强农村教育的建设；第三，垄断部门的改革；第四，探索农民工工资保障和增长制度；第五，加大国家对落后地区的转移支付。

三　科技创新及协作

（一）中小企业融资支持制度创新

20 世纪 90 年代中期以来，随着市场化改革的推进，由原先乡镇企业转型和新发展起来的中小企业，对于中国的经济发展做出了巨大贡献，担当了就业吸收主阵地的作用。但是，我国中小企业发展长期被融资难问题所困扰，中小企业融资渠道窄、融资成本高已成为众所周知的问题。一项比较研究表明，在融资结构上，我国中小企业都以内源性融资为主，比例达90%以上，比美国中小企业高出40%（聂强，2010），问题表现在以下几个方面：融资基本依赖银行，资金来源渠道单一，缺乏商业银行、投资公司、政府资助、风险投资等支持；融资机制上，尚未建立起面向中小企业的高效融资体系；中小企业融资信用担保体系不健全。城市化及创新集聚的过程，是企业分工协作的过程，中小企业健康发展是促进产业创新和成长的重要保证。因此，建立系统化的中小企业融资支持制度，对于城市化的顺利推进意义重大。基于现状和未来需求，中小企业融资支持制度建设包含以下几个方面：（1）发展中小资本市场，解决资金来源渠道单一问题。中小资本市场主要包括创业板市场和区域小额资本市场，我国目前已经推出创业板市场，但是由于容量有限，因此，积极探索区域性小额资本市场的发展，是中小资本市场发展的重要方面。（2）融资担保制度建设。一方面，通过建立政府对担保公司的风险补偿机制，促进担保公司与中小企业的合作；另一方面，完善中小企业互助担保基金制度，形成政府、企业、银行共同出资共担风险机制。（3）民间借贷转正。民间借贷是产业资本向金融资本转化的结果，是正规金融的有益补充，在一定程度上解决了中小企业融资需求。对于经济发达地区的民间借贷，国家应采取分类管理、有效引导的措施，规范民间借贷行为，对合理合法的民间借贷给予支持和保护。

（二）人力资源培育和劳动保护

科技和制度创新的实现最终要靠人才。30多年的工业化，经济增长过程的"干中学"、投中学机制，促进了中国人力资本的积累，中国劳动者技能、知识存量处于不断积累过程中。但是，由于中国工业化走的是"干中学"模仿型的技术进步道路，创新型企业家和创新型研发人力资源缺失，这是城市化阶段的人力资源政策着力点。未来人力资源开发的制度，可以在吸取目前国内发达地区高层次人才引进、培养的经验基础上，借鉴发达国家经验，建立起国家高端人才培育的系统性规划。另外，吸取以往的经验教训，国家应建立起农民工劳动保护的相关制度，对占劳动力市场大部分的这一群弱势群体的健康予以保护。

（三）建立区域协调合作机制

城市群的形成，城市间的分工协作，已经突破了原有行政区划的范围。目前广泛存在的区域分割，已经不能满足新阶段经济发展的要求，城市群内部城市之间的协调，以及城市群之间的合作，对于空间资源的整合非常重要。适应未来城市群发展和创新集群成长的区域治理模式，应该是跨行政区的协商协调机构。目前，城市群合作遇到的主要问题是：第一，区域合作的治理机构缺失，不具有议事制度化和决策合法化的环节。第二，协作补偿机制缺失。城市间的合作，应当是互利共赢，成本均摊，致使城市参与区域协作的积极性不高。这些问题的存在，往往导致诸如产业结构趋同等问题。未来的区域合作机制，应有国家和地方在区域合作方式上进行探讨和规范化，在法律保障、机构建设方面进行创新。

参考文献

［1］ 陈颐：《论社会保障的"中国模式"》，《江海学刊》2010 年第 5 期。

［2］ 侯一麟：《政府职能、事权事则与财权财力：1978 年以来我国财政体制改革》，《公共行政评论》2009 年第 2 期。

［3］ 顾惠芳、王大伟：《加快土地制度创新、促进城镇化质量提升》，《中国经贸导刊》2011 年第 22 期。

［4］ 聂强：《中美中小企业融资模式研究及路径探索》，《云南社会科学》2010 年第 4 期。

［5］ 王慈航：《"土地财政"模式转型的路径依赖与制度创新》，《经济与社会发展》2010 年第 9 期。

［6］ 俞可平：《治理与善治》，社会科学文献出版社 2000 年版。

［7］ 竹立家：《改革需要什么样的"顶层设计"》，《人民论坛》2011 年第 2 期。

报告13　提高城市化的集聚度，推动经济的可持续发展

张　平　刘霞辉　张晓晶

摘　要： 中国经济经过30多年的高速赶超，形成了政府积极动员资源、企业低成本竞争、政企相互促进的一个独特的工业化道路，极大地将中国的比较优势发挥出来，取得了出口导向战略的成功，激励了中国工业化的大发展。然而这一增长机制随着城市化和国际化加速，逐步受到强烈的挑战。要素价格重估、成本正常化、社会保障体制建立的加快，使得低成本竞争的工业化机制不可持续的特性凸显出来。在这种特殊环境下本报告提出了中国经济将进入新的阶段的论断，并对中国经济发展提出了切实可行的建议。中国经济进入新阶段，其具体表现为从结构失衡转向增长的均衡性与持续性、从政府主导型经济到更加注重发挥市场配置资源的基础性作用、从关注经济增长到更加关注社会的和谐稳定、从全球经济大景气进入缓慢增长期和从大烟囱的工业文明逐步转向低碳经济五个方面。并提出要稳速增效，提升城市化的集聚度，推动产业现代化的建议。建议的具体措施有以下九个方面：（1）为稳速增效，围绕潜在增长率均衡发展；（2）积极提高城市化的空间集聚度；（3）推动创新和产业的现代化；（4）充分发挥市场基础性配置资源的作用，建立均衡增长机制；（5）深化政府行政体制改革，建立服务型政府；（6）扩大就业提高劳动者报酬，建设社会分享机制；（7）积极参与全球化规则制定，内外需并举；（8）夯实三农基础，统筹城乡发展；（9）复兴中国文化，推进绿色生活模式和生产方式。

关键词： 经济展望　新阶段　城市化　集聚度

进入2012年，中国人均GDP达到6100美元，向着国际中高收入水平发展，人民生活和福利水平普遍提高。从国际经验看，迈向中高收入体系后既面临继续大发展的机遇，同时也是转型的关键时期。若发展战略不

能及时转型，经济将面临被原有增长机制锁定的风险，从而使经济体在中等收入阶段处于停滞徘徊期。

中国经济经过 30 多年的高速赶超，形成了政府积极动员资源、企业低成本竞争、政企相互促进的一个独特的工业化道路，极大地将中国的比较优势发挥出来，取得了出口导向战略的成功，激励了中国工业化的大发展。然而这一增长机制随着城市化和国际化加速，逐步受到强烈的挑战。要素价格重估、成本正常化、社会保障体制建立的加快，使得低成本竞争的工业化机制不可持续的特性凸显出来。从国际经验来看，使各经济体赖以从低收入阶段成长为中等收入阶段的战略，对于向高收入经济体攀升是不能够重复使用的。因此，政府的经济发展目标和相应的体制机制要从追求"快"的规模扩张，转到自主创新、建立增长分享、友好环境的和谐体系的"好"目标，建立可持续的发展机制，稳速增效。

一 中国经济进入新阶段

（一）从结构失衡转向增长的均衡性与持续性

中国过去 30 多年接近两位数的高速增长，既提升了中国国力和人民生活，也带来了结构压力、发展的不平衡和环境恶化等多方面的挑战。如果继续沿着原有的机制轨道高速增长，就没有调整结构和解决发展不平衡的余地，会导致经济增长的波动性加大。因此必须转变发展方式，保持未来经济高增长的稳定性和可持续性。

国内改革开放后长期忽视的环境保护和资源消耗过大问题直接威胁着中国经济的可持续发展。与此同时，外部冲击、结构转换摩擦、市场机制不完全、收入差距过大引发的社会压力等都会越来越大地挑战中国经济增长的稳定性，需要加快空间配置、结构和机制转换，才能以可持续的方式保证高增长。

中国当前的工业化水平远超过 GDP 相当时期的发达国家和现在可比的任何国家水平，但城市化则系统地低于可比的同类国家水平，提升空间集聚水平，积极推进城市化发展，以此带动中国的经济高速增长仍有很大的余地。"十二五"期间，中国经济仍将处于快速增长阶段。随着中国城市化的发展，人、社会和生态的空间平衡成为发展的重要方面，也会有效地约束中国粗放式经济发展方式。

"十一五"规划已经为空间平衡、结构和机制转换奠定了基础，如主体功能区的规划、服务业提升、创新投入和生态资源指标都旨在通过目标牵引来转变发展模式。由于强烈的外部冲击，上述工作都受到了很大影响，中国经济的均衡性和可持续性不断被挑战，使得发展模式转变举步维艰，迫使我们在"十二五"期间更要加大发展模式的转换力度，以空间集聚和产业结构优化并举的方式推动发展模式的转换。

（二）从政府主导型经济到更加注重发挥市场配置资源的基础性作用

坚持市场化改革方向，积极发挥市场基础配置资源作用是我国"十二五"期间的一个重要任务。中国改革开放 30 多年，社会主义市场经济体制不断完善，但也应该看到中国很多层次的体制矛盾也突出出来，市场作为基础配置资源的机制始终没有理顺，要素价格扭曲，妨碍了资源的节约使用，激励了低成本的竞争，导致产能过剩；而行业准入和垄断问题也困扰着市场机制的发挥，制约了服务业的发展；土地制度和户籍制度影响了中国的城市化步伐；而社会福利体系建立的"碎片化"也非常严重，导致了地方的收入和福利的差距扩大，并影响着要素的流动。随着中国经济的全球化步伐加快，特别是 2008 年年底中国成功地抵御了国际金融危机的外部冲击，政府充分地发挥了反危机的作用，随着经济的复苏，"十二五"期间，一个重要任务就是政府逐步从反危机中的退出，发挥市场配置资源的基础作用，使经济更具有弹性，为政策运用提供体制空间，面对新形势、新阶段，激发更为丰富的体制创新活动，才能满足经济发展的社会需求。

深化市场化改革最为重要的方面是加快政府转型，从经济建设型政府转变为一个公共服务型政府，这就意味着政府需要很大的转型力度，只有政府转型成功才能理顺市场和政府干预的摩擦，也才能满足人民日益需要的高效率和高质量的公共管理和公共服务。行政管理体制未理顺，管理职能转变也是走一步退两步。尽管政府需要转变目标，但囿于现有财税体制，又不得不搞经济建设、进行各种各样的融资活动以满足日益增长的社会福利目标。因此，政府体制的改革要有一个更为系统的规划，逐步通过财税等改革激励政府转型。

（三）从关注经济增长到更加关注社会的和谐稳定

全球的发展经验看，进入中高收入阶段，解决收入分配差距拉大，消除经济社会中的很多不平衡因素，才能积极推进以人为本的社会和谐发展。"十一五"期间，全面贯彻落实科学发展观，推进和谐社会的建设取得了很大的进展，但要也清楚地认识到，进入中高收入阶段后人们的对社会经济文化等多方面的诉求提高，城市化加快了人口、土地等资源要素的流动，也对政府公共服务提出了更高的标准，维护社会稳定，建立和谐社会道路依然艰难。

当前，收入差距问题已经成为经济发展和社会稳定的"瓶颈"。经济增长和劳动生产率的提高与大量财富的创造最终体现为巨大的贫富差距，直接会造成经济的停滞或危机。因此，以危机为契机，大力推进各项改革，调整收入分配格局，实现分享型增长、促进社会的和谐稳定将是"十二五"期间的重要工作方向。

（四）从全球经济大景气进入到缓慢增长期

经济危机之后，全球经济在进行调整。从全球经济增长角度，世界经济会进入一个相对缓慢的增长期，无论是发达经济体还是发展中经济体，其潜在增长率（或趋势增长率）都会下降1—2个百分点，鉴于二者增速绝对水平的差异，发达经济体的潜在增长率可能会下降0.5—1个百分点，而发展较快的发展中经济体，其增速可能会下降1.5—2个百分点。这样一种态势可能会维持在整个"十二五"期间。从世界经济发展的历史看，第二次世界大战以后的25年是整个全球经济的黄金增长时期，世界经济平均增长率达到5%。而从20世纪70年代的第一次石油危机到90年代末的亚洲金融危机基本结束这个阶段，西方经济出现了困扰它们多年的所谓经济滞胀，世界经济平均增长只有3%左右。从进入21世纪到次贷危机爆发之前，特别是中国加入世界贸易组织后以及美国"9·11"之后采取极为宽松的货币政策和扩张性财政政策，全球经济又恢复了强劲的增长，2000—2007年，全球年平均增长率达到4.12%，而2004—2007年的增长又接近5%（4.91%）。全球经济2010年的增长水平3%，不过是西方发达经济滞胀时期的水平。尽管2011年之后的增速可能会有所提高，但达到危机之前的水平还需要较长一段时间。

从全球经济结构角度看，会出现一个经济的再平衡过程。这个再平衡早在进入21世纪以来就是一个非常重要、亟待解决的问题。但真正进入再平衡的调整则是在危机过程中以及危机之后。危机"迫使"一个本来早该进行的调整过程成为现实。再平衡意味着增长动力的转换，是对过去较长一段时间的增长方式的扬弃，甚至是一场根本性的转变，这需要制度机制的转换，需要政府、企业、个人三者都来重新适应这种变化。因此，再平衡是相当困难、耗费时日的。并且，这样一种增长动力的转换，在短期内还会导致增长速度的放缓。如果发达国家的经济减速持续下去，那么发展中国家的经济增速也无法恢复危机前的水平，因为没有足够的需求来吸收其产出的应有增长。

（五）大烟囱的工业文明逐步转向低碳经济

气候变暖问题以及低碳经济成为一国发展绕不开的主题。从全球范围而言，世界经济应从高碳排放的工业文明向低碳消耗的生态文明转型；就中国而言，这是科学发展观的题中应有之义。尽管在这个问题上，发达经济体与发展中经济体，以及发达经济体内部（如欧洲与美国）存在不同的利益诉求，从而难以达成全面共识，但是，有一点必须认清，低碳经济逐步成为一种共识性发展趋势。从制度安排，治理架构以及民间运动等各个方面，都使得对全球气候变化以及低碳经济问题不得不正视。我们可以强调发展中国家所处的发展阶段，以及发达经济体对环境恶化问题负有不可推卸的历史责任，以及在低碳发展目标与路线图方面有不同的看法，但未来经济发展必将面临这样一个"绿色约束"却是共识。

低碳经济革命的实质，是从传统的劳动生产率时代进入到未来的资源生产率时代。在工业革命的开始，经济发展的主要稀缺因素是劳动和资本，因此经济增长需要通过机器对劳动力的替代，大幅度地提高劳动生产率和资本生产率。今天，制约人类经济发展的稀缺资源已经从劳动力转移到像化石能源和大气容量这样的自然资本，因此大幅度提高化石能源和二氧化碳的使用效率，将是未来几十年经济创新的主要任务。与此同时，低碳经济也意味着转变消费观念提倡绿色消费，即低能耗、低碳排放的消费。

低碳经济以及相关的节能减排设备与技术的出口，将可能成为发达经济体新的增长点。低碳经济，对于那些有着能源比较优势的国家，特别是能够生产低碳能源的优势（这在以前并不受重视），将会成为高度竞争的全球化市场上新的比较优势。而较早倡议节能减排的欧洲，在相关技术设备出口方面也将享有优势，从而形成新的增长点。相对而言，发展中经济体，出口的比较优势往往是高能耗低劳动力成本，那么，面临低碳经济条件下的碳关税，将是一个较大的限制，会提高出口成本，影响贸易收益。

二　稳速增效，提升城市化的集聚度，推动产业现代化

中国已经发展成为世界第二大经济体，从规模、开放和发展的阶段特征看，提高经济增长质量和效益，增强经济增长的稳定性与可持续性是进入新发展阶段的重要目标。中国的调整应继续延伸"十一五"提出的以科学发展观统领经济和社会的基本原则，加快形成一个具有中国社会主义特色的可持续的发展模式：稳速增效、普遍分享和天人合一的均衡体系。

（一）稳速增效，围绕潜在增长率均衡发展

以中国经济潜在增长率区间为基准，稳速发展，为经济结构调整留有余地，保持经济增长稳定的同时，将发展的目标转向提高经济效益，可持续发展的轨道上来。

"十一五"期间，年均 GDP 增长速度达到 10% 以上，远远高于规划的计划增长速度，为 2020 年全面实现小康打下了坚实的基础，经济增长从 2010 年开始要逐步将 GDP 增长速度降低到 7.5% 的水平，稳定在潜在增长率区间。

所谓潜在经济增长率，是指一定时期内，在各种资源正常限度地充分利用且不引发严重通货膨胀的情况下，一个经济体所能达到的经济增长率。潜在经济增长率表明一定时期内消除了通胀条件下的经济增长长期趋势，现实经济运行围绕潜在经济增长率上下波动。如果现实经济增长率过高地超过潜在经济增长率，各种资源供给的"瓶颈"制约就会非常严重，经济运行就会绷得很紧，产业结构失衡，引发严重通货膨胀；反之，如果现实经济增长率过分地低于潜在经济增长率，则会造成生产能力过剩和资源的严重闲置，引起失业、企业经营困难，国家财政收入减少，各项社会事业也难以顺利发展。现实经济增长率可在适当的幅度内围绕潜在经济增长率上下波动，既不引起资源的严重制约，也不引起资源的严重闲置，物价总水平也保持在社会可承受的范围内，这一波动幅度可称为潜在经济增长区间，也可称为目标增长区间，我们计算的潜在增长率区间为，年通货膨胀率在 0—4% 相对于的增长率区间为 7%—9.5%，经济增长超过 10%

通常会引起 5% 以上的通货膨胀。改革开放 30 多年来的实践经验证明了超两位数的高增长必然会引起超过 5% 的通货膨胀率。过高的经济增长迫使经济、社会和资源体系处于高度紧张状态，难以进行结构调整、和谐社会和友好环境的建立，更难以将经济增长方式从粗放型转向效益型，要坚持"又好又快"的原则，把"好"字放在第一位。

中国当前的发展阶段要面临非常多不确定因素的扰动，如全球经济增速的放缓；国际热钱和资源价格上涨的直接冲击，很容易引发资产泡沫和通货膨胀；汇率、资源公共品价格形成机制改革一方面会减低经济结构扭曲，但同时会产生价格上涨压力。随着成本正常化，特别是劳动力成本的不断提高，如果不能提高效率，只能通过价格转移就会引起成本推动的通货膨胀等。新发展阶段和面临的国际形势总体上看是一个偏向于资产和物价上涨的趋势格局，将经济增长速度目标降低到接近潜在增长率的下限水平 7.5%，为价格机制调整和改革留有余地，才能有效地激励企业增加效益，走上循环、绿色经济的可持续发展的轨道。

在保持经济平稳增长的同时，要更加注意提高增长的质量与效益。从供给角度看，未来的经济增长应从主要依靠投资规模扩张以及廉价劳动力，转变为主要依靠劳动力生产率的提高。劳动生产率尽管不是一切，但长期而言几乎就是一切。因为劳动生产率是内生增长可持续的源泉，一国人民生活水平的提高最终取决于劳动生产率的提高。因此，调整结构，转变体制机制，鼓励创新，提高劳动生产率水平，增强经济增长质量与效益，是"十二五"发展的重要方向。

（二）积极提高城市化的空间集聚度

21 世纪以来，城市化和工业化一直是带动中国经济两大增长引擎，但也是中国经济粗放发展的动力来源，不顾资源、环境和人口等的约束，从乡镇到县市均积极开展了城市化运动。在不合理的利益驱动下，土地城市化远远快于人口的城市化，房地产价格上升快于居民收入的增长速度，房价收入比在不断加大。城市化过程拉动土地成本、房地产价格、公共福利、基建等成本快速攀升，导致了中国经济成本的上涨，而户籍制度、区域化社保、城市房地产价格过高阻止了人口的城市化，城市集聚效应难以发挥，影响着产业竞争力。土地城市化的超速增长直接打破人、社会与自然的平衡，耕地保护、环境保护和失地农民问题引起的社会冲突等问题越来越显得突出。"十一五"计划，针对城市化与环境等问题，采取了主体功能区的空间布局规划，取得了初步效果，应继续强化执行。

中国城市化水平在预计从 2010 年城市化率的 47% 起步，提升到规划结束期间的 2015 年 54%，依据国际经验，城市化率在 30%—50% 时，这一段时间叫作"遍地开花"式的城市化，从原来居住点转移到邻近城市来进行城市化；城市化率超过 50% 后，城市人口会向大城市集中，这一时期是城市化模式选择的重要时期。应抓住我国城市化模式选择的关键时期，加速人口的城市化步伐，人口城市化的核心是依托城市化逐步建立以人为本的社保体系，而不是画地为牢的社会保障，逐步取消户籍制度，建立一个广覆盖、可转换的基本社保体系，才能提升真正意义上的人口城市化，提升空间集聚效率，获取城市建设、管理和公共支出等的规模经济，这将有效地改变原有的土地利用模式，降低土地资源压力。提升空间的集聚度才能根本上促进服务业的发展，国际经验表明，服务业和城市化发展高度相关，更与城市化规模、人口密度等集聚程度直接相关，调整服务业和工业结构关键在于增加空间集聚。从扩大消费需求角度，随着城市化的推进，城市服务业的发展，这些能够满足人们日常增长的对于服务的需求。其实，在未来消费项目的增长中，服务的消费将占主导。发达国家提供了这样的先例。

全球城市化发展的经验表明，一国城市化水平与单位资本 GDP 高度相关。原因是人口和资源的空间集聚产生了规模收益递增的效应。对于工业化的城市，"集聚效应"更明显，因为知识和新技术在交流、竞争和传播等方面效率更高，城市运行成本低（因公用设施密集），产出效率高。可以观察到，以东亚为主的新兴经济体走的正是大城市圈为特征的、围绕工业化而展开城市化的路子。随着空间要素集聚水平、人口密度和规模的提高，服务业会被快速推动，使得城市发展的多样性增加，服务业就业和产值占 GDP 的比重会快速上升。

（三）推动创新和产业的现代化

实体经济与金融的过分背离被认为是美国金融危机发生的重要根源。发达主体都提出要恢复制造业的国际竞争力，有向实体经济回归的迹象。我国应根据自身的国情对此进行认真反思，一方面我国长期以来工业化水平高，实体经济发达，需要金融等现代服务业的发展；另一方面也要清醒地看到我国随着产能过剩、创新不足，大量资金从实体中析出转向房地产、股票等资产部门。这次反国际金融危机后，国家加大了资金的投放，资金向房地产、资本市场等资产部门流动加快，已经出现了资产价格上涨过快的迹象，利用资本市场配置资源的功能越来越提到了战略的高度。

中国经济的技术创新有赖于国家的税收补贴等的激励，而更有效的激励则来自资本市场，因此发展金融服务技术促进创新是重要的。中国当前的技术创新活动不仅仅是工业，而且应更广泛地包括现代服务业的创新活动。当前中国资本市场的制度架构仍不完善，配置功能没能发挥，技术创新激励严重不足，导致资产价格出现高估，直接影响实体和资产部门的经济流向。

对实体经济和技术创新激励力度最重要的是靠发展多层次金融服务体系，让资金能有效地配置到激励中国创新的需求上，激活企业的创新活力，提升中国资本市场的规模与功能，服务于实体经济。

中国工业化率常年保持在近50%，典型的高资源投入驱动的工业化。在成为世界大工厂的同时，工业现代化水平则不高。从工业现代化衡量指标看，计算出我国工业的效率、技术研发投入、信息化水平、国际化水平、企业管理科学化水平和可持续发展水平等多指标综合值，与国际发达国家相比只达到一半。因此，加速中国工业的现代化则是"十二五"计划的另一重要增长动力。在城市化、全球化和市场化的推动下，竞争成本正常化，土地、环境成本提高，工人工资和福利水平更是要较快增长，只有工业的现代化水平的不断提高，才能从高效益中消化成本上涨因素，维持我国的全球的产业竞争力。

（四）充分发挥市场基础性配置资源的作用，建立均衡增长机制

后发国家赶超的实质就是通过政府动员资源并配置到高增长的现代化部门实现经济增长的加速。如后发国家都有这样的共识：工业部门的劳动生产率和增长率要远高于农业部门，因此运用政府动员体制有效地将农业资源转移到工业部门，就会引起结构转变性的赶超，即所谓的非均衡加速道路。结构失衡就是源于这种经济规模扩张过程，但结构失衡同样会造成很大的经济和社会矛盾，而且还会产生很强的增长和利益分配的路径依赖，并将原有的赶超机制转变为阻碍经济持续发展的因素。一个国家经济增长进入中高收入水平后，结构失衡推动的规模增长效率就会快速递减，因此必须进行战略根本性转型，转到一个均衡的可持续发展轨道上来。

纠正结构失衡的关键是要把价格信号搞对，通过正确的价格信号改变市场参与者的激励，引导资源的有效配置，从而实现结构的优化。因此要坚持市场化改革，充分发挥市场基础性配置资源的作用，加强反垄断机制的建立，特别是缩小行政垄断的范围，逐步调整资源价格，提升资本市场在优化资源配置方面的积极作用，让市场能有效配置资源，让微观企业能按市场信号进行理性决策。这样，才能有效地消除结构失衡及其利益激励基础，建立起均衡增长的机制。

（五）深化政府行政体制改革，建立服务型政府

政府反危机时的作用重大，如果政府过度使用资源配置权，并逐步形成更为牢固利益结构，宏观激励将会被不断"倒逼"，无法退出，政府退出反危机是政府改革的第一步，政府退出的同时要下大力气改变政府的财政激励体制，如将依赖短期的土地出让金转变为土地增值税，改变现在以流转税为主的税收向以所得税和流转税并举的体制过度，这样才能改变政府激励方向，减少政府对经济增长的干预和主导，更为重要的是，要消除各级政府单纯追求"快"而获激励的机制。财政和行政分配体制上的改革是未来一个时期重点要解决的问题。

转变建设型政府为服务型政府。当政府用一种比较规范的方式来行使公权力时，经济主体自会在市场的作用下，完成经济结构的调整和增长方式的转型。政府行政变革的核心是强化政府的基本公共服务的职能，将政府的目标转到公共服务需求上来，提高行政管理能力，积极加大政府自身建设和转型。

（六）扩大就业提高劳动者报酬，建设社会分享机制

扩大就业，建立经济增长的社会分享机制，提高居民收入才能从根本上解决消费投资失衡，内外需失衡的问题。中国要素收入初次分配过程中系统性低于国际水平，低于发达国家相当于我们发展时期的20%，低于新兴市场国家15%，中国劳动收入报酬比率低是导致中国消费率低的一个重要原因，如果劳动者报酬提升至新兴市场国家的水平，则消费率会相应提高；如果能加大企业的分红和保持正利率水平，居民的财富报酬也会提高进而带动消费率，刺激消费措施和提高社会保障等方法均有可能提高消费率，中国居民消费率就会从2008年的36%上升到2015年结束时的46%，每年提升1%强，才能扭转居民消费和投资失衡，扩大内需才能落到实处。

扩大就业，提高劳动者参与到经济增长过程中，并通过劳动制度的改革，提高劳动者报酬比率是未来期间最为重要的以人为本的富民目标。依

托城市化，促进农村劳动力的转移，加快发展服务业，特别是增加可贸易服务业的比重，扩大就业，提高收入是这一时期的重点。

调整收入分配机制，缩小收入差距，扩大社会保障体系的覆盖面，积极促进卫生、教育、保障性住房和公共服务的发展，实现社会的和谐化，根本上就是要建立一个社会普遍分享的机制，为2020年全面小康打下坚实的基础。

（七）积极参与全球化规则制定，内外需并举

中国加入世界贸易组织后，经济体系已经融入了全球化中，特别是国际金融危机后，中国的全球化步伐更快，已经远远不是对外贸易可以概括的，而是全方位地加入和推动全球化进程的国家了。积极开展区域合作，推动全球化规则的制定，内外需并举。

国际化货币体系改革，给中国参与全球金融货币的治理提供了机会，同时，也使得人民币走向国际化有了更大的机遇。低碳经济发展，要求中国要有既符合自己发展权益又对世界承担责任的表现。参与国际气候变化应对规则的制定，发出自己的声音，体现自身的利益诉求。通过国际规则的制定也激励本国加速转变增长模式，促进节能减排，在低碳经济发展中，提升我国制造业水平。中国依然是一个发展中的大国，内外需并举是中国的一个长期发展的战略举措，积极利用两个市场，提高制造、服务业方面的国际竞争力，促进我国经济的可持续发展。

（八）夯实三农基础，统筹城乡发展

经过"十一五"计划向"三农"倾斜的一系列方针政策后，中国农村发展取得了很大的成就，未来要继续加大投入农村基本建设，稳步提高农产品价格，建设农村社会保障网络，夯实"三农"基础，推动农业部门的现代化，并在此基础上尝试农村人口城市化和土地流转的试点，统筹城乡关系。工业化过程中利用农产品"剪刀差"等方式将农村积累转移到城市和工业发展，在城市化过程中应该在土地补偿、农产品价格等方面补偿农村的历史欠账，并以城市化和农业部门现代化统筹城乡发展，加快农村人口的城市化。

（九）复兴中国文化，推进绿色生活模式和生产方式

观念和文化是统领规划实施的关键。复兴中国文化传统，推进中国和谐式的生活方式和生产方式，是校正当前多重失衡，特别是人与自然不平衡的重要途径。

西方工业文明的基础是人类中心主义，即人是自然万物的主宰，人类的创造性活动在于不断地征服自然；而中华文明则强调天人合一、道法自然等观念。从这个角度看，低碳经济发展及生态文明建设，完全可以建立在中华传统的创造性转化上，以此来推进绿色的生活模式和生产方式，实现人与自然的和谐。而中国传统文化中强调"和为贵"的思想，更是可以积极引领全球和谐文化观。

以科学发展观统领社会和经济的发展，以东方文化和谐观的复兴改变生产和生活方式，将成为促进中国经济可持续发展的新动力。

第四部分　中国城市可持续发展评价

报告14 1990—2011年中国城市可持续发展评价

张自然 张 平 刘霞辉 付敏杰 黄志钢

摘 要：为了探讨中国各地级市经济可持续发展情况，本报告提出了一套地级及地级以上城市经济可持续发展评价体系。此可持续发展评价体系一级指标包括经济增长、增长可持续性、环境质量、政府效率和人民生活五个部分，通过产出效率、经济结构、经济稳定、产出消耗、增长潜力、居住环境、环境质量、政府效率、人民生活等方面42个具体指标，运用主成分分析法对264个地级市可持续发展状况进行客观分析，得出了中国264个地级市1990—2011年的可持续发展排名，并对264个地级市分别按1990年、2000年以来两个阶段以及2009年、2010年和2011年三个年份，依照权重比3：3：2：1：1对264个地级市的经济可持续发展状况划分了五个级别。此外，还分析了一些地级市经济可持续发展的影响因素，包括一级指标权重与其主要影响因素，并绘制了1990年、2000年、2009年、2010年和2011年地级及地级以上城市以经济增长、增长可持续性、环境质量、政府效率和人民生活为指标的可持续发展雷达图以及列出了各具体指标的权重。

关键词：城市 可持续发展 评价 排名 分级 主成分分析法

一 引 言

我国经济已经进入由粗放型增长方式转向集约型增长方式的阶段。粗放型经济增长方式的特征是依靠增加生产要素投入来促进经济增长，也即数量型经济增长。集约型经济增长方式的特征是依靠生产要素的有效配置来促进增长，即提高经济增长质量。经济增长不仅包括数量的增长，还要有质量的增长。而在一个相当长的时期内，经济增长理论仅研究经济的数量增长，而没考虑经济的质量增长。在《宏观经济蓝皮书——中国经济增长报告（2011—2012）》、《宏观经济蓝皮书——中国经济增长报告（2012—2013）》中分别对 1990—2011 年、1990—2012 年中国各省区市经济可持续发展进行了评价。本报告则将视线转移至城市方面，分析了中国 264 个地级市 1990—2011 年经济可持续发展情况，并按权重比 3∶3∶2∶1∶1 将 264 个地级市划分为五个级别，继而对各地级市经济可持续发展的影响因素予以分析，以试图建立起中国地级市经济可持续发展评价体系。

最早的可持续发展指标评价体系可以追溯到联合国开发计划署（UN-DP）在 1990 年提出的人文发展指数（HDI）。该指标体系以预期寿命、教育水准和生活质量三项变量为依据。HDI 综合反映了卫生与健康水平、教育水平、经济和生活水平，能较全面地反映社会和经济的发展。[①] 经济合作与发展组织（OECD）确定了以环境可持续发展模型（Pressure-State-Response 模型，PSR）作为可持续发展指标体系。1994 年联合国统计局（UNSTAT）以《21 世纪议程》[②] 中的主题内容如经济问题、大气和气候、固体废弃物、社会经济活动和事件、影响和效果以及对影响的响应等作为可持续发展进程中的主要问题来对指标进行分类，形成了一套可持续发展指标体系 FISD（Framework for Indicators of Sustainable Development, FISD）。世界银行对 OECD 的可持续发展指标体系进行了调整，将 OECD 建立的可持续发展指标体系应用到四个基本的领域（环境、社会、经济和机构），于 1995 年 9 月公布了一套以"国家财富"作为衡量可持续发展依据的可持续发展指标体系。该指标体系将"国家财富"分解为自然资本、人造资本、人力资本和社会资本四个部分，否定了传统的以人造资本为依据来衡量可持续发展的方法，赋予了可持续发展以科学的内涵，动态地反映了可持续发展的能力，并运用该指标体系对世界的 192 个国家的资本存量进行了粗略的计算，将可持续发展的概念付诸可操作性的实

[①] 联合国环境规划署：《21 世纪议程》，中国环境科学出版社 1994 年版。
[②] 叶文虎、仝川：《联合国可持续发展指标体系述评》，《中国人口资源与环境》1997 年第 9 期。

施。① 联合国可持续发展委员会（UNSDC）和联合国政策协调与可持续发展部（DPSDC，1996）在"经济、社会、环境和机构四大系统"的概念模型和 DSR（Driving Force-State-Response）模型的基础上，结合《21 世纪议程》提出了一个初步的以可持续发展为核心的指标体系框架。环境问题科学委员会（SCOPE）与联合国环境规划署（UNEP）合作提出了高度综合的可持续发展指标体系，该指标体系创建了人类活动和环境相互作用的概念模型，很好地阐释了人类活动和环境存在的四个方面的相互作用，同时选取了 25 个能够相对比较准确地表征这四个方面相互作用的指标构成了环境可持续发展指标体系。②

此外，对于城市方面的研究，国内比较有影响力的是中国社会科学院财经战略研究院倪鹏飞及其团队对城市竞争力的研究，即对中国主要城市竞争力进行评估及其竞争优势进行评价的研究，每年发布一份《中国城市竞争力报告》。倪鹏飞认为，所谓城市竞争力，简单地说，就是城市的经济竞争力，即城市创造财富的能力；具体而言，是指一个城市同其他城市相比较，利用环境和吸引转换要素，提供产品和服务、占领市场，又好又快、可持续地创造财富，为居民提供福利的能力。为了评定城市竞争力，他们设计了综合市场占有率、长期经济综合占有率、综合地均 GDP 与综合人均收入水平四个指标，其中又可分为两套城市竞争力细化指标：一是软竞争力与硬竞争力，前者包含制度竞争力、文化竞争力、政府管理竞争力、企业管理竞争力与开放竞争力；后者包括人才竞争力、资本竞争力、科技竞争力、基础设施竞争力、结构竞争力、区位竞争力与环境竞争力，而"软"因素最重要，其中制度、文化居于核心地位。二是外部系统竞争力与内部系统竞争力，前者包含国家竞争力与大都市区竞争力；后者包括内城竞争力、政府竞争力、产业竞争力、企业竞争力与市民竞争力，而"内"力最重要，其中城市企业、城市市民竞争力居于核心地位。

依照以上框架对城市竞争力的研究，其价值主要体现在三个方面：一是对我国的城市竞争力进行年度计量与排名，如此，虽然会对各城市产生感官刺激之效果，但更重要的是便于各城市能客观地剖析自己的优劣势，以研究竞争对手和确定追赶目标城市。二是能够明确各因素对城市综合竞

---

① 边雅静、沈利生：《人力资本对我国东西部经济增长影响的实证分析》，《数量经济技术经济研究》2004 年第 12 期。

② United Nations Development Programme，*Human Development Report*. Oxford University Press，1999.

争力之贡献大小，比如他们认为贡献从大到小可依次排列为资本力、文化力、设施力、聚集力、管理力、科技力、劳动力、秩序力、开放力、制度力、环境力、区位力、结构力等。其中，关键因素为资本和制度（包括非正式和正式的制度），而制度竞争力中个人权益保护度对城市竞争力的贡献度最高；其次为文化力中的交往操守。此外，还可揭示一些影响城市竞争力的主要障碍，如中央政府区域政策和竞争政策的不清晰，政府短期化行为，城市化、工业化与基础设施环境建设发展的不平衡，人才素质和结构上存在的问题，科技转化能力弱、企业还未成为科研主体，等等。三是指出了提升城市竞争力的战略措施，如推动区域一体化，提升都市圈竞争力；营建新概念 CBD，提升内城竞争力；诱致产业群集，提升产业竞争力；塑造核心优势，提升企业竞争力；推行顾客满意服务，提升政府竞争力等。

与城市竞争力研究之着力点在于城市创造财富的能力不同的是，本报告研究的重点则是对我国城市可持续发展的状况及其影响因素进行评估、评价与分析。其要旨不在于将城市比拟为企业，聚焦于创造财富，而是将城市作为一个人们聚集于其中，生活、工作、提高与休闲的空间组织，探讨的是城市这样一个空间组织整体发展的可持续性问题。五大指标中反映人民生活的指标表现为主要权重，如万人卫生机构数、人均生活用水用电量和万人影剧院数等；次要权重则体现在反映增长可持续性指标上，如产出消耗以及教育状况等；第三指标则是环境质量，如当前各地备受困扰的 PM2.5；第四指标则是政府效率；第五指标是反映财富创造的经济增长指标，权重相对最小。显然，这样五大指标的权重状况与城市竞争力迥然不同，此是其一。其二，即便经济增长作为五大指标之一，其也是在作为经济可持续发展重要基础之意义上的体现，而非仅是创造财富，具体指标着重于反映增长方式转变、经济结构优化与经济稳定三者之间的相互关系，如反映经济可持续增长的全要素生产率增长（TFPG）指标，体现产业结构优化的第三产业从业人员比重及其增加值占 GDP 比重的指标以及人均 GDP 增长率、对外开放稳定性、经济增长波动等一些体现经济稳定的重要指标。其三，既然强调城市的可持续性发展，那么本指标体系就不仅限于年度评价，还包括阶段性评价，如本报告对 264 个地级市的经济可持续发展状况分别按 1990 年以来和 2000 年以来两个阶段以及 2009 年、2010 年和 2011 年，不仅依照权重比为 3：3：2：1：1 进行了五个城市级别的划分，而且对 2011 年可持续性发展排名前 9 位和后 9 位的地级以上城市以雷达图的形式，展现了其经济可持续发展的影响因素。

此外，本报告研究思路也与城市竞争力研究有些共同之处：一是列出了城市可持续发展的排名情况，具体而言，就是不仅对我国 264 个地级市在 1990—2011 年城市可持续发展状况予以了年度排名，还分别对 1990 年来以及 2000 年来两个阶段进行了综合排名。二是排列了各因素对城市可持续发展的贡献大小，这在本报告具体指标权重表中有所体现，这些指标充分反映了人民生活状况，而非财富创造对于一个城市可持续发展的重要意义。

最后，本报告的价值体现不仅在于城市可持续发展评价体系设计的科学性与新颖性，在于直观地列出了我国城市可持续发展的排名情况以及各因素的贡献大小，更重要的在于揭示了关于城市可持续发展的一个重要理念，即决定城市可持续发展的核心因素是人民生活的满意度与幸福度，而非城市财富之富足、城市建筑之雄伟与城市道路之宽广等表象因素。试想：这一切，如果不能为人民所享，人民生活依旧困顿与不安，那么一个必然的结果就是人民"用脚投票"，留下一座"空城"，如此还何谈城市竞争力与城市可持续发展；反之，如果人民生活安定、衣食无忧，那么必然会激发人民对该城的热爱之情，激起人民工作的奋发之心，如此还何愁城市竞争力提升的动力不够，何愁城市可持续发展的潜力不足。

二 中国 264 个城市可持续发展评价结果

中国 264 个城市可持续发展评价相关综述、指标设计、数据来源及处理和中国 264 个城市可持续发展评价过程见本报告附录 1。

（一）264 个城市可持续发展指数及排名情况

通过主成分分析法得出按排名顺序展示的城市可持续发展排名情况、中国城市可持续发展排名情况、264 个城市 1990—2011 年可持续发展指数（上一年 = 100）和 264 个城市 1990—2011 年可持续发展指数（以 1990 年为基期）。

可以看出，22 年来朔州市的可持续发展指数改善最多，柳州市的可持续发展指数改善最小。1990—2011 年，全国 264 个城市可持续发展指数平均上升了 26.60%，东部、中部和西部地区可持续发展指数分别改善了

25. 28% 、28. 82% 和25. 41% 。中部地区城市可持续发展改善优于西部地区城市和东部地区城市，西部地区城市可持续发展改善优于东部地区城市。

264 个城市可持续发展排名见附表 2－1 至附表 2－2。

264 个城市可持续发展指数（上一年 = 100）见附表 2－3 至附表 2－4（由于篇幅限制以 1990 年为基期的 264 个城市可持续发展指数图表略）。

264 个城市可持续发展指数见附图 2－1 至附图 2－15。

2000 年以来、1990 年以来、2011 年、2010 年 264 个城市可持续发展综合得分分别见附图 2－16 至附图 2－20（2000 年以来）；附图 2－21 至附图 2－25（1990 年以来）；附图 2－26 至附图 2－30（2011 年）；附图 2－31 至附图 2－35（2010 年）。

（二）264 个城市一级指标指数及排名情况

264 个城市可持续发展的一级指标经济增长、增长可持续性、环境质量、政府效率和人民生活的增长指数及排名状况。

1. 264 个城市经济增长指数及排名情况

通过主成分分析法得出按排名顺序展示的经济增长排名情况、中国经济增长排名情况、1990—2011 年 264 个城市经济增长指数（上一年 = 100）和 1990—2011 年 264 个城市经济增长指数（以 1990 年为基期）。可以看出，22 年来，吉安市的经济增长指数改善最多，柳州市的经济增长改善最小。1990—2011 年，全国 264 个城市经济增长指数平均上升了 24. 44% ，东部、中部和西部地区经济增长分别改善了 19. 64% 、29. 06% 和 25. 05% 。而中部地区城市经济增长改善优于西部地区城市和东部地区城市，西部地区城市经济增长改善优于东部地区城市。

264 个城市经济增长排名见附表 2－5 至附表 2－6。

264 个城市经济增长指数（上一年 = 100）见附表 2－7 至附表 2－8（由于篇幅限制以 1990 年为基期的 264 个城市经济增长指数图表略）。

264 个城市经济增长指数(以 1990 年为基期)见附图 2－36 至附图 2－50。

2. 264 个城市增长可持续性指数及排名情况

通过主成分分析法得出按排名顺序展示的城市增长可持续性排名情况、中国城市增长可持续性排名情况、1990—2011 年 264 个城市城市增长可持续性指数（上一年 = 100）和 1990—2011 年 264 个城市城市增长可持续性指数（以 1990 年为基期）。可以看出，22 年来，北京市的增长可持续性指数改善最多，七台河市的增长可持续性改善最小。1990—2011

年，全国 264 个城市增长可持续性指数平均上升了 35.53%，东部、中部和西部地区增长可持续性分别改善了 37.89%、34.80% 和 33.01%。东部地区城市增长可持续性改善优于中部地区城市和西部地区城市，中部地区城市增长可持续性改善优于西部地区城市。

264 个城市增长可持续性排名见附表 2 – 9 至附表 2 – 10。

264 个城市增长可持续性指数（上一年 = 100）见附表 2 – 11 至附表 2 – 12（由于篇幅限制以 1990 年为基期的 264 个城市增长可持续性指数图表略）。

264 个城市增长可持续性指数见附图 2 – 51 至附图 2 – 65。

3. 264 个城市环境质量增长指数及排名情况

通过主成分分析法得出按排名顺序展示的城市环境质量排名名单、中国城市环境质量排名情况、1990—2011 年 264 个城市环境质量指数（上一年 = 100）和 1990—2011 年 264 个城市环境质量指数（以 1990 年为基期）。可以看出，22 年来安康市的环境质量指数改善最多，巴中市的环境质量改善最小。1990—2011 年，全国 264 个城市环境质量指数平均上升了 20.12%，东部、中部和西部地区环境质量分别改善了 21.29%、20.68% 和 17.57%。东部地区城市环境质量改善优于中部地区城市和西部地区城市，中部地区城市环境质量改善优于西部地区城市。

264 个城市环境质量排名见附表 2 – 13 至附表 2 – 14。

264 个城市环境质量指数（上一年 = 100）见附表 2 – 15 至附表 2 – 16（由于篇幅限制以 1990 年为基期的 264 个城市可环境质量指数图表略）。

264 个城市环境质量指数见附图 2 – 66 至附图 2 – 80。

4. 264 个城市政府效率增长指数及排名情况

通过主成分分析法得出按排名顺序展示的城市政府效率排名名单、中国城市政府效率排名情况、1990—2011 年 264 个城市城市政府效率指数（上一年 = 100）和 1990—2011 年 264 个城市城市政府效率指数（以 1990 年为基期）。可以看出，22 年来聊城市的政府效率指数改善最多，齐齐哈尔市的政府效率改善最小。1990—2011 年，全国 264 个城市政府效率指数平均上升了 31.45%，东部、中部和西部地区政府效率分别改善了 34.71%、24.05% 和 37.17%。西部地区城市政府效率改善优于东部地区城市和中部地区城市，东部地区城市政府效率改善优于中部地区城市。

264 个城市政府效率排名见附表 2 – 17 至附表 2 – 18。

264 个城市政府效率指数（上一年 = 100）见附表 2 - 19 至附表 2 - 20（由于篇幅限制以 1990 年为基期的 264 个城市政府效率指数图表略）。

264 个城市政府效率指数见附图 2 - 81 至附图 2 - 95。

5. 264 个城市人民生活增长指数及排名情况

通过主成分分析法得出按排名顺序展示的城市人民生活排名名单、中国城市人民生活排名情况、1990—2011 年 264 个城市人民生活指数（上一年 = 100）和 1990—2011 年 264 个城市人民生活指数（以 1990 年为基期）。可以看出，22 年来嘉峪关市的人民生活指数改善最多，河池市的人民生活改善最小。1990—2011 年，全国 264 个城市人民生活指数平均上升了 22.56%，东部、中部和西部地区人民生活分别改善了 24.96%、19.72% 和 23.01%。东部地区城市人民生活改善优于西部地区城市和中部地区城市，西部地区城市人民生活改善优于中部地区城市。

264 个城市人民生活排名见附表 2 - 21 至附表 2 - 22。

264 个城市人民生活指数（上一年 = 100）见附表 2 - 23 至附表 2 - 24（由于篇幅限制以 1990 年为基期的 264 个城市人民生活指数图表略）。

264 个城市人民生活指数见附图 2 - 96 至附图 2 - 110。

三 中国 264 个城市可持续发展分级情况

（一）264 个城市可持续发展分级情况

1. 2000 年以来 264 个城市平均可持续发展水平分级情况

将 2000 年后平均各地级及地级以上城市可持续发展水平综合得分按权重比 3:3:2:1:1 分为五级。

第一级为北京市、上海市、深圳市、克拉玛依市、广州市、珠海市、南京市、乌鲁木齐市、兰州市、天津市、武汉市、杭州市、海口市、太原市、济南市、厦门市、沈阳市、大连市、银川市、西宁市、抚顺市、伊春市、长沙市、昆明市、铜陵市、合肥市、福州市、西安市、嘉峪关市、常州市、贵阳市、青岛市、大庆市、镇江市、包头市、成都市、鹤岗市、郑州市、重庆市、哈尔滨市、南昌市、绍兴市、淄博市、无锡市、大同市、宁波市，46 个城市权重之和占总权重的 30%。和 1990 年后平均相比，2000 年后平均可持续发展水平方面，从 Ⅱ 级上升到 Ⅰ 级，上升了一级的城市有：成都市、重庆市、绍兴市、无锡市、宁波市。

第二级为攀枝花市、呼伦贝尔市、长春市、南宁市、三亚市、秦皇岛市、威海市、东莞市、苏州市、铜川市、阳泉市、舟山市、呼和浩特市、丽水市、泉州市、石家庄市、乌海市、烟台市、黄石市、衢州市、金昌市、嘉兴市、景德镇市、东营市、湘潭市、温州市、湖州市、梅州市、中山市、盘锦市、莱芜市、本溪市、晋城市、芜湖市、柳州市、淮南市、惠州市、马鞍山市、扬州市、金华市、普洱市、桂林市、鄂州市、辽阳市、佳木斯市、鞍山市、通化市、南通市、阜新市、佛山市、酒泉市、淮北市、泰安市、营口市、吉林市、白银市、鸡西市、廊坊市、株洲市、双鸭山市、江门市、牡丹江市、黑河市、七台河市、台州市、齐齐哈尔市、丹东市、长治市，68 个城市权重之和占总权重的 30%。和 1990 年后平均相比，2000 年后平均可持续发展水平方面，从 I 级下降到 II 级，下降了一级的城市有：攀枝花市、长春市、乌海市；从 III 级上升到 II 级，上升了一级的城市有：金华市、佛山市、白银市、江门市、牡丹江市、黑河市、台州市、齐齐哈尔市、长治市。

第三级为徐州市、张家界市、锦州市、韶关市、潍坊市、石嘴山市、许昌市、运城市、娄底市、汕头市、辽源市、唐山市、泰州市、宜昌市、白山市、三明市、南平市、连云港市、新乡市、宝鸡市、十堰市、汉中市、肇庆市、葫芦岛市、广元市、绵阳市、邯郸市、临汾市、临沂市、雅安市、吴忠市、乐山市、鹰潭市、平顶山市、黄山市、玉溪市、铁岭市、三门峡市、洛阳市、邢台市、张掖市、枣庄市、龙岩市、焦作市、鹤壁市、延安市、保定市、武威市、承德市、衡阳市、滨州市、济宁市、蚌埠市、盐城市、新余市、白城市、河源市、赤峰市、榆林市、忻州市，60 个城市权重之和占总权重的 20%。和 1990 年后平均相比，2000 年后平均可持续发展水平方面，从 II 级下降到 III 级，下降了一级的城市有：韶关市、白山市、三明市、南平市；从 IV 级上升到 III 级，上升了一级的城市有：临沂市、玉溪市、铁岭市、武威市、承德市、新余市、榆林市、忻州市。

第四级为张家口市、萍乡市、安阳市、云浮市、常德市、德阳市、沧州市、聊城市、日照市、咸阳市、河池市、自贡市、荆门市、九江市、天水市、宜宾市、岳阳市、北海市、清远市、朔州市、安康市、百色市、怀化市、阳江市、潮州市、漳州市、濮阳市、安庆市、淮安市、通辽市、泸州市、莆田市、安顺市、郴州市、茂名市、德州市、邵阳市，37 个城市权重之和占总权重的10%。和1990年后平均相比，2000年后平均可持续发展水平方面，从Ⅲ级下降到Ⅳ级，下降了一级的城市有：萍乡市、九江市；从Ⅴ级上升到Ⅳ级，上升了一级的城市有：常德市、日照市、岳阳市、北海市、清远市、朔州市、阳江市、漳州市、濮阳市、淮安市、泸州市、莆田市、郴州市、邵阳市。

第五级为随州市、曲靖市、襄阳市、防城港市、朝阳市、漯河市、吉安市、益阳市、梧州市、保山市、南充市、四平市、贵港市、湛江市、汕尾市、玉林市、渭南市、内江市、孝感市、遵义市、咸宁市、开封市、平凉市、宿迁市、菏泽市、宣城市、衡水市、宜春市、六盘水市、上饶市、荆州市、永州市、信阳市、揭阳市、遂宁市、绥化市、周口市、黄冈市、阜阳市、南阳市、滁州市、松原市、巴中市、赣州市、六安市、商丘市、驻马店市、资阳市、宁德市、钦州市、昭通市、宿州市、亳州市，53个城市权重之和占总权重的10%。和1990年后平均相比，2000年后平均可持续发展水平方面，从Ⅳ级下降到Ⅴ级，下降了一级的城市有：随州市、防城港市、梧州市、湛江市、玉林市、平凉市、宣城市、六盘水市、荆州市。

中国264个城市2000年以来平均可持续发展水平等级划分见表14-1。

表14-1　　264个城市2000年以来平均可持续发展水平等级划分

可持续发展水平	城　市
Ⅰ级（共46个）	北京市、上海市、深圳市、克拉玛依市、广州市、珠海市、南京市、乌鲁木齐市、兰州市、天津市、武汉市、杭州市、海口市、太原市、济南市、厦门市、沈阳市、大连市、银川市、西宁市、抚顺市、伊春市、长沙市、昆明市、铜陵市、合肥市、福州市、西安市、嘉峪关市、常州市、贵阳市、青岛市、大庆市、镇江市、包头市、成都市、鹤岗市、郑州市、重庆市、哈尔滨市、南昌市、绍兴市、淄博市、无锡市、大同市、宁波市
Ⅱ级（共68个）	攀枝花市、呼伦贝尔市、长春市、南宁市、三亚市、秦皇岛市、威海市、东莞市、苏州市、铜川市、阳泉市、舟山市、呼和浩特市、丽水市、泉州市、石家庄市、乌海市、烟台市、黄石市、衢州市、金昌市、嘉兴市、景德镇市、东营市、湘潭市、温州市、湖州市、梅州市、中山市、盘锦市、莱芜市、本溪市、晋城市、芜湖市、柳州市、淮南市、惠州市、马鞍山市、扬州市、金华市、普洱市、桂林市、鄂州市、辽阳市、佳木斯市、鞍山市、通化市、南通市、阜新市、佛山市、酒泉市、淮北市、泰安市、营口市、吉林市、白银市、鸡西市、廊坊市、株洲市、双鸭山市、江门市、牡丹江市、黑河市、七台河市、台州市、齐齐哈尔市、丹东市、长治市

续表

可持续发展水平	城　市
Ⅲ级（共 60 个）	徐州市、张家界市、锦州市、韶关市、潍坊市、石嘴山市、许昌市、运城市、娄底市、汕头市、辽源市、唐山市、泰州市、宜昌市、白山市、三明市、南平市、连云港市、新乡市、宝鸡市、十堰市、汉中市、肇庆市、葫芦岛市、广元市、绵阳市、邯郸市、临汾市、临沂市、雅安市、吴忠市、乐山市、鹰潭市、平顶山市、黄山市、玉溪市、铁岭市、三门峡市、洛阳市、邢台市、张掖市、枣庄市、龙岩市、焦作市、鹤壁市、延安市、保定市、武威市、承德市、衡阳市、滨州市、济宁市、蚌埠市、盐城市、新余市、白城市、河源市、赤峰市、榆林市、忻州市
Ⅳ级（共 37 个）	张家口市、萍乡市、安阳市、云浮市、常德市、德阳市、沧州市、聊城市、日照市、咸阳市、河池市、自贡市、荆门市、九江市、天水市、宜宾市、岳阳市、北海市、清远市、朔州市、安康市、百色市、怀化市、阳江市、潮州市、漳州市、濮阳市、安庆市、淮安市、通辽市、泸州市、莆田市、安顺市、郴州市、茂名市、德州市、邵阳市
Ⅴ级（共 53 个）	随州市、曲靖市、襄阳市、防城港市、朝阳市、漯河市、吉安市、益阳市、梧州市、保山市、南充市、四平市、贵港市、湛江市、汕尾市、玉林市、渭南市、内江市、孝感市、遵义市、咸宁市、开封市、平凉市、宿迁市、菏泽市、宣城市、衡水市、宜春市、六盘水市、上饶市、荆州市、永州市、信阳市、揭阳市、遂宁市、绥化市、周口市、黄冈市、阜阳市、南阳市、滁州市、松原市、巴中市、赣州市、六安市、商丘市、驻马店市、资阳市、宁德市、钦州市、昭通市、宿州市、亳州市

2. 1990 年以来 264 个城市平均可持续发展分级情况

将 1990 年后各地级及地级以上城市可持续发展水平综合得分按权重比 3∶3∶2∶1∶1 分为五级。

第一级为北京市、克拉玛依市、深圳市、上海市、广州市、珠海市、南京市、乌鲁木齐市、福州市、兰州市、天津市、武汉市、沈阳市、济南市、海口市、西宁市、太原市、杭州市、银川市、伊春市、抚顺市、大连市、厦门市、铜陵市、昆明市、长沙市、青岛市、西安市、贵阳市、合肥市、攀枝花市、长春市、鹤岗市、南昌市、郑州市、大庆市、镇江市、大同市、包头市、哈尔滨市、淄博市、常州市、嘉峪关市、乌海市，44 个城市权重之和占总权重的 30%。

第二级为呼伦贝尔市、无锡市、铜川市、南宁市、黄石市、成都市、秦皇岛市、本溪市、绍兴市、景德镇市、柳州市、淮南市、石家庄市、佳木斯市、嘉兴市、宁波市、南通市、三亚市、马鞍山市、桂林市、呼和浩特市、威海市、丽水市、湖州市、阳泉市、普洱市、盘锦市、湘潭市、重庆市、莱芜市、金昌市、芜湖市、东莞市、苏州市、吉林市、阜新市、淮北市、酒泉市、烟台市、东营市、泉州市、通化市、中山市、七台河市、温州市、鞍山市、衢州市、辽阳市、舟山市、扬州市、晋城市、泰安市、梅州市、廊坊市、鄂州市、营口市、三明市、丹东市、惠州市、双鸭山市、南平市、鸡西市、韶关市、白山市、株洲市，65 个城市权重之和占总权重的 30%。

第三级为潍坊市、葫芦岛市、石嘴山市、唐山市、锦州市、白银市、临汾市、徐州市、黄山市、齐齐哈尔市、连云港市、金华市、牡丹江市、辽源市、龙岩市、汕头市、佛山市、新乡市、运城市、泰州市、台州市、宝鸡市、洛阳市、鹤壁市、三门峡市、张掖市、枣庄市、平顶山市、保定市、汉中市、江门市、长治市、绵阳市、张家界市、宜昌市、邢台市、蚌埠市、滨州市、肇庆市、许昌市、娄底市、雅安市、乐山市、十堰市、邯郸市、萍乡市、广元市、鹰潭市、黑河市、白城市、延安市、九江市、焦作市、衡阳市、河源市、赤峰市、盐城市、吴忠市、济宁市，59 个城市权重之和占总权重的 20%。

第四级为天水市、沧州市、承德市、通辽市、荆门市、咸阳市、河池市、玉溪市、百色市、云浮市、武威市、自贡市、榆林市、梧州市、随州市、张家口市、德阳市、德州市、临沂市、防城港市、新余市、忻州市、安康市、聊城市、宣城市、安庆市、安顺市、宜宾市、平凉市、铁岭市、湛江市、玉林市、潮州市、六盘水市、怀化市、荆州市、茂名市、安阳市，38 个城市权重之和占总权重的 10%。

第五级为清远市、保山市、日照市、邵阳市、北海市、濮阳市、朝阳市、曲靖市、岳阳市、常德市、四平市、阳江市、淮安市、漳州市、贵港市、孝感市、郴州市、朔州市、泸州市、莆田市、咸宁市、襄阳市、渭南市、汕尾市、吉安市、上饶市、宿迁市、漯河市、揭阳市、益阳市、衡水市、开封市、内江市、绥化市、周口市、南充市、信阳市、黄冈市、永州市、菏泽市、遂宁市、宜春市、滁州市、遵义市、赣州市、驻马店市、松原市、南阳市、阜阳市、宁德市、巴中市、商丘市、昭通市、六安市、钦州市、资阳市、宿州市、亳州市，58 个城市权重之和占总权重的 10%。

中国 264 个城市 1990 年以来平均可持续发展水平等级划分见表14 – 2。

表 14 – 2　　264 个城市 1990 年以来平均可持续发展水平等级划分

可持续发展水平	城　　市
Ⅰ级（共44个）	北京市、克拉玛依市、深圳市、上海市、广州市、珠海市、南京市、乌鲁木齐市、福州市、兰州市、天津市、武汉市、沈阳市、济南市、海口市、西宁市、太原市、杭州市、银川市、伊春市、抚顺市、大连市、厦门市、铜陵市、昆明市、长沙市、青岛市、西安市、贵阳市、合肥市、攀枝花市、长春市、鹤岗市、南昌市、郑州市、大庆市、镇江市、大同市、包头市、哈尔滨市、淄博市、常州市、嘉峪关市、乌海市
Ⅱ级（共65个）	呼伦贝尔市、无锡市、铜川市、南宁市、黄石市、成都市、秦皇岛市、本溪市、绍兴市、景德镇市、柳州市、淮南市、石家庄市、佳木斯市、嘉兴市、宁波市、南通市、三亚市、马鞍山市、桂林市、呼和浩特市、威海市、丽水市、湖州市、阳泉市、普洱市、盘锦市、湘潭市、重庆市、莱芜市、金昌市、芜湖市、东莞市、苏州市、吉林市、阜新市、淮北市、酒泉市、烟台市、东营市、泉州市、通化市、中山市、七台河市、温州市、鞍山市、衢州市、辽阳市、舟山市、扬州市、晋城市、泰安市、梅州市、廊坊市、鄂州市、营口市、三明市、丹东市、惠州市、双鸭山市、南平市、鸡西市、韶关市、白山市、株洲市
Ⅲ级（共59个）	潍坊市、葫芦岛市、石嘴山市、唐山市、锦州市、白银市、临汾市、徐州市、黄山市、齐齐哈尔市、连云港市、金华市、牡丹江市、辽源市、龙岩市、汕头市、佛山市、新乡市、运城市、泰州市、台州市、宝鸡市、洛阳市、鹤壁市、三门峡市、张掖市、枣庄市、平顶山市、保定市、汉中市、江门市、长治市、绵阳市、张家界市、宜昌市、邢台市、蚌埠市、滨州市、肇庆市、许昌市、娄底市、雅安市、乐山市、十堰市、邯郸市、萍乡市、广元市、鹰潭市、黑河市、白城市、延安市、九江市、焦作市、衡阳市、河源市、赤峰市、盐城市、吴忠市、济宁市
Ⅳ级（共38个）	天水市、沧州市、承德市、通辽市、荆门市、咸阳市、河池市、玉溪市、百色市、云浮市、武威市、自贡市、榆林市、梧州市、随州市、张家口市、德阳市、德州市、临沂市、防城港市、新余市、忻州市、安康市、聊城市、宣城市、安庆市、安顺市、宜宾市、平凉市、铁岭市、湛江市、玉林市、潮州市、六盘水市、怀化市、荆州市、茂名市、安阳市

续表

可持续发展水平	城 市
V级（共58个）	清远市、保山市、日照市、邵阳市、北海市、濮阳市、朝阳市、曲靖市、岳阳市、常德市、四平市、阳江市、淮安市、漳州市、贵港市、孝感市、郴州市、朔州市、泸州市、莆田市、咸宁市、襄阳市、渭南市、汕尾市、吉安市、上饶市、宿迁市、漯河市、揭阳市、益阳市、衡水市、开封市、内江市、绥化市、周口市、南充市、信阳市、黄冈市、永州市、菏泽市、遂宁市、宜春市、滁州市、遵义市、赣州市、驻马店市、松原市、南阳市、阜阳市、宁德市、巴中市、商丘市、昭通市、六安市、钦州市、资阳市、宿州市、亳州市

3. 2011 年 264 个地级及地级以上城市可持续发展水平分级情况

将 2011 年各地级及地级以上城市可持续发展水平综合得分按权重比 3:3:2:1:1 分为五级。

第一级为北京市、深圳市、上海市、珠海市、广州市、杭州市、厦门市、南京市、克拉玛依市、天津市、兰州市、太原市、乌鲁木齐市、海口市、济南市、成都市、武汉市、大连市、长沙市、沈阳市、昆明市、合肥市、嘉峪关市、大庆市、重庆市、宁波市、铜川市、西宁市、绍兴市、银川市、西安市、包头市、青岛市、南昌市、苏州市、石家庄市、无锡市、嘉兴市、东营市、梅州市、贵阳市、威海市、福州市、丽水市，44 个城市权重之和占总权重的 30%。和 2010 年相比，2011 年可持续发展水平方面，从 II 级上升到 I 级，上升了一级的城市有：苏州市、嘉兴市、东营市、梅州市、丽水市。

第二级为伊春市、长春市、鹤岗市、铜陵市、东莞市、舟山市、常州市、镇江市、泉州市、晋城市、郑州市、南宁市、淄博市、乌海市、阳泉市、秦皇岛市、烟台市、哈尔滨市、湖州市、大同市、中山市、盘锦市、呼和浩特市、莱芜市、惠州市、温州市、三亚市、金昌市、金华市、淮南市、绵阳市、韶关市、芜湖市、黄山市、通化市、黄石市、运城市、广元市、呼伦贝尔市、抚顺市、许昌市、湘潭市、长治市、辽阳市、衢州市、黑河市、雅安市、攀枝花市、新余市、佛山市、佳木斯市、牡丹江市、鄂州市、忻州市、连云港市、株洲市、武威市、桂林市、南通市、玉溪市、白山市、酒泉市、台州市、张家界市、景德镇市、云浮市、江门市，67 个城市权重之和占总权重约 30%。和 2010 年相比，2011 年可持续发展水平方面，从 I 级下降到 II 级，下降了一级的城市有：伊春市、鹤岗市、铜陵市、东莞市；从 III 级上升到 II 级，上升了一级的城市有：雅安市、新余市、牡丹江市、鄂州市、忻州市、连云港市、株洲市、玉溪市、酒泉市、云浮市。

第三级为马鞍山市、白银市、汕头市、铁岭市、河源市、鸡西市、扬州市、齐齐哈尔市、石嘴山市、三明市、张掖市、安康市、常德市、龙岩市、乐山市、潍坊市、淮北市、娄底市、营口市、邢台市、汉中、德阳市、普洱市、榆林市、临汾市、宜昌市、安阳市、岳阳市、滨州市、淮安市、新乡市、吴忠市、泰州市、焦作市、唐山市、赤峰市、徐州市、临沂市、吉林市、潮州市、十堰市、肇庆市、宝鸡市、辽源市、邯郸市、鹰潭市、泰安市、南平市、盐城市、锦州市、蚌埠市、济宁市、平顶山市、洛阳市、日照市、保定市、怀化市、自贡市、衡阳市、承德市、阜新市，61 个城市权重之和占总权重的 20%。和 2010 年相比，2011 年可持续发展水平方面，从 II 级下降到 III 级，下降了一级的城市有：马鞍山市、白银市、扬州市、齐齐哈尔市、潍坊市、营口市、宜昌市、十堰市；从 IV 级上升到 III 级，上升了一级的城市有：龙岩市、临汾市、安阳市、淮安市、焦作市、宝鸡市、辽源市、邯郸市、南平市、盐城市、日照市、怀化市、衡阳市；从 V 级上升到 III 级，上升了二级的城市有：自贡市。

第四级为延安市、遵义市、廊坊市、郴州市、本溪市、清远市、咸宁市、鞍山市、濮阳市、邵阳市、德州市、朔州市、鹤壁市、天水市、咸阳市、柳州市、漳州市、菏泽市、通辽市、荆门市、平凉市、萍乡市、聊城市、白城市、双鸭山市、泸州市、张家口市、安庆市、枣庄市、莆田市、宁德市、宣城市、沧州市、阳江市、信阳市、汕尾市、三门峡市，37 个城市权重之和占总权重约 10%。和 2010 年相比，2011 年可持续发展水平方面，从 III 级下降到 IV 级，下降了一级的城市有：延安市、本溪市、鞍山市、德州市、咸阳市、柳州市、通辽市、聊城市、白城市、枣庄市；从 II 级下降到 IV 级，下降了二级的城市有：廊坊市；从 V 级上升到 IV 级，上升了一级的城市有：濮阳市、朔州市、鹤壁市、萍乡市、泸州市、安庆市、信阳市、汕尾市、三门峡市。

第五级为六盘水市、丹东市、葫芦岛市、遂宁市、襄阳市、宜宾市、七台河市、渭南市、四平市、北海市、九江市、宿迁市、黄冈市、六安市、益阳市、内江市、南充市、曲靖市、阜阳市、随州市、漯河市、保山市、湛江市、开封市、安顺市、上饶市、荆州市、吉安市、孝感市、驻马店市、滁州市、赣州市、松原市、茂名市、百色市、南阳市、揭阳市、衡水市、宜春市、资阳市、永州市、巴中市、钦州市、防城港市、商丘市、周口市、朝阳市、宿州市、绥化市、河池市、玉林市、贵港市、亳州市、昭通市、梧州市，55 个城市权重之和占总权重的 10%。和 2010 年相比，2011 年可持续发展水平方面，从Ⅲ级下降到Ⅴ级，下降了二级的城市有：丹东市、随州市；从Ⅳ级下降到Ⅴ级，下降了一级的城市有：葫芦岛市、襄阳市、宜宾市、七台河市、六安市、益阳市、百色市、河池市。

中国 264 个城市 2011 年可持续发展水平等级划分见表 14 - 3。

表 14 - 3　　　　264 个城市 2011 年可持续发展水平等级划分

可持续发展水平	城　　市
Ⅰ级（共 44 个）	北京市、深圳市、上海市、珠海市、广州市、杭州市、厦门市、南京市、克拉玛依市、天津市、兰州市、太原市、乌鲁木齐市、海口市、济南市、成都市、武汉市、大连市、长沙市、沈阳市、昆明市、合肥市、嘉峪关市、大庆市、重庆市、宁波市、铜川市、西宁市、绍兴市、银川市、西安市、包头市、青岛市、南昌市、苏州市、石家庄市、无锡市、嘉兴市、东营市、梅州市、贵阳市、威海市、福州市、丽水市
Ⅱ级（共 67 个）	伊春市、长春市、鹤岗市、铜陵市、东莞市、舟山市、常州市、镇江市、泉州市、晋城市、郑州市、南宁市、淄博市、乌海市、阳泉市、秦皇岛市、烟台市、哈尔滨市、湖州市、大同市、中山市、盘锦市、呼和浩特市、莱芜市、惠州市、温州市、三亚市、金昌市、金华市、淮南市、绵阳市、韶关市、芜湖市、黄山市、通化市、黄石市、运城市、广元市、呼伦贝尔市、抚顺市、许昌市、湘潭市、长治市、辽阳市、衢州市、黑河市、雅安市、攀枝花市、新余市、佛山市、佳木斯市、牡丹江市、鄂州市、忻州市、连云港市、株洲市、武威市、桂林市、南通市、玉溪市、白山市、酒泉市、台州市、张家界市、景德镇市、云浮市、江门市
Ⅲ级（共 61 个）	马鞍山市、白银市、汕头市、铁岭市、河源市、鸡西市、扬州市、齐齐哈尔市、石嘴山市、三明市、张掖市、安康市、常德市、龙岩市、乐山市、潍坊市、淮北市、娄底市、营口市、邢台市、汉中市、德阳市、普洱市、榆林市、临汾市、宜昌市、安阳市、岳阳市、滨州市、淮安市、新乡市、吴忠市、泰州市、焦作市、唐山市、赤峰市、徐州市、临沂市、吉林市、潮州市、十堰市、肇庆市、宝鸡市、辽源市、邯郸市、鹰潭市、泰安市、南平市、盐城市、锦州市、蚌埠市、济宁市、平顶山市、洛阳市、日照市、保定市、怀化市、自贡市、衡阳市、承德市、阜新市

可持续发展水平	城　市
Ⅳ级（共37个）	延安市、遵义市、廊坊市、郴州市、本溪市、清远市、咸宁市、鞍山市、濮阳市、邵阳市、德州市、朔州市、鹤壁市、天水市、咸阳市、柳州市、漳州市、菏泽市、通辽市、荆门市、平凉市、萍乡市、聊城市、白城市、双鸭山市、泸州市、张家口市、安庆市、枣庄市、莆田市、宁德市、宣城市、沧州市、阳江市、信阳市、汕尾市、三门峡市
Ⅴ级（共55个）	六盘水市、丹东市、葫芦岛市、遂宁市、襄阳市、宜宾市、七台河市、渭南市、四平市、北海市、九江市、宿迁市、黄冈市、六安市、益阳市、内江市、南充市、曲靖市、阜阳市、随州市、漯河市、保山市、湛江市、开封市、安顺市、上饶市、荆州市、吉安市、孝感市、驻马店市、滁州市、赣州市、松原市、茂名市、百色市、南阳市、揭阳市、衡水市、宜春市、资阳市、永州市、巴中市、钦州市、防城港市、商丘市、周口市、朝阳市、宿州市、绥化市、河池市、玉林市、贵港市、亳州市、昭通市、梧州市

4. 2010 年 264 个城市可持续发展水平分级情况

将 2010 年各地级及地级以上城市可持续发展水平综合得分按权重比 3∶3∶2∶1∶1 分为五级。

第一级为北京市、深圳市、上海市、克拉玛依市、广州市、珠海市、南京市、杭州市、武汉市、海口市、天津市、厦门市、济南市、大连市、乌鲁木齐市、兰州市、沈阳市、大庆市、长沙市、包头市、成都市、嘉峪关市、伊春市、太原市、威海市、合肥市、宁波市、西宁市、铜陵市、银川市、重庆市、贵阳市、石家庄市、鹤岗市、青岛市、福州市、昆明市、铜川市、绍兴市、西安市、无锡市、南昌市、东莞市，43 个城市权重之和占总权重的 30%。和 2009 年相比，2010 年可持续发展水平方面，从 Ⅱ 级上升到 Ⅰ 级，上升了一级的城市有：威海市、石家庄市、铜川市、无锡市、南昌市、东莞市。

第二级为丽水市、东营市、三亚市、长春市、烟台市、淄博市、镇江市、舟山市、呼和浩特市、南宁市、温州市、苏州市、泉州市、嘉兴市、常州市、抚顺市、哈尔滨市、黑河市、梅州市、辽阳市、郑州市、乌海市、秦皇岛市、金昌市、芜湖市、惠州市、齐齐哈尔市、莱芜市、阳泉市、佛山市、晋城市、中山市、淮南市、金华市、衢州市、湖州市、韶关市、通化市、黄石市、许昌市、武威市、绵阳市、湘潭市、呼伦贝尔市、黄山市、张家界市、运城市、广元市、佳木斯市、桂林市、台州市、攀枝花市、马鞍山市、长治市、江门市、白山市、白银市、景德镇市、大同市、宜昌市、潍坊市、南通市、廊坊市、营口市、扬州市、十堰市、盘锦市，67个城市权重之和占总权重的30%。和2009年相比，2010年可持续发展水平方面，从Ⅰ级下降到Ⅱ级，下降了一级的城市有：丽水市、三亚市、淄博市、呼和浩特市、南宁市、苏州市、郑州市；从Ⅲ级上升到Ⅱ级，上升了一级的城市有：通化市、武威市、黄山市、马鞍山市、长治市、白山市、宜昌市、潍坊市、南通市、廊坊市、扬州市；从Ⅳ级上升到Ⅱ级，上升了二级的城市有：绵阳市、广元市。

第三级为株洲市、汕头市、石嘴山市、张掖市、柳州市、鞍山市、丹东市、普洱市、鸡西市、连云港市、乐山市、本溪市、牡丹江市、酒泉市、吴忠市、滨州市、阜新市、娄底市、淮北市、鄂州市、新余市、肇庆市、锦州市、泰安市、安康市、铁岭市、济宁市、雅安市、吉林市、三明市、蚌埠市、延安市、唐山市、潮州市、临沂市、邢台市、忻州市、岳阳市、保定市、赤峰市、徐州市、常德市、云浮市、汉中市、新乡市、德阳市、鹰潭市、榆林市、平顶山市、通辽市、河源市、枣庄市、白城市、随州市、洛阳市、玉溪市、承德市、德州市、聊城市、泰州市、咸阳市，61个城市权重之和占总权重的20%。和2009年相比，2010年可持续发展水平方面从Ⅱ级下降到Ⅲ级，下降了一级的城市有：株洲市、汕头市、石嘴山市、柳州市、鞍山市、本溪市、鄂州市、肇庆市、泰安市、安康市、吉林市、玉溪市；从Ⅳ级上升到Ⅲ级，上升了一级的城市有：新余市、邢台市、新乡市、榆林市、平顶山市、通辽市、枣庄市、随州市、承德市、德州市、咸阳市；从Ⅴ级上升到Ⅲ级，上升了二级的城市有：德阳市、白城市。

第四级为七台河市、焦作市、衡阳市、百色市、邯郸市、平凉市、莆田市、荆门市、怀化市、盐城市、宜宾市、宝鸡市、龙岩市、沧州市、菏泽市、六安市、遵义市、邵阳市、安阳市、南平市、双鸭山市、郴州市、日照市、淮安市、河池市、临汾市、漳州市、天水市、张家口市、清远市、襄阳市、阳江市、宣城市、辽源市、葫芦岛市、益阳市、宁德市、咸宁市，38个城市权重之和占总权重的10%。和2009年相比，2010年可持续发展水平方面，从Ⅲ级下降到Ⅳ级，下降了一级的城市有：七台河市、焦作市、邯郸市、荆门市、宜宾市、宝鸡市、遵义市、邵阳市、南平市、河池市、漳州市、张家口市、阳江市、辽源市；从Ⅴ级上升到Ⅳ级，上升了一级的城市有：百色市、平凉市、六安市、宣城市、益阳市、宁德市；从Ⅱ级下降到Ⅳ级，下降了二级的城市有：龙岩市、双鸭山市。

第五级为朔州市、萍乡市、九江市、安庆市、濮阳市、四平市、三门峡市、茂名市、贵港市、鹤壁市、宜春市、渭南市、孝感市、吉安市、揭阳市、泸州市、汕尾市、曲靖市、保山市、巴中市、玉林市、衡水市、阜阳市、信阳市、宿迁市、荆州市、漯河市、南阳市、黄冈市、湛江市、商丘市、赣州市、六盘水市、开封市、内江市、滁州市、南充市、绥化市、遂宁市、朝阳市、安顺市、自贡市、防城港市、上饶市、驻马店市、北海市、资阳市、永州市、松原市、昭通市、宿州市、周口市、梧州市、钦州市、亳州市，55 个城市权重之和占总权重的 10%。和 2009 年相比，2010年可持续发展水平方面，从Ⅳ级下降到Ⅴ级，下降了一级的城市有：朔州市、九江市、安庆市、四平市、三门峡市、茂名市、贵港市、宜春市、汕尾市、衡水市。

中国 264 个城市 2010 年可持续发展水平等级划分见表 14－4。

表 14－4　　　　　　　264 个城市 2010 年可持续发展水平等级划分

可持续发展水平	城市
Ⅰ级（共43个）	北京市、深圳市、上海市、克拉玛依市、广州市、珠海市、南京市、杭州市、武汉市、海口市、天津市、厦门市、济南市、大连市、乌鲁木齐市、兰州市、沈阳市、大庆市、长沙市、包头市、成都市、嘉峪关市、伊春市、太原市、威海市、合肥市、宁波市、西宁市、铜陵市、银川市、重庆市、贵阳市、石家庄市、鹤岗市、青岛市、福州市、昆明市、铜川市、绍兴市、西安市、无锡市、南昌市、东莞市
Ⅱ级（共67个）	丽水市、东营市、三亚市、长春市、烟台市、淄博市、镇江市、舟山市、呼和浩特市、南宁市、温州市、苏州市、泉州市、嘉兴市、常州市、抚顺市、哈尔滨市、黑河市、梅州市、辽阳市、郑州市、乌海市、秦皇岛市、金昌市、芜湖市、惠州市、齐齐哈尔市、莱芜市、阳泉市、佛山市、晋城市、中山市、淮南市、金华市、衢州市、湖州市、韶关市、通化市、黄石市、许昌市、武威市、绵阳市、湘潭市、呼伦贝尔市、黄山市、张家界市、运城市、广元市、佳木斯市、桂林市、台州市、攀枝花市、马鞍山市、长治市、江门市、白山市、白银市、景德镇市、大同市、宜昌市、潍坊市、南通市、廊坊市、营口市、扬州市、十堰市、盘锦市

续表

可持续发展水平	城　市
III级（共61个）	株洲市、汕头市、石嘴山市、张掖市、柳州市、鞍山市、丹东市、普洱市、鸡西市、连云港市、乐山市、本溪市、牡丹江市、酒泉市、吴忠市、滨州市、阜新市、娄底市、淮北市、鄂州市、新余市、肇庆市、锦州市、泰安市、安康市、铁岭市、济宁市、雅安市、吉林市、三明市、蚌埠市、延安市、唐山市、潮州市、临沂市、邢台市、忻州市、岳阳市、保定市、赤峰市、徐州市、常德市、云浮市、汉中市、新乡市、德阳市、鹰潭市、榆林市、平顶山市、通辽市、河源市、枣庄市、白城市、随州市、洛阳市、玉溪市、承德市、德州市、聊城市、泰州市、咸阳市
IV级（共38个）	七台河市、焦作市、衡阳市、百色市、邯郸市、平凉市、莆田市、荆门市、怀化市、盐城市、宜宾市、宝鸡市、龙岩市、沧州市、菏泽市、六安市、遵义市、邵阳市、安阳市、南平市、双鸭山市、郴州市、日照市、淮安市、河池市、临汾市、漳州市、天水市、张家口市、清远市、襄阳市、阳江市、宣城市、辽源市、葫芦岛市、益阳市、宁德市、咸宁市
V级（共55个）	朔州市、萍乡市、九江市、安庆市、濮阳市、四平市、三门峡市、茂名市、贵港市、鹤壁市、宜春市、渭南市、孝感市、吉安市、揭阳市、泸州市、汕尾市、曲靖市、保山市、巴中市、玉林市、衡水市、阜阳市、信阳市、宿迁市、荆州市、漯河市、南阳市、黄冈市、湛江市、商丘市、赣州市、六盘水市、开封市、内江市、滁州市、南充市、绥化市、遂宁市、朝阳市、安顺市、自贡市、防城港市、上饶市、驻马店市、北海市、资阳市、永州市、松原市、昭通市、宿州市、周口市、梧州市、钦州市、亳州市

5. 2009 年 264 个城市可持续发展水平分级情况

将 2009 年各地级及地级以上城市可持续发展水平综合得分按权重比 3：3：2：1：1 分为五级。

第一级为北京市、上海市、深圳市、克拉玛依市、广州市、珠海市、南京市、杭州市、兰州市、天津市、昆明市、厦门市、武汉市、济南市、长沙市、大连市、海口市、乌鲁木齐市、沈阳市、太原市、包头市、伊春市、铜陵市、大庆市、西宁市、重庆市、银川市、贵阳市、西安市、成都市、苏州市、嘉峪关市、合肥市、福州市、青岛市、绍兴市、鹤岗市、宁波市、呼和浩特市、郑州市、丽水市、三亚市、淄博市、南宁市，44 个城市权重之和占总权重的 30%。

　　第二级为东营市、无锡市、威海市、长春市、淮南市、景德镇市、烟台市、铜川市、哈尔滨市、抚顺市、嘉兴市、镇江市、南昌市、阳泉市、石嘴山市、舟山市、温州市、乌海市、晋城市、梅州市、玉溪市、莱芜市、金华市、湖州市、芜湖市、衢州市、泉州市、常州市、齐齐哈尔市、攀枝花市、黑河市、泰安市、石家庄市、秦皇岛市、辽阳市、大同市、桂林市、佳木斯市、鄂州市、湘潭市、吉林市、黄石市、张家界市、双鸭山市、佛山市、安康市、惠州市、株洲市、运城市、江门市、鞍山市、中山市、十堰市、柳州市、金昌市、汕头市、本溪市、呼伦贝尔市、营口市、许昌市、韶关市、东莞市、台州市、肇庆市、龙岩市、盘锦市、白银市，67 个城市权重之和占总权重的 30%。

　　第三级为廊坊市、牡丹江市、马鞍山市、黄山市、长治市、鸡西市、张掖市、南通市、扬州市、宜昌市、阜新市、徐州市、临沂市、酒泉市、南平市、蚌埠市、丹东市、滨州市、普洱市、武威市、淮北市、济宁市、连云港市、白山市、云浮市、潮州市、邯郸市、娄底市、雅安市、保定市、潍坊市、吴忠市、聊城市、乐山市、通化市、汉中市、宝鸡市、延安市、宜宾市、岳阳市、忻州市、赤峰市、铁岭市、锦州市、泰州市、洛阳市、辽源市、七台河市、三明市、张家口市、邵阳市、唐山市、漳州市、常德市、鹰潭市、阳江市、荆门市、焦作市、河源市、河池市、遵义市，61 个城市权重之和占总权重的 20%。

　　第四级为咸阳市、邢台市、朔州市、平顶山市、枣庄市、郴州市、新乡市、新余市、衡阳市、随州市、通辽市、淮安市、广元市、天水市、盐城市、三门峡市、怀化市、承德市、沧州市、安庆市、咸宁市、榆林市、德州市、葫芦岛市、菏泽市、清远市、宜春市、安阳市、日照市、茂名市、汕尾市、四平市、九江市、衡水市、莆田市、临汾市、绵阳市、襄阳市、贵港市，39 个城市权重之和占总权重的 10%。

　　第五级为阜阳市、北海市、平凉市、内江市、泸州市、揭阳市、益阳市、开封市、曲靖市、黄冈市、安顺市、自贡市、萍乡市、白城市、永州市、六安市、孝感市、百色市、濮阳市、上饶市、绥化市、鹤壁市、玉林市、吉安市、商丘市、保山市、湛江市、南充市、遂宁市、宣城市、防城港市、渭南市、宿迁市、梧州市、赣州市、荆州市、信阳市、巴中市、朝阳市、宁德市、驻马店市、滁州市、钦州市、周口市、漯河市、六盘水市、昭通市、德阳市、资阳市、南阳市、宿州市、松原市、亳州市，53

个城市权重之和占总权重的 10%。

中国 264 个城市 2009 年可持续发展水平等级划分见表 14 – 5。

表 14 – 5 264 个城市 2009 年可持续发展水平等级划分

可持续发展水平	城　市
Ⅰ级（共 44 个）	北京市、上海市、深圳市、克拉玛依市、广州市、珠海市、南京市、杭州市、兰州市、天津市、昆明市、厦门市、武汉市、济南市、长沙市、大连市、海口市、乌鲁木齐市、沈阳市、太原市、包头市、伊春市、铜陵市、大庆市、西宁市、重庆市、银川市、贵阳市、西安市、成都市、苏州市、嘉峪关市、合肥市、福州市、青岛市、绍兴市、鹤岗市、宁波市、呼和浩特市、郑州市、丽水市、三亚市、淄博市、南宁市
Ⅱ级（共 67 个）	东营市、无锡市、威海市、长春市、淮南市、景德镇市、烟台市、铜川市、哈尔滨市、抚顺市、嘉兴市、镇江市、南昌市、阳泉市、石嘴山市、舟山市、温州市、乌海市、晋城市、梅州市、玉溪市、莱芜市、金华市、湖州市、芜湖市、衢州市、泉州市、常州市、齐齐哈尔市、攀枝花市、黑河市、泰安市、石家庄市、秦皇岛市、辽阳市、大同市、桂林市、佳木斯市、鄂州市、湘潭市、吉林市、黄石市、张家界市、双鸭山市、佛山市、安康市、惠州市、株洲市、运城市、江门市、鞍山市、中山市、十堰市、柳州市、金昌市、汕头市、本溪市、呼伦贝尔市、营口市、许昌市、韶关市、东莞市、台州市、肇庆市、龙岩市、盘锦市、白银市
Ⅲ级（共 61 个）	廊坊市、牡丹江市、马鞍山市、黄山市、长治市、鸡西市、张掖市、南通市、扬州市、宜昌市、阜新市、徐州市、临沂市、酒泉市、南平市、蚌埠市、丹东市、滨州市、普洱市、武威市、淮北市、济宁市、连云港市、白山市、云浮市、潮州市、邯郸市、娄底市、雅安市、保定市、潍坊市、吴忠市、聊城市、乐山市、通化市、汉中市、宝鸡市、延安市、宜宾市、岳阳市、忻州市、赤峰市、铁岭市、锦州市、泰州市、洛阳市、辽源市、七台河市、三明市、张家口市、邵阳市、唐山市、漳州市、常德市、鹰潭市、阳江市、荆门市、焦作市、河源市、河池市、遵义市
Ⅳ级（共 39 个）	咸阳市、邢台市、朔州市、平顶山市、枣庄市、郴州市、新乡市、新余市、衡阳市、随州市、通辽市、淮安市、广元市、天水市、盐城市、三门峡市、怀化市、承德市、沧州市、安庆市、咸宁市、榆林市、德州市、葫芦岛市、菏泽市、清远市、宜春市、安阳市、日照市、茂名市、汕尾市、四平市、九江市、衡水市、莆田市、临汾市、绵阳市、襄阳市、贵港市

续表

可持续发展水平	城　　市
V级（共53 个）	阜阳市、北海市、平凉市、内江市、泸州市、揭阳市、益阳市、开封市、曲靖市、黄冈市、安顺市、自贡市、萍乡市、白城市、永州市、六安市、孝感市、百色市、濮阳市、上饶市、绥化市、鹤壁市、玉林市、吉安市、商丘市、保山市、湛江市、南充市、遂宁市、宣城市、防城港市、渭南市、宿迁市、梧州市、赣州市、荆州市、信阳市、巴中市、朝阳市、宁德市、驻马店市、滁州市、钦州市、周口市、漯河市、六盘水市、昭通市、德阳市、资阳市、南阳市、宿州市、松原市、亳州市

（二）264 个城市经济增长分级情况

对 2000 年以来、1990 年以来和 2011 年、2010 年、2009 年 264 个城市经济增长情况进行分级。

1.2000 年以来 264 个城市平均经济增长水平分级情况

将 2000 年后平均各地级及地级以上城市经济增长水平综合得分按权重比 3∶3∶2∶1∶1 分为五级。

第一级为克拉玛依市、深圳市、佛山市、中山市、苏州市、无锡市、大庆市、嘉峪关市、北京市、东营市、广州市、泉州市、包头市、淄博市、常州市、东莞市、威海市、金昌市、绍兴市、珠海市、天津市、上海市、惠州市、鞍山市、乌海市、汕头市、抚顺市、宁波市、潮州市、镇江市、青岛市、本溪市、烟台市、漯河市、唐山市、攀枝花市、温州市、重庆市、嘉兴市、南京市、金华市、莱芜市、大连市、许昌市、日照市、宜昌市、湖州市、焦作市、杭州市、茂名市、玉溪市，51 个城市权重之和占总权重的 30%。和 1990 年后平均相比，2000 年后平均经济增长水平方面从 Ⅱ 级上升到 Ⅰ 级，上升了一级的城市有：漯河市、重庆市、金华市、许昌市、日照市、宜昌市、湖州市、焦作市、玉溪市。

第二级为临沂市、铜陵市、扬州市、济南市、厦门市、徐州市、七台河市、泰州市、沈阳市、江门市、武汉市、郑州市、德州市、延安市、铜川市、白银市、兰州市、鹤壁市、石家庄市、廊坊市、营口市、潍坊市、滨州市、景德镇市、吉林市、呼和浩特市、长沙市、枣庄市、马鞍山市、乌鲁木齐市、淮南市、石嘴山市、德阳市、平顶山市、自贡市、洛阳市、三门峡市、长春市、合肥市、台州市、阳泉市、泰安市、黄石市、朔州市、南通市、福州市、濮阳市、衢州市、榆林市、邯郸市、辽阳市、揭阳市、秦皇岛市、贵阳市、鄂州市、宝鸡市、成都市、南昌市、清远市、银川市、曲靖市、株洲市、西宁市、宿迁市、昆明市、三亚市、聊城市、太原市、保定市，69个城市权重之和占总权重的30%。和1990年后平均相比，2000年后平均经济增长水平方面，从Ⅲ级上升到Ⅱ级，上升了一级的城市有：临沂市、自贡市、黄石市、衢州市、榆林市、成都市、曲靖市、株洲市、宿迁市、聊城市；从Ⅰ级下降到Ⅱ级，下降了一级的城市有：铜陵市、济南市、厦门市、郑州市、铜川市、兰州市、石家庄市、福州市。

第三级为岳阳市、芜湖市、济宁市、湘潭市、衡阳市、吴忠市、常德市、安阳市、晋城市、绵阳市、舟山市、新乡市、娄底市、沧州市、阳江市、临汾市、鸡西市、鹰潭市、宜宾市、衡水市、柳州市、萍乡市、西安市、运城市、莆田市、丹东市、肇庆市、九江市、湛江市、淮北市、长治市、新余市、韶关市、白山市、锦州市、南阳市、哈尔滨市、淮安市、六盘水市、邢台市、广元市、漳州市、桂林市、汕尾市、盘锦市、内江市、乐山市、承德市、盐城市、辽源市、宜春市、三明市、襄阳市、梅州市、海口市、张家口市、雅安市，57个城市权重之和占总权重的20%。和1990年后平均相比，2000年后平均经济增长水平方面，从Ⅱ级下降到Ⅲ级，下降了一级的城市有：芜湖市、晋城市、沧州市、鸡西市、柳州市、西安市、莆田市、盘锦市；从Ⅳ级上升到Ⅲ级，上升了一级的城市有：绵阳市、新余市、淮安市、广元市、汕尾市、乐山市、海口市、张家口市；从Ⅴ级上升到Ⅲ级，上升了二级的城市有：承德市、宜春市。

第四级为河源市、丽水市、荆门市、连云港市、松原市、通化市、鹤岗市、铁岭市、牡丹江市、南平市、宣城市、开封市、梧州市、孝感市、郴州市、大同市、北海市、资阳市、吉安市、遵义市、龙岩市、四平市、云浮市、通辽市、渭南市、酒泉市、葫芦岛市、邵阳市、防城港市、遂宁市、咸阳市、南宁市、汉中市、永州市、安庆市、滁州市、随州市、泸州市、咸宁市，39个城市权重之和占总权重的10%。和1990年后平均相比，2000年后平均经济增长水平方面，从Ⅴ级上升到Ⅳ级，上升了一级的城市有：河源市、铁岭市、牡丹江市、遂宁市、汉中市、永州市、随州市、泸州市、咸宁市；从Ⅲ级下降到Ⅳ级，下降了一级的城市有：丽水市、连云港市、通化市、鹤岗市、梧州市、郴州市、大同市、龙岩市。

第五级为信阳市、赣州市、朝阳市、驻马店市、赤峰市、张家界市、南充市、益阳市、菏泽市、商丘市、呼伦贝尔市、宁德市、阜新市、十堰市、安顺市、忻州市、武威市、齐齐哈尔市、安康市、周口市、双鸭山市、张掖市、阜阳市、伊春市、蚌埠市、平凉市、白城市、荆州市、怀化市、佳木斯市、百色市、玉林市、钦州市、黄山市、上饶市、昭通市、天水市、绥化市、黑河市、保山市、黄冈市、巴中市、贵港市、河池市、六安市、普洱市、亳州市、宿州市，48 个城市权重之和占总权重的 10%。和 1990 年后平均相比，2000 年后平均经济增长水平方面，从Ⅳ级下降到Ⅴ级，下降了一级的城市有：信阳市、赣州市、驻马店市、十堰市、周口市、阜阳市。

中国 264 个城市 2000 年以来平均经济增长水平等级划分见表 14 - 6。

表 14 - 6　　　　264 个城市 2000 年以来平均经济增长水平等级划分

经济增长水平	城　　市
Ⅰ级（共 51 个）	克拉玛依市、深圳市、佛山市、中山市、苏州市、无锡市、大庆市、嘉峪关市、北京市、东营市、广州市、泉州市、包头市、淄博市、常州市、东莞市、威海市、金昌市、绍兴市、珠海市、天津市、上海市、惠州市、鞍山市、乌海市、汕头市、抚顺市、宁波市、潮州市、镇江市、青岛市、本溪市、烟台市、漯河市、唐山市、攀枝花市、温州市、重庆市、嘉兴市、南京市、金华市、莱芜市、大连市、许昌市、日照市、宜昌市、湖州市、焦作市、杭州市、茂名市、玉溪市
Ⅱ级（共 69 个）	临沂市、铜陵市、扬州市、济南市、厦门市、徐州市、七台河市、泰州市、沈阳市、江门市、武汉市、郑州市、德州市、延安市、铜川市、白银市、兰州市、鹤壁市、石家庄市、廊坊市、营口市、潍坊市、滨州市、景德镇市、吉林市、呼和浩特市、长沙市、枣庄市、马鞍山市、乌鲁木齐市、淮南市、石嘴山市、德阳市、平顶山市、自贡市、洛阳市、三门峡市、长春市、合肥市、台州市、阳泉市、泰安市、黄石市、朔州市、南通市、福州市、濮阳市、衢州市、榆林市、邯郸市、辽阳市、揭阳市、秦皇岛市、贵阳市、鄂州市、宝鸡市、成都市、南昌市、清远市、银川市、曲靖市、株洲市、西宁市、宿迁市、昆明市、三亚市、聊城市、太原市、保定市
Ⅲ级（共 57 个）	岳阳市、芜湖市、济宁市、湘潭市、衡阳市、吴忠市、常德市、安阳市、晋城市、绵阳市、舟山市、新乡市、娄底市、沧州市、阳江市、临汾市、鸡西市、鹰潭市、宜宾市、衡水市、柳州市、萍乡市、西安市、运城市、莆田市、丹东市、肇庆市、九江市、湛江市、淮北市、长治市、新余市、韶关市、白山市、锦州市、南阳市、哈尔滨市、淮安市、六盘水市、邢台市、广元市、漳州市、桂林市、汕尾市、盘锦市、内江市、乐山市、承德市、盐城市、辽源市、宜春市、三明市、襄阳市、梅州市、海口市、张家口市、雅安市

经济增长水平	城　市
Ⅳ级（共39个）	河源市、丽水市、荆门市、连云港市、松原市、通化市、鹤岗市、铁岭市、牡丹江市、南平市、宣城市、开封市、梧州市、孝感市、郴州市、大同市、北海市、资阳市、吉安市、遵义市、龙岩市、四平市、云浮市、通辽市、渭南市、酒泉市、葫芦岛市、邵阳市、防城港市、遂宁市、咸阳市、南宁市、汉中市、永州市、安庆市、滁州市、随州市、泸州市、咸宁市
Ⅴ级（共48个）	信阳市、赣州市、朝阳市、驻马店市、赤峰市、张家界市、南充市、益阳市、菏泽市、商丘市、呼伦贝尔市、宁德市、阜新市、十堰市、安顺市、忻州市、武威市、齐齐哈尔市、安康市、周口市、双鸭山市、张掖市、阜阳市、伊春市、蚌埠市、平凉市、白城市、荆州市、怀化市、佳木斯市、百色市、玉林市、钦州市、黄山市、上饶市、昭通市、天水市、绥化市、黑河市、保山市、黄冈市、巴中市、贵港市、河池市、六安市、普洱市、亳州市、宿州市

2. 1990 年以来 264 个城市平均可持续发展水平分级情况

将 1990 年后各地级及地级以上城市经济增长水平综合得分按权重比 3 : 3 : 2 : 1 : 1 分为五级。

第一级为克拉玛依市、佛山市、深圳市、大庆市、无锡市、苏州市、北京市、中山市、广州市、东营市、嘉峪关市、常州市、珠海市、淄博市、包头市、上海市、东莞市、宁波市、惠州市、绍兴市、天津市、乌海市、威海市、泉州市、汕头市、攀枝花市、青岛市、烟台市、潮州市、鞍山市、铜陵市、嘉兴市、济南市、唐山市、温州市、铜川市、南京市、抚顺市、金昌市、厦门市、杭州市、石家庄市、镇江市、莱芜市、茂名市、郑州市、兰州市、大连市、福州市、本溪，50 个城市权重之和占总权重的 30%。

第二级为武汉市、徐州市、湖州市、石嘴山市、江门市、南通市、玉溪市、沈阳市、延安市、淮南市、鹤壁市、漯河市、廊坊市、重庆市、泰州市、乌鲁木齐市、马鞍山市、平顶山市、呼和浩特市、扬州市、长沙市、金华市、焦作市、辽阳市、德州市、日照市、潍坊市、七台河市、宜昌市、洛阳市、景德镇市、昆明市、泰安市、滨州市、贵阳市、许昌市、宝鸡市、西安市、保定市、朔州市、太原市、长春市、濮阳市、吉林市、台州市、营口市、三门峡市、秦皇岛市、西宁市、鄂州市、莆田市、盘锦市、枣庄市、揭阳市、南昌市、阳泉市、德阳市、柳州市、芜湖市、沧州市、邯郸市、清远市、晋城市、合肥市、三亚市、银川市、白银市、鸡西市，68 个城市权重之和占总权重的 30%。

第三级为株洲市、宿迁市、运城市、衢州市、桂林市、湘潭市、肇庆市、临沂市、萍乡市、自贡市、淮北市、衡阳市、黄石市、三明市、大同市、丹东市、岳阳市、阳江市、新乡市、临汾市、宜宾市、成都市、韶关市、衡水市、漳州市、娄底市、常德市、济宁市、安阳市、曲靖市、南阳市、襄阳市、聊城市、榆林市、邢台市、哈尔滨市、辽源市、梅州市、舟山市、九江市、通化市、连云港市、龙岩市、雅安市、郴州市、长治市、鹰潭市、湛江市、梧州市、盐城市、内江市、吴忠市、锦州市、六盘水市、丽水市、白山市、鹤岗市，57 个城市权重之和占总权重的 20%。

第四级为南平市、葫芦岛市、咸阳市、乐山市、渭南市、海口市、信阳市、汕尾市、张家口市、松原市、新余市、滁州市、绵阳市、淮安市、宣城市、南宁市、广元市、荆门市、安庆市、开封市、通辽市、酒泉市、防城港市、十堰市、邵阳市、驻马店市、云浮市、资阳市、阜阳市、孝感市、四平市、赣州市、北海市、周口市、遵义市、吉安市，36 个城市权重之和占总权重的 10%。

第五级为牡丹江市、咸宁市、商丘市、益阳市、宁德市、铁岭市、蚌埠市、河源市、宜春市、承德市、朝阳市、佳木斯市、遂宁市、汉中市、永州市、伊春市、张家界市、天水市、武威市、荆州市、随州市、双鸭山市、忻州市、安康市、菏泽市、阜新市、呼伦贝尔市、泸州市、齐齐哈尔市、百色市、白城市、黄山市、钦州市、赤峰市、平凉市、张掖市、玉林市、安顺市、南充市、怀化市、上饶市、黄冈市、贵港市、六安市、保山市、黑河市、亳州市、河池市、昭通市、巴中市、绥化市、普洱市、宿州市，53 个城市权重之和占总权重的 10%。

中国 264 个城市 1990 年以来平均经济增长水平等级划分见表 14-7。

表 14 – 7　　264 个城市 1990 年以来平均经济增长水平等级划分

经济增长水平	城　市
Ⅰ级（共 50 个）	克拉玛依市、佛山市、深圳市、大庆市、无锡市、苏州市、北京市、中山市、广州市、东营市、嘉峪关市、常州市、珠海市、淄博市、包头市、上海市、东莞市、宁波市、惠州市、绍兴市、天津市、乌海市、威海市、泉州市、汕头市、攀枝花市、青岛市、烟台市、潮州市、鞍山市、铜陵市、嘉兴市、济南市、唐山市、温州市、铜川市、南京市、抚顺市、金昌市、厦门市、杭州市、石家庄市、镇江市、莱芜市、茂名市、郑州市、兰州市、大连市、福州市、本溪市
Ⅱ级（共 68 个）	武汉市、徐州市、湖州市、石嘴山市、江门市、南通市、玉溪市、沈阳市、延安市、淮南市、鹤壁市、漯河市、廊坊市、重庆市、泰州市、乌鲁木齐市、马鞍山市、平顶山市、呼和浩特市、扬州市、长沙市、金华市、焦作市、辽阳市、德州市、日照市、潍坊市、七台河市、宜昌市、洛阳市、景德镇市、昆明市、泰安市、滨州市、贵阳市、许昌市、宝鸡市、西安市、保定市、朔州市、太原市、长春市、濮阳市、吉林市、台州市、营口市、三门峡市、秦皇岛市、西宁市、鄂州市、莆田市、盘锦市、枣庄市、揭阳市、南昌市、阳泉市、德阳市、柳州市、芜湖市、沧州市、邯郸市、清远市、晋城市、合肥市、三亚市、银川市、白银市、鸡西市
Ⅲ级（共 57 个）	株洲市、宿迁市、运城市、衢州市、桂林市、湘潭市、肇庆市、临沂市、萍乡市、自贡市、淮北市、衡阳市、黄石市、三明市、大同市、丹东市、岳阳市、阳江市、新乡市、临汾市、宜宾市、成都市、韶关市、衡水市、漳州市、娄底市、常德市、济宁市、安阳市、曲靖市、南阳市、襄阳市、聊城市、榆林市、邢台市、哈尔滨市、辽源市、梅州市、舟山市、九江市、通化市、连云港市、龙岩市、雅安市、郴州市、长治市、鹰潭市、湛江市、梧州市、盐城市、内江市、吴忠市、锦州市、六盘水市、丽水市、白山市、鹤岗市
Ⅳ级（共 36 个）	南平市、葫芦岛市、咸阳市、乐山市、渭南市、海口市、信阳市、汕尾市、张家口市、松原市、新余市、滁州市、绵阳市、淮安市、宣城市、南宁市、广元市、荆门市、安庆市、开封市、通辽市、酒泉市、防城港市、十堰市、邵阳市、驻马店市、云浮市、资阳市、阜阳市、孝感市、四平市、赣州市、北海市、周口市、遵义市、吉安市
Ⅴ级（共 53 个）	牡丹江市、咸宁市、商丘市、益阳市、宁德市、铁岭市、蚌埠市、河源市、宜春市、承德市、朝阳市、佳木斯市、遂宁市、汉中市、永州市、伊春市、张家界市、天水市、武威市、荆州市、随州市、双鸭山市、忻州市、安康市、菏泽市、阜新市、呼伦贝尔市、泸州市、齐齐哈尔市、百色市、白城市、黄山市、钦州市、赤峰市、平凉市、张掖市、玉林市、安顺市、南充市、怀化市、上饶市、黄冈市、贵港市、六安市、保山市、黑河市、亳州市、河池市、昭通市、巴中市、绥化市、普洱市、宿州市

3. 2011 年 264 个地级及地级以上城市经济增长水平分级情况

将 2011 年各地级及地级以上城市经济增长水平综合得分按权重比 3:3:2:1:1 分为五级。

第一级为佛山市、东营市、常州市、中山市、克拉玛依市、苏州市、深圳市、嘉峪关市、泉州市、大庆市、威海市、金昌市、无锡市、重庆市、包头市、汕头市、淄博市、攀枝花市、潮州市、东莞市、北京市、漯河市、乌海市、榆林市、铜川市、镇江市、清远市、惠州市、临沂市、德阳市、烟台市、晋城市、珠海市、泰州市、新余市、焦作市、湖州市、南通市、玉溪市、莱芜市、辽源市、绍兴市、鹤壁市、揭阳市、长沙市、许昌市、扬州市、石嘴山市、郑州市、三门峡市、自贡市、青岛市、金华市、沈阳市、日照市、杭州市、岳阳市，57 个城市权重之和占总权重的 30%。和 2010 年相比，2011 年经济增长水平方面，从Ⅱ级上升到Ⅰ级，上升了一级的城市有：攀枝花市、榆林市、珠海市、泰州市、新余市、鹤壁市、揭阳市、石嘴山市、郑州市、三门峡市、自贡市、金华市、沈阳市、日照市、岳阳市；从Ⅲ级上升到Ⅰ级，上升了二级的城市有：德阳市、晋城市；从Ⅳ级上升到Ⅰ级，上升了三级的城市有：辽源市。

第二级为天津市、本溪市、白银市、萍乡市、梅州市、上海市、宝鸡市、德州市、潍坊市、广州市、唐山市、江门市、大连市、嘉兴市、徐州市、白山市、洛阳市、雅安市、鞍山市、宁波市、乐山市、绵阳市、呼和浩特市、乌鲁木齐市、六盘水市、成都市、滨州市、吉林市、平顶山市、安阳市、铜陵市、株洲市、舟山市、濮阳市、聊城市、湘潭市、长春市、淮南市、通化市、南昌市、枣庄市、营口市、鄂州市、景德镇市、邢台市、内江市、济南市、三明市、盐城市、河源市、辽阳市、石家庄市、娄底市、常德市、兰州市、南京市、温州市、长治市、汕尾市、茂名市、临汾市、宜昌市、宿迁市、太原市、衢州市、泰安市、丽水市、连云港市、松原市、宜宾市、抚顺市、黄石市，72 个城市权重之和占总权重的 30%。和 2010 年相比，2011 年经济增长水平方面，从Ⅰ级下降到Ⅱ级，下降了一级的城市有：本溪市、上海市、德州市、潍坊市、广州市、江门市、大连市、鞍山市、滨州市、铜陵市、宜昌市；从Ⅲ级上升到Ⅱ级，上升了一级的城市有：萍乡市、梅州市、宝鸡市、雅安市、乐山市、六盘水市、安阳市、株洲市、通化市、南昌市、营口市、鄂州市、邢台市、内江市、河源市、常德市、长治市、宿迁市、太原市、连云港市、宜宾市、黄石市；

从Ⅴ级上升到Ⅱ级，上升了三级的城市有：三明市、临汾市；从Ⅳ级上升到Ⅱ级，上升了二级的城市有：松原市。

第三级为济宁市、邯郸市、沧州市、七台河市、淮安市、厦门市、新乡市、安庆市、阳泉市、泸州市、延安市、菏泽市、朔州市、宁德市、通辽市、昆明市、秦皇岛市、福州市、曲靖市、武汉市、云浮市、肇庆市、盘锦市、四平市、吉安市、保定市、运城市、西安市、淮北市、吴忠市、南阳市、台州市、漳州市、遂宁市、铁岭市、鹰潭市、广元市、合肥市、九江市、湛江市、滁州市、阳江市、衡阳市、咸阳市、莆田市、衡水市、信阳市、郴州市、安康市、赤峰市、资阳市、韶关市、黄山市、西宁市、周口市、龙岩市，56 个城市权重之和占总权重的 20%。和 2010 年相比，2011 年经济增长水平方面，从Ⅱ级下降到Ⅲ级，下降了一级的城市有：济宁市、延安市、菏泽市、通辽市、秦皇岛市、福州市、曲靖市、武汉市、吴忠市、鹰潭市、衡阳市、莆田市；从Ⅰ级下降到Ⅲ级，下降了二级的城市有：七台河市；从Ⅳ级上升到Ⅲ级，上升了一级的城市有：安庆市、朔州市、云浮市、淮北市、九江市、阳江市、咸阳市、衡水市、信阳市、郴州市、安康市、资阳市、周口市、龙岩市；从Ⅴ级上升到Ⅲ级，上升了二级的城市有：阳泉市、运城市、遂宁市、滁州市、韶关市、黄山市。

第四级为遵义市、荆门市、咸宁市、宜春市、南充市、承德市、宣城市、南平市、商丘市、钦州市、襄阳市、酒泉市、廊坊市、丹东市、阜阳市、开封市、上饶市、忻州市、银川市、大同市、牡丹江市、蚌埠市、亳州市、马鞍山市、赣州市、白城市、益阳市、北海市、哈尔滨市、芜湖市、锦州市、呼伦贝尔市、贵阳市，33 个城市权重之和占总权重的 10%。和 2010 年相比，2011 年经济增长水平方面，从Ⅲ级下降到Ⅳ级，下降了一级的城市有：荆门市、承德市、宣城市、商丘市、廊坊市、白城市、贵阳市；从Ⅴ级上升到Ⅳ级，上升了一级的城市有：咸宁市、南充市、钦州市、开封市、上饶市、大同市、牡丹江市、亳州市、赣州市、北海市；从Ⅱ级下降到Ⅳ级，下降了二级的城市有：宜春市、丹东市、银川市、马鞍山市、芜湖市、锦州市。

第五级为怀化市、孝感市、汉中市、永州市、黄冈市、鹤岗市、张家界市、朝阳市、驻马店市、平凉市、梧州市、随州市、张家口市、桂林市、六安市、张掖市、邵阳市、渭南市、海口市、葫芦岛市、荆州市、鸡西市、南宁市、宿州市、柳州市、绥化市、防城港市、昭通市、巴中市、十堰市、三亚市、武威市、天水市、齐齐哈尔市、阜新市、保山市、百色市、普洱市、玉林市、黑河市、安顺市、双鸭山市、贵港市、佳木斯市、河池市、伊春市，46 个城市权重之和占总权重的 10%。和 2010 年相比，2011 年经济增长水平方面，从Ⅳ级下降到Ⅴ级，下降了一级的城市有：孝感市、鹤岗市、张家界市、桂林市、六安市、张掖市、海口市、柳州市、百色市；从Ⅲ级下降到Ⅴ级，下降了二级的城市有：梧州市、随州市。

中国 264 个城市 2011 年经济增长水平等级划分见表 14-8。

表 14-8   264 个城市 2011 年经济增长水平等级划分

经济增长水平	城 市
Ⅰ级（共 57 个）	佛山市、东营市、常州市、中山市、克拉玛依市、苏州市、深圳市、嘉峪关市、泉州市、大庆市、威海市、金昌市、无锡市、重庆市、包头市、汕头市、淄博市、攀枝花市、潮州市、东莞市、北京市、漯河市、乌海市、榆林市、铜川市、镇江市、清远市、惠州市、临沂市、德阳市、烟台市、晋城市、珠海市、泰州市、新余市、焦作市、湖州市、南通市、玉溪市、莱芜市、辽源市、绍兴市、鹤壁市、揭阳市、长沙市、许昌市、扬州市、石嘴山市、郑州市、三门峡市、自贡市、青岛市、金华市、沈阳市、日照市、杭州市、岳阳市
Ⅱ级（共 72 个）	天津市、本溪市、白银市、萍乡市、梅州市、上海市、宝鸡市、德州市、潍坊市、广州市、唐山市、江门市、大连市、嘉兴市、徐州市、白山市、洛阳市、雅安市、鞍山市、宁波市、乐山市、绵阳市、呼和浩特市、乌鲁木齐市、六盘水市、成都市、滨州市、吉林市、平顶山市、安阳市、铜陵市、株洲市、舟山市、濮阳市、聊城市、湘潭市、长春市、淮南市、通化市、南昌市、枣庄市、营口市、鄂州市、景德镇市、邢台市、内江市、济南市、三明市、盐城市、河源市、辽阳市、石家庄市、娄底市、常德市、兰州市、南京市、温州市、长治市、汕尾市、茂名市、临汾市、宜昌市、宿迁市、太原市、衢州市、泰安市、丽水市、连云港市、松原市、宜宾市、抚顺市、黄石市
Ⅲ级（共 56 个）	济宁市、邯郸市、沧州市、七台河市、淮安市、厦门市、新乡市、安庆市、阳泉市、泸州市、延安市、菏泽市、朔州市、宁德市、通辽市、昆明市、秦皇岛市、福州市、曲靖市、武汉市、云浮市、肇庆市、盘锦市、四平市、吉安市、保定市、运城市、西安市、淮北市、吴忠市、南阳市、台州市、漳州市、遂宁市、铁岭市、鹰潭市、广元市、合肥市、九江市、湛江市、滁州市、阳江市、衡阳市、咸阳市、莆田市、衡水市、信阳市、郴州市、安康市、赤峰市、资阳市、韶关市、黄山市、西宁市、周口市、龙岩市

续表

经济增长水平	城　市
Ⅳ级（共33个）	遵义市、荆门市、咸宁市、宜春市、南充市、承德市、宣城市、南平市、商丘市、钦州市、襄阳市、酒泉市、廊坊市、丹东市、阜阳市、开封市、上饶市、忻州市、银川市、大同市、牡丹江市、蚌埠市、亳州市、马鞍山市、赣州市、白城市、益阳市、北海市、哈尔滨市、芜湖市、锦州市、呼伦贝尔市、贵阳市
Ⅴ级（共46个）	怀化市、孝感市、汉中市、永州市、黄冈市、鹤岗市、张家界市、朝阳市、驻马店市、平凉市、梧州市、随州市、张家口市、桂林市、六安市、张掖市、邵阳市、渭南市、海口市、葫芦岛市、荆州市、鸡西市、南宁市、宿州市、柳州市、绥化市、防城港市、昭通市、巴中市、十堰市、三亚市、武威市、天水市、齐齐哈尔市、阜新市、保山市、百色市、普洱市、玉林市、黑河市、安顺市、双鸭山市、贵港市、佳木斯市、河池市、伊春市

4. 2010 年 264 个城市经济增长水平分级情况

将 2010 年各地级及地级以上城市经济增长水平综合得分按权重比 3:3:2:1:1 分为五级。

第一级为佛山市、克拉玛依市、深圳市、东营市、中山市、北京市、常州市、无锡市、苏州市、大庆市、淄博市、嘉峪关市、泉州市、包头市、金昌市、威海市、乌海市、烟台市、潮州市、鞍山市、德州市、重庆市、许昌市、临沂市、惠州市、广州市、铜陵市、汕头市、玉溪市、镇江市、铜川市、扬州市、东莞市、潍坊市、南通市、漯河市、绍兴市、莱芜市、清远市、青岛市、七台河市、江门市、上海市、湖州市、本溪市、滨州市、杭州市、宜昌市、焦作市、大连市、长沙市，51 个城市权重之和占总权重的 30%。和 2009 年相比，2010 年经济增长水平方面，从Ⅱ级上升到Ⅰ级，上升了一级的城市有：镇江市、铜川市、扬州市、东莞市、南通市、莱芜市、清远市、七台河市、江门市、宜昌市、焦作市、大连市、长沙市。

第二级为温州市、自贡市、呼和浩特市、枣庄市、娄底市、沈阳市、淮南市、马鞍山市、聊城市、南京市、攀枝花市、天津市、泰州市、宁波市、延安市、徐州市、长春市、揭阳市、石嘴山市、金华市、郑州市、濮阳市、洛阳市、衢州市、唐山市、济南市、舟山市、鹤壁市、芜湖市、珠海市、成都市、榆林市、泰安市、武汉市、日照市、茂名市、岳阳市、绵阳市、景德镇市、辽阳市、石家庄市、平顶山市、白银市、抚顺市、莆田市、通辽市、丽水市、吴忠市、菏泽市、丹东市、银川市、济宁市、湘潭市、三门峡市、嘉兴市、秦皇岛市、福州市、新余市、吉林市、兰州市、宜春市、鹰潭市、锦州市、衡阳市、盐城市、白山市、乌鲁木齐市、汕尾市、曲靖市，69 个城市权重之和占总权重的 30%。和 2009 年相比，2010 年经济增长水平方面，从 I 级下降到 II 级，下降了一级的城市有：枣庄市、娄底市、淮南市、马鞍山市、聊城市、南京市、攀枝花市、泰州市、宁波市、金华市、珠海市、茂名市、嘉兴市、吉林市；从 III 级上升到 II 级，上升了一级的城市有：舟山市、芜湖市、成都市、平顶山市、通辽市、湘潭市、秦皇岛市、宜春市、鹰潭市、衡阳市、盐城市、白山市、汕尾市、曲靖市。

第三级为台州市、营口市、肇庆市、新乡市、长治市、乐山市、南昌市、株洲市、宝鸡市、内江市、漳州市、西宁市、邢台市、安阳市、沧州市、随州市、邯郸市、黄石市、淮安市、厦门市、宿迁市、常德市、河源市、鄂州市、合肥市、赤峰市、萍乡市、宜宾市、德阳市、保定市、盘锦市、南阳市、连云港市、贵阳市、雅安市、廊坊市、湛江市、晋城市、吉安市、梅州市、四平市、通化市、荆门市、太原市、昆明市、宁德市、广元市、梧州市、承德市、白城市、西安市、铁岭市、泸州市、宣城市、六盘水市、商丘市，56 个城市权重之和占总权重的 20%。和 2009 年相比，2010 年经济增长水平方面，从 II 级下降到 III 级，下降了一级的城市有：台州市、营口市、乐山市、株洲市、宝鸡市、西宁市、安阳市、黄石市、厦门市、鄂州市、保定市、贵阳市、梅州市；从 IV 级上升到 III 级，上升了一级的城市有：河源市、赤峰市、南阳市、连云港市、承德市、白城市；从 V 级上升到 III 级，上升了二级的城市有：德阳市、雅安市、通化市、太原市、铁岭市、商丘市。

第四级为九江市、益阳市、郴州市、柳州市、孝感市、松原市、云浮市、衡水市、哈尔滨市、朔州市、桂林市、咸阳市、辽源市、酒泉市、淮北市、鹤岗市、忻州市、信阳市、安庆市、周口市、龙岩市、遵义市、张掖市、海口市、安康市、资阳市、六安市、南平市、张家界市、蚌埠市、呼伦贝尔市、百色市、阳江市、阜阳市、襄阳市，35 个城市权重之和占总权重的 10%。和 2009 年相比，2010 年经济增长水平方面，从 III 级下降到 IV 级，下降了一级的城市有：柳州市、孝感市、云浮市、朔州市、淮北市、遵义市；从 V 级上升到 IV 级，上升了一级的城市有：松原市、忻州市、信阳市、周口市、安康市、呼伦贝尔市、百色市、襄阳市；从Ⅱ级下降到Ⅳ级，下降了二级的城市有：衡水市、桂林市、阳江市。

第五级为贵港市、三明市、赣州市、滁州市、韶关市、绥化市、运城市、南充市、怀化市、玉林市、汉中市、遂宁市、邵阳市、朝阳市、黄山市、驻马店市、咸宁市、阳泉市、亳州市、渭南市、三亚市、开封市、葫芦岛市、鸡西市、南宁市、牡丹江市、临汾市、永州市、昭通市、大同市、张家口市、齐齐哈尔市、上饶市、钦州市、阜新市、十堰市、黄冈市、双鸭山市、黑河市、平凉市、荆州市、宿州市、巴中市、防城港市、天水市、北海市、河池市、武威市、保山市、安顺市、普洱市、佳木斯市、伊春市，53 个城市权重之和占总权重的 10%。和 2009 年相比，2010 年经济增长水平方面，从Ⅳ级下降到Ⅴ级，下降了一级的城市有：贵港市、赣州市、绥化市、怀化市、邵阳市、朝阳市、阳泉市、三亚市、开封市、十堰市、防城港市；从Ⅲ级下降到Ⅴ级，下降了二级的城市有：三明市、韶关市、运城市、咸宁市、临汾市、北海市、武威市。

中国 264 个城市 2010 年经济增长水平等级划分见表 14-9。

表 14-9   264 个城市 2010 年经济增长水平等级划分

经济增长水平	城　市
Ⅰ级（共51个）	佛山市、克拉玛依市、深圳市、东营市、中山市、北京市、常州市、无锡市、苏州市、大庆市、淄博市、嘉峪关市、泉州市、包头市、金昌市、威海市、乌海市、烟台市、潮州市、鞍山市、德州市、重庆市、许昌市、临沂市、惠州市、广州市、铜陵市、汕头市、玉溪市、镇江市、铜川市、扬州市、东莞市、潍坊市、南通市、漯河市、绍兴市、莱芜市、清远市、青岛市、七台河市、江门市、上海市、湖州市、本溪市、滨州市、杭州市、宜昌市、焦作市、大连市、长沙市
Ⅱ级（共69个）	温州市、自贡市、呼和浩特市、枣庄市、娄底市、沈阳市、淮南市、马鞍山市、聊城市、南京市、攀枝花市、天津市、泰州市、宁波市、延安市、徐州市、长春市、揭阳市、石嘴山市、金华市、郑州市、濮阳市、洛阳市、衢州市、唐山市、济南市、舟山市、鹤壁市、芜湖市、珠海市、成都市、榆林市、泰安市、武汉市、日照市、茂名市、岳阳市、绵阳市、景德镇市、辽阳市、石家庄市、平顶山市、白银市、抚顺市、莆田市、通辽市、丽水市、吴忠市、菏泽市、丹东市、银川市、济宁市、湘潭市、三门峡市、嘉兴市、秦皇岛市、福州市、新余市、吉林市、兰州市、宜春市、鹰潭市、锦州市、衡阳市、盐城市、白山市、乌鲁木齐市、汕尾市、曲靖市

续表

经济增长水平	城　市
Ⅲ级（共56个）	台州市、营口市、肇庆市、新乡市、长治市、乐山市、南昌市、株洲市、宝鸡市、内江市、漳州市、西宁市、邢台市、安阳市、沧州市、随州市、邯郸市、黄石市、淮安市、厦门市、宿迁市、常德市、河源市、鄂州市、合肥市、赤峰市、萍乡市、宜宾市、德阳市、保定市、盘锦市、南阳市、连云港市、贵阳市、雅安市、廊坊市、湛江市、晋城市、吉安市、梅州市、四平市、通化市、荆门市、太原市、昆明市、宁德市、广元市、梧州市、承德市、白城市、西安市、铁岭市、泸州市、宣城市、六盘水市、商丘市
Ⅳ级（共35个）	九江市、益阳市、郴州市、柳州市、孝感市、松原市、云浮市、衡水市、哈尔滨市、朔州市、桂林市、咸阳市、辽源市、酒泉市、淮北市、鹤岗市、忻州市、信阳市、安庆市、周口市、龙岩市、遵义市、张掖市、海口市、安康市、资阳市、六安市、南平市、张家界市、蚌埠市、呼伦贝尔市、百色市、阳江市、阜阳市、襄阳市
Ⅴ级（共53个）	贵港市、三明市、赣州市、滁州市、韶关市、绥化市、运城市、南充市、怀化市、玉林市、汉中市、遂宁市、邵阳市、朝阳市、黄山市、驻马店市、咸宁市、阳泉市、亳州市、渭南市、三亚市、开封市、葫芦岛市、鸡西市、南宁市、牡丹江市、临汾市、永州市、昭通市、大同市、张家口市、齐齐哈尔市、上饶市、钦州市、阜新市、十堰市、黄冈市、双鸭山市、黑河市、平凉市、荆州市、宿州市、巴中市、防城港市、天水市、北海市、河池市、武威市、保山市、安顺市、普洱市、佳木斯市、伊春市

5. 2009 年 264 个城市经济增长水平分级情况

将 2009 年各地级及地级以上城市经济增长水平综合得分按权重比 3∶3∶2∶1∶1分为五级。

第一级为佛山市、克拉玛依市、深圳市、中山市、苏州市、东营市、北京市、无锡市、大庆市、汕头市、包头市、绍兴市、常州市、嘉峪关市、潮州市、泉州市、淄博市、金昌市、威海市、攀枝花市、湖州市、广州市、惠州市、乌海市、玉溪市、本溪市、茂名市、金华市、烟台市、宁波市、鞍山市、滨州市、淮南市、青岛市、吉林市、重庆市、铜陵市、嘉兴市、枣庄市、上海市、马鞍山市、杭州市、南京市、许昌市、德州市、娄底市、临沂市、聊城市、珠海市、潍坊市、漯河市、泰州市，52 个城市权重之和占总权重的 30%。

第二级为天津市、石嘴山市、衢州市、衡水市、南通市、莱芜市、扬州市、延安市、镇江市、焦作市、长沙市、日照市、揭阳市、自贡市、白银市、呼和浩特市、东莞市、沈阳市、三门峡市、大连市、江门市、唐山市、徐州市、济南市、濮阳市、抚顺市、清远市、宜昌市、七台河市、郑州市、宝鸡市、梅州市、温州市、泰安市、株洲市、丽水市、厦门市、榆林市、菏泽市、长春市、阳江市、兰州市、景德镇市、营口市、洛阳市、贵阳市、石家庄市、安阳市、乐山市、吴忠市、辽阳市、鹤壁市、武汉市、银川市、岳阳市、铜川市、绵阳市、福州市、西宁市、济宁市、桂林市、黄石市、丹东市、保定市、锦州市、鄂州市、新余市、乌鲁木齐市、台州市、莆田市，70 个城市权重之和占总权重的 30%。

第三级为宜春市、曲靖市、平顶山市、鹰潭市、肇庆市、芜湖市、湘潭市、漳州市、沧州市、南昌市、长治市、廊坊市、汕尾市、三明市、成都市、邯郸市、韶关市、西安市、朔州市、萍乡市、随州市、云浮市、柳州市、舟山市、昆明市、宜宾市、吉安市、常德市、遵义市、临汾市、邢台市、盐城市、衡阳市、孝感市、咸宁市、六盘水市、泸州市、秦皇岛市、宿迁市、荆门市、白山市、晋城市、梧州市、新乡市、湛江市、淮北市、广元市、北海市、宣城市、运城市、盘锦市、通辽市、武威市、淮安市、内江市、宁德市、四平市、合肥市，58 个城市权重之和占总权重的 20%。

第四级为南阳市、蚌埠市、张家界市、资阳市、益阳市、郴州市、阜阳市、河源市、张掖市、承德市、绥化市、三亚市、海口市、哈尔滨市、鹤岗市、辽源市、邵阳市、开封市、南平市、咸阳市、怀化市、九江市、六安市、贵港市、龙岩市、赤峰市、连云港市、安庆市、赣州市、朝阳市、白城市、十堰市、防城港市、阳泉市、酒泉市，35 个城市权重之和占总权重的 10%。

第五级为黄山市、鸡西市、黑河市、南宁市、忻州市、周口市、葫芦岛市、齐齐哈尔市、信阳市、雅安市、遂宁市、百色市、太原市、上饶市、商丘市、钦州市、牡丹江市、永州市、张家口市、昭通市、襄阳市、南充市、驻马店市、阜新市、滁州市、铁岭市、安顺市、通化市、双鸭山市、安康市、亳州市、荆州市、松原市、佳木斯市、玉林市、渭南市、呼伦贝尔市、黄冈市、平凉市、德阳市、天水市、汉中市、保山市、宿州市、巴中市、河池市、伊春市、大同市、普洱市，49 个城市权重之和占总权重的 10%。

中国 264 个城市 2009 年经济增长水平等级划分见表 14 - 10。

表 14 - 10　　　　　　　264 个城市 2009 年经济增长水平等级划分

经济增长水平	城　　市
Ⅰ级（共 52 个）	佛山市、克拉玛依市、深圳市、中山市、苏州市、东营市、北京市、无锡市、大庆市、汕头市、包头市、绍兴市、常州市、嘉峪关市、潮州市、泉州市、淄博市、金昌市、威海市、攀枝花市、湖州市、广州市、惠州市、乌海市、玉溪市、本溪市、茂名市、金华市、烟台市、宁波市、鞍山市、滨州市、淮南市、青岛市、吉林市、重庆市、铜陵市、嘉兴市、枣庄市、上海市、马鞍山市、杭州市、南京市、许昌市、德州市、娄底市、临沂市、聊城市、珠海市、潍坊市、漯河市、泰州市
Ⅱ级（共 70 个）	天津市、石嘴山市、衢州市、衡水市、南通市、莱芜市、扬州市、延安市、镇江市、焦作市、长沙市、日照市、揭阳市、自贡市、白银市、呼和浩特市、东莞市、沈阳市、三门峡市、大连市、江门市、唐山市、徐州市、济南市、濮阳市、抚顺市、清远市、宜昌市、七台河市、郑州市、宝鸡市、梅州市、温州市、泰安市、株洲市、丽水市、厦门市、榆林市、菏泽市、长春市、阳江市、兰州市、景德镇市、营口市、洛阳市、贵阳市、石家庄市、安阳市、乐山市、吴忠市、辽阳市、鹤壁市、武汉市、银川市、岳阳市、铜川市、绵阳市、福州市、西宁市、济宁市、桂林市、黄石市、丹东市、保定市、锦州市、鄂州市、新余市、乌鲁木齐市、台州市、莆田市
Ⅲ级（共 58 个）	宜春市、曲靖市、平顶山市、鹰潭市、肇庆市、芜湖市、湘潭市、漳州市、沧州市、南昌市、长治市、廊坊市、汕尾市、三明市、成都市、邯郸市、韶关市、西安市、朔州市、萍乡市、随州市、云浮市、柳州市、舟山市、昆明市、宜宾市、吉安市、常德市、遵义市、临汾市、邢台市、盐城市、衡阳市、孝感市、咸宁市、六盘水市、泸州市、秦皇岛市、宿迁市、荆门市、白山市、晋城市、梧州市、新乡市、湛江市、淮北市、广元市、北海市、宣城市、运城市、盘锦市、通辽市、武威市、淮安市、内江市、宁德市、四平市、合肥市
Ⅳ级（共 35 个）	南阳市、蚌埠市、张家界市、资阳市、益阳市、郴州市、阜阳市、河源市、张掖市、承德市、绥化市、三亚市、海口市、哈尔滨市、鹤岗市、辽源市、邵阳市、开封市、南平市、咸阳市、怀化市、九江市、六安市、贵港市、龙岩市、赤峰市、连云港市、安庆市、赣州市、朝阳市、白城市、十堰市、防城港市、阳泉市、酒泉市

续表

经济增长水平	城　市
Ⅴ级（共49个）	黄山市、鸡西市、黑河市、南宁市、忻州市、周口市、葫芦岛市、齐齐哈尔市、信阳市、雅安市、遂宁市、百色市、太原市、上饶市、商丘市、钦州市、牡丹江市、永州市、张家口市、昭通市、襄阳市、南充市、驻马店市、阜新市、滁州市、铁岭市、安顺市、通化市、双鸭山市、安康市、亳州市、荆州市、松原市、佳木斯市、玉林市、渭南市、呼伦贝尔市、黄冈市、平凉市、德阳市、天水市、汉中市、保山市、宿州市、巴中市、河池市、伊春市、大同市、普洱市

（三）264个城市增长可持续分级情况

2000年以来、1990年以来和2011年、2010年、2009年264个城市增长可持续情况进行分级。

1. 2000年以来264个城市平均增长可持续水平分级情况

将2000年后平均各地级及地级以上城市增长可持续水平综合得分按权重比3∶3∶2∶1∶1分为五级。

第一级为上海市、北京市、深圳市、许昌市、合肥市、石家庄市、广州市、长沙市、绍兴市、珠海市、南京市、武汉市、保定市、厦门市、邢台市、郑州市、天津市、南昌市、梅州市、秦皇岛市、济南市、大连市、晋城市、连云港市、兰州市、湘潭市、杭州市、新乡市、成都市、西宁市、沈阳市、廊坊市、贵阳市、黄石市、洛阳市、青岛市、邯郸市、太原市、桂林市、苏州市、抚顺市、哈尔滨市、黑河市、丽水市，44个城市权重之和占总权重的30%。和1990年后平均相比，2000年后平均增长可持续水平方面，从Ⅱ级上升到Ⅰ级，上升了一级的城市有：成都市、贵阳市、青岛市、太原市、苏州市、哈尔滨市、黑河市、丽水市。

第二级为芜湖市、福州市、张家口市、沧州市、锦州市、马鞍山市、周口市、威海市、长治市、汕尾市、景德镇市、濮阳市、呼和浩特市、安康市、盘锦市、邵阳市、娄底市、铁岭市、焦作市、呼伦贝尔市、肇庆市、鞍山市、西安市、宁波市、金华市、忻州市、开封市、河源市、曲靖市、清远市、泰州市、阜新市、潮州市、宿迁市、长春市、白城市、平顶山市、汉中市、株洲市、淮南市、柳州市、吴忠市、朝阳市、牡丹江市、三门峡市、舟山市、烟台市、海口市、天水市、承德市、衡水市、蚌埠市、衡阳市、六盘水市、嘉兴市、克拉玛依市、安庆市、徐州市、铜陵市、温州市、菏泽市、淄博市、安阳市、辽源市、白银市、阳江市、佳木斯市、咸阳市、丹东市、鹰潭市，70个城市权重之和占总权重的30%。和1990年后平均相比，2000年后平均增长可持续水平方面，从Ⅰ级下降到Ⅱ级，下降了一级的城市有：芜湖市、福州市、沧州市、锦州市、马鞍山市、周口市、汕尾市、盘锦市、鞍山市；从Ⅲ级上升到Ⅱ级，上升了一级的城市有：宁波市、金华市、忻州市、舟山市、六盘水市、铜陵市、温州市、淄博市、安阳市、白银市；从Ⅳ级上升到Ⅱ级，上升了二级的城市有：海口市。

第三级为无锡市、潍坊市、昆明市、九江市、唐山市、南通市、乌鲁木齐市、扬州市、岳阳市、四平市、韶关市、三亚市、雅安市、茂名市、安顺市、通化市、临沂市、河池市、保山市、绵阳市、镇江市、运城市、重庆市、普洱市、盐城市、十堰市、淮北市、阳泉市、德州市、滨州市、湖州市、上饶市、广元市、营口市、泰安市、玉溪市、辽阳市、鹤岗市、益阳市、包头市、南宁市、莱芜市、咸宁市、济宁市、伊春市、揭阳市、七台河市、泉州市、漳州市、黄冈市、大同市、永州市、宜昌市、双鸭山市、昭通市、银川市、赤峰市、北海市、淮安市、德阳市、湛江市、汕头市，62个城市权重之和占总权重的20%。和1990年后平均相比，2000年后平均增长可持续水平方面，从Ⅱ级下降到Ⅲ级，下降了一级的城市有：潍坊市、九江市、唐山市、南通市、岳阳市、四平市、韶关市、通化市、保山市、淮北市、上饶市；从Ⅳ级上升到Ⅲ级，上升了一级的城市有：绵阳市、重庆市、十堰市、湖州市、伊春市、黄冈市、宜昌市、赤峰市、北海市、德阳市、汕头市；从Ⅴ级上升到Ⅲ级，上升了二级的城市有：广元市、银川市、淮安市。

第四级为东营市、本溪市、齐齐哈尔市、临汾市、怀化市、鸡西市、南充市、张家界市、常德市、赣州市、云浮市、铜川市、百色市、巴中市、攀枝花市、台州市、遵义市、孝感市、平凉市、吉林市、张掖市、衢州市、渭南市、常州市、中山市、鹤壁市、郴州市、惠州市、莆田市、葫芦岛市、自贡市、通辽市、阜阳市、绥化市、江门市、漯河市、驻马店市，37个城市权重之和占总权重的10%。和1990年后平均相比，2000年后平均增长可持续水平方面，从Ⅲ级下降到Ⅳ级，下降了一级的城市有：东营市、齐齐哈尔市、临汾市、怀化市、鸡西市、赣州市、百色市、孝感市、平凉市、渭南市、莆田市、通辽市；从Ⅴ级上升到Ⅳ级，上升了一级的城市有：攀枝花市、吉林市、衢州市、常州市、中山市、阜阳市、绥化市、江门市、驻马店市。

第五级为聊城市、黄山市、大庆市、玉林市、南平市、白山市、延安市、吉安市、宝鸡市、武威市、宜春市、松原市、南阳市、三明市、荆州市、宜宾市、内江市、鄂州市、商丘市、龙岩市、日照市、萍乡市、宣城市、六安市、信阳市、酒泉市、乐山市、枣庄市、泸州市、荆门市、遂宁市、乌海市、榆林市、佛山市、宿州市、朔州市、随州市、襄阳市、滁州市、贵港市、金昌市、梧州市、新余市、石嘴山市、资阳市、钦州市、嘉峪关市、宁德市、防城港市、亳州市、东莞市，51 个城市权重之和占总权重的 10%。和 1990 年后平均相比，2000 年后平均增长可持续水平方面，从Ⅳ级下降到Ⅴ级，下降了一级的城市有：聊城市、黄山市、南平市、白山市、延安市、武威市、三明市、萍乡市、随州市；从Ⅲ级下降到Ⅴ级，下降了二级的城市有：松原市。

中国 264 个城市 2000 年以来平均增长可持续水平等级划分见表 14 – 11。

表 14 – 11　　264 个城市 2000 年以来平均增长可持续水平等级划分

增长可持续水平	城　市
Ⅰ级（共 44 个）	上海市、北京市、深圳市、许昌市、合肥市、石家庄市、广州市、长沙市、绍兴市、珠海市、南京市、武汉市、保定市、厦门市、邢台市、郑州市、天津市、南昌市、梅州市、秦皇岛市、济南市、大连市、晋城市、连云港市、兰州市、湘潭市、杭州市、新乡市、成都市、西宁市、沈阳市、廊坊市、贵阳市、黄石市、洛阳市、青岛市、邯郸市、太原市、桂林市、苏州市、抚顺市、哈尔滨市、黑河市、丽水市
Ⅱ级（共 70 个）	芜湖市、福州市、张家口市、沧州市、锦州市、马鞍山市、周口市、威海市、长治市、汕尾市、景德镇市、濮阳市、呼和浩特市、安康市、盘锦市、邵阳市、娄底市、铁岭市、焦作市、呼伦贝尔市、肇庆市、鞍山市、西安市、宁波市、金华市、忻州市、开封市、河源市、曲靖市、清远市、泰州市、阜新市、潮州市、宿迁市、长春市、白城市、平顶山市、汉中市、株洲市、淮南市、柳州市、吴忠市、朝阳市、牡丹江市、三门峡市、舟山市、烟台市、海口市、天水市、承德市、衡水市、蚌埠市、衡阳市、六盘水市、嘉兴市、克拉玛依市、安庆市、徐州市、铜陵市、温州市、菏泽市、淄博市、安阳市、辽源市、白银市、阳江市、佳木斯市、咸阳市、丹东市、鹰潭市

续表

增长可持续水平	城　市
Ⅲ级（共 62 个）	无锡市、潍坊市、昆明市、九江市、唐山市、南通市、乌鲁木齐市、扬州市、岳阳市、四平市、韶关市、三亚市、雅安市、茂名市、安顺市、通化市、临沂市、河池市、保山市、绵阳市、镇江市、运城市、重庆市、普洱市、盐城市、十堰市、淮北市、阳泉市、德州市、滨州市、湖州市、上饶市、广元市、营口市、泰安市、玉溪市、辽阳市、鹤岗市、益阳市、包头市、南宁市、莱芜市、咸宁市、济宁市、伊春市、揭阳市、七台河市、泉州市、漳州市、黄冈市、大同市、永州市、宜昌市、双鸭山市、昭通市、银川市、赤峰市、北海市、淮安市、德阳市、湛江市、汕头市
Ⅳ级（共 37 个）	东营市、本溪市、齐齐哈尔市、临汾市、怀化市、鸡西市、南充市、张家界市、常德市、赣州市、云浮市、铜川市、百色市、巴中市、攀枝花市、台州市、遵义市、孝感市、平凉市、吉林市、张掖市、衢州市、渭南市、常州市、中山市、鹤壁市、郴州市、惠州市、莆田市、葫芦岛市、自贡市、通辽市、阜阳市、绥化市、江门市、漯河市、驻马店市
Ⅴ级（共 51 个）	聊城市、黄山市、大庆市、玉林市、南平市、白山市、延安市、吉安市、宝鸡市、武威市、宜春市、松原市、南阳市、三明市、荆州市、宜宾市、内江市、鄂州市、商丘市、龙岩市、日照市、萍乡市、宣城市、六安市、信阳市、酒泉市、乐山市、枣庄市、泸州市、荆门市、遂宁市、乌海市、榆林市、佛山市、宿州市、朔州市、随州市、襄阳市、滁州市、贵港市、金昌市、梧州市、新余市、石嘴山市、资阳市、钦州市、嘉峪关市、宁德市、防城港市、亳州市、东莞市

2. 1990 年以来 264 个城市平均可持续发展水平分级情况

将 1990 年后各地级及地级以上城市增长可持续水平综合得分按权重比 3∶3∶2∶1∶1 分为五级。

第一级为上海市、北京市、深圳市、许昌市、广州市、石家庄市、合肥市、长沙市、绍兴市、保定市、邢台市、南京市、南昌市、晋城市、梅州市、武汉市、秦皇岛市、珠海市、厦门市、黄石市、郑州市、湘潭市、新乡市、抚顺市、连云港市、沧州市、邯郸市、天津市、大连市、福州市、西宁市、济南市、洛阳市、杭州市、马鞍山市、廊坊市、芜湖市、兰州市、汕尾市、周口市、桂林市、沈阳市、锦州市、盘锦市、鞍山市，45个城市权重之和占总权重的 30%。

第二级为贵阳市、成都市、哈尔滨市、张家口市、青岛市、濮阳市、长治市、太原市、威海市、景德镇市、安康市、邵阳市、曲靖市、潮州市、肇庆市、铁岭市、清远市、焦作市、苏州市、丹东市、呼伦贝尔市、阳江市、西安市、白城市、衡水市、蚌埠市、南通市、宿迁市、朝阳市、辽源市、烟台市、丽水市、平顶山市、娄底市、四平市、承德市、咸阳市、岳阳市、开封市、泰州市、呼和浩特市、安庆市、柳州市、长春市、克拉玛依市、菏泽市、株洲市、阜新市、韶关市、保山市、衡阳市、鹰潭市、淮南市、吴忠市、黑河市、河源市、淮北市、汉中市、嘉兴市、上饶市、佳木斯市、徐州市、天水市、九江市、潍坊市、唐山市、通化市、三门峡市、牡丹江市，69 个城市权重之和占总权重的 30%。

第三级为运城市、温州市、六盘水市、百色市、铜陵市、营口市、七台河市、泰安市、忻州市、淄博市、滨州市、昆明市、大同市、德州市、临沂市、安顺市、宁波市、无锡市、济宁市、安阳市、玉溪市、阳泉市、茂名市、盐城市、三亚市、齐齐哈尔市、辽阳市、白银市、雅安市、泉州市、孝感市、漳州市、揭阳市、永州市、包头市、普洱市、双鸭山市、咸宁市、昭通市、河池市、金华市、鸡西市、东营市、松原市、舟山市、益阳市、湛江市、通辽市、扬州市、平凉市、赣州市、莱芜市、乌鲁木齐市、镇江市、临汾市、南宁市、渭南市、莆田市、怀化市、鹤岗市，60 个城市权重之和占总权重的 20%。

第四级为黄冈市、萍乡市、德阳市、湖州市、重庆市、北海市、绵阳市、自贡市、汕头市、延安市、伊春市、鹤壁市、张掖市、宜昌市、海口市、巴中市、随州市、漯河市、本溪市、张家界市、惠州市、十堰市、台州市、葫芦岛市、云浮市、遵义市、三明市、赤峰市、武威市、铜川市、常德市、黄山市、白山市、郴州市、南充市、南平市、聊城市，37 个城市权重之和占总权重的 10%。

第五级为酒泉市、内江市、佛山市、吉林市、阜阳市、宝鸡市、淮安市、中山市、广元市、吉安市、玉林市、绥化市、荆门市、驻马店市、日照市、枣庄市、银川市、朔州市、常州市、江门市、滁州市、攀枝花市、乌海市、龙岩市、宜宾市、宣城市、钦州市、荆州市、石嘴山市、南阳市、宜春市、大庆市、遂宁市、乐山市、泸州市、襄阳市、鄂州市、梧州市、防城港市、宿州市、资阳市、商丘市、六安市、贵港市、衢州市、亳州市、新余市、信阳市、宁德市、金昌市、榆林市、嘉峪关市、东莞市、

53 个城市权重之和占总权重的 10%。

中国 264 个城市 1990 年以来平均增长可持续水平等级划分见表 14 - 12。

表 14 - 12　　264 个城市 1990 年以来平均增长可持续水平等级划分

增长可持续水平	城　　市
Ⅰ级（共 45 个）	上海市、北京市、深圳市、许昌市、广州市、石家庄市、合肥市、长沙市、绍兴市、保定市、邢台市、南京市、南昌市、晋城市、梅州市、武汉市、秦皇岛市、珠海市、厦门市、黄石市、郑州市、湘潭市、新乡市、抚顺市、连云港市、沧州市、邯郸市、天津市、大连市、福州市、西宁市、济南市、洛阳市、杭州市、马鞍山市、廊坊市、芜湖市、兰州市、汕尾市、周口市、桂林市、沈阳市、锦州市、盘锦市、鞍山市
Ⅱ级（共 69 个）	贵阳市、成都市、哈尔滨市、张家口市、青岛市、濮阳市、长治市、太原市、威海市、景德镇市、安康市、邵阳市、曲靖市、潮州市、肇庆市、铁岭市、清远市、焦作市、苏州市、丹东市、呼伦贝尔市、阳江市、西安市、白城市、衡水市、蚌埠市、南通市、宿迁市、朝阳市、辽源市、烟台市、丽水市、平顶山市、娄底市、四平市、承德市、咸阳市、岳阳市、开封市、泰州市、呼和浩特市、安庆市、柳州市、长春市、克拉玛依市、菏泽市、株洲市、阜新市、韶关市、保山市、衡阳市、鹰潭市、淮南市、吴忠市、黑河市、河源市、淮北市、汉中市、嘉兴市、上饶市、佳木斯市、徐州市、天水市、九江市、潍坊市、唐山市、通化市、三门峡市、牡丹江市
Ⅲ级（共 60 个）	运城市、温州市、六盘水市、百色市、铜陵市、营口市、七台河市、泰安市、忻州市、淄博市、滨州市、昆明市、大同市、德州市、临沂市、安顺市、宁波市、无锡市、济宁市、安阳市、玉溪市、阳泉市、茂名市、盐城市、三亚市、齐齐哈尔市、辽阳市、白银市、雅安市、泉州市、孝感市、漳州市、揭阳市、永州市、包头市、普洱市、双鸭山市、咸宁市、昭通市、河池市、金华市、鸡西市、东营市、松原市、舟山市、益阳市、湛江市、通辽市、扬州市、平凉市、赣州市、莱芜市、乌鲁木齐市、镇江市、临汾市、南宁市、渭南市、莆田市、怀化市、鹤岗市
Ⅳ级（共 37 个）	黄冈市、萍乡市、德阳市、湖州市、重庆市、北海市、绵阳市、自贡市、汕头市、延安市、伊春市、鹤壁市、张掖市、宜昌市、海口市、巴中市、随州市、漯河市、本溪市、张家界市、惠州市、十堰市、台州市、葫芦岛市、云浮市、遵义市、三明市、赤峰市、武威市、铜川市、常德市、黄山市、白山市、郴州市、南充市、南平市、聊城市

续表

增长可持续水平	城　市
V级（共53个）	酒泉市、内江市、佛山市、吉林市、阜阳市、宝鸡市、淮安市、中山市、广元市、吉安市、玉林市、绥化市、荆门市、驻马店市、日照市、枣庄市、银川市、朔州市、常州市、江门市、滁州市、攀枝花市、乌海市、龙岩市、宜宾市、宣城市、钦州市、荆州市、石嘴山市、南阳市、宜春市、大庆市、遂宁市、乐山市、泸州市、襄阳市、鄂州市、梧州市、防城港市、宿州市、资阳市、商丘市、六安市、贵港市、衢州市、亳州市、新余市、信阳市、宁德市、金昌市、榆林市、嘉峪关市、东莞市

3. 2011 年 264 个地级及地级以上城市增长可持续水平分级情况

将 2011 年各地级及地级以上城市增长可持续水平综合得分按权重比 3∶3∶2∶1∶1 分为五级。

第一级为上海市、北京市、石家庄市、合肥市、许昌市、深圳市、珠海市、武汉市、南京市、大连市、长沙市、天津市、厦门市、邢台市、绍兴市、杭州市、郑州市、南昌市、太原市、梅州市、连云港市、威海市、新乡市、广州市、苏州市、兰州市、沈阳市、宁波市、保定市、成都市、贵阳市、济南市、湘潭市、青岛市、晋城市、马鞍山市、丽水市、秦皇岛市、无锡市、黄山市、黑河市、淮安市、洛阳市，43 个城市权重之和占总权重的 30%。和 2010 年相比，2011 年增长可持续水平方面，从Ⅱ级上升到Ⅰ级，上升了一级的城市有：湘潭市、无锡市、黄山市、淮安市、洛阳市。

第二级为清远市、哈尔滨市、嘉兴市、绵阳市、铜陵市、金华市、镇江市、廊坊市、黄石市、焦作市、忻州市、福州市、泰州市、芜湖市、铁岭市、安康市、舟山市、昆明市、河源市、扬州市、西安市、桂林市、宣城市、海口市、常州市、呼伦贝尔市、邯郸市、通化市、烟台市、汕尾市、潮州市、盐城市、濮阳市、天水市、长春市、雅安市、肇庆市、长治市、宿迁市、呼和浩特市、娄底市、安庆市、开封市、周口市、牡丹江市、湖州市、广元市、中山市、重庆市、西宁市、普洱市、黄冈市、蚌埠市、云浮市、三亚市、南通市、景德镇市、滨州市、德阳市、乌鲁木齐市、张家口市、潍坊市、株洲市、衢州市、三门峡市、汉中市、吴忠市、淮南市、邵阳市，69 个城市权重之和占总权重的 30%。和 2010 年相比，2011 年增长可持续水平方面，从Ⅰ级下降到Ⅱ级，下降了一级的城市有：金华市、廊坊市、福州市；从Ⅲ级上升到Ⅱ级，上升了一级的城市有：汕尾市、雅安市、黄冈市、南通市、德阳市、汉中市、淮南市、邵阳市。

第三级为抚顺市、六盘水市、安阳市、盘锦市、菏泽市、温州市、韶关市、济宁市、白城市、德州市、沧州市、上饶市、淮北市、锦州市、平顶山市、惠州市、营口市、咸阳市、徐州市、辽阳市、白银市、张掖市、淄博市、驻马店市、佳木斯市、泉州市、唐山市、遵义市、鹰潭市、鞍山市、银川市、赣州市、九江市、南宁市、郴州市、衡阳市、永州市、南充市、铜川市、衡水市、滁州市、昭通市、运城市、咸宁市、承德市、揭阳市、汕头市、大同市、曲靖市、齐齐哈尔市、辽源市、柳州市、茂名市、阜新市、莱芜市、漳州市、临汾市、宜宾市、保山市、鹤岗市、临沂市、六安市，62 个城市权重之和占总权重的 20%。和 2010 年相比，2011 年增长可持续水平方面，从Ⅱ级下降到Ⅲ级，下降了一级的城市有：抚顺市、盘锦市、温州市、白城市、锦州市、柳州市；从Ⅳ级上升到Ⅲ级，上升了一级的城市有：赣州市、永州市、南充市、铜川市、滁州市、承德市、辽源市、保山市、鹤岗市；从Ⅴ级上升到Ⅲ级，上升了二级的城市有：六安市。

第四级为吉林市、岳阳市、台州市、江门市、朝阳市、宜昌市、信阳市、阳泉市、阳江市、十堰市、鹤壁市、常德市、攀枝花市、克拉玛依市、安顺市、怀化市、宝鸡市、武威市、平凉市、南阳市、四平市、阜阳市、益阳市、张家界市、新余市、泰安市、赤峰市、河池市、包头市、巴中市、东营市、商丘市、丹东市、湛江市、通辽市、乐山市、吉安市、自贡市、玉溪市，39 个城市权重之和占总权重的 10%。和 2010 年相比，2011 年增长可持续水平方面，从Ⅲ级下降到Ⅳ级，下降了一级的城市有：台州市、朝阳市、宜昌市、阳泉市、平凉市、河池市、包头市；从Ⅴ级上升到Ⅳ级，上升了一级的城市有：信阳市、鹤壁市、常德市、四平市、阜阳市、张家界市、新余市、商丘市、乐山市、吉安市、自贡市；从Ⅱ级下降到Ⅳ级，下降了二级的城市有：克拉玛依市。

第五级为三明市、鸡西市、葫芦岛市、渭南市、南平市、萍乡市、泸州市、资阳市、百色市、延安市、孝感市、伊春市、乌海市、遂宁市、绥化市、本溪市、北海市、宿州市、漯河市、榆林市、大庆市、白山市、双鸭山市、亳州市、钦州市、玉林市、宜春市、龙岩市、宁德市、聊城市、枣庄市、日照市、佛山市、内江市、随州市、酒泉市、东莞市、荆州市、鄂州市、梧州市、石嘴山市、襄阳市、嘉峪关市、松原市、莆田市、朔州市、金昌市、荆门市、贵港市、七台河市、防城港市，51 个城市权重之和占总权重的 10%。和 2010 年相比，2011 年增长可持续水平方面，从Ⅳ级下降到Ⅴ级，下降了一级的城市有：鸡西市、葫芦岛市、百色市、延安市、伊春市、乌海市、绥化市、本溪市、双鸭山市。

中国 264 个城市 2011 年增长可持续水平等级划分见表 14 - 13。

表 14 - 13　　　　264 个城市 2011 年增长可持续水平等级划分

增长可持续水平	城　　市
Ⅰ级（共 43 个）	上海市、北京市、石家庄市、合肥市、许昌市、深圳市、珠海市、武汉市、南京市、大连市、长沙市、天津市、厦门市、邢台市、绍兴市、杭州市、郑州市、南昌市、太原市、梅州市、连云港市、威海市、新乡市、广州市、苏州市、兰州市、沈阳市、宁波市、保定市、成都市、贵阳市、济南市、湘潭市、青岛市、晋城市、马鞍山市、丽水市、秦皇岛市、无锡市、黄山市、黑河市、淮安市、洛阳市
Ⅱ级（共 69 个）	清远市、哈尔滨市、嘉兴市、绵阳市、铜陵市、金华市、镇江市、廊坊市、黄石市、焦作市、忻州市、福州市、泰州市、芜湖市、铁岭市、安康市、舟山市、昆明市、河源市、扬州市、西安市、桂林市、宣城市、海口市、常州市、呼伦贝尔市、邯郸市、通化市、烟台市、汕尾市、潮州市、盐城市、濮阳市、天水市、长春市、雅安市、肇庆市、长治市、宿迁市、呼和浩特市、娄底市、安庆市、开封市、周口市、牡丹江市、湖州市、广元市、中山市、重庆市、西宁市、普洱市、黄冈市、蚌埠市、云浮市、三亚市、南通市、景德镇市、滨州市、德阳市、乌鲁木齐市、张家口市、潍坊市、株洲市、衢州市、三门峡市、汉中市、吴忠市、淮南市、邵阳市
Ⅲ级（共 62 个）	抚顺市、六盘水市、安阳市、盘锦市、菏泽市、温州市、韶关市、济宁市、白城市、德州市、沧州市、上饶市、淮北市、锦州市、平顶山市、惠州市、营口市、咸阳市、徐州市、辽阳市、白银市、张掖市、淄博市、驻马店市、佳木斯市、泉州市、唐山市、遵义市、鹰潭市、鞍山市、银川市、赣州市、九江市、南宁市、郴州市、衡阳市、永州市、南充市、铜川市、衡水市、滁州市、昭通市、运城市、咸宁市、承德市、揭阳市、汕头市、大同市、曲靖市、齐齐哈尔市、辽源市、柳州市、茂名市、阜新市、莱芜市、漳州市、临汾市、宜宾市、保山市、鹤岗市、临沂市、六安市

续表

增长可持续水平	城　市
Ⅳ级（共 39 个）	吉林市、岳阳市、台州市、江门市、朝阳市、宜昌市、信阳市、阳泉市、阳江市、十堰市、鹤壁市、常德市、攀枝花市、克拉玛依市、安顺市、怀化市、宝鸡市、武威市、平凉市、南阳市、四平市、阜阳市、益阳市、张家界市、新余市、泰安市、赤峰市、河池市、包头市、巴中市、东营市、商丘市、丹东市、湛江市、通辽市、乐山市、吉安市、自贡市、玉溪市
Ⅴ级（共 51 个）	三明市、鸡西市、葫芦岛市、渭南市、南平市、萍乡市、泸州市、资阳市、百色市、延安市、孝感市、伊春市、乌海市、遂宁市、绥化市、本溪市、北海市、宿州市、漯河市、榆林市、大庆市、白山市、双鸭山市、亳州市、钦州市、玉林市、宜春市、龙岩市、宁德市、聊城市、枣庄市、日照市、佛山市、内江市、随州市、酒泉市、东莞市、荆州市、鄂州市、梧州市、石嘴山市、襄阳市、嘉峪关市、松原市、莆田市、朔州市、金昌市、荆门市、贵港市、七台河市、防城港市

4. 2010 年 264 个城市增长可持续水平分级情况

将 2010 年各地级及地级以上城市增长可持续水平综合得分按权重比 3∶3∶2∶1∶1 分为五级。

第一级为上海市、北京市、深圳市、合肥市、许昌市、石家庄市、珠海市、武汉市、长沙市、南京市、邢台市、大连市、广州市、厦门市、绍兴市、杭州市、郑州市、天津市、南昌市、保定市、威海市、太原市、兰州市、梅州市、宁波市、成都市、马鞍山市、贵阳市、新乡市、丽水市、晋城市、黑河市、连云港市、沈阳市、苏州市、济南市、廊坊市、青岛市、秦皇岛市、金华市、福州市，41 个城市权重之和占总权重的 30%。和 2009 年相比，2010 年增长可持续水平方面，从Ⅱ级上升到Ⅰ级，上升了一级的城市有：太原市、晋城市、连云港市、廊坊市、秦皇岛市、福州市。

第二级为湘潭市、黄石市、西宁市、芜湖市、无锡市、洛阳市、娄底市、桂林市、铜陵市、温州市、肇庆市、哈尔滨市、烟台市、舟山市、忻州市、黄山市、西安市、嘉兴市、呼和浩特市、潮州市、海口市、邯郸市、绵阳市、扬州市、焦作市、长治市、呼伦贝尔市、淮安市、镇江市、三亚市、开封市、张家口市、宿迁市、河源市、蚌埠市、普洱市、铁岭市、宣城市、吴忠市、克拉玛依市、安庆市、通化市、衢州市、泰州市、抚顺市、乌鲁木齐市、天水市、湖州市、昆明市、滨州市、安康市、常州市、清远市、白城市、三门峡市、景德镇市、盐城市、中山市、锦州市、周口市、牡丹江市、长春市、盘锦市、云浮市、濮阳市、重庆市、潍坊市、广元市、株洲市、柳州市，70 个城市权重之和占总权重的 30%。和 2009 年相比，2010 年增长可持续水平方面，从 I 级下降到 II 级，下降了一级的城市有：湘潭市、西宁市、洛阳市、娄底市、张家口市；从 III 级上升到 II 级，上升了一级的城市有：黄山市、淮安市、铁岭市、常州市、清远市、盐城市、中山市、牡丹江市、云浮市、濮阳市、潍坊市；从 IV 级上升到 II 级，上升了二级的城市有：普洱市；从 V 级上升到 II 级，上升了三级的城市有：宣城市。

第三级为南通市、黄冈市、邵阳市、沧州市、淮南市、汕尾市、辽阳市、台州市、汉中市、昭通市、咸阳市、衡水市、银川市、淄博市、六盘水市、安阳市、雅安市、大同市、淮北市、鞍山市、菏泽市、白银市、济宁市、河池市、泉州市、德阳市、惠州市、遵义市、韶关市、莱芜市、运城市、南宁市、平顶山市、临汾市、阜新市、衡阳市、齐齐哈尔市、张掖市、徐州市、佳木斯市、郴州市、上饶市、漳州市、包头市、茂名市、曲靖市、德州市、九江市、汕头市、阳泉市、唐山市、鹰潭市、揭阳市、咸宁市、驻马店市、朝阳市、临沂市、营口市、宜昌市、宜宾市、平凉市，61 个城市权重之和占总权重的 20%。和 2009 年相比，2010 年增长可持续水平方面，从 II 级下降到 III 级，下降了一级的城市有：南通市、黄冈市、邵阳市、沧州市、淮南市、汕尾市、汉中市、衡水市、徐州市；从 IV 级上升到 III 级，上升了一级的城市有：惠州市、齐齐哈尔市、包头市、曲靖市、德州市、唐山市、驻马店市、宜宾市、平凉市；从 V 级上升到 III 级，上升了二级的城市有：临汾市、阳泉市。

第四级为保山市、通辽市、铜川市、泰安市、十堰市、吉林市、辽源市、赣州市、鹤岗市、南充市、攀枝花市、安顺市、怀化市、武威市、江门市、滁州市、益阳市、阳江市、承德市、玉溪市、岳阳市、巴中市、本溪市、永州市、湛江市、东营市、百色市、南阳市、赤峰市、伊春市、葫芦岛市、宝鸡市、双鸭山市、绥化市、乌海市、延安市、丹东市、鸡西市，38 个城市权重之和占总权重的 10%。和 2009 年相比，2010 年增长可持续水平方面，从 III 级下降到 IV 级，下降了一级的城市有：保山市、泰

安市、吉林市、辽源市、赣州市、安顺市、巴中市、本溪市、绥化市；从
Ⅴ级上升到Ⅳ级，上升了一级的城市有：怀化市、滁州市、阳江市、百色
市、南阳市、葫芦岛市、宝鸡市、双鸭山市、丹东市、鸡西市。

第五级为南平市、三明市、六安市、阜阳市、吉安市、孝感市、张家
界市、白山市、宁德市、四平市、常德市、聊城市、新余市、玉林市、佛
山市、泸州市、莆田市、榆林市、乐山市、信阳市、商丘市、龙岩市、宜
春市、嘉峪关市、随州市、大庆市、鹤壁市、漯河市、枣庄市、内江市、
资阳市、石嘴山市、北海市、渭南市、宿州市、酒泉市、襄阳市、贵港
市、荆州市、钦州市、遂宁市、梧州市、自贡市、萍乡市、七台河市、
金昌市、亳州市、东莞市、朔州市、日照市、荆门市、鄂州市、松原
市、防城港市，54 个城市权重之和占总权重约 10%。和 2009 年相比，
2010 年增长可持续水平方面，从Ⅳ级下降到Ⅴ级，下降了一级的城市
有：南平市、三明市、阜阳市、吉安市、孝感市、聊城市、龙岩市、大
庆市。

中国 264 个城市 2010 年增长可持续水平等级划分见表 14 - 14。

表 14 - 14　　　　　264 个城市 2010 年增长可持续水平等级划分

增长可持续水平	城　市
Ⅰ级（共 41 个）	上海市、北京市、深圳市、合肥市、许昌市、石家庄市、珠海市、武汉市、长沙市、南京市、邢台市、大连市、广州市、厦门市、绍兴市、杭州市、郑州市、天津市、南昌市、保定市、威海市、太原市、兰州市、梅州市、宁波市、成都市、马鞍山市、贵阳市、新乡市、丽水市、晋城市、黑河市、连云港市、沈阳市、苏州市、济南市、廊坊市、青岛市、秦皇岛市、金华市、福州市
Ⅱ级（共 70 个）	湘潭市、黄石市、西宁市、芜湖市、无锡市、洛阳市、娄底市、桂林市、铜陵市、温州市、肇庆市、哈尔滨市、烟台市、舟山市、忻州市、黄山市、西安市、嘉兴市、呼和浩特市、潮州市、海口市、邯郸市、绵阳市、扬州市、焦作市、长治市、呼伦贝尔市、淮安市、镇江市、三亚市、开封市、张家口市、宿迁市、河源市、蚌埠市、普洱市、铁岭市、宣城市、吴忠市、克拉玛依市、安庆市、通化市、衢州市、泰州市、抚顺市、乌鲁木齐市、天水市、湖州市、昆明市、滨州市、安康市、常州市、清远市、白城市、三门峡市、景德镇市、盐城市、中山市、锦州市、周口市、牡丹江市、长春市、盘锦市、云浮市、濮阳市、重庆市、潍坊市、广元市、株洲市、柳州市

续表

增长可持续水平	城　市
Ⅲ级（共61个）	南通市、黄冈市、邵阳市、沧州市、淮南市、汕尾市、辽阳市、台州市、汉中市、昭通市、咸阳市、衡水市、银川市、淄博市、六盘水市、安阳市、雅安市、大同市、淮北市、鞍山市、菏泽市、白银市、济宁市、河池市、泉州市、德阳市、惠州市、遵义市、韶关市、莱芜市、运城市、南宁市、平顶山市、临汾市、阜新市、衡阳市、齐齐哈尔市、张掖市、徐州市、佳木斯市、郴州市、上饶市、漳州市、包头市、茂名市、曲靖市、德州市、九江市、汕头市、阳泉市、唐山市、鹰潭市、揭阳市、咸宁市、驻马店市、朝阳市、临沂市、营口市、宜昌市、宜宾市、平凉市
Ⅳ级（共38个）	保山市、通辽市、铜川市、泰安市、十堰市、吉林市、辽源市、赣州市、鹤岗市、南充市、攀枝花市、安顺市、怀化市、武威市、江门市、滁州市、益阳市、阳江市、承德市、玉溪市、岳阳市、巴中市、本溪市、永州市、湛江市、东营市、百色市、南阳市、赤峰市、伊春市、葫芦岛市、宝鸡市、双鸭山市、绥化市、乌海市、延安市、丹东市、鸡西市
Ⅴ级（共54个）	南平市、三明市、六安市、阜阳市、吉安市、孝感市、张家界市、白山市、宁德市、四平市、常德市、聊城市、新余市、玉林市、佛山市、泸州市、莆田市、榆林市、乐山市、信阳市、商丘市、龙岩市、宜春市、嘉峪关市、随州市、大庆市、鹤壁市、漯河市、枣庄市、内江市、资阳市、石嘴山市、北海市、渭南市、宿州市、酒泉市、襄阳市、贵港市、荆州市、钦州市、遂宁市、梧州市、自贡市、萍乡市、七台河市、金昌市、亳州市、东莞市、朔州市、日照市、荆门市、鄂州市、松原市、防城港市

5. 2009 年 264 个城市增长可持续水平分级情况

将 2009 年各地级及地级以上城市增长可持续水平综合得分按权重比 3∶3∶2∶1∶1 分为五级。

第一级为上海市、北京市、深圳市、许昌市、合肥市、广州市、长沙市、南京市、石家庄市、厦门市、苏州市、武汉市、绍兴市、珠海市、天津市、大连市、南昌市、张家口市、杭州市、郑州市、兰州市、保定市、西宁市、丽水市、沈阳市、梅州市、青岛市、贵阳市、成都市、马鞍山市、黑河市、济南市、金华市、娄底市、邢台市、宁波市、湘潭市、新乡市、洛阳市、威海市，40 个城市权重之和占总权重的 30%。

第二级为景德镇市、芜湖市、呼和浩特市、晋城市、株洲市、秦皇岛市、廊坊市、昆明市、连云港市、太原市、潮州市、肇庆市、忻州市、西安市、天水市、乌鲁木齐市、桂林市、舟山市、广元市、周口市、黄石市、哈尔滨市、开封市、呼伦贝尔市、无锡市、汉中市、福州市、锦州市、邯郸市、邵阳市、安康市、宿迁市、汕尾市、泰州市、吴忠市、温州市、焦作市、徐州市、河源市、长治市、绵阳市、镇江市、黄冈市、柳州市、嘉兴市、蚌埠市、铜陵市、通化市、克拉玛依市、安庆市、南通市、淮南市、三亚市、衢州市、海口市、长春市、滨州市、湖州市、重庆市、烟台市、沧州市、抚顺市、三门峡市、白城市、扬州市、衡水市、盘锦市，67个城市权重之和占总权重的30%。

第三级为常州市、吉林市、黄山市、菏泽市、鞍山市、郴州市、咸阳市、盐城市、铁岭市、濮阳市、阜新市、安阳市、淄博市、淮安市、六盘水市、潍坊市、白银市、赣州市、保山市、河池市、九江市、雅安市、牡丹江市、清远市、漳州市、茂名市、鹰潭市、银川市、平顶山市、上饶市、衡阳市、德阳市、济宁市、辽阳市、云浮市、遵义市、莱芜市、南宁市、泉州市、辽源市、张掖市、咸宁市、安顺市、淮北市、揭阳市、本溪市、朝阳市、台州市、佳木斯市、中山市、营口市、韶关市、临沂市、大同市、运城市、巴中市、汕头市、泰安市、昭通市、绥化市、宜昌市，61个城市权重之和占总权重的20%。

第四级为南充市、普洱市、岳阳市、十堰市、铜川市、包头市、宜宾市、聊城市、延安市、乌海市、三明市、德州市、益阳市、伊春市、曲靖市、齐齐哈尔市、驻马店市、孝感市、玉溪市、承德市、通辽市、南平市、东营市、赤峰市、唐山市、永州市、龙岩市、阜阳市、武威市、江门市、吉安市、攀枝花市、惠州市、湛江市、平凉市、鹤岗市、大庆市，37个城市权重之和占总权重的10%。

第五级为百色市、阳江市、北海市、宝鸡市、六安市、南阳市、宣城市、阳泉市、玉林市、张家界市、怀化市、丹东市、荆州市、信阳市、内江市、襄阳市、泸州市、莆田市、常德市、渭南市、商丘市、滁州市、鸡西市、宁德市、朔州市、宜春市、佛山市、酒泉市、随州市、宿州市、七台河市、枣庄市、遂宁市、四平市、临汾市、贵港市、白山市、嘉峪关市、榆林市、双鸭山市、梧州市、荆门市、乐山市、自贡市、日照市、漯河市、鹤壁市、葫芦岛市、石嘴山市、鄂州市、钦州市、新余市、亳州市、资阳市、金昌市、松原市、萍乡市、东莞市、防城港市，59 个城市权重之和占总权重的 10%。

中国 264 个城市 2009 年增长可持续水平等级划分见表 14 - 15。

表 14 - 15　　　264 个城市 2009 年增长可持续水平等级划分

增长可持续水平	城　市
Ⅰ级（共40个）	上海市、北京市、深圳市、许昌市、合肥市、广州市、长沙市、南京市、石家庄市、厦门市、苏州市、武汉市、绍兴市、珠海市、天津市、大连市、南昌市、张家口市、杭州市、郑州市、兰州市、保定市、西宁市、丽水市、沈阳市、梅州市、青岛市、贵阳市、成都市、马鞍山市、黑河市、济南市、金华市、娄底市、邢台市、宁波市、湘潭市、新乡市、洛阳市、威海市
Ⅱ级（共67个）	景德镇市、芜湖市、呼和浩特市、晋城市、株洲市、秦皇岛市、廊坊市、昆明市、连云港市、太原市、潮州市、肇庆市、忻州市、西安市、天水市、乌鲁木齐市、桂林市、舟山市、广元市、周口市、黄石市、哈尔滨市、开封市、呼伦贝尔市、无锡市、汉中市、福州市、锦州市、邯郸市、邵阳市、安康市、宿迁市、汕尾市、泰州市、吴忠市、温州市、焦作市、徐州市、河源市、长治市、绵阳市、镇江市、黄冈市、柳州市、嘉兴市、蚌埠市、铜陵市、通化市、克拉玛依市、安庆市、南通市、淮南市、三亚市、衢州市、海口市、长春市、滨州市、湖州市、重庆市、烟台市、沧州市、抚顺市、三门峡市、白城市、扬州市、衡水市、盘锦市
Ⅲ级（共61个）	常州市、吉林市、黄山市、菏泽市、鞍山市、郴州市、咸阳市、盐城市、铁岭市、濮阳市、阜新市、安阳市、淄博市、淮安市、六盘水市、潍坊市、白银市、赣州市、保山市、河池市、九江市、雅安市、牡丹江市、清远市、漳州市、茂名市、鹰潭市、银川市、平顶山市、上饶市、衡阳市、德阳市、济宁市、辽阳市、云浮市、遵义市、莱芜市、南宁市、泉州市、辽源市、张掖市、咸宁市、安顺市、淮北市、揭阳市、本溪市、朝阳市、台州市、佳木斯市、中山市、营口市、韶关市、临沂市、大同市、运城市、巴中市、汕头市、泰安市、昭通市、绥化市、宜昌市
Ⅳ级（共37个）	南充市、普洱市、岳阳市、十堰市、铜川市、包头市、宜宾市、聊城市、延安市、乌海市、三明市、德州市、益阳市、伊春市、曲靖市、齐齐哈尔市、驻马店市、孝感市、玉溪市、承德市、通辽市、南平市、东营市、赤峰市、唐山市、永州市、龙岩市、阜阳市、武威市、江门市、吉安市、攀枝花市、惠州市、湛江市、平凉市、鹤岗市、大庆市

续表

增长可持续水平	城　　市
V级（共59个）	百色市、阳江市、北海市、宝鸡市、六安市、南阳市、宣城市、阳泉市、玉林市、张家界市、怀化市、丹东市、荆州市、信阳市、内江市、襄阳市、泸州市、莆田市、常德市、渭南市、商丘市、滁州市、鸡西市、宁德市、朔州市、宜春市、佛山市、酒泉市、随州市、宿州市、七台河市、枣庄市、遂宁市、四平市、临汾市、贵港市、白山市、嘉峪关市、榆林市、双鸭山市、梧州市、荆门市、乐山市、自贡市、日照市、漯河市、鹤壁市、葫芦岛市、石嘴山市、鄂州市、钦州市、新余市、亳州市、资阳市、金昌市、松原市、萍乡市、东莞市、防城港市

（四）264 个城市环境质量分级情况

2000 年以来、1990 年以来和 2011 年、2010 年、2009 年城市环境质量情况进行分级。

1. 2000 年以来 264 个城市平均环境质量水平分级情况

将 2000 年后平均各地级及地级以上城市环境质量水平综合得分按权重比3∶3∶2∶1∶1分为五级。

第一级为克拉玛依市、深圳市、伊春市、广州市、南京市、铜陵市、普洱市、大庆市、厦门市、珠海市、淄博市、无锡市、金昌市、东营市、榆林市、北京市、大连市、镇江市、景德镇市、葫芦岛市、南宁市、湘潭市、莱芜市、江门市、青岛市、黄石市、十堰市、衢州市、昆明市、贵港市、抚顺市、常州市、嘉峪关市、鹤岗市、烟台市、济南市、沈阳市、泰安市、宁波市、酒泉市、银川市、上海市、乌海市、株洲市、芜湖市、徐州市、秦皇岛市、柳州市、潍坊市、鹰潭市、娄底市、苏州市、海口市、合肥市、包头市、马鞍山市、邯郸市、威海市、杭州市，59 个城市权重之和占总权重的30%。和1990 年后平均相比，2000 年后平均环境质量水平方面，从Ⅱ级上升到Ⅰ级，上升了一级的城市有：娄底市、苏州市、包头市、邯郸市、威海市、杭州市。

第二级为武汉市、天津市、乌鲁木齐市、日照市、淮南市、聊城市、长春市、临沂市、雅安市、通化市、济宁市、营口市、河池市、湖州市、石家庄市、石嘴山市、新余市、盘锦市、枣庄市、南昌市、郴州市、福州市、鄂州市、蚌埠市、荆门市、绍兴市、吉林市、唐山市、延安市、安庆市、牡丹江市、嘉兴市、韶关市、兰州市、连云港市、舟山市、白银市、阜新市、扬州市、张家界市、龙岩市、滨州市、三明市、漳州市、贵阳市、南通市、盐城市、焦作市、岳阳市、双鸭山市、汕头市、德州市、七台河市、襄阳市、百色市、黄山市、惠州市、淮北市、绵阳市、宜昌市、辽阳市、太原市、台州市、桂林市、淮安市、梅州市、九江市、许昌市、通辽市、铜川市、鹤壁市、佛山市、金华市、攀枝花市、重庆市，75 个城市权重之和占总权重的 30%。和 1990 年后平均相比，2000 年后平均环境质量水平方面，从 I 级下降到 II 级，下降了一级的城市有：武汉市、聊城市、长春市、临沂市、雅安市、河池市、鄂州市；从 III 级上升到 II 级，上升了一级的城市有：黄山市、辽阳市、台州市、许昌市、铜川市、鹤壁市、金华市、重庆市。

第三级为新乡市、邢台市、保山市、南平市、安阳市、齐齐哈尔市、泉州市、萍乡市、防城港市、张掖市、云浮市、鸡西市、泰州市、宜春市、赤峰市、郑州市、温州市、东莞市、西安市、廊坊市、孝感市、菏泽市、哈尔滨市、佳木斯市、运城市、遵义市、莆田市、平顶山市、宿迁市、保定市、阜阳市、荆州市、常德市、曲靖市、信阳市、朔州市、黑河市、湛江市、大同市、成都市、长治市、宜宾市、丽水市、清远市、呼伦贝尔市、濮阳市、西宁市、衡阳市、咸阳市、吴忠市、揭阳市、本溪市、三亚市、安顺市、茂名市、中山市、泸州市，57 个城市权重之和占总权重的 20%。和 1990 年后平均相比，2000 年后平均环境质量水平方面，从 II 级下降到 III 级，下降了一级的城市有：邢台市、保山市、南平市、齐齐哈尔市、萍乡市、云浮市、鸡西市、赤峰市、孝感市；从 IV 级上升到 III 级，上升了一级的城市有：东莞市、宿迁市、成都市、长治市、咸阳市、三亚市、安顺市；从 V 级上升到 III 级，上升了二级的城市有：茂名市。

第四级为三门峡市、临汾市、广元市、吉安市、天水市、肇庆市、锦州市、洛阳市、乐山市、白城市、内江市、南阳市、铁岭市、沧州市、呼和浩特市、滁州市、绥化市、益阳市、宝鸡市、漯河市、鞍山市、驻马店市、周口市、丹东市、承德市、咸宁市、开封市、晋城市、上饶市、自贡市、潮州市、宣城市，32 个城市权重之和占总权重的 10%。和 1990 年后平均相比，2000 年后平均环境质量水平方面，从 III 级下降到 IV 级，下降了一级的城市有：三门峡市、临汾市、广元市、吉安市、天水市、锦州市、白城市、绥化市、丹东市；从 V 级上升到 IV 级，上升了一级的城市有：乐山市、咸宁市、晋城市、上饶市、潮州市、宣城市。

第五级为平凉市、宿州市、松原市、亳州市、六盘水市、衡水市、四平市、昭通市、长沙市、渭南市、汉中市、钦州市、玉溪市、阳江市、张家口市、阳泉市、遂宁市、怀化市、北海市、梧州市、商丘市、六安市、白山市、德阳市、辽源市、武威市、朝阳市、汕尾市、黄冈市、随州市、邵阳市、安康市、河源市、忻州市、南充市、永州市、赣州市、巴中市、资阳市、玉林市、宁德市，41 个城市权重之和占总权重的 10%。和 1990 年后平均相比，2000 年后平均环境质量水平方面，从 IV 级下降到 V 级，下降了一级的城市有：宿州市、松原市、亳州市、六盘水市、昭通市、阳江市、怀化市。

中国 264 个城市 2000 年以来平均环境质量水平等级划分见表 14 - 16。

表 14 - 16   264 个城市 2000 年以来平均环境质量水平等级划分

环境质量水平	城　市
I 级（共 59 个）	克拉玛依市、深圳市、伊春市、广州市、南京市、铜陵市、普洱市、大庆市、厦门市、珠海市、淄博市、无锡市、金昌市、东营市、榆林市、北京市、大连市、镇江市、景德镇市、葫芦岛市、南宁市、湘潭市、莱芜市、江门市、青岛市、黄石市、十堰市、衢州市、昆明市、贵港市、抚顺市、常州市、嘉峪关市、鹤岗市、烟台市、济南市、沈阳市、泰安市、宁波市、酒泉市、银川市、上海市、乌海市、株洲市、芜湖市、徐州市、秦皇岛市、柳州市、潍坊市、鹰潭市、娄底市、苏州市、海口市、合肥市、包头市、马鞍山市、邯郸市、威海市、杭州市
II 级（共 75 个）	武汉市、天津市、乌鲁木齐市、日照市、淮南市、聊城市、长春市、临沂市、雅安市、通化市、济宁市、营口市、河池市、湖州市、石家庄市、石嘴山市、新余市、盘锦市、枣庄市、南昌市、郴州市、福州市、鄂州市、蚌埠市、荆门市、绍兴市、吉林市、唐山市、延安市、安庆市、牡丹江市、嘉兴市、韶关市、兰州市、连云港市、舟山市、白银市、阜新市、扬州市、张家界市、龙岩市、滨州市、三明市、漳州市、贵阳市、南通市、盐城市、焦作市、岳阳市、双鸭山市、汕头市、德州市、七台河市、襄阳市、百色市、黄山市、惠州市、淮北市、绵阳市、宜昌市、辽阳市、太原市、台州市、桂林市、淮安市、梅州市、九江市、许昌市、通辽市、铜川市、鹤壁市、佛山市、金华市、攀枝花市、重庆市

续表

环境质量水平	城 市
Ⅲ级（共57个）	新乡市、邢台市、保山市、南平市、安阳市、齐齐哈尔市、泉州市、萍乡市、防城港市、张掖市、云浮市、鸡西市、泰州市、宜春市、赤峰市、郑州市、温州市、东莞市、西安市、廊坊市、孝感市、菏泽市、哈尔滨市、佳木斯市、运城市、遵义市、莆田市、平顶山市、宿迁市、保定市、阜阳市、荆州市、常德市、曲靖市、信阳市、朔州市、黑河市、湛江市、大同市、成都市、长治市、宜宾市、丽水市、清远市、呼伦贝尔市、濮阳市、西宁市、衡阳市、咸阳市、吴忠市、揭阳市、本溪市、三亚市、安顺市、茂名市、中山市、泸州市
Ⅳ级（共32个）	三门峡市、临汾市、广元市、吉安市、天水市、肇庆市、锦州市、洛阳市、乐山市、白城市、内江市、南阳市、铁岭市、沧州市、呼和浩特市、滁州市、绥化市、益阳市、宝鸡市、漯河市、鞍山市、驻马店市、周口市、丹东市、承德市、咸宁市、开封市、晋城市、上饶市、自贡市、潮州市、宣城市
Ⅴ级（共41个）	平凉市、宿州市、松原市、亳州市、六盘水市、衡水市、四平市、昭通市、长沙市、渭南市、汉中市、钦州市、玉溪市、阳江市、张家口市、阳泉市、遂宁市、怀化市、北海市、梧州市、商丘市、六安市、白山市、德阳市、辽源市、武威市、朝阳市、汕尾市、黄冈市、随州市、邵阳市、安康市、河源市、忻州市、南充市、永州市、赣州市、巴中市、资阳市、玉林市、宁德市

2. 1990 年以来 264 个城市平均环境质量分级情况

将 1990 年后各地级及地级以上城市环境质量水平综合得分按权重比 3：3：2：1：1 分为五级。

第一级为克拉玛依市、伊春市、深圳市、广州市、普洱市、南京市、铜陵市、大庆市、厦门市、珠海市、淄博市、榆林市、葫芦岛市、金昌市、大连市、衢州市、北京市、抚顺市、酒泉市、湘潭市、东营市、景德镇市、黄石市、无锡市、鹤岗市、济南市、嘉峪关市、贵港市、江门市、昆明市、镇江市、十堰市、青岛市、沈阳市、乌海市、泰安市、莱芜市、烟台市、南宁市、株洲市、常州市、雅安市、宁波市、秦皇岛市、银川市、潍坊市、海口市、柳州市、芜湖市、鹰潭市、马鞍山市、合肥市、武汉市、上海市、长春市、徐州市、河池市、聊城市、临沂市、鄂州市，60

个城市权重之和占总权重的 30%。

第二级为淮南市、杭州市、通化市、乌鲁木齐市、天津市、石家庄市、白银市、娄底市、盘锦市、邯郸市、苏州市、营口市、枣庄市、攀枝花市、济宁市、新余市、包头市、郴州市、吉林市、福州市、蚌埠市、双鸭山市、三明市、威海市、日照市、牡丹江市、南昌市、安庆市、荆门市、龙岩市、兰州市、湖州市、保山市、绍兴市、滨州市、阜新市、连云港市、舟山市、扬州市、百色市、延安市、齐齐哈尔市、贵阳市、南平市、盐城市、绵阳市、焦作市、韶关市、襄阳市、南通市、唐山市、德州市、漳州市、淮北市、九江市、汕头市、通辽市、梅州市、石嘴山市、桂林市、太原市、嘉兴市、宜昌市、七台河市、岳阳市、云浮市、张家界市、鸡西市、赤峰市、孝感市、邢台市、惠州市、萍乡市、佛山市、淮安市，75 个城市权重之和占总权重的 30%。

第三级为安阳市、辽阳市、鹤壁市、荆州市、重庆市、张掖市、呼伦贝尔市、黄山市、台州市、新乡市、湛江市、许昌市、泰州市、防城港市、哈尔滨市、温州市、运城市、曲靖市、佳木斯市、郑州市、西宁市、平顶山市、西安市、莆田市、宜春市、黑河市、金华市、泉州市、宜宾市、菏泽市、本溪市、中山市、丽水市、常德市、清远市、天水市、白城市、遵义市、锦州市、衡阳市、阜阳市、广元市、绥化市、泸州市、临汾市、朔州市、三门峡市、信阳市、濮阳市、吴忠市、保定市、铜川市、丹东市、大同市、揭阳市、吉安市、廊坊市，57 个城市权重之和占总权重的 20%。

第四级为三亚市、宿迁市、长治市、亳州市、安顺市、咸阳市、肇庆市、鞍山市、内江市、洛阳市、益阳市、南阳市、滁州市、昭通市、周口市、漯河市、六盘水市、成都市、铁岭市、开封市、呼和浩特市、沧州市、东莞市、怀化市、承德市、宝鸡市、宿州市、松原市、自贡市、阳江市、驻马店市，31 个城市权重之和占总权重的 10%。

第五级为平凉市、晋城市、渭南市、梧州市、乐山市、白山市、宣城市、上饶市、咸宁市、衡水市、汉中市、茂名市、四平市、遂宁市、朝阳市、武威市、张家口市、阳泉市、潮州市、长沙市、六安市、德阳市、随州市、钦州市、玉溪市、汕尾市、北海市、辽源市、商丘市、邵阳市、黄冈市、南充市、巴中市、河源市、安康市、永州市、忻州市、资阳市、赣州市、玉林市、宁德市，41 个城市权重之和占总权重的 10%。

中国264个城市1990年以来平均环境质量水平等级划分见表14-17。

表14-17 264个城市1990年以来平均环境质量水平等级划分

环境质量水平	城 市
Ⅰ级（共60个）	克拉玛依市、伊春市、深圳市、广州市、普洱市、南京市、铜陵市、大庆市、厦门市、珠海市、淄博市、榆林市、葫芦岛市、金昌市、大连市、衢州市、北京市、抚顺市、酒泉市、湘潭市、东营市、景德镇市、黄石市、无锡市、鹤岗市、济南市、嘉峪关市、贵港市、江门市、昆明市、镇江市、十堰市、青岛市、沈阳市、乌海市、泰安市、莱芜市、烟台市、南宁市、株洲市、常州市、雅安市、宁波市、秦皇岛市、银川市、潍坊市、海口市、柳州市、芜湖市、鹰潭市、马鞍山市、合肥市、武汉市、上海市、长春市、徐州市、河池市、聊城市、临沂市、鄂州市
Ⅱ级（共75个）	淮南市、杭州市、通化市、乌鲁木齐市、天津市、石家庄市、白银市、娄底市、盘锦市、邯郸市、苏州市、营口市、枣庄市、攀枝花市、济宁市、新余市、包头市、郴州市、吉林市、福州市、蚌埠市、双鸭山市、三明市、威海市、日照市、牡丹江市、南昌市、安庆市、荆门市、龙岩市、兰州市、湖州市、保山市、绍兴市、滨州市、阜新市、连云港市、舟山市、扬州市、百色市、延安市、齐齐哈尔市、贵阳市、南平市、盐城市、绵阳市、焦作市、韶关市、襄阳市、南通市、唐山市、德州市、漳州市、淮北市、九江市、汕头市、通辽市、梅州市、石嘴山市、桂林市、太原市、嘉兴市、宜昌市、七台河市、岳阳市、云浮市、张家界市、鸡西市、赤峰市、孝感市、邢台市、惠州市、萍乡市、佛山市、淮安市
Ⅲ级（共57个）	安阳市、辽阳市、鹤壁市、荆州市、重庆市、张掖市、呼伦贝尔市、黄山市、台州市、新乡市、湛江市、许昌市、泰州市、防城港市、哈尔滨市、温州市、运城市、曲靖市、佳木斯市、郑州市、西宁市、平顶山市、西安市、莆田市、宜春市、黑河市、金华市、泉州市、宜宾市、菏泽市、本溪市、中山市、丽水市、常德市、清远市、天水市、白城市、遵义市、锦州市、衡阳市、阜阳市、广元市、绥化市、泸州市、临汾市、朔州市、三门峡市、信阳市、濮阳市、吴忠市、保定市、铜川市、丹东市、大同市、揭阳市、吉安市、廊坊市
Ⅳ级（共31个）	三亚市、宿迁市、长治市、亳州市、安顺市、咸阳市、肇庆市、鞍山市、内江市、洛阳市、益阳市、南阳市、滁州市、昭通市、周口市、漯河市、六盘水市、成都市、铁岭市、开封市、呼和浩特市、沧州市、东莞市、怀化市、承德市、宝鸡市、宿州市、松原市、自贡市、阳江市、驻马店市

续表

环境质量水平	城　市
V 级（共 41 个）	平凉市、晋城市、渭南市、梧州市、乐山市、白山市、宣城市、上饶市、咸宁市、衡水市、汉中市、茂名市、四平市、遂宁市、朝阳市、武威市、张家口市、阳泉市、潮州市、长沙市、六安市、德阳市、随州市、钦州市、玉溪市、汕尾市、北海市、辽源市、商丘市、邵阳市、黄冈市、南充市、巴中市、河源市、安康市、永州市、忻州市、资阳市、赣州市、玉林市、宁德市

3. 2011 年 264 个地级及地级以上城市环境质量水平分级情况

将 2011 年各地级及地级以上城市环境质量水平综合得分按权重比 3∶3∶2∶1∶1 分为五级。

第一级为伊春市、广州市、深圳市、克拉玛依市、南京市、大庆市、厦门市、铜陵市、淄博市、普洱市、珠海市、南宁市、无锡市、东营市、景德镇市、莱芜市、大连市、包头市、金昌市、镇江市、青岛市、七台河市、上海市、石嘴山市、昆明市、威海市、常州市、沈阳市、日照市、烟台市、新余市、北京市、鹰潭市、乌海市、娄底市、宁波市、榆林市、邯郸市、芜湖市、铜川市、银川市、合肥市、株洲市、济南市、贵港市、苏州市、徐州市、辽阳市、湖州市、郴州市、泰安市、柳州市、黄山市、马鞍山市、十堰市、乌鲁木齐市、许昌市、龙岩市、武汉市、防城港市、嘉兴市、鹤岗市，62 个城市权重之和占总权重的 30%。和 2010 年相比，2011 年环境质量水平方面，从 II 级上升到 I 级，上升了一级的城市有：湖州市、柳州市、黄山市、乌鲁木齐市、龙岩市、防城港市。

第二级为潍坊市、淮南市、江门市、荆门市、黄石市、台州市、韶关市、天津市、蚌埠市、延安市、张家界市、南昌市、岳阳市、福州市、长春市、聊城市、唐山市、石家庄市、杭州市、嘉峪关市、通化市、秦皇岛市、湘潭市、济宁市、临沂市、枣庄市、阜新市、泉州市、海口市、新乡市、营口市、重庆市、滨州市、乐山市、太原市、东莞市、惠州市、衢州市、鹤壁市、张掖市、宿迁市、漳州市、咸宁市、安庆市、通辽市、牡丹江市、盘锦市、金华市、咸阳市、南通市、梅州市、酒泉市、安阳市、绍兴市、淮北市、绵阳市、桂林市、连云港市、德州市、扬州市、朔州市、潮州市、上饶市、贵阳市、廊坊市、平凉市、双鸭山市、吴忠市、抚顺市、鄂州市、大同市、成都市、赤峰市、汕头市、百色市、盐城市，76 个城市权重之和占总权重的 30%。和 2010 年相比，2011 年环境质量水平方面，从 I 级下降到 II 级，下降了一级的城市有：荆门市、黄石市、韶关市、延安市、张家界市、通化市；从 III 级上升到 II 级，上升了一级的城市有：绵阳市、扬州市、双鸭山市、吴忠市、赤峰市、汕头市、百色市、盐城市。

第三级为舟山市、长沙市、襄阳市、焦作市、信阳市、白银市、安康市、邢台市、铁岭市、葫芦岛市、九江市、常德市、吉安市、哈尔滨市、保定市、揭阳市、兰州市、莆田市、安顺市、三明市、淮安市、肇庆市、宜春市、佳木斯市、雅安市、河池市、佛山市、菏泽市、西安市、黑河市、云浮市、晋城市、沧州市、长治市、荆州市、丽水市、阜阳市、温州市、曲靖市、辽源市、吉林市、茂名市、宣城市、西宁市、平顶山市、萍乡市、玉溪市、内江市、黄冈市、宜昌市、遵义市、北海市、运城市、郑州市、承德市、钦州市，56 个城市权重之和占总权重的 20%。和 2010 年相比，2011 年环境质量水平方面，从 II 级下降到 III 级，下降了一级的城市有：襄阳市、焦作市、信阳市、葫芦岛市、九江市、安顺市、宜春市、河池市；从 IV 级上升到 III 级，上升了一级的城市有：肇庆市、平顶山市、承德市、钦州市。

第四级为清远市、濮阳市、宜宾市、商丘市、湛江市、驻马店市、德阳市、衡水市、衡阳市、四平市、临汾市、自贡市、鸡西市、河源市、宝鸡市、忻州市、南平市、松原市、汕尾市、漯河市、宿州市、渭南市、南阳市、白山市、呼和浩特市、阳泉市、保山市、泸州市、阳江市、锦州市、张家口市，31 个城市权重之和占总权重的 10%。和 2010 年相比，2011 年环境质量水平方面，从 III 级下降到 IV 级，下降了一级的城市有：宜宾市、商丘市、驻马店市、衡阳市；从 V 级上升到 IV 级，上升了一级的城市有：自贡市、汕尾市、泸州市、锦州市、张家口市。

第五级为益阳市、三门峡市、洛阳市、赣州市、齐齐哈尔市、泰州市、孝感市、遂宁市、本溪市、中山市、汉中市、开封市、六盘水市、攀枝花市、邵阳市、广元市、绥化市、白城市、六安市、三亚市、天水市、滁州市、周口市、丹东市、鞍山市、怀化市、呼伦贝尔市、武威市、昭通市、朝阳市、资阳市、随州市、亳州市、永州市、梧州市、宁德市、玉林市、南充市、巴中市，39 个城市权重之和占总权重的 10%。和 2010 年相比，2011 年环境质量水平方面，从 IV 级下降到 V 级，下降了一级的城市有：益阳市、三门峡市、赣州市、孝感市、三亚市。

中国 264 个城市 2011 年环境质量水平等级划分见表 14 – 18。

表 14 – 18　　　　　　264 个城市 2011 年环境质量水平等级划分

环境质量水平	城　市
Ⅰ级（共 62 个）	伊春市、广州市、深圳市、克拉玛依市、南京市、大庆市、厦门市、铜陵市、淄博市、普洱市、珠海市、南宁市、无锡市、东营市、景德镇市、莱芜市、大连市、包头市、金昌市、镇江市、青岛市、七台河市、上海市、石嘴山市、昆明市、威海市、常州市、沈阳市、日照市、烟台市、新余市、北京市、鹰潭市、乌海市、娄底市、宁波市、榆林市、邯郸市、芜湖市、铜川市、银川市、合肥市、株洲市、济南市、贵港市、苏州市、徐州市、辽阳市、湖州市、郴州市、泰安市、柳州市、黄山市、马鞍山市、十堰市、乌鲁木齐市、许昌市、龙岩市、武汉市、防城港市、嘉兴市、鹤岗市
Ⅱ级（共 76 个）	潍坊市、淮南市、江门市、荆门市、黄石市、台州市、韶关市、天津市、蚌埠市、延安市、张家界市、南昌市、岳阳市、福州市、长春市、聊城市、唐山市、石家庄市、杭州市、嘉峪关市、通化市、秦皇岛市、湘潭市、济宁市、临沂市、枣庄市、阜新市、泉州市、海口市、新乡市、营口市、重庆市、滨州市、乐山市、太原市、东莞市、惠州市、衢州市、鹤壁市、张掖市、宿迁市、漳州市、咸宁市、安庆市、通辽市、牡丹江市、盘锦市、金华市、咸阳市、南通市、梅州市、酒泉市、安阳市、绍兴市、淮北市、绵阳市、桂林市、连云港市、德州市、扬州市、朔州市、潮州市、上饶市、贵阳市、廊坊市、平凉市、双鸭山市、吴忠市、抚顺市、鄂州市、大同市、成都市、赤峰市、汕头市、百色市、盐城市
Ⅲ级（共 56 个）	舟山市、长沙市、襄阳市、焦作市、信阳市、白银市、安康市、邢台市、铁岭市、葫芦岛市、九江市、常德市、吉安市、哈尔滨市、保定市、揭阳市、兰州市、莆田市、安顺市、三明市、淮安市、肇庆市、宜春市、佳木斯市、雅安市、河池市、佛山市、菏泽市、西安市、黑河市、云浮市、晋城市、沧州市、长治市、荆州市、丽水市、阜阳市、温州市、曲靖市、辽源市、吉林市、茂名市、宣城市、西宁市、平顶山市、萍乡市、玉溪市、内江市、黄冈市、宜昌市、遵义市、北海市、运城市、郑州市、承德市、钦州市
Ⅳ级（共 31 个）	清远市、濮阳市、宜宾市、商丘市、湛江市、驻马店市、德阳市、衡水市、衡阳市、四平市、临汾市、自贡市、鸡西市、河源市、宝鸡市、忻州市、南平市、松原市、汕尾市、漯河市、宿州市、渭南市、南阳市、白山市、呼和浩特市、阳泉市、保山市、泸州市、阳江市、锦州市、张家口市

续表

环境质量水平	城　市
Ⅴ级（共39个）	益阳市、三门峡市、洛阳市、赣州市、齐齐哈尔市、泰州市、孝感市、遂宁市、本溪市、中山市、汉中市、开封市、六盘水市、攀枝花市、邵阳市、广元市、绥化市、白城市、六安市、三亚市、天水市、滁州市、周口市、丹东市、鞍山市、怀化市、呼伦贝尔市、武威市、昭通市、朝阳市、资阳市、随州市、亳州市、永州市、梧州市、宁德市、玉林市、南充市、巴中市

4. 2010 年 264 个城市环境质量水平分级情况

将 2010 年各地级及地级以上城市环境质量水平综合得分按权重比 3∶3∶2∶1∶1 分为五级。

第一级为伊春市、广州市、克拉玛依市、深圳市、南京市、大庆市、铜陵市、淄博市、厦门市、普洱市、南宁市、珠海市、莱芜市、金昌市、大连市、东营市、无锡市、景德镇市、威海市、镇江市、昆明市、包头市、青岛市、七台河市、上海市、石嘴山市、日照市、娄底市、榆林市、乌海市、沈阳市、北京市、常州市、烟台市、宁波市、芜湖市、贵港市、鹰潭市、邯郸市、辽阳市、济南市、铜川市、泰安市、张家界市、合肥市、徐州市、武汉市、株洲市、黄石市、韶关市、银川市、郴州市、通化市、新余市、十堰市、嘉兴市、马鞍山市、荆门市、延安市、鹤岗市、苏州市、许昌市，62 个城市权重之和占总权重的 30%。和 2009 年相比，2010 年环境质量水平方面，从Ⅱ级上升到Ⅰ级，上升了一级的城市有：乌海市、辽阳市、武汉市、株洲市、郴州市、通化市、新余市、嘉兴市、马鞍山市、延安市、许昌市。

第二级为济宁市、柳州市、台州市、唐山市、乌鲁木齐市、湘潭市、淮南市、湖州市、潍坊市、江门市、防城港市、黄山市、杭州市、南昌市、秦皇岛市、临沂市、海口市、聊城市、长春市、滨州市、衢州市、蚌埠市、天津市、福州市、营口市、石家庄市、阜新市、张掖市、岳阳市、东莞市、枣庄市、宿迁市、乐山市、重庆市、漳州市、泉州市、梅州市、安庆市、抚顺市、新乡市、惠州市、嘉峪关市、通辽市、酒泉市、平凉市、朔州市、龙岩市、金华市、太原市、牡丹江市、九江市、潮州市、咸阳市、咸宁市、上饶市、德州市、连云港市、焦作市、南通市、大同

市、廊坊市、鹤壁市、淮北市、贵阳市、葫芦岛市、盘锦市、宜春市、
河池市、信阳市、鄂州市、桂林市、襄阳市、绍兴市、安阳市、成都
市、安顺市，76 个城市权重之和占总权重的 30%。和 2009 年相比，
2010 年环境质量水平方面，从 I 级下降到 II 级，下降了一级的城市有：
柳州市、台州市、淮南市、潍坊市、杭州市、秦皇岛市、聊城市、衢州
市、葫芦岛市；从 III 级上升到 II 级，上升了一级的城市有：防城港市、
乐山市、泉州市、酒泉市、平凉市、朔州市、太原市、九江市、咸阳
市、咸宁市、上饶市、南通市、大同市、贵阳市、河池市、信阳市、成
都市、安顺市。

　　第三级为黑河市、安康市、兰州市、盐城市、汕头市、云浮市、吴忠
市、铁岭市、赤峰市、淮安市、长治市、菏泽市、西安市、扬州市、吉安
市、邢台市、常德市、百色市、哈尔滨市、吉林市、舟山市、茂名市、曲
靖市、保定市、绵阳市、阜阳市、揭阳市、白银市、三明市、晋城市、荆
州市、雅安市、运城市、玉溪市、佛山市、沧州市、萍乡市、宜宾市、莆
田市、宣城市、遵义市、长沙市、商丘市、郑州市、丽水市、宜昌市、驻
马店市、佳木斯市、北海市、双鸭山市、黄冈市、内江市、温州市、衡阳
市、西宁市、辽源市，56 个城市权重之和占总权重的 20%。和 2009 年相
比，2010 年环境质量水平方面，从 IV 级上升到 III 级，上升了一级的城市
有：黑河市、吉安市、莆田市、北海市、黄冈市、辽源市；从 II 级下降到
III 级，下降了一级的城市有：兰州市、盐城市、汕头市、赤峰市、淮安
市、扬州市、邢台市、吉林市、舟山市、茂名市、阜阳市、晋城市、宜宾
市、遵义市、郑州市；从 V 级上升到 III 级，上升了二级的城市有：铁岭
市、荆州市、西宁市。

　　第四级为平顶山市、肇庆市、临汾市、承德市、四平市、南阳市、钦
州市、保山市、宿州市、德阳市、松原市、河源市、清远市、渭南市、忻
州市、漯河市、濮阳市、呼和浩特市、益阳市、三亚市、鸡西市、阳泉
市、阳江市、白山市、衡水市、南平市、宝鸡市、三门峡市、孝感市、赣
州市、湛江市，31 个城市权重之和占总权重的 10%。和 2009 年相比，
2010 年环境质量水平方面，从 V 级上升到 IV 级，上升了一级的城市有：
南阳市、松原市、河源市、忻州市、漯河市、益阳市、阳江市、白山市、
赣州市；从 III 级下降到 IV 级，下降了一级的城市有：钦州市、清远市、濮
阳市、鸡西市、南平市、湛江市。

第五级为泰州市、张家口市、锦州市、自贡市、六盘水市、本溪市、开封市、泸州市、攀枝花市、邵阳市、丹东市、汕尾市、周口市、遂宁市、齐齐哈尔市、洛阳市、汉中市、绥化市、广元市、白城市、中山市、滁州市、天水市、鞍山市、六安市、武威市、怀化市、呼伦贝尔市、朝阳市、昭通市、随州市、亳州市、资阳市、永州市、宁德市、梧州市、南充市、玉林市、巴中市，39 个城市权重之和占总权重的 10%。和 2009 年相比，2010 年环境质量水平方面，从Ⅳ级下降到Ⅴ级，下降了一级的城市有：张家口市、开封市、攀枝花市、邵阳市、汕尾市、洛阳市、广元市、中山市、天水市、六安市。

中国 264 个城市 2010 年环境质量水平等级划分见表 14 - 19。

表 14 - 19　　　　　　　264 个城市 2010 年环境质量水平等级划分

环境质量水平	城　　市
Ⅰ级（共 62 个）	伊春市、广州市、克拉玛依市、深圳市、南京市、大庆市、铜陵市、淄博市、厦门市、普洱市、南宁市、珠海市、莱芜市、金昌市、大连市、东营市、无锡市、景德镇市、威海市、镇江市、昆明市、包头市、青岛市、七台河市、上海市、石嘴山市、日照市、娄底市、榆林市、乌海市、沈阳市、北京市、常州市、烟台市、宁波市、芜湖市、贵港市、鹰潭市、邯郸市、辽阳市、济南市、铜川市、泰安市、张家界市、合肥市、徐州市、武汉市、株洲市、黄石市、韶关市、银川市、郴州市、通化市、新余市、十堰市、嘉兴市、马鞍山市、荆门市、延安市、鹤岗市、苏州市、许昌市
Ⅱ级（共 76 个）	济宁市、柳州市、台州市、唐山市、乌鲁木齐市、湘潭市、淮南市、湖州市、潍坊市、江门市、防城港市、黄山市、杭州市、南昌市、秦皇岛市、临沂市、海口市、聊城市、长春市、滨州市、衢州市、蚌埠市、天津市、福州市、营口市、石家庄市、阜新市、张掖市、岳阳市、东莞市、枣庄市、宿迁市、乐山市、重庆市、漳州市、泉州市、梅州市、安庆市、抚顺市、新乡市、惠州市、嘉峪关市、通辽市、酒泉市、平凉市、朔州市、龙岩市、金华市、太原市、牡丹江市、九江市、潮州市、咸阳市、咸宁市、上饶市、德州市、连云港市、焦作市、南通市、大同市、廊坊市、鹤壁市、淮北市、贵阳市、葫芦岛市、盘锦市、宜春市、河池市、信阳市、鄂州市、桂林市、襄阳市、绍兴市、安阳市、成都市、安顺市

续表

环境质量水平	城　市
Ⅲ级（共 56 个）	黑河市、安康市、兰州市、盐城市、汕头市、云浮市、吴忠市、铁岭市、赤峰市、淮安市、长治市、菏泽市、西安市、扬州市、吉安市、邢台市、常德市、百色市、哈尔滨市、吉林市、舟山市、茂名市、曲靖市、保定市、绵阳市、阜阳市、揭阳市、白银市、三明市、晋城市、荆州市、雅安市、运城市、玉溪市、佛山市、沧州市、萍乡市、宜宾市、莆田市、宣城市、遵义市、长沙市、商丘市、郑州市、丽水市、宜昌市、驻马店市、佳木斯市、北海市、双鸭山市、黄冈市、内江市、温州市、衡阳市、西宁市、辽源市
Ⅳ级（共 31 个）	平顶山市、肇庆市、临汾市、承德市、四平市、南阳市、钦州市、保山市、宿州市、德阳市、松原市、河源市、清远市、渭南市、忻州市、漯河市、濮阳市、呼和浩特市、益阳市、三亚市、鸡西市、阳泉市、阳江市、白山市、衡水市、南平市、宝鸡市、三门峡市、孝感市、赣州市、湛江市
Ⅴ级（共 39 个）	泰州市、张家口市、锦州市、自贡市、六盘水市、本溪市、开封市、泸州市、攀枝花市、邵阳市、丹东市、汕尾市、周口市、遂宁市、齐齐哈尔市、洛阳市、汉中市、绥化市、广元市、白城市、中山市、滁州市、天水市、鞍山市、六安市、武威市、怀化市、呼伦贝尔市、朝阳市、昭通市、随州市、亳州市、资阳市、永州市、宁德市、梧州市、南充市、玉林市、巴中市

5. 2009 年 264 个城市环境质量水平分级情况

将 2009 年各地级及地级以上城市环境质量水平综合得分按权重比 3∶3∶2∶1∶1 分为五级。

第一级为克拉玛依市、广州市、伊春市、深圳市、铜陵市、南京市、厦门市、大庆市、淄博市、普洱市、珠海市、南宁市、无锡市、昆明市、莱芜市、景德镇市、娄底市、东营市、石嘴山市、镇江市、上海市、榆林市、包头市、青岛市、威海市、北京市、金昌市、大连市、芜湖市、沈阳市、徐州市、鹰潭市、铜川市、鹤岗市、邯郸市、荆门市、常州市、十堰市、烟台市、淮南市、宁波市、济南市、聊城市、张家界市、潍坊市、日照市、银川市、合肥市、柳州市、泰安市、贵港市、苏州市、七台河市、葫芦岛市、黄石市、台州市、衢州市、秦皇岛市、韶关市、杭州市，60 个城市权重之和占总权重的 30%。

第二级为临沂市、郴州市、湖州市、嘉兴市、乌海市、湘潭市、辽阳市、延安市、济宁市、武汉市、江门市、乌鲁木齐市、抚顺市、唐山市、许昌市、营口市、海口市、天津市、蚌埠市、东莞市、赤峰市、通化市、滨州市、石家庄市、牡丹江市、株洲市、马鞍山市、福州市、漳州市、黄山市、兰州市、枣庄市、宿迁市、宜春市、连云港市、淮安市、南昌市、嘉峪关市、长春市、盐城市、龙岩市、重庆市、岳阳市、惠州市、新余市、安庆市、廊坊市、鹤壁市、新乡市、金华市、遵义市、阜阳市、张掖市、阜新市、德州市、扬州市、焦作市、襄阳市、淮北市、鄂州市、茂名市、晋城市、安阳市、盘锦市、潮州市、绍兴市、吉林市、梅州市、郑州市、舟山市、通辽市、宜宾市、汕头市、桂林市、邢台市，75 个城市权重之和占总权重的 30%。

第三级为大同市、双鸭山市、成都市、太原市、西安市、防城港市、河池市、佛山市、乐山市、宜昌市、九江市、南通市、玉溪市、上饶市、长治市、酒泉市、咸阳市、湛江市、安康市、揭阳市、常德市、朔州市、菏泽市、泉州市、咸宁市、百色市、曲靖市、安顺市、内江市、贵阳市、白银市、长沙市、驻马店市、哈尔滨市、运城市、沧州市、雅安市、绵阳市、保定市、三明市、温州市、濮阳市、丽水市、信阳市、商丘市、钦州市、吴忠市、平凉市、宣城市、云浮市、佳木斯市、鸡西市、萍乡市、南平市、清远市、衡阳市，56 个城市权重之和占总权重的 20%。

第四级为保山市、平顶山市、三门峡市、宿州市、莆田市、孝感市、肇庆市、三亚市、辽源市、呼和浩特市、渭南市、衡水市、阳泉市、黄冈市、北海市、吉安市、四平市、承德市、临汾市、天水市、中山市、宝鸡市、攀枝花市、开封市、德阳市、广元市、六安市、汕尾市、洛阳市、张家口市、黑河市、邵阳市，32 个城市权重之和占总权重的 10%。

第五级为松原市、泸州市、周口市、齐齐哈尔市、阳江市、南阳市、鞍山市、自贡市、绥化市、荆州市、本溪市、河源市、汉中市、泰州市、滁州市、白城市、漯河市、六盘水市、益阳市、西宁市、铁岭市、锦州市、亳州市、武威市、呼伦贝尔市、白山市、忻州市、丹东市、朝阳市、怀化市、昭通市、遂宁市、梧州市、资阳市、赣州市、永州市、随州市、南充市、宁德市、玉林市、巴中市，41 个城市权重之和占总权重的 10%。

中国 264 个城市 2009 年环境质量水平等级划分见表 14-20。

表 14 – 20　　　　　　264 个城市 2009 年环境质量水平等级划分

经济增长水平	城　市
Ⅰ级（共 60 个）	克拉玛依市、广州市、伊春市、深圳市、铜陵市、南京市、厦门市、大庆市、淄博市、普洱市、珠海市、南宁市、无锡市、昆明市、莱芜市、景德镇市、娄底市、东营市、石嘴山市、镇江市、上海市、榆林市、包头市、青岛市、威海市、北京市、金昌市、大连市、芜湖市、沈阳市、徐州市、鹰潭市、铜川市、鹤岗市、邯郸市、荆门市、常州市、十堰市、烟台市、淮南市、宁波市、济南市、聊城市、张家界市、潍坊市、日照市、银川市、合肥市、柳州市、泰安市、贵港市、苏州市、七台河市、葫芦岛市、黄石市、台州市、衢州市、秦皇岛市、韶关市、杭州市
Ⅱ级（共 75 个）	临沂市、郴州市、湖州市、嘉兴市、乌海市、湘潭市、辽阳市、延安市、济宁市、武汉市、江门市、乌鲁木齐市、抚顺市、唐山市、许昌市、营口市、海口市、天津市、蚌埠市、东莞市、赤峰市、通化市、滨州市、石家庄市、牡丹江市、株洲市、马鞍山市、福州市、漳州市、黄山市、兰州市、枣庄市、宿迁市、宜春市、连云港市、淮安市、南昌市、嘉峪关市、长春市、盐城市、龙岩市、重庆市、岳阳市、惠州市、新余市、安庆市、廊坊市、鹤壁市、新乡市、金华市、遵义市、阜阳市、张掖市、阜新市、德州市、扬州市、焦作市、襄阳市、淮北市、鄂州市、茂名市、晋城市、安阳市、盘锦市、潮州市、绍兴市、吉林市、梅州市、郑州市、舟山市、通辽市、宜宾市、汕头市、桂林市、邢台市
Ⅲ级（共 56 个）	大同市、双鸭山市、成都市、太原市、西安市、防城港市、河池市、佛山市、乐山市、宜昌市、九江市、南通市、玉溪市、上饶市、长治市、酒泉市、咸阳市、湛江市、安康市、揭阳市、常德市、朔州市、菏泽市、泉州市、咸宁市、百色市、曲靖市、安顺市、内江市、贵阳市、白银市、长沙市、驻马店市、哈尔滨市、运城市、沧州市、雅安市、绵阳市、保定市、三明市、温州市、濮阳市、丽水市、信阳市、商丘市、钦州市、吴忠市、平凉市、宣城市、云浮市、佳木斯市、鸡西市、萍乡市、南平市、清远市、衡阳市
Ⅳ级（共 32 个）	保山市、平顶山市、三门峡市、宿州市、莆田市、孝感市、肇庆市、三亚市、辽源市、呼和浩特市、渭南市、衡水市、阳泉市、黄冈市、北海市、吉安市、四平市、承德市、临汾市、天水市、中山市、宝鸡市、攀枝花市、开封市、德阳市、广元市、六安市、汕尾市、洛阳市、张家口市、黑河市、邵阳市

续表

经济增长水平	城　市
V级（共41个）	松原市、泸州市、周口市、齐齐哈尔市、阳江市、南阳市、鞍山市、自贡市、绥化市、荆州市、本溪市、河源市、汉中市、泰州市、滁州市、白城市、漯河市、六盘水市、益阳市、西宁市、铁岭市、锦州市、亳州市、武威市、呼伦贝尔市、白山市、忻州市、丹东市、朝阳市、怀化市、昭通市、遂宁市、梧州市、资阳市、赣州市、永州市、随州市、南充市、宁德市、玉林市、巴中市

（五）264 个城市政府效率分级情况

2000 年以来、1990 年以来和 2011 年、2010 年、2009 年城市政府效率情况进行分级。

1. 2000 年以来 264 个城市平均政府效率水平分级情况

将 2000 年后平均各地级及地级以上城市政府效率水平综合得分按权重比 3:3:2:1:1 分为五级。

第一级为上海市、北京市、南京市、广州市、兰州市、大连市、沈阳市、西宁市、深圳市、济南市、克拉玛依市、银川市、武汉市、杭州市、珠海市、厦门市、长沙市、桂林市、南昌市、乌鲁木齐市、抚顺市、太原市、包头市、呼和浩特市、贵阳市、柳州市、长春市、天津市、合肥市、东莞市、成都市、大庆市、哈尔滨市、南宁市、阳泉市、福州市、丹东市、鹤岗市、鞍山市、攀枝花市，40 个城市权重之和占总权重的 30%。和 1990 年后平均相比，2000 年后平均政府效率水平方面，从 Ⅱ 级上升到 Ⅰ 级，上升了一级的城市有：包头市、东莞市、大庆市、鹤岗市、攀枝花市。

第二级为郑州市、西安市、三明市、昆明市、本溪市、辽阳市、青岛市、蚌埠市、铜陵市、马鞍山市、宝鸡市、锦州市、牡丹江市、吉林市、玉溪市、景德镇市、株洲市、苏州市、南平市、佳木斯市、泸州市、十堰市、德阳市、宜宾市、白银市、盘锦市、黄石市、秦皇岛市、宁波市、东营市、伊春市、芜湖市、绵阳市、九江市、七台河市、海口市、营口市、南充市、通化市、三亚市、石家庄市、遵义市、无锡市、三门峡市、重庆市、烟台市、铜川市、衢州市、洛阳市、辽源市、镇江市、湘潭市、乌海市、怀化市、承德市、丽水市、梧州市、威海市、常州市、延安市、自贡市、衡阳市、长治市、江门市、新余市、汕头市、大同市，67 个城市权重之和占总权重的 30%。和 1990 年后平均相比，2000 年后平均政府效率水平方面，从 I 级下降到 II 级，下降了一级的城市有：西安市、昆明市；从 III 级上升到 II 级，上升了一级的城市有：东营市、三亚市、遵义市、烟台市、衢州市、辽源市、乌海市、延安市、衡阳市、新余市、汕头市。

　　第三级为舟山市、连云港市、吉安市、韶关市、龙岩市、广元市、萍乡市、扬州市、酒泉市、岳阳市、咸阳市、郴州市、徐州市、金昌市、嘉峪关市、双鸭山市、阜新市、荆门市、温州市、湖州市、雅安市、河池市、鸡西市、淮南市、聊城市、宁德市、南通市、淄博市、铁岭市、曲靖市、遂宁市、惠州市、内江市、新乡市、张家口市、吴忠市、嘉兴市、娄底市、临沂市、随州市、松原市、北海市、玉林市、天水市、宜昌市、葫芦岛市、襄阳市、四平市、绍兴市、荆州市、朝阳市、鹰潭市、齐齐哈尔市、金华市、肇庆市、淮安市、六安市、石嘴山市、邯郸市、宜春市、白山市，61 个城市权重之和占总权重的 20%。和 1990 年后平均相比，2000 年后平均政府效率水平方面，从 IV 级上升到 III 级，上升了一级的城市有：吉安市、龙岩市、雅安市、河池市、宁德市、临沂市、随州市、松原市、绍兴市、荆州市、朝阳市、鹰潭市、淮安市、六安市、邯郸市；从 II 级下降到 III 级，下降了一级的城市有：广元市、双鸭山市、南通市、齐齐哈尔市；从 V 级上升到 III 级，上升了二级的城市有：聊城市、肇庆市、宜春市。

　　第四级为永州市、佛山市、唐山市、保定市、中山市、临汾市、廊坊市、汉中市、百色市、常德市、鹤壁市、鄂州市、焦作市、乐山市、邵阳市、漯河市、邢台市、益阳市、安阳市、防城港市、安顺市、赤峰市、咸宁市、湛江市、清远市、泉州市、济宁市、开封市、宿州市、通辽市、淮北市、黄山市、白城市、台州市、安庆市、沧州市、南阳市、榆林市、昭通市，39 个城市权重之和占总权重的 10%。和 1990 年后平均相比，2000 年后平均政府效率水平方面，从 III 级下降到 IV 级，下降了一级的城市有：佛山市、唐山市、保定市、中山市、鹤壁市、焦作市、邵阳市、益阳市、安阳市、开封市、宿州市、安庆市；从 V 级上升到 IV 级，上升了一级的城市有：廊坊市、百色市、乐山市、咸宁市、湛江市、清远市、泉州市、黄山市、白城市、台州市、沧州市、榆林市、昭通市。

　　第五级为莱芜市、平顶山市、朔州市、日照市、赣州市、张家界市、资阳市、周口市、阳江市、梅州市、呼伦贝尔市、河源市、上饶市、巴中市、晋城市、潍坊市、莆田市、菏泽市、张掖市、安康市、德州市、武威市、许昌市、绥化市、商丘市、盐城市、云浮市、贵港市、阜阳市、泰州市、平凉市、漳州市、六盘水市、运城市、枣庄市、普洱市、茂名市、孝感市、宿迁市、宣城市、潮州市、濮阳市、泰安市、衡水市、滨州市、黄冈市、黑河市、信阳市、驻马店市、钦州市、渭南市、滁州市、保山市、忻州市、汕尾市、揭阳市、亳州市，57个城市权重之和占总权重的10%。和1990年后平均相比，2000年后平均政府效率水平方面，从Ⅳ级下降到Ⅴ级，下降了一级的城市有：平顶山市、日照市、张家界市、周口市、梅州市、呼伦贝尔市、德州市、阜阳市、六盘水市、茂名市、宣城市。

中国264个城市2000年以来平均政府效率水平等级划分见表14-21。

表14-21　　　264个城市2000年以来平均政府效率水平等级划分

政府效率水平	城　市
Ⅰ级（共40个）	上海市、北京市、南京市、广州市、兰州市、大连市、沈阳市、西宁市、深圳市、济南市、克拉玛依市、银川市、武汉市、杭州市、珠海市、厦门市、长沙市、桂林市、南昌市、乌鲁木齐市、抚顺市、太原市、包头市、呼和浩特市、贵阳市、柳州市、长春市、天津市、合肥市、东莞市、成都市、大庆市、哈尔滨市、南宁市、阳泉市、福州市、丹东市、鹤岗市、鞍山市、攀枝花市
Ⅱ级（共67个）	郑州市、西安市、三明市、昆明市、本溪市、辽阳市、青岛市、蚌埠市、铜陵市、马鞍山市、宝鸡市、锦州市、牡丹江市、吉林市、玉溪市、景德镇市、株洲市、苏州市、南平市、佳木斯市、泸州市、十堰市、德阳市、宜宾市、白银市、盘锦市、黄石市、秦皇岛市、宁波市、东营市、伊春市、芜湖市、绵阳市、九江市、七台河市、海口市、营口市、南充市、通化市、三亚市、石家庄市、遵义市、无锡市、三门峡市、重庆市、烟台市、铜川市、衢州市、洛阳市、辽源市、镇江市、湘潭市、乌海市、怀化市、承德市、丽水市、梧州市、威海市、常州市、延安市、自贡市、衡阳市、长治市、江门市、新余市、汕头市、大同市
Ⅲ级（共61个）	舟山市、连云港市、吉安市、韶关市、龙岩市、广元市、萍乡市、扬州市、酒泉市、岳阳市、咸阳市、郴州市、徐州市、金昌市、嘉峪关市、双鸭山市、阜新市、荆门市、温州市、湖州市、雅安市、河池市、鸡西市、淮南市、聊城市、宁德市、南通市、淄博市、铁岭市、曲靖市、遂宁市、惠州市、内江市、新乡市、张家口市、吴忠市、嘉兴市、娄底市、临沂市、随州市、松原市、北海市、玉林市、天水市、宜昌市、葫芦岛市、襄阳市、四平市、绍兴市、荆州市、朝阳市、鹰潭市、齐齐哈尔市、金华市、肇庆市、淮安市、六安市、石嘴山市、邯郸市、宜春市、白山市

续表

政府效率水平	城　　市
Ⅳ级（共39个）	永州市、佛山市、唐山市、保定市、中山市、临汾市、廊坊市、汉中市、百色市、常德市、鹤壁市、鄂州市、焦作市、乐山市、邵阳市、漯河市、邢台市、益阳市、安阳市、防城港市、安顺市、赤峰市、咸宁市、湛江市、清远市、泉州市、济宁市、开封市、宿州市、通辽市、淮北市、黄山市、白城市、台州市、安庆市、沧州市、南阳市、榆林市、昭通市
Ⅴ级（共57个）	莱芜市、平顶山市、朔州市、日照市、赣州市、张家界市、资阳市、周口市、阳江市、梅州市、呼伦贝尔市、河源市、上饶市、巴中市、晋城市、潍坊市、莆田市、菏泽市、张掖市、安康市、德州市、武威市、许昌市、绥化市、商丘市、盐城市、云浮市、贵港市、阜阳市、泰州市、平凉市、漳州市、六盘水市、运城市、枣庄市、普洱市、茂名市、孝感市、宿迁市、宜城市、潮州市、濮阳市、泰安市、衡水市、滨州市、黄冈市、黑河市、信阳市、驻马店市、钦州市、渭南市、滁州市、保山市、忻州市、汕尾市、揭阳市、亳州市

2. 1990年以来264个城市平均政府效率水平分级情况

将1990年后各地级及地级以上城市政府效率水平综合得分按权重比3∶3∶2∶1∶1分为五级。

第一级为上海市、北京市、南京市、兰州市、大连市、沈阳市、广州市、西宁市、济南市、杭州市、珠海市、银川市、武汉市、深圳市、桂林市、厦门市、南昌市、太原市、柳州市、乌鲁木齐市、克拉玛依市、呼和浩特市、长沙市、天津市、贵阳市、抚顺市、长春市、合肥市、福州市、哈尔滨市、鞍山市、成都市、阳泉市、丹东市、南宁市、西安市、昆明市，37个城市权重之和占总权重的30%。

第二级为大庆市、郑州市、三明市、本溪市、东莞市、攀枝花市、辽阳市、宝鸡市、包头市、鹤岗市、青岛市、蚌埠市、七台河市、景德镇市、黄石市、牡丹江市、德阳市、铜陵市、马鞍山市、玉溪市、常州市、吉林市、十堰市、双鸭山市、重庆市、海口市、锦州市、佳木斯市、洛阳市、株洲市、梧州市、营口市、三门峡市、无锡市、南平市、苏州市、镇江市、泸州市、宁波市、九江市、芜湖市、盘锦市、大同市、绵阳市、丽水市、伊春市、南通市、广元市、通化市、南充市、白银市、秦皇岛市、铜川市、承德市、湘潭市、自贡市、长治市、江门市、齐齐哈尔市、石家庄市、威海市、宜宾市、怀化市，63个城市权重之和占总权重的30%。

第三级为遵义市、新余市、三亚市、衡阳市、汕头市、乌海市、阜新市、韶关市、辽源市、扬州市、连云港市、新乡市、萍乡市、衢州市、延安市、宜昌市、淮南市、烟台市、东营市、温州市、咸阳市、淄博市、北海市、四平市、吴忠市、岳阳市、襄阳市、嘉峪关市、遂宁市、惠州市、徐州市、石嘴山市、鸡西市、保定市、舟山市、益阳市、张家口市、宿州市、葫芦岛市、玉林市、内江市、荆门市、中山市、湖州市、郴州市、唐山市、铁岭市、佛山市、白山市、金昌市、焦作市、金华市、开封市、鹤壁市、安阳市、安庆市、曲靖市、娄底市、嘉兴市、邵阳市、酒泉市、天水市，62 个城市权重之和占总权重的 20%。

第四级为邢台市、朝阳市、平顶山市、绍兴市、龙岩市、鄂州市、吉安市、鹰潭市、通辽市、德州市、邯郸市、松原市、临汾市、荆州市、六安市、临沂市、淮北市、河池市、南阳市、雅安市、赤峰市、六盘水市、张家界市、茂名市、宁德市、常德市、淮安市、宣城市、周口市、防城港市、梅州市、安顺市、日照市、阜阳市、随州市、济宁市、呼伦贝尔市、汉中市、漯河市、永州市，40 个城市权重之和占总权重的 10%。

第五级为台州市、百色市、潍坊市、黄山市、肇庆市、宜春市、聊城市、泉州市、河源市、白城市、咸宁市、乐山市、莱芜市、张掖市、商丘市、许昌市、盐城市、湛江市、沧州市、枣庄市、清远市、宿迁市、赣州市、莆田市、晋城市、廊坊市、榆林市、孝感市、滁州市、泰安市、昭通市、泰州市、朔州市、资阳市、平凉市、武威市、普洱市、运城市、阳江市、渭南市、保山市、安康市、云浮市、巴中市、漳州市、濮阳市、滨州市、菏泽市、钦州市、绥化市、潮州市、贵港市、信阳市、衡水市、黑河市、上饶市、忻州市、黄冈市、驻马店市、汕尾市、揭阳市、亳州市，62 个城市权重之和占总权重的 10%。

中国 264 个城市 1990 年以来平均政府效率水平等级划分见表 14 – 22。

表 14 – 22　　264 个城市 1990 年以来平均政府效率水平等级划分

政府效率水平	城　　市
I 级（共 37 个）	上海市、北京市、南京市、兰州市、大连市、沈阳市、广州市、西宁市、济南市、杭州市、珠海市、银川市、武汉市、深圳市、桂林市、厦门市、南昌市、太原市、柳州市、乌鲁木齐市、克拉玛依市、呼和浩特市、长沙市、天津市、贵阳市、抚顺市、长春市、合肥市、福州市、哈尔滨市、鞍山市、成都市、阳泉市、丹东市、南宁市、西安市、昆明市

续表

政府效率水平	城　市
II 级（共 63 个）	大庆市、郑州市、三明市、本溪市、东莞市、攀枝花市、辽阳市、宝鸡市、包头市、鹤岗市、青岛市、蚌埠市、七台河市、景德镇市、黄石市、牡丹江市、德阳市、铜陵市、马鞍山市、玉溪市、常州市、吉林市、十堰市、双鸭山市、重庆市、海口市、锦州市、佳木斯市、洛阳市、株洲市、梧州市、营口市、三门峡市、无锡市、南平市、苏州市、镇江市、泸州市、宁波市、九江市、芜湖市、盘锦市、大同市、绵阳市、丽水市、伊春市、南通市、广元市、通化市、南充市、白银市、秦皇岛市、铜川市、承德市、湘潭市、自贡市、长治市、江门市、齐齐哈尔市、石家庄市、威海市、宜宾市、怀化市
III 级（共 62 个）	遵义市、新余市、三亚市、衡阳市、汕头市、乌海市、阜新市、韶关市、辽源市、扬州市、连云港市、新乡市、萍乡市、衢州市、延安市、宜昌市、淮南市、烟台市、东营市、温州市、咸阳市、淄博市、北海市、四平市、吴忠市、岳阳市、襄阳市、嘉峪关市、遂宁市、惠州市、徐州市、石嘴山市、鸡西市、保定市、舟山市、益阳市、张家口市、宿州市、葫芦岛市、玉林市、内江市、荆门市、中山市、湖州市、郴州市、唐山市、铁岭市、佛山市、白山市、金昌市、焦作市、金华市、开封市、鹤壁市、安阳市、安庆市、曲靖市、娄底市、嘉兴市、邵阳市、酒泉市、天水市
IV 级（共 40 个）	邢台市、朝阳市、平顶山市、绍兴市、龙岩市、鄂州市、吉安市、鹰潭市、通辽市、德州市、邯郸市、松原市、临汾市、荆州市、六安市、临沂市、淮北市、河池市、南阳市、雅安市、赤峰市、六盘水市、张家界市、茂名市、宁德市、常德市、淮安市、宣城市、周口市、防城港市、梅州市、安顺市、日照市、阜阳市、随州市、济宁市、呼伦贝尔市、汉中市、漯河市、永州市
V 级（共 62 个）	台州市、百色市、潍坊市、黄山市、肇庆市、宜春市、聊城市、泉州市、河源市、白城市、咸宁市、乐山市、莱芜市、张掖市、商丘市、许昌市、盐城市、湛江市、沧州市、枣庄市、清远市、宿迁市、赣州市、莆田市、晋城市、廊坊市、榆林市、孝感市、滁州市、泰安市、昭通市、泰州市、朔州市、资阳市、平凉市、武威市、普洱市、运城市、阳江市、渭南市、保山市、安康市、云浮市、巴中市、漳州市、濮阳市、滨州市、菏泽市、钦州市、绥化市、潮州市、贵港市、信阳市、衡水市、黑河市、上饶市、忻州市、黄冈市、驻马店市、汕尾市、揭阳市、亳州市

3.2011 年 264 个地级及地级以上城市政府效率水平分级情况

将 2011 年各地级及地级以上城市政府效率水平综合得分按权重比 3:3:2:1:1 分为五级。

第一级为北京市、上海市、深圳市、兰州市、大连市、南京市、克拉玛依市、厦门市、广州市、沈阳市、杭州市、银川市、济南市、武汉市、西宁市、长春市、珠海市、长沙市、桂林市、太原市、成都市、呼和浩特市、包头市、东莞市、天津市、乌鲁木齐市、哈尔滨市、南昌市、南宁市、合肥市、大庆市、西安市、抚顺市、攀枝花市、铜陵市、柳州市、辽源市、贵阳市、玉溪市、乌海市、阳泉市、宁波市、烟台市、宝鸡市，44 个城市权重之和占总权重的 30%。和 2010 年相比，2011 年政府效率水平方面，从Ⅱ级上升到Ⅰ级，上升了一级的城市有：玉溪市、乌海市、宝鸡市。

第二级为青岛市、福州市、丹东市、牡丹江市、盘锦市、吉林市、海口市、无锡市、三亚市、马鞍山市、三明市、郑州市、苏州市、铜川市、鹤岗市、佳木斯市、辽阳市、本溪市、南平市、龙岩市、嘉兴市、鞍山市、雅安市、白银市、石家庄市、舟山市、遵义市、景德镇市、锦州市、绵阳市、河池市、秦皇岛市、通化市、九江市、酒泉市、宁德市、延安市、伊春市、榆林市、聊城市、重庆市、威海市、三门峡市、十堰市、承德市、昆明市、黄石市、常州市、百色市、随州市、宜宾市、蚌埠市、新余市、衡阳市、郴州市、湘潭市、怀化市、咸阳市、泸州市、株洲市、湖州市、玉林市、梧州市、营口市、洛阳市、岳阳市、萍乡市、淄博市、芜湖市、宜昌市，70 个城市权重之和占总权重的 30%。和 2010 年相比，2011 年政府效率水平方面，从Ⅰ级下降到Ⅱ级，下降了一级的城市有：福州市、丹东市、三明市；从Ⅲ级上升到Ⅱ级，上升了一级的城市有：百色市、怀化市、玉林市、岳阳市、淄博市、芜湖市。

第三级为肇庆市、镇江市、绍兴市、天水市、金昌市、温州市、连云港市、长治市、丽水市、昭通市、张家口市、南充市、临沂市、衢州市、嘉峪关市、德阳市、七台河市、大同市、自贡市、鸡西市、葫芦岛市、娄底市、荆门市、淮南市、松原市、阜新市、常德市、吉安市、平顶山市、惠州市、焦作市、石嘴山市、徐州市、吴忠市、朝阳市、唐山市、鹰潭市、乐山市、遂宁市、扬州市、黄山市、东营市、普洱市、安康市、佛山市、江门市、襄阳市、泉州市、邯郸市、赤峰市、双鸭山市、四平市、通辽市、漯河市、白山市、汕头市、南通市、汉中市、韶关市、淮安市、铁岭市、晋城市，62 个城市权重之和占总权重的 20%。和 2010 年相比，2011 年政府效率水平方面，从Ⅱ级下降到Ⅲ级，下降了一级的城市有：天水市、昭通市、张家口市、临沂市、衢州市、德阳市；从Ⅳ级上升到Ⅲ级，上升了一级的城市有：普洱市、佛山市、淮安市、晋城市。

第四级为莱芜市、北海市、鄂州市、廊坊市、宜春市、永州市、六盘水市、白城市、临汾市、邢台市、鹤壁市、新乡市、安庆市、沧州市、巴中市、中山市、益阳市、曲靖市、保定市、内江市、荆州市、呼伦贝尔市、安阳市、潍坊市、湛江市、许昌市、济宁市、台州市、上饶市、绥化市、邵阳市、赣州市、齐齐哈尔市、防城港市、张掖市、盐城市、咸宁市、宣城市，38 个城市权重之和占总权重的 10%。和 2010 年相比，2011 年政府效率水平方面，从Ⅲ级下降到Ⅳ级，下降了一级的城市有：北海市、宜春市、邢台市、新乡市；从Ⅴ级上升到Ⅳ级，上升了一级的城市有：呼伦贝尔市、台州市、邵阳市、盐城市、宣城市。

第五级为六安市、南阳市、阳江市、朔州市、清远市、滁州市、濮阳市、金华市、忻州市、河源市、潮州市、日照市、广元市、菏泽市、莆田市、漳州市、开封市、孝感市、宿州市、德州市、滨州市、平凉市、武威市、信阳市、资阳巾、张家界市、贵港市、云浮市、钦州市、驻马店市、泰安市、泰州市、衡水市、安顺市、淮北市、黄冈市、梅州市、枣庄市、保山市、商丘市、周口市、阜阳市、茂名市、渭南市、黑河市、宿迁市、汕尾市、运城市、揭阳市、亳州市，50 个城市权重之和占总权重的 10%。和 2010 年相比，2011 年政府效率水平方面，从Ⅳ级下降到Ⅴ级，下降了一级的城市有：六安市、潮州市、菏泽市、莆田市、武威市。

中国 264 个城市 2011 年政府效率水平等级划分见表 14 - 23。

表 14 - 23　　　　　264 个城市 2011 年政府效率水平等级划分

政府效率水平	城　市
Ⅰ级（共 44 个）	北京市、上海市、深圳市、兰州市、大连市、南京市、克拉玛依市、厦门市、广州市、沈阳市、杭州市、银川市、济南市、武汉市、西宁市、长春市、珠海市、长沙市、桂林市、太原市、成都市、呼和浩特市、包头市、东莞市、天津市、乌鲁木齐市、哈尔滨市、南昌市、南宁市、合肥市、大庆市、西安市、抚顺市、攀枝花市、铜陵市、柳州市、辽源市、贵阳市、玉溪市、乌海市、阳泉市、宁波市、烟台市、宝鸡市

续表

政府效率水平	城　　市
Ⅱ级（共70个）	青岛市、福州市、丹东市、牡丹江市、盘锦市、吉林市、海口市、无锡市、三亚市、马鞍山市、三明市、郑州市、苏州市、铜川市、鹤岗市、佳木斯市、辽阳市、本溪市、南平市、龙岩市、嘉兴市、鞍山市、雅安市、白银市、石家庄市、舟山市、遵义市、景德镇市、锦州市、绵阳市、河池市、秦皇岛市、通化市、九江市、酒泉市、宁德市、延安市、伊春市、榆林市、聊城市、重庆市、威海市、三门峡市、十堰市、承德市、昆明市、黄石市、常州市、百色市、随州市、宜宾市、蚌埠市、新余市、衡阳市、郴州市、湘潭市、怀化市、咸阳市、泸州市、株洲市、湖州市、玉林市、梧州市、营口市、洛阳市、岳阳市、萍乡市、淄博市、芜湖市、宜昌市
Ⅲ级（共62个）	肇庆市、镇江市、绍兴市、天水市、金昌市、温州市、连云港市、长治市、丽水市、昭通市、张家口市、南充市、临沂市、衢州市、嘉峪关市、德阳市、七台河市、大同市、自贡市、鸡西市、葫芦岛市、娄底市、荆门市、淮南市、松原市、阜新市、常德市、吉安市、平顶山市、惠州市、焦作市、石嘴山市、徐州市、吴忠市、朝阳市、唐山市、鹰潭市、乐山市、遂宁市、扬州市、黄山市、东营市、普洱市、安康市、佛山市、江门市、襄阳市、泉州市、邯郸市、赤峰市、双鸭山市、四平市、通辽市、漯河市、白山市、汕头市、南通市、汉中市、韶关市、淮安市、铁岭市、晋城市
Ⅳ级（共38个）	莱芜市、北海市、鄂州市、廊坊市、宜春市、永州市、六盘水市、白城市、临汾市、邢台市、鹤壁市、新乡市、安庆市、沧州市、巴中市、中山市、益阳市、曲靖市、保定市、内江市、荆州市、呼伦贝尔市、安阳市、潍坊市、湛江市、许昌市、济宁市、台州市、上饶市、绥化市、邵阳市、赣州市、齐齐哈尔市、防城港市、张掖市、盐城市、咸宁市、宣城市
Ⅴ级（共50个）	六安市、南阳市、阳江市、朔州市、清远市、滁州市、濮阳市、金华市、忻州市、河源市、潮州市、日照市、广元市、菏泽市、莆田市、漳州市、开封市、孝感市、宿州市、德州市、滨州市、平凉市、武威市、信阳市、资阳市、张家界市、贵港市、云浮市、钦州市、驻马店市、泰安市、泰州市、衡水市、安顺市、淮北市、黄冈市、梅州市、枣庄市、保山市、商丘市、周口市、阜阳市、茂名市、渭南市、黑河市、宿迁市、汕尾市、运城市、揭阳市、亳州市

4. 2010 年 264 个城市政府效率水平分级情况

将 2010 年各地级及地级以上城市政府效率水平综合得分按权重比 3∶3∶2∶1∶1 分为五级。

第一级为上海市、北京市、深圳市、大连市、兰州市、广州市、南京市、西宁市、沈阳市、济南市、克拉玛依市、银川市、武汉市、杭州市、厦门市、桂林市、包头市、珠海市、长春市、南昌市、太原市、长沙市、南宁市、抚顺市、乌鲁木齐市、呼和浩特市、天津市、辽源市、东莞市、成都市、哈尔滨市、大庆市、铜陵市、合肥市、西安市、贵阳市、攀枝花市、福州市、阳泉市、柳州市、宁波市、烟台市、丹东市、三明市，44 个城市权重之和占总权重的 30%。和 2009 年相比，2010 年政府效率水平方面，从 Ⅱ 级上升到 Ⅰ 级，上升了一级的城市有：铜陵市、攀枝花市、福州市、宁波市、烟台市、三明市。

第二级为青岛市、吉林市、苏州市、盘锦市、鹤岗市、乌海市、宝鸡市、辽阳市、佳木斯市、本溪市、玉溪市、郑州市、白银市、鞍山市、景德镇市、聊城市、牡丹江市、通化市、铜川市、海口市、南平市、锦州市、绵阳市、马鞍山市、三亚市、酒泉市、雅安市、石家庄市、无锡市、宁德市、蚌埠市、宜宾市、秦皇岛市、黄石市、咸阳市、重庆市、萍乡市、榆林市、遵义市、承德市、九江市、十堰市、衡阳市、常州市、随州市、龙岩市、天水市、伊春市、河池市、延安市、嘉兴市、洛阳市、临沂市、舟山市、株洲市、泸州市、张家口市、郴州市、新余市、梧州市、威海市、营口市、昭通市、湘潭市、三门峡市、湖州市、宜昌市、衢州市、昆明市、德阳市，70 个城市权重之和占总权重的 30%。和 2009 年相比，2010 年政府效率水平方面，从 Ⅰ 级下降到 Ⅱ 级，下降了一级的城市有：吉林市、郑州市、牡丹江市；从 Ⅲ 级上升到 Ⅱ 级，上升了一级的城市有：宁德市、咸阳市、龙岩市、天水市、嘉兴市、洛阳市、张家口市、新余市、梧州市、昭通市、湘潭市、三门峡市、湖州市。

第三级为怀化市、镇江市、绍兴市、淄博市、肇庆市、荆门市、芜湖市、百色市、自贡市、金昌市、南充市、长治市、岳阳市、惠州市、连云港市、温州市、嘉峪关市、丽水市、襄阳市、徐州市、鸡西市、玉林市、松原市、大同市、七台河市、鹰潭市、娄底市、吉安市、宜春市、阜新市、葫芦岛市、朝阳市、扬州市、淮南市、唐山市、邯郸市、双鸭山市、平顶山市、安康市、吴忠市、常德市、黄山市、赤峰市、白山市、漯河市、江门市、乐山市、韶关市、焦作市、遂宁市、东营市、汉中市、铁岭市、南通市、石嘴山市、泉州市、邢台市、北海市、四平市、汕头市、通辽市、新乡市，62 个城市权重之和占总权重的 20%。和 2009 年相比，2010 年政府效率水平方面，从Ⅱ级下降到Ⅲ级，下降了一级的城市有：怀化市、芜湖市、金昌市、连云港市、吉安市、韶关市；从Ⅳ级上升到Ⅲ级，上升了一级的城市有：百色市、襄阳市、平顶山市、漯河市、乐山市、焦作市、遂宁市、南通市、石嘴山市、泉州市、邢台市、四平市；从Ⅴ级上升到Ⅲ级，上升了二级的城市有：黄山市、汉中市。

第四级为晋城市、巴中市、佛山市、上饶市、白城市、齐齐哈尔市、赣州市、永州市、莱芜市、普洱市、许昌市、沧州市、安庆市、临汾市、廊坊市、内江市、六盘水市、鄂州市、鹤壁市、济宁市、淮安市、安阳市、保定市、咸宁市、莆田市、防城港市、绥化市、武威市、中山市、曲靖市、张掖市、湛江市、菏泽市、益阳市、潮州市、荆州市、六安市、潍坊市，38 个城市权重之和占总权重的 10%。和 2009 年相比，2010 年政府效率水平方面，从Ⅲ级下降到Ⅳ级，下降了一级的城市有：晋城市、巴中市、齐齐哈尔市；从Ⅴ级上升到Ⅳ级，上升了一级的城市有：佛山市、莱芜市、许昌市、济宁市、莆田市、防城港市、武威市、中山市、张掖市、菏泽市、潮州市、潍坊市；从Ⅱ级下降到Ⅳ级，下降了二级的城市有：保定市。

第五级为漳州市、德州市、濮阳市、阳江市、金华市、宣城市、呼伦贝尔市、广元市、台州市、南阳市、朔州市、云浮市、日照市、清远市、忻州市、邵阳市、盐城市、滁州市、孝感市、宿州市、河源市、平凉市、开封市、滨州市、资阳市、信阳市、张家界市、泰安市、梅州市、驻马店市、安顺市、衡水市、泰州市、枣庄市、黄冈市、贵港市、淮北市、商丘市、钦州市、茂名市、保山市、阜阳市、渭南市、黑河市、周口市、宿迁市、汕尾市、运城市、揭阳市、亳州市，50 个城市权重之和占总权重的 10%。和 2009 年相比，2010 年政府效率水平方面，从Ⅳ级下降到Ⅴ级，下降了一级的城市有：阳江市、云浮市、日照市、河源市；从Ⅲ级下降到Ⅴ级，下降了二级的城市有：金华市、安顺市。

中国 264 个城市 2010 年政府效率水平等级划分见表 14 -24。

表 14 – 24　　　　　　　　264 个城市 2010 年政府效率水平等级划分

政府效率水平	城　市
Ⅰ级（共 44 个）	上海市、北京市、深圳市、大连市、兰州市、广州市、南京市、西宁市、沈阳市、济南市、克拉玛依市、银川市、武汉市、杭州市、厦门市、桂林市、包头市、珠海市、长春市、南昌市、太原市、长沙市、南宁市、抚顺市、乌鲁木齐市、呼和浩特市、天津市、辽源市、东莞市、成都市、哈尔滨市、大庆市、铜陵市、合肥市、西安市、贵阳市、攀枝花市、福州市、阳泉市、柳州市、宁波市、烟台市、丹东市、三明市
Ⅱ级（共 70 个）	青岛市、吉林市、苏州市、盘锦市、鹤岗市、乌海市、宝鸡市、辽阳市、佳木斯市、本溪市、玉溪市、郑州市、白银市、鞍山市、景德镇市、聊城市、牡丹江市、通化市、铜川市、海口市、南平市、锦州市、绵阳市、马鞍山市、三亚市、酒泉市、雅安市、石家庄市、无锡市、宁德市、蚌埠市、宜宾市、秦皇岛市、黄石市、咸阳市、重庆市、萍乡市、榆林市、遵义市、承德市、九江市、十堰市、衡阳市、常州市、随州市、龙岩市、天水市、伊春市、河池市、延安市、嘉兴市、洛阳市、临沂市、舟山市、株洲市、泸州市、张家口市、郴州市、新余市、梧州市、威海市、营口市、昭通市、湘潭市、三门峡市、湖州市、宜昌市、衢州市、昆明市、德阳市
Ⅲ级（共 62 个）	怀化市、镇江市、绍兴市、淄博市、肇庆市、荆门市、芜湖市、百色市、自贡市、金昌市、南充市、长治市、岳阳市、惠州市、连云港市、温州市、嘉峪关市、丽水市、襄阳市、徐州市、鸡西市、玉林市、松原市、大同市、七台河市、鹰潭市、娄底市、吉安市、宜春市、阜新市、葫芦岛市、朝阳市、扬州市、淮南市、唐山市、邯郸市、双鸭山市、平顶山市、安康市、吴忠市、常德市、黄山市、赤峰市、白山市、漯河市、江门市、乐山市、韶关市、焦作市、遂宁市、东营市、汉中市、铁岭市、南通市、石嘴山市、泉州市、邢台市、北海市、四平市、汕头市、通辽市、新乡市
Ⅳ级（共 38 个）	晋城市、巴中市、佛山市、上饶市、白城市、齐齐哈尔市、赣州市、永州市、莱芜市、普洱市、许昌市、沧州市、安庆市、临汾市、廊坊市、内江市、六盘水市、鄂州市、鹤壁市、济宁市、淮安市、安阳市、保定市、咸宁市、莆田市、防城港市、绥化市、武威市、中山市、曲靖市、张掖市、湛江市、菏泽市、益阳市、潮州市、荆州市、六安市、潍坊市
Ⅴ级（共 50 个）	漳州市、德州市、濮阳市、阳江市、金华市、宣城市、呼伦贝尔市、广元市、台州市、南阳市、朔州市、云浮市、日照市、清远市、忻州市、邵阳市、盐城市、滁州市、孝感市、宿州市、河源市、平凉市、开封市、滨州市、资阳市、信阳市、张家界市、泰安市、梅州市、驻马店市、安顺市、衡水市、泰州市、枣庄市、黄冈市、贵港市、淮北市、商丘市、钦州市、茂名市、保山市、阜阳市、渭南市、黑河市、周口市、宿迁市、汕尾市、运城市、揭阳市、亳州市

5. 2009 年 264 个城市政府效率水平分级情况

将 2009 年各地级及地级以上城市政府效率水平综合得分按权重比 3:3:2:1:1 分为五级。

第一级为上海市、北京市、广州市、兰州市、南京市、沈阳市、大连市、西宁市、克拉玛依市、杭州市、武汉市、深圳市、济南市、银川市、桂林市、包头市、厦门市、珠海市、抚顺市、长沙市、乌鲁木齐市、天津市、南昌市、大庆市、太原市、长春市、南宁市、合肥市、哈尔滨市、成都市、呼和浩特市、西安市、东莞市、阳泉市、辽源市、牡丹江市、柳州市、郑州市、吉林市、丹东市、贵阳市，41 个城市权重之和占总权重的 30%。

第二级为盘锦市、景德镇市、攀枝花市、青岛市、玉溪市、鹤岗市、宁波市、福州市、白银市、铜陵市、马鞍山市、佳木斯市、锦州市、烟台市、鞍山市、本溪市、苏州市、通化市、三明市、三亚市、九江市、南平市、昆明市、萍乡市、海口市、宝鸡市、蚌埠市、十堰市、德阳市、连云港市、重庆市、雅安市、宜宾市、遵义市、石家庄市、聊城市、乌海市、秦皇岛市、酒泉市、承德市、株洲市、伊春市、营口市、芜湖市、延安市、衢州市、保定市、黄石市、铜川市、郴州市、衡阳市、常州市、榆林市、随州市、金昌市、威海市、辽阳市、绵阳市、河池市、泸州市、临沂市、韶关市、无锡市、怀化市、吉安市、宜昌市、舟山市，67 个城市权重之和占总权重的 30%。

第三级为湖州市、咸阳市、东营市、镇江市、新余市、自贡市、宜春市、三门峡市、丽水市、梧州市、湘潭市、龙岩市、葫芦岛市、扬州市、七台河市、肇庆市、淮南市、汕头市、荆门市、邯郸市、江门市、长治市、娄底市、嘉峪关市、阜新市、岳阳市、嘉兴市、洛阳市、天水市、大同市、唐山市、玉林市、巴中市、南充市、张家口市、安顺市、淄博市、绍兴市、鸡西市、温州市、通辽市、齐齐哈尔市、白山市、双鸭山市、惠州市、宁德市、赤峰市、昭通市、吴忠市、徐州市、松原市、北海市、金华市、铁岭市、常德市、鹰潭市、朝阳市、新乡市、晋城市、安康市，60 个城市权重之和占总权重的 20%。

第四级为荆州市、焦作市、咸宁市、廊坊市、上饶市、永州市、百色市、泉州市、鹤壁市、内江市、乐山市、绥化市、襄阳市、四平市、曲靖市、阳江市、石嘴山市、普洱市、安阳市、鄂州市、沧州市、益阳市、临汾市、遂宁市、漯河市、平顶山市、六安市、南通市、河源市、云浮市、赣州市、六盘水市、淮安市、邢台市、安庆市、白城市、湛江市、日照市，38个城市权重之和占总权重的10%。

第五级为南阳市、清远市、防城港市、中山市、佛山市、许昌市、潍坊市、武威市、济宁市、德州市、菏泽市、汉中市、濮阳市、漳州市、莱芜市、朔州市、驻马店市、呼伦贝尔市、台州市、衡水市、邵阳市、黄山市、平凉市、潮州市、广元市、资阳市、贵港市、泰州市、宣城市、梅州市、开封市、滨州市、信阳市、忻州市、泰安市、盐城市、阜阳市、枣庄市、孝感市、张家界市、商丘市、莆田市、黄冈市、淮北市、宿迁市、周口市、张掖市、茂名市、滁州市、宿州市、保山市、钦州市、汕尾市、黑河市、运城市、渭南市、亳州市、揭阳市，58个城市权重之和占总权重的10%。

中国264个城市2009年政府效率水平等级划分见表14-25。

表14-25 264个城市2009年政府效率水平等级划分

政府效率水平	城 市
Ⅰ级（共41个）	上海市、北京市、广州市、兰州市、南京市、沈阳市、大连市、西宁市、克拉玛依市、杭州市、武汉市、深圳市、济南市、银川市、桂林市、包头市、厦门市、珠海市、抚顺市、长沙市、乌鲁木齐市、天津市、南昌市、大庆市、太原市、长春市、南宁市、合肥市、哈尔滨市、成都市、呼和浩特市、西安市、东莞市、阳泉市、辽源市、牡丹江市、柳州市、郑州市、吉林市、丹东市、贵阳市
Ⅱ级（共67个）	盘锦市、景德镇市、攀枝花市、青岛市、玉溪市、鹤岗市、宁波市、福州市、白银市、铜陵市、马鞍山市、佳木斯市、锦州市、烟台市、鞍山市、本溪市、苏州市、通化市、三明市、三亚市、九江市、南平市、昆明市、萍乡市、海口市、宝鸡市、蚌埠市、十堰市、德阳市、连云港市、重庆市、雅安市、宜宾市、遵义市、石家庄市、聊城市、乌海市、秦皇岛市、酒泉市、承德市、株洲市、伊春市、营口市、芜湖市、延安市、衢州市、保定市、黄石市、铜川市、郴州市、衡阳市、常州市、榆林市、随州市、金昌市、威海市、辽阳市、绵阳市、河池市、泸州市、临沂市、韶关市、无锡市、怀化市、吉安市、宜昌市、舟山市

续表

政府效率水平	城　　市
Ⅲ级（共60个）	湖州市、咸阳市、东营市、镇江市、新余市、自贡市、宜春市、三门峡市、丽水市、梧州市、湘潭市、龙岩市、葫芦岛市、扬州市、七台河市、肇庆市、淮南市、汕头市、荆门市、邯郸市、江门市、长治市、娄底市、嘉峪关市、阜新市、岳阳市、嘉兴市、洛阳市、天水市、大同市、唐山市、玉林市、巴中市、南充市、张家口市、安顺市、淄博市、绍兴市、鸡西市、温州市、通辽市、齐齐哈尔市、白山市、双鸭山市、惠州市、宁德市、赤峰市、昭通市、吴忠市、徐州市、松原市、北海市、金华市、铁岭市、常德市、鹰潭市、朝阳市、新乡市、晋城市、安康市
Ⅳ级（共38个）	荆州市、焦作市、咸宁市、廊坊市、上饶市、永州市、百色市、泉州市、鹤壁市、内江市、乐山市、绥化市、襄阳市、四平市、曲靖市、阳江市、石嘴山市、普洱市、安阳市、鄂州市、沧州市、益阳市、临汾市、遂宁市、漯河市、平顶山市、六安市、南通市、河源市、云浮市、赣州市、六盘水市、淮安市、邢台市、安庆市、白城市、湛江市、日照市
Ⅴ级（共58个）	南阳市、清远市、防城港市、中山市、佛山市、许昌市、潍坊市、武威市、济宁市、德州市、菏泽市、汉中市、濮阳市、漳州市、莱芜市、朔州市、驻马店市、呼伦贝尔市、台州市、衡水市、邵阳市、黄山市、平凉市、潮州市、广元市、资阳市、贵港市、泰州市、宣城市、梅州市、开封市、滨州市、信阳市、忻州市、泰安市、盐城市、阜阳市、枣庄市、孝感市、张家界市、商丘市、莆田市、黄冈市、淮北市、宿迁市、周口市、张掖市、茂名市、滁州市、宿州市、保山市、钦州市、汕尾市、黑河市、运城市、渭南市、亳州市、揭阳市

（六）264个城市人民生活分级情况

2000年以来、1990年以来和2011年、2010年、2009年城市人民生活情况进行分级。

1. 2000年以来264个城市平均人民生活水平分级情况

将2000年后平均各地级及地级以上城市人民生活水平综合得分按权重比3：3：2：1：1分为五级。

第一级为克拉玛依市、北京市、珠海市、嘉峪关市、深圳市、广州市、上海市、东营市、无锡市、太原市、大庆市、大连市、厦门市、福州市、镇江市、武汉市、天津市、杭州市、沈阳市、佛山市、包头市、南京市、海口市、金昌市、宁波市、呼伦贝尔市、苏州市、抚顺市、乌鲁木齐市、乌海市、常州市、西安市、盘锦市、嘉兴市、绍兴市、中山市、长沙市、南昌市、郑州市、兰州市、舟山市、青岛市、鄂州市、阳泉市、攀枝花市，45 个城市权重之和占总权重的 30%。和 1990 年后平均相比，2000 年后平均人民生活水平方面，从Ⅱ级上升到Ⅰ级，上升了一级的城市有：佛山市、苏州市、乌海市、绍兴市、长沙市、青岛市、鄂州市、攀枝花市。

第二级为济南市、成都市、哈尔滨市、鹤岗市、西宁市、昆明市、酒泉市、本溪市、铜川市、铜陵市、呼和浩特市、莱芜市、贵阳市、南通市、梅州市、大同市、丽水市、东莞市、合肥市、淄博市、淮南市、台州市、晋城市、辽源市、衢州市、营口市、湖州市、烟台市、长春市、丹东市、锦州市、温州市、汕头市、银川市、芜湖市、阜新市、鞍山市、吉林市、辽阳市、金华市、武威市、三亚市、威海市、马鞍山市、石嘴山市、白山市、铁岭市、三门峡市、唐山市、通化市、南宁市、柳州市、韶关市、扬州市、惠州市、汉中市、泰州市、佳木斯市、长治市、朝阳市、泉州市、伊春市、江门市、白城市，64 个城市权重之和占总权重的 30%。和 1990 年后平均相比，2000 年后平均人民生活水平方面，从Ⅰ级下降到Ⅱ级，下降了一级的城市有：济南市、西宁市、酒泉市、本溪市、铜川市、呼和浩特市、南通市、芜湖市；从Ⅲ级上升到Ⅱ级，上升了一级的城市有：衢州市、金华市、铁岭市、惠州市、朝阳市、泉州市、江门市、白城市。

第三级为忻州市、双鸭山市、承德市、秦皇岛市、湘潭市、重庆市、潍坊市、临汾市、乐山市、淮北市、黄石市、葫芦岛市、北海市、石家庄市、肇庆市、宜昌市、齐齐哈尔市、宝鸡市、赤峰市、广元市、新余市、黄山市、洛阳市、平凉市、延安市、玉林市、龙岩市、十堰市、朔州市、鹤壁市、四平市、运城市、张家口市、滨州市、焦作市、鸡西市、景德镇市、雅安市、萍乡市、随州市、桂林市、阳江市、防城港市、廊坊市、安阳市、泰安市、河源市、三明市、普洱市、清远市、南平市、白银市、咸阳市、莆田市、枣庄市、株洲市、南充市、渭南市、盐城市、济宁市、云浮市，61 个城市权重之和占总权重的 20%。和 1990 年后平均相比，2000 年后平均人民生活水平方面，从Ⅱ级下降到Ⅲ级，下降了一级的城市有：忻州市、承德市、秦皇岛市、临汾市、淮北市、葫芦岛市、平凉市、南平市；从Ⅳ级上升到Ⅲ级，上升了一级的城市有：重庆市、宜昌市、新余市、焦作市、雅安市、清远市、白银市、莆田市、株洲市、南充市、渭南市、济宁市、云浮市。

　　第四级为自贡市、黑河市、德阳市、新乡市、绵阳市、安康市、徐州市、玉溪市、吴忠市、通辽市、汕尾市、鹰潭市、九江市、聊城市、榆林市、张掖市、牡丹江市、内江市、平顶山市、菏泽市、七台河市、日照市、连云港市、梧州市、资阳市、衡阳市、襄阳市、百色市、荆门市、吉安市、沧州市、泸州市、娄底市、濮阳市、保定市、张家界市、天水市、遂宁市，38 个城市权重之和占总权重的 10%。和 1990 年后平均相比，2000 年后平均人民生活水平方面，从Ⅲ级下降到Ⅳ级，下降了一级的城市有：新乡市、安康市、徐州市、汕尾市、九江市、张掖市、七台河市、荆门市、沧州市、保定市；从Ⅴ级上升到Ⅳ级，上升了一级的城市有：鹰潭市、榆林市、菏泽市、资阳市、襄阳市、泸州市、娄底市、张家界市、天水市。

　　第五级为许昌市、临沂市、邯郸市、揭阳市、邢台市、淮安市、怀化市、宜宾市、咸宁市、德州市、常德市、孝感市、漳州市、岳阳市、蚌埠市、漯河市、安庆市、衡水市、上饶市、宁德市、安顺市、宣城市、宜春市、湛江市、潮州市、邵阳市、信阳市、永州市、益阳市、黄冈市、开封市、保山市、六盘水市、遵义市、赣州市、荆州市、郴州市、六安市、巴中市、河池市、驻马店市、钦州市、绥化市、茂名市、贵港市、周口市、商丘市、曲靖市、宿州市、南阳市、松原市、宿迁市、滁州市、阜阳市、昭通市、亳州市，56 个城市权重之和占总权重的 10%。和 1990 年后平均相比，2000 年后平均人民生活水平方面，从Ⅳ级下降到Ⅴ级，下降了一级的城市有：揭阳市、邢台市、孝感市、漳州市、衡水市、上饶市；从Ⅲ级下降到Ⅴ级，下降了二级的城市有：宣城市。

　　中国 264 个城市 2000 年以来平均人民生活水平等级划分见表 14 - 26。

表 14 - 26　　264 个城市 2000 年以来平均人民生活水平等级划分

人民生活水平	城　　市
Ⅰ级（共 45 个）	克拉玛依市、北京市、珠海市、嘉峪关市、深圳市、广州市、上海市、东营市、无锡市、太原市、大庆市、大连市、厦门市、福州市、镇江市、武汉市、天津市、杭州市、沈阳市、佛山市、包头市、南京市、海口市、金昌市、宁波市、呼伦贝尔市、苏州市、抚顺市、乌鲁木齐市、乌海市、常州市、西安市、盘锦市、嘉兴市、绍兴市、中山市、长沙市、南昌市、郑州市、兰州市、舟山市、青岛市、鄂州市、阳泉市、攀枝花市

续表

人民生活水平	城　市
Ⅱ级（共64个）	济南市、成都市、哈尔滨市、鹤岗市、西宁市、昆明市、酒泉市、本溪市、铜川市、铜陵市、呼和浩特市、莱芜市、贵阳市、南通市、梅州市、大同市、丽水市、东莞市、合肥市、淄博市、淮南市、台州市、晋城市、辽源市、衢州市、营口市、湖州市、烟台市、长春市、丹东市、锦州市、温州市、汕头市、银川市、芜湖市、阜新市、鞍山市、吉林市、辽阳市、金华市、武威市、三亚市、威海市、马鞍山市、石嘴山市、白山市、铁岭市、三门峡市、唐山市、通化市、南宁市、柳州市、韶关市、扬州市、惠州市、汉中市、泰州市、佳木斯市、长治市、朝阳市、泉州市、伊春市、江门市、白城市
Ⅲ级（共61个）	忻州市、双鸭山市、承德市、秦皇岛市、湘潭市、重庆市、潍坊市、临汾市、乐山市、淮北市、黄石市、葫芦岛市、北海市、石家庄市、肇庆市、宜昌市、齐齐哈尔市、宝鸡市、赤峰市、广元市、新余市、黄山市、洛阳市、平凉市、延安市、玉林市、龙岩市、十堰市、朔州市、鹤壁市、四平市、运城市、张家口市、滨州市、焦作市、鸡西市、景德镇市、雅安市、萍乡市、随州市、桂林市、阳江市、防城港市、廊坊市、安阳市、泰安市、河源市、三明市、普洱市、清远市、南平市、白银市、咸阳市、莆田市、枣庄市、株洲市、南充市、渭南市、盐城市、济宁市、云浮市
Ⅳ级（共38个）	自贡市、黑河市、德阳市、新乡市、绵阳市、安康市、徐州市、玉溪市、吴忠市、通辽市、汕尾市、鹰潭市、九江市、聊城市、榆林市、张掖市、牡丹江市、内江市、平顶山市、菏泽市、七台河市、日照市、连云港市、梧州市、资阳市、衡阳市、襄阳市、百色市、荆门市、吉安市、沧州市、泸州市、娄底市、濮阳市、保定市、张家界市、天水市、遂宁市
Ⅴ级（共56个）	许昌市、临沂市、邯郸市、揭阳市、邢台市、淮安市、怀化市、宜宾市、咸宁市、德州市、常德市、孝感市、漳州市、岳阳市、蚌埠市、漯河市、安庆市、衡水市、上饶市、宁德市、安顺市、宣城市、宜春市、湛江市、潮州市、邵阳市、信阳市、永州市、益阳市、黄冈市、开封市、保山市、六盘水市、遵义市、赣州市、荆州市、郴州市、六安市、巴中市、河池市、驻马店市、钦州市、绥化市、茂名市、贵港市、周口市、商丘市、曲靖市、宿州市、南阳市、松原市、宿迁市、滁州市、阜阳市、昭通市、亳州市

　　2. 1990 年以来264 个城市平均人民生活分级情况

　　将1990 年后各地级及地级以上城市人民生活水平综合得分按权重比3∶3∶2∶1∶1分为五级。

第一级为克拉玛依市、北京市、深圳市、珠海市、福州市、广州市、嘉峪关市、太原市、上海市、武汉市、大连市、乌鲁木齐市、沈阳市、大庆市、金昌市、抚顺市、天津市、东营市、兰州市、无锡市、南京市、镇江市、厦门市、包头市、呼伦贝尔市、嘉兴市、中山市、杭州市、西安市、海口市、西宁市、酒泉市、南昌市、南通市、盘锦市、本溪市、铜川市、芜湖市、郑州市、宁波市、常州市、济南市、阳泉市、舟山市、呼和浩特市，45个城市权重之和占总权重的30%。

第二级为攀枝花市、铜陵市、丽水市、长沙市、青岛市、绍兴市、马鞍山市、鹤岗市、鄂州市、昆明市、苏州市、哈尔滨市、白山市、莱芜市、台州市、湖州市、锦州市、长春市、淄博市、乌海市、贵阳市、淮南市、佳木斯市、阜新市、大同市、银川市、柳州市、吉林市、唐山市、烟台市、石嘴山市、成都市、三门峡市、东莞市、伊春市、合肥市、威海市、辽源市、临汾市、武威市、汕头市、汉中市、佛山市、鞍山市、梅州市、承德市、葫芦岛市、扬州市、南宁市、丹东市、营口市、辽阳市、泰州市、晋城市、三亚市、忻州市、韶关市、南平市、温州市、长治市、平凉市、淮北市、通化市、秦皇岛市，64个城市权重之和占总权重的30%。

第三级为玉林市、肇庆市、洛阳市、黄石市、桂林市、白城市、北海市、泉州市、金华市、龙岩市、乐山市、衢州市、湘潭市、十堰市、三明市、泰安市、普洱市、惠州市、双鸭山市、朝阳市、潍坊市、鹤壁市、张家口市、四平市、随州市、石家庄市、盐城市、黄山市、铁岭市、齐齐哈尔市、阳江市、沧州市、枣庄市、广元市、廊坊市、宝鸡市、景德镇市、七台河市、咸阳市、延安市、运城市、防城港市、汕尾市、安康市、河源市、鸡西市、江门市、荆门市、滨州市、萍乡市、安阳市、张掖市、朔州市、宣城市、新乡市、徐州市、保定市、赤峰市、九江市，59个城市权重之和占总权重的20%。

第四级为重庆市、焦作市、平顶山市、上饶市、邢台市、株洲市、新余市、衡阳市、渭南市、连云港市、聊城市、雅安市、内江市、宜昌市、绵阳市、白银市、牡丹江市、济宁市、云浮市、孝感市、自贡市、遂宁市、梧州市、玉溪市、揭阳市、百色市、通辽市、濮阳市、日照市、德阳市、南充市、吴忠市、吉安市、清远市、黑河市、莆田市、漳州市、衡水市，38个城市权重之和占总权重的10%。

第五级为保山市、张家界市、岳阳市、安庆市、常德市、湛江市、泸

州市、咸宁市、蚌埠市、德州市、天水市、漯河市、资阳市、宁德市、邵
阳市、鹰潭市、襄阳市、宜宾市、河池市、菏泽市、安顺市、周口市、六
盘水市、绥化市、许昌市、邯郸市、榆林市、临沂市、宜春市、驻马店市、
信阳市、黄冈市、娄底市、荆州市、淮安市、开封市、赣州市、松原市、
永州市、怀化市、茂名市、益阳市、郴州市、贵港市、钦州市、南阳市、
潮州市、巴中市、宿迁市、曲靖市、宿州市、商丘市、滁州市、遵义市、
六安市、昭通市、亳州市、阜阳市，58 个城市权重之和占总权重的 10%。

中国 264 个城市 1990 年以来平均人民生活水平等级划分见表 14 - 27。

表 14 - 27　　264 个城市 1990 年以来平均人民生活水平等级划分

人民生活水平	城　市
Ⅰ级（共 45 个）	克拉玛依市、北京市、深圳市、珠海市、福州市、广州市、嘉峪关市、太原市、上海市、武汉市、大连市、乌鲁木齐市、沈阳市、大庆市、金昌市、抚顺市、天津市、东营市、兰州市、无锡市、南京市、镇江市、厦门市、包头市、呼伦贝尔市、嘉兴市、中山市、杭州市、西安市、海口市、西宁市、酒泉市、南昌市、南通市、盘锦市、本溪市、铜川市、芜湖市、郑州市、宁波市、常州市、济南市、阳泉市、舟山市、呼和浩特市
Ⅱ级（共 64 个）	攀枝花市、铜陵市、丽水市、长沙市、青岛市、绍兴市、马鞍山市、鹤岗市、鄂州市、昆明市、苏州市、哈尔滨市、白山市、莱芜市、台州市、湖州市、锦州市、长春市、淄博市、乌海市、贵阳市、淮南市、佳木斯市、阜新市、大同市、银川市、柳州市、吉林市、唐山市、烟台市、石嘴山市、成都市、三门峡市、东莞市、伊春市、合肥市、威海市、辽源市、临汾市、武威市、汕头市、汉中市、佛山市、鞍山市、梅州市、承德市、葫芦岛市、扬州市、南宁市、丹东市、营口市、辽阳市、泰州市、晋城市、三亚市、忻州市、韶关市、南平市、温州市、长治市、平凉市、淮北市、通化市、秦皇岛市
Ⅲ级（共 59 个）	玉林市、肇庆市、洛阳市、黄石市、桂林市、白城市、北海市、泉州市、金华市、龙岩市、乐山市、衢州市、湘潭市、十堰市、三明市、泰安市、普洱市、惠州市、双鸭山市、朝阳市、潍坊市、鹤壁市、张家口市、四平市、随州市、石家庄市、盐城市、黄山市、铁岭市、齐齐哈尔市、阳江市、沧州市、枣庄市、广元市、廊坊市、宝鸡市、景德镇市、七台河市、咸阳市、延安市、运城市、防城港市、汕尾市、安康市、河源市、鸡西市、江门市、荆门市、滨州市、萍乡市、安阳市、张掖市、朔州市、宣城市、新乡市、徐州市、保定市、赤峰市、九江市

人民生活水平	城 市
IV级（共38个）	重庆市、焦作市、平顶山市、上饶市、邢台市、株洲市、新余市、衡阳市、渭南市、连云港市、聊城市、雅安市、内江市、宜昌市、绵阳市、白银市、牡丹江市、济宁市、云浮市、孝感市、自贡市、遂宁市、梧州市、玉溪市、揭阳市、百色市、通辽市、濮阳市、日照市、德阳市、南充市、吴忠市、吉安市、清远市、黑河市、莆田市、漳州市、衡水市
V级（共58个）	保山市、张家界市、岳阳市、安庆市、常德市、湛江市、泸州市、咸宁市、蚌埠市、德州市、天水市、漯河市、资阳市、宁德市、邵阳市、鹰潭市、襄阳市、宜宾市、河池市、菏泽市、安顺市、周口市、六盘水市、绥化市、许昌市、邯郸市、榆林市、临沂市、宜春市、驻马店市、信阳市、黄冈市、娄底市、荆州市、淮安市、开封市、赣州市、松原市、永州市、怀化市、茂名市、益阳市、郴州市、贵港市、钦州市、南阳市、潮州市、巴中市、宿迁市、曲靖市、宿州市、商丘市、滁州市、遵义市、六安市、昭通市、亳州市、阜阳市

3. 2011 年 264 个地级及地级以上城市人民生活水平分级情况

将 2011 年各地级及地级以上城市人民生活水平综合得分按权重比 3:3:2:1:1 分为五级。

第一级为嘉峪关市、珠海市、北京市、广州市、克拉玛依市、深圳市、东营市、厦门市、天津市、南京市、成都市、宁波市、上海市、大庆市、无锡市、大连市、长沙市、包头市、乌鲁木齐市、苏州市、武汉市、济南市、合肥市、沈阳市、乌海市、绍兴市、太原市、南昌市、福州市、杭州市、佛山市、青岛市、镇江市、常州市、海口市、嘉兴市、铜陵市、温州市、芜湖市、盘锦市、兰州市、金昌市、西安市，43 个城市权重之和占总权重的 30%。和 2010 年相比，2011 年人民生活水平方面，从 II 级上升到 I 级，上升了一级的城市有：福州市、盘锦市、兰州市、金昌市、西安市。

第二级为金华市、昆明市、郑州市、舟山市、中山市、攀枝花市、烟台市、鄂州市、哈尔滨市、台州市、丽水市、贵阳市、莱芜市、湖州市、马鞍山市、衢州市、阳泉市、酒泉市、重庆市、威海市、淄博市、白山市、淮南市、西宁市、抚顺市、呼和浩特市、鹤岗市、武威市、榆林市、泉州市、惠州市、南通市、宜昌市、石嘴山市、营口市、梅州市、晋城市、唐山市、呼伦贝尔市、三亚市、秦皇岛市、长春市、辽阳市、本溪市、东莞市、扬州市、大同市、三明市、银川市、新余市、长治市、龙岩市、黄石市、鞍山市、潍坊市、阜新市、宁德市、南宁市、滨州市、吉林市、湘潭市、淮北市、自贡市、运城市、柳州市、绵阳市、铜川市、玉溪市、通化市，69 个城市权重之和约占总权重的 30%。和 2010 年相比，2011 年人民生活水平方面，从Ⅲ级上升到Ⅱ级，上升了一级的城市有：昆明市、东莞市、三明市、新余市、长治市、黄石市、潍坊市、宁德市、南宁市、滨州市、吉林市、淮北市、运城市、绵阳市、铜川市、通化市；从Ⅳ级上升到Ⅱ级，上升了二级的城市有：龙岩市、自贡市；从Ⅴ级上升到Ⅱ级，上升了三级的城市有：玉溪市。

　　第三级为铁岭市、江门市、日照市、北海市、黄山市、石家庄市、韶关市、佳木斯市、泰州市、齐齐哈尔市、锦州市、莆田市、双鸭山市、朔州市、广元市、汕头市、丹东市、白城市、德阳市、焦作市、雅安市、忻州市、辽源市、阳江市、乐山市、鸡西市、平凉市、南平市、许昌市、防城港市、承德市、牡丹江市、临汾市、通辽市、安顺市、肇庆市、洛阳市、赤峰市、连云港市、云浮市、株洲市、葫芦岛市、桂林市、钦州市、张家口市、遵义市、鹰潭市、张家界市、咸宁市、四平市、淮安市、襄阳市、三门峡市、张掖市、鹤壁市、漳州市、延安市、汉中市、安阳市、荆门市、廊坊市，61 个城市权重之和占总权重的 20%。和 2010 年相比，2011 年人民生活水平方面，从Ⅳ级上升到Ⅲ级，上升了一级的城市有：北海市、德阳市、焦作市、南平市、牡丹江市、赤峰市、云浮市、株洲市、咸宁市、四平市、淮安市、襄阳市、张掖市、鹤壁市、漳州市、汉中市、荆门市；从Ⅱ级下降到Ⅲ级，下降了一级的城市有：佳木斯市、齐齐哈尔市、丹东市、忻州市；从Ⅴ级上升到Ⅲ级，上升了二级的城市有：许昌市、安顺市、钦州市、遵义市、安阳市。

　　第四级为朝阳市、怀化市、济宁市、宝鸡市、六盘水市、盐城市、常德市、泰安市、泸州市、河源市、十堰市、徐州市、宣城市、安康市、萍乡市、普洱市、枣庄市、渭南市、吴忠市、蚌埠市、遂宁市、白银市、娄底市、随州市、景德镇市、平顶山市、岳阳市、松原市、九江市、六安市、德州市、伊春市、新乡市、濮阳市、郴州市、资阳市、衡阳市、菏泽市，38 个城市权重之和占总权重的 10%。和 2010 年相比，2011 年人民生活水平方面，从Ⅲ级下降到Ⅳ级，下降了一级的城市有：朝阳市、泰安市、六安市、伊春市；从Ⅴ级上升到Ⅳ级，上升了一级的城市有：泸州市、吴忠市、娄底市、平顶山市、岳阳市、松原市、九江市、德州市、新乡市、濮阳市、郴州市、衡阳市、菏泽市；从Ⅱ级下降到Ⅳ级，下降了二级的城市有：十堰市。

第五级为孝感市、漯河市、南充市、宜宾市、安庆市、沧州市、滁州市、咸阳市、梧州市、保山市、临沂市、黑河市、内江市、衡水市、湛江市、汕尾市、聊城市、邯郸市、荆州市、赣州市、曲靖市、天水市、邢台市、巴中市、宜春市、保定市、黄冈市、益阳市、驻马店市、宿迁市、潮州市、清远市、百色市、七台河市、揭阳市、南阳市、上饶市、邵阳市、开封市、信阳市、玉林市、永州市、昭通市、绥化市、宿州市、吉安市、阜阳市、商丘市、茂名市、周口市、亳州市、河池市、贵港市，53 个城市权重之和占总权重的 10%。和 2010 年相比，2011 年人民生活水平方面，从Ⅳ级下降到Ⅴ级，下降了一级的城市有：滁州市、巴中市；从Ⅲ级下降到Ⅴ级，下降了二级的城市有：黑河市、清远市、百色市。

中国 264 个城市 2011 年人民生活水平等级划分见表 14 - 28。

表 14 - 28　　　　　　264 个城市 2011 年人民生活水平等级划分

人民生活水平	城　　市
Ⅰ级（共43个）	嘉峪关市、珠海市、北京市、广州市、克拉玛依市、深圳市、东营市、厦门市、天津市、南京市、成都市、宁波市、上海市、大庆市、无锡市、大连市、长沙市、包头市、乌鲁木齐市、苏州市、武汉市、济南市、合肥市、沈阳市、乌海市、绍兴市、太原市、南昌市、福州市、杭州市、佛山市、青岛市、镇江市、常州市、海口市、嘉兴市、铜陵市、温州市、芜湖市、盘锦市、兰州市、金昌市、西安市
Ⅱ级（共69个）	金华市、昆明市、郑州市、舟山市、中山市、攀枝花市、烟台市、鄂州市、哈尔滨市、台州市、丽水市、贵阳市、莱芜市、湖州市、马鞍山市、衢州市、阳泉市、酒泉市、重庆市、威海市、淄博市、白山市、淮南市、西宁市、抚顺市、呼和浩特市、鹤岗市、武威市、榆林市、泉州市、惠州市、南通市、宜昌市、石嘴山市、营口市、梅州市、晋城市、唐山市、呼伦贝尔市、三亚市、秦皇岛市、长春市、辽阳市、本溪市、东莞市、扬州市、大同市、三明市、银川市、新余市、长治市、龙岩市、黄石市、鞍山市、潍坊市、阜新市、宁德市、南宁市、滨州市、吉林市、湘潭市、淮北市、自贡市、运城市、柳州市、绵阳市、铜川市、玉溪市、通化市

续表

人民生活水平	城 市
Ⅲ级（共61个）	铁岭市、江门市、日照市、北海市、黄山市、石家庄市、韶关市、佳木斯市、泰州市、齐齐哈尔市、锦州市、莆田市、双鸭山市、朔州市、广元市、汕头市、丹东市、白城市、德阳市、焦作市、雅安市、忻州市、辽源市、阳江市、乐山市、鸡西市、平凉市、南平市、许昌市、防城港市、承德市、牡丹江市、临汾市、通辽市、安顺市、肇庆市、洛阳市、赤峰市、连云港市、云浮市、株洲市、葫芦岛市、桂林市、钦州市、张家口市、遵义市、鹰潭市、张家界市、咸宁市、四平市、淮安市、襄阳市、三门峡市、张掖市、鹤壁市、漳州市、延安市、汉中市、安阳市、荆门市、廊坊市
Ⅳ级（共38个）	朝阳市、怀化市、济宁市、宝鸡市、六盘水市、盐城市、常德市、泰安市、泸州市、河源市、十堰市、徐州市、宣城市、安康市、萍乡市、普洱市、枣庄市、渭南市、吴忠市、蚌埠市、遂宁市、白银市、娄底市、随州市、景德镇市、平顶山市、岳阳市、松原市、九江市、六安市、德州市、伊春市、新乡市、濮阳市、郴州市、资阳市、衡阳市、菏泽市
Ⅴ级（共53个）	孝感市、漯河市、南充市、宜宾市、安庆市、沧州市、滁州市、咸阳市、梧州市、保山市、临沂市、黑河市、内江市、衡水市、湛江市、汕尾市、聊城市、邯郸市、荆州市、赣州市、曲靖市、天水市、邢台市、巴中市、宜春市、保定市、黄冈市、益阳市、驻马店市、宿迁市、潮州市、清远市、百色市、七台河市、揭阳市、南阳市、上饶市、邵阳市、开封市、信阳市、玉林市、永州市、昭通市、绥化市、宿州市、吉安市、阜阳市、商丘市、茂名市、周口市、亳州市、河池市、贵港市

4. 2010 年 264 个城市人民生活水平分级情况

将 2010 年各地级及地级以上城市人民生活水平综合得分按权重比 3∶3∶2∶1∶1 分为五级。

第一级为北京市、嘉峪关市、珠海市、广州市、上海市、天津市、大庆市、深圳市、武汉市、厦门市、克拉玛依市、成都市、无锡市、东营市、大连市、包头市、合肥市、苏州市、沈阳市、太原市、铜陵市、长沙市、绍兴市、南京市、佛山市、宁波市、乌海市、嘉兴市、常州市、温州市、青岛市、杭州市、芜湖市、南昌市、海口市、乌鲁木齐市、济南市、镇江市，38 个城市权重之和占总权重的 30%。和 2009 年相比，2010 年人民生活水平方面，从Ⅱ级上升到Ⅰ级，上升了一级的城市有：合肥市、绍兴市、嘉兴市、温州市、青岛市、芜湖市。

第二级为金华市、台州市、武威市、盘锦市、舟山市、福州市、哈尔滨市、金昌市、西安市、营口市、三亚市、郑州市、中山市、丽水市、鹤岗市、攀枝花市、抚顺市、烟台市、兰州市、宜昌市、重庆市、马鞍山市、衢州市、阳泉市、威海市、湖州市、齐齐哈尔市、莱芜市、西宁市、鄂州市、贵阳市、本溪市、白山市、淄博市、酒泉市、石嘴山市、鞍山市、呼和浩特市、淮南市、长春市、晋城市、唐山市、辽阳市、南通市、柳州市、忻州市、大同市、阜新市、呼伦贝尔市、湘潭市、榆林市、银川市、梅州市、秦皇岛市、十堰市、泉州市、惠州市、扬州市、佳木斯市、丹东市，60 个城市权重之和占总权重的 30%。和 2009 年相比，2010 年人民生活水平方面，从 I 级下降到 II 级，下降了一级的城市有：盘锦市、舟山市、西安市、鹤岗市、抚顺市、阳泉市、西宁市、鄂州市、本溪市、酒泉市、呼和浩特市、呼伦贝尔市；从 III 级上升到 II 级，上升了一级的城市有：重庆市、湖州市、榆林市、秦皇岛市、十堰市、泉州市、佳木斯市。

第三级为泰州市、伊春市、潍坊市、石家庄市、三明市、黄石市、绵阳市、新余市、葫芦岛市、广元市、东莞市、锦州市、滨州市、南宁市、昆明市、长治市、淮北市、清远市、黄山市、平凉市、江门市、铁岭市、通化市、廊坊市、日照市、鸡西市、汕头市、阳江市、宁德市、莆田市、肇庆市、吉林市、白城市、雅安市、临汾市、朝阳市、张家口市、韶关市、承德市、通辽市、黑河市、乐山市、张家界市、辽源市、铜川市、防城港市、三门峡市、运城市、鹰潭市、桂林市、延安市、双鸭山市、百色市、泰安市、六安市、连云港市、洛阳市、朔州市，58 个城市权重之和占总权重的 20%。和 2009 年相比，2010 年人民生活水平方面，从 II 级下降到 III 级，下降了一级的城市有：泰州市、伊春市、广元市、锦州市、南宁市、长治市、江门市、汕头市、吉林市、朝阳市、辽源市、铜川市、延安市、双鸭山市；从 IV 级上升到 III 级，上升了一级的城市有：黄石市、葫芦岛市、滨州市、平凉市、廊坊市、日照市、张家口市、张家界市、运城市、百色市、泰安市；从 I 级下降到 III 级，下降了二级的城市有：昆明市；从 V 级上升到 III 级，上升了二级的城市有：临汾市、六安市、连云港。

第四级为襄阳市、德阳市、枣庄市、白银市、株洲市、汉中市、赤峰市、荆门市、怀化市、北海市、六盘水市、济宁市、常德市、南平市、鹤壁市、盐城市、漳州市、普洱市、巴中市、淮安市、咸宁市、蚌埠市、云浮市、牡丹江市、龙岩市、遂宁市、随州市、宝鸡市、四平市、萍乡市、自贡市、资阳市、滁州市、渭南市、焦作市、徐州市、宣城市、安康市、景德镇市、河源市、张掖市，41 个城市权重之和占总权重的 10%。和 2009 年相比，2010 年人民生活水平方面，从Ⅲ级下降到Ⅳ级，下降了一级的城市有：襄阳市、德阳市、株洲市、赤峰市、荆门市、怀化市、北海市、南平市、普洱市、云浮市、随州市、宝鸡市、四平市、渭南市、景德镇市；从Ⅴ级上升到Ⅳ级，上升了一级的城市有：枣庄市、六盘水市、漳州市、蚌埠市、牡丹江市、滁州市；从Ⅱ级下降到Ⅳ级，下降了二级的城市有：汉中市、龙岩市、安康市。

第五级为玉林市、德州市、宜宾市、梧州市、泸州市、衡水市、揭阳市、河池市、沧州市、平顶山市、汕尾市、九江市、保定市、新乡市、许昌市、吴忠市、松原市、安阳市、聊城市、玉溪市、内江市、漯河市、菏泽市、孝感市、咸阳市、岳阳市、安庆市、南充市、湛江市、邢台市、赣州市、保山市、邯郸市、荆州市、宜春市、潮州市、安顺市、钦州市、七台河市、上饶市、宿迁市、娄底市、临沂市、曲靖市、绥化市、益阳市、吉安市、遵义市、黄冈市、天水市、昭通市、南阳市、商丘市、开封市、阜阳市、信阳市、茂名巾、濮阳市、邵阳市、宿州市、郴州市、亳州市、永州市、衡阳市、驻马店市、贵港市、周口市，67 个城市权重之和占总权重的 10%。和 2009 年相比，2010 年人民生活水平方面，从Ⅲ级下降到Ⅴ级，下降了二级的城市有：玉林市、梧州市、玉溪市、咸阳市、南充市、潮州市、黄冈市、天水市、邵阳市；从Ⅳ级下降到Ⅴ级，下降了一级的城市有：泸州市、衡水市、揭阳市、汕尾市、内江市、荆州市、娄底市、吉安市、永州市、衡阳市。

中国 264 个城市 2010 年人民生活水平等级划分见表 14 - 29。

表 14 - 29　　　　　　264 个城市 2010 年人民生活水平等级划分

人民生活水平	城　　市
Ⅰ级（共 38 个）	北京市、嘉峪关市、珠海市、广州市、上海市、天津市、大庆市、深圳市、武汉市、厦门市、克拉玛依市、成都市、无锡市、东营市、大连市、包头市、合肥市、苏州市、沈阳市、太原市、铜陵市、长沙市、绍兴市、南京市、佛山市、宁波市、乌海市、嘉兴市、常州市、温州市、青岛市、杭州市、芜湖市、南昌市、海口市、乌鲁木齐市、济南市、镇江市

续表

人民生活水平	城　市
Ⅱ级（共60个）	金华市、台州市、武威市、盘锦市、舟山市、福州市、哈尔滨市、金昌市、西安市、营口市、三亚市、郑州市、中山市、丽水市、鹤岗市、攀枝花市、抚顺市、烟台市、兰州市、宜昌市、重庆市、马鞍山市、衢州市、阳泉市、威海市、湖州市、齐齐哈尔市、莱芜市、西宁市、鄂州市、贵阳市、本溪市、白山市、淄博市、酒泉市、石嘴山市、鞍山市、呼和浩特市、淮南市、长春市、晋城市、唐山市、辽阳市、南通市、柳州市、忻州市、大同市、阜新市、呼伦贝尔市、湘潭市、榆林市、银川市、梅州市、秦皇岛市、十堰市、泉州市、惠州市、扬州市、佳木斯市、丹东市
Ⅲ级（共58个）	泰州市、伊春市、潍坊市、石家庄市、三明市、黄石市、绵阳市、新余市、葫芦岛市、广元市、东莞市、锦州市、滨州市、南宁市、昆明市、长治市、淮北市、清远市、黄山市、平凉市、江门市、铁岭市、通化市、廊坊市、日照市、鸡西市、汕头市、阳江市、宁德市、莆田市、肇庆市、吉林市、白城市、雅安市、临汾市、朝阳市、张家口市、韶关市、承德市、通辽市、黑河市、乐山市、张家界市、辽源市、铜川市、防城港市、三门峡市、运城市、鹰潭市、桂林市、延安市、双鸭山市、百色市、泰安市、六安市、连云港市、洛阳市、朔州市
Ⅳ级（共41个）	襄阳市、德阳市、枣庄市、白银市、株洲市、汉中市、赤峰市、荆门市、怀化市、北海市、六盘水市、济宁市、常德市、南平市、鹤壁市、盐城市、漳州市、普洱市、巴中市、淮安市、咸宁市、蚌埠市、云浮市、牡丹江市、龙岩市、遂宁市、随州市、宝鸡市、四平市、萍乡市、自贡市、资阳市、滁州市、渭南市、焦作市、徐州市、宣城市、安康市、景德镇市、河源市、张掖市
Ⅴ级（共67个）	玉林市、德州市、宜宾市、梧州市、泸州市、衡水市、揭阳市、河池市、沧州市、平顶山市、汕尾市、九江市、保定市、新乡市、许昌市、吴忠市、松原市、安阳市、聊城市、玉溪市、内江市、漯河市、菏泽市、孝感市、咸阳市、岳阳市、安庆市、南充市、湛江市、邢台市、赣州市、保山市、邯郸市、荆州市、宜春市、潮州市、安顺市、钦州市、七台河市、上饶市、宿迁市、娄底市、临沂市、曲靖市、绥化市、益阳市、吉安市、遵义市、黄冈市、天水市、昭通市、南阳市、商丘市、开封市、阜阳市、信阳市、茂名市、濮阳市、邵阳市、宿州市、郴州市、亳州市、永州市、衡阳市、驻马店市、贵港市、周口市

5.2009 年 264 个城市人民生活水平分级情况

将 2009 年各地级及地级以上城市人民生活水平综合得分按权重比

3:3:2:1:1分为五级。

第一级为嘉峪关市、北京市、厦门市、广州市、珠海市、克拉玛依市、东营市、包头市、大庆市、乌海市、深圳市、长沙市、大连市、无锡市、杭州市、佛山市、天津市、上海市、海口市、南昌市、昆明市、鄂州市、镇江市、舟山市、武汉市、沈阳市、苏州市、盘锦市、抚顺市、西安市、南京市、常州市、鹤岗市、宁波市、成都市、太原市、济南市、呼伦贝尔市、呼和浩特市、本溪市、西宁市、铜陵市、酒泉市、阳泉市、乌鲁木齐市，45 个城市权重之和占总权重的 30%。

第二级为三亚市、吉林市、青岛市、贵阳市、福州市、金昌市、绍兴市、白山市、兰州市、鞍山市、烟台市、辽源市、营口市、晋城市、合肥市、汕头市、威海市、中山市、阜新市、双鸭山市、南通市、丹东市、丽水市、大同市、铜川市、武威市、梅州市、淄博市、长春市、嘉兴市、芜湖市、齐齐哈尔市、辽阳市、湘潭市、忻州市、南宁市、惠州市、莱芜市、哈尔滨市、淮南市、郑州市、广元市、伊春市、银川市、攀枝花市、石嘴山市、扬州市、长治市、柳州市、汉中市、锦州市、温州市、安康市、朝阳市、金华市、唐山市、马鞍山市、衢州市、宜昌市、江门市、龙岩市、台州市、泰州市、延安市，64 个城市权重之和占总权重的 30%。

第三级为东莞市、四平市、宝鸡市、湖州市、株洲市、肇庆市、韶关市、通辽市、重庆市、北海市、阳江市、白城市、铁岭市、秦皇岛市、鸡西市、乐山市、泉州市、普洱市、淮北市、桂林市、通化市、清远市、雅安市、佳木斯市、宁德市、朔州市、石家庄市、黑河市、玉溪市、玉林市、德阳市、黄山市、十堰市、绵阳市、榆林市、防城港市、赤峰市、潍坊市、怀化市、新余市、荆门市、三明市、随州市、潮州市、咸阳市、鹰潭市、南平市、景德镇市、洛阳市、渭南市、黄冈市、邵阳市、南充市、三门峡市、襄阳市、梧州市、承德市、天水市、莆田市、云浮市，60 个城市权重之和占总权重的 20%。

第四级为运城市、泰安市、衡阳市、廊坊市、葫芦岛市、内江市、滨州市、济宁市、鹤壁市、泸州市、咸宁市、平凉市、张家界市、张家口市、衡水市、娄底市、荆州市、遂宁市、自贡市、黄石市、盐城市、日照市、汕尾市、徐州市、河源市、永州市、百色市、资阳市、巴中市、张掖市、淮安市、常德市、萍乡市、焦作市、白银市、宣城市、揭阳市、吉安市，38 个城市权重之和占总权重的 10%。

第五级为牡丹江市、孝感市、保定市、连云港市、吴忠市、沧州市、七台河市、枣庄市、平顶山市、安庆市、蚌埠市、宜春市、九江市、绥化市、宜宾市、遵义市、漳州市、新乡市、岳阳市、滁州市、赣州市、临沂市、六安市、菏泽市、益阳市、德州市、安阳市、邢台市、商丘市、上饶市、聊城市、贵港市、信阳市、许昌市、安顺市、保山市、松原市、濮阳市、邯郸市、钦州市、湛江市、开封市、郴州市、临汾市、驻马店市、宿州市、曲靖市、漯河市、阜阳市、宿迁市、周口市、亳州市、茂名市、昭通市、南阳市、六盘水市、河池市，57 个城市权重之和占总权重的 10%。

中国 264 个城市 2009 年人民生活水平等级划分见表 14 - 30。

表 14 - 30　　　　　　　264 个城市 2009 年人民生活水平等级划分

人民生活水平	城　市
I 级（共 45 个）	嘉峪关市、北京市、厦门市、广州市、珠海市、克拉玛依市、东营市、包头市、大庆市、乌海市、深圳市、长沙市、大连市、无锡市、杭州市、佛山市、天津市、上海市、海口市、南昌市、昆明市、鄂州市、镇江市、舟山市、武汉市、沈阳市、苏州市、盘锦市、抚顺市、西安市、南京市、常州市、鹤岗市、宁波市、成都市、太原市、济南市、呼伦贝尔市、呼和浩特市、本溪市、西宁市、铜陵市、酒泉市、阳泉市、乌鲁木齐市
II 级（共 64 个）	三亚市、吉林市、青岛市、贵阳市、福州市、金昌市、绍兴市、白山市、兰州市、鞍山市、烟台市、辽源市、营口市、晋城市、合肥市、汕头市、威海市、中山市、阜新市、双鸭山市、南通市、丹东市、丽水市、大同市、铜川市、武威市、梅州市、淄博市、长春市、嘉兴市、芜湖市、齐齐哈尔市、辽阳市、湘潭市、忻州市、南宁市、惠州市、莱芜市、哈尔滨市、淮南市、郑州市、广元市、伊春市、银川市、攀枝花市、石嘴山市、扬州市、长治市、柳州市、汉中市、锦州市、温州市、安康市、朝阳市、金华市、唐山市、马鞍山市、衢州市、宜昌市、江门市、龙岩市、台州市、泰州市、延安市
III 级（共 60 个）	东莞市、四平市、宝鸡市、湖州市、株洲市、肇庆市、韶关市、通辽市、重庆市、北海市、阳江市、白城市、铁岭市、秦皇岛市、鸡西市、乐山市、泉州市、普洱市、淮北市、桂林市、通化市、清远市、雅安市、佳木斯市、宁德市、朔州市、石家庄市、黑河市、玉溪市、玉林市、德阳市、黄山市、十堰市、绵阳市、榆林市、防城港市、赤峰市、潍坊市、怀化市、新余市、荆门市、三明市、随州市、潮州市、咸阳市、鹰潭市、南平市、景德镇市、洛阳市、渭南市、黄冈市、邵阳市、南充市、三门峡市、襄阳市、梧州市、承德市、天水市、莆田市、云浮市

续表

人民生活水平	城 市
IV级（共38个）	运城市、泰安市、衡阳市、廊坊市、葫芦岛市、内江市、滨州市、济宁市、鹤壁市、泸州市、咸宁市、平凉市、张家界市、张家口市、衡水市、娄底市、荆州市、遂宁市、自贡市、黄石市、盐城市、日照市、汕尾市、徐州市、河源市、永州市、百色市、资阳市、巴中市、张掖市、淮安市、常德市、萍乡市、焦作市、白银市、宜城市、揭阳市、吉安市
V级（共57个）	牡丹江市、孝感市、保定市、连云港市、吴忠市、沧州市、七台河市、枣庄市、平顶山市、安庆市、蚌埠市、宜春市、九江市、绥化市、宜宾市、遵义市、漳州市、新乡市、岳阳市、滁州市、赣州市、临沂市、六安市、菏泽市、益阳市、德州市、安阳市、邢台市、商丘市、上饶市、聊城市、贵港市、信阳市、许昌市、安顺市、保山市、松原市、濮阳市、邯郸市、钦州市、湛江市、开封市、郴州市、临汾市、驻马店市、宿州市、曲靖市、漯河市、阜阳市、宿迁市、周口市、亳州市、茂名市、昭通市、南阳市、六盘水市、河池市

四 中国264个城市可持续发展的影响因素分析

（一）一级指标

1. 一级指标权重

一级指标中，经济增长占22.99%的权重，增长可持续性占14.94%，环境质量占18.93%，政府效率占18.67%，人民生活占24.47%（见表14-31）。

表14-31 可持续发展一级指标权重

一级指标	编号	权重（%）
经济增长	1	22.99
增长可持续性	2	14.94
环境质量	3	18.93
政府效率	4	18.67
人民生活	5	24.47

2. 城市可持续发展雷达图

根据 264 个城市一级指标的权重情况可以得出 2000 年以来、1990 年以来、2011 年、2010 年城市可持续发展雷达图，从这些雷达图可以看出影响城市可持续发展的一级指标经济增长、增长可持续性、环境质量、政府效率和人民生活五个方面的权重情况，从而可以对城市之间及自身发展状况进行比较。

限于篇幅，附录列出 2011 年一级指标雷达图，见附图 111 至附图 125（2009 年、2010 年、2000 年以来平均、1990 年以来平均一级指标雷达图略）。

（二）二级指标

二级指标中，人民生活所占的权重最高为 24.47%，其次是政府效率，权重为 18.67%，环境质量权重为 12.07%，经济结构权重为 10.41%。

表 14-32 264 个城市可持续发展二级指标权重

二级指标	编号	权重（%）
产出效率	1	2.95
经济结构	2	10.41
经济稳定	3	9.63
产出消耗	4	5.32
增长潜力	5	9.62
居住环境	6	6.86
环境质量	7	12.07
政府效率	8	18.67
人民生活	9	24.47

（三）可持续发展具体指标权重

可持续发展具体指标权重最高的城市化率所占权重为 4.715%，后面是万人拥有医生数、万人公共图书馆藏书量、交通基础设施指数、经济增长波动指标、绿地提供指数、工资收入、人均 GDP 增长率的权重分别为 4.639%、4.602%、3.894%、3.817%、3.608%、3.522%、3.518%。这反映了我国从工业化转向为城市化过程中涉及的城市化水

平、医疗、文化、交通、环境、收入等和城市化密切相关的指标的重要
程度（见表 14 - 33）。

表 14 - 33　　　　　　　　可持续发展具体指标权重

指标	中文指标名称	指标权重	指标	中文指标名称	指标权重
urban	城市化率	4.715	sanitaryIndex	卫生设施指数	2.050
doctors	万人拥有医生数	4.639	save	储蓄存款比	2.044
books	万人公共图书馆藏书量	4.602	solidUseful-Rate	工业固体废弃物综合利用率	2.037
trafficIndex	交通基础设施指数	3.894	LaborE	劳动投入弹性指标	2.027
gdpVolatility	经济增长波动指标	3.817	foreignVola-tility	对外开放稳定性	1.971
GreenAreaPer	绿地提供指数	3.608	fieldCon-struction	城市建设用地占市辖区面积比重	1.953
income	工资收入	3.522	TFP	TFP	1.953
pgdpi	人均 GDP 增长率	3.518	popDensity	人口密度	1.905
comInfras-tuctIndex	电信基础设施指数	3.497	GDP2	GDP2	1.814
pgdp	人均 GDP	3.462	SO$_2$Rate	工业二氧化硫排放达标率	1.777
infrastruc-tureIndex	基础设施指数	3.453	dustComRate	工业烟尘排放达标率	1.664
HC	劳动力受教育水平	3.394	wasteValueR-ate	工业"三废"综合利用产品产值比	1.538
pollWaterRate	城镇生活污水处理率	2.897	greenRatio	建成区绿化覆盖率	1.345
sciFin	地方财政预算内科学事业费支出	2.834	notAgrLabor	非农就业比重	1.223
cinema	万人影剧院数	2.824	inflation	通货膨胀率指标	1.061
unemploy-ment	失业率指标	2.784	techers	万人学校教师数	1.006
GDP3	GDP3	2.657	productivity	全社会劳动生产率	0.974

指标	中文指标名称	指标权重	指标	中文指标名称	指标权重
gasFamily	人均液化石油气家庭用量	2.413	OutInFin	地方财政预算内支出收入比	0.945
KE	资本投入弹性指标	2.381	eleExp	万元 GDP 电力消耗指标	0.915
passenger-ABus	每公共汽电车客运总数	2.282	finEdu	地方财政教育事业费支出比	0.429
waterUse-fullRate	工业废水排放达标率	2.156	Koutput	资本产出率	0.019

（四）一级指标具体指标权重

1. 经济增长具体指标权重

经济增长具体指标权重见表 14-34。

表 14-34　　　　　　　经济增长具体指标权重

指标	中文指标名称	总权重
gdpVolatility	经济增长波动指标	16.1415
GDP2	GDP2	14.2517
urban	城市化率	12.2562
productivity	全社会劳动生产率	10.8536
TFP	TFP	10.7608
notAgrLabor	非农就业比重	10.6639
inflation	通货膨胀率指标	8.9058
unemployment	失业率指标	7.4766
foreignVolatility	对外开放稳定性	7.2046
GDP3	GDP3	1.4578
Koutput	资本产出率	0.0275

2. 增长可持续性具体指标权重

增长可持续性具体指标权重见表 14-35。

表14-35 增长可持续性具体指标权重

指标	中文指标名称	总权重
sciFin	地方财政预算内科学事业费支出	20.1120
fieldConstruction	城市建设用地占市辖区面积比重	19.4524
HC	劳动力受教育水平	14.2791
KE	资本投入弹性指标	12.6570
eleExp	万元GDP电力消耗指标	9.6263
techers	万人学校教师数	9.1007
finEdu	地方财政教育事业费支出比	8.5919
LaborE	劳动投入弹性指标	6.1805

3. 环境质量具体指标权重

环境质量具体指标权重见表14-36。

表14-36 环境质量具体指标权重

指标	中文指标名称	总权重
GreenAreaPer	绿地提供指数	18.2236
dustComRate	工业烟尘排放达标率	17.0066
popDensity	人口密度	13.7525
solidUsefulRate	工业固体废弃物综合利用率	10.4679
SO_2Rate	工业二氧化硫排放达标率	10.5398
pollWaterRate	城镇生活污水处理率	9.6377
wasteValueRate	工业"三废"综合利用产品产值比	7.9337
greenRatio	建成区绿化覆盖率	6.5280
waterUsefullRate	工业废水排放达标率	5.9101

4. 政府效率具体指标权重

政府效率具体指标权重见表14-37。

表14-37 政府效率具体指标权重

指标	中文指标名称	总权重
passengerABus	每公共汽电车客运总数	25.5817
books	万人公共图书馆藏书量	24.6571

续表

指标	中文指标名称	总权重
trafficIndex	交通基础设施指数	16.7798
infrastructureIndex	基础设施指数	14.6518
OutInFin	地方财政预算内支出收入比	10.1895
comInfrastuctIndex	电信基础设施指数	8.1400

5. 人民生活具体指标权重

人民生活具体指标权重见表 14-38。

表14-38 人民生活具体指标权重

指标	中文指标名称	总权重
pgdp	人均 GDP	21.0163
pgdpi	人均 GDP 增长率	17.6851
save	储蓄存款比	13.8658
gasFamily	人均液化石油气家庭用量	13.0562
doctors	万人拥有医生数	12.0850
cinema	万人影剧院数	11.5012
income	工资收入	6.4801
sanitaryIndex	卫生设施指数	4.3103

五　结　论

中国 264 个城市 1990—2011 年可持续发展评价的基本结论是，在经济高速增长的同时，中国 264 个城市可持续发展指数得到改善，经济增长质量和经济可持续发展能力不断提高。而 1990—2011 年中国 264 个城市可持续发展指数方面，朔州市的可持续发展指数改善最多，柳州市的可持续发展指数改善最小。22 年来，吉安市的经济增长指数改善最多，柳州市的经济增长改善最小；北京市的增长可持续性指数改善最多，七台河市的增长可持续性改善最小；安康市的环境质量指数改善最多，巴中市的环境质量改善最小；聊城市的政府效率指数改善最多，齐齐哈尔市的政府效率改善最小；嘉峪关市的人民生活指数改善最多，河池市的人民生活改善最小。

1990—2011 年，全国 264 个城市可持续发展指数平均上升了 26.60%，东部、中部和西部地区可持续发展指数分别改善了 25.28%、28.82% 和 25.41%。中部地区城市可持续发展改善优于西部地区城市和东部地区城市，西部地区城市可持续发展改善优于东部地区城市。

一级指标方面，1990—2011 年，全国 264 个城市经济增长指数平均上升了 24.44%，东部、中部和西部地区经济增长分别改善了 19.64%、29.06% 和 25.05%。而中部地区城市经济增长改善优于西部地区城市和东部地区城市，西部地区城市经济增长改善优于东部地区城市。全国 264 个城市增长可持续性指数平均上升了 35.53%，东部、中部和西部地区增长可持续性分别改善了 37.89%、34.80% 和 33.01%。东部地区城市增长可持续性改善优于中部地区城市和西部地区城市，中部地区城市增长可持续性改善优于西部地区城市。全国 264 个城市环境质量指数平均上升了 20.12%，东部、中部和西部地区环境质量分别改善了 21.29%、20.68% 和 17.57%。东部地区城市环境质量改善优于中部地区城市和西部地区城市，中部地区城市环境质量改善优于西部地区城市。全国 264 个城市政府效率指数平均上升了 31.45%，东部、中部和西部地区政府效率分别改善了 34.71%、24.05% 和 37.17%。西部地区城市政府效率改善优于东部地区城市和中部地区城市，东部地区城市政府效率改善优于中部地区城市。全国 264 个城市人民生活指数平均上升了 22.56%，东部、中部和西部地区人民生活分别改善了 24.96%、19.72% 和 23.01%。东部地区城市人民生活改善优于西部地区城市和中部地区城市，西部地区城市人民生活改善优于中部地区城市。

本报告将 1990 年后、2000 年后平均、2009 年、2010 年和 2011 年按权重比 3∶3∶2∶1∶1 将 264 个城市分为五级。还对影响 264 个城市可持续发展的主要因素进行分析，一级指标中，经济增长占 22.99% 的权重，增长可持续性占 14.94%，环境质量占 18.93%，政府效率占 18.67%，人民生活占 24.47%。二级指标中，人民生活所占的权重最高，为 24.47%，其次是政府效率，权重为 18.67%，环境质量权重为 12.07%，经济结构权重为 10.41%。

本报告还绘制了 1990 年和 2000 年以来、2009 年、2010 年和 2011 年影响主要城市的一级指标的雷达图（见附录 2），从图中可以看出，主要城市一级指标在全部省区市中的地位和自身一级指标发展的均衡情况。

参考文献

［1］ United Nations Development Programme，*Human Development Report*. Oxford University Press，1999.

［2］ World Bank，*The World Bank Public Information Center Annual Report FY95*. World Bank，Washington D. C. ，1995.

［3］ 中国科学院可持续发展战略研究组：《中国可持续发展战略报告——探索中国特色的低碳道路》，科学出版社 2009 年版。

［4］ 叶文虎、仝川：《联合国可持续发展指标体系述评》，《中国人口资源与环境》1997 年第 9 期。

［5］ 孙波：《可持续发展评价指标体系述评》，《中国可持续发展》，2003 年。

［6］ 联合国环境规划署：《21 世纪议程》，中国环境科学出版社 1994 年版。

［7］ 边雅静、沈利生：《人力资本对我国东西部经济增长影响的实证分析》，《数量经济技术经济研究》2004 年第 12 期。

第五部分　中国城市可持续发展专题

报告15 中国经济转型的结构性特征、风险与效率提升路径

袁富华　张　平　刘霞辉

摘　要： 基于拓展的增长核算框架，本报告对中国经济转型的结构性特征及有关问题进行了探讨，结论是：（1）中国经济增长有六个结构性特征：人口结构转型，生产率的产业再分布，收入分配调整，城市化率提高，资本效率递减，全要素生产率改进空间狭窄，这些因素的共同作用可能使增长减速。（2）中国经济转型面临的风险是：收入分配格局再调整导致的减速风险；过度无效投资；经济杠杆率持续拉升；产业结构服务化导致的过快减速风险。（3）为应对中国经济增长减速的潜在风险，资本效率提高是政策着力点，低效率企业出清机制的建立及相应制度改革深化，是未来经济稳健增长的必由之路。

关键词： 结构性特征　转型风险　收敛一致性　资本效率

一　导　言

中国已完成了从低收入国家向中等收入国家的转变，工业化和城市化正在推进，但向高收入国家演进之路不会平坦。对中国经济增长前景有诸多看法，本报告将从拓展的增长核算框架入手探讨该问题。我们认为，结构变革推动了中国工业化时期的高增长，同时也构筑了城市化时期增长减速的通道，人口结构转型、增长方程要素弹性参数逆转、投资增长率从高速向中低速转变等因素可能是增长减速的主因，如何实现增长方式由资本驱动向效率驱动的转型，是值得深究的问题。

沿着上述认识逻辑，我们对标准增长核算方程进行了拓展，并特别标

示出可直接索引的 34 项经济指标。这 34 项经济指标可以归拢到标准增长核算方程的资本、劳动、技术进步和要素弹性四个变量中。首先，我们对中国经济转型进行了观察，发现了中国经济转型的六个结构性特征：人口结构转型、生产率的产业再分布、收入分配调整、城市化率提高、资本效率递减和全要素生产率改进空间狭窄。基于上述六个结构性特征及中国向发达经济阶段演进的假设，我们对"结构收敛一致性"问题进行了探讨，包括四个层面：产出的资本弹性和劳动弹性向经济发达阶段收敛；投资率向经济发达阶段收敛；产业结构向经济发达阶段收敛；经济增长的政府干预向市场主导转变。"结构收敛一致性"蕴含了经济过快减速的宏观风险：收入格局再调整导致的过快减速风险；过度无效投资导致的过快减速风险；经济杠杆率持续拉升导致的过快减速风险；产业结构服务化导致的过快减速风险。我们认为，资本效率提高是政策着力点。

二 增长核算分解与中国经济潜在增长前景

分析经济的结构性特征有多种方法，我们遵从经济增长理论研究传统，从生产函数入手。

（一）理论与方法

1. 基准方法

为突出结构分析特征，我们把增长因素归纳为两个层面：第一个层面是基于统计年鉴数据的实际 GDP 变化的结构性影响因素，核心是人口结构转型和产业结构转型对长期增长带来的冲击效应；第二个层面是立足于标准生产函数核算框架的三因素分析，针对 K、L 及技术进步因素之于潜在增长的影响。就未来增长潜力的评估而言，这两个层面又通过人口结构转型、产业结构变化以及城市化这样的阶段性因素联系起来。

全社会 GDP 增长率的分解，设：劳动力供给 L，劳动年龄人口 POP_L，劳动参与率 θ_L，总人口 POP，则：

$$GDP \equiv Y = \frac{Y}{L} \cdot \frac{L}{POP_L} \cdot \frac{POP_L}{POP} \cdot POP$$

式中：GDP 增长率 = 劳动生产率增长率 × 劳动参与率增长率 × 劳动年龄人口占总人口比例增长率 × 总人口增长率。

2. 全社会劳动生产率增长率的产业加权合成方法

我们更新袁富华（2012）的计算方法，在产业增加值份额和产业就业份额都可变的情境下，考察如何由三次产业劳动生产率增长变化加权合成全社会劳动生产率增长率。目的旨在说明经济结构向服务业演进过程中，全社会劳动生产率增长的产业结构变化影响。令：从 t 到 $t+1$ 期全社会劳动生产率增长率为 η_{t+1}，各次产业劳动生产率增长率为 $\eta_{i(t+1)}$，各次产业就业占全社会就业份额增长率为 $\zeta_{i(t+1)}$；t 期各次产业增加值占 GDP 份额为 γ_{it}；则容易推导，从 t 到 $t+1$ 期全社会劳动生产率增长率与各次产业劳动生产率增长率的关系为：

$$\eta_{t+1} = \gamma_{1t}\left[\eta_{1(t+1)} + \zeta_{1(t+1)} + \eta_{1(t+1)} \cdot \zeta_{1(t+1)}\right] + \gamma_{2t}\left[\eta_{2(t+1)} + \zeta_{2(t+1)} + \eta_{2(t+1)} \cdot \zeta_{2(t+1)}\right] + \gamma_{3t}\left[\eta_{3(t+1)} + \zeta_{3(t+1)} + \eta_{3(t+1)} \cdot \zeta_{3(t+1)}\right]$$

当交叉项较小时，有：

$$\eta_{t+1} = \gamma_{1t}\left[\eta_{1(t+1)} + \zeta_{1(t+1)}\right] + \gamma_{2t}\left[\eta_{2(t+1)} + \zeta_{2(t+1)}\right] + \gamma_{3t}\left[\eta_{3(t+1)} + \zeta_{3(t+1)}\right]$$

为明晰起见，把 $\left[\eta_{i(t+1)} + \zeta_{i(t+1)}\right]$ 暂时命名为"第 i 产业就业份额加权的劳动生产率增长率"，以区别于根据统计年鉴数据直接计算的各次产业劳动生产率增长率为 $\eta_{i(t+1)}$；显然，$\left[\eta_{i(t+1)} + \zeta_{i(t+1)}\right]$ 比 $\eta_{i(t+1)}$ 多出一个就业份额增长率项 $\zeta_{i(t+1)}$。这种区分纯粹是为了表述的方便。

把统计年鉴数据应用于上述公式存在的一个困难是，如何让三次产业增加值折实数据加总之和正好等于全社会 GDP。可行的方法是运用 2008—2012 年《中国统计年鉴》提供的"不变价国内生产总值"统计表，该表提供了按 1970 年、1980 年、1990 年、2000 年和 2005 年不变价核算的全社会 GDP 及三次产业实际增加值序列。如果希望延长这个表格所提供的全社会 GDP 数据序列，我们给出的一个简便方法是：用上一年各次产业增加值占 GDP 份额乘以当年各次产业增加值增长率，得到当年全社会 GDP 增长率，以此估算相应不变价 GDP。

3. 时间期限

对于生产函数三因素分解中使用到的资本投入，我们更新了本课题组前期研究的资本存量序列，基期设定为 1978 年。分析上，我们集中于三个时期：1985—2007 年，这个历史时期见证了中国经济的持续快速增长以及产业结构的迅速变化；2008—2012 年，这个历史时期中国经历了增长的减速；2013—2018 年，我们将对中国未来增长机制给出系统解释。

（二）劳动力供给倒 U 形曲线

本部分基于历年《中国统计年鉴》、《中国人口和就业统计年鉴》数据，考察人口结构转型有关变量的长期趋势，主要是未来 10—20 年劳动力供给状况的说明。劳动力供给变化在长期中与劳动年龄人口和劳动参与率二者的变化直接相关。定义：

（1）劳动力供给（或劳动投入 L）= 年鉴中全社会年末从业人员数量；

（2）劳动年龄人口 POP_L = 年鉴中 15—64 岁年龄段的人口；

（3）劳动参与率 θ_L = 劳动力供给与劳动年龄人口的比率；

用小写字母表示变量增长率，则：

（4）劳动力供给增长率 L = 劳动年龄人口增长率 pop_L + 劳动参与率变化率 θ_L。

《中国统计年鉴》、《中国人口和就业统计年鉴》提供了 2012 年以前全社会年末从业人员、劳动年龄人口数据序列，其中，1990 年以前的从业人员数据根据王小鲁、樊纲（2000）的估算进行调整；2012 年之后全社会劳动力供给趋势，通常用年龄移算法进行估计。所谓劳动力人口年龄移算，是指按照年龄分组的人口，随着时间的推移和人口的年龄转组，将引起劳动力人口数的变动，据此可以推测未来劳动力人口变化。《中国人口和就业统计年鉴》的人口统计按照 4 岁年龄组距，将人口分为"0—4岁"……"65 岁以上"等 14 组。本报告采取滞后 15 年的年龄移算方法，劳动年龄人口估算遵从通常的"15—19 岁"……"60—64 岁"分组方法：分别以 1998—2011 年的年龄分组人口推算 2013—2026 年劳动年龄人口；劳动力供给数量为劳动年龄人口乘以劳动参与率。

估算未来 15 年劳动年龄人口的具体步骤是：

第一步，运用人口变化抽样调查中所提供的 4 岁年龄组距人口占抽样人口比例，与当年全国总人口相乘，得到各组人口毛估计数；

第二步，运用各组人口毛估计数和各年龄组人口死亡率，得到各年龄组人口净估计数；

第三步，进行各年龄组人口净估计数移算，得到未来各年 15—64 岁劳动年龄人口的估计数及其增长率。

估算未来 15 年劳动参与率的具体步骤是：

第一步，劳动参与率的下限估计。基于上述劳动参与率的定义，我国

1993—2012 年的劳动参与率，呈现明显的线性下降趋势，因此，我们运用这 20 年的劳动参与率的时间回归趋势，线性外推未来年份的劳动参与率：

$$\hat{\theta}_L = 86.02 - \underset{(322.47)}{0.50} \cdot \underset{(-22.38)}{t_{1993-2012}}，调整的 R^2 = 0.96，D—W = 1.70$$

1993 年劳动参与率为 84.8%，2012 年为 76.4%，线性外推 2020 年为 72%，2026 年为 69%。

第二步，设置劳动参与率的上限。以 2011 年劳动参与率（约等于2010—2012 年平均数）76.2% 作为未来各年劳动参与率的上限。

第三步，由劳动参与率下限和上限的平均值，结合估算的未来 15 年劳动年龄人口，给出劳动力供给数量的估算。

图 15 - 1 和图 15 - 2 是 1993—2025 年中国劳动年龄人口、劳动力供给及劳动参与率趋势的直观显示。其中，1993—2012 年数据直接取自《中国统计年鉴》和《中国人口和就业统计年鉴》，2013 年之后的数据序列为估计值。图中趋势显示，改革开放以来，中国由劳动力供给增长所带来的人口红利正在消失。目前，中国劳动力供给已经进入绝对减少的"拐点"区域，2015 年之后，劳动年龄人口持续下降及相应劳动供给持续减少将成为常态。其间，尽管统计数据调整（如最近一次人口普查对数据的矫正）有可能带来劳动年龄人口短暂上升，但在中国人口转型系统性因素的作用下，劳动供给持续减少是未来相当长时期的主导性规律。劳动参与率的持续下降是另一个重要影响因素，连同劳动年龄人口持续下降共同导致了长期劳动力供给的减少。

（三）产出的要素弹性参数逆转

就长期而言，产出的要素弹性对于增长曲线未来走势，往往起着决定性的作用。我们的前期研究曾提及发达国家生产函数要素弹性参数逆转的统计事实（本课题组，2012），把长期增长函数的要素弹性参数逆转规律描述为：资本弹性（α）和劳动弹性（$1-\alpha$）在不同的经济发展阶段数值有异，发达国家和发展中国家的经验对比表明，随着经济向更高阶段演进，产出的资本弹性逐渐走低，相应劳动弹性逐渐提高。这里，我们征引本课题组的前期数据分析及史俊男（2013）的有关研究，以丰富有关要素弹性参数逆转趋势的认识。

世界银行数据库提供了产出要素弹性参数逆转检验所需的基本数据。

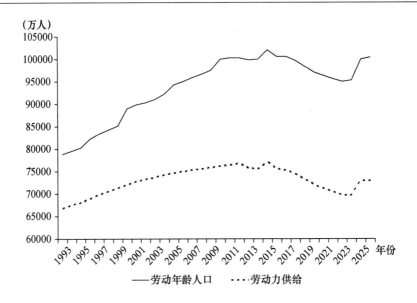

图 15 - 1　中国劳动年龄人口和劳动力供给趋势

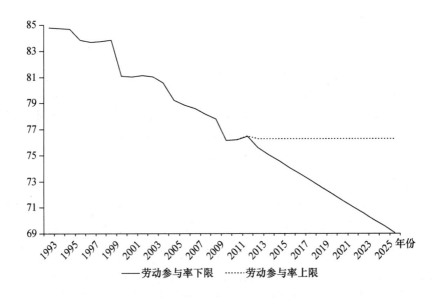

图 15 - 2　劳动参与率变化趋势

资料来源：历年《中国统计年鉴》和《中国人口和就业统计年鉴》。

通过对国别、指标、年份等数据内容进行筛选，确定数据最为完善的 82 个国家作为研究对象。所选择的 82 个国家涵盖六大洲、四个收入组别，代表性较强。

1. 国家分组

为了对不同发展阶段上要素弹性参数变化状况进行比较，我们遵循世界银行的分类方法，将计算涉及的 82 个国家分为高收入国家组、中上收入国家组、中下收入国家组和低收入国家组四组。试算显示，高收入国家组、中上收入国家组、中下收入国家组的资本弹性变化基本符合逆转规律；但是，低收入国家资本弹性有高有低，可能是因为较低发展阶段经济的资本动员能力较弱，相应的，资本对增长的贡献较小。基于这种问题，我们主要考察位于高收入组、中上收入组、中下收入组 65 个国家的资本弹性。最终归纳为 25 个高收入国家和 40 个中等收入国家（中上、中下收入国家）两类。

2. 估算方法及数据说明

（1）各国资本存量序列：Nehru 和 Dhareshwar（1993）运用永续盘存法详细估算了 92 个国家 1960—1990 年的资本存量，沿用他们的做法，我们构造了 1960—2010 年 82 个国家的资本存量数据，基期为 2000 年。

（2）各国 GDP 序列：源于世界银行数据库的 GDP（2000 年美元不变价）。

（3）各国劳动投入序列：由于劳动力或者就业数据的完整性比较差，尤其是发展中国家 20 世纪 90 年代之前的数据比较缺乏，因此我们使用15—64 周岁的劳动年龄人口数代替就业人数，从而有效提高数据的完整性。基于世界银行数据库，通过计算总人口数与 15—64 周岁人口比重的乘积得到劳动年龄人口数。

（4）为了估算产出的资本弹性，通过试算，我们选择带有时期固定效应的面板模型。

3. 估算结果

图 15 - 3 和图 15 - 4 显示了 1960—1990 年和 1990—2010 年两个历史时期 65 个样本国家的资本弹性估算结果及对比。具体说明如下：

（1）1960—1990 年，25 个高收入国家资本弹性估计值分布在 0.37—0.45 的区间里，均值为 0.42；40 个中等收入国家资本弹性估计值分布在0.63—0.76 的区间里，均值为 0.72（40 个中等收入国家样本期为 1970—1990 年）。

（2）1990—2010 年，25 个高收入国家资本弹性估计值分布在 0.43—

0.50 的区间里，均值为 0.47；40 个中等收入国家资本弹性估计值分布在 0.52—0.68 的区间里，均值为 0.62。

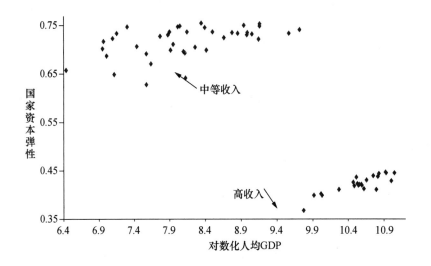

图 15 – 3　1960—1990 年 40 个中等收入国家和 25 个高收入国家资本弹性对比

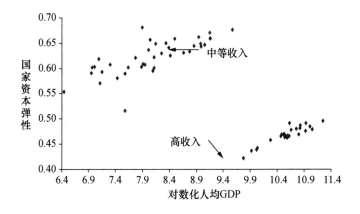

图 15 – 4　1990—2010 年 40 个中等收入国家和 25 个高收入国家资本弹性对比

（四）城市化率与投资率的倒 U 形关系

1. 中国城市化率的长期趋势估计

1975—2011 年，中国城市化率呈现出典型的 S 形增长趋势，以 1975 年作为起始年份，城市化率的逻辑增长曲线在两个时间区间进行估计，预测趋势直观显示如图 15 – 5 所示。

1975—2011 年：$y_{t:1975-1995} = 1/(1 + 5.0057e^{-0.0359 \cdot t_{1975-1995}})$

1996—2011 年：$y_{t:1996-2011} = 1/(1 + 5.1888e^{-0.0563 \cdot t_{1996-2011}})$

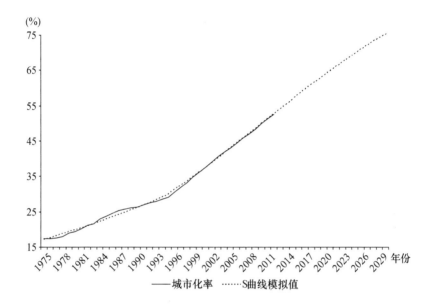

图 15 – 5　中国城市化率趋势

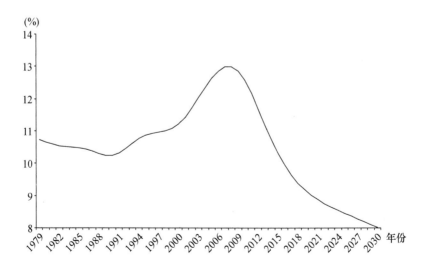

图 15 – 6　中国资本投入增长率趋势

2. 城市化率与资本投入增长率的倒 U 形关系

根据陈昌兵（2010）关于城市化率与投资率倒 U 形关系的探讨，我们的前期研究对未来中国投资变动的下降趋势进行了分析（课题组，2012）。沿用已有的回归框架和更新数据，本报告关于城市化率与资本投入增长率的关系如图 15 - 6 所示，亦即未来 20 年里，中国城市化率的持续提高将导致资本存量增长速度由现阶段的高于 10% 降低到 8% 左右。

（五）中国 1985—2012 年生产函数分解及 2013—2018 年的趋势预测

根据上述主要经济变量的长期动态，表 15 - 1 对 2013—2018 年中国经济潜在增长率的估计值为 6.5%，这个数值是对我们前期研究数值模拟的修订（课题组，2012）。基于十八大后国家收入分配政策的调整及居民人均收入翻番战略的部署，我们对 2013—2018 年中国增长核算方程的资本弹性、劳动弹性参数设置为 0.5 : 0.5；基于中国城市化进程及城市化率与投资增长率的倒 U 形关系，我们对资本存量增长速度的估计值为 9.5%；基于人口转型趋势的劳动投入增长速度约为 - 0.5%；基于中国 TFP 趋势，我们把未来五年全要素生产率对 GDP 增长的贡献份额设定为 30%。[①] 表 15 - 1 中的潜在经济增长前景分析，或许还有一些可能的增长因素未考虑到或估计不充分——如技术进步、改革效应、人力资本水平提高等。如果考虑到人力资本水平提高、技术进步和改革深化的增长潜力挖掘，则潜在增长率提高 0.5% —1% 是完全可能的。

表 15 - 1 　　　　　中国 1985—2012 年生产函数分解及
2013—2018 年的趋势预测

	历史（峰—峰：1985—2007）	现状（2008—2012）	预测（2013—2018）
一、全社会实际产出增长四分解因素			
(1) 实际增长 (年鉴数据) = (2) + (3) + (4) + (5)	10.10%	9.3%	7.86%[注1]
(2) 劳动生产率 ($y = Y/L$) 增长率	8.54%	8.86%	8.55%

① 如果考虑到节能减排的冲击效应，根据我们的估计方法推算，2014—2018 年中国潜在增长率大致在 5% —6% 的水平。

续表

	历史（峰—峰：1985—2007）	现状（2008—2012）	预测（2013—2018）
（3）劳动参与率变化率（θ_L）	-0.07%	-0.55%	-0.55%
（4）劳动年龄人口占总人口比例增长率	0.54%	0.43%	-0.40%
（5）总人口增长率	1.03%	0.49%	0.26%
（6）劳动生产率变动的结构因素			
（7）劳动生产率($y = Y/L$)增长率 = （8）×（9）+（10）×（11）+（12）×（13）	8.54%	8.86%	8.55%
（8）就业份额加权的第一产业劳动生产率增长率[注2]	2.50%	4.49%	3.12%
（9）增加值份额	0.18	0.09	0.07
（10）就业份额加权的第二产业劳动生产率增长率	10.56%	9.52%	8.60%
（11）增加值份额	0.49	0.49	0.45
（12）就业份额加权的第三产业劳动生产率增长率	9.10%	8.91%	9.29%
（13）增加值份额	0.33	0.42	0.48
参考指标：（14）第一产业劳动生产率增长率（年鉴数据）	4.42%	8.30%	8.30%
参考指标：（15）第二产业劳动生产率增长率（年鉴数据）	9.21%	7.03%	7.03%
参考指标：（16）第三产业劳动生产率增长率（年鉴数据）	5.99%	6.72%	6.72%
二、全社会潜在产出增长三因素分解			
（17）潜在增长（生产函数拟合）三因素	9.7%	10.9%	6.4%
（18）资本投入（K）：弹性	0.60	0.60	0.50
（19）贡献份额 = [（18）×（24）]/（17）	68.72%	74.53%	74.4%
（20）劳动投入（L）：弹性	0.40	0.40	0.50

续表

	历史（峰—峰：1985—2007）	现状（2008—2012）	预测（2013—2018）
（21）贡献份额＝［（20）×（28）］／（17）	6.17%	1.36%	−4.4%
（22）tfp 增长率	2.44%	2.62%	1.96%
（23）贡献份额＝100−（19）−（21）	25.11%	24.11%	30%
因素细分			
（24）资本投入增长率($k = dK/K$)＝（25）×（26）	11.13%	13.50%	9.5%[注3]
（25）（净）投资率（I/Y）	21.32%	35.55%	
（26）资本效率（Y/K）	0.52	0.38	
参考指标：投资效率（ICOR，或者 I/ΔGDP）：根据实际值估算	4	6.2	
（27）劳动投入增长率($l = dL/L$)＝（28）＋（29）	1.50%	0.37%	−0.56%
（28）劳动年龄人口增长率（pop_l）	1.58%	0.93%	−0.01
（29）劳动参与率变化率（θ_L）	−0.07%	−0.55%	−0.55%
参考指标：劳动要素报酬比例（劳动报酬/GDP）	46.97%	48.26%	
（30）劳动生产率增长率			
（31）劳动生产率（$y = Y/L$）增长率＝（32）＋（33）	8.54%	8.86%	
（32）资本效率（Y/K）增长率	−0.89%	−4.81%	
（33）人均资本（K/L）增长率	9.43%	13.67%	
参考指标：全社会全员劳动生产率名义值（元/人）	11419	53778	
全社会全员劳动生产率实际值（1978 年为基期，元/人）	3284	9862	
三、人口与城市化			
［全国人口］			
人口（绝对数，万人）	121136.3	134096.4	
年末从业人员（绝对数，万人）	68014.3	76124.2	
劳动参与率（水平值）	0.82	0.77	

续表

	历史（峰—峰：1985—2007）	现状（2008—2012）	预测（2013—2018）
［城市化］			
（34）城市化率	33%	50%	0.58%
非农部门就业占全社会就业的比率	47.03%	63.43%	
城市人口对非农就业的支撑率（即非农就业与城市人口之比）	82.10%	72.30%	

说明：［注1］7.86% 的估计值系按照 2008—2012 年（14）、（15）、（16）项劳动生产率增长率计算，从未来增长趋势看，这个数值可能是潜在增长的高限，可以生产函数法的潜在增长估计值 6.4% 进行对比。［注2］就业份额加权的产业劳动生产率的解释，请参见本报告第二部分。［注3］资本投入增长率的估计，系索引（34）城市化率及前文城市化率与投资增长率的倒 U 形关系计算。

三　中国经济转型的结构性特征

我们把表 15-1 中直接进入生产函数分解的因素归纳为 34 项［表中标号"（1）实际增长，（2）劳动生产率增长率……（34）城市化"］，试图厘清中国城市化阶段结构性特征。

（一）人口结构转型

我们先看一下人口结构转型在长期增长过程的作用，索引表 15-1 中 34 项分解因素的（1）—（5）项，这五项对应着前文所述实际 GDP 增长率分解算式：

GDP 增长率 = 劳动生产率增长率 + 劳动参与率增长率 + 劳动年龄人口占总人口比例增长率 + 总人口增长率

依据《中国统计年鉴》数据，1985—2007 年和 2008—2012 年两个时期里，中国实际 GDP 年均增长速度分别为 10.1% 和 9.3%。在 GDP 增长率的四个分解因素中，劳动生产率增长率分别为 8.54% 和 8.86%，略有上升但上升幅度很小。两个时期里 GDP 增长率的下降，因此归因于与人口结构转型相关联的三个因素即劳动参与率、劳动年龄人口比例和总人口的变动。从数据实际表现看，1985—2007 年和 2008—2012 年两个时期里，劳动参与率增长率由 -0.07% 进一步下降为 -0.55%、劳动年龄人口占总人口比例增长率由 0.54% 下降为 0.43%、总人口增长率由 1.03% 下降为 0.49%。

人口结构转型正在受到越来越多的关注。根据蔡昉（2013）的研究，中国持续 30 年的劳动生产率的快速提高，实际上得益于人口红利，如果人口结构变化，人口红利消失，不仅是劳动力供给受到影响，所有的经济增长源泉都将受到影响，人口红利消失导致潜在增长速度的下降。

（二）生产率的产业再分布

索引表 15-1 中 34 项分解因素的（6）—（16）项，这 11 项对应着前文所述全社会劳动生产率增长率分解算式（如果交互项较小且予以忽略）：

$$\eta_{t+1} = \gamma_{1t} \left[\eta_{1(t+1)} + \zeta_{1(t+1)} \right] + \gamma_{2t} \left[\eta_{2(t+1)} + \zeta_{2(t+1)} \right] + \gamma_{3t} \left[\eta_{3(t+1)} + \zeta_{3(t+1)} \right]$$

1985—2007 年与 2008—2012 年两个时期里，全社会劳动生产率增长速度基本维持不变的原因是：第一产业和第三产业劳动生产率的增长，被第一产业就业、增加值份额的减少以及第二产业劳动生产率增长速度的下降抵消掉了。由于第一产业就业份额和增加值份额相对较小，我们把全社会劳动生产率增长的未来趋势分析集中于第二产业和第三产业上。

亚历山大（Alexander, 2002）认为，即使像日本这样发展成功并进入富国俱乐部的国家，与老牌发达国家——如美国的发展模式比较起来仍有不尽如人意之处：

（1）美国增长模式的典型特征是效率驱动，投资对于增长的促进比较温和；日本第二次世界大战后至 20 世纪 70 年代，重化工业主导的增长模式将资本存量/GDP 比率一路拉升，由 1.5 拉升到 2.0（美国经济增长中长期维持的比例）。其后，这个比例更是一路上升，致使投资边际回报显著递减。更多的工业资本被迫流向发展中国家寻找机会，最终导致国内工业部门投资锐减。

（2）基于投资的"干中学"效应，使得高速增长时期劳动生产率增速较快，但是，随着经济发展水平向发达国家靠近，依赖国外技术设备投资获得的劳动生产率改进空间缩小，投资减速时劳动生产率增长速度也相应放缓。

（3）资本驱动模式下投资的高增长，很大程度上来自国内金融部门的扭曲，一旦金融市场自由化进程加快，企业成本将显著增加，一大批低效率工业企业随之产生，进而抑制投资增长和生产率提高。中国现阶段资本驱动的模式类似于日本高增长时期的情景，但是，资本报酬递减比日本20世纪50—70年代来得要早，因此很难设想第二产业继续维持投资高增长的合理理由，"干中学"模式下第二产业劳动生产率的持续高增长也没有依据。算表中2008—2012年中国第二产业劳动生产率增长较之于1985—2007年的下降，是资本驱动增长情景的式微使然。

随着城市化推进和经济结构服务化发展阶段的到来，没有理由认为服务业主导的全社会劳动生产率增长率会超过过去30年工业化主导时期，关于这一点，我们的前期研究（本课题组，2012）已有过比较详细的阐述。因此，若城市化过程中服务业的劳动生产率不能快速提升，会压制未来增长。

（三）收入分配调整

索引表15－1中34项分解因素的(17)、(18)、(20)、(22)、(24)、(27)这六项，我们可以得到要素弹性逆转对未来增长的影响，它们对应标准增长核算方程：

$$\dot{Y}/Y = \dot{A}/A + \alpha \cdot (\dot{K}/K) + (1-\alpha) \cdot (\dot{L}/L)$$

所谓要素弹性参数逆转，是指随着经济向高级阶段演进，产出的资本弹性逐步减小，产出的劳动弹性相应提升。基于新古典生产函数的假设，要素弹性参数逆转，与经济增长不同阶段的资本、劳动分配份额的变化有内在联系。图15－3和图15－4中65个国家的面板数据分析，给出了不同经济发展阶段上资本弹性的表现，总体来看，发达国家资本弹性相对较低。就中国增长而言，工业化阶段较高的资本弹性与较高的投资回报率相关，当资本回报出现下降时，较低的资本边际回报对应了较低的资本弹性，从而引致要素弹性参数逆转。

像中国这样依赖资本驱动的发展中国家，增长转型（工业化阶段向城市化阶段）过程中资本弹性的下降，对于潜在增长下行的冲击可以想见。虽然如此，随着经济增长向城市化阶段的演进，以国民福利增进这个最终目标为根本的城市化，将逐渐成为资本弹性向下逆转的内在逻辑。原因是，相对于赶超工业化阶段，增长质量要求相对更高的城市化阶段，需要在人力资本（健康、知识技能等）上加大投资力度。因此，分配政策向劳动力倾斜，以矫正工业化阶段资本所得份额过高的趋势。

（四）城市化率提高

继续索引表15－1中（17）、（18）及（24）、（25）、（26）、（34）

项，并回顾生产率产业再分布中的有关阐述。前期研究中，我们把中国经济增长划分为两个阶段：投资驱动的高速增长阶段 I 和城市化时期稳速增长阶段 II。仔细分析起来，经济转型期间资本驱动模式不可持续的原因有两个：一是当经济进入城市化阶段后，制造业部门因面临较之于高速增长阶段 I 更高的成本而被迫缩小，制造业放弃的经济空间被逐渐发展起来的服务业取代（当然这里也不否认需求因素诱致的服务业规模的扩大），这是第二产业部门投资增长速度走低的动因。二是尽管服务业规模扩大了，但是该产业对投资增长的拉动能力，无法与工业化时代标准化、大规模设厂的蓬勃景象相比拟；即使一些行业如房地产业，其红火势头也具有拉动投资高涨的效应，但是，从长期增长角度看，这种红火不过是一种短期现象。纵观发达国家的工业化城市化历史，这种由服务业发展带来的高增长冲击尽如昙花，从工业化过渡到城市化成熟期的路径上，全社会投资增长率逐渐趋于下降并维持在某种水平上是常见现象。

（五）资本效率递减

索引表 15-1 中 34 项分解因素的（30）—（33）项，对应方程 $Y/L = (K/L)(Y/K)$，说的是全社会劳动生产率的增长速度将因为资本深化速度降低和资本回报率趋于减少而下降。关于 1985—2007 年和 2008—2012 年 Y/K 的下降问题，本课题前期研究已经有过比较详细的数据分析，国内外相关研究也较多，这里不多赘述。需要补充的一点是，为了防止劳动生产率的过快下降，进行有质量的生产性投资（无论是第二产业还是第三产业）进而抑制 Y/K 过快下降或者促使其上升，是城市化阶段经济政策的着力点，我们在下文还将重点论及。

（六）全要素生产率改进空间狭窄

继续索引表 15-1 中 34 项分解因素的（17）—（23）项，我们可以对中国经济增长中技术进步的贡献进行观察。图 15-7 提供了 1978—2012 年中国增长方程参数（α）及技术进步速度（tfp）的卡尔曼滤波估计值。[①] 可以看出，产出的资本弹性（α）基本维持在 0.6 的水平，比较稳定。技术进步速度的数值也比较稳定，大约为 25%。总体来看，技术进步

---

① 为了把中国 GDP、资本（K）、劳动（L）数据应用于标准增长核算方程（即要求资本、劳动弹性之和为 1），这里，我们需要引入"影子弹性"这个概念。它的含义是：运用方程 $\log(GDP/L) = C + \alpha \cdot \log(K/L) + \varepsilon_i$ 估计资本弹性 α，然后间接计算劳动弹性 $1 - \alpha$。

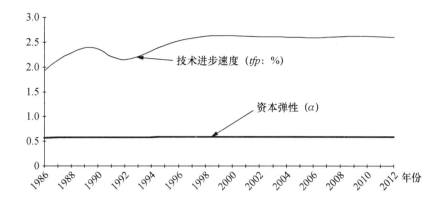

图 15 - 7　1986—2012 年中国增长曲线的资本弹性和技术进步速度

占 GDP 增长率的份额大约维持在 25% 的水平，类似于国内大多数文献的估算结果。这种情况反映了资本驱动增长模式下，投资增长对全要素生产率改进空间的挤压。相应的推断是，如果维持现有增长方式，投资减速只会带来经济增长速度的持续降低，因为全要素生产率的改进空间过于狭窄（相对于发达国家 tfp 贡献份额 60% 以上的情况而言）。

四　结构收敛一致性机制、不确定性与风险

（一）结构收敛的一致性趋势

结构收敛的一致性趋势是经济增长理论中俱乐部趋同效应的具体体现。我们的表达是：（1）国内人口转型、城市化、收入分配政策调整迫使中国经济向发达经济阶段的趋势特征收敛；（2）开放条件下要素流动的价格均等化机制迫使中国经济向发达经济阶段的趋势特征收敛。

1. 产出的资本弹性和劳动弹性向经济发达阶段收敛

这种情景意味着，中国增长方程的劳动弹性向较高的值域收敛（如由现阶段的约 0.4 逆转为约 0.6 的水平）。基于前文分析，把劳动弹性与分配结构联系起来，我们可以给这种收敛提供趋势性描述。20 世纪 70 年代发达国家城市化步入成熟时期后，分配结构收敛一致性在各国表现得较为显著（见图 15 - 8）。图 15 - 8 分为两个部分：一是位于右上方 1990—2010 年主要发达国家收入占 GDP 的份额（这里是纯工资收入/GDP。若考

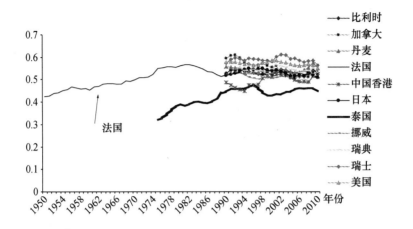

图 15 – 8 发达国家（地区）和后发工业化国家（地区）收入份额（工资/GDP）

资料来源：UNdata。

虑非工资收入，这个份额要更高，大概在 0.6—0.7），大致分布在 0.5—0.6 的区域里，比较稳定，体现了收入分配的一致性收敛趋势。二是我们提供了法国 1950—2010 年和韩国 1975—2010 年长时间序列的演进对比。这两个长时间序列，在一定程度上显示了发达国家（地区）和后发工业化国家（地区）收入分配份额向均衡路径的演进趋势。

2. 投资率向经济发达阶段收敛

这种情景意味着，随着城市化向成熟阶段演进，随着服务业比重份额的扩大，投资已经不可能充当经济的主导性驱动力量。此时，要么经济实现向效率驱动增长方式的转变，就像发达国家表现的那样；要么经济进入不可预测的震荡轨迹中，就像拉美国家表现的那样。投资率增长趋于收敛及有关问题见图 15 – 9。图中，我们以国民储蓄率（s）作为投资率（i）的代理变量，从 1960—2011 年 180 个国家储蓄率的动态演进中观测收敛趋势。随着人均 GDP 向高水平递进，投资率或储蓄率进入一个相对稳定的区间（人均 GDP 相当于美国的 0.5 倍之后）。无论是分配的收敛一致性，还是投资的收敛一致性，最终都是在城市化成熟阶段发生的事情，发达国家的增长历史及现状，都告诉我们这种收敛一致性是在经济低速增长阶段上发生的（低速，是相对于发达国家第二次世界大战后至 20 世纪 60 年代的增长速度，以及后发工业化国家曾经历过或正在经历的高速度）。

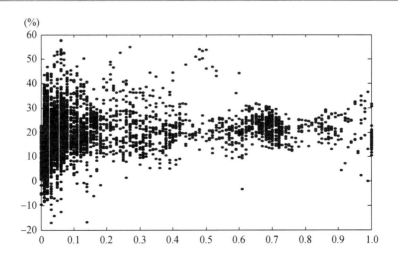

图 15 - 9　1960—2011 年 180 个国家不同收入水平上国民储蓄率变动趋势

注：横轴为人均 GDP，以美国人均 GDP 为 1 对各国人均 GDP 标准化，高于 1 的一些欧洲国家没有给出统计；纵轴为国民储蓄率。

资料来源：世界银行数据库。

3. 产业结构向经济发达阶段收敛

从 GDP 构成看，2012 年中国第二产业和第三产业比重分别为 45.3% 和 44.6%，这是改革开放 30 多年来经济结构持续快速演进的结果。2012 年中国第二产业和第三产业就业比重分别为 30.3% 和 36.1%，不仅慢于 GDP 结构的演化，而且与发达国家就业结构演变模式不一样。发达国家 20 世纪 70 年代普遍步入城市化成熟时期后，第三产业就业占比由 50% 左右向 60%—70% 持续演进是基本规律。但是，或许正是就业结构的缓慢演变，使得本来低下的中国服务业劳动生产率有持续提高的余地，不然，中国第二、第三产业劳动生产率失衡的局面将持续加剧。从纯粹经济逻辑看，长期经济增长遵从以下路径：

（1）现代生产方式推动了产业结构的调整，从低效率的农业转向高效率的工业，从高效率的工业转向更高效的服务业，在此过程中也推动了农业和工业发展，直到产业间效率均衡，结构稳定。

（2）生活方式的演进则体现在"广义恩格尔定律"上，即从食品占消费支出比重的下降拓展到物质消费占消费支出比重的下降。因此，人类需求结构会牵引着产业不断变化，服务业比重会越来越高。如果服务业的比重持续提高，制造业比重持续下降，但服务业效率改进又慢于制造业效率变动速度，则整个经济增长速度将下降，欧美国家进入高收入水平后经济增长减速就是受到了上述规律的影响。中国就业结构的演进模式，类似拉美国家的轨迹，产业结构（无论是增加值结构还是就业结构）向发达经济阶段收敛，但是，服务业生产率长期低下及第二、第三产业效率的全面失衡。

4. 政府干预向市场主导转变

20 世纪 80 年代以来"强大美国"的再造历程，无疑是经济历史上最震撼人心的事件之一。开启这把辉煌历史的钥匙，是里根经济学的"缓和限制、重视市场和民营化"的制度变革，从而使美国"彻底告别了维持 50 年的中央集权的新政制度……可是，日本经济走到'死胡同'的今天，想从平成萧条找到出路，供给经济学倒是可以作为日本再生的处方加以应用或借鉴的"（水野隆德，2000）。作为处于结构调整关键时期的中国，政府干预向市场主导转变以激发经济持续强劲的活力，同样是无法回避的经济趋势。

（二）结构收敛过程中蕴含的不确定性：中国资本驱动模式下福利与效率悖论

悖论：在结构性减速主导因素作用下，要维持较高的增长速度——要么要素弹性参数逆转不发生（维持现有分配政策）；要么维持现有资本驱动的增长方式。前一种模式违背了经济发展的福利增进原则，后一种模式违背了经济发展的效率改进原则。

鉴于中国经济增长中资本驱动的事实，对于标准增长核算框架的解释，我们希望增加一些有关资本深化作用的强调。基于表 15－1，沿用前文符号，标准增长核算方程的一个恒等变化形式为：

$$\frac{\dot{Y}}{y} = \frac{\dot{k}}{k} + \left[\frac{\dot{A}}{A} + (\alpha - 1) \cdot \frac{\dot{k}}{k} \right] \tag{15.1}$$

这个核算方程意味着，在劳动生产率提高的过程中，资本深化起着正反两方面的作用：在资本驱动的增长中，一方面，资本深化速度 $\dot{k}/k$ 提高了劳动生产率；另一方面，过快的资本深化也有可能抑制生产效率（如果 $0 < \alpha < 1$ 成立的话）。

（15.1）式实际上等同于劳动生产率的另一种简单分解，依然沿用前文记号：劳动生产率 $Y/L \equiv y$，资本深化 $K/L \equiv k$ 且记资本报酬为 $Y/K = \chi$，定义劳动生产率恒等式：

$$\frac{Y}{L} = \frac{K}{L} \times \frac{Y}{K}, \quad 即\ y = k\chi \tag{15.2}$$

则上式的变化率形式为：$\dfrac{\dot{Y}}{y} = \dfrac{\dot{k}}{k} + \dfrac{\dot{\chi}}{\chi}$ $\tag{15.3}$

这个等式的含义是，劳动生产率的变化率由资本深化和资本报酬的增长共同决定。

综合（15.1）式和（15.3）式的结果，有：

$$\frac{\dot{\chi}}{\chi} = \frac{\dot{A}}{A} + (\alpha - 1) \cdot \frac{\dot{k}}{k}$$

或者 $\dfrac{\dot{\chi}}{\chi} = \dfrac{\dot{A}}{A} - (1 - \alpha) \cdot \dfrac{\dot{k}}{k}$

或者 $\dfrac{\dot{\chi}}{\chi} = \dfrac{\dot{A}}{A} - \beta \cdot \dfrac{\dot{k}}{k}$ $\tag{15.4}$

其中，$0 < \alpha < 1$、$0 < \beta < 1$ 分别为资本产出弹性（资本收入份额）、劳动产出弹性（劳动收入份额）。于是我们有如下命题：

命题 1：资本报酬增长率取决于技术进步率 $\dot{A}/A$、劳动产出弹性 β 以及资本深化速度 $\dot{k}/k$。资本驱动增长模式（因而 $\dot{A}/A$ 较小状况）下，保持较高资本报酬增长率（$\dot{\chi}/\chi$）的必要条件是：用较小的劳动收入份额（β）抵消较快的资本深化（$\dot{k}/k$）所带来的副作用。

把（15.4）式代入（15.3）式，得：

$$\frac{\dot{Y}}{y} = \frac{1}{\beta} \cdot \frac{\dot{A}}{A} - \left(\frac{1-\beta}{\beta}\right) \cdot \frac{\dot{\chi}}{\chi}$$

或者 $\dfrac{\dot{Y}}{y} = \dfrac{1}{\beta} \cdot \dfrac{\dot{A}}{A} - \dfrac{\alpha}{\beta} \cdot \dfrac{\dot{\chi}}{\chi}$ $\tag{15.5}$

上式的含义是：劳动生产率取决于技术进步速度 $\dot{A}/A$、资本份额与劳动份额比例 α/β 以及资本报酬增长率 $\dot{\chi}/\chi$。于是我们有命题 2。

命题 2：资本驱动增长模式（即 $\dot{A}/A$ 较小状况）下，保持较高劳动生产率增长率（$\dot{Y}/y$）的必要条件是：用较低的资本报酬增长率（$\dot{\chi}/\chi$）抵消较大的资本份额与劳动份额比例 α/β 所带来的负效应（因为中国的资本弹性 α 显著高于劳动弹性 β）。

命题2的现实意义是，就现阶段中国经济情况来说，由于资本份额与劳动份额比例 α/β 较大，较高劳动生产率增长速度下，资本报酬增长率（$\dot{\chi}/\chi$）持续递减是内在经济逻辑的要求，原因是：根据我们的生产函数分解框架，中国现有增长模式所达成的劳动生产率持续高增长，源于资本驱动而非技术进步（因此随着资本的不断累积，资本报酬出现递减）。索引表15-1中34项分解因素的（17）—（23）项生产函数未来预测趋势，可以看出，如果继续维持现有资本驱动模式，即使把 GDP 增长率的技术贡献份额提高到30%，资本投入份额仍然高达70%以上。这种状况需要通过效率改进加以扭转。

（三）中国结构转型过程中蕴含的风险：经济过快减速的隐忧

然而，中国经济由工业化阶段的资本驱动增长方式，向城市化阶段效率驱动增长方式的转变，蕴含了较大的经济过快减速的风险。

风险1：收入格局再调整导致的过快减速风险。

中国长期增长曲线弹性参数逆转及向发达经济增长阶段的收敛，是一种渐进趋势。作为抑制经济增长速度的关键因素之一，其中蕴含的过快减速值得重视。刘树成（2013）已经注意到这个问题，作为国民收入分配格局中此消彼长的关联因素，国民收入向居民的倾斜，意味着企业利润空间的压缩及相应再投资能力的弱化，因此进一步迫使投资向经济发达阶段的低速度过快收敛。这又反过来持续压低总体经济增长速度。

风险2：过度无效投资导致的过快减速风险。

即使居民收入的提高可以通过储蓄信贷转换途径，抵消企业利润空间缩小所导致的再投资能力弱化，但是，长期困扰中国经济的无效投资问题，也不可能让中国投资的高增长速度维持下去。典型的如愈演愈烈的非生产性投资膨胀及对实体经济更新能力的严重挤压。不论出于什么样的理由，短期的过度无效投资，都是对未来可持续增长能力的严重透支和浪费，其蕴含的减速风险不言而喻。

风险3：杠杆率持续拉升导致的过快减速风险。

过度无效投资所造成的高增长"繁荣"表象中，另一种经济风险也在孕育。即 Caballero 等（2008）所定义的"僵尸企业"的累积风险。生产效率低下、赚钱能力低下的僵尸企业，在银行或政府帮助下继续留在市场中的问题，就是挤占生产资源进而延迟经济整体效率提升和生产更新节奏。20 世纪 90 年代早期，日本资产泡沫之后浮出水面的这些企业，让其后的经济发展吃尽苦头。低效率企业的大量累积，在高速增长时期的作用，是持续拉高杠杆率（我们可以用经济增长速度与资本效率增长速度之差，直观衡量杠杆率），一旦减速，低效率企业借贷途径受阻，其对经济持续减速的巨大冲击也不言而喻。

风险 4：产业结构服务化导致的过快减速风险。

本来弱质的中国服务业，在接管工业就业吸收主导地位的未来趋势中，其生产效率的提升空间将变得越来越小。中国经济服务化趋势下面临的两难选择是：如果实现工业劳动生产率与服务业劳动生产率的均衡发展，而不是让持续几十年的部门生产率失衡态势持续扩大，那么，在服务业中保持生产性服务业的（增加值和劳动力）高份额是一个好的选择，问题是，在中国生产性服务业部门充满垄断的情况下，这种期望能实现吗？要么就是复制发达国家服务业结构模式，这将导致非生产性的社会公共部门份额过大，结果是服务业部门效率提高速度过低，经济整体过快减速。

五　结　论

毋庸讳言，由工业化阶段高增长向城市化阶段的过渡，将是一段充满风险的增长历程。这个过程中，经济增长供给面因素的变化。比如，人口转型、服务经济发展、城市化等导致的投资增速下降，以及收入分配结构变化诱致的要素弹性变化等，都会使增长速度下移。因此，中国经济结构和增长路径在向发达经济阶段的收敛期间，结构性减速无法避免。为了缓解经济增长速度下降所导致的宏观风险，我们需要在制度、政策上做好准备，借助人力资本水平提高、技术进步和改革，改善供给效率，提高潜在增长率。

（一）深化改革

（1）动员型经济的转型，也就是重新定位政府的行为。在动员型模式下，政府运用行政力量，动员了大量资本、土地、矿产、劳动力等资源，先是通过"低价工业化"走出了一条特殊的高增长路径，继而又通过高价城市化，扩张城市建设，推动了我国城市化大发展，但也积累了诸多严重问题。跳出政府主导型增长模式，已势在必行。

（2）竞争性市场的完善。经过几十年的培育和发展，我国的市场经济体系已初步成形，特别是商品市场得到了较大发展。但是，市场准入没有完全放开，投资主体没有多元化。应在深化国有企业改革的基础上，给所有经济主体以平等的市场待遇，从而形成规范的竞争性市场环境，提高投入要素的产出效率。

（二）提高资本效率

中国经济增长中重复建设和低效率问题的核心是政府主导的低价工业化模式（张平、刘霞辉，2007）所诱致的低效率企业风险累积。在有利的开放环境下，累积风险往往为高增长吸收，但是，以廉价劳动力和资本自然资源价格扭曲为支撑的高投资不可能持续太久。中国经济要完成由高速增长向高效增长的过渡，建立低效率企业市场出清机制是必由之路。低效率企业市场出清机制的重要环节之一，是产业组织结构的深度调整。意味着异质性较强的生产性服务业部门打破行政分割和行政垄断，以中小企业的活力支撑起生产性服务业的强劲发展、缩小工业与服务业效率失衡的缺口。产业组织结构的深度调整，同时意味着制造业部门摆脱高投资驱动、低成本国际竞争的模式，让制造业增长方式逐步转型到高效率竞争路径上，获得经济持续增长的根基。

（三）建立适合我国国情的社会保障体系

我国社会保障网络建设要注意的核心问题是标准过高，相互攀比。这种状况的延续，不仅破坏了社会保障覆盖面的空间拓展（因为缺钱），而且加大各级政府的财政风险，扭曲政府行为，阻碍经济增长和社会进步。所以，我国社会保障网络统一标准，量力而行，势在必行。社会保障支出是政府需要花大钱的社会事务，一些发达国家社会福利的建设，是在经济发展达到很高水平以后才敢做的事情。有些福利国家因为大量资源用于社会保障支出，导致用于经济增长的积累不够，而使经济长期陷入低水平的增长状态；有些政府因为要维持高水平的社会保障而负债过度，国家风险加剧；部分拉美国家追求社会保障的赶超，许诺过高，不仅损害经济增长，还掉入中等收入陷阱，导致社会不稳。

　　目前，我国已进入中等发达国家行列，人们对国家提供基本的社会保障，以及不断提高福利水平有越来越强的要求，特别是老龄化冲击日益临近，以上愿望越来越迫切。我国现在的社会保障网络，还适应不了社会的要求，主要问题表现在：一是社会保障的覆盖面不够广，而且保障制度不统一、城乡分割、地区分割。二是社会保障支出增长过快，保障标准相互攀比，给地方财政造成困难，负债增长快。从长期看，社会福利具有很大刚性，人们的要求并没有上限。社会福利如果转向税收融资，必然会带来财政收入在国民经济比重的更快上涨，损害经济增长。适合我国国情的社会保障网络应该是覆盖面广而享受标准不能过高，这也是东亚经济体的共性。

参考文献

[1] 蔡昉：《从人口学视角论中国经济减速问题》，《中国市场》2013 年第 7 期。

[2] 陈昌兵：《城市化与投资率和消费率间的关系研究》，《经济学动态》2010 年第 9 期。

[3] 刘树成：《国民收入翻番难点透视》，《人民论坛》2013 年第 4 期。

[4] 史俊男：《经济增长阶段与要素弹性参数逆转》，硕士学位论文，2013 年。

[5] 水野隆德：《美国经济为什么持续强劲》中译本，华夏出版社 2000 年版。

[6] 王小鲁、樊纲：《中国经济增长的可持续性》，经济科学出版社 2000 年版。

[7] 袁富华：《长期增长过程的"结构性加速"与"结构性减速"：一种解释》，《经济研究》2012 年第 3 期。

[8] 张平、刘霞辉：《中国经济增长前沿》，社会科学文献出版社 2007 年版。

[9] 中国经济增长前沿课题组：《中国经济长期增长路径、效率与潜在增长水平》，《经济研究》2012 年第 11 期。

[10] Alexander, A. J., 2002, *In the Shadow of the Miracle*：*The Japanese Economy Since the End of High-Speed Growth.* Lanham, Md.：Lexing-

ton Books.

[11] Caballero, R., Hoshi, T. and A. Kashyap, 2008, "Zombie Lending and Depressed Restructuring in Japan". *American Economic Review*, Vol. 98 (5), pp. 1943 – 1977.

[12] Mitchell, B. R., 1998, *International Historical Statistics* (4th ed.): 1750 – 1993. New York: Stockton Press.

[13] Nehru, V. and A. Dhareshwar, 1993, "A New Database on Physical Capital Stock: Sources, Methodology and Results". *Revista De Anausis Economico*, Vol. 8, No. 1, pp. 37 – 59.

[14] United Nations, 2011, *World Population Prospects: The 2010 Revision*. New York.

报告16　全要素生产率对中国地区经济增长与波动的影响

张自然　陆明涛

摘　要： 本报告在重新估算1978—2011年中国30个省区市资本、劳动与实际产出数据的基础上，采用了非参数的Malmquist生产率指数法测算了各省区市各年度全要素生产率水平、各年度资本与劳动要素份额等变量及其变化情况，并测算了改革开放以来中国经济各阶段TFP增长及其子项目对实际经济增长的贡献、TFP增长率与潜在增长率及经济波动的相关性。研究发现，1979—2011年，对全要素生产率增长起主要作用的是技术进步，而技术效率的恶化对全要素生产率增长起抑制作用，技术进步是各地区全要素生产率增长的主要支撑力量，中部、西部相对东部地区的技术效率相对东部地区的持续恶化，是导致中部、西部与东部的全要素生产率增长差距扩大的主要原因。随着资本对中国经济增长贡献的增大，许多地区的TFP增长率甚至绝对水平下降，特别是技术效率变化与纯技术效率的恶化，经济增长日益依靠不断扩大的资本投入。TFP增长的波动与GDP的波动高度相关，而TFP增长的长期趋势与资本增长率的长期趋势互补，分别与GDP的长期趋势即潜在增长率保持一定程度的相关性。由于2008年以来，许多省区市的潜在增长率开始下降，资本对经济增长的推动作用逐渐减弱，只有不断通过制度改革、技术研发等方式提升技术水平，优化资源配置，不断提升TFP增长水平，才能保持经济的长期持续增长。

关键词： 全要素生产率　Malmquist指数法　经济增长　经济波动

一　引　言

中国经济经历了长达30多年的持续增长，经济年均增长9.8%。这一高经济增长奇迹的背后，是中国资源配置机制转变主导下的经济结构变革：20 世纪 80 年代是农业部门的结构调整，农业和乡镇工业的发展推动了经济增长，这一阶段中国的经济增长和全要素生产率增长均很快；20 世纪 90 年代则开始转向以外资带动下的制造业的发展为驱动力，这一阶段中国的经济增长仍然很快，但全要素生产率增长呈逐年下降的趋势（Sachs 和 Woo，1997；Young，2000；谢千里等，2001；张军和施少华，2003；Guillaumont 和 Hua，2003；Zheng 和 Hu，2004；颜鹏飞和王兵，2004；郑京海和胡鞍钢，2005；孙琳琳和任若恩，2005；郭庆旺、贾俊雪，2005）。进入 21 世纪后城市化成为中国发展的主导力量，在城市化和工业化的双轮驱动下，经济增长呈现加速态势，增长率超过了两位数。但是，全要素生产率增长对中国经济增长是不是有重要作用这一问题一直争论不断。有人认为，中国经济增长的主推动力是要素投入的积累，质疑中国经济高速增长是不是存在技术进步，并且否认中国经济增长中存在技术创新（Young，1992，1995，2000；Krugman，1994）。国内很多学者则普遍认为，克鲁格曼（1994）等低估了中国的 TFP 增长（郑玉歆，1999；郑京海和胡鞍钢，2005）。近些年来，越来越多的国外学者认为，全要素生产率的增长对中国经济增长有着显著的贡献（Ezaki and Sun，1999；Islam and Dai，2004；Bosworth and Collins，2008；Lee，2009；Ozyurt，2009；Brandt and Zhu，2010）。

　　我们认为，由于中国经济的高度结构性质，中国的全要素生产率增长存在着一定的阶段性与区域性，不同时期不同地区全要素生产率对于经济增长的贡献和作用方式是不同的，因此从分省数据才能得到更为准确细致的结论。更重要的是，制度变革与技术进步等会带来不同类型的 TFP 增长，因此有必要详细分解 TFP 增长的类型。我们通过重新测算现有数据以得到更为准确的省区市面板数据，采用非参数的 Malmquist 生产率指数法重新估算中国 30 个省区市[①] 1978—2011 年全要素生产率的增长情况，在此基础上测算 TFP 及其子项目对经济增长与波动的贡献与影响，并为中国近来经济面临的问题提出政策性建议。

---

　　① 为了更好地了解中国大陆各省区市的经济增长情况，将重庆和四川分开来考虑。西藏因缺少数据，暂不予考虑。由于统计标准的不一致和缺少相应年份的数据，中国香港、中国澳门和中国台湾在这里也不涉及。

二　全要素生产率研究综述

（一）全要素生产率研究方法综述

全要素生产率（TFP）是指各要素（如资本和劳动等）投入之外的技术进步（或技术效率变化）对经济增长贡献的因素，是产出量与投入量的比例或所有要素投入的某种加权平均，反映在经济增长贡献上，表现为不能由要素投入的增长来解释的产出增长部分。由于劳动生产率、资本生产率等单项指标容易产生交叉影响而难以反映生产效率的提高，全要素生产率剔除了要素规模作用，因而成为衡量一个地区或行业经济运行状况、反映技术进步和技术效率等方面水平的综合指标。

目前对全要素生产率有着各种各样的不同解释，可以分为三种情况：（1）全要素生产率是技术变化的观点；（2）全要素生产率是免费的午餐的观点；（3）全要素生产率是无知的观点。我们认为，全要素生产率主要体现了技术变化，当然也包含少量的"免费的午餐"部分。全要素生产率的核算方式，特别是增长核算法的"索洛余额"所测得的是"无知"的部分，但全要素生产率本身并不是"无知"的，全要素生产率更多地体现了技术的进步和技术效率的改善。

全要素生产率增长的核算方法主要有增长核算法和基于技术效率的前沿函数法。增长核算法包括索洛增长核算法、柯布—道格拉斯生产函数法、指数法和对偶法等，而前沿函数法则包括随机前沿分析法（SFA）和非参数 DEA Malmquist 指数法。增长核算法与柯布—道格拉斯生产函数法的缺点是，其技术进步是希克斯中性与资本和劳动产出弹性保持不变的假设可能与事实不符，现实表明技术进步也与政策、制度等因素有关。指数法与对偶法也尚未完全解决这一问题，因而随机前沿分析法和非参数DEA Malmquist 指数法可能更为适用。

随机前沿分析法是法雷尔等人在索洛的基础上引入技术效率的测定方法，主要用来研究 TFP 的变动、技术效率和分配效率等（Coelli et al.，1998），随机前沿分析方法可以分解出全要素生产率增长、技术进步和技术效率，确定生产函数以及资本和劳动的产出份额。随机前沿分析法需要假定特殊的函数形式，涉及参数函数的估计。由于随机前沿分析法考虑了随机冲击的影响，所得结果比较能反映长期经济规律。而且随机前沿分析方法采用计量方法进行分析，具有经济理论基础，只要模型选择合适，其分析的结论政策导向意义比较明确。缺点是模型或者数据的微小变动都对结果产生极大的影响。而 Malmquist 生产率指数法虽然没有对前沿结构进行设定，不会引起由于函数估计不准确而带来的系统性偏差，但是它没有考虑由于偶然、数据问题（如极端值）和测量误差等原因引起的随机误差项，也就是说，Malmquist 指数法对数据的准确性要求比较高。①

　　Malmquist 指数最初由瑞典经济学和统计学家 Sten Malmquist（1953）提出，Caves 等（1982）首先将该指数应用于生产率变化的测算，此后与 Charnes 等（1978）建立的 DEA 理论相结合，在生产率测算中的应用日益广泛。1989 年，Fare、Grosskopf、Lnolgren 和 Ross 将 Malmquist 的思想应用到生产分析上，1994 年，Fare、Grossopf、Norris 和 Zhang 建立了用来分析全要素生产率增长（TFPG）的 Malmquist 生产率指数，进而应用 Shephard 距离函数将全要素生产率分解为技术进步和技术效率变化。在实证分析中，研究者普遍采用 Fare 等（1994）构建的基于 DEA Malmquist 指数法。

（二）国内外对中国全要素生产率增长的研究

　　目前，对中国全要素生产率的研究主要有以下三个方面：（1）对具体行业的全要素生产率的研究。这些研究主要集中于工业和农业，近些年开始出现针对服务业的研究。（2）对中国经济总量的全要素生产率研究。（3）对中国各省区市的全要素生产率的研究，可以分析全要素生产率增长、技术进步、技术效率和区域差距。

　　国内外学者采用多种 TFP 增长核算法对中国的全要素生产率增长情况进行研究。运用增长核算法来研究中国的技术进步的有（5 个）：世界银行（1997）采用增长核算法分析中国 1978—1995 年经济增长后认为，1979—1995 年 TFP 增长对中国 GDP 的贡献平均每年高达 43%。Woo（1998）采用增长核算法研究中国 1978—1993 年的经济增长后认为，1979—1993 年 TFP 增长为 1.1%—1.3%。沈坤荣（1999）研究中国

---

　　①　关于全要素生产率的度量涉及的问题可以参见格里利奇斯（1987，1994，1995）相关文献。格里利奇斯（1987）概述了全要素生产率度量方面的问题，包括资本的概念；产出的度量；投入的量度；R&D 和公共基础设施的地位；缺失的数据或者不合适的数据；指数权重；对投入、技术和总量生产函数之间关系的理论；异质的加总等。

1978—1997 年的经济增长后认为，1979—1997 年中国的 TFP 年均增长
3.9%，其对经济增长的贡献率为 37.8%。王小鲁（2000）通过其对
1952—1999 年全国固定资本存量、人力资本存量和对劳动力数量的调整，
使用生产函数模型对 1953—1999 年的经济增长进行了计量分析，并据此
计算了各生产要素、体制和结构变动因素在改革前和改革期间对经济增长
的贡献后认为，中国 1979—1999 年 TFP 增长为 1.46%（对经济增长的贡
献为 17.6%[①]）。Lee（2009）采用增长核算法利用 29 个省区市的面板数
据分析了中国 1981—2007 年的全要素生产率增长情况，其研究结果是：
1981—2007 年中国 TFP 平均增长为 2.99%，其中 1981—1989 年、1990—
1999 年和 2000—2007 年的 TFP 增长分别增长 2.99%、3.80% 和 1.99%。
Lee（2009）分析认为，中国 1993—2003 年 TFP 增长的源泉是大学入学
率的提高、科研条件的改善、FDI 的提高等。采用 C—D 生产函数法的
有：Wang 和 Yao（2001）采用 C—D 生产函数认为，1979—1998 年中国
TFP 年均增长为 2.32%，TFP 增长对中国经济增长的贡献率为 23.9%。
叶裕民（2001）采用增长核算法分析了中国 26 个省区市后认为，中国
1979—1998 年 TFP 增长为 4.5%，TFP 增长对经济增长的贡献率为
46.4%。Chow 和 Li（2002）运用 C—D 生产函数对中国 1979—1998 年
TFP 增长率的估计结果是 2.67%，TFP 增长对中国经济的贡献率为
28.9%；张军、施少华（2003）采用 C—D 生产函数研究中国 1978—1998
年的技术进步情况后认为，中国 1979 —1998 年 TFP 增长为 2.8%，其对
经济的贡献率为 28.9%。Zheng、Bigsten 和 Hu（2009）采用 C—D 生产
函数对中国 1978—1993 年 TFP 增长速度的估计结果是 4.3%，TFP 增长
对经济的贡献率高达 42.57%。Bosworth 和 Collins（2008）采用 C—D 生
产函数研究中国 1978—2004 年的全要素生产率增长情况后认为，1978—
2004 年 TFP 增长平均为 3.6%，其中，1978—1993 年 TFP 平均增长为
3.5%，1993—2004 年 TFP 平均增长为 3.9%。Brandt 和 Zhu（2010）采用
C—D 生产函数研究中国 1978—2007 年的全要素生产率增长情况，其研究结
果是：1978—2007 年 TFP 年均增长为 3.92%，其中，1978—1988 年、
1988—1998 年和 1998—2007 年 TFP 增长分别为 4.19%、3.05% 和 4.58%。

---

①　按王小鲁（2000）的 TFP 增长和调整后的 GDP 增长率计算。其他需要计算 TFP 增长对
经济增长的贡献率的均按各省区市的 GDP 平均增长率来换算。

采用对偶法的有：徐现祥、舒元（2009）基于对偶法的中国全要素生产率核算，认为对偶法得出的结果和增长核算法相近，并且对偶法核算 TFP 隐含要素按贡献分配、竞争性市场等。他们认为，中国 1979—2004 年的 TFP 增长为 2.5%，其对经济的贡献率为 25%。

采用 Malmquist 指数法研究中国全要素生产率增长的不少：Zheng 和 Hu（2004）采用规模报酬可变的 Malmquist 指数法研究后认为，中国 1979—2001 年的 TFP 增长为 3.19%，TFP 增长的贡献率为 31.58%；颜鹏飞和王兵（2004）运用 DEA Malmquist 指数法测度了 1978—2001 年中国 30 个省（自治区、直辖市）全要素生产率增长情况后认为，1979—2001 年中国 TFP 增长仅为 0.25%；郑京海和胡鞍钢（2005）选择规模报酬不变的非参数模型，借助中国省际数据用 DEA Malmquist 指数方法对 TFP 的增长率进行了分解，认为中国在 1978—1995 年经历了 TFP 的高增长期（为 4.6%，TFP 增长对经济的贡献率为 44.66%），而在 1996—2001 年经历了一个低增长期（为 0.6%，TFP 增长对经济的贡献率仅为 6.1%）；郭庆旺、贾俊雪（2005）采用 Malmquist 指数法研究中国 1978—2004 年 TFP 增长情况后认为，1979—2004 年 TFP 增长仅为 0.89%；赵伟等（2005）采用 Malmquist 指数法对中国 1978—2003 年的 TFP 增长进行研究认为，1979—1998 年 TFP 年均增长 2.4%，其对经济的贡献率为 24.6%，其中，1980—2003 年的 TFP 增长为 -0.87%；岳书敬、刘朝明（2006）运用考虑人力资本的 Malmquist 指数法分析了我国 30 个省区市 1996—2003 年的 TFP 增长后认为，1996-—2003 年 TFP 平均增长为 1.35%；章祥荪、贵斌威（2008）采用 Malmquist 指数法对中国 1978—2005 年全要素生产率进行分解后得出，1979—2005 年 TFP 平均增长率为 1.60%，对经济增长的贡献为 16.57%。采用随机前沿分析法研究中国全要素生产率增长的相对要少，其中主要是针对具体行业研究。涂正革、肖耿（2005）运用随机前沿分析法利用 1995—2002 年中国大中型工业企业 37 个两位数工业行业的年度企业数据得出，大中型企业 TFP 年均增长率为 6.8%，并呈逐年上升趋势。吴延瑞（2008）应用随机前沿分析法来检验中国近期的经济增长，全要素生产率的增长平均仍解释了 1993—2004 年经济增长的约 27%。但他将环境变量等许多变量加入到全要素生产率乃至技术效率的估计中，可能会由于一些冗余变量的存在使得全要素生产率及其分解值受到干扰而偏离真实值。

其他研究中国全要素生产率的有：Islam 和 Dai（2004）采用符合估计法（dual approach）对中国 1978—2002 年的经济增长进行研究后认为，1978—2002 年 TFP 增长为 2.26%，1978—1984 年 TFP 增长为 4.59%，1984—1991 年的 TFP 增长为负，为 -0.61%，1991—2002 年的 TFP 增长为 3.21%。Borenszten 和 Ostry（1996）通过研究后认为，中国 1979—1994 年的 TFP 增长为 3.8%。Ezaki 和 Sun（1999）估计在 1981—1995 年间中国 TFP 增长率在 3%—4%，TFP 增长对 GDP 的贡献率大约为 40%。Young（2003）分析中国 1979—1998 年的经济增长后认为，中国 1979—1998 年 TFP 增长为 1.4%，TFP 增长对中国经济的贡献率为 14.2%。Yuxin Zheng（2005）[1] 采用 UNIDO 的数据分析中国 1978—2000 年的生产率情况得出，1979—1992 年 TFP 年均增长 1.5%，其中，1993—2000 年 TFP 年均增长为 -0.8%。Ozyurt（2009）估计 1993—2005 年 TFP 增长 2.95%，TFP 增长对中国 GDP 的贡献为 33%。

国内外研究者对中国 TFP 增长估计结果不同。一是数据来源的不同，包括数据处理方式的不同、固定资本存量（初始固定资本存量、折旧率和固定资产投资价格指数）和 GDP 平减指数的不同；二是 TFP 核算方法的不同：有索洛的增长核算法（包括柯布—道格拉斯等生产函数法、对偶法）、指数法、随机前沿分析法和非参数的 DEA Malmquist 指数法等，其他有复合估计法、HP 滤波法等。其他原因还有研究的地区、行业和时期的不同，市场条件和技术进步的假设不同（如技术进步为希克斯中性）等。

国外文献运用增长核算法（包括柯布—道格拉斯生产函数方法）的比较多，而国内文献则运用 Malmquist 指数法研究中国的全要素生产率增长情况的比较多，当然也有使用增长核算法的。通过增长核算法（包括柯布—道格拉斯生产函数方法、对偶法）得出的 TFP 增长比 Malmquist 指数法的结果普遍偏高。之所以国外学者用增长核算法（尤其是柯布—道格拉斯生产函数），是因为西方发达国家已经是完全的市场经济，技术进步处于希克斯中性状态，按照规模报酬不变，资本和劳动的份额确定后就可以得出全要素生产率增长。但是，中国 1978 年才开始改革开放，是一

---

[1] Yuxin Zheng（2005）的一篇工作报告：Productivity Performance In Developing Countries 中的一小节 "Accounting China's Productivity Changes Based on UNIDO Data：1962 - 2000"。

个从计划经济逐步向市场经济过渡、处于经济转型的国家，总量生产函数还不完全符合增长核算法的条件（市场非完全竞争，技术进步为非中性，并且不一定是规模报酬不变），完全照搬西方的增长核算方式来研究中国的全要素生产率增长可能不符合中国经济发展的实际。从越来越多的国内学者利用 Malmquist 指数法来研究中国的全要素生产率增长情况就可以看出这一点。

三 研究方法和数据处理

（一）研究方法

增长核算法（包含柯布—道格拉斯生产函数法和对偶法）和指数法，要求市场完全竞争、规模报酬不变、技术进步为希克斯中性，且不能将全要素生产率增长分解为技术进步和技术效率变化。由于中国处于从计划经济转向市场经济的转型阶段，20 世纪 90 年代前中国经济并不符合完全竞争市场、规模报酬不变和技术进步为希克斯中性等条件。比如一些研究者采用索洛增长核算法研究中国的全要素生产率增长时假定资本和劳动的产出弹性分别为 0.6 和 0.4 就值得商榷：在 20 世纪 90 年代前资本和产出的弹性并不按 0.6 和 0.4 分配，但是到 1992 年后，中国的资本和产出弹性才大致为 0.6 和 0.4；用柯布—道格拉斯生产函数法将资本和劳动的产出弹性之和设定为 1 也存在类似的问题。因此本报告不考虑使用增长核算法（含对偶法）、C—D 生产函数法和指数法来研究中国的全要素生产率增长。

本报告要研究中国改革开放 30 年来中国 30 个省区市的全要素生产率增长情况，中国处于经济转型期，时间跨度大，涉及的省区市众多，各省区市之间的发展不均衡，很难用统一的生产函数来描述，因此我们不考虑用随机前沿分析法来研究中国的全要素生产率增长情况。

非参数 DEA Malmquist 生产率指数法是用数学规划的方法进行分析，无须对生产函数和无效率项的分布进行假设；没有规模报酬不变、资本和劳动产出弹性相关限制；也不需要对参数进行估计，无须考虑投入产出价格，在存在价格扭曲的情况下仍然适用；生产力指数构建无须考虑诸如成本最小化或利润最大化假设，在经济单位行为未知的情况下仍然适用；生产力指数的可分解性，有利于全要素生产率增长的来源的深化分析；也不需对市场竞争状况做出假设，它使用数据包络分析的方法构建出最佳实践面。同时允许技术非效率的存在，并且是确定性分析方法，不考虑随机冲击的影响，其好处是所分析结果比较稳定，当数据调整时，只是相关年份会进行变化，其他部分则保持不变。由于 Malmquist 指数法在基于中国省区市面板数据应用的普遍性，适合应用于中国这样处于经济转型的国家，我们采用 Fare 等（1994）构建的基于 DEA Malmquist 指数法来分析中国 30 个省区市的全要素生产率增长情况。

Malmquist 指数最初由瑞典经济学和统计学家 Sten Malmquist（1953）提出，此后经过 Caves 等（1982），Charnes 等（1978），Fare、Grosskopf、Lnolgren、Ross、Norris、Zhang 等发展而来。在实证分析中，研究者普遍采用 Fare 等（1994）构建的基于 DEA Malmquist 指数。

在假设规模报酬不变（CRS）的条件下，Malmquist 指数测度了在 t 期的技术条件下，从第 t 期到第 $t+1$ 期的技术效率的变化。从第 t 期到第 $t+1$ 期，度量全要素生产率增长 TFP 的 Malmquist 指数：

$$M_{i,t+1}(x_t,\ y_t,\ x_{t+1},\ y_{t+1}) = \underbrace{\frac{D_i^{t+1}(x_{t+1},\ y_{t+1}\mid C)}{D_i^t(x_t,\ y_t\mid C)}}_{TEC_i^{t+1}} \cdot$$

$$\underbrace{\left[\frac{D_i^t(x_{t+1},\ y_{t+1}\mid C)\quad D_i^t(x_t,\ y_t\mid C)}{D_i^{t+1}(x_{t+1},\ y_{t+1}\mid C)D_i^{t+1}(x_t,\ y_t\mid C)}\right]^{1/2}}_{TP_i^{t+1}} \tag{16.1}$$

（16.1）式中下标 i 表示是第 i 个单位或者地区，$(x_{t+1},\ y_{t+1})$ 和 $(x_t,\ y_t)$ 分别表示第 $t+1$ 期和第 t 期的投入和产出向量。$D_i^t(x_{t+1},\ y_{t+1})$ 和 $D_i^t(x_t,\ y_t)$ 代表以第 t 期的技术表示（即以第 t 期的数据为参考集）的第 $t+1$ 期或第 t 期的技术效率水平或生产点的距离函数；$D_i^{t+1}(x_{t+1},\ y_{t+1})$ 和 $D_i^{t+1}(x_t,\ y_t)$ 表示以第 $t+1$ 期的技术表示（即以第 $t+1$ 期的数据为参考集）的第 $t+1$ 期或第 t 期的技术效率水平或生产点的距离函数。

当 $M_{i,t+1}$ 大于 1 时，说明从第 t 时期到第 $t+1$ 时期全要素生产率 TFP 是增长的；反之，则是衰退的。

（16.2）式表示为 TEC 和 TP 的乘积的形式有：

$$M_{i,t+1}(x_t,\ y_t,\ x_{t+1},\ y_{t+1}) = TEC_i^{t+1} \times TP_i^{t+1} \tag{16.2}$$

其中，第一部分 TEC_i^{t+1}，是生产相对效率变化指数，表示从第 t 期到

第 $t+1$ 期的技术效率变化程度，也称为"追赶效应"或者"水平效应"，它衡量决策单位生产靠近当期生产前沿边界的程度。当 $TEC_i^{t+1} > 1$ 时，表明决策单位的生产更接近生产前沿边界，相对技术效率有所提高；反之，表示技术效率下降。第二部分 TP_i^{t+1} 为从第 t 期到第 $t+1$ 期生产技术变动值的几何平均数，即从第 t 期到第 $t+1$ 期的技术进步，代表两个时期内生产前沿边界的移动，称为"增长效应"。$TP_i^{t+1} > 1$ 表示技术进步；反之，表示技术衰退。

在假设规模报酬可变（VRS）的条件下，Fare 等将规模报酬不变（CRS）下的技术效率（TEC）分解为 VRS 下的纯技术效率指数和规模效率指数（SEC）的乘积如（16.3）式所示。

$$
\begin{aligned}
TEC_i^{t+1} &= \frac{D_i^{t+1}(x_{t+1}, y_{t+1} \mid C)}{D_i^t(x_t, y_t \mid C)} \\
&= \frac{D_i^{t+1}(x_{t+1}, y_{t+1} \mid C)/D_i^{t+1}(x_{t+1}, y_{t+1} \mid V)}{D_i^t(x_t, y_t \mid C)/D_i^t(x_t, y_t \mid V)} \times \frac{D_i^{t+1}(x_{t+1}, y_{t+1} \mid V)}{D_i^t(x_t, y_t \mid V)} \\
&= \underbrace{\frac{SE_i^{t+1}(x_{t+1}, y_{t+1})}{SE_i^t(x_t, y_t)}}_{SEC_i^{t+1}} \times \underbrace{\frac{D_i^{t+1}(x_{t+1}, y_{t+1} \mid V)}{D_i^t(x_t, y_t \mid V)} TEC_i^{t+1}}_{PEC_i^{t+1}} \\
&= SEC_i^{t+1} \times PEC_i^{t+1}
\end{aligned}
\tag{16.3}
$$

运用数据包络分析（Data Envelopment Analysis，DEA）的非参数分析法求解（16.1）式的四个距离函数和一个凸性假设即可。

（二）数据来源及处理

各省区市国内生产总值来自历年《中国统计年鉴》和各省区市统计年鉴各期，其中重庆 1978—1996 年的 GDP 源于 1991—2009 年各期《重庆统计年鉴》。各省区市的劳动投入数据来自中国统计局网站。各省区市固定资本存量相关数据来自历年《中国统计年鉴》、《历年各省区市统计年鉴》、《新中国五十年统计资料汇编》（1949—1999）、《新中国 55 年统计资料汇编》和《中国国内生产总值核算历史资料》（1952—2004）等。

1. 产出数据

产出数据采用各省区市的 GDP。由以 1978 年为基期的各省区市 1978—2011 年的 GDP 指数和当年 GDP 可以得到以 1978 年为基期的不变价格 GDP。

2. 劳动投入

在全要素生产率分析中，投入数据应当是一定时期内要素提供的

"服务流量"，它不仅取决于要素投入量，而且还与要素的利用效率、要素的质量等因素有关。劳动投入有如下三种指标：（1）劳动者报酬；（2）总劳动时间，通过平均劳动时间乘以就业人数取得；（3）劳动者人数，通常采用就业人数。理想的劳动投入指标应能既反映劳动投入的数量，也反映劳动投入的质量。从这个角度来说，劳动者报酬是比较理想的指标。如果一个国家或地区产业结构相对成熟，就业市场化程度很高，劳动的供给和需求保持着较为稳定的关系，劳动报酬完全由劳动的数量和质量决定。但劳动者报酬存在变量的选择和数据采集的问题，还存在如何才能准确反映价格调整的问题。作为劳动投入，总劳动时间比劳动者人数统计得更细，也更准确，但也不能反映劳动的质量。同时我们国家统计数据并没有劳动小时数的统计，有部分研究者用抽样调查的方式获取劳动时间，其结果可能比采用劳动人数更不准确。因此，多数研究选用劳动者人数即就业人数作为劳动投入。这是因为它能够简明直接地体现劳动投入量的规模，不存在价格调整的问题，统计数据也较容易获得。劳动投入采用中国 30 个省区市 1978—2011 年年末就业人数。

3. 资本投入

资本投入应该采用资本服务值，是一个流量的概念。资本投入量为直接或间接构成生产能力的资本存量，它包括直接生产和提供各种物质产品和劳务的各种固定资产和流动资产，也包括为生活过程服务的各种服务和福利设施的资产。但由于资本的使用者往往是资本的所有者，不存在一个市场化的资本租赁价格对资本的实际使用进行准确的度量。因此通常的做法是用资本存量数据替代资本的流量数据。目前测量资本存量的通用方法是永续盘存法（PIM）。永续盘存法是对历年投资形成的固定资产进行重新估价后，根据所选折旧方式来确定某个资本消耗，按逐年推算的方法计算历年的资本存量总额。对中国的固定资本存量进行的估算比较典型的有贺菊煌（1992）、邹至庄（Chow，1993）、王小鲁和樊纲（2000）及吴延瑞（Wu，2003）。

本报告也采用永续盘存法来计算固定资产存量，计算方法是将第 i 省区市第 t 年的固定资本存量表示为：

$$K_{it} = K_{i,t-1}(1 - \delta) + I_{it} \tag{16.4}$$

其中，I_{it} 是第 i 省区市第 t 年的当年新增固定资产投资，K_{it} 是第 i 省区市第 t 年的固定资本存量，δ 是折旧率。

固定资本存量的确定涉及基年固定资本存量、折旧率、新增固定资产投资和固定资产价格指数等几个方面。

1978 年全国的固定资本存量利用 1952—1978 年的固定资本形成指数，新增固定资产投资和 1952 年的固定资本存量得到并换算成 1978 年价格。① 各省区市的以 1978 年为基期的固定资本存量由 1978 年的全国固定资本存量按当年各省区市占全国全社会固定资产投资的比来确定。

把各省区市的全社会固定资产投资总额按照全国的全社会新增固定资产投资与全社会固定资产投资总额的比换算成各省区市的全社会新增固定资产投资。

通过各省区市与全国的国内生产总值指数的比乘以全国的固定资产价格指数（均以 1978 年为基期）可以得到各省区市以 1978 年为基期的固定资产价格指数，再将各省区市以 1978 年为基期的固定资产价格指数换算成以上一年为 100 的固定资产价格指数，得到 1991 年以前各省区市的固定资产投资价格指数。各省区市 1991 年后的固定资产价格指数直接引用《中国统计年鉴》（2012）中各省区市的固定资产价格指数，再将 1978—2011 年的固定资产价格指数换算成以 1978 年为基期的固定资产价格指数。

由于中国法定残值率为 3%—5%，且现有文献中一般选择折旧率为 5%，本报告也选取折旧率为 5%。

由各省区市 1978 年的固定资本存量、全社会新增固定资产投资、以 1978 年为基期的固定资产价格指数和折旧率，按照永续盘存法就可以计算出 30 个省区市 1978—2011 年以 1978 年为基期的固定资本存量。

四　TFP 的分解及其趋势分析

我们首先关注中国整体经济的全要素生产率增长情况。根据中国 30 个省区市 1978—2011 年的面板数据，利用 Coelli（1996）给出的数据包络分析软件包 DEAP 计量软件，对中国各省区市的经济进行全要素生产率的计算与分解，我们就能得到 1979—2011 年中国各省区市的 Malmquist 生

---

① 1952—1990 年的全国的新增固定资产投资和固定资本形成总额之间的比约为 1，因此可以利用固定资本形成指数来代表固定资产价格指数。

产率指数，包括 TFP 指数、技术效率变化（TEC）、技术进步（TPC）及进一步细分的纯技术效率指数、规模效率指数。

（一）中国全要素生产率增长的变动

我们将 30 个省区市的 TFP 年增长率进行简单平均，得到全国 TFP 平均增长率（见图 16 - 1）。这一结果与通过经济总量得到的全要素生产率增长趋势基本一致，但结果要稍低一些。[①] 考虑到通过经济总量数据得到的 TFP 增长只能反映技术进步，而不能反映技术效率变化情况，用各省区市的平均 TFP 增长结果来反映中国的 TFP 增长情况可能更为客观。

从全国来看，1979—2011 年中国全要素生产率年均增长率为 2.3%，其增长轨迹如图 16 - 1 所示。可以看出，改革开放以来，TFP 年增长率波动较大，最高点为 1992 年的 7.8%，最低点为 1986 年的 - 3.3%。与其他研究相比，本报告中国全要素生产率增长的结果接近已有研究相近阶段的 TFP 增长的平均水平。本报告得出的 1979—1998 年的 TFP 平均增长率为 2.41%，略高于这一期间 Wang 和 Yao（2001）的 2.32%，低于 Chow 和 Li（2002）在 1979—1998 年的 2.68%，与张军与施少华（2003）发现的 1978—1998 年的中国平均 TFP 增长率为 2.8% 要低，但高于 Young（2003）1979—1998 年的 1.4% 和孟令杰等（2004）的 1979—1998 年的 0.84%。在 1979—1995 年和 1996—2001 年本报告的中国的 TFP 平均增长分别为 2.76% 和 0.42%，比郑京海等（2005）认为的中国在 1978—1995 年的 4.6% 要低，但比他们认为的 1996—2001 年的 0.6% 要略高。因此，本报告所得到的数据是可靠的。

Malmquist 指数还可分解为技术效率变化（TEC）和技术进步（TPC）两个部分。我们将这两部分叠加到图 16 - 1，以便与 TFP 增长率进行比较。由图 16 - 1 可见，TFP 和 TPC 表现出高度的相关性，两条曲线的波动时间相当重合，只是 TPC 曲线的震荡更大。这也表明，TFP 的增长主要是依靠技术进步得以实现的。从年均水平来看，技术进步年均增长 3.4%，而技术效率年均变化为 - 1.1%，对全要素生产率增长起主要作用的是技术进步，而技术效率恶化对技术进步起着抑制作用，从而降低全要素生产率的增长。同时，技术效率变化（TEC）表现出与 TFP 和 TPC 基本

---

① 可以参见《宏观经济蓝皮书——中国经济增长报告（2009—2010）》中的《中国全要素生产率增长核算（1978—2008）》一文。

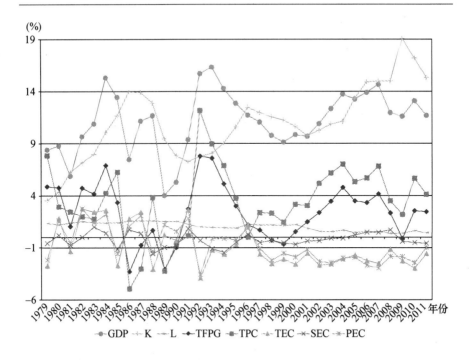

图16-1 中国各省区市 GDP、各要素和 TFP 及子项目平均增长

注：GDP、K、L 表示国内生产总值、固定资本存量、就业人数增长率，TFPG、TPC、TEC、SEC、PEC 分别表示全要素生产率增长、技术进步、技术效率变化、规模效率变化、纯技术效率变化。

相反的变化态势，但其波动要小很多。从水平来看，1989 年前中国各省区市平均技术效率变化波动比较频繁，但技术效率总体处于改善状态。1991 年后技术效率基本处于恶化状态。

进一步看，DEAP 软件还能将技术效率变化分解为纯技术效率指数（PEC）与规模效率（SEC）指数，仍然叠加到图 16-1 与 TFP 增长率进行比较。大致可以看出，纯技术效率变化与技术效率变化曲线基本重合，1979—2011 年中国各省区市的纯技术效率变化趋势是逐步下降，每年以 -0.80% 的速度下降。而规模效率指数变动平均为 -0.30%，1997 年前规模效率变化上下波动，1997—2004 年规模效率变化基本处于恶化状态，但 2005 年后，规模效率变化大部分处于改善状态。

（二）分地区全要素生产率的差异与变动

DEAP 软件直接给出了 1979—2011 年按省区市的 TFP 指数分解，我们可计算出各省区市 1979—2011 年的 TFP 指数及子项目均值（见表 16 - 1）。从计算结果来看，改革开放以来，我国全要素生产率增长呈现出突出的区域不平衡现象。若将全国省区市分为东部、中部和西部三个地区，则全要素生产率增长最快的是东部地区，TFP 平均增长年均为 4.00%，其中尤以上海发展最为迅速，技术进步为 6.40%，而技术效率变动为 0。处于第二位的是中部地区，年均 TFP 增长 1.65%，中部 TFP 对经济增长的贡献仅为 15.88%。处于最后的是西部地区，年均 TFP 增长为 1.16%，西部 TFP 增长对经济增长的贡献仅为 11.18%。

　　进一步比较全要素生产率进行分解后的子项目，可以发现 TFP 增长不平衡的主要原因。我国东部、中部、西部地区的技术进步分别为 4.27%、3.02% 和 2.85%，技术进步本身差别并不是特别显著。

　　比较各省区市的技术效率能得到许多有用信息。1978—2011 年，各省区市中上海的技术效率最高为 100%，江苏的技术效率处于第二位约为 99.03%。1978—2011 年，各省区市平均技术效率在 38.50%—100%，全国平均水平为 66.7%，而 2/3 左右的省区市低于均值，这表明我国各地区省区市技术效率差异非常大。从地区分布来看，技术效率较高的省区市主要集中在东部地区，如上海、江苏、广东等省市，中部地区效率相对较低，效率最低的则是西部地区。东部地区的平均技术效率（78.6%）大于中部地区（63.8%），西部地区技术效率最低（57.0%）。东部地区与中西部地区技术效率相差仍然比较大，区域间存在不平衡的状况。这也与经济发展的实际情况一致。从变动趋势来看，中国的技术效率平均每年以 -1.1% 的速度从 1978 年的 71.2% 下降到 2011 年的 52.2%，这表明中国技术效率在逐渐恶化。这种恶化趋势在东部、中部、西部地区都有反映，东部地区的技术效率平均每年以 -0.26% 的速度从 76.7% 下降到 70.8%，中部地区以年均 -1.33% 的速度从 69.5% 下降到 44.3%，而西部地区则以年均 -1.63% 的速度从 66.8% 下降到 39.4%。西部地区的技术效率的下降速度大于中部，中部地区的技术效率的下降速度大于东部地区。这一恶化的结果是东部与中部、西部地区技术效率差距显著扩大，1978 年东部地区技术效率比中部地区高 10.32%，比西部地区高 14.72%，中部地区比西部地区高 3.99%，而 2011 年东部地区技术效率比中部地区高 60.06%，比西部地区高 79.94%，中部地区比西部地区高 12.42%。因此，中部、西部相对东部地区的技术效率持续恶化导致中部、西部与东部的全要素生产率增长差距扩大。因此，我们可以得出结论认为，支撑中国全要素生产率增长的主要是技术进步，而东部、中部、西部技术效率恶化均对全要素生产率增长起着一定程度的抑制作用。

表 16 - 1　　　　　　中国分区 TFP 指数及分解（1979—2011 年）

地区	编号	TFP指数	技术效率变化	技术进步	纯技术效率指数	规模效率指数	地区	编号	TFP指数	技术效率变化	技术进步	纯技术效率指数	规模效率指数
北京	1	1.023	0.989	1.034	0.989	1.000	河南	16	1.010	0.990	1.020	0.989	1.001
天津	2	1.030	0.995	1.036	1.002	0.993	湖北	17	1.036	0.997	1.039	0.998	1.000
河北	3	1.033	0.990	1.043	0.990	1.000	湖南	18	0.998	0.983	1.016	0.983	1.000
辽宁	6	1.033	0.988	1.045	0.990	0.999	中部平均		1.017	0.987	1.030	0.987	1.000
上海	9	1.064	1.000	1.064	1.000	1.000	内蒙古	5	1.033	0.993	1.040	0.993	1.001
江苏	10	1.036	0.996	1.040	1.000	0.996	广西	20	0.983	0.971	1.013	0.971	1.000
浙江	11	1.039	1.005	1.034	1.005	1.000	重庆	22	0.987	0.973	1.015	0.974	0.999
福建	13	1.036	1.000	1.036	1.000	1.000	四川	23	1.015	0.988	1.027	0.983	1.005
山东	15	1.039	0.998	1.041	0.997	1.001	贵州	24	0.999	0.990	1.009	0.993	0.997
广东	19	1.058	1.013	1.045	1.010	1.003	云南	25	1.001	0.988	1.013	0.990	0.998
海南	21	1.049	0.997	1.052	1.007	0.991	陕西	26	1.024	0.996	1.028	0.997	0.999
东部平均		1.040	0.997	1.043	0.999	0.998	甘肃	27	1.013	0.988	1.026	0.991	0.997
山西	4	1.033	0.987	1.047	0.987	0.999	青海	28	1.014	0.969	1.047	1.000	0.969
吉林	7	1.036	0.991	1.046	0.991	0.999	宁夏	29	1.020	0.977	1.044	1.000	0.977
黑龙江	8	1.026	0.982	1.045	0.982	1.000	新疆	30	1.039	0.988	1.052	0.990	0.998
安徽	12	1.007	0.990	1.017	0.990	1.000	西部平均		1.012	0.984	1.029	0.989	0.995
江西	14	0.986	0.974	1.012	0.974	1.001	全国平均		1.023	0.990	1.034	0.992	0.997

进一步考虑各地区纯技术效率变化与规模效率，可以发现，1979—2011 年，东部地区纯技术效率变化略有下降，为 - 0.09%，而中部和西部地区的纯技术效率均出现较大的下降，分别为 - 1.33%、- 1.07%，而

东部、西部规模效率分别以 -0.15%、-0.55% 的速度下降，中部规模效率增幅为 0.00%。说明从 1979—2011 年，规模效率对东部、西部均对技术效率起着一定程度的抑制作用，但中部地区规模效率平均变化不大。但在 2005—2011 年，东部、中部和西部地区的规模效率都得到了一定程度的改善。

五　TFP 对实际 GDP 增长的贡献分析

（一）中国整体经济的 TFP 增长阶段分析

按照 TFP 增长的趋势，可以把 1979—2011 年的 TFP 增长分成五个阶段（见表 16 - 2），这一阶段的划分和中国经济增长的阶段基本一致。

表 16 - 2　　　　　　　　　中国 TFP 分阶段分解情况　　　　　　　单位:%

时间（年）	技术效率变化	技术进步	纯技术效率变化	规模效率变化	TFP 增长	TFP 贡献率
1979—2011	-1.10	3.40	-0.80	-0.30	2.30	21.16
1979—1984	0.80	3.48	0.75	0.03	4.28	43.53
1985—1992	-0.46	1.28	-0.08	-0.41	0.71	7.57
1993—1999	-1.29	3.64	-0.69	-0.60	2.30	20.48
2000—2007	-2.24	5.60	-2.27	0.03	3.21	30.67
2008—2011	-2.30	3.97	-1.80	-0.50	1.57	16.93

1. 1979—1984 年：TFP 增长上升阶段

这一阶段的 TFP 增长为 4.28%，TFP 增长对 GDP 的贡献为 43.53%。对 TFP 增长起主要作用的是技术进步，为 3.48%，技术效率年均改善 0.80%。技术效率的改善对技术进步起补充作用，从而导致全要素生产率更快地增长。技术效率改善中，主要是纯技术效率改善，纯技术效率变化为 0.75%，同时规模效率则对技术效率起着一定程度的促进作用，为 0.03%。

2. 1985—1992 年：中国 TFP 不稳定增长阶段

1985—1992 年，TFP 增长为 0.71%，TFP 增长对 GDP 的贡献为 7.57%。技术进步为 1.28%，技术效率年均恶化了 -0.46%。技术进步超过了技术效率恶化，从而全要素生产率增长。技术效率中，纯技术效率年均恶化了 -0.08%，规模效率变化则年均恶化了 -0.41%。这一阶段又可以进一步分为 TFP 增长下降和 TFP 增长上升时期。

1985—1989 年，TFP 增长下降时期。TFP 增长为 -0.72%，TFP 增长对 GDP 的贡献为 -7.78%。技术效率年均改善了 -0.36%，技术进步则为 -0.28%。技术的退步和技术效率的恶化，导致全要素生产率增长下降。技术效率中，主要是纯技术效率改善，纯技术效率变化为 0.16%。规模效率变化则对技术效率变化起着抑制作用，为 -0.56%。

1990—1992 年，TFP 增长上升时期。TFP 增长为 3.10%，TFP 增长对 GDP 的贡献为 32.02%。对 TFP 增长起主要作用的是技术进步，技术进步了 3.87%，技术效率变化为 -0.63%。技术进步超过了技术效率的下降，从而促进了全要素生产率增长。说明这一阶段技术效率改善乏力，技术效率变化中，纯技术效率变化为 -0.47%，规模效率变化为 -0.17%。

3. 1993—1999 年：TFP 增长回落阶段

虽然这一阶段的 TFP 增长一直在下降，但这一阶段的 TFP 年均增长仍然为 2.30%，TFP 增长对 GDP 的平均贡献为 20.48%。对 TFP 增长起主要作用的是技术进步，技术进步为 3.64%，技术效率变化为 -1.29%。技术进步超过了技术效率的下降，全要素生产率得以增长。说明这一阶段技术效率改善乏力，已呈恶化状态。技术效率变化中，纯技术效率变化为 -0.69%，规模效率变化为 -0.60%，均对技术效率改善起着抑制作用。

4. 2000—2007 年：TFP 相对稳定增长的阶段

这一阶段的 TFP 增长达到了 3.21%，其主要原因是技术进步率达到了 5.6%，为历史最高水平，但技术效率变化为 -2.24%，抑制了技术进步。技术效率变化中，纯技术效率变化为 -2.27%，规模效率变化为 0.03%。

5. 2008—2011 年：TFP 结构性下降阶段

这一阶段 TFP 有大幅回落，仅为 1.57%，虽然技术进步仍保持了 3.97% 的水平，但技术效率变化也高达 -2.30% 的水平。而且从技术效率变化的分指标看，纯技术效率变化与规模效率变化均为负值，分别为 -1.8% 和 -0.50%。

（二）中国经济各阶段 TFP 变动的原因

由于 TFP 度量了包括除生产要素投入之外的所有其他因素的作用，

引起中国经济 TFP 波动的原因既包括由 TP 所衡量的生产技术进步，也包括由制度/政策、生产组织方式与资源配置方式等决定的技术效率。对于中国而言，我们很容易找到引起技术进步参数变动的原因。例如，宏观调控政策导致的资源配置方式发生的变化，可能是引起中国经济各阶段 TFP 变动的一个重要原因。改革开放以来，中国一共进行了五次控速降温的宏观调控，时间段分别是 1979—1984 年、1985—1992 年、1993—1999 年、2000—2007 年、2008—2011 年，这和中国相应阶段的 TFP 增长的下降惊人地吻合。下面我们分阶段分析 TFP 变动的主要原因。

1. 1979—1984 年：TFP 增长上升阶段

这一阶段全要素生产率快速增长最重要的原因可能是当时的经济体制改革带来了生产技术的进步与资源配置的优化。首先，家庭联产承包责任制的实行提高了农业生产劳动力配置的效率，提高了农民运用于改进农业生产技术的积极性，从而提高了农村生产力水平。这一阶段产业结构变动的显著特点是第一产业占国民生产总值的比重迅速上升。1984 年，第一产业的比重达到 32%，比 1978 年的 28% 提高了 4 个百分点。同期第二产业下降了 5 个百分点，第三产业只上升了 1 个百分点。这说明中国农村和农业改革极大解放了农业生产力，推动了第一产业的发展，资源配置向第一产业的倾斜。其次，农业生产力水平的提高造就了大批农村富余劳动力，促进了非农产业的兴起，乡镇企业得到迅猛发展，使经济结构得以优化，从而进一步促进了整个经济效率的提高。再次，城市工商企业放权让利的改革也在一定程度上赋予了企业一定的生产自主权，促进了工业企业生产技术与生产效率的改善。在这一时期，纺织轻工等消费品工业也取得了很大发展，满足了市场需要，但重工业处于调整之中。最后，个体经济的发展获得了合法的地位，市场配置资源的能力逐渐得到建立和发展。从1978—1984 年，个体经济的存在和发展逐渐得到许可。1982 年通过的《中华人民共和国宪法》规定"在法律规定范围内的城乡劳动者个体经济，是社会主义公有制经济的补充。国家保护个体经济的合法的权利和利益。国家通过行政管理，指导、帮助和监督个体经济"，个体经济由此获得了合法的地位。这种在国有经济外部率先推进的"外线发展战略"极大地促进了非国有经济的发展，并促进了整个国民经济的快速增长。

2. 1985—1992 年：中国 TFP 增长不稳定阶段

这一时期中国经济处于一个调整期，由于农业经济体制改革带来的资源配置效率已经到位，农业生产效率缺乏进一步改善的条件。乡镇企业发展速度明显放慢，技术进步缓慢，对 GDP 的贡献明显降低，同时吸纳农业剩余劳动力的能力也趋于减弱。以 1984 年 10 月《中共中央关于经济体制改革的决定》为标志，中国经济体制改革开始由农村转向城市，改革在城市经济生活的各个层次上展开，而包括价格双轨制改革、企业经营体制改革在内的各种改革似乎并没有起到优化资源配置的作用，但调动了大量资本进入生产，经济增长率与 TFP 增长率明显拉开差距，这表明经济增长主要由要素投入（主要是资本）推动。大量资本包括外资投入到经济中，使得经济出现了局部投机与过热，随后的治理整顿措施又使得企业信贷资金不足，难以投入资源进行技术进步，从而抑制了技术进步。同时，双轨制造成大面积"寻租"行为，引发社会不满，也损害了生产的组织效率，这些因素综合在一起，造成 TFP 增长乏力。但 1989 年后，随着政治与社会逐渐稳定，经济增长与 TFP 都得到了超高速增长，并于1992 年达到了中国经济增长的最高峰。

3. 1993—1999 年：TFP 增长回落阶段

由于 1992 年来经济出现投资泡沫与经济过热现象，政府实行了软着陆的宏观调控政策，在短期内使得经济增长和 TFP 增长都逐渐回落。同时，中共十四大提出建设社会主义市场经济，并提出了明确的改革目标与战略部署，从而由自发改革转变到自觉改革，从帕累托改进型的普惠式改革转向了带有利益再分配性质的改革，如财政体制改革、国有企业减员增效改革等，使得以导致生产中的技术进步大幅下滑，从而导致了 TFP 的下降。

4. 2000—2007 年：TFP 增长相对稳定阶段

这一阶段是中国经济城市化、工业化双引擎带动经济高速增长的阶段，也是中国快速融入全球分工格局成为世界工厂的重要阶段。城市化水平快速提高，2008 年城市化率为 45.68%，年均增长 1.21 个百分点。近七年的城市化率增长速度大大超过了 20 世纪八九十年代的增长速度。中国各种发展资源快速向城市集中，城市化水平的提高直接提升了第三产业对经济增长的贡献度和产业的效率，通过城市的"规模经济"推动城市的快速膨胀并进而拉动经济增长。同时，2001 年中国加入世界贸易组织，中国前期积累下来的资本和劳动力供给结合产生的巨大产能迅速被全球市场所吸收，出口成为中国经济增长的重要引擎。在国外市场需求与外资企业示范的双重影响下，企业生产技术水平迅速得到提高，生产要素配置得到改善，从而使得中国经济 TFP 稳步提升，造就了这一时期中国经济的傲人成绩。

5. 2008—2011 年：结构性减速阶段

2008 年爆发的美国次贷危机和随后的欧洲主权债务危机重挫了中国的出口，中国经济增长率大幅下降。相应的，由于出口受阻，经济中生产技术与配置效率也都有所下降。虽然中国政府采取了各种经济政策应对外来冲击，但即便是 4 万亿元支出的财政政策也收效甚微，技术进步有限，技术效率反而有所下降，导致 TFP 增长乏力，直至 2011 年才有所好转。更重要的是，此次经济减速暴露了经济中存在的许多结构性问题，如国有企业与民营企业在资金可得性上的巨大差异，导致资本配置的无效率，从而使技术效率乃至 TFP 增长水平难以上升。

（三）各阶段地区经济增长与 TFP 变动态势

从各地区情况来看，TFP 增长呈现出高度的地区不平衡与时间演化的特征。一方面，同一年度各地区 TFP 增长有着较大的不同，东部、中部、西部地区差异明显；另一方面，各年度全国各地区 TFP 增长率的分布情况也有较大的差异，不同时期有不同省区市或地区保持最高或最低的增长率。我们同样根据上面的阶段性分析计算出各地区在五个阶段的 TFP 增长率、TPC 和 TEC 增长率，现将有关情况概述如下：

第一阶段（1979—1984 年）：虽然从总计上看，东部地区总体比中西部地区快，但这一阶段 TFP 增长最快的省区市并非北京、上海，而是浙江、福建、湖北、河南、安徽等地，这些地区大都有着较大规模的农业，因而农村经济体制改革与乡镇企业的发展很容易就给当地带来了较快的经济效率的改善。从 TFP 的细分项目来看，这些增长最快的省区市都拥有较高的 TEC 增长率水平（3% 以上），另有许多中西部省区市也保持了相当高水平的 TEC 增长率水平，贵州甚至达到了 6%，这充分表明，以农村经济体制改革为代表的改革开放政策显著优化了经济资源的配置与经济效率的发挥。与此同时，以上海为龙头的一些省区市保持了高速的技术进步（4% 以上），这也表明改革开放政策调动了生产者的积极性，提高了总体的生产技术水平。

第二阶段（1985—1992 年）：与前一阶段各省区市普遍增长的乐观形势不同，本阶段各省区市 TFP 增长表现出巨大的差异性。广东省的 TFP

增长水平远超过其他省区市，而且该省的技术进步与技术效率变化都保持了3%以上的高水平，与之相对照的广西则在两个指标上都保持了近－2%的增长，导致广西在这一阶段处于最低的增长水平。全国其他省区市大都位于两个省区市之间，大体上是东部能保持2%以上的TFP增长率（主要是广东、上海、福建等地的功劳），而中西部地区都有所下降。许多省区市，特别是中西部地区省区市，出现了显著的技术效率下降现象。

第三阶段（1993—1999年）：这一阶段鲜明地体现出了东部、中部、西部地区的重要差异，广东、上海两地领跑全国TFP增长，东部地区保持了平均4%以上的TFP增长率，而中部地区只能达到2%左右，而西部地区显然没能保持显著增长，这充分说明了区域差距的形成。但值得注意的是，宁夏、青海、新疆等西部地区的技术进步达到了6%左右的高水平，这有可能是当时西部能源开发带来的技术进步，但这些地区的技术效率则非常不理想，均为－3%，这使得这些地区的经济增长质量不容乐观。虽然所有省区市都实现了一定程度的技术进步，但技术效率恶化的省区市数量进一步扩大，从而造成了东中西部地区的生产率差异。

第四阶段（2000—2007年）：这一阶段TFP增长的地区差异进一步拉大，东部地区平均TFP增长率为5.74%，是中部地区1.87%的3倍，是西部地区1.15%的5倍。TFP增长率最高的上海达到了8.5%，而TFP增长率最低的江西省低至－4.11%。从这一阶段技术变迁来看，各地区技术水平都得到较大提高，虽然中西部地区技术进步指数要低于东部，但TFP的巨大差异主要是由技术效率变化所造成的。中部地区和西部地区的技术效率都有大幅度的恶化，几乎所有地区都有不同程度的恶化，但中部、西部地区技术效率变化分别达到了－2.85%和－3.28%，这表明在这一段时期，虽然经济得到高速增长，但这一段时期的全球化红利与城市化高速发展隐含了增长效率低的严重风险。

第五阶段（2008—2011年）：这一阶段的地区差异有了新的特点。首先，受全球金融危机的影响，大部分省区市TFP增长率有一定程度下降，特别是华北、东北的东部地区省区市下降特别厉害，其背后的原因主要是这些地区的技术效率恶化非常严重。但是，一些西部地区，如重庆、四川、陕西、宁夏等TFP增长率远高于东部平均水平，这使得西部地区TFP增长率与东部地区差距缩小，这主要原因是它们的技术进步已与东部地区相当，而技术效率变化也不太大，甚至四川、重庆两省的技术效率变化显著为正，这很有可能表明国家西部大开发战略在四川和重庆等地有明显的成效。

（四）TFP 增长对 GDP 增长的贡献

随机前沿分析法还能得到各省区市的资本和劳动的产出弹性。更有趣的是，这一产出弹性是随时间变化而变化的，因而比采用计量方法得到的固定不变的产出弹性要更符合中国这种发展中国家经济增长伴随着结构变迁的经验事实。我们计算出全国资本和劳动产出弹性，并将两项弹性加总（见图 16-2），发现资本产出弹性由 0.428 逐渐提高到 0.529，这一数值与其他文献通过计量等方法所得到的资本产出弹性要低，而劳动产出弹性由 0.444 降低到 0.409，比其他文献所得到的弹性要高，而两者之和显著小于 1，表明经济中存在着规模不经济。虽然这些数值与前人研究有所不同，但这也许正好反映了随机前沿分析方法对现实更为准确的发掘。

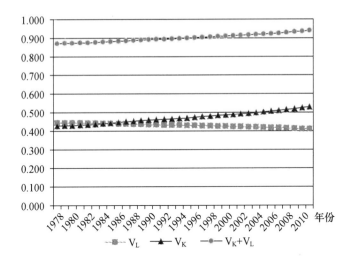

注：V_K 为资本产出弹性；V_L 为劳动产业弹性；$V_K + V_L$ 为两者之和。

图 16-2　1978—2011 年资本和劳动产出弹性

在资本和劳动产出弹性得到之后，我们可以分别计算出 TFP、资本和劳动对于 GDP 增长的贡献比例。TFP 的贡献可以简单通过求得 TFP 增长率与 GDP 增长率的比值得到，而资本贡献比例则需要利用索洛的计算公式，计算资本份额与资本增长率之乘积所占总产出增长率的比例，劳动贡献比例方法类似，在只有资本和劳动两种生产要素的情形中，资本、劳动和 TFP 的贡献比例之和应为 1。但由于在随机前沿分析方法中，我们得到的资本份额与劳动份额之和并不为 1，因此，在计算中，我们在计算出 TFP 贡献之后，将剩余部分根据资本份额与资本增长率之乘积（即 $\alpha \dot{K}$）与劳动份额与劳动增长率之乘积（即 $\beta \dot{L}$）按比例分摊，则得到资本和劳动的贡献份额。TFP 增长、资本和劳动对 GDP 的贡献率如图 16 - 2 和表 16 - 3 所示。

表 16 - 3　TFP 增长、资本和劳动对 GDP 贡献率（1979—2011 年）

年份	GDP 增长率	K 产出弹性	L 产出弹性	K 贡献率	L 贡献率	TFP 贡献率	TP 贡献率	TEC 贡献率
1979	8.4	0.428	0.444	30.2	11.8	58.0	93.4	- 35.4
1980	8.8	0.429	0.443	35.6	10.1	54.3	33.4	20.9
1981	5.9	0.431	0.442	67.2	15.2	17.6	41.5	- 23.9
1982	9.7	0.433	0.442	42.0	9.0	48.9	20.4	28.5
1983	10.9	0.436	0.441	52.5	9.2	38.3	15.9	22.4
1984	15.3	0.438	0.440	48.4	6.5	45.1	27.6	17.5
1985	13.4	0.442	0.439	67.2	7.9	24.9	46.5	- 21.6
1986	7.5	0.446	0.437	130.1	14.1	- 44.2	- 66.3	22.1
1987	11.2	0.449	0.436	96.3	10.6	- 6.8	- 27.3	20.5
1988	11.7	0.453	0.435	84.4	9.9	5.7	32.8	- 27.1
1989	4.0	0.455	0.434	153.6	23.2	- 76.8	- 80.7	3.9
1990	5.3	0.458	0.433	100.2	18.4	- 18.6	- 12.6	- 6.1
1991	9.4	0.460	0.433	61.3	9.7	29.0	1.6	27.4
1992	15.7	0.462	0.432	45.0	5.4	49.6	77.6	- 28.0
1993	16.3	0.464	0.431	48.2	5.2	46.5	54.9	- 8.4
1994	14.3	0.467	0.430	58.6	5.4	35.9	48.1	- 12.2
1995	12.9	0.470	0.429	71.3	5.4	23.3	29.1	- 5.8
1996	11.7	0.473	0.428	82.6	7.3	10.1	0.1	10.0
1997	11.1	0.476	0.427	86.4	7.5	6.1	21.2	- 15.1
1998	9.8	0.479	0.426	94.7	8.4	- 3.1	23.5	- 26.5
1999	9.1	0.482	0.425	98.8	8.5	- 7.3	15.6	- 23.0
2000	9.9	0.485	0.424	86.2	8.4	5.3	32.0	- 26.7
2001	9.7	0.488	0.423	79.0	5.8	15.1	31.3	- 16.2

年份	GDP 增长率	K 产出弹性	L 产出弹性	K 贡献率	L 贡献率	TFP 贡献率	TP 贡献率	TEC 贡献率
2002	10.9	0.491	0.422	75.0	3.5	21.5	47.4	−25.8
2003	12.3	0.494	0.421	69.1	2.9	28.0	49.8	−21.8
2004	13.7	0.498	0.420	62.0	3.1	34.9	51.1	−16.2
2005	13.3	0.501	0.419	71.6	2.0	26.4	40.1	−13.8
2006	13.9	0.506	0.417	73.9	2.2	23.9	40.9	−16.9
2007	14.7	0.510	0.416	69.7	2.0	28.3	46.5	−18.1
2008	12.0	0.514	0.414	79.2	1.5	19.3	29.2	−9.9
2009	11.6	0.520	0.413	99.6	1.6	−1.1	18.7	−19.9
2010	13.1	0.524	0.411	78.5	2.2	19.3	43.2	−23.9
2011	11.7	0.529	0.409	77.6	1.7	20.8	35.2	−14.4

（五）各阶段地区经济增长贡献分析

我们求出各省区市 TFP 水平在各阶段对 GDP 增长率的贡献率。我们只列出各省区市 TFP、TP 对 GDP 增长率的贡献率，TEC、SEC、PEC 的贡献可用类似方法求出，并列出资本的贡献率作为比较①，L 的贡献率也可通过简单计算得到。我们可以观测到以下事实，仍根据五个阶段进行划分。

第一阶段（1979—1984 年）：这一阶段各省区市 TFP 对经济增长的贡献保持在相当高的水平，东部、中部、西部地区分别达到了 55.85%、47.35% 和 34.92%，进一步观察技术进步的贡献，可以发现东部地区的技术进步的单项增长贡献甚至都大于资本贡献率，而中西部地区技术进步也有很高水平的贡献。同时，东部、中部、西部地区的资本贡献率也都保持在相当高的水平，特别是西部地区达到了 52.12%。这表明，改革开放政策既带来了较快的技术进步与资源配置优化，也促进了各地区的资本积累，这是该时期中国经济普遍得到较快增长的内在原因。

第二阶段（1985—1992 年）：这一阶段 TFP 对经济增长的贡献整体水平都大幅降低，并呈现出较大的地区差异，东部、中部、西部地区的贡献

---

① 由于各种波动冲击的存在，年度数据中各省区市的贡献存在较大的波动，因而分阶段的贡献分析要比分年份的更有说服力。

率分别为 23.46%、- 3.77% 和 - 0.95%，许多西部地区由于 TFP 增长率为负导致 TFP 贡献份额也大幅低于 0。这一地区差异主要来自技术进步的贡献差异与中部、西部地区技术效率的恶化。这一结果导致了各地区特别是中部、西部地区经济增长主要依靠资本的贡献，东部、中部、西部地区资本贡献度分别高达 67.09%、42.91% 和 52.12%，这与经济起飞时期需要大量资本、资本回报率/边际产出高的阶段性特征非常吻合。正是这一阶段对资本的巨额需求，造成了 1992 年后经济过热现象。这也有可能源于中部、西部地区的制度与政策环境不利于经济增长，导致其全要素生产率贡献为负。这一时期的另一个显著特征是，劳动要素也在这一时期发挥了重要的作用，达到历史的最高水平，中部、西部地区分别达到了 16.36% 和 14.92%，这正是中国经济中人口红利的重要体现。

第三阶段（1993—1999 年）：这一阶段各地区 TFP 贡献率都有大幅上升，区域差距进一步拉大，东部地区贡献率达到近 40%，而中部、西部地区仅为东部地区的 1/2 和 1/4 水平，这种差距也是技术进步的差距与中西部技术效率恶化的共同作用结果。虽然中部、西部地区平均 TFP 贡献率已经为正，仍有部分省区市严重为负，特别是广西、重庆等地由于技术效率相对于东部地区严重恶化，中西部地区仍然依赖资本投入。

第四阶段（2000—2007 年）：这一阶段各地区 TFP 贡献率较上一阶段相比没有太大变化。东部地区由于中国加入世界贸易组织以来 TFP 增长率进一步提高，TFP 对经济增长的贡献也达到了历史最高水平，东部地区平均水平达到了近 1/2，上海甚至达到了 98.77% 的最高水平。东西部地区没有太大的变化，只是增长率为负的省区市发生了一些变化，如江西成为 TFP 贡献度最低的省区市，为 - 40.44%。中西部地区仍然依靠资本投入维持经济增长，相对于东部地区的 45.77% 的平均水平，中西部地区分别达到了 72.72% 和 79.57% 的高水平。

第五阶段（2008—2011 年）：这一阶段由于全球金融危机的影响，许多东部地区和中部地区的 TFP 贡献率大幅下降，特别是北京、天津、辽宁、吉林、广东、江苏等地的下降极为明显，上海、浙江等地降幅不大，使得东部地区仍然维持在 25% 左右的水平，而中部地区剧降为 5.86%，西部地区有所上升，为 15.09%。各地技术进步贡献基本相同，这表明国家应对金融危机的"四万亿元"调控政策特别是旨在促进区域平衡的基础建设等政策措施起到了一定的作用，外需减少导致内需更为重要，从而使区域发展更趋平衡。但中部、西部特别是中部地区的技术效率严重恶化，是造成 TFP 贡献份额低下的主要原因。相应的，各地区资本贡献率都保持相当高的水平，东部、中部、西部地区分别达到了 69%、84% 和 77% 的高水平，这应该与"四万亿元"应对危机的调控政策有关。但这一阶段各地区的技术效率都有显著恶化，可能表明应对危机的"四万亿元"投资效率并不理想。

六　TFP 增长对潜在增长率与波动的影响

（一）TFP 增长与 GDP 增长率的 HP 滤波与分解

将各省区市 GDP 增长率水平进行 HP 滤波，得到去除趋势值的经济波动，而将实际增长率与波动相减还原得到的趋势值，则是经济增长所关注的潜在增长率。在滤波时，我们采用通行的 $\lambda = 100$，但采用其他数值如 $\lambda = 25$ 也不会对结论造成显著差异。同样，将各省区市 TFP 增长率进行 HP 滤波，也能得到 TFP 的趋势值和波动值。由于全国 TFP 与 GDP 增长率都是各省区市的加总，而进行滤波和分解就是为了得到更为细致的结论，因而本节只关注各省区市的情况。我们将各省区市 1979—2011 年五个阶段 GDP 增长率与 TFP 增长率的波动与趋势值进行相关分析，则可以看出 TFP 值的增长与波动对于 GDP 的增长与波动的相关性。由于劳动供给数据波动较小，资本增长率则有一定波动，可能会影响经济增长的长期趋势与波动，因此我们也将资本增长率进行 HP 滤波，并计算资本增长率与 GDP 增长率的长期趋势与短期波动的相关系数，作为与 TFP 增长的比较。

（二）各地区 TFP 增长对 GDP 波动的影响分析

将全国 TFP 平均增长率与汇总各省区市 GDP 加总计算的经济增长率进行比较可以看出，全国 TFP 与 GDP 高度相关。从 1979—2011 年整个时期来看，除湖南外，各省区市的相关系数都在 0.7 以上，特别是在 1979—1999 年这一时期，没有一个省区市的相关系数为负。到了 2000 年后，一些省区市 TFP 波动与 GDP 波动的相关系数下降，一些省区市甚至出现负相关，特别是 2008 年后出现负相关的省区市更多了。这表明，在一些省区市，TFP 对于经济增长的影响逐渐被资本等其他生产要素的影响抵消。作为对比，可以看出，资本增长率的波动与 GDP 增长率波动之间的相关系数较小且不够稳定，呈现出无规律的状态。这一结果充分表明，技术冲击、政策冲击等对 TFP 有直接影响的经济活动对于中国各地区经济增长波动有着决定性的影响，技术进步与政策变化能直接带来短期经济增长的提高或下降，这印证了实际经济周期的理论预测。

（三） TFP 增长对 GDP 潜在增长率的影响

可以看出，就整体而言，TFP 增长趋势与 GDP 增长有一定的相关关系，但这一相关关系并不是在全部时间段内都是一致的。这是因为在某些时间段里，经济增长伴随着 TFP 增长率的显著下降，经济增长主要是由资本增长所推动的。因此从 TFP 增长趋势与 GDP 增长趋势的相关性中我们可以大致看出，1979—1984 年、2000—2007 年和 2008—2011 年三个时间段里，TFP 与 GDP 两者的增长趋势相关性最低。

若同时考虑资本增长趋势与 GDP 增长趋势的相关系数，则可以看出，TFP 与资本对于 GDP 潜在增长率的影响是互补的，当 TFP 与 GDP 增长趋势的相关系数较高时，资本与 GDP 增长趋势的相关系数则较低；反之亦然。这种趋势不仅体现在整体趋势上，对于绝大部分时期大多数省区市也都是如此。这一结果也印证了经济增长理论中有关资本和技术进步及制度等因素都是经济长期增长的决定因素这一命题。

从各省潜在增长率曲线的形态来看，2008 年以来，许多省区市的潜在增长率呈现出下降趋势，如何提高潜在增长率对于保证经济长期稳定增长至关重要。由于 TFP 与资本的提高都能显著提高潜在增长率，则由于随着中国经济中资本存量的增加，资本回报率逐渐降低，对于经济增长的推动作用逐渐减弱，只有不断通过制度改革、技术研发等方式提升技术水平，优化资源配置，才能保持经济的长期持续增长。

七 结 论

本报告重新估算 1978—2011 年中国 30 个省区市资本、劳动与实际产出数据，按照全国总的就业对各省区市就业进行了调整，这样得出的结果更能反映各省区市就业实际。基于这一面板数据，本报告采用了非参数的 Malmquist 生产率指数法估算了各省区市各年度全要素生产率水平、各年度资本与劳动要素份额等变量及其变化情况，将全要素生产率分解为技术进步和技术效率变化，并将后者进一步分解为规模效率变化与纯技术效率。研究发现，1979—2011 年中国全要素生产率的平均增长为 2.3%，TFP 增长对 GDP 增长的贡献为 21.16%。技术进步年均增长 3.4%，技术效率变化年均为 -1.1%。1979—2011 年对全要素生产率增长起主要作用的是技术进步，而技术效率的恶化对全要素生产率增长起着抑制作用。从各省区市情况来看，改革开放以来，我国全要素生产率增长呈现出突出的区域不平衡现象，东部、中部和西部地区各省区市全要素生产率增长差异明显。各地区技术进步本身差别并不是特别显著，技术进步是各地区全要素生产率增长的主要支撑力量。但各地区技术效率差异非常大，中、西部相对东部地区的技术效率相对东部地区的持续恶化，是导致中、西部与东部的全要素生产率增长差距扩大的主要原因。

按照 TFP 增长的趋势可以把 1979—2011 年 TFP 增长分成 1979—1984 年、1985—1992 年、1993—1999 年、2000—2007 年和 2008—2011 年五个阶段，分别对应于 TFP 的上升、不稳定增长、回落、相对稳定增长与结构性下降。在这五个阶段，改革开放以来的制度改革、资源配置优化与技术进步 TFP 的高速增长。根据 TFP 增长率与要素份额及要素增长率，本报告估算了 TFP 及其子项目对经济增长的贡献，发现技术进步与技术效率变化对经济增长有重要的贡献，但随着资本对中国经济增长贡献的增大，许多地区的 TFP 增长率甚至绝对水平下降，特别是技术效率变化与纯技术效率的恶化，经济增长日益依靠不断扩大的资本。

本报告进一步将 TFP 增长率和 GDP 增长率用 HP 滤波分解为增长趋势和波动，分别审视了两个增长和波动序列不同时期的相关系数，以探讨各地区 TFP 对经济增长与波动的影响，并将资本增长率与 GDP 增长率的相关系数进行比较，发现 TFP 的波动与 GDP 的波动高度相关，印证了实际经济周期的理论判断，而 TFP 的长期趋势与资本增长率的长期趋势互补，分别与 GDP 的长期趋势即潜在增长率保持一定程度的相关性，这与经济增长理论中有关资本和 TFP 都能提高潜在增长率的理论判断一致。由于 2008 年以来，许多省区市的潜在增长率开始下降，资本对经济增长的推动作用逐渐减弱，只有不断通过制度改革、技术研发等方式提升技术水平，优化资源配置，不断提升 TFP 水平，才能保持经济的长期持续增长。

参考文献

[1] Borensztein, E. and J. D. Ostry (1996) Accounting for China's Growth Performance. *The American Economic Review*, 86 (2), pp. 224 – 228.

[2] Bosworth, B. and S. M. Collins (2008) Accounting for Growth: Comparing China And India. *Journal of Economic Perspectives*, 22 (1), pp. 45 – 66.

[3] Brandt, L., Xiaodong Zhu (2010) Accounting for China's Growth. IZA Discussion Paper No. 4764.

[4] Caves, D. W. C., L. R., Diewert, W. E. (1982) The Economic Theory of Index Numbers and The Measurement of Input, Output and Productivity. *Econometrica: Journal of the Econometric Society*, pp. 1393 – 1414.

[5] Charnes, A. C., W. W., Rhodes, E. (1978) Measuring The Efficiency of Decision Making Units. *European Journal of Operational Research*, 2 (6), pp. 429 – 444.

[6] Chow, G. C. and K. W. Li (2002) China's Economic Growth: 1952 – 2010. *Economic Development and Cultural Change*, 51, pp. 247 – 256.

[7] Chow, G. C. (1993) Capital Formation and Economic Growth in China. *The Quarterly Journal of Economics*, 108 (3), pp. 809 – 842.

[8] Ezaki Mitsuo, Sun, L. (1999) Growth Accounting in China for National, Regional and Provincial Economies: 1981 – 1995. *Asian Economic Journal*, 13 (1), pp. 39 – 71.

[9] Fare, R., Grosskopf, S., Norris, M., Zhang, Z. (1994) Productivity Growth, Technical Progress and Efficiency Change in Industrialized Countries. *American Economic Review*, 84 (1), pp. 66 – 83.

[10] Fare, R., Grosskopf, S. and Lovell, C. A. K. (1994) *Production Frontiers*. Cambridge, Cambridge University Press.

[11] Guillaumont, Jeanneney S., Hua, P. (2003) Real Exchange Rate and Productivity in China. 4th International Conference on the Chinese Economy. *The Efficiency of China's Economic Policy*, pp. 23 – 24.

[12] Islam, N. and E. Dai, Alternative Estimates of TFP Growth in Mainland China: An Investigation Using the Dual Approach. in the 9th International

Convention of the East Asian Economic Association (EAEA) 2004.

[13] Jinghai Zheng, A. Hu (2004) An Empirical Analysis of Provincial Productivity in China (1979 – 2001). Goteborg, Department of Economics.

[14] Kalirajan, K. P., Obwona, M. B., Zhao, S. (1996) A Decomposition of Total Factor Productivity Growth: The Case of Chinese Agricultural Growth Before and After Reforms. *American Journal of Agricultural Economics*, 78 (2), pp. 331 – 338.

[15] Krugman, P. (1994) The Myth Of Asia's Miracle. *Foreign Aff.*, 73, p. 62.

[16] Malmquist, S. (1953) Index Numbers and Indifference Curves. *Trabajos de Estatistica*, 4 (1), pp. 209 – 242.

[17] Ozyurt, S. (2009) Total Factor Productivity Growth in Chinese Industry: 1952 – 2005. *Oxford Development Studies*, 37 (1), pp. 1 – 17.

[18] Wang, Y. and Y. Yao (2003) Sources of China's Economic Growth, 1952 – 1999: Incorporating Human Capital Accumulation. *China Economic Review*, 14 (1), pp. 32 – 52.

[19] Woo, W. T. (1998) Chinese Economic Growth: Sources and Prospects. *The Chinese Economy*, pp. 17 – 47.

[20] World Bank (1997) China 2020: Development Challenges in The New Century. Washington D. C., The World Bank.

[21] Wu, Y. (2003) Has Productivity Contributed To China's Growth. *Pacific Economic Review*, 8 (1), pp. 15 – 30.

[22] Young, A. (1992) A Tale of Two Cities: Factor Accumulation and Technical Change in Hong Kong and Singapore. NBER Macroeconomics Annual, 7, pp. 13 – 54.

[23] Young, A. (1995) The Tyranny of Numbers: Confronting The Statistical Realities of The East Asian Growth Experience. *The Quarterly Journal of Economics*, 110 (3), pp. 641 – 680.

[24] Young, A. (2000) The Razor's Edge: Distortions and Incremental Reform in The People Republic of China. *Quarterly Journal of Economics*, CXV.

［25］ Young, A. (2003) Gold Into Base Metals: Productivity Growth in The People's Republic of China During The Reform Period. *Journal of Political Economy*, 111 (6), pp. 1220 – 1261.

［26］ Yuxin Zheng (2005) Productivity Performance in Developing Countries. Working Paper.

［27］ 郭庆旺、贾俊雪：《中国全要素生产率的估算：1979—2004》，《经济研究》2005 年第 6 期。

［28］ 贺菊煌：《我国资产的估算》，《数量经济技术经济研究》1992 年第 9 卷第 8 期。

［29］ 肯尼思·L. 卡芬、理查德·G. 李普西：《生产率、技术和经济增长》，载《经济增长研究综述》，长春出版社 2009 年版。

［30］ 孟令杰、李静：《中国全要素生产率的变动趋势》，2004 年，第四届中国经济学年会入选论文。

［31］ 沈坤荣：《1978—1997 年中国经济增长因素的实证分析》，《经济科学》1999 年第 4 期。

［32］ 孙琳琳、任若恩：《中国资本投入和全要素生产率的估算》，《世界经济》2005 年第 28 卷第 12 期。

［33］ 涂正革、肖耿：《中国的工业生产力革命——用随机前沿生产模型对中国大中型工业企业全要素生产率增长的分解及分析》，《经济研究》2005 年第 3 期。

［34］ 王小鲁：《中国经济增长的可持续性与制度变革》，《经济研究》2000 年第 7 期。

［35］ 王小鲁、樊纲：《中国经济增长的可持续性》，经济科学出版社 2000 年版。

［36］ 吴延瑞：《生产率对中国经济增长的贡献：新的估计》，《经济学》（季刊）2008 年第 3 期。

［37］ 谢千里、罗斯基、郑玉歆、王莉：《所有制形式与中国工业生产率变动趋势》，《数量经济技术经济研究》2001 年第 3 期。

［38］ 徐现祥、舒元：《基于对偶法的中国全要素生产率核算》，《统计研究》2009 年第 26 卷第 7 期。

［39］ 颜鹏飞、王兵：《技术效率，技术进步与生产率增长：基于 DEA 的实证分析》，《经济研究》2004 年第 12 期。

［40］叶裕民：《全国及各省区市全要素生产率的计算和分析》，《经济学家》2002 年第 3 期。

［41］岳书敬、刘朝明：《人力资本与区域全要素生产率分析》，《经济研究》2006 年第 41 卷第 4 期。

［42］张军、施少华：《中国经济全要素生产率变动：1952—1998》，《世界经济文汇》2003 年第 2 期。

［43］张自然：《中国生产性服务业 TFP 变动分解》，《贵州财经学院学报》2008 年第 2 期。

［44］张自然：《中国生产性服务业的技术进步研究——基于随机前沿分析法》，《贵州财经学院学报》2010 年第 2 期。

［45］章祥荪、贵斌威：《中国全要素生产率分析：Malmquist 指数法评述与应用》，《数量经济技术经济研究》2008 年第 25 卷第 6 期。

［46］赵伟等：《全要素生产率变动的分解——基于 Malmquist 生产力指数的实证分析》，《统计研究》2005 年第 7 期。

［47］郑京海、胡鞍钢：《中国改革时期省际生产率增长变化的实证分析（1979—2001 年）》，《经济学》2005 年第 4 卷第 2 期。

［48］郑玉歆：《全要素生产率的测度及经济增长方式的“阶段性”规律：由东亚经济增长方式的争论谈起》，《经济研究》1999 年第 5 期。

［49］中国经济增长前沿课题组：《资本化扩张与赶超型经济的技术进步》2010 年第 5 期。

［50］中国经济增长与宏观稳定课题组：《城市化、产业效率与经济增长》，《经济研究》2009 年第 10 期。

［51］朱钟棣、李小平：《中国工业行业资本形成、全要素生产率变动及其趋异化：基于分行业面板数据的研究》，《世界经济》2005 年第 9 期。

报告17 政治外溢与中国的区域差距

——基于产出核算的实证研究

付敏杰　付志刚

摘　要： 本报告从一般均衡视角，采用产出核算法研究我国的区域差距问题。结果发现与中国经济增长表现为资本驱动型的基本特征相吻合，人均物质资本差异对于地区产出差异的解释程度远远高于技术差距。在产出核算的基础上，我们发现，以某地与政治中心距离所表征的政治区位和以是否拥有海岸线表征的经济地理，对该地区的人均产出、人均资本和技术水平有重大的影响，从而意味着鼓励人口自由流动、减少政治外溢是缩小区域差距的有效方法。

关键词： 政治区位　政治外溢　区域差距　产出核算

改革开放30年以来，与年均10%的经济增长率相伴随的，是中国持续存在且不断变化的区域差距。图17-1显示了我国1978年以来用人均GDP衡量的基尼系数和变异系数的区域差距变化趋势，两种方式衡量的区域差距的变化趋势几乎是相同的（基尼系数的波动略微明显）：1978年以来，区域差距逐渐缩小，1990年出现拐点后，区域差距不断上升，到2004年到达拐点又开始下降。实际上，1978—2004年导致区域差距变化的原因是相同的：市场力量，尤其是全球化和外向型经济导致的东部地区的崛起，在缩小原有计划体制下以内陆重工业为主要发展战略时期所导致的区域差距的同时，重新塑造了以市场经济为特征的区域差距。[①] 是哪些市场力量造就了市场经济条件下的中国区域差距？如果是物质资本、人力资本或其他生产要素，又是什么决定了这些要素的积累？中国特有的政治体制因素又在区域差距中起到了什么作用？本报告试图给出一个回答。

---

① 同时采用两个指标，是为了防止由于指标选择偏差所带来的技术性失误。采用各种指标（基尼系数、泰尔指数、最大最小值比等）的区域差距的相同变化趋势已经被许多文献强调（李善同、许召元，2008；石风光、李宗植，2009），本部分仅陈述事实。

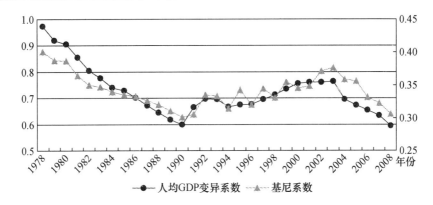

图 17 - 1　1978—2008 年人均 GDP 的变异系数变化趋势①

注：基尼系数右坐标，变异系数左坐标。

资料来源：中经网数据库。

一　文献回顾

研究区域差距的文献可谓浩如烟海，在此仅对代表性文献评论。在这些文献中，基本的生产要素——物质资本、人力资本和以全要素生产率为表征的技术和差别政策等都已经涉及。

发展中国家经济增长的首要过程是资本深化，使得物质资本成为研究区域差距的首要视角。Lee（1995）②、Dayal-Gulati 和 Husain（2000）③分别采用物质资本形成和投资、国有企业集中度和银行存贷比等指标，发现物质资本差距是导致区域差距的重要因素。刘生龙、胡鞍钢（2010）通过扩展的巴罗模型分析了交通设施对于中国区域经济增长差异性演变的

① 计算所使用的数据是 1978—2008 年当年现价人均 GDP，不包括重庆和四川，共 29 个地区。变异系数计算公式是：$V = \dfrac{S}{\overline{Y}}$，$S = \sqrt{\left[\sum\limits_{i}(Y_i - \overline{Y})^2\right]/N}$，其中，$\overline{Y}$表示各省人均 GDP 的平均数，$S$ 表示标准误差，V 表示变异系数。基尼系数的计算方法参照胡祖光（2004）的五分位数计算公式，分位数按照各省人均 GDP 排名而得。

② Lee, J. Ch., 1995, "Regional Income Inequality Variations in China". *Journal of Economic Development* 20（2）, pp. 99 - 118.

③ Dayal-Gulati, A. and Husain, A. M., 2000, "Centripetal Forces in China's Economic take-off". IMF Working Paper, p. 86.

重要性，指出交通设施的可获得性，对经济增长具有显著的正向作用。[①]
由于西部大开发所导致的大量投资，对于缩小西部地区与东中部地区的经济发展差距产生了积极的作用，也是 2004 年之后中国区域经济发展差距缩小的最重要原因。

研究人力资本与区域差距的文献，采用了各种方式来衡量人力资本：包括受教育程度、区域教育规模、专业技术人员、研究开发经费、科技成果的市场化等，研究发现人力资本导致了增长率差异，从而是地区（东部、中部、西部）经济差异的重要因素（蔡昉、都阳，2000[②]；王小鲁、樊纲，2004[③]）。还有一部分文献强调了全要素生产率对区域差距的重要性，例如，彭国华（2005）在测算 1982—2002 年 28 个省区 TFP 的基础上，通过水平分解和方差分解分析 TFP 与省区收入差距的关系，揭示了地区收入差距中 TFP 的作用平均占 75%，而要素的作用平均只占 25%。吴建新（2008）[④] 采用马尔可夫链研究了中国 1952—2005 年的省区劳均产出、资本积累和全要素生产率的动态分布与长期趋势，发现全要素生产率是影响地区差距的主要因素，物质资本积累不是影响地区差距的重要因素，但其作用有上升的趋势。石风光、李宗植（2009）[⑤] 从向量自回归实证的角度测度 1985—2007 年各省区市的劳均 GDP 差距、要素投入差距及全要素生产率差距也发现，地区经济差距预测方差有 45.10% 来自自身，有 46.99% 来自全要素生产率，而来自要素投入的预测方差为 7.91%[⑥]，从而全要素生产率是造成省际经济差距的主要原因。

由于中国渐进式改革中地区政策的明显差异，许多文献也分析了政策对于区域经济表现的巨大意义。Jian 等（1996）对 1978—1993 年的数据进行了分析，发现地区收入差距来源于沿海与内陆的收入差距拉大，而不是沿海内部、内陆内部的差距扩大。[⑦] 他们认为，这是由于中央政府给予

① 刘生龙、胡鞍钢：《交通基础设施与经济增长——中国区域差距的视角》，《中国工业经济》2010 年第 4 期。

② 蔡昉、都阳：《中国地区经济增长的趋同与差异》，《经济研究》2000 年第 10 期。

③ 王小鲁、樊纲：《中国地区差距的变动趋势和影响因素》，《经济研究》2004 年第 1 期。

④ 吴建新：《资本积累、全要素生产率与中国地区发展差异》，《统计研究》2008 年第 11 期。

⑤ 石风光、李宗植：《要素投入、全要素生产率与地区经济差距》，《数量经济技术经济研究》2009 年第 12 期。

⑥ 同上。

⑦ Jian, T. L., Sachs, J. D. and Warner, A. M., 1996, Trends in Regional Inequality in China [J]. *China Economy Review* 7 (1), pp. 1 – 21.

沿海的特殊优惠政策造成的。Démurger 等（2002）用地区参与国际贸易的能力（地理位置）和优惠政策指数为解释变量建立不同的计量模型，发现外国直接投资和优惠政策的区域差异是导致区域经济差异的重要因素。Young（2000）[1] 认为，地区性的市场保护会使本地企业的资源配置状况偏离本地的比较优势，地区性保护政策是地区差距扩大的关键。Chan、Henderson 和 Tsui（2008）[2] 认为，尽管中国改革开放以来的经济增长非常显著，但是，市场配置资源的能力依然逊于政治体制[3]，他们的文献并没有严格的计量分析。

从研究范围来看，大部分文献只研究几大区域（东部、中部、西部）之间差距变化的影响因素。从研究方法来看，蔡昉、都阳（2000）[4] 采用了人均 GDP 泰尔指数分解，石风光、李宗植（2009）[5] 利用人均 GDP、资本和 TFP 的变异系数，其余的大多数采用了简单的统计描述或者直接计量分析。从分析技术来看，采用指数及其分解，可以研究一个较大总体的差异构成，而采用其他方法，大多只能研究几个有限地区之间的差距问题。从分析技术的理论支撑来看，这些文献大多没有同时注意物质资本、人力资本、技术和政策等不同因素对于区域差距的不同作用机制，因而不能构成一般均衡分析，因而这些文献得出的参数和在此基础上提出的政策的可信度也会大打折扣。

这些相互竞争的观点该如何权衡，不同的研究方法又该如何取舍？物质资本、人力资本和技术差距，哪个才是造成中国区域差距的主要因素，如何才能在一个可信的统一框架下分解不同因素对于区域差距的贡献？本报告认为，一个较为可信的实证分析应当具备一般均衡特征并适当注意政治——经济关系，后者在发展中国家尤其重要，因为一些被建议的政策的实施可能会引起政治反应，从而使得相关的结构参数不再可靠（Acemo-

---

① Young, A., 2000, The Razor's Edge: Distortions and Incremental Reform in the People Republic of China. *Quarterly Journal of Economics*, CXV: 1091 – 1135.

② Chan, Kam Wing, Vernon Henderson and Kai Yuen Tsui：《中国经济发展的空间因素》，载勃兰特和罗斯基主编《伟大的中国经济转型》，格致出版社 2008 年版。

③ 同上。

④ 蔡昉、都阳：《中国地区经济增长的趋同与差异》，《经济研究》2000 年第 10 期。

⑤ 石风光、李宗植：《要素投入、全要素生产率与地区经济差距》，《数量经济技术经济研究》2009 年第 12 期。

glu, 2010)。[①] 更进一步地, 正如经济增长的文献所揭示的, 物质资本、人力资本和技术差距都是指经济增长和区域差距的直接原因, 或者它们本身就是区域差距的表现, 但并没有找到根本原因 (Acemoglu, 2009[②])。这就意味着, 如果我们只是认为要素和技术差距导致了区域差距, 我们就陷入了循环论证——用市场经济中的差距解释市场经济的差距。如果物质资本、人力资本和技术是导致区域差距的主要因素, 是什么因素阻碍了落后地区积累物质资本、人力资本, 引进国外成熟的市场技术? 这使得我们的研究深入到政治经济学的层面。

本报告研究区域差距的视角和上面很多文献是相同的: 研究区域差距不能仅仅从分配的角度入手, 而必须从生产角度入手, 从而选择了以产出核算作为切入点。从世界历史来看, 如果一个地区的经济长期停滞, 或者发展缓慢, 一定是某种因素限制了该地区生产要素的积累或者技术进步。最直接, 也是经济学理论最为扎实的具有一般均衡特征的从生产视角研究区域差距的方法, 是以生产函数为基础的产出核算, 它明确了要素之间相互作用的方式。从我们有限的视野来看, 目前基于一般均衡的产出核算在区域差距中还没有被直接应用。本报告的研究结果发现, 物质资本差异是区域差距的直接原因, 而政治区位和地理因素对一个地区的用人均资本和技术水平又具有重大影响——一个地区距离政治中心很近, 或者拥有海岸线可以使一个地区拥有更多的人均产出、人均资本和相对较高的技术。这就意味着基于政治体制的政治外溢是影响要素积累和区域差距的主要因素。

二　产出核算

按照经济增长理论, 一个地区的产出及其增长, 是各种生产要素综合

① Acemoglu, Daron, 2009, Theory, General Equilibrium, Political Economy and Empirics in Development Economics, forthcoming in *Journal of Economic Perspectives*. http：//econ-www. mit. edu/files/5608.

② Acemoglu, Daron, 2010, Theory, General Equilibrium, Political Economy and Empirics in Development Economics, forthcoming in *Journal of Economic Perspectives*. http：//econ-www. mit. edu/files/5608.

作用的结果。本报告采取 Hall 和 Jones（1999）[①] 的水平核算，水平核算更加适合强调经济发展中的长期根本因素，例如地理和制度的影响（Durlauf, Johnson and Temple, 2009）。[②] 采用柯布—道格拉斯生产函数，将某地区作为基准，将其所有变量（人均资本、人力资本、人均 GDP）进行标准化处理，从而可以观测其他地区的要素相对水平及其对于产出的影响。其核心公式是上面的基本公式是 C—D 函数，对于第 i 和第 j 个区域而言：

$$Y_i = A_i K_i^\alpha L_i^\beta \quad Y_j = A_j K_j^\alpha L_j^\beta$$

$$令 \quad Y_I = \frac{Y_i}{Y_j} = \frac{A_i K_i^\alpha L_i^\beta}{A_j K_j^\alpha L_j^\beta} = A_I K_I^\alpha L_I^\beta \tag{17.1}$$

其中，小写下标为第 i 和 j 地区的要素和产出的绝对数，大写下标为第 i 个地区的相对于 j 地区的要素和产出的相对值，也是本报告的核算分解公式。

三 数据和核算结果

由于人力资本数据的可获得性，本报告将截面定位于 2005 年。为了便于处理，我们采用了产出和物质资本的人均量。GDP 和劳动力的数据来自《中国统计年鉴》，劳动力指标为年末各地区就业人口数。资本存量的计算采用永续盘存法，将第 i 个省区市第 t 年固定资本存量表示为：

$$K_{it} = K_{i,t-1}(1-\delta) + I_{it} \tag{17.2}$$

其中，I_{it} 是第 i 个省区市第 t 年的当年新增固定资产投资，K_{it} 是第 i 个省区市第 t 年的固定资本存量，δ 是折旧率。

由于 1952—1990 年全国的新增固定资产投资和固定资本形成总额之间的比约为 1，因此该期间可以利用固定资本形成指数来代替固定资产价格指数。1978 年全国的固定资本存量利用 1952—1978 年的固定资本形成指数，新增固定资产投资和 1952 年的固定资本存量得到，并换算成 1978 年价格。各省区市以 1978 年为基期的固定资本存量由 1978 年的全国固定

① Hall, Robert and Charles Jones, 1999, "Why Do Some Countries Produce So Much More Output per Worker than Others?". *Quarterly Journal of Economics*, Vol. 114, pp. 83 – 116.

② Durlauf, S., P. Johnson and J. Temple, "The Methods of Growth Econometrics", with in Handbook of Econometrics, T. Mills and K. Patterson, eds., London: Macmillan, 2009.

资本存量按当年各省区市占全国全社会固定资产投资的比例来确定，按照全国的全社会新增固定资产投资与全社会固定资产投资总额的比换算成各省区市的全社会新增固定资产投资。由各省区市和全国的国内生产总值指数、全国的固定资产价格指数及 1991 年后的各省区市的固定资产价格指数［《中国统计年鉴》（2009）和"中国国内生产总值核算历史资料"（1952—2004）等］可以得到各省区市 1978—2008 年以 1978 年为基期的固定资产价格指数。确定了各省区市 1978 年的固定资本存量、全社会新增固定资产投资、以 1978 年为基期的固定资产价格指数和折旧率后，按照永续盘存法我们计算出 30 个省区市 2005 年以 1978 年为基期的固定资本存量，为了保证数据的可比性，我们将其调整为 2005 年基期。人力资本采用了受教育指标①，数据来自 2005 年 1% 的人口抽样调查，共包括 30 个地区（由于增长机制不同，我们剔除了西藏数据）。表 17 – 1 的统计描述可以看到中国经济的基本特征：人均资本的标准误差和变异程度远远高于人均 GDP，这与中国经济周期波动研究发现的基本事实一致。这也就意味着，如果产出增长和波动的主要来源是资本，那么区域间产出差别很大程度上可以由资本差异来解释，从而技术和人力资本不可能是区域差距的主要来源。后面的实证分析证明了我们的推断。

表 17 – 1　　　　　　　　人均 GDP 与人均资本存量统计量

描述统计量	人均 GDP	人均资本存量
均值	32607.56	58731.80
最大值	107069.8	279488.7
最小值	8931.582	16437.50
标准误差	22305.47	52647.56
变异系数	0.6841	0.8964
最大值/最小值	11.99	17

资料来源：根据历年《中国统计年鉴》计算。

为了进行产出分解，必须对资本产出弹性 α 进行估计。相关结果显示，工业化国家的资本产出弹性的范围为 0.25—0.4，一般集中在 0.3 左

---

　　① 用 H 表示各省人均受教育年限，则 $H = \sum edu \times L_i / \sum L_i$。其中，$L_i$ 为各阶段受教育的人数，edu 为不同阶段受教育的年限，小学为 6 年、初中为 9 年、高中为 12 年、大学专科为 15 年、大学本科为 16 年、研究生及以上为 19 年。

右，正像美国数据所揭示的那样。发展中国家由于资本要素相对稀缺，资本产出弹性要比发达国家高，一般为 0.3—0.65，通常会超过 0.4。Young（1995）①研究认为，中国的资本产出弹性为 0.4，邓翔和李建平（2004）②和彭国华（2005）③都采用了相同的数据。但是，随着中国经济基本面发生变化，尤其是 1998 年从供给不足转为供给过剩局面和 2003 年以来资本市场的启动等，都会使资本回报发生系统性的变化。白重恩等（2006）和北京大学课题组（2007）估计了中国不同年份的资本回报率，发现资本回报率在近几年有明显的上升趋势。利用资本回报率的数据可以得到资本产出弹性，本报告选取资本弹性为 0.6。④

为了考虑中央政府的区域差别政策对于区域差距的影响，我们考虑了在总产出中剔除财政支出的情形，研究发现，对结果影响不大，考虑财政的全要素生产率结果与不考虑财政全要素生产率的相对结果相关度高达 0.956。在此基础上，本报告分别考察了包含人力资本和不包含人力资本两种情况。本报告的产出核算分为四种情况，即原始核算、单独剔除财政因素的核算、考虑教育因素的核算，同时考虑教育并剔除财政因素的核算。为了使结果更加直观，我们将各个地区的指标进行标准化处理，标准选为北京，某地区的 X 指标数值：

$$X_{相对} = \frac{X_{相应地区}}{X_{北京}}$$

其中，X 表示 A、K、L，将 A 的定义为相对技术指数 TRI，表征不同地区以全要素生产率衡量的技术水平，结果总结为表 17 - 2。

由于财政支出对区域差距的影响很小，我们只列举了原始核算和人力资本核算的结果，并将其与 Hall 和 Jones（1999）⑤的结果进行比较。结果发现，资本对于人均 GDP 的相关性（0.921）要大于相对技术指数

①　Young, A., 1995, The Tyranny of Numbers: Confronting the Statistical Realities of the East Asian Growth Experience. *Quarterly Journal of Economics*, 110（3），pp. 641 - 6801.

②　邓翔、李建平：《中国地区经济增长的动力分析》，《管理世界》2004 年第 11 期。

③　彭国华：《中国地区收入差距、全要素生产率及其收敛分析》，《经济研究》2005 年第 9 期。

④　白重恩等（2006）估计的 2005 年资本产出弹性为 0.58，且在不断上升。为了缩小参数选取对产出核算的影响，本报告选取 0.6 与 0.5 两组不同的数据来进行比较，发现得出的全要素生产率标准化后高度相关（0.982），意味着资本弹性系数的差别不会对结果产生实质性的影响。

⑤　Hall, Robert and Charles Jones, 1999, "Why Do Some Countries Produce So Much More Output per Worker than Others?". *Quarterly Journal of Economics*, Vol. 114, pp. 83 - 116.

（0.706）对于人均 GDP 的相关性，说明资本更能解释 GDP 的差异，这符合我国现阶段主要依靠资本形成拉动的经济增长事实。这与 Hall 和 Jones（1999）关于技术能解释区域差距的观点形成了鲜明对比，也在很大程度上否认了区域差距由技术差距导致的结论。资本与全要素生产率的相关度为 0.39，与国际比较的结果类似。考虑了人力资本后，人均资本与人均GDP 的相关性下降很多，资本与 TRI 相关性上升到 0.869，表明了人力资本具有替代物质资本的作用，教育资本深化对技术进步产生了影响。

表 17 - 2　　国内产出核算的结果与 Hall 和 Jones 国际核算的比较

	全部[1]			考虑人力资本[2]				Jones 结果[3]			
地区	GDP 相对	K 相对	TRI	地区	GDP 相对	K 相对	TRI	地区	Y/L	$(K/Y)^{a/(1-a)}$	H/L	A
北京	1.000	1.000	1.000	北京	1.000	1.000	1.000	美国	1.000	1.000	1.000	1.000
上海	1.431	2.157	0.902	上海	1.549	2.335	0.931	加拿大	0.941	1.002	0.908	1.304
天津	1.158	1.349	0.968	天津	1.338	1.558	1.025	意大利	0.834	1.063	0.650	1.207
广东	0.636	0.297	1.318	江苏	0.852	0.623	1.131	西德	0.818	1.118	0.802	0.912
河北	0.389	0.389	0.686	吉林	0.572	0.546	0.823	中国香港	0.608	0.741	0.735	1.115
山西	0.378	0.391	0.665	河北	0.523	0.522	0.772	新加坡	0.606	1.031	0.545	1.078
湖北	0.326	0.352	0.609	山西	0.483	0.499	0.733	日本	0.587	1.119	0.797	0.658
海南	0.317	0.314	0.634	海南	0.483	0.479	0.751	墨西哥	0.433	0.868	0.538	0.926
广西	0.202	0.237	0.478	湖南	0.329	0.309	0.664	印度	0.086	0.709	0.632	0.106
甘肃	0.192	0.208	0.492	甘肃	0.322	0.349	0.605	中国	0.060	0.891	0.632	0.106
云南	0.189	0.171	0.544	广西	0.286	0.337	0.550	肯尼亚	0.056	0.747	0.457	0.165
贵州	0.119	0.127	0.412	贵州	0.213	0.226	0.519	扎伊尔	0.033	0.499	0.408	0.106
均值	0.436	0.453	0.702	均值	0.587	0.607	0.805	均值	0.296	0.853	0.565	0.516
标准误差	0.298	0.406	0.216	标准误差	0.300	0.420	0.217	标准误差	0.268	0.234	0.168	0.325
GDP 相关	1.000	0.921	0.706	GDP 相关	1.000	0.224	0.662	GDP 相关 *	1.000	0.624	0.798	0.889
TRI 相关	0.706	0.391	1.000	TRI 相关	0.662	0.869	1.000	TFP 相关 *	0.889	0.248	0.552	1.000

说明：人均 GDP、人均资本和 TRI 变量都经过标准化，北京 = 1。1、2 的结果为笔者计算，3 的数据参照 Hall 和 Jones（1999）中表 1。* 表示与相应的变量的取对数后的相关性。

四　导致区域差距的深层原因

正如越来越多的理论文献所揭示的（Acemoglu et al.，2005[①]；Acemoglu，2009[②]），物质资本、人力资本和全要素生产率为表征的技术等产出的分解因素，并不是导致区域差距的根本原因，而是区域差距本身，研究产出和区域差距必须寻找根本原因。如果物质资本、人力资本、技术决定了一个地区的长期产出，进而决定一个经济体的富裕程度，我们必须要追问：那些贫困的经济体为什么不积累物质资本，提高教育普及度和引进国外已有的先进技术（如果不能创新的话）呢？今天世界上最富裕的国家——美国、加拿大、澳大利亚、新西兰等，都不是工业革命的原发地，他们都是依靠在殖民地时期所引进的宗主国技术逐步发展起来，并最终实现对宗主国的超越。为什么其他地区做不到这一点？

（一）经济增长和区域差距的决定因素

理论界对经济增长决定因素的看法可以归结为：运气、地理、文化和制度四种（Acemoglu et al.，2005[③]；Acemoglu，2009[④]）。运气决定论的基本模型涉及多重均衡（如罗森斯坦·罗丹的大推动理论）。该理论认为，是运气好坏决定了一个国家能够处于哪种均衡状态。从世界历史来看，运气可以影响某个国家在某个时期的经济增长，但是，很难说一个国家的富裕或长期增长是由于运气的因素，而那些长期停滞的国家是因为一直缺乏好运气。实际上，多重均衡意味着经济体可以从一种均衡跨越到另一种均衡状态。如果某种跨越能够让所有的人都受益，在长达几十年甚至几百年的历史中，这些贫穷国家的人们为什么不去做呢？所以，以运气为

　　① Acemoglu, Daron, Simon Johnson, and James A. Robinson, 2005, "Institutions as a Fundamental Cause of Long – Run Growth". In *Handbook of Economic Growth*. eds. by Philippe Aghion and Steven N. Durlauf, Amsterdam：North – Holland, pp. 384 –473.

　　② Acemoglu, Daron, 2009, *Introduction to Modern Economic Growth*. Princeton University Press, pp. 109 –142.

　　③ Acemoglu, Daron, Simon Johnson, and James A. Robinson, 2005, "Institutions as a Fundamental Cause of Long – Run Growth". In *Handbook of Economic Growth*, eds. by Philippe Aghion and Steven N. Durlauf, Amsterdam：North – Holland, pp. 384 –473.

　　④ Acemoglu, Daron, 2009, *Introduction to Modern Economic Growth*. Princeton University Press, pp. 109 –142.

基础的多重均衡很难解释世界范围内的区域差距，也就意味着走向富裕之路一定不是让每一个人都受益的帕累托改进，而是一部分人的收益以其他人为代价的卡尔多—希克斯改进。

地理决定论的主要思想表现为孟德斯鸠在《论法的精神》和马歇尔在《经济学原理》中对气候影响人性的论断：寒冷气候中的人们勇敢、勤奋而精力充沛。缪尔达尔和萨克斯强调了地理通过气候环境来影响农业生产率，继而影响长期增长的观点。萨克斯还表述了地理可以通过疾病影响增长，后者又有很多变体。文化决定论者马克斯·韦伯将工业革命归因于新教改革，尤其是加尔文主义的出现。Putnam 等[1]关于社会资本的论点也可以认为是文化决定论的变体。诺斯的制度决定论强调了制度的三个特征：人类设计的、约束人的行为与影响人们的动机。Acemoglu 等[2]强调了契约只能影响资本市场，而政治制度对经济增长具有根本作用。

改革开放前后，中国的地理特征是稳定的，但是以全球化和市场化为导向的经济体制改革和经济发展导致了沿海地区的迅速崛起，这也符合绝大多数自由贸易国家的以沿海为主要经济带的地理特征（Rappaport and Sachs，2003）。[3] 改革开放以来，中国的文化确实发生了一些变化，区域间的文化差别也很大，但是这些文化差异本身随着全球化和市场经济而逐步减小，已经很难再导致 12 倍的国内人均 GDP 差距和 17 倍的人均资本差距。运气是全球分享的，当然在渐进式改革中政策会影响一个地区经济产出对外部环境反应的敏感程度。由于运气实在难以衡量，在后面的实证分析中，我们将运气和地理因素合二为一，用一个地区是否拥有海岸线来表征（能够实现的好运气是由地理决定的）。由于地理因素是难以改变的，我们特别关注了中国特有的政治集权制度对于区域差距的影响。我们用某地区距离政治中心的距离来表示该地区的政治区位，以衡量政治外部性对产出和区域差距的影响。我们预期，离首都较近的省区市和地区能获得更多的政治好处，比如更快地来自核心决策层的信息、资本市场融资方

① Putnam, Robert, Robert Leonardi and Raffaella Y. Nanetti, 1993, Making Democracy Work: Civic Traditions in Modern Italy. Princeton, N. J. : Princeton University Press.

② Acemoglu, Daron, 2010, Theory, General Equilibrium, Political Economy and Empirics in Development Economics, forthcoming in *Journal of Economic Perspectives*. http: //econ-www. mit. edu/files/5608.

③ Rappaport, Jordan and Jeffrey Sachs, 2003, "The United States as a Coastal Nation". *Journal of Economic Growth*, 8 (1): 5 – 46.

式的便利性、更多的优惠政策和财政支持等。

（二）变量的选取

被解释变量是前面产出核算的结果，包括基本核算、考虑财政因素的核算、考虑人力资本因素的核算，同时考虑人力资本和财政因素的核算四种情况，被解释变量分别为四种情况下的人均 GDP、人均资本存量 K 和相对技术水平 TRI。为了和解释变量相匹配，所有被解释变量采用了绝对数。解释变量有两个：政治区位和地理因素。政治区位选取的指标为各地区中心城市离北京的公路与铁路平均距离，其中公路数据来自全国的最新公路里程表；铁路数据来自全国最新的铁路里程表。① 便于数据分析，北京与北京的距离取 1，而海南离北京的距离由于没有直接的数据可以得到，我们分两段进行处理，由北京到广州和广州到海南的路程相加而得到。对于地理变量，可供选择的一个理想的指标应是海岸线长度，但是，我国近 2/3 的省区市都在内陆地区，选取海岸线长度的话，非沿海省区市不好处理，所以，本报告采取虚拟变量指标，其中，1 表示该地区存在海岸线，0 表示该地区没有海岸线。两个解释变量的统计特征如表 17－3 所示。

表 17－3　　　　　各地区离北京的距离和是否拥有海岸线的数据

地区	距离（公里）	是否拥有海岸线	地区	距离（公里）	是否拥有海岸线
北京	1	0	河南	689	0
天津	137	1	湖北	1225	0
河北	277	1	湖南	1583	0
山西	514	0	广东	2289	1
内蒙古	667	0	广西	2561	1
辽宁	741	1	海南	3088	1
吉林	1046	0	重庆	2087	0
黑龙江	1288	0	四川	2042	0
上海	1463	1	贵州	2539	0
江苏	1160	1	云南	3178	0
浙江	1589	1	陕西	1159	0
安徽	1074	0	甘肃	1811	0

---

① 　没有选取飞行距离为指标是因为中国民航客运的发展是从 2000 年左右才开始普及，目前主要交通工具是火车和汽车，没有采用飞行距离是因为地表因素的存在——山脉，可以划分两个不同的经济世界，就像喜马拉雅山或者秦岭那样。

续表

地区	距离（公里）	是否拥有海岸线	地区	距离（公里）	是否拥有海岸线
福建	2334	1	青海	2092	0
江西	1449	0	宁夏	1343	0
山东	497	1	新疆	3768	0
距离统计量			拥有海岸线统计量		个数
均值	1545		是		11
标准误差	964.17		否		19
变异系数	0.61				

资料来源：距离数据为最新铁路和公路数据的加权平均。

（三）计量分析

根据以上的分析，本报告选取的模型如下：

$$\ln(\cdot) = \ln(dist_i) + D_i + \varepsilon_i \tag{17.3}$$

其中，· 表示各地区人均产出（GDP）、人均资本 K 和相对技术水平 TRI。ε_i 表示随机干扰项，与距离和是否拥有海岸线变量不相关。其中，$\ln$ 表示相应变量取对数。解释变量中，$dist_i$ 为各地区中心（省会或直辖市）离北京的距离，D_i 为是否具有海岸线的虚拟变量。尽管我们希望找到文化和运气的指标，但是，由于数据的原因不得不最终放弃。因为两解释变量都是外生，与随机干扰项不存在相关性，故在 OLS 估计条件下满足识别条件。

模型的计量结果显示出优良的统计特性，除了技术水平 TRI 在考虑人力资本的两种情形外，模型都在 5% 的水平上通过检验（见表 17-4）。从计量结果来看，用财政收入表示的常规政策对于对模型的解释结果依然没有太大影响。同时结果显示，一个地区的人均 GDP、人均资本和技术水平都随着与政治中心距离的加大而下降，拥有海岸线可以使一个地区拥有更多的人均 GDP、物质资本和较高的技术水平。由于在计量中对距离和人均产出、人均资本进行了对数处理，被估计的参数具有弹性含义。从结果来看，一个地区与政治中心的距离每增加 1 倍，其人均物质资本和人均产出会下降 19 个百分点，技术水平下降 7.7 个百分点，模型各项指标表现都非常出色。

表 17-4　海岸线和距离对人均 GDP、人均资本和相对技术的回归结果

	模型（1）：基本核算			模型（2）：考虑财政因素的核算		
	$\ln(\text{GDP})$	$\ln(K)$	$\ln(\text{TRI})$	$\ln(\text{GDP})$	$\ln(K)$	$\ln(\text{TRI})$
$\ln(dist_i)$	-0.191***	-0.189***	-0.077***	-0.184***	-0.189***	-0.071**
	(0.051)	(0.063)	(0.028)	(0.050)	(0.063)	(0.028)
$D_i = 0$	11.315***	11.905***	4.171***	11.194***	11.905***	4.051***
	(0.362)	(0.449)	(0.199)	(0.355)	(0.449)	(0.199)
$D_i = 1$	11.928***	12.350***	4.518***	11.799***	12.350***	4.389***
	(0.372)	(0.462)	(0.204)	(0.365)	(0.462)	(0.204)
R^2	0.522	0.345	0.471	0.520	0.345	0.449
	模型（3）：考虑人力资本因素的核算			模型（4）：考虑人力资本和财政因素的核算		
	$\ln(\text{GDP})$	$\ln(K)$	$\ln(\text{TRI})$	$\ln(\text{GDP})$	$\ln(K)$	$\ln(\text{TRI})$
$\ln(dist_i)$	-0.121***	-0.119**	-0.049*	-0.114**	-0.119**	-0.043
	(0.043)	(0.057)	(0.026)	(0.042)	(0.057)	(0.026)
$D_i = 0$	8.793***	9.384***	3.163***	8.673***	9.384***	3.043***
	(0.311)	(0.407)	(0.186)	(0.303)	(0.407)	(0.186)
$D_i - 1$	9.277***	9.699***	3.457***	9.148***	9.699***	3.329***
	(0.320)	(0.418)	(0.191)	(0.311)	(0.418)	(0.191)
R^2	0.433	0.219	0.388	0.431	0.219	0.364

注：*、** 及 *** 分别表示在 10%、5% 及 1% 的显著性水平上通过检验；括号内的数据为标准差。

　　当产出核算中考虑人力资本时，上述关于人均 GDP 和人均物质本的弹性下降到 12% 左右，但是，结果依然是稳健的，只是技术水平的弹性值有所下降。这意味着在本报告的框架下，作为一种制度安排，政治距离和政治区位对一个地区产出和物质资本的影响非常显著，是区域差距存在和扩大的主要原因，我们将其解释为中国特有的政治经济学。政治区位的影响可以归结为政治外溢性的存在，与任何外溢性一样，这种政治外溢性具有明显的地理特征，随距离的增大而衰减：一个地区距离政治中心越近，其可能享受到的政治外溢性就越大；反之就越小。技术水平 TRI 也随着政治区位而产生相同的变化趋势，尽管下降的速度更慢一些。与此同时，用拥有海岸线表示的地理这个客观因素也对一个地区的人均产出、人均物质资本和技术差距具有明显的影响，对于技术的影响明显超过前两

者。这意味着，如果一个地区拥有海岸线，同时可以享受到好的政治外溢，就可以拥有较高的居民福利。

五 结论和研究展望

本报告从一般均衡的视角，采用产出核算法研究我国的区域差距问题。发现在我国经济增长的现阶段，人均物质资本差异对于地区产出差异的解释程度远远高于技术。考虑到人力资本影响后，物质资本与技术的相关性明显加大。在产出核算的基础上，同时发现政治区位和地理因素对一个地区用人均 GDP 表示的人均产出、人均资本和技术水平有重大影响：一个地区距离政治中心很近，或者拥有海岸线可以使一个地区拥有更多的人均产出、人均资本和相对较高的技术。这也证明了 Chan、Henderson 和 Tsui（2008）① 关于中国改革开放以来城市发展的推测——相对于政治体系而言，市场在空间上的配置能力依然处于下风。

如果我国的区域差距是由政治区位和地理因素所决定的，除了让人口自由流动以平均量的形式平滑区域性物质资本投资差距的影响，我们很难提出什么像样的、具有可操作性的政策来减少区域差距。实际上，很多地方政府早已想到了更实际的方法。一个地区如果在政治中心设置了联络办公室，想必可以享受到更多的政治外溢，这就是被广泛非议的驻京办。从地理上讲，驻地办是减少地理差距的最好办法——既可以与政治中心增强感情联络，又可以跑项目，拉人脉，"跑部钱进"，获得实实在在的好处，"四万亿元"投资计划中云集在发改委的跑项目人员就是最好的证明。从本报告的实证数据来看，这种行为无疑是非常理性的。在中央政府的重压之下，地方可能裁撤名义上的驻京办，但是相应的功能必然会转入地下，被其他类似的机构所代替。可以想象，如果政治外溢是中国政治体制的基本特征，那么在省政府、市政府，都会有下级机构的"驻京办"来承担类似的职能。近期以来，关于迁都的若干讨论也在此范畴之内。当然，如果所有的下级地区都采用的相同的方法缩小与政治中心的距离，就形成了

---

① Chan，Kam Wing，Vernon Henderson and Kai Yuen Tsui：《中国经济发展的空间因素》，载勃兰特和罗斯基主编《伟大的中国经济转型》，格致出版社 2008 年版。

一个明显的囚徒困境——每个人都想做的，正是每个人都无法实现的。或许，减少政治中心对经济资源的审批和控制，才是走出囚徒困境的有效制度安排。

参考文献

［1］李善同、许召元：《中国区域差距的现状与趋势》，中国发展研究基金会工作论文，2008 年第 50 期。

［2］石风光、李宗植：《要素投入、全要素生产率与地区经济差距》，《数量经济技术经济研究》2009 年第 12 期。

［3］胡祖光：《基尼系数理论最佳值及其简易计算公式研究》，《经济研究》2004 年第 9 期。

［4］Lee，J. Ch.，1995，"Regional Income Inequality Variations in China". *Journal of Economic Development* 20（2），pp. 99 – 118.

［5］Dayal-Gulati，A. and Husain，A. M.，2000，"Centripetal Forces in China's Economic take-off". IMF Working Paper，p. 86.

［6］刘生龙、胡鞍钢：《交通基础设施与经济增长——中国区域差距的视角》，《中国工业经济》2010 年第 4 期。

［7］蔡昉、都阳：《中国地区经济增长的趋同与差异》，《经济研究》2000 年第 10 期。

［8］王小鲁、樊纲：《中国地区差距的变动趋势和影响因素》，《经济研究》2004 年第 1 期。

［9］彭国华：《中国地区收入差距、全要素生产率及其收敛分析》，《经济研究》2005 年第 9 期。

［10］吴建新：《资本积累、全要素生产率与中国地区发展差异》，《统计研究》2008 年第 11 期。

［11］Jian，T. L，Sachs，J. D. and Warner，A. M.，1996，"Trends in Regional Inequality in China". *China Economy Review* 7（1），pp. 1 – 21.

［12］Démurger、Sylvie、杰夫·萨克斯、胡永泰、鲍曙明：《地理位置与优惠政策对中国地区经济发展的相关贡献》，《经济研究》2002 年第 9 期。

［13］Young，A.，2000，The Razor's Edge：Distortions and Incremental Reform in the People Republic of China. *Quarterly Journal of Economics*, CXV: 1091 – 1135.

[14] Chan、Kam Wing、Vernon Henderson、Kai Yuen Tsui:《中国经济发展的空间因素》,载勃兰特、罗斯基主编《伟大的中国经济转型》,格致出版社 2008 年版。

[15] Acemoglu, Daron, 2010, Theory, General Equilibrium, Political Economy and Empirics in Development Economics, forthcoming in *Journal of Economic Perspectives*. http://econ-www. mit. edu/files/5608.

[16] Acemoglu, Daron, 2009, "*Introduction to Modern Economic Growth*". Princeton University Press, pp. 109 – 142.

[17] Hall, Robert and Charles Jones, 1999, "Why Do Some Countries Produce So Much More Output per Worker than Others?". *Quarterly Journal of Economics*, Vol. 114, pp. 83 – 116.

[18] Bai Chong-en, Chang-tai Hsieh, Ying-yi Qian, 2006, The Return to Capital in China. *Brookings Papers on Economic Activity*, 2.

[19] Durlauf, S., P. Johnson and J. Temple, "The Methods of Growth Econometrics", with in Handbook of Econometrics, T. Mills and K. Patterson, eds., London: Macmillan, 2009.

[20] Young, A., 1995, The Tyranny of Numbers: Confronting the Statistical Realities of the East Asian Growth Experience. *Quarterly Journal of Economics*, 110 (3), pp. 641 – 6801.

[21] 邓翔、李建平:《中国地区经济增长的动力分析》,《管理世界》2004 年第 11 期。

[22] 北京大学课题组:《我国资本回报率估计（1978—2006）——新一轮投资增长和经济景气微观基础》,北京大学中国经济研究中心讨论稿系列, 2007 年, No. C2007002。

[23] Acemoglu, Daron, Simon Johnson and James A. Robinson, 2005, "Institutions as a Fundamental Cause of Long-Run Growth". In *Handbook of Economic Growth*, eds. by Philippe Aghion and Steven N. Durlauf. Amsterdam: North-Holland, pp. 384 – 473.

[24] Putnam, Robert, Robert Leonardi and Raffaella Y. Nanetti (1993) Making Democracy Work: Civic Traditions in Modern Italy. Princeton,

N. J. ：Princeton University Press.

［25］ Rappaport, Jordan and Jeffrey Sachs, 2003, The United States as a Coastal Nation. *Journal of Economic Growth*, 8 (1), pp. 5 – 46.

报告 17　附录

不同情况下人均 GDP、人均资本和全要素生产率
标准化后按人均 GDP 排名前中后四位地区结果及统计量

全部				剔除财政				考虑人力资本				剔除财政与考虑人力资本			
地区	GDP 相对	K 相对	TRI	地区	GDP 相对	K 相对	TRI	地区	GDP 相对	K 相对	TRI	地区	GDP 相对	K 相对	TRI
北京	1.000	1.000	1.000	北京	1.000	1.000	1.000	北京	1.000	1.000	1.000	北京	1.000	1.000	1.000
上海	1.431	2.157	0.902	上海	1.396	2.157	0.880	上海	1.549	2.335	0.931	上海	1.511	2.335	0.909
天津	1.158	1.349	0.968	天津	1.216	1.349	1.016	天津	1.338	1.558	1.025	天津	1.405	1.558	1.077
广东	0.636	0.297	1.318	江苏	0.676	0.462	1.074	江苏	0.852	0.623	1.131	江苏	0.912	0.623	1.211
河北	0.389	0.389	0.686	河北	0.426	0.389	0.752	吉林	0.572	0.546	0.823	吉林	0.622	0.546	0.895
山西	0.378	0.391	0.665	山西	0.398	0.391	0.699	河北	0.523	0.522	0.772	河北	0.572	0.522	0.846
湖北	0.326	0.352	0.609	湖北	0.354	0.352	0.663	山西	0.483	0.499	0.733	海南	0.514	0.479	0.800
海南	0.317	0.314	0.634	海南	0.337	0.314	0.676	海南	0.483	0.479	0.751	山西	0.508	0.499	0.771
广西	0.202	0.237	0.478	广西	0.216	0.237	0.513	湖南	0.329	0.309	0.664	湖南	0.356	0.309	0.720
甘肃	0.192	0.208	0.492	甘肃	0.207	0.208	0.531	甘肃	0.322	0.349	0.605	甘肃	0.347	0.349	0.653
云南	0.189	0.171	0.544	云南	0.198	0.171	0.571	广西	0.286	0.337	0.550	广西	0.308	0.337	0.590
贵州	0.119	0.127	0.412	贵州	0.125	0.127	0.432	贵州	0.213	0.226	0.519	贵州	0.223	0.226	0.544
均值	0.436	0.453	0.702	均值	0.460	0.453	0.748	均值	0.587	0.607	0.805	均值	0.621	0.607	0.857
标准差	0.298	0.406	0.216	标准差	0.297	0.406	0.224	标准差	0.300	0.420	0.217	标准差	0.299	0.420	0.227
GDP 相关	1.000	0.921	0.706	GDP 相关	1.000	0.906	0.678	GDP 相关	1.000	0.224	0.662	GDP 相关	1.000	0.154	0.636
TFP 相关	0.706	0.391	1.000	TFP 相关	0.678	0.325	1.000	TFP 相关	0.662	0.869	1.000	TFP 相关	0.636	0.848	1.000

注：表中 GDP（K）相对表示不同情况下的人均 GDP（K）与北京的相对数，TRI 表示不同条件下的相对技术指数。

报告18 中国居民 Geary-Stone 加总效用函数实证研究

陆明涛

摘 要：本报告采用 CGSS 2006 数据建构居民效用水平的度量，运用加权最小二乘回归和分位数回归估计包含农产品、工业品和服务品的 Geary-Stone 加总效用函数。实证结果证实了"广义恩格尔定律"，从需求角度给出了消费结构升级的依据。结果表明，与城市居民相比，农村居民更愿意在住房消费上进行投入，在工业品消费上更少投入。全国和城乡居民三种消费品的边际效用弹性曲线随分位数增加表现出非线性的特点，住房消费达到一定水平后其消费比例也会下降，可能其他类型的服务品（如文化娱乐、交通通信等）比例会上升。住房价格上涨一般会使得居民住房消费数量的减少，为了保持效用水平不变，居民会增加农产品和工业品的消费数量，但当人均住房消费处于较高水平时，存在住房价格上涨使得居民继续增加住房消费的可能。另外，城市化将增加居民的农产品与工业品消费，但如果城市化不能提高居民收入，则农村居民城市化难以带来房产消费总量增加。

关键词：Geary-Stone 加总效用函数 结构变迁 居民消费行为

一 引 言

居民消费行为是微观经济学中非常重要的研究领域，然而，由于效用难以观测，微观计量经济学一直都无法直接对居民的效用最大化问题进行实证，而只能通过观测居民的消费结构总结居民消费行为的规律。缺乏对效用函数的刻画与实证使得经济学未能正规化分析居民消费行为，建立在这些微观经济学假设上的宏观经济学也缺乏严谨的实证基础。随着全国性的大型社会调查在中国的兴起，高质量的住户调查数据为居民消费行为的实证提供了各种可行的思路。近年来，随之兴起并在经济学、社会学等学科引起广泛注意的主观幸福感研究也使得研究主观效用逐渐变得可靠。如能构建符合微观经济学关于效用的定义和性质的效用指标，直接估计不同消费品对于效用的影响，在效用最大化框架下考察居民消费结构演变的规律，对于理解中国居民消费行为有着重要的理论意义，也有助于加深对"扩大内需"等政策问题的可行性与可操作性研究。

在中国经济发展的现阶段，一个重要的居民消费行为是"广义恩格尔定律"，即随着居民收入的增长，居民对农产品需求的比重在逐渐下降，而服务产品消费的比重在不断上升，出现类似于恩格尔定律的消费比重变化（刘霞辉、张平与袁富华，2013）。然而，广义恩格尔定律的研究仅仅停留在统计上，并没有对微观经济研究、居民消费行为研究等研究起到应有的推动作用。对于中国这样的发展中国家而言，结构变迁是中国经济增长与发展的重要内容，而从居民消费结构变迁角度来考虑结构变迁已成为结构变迁理论的两大范式之一［另一范式是生产率差异，参见 Acemoglu（2009）第 20 章的介绍］。根据中国经济的现实对结构变迁进行实证，在此基础上深入理解居民在结构变迁中的消费结构变迁，是采用现代经济学工具对中国经济进行解释和分析的重要课题。

本报告试图通过对中国综合社会统计（CGSS）数据的分析，用主观幸福感和收入建构一个效用水平的度量，对全国和分城乡居民农产品、工业品和服务产品的边际效用弹性进行实证，以得到全国和城乡居民包含三种消费品的效用函数估计，并考察全国和城乡不同收入组居民不同的消费结构。

二　Geary-Stone 加总效用函数的构建与实证方法

效用是由心理学引入的概念，但是，就是这个主观的概念，被建构成微观经济学的核心概念，成为西方经济学科学化体系中的重要根基。然而，效用的主观性质及其难以实证检验的现状，成为其他学者对西方经济学进行批判的重要理由（叶航，2003）。即便是在萨缪尔森提出用"显示性偏好"研究人们的选择以代替对效用函数的直接计量,仍然不能回应上述批判。另外,包含效用和消费结构有关变量的微观数据库的缺乏,也使得在微观计量经济学中对效用理论进行实证变得困难。由于微观统计数据往往是社会学家进行收集的,受其专业影响这些数据库往往缺乏经济研究所需要的许多变量。但由于这一问题如此重要,我们希望根据有关理论研究的进展,在中国综合社会统计(CGSS)2006 年数据的基础上,大胆地对现有数据进行整合和构造,对中国居民的效用函数及其影响下的居民消费行为进行微观计量经济学实证,以为进一步研究中国经济增长中的结构变迁打下基础。

要对效用函数进行实证,有必要回顾效用函数的定义和基数效用函数与序数效用函数之间的争论。从效用概念的发展历史来看,该概念首先是对欲望满足的一种衡量(刘清华,2000),而欲望及其满足是一个纯心理的过程。在无法理解和测度欲望及其满足程度的条件下,很难对效用函数的心理特征进行刻画和进一步研究,因而经济学家转向建立效用函数的公理化性质来减少这一困难带来的理论困扰。这一转向的结果就是经济学家倾向于认为效用的无法进行人际比较,于是基数效用论逐渐被建立在一系列严格假定上的序数效用论所替代。根据经典微观经济学教材的定义,效用函数是能代表满足完备性、自反性、传递性和连续性假设的偏好关系的连续函数(Jehle and Reny,2001)。瓦里安(1997)甚至承认:"效用函数通常是一种描述偏好关系的非常方便的工具,但却难以给出任何心理方面的解释。效用函数唯一贴切的特点是其序数特征。"但是,基数效用论并没有退出经济学教科书,而在理论和实证分析中的效用最大化的假定和基于消费等因素的效用函数形式,都暗含了效用是可以测度和人际比较的。有关效用理论与实证的研究现状正如 Van Praag 和 Ferrer-i-Carbonell(2008)所指出的,经济学的发展离不开效用,但目前许多研究都回避了对基数效用的可操作化研究。

20 世纪 70 年代以来,由心理学和社会学开始兴起的幸福感研究逐渐波及经济学,幸福经济学成为经济学中一个新兴的研究领域,吸引了许多学者的注意。有学者认为,幸福感为经济学研究效用提供了极好的实证工具,捕捉到了效用函数中有关心理部分的因素,使得心理满足感的人际比较得以开展。但令经济学家不解的是,绝大多数实证研究表明,经济增长似乎并不能带来人们效用水平的显著提高,这被称为 Easterlin 悖论。许多研究甚至表明，主观幸福感水平与个人收入水平的相关系数非常小（Di Tella and MacCulloch，2006；Frey，2008；何强，2011）。这一悖论使用主观幸福感作为效用水平的代理变量变得不可行。

许多研究试图解释 Easterlin 悖论，提出相对收入、收入门槛等各种解释［如罗楚亮（2009）、田国强与杨立岩（2006）等］。笔者认为，一个简单的解释是主观满意度的衡量区间是固定的（如由 0—10 分别表示从最不幸福到最幸福），这种固定尺度使得人们总是倾向于在既定的收入条件下衡量自己目前的主观满意度，从而使得幸福感的难以进行跨时比较，也使得个人主观幸福感往往与收入水平基本不相关。如果将主观幸福感视为个人在既定收入下的主观满意度，而主观幸福感和收入水平基本不相关，那么将主观幸福感水平和个人收入/家庭人均收入水平结合起来，就可以构建既包含客观生活水平又包含主观评价的较为合理的居民效用函数。或者用经济学术语正式地表达这一方法，就是主观幸福感衡量了既定收入下消费者的效用水平，那么将主观幸福感和收入进行复合就能得到消费者有关收入水平的效用函数。采用适当的复合方式，如用主观幸福感水平乘以收入水平的对数，就能得到类似一种与价格和收入相关的间接效用函数，这一效用函数满足偏好的主要性质，并符合经济学一般假定，如偏好的完备性、自反性、传递性和连续性，以及效用随收入增加的单调性质及边际效用递减规律等。

在得到效用函数后，我们就能从消费者的效用最大化问题中推导出消费结构的变迁规律并进行实证。本报告关注的是居民对农产品、工业产品和服务产品三种消费品的选择与结构变化，则主观幸福感衡量了既定收入水平下的不同的居民消费结构所带来的效用水平，而加入收入则能衡量收入与消费结构对效用的共同作用。

假定居民效用函数为非位似函数，从而得以考察居民消费结构随着收入增长而发生变化，正是西方近些年来结构转变的一般均衡分析的两种典型研究路径之一。这一路径假定消费者即期效用函数为形如 Geary-Stone 加总函数（Kongsamut，Rebelo and Xie，2001）。

$$U(A,\ M,\ S) = \alpha + \alpha \times \ln(A - A_0) + \beta \times \ln M + Y \times \ln(S + S_0) \qquad (18.1)$$

其中，A、M、S 分别代指农业、工业和服务业产品的消费数量，农业品存在最低生存消费 A_0，服务产品存在由市场提供的无须货币支出的家庭提供服务 S_0，家庭提供无偿服务无须计入预算约束但须进入效用函数。最低生存消费水平和家庭提供服务水平一般认为是常数，不受收入水平和时间的影响。由上式可知，随着经济增长和个人收入的增加，经济中自然会产生对于工业和服务业产品消费的更大需求。与其他如分层效用函数等不同，Geary-Stone 加总效用函数由于数学形式上最为简洁，满足连续可导等新古典经济学假设，从而可以完美地与新古典经济学方法结合起来，因而成为现代经济学中研究结构变迁最常用的非位似偏好形式。

对家庭而言，三种消费品的数量是由效用函数与预算约束共同决定的。家庭预算约束条件可由下式给出：

$$P_A + P_M + P_S - Y \tag{18.2}$$

其中，P_A、P_M、P_S 分别为农业品、工业品和服务业的价格，储蓄为外生。若将储蓄设为外生给定，则求解（18.1）式和（18.2）式组成的消费者效用最大化问题，可得均衡条件为：

$$P_A \times \frac{A - A_0}{\alpha} = P_M \times \frac{M}{\beta} = P_S \times \frac{S + S_0}{\gamma} \tag{18.3}$$

在实证分析中，由于难以得到纯数量的农业品、工业品和服务产品的消费数据，消费品数量和价格很难分离开来。事实上，不同种类的消费品很难加总，价格是加总不同类型消费品的唯一路径，这就导致实证分析的困难。但是，如果采用截面数据对居民效用函数与消费行为进行实证，可引入一些进一步的假定以简化上述方程以供实证。由于截面数据中不涉及价格水平变化，可将价格均单位化为1，则将价格引入（18.1）式，用消费品价值取代数量，只会引起效用水平的常数项发生变化，使效用曲线发生平移，效用水平仍然满足理论要求，也不影响参数的估计。

本报告在估计效用函数各消费品的弹性系数 α、β、γ 的实证部分，直接采用最为简洁的式作为实证方程，不加入其他控制变量。这是因为，引入更多控制变量难以保证变量之间是相互独立的，因而容易导致自变量之间的相互影响从而造成模型设定的问题（李子奈，2011）。同时，我们也受到了 CGSS 2006 年数据的限制，除了基本生活费、电费、房租支出外，只有教育和医疗支出两项家庭消费支出，对于很多家庭而言，教育和医疗支出可能在更大的意义上是一种支出义务或负担，而非为效用最大化做出的消费决策，有时甚至可能会带来负效用（如大病导致巨额医疗支出），因而不应当进入效用最大化的决定方程。在本报告的服务品中，只包括住房消费的数据。

三　数据来源与处理

本报告采用数据是综合社会调查（General Social Survey，GSS）2006年原始数据。CGSS 是一项对社会全面系统的定期标准化连续调查项目，是全世界较为一致的便于各国横向比较的社会调查。CGSS 由中国人民大学社会学系与香港科技大学社会科学部联合进行，CGSS 2006 年数据中国人民大学于 2008 年 4 月 1 日公布。CGSS 2006 年以第五次人口普查数据为抽样框，在全国 28 个省区市的城市、城镇范围内采用 PPS 与分层设计的抽样方法抽取城镇样本，并以第五次人口普查数据为抽样框分别在西部、中部、东部各选取一些区县抽取农村样本，共覆盖了全国 28 个省区市 125 个县级单位，整个样本容量为 10151 人，样本具有很强的代表性。由于 CGSS 之后的调查如 CGSS 2008 年和 CSS 等国内重要住户调查数据都未能同时包含主观幸福感和消费结构数据，使得本报告只能采用 CGSS 2006 年数据。目前，已经出现过许多基于 CGSS 的幸福感研究，但尚未有研究对中国居民效用函数及消费结构进行实证的研究。

作为一个对全国进行的抽样调查，CGSS 为样本赋予了抽样权重。在用数据分析结果估计全国总体状况时，如果不考虑每个样本的权重可能会导致分析结果的扭曲和估计的偏差（Lee and Forthofer，2006）。因此，本报告的分析中都采用抽样权重进行加权。根据抽样设计，全国分析时数据采用"全国：人权重（05 结构调整）"加权，分城乡分析时采用"分城乡独立加权：05 结构调整"加权。[①]

由于 CGSS 数据主要是由社会学家所设计和执行，一些变量并不能完全符合我们的需要。为了进一步反映 CGSS 数据对全国数据的代表性，弥补 CGSS 在家庭消费支出方面的不足，我们根据国家统计局《中国统计年鉴》（2007）数据对 CGSS 部分变量数据进行一些技术性处理，以便反映居民的一些经济行为。

---

① 由于篇幅所限，加权后的变量描述性统计数据不在本报告中列出，如有需要请与作者联系。

（一）效用水平

按照第二节的讨论，我们可以用个人收入或家庭人均收入与幸福感的交叉乘积作为效用水平的一个度量。CGSS 2006 年数据库里有个人收入与家庭收入两个变量，并能根据家庭同住人口数计算出家庭人均收入。同时，根据幸福经济学的文献，一般衡量幸福感有主观幸福感和生活满意度两个变量，分别是下列两个问题的回答："总体而言，您对自己所过的生活的感觉是怎么样的呢？您感觉您的生活是：1 = 非常不幸福；2 = 不幸福；3 = 一般；4 = 幸福；5 = 非常幸福"；"总体而言，您对目前的生活状况是否满意：1 = 非常不满意；2 = 不太满意；3 = 比较满意；4 = 非常满意。"

将个人收入、计算得到的家庭人均收入、主观幸福感及生活满意度四个变量计算相关系数可知，家庭人均收入与个人幸福感两者之间的 Pearson 相关系数仅为 0.009，家庭人均收入与生活满意度的 Pearson 相关系数仅为 0.029，而个人收入与两个主观幸福感指标的相关性略高。因此，可选取家庭人均收入和两个主观幸福感变量进行复合构建效用函数。考虑到被调查者在回答主观幸福感问题时可能受到瞬间干扰因素的影响造成结果有些偏离，我们将两个主观幸福感求平均数以减少这种失真，并将其结果取标准化为 0—1 的值乘以家庭人均值，从而得到居民效用水平。

（二）农产品消费数据：以生活费衡量

CGSS 提供了基本生活费用的调查数据，这一数据的统计口径与国家统计局的食品支出比较接近，可以作为居民家庭的农产品消费数据。根据家庭人口求出的居民人均基本生活费用，其均值为 263 元，与 2007 年《中国统计年鉴》"城镇居民家庭平均每人全年消费性支出（2006 年）"表中有关食品开支的月平均支出约 260 元完全吻合，故无须进行调整。

农产品消费的最低水平需要根据统计数据进行推断确定。《中国统计年鉴》（2007）中"城镇居民家庭平均每人全年消费性支出（2006 年）"数据表明，收入在 5% 的困难户每月食品支出约为 100 元，则 100 元可视为城市居民生存最低水平。《中国统计年鉴》（2007）中"按收入五等份分农村居民家庭平均每人生活消费支出（2006 年）"，中低收入户（20%）每月食品支出约为 60 元，没有提供最低 5% 农村居民食品支出数据，可以预计农村居民生存最低水平更低（这是因为农村居民能够自己种植粮食蔬菜保证生存），可将生存水平定位 30 元。在对全国居民进行回归分析时，为尽可能保证组间差距较小，将城乡居民农产品最低消费水平确定为 100 元。

由于还要进行对数计算，对于农产品消费水平低于最低消费水平的家庭（约 200 元），将农产品消费水平与最低消费的差额改为 2，以保证求对数后能保证非零的效用水平。

（三）工业品消费数据：以电费衡量

CGSS 并没有提供工业品消费的数据，但我们可以将电费支出作为工业品消费支出的代理变量。从生活经验来看，应该说电费与家庭购买工业品是有较紧密联系的。用电多的家庭拥有大量的家电，就很有可能购买大量现代工业制成品进行消费。但是，由于电费的单价较低，在家庭消费的支出结构中所占比例应该较低，CGSS 全部样本的家庭电费人均支出的均值仅为约 22 元，需要进行一定程度的修正，以匹配居民在基本生活费用/食品方面的开支。

首先分城乡进行调整以用于分城乡的回归分析。将数据库用"分城乡独立加权：05 结构调整"加权后，将城乡居民电费支出的分位数与《中国统计年鉴》（2007）的"城镇居民家庭平均每人全年消费性支出（2006 年）"及"按收入五等份分农村居民家庭平均每人生活消费支出（2006 年）"进行比较，可以发现，城乡居民各分位数电费支出与消费性支出/生活消费支出中的"衣着"类消费和"家庭设备用品及服务：耐用消费品"大致成比例，其中，城镇比例约为 1∶5，农村比例约为 1∶3。因此，可将城乡家庭人均电费支出分别乘以 5 或 3，作为工业品消费的数据。在全国整体回归分析中，可采用 3 或 4 作为电费对应的工业品消费的乘数。为简单起见，本报告采用 3 进行计算。整体相乘的做法应当在保证人均工业品消费与人均家庭收入的匹配，也能确保这种单调变换不至于对弹性系数有扭曲影响。

（四）服务产品消费数据：以住房消费衡量

住房消费在居民服务产品消费中占有至关重要的地位。与科教文卫、交通费用等消费支出与家庭成员年龄结构、地理位置等非经济因素紧密相关不同，住房消费是所有家庭都必须面临的问题。对于许多租房的家庭，住房消费就是直接的每月房租支出。但是，对于买房的家庭而言，虽然买房是家庭最为重要的支出，但住房既具有投资品特点，也有消费品的特点，只有自住房屋才具有消费品的性质。住房消费的衡量，主要是参照

CPI 计算时所采用的基于等价租金或虚拟房租的方法。具体来说，就是将住房的市场价值按照一定比例进行折旧，其折旧值就是该居民的住房消费价值。之所以选择市场价值，是因为房价上涨实际上给住在自住住房中的家庭带来了更高的机会成本，家庭可以出售/出租房屋变现通过调整消费结构提升效用水平。因此，自住住房的市场价值的折旧可以看成是较好的住房消费水平。

CGSS 2006 提供了居民对自住住房市场价值的估值，参照王军平与王华妍（2009）的方法，我们将这一估值统一按照城镇居民自有住房 4% 的折旧率（25 年折旧完毕）进行折旧并平摊至每月作为每月住房消费水平。4% 的折旧率是考虑到现有住房的使用年限。我们没有按照王军平与王华妍（2009）的方法将农村住房折旧率确定为 2% 而采用城镇的 4%，是因为农村住房价格相对城镇住房而言价格与质量相对较低，现在的农村居民更新住房的速度至少不会比城镇居民慢，因而其住房的折旧率与城镇相同是合理的。我们也没有采用孙文凯与罗圣杰（2011）所列举的多种虚拟房租计算方法，一是因为受数据所限，二是本报告这种计算方法也是非常有效的，计算所得到的人均每月虚拟房租在各个百分位上都与租房居民人均每月房租支出水平比较接近，仅略高于后者，这与居民在租房买房问题上理性选择最终将使得二者基本无差异的理论判断相一致。

对于家庭提供的服务产品消费，目前并没有足够的理论与实证分析。虽然国内已有学者注意到家庭无偿劳动等服务对于家庭和国民经济的重要意义（曾五一，2005；韩中与时云，2012；谷彬，2007），中国居民家庭提供服务品或家庭无偿劳动的价值仍然缺乏数据分析。本报告在这里不关注生产性的家庭无偿劳动，而主要关注的是能带来效用水平提高的家庭活动，如为家人做饭、家庭成员间的情感沟通、关心照顾家人等。无论是否假定这种服务在农村和城市之间的数量是否有显著差异，用来衡量农村和城市无偿劳动的机会成本必然是有很大差距的。在目前中国这种发展阶段，这种无偿劳动的价值不可能太高。我们将家庭住房消费水平作为标杆，居民家庭无偿劳动的价值取 80%—90% 分位数水平，即城市居民按 400 元计算，农村居民按 50 元计算，用于分城乡的回归分析，而在全国居民回归分析中，这一水平定为 300 元。事实上，这一常数水平并不影响回归系数的显著性，只对回归系数的大小有较小的影响，因而这一数值并不是特别重要。

四　回归分析

（一）全国居民的加权最小二乘分析

我们首先采用最小二乘估计方法估计全国居民 Geary-Stone 加总效用函数。由于样本来自社会调查数据，需要对样本进行加权估计，因此，我们采用加权最小二乘估计方法，以便分析结果能推广到全国。回归结果见表 18 - 1。

表 18 - 1　　全国居民 Geary-Stone 加总效用函数的 WLS 估计

	非标准化系数		标准化系数	t	p
	B	标准差	β		
常数	- 0. 858	0. 306		- 2. 801	0. 005
农产品（基本生活费 - 100）	0. 174	0. 007	0. 267	23. 500	0. 000
工业品（电费 ×3）	0. 207	0. 017	0. 138	12. 051	0. 000
服务产品（住房消费 + 600）	0. 887	0. 055	0. 170	16. 134	0. 000

注：因变量：效用 =（人均家庭收入的对数 × 主观幸福感）；调整的 R^2 = 0. 218　 N = 9169；采用"全国：人权重（05 结构调整）"加权。

从回归结果来看，全国居民的农产品、工业产品和服务产品消费（住房消费）的边际效用弹性依次递增，其中，住房消费的边际效用弹性最大，达到 0. 887，这与经济学预测一致。大致而言，将表 18 - 1 的估计结果代入（18.3）式，并考虑价格为 1 的假定，以及正的农产品生存水平和服务业无偿提供水平，随着收入的增长，农产品、工业产品和服务产品的消费比例依次递增。

值得注意的是，估计方程的拟合优度调整的 R^2 比较低，但是，这种情形在社会调查数据回归中非常常见。Van Praag 和 Ferrer-i-Carbonell（2008）对主观幸福感及各种满意度进行的多个回归结果的拟合优度都在 0.01—0.2，他们明确提出，微观经济计量学中大约为 0.1 的拟合优度是非常正常的。因此，只要方程系数回归结果显著，具有经济学含义，能够说明其结果的可靠性。

（二）区分城市/农村居民的加权最小二乘分析

为进一步反映城市居民和农村居民由于环境、收入、生产生活方式等对消费结构的影响，有必要进一步分城乡估计居民效用函数的边际效用弹性。与全国情形类似，仍需采用加权最小二乘估计。工业品、农业品和服务产品采用第三节区分城乡的计算结果作为自变量，以得到更能反映城乡居民行为的估计结果。

分城乡的加权最小二乘估计结果如表 18 - 2 所示。可以看出，城乡居民三种消费品的边际效用弹性都呈现出农业品最低、工业品其次、服务产品最高的特点，各种消费品的估计值有一定差异，特别是在工业品和服务产品上。与城市居民相比，农村居民可能愿意花更高比例的资金在住房消费上，花更少比例的钱在工业品上。这也印证了许多农村居民为了面子等原因而不顾自己的负债能力承担巨额债务修建豪华新房的生活印象。

表 18 - 2   分城乡居民 Geary-Stone 加总效用函数的 WLS 估计

样本类型	自变量	非标准化系数		标准化系数	t	p
		B	标准差	β		
城市 $N=5116$ 调整的 $R^2=0.170$	常数	-0.282	0.414		-0.681	0.496
	农产品（基本生活费 -100）	0.212	0.014	0.234	15.398	0.000
	工业品（电费×5）	0.272	0.027	0.157	10.223	0.000
	服务产品（住房消费 +400）	0.664	0.071	0.131	9.412	0.000
农村 $N=3931$ 调整的 $R^2=0.198$	常数	0.597	0.185		3.229	0.001
	农产品（基本生活费 -30）	0.213	0.016	0.212	13.591	0.000
	工业品（电费×3）	0.221	0.025	0.136	8.661	0.000
	服务产品（住房消费 +50）	0.741	0.045	0.253	16.597	0.000

注：因变量：效用 = （人均家庭收入的对数×主观幸福感）；采用"分城乡独立加权：05 结构调整"加权。

（三）全国居民的分位数回归分析

最小二乘法估计的缺陷是容易受到极端值的影响，并且当样本中各变量取值分布偏斜、差异悬殊时，由于均值往往会高估变量取值的集中趋势，建立在均值之上的最小二乘估计往往会使得估值不够准确。本报告所用的调查数据所包含的收入与各种消费变量正是这种分布偏斜、差异悬殊且拥有大量极端值的典型例子。因此，采用基于分布的分位数回归具有鲜明的优势［参见 Fitzenberger、Koenker 和 Machado（2002）；Koenker（2005）、Hao 和 Naiman（2007）等的介绍］。在本报告中，收入分位数回归可以揭示不同人群的效用函数特点与消费结构，有助于理解各种消费品效用弹性的非线性特点。

Stata 提供了四种分位数估计程序，普通分位数回归（qreg）使用默认的协方差矩阵计算方法，可进行加权等复杂运算；分位间回归（iqreg）主要考虑两个分位数之间区段的回归；自助法计算协方差矩阵（bsqreg）；同时做多个分位数回归（sqreg），使用自助法计算协方差矩阵。由于样本来自调查数据，我们首先采用加权的普通分位数回归计算各个分位数上的回归系数。由于自助法（Bootstrap）不需要回归残差服从独立同分布的假设（Hao and Naiman，2007），具有很强的优势，因此为得到需求变动连续趋势，画出各回归系数即三种消费品的效用弹性随分位数的变化而变化的趋势图。但自助法无法进行加权，其结果只能用来观察趋势变动，具体数值水平可能与回归方程得到的系数有细微差异。

分位数回归的结果如表 18 - 3 所示，除了 95% 分位数上工业品消费的边际效用弹性只在 95% 的水平下影响显著，部分常数项不够显著，其他消费品的边际效用弹性都非常显著。可以看出不同分位数上农产品、工业品和服务产品的边际效用弹性有显著的区别，对于一些收入分位数人群而言，以住房消费表示的服务产品消费的边际效用弹性甚至出现了略大于 1 的情形。这意味着对于一些收入/消费水平上的居民而言，住房消费的弹性如此之大，以至于出现了局部边际消费不递减的情况，使得居民会将尽可能多的收入资金投入到住房消费中去。这一略有违背理论假设的现象或许是对许多居民不顾收入水平不断提高住房消费水平的一个解释，又或许是因为将城市与农村居民合并分析造成住房消费的边际效用弹性被高估。

表 18 - 3   全国居民 Geary-Stone 加总效用函数的分位数估计

全国		5%	10%	20%	30%	40%	50%	60%	70%	80%	90%	95%
农产品(基本生活费-100)	系数	0.168	0.176	0.132	0.159	0.172	0.172	0.181	0.189	0.168	0.170	0.200
	t	8.750	14.380	13.000	11.860	11.930	13.420	14.710	16.620	15.060	10.010	6.940
工业品(电费×3)	系数	0.109	0.176	0.199	0.236	0.211	0.238	0.254	0.250	0.231	0.219	0.176
	t	2.540	6.620	8.910	8.030	6.590	8.380	9.290	9.920	9.220	5.640	2.470
服务品(住房消费+600)	系数	0.878	0.608	0.974	1.070	1.032	1.027	0.912	0.787	0.832	0.923	0.968
	t	6.750	7.830	15.650	13.150	11.960	13.620	12.890	12.330	13.450	9.440	5.920
常数项	系数	-2.480	-0.647	-2.272	-2.652	-1.995	-1.747	-0.848	0.171	0.391	0.369	0.706
	t	-3.360	-1.450	-6.460	-5.810	-4.150	-4.170	-2.170	0.490	1.160	0.700	0.810
Pseudo R^2		0.083	0.090	0.101	0.104	0.118	0.129	0.137	0.146	0.143	0.122	0.101

注：因变量：效用＝（人均家庭收入的对数×主观幸福感）；采用"全国：人权重（05 结构调整）"加权。

将回归系数随着分位数变化情形以图形来直观表示（见图 18 - 1），可以得到全国居民消费结构随着分位数变化的规律。可以看到，农业品在较低分位数上的边际效用弹性比较高，而随着分位数的提高骤然下降，而后大致呈现出倒 U 形的曲线；工业品则明显呈现出倒 U 形的曲线，在50% 分位数左右达到最高峰；而住房的边际效用弹性曲线在较低分位数时保持较高水平，随后迅速下降，而后又迅速上升，到30% 分位数左右达到顶峰，随后呈缓慢下降的态势。

这种与分位数有关的非线性的边际效用弹性曲线为我们理解居民消费结构提供了丰富的信息。在较低收入/消费分位数上农业品消费（生活费）和服务产品消费（住房消费）的较高边际效用弹性水平表明，这两种消费品都是生活必需品，因而对于较低收入居民而言，这两笔开支占据了他们生活开支的重要组成部分，当这两种消费品达到一定水平后，他们在消费中的重要性就快速下降，相对应的工业品消费迅速提升。各种消费品的边际效用弹性在收入/消费水平达到一定程度后将逐渐下降，从收入水平方面反映了消费品边际效用递减的作用，但三种消费品的边际效用弹性之和在较高的分位数上逐渐小于1，说明居民很可能将逐渐减少在这三种消费品上消费的比例，如文化娱乐、交通通信等，而由于缺乏这些数据我们无法进一步探讨这一问题。

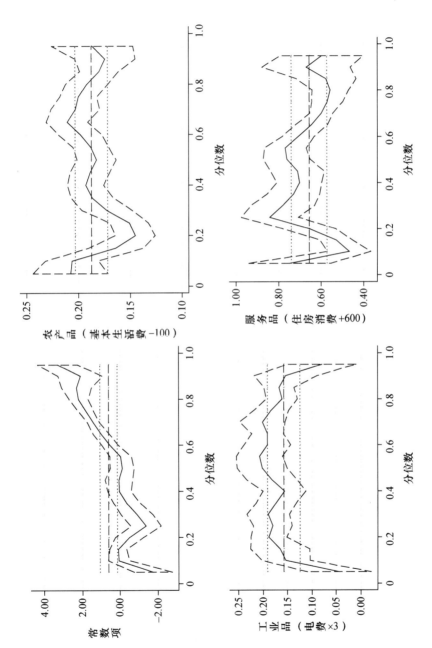

图 18－1　全国居民 Geary-Stone 加总效用函数的分位数回归系数变化态势

（四）区分城市／农村居民的分位数回归分析

进一步区分城市／农村居民，分别进行分位数回归以分析城市和农村居民不同的消费结构及其内在的原因，有助于理解城市化和城乡收入变动对居民消费的影响。与前面的最小二乘估计相同，分位数估计时仍需采用不同的权重进行加权以反映城乡人口结构，并采用区分城乡的农产品、工业品和服务产品的计算结果。估计结果如表 18-4 所示，除个别收入分位数的个别消费品外，基本上所有消费品的边际效用弹性都非常显著。

表 18-4　分城乡居民 Geary-Stone 加总效用函数的加权分位数估计

城市		5%	10%	20%	30%	40%	50%	60%	70%	80%	90%	95%
农产品(基本生活费 -100)	系数	0.235	0.232	0.145	0.191	0.239	0.210	0.246	0.244	0.226	0.167	0.200
	t	8.790	14.720	7.660	6.510	8.320	8.460	10.200	11.600	10.690	4.140	3.040
工业品(电费×5)	系数	0.133	0.232	0.280	0.333	0.262	0.316	0.321	0.257	0.249	0.258	0.242
	t	2.410	7.720	7.790	5.960	4.800	6.930	7.250	6.790	6.440	3.590	2.080
服务产品(住房消费 +600)	系数	0.935	0.492	0.846	0.822	0.770	0.824	0.675	0.600	0.472	0.438	0.332
	t	5.990	6.790	10.150	6.390	6.280	7.900	6.760	7.420	6.030	2.810	1.330
常数项	系数	-3.631	-0.768	-2.304	-2.122	-1.320	-1.417	-0.350	0.728	1.970	2.981	4.107
	t	-3.830	-1.740	-4.630	-2.790	-1.830	-2.320	-0.600	1.550	4.310	3.310	2.750
Pseudo R^2		0.075	0.085	0.081	0.093	0.101	0.107	0.112	0.108	0.095	0.065	0.060
农村		5%	10%	20%	30%	40%	50%	60%	70%	80%	90%	95%
农产品(基本生活费 -30)	系数	0.252	0.241	0.213	0.179	0.197	0.195	0.218	0.218	0.221	0.206	0.203
	t	8.100	9.420	11.160	9.050	7.510	8.910	9.710	9.070	8.440	7.080	4.430
工业品(电费×3)	系数	0.069	0.147	0.163	0.209	0.226	0.224	0.233	0.250	0.244	0.294	0.354
	t	1.100	3.310	4.960	6.300	5.260	6.480	6.800	6.940	6.540	6.970	4.830
服务产品(住房消费 +50)	系数	0.666	0.617	0.698	0.904	0.882	0.829	0.713	0.675	0.693	0.802	0.944
	t	5.240	6.690	10.810	15.140	12.000	14.280	12.580	11.660	11.420	12.020	8.940
常数项	系数	-0.658	-0.182	-0.003	-0.560	-0.242	0.294	0.958	1.362	1.635	1.541	1.191
	t	-1.220	-0.460	-0.010	-2.200	-0.780	1.200	4.020	5.600	6.470	5.640	2.800
Pseudo R^2		0.076	0.081	0.092	0.098	0.105	0.113	0.115	0.116	0.120	0.125	0.131

注：因变量：效用 =（人均家庭收入的对数×主观幸福感）；采用"分城乡独立加权：05 结构调整"加权。

资料来源：笔者根据 CGSS 2006 计算。

由表 18 -4 可知，城市居民分析结果与前述全国居民分析结果非常类似，这一方面是因为全国居民的部分变量计算参考了城市的取值，另一方面是因为农村分析结果变动相对较小。城市居民服务业消费并未出现全国居民分位数回归系数在一些分位数上大于 1 的状况，这说明不区分城乡的全国回归结果可能不够准确。

图 18 -2 和图 18 -3 分别用图形表示城乡居民各种消费品的边际效用弹性随收入分位数变动的规律。如图 18 -2 所示，城市居民的农产品和服务产品消费的边际效用弹性在较低分位数上保持高位，而后迅速下降，继而呈现出倒 U 形曲线，其中服务产品消费的边际效用弹性最高水平在 30% 分位数左右，而农产品有一定震荡波动，在 70% 分位数左右开始下降。工业品呈现出较为清晰的倒 U 形曲线。

图 18 -3 表明，农村居民的消费结构变迁相对更加平缓。这主要可能是因为农村居民中的收入/消费差距要远比城市小。如果用一个金字塔图表示农村/城市居民的收入/消费结构，很容易看出农村居民收入分层呈现出社会学家所提出的倒丁字形结构（李强，2005）。具体来看，农村居民的农产品边际效用弹性随着分位数增加而呈现出波浪式的变化，在低分位数时逐渐下降，反映了农产品作为必需品的性质，随后缓慢上升，到 80% 分位数左右开始下降，这与理论预测一致。工业品消费随着分位数的增加呈单调递增的态势，这与城市居民的倒 U 形曲线不同。这可能是因为农村居民收入水平远低于城市居民，使得农村居民对工业品的消费还有较大的扩展空间。以住房为主的服务产品消费的边际效用弹性曲线呈与农产品相反的波浪形态势，在低分位数时住房消费的边际效用弹性很低，这也与城市居民有所不同。这是因为低收入农村居民的住房条件可以非常简单，窝棚、茅房就能满足生存需要，随着收入的逐渐增长，农村居民的住房需求会逐渐上升，此时需要建造砖瓦楼房，而随着收入增长逐渐满足这一住房水平的需求后，农村居民用于住房方面的消费将逐渐下降，但随着城镇化浪潮和农村郊区化等因素的作用，农村居民用于住房的消费又将逐渐回升。这充分表明，居民的消费结构演变，是一个复杂的非线性发展过程。

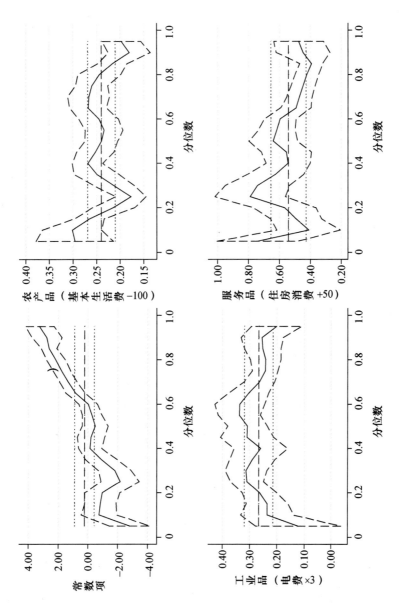

图 18－2 城市居民 Geary-Stone 加总效用函数的分位数回归系数变化态势

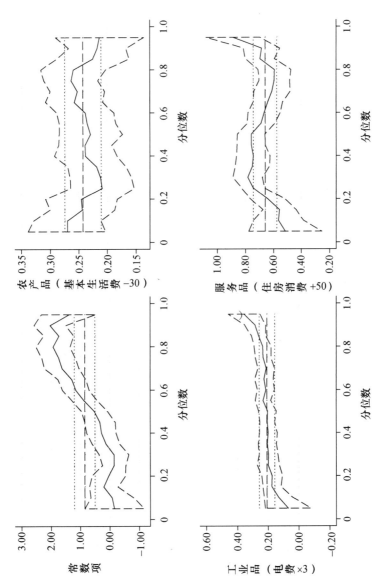

图 18 – 3 农村居民 Geary-Stone 加总效用函数的分位数回归系数变化态势

五 稳健性分析

本报告的数据样本来自具有全国代表性意义的样本，除数据缺失外没有删去任何数据样本，共计约1万个样本保证了回归结果的可靠性。研究的变量选择、数据处理、计量方法等方面已经尽可能做到谨慎，分别采用了全国和区分城乡的加权最小二乘估计和分位数估计，得到的结果基本一致，这表明本报告的研究结果基本上是稳健的。尽管如此，我们还可以从以下几个方面讨论回归结果的稳健性。

（1）采用其他变量重新计算效用水平，如用生活满意度或平均满意度代替两个变量的平均值作为主观幸福感的测度，用个人年终收入代替家庭人均收入作为收入水平的度量，从而重新构造计算居民效用水平。笔者的测算结果表明，不同的计算方法除了对弹性系数和拟合优度有一定影响外，对变量的符号、相对大小和显著性等都基本没有影响，而本报告采用的方法所构造出来的因变量由于更能过滤掉主观变量报告中的噪声，因而是更为适合的方法。

（2）在模型中引入其他控制变量进行回归，如加入年龄、户籍、职业等变量，检验是否会对系数的大小和显著性有影响。笔者的测算结果也表明，这些控制变量仅带来拟合优度极小的提高，对系数估计基本上没有什么影响，反而可能导致自变量之间的相互影响。

（3）在模型中引入医疗消费和教育消费作为服务产品消费。笔者的测算结果表明，引入这些变量对系数估计和结果也没有显著影响。

六 情景模拟

基于上述分析结果，我们可以分析诸如房价上涨和农村居民城市化等情景下的居民消费结构变化。

（一）房价上涨对住房消费的影响

根据（18.3）式，我们可以对房价上涨带来的变化进行分析。我们关心的问题是，若要保持收入和效用水平不变，房价上涨会使得消费结构发生怎样的变化。由于房价上涨主要发生在城市，因此我们仅以城市居民最小二乘估计结果进行计算。

将表 18－2 有关城市居民的估计结果代入（18.3）式，可得涨价前的方程为：

$$\frac{A-100}{0.212}=\frac{M}{0.272}=\frac{S+400}{0.664} \tag{18.4}$$

将农产品消费、工业品消费都用服务品消费表示。由于三种消费品的价格均假设为 1，将用服务产品表示的农产品和工业品消费价值代入收入约束（18.2）式，可得用服务产品消费额表示的预算方程。

同理可得消费品（此处即房价）价格变化后的预算方程。如假设农产品、工业品价格不变（仍为 1），房价为原来的两倍（即价格为 2），则（18.3）式变为：

$$\frac{A'-100}{0.212}=\frac{M}{0.272}=2\times\frac{S+400}{0.664} \tag{18.5}$$

从上式中解出用服务业消费额表示的预算方程，并令涨价前后两个预算方程相等，则有：

$$S'=0.703S-117.6 \tag{18.6}$$

将价格代入上式，可求解涨价前后居民住房开支是否增减，即只有当下式成立，涨价后居民住房消费才可能增多：

$$2S'-S=2\times(0.703S-117.6)-S>0 \tag{18.7}$$

即 $S>579.3$ 时，涨价后居民住房消费才有可能增多。但根据 CGSS 2006 的数据，居民住房消费远低于这个水平，95％分位数上的城镇居民住房消费为 533 元，因此住房价格的上升将迫使绝大多数城镇居民减少住房消费。但这一结果也隐含地表明，随着经济的增长，当住房消费达到一定水平后，住房价格的上升也会带来住房消费的增加。类似的，也可以求出住房价格上涨对农产品、工业品消费的影响。经过计算可知农产品和工业品消费在住房消费价格上涨后必然会提高，以抵消涨价带来的不利影响。

（二）农村居民城市化对消费结构的影响

采用分城乡加权最小二乘回归结果，考虑农村居民成为城市居民后，在收入不变、效用水平保持不变的条件下，消费结构会发生怎样的变化，进一步可以推算出新创造的房产需求。

将表 18-2 城乡居民的估计结果代入（18.8）式，则城市化前后的居民消费可用下列方程描述：

$$\frac{A-30}{0.213} = \frac{M}{0.221} = \frac{S+50}{0.741} \tag{18.8}$$

$$\frac{A'-100}{0.212} = \frac{M'}{0.272} = \frac{S'+400}{0.664} \tag{18.9}$$

$$A+M+S = A'+M'+S' \tag{18.10}$$

其中，（18.2）式为城市化前作为农村居民的最优消费，（18.9）式为城市化后作为城市居民的最优消费。从上式中解出用服务业消费额表示的预算方程，并令城市化前后两个预算方程相等，则有城市化前后住房消费水平的关系式：

$$S' = 0.917S - 192.2 \tag{18.11}$$

则可以求得城市化前后居民住房消费水平的差异。只有（18.12）式成立时，城市化后居民住房消费水平才可能增加：

$$S' - S = 192.2 - 0.083S > 0 \tag{18.12}$$

当城市化前作为农村居民的人均住房消费 S 超过 2343.9 元/月，城市化后居民住房消费才可能增长。在样本数据中，95%分位数的农村居民人均住房消费水平仅为 133 元，因而基本上可以得出结论，城市化后农村居民人均住房消费支出并不会增加。采用类似方法，可以计算出城市化前后的农产品与工业品的变化。计算结果表明，城市化会使得农产品消费增加，只有当人均住房消费水平高于 1550 元/月时，城市化才会使得增加居民工业品消费。

由于最小二乘法对于严重偏斜的数据估计可能出现偏误，我们采用分位数结果进行分析。由于城市居民收入/消费水平远高于农村居民，因此效用和收入水平不变的假定要求必须选择收入水平类似的分位数进行计算。由于自主城市化的农村居民一般在农村已获得较高经济社会地位，我们以 70%分位数上的农村居民为例来说明，其对应收入水平的城市居民为 40%分位数，则采用与上面类似的方法，有以下方程组：

$$\frac{A-30}{0.213} = \frac{M}{0.250} = \frac{S+50}{0.675} \tag{18.13}$$

$$\frac{A'-100}{0.239} = \frac{M'}{0.262} = \frac{S'+400}{0.770} \tag{18.14}$$

$$A+M+S = A'+M'+S' \tag{18.15}$$

可得城市化前后的住房消费水平关系式为：

$$S' = 1.026S + 179.1 \tag{18.16}$$

则可以通过计算得知，只有当城市化前农村居民人均月住房消费 S 超过 6888.5 元时，城市化后的居民住房消费水平才可能增加。而这一消费水平远高于绝大多数农村居民住房水平。类似的，也可以求得农业品与工业品消费数量的增减。计算结果表明，只有当人均住房消费非常高（> 24370）的时候，城市化才有可能使得居民农产品消费减少；只有当人均住房消费超过 2567 元时，城市化才能使居民工业品消费减少。

七 结语与讨论

本报告通过对中国综合社会调查（CGSS 2006）数据的分析，用主观幸福感和家庭人均收入建构了一个居民效用水平的度量，采用了加权最小二乘法对全国和分城乡居民农产品（用基本生活费来衡量）、工业品（用电费作为代理变量）和服务产品（用房租或虚拟房租来衡量）的边际效用弹性进行实证分析，以得到全国和城乡居民包含三种消费品的效用函数估计，并运用分位数回归法考察了全国和城乡不同收入组居民不同的消费结构。

研究结果表明，农产品对于居民的边际效用弹性最小，工业品次之，服务品最大，但一般都在（0，1）区间取值。这一结果证实了广义恩格尔定律，从需求角度给出了消费结构升级的依据。从城乡来看，相比城市居民，农村居民更愿意在住房消费上进行投入，在工业品消费上更少投入。分位数回归结果表明，城市居民对农产品的需求在达到最低生存水平后将大致呈现出倒 U 形的曲线，工业品消费随着分位数增加明显呈现出倒 U 形的曲线；而住房的边际效用弹性曲线在较低分位数时保持较高水平，随后迅速下降，而后又迅速上升，到 30% 分位数左右达到顶峰，随后呈缓慢下降的态势。而农村居民的农产品消费的边际效用弹性呈现出先降后升再下降的波浪形态势，工业品消费缓慢上升，服务业呈现出先升后降再反弹的形态。综合起来，全社会的农产品、工业品和服务产品消费比较接近城市居民消费结构演变的趋势。这表明，随着居民收入的增长，农产品比例都将不断下降，工业品消费比例呈倒 U 形，以住房消费衡量的服务产品的比例也会下降，但可能其他类型的服务产品（如文化娱乐、交通通信等）比例可能会持续上升。

　　本报告的情景模拟表明，住房价格上涨一般会使得居民住房消费数量的减少，为了保持效用水平不变，居民会增加农产品和工业品的消费数量，但当人均住房消费水平处于很高水平的时候，仍存在住房价格上涨会使得居民继续增加住房消费的可能。同时，城市化将增加居民的农产品与工业品消费，但从消费总量来看，农村居民城市化难以带来房产消费总的增加。

　　本报告研究的政策含义在于：一是可以根据不同居民的边际效用弹性精准地为这些居民着力提供他们需要的产品和服务。如对于城市最低收入人群而言，要通过提供最低生活保障和住房援助提升居民效用水平；对于中低收入人群，要通过大力发展个人理财和房屋贷款等金融工具，帮助他们提升住房消费能力；面对较高收入群体的住房项目（如豪华别墅等）对于鼓励居民消费等可能作用有限，也许更为实在的项目是发展文化娱乐和交通通信行业，提供高端服务产品消费。二是对于农村人口而言，努力提高农村居民收入，能有效提升农村居民对工业品和住房消费的水平，是转型到消费型驱动经济的可行途径，而对城市居民而言，要提高居民消费水平，主要是要提升城市中低收入居民的收入水平，使他们具有持续提高消费水平的能力。三是在现有条件下，由于城市化会带来农产品与工业品的需求的增加，因而要保障城市化增加的农产品和工业品的需求，但若城市化不能给原农村居民带来更高的收入，则不能指望快速的城市化能带来住房消费的快速增长；若城市化不能给居民带来更高的收入，则难以预计城市化能推动经济由投资驱动型经济向消费驱动型经济的转型。要让城市化/城镇化成为调整经济结构、扩大内需实现经济可持续发展的重要依托，必须使农民收入在城市化后有足够的提高，这就需要通过产业发展和社会保障体系建设等方面的综合配套才能得以实现。

　　本报告的局限在于：一是难以获得良好的符合本报告需要的更新数据，2006 年至今中国经济发生了较大变化，特别是住房价格大幅上涨，本报告计算的一些临界值可能随之发生变化，因而本报告的一些结论需要进行适当调整才能适用于目前的中国经济现实。二是受调查数据所限，无法分析除住房消费之外的服务业消费，如科教娱乐、交通通信等。笔者寄希望于未来的社会调查设计能加入主客观变量，使得本报告研究得以更新和继续推进，加深人们对居民消费结构及其演变的理解。

报告18附录：变量描述性统计

1. 全国样本主要变量描述统计

		幸福感	生活满意度	去年家庭人均收入	家庭每月人均生活费	家庭每月人均电费	家庭每月人均房租	家庭每月虚拟房租	家庭每月人均医疗支出	家庭每月人均教育支出
样本数	有效	10151	10102	9324	9854	9945	10151	727	10151	10151
	缺失	0	49	827	297	206	0	9424	0	0
均值		3.44	2.70	9476	263	22	90	168	33	54
均值标准差		0.01	0.01	770	3	0	2	9	1	1
中位数		3.00	3.00	5000	200	13	33	85	13	4
众数		3.00	3.00	5000	100	10	0	50	0	0
标准偏差		0.74	0.61	74332	303	31	176	251	94	114
方差		0.55	0.37	5525252867	91834	984	30886	62878	8846	12919
斜度		-0.16	-0.52	61	8	8	8	7	15	4
斜度标准差		0.02	0.02	0	0	0	0	0	0	0
峰度		0.36	0.42	4819	128	110	123	101	390	18
峰度标准差		0.05	0.05	0	0	0	0	0	0	0
幅度		4.00	3.00	7500000	10000	800	5000	4998	3333	1417
最小值		1.00	1.00	0	0	0	0	2	0	0
最大值		5.00	4.00	7500000	10000	800	5000	5000	3333	1417
百分位	5	2.00	2.00	1000	43	3	0	13	0	0
	10	3.00	2.00	1333	57	5	0	20	0	0
	20	3.00	2.00	2000	100	7	5	33	1	0
	25	3.00	2.00	2400	100	8	8	40	3	0
	30	3.00	2.00	2667	117	8	11	50	4	0
	40	3.00	3.00	3500	150	10	22	60	8	0
	50	3.00	3.00	5000	200	13	33	85	13	4
	60	4.00	3.00	6000	250	17	50	125	19	17
	70	4.00	3.00	7667	300	23	83	175	28	38
	75	4.00	3.00	9300	333	25	100	200	33	50
	80	4.00	3.00	10000	375	30	125	250	42	83
	90	4.00	3.00	16000	500	50	225	400	83	167
	95	5.00	4.00	25000	750	60	333	600	125	278

注：采用"全国：人权重（05结构调整）"加权。

2. 分城乡样本主要变量描述统计

样本类型			幸福感	生活满意度	去年家庭人均收入	家庭每月人均生活费	家庭每月人均电费	家庭每月人均房租	家庭每月虚拟房租	家庭每月人均医疗支出	家庭每月人均教育支出
城市	样本数	有效	6013	5986	5258	5736	5767	6013	991	6013	6013
		缺失	0	27	755	277	246	0	5022	0	0
	均值		3.50	2.71	15512	397	33	154	168	36	66
	均值标准差		0.01	0.01	1557	5	1	3	8	1	2
	中位数		3.00	3.00	8000	300	25	83	85	13	5
	众数		3.00	3.00	10000	500	25	0	50	0	0
	标准偏差		0.73	0.63	112920	396	38	235	251	114	125
	方差		0.54	0.39	12750850560	156523	1466	55371	62855	12976	15545
	斜度		-0.17	-0.53	41	7	6	6	7	16	3
	斜度标准差		0.03	0.03	0	0	0	0	0	0	0
	峰度		0.42	0.45	2175	92	70	74	101	366	15
	峰度标准差		0.06	0.06	0	0	0	0	0	0	0
	幅度		4.00	3.00	7500000	10000	800	5000	4998	3333	1417
	最小值		1.00	1.00	0	0	0	0	2	0	0
	最大值		5.00	4.00	7500000	10000	800	5000	5000	3333	1417
	百分位	5	2.00	2.00	1800	100	6	0	13	0	0
		10	3.00	2.00	2500	125	8	0	20	0	0
		20	3.00	2.00	4000	167	12	14	33	0	0
		25	3.00	2.00	5000	200	15	25	40	1	0
		30	3.00	2.00	5000	200	15	33	50	3	0
		40	3.00	3.00	6667	250	20	58	60	8	0
		50	3.00	3.00	8000	300	25	83	85	13	5
		60	4.00	3.00	10000	350	27	117	125	21	28
		70	4.00	3.00	12200	433	33	167	175	28	56
		75	4.00	3.00	13333	500	40	189	200	39	83
		80	4.00	3.00	15000	500	50	233	250	42	104
		90	4.00	3.00	25000	750	60	375	400	83	208
		95	5.00	4.00	30650	1000	100	533	600	125	333

续表

样本类型			幸福感	生活满意度	去年家庭人均收入	家庭每月人均生活费	家庭每月人均电费	家庭每月人均房租	家庭每月虚拟房租	家庭每月人均医疗支出	家庭每月人均教育支出
农村	样本数	有效	4138.01	4117.01	3941	4070	4119	4138	0	4138	4138
		缺失	0.00	21.00	197	68	19	0	4138	0	0
	均值		3.40	2.70	5213	163	14	40		31	45
	均值标准差		0.01	0.01	311	2	0	1		1	2
	中位数		3.00	3.00	3000	125	10	17		13	4
	众数		3.00	3.00	5000	100	10	0		0	0
	标准偏差		0.75	0.59	19493	142	22	80		75	103
	方差		0.56	0.35	379995988	20286	475	6329		5657	10712
	斜度		-0.14	-0.52	39	4	13	15		11	4
	斜度标准差		0.04	0.04	0	0	0	0		0	0
	峰度		0.32	0.37	1752	24	288	397		200	22
	峰度标准差		0.08	0.08	0	0	0	0		0	0
	幅度		4.00	3.00	995000	2300	800	3000		2083	1250
	最小值		1.00	1.00	0	0	0	0		0	0
	最大值		5.00	4.00	995000	2300	800	3000		2083	1250
	百分位	5	2.00	2.00	750	33	3	0		0	0
		10	3.00	2.00	1000	50	4	0		0	0
		20	3.00	2.00	1500	67	5	3		2	0
		25	3.00	2.00	1750	75	5	5		3	0
		30	3.00	2.00	2000	100	6	7		4	0
		40	3.00	3.00	2500	100	8	12		8	0
		50	3.00	3.00	3000	125	10	17		13	4
		60	4.00	3.00	4000	150	10	29		17	13
		70	4.00	3.00	5000	200	13	42		25	25
		75	4.00	3.00	5333	200	15	50		33	38
		80	4.00	3.00	6500	250	17	58		42	50
		90	4.00	3.00	10000	300	25	100		83	125
		95	5.00	3.00	15000	400	35	133		104	250

注：采用"分城乡独立加权：05 结构调整"加权。

参考文献

［1］曾五一：《无偿服务核算研究》，《统计研究》2005 年第 6 期。

［2］谷彬：《多视角下无偿服务核算必要性研究》，《统计研究》2007 年第 5 期。

［3］韩中、时云：《中国住户生产核算若干问题研究》，《金融评论》2012 年第 5 期。

［4］何强：《攀比效应、棘轮效应和非物质因素：对幸福悖论的一种规范解释》，《世界经济》2011 年第 7 期。

［5］李强：《"丁字形"社会结构与"结构紧张"》，《社会学研究》2005 年第 2 期。

［6］李子奈：《计量经济学模型方法论》，清华大学出版社 2011 年版。

［7］刘清华：《西方效用理论发展史上的三次重心转移》，《经济评论》2000 年第 1 期。

［8］刘霞辉、张平、袁富华：《尊重经济规律调整产业结构》，《人民日报》2013 年 2 月 5 日第 7 版。

［9］罗楚亮：《绝对收入、相对收入与主观幸福感：来自中国城乡住户调查数据的经验分析》，《财经研究》2009 年第 11 期。

［10］孙文凯、罗圣杰：《基于几种自有住房处理方法的中国城镇 CPI 重新估计》，《世界经济》2011 年第 7 期。

［11］田国强、杨立岩：《对"幸福——收入之谜"的一个解答》，《经济研究》2006 年第 11 期。

［12］瓦里安：《微观经济学》（高级教程），周洪等译，经济科学出版社 1997 年版。

［13］王军平、王华妍：《关于 CPI 中住房消费处理方法的探究》，《投资研究》2009 年第 2 期。

［14］叶航：《西方经济学效用范式的逻辑缺陷》，《经济学家》2003 年第 1 期。

［15］Acemoglu, D. (2009) *Introduction to Modern Economic Growth*. Princeton N. J. : Princeton University Press.

［16］Di Tella, R. , MacCulloch, R. (2006) Some Uses of Happiness Data in

Economics. *Journal of Economic Perspectives*, 20, (1), pp. 25 –46.

[17] Fitzenberger, B. , Koenker, R. , Machado, J. (2002) *Economic Applications of Quantile Regression*. Physica-Verlag.

[18] Frey, B. (2008) *Happiness: A Revolution in Economics*. Cambridge, M. A. : The MIT Press.

[19] Hao, L. , Naiman, D. (2007) *Quantile Regression*. Thousand Oaks, CA: Sage Publications.

[20] Jehle, G. , Reny, P. (2001) *Advanced Microeconomic Theory*. Boston: Addison-Wesley.

[21] Koenker, R. (2005) *Quantile Regression*. Cambridge University Press.

[22] Kongsamut, P. , Rebelo, S. , Xie, D. (2001) Beyond Balanced Growth. *The Review of Economic Studies*, 68, (4), pp. 869 –882.

[23] Lee, E. , Forthofer, R. (2006) *Analyzing Complex Survey Data*. Thousand Oaks C. A. : Sage Publications.

[24] Van Praag, B. , Ferrer-i-Carbonell, A. (2008) *Happiness Quantified: A Satisfaction Calculus Approach*. Oxford, UK: Oxford University Press.

报告19　中国地级市城市发展水平评估

付敏杰　赵春晓

摘　要：本报告采用主成分分析法，通过选取代表城市规模、服务水平和经济活动32个指标来研究我国279个地级市城市发展综合水平。结果发现，全国城市发展水平差别很大，城市发展水平最高的城市是以广州和深圳为代表的东部城市和省会城市，最差的大多是西部普通地级市。从省会发展水平来看，广东、江苏、湖北、浙江、辽宁、陕西、四川、黑龙江、山东和吉林排名前10位。从区域来看，东部地区的各项指标都排全国第一，显示出雄厚的城市实力，中西部差距也比较大，东中西城市发展水平依次递减的格局非常明显。本报告认为，只有政策在关注城市硬件的同时，注重软件环境和经济活动的发展，尤其是私营部门经济活动水平的提高，才能促进区域均衡增长。

关键词：全国　地级市　城市发展　主成分分析

发展中国家经济增长的一个重要特征，是与经济增长伴随着明显的结构转变过程：产业结构从农业为主向工业主导和服务业主导的产业结构转变过程，人口和经济活动从分散的农村走向集聚并形成现代城市的空间结构转变过程。发达国家和不发达国家的空间结构显示出很大差别：不发达国家的主要经济活动发生在农村，对于发达国家而言，城市是产出的基本单位。全球一半的人口集中在1.5%的土地上，澳大利亚40%的人口集中在悉尼和墨尔本，日本25%的人口居住在占国土面积4%的东京，开罗以全国0.5%的土地提供了埃及一半以上的产出。城市是现代经济增长的主要空间单位，基础设施又构成城市运行的基本保证。城市发展不但是经济发展的标志，更是未来可持续发展的保证。因此，对我国各地区城市发展水平做综合评估就显得非常重要。本报告采用城市规模、服务水平和经济互动三大类32个指标来衡量我国城市发展水平，在此基础上利用 2007 年的 279 个城市的地级市数据对我国城市发展水平做主成分评估。

一 指标和研究

　　城市发展是一个复杂的系统工程，不仅涉及各种硬件方面的供给和软件方面的改善，更要涉及在城市中生活的人们在城市所提供的硬件和软件基础上如何进行经济活动。综合衡量一个地区的城市发展水平需要构建完整的指标体系。在实证研究中，还要考虑数据的可得性问题，综合考虑指标的全面性、客观性、简单性和可得性。本报告在中经网地级市数据库选取了可以进行全国比较的 32 个指标，共分为城市规模、服务水平和经济活动三大类（见表 19－1）。其中，城市规模主要反映城市发展的硬件情况，包括反映城市大小的市辖区面积、城建面积和建成区面积，反映环境的公共绿地、园林绿地和建成区绿化面积和反映交通发展水平的道路铺装面积，还包括总人口数。服务水平包含公共服务和私人服务（但是没有在指标上进行细分），主要涉及医院数、医院床位数、邮电局数、影剧院数、出租汽车数、公交车数、公共图书馆藏书量、小学数、中学数、高校数、互联网用户数、液化气人口数、电话用户数和移动电话用户数。经济活动指标包括客运总量、公交客运总量、工业用电量、用电总量、家庭用水量、供水总量、液化气用量、液化总量、电信业务量、邮政总量。这些指标之间不存在简单的数量关系，不同的指标包含了不同的信息，没有进一步加总或者取舍的必要。

　　将各种不同的硬件和软件指标进行汇总以得出综合结论，涉及多元统计分析方法的选择。如何将各种不同的城市发展指标进行对比和汇总，以衡量一个地区城市发展的综合情况，从而使得不同地区的城市发展总水平可以进行比较，是多指标体系研究中的核心问题。从文献来看，最常见的方法是主观权重法，具体应用中以等权重设置（算术平均数）和专家打分法为主。例如，联合国人类发展指数 HDI 在处理寿命指数、教育指数和 GDP 指数上就采用了等权重设置，中国科学院《中国可持续发展战略报告》主要采用了专家打分法。这些方法主要的问题是主观性过强，最终结果受到主观权重设置，也就是专家意见（包括专家偏好和知识水平）

的干扰过多，导致结论缺乏较高的可信度。对于很多类似的研究而言，只要改变权重设置，几乎就能得到想要的任何结果。

表 19 - 1 变量统计描述

一级指标	二级指标	单位	最小值	最大值	最大值/最小值	标准差/均值
城市规模	人口	万人	15.3	636.76	42	0.86
	城市面积	平方公里	97	19567	202	1
	城建用地	平方公里	6	850	142	1.23
	建成区	平方公里	7	844	121	1.13
	公共绿地	公顷	1	13871	13871	1.57
	园林绿地	公顷	23	167403	7278	2.96
	建成区绿化	公顷	26	34380	1322	1.25
	道路铺装	万平方米	1	9000	9000	1.21
服务水平	医院	个	7	827	118	1.15
	医院床位	张	375	43747	117	1.05
	邮电局	个	8	2291	286	2.43
	影剧院	个	1	133	133	1.84
	出租汽车	辆	98	19318	197	1.2
	公交车	辆	23	10734	467	1.57
	公共图书馆藏书	千册	13	12285	945	1.86
	小学数	所	7	991	142	0.82
	中学数	所	6	393	66	0.83
	高校数	所	0	70	—	1.68
	互联网用户	户	5553	1893200	341	1.64
	液化气人口	人	400	7366400	18416	1.58
	电话用户	万户	4.04	619.1	153	1.42
	移动电话用户	人	84000	18440000	220	1.84
经济活动	客运总量	万人次	150	34681	231	0.96
	公交客运总量	万人次	58	235629	4063	1.91
	工业用电量	万千瓦小时	1693	3956118	2337	1.41
	用电总量	万千瓦小时	11181	5678193	508	1.42
	家庭用水量	万吨	70	73933	1056	1.86

续表

一级指标	二级指标	单位	最小值	最大值	最大值/最小值	标准差/均值
经济活动	供水总量	万吨	205	178809	872	1.68
	家庭液化气用量	吨	5	337476	67495	2.14
	液化总量	吨	100	978641	9786	2.53
	电信业务量	万元	3180	3098200	974	2.15
	邮政总量	万元	686	113459	165	1.48

注:"—"表示没有数据。

资料来源:中经网。

在处理权重问题上,一种比较客观且应用日益广泛的方法是主成分分析法。该法可以将分散在多个变量上的信息,利用线性变换,在尽量有效利用变量信息的前提下,通过正交化避开变量间的多种共线性问题,通过降维过程将多个变量简化为几个变量,使不同的地区之间可以进行综合比较和排名。作为多元统计分析的重要方法之一,主成分分析在各个方面都得到了广泛的应用。杨永恒等(2005)[1] 采用该法重新分析了中国31个省级地区的人类发展水平,并认为其动态权重结构可以有效地透视人类发展差距模式的历史演进过程和人类发展的各个方面在整体发展进程中的角色变化。潘安娥、杨青(2005)[2] 采用主成分分析法对武汉市1996—2003年的经济社会发展水平进行了综合评价。采用同样的方法,吴丽华、徐甭(2008)[3] 建立了人民币流动性需求模型,郑会军、马文杰(2009)[4] 分析了我国31个地区的农业竞争力,关世勋等(2009)[5] 分析了城市化对

① 杨永恒、胡鞍钢、张宁:《基于主成分分析法的人类发展指数替代技术》,《经济研究》2005年第7期。

② 潘安娥、杨青:《基于主成分分析的武汉市经济社会发展综合评价研究》,《中国软科学》2005年第7期。

③ 吴丽华、徐甭:《基于主成分分析法的流动性测算》,《数量经济技术经济研究》2008年第12期。

④ 郑会军、马文杰:《基于主成分分析的农业区域竞争力评价》,《经济评论》2009年第5期。

⑤ 关世勋、何明升、于涛:《基于主成分分析法的城市化进程中的农村张力研究——以黑龙江省为例》,《中国软科学》2009年第4期。

于农村向外扩张的影响。张自然等（2010）[①] 利用该法研究了中国 1990—2007 年各省级地区的可持续发展问题，张军等（2007）[②] 和刘生龙、胡鞍钢（2010）[③] 构造了各地基础设施的存量水平指数。

二　数据处理

本报告包括 279 个地级市，数据总量为 8929 个。4 个直辖市——北京、天津、上海和重庆没有入选，是因为和其他地区不具备可比性，其他未入选的城市大多是因为数据不全，西藏没有城市入选。从原始数据来看，各地区城市发展水平非常不平均。用标准误差/均值衡量的变异系数来看，城市规模中的园林绿地、服务水平中的邮电局数、经济活动中的家庭液化气用量、液化气总量和电信业务量变异都非常明显，而人口、客运总量和学校数的差别比较小。即使在某个一级指标内，这种差异也是显而易见的。例如，采用最大最小比值的比较发现，最大最小城市的面积相差超过 200 倍，而建成区的差别则比城市面积小得多，这可能是很多城市的建设还没有完成，城市土地还没有建设。而以各种绿地来衡量的环境差别和以道路铺装为代表的公共设施则相差千倍乃至万倍。这反映了城市建设水平差异的多维性，从而就意味着如果研究只采用单独某几个指标，可能会失去其他方面的信息，使最终的结果有偏颇，失去权威性。

关于主成分分析法所具有的统计特征，在上述所引文献都有详细的介绍。此处不赘述。本报告按照林海明、张文霖（2005）[④] 列举的计算过程展开，数据处理使用了 SPSS17.0。对数据进行正向化和无量纲标准化处理后进行指标相关性的判定。由于数据量允许，本报告采用 KMO 检验。[⑤]

---

① 张自然、刘霞辉、袁富华、王宏淼：《中国经济可持续发展评价体系》，载张平、刘霞辉主编《宏观经济蓝皮书——中国经济增长报告（2009—2010）》，社会科学文献出版社 2010 年版。

② 张军、高远、傅勇、张弘：《中国为什么拥有了良好的基础设施？》，《经济研究》2007 年第 3 期。

③ 刘生龙、胡鞍钢：《基础设施的外部性在中国的检验：1988—2007》，《经济研究》2010 年第 3 期。

④ 林海明、张文霖：《主成分分析与因子分析的异同和 SPSS 软件——兼与刘玉玫、卢纹岱等同志商榷》，《统计研究》2005 年第 3 期。

⑤ 该指数取值在 0—1 之间。越接近 1，变量的相关性越强，主成分分析的效果越好。一般认为 KMO 值在 0.7 以上时，主成分分析效果较好；当 KMO 值在 0.5 以下时，不适合主成分分析。

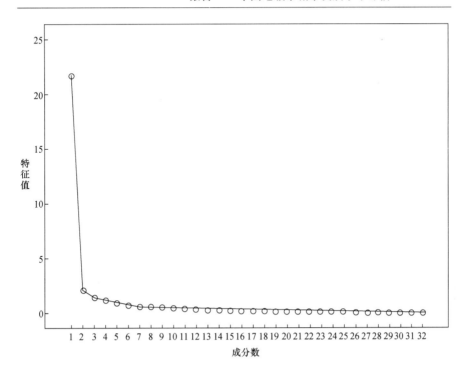

图 19 - 1　碎石图

KMO 统计量为 0.95（见表 19 - 2），非常适合采用主成分分析。Bartlett 球形检验用来识别变量是否单位矩阵，检验结果显示拒绝关于变量相互独立的假设。因此，本报告的数据采用主成分分析是非常合适的。变量共同度表示各变量中所含原始信息能被提取的公因子表示的比重。表19 - 3 "公因子方差提取" 栏显示所有 32 个变量中 25 个变量提取共同度在 80% 以上，对照一级指标分类可以知道，这 25 个指标的分布是均匀的，所以公因子对所提取一级、二级指标的解释能力都非常强。

表 19 - 2　　　　　　　　　　　**KMO 和 Bartlett 球形检验**

KMO 度量		0.950
Bartlett 球形检验	近似 χ^2	16676.315
	df	496
	Sig.	0.000

表 19 – 3 解释的总方差

成分	初始特征值			提取平方和载入		
	合计	方差（%）	累积百分比（%）	合计	方差（%）	累积百分比（%）
1	21.671	67.721	67.721	21.671	67.721	67.721
2	2.057	6.428	74.149	2.057	6.428	74.149
3	1.350	4.218	78.368	1.350	4.218	78.368
4	1.117	3.490	81.857	1.117	3.490	81.857
5	0.911	2.845	84.703			
6	0.680	2.125	86.828			
7	0.569	1.778	88.606			
8	0.532	1.663	90.269			
9	0.467	1.460	91.729			
10	0.396	1.237	92.966			

注：提取方法：主成分分析法，只列举前 10 个。

主成分个数的确定是按照简洁性和代表性两个标准来衡量的，一般来说，代表性越强，数据越多，简洁性就越差。主成分分析对代表性的要求是：（1）方差的累积贡献率要超过 80%。（2）特征根应当大于 1。（3）变量的数目尽量少。相关矩阵特征根和方差显示，第 1 个主成分的特征根为 4.655（21.671 的开平方），方差贡献达到了 67.721%，第 2—4 个特征根分别为 1.434、1.162 和 1.057，方差贡献率分别为 6.428%、4.218% 和 3.490%。第 5 个特征根开始小于 0。按照相关系数矩阵的特征值不小于 1，总方差解释量不低于 80% 的标准来看，本报告选择 4 个主成分比较合适，这 3 个主成分共解释了方差的 81.857%，碎石图（见图 19 – 1）也显示 4 个特征根附近出现明显的拐点，故本报告选取了前 4 个主成分，成分矩阵如表 19 – 4 所示。按照 4 个主成分载荷量（表 4 成分矩阵 A），第 1 个主成分载荷最大的是土地面积和电话用户和服务，已经涵盖了三个一级指标的内容，第 2—4 个主成分最大载荷分别是医院数、土地面积和影剧院数。

表 19 - 4　　　　　　　　主成分提取、成分矩阵和得分矩阵

指标			成分矩阵 A				成分系数矩阵 B			
名称	重命名	公因子方差提取	A_1	A_2	A_3	A_4	B_1	B_2	B_3	B_4
总人口	X_1	0.873	0.837	0.395	0.092	0.091	0.180	0.276	0.079	0.086
土地面积	X_2	0.538	0.127	0.297	**0.556**	0.352	0.027	0.207	0.479	0.333
城建用地	X_3	0.814	**0.900**	0.052	0.009	-0.035	0.193	0.036	0.008	-0.033
建成区面积	X_4	0.931	**0.946**	0.077	0.024	-0.172	0.203	0.054	0.020	-0.163
公共绿地	X_5	0.848	**0.916**	-0.073	-0.065	0.006	0.197	-0.051	-0.056	0.005
园林绿地	X_6	0.55	0.626	-0.241	0.236	-0.209	0.135	-0.168	0.203	-0.198
建成区绿化	X_7	0.923	0.946	0.013	-0.031	-0.167	0.203	0.009	-0.026	-0.158
道路铺装	X_8	0.867	**0.922**	-0.024	-0.122	-0.025	0.198	-0.017	-0.105	-0.023
液化气人口	X_9	0.811	0.815	-0.263	0.276	-0.046	0.175	-0.183	0.238	-0.044
医院数	X_{10}	0.537	0.514	**0.497**	-0.027	0.158	0.110	0.346	-0.023	0.149
邮电局数	X_{11}	0.771	0.757	-0.275	0.319	-0.145	0.163	-0.192	0.275	-0.137
影剧院数	X_{12}	0.619	0.542	0.135	-0.341	**0.437**	0.116	0.094	-0.293	0.413
医院床位数	X_{13}	0.93	0.892	0.351	-0.073	-0.076	0.192	0.245	-0.063	-0.072
移动电话用户	X_{14}	0.938	0.923	-0.270	-0.027	0.111	0.198	-0.188	-0.023	0.105
出租汽车	X_{15}	0.833	0.818	0.352	-0.073	-0.184	0.176	0.245	-0.063	-0.174
公交车	X_{16}	0.933	**0.940**	0.159	-0.050	-0.145	0.202	0.111	-0.043	-0.137
公共图书馆藏书量	X_{17}	0.829	0.900	0.047	-0.073	-0.109	0.193	0.033	-0.063	-0.103
中学数	X_{18}	0.888	0.868	0.283	0.177	0.150	0.186	0.197	0.153	0.142
高校数	X_{19}	0.816	0.739	0.416	-0.038	-0.310	0.159	0.290	-0.033	-0.293
小学数	X_{20}	0.727	0.509	0.302	0.507	0.346	0.109	0.210	0.437	0.327
公交客运总量	X_{21}	0.929	**0.925**	0.142	0.012	-0.230	0.199	0.099	0.011	-0.217
客运总量	X_{22}	0.502	0.662	-0.108	-0.220	0.054	0.142	-0.075	-0.190	0.051
电话用户	X_{23}	0.932	**0.956**	0.020	-0.081	0.107	0.205	0.014	-0.069	0.101
互联网用户	X_{24}	0.868	**0.918**	0.071	-0.103	-0.099	0.197	0.049	-0.088	-0.093
工业用电量	X_{25}	0.851	0.752	-0.182	-0.332	0.377	0.162	-0.127	-0.286	0.357
用电总量	X_{26}	0.926	0.870	-0.181	-0.245	0.278	0.187	-0.126	-0.211	0.263
家庭用水量	X_{27}	0.898	**0.922**	-0.218	0.006	0.004	0.198	-0.152	0.005	0.004
供水总量	X_{28}	0.874	**0.901**	-0.225	-0.083	0.070	0.194	-0.157	-0.072	0.067

| 指标 | | | 成分矩阵 A | | | | 成分系数矩阵 B | | | |
名称	重命名	公因子方差提取	A_1	A_2	A_3	A_4	B_1	B_2	B_3	B_4
液化气用量	X_{29}	0.807	0.736	-0.465	0.181	0.129	0.158	-0.324	0.156	0.122
液化总量	X_{30}	0.858	0.766	-0.447	0.267	-0.004	0.165	-0.311	0.230	-0.003
电信业务量	X_{31}	0.826	0.898	-0.132	0.030	-0.042	0.193	-0.092	0.026	-0.040
邮政总量	X_{32}	0.948	**0.971**	-0.061	-0.041	0.000	0.209	-0.043	-0.036	0.000

资料来源：笔者依据中经网相关数据计算得出，软件 SPSS17.0，黑体为主要载荷。

三 我国地级市城市建设水平评估

在成分矩阵的基础上，本报告可以得出四个主成分的表达式。首先将成分矩阵的每一个列向量除以相应的特征根的平方根，得到主成分向量矩阵 B：

$$B_i = A_i \times SQR\ (Eng_i)$$

其中，$i = 1$、2、3、4，表示提取 4 个主成分，Eng_i 是每一个主成分的特征根，即表 19 - 1 "合计"列的前 4 个值，则 4 个主成分的表达式是：

$$F_i = B_i \times ZX_i$$

其中，$i = 1$、2、3、4，含义同上。ZX_i 是本报告所选的各个指标的标准化结果，其顺序见表 19 - 4。在此基础上计算综合主成分：

$F = 0.67721\ F_1 + 0.06428 F_2 + 0.04218 F_3 + 0.03490 F_4 = 0.14041\ ZX_1 + 0.05528\ ZX_2 + 0.1332\ ZX_3 + 0.140594\ ZX_4 + 0.129876\ ZX_5 + 0.074385\ ZX_6 + 0.138762\ ZX_7 + 0.13345\ ZX_8 + 0.105181\ ZX_9 + 0.096543\ ZX_{10} + 0.092206 ZX_{11} + 0.06701\ ZX_{12} + 0.146195\ ZX_{13} + 0.121818\ ZX_{14} + 0.136451\ ZX_{15} + 0.14475\ ZX_{16} + 0.133949\ ZX_{17} + 0.142159\ ZX_{18} + 0.12749\ ZX_{19} + 0.108647\ ZX_{20} + 0.140598\ ZX_{21} + 0.090072\ ZX_{22} + 0.138943\ ZX_{23} + 0.137895\ ZX_{24} + 0.086275\ ZX_{25} + 0.110243\ ZX_{26} + 0.124378\ ZX_{27} + 0.120287\ ZX_{28} + 0.088977\ ZX_{29} + 0.091305\ ZX_{30} + 0.124523\ ZX_{31} + 0.138469\ ZX_{32}$

　　主成分分析的结果显示，广东的两个城市广州和深圳高居全国的前两位，南京、武汉、东莞、杭州、沈阳、西安、成都和哈尔滨分列 3—10位。这就意味着，前 10 位城市中，除了广东的两个普通地级市深圳和东莞外，剩余的都是省会城市。进一步看，排名前 30 位的城市中，有省会城市 18 个。这在很大程度上反映了我国特有的政治经济体制——作为省政府的所在地，省会要同时成为全省的政治、经济、文化中心，所以规模上比一般城市要大很多，这种城市结构反映了中国悠久的历史传统。[①] 其余的 12 个城市几乎都是沿海开放城市，南方多，北方少，这是经济发展和市场力量的结果——以市场化为导向的渐进式的改革，带来了东部沿海地带的迅速发展。这种发展在很大程度上遵循了比较优势，带来了人口和经济活动的集聚，尤其是长三角和珠三角两个地区，已经成为中国最重要的经济区域。可以说，前 30 个城市反映了政治和市场两种力量在空间配置资源上，前者占了明显上风。

　　想要比较不同省区市和区域之间的城市发展情况，需要构建反映城市发展水平的综合指标。本报告用三个指标作为某省区市城市发展水平的代表：第一是省会城市发展水平，第二是该省城市的平均得分，第三是该省区市城市的平均排序。一般来说，一个城市发展水平较高的省区市其省会排序靠前，城市平均排序靠前，得分较高。为了反映三种指标的相关性，本报告首先对三个指标进行了重新排序并计算了 Paerson 相关系数，如果相关系数大，说明三个指标在反映城市发展水平上是一致的，因而可以通用，如果系数较小，则不同的指标反映了不同内容，彼此不可替代。

　　表 19－5 的结果显示，这三个指标所代表的城市发展水平出现了很大偏差：只有按照城市平均得分和平均排序的双变量 Paerson 相关系数达到0.907，剩下的两个相关系数仅为 0.519 和 0.279，证明了三大指标之间不存在简单的线性相关性。这主要是由于与东部相比，许多中西部省区市缺乏经济型城市，完全依靠省会“一股独大”的局面来支撑本地区的城市化发展。这种省区市内部城市发展的不均衡性使得省会作为城市发展水平的代表性也不足，同时由于西部入选城市过少（青海 1 个，新疆 2 个，贵

----

① 这种政治中心城市规模过大所反映出来的中心—外围模式，在中国历史上广泛存在，参见施坚雅（William Skinner）《十九世纪中国的地区城市化》，载 ［美］ 施坚雅（2000），第242—297 页。

表 19 - 5   Pearson 相关系数

	省会	得分	排序
省会	1.000	0.519	0.279
得分		1.000	0.907
排序			1.000

说明：笔者计算，相关系数由三个指标排序后的序数计算得出。

州 3 个，宁夏 5 个，加起来还达不到中东部的平均水平），采用平均得分和平均排序的指标只是反映了省会或少数城市的水平，得分往往较高，排名也靠前（青海平均得分排在全国第 7 位，平均排序全国第一）。三个指标都有一定的代表性，都在一定程度上反映了该省区市城市发展水平的一个侧面。要想综合比较不同地区的城市发展水平，三个指标缺一不可。

从各省来看，按照省会城市排名的城市发展水平最高的是广东广州和江苏南京，这是我国最大的两个经济圈：珠三角和长三角经济发展的最好证明。其余位于城市发展 10 强省会城市依次为，湖北武汉、浙江杭州、辽宁沈阳、陕西西安、四川成都、黑龙江哈尔滨、山东济南和吉林长春，这些城市大多是计划体制下的政治经济中心。排名靠后的 6 个省区市中 5 个来自西部，其余的是海南这个东部新兴省区市，随着海南国际旅游岛的建设，海南的城市发展水平会迅速得到提升。按照平均得分来看，广州、江苏依然位居前两位，剩余的地区依次为新疆、浙江、山东、辽宁、青海、贵州、湖北和河北。三个西部省区市得分很高主要是因为入选城市太少，这样省会城市就占据了过多的权重，超出了其应有的代表性，因为其与城市与省会的水平相差太远，但却因为没有入选而在数据上反映不出来。从平均排序来看，最靠前的是青海，因为青海只有西宁一个城市入选，而西宁在全国排名 60。江苏、山东、浙江、新疆、河北、辽宁、贵州、广东、海南，几个入选城市最少的省区市排名都比较靠前。

从区域来看，东部 98 个城市的平均得分是 1.1 分，中部 101 个城市的平均得分是 -0.5 分，西部 80 个城市的平均得分是 -0.72 分，东中西依次递减的趋势明显。从省会城市在全国 279 个城市中的排名上看，东部地区 8 省平均排名为 16.625，中部 8 省平均排名为 18.875，西部 10 个省平均排名为 32，显示出东中西排名逐步错后的趋势，这个情况在省会城市平均排名重新排序后也没有改变（东部、中部、西部省会新平均排名分别为 9.875、12.25 和 17.40）。东部各省区市的平均得分为 0.79，位居三大区域之首。中西部平均为 −0.49 和 −0.43 分，差异并不大。从平均排名排序上看也是如此，东部为 7，中西部为 16.25 和 16.50，差别不大。从一般城市水平上看，按照城市规模、服务水平和经济活动的总体情况，我国的城市发展呈现出东强西弱的局面，这种局面在国家西部大开发战略实施 8 年和中部崛起战略实施 4 年后依然非常明显，缩小我国的区域差距绝非朝夕之功。

表 19−6　　　　　　　　　　不同区域城市发展水平比较

区域	省区市	省会原序	省会重排	总分	城市数	得分排序	平均得分	排名排序	平均排名
东部8省份	广东	1	1	56.08	21	1	2.67	9	115
	江苏	3	2	21.00	13	2	1.62	2	71
	浙江	6	4	11.65	11	4	1.06	4	97
	辽宁	7	5	7.39	14	6	0.53	7	111
	山东	12	9	12.79	17	5	0.75	3	81
	河北	26	17	0.89	11	10	0.08	6	109
	福建	30	18	−1.31	9	12	−0.15	15	143
	海南	48	23	−0.50	2	14	−0.25	10	132
东部合计		133	79	107.98	98	54	6.31	56	859
东部平均		16.625	9.875	1.10	12.25	6.75	0.79	7.00	8.76
中部8省份	湖北	4	3	1.22	12	9	0.10	11	137
	黑龙江	10	8	−0.10	12	11	−0.01	13	137
	吉林	14	10	−2.61	8	15	−0.33	21	170
	河南	17	11	−8.81	17	16	−0.52	12	137
	湖南	21	13	−7.59	13	18	−0.58	14	139
	山西	22	14	−8.62	11	20	−0.78	20	168
	安徽	31	19	−12.68	17	19	−0.75	16	144
	江西	32	20	−11.54	11	23	−1.05	23	182

续表

区域	省区市	省会原序	省会重排	总分	城市数	得分排序	平均得分	排名排序	平均排名
中部合计		151	98	-50.74	101	131	-3.91	130	1214
中部平均		18.875	12.25	-0.50	12.63	16.38	-0.49	16.25	12.02
西部10省份	陕西	8	6	-1.97	10	13	-0.20	18	161
	四川	9	7	-9.00	16	17	-0.56	17	161
	云南	18	12	-8.61	8	24	-1.08	26	222
	广西	24	15	-12.94	14	22	-0.92	22	175
	新疆	25	16	2.31	2	3	1.16	5	101
	贵州	33	21	0.90	3	8	0.30	8	113
	甘肃	34	22	-14.57	12	25	-1.21	25	203
	内蒙古	50	24	-7.38	9	21	-0.82	19	164
	宁夏	59	25	-6.31	5	26	-1.26	24	194
	青海	60	26	0.34	1	7	0.34	1	60
西部合计		320	174	-57.24	80	166	-4.27	165	1554
西部平均		32	17.40	-0.72	8.00	16.60	-0.43	16.50	19.42
全国合计		279							

注：平均数是算数平均数，省会原序是指省会在279个城市中的排名，省会重排是指只考虑26个省会城市的排序。在得出区域均值上，对应总量数据为总数的除以该区域城市数，数据为平均数的除以省区市数。例如，东部平均"排名排序"为省区市平均序数重新排序的结果，所以是对应总量除以8。东部平均"平均排名"是东部城市在原有279个城市的总排名的平均数，故除以80。

四　结　论

本报告采用主成分分析法，通过选取城市规模、服务水平和经济活动32个指标来综合研究我国地级市城市发展水平。结果发现，全国城市发展水平最高的城市是广州和深圳。在全国城市发展水平的10强中，有8个是省会城市，其余的是深圳和东莞两个新兴工业城市。随后发现按照省会城市、平均得分和平均排序三个指标相关性不太强。因而研究各省和对应区域的城市发展水平，不能采用单一指标来衡量。从省会来看，广东、江苏、湖北、浙江、辽宁、陕西、四川、黑龙江、山东和吉林排名前 10 位，但是采用平均得分和平均排序以后，结果发生了很大改变，几个入选城市很少的西部省区市排名迅速上升。从区域来看，东部地区的各项指标都排全国第一，显示出雄厚的城市实力，中西部差距也比较大，东部、中部、西部城市发展水平依次递减的格局非常明显，虽然采用省级平均排名和省级平均得分两个指标得出的中部、西部差距并不大。

我国正处在城市化发展的关键时期，城市发展水平的差距成为经济发展差距的真实写照。随着政府对区域不平衡发展关注程度的增加和区域发展战略的不断实施，国家大量的资金和项目向中西部地区倾斜，由此带来了西部经济的快速发展。然而，如果不能有效推进西部的城市化进程，促进西部地区空间聚集度的提高和城市发展水平的不断上升，区域政策就很难带来区域发展的长期均衡结果。因此本报告认为，国家的大项目应当围绕中部、西部地区城市发展，在关注城市规模的同时，更要关注城市的公共服务水平和私人服务业的发展，促进私人经济活动水平的不断提升，才能起到促进区域均衡发展的效果。

参考文献

［1］杨永恒、胡鞍钢、张宁：《基于主成分分析法的人类发展指数替代技术》，《经济研究》2005 年第 7 期。

［2］潘安娥、杨青：《基于主成分分析的武汉市经济社会发展综合评价研究》，《中国软科学》2005 年第 7 期。

［3］吴丽华、徐甬：《基于主成分分析法的流动性测算》，《数量经济技术经济研究》2008 年第 12 期。

［4］郑会军、马文杰：《基于主成分分析的农业区域竞争力评价》，《经济评论》2009 年第 5 期。

［5］关世勋、何明升、于涛：《基于主成分分析法的城市化进程中的农村张力研究——以黑龙江省为例》，《中国软科学》2009 年第 4 期。

［6］张自然、刘霞辉、袁富华、王宏淼：《中国经济可持续发展评价体系》，载张平、刘霞辉主编《宏观经济蓝皮书——中国经济增长报告（2009—2010）》，社会科学文献出版社 2010 年版。

［7］张军、高远、傅勇、张弘：《中国为什么拥有了良好的基础设施?》，《经济研究》2007 年第 3 期。

［8］刘生龙、胡鞍钢：《基础设施的外部性在中国的检验：1988—2007》，《经济研究》2010 年第 3 期。

［9］林海明、张文霖：《主成分分析与因子分析的异同和 SPSS 软件——兼与刘玉玫、卢纹岱等同志商榷》，《统计研究》2005 年第 3 期。

［10］［美］施坚雅：《中华帝国晚期的城市》，叶光庭等译，陈桥驿校，中华书局 2000 年版。

报告20 城市化进程中土地财政的宏观作用机制

付敏杰

摘　要： 城市是现代经济增长的引擎，城市化是当前我国经济发展的重要推动力。在财权、事权不对等的情况下，以内部居民福利最大化为目标的地方政府开始用土地财政方式为城市化融资。在分析土地财政资金流程和中国特色的土地供给模式下，本报告分析了土地财政的宏观作用机制：城市福利分配和产业结构调整，从而将其纳入了宏观经济分析的范畴，并且论证了这两个问题对于中国经济可持续增长的意义。

关键词： 城市化　福利竞争　土地财政　经济增长

工业革命以来的经济增长，使城市的经济功能逐步超过政治和军事功能。西欧中世纪和中国封建王朝中最常见的依天险而建的高耸的坚固城墙、森严的宽厚城门、沉重的铁铸吊桥和倒钩镶嵌的护城河，被更加开放、更加广阔的平原空间结构所代替，城市成为不设防的经济中心。按照联合国的预测（United Nations，2008），世界城市人口从1950年的7.4亿增加到2007年的33亿，2050年将达到64亿，几乎等于现在的全球人口总数。在此期间，发达国家的城市人口将从4.3亿增加到10.7亿，发展中国家的城市人口从3.1亿增加到53.3亿，城市化率从18%上升到67%。轰轰烈烈的城市化运动，成为发展中国家最重要的经济现象。

相对于农村而言，城市的主要地理特征是集中。发达国家都有着发达的城市和较高的城市化水平。全球一半的人口集中在1.5%的土地上，澳大利亚40%的人口集中在悉尼和墨尔本，日本1/4的人口居住在占国土面积4%的东京，开罗以全国0.5%的土地提供了埃及一半以上的产出。从世界范围来看，由于发达国家的城市化水平较高，所以，城市化水平和人均产出之间呈现出很强的正相关（见图20-1）。在发达国家的空间产出结构中，城市部门占有很高的比重，这种地理集中性使城市成为现代经济增长的引擎。2000 年美国五大湖海岸 80 公里范围内 13% 的国土面积集聚了 51% 的国民产出，每平方公里的平均产出是内陆地区的 8 倍（Rappaport and Sachs，2003）。经济活动的地理集中导致了生产率的增加和规模收益递增。它可能来自地理的舒适或便利性，贴近某种资源或市场（Baum-Snow，2007a，b；Rappaport and Sachs，2003；Ellison，Glaeser and Kerr，2007；Kolko，2000）；也可能是因为人口聚集所引起的市场扩展，例如消费性服务业的发展（Hanson，2005，Jones and Romer，2009）；还有可能是来自某种生产中的知识或人力资本外溢（Rosenthal and Strange，2008；Ciccone and Peri，2006；Fu 2007；Glaeser and Kohlhase，2004；Moretti，2004），后两者由于其可持续性，被认为是现代经济增长的重要组成部分（Jones and Romer，2009）。

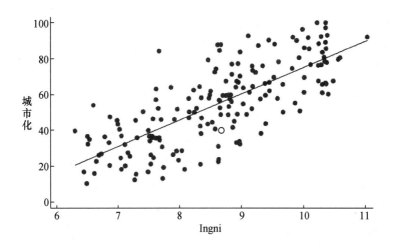

图 20 - 1　2004 年世界城市化水平与基于购买力平价的人均产出

注：图中的圆圈是中国。

资料来源：WDI，2006，Henderson（2009）。

发展中国家的经济增长是同一个过程的两个方面：生产活动从农业向工业转移的工业化过程和从农村向城市转移的城市化过程。这两个过程在大部分的国家是同时实现的，但是中国有所不同。作为全球最大的发展中国家，中国的城市化和工业化几乎是分步进行的。新中国成立后，以赶超目标为指导的重工业发展战略，使中国工业比重在 1978 年已经达到

47.9%，但此时工业的发展并不是以市场资源配置为特征的。改革开放以后，随着中国经济逐步市场化和以比较优势为主要特征的经济发展战略的发挥，工业经济更是以年均10%左右的速度增长。正如同每个发展中国家都有自己的城市化政策一样，中国的工业化是在人口控制的背景下实现的，从农村工业化到发展乡镇企业，再到后来的跨区域农民工流动，严格的人口控制限制了中国城市规模的扩展。与中国的工业化水平和发展阶段相比，我国的城市化发展是滞后的（见图20－1圆圈部分）。从时间上看，改革开放以来的经济增长带来了城市化水平的提高，从截面来看，城市化水平与人均产出严格正相关（见图20－2）。推进城市化，成为推动新时期中国经济增长的重要战略。

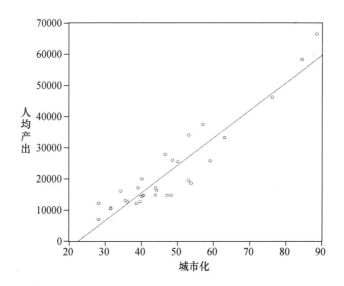

图20－2　2007年我国各地区城市化水平与人均产出

资料来源：《中国统计年鉴》（2008）。

一　分权式竞争下的政府目标转型

改革开放之初，为了解决人民的吃饭问题，挽救濒临崩溃的国民经济和实现赶超目标，全国上下聚精会神搞建设，一心一意谋发展。这个时期财政的大部分资金来源于国有企业上缴的利润，其主要支出也用于国有企业生产，保持了其收支上的产权一致性，1978 年财政支出用于经济建设支出的比例高达 64%。改革开放后，出于对国外技术和管理经验的需要，中央逐步批准地方政府通过建立经济特区和经济开发区，以减税、免税，廉价乃至"零价格"土地供给等种种优惠措施，以通过吸引境外资本流入，使外资享受到了高度税费豁免权和超国民待遇。为了促进本地经济增长，拥有很强要素定价权的政府有意扭曲了资源价格。廉价的土地供应、资本税收上的"三减两免"和丰富的劳动力资源所带来的低要素价格，造就了高速和粗放并存的中国"低价工业化增长模式"。许多政府官员兼任地方开发公司总经理，通过官商一体的非正规组织形式所具有灵活决策优势来推动地方经济增长。

随着经济发展进入新阶段，以追求 GDP 增长为目标的增长方式的弊端日益暴露。低要素价格扭曲所带来的粗放型增长，日益扩大的收入分配差距所造成的社会压力，促进了政府宏观政策的内生变化。新一代中央政府所提倡的科学发展，强调经济发展的和谐性、可持续性和对民生和社会福利的关注，从而带动了整个宏观政策方向的转型，2003 年以来连续 6 年的"中央一号文件"都聚焦于"三农"问题。2006 年在整个财政支出结构中，用于教科文卫、社会保障和城市维持的支出接近于 60%，用于经济建设的资金从 1978 年的 64% 逐步下降到 2006 年的 26.4%。建设型财政逐步退出历史舞台，公共财政的特征越来越明显。地方政府的行为目标，从增长最大化转向了通过城市化来提高居民福利，以期赢得更多的政治选票。中国宏观政治经济学对政府目标的研究，开始由新世纪之初的"增长最大化"迅速转向"福利最大化"。

与工业化相比，城市化要面临高昂的要素成本，不仅要修路、搭桥、建房、绿化、净化、美化，建设城市文化，还要改善教育、医疗服务，增加社保覆盖面，憧憬已久的城市市民要求同等享受官僚体制的内部福利，农民则要求享受国民待遇。所有这一切，都要求更多的公共支出，而地方政府原有的收入早已不能满足政治竞争的需要。2006 年地方政府的财政自给率仅为 61.5%，高达 1.5 万亿元的财政缺口要靠中央的转移支付来满足。这种受制于人的状态，不能通过经济竞争来实现政治抱负的地方领导人和实现经济利益的地方政府带来信心。增长最大化阶段，政府压低要素价格，补贴资本，通过资本积累来实现经济增长。福利最大化则相反，政府利用手中的要素定价权，提高要素价格，向资本征税以弥补高昂的成本支出。不仅如此，面对迅速上涨的城市化成本，地方政府必须在传统的税收途径之外，为城市化寻找新的融资途径。目前来看，这个方式就是土地财政。

改革开放早期阶段的放权让利赋予了地方政府发展经济的强大经济激励，中国集权式的政治体制促使地方官员有着强烈的以竞争来谋求晋升的动机，政治竞争在经济领域内的体现构成了中国特有的财政分权。1994年开始的分税制改革，是中央政府把这种竞争纳入一个统一框架下的努力尝试。如果说第一阶段中国地方政府机制设计的目标是"为增长而竞争"（张军、周黎安，2008），那么当前"为福利而竞争"就已经成为衡量地方官员业绩的标尺。为福利而竞争的实质，是一旦政府的目标转向福利最大化，一场以福利竞赛为载体的官僚体制竞争由此展开。在相同的政治体制下，福利竞赛取代了原有的增长竞争。中央政府设置了诸如耕地、环保等条条"红线"来约束地方政府粗放型经济增长行为，但对地方政府的福利竞赛行为却不施加任何限制。在本报告中，土地财政就是中央和地方政府间财权事权不对等的财政分权框架下，迫于竞争压力的政府以地方福利最大化为目标，通过垄断性出售土地资源来为城市化融资所产生的现象。

二　土地财政的历史沿革[1]

新中国成立之初，为了发展社会主义经济，我国实行了资源国有化。计划经济时期，城市建设和城市工商业单位经济发展的土地需求，完全通过政府的无偿划拨供应来满足。这个时期，由于经济发展阶段限制和户籍控制，城市人口和地域规模小，增长慢，土地需求很小。国有资金主要用于经济建设支出，职工福利性建设支出很少。改革开放之

---

[1]　土地收入有税、费、租等多种形式，并且涉及不同经济主体之间的利益再分配。从历史沿革来看，土地收入的具体形式，至少涵盖场地使用费、城镇土地使用费、出租土地收入、耕地占用税、城镇土地使用税、契税、增值税、国有土地有偿出让金、新增建设用地土地有偿使用费等。本报告所言"土地财政"，仅仅是指国有土地有偿出让金，这是目前土地收入的主要部分。其他部分也可以纳入本报告的模型分析框架。

初，我国土地市场还没有真正形成，计划手段依然处于支配地位。随着市场经济的发展，尤其是非公经济发展对土地需求的增加，原有的计划调拨方式已经难以适应。1987年9月，国家土地局在京召开城市土地使用制度改革试点工作座谈会，研究土地有偿出让的试点方案和步骤。12月1日，深圳开始了第一次土地有偿拍卖。1988年修订的《中华人民共和国宪法》和《中华人民共和国土地管理法》，确立了国有土地的有偿使用制度，为土地使用权有偿出让提供了法律依据。

（一）土地出让收入

1987年，全国的土地出让收入仅为0.352亿元。[①] 1988年和1989年上升到4亿元左右。截至1989年，全国城市土地使用权有偿出让计250起、面积1030.03公顷，成交总价8.9858亿元。1990年和1991年土地收入分别达到10.52亿元和11.37亿元。1992年的房地产热，使得当年土地收入徒增至525亿元，出让面积也大幅度增加。1993年和1994年保持在557亿元和639亿元的水平。随着宏观经济环境的变化，中央开始收缩信贷，到1995年实现软着陆，土地的价格也开始迅速回落。1995—2000年土地市场一直在低位运行，1995年土地收入降至388亿元，1996年降至低谷的349亿元，之后开始缓慢回升，到2000年土地收入仅为596亿元，依然未超过1994年的高点。2001年以来，随着国民经济的复苏，土地和住房体制市场化改革的推进，土地出让收入开始猛然攀升。2001年土地出让收入达到1300亿元，2002年达到2400亿元，2003—2005年保持在5500亿—6000亿元，2006年达到7600亿元，2007年增加至1.3万亿元，2008年为9600亿元，2009年预计超过万亿元（见图20-3）。[②]

[①] 当年价，1999年以前的数据来自张清勇及参考文献，2000年及以后的数据来自各年《中国国土资源年鉴》。

[②] 当然，并不是所有的土地出让收入都是土地出让的"纯利润"，2008年第4号审计署公告"国有土地使用权出让金审计调查结果"对北京、天津、上海、重庆、哈尔滨、合肥、济南、长沙、广州、南宁和成都11个市及所辖28个县（市、区）2004—2006年（以下简称3年度）国有土地使用权出让金（以下简称出让金）的征收、管理、使用及相关政策执行调查的结果显示，11个城市3年度合同出让总金额3566.19亿元，实现土地出让净收益2618.69亿元。即使不考虑地方政府违规操作中增加成本支出以保证其内部福利和隐瞒股东（中央政府）的行为，土地出让的"纯利润率"也达到73.43%。地方政府很难再找到其他生意能像卖地一样赚钱。

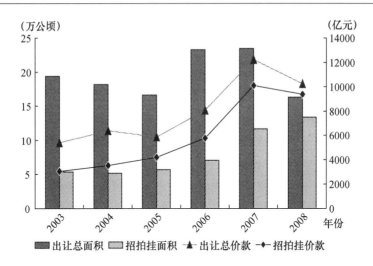

图 20 - 3　2003—2008 年土地出让及招拍挂出让面积和价款变化

资料来源：《2008 年中国国土资源公报》。

（二）土地出让方式

市场经济体制改革初期，工商业的土地需求主要是通过零价格的行政划拨和低价格的土地协议出让来满足。这些廉价的土地资源，在很大程度上保证了民营资本原始积累和第一阶段经济的快速发展。与此同时，出现了土地贱卖、国有资产流失、土地粗放使用的问题，并导致大量的职务犯罪。在进行一些城市试点后，1990 年国务院 55 号令——《中华人民共和国国有土地使用权出让转让暂行条例》确立以协议、招标、拍卖为主的土地出让制度。在土地市场不成熟、地方政府的主要财力来自企业增值税的情况下，这个规定并没有被地方政府严格执行。[①] 在 2001 年以前，招拍挂出让土地面积的比例从未超过 5%。2002 年，《招标拍卖挂牌出让国有土地使用权规定》和《国土资源部监察部关于严格实行经营性土地使用权招标拍卖出让的通知》出台，招拍挂的比重上升到 15%。2003—2005 年招拍挂的比重为 27.78%、29.2% 和 35.06%。2006 年《关于加强土地调控有关问题的通知》规定工业用地必须实行招拍挂。2007 年招拍

---

① 实际上，招拍挂三种土地出让的方式是不同的。招标是一种密封拍卖，标底是提前制定的，最接近标底者中标，但是这种方式只在北京和上海采用，不具有代表性（Cai, Henderson and Zhang, 2009）。拍卖是典型的英式拍卖，价高者得。挂牌是一种两阶段拍卖，也是价高者得，而且价格往往高于拍卖价。本报告后面所指招拍挂，就是指按照最高价出售土地。

挂方式出让土地面积的比重进一步达到 50.9%，2008 年达到 81.9%，成为我国土地使用权有偿出让的主要方式。①

（三）土地收入分成

中央和地方分享土地收入的关系几经波折（见表 20-1）。1987 年全部土地收入归属地方政府，1988 年中央地方五五分成，1989 年中央地方四六分成，随后中央的比例下降为 32%，1990—1991 年，中央的比例下降到 10% 左右，1992 年比例进一步降为 5%。1994 年的分税制改革，将土地收入和与土地相关的各种税收（耕地占用税、城镇土地使用税、房产税、契税）全部划归地方政府所有。1997 年，中共中央、国务院联合通知又将"农转非"的土地出让收入全部归为中央财政所有，地方政府保留原有建设用地的出让收入。1998 年修订的土地管理法规定新增建设用地的 30% 上缴中央财政，2004 年该法再次修订维持了上述比例。从实际执行的效果来看，地方政府通过种种隐匿和转移（如种种高额的配套费支出）行为，以获得土地收入的更高比例。

表 20-1　　　　　　　　　　土地出让收入的分成比例

年份	地方比例（%）	备注：属于地方的是上缴中央财政后的剩余部分
1987	100	
1988	50	
1989	60	国务院《关于加强国有土地使用权有偿出让收入管理的通知》：土地出让收入 40% 上缴中央财政
1989	68	财政部《国有土地使用权有偿出让收入管理暂行实施办法》：土地出让人民币部分：城市财政部门先留下 20% 作为城市土地开发建设费用，其余部分 40% 上缴中央财政。外汇部分：出让国有土地使用权所取得的外汇收入均应上缴财政，其外汇额度，上缴中央财政 60%，留地方财政 40%

① 除此之外，土地收入还有抵押、转让、出租等种种方式。地方政府通过创造种种新名词和炒作概念以转移和隐匿土地出让收入。审计署"国有土地使用权出让金审计调查结果"公告显示，为了逃过中央政府的土地管理限制，地方政府"以租代征"土地使用权的行为大量存在。在 11 个城市的 3566.19 亿元土地出让收入中，土地出让净收益 1864.11 亿元未按规定纳入基金预算管理，占土地出让净收益总额的 71.18%。

年份	地方比例（%）	备注：属于地方的是上缴中央财政后的剩余部分
1990	90	财政部《关于国有土地使用权有偿出让收入上缴中央部分有关问题的通知》：1990年和1991年，地方上缴中央出让收入后，根据不同地区收入上缴情况，分批酌情返还，年终结算。大连、秦皇岛等10个城市返还比例为95%—99%；上海浦东另行规定；厦门按部（90）财综字86号文件规定；深圳、珠海、汕头、海南经济特区，返还比例为85%—90%；其他一般城市由地方逐项申报，由中央财政逐笔核定拨给
1992	95	财政部《关于国有土地使用权有偿使用收入征收管理的暂行办法》：土地出让金总额的5%应上缴中央财政
1993	100	国务院《关于实行分税制财政管理体制的决定》：从1994年1月1日起，国有土地有偿使用收入等划入地方固定收入
1997	0	中共中央、国务院《关于进一步加强土地管理切实保护耕地的通知》：农地转为非农建设用地的土地收益全部上缴中央，原有建设用地的土地收益全部留给地方
1998	70	《中华人民共和国土地管理法》：新增建设用地的土地有偿使用费30%上缴中央财政
2004	70	修订的《中华人民共和国土地管理法》维持了新增建设用地的上述比例

资料来源：依据张清勇（2009）和其他相关资料整理而成。

（四）土地财政支出

1980年的全国城市规划工作会议讨论了国家建委和城建总局草拟的《关于城镇建设用地综合开发的试行办法》和《关于征收城镇土地使用费的意见》两个草案提出"实行综合开发和征收城镇土地使用费的政策，是用经济办法管理城市建设的一项重要改革"，"征收城镇土地使用费，是城镇建设和维护的一个固定资金来源"。1990年的《中华人民共和国城镇国有土地使用权出让和转让暂行条例》规定，土地使用权出让金列入财政预算，作为专项基金管理，主要用于城市建设和土地开发。2004年修订的《土地管理法》规定，新增建设用地的土地出让收入，上缴中央财政和地方政府自留的部分都专项用于耕地开发。但是对于当前土地财政收入最高的北京、上海和广州等一线城市来说，几乎就没有什么耕地可供开发。目前来看，地方政府的土地出让收入游离于财政预算之外，一方面被用于城市建设，以提高市民福利；另一方面被各种渠道截留，用于提高管理体制内部福利。①

（五）土地财政作用

1994 年以前，地方政府的收入大多都是通过经营途径解决的。对于地方政府来说，通过"零价格"或者低价格供应土地，吸引外资进入，以获得税收和其他收费是解决其财政问题的主要途径。招商引资的成功又取决于对资本的优惠，所以利用土地虚置的产权，压低土地价格就成为常态。最重要的是，不管是否真的有税收贡献，招商引资都曾经是考核地方官员升迁的重要砝码。② 我们之所以在第一部分回顾政府目标从增长竞争向福利的转化，关键是政府掌握了要素定价权。撇开劳动力市场不谈，土地资源是国有的，政府是商用土地的唯一合法供给者，所以这些资源的使用必然要为政府的目标服务，其对于宏观经济的作用机理也会随着政府目标的转变而改变。在增长最大化的情况下，低价出让的土地资源对于资本和劳动总体而言是一种补贴，在福利最大化下，由于地方政府的福利目标要通过土地财政来融资，垄断性出让的土地资源就成为一种变相的税收。

三　土地财政的资金流程与作用机制

根据上面的分析，我们制作了如下土地财政资金流程（见图 20 - 4），以明确土地财政对于宏观经济的影响。土地财政的来源是土地使用权出让金，包括农地转为非农用地的收入和旧城改造收入，支出方式主要是各种

---

① 审计署《国有土地使用权出让金审计调查结果》公告显示，11 个城市 3 年度共有108.68 亿元出让金未按规定纳入财政管理，占出让金征收额的 3.09%。其中，开发区管委会等非财政部门收取出让金 86.34 亿元，而且均未按规定将其上缴财政纳入专户管理。政府"以土地换项目"（主要是以前年度完工的市政工程、政府办公楼），用出让金直接抵顶项目工程款22.34 亿元。违规使用出让金 83.73 亿元，其中，挪用于建楼堂馆所和弥补经费等 52.33 亿元，出借和对外投资等 31.40 亿元。

② 改革开放前 10 年，预算外资金的主要来源是国有企业类收入，这个比重在整个 20 世纪80 年代都维持在 70%，1992 年时依然为 75%，随着国有企业改革的不断推进，这个比重下降到1998 年的不到 2%，2006 年进一步下降到 0.7%。同时，土地出让收入飞速增加，超过税收成为地方政府的"第一财政"。

城市基础设施建设，包括新城建设和旧城改造。在地方福利最大化和招拍挂体制下，前者相当于对土地产品消费者的所征收的一种额外税收，同时给城市内部居民提供了更多的公共服务。如同任何一种福利主义会透支长期增长一样，土地财政也会威胁中国的长期增长和福利。不规范的土地出让，例如，来自土地换项目的出让费返还或减免，使得官僚体制内部人获得更多的福利。不规范的资金管理和支出，演变为官僚体制的种种福利。当然，考虑到个别违法行为和集体"寻租"，地方政府获得的福利会更多。

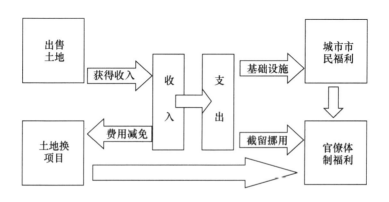

图 20-4 土地财政的资金流程

在城市经济中，不同地区的土地价格起到了平衡空间结构的重要作用。在其他条件不变的情况下，土地价格越高，意味着在该地区生活成本（如房价和交通成本）和资本成本就越高，如果这些上升的成本不能被技术进步或者集群收益所抵消，资本和劳动力就必须退出该地区，造成产业空心化。如果地方政府展开土地价格竞争，本国产业的国际竞争力就会下降。

土地财政会造成产业结构转换效应。由于土地基本要素供给是垄断的，利用基本要素的产品也必须具有垄断定价能力，才能以加成的方式抵消要素成本上升的影响。这就意味着，在土地财政下，城市部门原有的竞争性产业（工业品等城市间贸易商品大多具有这样的特征）会由于土地成本（房价和交通成本）的上升而失去竞争力，只有可以延伸要素垄断性的部门产出才会增加。如果不考虑技术进步，竞争性部门的实际产出及其份额会下降，垄断性部门的产出可能也会下降，但是其份额一定上升，土地供给垄断所产生的土地财政推动了城市部门的产业结构转换。实行土地财政的地区，我们预期制造业失去竞争力并逐步衰落。

我们强调的具有中国特色的特征事实有两个方面，可以从土地出让或政府提供公共服务的收支两方面构成会计恒等式：（1）土地所有者拥有土地的垄断性定价权，一级价格歧视的拍卖方式，通过剥夺购买者的所有剩余，也会剥夺土地最终产品购买者的消费者剩余。（2）土地出让者同时也是城市公共福利的提供者。土地出让收入的增加有助于通过提供更好的地方公共设施从而提高地方居民福利。（3）作为最基本的要素投入，土地价格的上升具有福利成本效应，只有可以延伸垄断性具有定价权的产业才可以继续发展，不具备定价能力的竞争性产业会失去竞争力并逐步退出城市。

在建立城市福利模型之前，我们将到目前为止的内容按照模型逻辑简单重述如下：经过30多年的发展，地方（尤其是城市）政府的目标已经转向当地居民的社会福利最大化。居民的社会福利取决于个人收入和公共服务。提高城市化水平，可以提高居民收入，发展大城市还可以享受城市人口增加所带来的规模收益递增。公共服务取决于政府的服务性公共支出。地方政府是地方公共服务的提供者，也是土地资源的垄断定价者，通过出售土地获得非税收性收入来实现公共服务的改善。较高的土地要素价格可以增加地方政府的收入，从而提高公共服务的水平，增加居民福利，同时会阻碍城市化和城市规模扩展，影响居民收入的增加，降低居民个人收入。居民福利最大化取决于居民收入和公共服务之间的折中中，这个折中是通过控制合理的要素价格来实现的。同时，土地价格会以福利成本的形式，影响竞争性企业的竞争力并造成明显的产业结构转换效应：竞争性产业的衰落和垄断性产业的兴起。

四　土地财政与城市福利

（一）土地财政与居民福利的基本模型

为了研究的简便，本报告首先建立一个单部门模型：仅存在一个没有储蓄行为的消费者，模型中所有变量以总量形式存在。同时也是土地所有者，并拥有土地定价能力。

福利效用函数为：

$U = U(Y, A)$

其中，Y 表示该消费者收入或者消费，A 表示公共服务的数量。同时假定 $U_Y > 0$，$U_A > 0$ 表示居民收入和公共服务的增加会提高居民福利。通过假定边际效用递减 $U_{YY} < 0$，$U_{AA} < 0$，$U_{AY} = 0$ 以保证内解的存在。

收入函数为：$Y = Y(P)$

公共服务函数为：$A = A(P)$

其中，P 表示土地价格，假定 $Y_P < 0$，即土地价格上升引起了城市规模的下降，由于规模收益递增的存在使居民收入下降。假定 $A_P > 0$，表示土地价格的上升使地方政府可以提供更多的公共服务。

将收入函数和公共服务函数代入福利函数，可以将福利函数转换成土地价格的函数为：

$U = V(P)$

居民福利最大化的一阶导数为：

$V_{P^*} = 0$，即 $U_Y Y_P + U_A A_P = 0$

这意味着福利最大化的土地要素价格在边际水平上应该使价格变动带来的居民收入减少的负效用与公共服务增加所带来的正效用相抵消。

将上式稍作变形，可以显示出它的静态一般均衡特征：

$$\frac{U_Y}{U_A} = \frac{A_P}{-Y_P}$$

左边是收入和公共服务的边际替代率，右边是二者的边际转换率，福利最大化的结果是二者相等，从而实现帕累托最优。假定居民福利最大化的土地价格为 P^*，如果土地价格过高（$P > P^*$），由于边际效用递减的作用，过少的收入降低了居民福利。如果土地价格过低（$P < P^*$），过少的公共服务也会降低居民福利。

（二）土地财政影响居民福利的宽口径衡量

收入函数和公共服务函数可以理解为两种机制的存在，土地价格的上升减少了规模收益递增而提高了社会福利，增加了以公共服务形式提高的社会福利。在王小鲁、夏小林（1999）和王小鲁、樊纲（2000）中，公共服务部分以社会（政府＋居民＋企业）外部成本的形式存在。福利最大化的结果是两种机制的作用的互相抵消。在均衡状态下，如果把规模收益递增理解为正外部性，公共服务就必须理解为等量的负外部性，或者相反。

影响城市的规模收益递增是土地财政影响居民收入增加的一个路径。一个完整的空间模型里，区域居民效用是个人收入、公共服务、住房成本和交通成本的函数：

$$U = U \ (Y, \ A, \ H, \ T)$$

其中，Y 表示个人收入，A 表示公共服务，H 表示住房成本，T 表示交通成本。（Glazer，2008）对效用函数的性质施加如下规定：$U_Y > 0$，$U_A > 0$，$U_H < 0$，$U_T < 0$，表示居民效用与收入、公共服务正相关，与住房成本、交通成本负相关。效用函数是良性的，内解和二阶条件自动满足。

土地价格的上升会产生财富效应。在美国住房财富每增加1美元，下季度的居民消费会增加2美分，稳态消费增加约9美分（Carroll，Otsuka and Slacalek，2006）。按照稳态消费率0.7来计算，这相当于增加约13美分收入。在本模型中，土地价格的上涨带来了居民公共服务的改善，相当于通过增加居民收入而提高了税收。假定政府公共支出全部来自土地收入，土地收入的增加可以带来同等数量的公共服务总量增加。土地价格的上涨推高了住房成本，按照国土资源部公布的数据，我国土地成本约占住房成本的25%。交通成本既有来自公共服务支出的改善，也有来自拥堵成本的负面影响，故假定不变。

这意味着，$Y_{PW} > 0$，$Y_{PS} < 0$，$A_P > 0$，$H_P > 0$，$T_P = 0$，下标的 W 和 S 分别代表财富效应和规模递增效应。前面的简化模型可以看作是忽视掉了土地成本变化对住房成本和交通成本的影响，也可以看作高要素价格虽然提高了交通和住房成本，同时产生了财富效应，二者在影响效用的水平上恰好抵消，即 $U_Y Y_{PW} + U_H H_P = 0$（$T_P = 0$）。

宽口径的一阶必要条件转化为：

$$\frac{\mathrm{d}U}{\mathrm{d}P} = \frac{\partial U}{\partial Y}\frac{\partial Y}{\partial W}\frac{\mathrm{d}W}{\mathrm{d}P} + \frac{\partial U}{\partial Y}\frac{\partial Y}{\partial S}\frac{\mathrm{d}S}{\mathrm{d}P} + \frac{\partial U}{\partial A}\frac{\mathrm{d}A}{\mathrm{d}P} + \frac{\partial U}{\partial H}\frac{\mathrm{d}H}{\mathrm{d}P} + \frac{\partial U}{\partial T}\frac{\mathrm{d}T}{\mathrm{d}P}$$

$$= U_Y Y_{PW} + U_Y Y_{PS} + U_A A_P + U_H H_P + U_T T_P = 0$$

全微分的福利最大化公式意味着达到社会福利最大化，必须使土地价格变动对收入、公共服务、住房成本和交通成本的效用变化为零。相对最优定价而言，影响土地价格的政策导致四个途径的效用之和不为零，土地价格的变化就必然降低居民福利。即使不是在稳态，我们也能够通过上述四种途径的效用变化来衡量居民福利的帕累托改进。

五　土地财政与产业结构

土地价格的变化也会对生产率和企业利润产生影响。假定城市中存在生产两种类型产品的 A、B 类企业各一个，企业生产同时使用固定的土地要素和可变的劳动要素。两类企业共生于同一个城市，假定劳动力是同质的，劳动要素价格由整个市场来决定，外生于两个企业，A、B 企业单位劳动成本是相同的，土地要素成本外生于企业。A 企业的产品属于同质的可贸易产品，通过参与城市间贸易来获得收入。产品的价格是由无穷多个生产同种产品的城市市场共同决定的，外生于任何一个生产该产品的单个城市，工业品大多具有这样的特征。B 企业的产品不参与城市间贸易，只在城市部门内部销售，产品的价格是由 B 企业垄断性制定的，大多数服务业（尤其是消费性服务业）具有这样的特征。亨德森（Henderson，2003）、戴维斯和亨德森（Davis and Henderson，2003）的跨国计量分析证实：国家的政策对城市化的直接影响的很小的，间接影响主要通过产业结构转换来实现。

对于产业结构以及相应的劳动力市场结构来说，最重要的是反映 B 企业的定价能力的市场垄断能力。在产业组织理论中，反映企业市场垄断能力的指标是市场占有率（如 Herfindahl-Hirschman 指数）。但在本报告中明显不合适，因为两种产品面对的市场范围不同。本报告将需求价格弹性作为反映企业定价能力的指标，企业产品的需求价格弹性越小，企业的定价能力就越强。对于标准的竞争性企业而言，产品的需求价格弹性无穷大。

（一）基本模型

假定企业生产具有固定的土地启动成本 α 和固定的劳动边际成本 β：

$$T_i = \alpha + \beta x_i \quad i = A, B \quad \alpha, \beta > 0$$

其中，x_i 表示企业产量，随着产量的增加，平均成本会无限制地下降，每个企业只生产单一产品，故企业种类也可以指代产品种类。同时，假定唯一的消费者具有如下效用：

$$U = \sum_i c_i^{\theta_i} \quad i = A, B, \quad 0 < \theta < 1$$

假定城市间净贸易量为零，产品市场的出清意味着 $c_i = x_i$。效用最大化的一阶条件意味着 $\theta c_i^{\theta_i-1} = \lambda p_i$。

其中，p_i 表示第 i 种商品的价格；λ 表示收入的边际效用，也是预算约束的影子价格，在这里假定为常数。

代入市场出清条件，可得：$p_i = \theta_i x_i^{\theta_i-1} \lambda^{-1}$。

上面的需求公式意味着需求价格弹性为 $1/(1-\theta)$，注意到不同的企业具有不同的需求价格弹性：对于竞争性企业而言，$\theta_i \to -\infty$；对于垄断性企业而言，$\theta_i \to 1$。

利润最大化的结果是：（FOC）$p_i = \theta_i^{-1}\beta$。

企业利润：$\pi_i = p_i x_i - \{\alpha + \beta x_i\}$。

竞争性企业的利润为零，同时假定垄断企业的利润也为零，这意味着资本市场不存在体制性流动障碍。产出：

$$x_i = \frac{\alpha}{\beta} \frac{\theta_i}{1-\theta_i}$$

（二）成本冲击对产出和价格的影响

注意到对于最优产量和最优价格而言，几个比较静态导数为：

$$\frac{\partial x_i}{\partial \alpha} = \frac{1}{\beta} \frac{\theta}{1-\theta} \qquad \frac{\partial x_i}{\alpha\beta} = \frac{-1}{\beta^2} \frac{\theta}{1-\theta} \qquad \frac{\partial p_i}{\partial \beta} = \frac{1}{\theta}$$

从形式上看，最优产量和价格对成本冲击的反映取决于需求价格弹性：当 $\theta_i \to 1$ 时，$\frac{\partial x_i}{\partial \alpha} \to \infty$，$\frac{\partial x_i}{\alpha\beta} \to \infty$，$\frac{\partial p_i}{\alpha\beta} \to 1$；当 $\theta_i \to -\infty$ 时，$\frac{\partial x_i}{\partial \alpha} \to -1$，$\frac{\partial x_i}{\alpha\beta} \to 1$，$\frac{\partial p_i}{\alpha\beta} \to 0$。这意味着，固定土地启动成本 α 的上升，使垄断性企业（$\theta_i \to 1$）大幅增加产量，竞争性企业（$\theta_i \to -\infty$）减少产量。由于价格是按照边际成本来决定的，如果土地价格冲击产生了外部性，提高了劳动价格 β（这意味着土地财政提高了居民福利），垄断性企业必须通过提高价格以减少成本上升的影响。但是，对于没有定价权的竞争性企业来说，面对成本冲击的直接反应是减少产量。如果降低了劳动价格 β（居民福利），会使垄断性企业大幅增加产量，竞争性企业则降低产量。

企业总产出 $Q_i = p_i x_i = \alpha/(1-\theta_i)$。在土地价格外生冲击不提高劳动要素价格的情况下，我们可以看到明显的产业结构转换，垄断性企业的产出份额大幅增加，竞争性企业的产出份额很快减少 $\left(\frac{\partial o_B}{\partial \alpha} \to \infty\right.$，$\left.\frac{\partial o_A}{\partial \alpha} \to o\right)$。原因在于在我们的逻辑框架下，垄断性企业具有比竞争性企业更强的成本消化能力。

六　结论与政策建议

本报告主要研究土地财政的宏观作用机制，涉及要素价格与可持续增长问题。在私有制的市场经济国家，要素价格是由其产品的派生需求来定价的，要素所有者的获利动机和竞争性，可以使要素价格趋向于可以维持长期增长的均衡水平，本报告只有理论意义。但是，在中国现阶段，要素市场价格形成机制还没有完全成熟，尤其是土地要素的价格形成机制，受意识形态和传统公有制的影响，想要完全向私有制市场经济那样运行是不可能的。我国的土地坚持国有化，因而导致地方政府成为土地市场供给的实际垄断者。政府采用拍卖形式出让土地并索取最高价，或者变相索取最高价，必然会剥夺其最终消费者的全部剩余。不论是否存在外部性，都足以对中国的城市化进程和经济的可持续发展构成威胁。作为最基本的生产要素之一，随着土地价格从垄断低价格到垄断高价格，从以增长最大化为目标的一种扭曲走向以提高城市福利为目标的另外一种扭曲，必然对中国经济长期增长产生深远的影响。

在分权式竞争框架下，地方政府的土地财政竞赛使每个城市的结论可以直接加总为宏观结论。本报告的结论显示，即使全部用于公共服务支出，土地财政不一定能带来居民福利的提高。土地财政会带来产业结构转换效应，这对于没有定价能力的制造业来说是致命的。土地财政会降低整个工业的产出份额，甚至有可能降低其绝对产出。对于刚刚处在工业化中期，还存在未向城市转移的大量农村人口的中国来说，工业的重要性首先在于，它是服务业服务的对象。完整的产业结构中可持续发展的服务业首先是为农业、工业服务的，没有工业服务业就没有服务对象，金融危机冲击下的迪拜就是因为没有工业而濒临破产。对于即将转移的劳动力来说，工业，尤其是中低端制造业是最适合于"干中学"的，通过生产经验积累人力资本从而提高工业水平和进入其他行业。产业结构转换要遵循自然规律，要素价格是由产品的派生需求决定的，不能简单地从扭曲的一个极端走向另一个极端。

本报告似乎存在以下缺陷，这是笔者经过认真思考的：（1）居民福利并不是全社会居民的最大化，因为只考虑了原有市民福利最大化，没有考虑新进入者的利益。对于中国的城市来说，土地财政只是内部人福利的最大化，新进入者没有投票权，首先必须作为纯粹的缴费者，以土地财政的形式为内部人公共服务买单。（2）没有考察人力资本和技术的作用。城市化过程本身是一个劳动力市场的空间结构转换过程，而人力资本的研究更多的是以外部性（人力资本和知识外溢）的形式研究总量问题。知识外溢取决于交流和分享，这对于中国几亿劳动力的重新配置来说，目前只是一个小问题。

报告 21　结构性减速与中国经济再调整

张　平

摘　要： 2012 年中国 GDP 增长率明显下降，经济进入减速期。这一减速并非周期性波动带来的减速，而是由于全球经济危机与全球再调整、中国经济进入中等收入阶段后的结构变化、为应对经济结构问题实行的宏观调控、产业结构与企业价值链升级压力等内外部因素综合影响的结果。在这些因素的共同作用下，中国的潜在增长率下降趋势明显，中国原有的依靠人口红利、国际化红利与城市化红利的增长模式因内外部环境的变化而变得难以持续。中国经济面临着经济内在结构调整、人口结构变迁、劳动成本上升等潜在挑战，但是，如果采用适当的政策措施这些挑战也有可能成为未来中国经济增长与发展的机遇。为应对中国经济增长的结构性减速，一方面要从需求侧"稳经济"，降低减速冲击；另一方面进行供给侧的积极调整，提升企业劳动生产率和产业竞争力，以达到"稳速增效"的政策目标。

关键词： 结构性减速　全球再调整　增长模式转变　稳速增效

美国次贷危机和欧洲主权债务危机的引爆与蔓延，终结了"冷战"后经济全球化带来的世界经济增长的黄金 20 年。正在形成的全球经济格局再一次"洗牌"，国际产业分工格局重新调整，生产要素全球流动与组合重新配置，给包括中国在内的发展中国家带来巨大的冲击。与此同时，中国经济也正值结构转型的关键时刻，旨在挤出经济泡沫提升经济增长质量的宏观经济调控正在实施。当中国经济结构转型遭遇全球再调整，如何应对短中长期问题与挑战，妥善协调长短期经济发展战略目标，是中国经济现阶段面临的重大课题。

一 "结构性"经济减速

自 2008 年金融危机爆发以来，中国经济就面临严峻的形势。2008 年，为应对因出口锐减带来的需求疲软，中国政府出台了 4 万亿元的财政刺激项目，弥补外部需求缺口。虽然 4 万亿元使得 2009 年、2010 年中国 GDP 保持了 9% 以上的增长率，但随后造成的资产价格飙升、通货膨胀压力剧增，其负面影响至今仍然存在。2010 年欧洲主权债务危机爆发以来，中国再度面临严峻挑战，但此时扩张性财政政策方案不再为中央政府所采用。① 中央政府采取了结构性政策组合，即一方面加强宏观调控，严控资产价格泡沫和粗放式增长；另一方面通过结构式减税等方式增强经济应对危机能力。在内外部因素作用下，2013 年中国经济面临空前严峻的形势，预期增长目标为 7.5%，预计增长会略高于这一增长目标。

据我们的估算，到 2020 年，与许多经济学家的预期一致，经济增长的速度明显会低于 1980—2010 年的平均两位数增长，年均增长率将维持在 8% 上下，而且有逐步降低的趋势。"十三五"时期年均经济增长速度将低于"十二五"时期，经济增长已经不是简单围绕原来 9%—11% 均值保持两位数的波动调整，而是可能下调至 7%—9% 上下波动。这一增速均值的下调，意味着潜在增长率的下降，也意味着当前经济增长的减速不再是原有周期的波动调整，而带有明显的"结构性"减速特征，即由于长期的结构因素导致的潜在增长率下降，引起的增长趋势改变，中国经济将进入结构性减速增长阶段。

(一) 经济增长减速

2012 年年初，各方都对中国经济增长率的预期值相对前几年进行了大幅下调，大多数机构预计在 8% 左右，中央政府将今年的经济增长目标确定为 7.5%。而随着经济形势的继续变化，有关机构又对该估计进行了数次下调。据国家统计局的统计数据，2012 年中国经济增长第一季度 GDP 增速约为 8.1%，第二季度为 7.6%，第三季度为 7.4%，增速连续

---

① 虽然各级地方政府相继出台了各种刺激措施，号称"七万亿"刺激计划，但这些计划与当时中央政府"4 万亿"刺激计划相比，7 万亿元主要是吸引私人投资的计划金额，并非财政资金安排，因而其实际投资金额与实施影响并不能与 4 万亿元相比。

九个季度下滑，达 2009 年第一季度以来最低值。但是，由于季节等因素，预计第四季度 GDP 将回升至 7.7%，全年增长 7.7% 左右。

更为重要的是，本次经济增长率下滑出现了北京、上海、广东等原经济增长极增速大幅下降，几乎仅为原有水平的一半。虽然这些发达地区地方政府采取了一些政策措施努力刺激经济，但这些政策似乎都难以奏效。这说明发达地区经济体已逐渐进入减速通道，这给我国整体经济增长带来空前的压力。

经济增长率下滑最直接的体现就是企业利润下降，特别是大中型工业企业利润下滑，亏损企业增多。据中国国家统计局统计，2012 年 8 月，规模以上工业企业利润同比增幅从 7 月的 –5.4% 下滑至 –6.2%，前 8 个月累计同比增幅从前 7 个月的 –2.7% 降至 –3.1%，而中小企业的利润情况更不容乐观。

（二）经济减速下的劳动市场供需平衡

虽然经济增长放缓，但是却没有出现像 2008 年和 2009 年经济危机期间那样巨大的农民工返乡潮。从中国人力资源市场信息监测中心公布的对全国 100 个城市的公共就业服务机构市场供求信息的统计结果可以看出，劳动力市场供需平衡，未出现大规模失业。该数据表明，2012 年前三个季度，岗位空缺与求职人数的比率分别为 1.08、1.05、1.05，与 2011 年同期相比有所上升了。从这些数据看，就业形势似乎并不差。但从这一数据的长期趋势来看，自 2010 年第一季度起，全国岗位空缺与求职人数比例开始逐渐大于 1，与 2001 年当时仅为 0.7 左右反差巨大，这表明目前尚未出现大规模失业现象有可能是被中国劳动力供需的长期变化趋势所导致。

按奥肯定律，自然失业率和增长率是一个均衡的关系，而中国传统增长与就业的关系是，增长 6 个百分点保存量就业，两个点保增量就业，当前经济放缓并不导致失业的一个解释就是新增就业下降，另一解释是就业市场发生了变化，劳动产业率下降等，无论何种解释，都从另一个侧面说明经济放缓符合潜在增长下降的要求。

（三）价格水平与资产价格下行趋势明显，通货紧缩压力初现

在经济增长逐步下滑的情况下，物价水平也持续回落。上半年 CPI 同比上涨了 3.2%，7 月 CPI 同比增长 1.8%，为 30 个月以来新低，8 月物价率有反弹，达到 2%，9 月价格再次回落到 2% 以内，2012 年第四季度

通胀压力继续下行，第四季度低于第三季度仍在 2% 以下，全年物价 2.6%。2013 年物价下降，2014 年物价翘尾因素下降，2013 年通货膨胀水平低于 2%。随着中国经济增长的减速，生产者价格（PPI）、原材料采购价格（RPI）指数 3 月开始负增长，而且近来有逐月加速负增长迹象，7 月 PPI 达到 -2.87%，8 月 PPI 扩大到 -3.5%，9 月达到 -3.7%，RPI 扩大到 -4.1%，导致制造业企业去库存，制造业进入"通缩"状态，从 GDP 平减指数来评价，中国经济已经进入通缩。

第一，PPI 和 CPI 高度相关，而且 PPI 的波幅较大，因此 PPI 穿越 CPI 就成为一个重要信号。向上穿越表明通胀压力较大，向下穿越表明通胀威胁基本解除。从 3 月开始，生产价格指数同比出现负增长，8 月同比增长 -3.5%。

第二，从技术面看，2013 年下半年翘尾因素大幅下滑，对 CPI 构成制约。依据翘尾因素分析，2012 年全年翘尾因素呈现前高后低态势，1 月份最高，达到 3.03%，2—5 月大约为 1.9%，随后下降，9—12 月大约为 0.15%。

第三，输入性通胀值得关注，但不会成为国内通胀的主动力。国际上大宗商品价格起起伏伏，受到美国、日本、欧洲三大经济体定量宽松政策的影响，未来全球通胀须引起关注。但在全球经济复苏乏力的情况下，大宗商品价格急剧上升的情况较难出现。

货币信用角度，货币总量、信贷总量与实际利率等指标表明，经济也有较大通货紧缩的压力。货币投放量方面，2011 年 9 月以来 M1 增速跌至个位数，进入 2008 年年底以来，最低增长期，凸显货币投放显著放缓。1 月仅为 3.08%，仅为 2011 年 12 月 7.85% 的不足一半，以后数月虽有逐渐回升，9 月达到 7.3%，仍然低于 2009 年 2 月以来的历史最低位，显示企业活期存款增速下行，社会平均资金周转速度下滑，经济整体扩张速度放缓。M2 增速自 2012 年 6 月开始下行，2013 年 1 月增速达到最低，仅为 12.39%，此后有所回升，9 月数据为 14.8%，这表明下行幅度小于 M1 增速。

信贷方面，社会融资总量季度累计增速从 2011 年以来连续 5 个季度增速为负值，第二季度小幅增长 0.25%，表明信贷总量增长无力。在通胀下行的以存款利率为口径的实际利率自 2013 年 4 月开始由负转正，7 月超过了 1.2%，若考虑到银行普遍采取存款利率上浮 10% 的做法，居民的实际值为正的 1.5% 。采用央票利率口径趋势相同，而采用 Shibor 口径，目前实际利率已经超过 2.2% ，而以 PPI 衡量下的企业贷款利率，已经高达近 10% 了，当真实利率上升超过真实利率及资本边际效率（MEC）时，企业盈利水平会大幅度下降，企业经济将逐步陷入困境。新增中长期人民币贷款自年初以来累计同比大幅度下滑，第一、第二季度累计同比分别下降 42% 与 31% ，第三季度有所上升但幅度不够大，显示企业中长期借贷意愿低迷。

货币信贷视角下，以 M1 衡量的社会平均资金周转速度出现明显下滑，以 M2 衡量的货币总量增速亦出现下行；随着生产者价格指数连续负增长，实际利率已经由负增长快速攀升，降息效果大打折扣；而企业长期投资与借贷意愿较前两年均有所减弱，显示 2013 年以来企业扩张产能意愿减弱，对未来可能出现的通缩现象感到担忧。

实体经济方面，从当前数据看，工业生产出厂价环比和同比不断下滑，购入成本下降，意味着原材料生产厂商生产也在收缩。从利润标准看，1—8 月工业企业利润下降 -3.1 ，而 8 月利润下降则扩大到 -6.2% ，以价格、成本和利润标准看实体经济陷入通缩。在实体经济视角下通缩已现端倪，企业部门加速去库存带来工业品价格连续 11 个月负增长，而且会进一步下滑。工业企业利润率收缩，未来去库存后就是去产能，这是长期以来产能过剩的产物，实体经济的紧缩会引起就业的调整，失业率可能会逐步上升。

在实体经济进入通缩后，资产价格部门直接受到了风险的传递，资产价格本质上是投资者对未来收益的贴现。实体通缩预期一旦产生，投资者对资产的要求回报率将伴随真实利率上升而持续上升，从而引致资产估值下行。我们可以通过比较上市公司利润和市值增速，考察估值的变动方向判断虚拟经济通缩情况。

股票市场方面，尽管目前上市公司半年报尚未完全公布，一季报数据显示，全体上市公司利润环比增速为 16.65% ，而市值增速环比仅为 4.53% ，反映投资者的悲观预期；对比上半年 GDP 增速以及资本市场平均涨幅（沪深 300），第二季度资本市场平均涨幅仅为 0.27% ，低于 GDP 环比增速（1.8%）。

估值方面，最近一年内沪深两市市盈率和市场整体的托宾 Q 值（这里用市净率表示）持续下滑，部分行业市盈率已经低于金融危机时期

（如银行），部分行业上市公司（如银行和钢铁）跌破净值。而经济的进一步下滑也会引起信用债的风险，2011 年 7 月的债务违约就极大地冲击了债券市场，经济进一步下滑，而为了让政府和企业能加大融资，放宽了债券准入条件，2012 年债券融资已经成为最为重要的融资渠道，但债券市场稳定的背后已经隐含了很大的实体风险，不过没有被完全揭示出来，这是源于中国信用基本由国家或政府担保下来，但经济如若处于下滑，信用风险一定会扩大到资产部门，并从股权市场传染到固定收益市场。

二　中国经济再调整的内外部环境

中国经济 2013 年面临的严峻增长形势，其原因是多方面的，既有来自经济危机与全球调整的因素，又有中国经济发展阶段与结构变化所蕴含的结构调整，还有为应对中国经济泡沫和短期经济问题的宏观调控。认清中国经济再调整的内外部环境，有助于找到解决中国经济问题的对策。

（一）全球经济危机与全球再调整

中国经济所面临的复杂形势直接受制于全球经济形势的影响。2007 年爆发的美国次贷危机和 2009 年爆发的欧洲主权债务危机及其在各国各个领域的蔓延，使中国经济受到重大的需求冲击，出口锐减，这对以出口为主的广东、浙江等地经济造成了巨大的影响，也使这些以加工贸易为主的地区迅速面临产业结构升级与增长模式转型的压力。

各国为了应对经济危机，出台了大量的应对政策，对中国经济也造成了重要影响。为应对金融危机，美国政府相继推出了 QEI、QEII、QEIII，欧洲央行已经直接用货币购买的方式（Outright Monetary Transaction，OMT）进行国家的主权债购买。日本扩大央行对国债购买，英国也一直采用量化宽松，全球四大储备货币国家都在积极应对经济放缓，核心是消除微观主体在经济放缓过程中的过度悲观预期，稳定资本市场。面对世界经济放缓，中国日益受到了外部压力的传递，如没有进一步的稳定化措施，中国很容易陷入减速—通缩—负债表式衰退过程中。

本次经济危机也暴露了西方发达国家存在的许多结构性问题，各国政府纷纷对经济政策进行了战略性调整，这对全球经济格局也将产生重大影响。美国政府宣布启动制造业回流，欧洲各国政府也在力推再工业化。加上新的生产技术的产生，如 3D 打印机技术等的产生与发展，势必重塑全球产业链，将对"冷战"后形成的全球经济分工格局带来致命冲击，中国获益数十年的加工组装出口贸易将难以继续促进中国经济增长。

（二）进入中等收入阶段后的全面减速

中国经济减速的长期趋势性原因可能是经济结构已发生了重要变化。中国经济在经历了改革开放 30 多年来的高速发展，人均 GDP 从 1978 年的 155 美元增长为 2010 年的 4428 美元（世界银行，2012），已进入世界银行定义的中高收入国家行列。

国际经验表明，进入中等收入国家行列往往会使快速增长经济体增长减速。Eichengreen、Park 和 Shin（2012）定义了快速增长经济体的增长放缓，即 7 年经济增长率至少下降 2 个百分点。根据这一定义，他们从 Penn World Tables 数据中识别出包括中国在内的 40 多个经济体曾出现过增长放缓的情形，且这种放缓往往发生在当人均 GDP 达到 16740 美元（以购买力平价计算的 2005 年不变国际价格）左右时。他们认为，这种经济增长放缓大多是由生产率增长放缓引起的。这种放缓有可能是多次阶梯式下降，也可能因为改革而延迟。正如他们所指出的，在外在条件不发生改变的前提下中国将于 2015—2023 年达到经济放缓临界点，而此次经济危机将可能使得中国经济加速进入减速通道。

从经济结构来看，进入中等收入国家行列也意味着需求和供给结构的重新调整。波特（2007）在回顾世界各国经济增长历史时发现，一国（地区）经济发展一般可分为生产要素导向阶段、投资导向阶段、创新导向阶段和富裕导向阶段四个阶段，每个阶段有着不同的产业结构和经济增长模式。将中国情形与四个阶段对照可以看出，中国目前已处在投资导向阶段的末期，向创新导向阶段的转型已成为目前中国经济发展的重要任务，而创新阶段对产业结构、企业战略的要求与前两个阶段完全不同，因而国家产业发展战略与有关政策也应全面调整，这就势必造成经济增长速度的调整。

类似的，罗斯托（2001）将经济发展进程分为传统社会、起飞前提条件、起飞、走向成熟、大众高消费时代五个阶段。根据他的定义，中国的改革开放仍然处于起飞阶段，通过大力发展轻工业部门与出口工业，中国经济获得了数十年的高速发展，经过 30 多年的经济发展，中国的起飞阶段已经完成，产业结构发生了重要改变。根据他有关成熟阶段是当一个社会已经把（当时的）现代技术有效地应用于其大部分资源的定义，中国也逐渐完成了成熟阶段，在成熟阶段接近结束时劳动力结构、产业领导者身份与人们对工业化的态度三项典型变迁都已经在中国上演，这意味着中国将进入大众高消费时代。根据这一变化，原有的产业结构、人们的生活方式、政府目标等都应进行相应的调整，这就是中国现阶段经济结构调整的意义所在。这种增长的阶段性也充分表明，依赖原有的增长方式不仅无益于经济增长，而且有可能因为难以适应经济结构与社会需求的需要而导致政治经济危机。

（三）结构问题与宏观调控

中国经济近年来的高速增长，积累了大量结构问题，调整经济结构以保持经济健康平稳增长，是目前中央政府进行宏观调控的主要目标。

突出的结构问题首先是中国的产业结构主要是附加值低的加工产业，近年来，由于城市化的发展使得许多资本密集型产业也得到了迅猛发展，然而这些产业价值低，生产模式粗放，经济效益低，不利于中国经济的长远发展。随着劳动成本的上升，这些产业很容易被周边相对更低劳动成本国家如越南、柬埔寨等替代，因而尽早促进产业升级成为经济发达地区的发展战略。许多原材料生产行业由于处于产业链最上端，对市场需求反应不够灵敏，容易出现产能过度的现象。广东、江浙等地2008年起就大力开展淘汰落后产能、淘汰低效产业以提升经济增长质量，取得了一定效果。中央政府于2008年起加强宏观调控，严格控制煤化工、多晶硅、风电制造、平行玻璃、钢铁、水泥等行业产能的增加，避免了大规模的非理性投资，从而避免了粗放式经济增长带来的高能耗与低效率。

所有制结构也是目前面临的重要结构问题。国有企业垄断了几乎所有的战略资源行业，同时在许多领域占有支配性的地位。2008年4万亿元的出台，大批国有企业得到大量的金融与投资项目支持而有能力进行扩张，许多民营企业得不到必要的救助和支持而不得不收缩甚至关闭，经济中"国退民进"现象明显。特别是随着宏观调控的加强，中央银行货币政策不断收紧，更使民营企业难以获得必要的金融支持，而国有企业能够轻易获得大量资金，这使国有经济规模进一步扩大。而由于国有经济自身的缺陷，决策的主体性不强，很容易使经济决策不能实现最优化，从而出现资源误置的现象。

重要的结构问题还包括地方政府对土地财政的过度依赖。一方面，地方政府财政收入结构中，来自土地出让收入和房地产有关行业的税费收入比例过高，使地方政府热衷于发展土地财政，地价越炒越高，房价也随之水涨船高，这造成日益严重的"资产泡沫"现象，而挤出资产泡沫正是本轮宏观调控的主要目的。另一方面，地方政府的财政支出中，用于基础设施建设的比例过高，地方政府通过融资平台公司进行大规模基础设施投资，部分地区基础设施投资出现过度投资现象，甚至多次重复投资、修了挖挖了修的反复建设等不良现象时有发生。这种基础设施投资的过分重视，不仅局部造成投资浪费，也造成地方债务风险，还造成了实体经济得不到关注和支持从而出现产业空心化的严重后果。

有学者认为，中国经济中还存在消费与投资的结构失衡，中国经济投资率过高。据国家统计局的数据，2011 年我国投资率已达到了49.16%，而世界各国在 35% 左右，日本最高的投资率也不过 35%，因而这种发展模式是不可持续的。他们进一步认为，中国经济现在存在的许多问题的症结就是投资率过高。但是，这一问题也许是一个伪命题。在经济增长的特定阶段，高的投资率能为未来的发展提供足够多的资本存量，因而以已经具有很高资本存量的发达国家的标准来衡量中国是不够明智的，中国仍然需要在相当长一段时间内保持较高投资率以积累资本存量。正如罗斯托（2001）指出的，经济发展进入大众消费阶段时，消费自然能成为驱动经济增长的动力。因此，建议政府试图降低投资率、提高消费率不仅有悖于经济人的个人理性，而且可能造成牺牲长期增长潜力的严重后果。

三　结构性减速的逻辑

带动中国经济高速增长的三大结构动力引擎的加速能力逐步下降，一是人口红利，包含劳动力和储蓄供给；二是国际化的红利，中国利用比较优势获得出口导向战略成功，成为世界第一大出口国；三是土地要素重估推动的城市化发展，仍有很大的余地，但其加速带动增长的动力在消退，人口红利转折已经出现，国际金融危机直接终结了全球化红利，而过快的土地城市化，也已经阻碍了城市带动经济动能。而与三大动力匹配的市场化体制改革激励，因改革方向与多元化利益结构的协调阻碍了改革的进一步推进，这些结构性加速因素消退的步伐已经越行越近地影响着我国潜在增长率水平。

（一）结构性因素引起潜在增长率下降

多项研究表明，结构性因素引起了中国经济潜在增长率近年来逐渐下降，是导致中国现阶段经济增速放缓的深层次原因。高路易（Kuijs，2009）认为，从供给方面来看，由于劳动人口的增长和全要素生产率提高的速度将会放慢，今后 10 年潜在产出的增长可能放缓：2015 年的增长率预计为 7.7%，2020 年为 6.7%，这意味着中国经济增速将有较大的下降。刘世锦、张军扩和侯永志等（2011）预计我国经济潜在增长率很有可能在 2015 年前后降至 6.5%—7.3%，时间窗口的分布是2013—2017 年。蔡昉和陆旸（2012）在中国人口结构发生重大变化，特别是劳动年龄人口绝对减少的背景下，对中国 GDP 潜在增长率进行了估算，基于在劳动投入逐渐减少和资本投资增速下降的假设，结果表明中国 GDP 潜在增长率将由 1995—2009 年的 9.83% 降至 2011—2015年的 7.19%、2016—2020 年的 6.08%。中国经济增长前沿课题组（2012）认为，中国经济潜在增长率在 2016 年之后将降到 8% 之下。由于内外部环境的迅速变化，有关潜在增长率下降的时间点极有可能提前到来。

中国潜在增长率的下降，其原因主要是资本产出弹性的下降使通过大规模投资促进经济高速成长变得困难，而其他经济增长的促进因素如技术、人力资本等无法在短期内有大幅提高。中国经济近年来资本产出弹性或资本在 GDP 中的分配份额逐步下降趋势日益明显。参照白重恩和钱震杰（2009）的做法，我们根据国家统计局国民收入账户统计数据中收入法计算的各省 GDP 结构，简单地计算了中国自 1993 年以来的劳动报酬、资本回报（含资本折旧与营业盈余）和生产税所占产出份额（见图 21 - 1）。我们可以明显看出，自 1999 年以来，资本所占份额逐渐开始扩大，这源于应对 1998 年东南亚金融危机时国内严峻的通货紧缩局面采用的积极财政政策及其所导致的不断加速的城市化进程。但这一趋势从 2007 年期开始发生变化，近三年的资本份额有较大幅度下降，而这一下降趋势极有可能因为城市化的减速而变得更为明显。

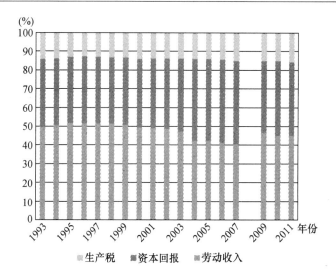

图 21 - 1　1993—2011 年中国经济劳动收入、资本回报与生产税所占 GDP 份额

注：中国国家统计局没有提供完整的 2008 年全部省市按收入法计算的 GDP 及其结构。

资料来源：CEIC 数据。

（二）　中国原有的经济增长动力机制面临全面调整

中国经济 30 多年的高速增长主要是由出口与投资推动的。在中国经济增长的前一阶段，人口红利和银行扭曲机制分别为中国经济发展提供了丰富的劳动和资本，创造了中国经济的大规模产能，而这一产能能够很好地被国际需求所吸收，同时中国的高额储蓄也能够被西方国家负储蓄所吸收。我国资源动用和投资储蓄的这些特点，结合中国经济干中学的规模收益递增，促进了中国经济的高速增长，对中国的赶超有重要意义。在东南亚金融危机发生后，中国城市化发展不断加速，基础设施投资、房地产业等发展迅速，中国经济内需得到有效启动，也是中国经济近十多年来高速发展的重要原因。

但是，本次经济危机以来，中国近年来的经济增长动力遇到一系列的限制性条件，这种粗放式的经济增长模式面临根本性的调整。欧美经济的持续低迷减少了对中国产品的需求，中国的超高产能难以得到释放。城市化水平已达到 50%，在人口结构发生变迁、农村社会福利水平得到显著提高、城市面向新移民的社会保障体制仍然不健全等现有条件下，城市化水平难以迅速进一步提高。同时，城市基础设施建设已取得明显进展，特别是对于东部发达地区而言，城市基础设施提升空间已经十分有限，城市化带动经济增长潜力已经很小。

积极财政政策目前也难以成为经济增长的引擎。与2008年政府有足够财政资源出台财政刺激计划不同，目前政府债务问题已经凸显，一方面，政府对房地产的调控仍然没有松动的迹象，土地有关财政收入大幅下滑，实体经济受到世界经济危机的影响也减少了税基。另一方面，政府特别是地方政府由于近年通过融资平台进行大规模基础设施建设，而融资平台公司因高额利息和回报期限不匹配等问题带来的债务风险问题日益引发关注，同时政府用于社会保障等的支出日益增加，人口老龄化带来的公共养老金缺口也将在未来给公共财政带来巨大压力。这些因素都使得各级政府不该也不敢实施积极财政政策以促进经济增长。

（三）提升产业和企业竞争力和效率

中国当前最大的调整来自制造业经济竞争力下降，体现在制造业全面的产能过剩，而作为出口第一大国，国际化的品牌屈指可数，企业和产业均处于全球价值链的低端，因此产出和利润"天花板效益"明显。与此相应的是成本不断上升，汇率升值、土地成本、资金成本、劳动成本、公共基础设施使用成本、排污成本、税收和社保成本、大宗商品价格以及其他等费用增加，导致了制造业利润下降，债务负担加重，企业竞争力和劳动生产率下降。大量的制造业投资增长主要是增加厂房购置等土地投资，而非更新改造和企业升级的投资。企业成本优势下降，导致产业从发达地区向中西部转移，也出现了大量企业投资向东南亚转移。而与此同时，由于中国的服务业劳动生产率仅相当于制造业的70%，发达城市如北京、上海、广州、深圳、天津等地的服务业大发展就意味着工业部门劳动生产率进一步下降，经济有出现空心化的趋势。因此，中国产业结构的升级压力日益增大，提高各产业劳动生产率成为中国目前迫切的任务。

一国人均GDP简单地分为劳动生产率（GDP除劳动人数）乘以人口红利（就业人口占总人口比重乘以劳动参与率），而人均GDP又可分为第一、第二、第三产业人均增加值（产业劳动生产率）之和，因此，从根本上讲，在劳动参与率不变的情况下，劳动生产率下降必然导致GDP的减速，如果要素向低劳动生产率配置，则劳动生产率下降更快，经济减速更明显。中国当前经济减速的一个核心问题就是当增长空间受到抑制后，企业如何从低附加价值区转向高附加价值区，提升竞争力和产业劳动效率。如果微观主体不能完成这一转变，从根本上讲，就很难再提高中国经济增长速度。政府在赶超发展阶段为企业提供了巨大的发展空间和要素集中机制，促进了经济的赶超和劳动生产率的随规模扩张，但当规模扩张加速期结束后，企业提升生产率的激励就应当转向为市场。但这种激励机制的转型是一个缓慢的过程，甚至是个停滞过程。当前，中国的问题是政府拓展企业发展空间的余地在递减，而市场激励又不足，产业和企业效率下滑，经济就很容易滑入减速阶段，而有效的抵御减速就是增效，产业附加值上升，如我国工业增值率当前只有 20% 多，与发达国家的增值率 40% 相差较大，如果我们工业减速 20%，但增值率高提升 20%，我国实际也有同样的福利提升余地，中国进入到了"增效"阶段。

四 中国经济面临的挑战与机遇

尽管中国已进入结构性减速增长阶段，只要中国经济能持续保持"十二五"时期规划中确定的 7% 增长速度，即便在"十三五"时期降低到 5%—6% 的增长，中国都能成功地跨越中等收入陷阱，在 2030 年前后成为富裕国家。因此，当前重要的问题不是减速，而是结构问题，是中国经济效率过低，竞争力不强的问题。提高经济效率和产业竞争力是中国从赶超转向可持续增长的核心，未来的政策基准是要在减速平稳化的过程中不断调整经济结构、推进市场化改革，提升经济效率和产业竞争力，即实现"稳速增效"的政策目标。要实现这一政策目标，中国经济还需妥善应对如下挑战，如果处理得当，这些挑战也能为中国经济带来潜在的增长机遇。

（一）经济的结构性质在制约经济均衡稳定增长的同时，也为中国经济应对外来冲击提供了缓冲

中国作为一个处于赶超阶段的大国，重要的特征就是其复杂的结构性。这种结构性质首先表现为区域结构。中国东部、中部、西部区域发展高度不平衡，使经济增长呈现突出的不平衡特点。我们根据《中国统计年鉴》（2012）计算了 1978—2010 年人均 GDP 最高省区市与最低省区市的相对比例（见图 21-2），这一数据表明近年来区域差距虽有缩小，但仍保持较高水平。

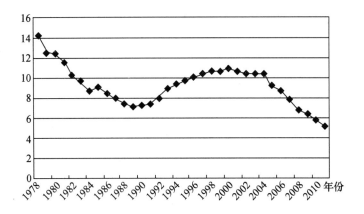

图 21 - 2 1978—2010 年各省人均 GDP 最高水平与最低水平之比

资料来源：CEIC 数据。

区域发展水平不均衡固然会使得经济增长无法平稳均衡，不发达地区的经济状况可能会拖累发达地区经济体宏观调控的政策结果，发达地区的负外部性也可能降低不发达地区的经济增长速度。然而，地区发展水平乃至发展阶段的差异，也有益于中国应对外来冲击、实现产业结构转型而不至于严重影响净增长速度。发达地区的先进产业结构可以通过"雁行模式"促进不发达地区的产业结构演进，不发达地区可为发达地区淘汰的产能和产业提供落脚点和新的发展起点，不发达地区可以在相当长一段时间内为转移过去的企业提供较为便宜的劳动力和原材料，从而吸收一些因劳工成本上升而希望转移的制造业企业。

处于赶超阶段的产业结构性也为中国经济应对挑战进行结构转型提供了重要缓冲。中国仍然处于产业结构变迁的过程中，第一产业部门富余劳动力持续向第二、第三产业转移仍然在大规模进行。根据各年度《中国统计年鉴》，我们可以绘出三产业劳动力就业比重的变迁。可以看出，农业劳动比重虽然已下跌至 2011 年的 34.8%，但工业水平仍然只上升到 29.5%。根据袁富华（2012）的发现，各国要突破中等收入陷阱成为高收入国家，就要将工业劳动力比重长时间（40 年甚至以上）保持在相当高的水平（30% 以上）。从这个角度来看，中国经济只有 2011 年才达到接近 30% 的水平，而目前服务业的迅猛发展使中国第一产业转移过来的劳动力很有可能进入第三产业，从而要将中国制造业劳动份额保持在 30% 的水平可能是相当困难的事情，这也许是中国经济目前面临的重要问题。

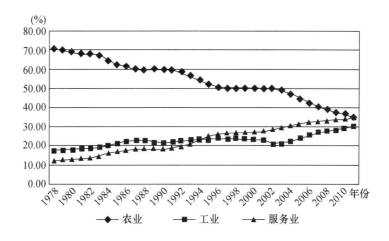

图 21 - 3　1978—2010 年三次产业劳动就业比重

资料来源：CEIC 数据。

　　过分强调服务业、过早发展服务业、将低端服务业与高端服务业混同，是中国有关产业结构容易犯的一个错误。中国经济增长前沿课题组等（2012）指出，发达国家的服务业化是效率导向的，而包括中国在内的许多发展中国家缺乏效率的服务业发展容易陷入低水平陷阱。从逻辑上说，现代服务业的发展需要大量人力资本，人力资本的生产往往需要大量的物质资本作为投入要素，而物质资本都是由工业部门生产的，因此，只有在相当长一段时间内保持第二产业就业份额在高位不变，才能为大规模发展现代服务业积累足够资本。因此，从这个角度来看，中国仍应当且能够通过大力发展第二产业以为未来经济增长提供至关重要的高水平的资本存量。

　　（二）人口结构的变迁减少了未来的劳动供给，但人力资本的提高可以使得有效劳动免予严重下降

　　根据第六次全国人口普查（以下简称"六普"）数据，由于中国人口出生率锐减带来的人口转变将迅速对劳动力市场产生冲击。"六普"数据表明，15—59 岁劳动年龄人口规模达到峰值为 9.40 亿人，比以前预想的来得更早。由于生育率持续走低和人口老龄化速度加快，2011 年劳动年龄人口的比重出现下降趋势，表明劳动力开始减少的"拐点"已经出现。

　　许多学者根据这一结果，强调人口结构变迁将给中国经济带来灾难性后果。但是，如同许多增长理论研究指出的，劳动主要是通过与人力资本或技术结合成有效劳动在生产中发挥作用的，因而人口变迁带来的劳动力数量减少，可以通过人力资本水平的提高或技术革新的采用得以弥补。事实上，中国人均受教育水平近年来有飞速提升，Barro 和 Lee（2012）计算了 146 个国家 1950—2010 年各年龄段人口平均受教育水平，中国 20—24 岁人口接受高等教育比例从 1980 年的 0.9% 上升到 2010 年的 26%，已略高于法国、瑞士、挪威等发达国家，这表明中国劳动者的人力资本水平在不断提高，从而能够有效促进劳动生产率的提升。

（三）劳动成本的上升在推动中国经济成本的同时，也有助于中国经济进入消费驱动型经济增长阶段

由于人口结构的变化，近年来中国劳动力成本逐渐开始上升，农村富余劳动力已经基本转移完毕、刘易斯拐点已经到来，已成为对现阶段中国二元经济的基本共识，在这一认识的基础上，许多学者提出，劳动成本上升对于中国经济会有重大消极的结果。

然而，正如 Reinert（2007）所指出，实际工资上升是经济体均衡发展的关键环节，实际工资水平上升、政府税基扩大和税收增加、企业的高投资率形成了经济的良性循环。从逻辑上说，更高的工资往往能够带来更高的需求，从而激发消费以促进经济增长，这是因为，旺盛的国内消费市场需求有助于中国大规模产能的释放，在中国经济规模报酬递增阶段，有利于实现更高的投资和更高的利润。同时，虽然人力成本的上升在短期会提高投资成本从而降低外来投资热情，但这对于现有企业来说会使得企业广泛研发或采用劳动节约型的技术创新，更为重视附着于劳动的人力资本与生产技术的投资，有助于中国粗放式经济增长的转型，也有助于劳动者提高自身人力资本，从而促进产业结构转型。在技术和人力资本都得到提高的情况下，单位劳动及其附带的人力资本和技术所创造的产出可以大幅度提升，从而完全有可能弥补因劳动者数量减少所带来的劳动供给对产出的影响。

五　中国经济再调整：“稳速增效”

中国经济增长已出现放缓的势头，这一放缓趋势可能是“结构性”的，需要从供给侧进行调整和改变，而不是仅仅靠需求刺激就能完成的，

因此针对经济结构性减速，既要从需求侧"稳经济"，降低减速冲击；又要进行供给侧的积极调整，提升企业劳动生产率和产业竞争力。

（一）进行中国版的资产购买，继续提升资本存量

中国城市化过程中已经积累了大量的基础设施投资和相应的负债，由于基础设施投资回报期长，而对应的负债主要来自银行贷款从而期限较短，这使得这些基础设施投资严重影响了地方政府的正常运营和银行等金融资产的安全。政府应该积极地应对经济进一步减速导致的地方政府资产恶化引起的金融冲击，推出中国版的资产购买计划，发行特别国债等金融工具对长期限的城市化基础设施资产进行购买，以缓解地方政府的债务状况。这在银行改革中已经充分运用过，而现在工具更为丰富。只有调整当前的债务架构，才能继续扩大投资和提升中国资本存量。

资本存量是总产出水平的重要决定变量，投资是为了确保未来较高收入水平的重要变量。从各国经济发展历史来看，高水平投资是摆脱贫困陷阱与中等收入陷阱的重要手段。世界银行（世界发展指数 WDI）给出了世界各国自 1960—2010 年的以 2000 年不变美元价格计算的资本形成水平。我们根据这一数据计算出各国的人均资本形成额，并将中国、日本、韩国、美国以及世界低收入国家、中低收入国家、中高收入国家、高收入国家 1960—2010 年资本形成水平进行比较，可以看出中国的投资水平（见图 21-4）。与世界平均水平相比，中国的资本形成水平仍非常低。由于中高收入水平国家包括巴西、阿根廷等是公认为陷入中等收入陷阱的国家，我们或许不能以它们为参照。韩国、日本（特别是韩国），作为东亚快速成长的发达国家，是中国更为可靠的参照系。中国 2010 年的资本形成水平仅为人均 1041 美元（以 2000 年不变价格），约为韩国 1983 年的水平。考虑到韩国 1983 年后仍维持了十余年的高速增长，有理由相信高投资是韩国经济快速增长的重要原因。因此，中国现在的投资水平仍有很大的提高空间。

如果说年度资本形成额可能有偏差，经济中资本存量是否过多更合适的观测指标是资本存量。我们根据 WDI 数据采用永续盘存法计算出各国资本存量水平。Nehru 和 Dhareshwar（1993）计算出了各国 1960—1987 年的资本存量水平，我们以他们计算的 1987 年的资本存量（调整汇率和通货膨胀率之后）作为初始水平，根据他们的数据推导出各国 1983—1987 年

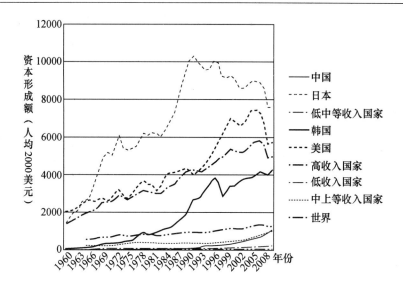

图 21 - 4　中国与其他国家资本形成水平比较

资料来源：世界银行（2012）。

的平均资本折旧率作为 1988—2010 年的折旧率水平进行计算，并求出人均资本存量。由于 Nehru 等（1993）并没有计算各收入组国家或世界平均值，我们将中国的人均资本存量与阿根廷、巴西、印度、印度尼西亚、日本、韩国、美国、南非等国家进行比较（见图 21 - 5）。由该图可以看出，中国的资本存量水平不仅低于美国、日本、韩国等发达国家，还远低于巴西、阿根廷等发展中国家，略高于印度和印度尼西亚。

　　上述分析充分证明，中国经济现在的人均资本存量与年度人均资本形成额如此之低，应远未达到使得边际报酬降低到微不足道的地步。同时，从上述两个数据还可以看出，中国经济要实现经济持续稳定增长，突破中等收入陷阱，就还应当继续进行投资，提高资本存量。这也是赶超阶段经济快速增长的要求。由于现代技术进步越来越倾向于体现在资本形成中，即构成资本体现式技术进步（黄先海和刘毅群，2008），而对于赶超型经济而言，通过资本投资获得技术进步更为便捷和高效，因而持续扩大投资对于仍处在赶超阶段的中国经济而言具有重要的现实意义。

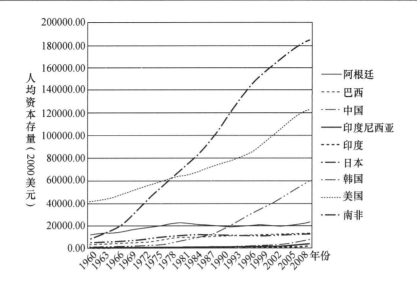

图 21 - 5 中国与其他国家人均资本存量的比较

资料来源：1960—1987 年以当年本地价格计算的资本存量与资本折旧率源于 Nehru 等 (1993)，汇率、人口均由世界银行（2012）计算。

（二）优化资源配置，提高全要素生产率

从总量上看，中国经济中投资数量与资本存量都远低于东亚经济体类似发展阶段水平，但中国经济现阶段投资对经济增长的拉动力逐渐减弱，其主要原因可能是投资主体的不适当造成的资本错误配置。Hsieh 和 Klenow（2009）指出，中国的生产要素错误配置程度非常突出，如果中国能够调整资本配置结构，生产率将提高 30%—50%。

以基础设施为例，地方政府不断对城市进行投资，投资方向与区域单一，就有可能造成局部基础设施投资过度，表现为闲置的道路、机场等，从而难以通过进一步提高基础设施投资水平促进经济增长。也就是说，在基础设施等固定资本投资中出现了突出的投资不平衡与错误配置问题。另外，资源配置机制改革，当前主要以政府为主导的资源配置，结构性收益下降，尽管中国仍有很多基础设施改善的余地，但已经不构成带动经济的主动力了，中国配置资源的方式一定要转到市场为主导的配置资源方式上来，才能推动效率的提高。

从结构性改革看，中国结构性的核心问题是政府干预要素配置方式的改革，最基本的改革路线是：（1）削减政府规模，大幅度取消政府行政

审批的权利；（2）国有企业战略性调整，以效率为准绳推进国有企业的战略性重组，坚决淘汰那些大而弱的企业；（3）放松管制，特别是现代服务业的管制，积极引导民间资金进入，以提升服务业的劳动生产效率；（4）财政体制改革，1994年中国的财政改革是适合工业化的，在城市发展的现阶段需要重新建立新的财政体制，要让城市有更大的财政和融资权利服务于城市建设和市民公共服务需求，推进个人税收直接征缴，将个人税收与公共服务联系起来，逐步建立现代的公共财政体制；（5）金融体制改革，推进利率市场化，核心是建立储蓄保险制度，让资本市场有效地配置资源，推动创新。

（三）调整产业发展政策，推进三次产业协调发展

作为一个发展中国家，产业协调发展是经济发展过程中的关键内容。我国应针对三次产业制定相应的政策方针。

对农业而言，要加大对农业的资本投入，努力提高农业的资本存量、技术水平与全要素生产力。我国农业发展有数千年的历史，但至今传统农业仍然是中国农业生产的重要方式，大部分农民仍然采用传统农业进行生产，农业物质资本存量、农业基础设施建设水平仍然处于较低水平。图21－6根据历年《中国统计年鉴》计算出中国1979—2011年中国农业机械总动力增长率，可见农业机械动力增长水平非常低，农业资本水平过低，农业劳动生产率一直处于低位运行，这些状况严重制约农业对工业部门发展的支持作用。通过增加农业资本投入，可有效提高农业劳动生产率，提高农业部门所需劳动力水平，可为第二产业继续提供大量充足的富余劳动力，在人均受教育水平提高的同时，也能为第三产业发展提供丰富的具有一定水平人力资本的劳动力，有助于中国经济的长期稳定发展。

对工业而言，要加大对制造业的支持力度，推动制造业的长期稳定发展，以保证第二产业对第一、第三产业发展的资本品产出支持。这种支持主要应体现在对企业技术升级、人力资源建设、研发与创新的支持上，促进企业加快技术升级，提高企业人力资本、技术水平与劳动生产率。与此同时，加快市场监管体制的建立与完善，促进企业特别是制造业企业之间良性竞争与合作市场秩序的形成；加快行政体制改革，理顺政府与市场、政府与企业的关系，减少政府对企业行为的不正当干预，努力发挥政府对企业经营环境的治理与监管的功能；加强对国有企业特别是国有资源型垄断企业的监管，确保市场效率与规模经济、范围经济的平衡。

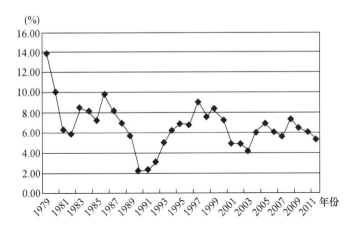

图 21 - 6　1979—2011 年中国农业机械总动力年增长率

资料来源：CEIC 数据。

对服务业而言，要避免低端服务业过度发展，加大对现代服务业的支持，以效率导向促进服务业的持续发展。大力发展为制造业服务的生产性服务业，加强服务业对经济的促进作用；鼓励发展能提高劳动生产率、人力资本、技术水平的现代服务业，支持工业企业提高生产效率水平；加强在教育方面的投入，促进人力资本水平的提高，从而促进人力资本密集的现代服务业的发展。

（四）推行结构性改革，探索新的增长模式

首先，要推动经济从主导产业作为基准转向以城市为带动的空间配置为主的转变，这一转变的关键是找到城市化与产业（包括第一、第二、第三产业）竞争力相互协调的道路，城市化直接推高了产业投入的土地、劳动力、环保等多要素的价格，但同时也提供了基础设施、人口集聚等的规模收益，特别是城市集聚导致的规模报酬递增（创新）收益，如果它能超过产业成本，提高产业效率，则产业竞争力与城市化相容，否则会出现相互抵消效应。

其次，要降低经济增长的预期，直面经济结构性减速的事实，依据潜在增长率作为稳定政策的基准，利用减速的清洁机制清除掉中国过剩的产能，并通过通缩降低成本，走上"减速增效"的道路，提升产业和企业的竞争力。

参考文献

[1] Barro, Robert J., Lee, Jong-Wha, "A New Data Set of Educational Attainment in the World, 1950 – 2010". 2012, mimeo. http://www. barrolee. com/papers/Barro_ Lee_ Human_ Capital_ Update_ 2012Oct. pdf.

[2] Eichengreen, Barry, Park, Donghyun, Shin, Kwanho, "When Fast-Growing Economies Slow Down: International Evidence and Implications for China". *Asian Economic Papers*, 2012, 11 (1), pp. 42 – 87.

[3] Hsieh, Chang – Tai, Klenow, Peter J., "Misallocation and Manufacturing Tfp in China and India". *Quarterly Journal of Economics*, 2009, 124 (4), pp. 1403 – 1448.

[4] Kuijs, Louis, "China Through 2020: A Macroeconomic Scenario". *World Bank China Office Research Working Paper*, No. 9. Washington DC: The World Bank, 2009.

[5] Nehru, Vikram, Dhareshwar, Ashok, "A New Database on Physical Capital Stock: Sources, Methodology and Results". *Revista De Análisis Económico*, 1993, 8 (1), pp. 37 – 59.

[6] Reinert, Erik S., How Rich Countries Got Rich…and Why Poor Countries Stay Poor. Carroll & Graf, 2007.

[7] World Bank, "World Development Indicators and Global Development Finance (Wdi & Gdf)". 2012, http://data. worldbank. org/data-catalog.

[8] 白重恩、钱震杰：《国民收入的要素分配：统计数据背后的故事》，《经济研究》2009 年第 3 期。

[9] 波特：《国家竞争优势》，李明轩、邱如美译，华夏出版社 2007 年版。

[10] 蔡昉、陆旸：《人口转变如何影响中国的潜在增长率》，工作论文，2012 年。

[11] 黄先海、刘毅群：《设备投资、体现型技术进步与生产率增长：跨国经验分析》，《世界经济》2008 年第 4 期。

[12] 刘世锦、张军扩、侯永志、刘培林：《陷阱还是高墙：中国经济面临的真实挑战与战略选择》，《财新·比较》2011 年第 3 期。

［13］罗斯托：《经济增长的阶段：非共产党宣言》，郭熙保、王松茂译，中国社会科学出版社 2001 年版。

［14］袁富华：《工业化：历史与偏见》，工作论文，2012 年。

［15］中国经济增长前沿课题组（袁富华、陈昌兵、张平、刘霞辉、陆明涛）：《中国经济长期增长路径、效率与潜在增长水平》，《经济研究》2012 年第 10 期。

报告22 反思增长政策

——来自最新文献的证据

付敏杰

摘 要："十二五"时期是我国经济增长的重要时期，经济政策会朝着"调结构、转方式"的角度继续深入调整。本报告在回顾战后发展中经济增长政策效果的基础上，认为政策的简单改变虽然带来短期增长效果，但是长期增长必须要有相应的制度安排，通过充分发挥市场主体的资源配置能力来实现。本报告认为，分配是政策的首要功能，因而政策制定者应当注意宏观政策的内生性。维持市场化的改革取向非常重要，可以通过对外贸易来获得相对低廉的技术改进，同时有助于建立良好的制度，以保证长期繁荣。

关键词：经济增长 典型事实 政策

随着"十二五"将重点转向"经济结构的战略性调整"，未来五年中国将采用更多的产业政策来调整经济结构。随着更多的宏观政策和产业政策应用，对政策做一个回顾和反思是很有必要的。本报告就是这样一种努力。

经济增长是经济学研究最重要的主题之一。20世纪80年代经济增长的复兴，主要是因为经济学家们意识到了长期增长所具有的巨大福利含义。相对于平抑波动而言，来自长期增长的政策被认为具有更加重要的意义："一旦你开始思考它们，便无暇顾及其他问题。"（Lucas，1988）本报告主要选择了经济增长手册和美国国民经济研究局（NBER）2007年以来的部分工作论文进行评述。这些论文有极少数已经正式出版，但是本报告以工作论文稿为主要综述对象。作为世界上最重要的经济学学术交流机构，NBER所提供的交流平台，让身在发展中国家的我们可以免费享受到学术前沿的饕餮盛宴。

2005 年, 北荷兰公司 (North-Holland/Elsevier) 出版了由哈佛大学 Aghion 教授和威斯康星大学 Durlauf 教授共同编撰的《经济增长手册》(以下简称《手册》) 成为经济增长领域权威的"百科全书式"参考书。该书包含经济增长理论、经济增长实证、增长政策与机制、技术、贸易与地理和增长的环境 6 个主题, 共有包括前言在内 30 篇论文, 分上、下册出版。虽然本报告仅就政策与经济增长的部分进行评述, 但是在文献部分列出了各篇论文的题目和作者, 这对于想在主题广泛且在日益扩展的经济增长理论和实证研究中找到立足之地的研究者是合适的, 因为他们大多可以从相关作者的主页上直接下载。《手册》在政策与经济增长部分共包括了两篇论文, 分别由哈佛大学的 Dani Rodrik 教授和纽约大学 William Easterly 教授执笔。随着中国经济发展和体制改革进入新阶段, 如何能在实现社会公平和福利改进的条件下, 尽量保持中国经济增长的"奇迹", 是政策制定者必须面对的新问题。本报告写作的重要目的之一, 是希望在经济增长政策研究的文献评述中, 除了能厘清思路, 扩展视野以外, 还能为政策制定者带来一些帮助。

一　经济增长模型演化的政策含义

作为宏观经济学最重要的组成部分, 经济增长理论的研究从一开始就是和政策结合在一起的。由于假定 (资本和劳动) 要素的不可替代性, 第一代哈罗德—多马模型具有明显的刀锋性质: 除非一个经济体的储蓄 (投资) 率在初始状态就是均衡和最优的, 否则将永远远离均衡。此时的经济增长政策主要体现在外生性的校准储蓄 (投资) 率上, 使原本非均衡最优的储蓄率强制调整到最优状态, 实际增长率等于有保证的增长率。此时, 政策功能的实质是纠正市场失灵, 通过投资储蓄率的调整来实现均衡经济增长。第二代新古典经济增长理论放松了资本和劳动不可替代的假设, 从而使经济系统具有了内在稳定的动态性质。在包含技术进步的 C—D 生产函数索洛模型里, 稳态的人均产出取决于人均资本水平和资本的收入份额, 而人均资本水平与储蓄 (投资) 率正相关, 与折旧率、人口增长率和外生技术进步率负相关, 要素的边际产出是递减的, 稳态的人均经济增长完全取决于外生的技术进步率, 较高的资本会对应较高的产出, 但是不会影响稳态的经济增长率，从而经济政策只具有水平效应，不具有增长效应。此时宏观经济政策的作用被局限在了转型动态上，例如提高储蓄率带来的资本深化会促进短期经济增长。新古典理论强调政策仅仅具有转型动态作用，丝毫不会降低经济政策的功效。例如，查尼斯·琼斯（2002）发现，即使像美国这样的长期以平衡路径稳定增长的国家，战后经济增长的 80% 是由教育的扩展和 R&D 密度的提高等转型动态带来的，只有 20% 来自规模效应。Comin（2004）的校准实验也发现，作为世界研发的领袖，R&D 对美国生产率的贡献仅仅为 0.3%—0.5%。[1][2] 对于中国这样远离世界技术前沿的发展中国家，R&D 对经济增长的贡献会更低，转型动态所具有的福利含义会更加明显。资本积累所具有的重大增长含义，也成为第二次世界大战后许多发展中国家发展重工业的重要理论依据。

在以新古典总量生产函数表示经济体长期福利改进的经济增长模型中，要想实现持续的经济增长，就必须由某种因素来抵消反映在规模报酬不变总量生产函数中的要素边际报酬递减的作用。[3] 这些尝试可以是对新古典理论的直接颠覆，例如假定边际报酬不变（AK 模型及其种种变形），更多地在原有的新古典框架中，通过持续的技术进步来实现，后者正是新增长理论的努力方向。20 世纪 80 年代以后迅速兴起的新增长理论力图把技术进步内生于经济增长模型中，使技术进步成为经济主体无意识（Lucas，1988）或者有意识（Romer，1990；Aghion and Howitt，1992；Grossman and Helpman，1991）的行为，从而政策通过人们的行为，不但能够

---

①　Comin 由此认为，如果 R&D 对经济增长的贡献率真的只有这么低，那么认为分权经济提供的 R&D 过低的理由就是不充分的。这意味着几乎没有必要用公共支出补贴研发活动，或者即使政策要补贴研发活动，补贴的程度也值得斟酌。

②　既然 R&D 对经济增长的贡献很小，它也不可能是导致经济波动的主要原因。这是 Phillips 和 Wrase（2006）以及 Schmitt-Grohe 等（2000）基于动态一般均衡和内生增长周期理论不得不面对的现实问题。McGrattan 和 Prescott（2007）的企业选择模型显示，从事技术资本（一种生产知识）投资的企业在对外 FDI 中受益良多，所以向巴塞罗那议会规定的欧盟 R&D 公共支出必须达到 3% 的比例是没有道理的。

③　新古典生产函数的两个基本特征是总体意义上的规模报酬不变和个体意义上的边际报酬递减，后者意味着即使某种生产要素的数量无限增加，其对于经济增长的贡献也会被报酬递减所抵消。由于古典生产函数都强调物质资本积累的作用，从而一个重要的结论就是，完全反映在其报酬结构中的资本要素投入对稳态增长的长期贡献为零。而要实现长期增长，要么假定边际报酬不变，要么在边际报酬不变的基础上实现规模报酬递增。

带来转型动态，还能具有长期增长效应，但是内生增长理论的政策含义却远远没有达到一致。①卢卡斯（1988）强调，经济增长中的技术进步来自每一个人积累个人人力资本而增加收入行为的外部性：每一个人都通过努力增加个人的人力资本，从而获取更多的收入和更高的终身效用。在每个人都增加个人人力资本的同时，社会总资本存量的增加对每个生产者都产生了外溢效果，每一个人都从他人增加个人收益的努力中获得收益，从而带来了总体的技术进步和总量生产函数的规模报酬递增。罗默等（1990）新增长模型则在三部门的垄断竞争框架中，将技术进步看作是 R&D 部门就业劳动者追求其收入最大化努力的行为：竞争性的最终产品部门通过标准的利润最大化行为进行消费品生产，其使用的资本要素来自某个垄断性的中间产品生产部门，中间品部门之所以要保持垄断是为了弥补其所购买的 R&D 部门的专利（或者创意），而这些专利正是产生技术进步的直接原因。通过劳动力在最终产品和 R&D 部门就业的收入非套利条件，竞争性的劳动力市场产生了均衡的劳动力市场结构和 R&D 部门的就业人口比重，后者决定了专利生产和技术进步的速度。最终产品生产部门由于采用了多样化可以增加产出的迪克西特—斯蒂格利茨技术而呈现总量的规模报酬递增特征。由于多样化一直是经济学衡量政策福利最重要的指标之一，罗默（1990）模型的一个明显的政策含义，就是公共支出补贴研发和专利生产，可以促进长期增长和增加福利。

二　经济增长事实与政策演化

经济增长理论和模型的构建是以典型事实作为出发点的，同时对典型事实加以解释和预测。这种方法使规范研究和实证研究结合在一起，规范中包含实证，以实证为出发点，已经发展成为现代宏观经济研究的标准方法。1961 年 Kaldor 在分析资本积累问题时，列举了六个典型事

---

① Easterly 认为，这些收益递增的内生增长模型大多具有多均衡特征，因而过多强调了初始条件的微小差别对于长期增长所具有的决定作用，尽管这些差别在实际的经济增长过程中作用并不显著。在一个各部门都积累的内生增长模型中，政策导致的资源扭曲会随着增长而逐步下降，一个小的政策扭曲只能在边际产出和要素之间产生很小的差别。政策总是通过技术影响生产率的，而生产率的影响机制是非常复杂的。

实：（1）总产出和劳动生产率的稳定增长，并且没有生产率下降的趋势。（2）不论采用何种统计口径，人均资本都稳定增长。（3）至少在发达资本主义国家，利润率长期稳定并且高于金边债券所代表的长期利率。1870—1914 年，英国利润率在 9.5%—11.5% 之间变化，均值维持在10.5%。（4）资本产出比保持稳定。考虑到资本生产能力的利用率问题，资本产出比没有长期升降趋势，这意味着资本和产出有近乎相等的增长率。对于整体经济而言，（国民）收入与资本按照相同速度增长。（5）收入中利润和投资的比例高度相关。投资率（投资/产出）稳定的时期，利润率也稳定。英国投资率、利润和工资份额高度相关，工资份额的稳定意味着，实际工资增长和（平均）生产率增长成比例。（6）不同经济体总产出和劳动生产率存在巨大差异，快速增长经济在 2%—5% 之间变动。伴随着投资率和利润份额的差异，相对份额和资本产出比的稳定性对于不同增长率的国家依然成立。这些事实被认为比较好地拟合了发达国家的经济增长事实，简称为 Kaldor 事实。这些事实，成为甄别和选择经济增长模型，决定长期增长的结构基础。

随着研究的深化和研究者视野的拓宽，更多更新的事实也逐步进入了经济增长的研究范围。在一个更为长期的全球经济增长研究模型中，琼斯和罗默（2009）列举了最近 25 年以来的新事实：（1）市场范围的扩展：商品、创意、金融和人口，通过全球化和城市化过程，扩展了所有生产者和消费者的市场。[①]（2）增长加速：从一个更长的视野来看，世界人口和人均 GDP 及其增长率快速上升。[②]（3）增长率的差距：距离世界技术前

---

① 国际贸易（进出口总额）和 FDI 在世界经济中的比重分别从 1965 年不到 25% 和不到0.1% 分别上升到 20 世纪 90 年代的 45% 和 2006 年的 2.8% 左右，前者增加了 1 倍多，后者增加了 30 倍。在美国政府批准的专利中，用于本国市场的比重从 1960 年的 83% 下降到最近的 50%。城市化水平迅速提高，世界城市人口从 1950 年的 29.1% 增加到 2007 年的 49.4%，预计到 2050年会增加到 69.6%。互联网的广泛使用，使得信息流呈现爆炸式增长。新增长理论的重要分支就是新国际贸易理论和城市经济学，强调国际贸易和地理集中所导致的规模收益递增来自于知识外溢。从一个更长的视野来看，工业和人口的集中，以及现代城市的出现，不但使城市具有了主导性的生产功能，更带来了新的生产型和消费型服务业的出现。

② 麦迪逊的数据表明，从公元前 2500 年到公元元年，世界人口年均增长率约为 0.016%，现在世界人口的增长速度要约为那个时期的 100 倍。世界 GDP 的数据也呈现出类似的变化：工业革命前的马尔萨斯循环和工业革命以后人均产出的持续快速增长形成了鲜明的对比，使得工业革命在带来持续增长的同时，也成为现代化的开端（参见 Mokyr《手册》论文）。一个形象的比喻就是，人类似乎是在万里长征的最后一步，才进入了现代增长阶段。

沿越远，增长率的差距也明显，世界人均GDP增长率与初始人均GDP之间呈现"三角关系"（见图22-1）。（4）收入和全要素生产率的差距：全要素生产率的差距是导致各国人均产出巨大差距的主要原因，要素投入差距只是造成收入差距的次要原因。事实上，（3）（4）联合起来就会发现：贫穷的国家之所以贫穷，并不仅仅是因为它们只具有较少的人均物质资本和人力资本，还因为这些国家使用生产要素效率极低，后者是造成贫穷的主要因素。（5）人均人力资本水平持续增加：劳动者受教育的年限和全部人口中受教育的比重明显上升。（6）人力资本的相对工资长期保持稳定：人力资本的增长并没有降低其收益率。（5）（6）两点合在一起，人力资本相对量的增加并没有降低其收益率，表明了技术进步的存在，通过提高生产率抵消了边际报酬递减的作用，从而对经济增长具有长期推动作用。在此基础上，琼斯和罗默强调了创意、制度、人口和人力资本的作用：创意具有的非竞争性是经济增长的源泉，具有的部分排他性又阻止了竞争者"零成本"使用他人创意。从创意的接收方来说，弱的（或者是零）知识产权保护是促进创意所代表的技术扩散的最好制度安排，但是，从创意的生产方来说，只有最严格的知识产权保护，才会与更多的创意生产出来。所以，对于创意这种准公共产品来说，最优的制度安排还在设计中。

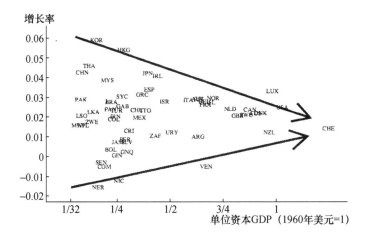

图22-1 1960年世界各国距离前沿的差距与1960—2000年增长率差异

资料来源：Penn World Tables 6.1、Jones 和 Romer（2009）、Lucas（2009）。

除了发达国家的 Kaldor 事实，世界超长期增长的新 Kaldor 事实，发展中国家的经济增长事实也受到研究者的注意。钱纳里、鲁宾逊和塞尔奎因（1995）在可计算一般均衡的框架中，研究了快速增长的发展中国家所具有的工业化、结构转换与生产率的事实。作为世界上最大和现今增长最快的发展中国家，中国经济增长的事实对于中国的政策选择也非常重要。经济增长课题组等（2006）总结了包括中国在内的新兴国家与发达国家"卡尔多"典型事实的不同之处：（1）经济增长的轨迹是一条递增而非平稳的 S 曲线，目前中国正处在加速上升期，其中"学习效应"显得非常重要。（2）经济赶超中的一个重要特征是大规模要素积累，意味着技术进步采取了资本扩张形式（索洛中性）。（3）技术进步与生产性投资保持着稳定的比例关系，技术来源于发达国家的技术扩散和自我改进，国际贸易中的设备投资进口和 FDI 是发展中国家技术进步的重要形式。（4）高度重视人力资本作为一种新生产要素的投入和积累。（5）企业的市场化改革（从传统企业向新古典企业的转变）和结构（产业、人口）转换具有巨大的增长效应。（6）积极参与国际贸易的出口导向、政府干预、协调分配等宏观调控政策对促进增长起到显著的积极作用。

三　经济增长的政策选择

第二次世界大战以后，大部分新兴民族国家或多或少地采用了国家政策来促进经济增长，以实现对领先者的赶超。从 20 世纪 60 年代的"大推动"、"经济计划"和"进口替代"，到 70 年代强调的市场价格机制和外向型政策，再到 80 年代的强调自由化、私有化和去管制化的"华盛顿共识"，发展中国家的主流经济政策建议总是处在急剧变化之中。对这些政策效果的评估和评价也构成了经济增长研究的重要组成部分。Rodrik（2005），Hausmann、Pritchett 和 Rodrik（2005）分析了发展中国家的政策和改革对于经济增长的解释力，他们发现，尽管世界上绝大部分发展中国家，在世界收入分配中的格局没有发生根本性的变化，超出想象的是，在样本考察期中，增长加速是非常普遍的：在 1957—1992 年共发生增长加速 83 次，而且在世界各地都非常普遍，被定义为增长灾难的撒哈拉以南非洲比其他地区也丝毫不逊色。在任意一个十年中，一个国家经历增长加速的概率约为 1/5。很多增长加速期增长率上升 8%—9%，这些经济增长很多是不可持续的，但是依然有一半保持了 20 年左右。尽管增长加速非常普遍，但是这些加速和政策之间的关系远非确定的。在经济改革（经济自由化和宏观经济稳定）、政治体制改革和外部环境的改变（用贸易条件的改善来衡量）三项解释因素中，不到 15% 的增长加速在时间顺序上可以由经济自由化等符合"华盛顿共识"的政策改革来解释。一旦一个国家采用明显的经济自由化政策，五年内发生增长加速的概率仅为 18%。政治体制改革和贸易条件改善后，五年内出现增长加速的概率为 13.6% 和 5.1%，三项改革后出现持续经济增长（20 年）的概率分别为 9.1%、7.1% 和 1.4%。

　　增长加速是如此普遍，又是如此难以预测。Rodrik（2005），Hausmann、Pritchett 和 Rodrik（2005）对此的解释是，增长加速是非常容易的：任何一个微小的政策改变都可能会触发增长加速，这些改变有可能是外界根本觉察不到的。例如，巴基斯坦在 1979 年和叙利亚 1969 年的增长加速就很难找到对应的政策。对于绝大多数增长加速来说，并没有多少真正的政策改革。即使为人们所熟知的例子中，初始阶段的经济改革几乎是微不足道的。政治领导人对于市场导向的，对私人部门友善的态度转向，对于政策改革似乎起到了更大的作用。① 这是一个好消息，意味着要想实现经济增长加速，成本是很低的，并不需要太多根本性的制度改变，使当政者处在过于艰难的境地。从实践来看，这些推动增长加速改革的政策大多具有国别特征，属于正统制度安排和非正统制度安排的有机结合。这些政策必须具有正确的实际功能：产权保护、契约履行、市场竞争、正当的激励、正确的货币和债务可持续性。

　　这些根本原则是从实际功能角度来看的，是任何通过政策改革和制度变迁推动经济增长所必须起到的实际作用。例如中国的双轨制、韩国的金融控制和毛里求斯的出口工业加工区，中国台湾为了扩张出口贸易采用的出口补贴，新加坡为了吸引外资而采取的大量公共投资，博茨瓦纳大量的

---

　　① 在 1961 年取得政权后，朴正熙军事政府并没有强烈的改革愿望。韩国的经济改革是按照试错形式进行的，首先采用了多种公共投资计划的形式。真正与韩国快速增长相关的实质性改革——货币贬值和利率提高，在 1964 年发生，但是远远没有达到货币和金融自由化。中国的经济改革也是从体制外围开始的增量改革。

政府公共支出，智利对铜业的政府控制等，都是公共部门积极参与的结果，尽管与传统的市场自由化和外向型政策很难联系在一起，但是都在一定时期内，一定程度上、实质上都起到了上述功能。然而，并不是所有的非传统制度都能运行良好，当前起作用的政策可能只有很短的有效期。盯住汇率制在东南亚金融危机以前是很有效的增长战略之一，在外部环境好的时期避免了这些小国家所不能承受的汇率风险。但是，如果外部的环境的改变使得本国经济的竞争力受到影响时，还不主动进行变革，危机就会发生。

微小的政策改变虽然能够带来短暂的增长，但是不能保证增长的可持续性，主要是因为触发经济增长和实现持续增长的机制是不同的。保持经济增长更难，需要较大范围的制度变革，以强化市场经济的制度基础。这些变革会触动更多的利益，因而是很难推进的。这些制度改革需要推动生产率的进步和应对外部冲击的能力。20 世纪七八十年代许多国家（拉美和非洲、印度尼西亚和韩国，甚至包括日本）的衰落，就是因为不能很好地应对外部环境的冲击。对于短期增长有力的政策会很快失效，对于长期增长有力的政策却可能没有短期效果。同时，对于长期增长有力的政策，由于涉及更深层次的制度变革，在增长的过程中更容易推动。因此，一个完整的发展战略应当包含两个阶段：短期战略以刺激增长，中长期战略以保持增长。Rodrik 认为，刺激经济增长的政策可以是投资战略，而保持长期增长的政策应该是制度战略。

短期经济增长（转型动态）是一个从低水平均衡向高水平均衡过渡的过程，其中资本深化具有举足轻重的作用，如何促进企业家投资是刺激短期增长的重要问题。一种政府失灵观认为，由于内在的逐利性偏好，政府只能给私人投资设置障碍。另一种市场失灵观则认为，由于低收入环境中的市场不完全性和低水平循环，政府应当积极引导私人投资。但是改革应当从何领域开始改革，取决于当地的具体情况，在考虑公共投资会挤出私人投资之前，首先应当去除政府对私人投资所设置的障碍。如果经济正在面临两位数的通货膨胀或者管制给社会造成的负担，窒息了所有的私人投资动机，那么去除这些扭曲应当是政策的首要任务。除此之外，很难找到通用的政策来刺激经济增长。然而，毫无疑问，一个廉洁高效的政府是弥补市场失灵的重要条件。

经历了长期持续增长的富裕国家无一例外地都具有高质量的制度。随着市场交换的深入和扩展，正式制度的重要性增加，主要是因为正式制度的建立，需要很高的固定成本和较低的边际成本。一个好的市场经济需要实现自我创造（包括产权保护和契约执行）、自我管制（包括管制主体和其他修正市场失灵的机制）、自我稳定（包括财政和货币制度、审慎的管制和监督制度）和自我法制（包括民主、社会保护和社会保障）功能。产权保护和契约履行是首要的，这是制度研究者注意的主要方面。其中的一个悖论就是，只有足够强大的政府，才可以保护产权和履行契约，同时政府的强大也足以使其为了自己的目的而违背这些规则。公共制度必须要在市场无序和独裁之间做出权衡，管制机制必须要在稳定和灵活性之间做出权衡，公司管理必须要在员工和股东的利益之间做出权衡，金融机构应该在风险和债务负担之间做出权衡，既要保证足够的竞争以保持资源配置效率，又要有足够的垄断租金来激励创新。同一种形式的制度在不同的环境中具有不同的功能，同一种制度功能并不对应于单一的制度形式。即使发达国家也呈现出很强的制度多样化，制度就其本身来说是非趋同的，发达国家现有的制度安排不能在发展中国家简单套用。

如何给发展中国家开出好的药方，是发展经济学家们孜孜不倦追求的目标。既然制度是多样化的，推动经济增长的政策也是多样化的，那么，发展中国家应当进行哪些政策改革以实现经济增长呢？Hausmann、Rodrik和Velasco（2008）给出了诊断一个国家经济增长缓慢病因的药方及其步骤：首先摆脱贫穷的主要方式是促进投资[①]，而投资太少一定是因为私人回报率过低，影响投资回报率两个因素是收益率和成本（见本报告附录2）。因此，提高收益率和降低投资成本是政策作用的两个方向。影响收益率的主要因素是过高的微观风险（腐败、犯罪）或者宏观风险（财政金融风险），过少的研发或者发现新技术的机会，过高的技术外溢或者政策协调失败，税率过高或者税收结构不合理，或者基础设施太差（交通、通信或物流成本太高）。影响投资成本的主要因素来自金融系统——恶劣的国内或者国际金融环境，前者可能来自金融垄断导致的竞争不足，后者可能来自过高的国家风险，对 FDI 吸引力太差。政策的制定者可以采用排

[①] Acemoglu、Aghion 和 Zilibotti（2006）也认为，对于那些远离世界技术前沿的国家来说，投资对于经济发展的意义远比创新要重要得多。

除法，逐步确定不发达的原因并采取相应的措施。[1] 例如，从表面上看，近年来，表现很糟糕的萨尔瓦多和巴西的投资率都很低，但是萨尔瓦多是一个资本丰腴的国家，每年要素收入净流入占 GDP 的 10%，利率很低，银行流动性充裕，同时萨尔瓦多政治稳定，宏观环境良好，税率很低，种种因素都排除以后，萨尔瓦多的问题只可能来自私人没有投资非贸易品的动机。造成这个情况的原因是，经济体过于自由放任，造成信息外溢过多和协调失败，限制了探索国内市场先行者的收益，政府应当采用适当的政策来消除外部性，推动私人企业家投资。巴西的资本需求很旺盛，但是国内储蓄过少，导致利率过高，所以问题来自金融方面——增加国内储蓄，改善金融中介，改善外部融资环境以降低资本成本，应当成为政策的首选。

四　反思增长政策

（一）政策具有的分配效果远远胜过增长效果

尽管实证研究者们发现，一定的政策指数和经济增长是密切关联的，但是这些政策指数本身就是很难解释的。例如，税率与经济增长的实证研究表明，税率和税收改革既没有增长效应，也没有水平效应。对于国家政策而言，1960—2000 年，世界各国进行了大量的改革实践，但是，1960年与 1999 年的各国人均收入的相关性依然达到 0.87，这些政策的增长效果微乎其微，使用政策预测经济增长的效果也非常差。[2] 从一个跨期的角度看，相对稳定的经济政策和多变的增长率形成了鲜明的对比。Easterly（2005）发现，针对不同的数据（是否包含解释变量极端情况），不同的解释变量组合，采用不同的计量方法 [工具变量法，面板数据估计、动态面板数据估计（Arellano and Bond，1991），事件法] 所得到的回归结果显著性差别很大：采用全部数据的结果是，人均收入水平与贸易（进

---

[1]　Hausmann、Rodrik 和 Velasco（2008）在一个新古典的增长模型中给出的答案，文后的附录 2 就是按照该模型的参数给出的。空间所限，感兴趣的读者可以直接参考其模型。

[2]　在 1980 年以前，国家政策大多强调政府干预和进口替代，这些干预政策的效果要好于后来所强调的自由贸易和价格机制。实际上，当华盛顿共识被广泛推广以后，1980—2000 年时期发展中国家的经济增长，比之前的 1960—1980 年时期还要差，说明政策完全可能起到了相反的作用。Easterly 认为，如果国家政策是有效的，那么就不会出现各国国内那么大的民族、种族、性别、宗教和区域差距，而且政策在减少这些差距上作用也是很差的。

出口/GDP)、货币化（M2/GDP）和预算平衡正相关，与通货膨胀、货币升值、外汇黑市溢价负相关。采用解释变量的温和数据时，回归效果发生很大变化：所有的解释变量在5%不再显著，货币化、本币升值的相关性发生了方向性逆转。一旦控制制度变量，政策的作用就变得非常不明显。但是各国多样化的现实，凸显了政策和制度的分配功能，如果我们把政策看作是未来制度的边界，政策的分配功能是不言而喻的。弗里曼（2000）发现发达国家劳动市场的巨大差异具有较强的分配差别和较弱的效率差别。

（二）从功能的角度比从形式上考虑政策改革更合适

正如宏观经济学习惯于区分名义变量和实际变量以表示生产率，Acemoglu等在一系列论文中（包括《手册》论文）区分了理论权力和实际权力来推导制度对于经济增长的长期决定作用一样，Rodrik在分析推动经济增长的政策多样化时也强调，政策的形式和政策的功能是应当区别对待的。值得注意的是，这也符合了Easterly（2005，2008）所提倡的自下而上的制度观。评判一个政策是否能够促进经济增长，是要看它在特定的条件下能否会起到政策制定者所设计的功能。一步到位的改革，往往达不到设计者的目的。我们不能追求重新设计制度，只能在现有的制度的基础上，采用边际的或者增量的改革，通过帕累托改进（尽量少用卡尔多改进），寻求"次优制度"（Rodrik，2008）成功的可能性会越高，核心领域的改革尤其如此。① 政策改革应当是量力而行的，超前的政策未必是适合当前国情的，也就不会有什么实际效果。一旦政策制定者和政策执行者都有其独立的利益，政策执行问题会更加复杂。很多设计初衷很好的政策（如医疗卫生体制改革、水污染治理、教育改革），最终都流于破产，主要是没有考虑到政策执行者的利益。如果制定者意识到了这一层关系，并且将其加入到新政策的制定中去，更注意用激励相容措施来调动政策执行者的动力，应该会起到比较好的效果。

（三）宏观经济的政策应当是内生的，但必须以市场化为取向

作为一种公共产品，经济政策的制定和执行是复杂的。同一个领域的改革，采用不同的投票机制，不同的投票时机，相同的投票主体可能会得出截然相反的政策。作为集体决策的产物，宏观经济政策的类型与本国的

---

① Rodrik（2008）认为，相对于发达国家而言，发展中国家面临着更多的约束，所以追求完美的制度安排是不现实的。相反，在本国历史和现实的基础上，通过帕累托改进，追求次优制度的可行性更高，效果也更好。

历史实践是分不开的。一个典型的国家可能在 Rodrik 的增长诊断中会发现所有的问题都或多或少的存在，这样政策选择领域就不再具有唯一性，或者即使政策领域具有唯一性，其具体形式也是多样的。这就提醒我们，正如 Rodrik（2005）在制度多样性和 Easterly（2008a）在自下而上的制度改革观中所提到的，本国的决策者在本国问题上最具有发言权，只有他们才会真正体会到本国当前经济发展的约束和下一步政策改进的最小阻力点所在。从这个意义上讲，宏观经济政策应该是内生的，这在民主决策国家当然没有异议，在转型国家也应当遵循。内生性的政策赋予了决策者更多的自决权，也就意味着决策者必须承担更多的风险。如果政策是一种公共产品，由公共决策来制定，那么他的目标首先应当是让各方满意，尤其是生产者、劳动者满意，至少不能影响生产者的士气。研究结果发现，在东亚经济迅速腾飞的过程中，劳动力参与率都有较大水平的上升。从任何一种经济增长理论都可以发现，劳动力参与率的上升一定会提高人均收入水平，不论是水平效应还是增长效应。

政策应该是因时因地而异的，但是必须朝着正确的方向努力。所谓不同的政策搭配，相同的经济学原理（Many Recipes，One Economics）。私人产权保护和契约履行是任何一个成功的市场经济体的必要条件。虽然一步到位的制度改革不现实，远离产权保护和契约履行的经济能够保证长期增长也不可能。利用市场价格机制来分配资源，可能是人类最伟大的发明之一，这个机制的好处是人们所有的利益关系都可以从价格中反映出来。虽然市场制度会有很多问题，例如众所周知的市场失灵，或者人与人之间的关系被异化成物与物之间的关系，以及由此带来的种种社会问题。但是这个机制是有效率的，人们可以通过价格来处理自己几乎所有的活动，从而节省了资源。政策改革以市场化为导向，就可以充分利用人类已有的所有关于市场制度的全部知识，免除了白手起家，一切从头开始的巨大初始启动成本。市场国家间在彼此沟通时的制度学习成本，要远远低于不同制度之间沟通时的学习成本。由于世界上的大多数国家都是市场经济体制的，任何一个国家，尤其是落后国家的政策改革，都应该以减少本国生产要素在不同国度和地区流动时的学习成本为目标。虽然会有风险，这是一条捷径。

（四）开放是重要的，尤其要注重国际贸易

在所有的政策研究中，国际贸易政策被给予了特别关注，而几乎所有的实证研究都发现，国际贸易促进了参与国的经济增长和长期福利的改进。新增长理论对规模收益递增的强调，对于国际贸易具有很强的指示意义，这些政策启示也常常能够得到各种跨国和时间序列研究结论的支持。国际贸易不但能够通过调剂余缺，直接提高本国国民的消费福利，更能够通过知识和技术传播来提高生产率。Easterly（2005）的回归分析也发现，无论是否包含极端数据，采用何种计量方法，国际贸易都是与经济增长正相关的。[①] Feyrer（2009）模型的直接估测发现，贸易的收入弹性接近0.5，预测的贸易增长率差别能都解释1960—1995 年人均收入增长率差别的 17%。Alvarez 和 Lucas（2007）的动态一般均衡模型校准结果表明，一个占世界 GDP 1% 的小国家，从完全封闭向自由贸易的转换过程中可以带来41% 的收益。使用同样的数据和方法，Rodríguez-Clare（2007）包含知识扩散的国际贸易模型显示，知识外溢带来的收益（206%—240%）比仅仅直接衡量国际贸易（13%—24%）对经济增长的作用要大得多，同时知识和国际贸易对经济增长的作用之间呈现出一定的替代性。Lucas（2009）的校准实验在一个五个参数的结构模型中模拟了开放型赶超国家的增长动态，发现对于落后的经济体而言，一旦具备承接国际技术转移的基本门槛（用非农就业人口来表示），就能够实现经济的起飞，距离世界技术前沿越远，经济增长越快。该模型对拟合现实的效果非常好，一个重要政策启示是，在其他条件不变的情况下，经济体的该开放程度［用 Sachs 和 Warner（1995）的分类］越高，初始起飞的速度就越快。在卢卡斯模型中，技术前沿对赶超者通过国际贸易途径产生的技术和知识外溢对收敛起到了重要作用。一个国家参与国际贸易的可贸易品，主要来自制造业，所以保持中国制造业的竞争力就显得尤为重要。作为一个赶超者，积极参与国际贸易和国际分工，吸收国外的先进技术和知识，不但可以扩大市场，实现规模经济，还能够通过对市场经济的制度性学习，为更先进的市场经济制度和未来的经济改革做准备。在金融危机所带来的贸易摩擦和宏观经济政策发生内向性转变，力图通过扩大内需来实现长期增长的情况下，这一点显得尤其难能可贵。

---

①　Kehoe 和 Ruhl（2007）还发现，尽管进出口价格冲击对人均收入有一定的影响，但是贸易条件的冲击对生产率却没有重要影响。

报告 22 附录 1

增长加速：按照区域、时间和增长程度分类（1957—1992 年）

Pegion	Decade	Country and district	Year	Growth before	Growth after	Difference in growth
Sub-Saharan Africa	1950s & 1960s	Nigeria	1967	−1.7	7.3	9.0
		Botswana	1969	2.9	11.7	8.8
		Ghana	1965	−0.1	8.3	8.4
		Guinea Bissau	1969	−0.3	8.1	8.4
		Zimbabwe	1964	0.6	7.2	6.5
		Gongo	1969	0.9	5.4	4.5
		Nigeria	1957	1.2	4.3	3.0
	1970s	Mauritius	1971	−1.8	6.7	8.5
		Chad	1973	−0.7	7.3	8.0
		Cameroon	1972	−0.6	5.3	5.9
		Gongo PR	1978	3.1	8.2	5.1
		Uganda	1977	−0.6	4.0	4.6
		Lesotho	1971	0.7	5.3	4.6
		Rwanda	1975	0.7	4.0	3.3
		Mali	1972	0.8	3.8	3.0
		Malawi	1970	1.5	3.9	2.5
OECD	1980s & 1990s	Guinea Bissau	1988	−0.7	5.2	5.9
		Mauritius	1983	1.0	5.5	4.4
	1950s & 1960s	Spain	1959	4.4	8.0	3.5
		Denmark	1957	1.8	5.3	3.5
	1980s & 1990s	Japan	1958	5.8	9.0	3.2
		USA	1961	0.9	3.9	3.0
		Canada	1962	0.6	3.6	2.9
		Ireland	1958	1.0	3.7	2.7
		Belgium	1959	2.1	4.5	2.4
		New Zealand	1957	1.5	3.8	2.4
		Australia	1961	1.5	3.8	2.3
		Finland	1958	2.7	5.0	2.2

续表

Pegion	Decade	Country and district	Year	Growth before	Growth after	Difference in growth
OECD	1980s & 1990s	Finland	1967	3. 4	5. 6	2. 2
		Portugal	1985	1. 1	5. 4	4. 3
		Spain	1984	0. 1	3. 8	3. 7
		Ireland	1985	1. 6	5. 0	3. 4
		UK	1982	1. 1	3. 5	2. 5
		Finland	1992	1. 0	3. 7	2. 8
		Norway	1991	1. 4	3. 7	2. 2
Middle East and North Africa	1950s & 1960s	Morocco	1958	− 1. 1	7. 7	8. 8
		Syria	1969	0. 3	5. 8	5. 5
	1970s	Tunisia	1968	2. 1	6. 6	4. 5
		Israel	1967	2. 8	7. 2	4. 4
		Israel	1957	2. 2	5. 3	3. 1
		Jordon	1973	− 3. 6	9. 1	12. 7
		Egypt	1976	− 1. 6	4. 7	6. 3
		Syria	1974	2. 6	4. 8	2. 2
		Algeria	1975	2. 1	4. 2	2. 1
	1980s & 1990s	Syria	1989	− 2. 9	4. 4	7. 3
South Asia	1950s	Uganda	1989	− 0. 8	3. 6	4. 4
		Malawi	1992	− 0. 8	4. 8	5. 6
	1960s	Pakistan	1962	− 2. 4	4. 8	7. 1
	1970s	Pakistan	1979	1. 4	4. 6	3. 2
		Sri Lanka	1979	1. 9	4. 1	2. 2
	1980s	India	1982	1. 5	3. 9	2. 4
East Asia	1950s & 1960s	Thailand	1957	− 2. 5	5. 3	7. 8
		Korea	1962	0. 6	6. 9	6. 3
		India	1967	− 0. 8	5. 5	6. 2
		Singapore	1969	4. 2	8. 2	4. 0
		Taiwan China	1961	3. 3	7. 1	3. 8

续表

Pegion	Decade	Country and district	Year	Growth before	Growth after	Difference in growth
East Asia	1970s	China	1978	1.7	6.7	5.1
		Malaysia	1970	3.0	5.1	2.1
	1980s & 1990s	Malaysia	1988	1.1	5.7	4.6
		Thailand	1986	3.5	8.1	4.6
		Papua New Guinea	1987	0.3	4.0	3.7
		Korea Rep.	1984	4.4	8.0	3.7
		India	1987	3.4	5.5	2.1
		China	1990	4.2	8.0	3.8
Latin America and Caribbean	1950s & 1960s	Dominincan Rep.	1969	−1.1	5.5	6.6
		Brazil	1967	2.7	7.8	5.1
		Peru	1959	0.8	5.2	4.4
		Panama	1959	1.5	5.4	3.9
		Nicaragua	1960	0.9	4.8	3.8
		Argentina	1963	0.9	3.6	2.7
		Colombia	1967	1.6	4.0	2.4
	1970s	Ecuador	1970	1.5	8.4	6.8
		Paraguay	1974	2.6	6.2	3.7
		Trinidad & Tobago	1975	1.9	5.4	3.5
		Panama	1975	2.6	5.3	2.7
		Uruguay	1974	1.5	4.0	2.6
	1980s & 1990s	Chile	1986	−1.2	5.5	6.7
		Uruguay	1989	1.6	3.8	2.1
		Haiti	1990	−2.3	12.7	15.0
		Argentina	1990	−3.1	6.1	9.2
		Dominican Rep.	1992	0.4	6.3	5.8

资料来源：Hausmann、Pritchett 和 Rodrik，2005 年。

报告 22 附录 2 增长诊断

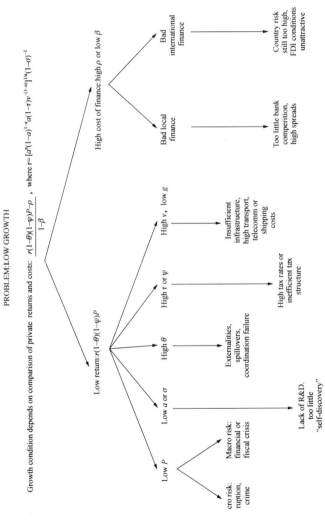

PROBLEM:LOW GROWTH

Growth condition depends on comparison of private returns and costs: $\dfrac{r(1-\theta)(1-\psi)P-\rho}{1-\beta}$, where $r=[a^{\alpha}(1-a)^{1-\alpha}a(1-\tau)v^{-(1-\alpha)}]^{1/\alpha}(1-\sigma)^{-1}$

Low return:$r(1-\theta)(1-\psi)P$

High cost of finance:high ρ or low β

Low P

Low a or σ

High θ

High τ or ψ

High v, low g

Bad local finance

Bad international finance

cro risk: ruption, crime

Macro risk: financial or fiscal crisis

Lack of R&D, too little "self-discovery"

Externalities, spillovers, coordination failure

High tax rates or inefficient tax structure

Insufficient infrastructure, high transport, telecomm or shipping costs

Too little bank competition, high spreads

Country risk still too high, FDI conditions unattractive

资料来源：Hausmann，Rodrik 和 Velasco（2008）。

中国社会科学院创新工程学术出版资助项目

经济与管理系列

中国城市化模式、演进机制和可持续发展研究

——转向效率导向的城市化理论和政策研究

（下）

张自然 张 平 刘霞辉 等著

A Study on the Pattern, Evolution Mechanism and
Sustainable Development of China's Urbanization

中国社会科学出版社

附　录

附录1 指标设计、数据处理及评价过程

一 中国城市可持续发展评价指标设计

拟将可持续发展评价指标分为三级，其中一级指标包括经济增长、增长可持续性、环境质量、政府效率和人民生活五个部分。每个一级指标包含若干二级指标。其中，经济增长包括产出效率、经济结构、经济稳定；增长可持续性：产出消耗、增长潜力；环境质量包括居住环境、环境质量。二级指标再下设相应的42个三级指标。以期通过完整的指标体系来了解各地级及以上城市经济可持续发展情况，见附表1-1。

附表1-1　　　　中国264个城市发展前景评价指标设计

一级指标	二级指标	指　标	名　　称
经济增长	产出效率	TFP	TFP
		productivity	全社会劳动生产率
		Koutput	资本产出率
	经济结构	GDP2	GDP2
		GDP3	GDP3
		notAgrLabor	非农就业比重
		urban	城市化率
	经济稳定	gdpVolatility	经济增长波动指标
		foreignVolatility	对外开放稳定性
		inflation	通货膨胀率指标
		unemployment	失业率指标

续表

一级指标	二级指标	指　标	名　　称
增长可持续性	产出消耗	LaborE	劳动投入弹性指标
		KE	资本投入弹性指标
		eleExp	万元 GDP 电力消耗指标
	增长潜力	finEdu	地方财政教育事业费支出比
		HC	劳动力受教育水平
		techers	万人学校教师数
		sciFin	地方财政预算内科学事业费支出
		field Construction	城市建设用地占市辖区面积比重
环境质量	居住环境	pop Density	人口密度
		green Ratio	建成区绿化覆盖率
		Green AreaPer	绿地提供指数
	环境质量	solid Useful Rate	工业固体废弃物综合利用率
		water Usefull Rate	工业废水排放达标率
		dust Com Rate	工业烟尘排放达标率
		SO$_2$ Rate	工业二氧化硫排放达标率
		waste Value Rate	工业"三废"综合利用产品产值比
		poll Water Rate	城镇生活污水处理率
政府效率	政府效率	OutIn Fin	地方财政预算内支出收入比
		infrastructureIndex	基础设施指数
		trafficIndex	交通基础设施指数
		comInfrastuctIndex	电信基础设施指数
		books	万人公共图书馆藏书量
		passengerABus	每公共汽电车客运总数
人民生活	人民生活	pgdp	人均 GDP
		pgdpi	人均 GDP 增长率
		income	工资收入
		save	储蓄存款比
		cinema	万人影剧院数
		gasFamily	人均液化石油气家庭用量
		doctors	万人拥有医生数
		sanitaryIndex	卫生设施指数

二 数据来源

所有数据均源于《中国城市年鉴》各期全市数据、《中国统计年鉴》1985—2012 年各期、各省区市及城市统计年鉴各期、中国经济统计数据查询与辅助决策系统中地级以上城市市辖区相关数据。

三 指标的处理

附表1－2　　　　　　　　　　　指标计算过程

变量名称	指标计算公式
TFP	TFP 由 Malmquist 指数方法通过 1990—2011 年 264 个地级市的不变价格 GDP，固定资本存量和年末就业人数计算得到。TFP 指标采用 TFP 指数，所得结果和用 TFP 增长率完全一致
全社会劳动生产率	全社会劳动生产率＝不变价格 GDP/从业人员数
资本产出率	资本产出率＝不变价格 GDP/不变价格固定资本存量
GDP2	GDP2＝第二产业增加值（现价）/国内生产总值（现价）
GDP3	GDP3＝第三产业增加值（现价）/国内生产总值（现价）
非农就业比重	非农就业比重＝第二产业从业人员比重＋第三产业从业人员比重；第二产业从业人员比重＝第二产业就业人员数/总的从业人员数；第三产业产业从业人员比重＝第三产业就业人员数/总的从业人员数
城市化率	城市化率＝非农业人口数/总人口数
经济增长波动指标	经济增长波动率＝ABS（本年经济增长率－上年经济增长率）/［1＋ABS（上年经济增长率）］；经济增长波动率指标＝1/（1＋经济增长波动率）
对外开放稳定性	对外开放稳定性＝1/［1＋ABS（进出口总额波动率）］
通货膨胀率指标	通货膨胀率指标＝1/（1＋∣居民消费价格变动率∣）
失业率指标	失业率指标＝1/城市登记失业率
劳动投入弹性指标	劳动投入弹性系数＝劳动投入增长率/经济增长率；劳动弹性指标＝1/［1＋ABS（劳动弹性系数）］
资本投入弹性指标	资本投入弹性系数＝资本投入增长率/经济增长率；资本弹性指标＝1/［1＋ABS（资本弹性系数）］
万元 GDP 电力消耗指标	万元 GDP 电力消耗量＝电力消费总量/不变价格 GDP；万元 GDP 电力消耗指标＝1/万元 GDP 电力消耗量
地方财政教育事业费支出比	地方财政教育事业费支出比＝地方财政教育事业费支出/国内生产总值（现价）

变量名称	指标计算公式
劳动力受教育水平	地级市人力资本＝［（小学在校学生数）×1＋（中学在校学生数）×2.55＋高校学校在校学生数×22］／（小学在校学生数＋中学在校学生数＋高校在校学生数）
万人学校教师数	万人学校教师数＝（普通小学专任教师数＋普通中学专任教师数＋高校专任教师数）／年末总人口数
地方财政预算内科学事业费支出	地方财政科学事业费支出比＝地方财政科学事业费支出/国内生产总值（现价）
城市建设用地占市辖区面积比重	
人口密度	人口密度指标＝1/人口密度
建成区绿化覆盖率	
绿地提供指数	绿地提供指数＝POWER（人均绿地面积×人均园林绿地面积，1/2）；人均绿地面积＝绿地面积/年末总人口数；人均园林绿地面积/年末总人口数
工业固体废弃物综合利用率	
工业废水排放达标率	工业废水排放达标率＝工业废水排放达标量/工业废水排放量
工业烟尘排放达标率	工业烟尘排放达标率＝工业烟尘去除量/工业烟尘排放量
工业二氧化硫排放达标率	工业二氧化硫排放达标率＝全市工业二氧化硫去除量/（全市工业二氧化硫排放量＋全市工业二氧化硫去除量）
工业三废综合利用产品产值比	工业"三废"综合利用产品产值比＝全市工业"三废"综合利用产值/GDP现价
城镇生活污水处理率	
地方财政预算内支出收入比	地方财政预算内支出收入比＝全市地方财政预算内支出/全市地方财政预算内收入
基础设施指数	基础设施指数＝POWER（人均铺装道路面积×人均供水量，1/2）；人均铺装道路面积＝铺装道路面积/年末总人口数；人均供水量＝全年供水量/年末总人口数
交通基础设施指数	交通基础设施指数＝POWER（万人公共汽车数×万人是有出租车数，1/2）；万人公共电汽车数量＝公共电汽车数/年末总人口数；万人实有出租车数＝年末实有出租车数/年末总人口数

续表

变量名称	指标计算公式
电信基础设施指数	电信基础设施指数 = POWER（人均电信用户数 × 万人邮电局数 × 邮电业务总量，1/3）；人均电信用户数 =（电话 + 手机 + 互联网用户）/年末总人口数；万人邮电局数 = 邮电局数/年末总人口数；邮电业务总量比 =（邮政业务总量 + 电信业务总量）/GDP 现价
万人公共图书馆藏书量	万人公共图书馆藏书量 = 公共图书馆总藏量/年末总人口数
每公共汽电车客运总数	每公共汽电车客运总数 = 公共汽电车客运总数/年末实有公共营运汽电车
人均 GDP	人均 GDP = 不变价格 GDP/年末总人口数
人均 GDP 增长率	人均 GDP 增长率 =（上一年 = 100）人均 GDP 指数 − 1
工资收入	工资收入 = 全市在岗职工工资总额/GDP 现价
储蓄存款比	储蓄存款余额 = 城乡居民储蓄存款年末余额/地级市 GDP（现价）
万人影剧院数	万人影剧院数 = 影剧院数/年末总人口数
人均液化石油气家庭用量	人均液化石油气家庭用量 = 液化石油气家庭用量/年末总人口数
万人拥有医生数	万人医生人数 = 医生人数/年底总人口数
卫生设施指数	卫生设施指数 = POWER（万人床位数 × 万人医院数，1/2）；万人床位数 = 床位数/年末总人口数；万人医院数 = 医院数/年末总人口数

四　关于指标的一些说明

（一）地级市多时间跨度大

本报告分析中国 264 个地级市全市 1990—2011 年的经济可持续发展情况，年份跨度长达 22 年。

（二）指标众多而系统

各地级市经济可持续发展评价指标涉及面极其广泛，涉及 42 个指标，较为完整地体现了 264 个地级市经济可持续发展评价中的经济增长、经济增长的可持续性、环境质量、政府效率和人民生活等各方面的情况，能较为全面客观地评价了 1990—2011 年以来中国地级市市辖区的经济可持续发展情况。

（三）数据收集过程费时费力

由于中国地级市的数据统计不是特别完善，收集数据就尤其花费时间。市辖区部分城市数据源于"中国经济统计数据查询与辅助决策系统",全市数据基本源于《中国城市统计年鉴》,其他具体数据源于《中国统计年鉴》、各省区市和城市统计年鉴各期、各城市统计公报获得或者验证,相当部分数据是通过查询相关信息获得验证的。

(四) 数据准确性问题

改革开放以来,中国的统计工作逐步完善,但仍有大量经济数据没有被准确统计或者根本没有被统计到,全国的统计数据、各区市地方和地级市的数据相互冲突,各经济部门公布的数据也存在不一致的现象,因此在数据整理过程中,为了得到比较准确的数据,多种资料互相对比后才确定就非常关键。

五 中国地级市可持续发展评价过程

经济可持续发展的评价方法主要有德尔菲法、主成分分析法、因子分析法、层次分析法等。德尔菲法和层次分析法评价结果的可靠性主要依赖建模人所建的概念模型的水平和打分人的专业水平,主观性较强。而主成分分析法和因子分析法的评价结果的可靠性主要依赖于分析过程和结果的可解释性以及主成分和公因子的方差贡献率,主成分分析法和因子方法较为客观。本报告采用主成分分析法来评价中国各地级市经济可持续发展情况。

主成分分析是将分散在一组变量上的信息,集中到某几个综合指标(主成分)上的一种探索性统计分析方法。它利用"降维"的思想,将多个变量转化为少数几个互不相关的主成分,简化整个分析过程。主成分分析的目的是通过线性变换,将原来的多个具有一定相关性的指标组合成相对独立的少数几个能充分反映总体信息的指标,从而在不丢掉主要信息的前提下避开变量间的共线性问题,并进而简化分析。

主成分分析法包括以下七步:第一步,选取指标,建立评价的指标体系;第二步,收集和整理数据;第三步,将数据进行正向化处理(并对数据进行标准化处理,标准化过程由 SPSS 软件自动执行);第四步,指标数据之间的 KMO 和 Bartlett's Test 检验;第五步,确定主成分个数;第六步,确定权重;第七步,计算主成分综合评价值。最后得出各地级市的经济可持续发展指数和排名。

主成分分析法采用 SPSS16 软件进行分析。按特征值大于 1,只能提取 11 个主成分,此时主成分的累计贡献仅 62.763%,效果不太理想。当提取了 30 个主成分时，累计贡献率超过 90%，足以对所选择变量进行解释，达到主成分分析法的要求。

（一）KMO 和 Bartlett 球形检验结果

KMO 检验用于检查变量间的偏相关性，取值在 0—1 之间。KMO 统计量接近于 1，变量间的偏相关性越强，主成分分析法的效果越好。一般 KMO 统计大于 0.7 时效果比较好；当 KMO 统计量小于 0.5 时，此时不适合应用主成分分析法。本报告的 KMO 统计量为 0.866，检验效果良好，适合进行主成分分析法，见附表 1-3。

附表 1-3　　　　　　　　KMO 和 Bartlett 球形检验结果

KMO and Bartlett's Test

Kaiser-Meyer-Olkin Measure of Sampling Adequacy.	0.866
Bartlett's Test of Sphericity Approx. Chi – Square	108469.764
df	0.861
Sig.	0.000

Bartlett 球形检验是判断相关阵是否单位阵。从 Bartlett 检验可以看出，应拒绝各变量独立的假设及变量间具有较强的相关性。

（二）变量共同度

变量共同度表示各变量中所含原始信息能被提取的公因子所表示的程度，从附表 1-4 可以看到所有变量共同度都在 75% 以上，提取的这些公因子对各变量的解释能力非常强。

附表 1-4　　　　　　　　　　　变量共同度

变量	变量名称	提取比例	变量	变量名称	提取比例
TFP	TFP	0.8969	GreenAreaPer	绿地提供指数	0.8427
productivity	全社会劳动生产率	0.8727	solidUsefulRate	工业固体废弃物综合利用率	0.9858
Koutput	资本产出率	0.9866	waterUsefullRate	工业废水排放达标率	0.9775
GDP2	GDP2	0.9181	dustComRate	工业烟尘排放达标率	0.9975

变量	变量名称	提取比例	变量	变量名称	提取比例
GDP3	GDP3	0.9214	SO2Rate	工业二氧化硫排放达标率	0.9940
notAgrLabor	非农就业比重	0.9317	wasteValueRate	工业"三废"综合利用产值比	0.9913
urban	城市化率	0.8547	pollWaterRate	城镇生活污水处理率	0.8907
gdpVolatility	经济增长波动指标	0.9959	OutInFin	地方财政预算内支出收入比	0.9346
foreignVolatility	对外开放稳定性	0.9983	infrastructureIndex	基础设施指数	0.8206
inflation	通货膨胀率指标	0.9981	trafficIndex	交通基础设施指数	0.7790
unemployment	失业率指标	0.9877	comInfrastuctIndex	电信基础设施指数	0.8952
LaborE	劳动投入弹性指标	0.9934	books	万人公共图书馆藏书量	0.8449
KE	资本投入弹性指标	0.9029	passengerABus	每公共汽电车客运总数	0.9834
eleExp	万元GDP电力消耗	0.9972	pgdp	人均GDP	0.9003
finEdu	地方财政教育事业费支出比	0.8910	pgdpi	人均GDP增长率	0.9266
HC	劳动力受教育水平	0.8498	income	工资收入	0.9249
techers	万人学校教师数	0.8720	save	储蓄存款比	0.8909
sciFin	地方财政预算内科学事业费支出	0.9091	cinema	万人影剧院数	0.9908

续表

变量	变量名称	提取比例	变量	变量名称	提取比例
fieldConstruction	城市建设用地占市辖区面积比重	0.9862	gasFamily	人均液化石油气家庭用量	0.9909
popDensity	人口密度	0.9423	doctors	万人拥有医生数	0.8880
greenRatio	建成区绿化覆盖率	0.9291	sanitaryIndex	卫生设施指数	0.8611

注：初始值均为1。以上是通过主成分分析法提取的。

（三）碎石图

碎石图用于显示各个因子的重要程度，横轴表示因子序号，纵轴表示特征值大小。从碎石图可以直观地看出前面陡峭部分对应较大的特征值，作用明显，后面对应较小的特征值，其影响相对要小，见附图1－1。

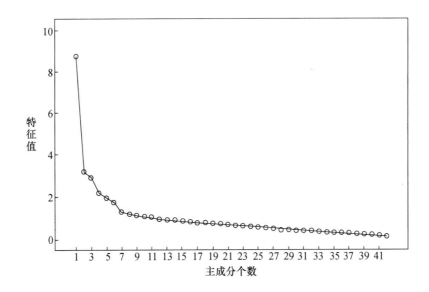

附图1－1　碎石图

附录 2　图表

附表 2-1　1990—2011 年 264 个城市可持续发展排名（1990—2001 年）

城市	1990年	1991年	1992年	1993年	1994年	1995年	1996年	1997年	1998年	1999年	2000年	2001年
北京	2	1	1	1	1	1	1	1	1	1	1	1
天津	30	37	23	13	12	8	6	8	18	10	9	9
石家庄	37	42	42	61	64	68	79	81	59	61	43	60
唐山	98	72	84	93	88	93	109	133	95	118	93	124
秦皇岛	60	63	54	41	38	80	71	61	31	74	38	31
邯郸	182	183	202	212	206	214	147	116	93	110	123	120
邢台	151	144	168	129	167	198	114	85	149	115	131	114
保定	96	123	85	95	110	116	122	144	151	155	157	145
张家口	138	162	209	244	216	193	158	199	224	205	198	176
承德	235	218	204	181	141	151	167	184	201	207	171	146
沧州	115	143	179	199	205	194	174	167	155	139	206	217
廊坊	72	71	94	77	86	108	136	78	90	100	88	89
衡水	233	228	238	239	221	211	198	195	199	198	210	207
太原	41	36	32	30	22	18	15	15	12	19	18	11
大同	31	31	37	47	44	39	39	37	45	71	99	45
阳泉	69	65	83	102	97	82	78	79	72	70	64	61
长治	232	212	208	196	164	126	140	141	136	162	195	90
晋城	150	140	167	158	138	87	93	120	132	114	96	108
朔州	264	259	251	215	235	239	183	179	198	181	170	209
运城	117	89	128	142	153	166	124	131	177	222	122	183
忻州	222	220	223	217	189	165	141	207	240	229	222	232
临汾	88	92	114	54	50	77	130	82	79	106	126	94
呼和浩特	78	67	71	70	52	56	67	91	111	111	116	63
包头	50	43	47	75	78	85	91	46	50	55	59	76
乌海	35	29	28	43	17	47	46	44	36	51	74	71
赤峰	119	128	153	171	177	185	180	191	183	178	176	134

续表

城市	1990年	1991年	1992年	1993年	1994年	1995年	1996年	1997年	1998年	1999年	2000年	2001年
通辽	122	122	143	145	136	129	135	165	179	189	153	177
呼伦贝尔	47	58	68	71	58	52	42	43	39	32	32	32
沈阳	10	20	15	12	9	14	20	16	14	12	14	15
大连	52	44	25	15	35	23	24	28	23	23	20	16
鞍山	97	114	90	60	91	90	104	128	58	42	52	59
抚顺	16	13	16	18	20	20	19	21	20	18	13	12
本溪	29	27	34	42	21	36	53	80	27	35	45	73
丹东	101	127	97	45	112	92	84	96	87	44	112	113
锦州	86	84	100	110	92	118	143	124	75	96	101	121
营口	94	131	92	98	106	106	95	107	117	94	85	79
阜新	27	38	50	79	87	95	83	84	71	69	57	52
辽阳	110	110	127	94	104	84	76	68	85	76	89	102
盘锦	125	124	78	36	67	30	80	47	42	39	41	47
铁岭	234	247	250	249	248	250	252	246	225	195	165	151
朝阳	204	209	201	195	201	213	203	202	186	197	188	188
葫芦岛	83	112	74	57	59	69	55	77	107	122	135	180
长春	48	41	38	33	29	24	22	29	26	26	25	39
吉林	45	51	65	81	69	60	63	58	56	54	51	82
四平	239	224	212	216	199	189	171	132	157	176	185	197
辽源	74	88	79	146	180	209	173	99	135	121	111	112
通化	70	70	62	34	70	125	90	86	84	82	66	74
白山	76	76	99	115	65	66	73	89	94	142	119	116
松原	207	202	220	206	232	251	259	258	249	247	254	252
白城	178	189	123	143	133	119	100	173	189	202	145	167
哈尔滨	49	55	61	64	54	53	50	54	40	31	40	34
齐齐哈尔	120	150	169	177	173	135	89	70	110	136	117	109
鸡西	75	75	98	114	121	141	148	149	139	127	118	92
鹤岗	58	52	45	37	24	25	37	41	41	41	62	101
双鸭山	100	102	124	113	93	89	94	51	64	88	108	147
大庆	66	56	55	59	43	51	59	75	51	46	42	44

城市	1990年	1991年	1992年	1993年	1994年	1995年	1996年	1997年	1998年	1999年	2000年	2001年
伊春	7	9	18	26	16	17	17	19	19	25	21	26
佳木斯	13	11	14	17	42	76	70	64	37	52	63	78
七台河	28	26	60	106	61	64	41	72	81	86	104	115
牡丹江	174	175	190	204	196	100	110	115	83	116	105	110
黑河	135	155	206	242	223	259	242	219	213	200	202	201
绥化	167	169	178	185	172	148	195	203	228	246	257	255
上海	14	10	12	5	5	5	4	5	5	4	4	4
南京	4	4	6	8	7	10	18	6	4	7	7	7
无锡	32	32	40	52	51	48	49	71	97	120	84	68
徐州	163	166	111	68	96	81	121	123	131	97	132	131
常州	127	107	113	108	94	72	62	52	47	36	27	25
苏州	99	99	120	132	127	122	113	118	99	77	80	93
南通	20	22	29	50	49	45	45	35	46	49	65	69
连云港	148	121	118	117	102	78	82	98	96	158	140	149
淮安	164	171	193	211	246	227	228	237	242	235	243	205
盐城	200	207	163	123	154	149	139	161	188	210	186	159
扬州	149	111	91	87	113	143	88	108	112	103	76	64
镇江	89	95	119	84	37	43	35	34	30	28	24	22
泰州	206	191	182	167	163	154	144	69	118	80	109	98
宿迁	209	201	199	191	162	186	207	231	243	244	215	199
杭州	23	25	22	22	25	35	56	27	32	30	28	19
宁波	64	57	72	101	111	115	96	102	88	81	72	70
温州	93	93	115	128	123	113	106	114	116	135	94	75
嘉兴	57	62	43	73	48	54	57	65	76	89	92	99
湖州	44	47	59	74	68	62	65	73	73	79	79	81
绍兴	62	68	75	80	80	79	87	49	80	58	49	65
金华	238	223	213	193	149	172	184	169	150	129	110	104
衢州	170	151	162	164	145	123	116	113	103	87	69	56
舟山	112	113	152	186	192	176	152	142	126	104	61	54
台州	81	118	133	183	204	229	182	190	185	109	97	140

续表

城市	1990年	1991年	1992年	1993年	1994年	1995年	1996年	1997年	1998年	1999年	2000年	2001年
丽水	25	33	46	72	79	86	151	134	113	132	156	107
合肥	80	86	107	46	60	34	21	26	34	33	34	33
芜湖	132	100	89	89	63	44	31	45	53	75	77	85
蚌埠	102	97	82	82	109	132	157	151	141	201	184	203
淮南	51	49	35	32	26	19	25	42	61	78	90	117
马鞍山	24	48	48	58	47	46	47	56	70	65	54	51
淮北	79	82	64	55	75	57	43	38	57	90	68	50
铜陵	21	23	21	19	14	15	12	18	13	22	16	23
安庆	197	205	172	124	168	203	229	140	187	228	193	212
黄山	82	74	44	67	74	105	156	93	123	99	204	174
滁州	205	198	217	228	193	170	241	250	247	248	249	249
阜阳	244	240	231	248	249	253	257	261	262	260	261	260
宿州	251	257	261	260	254	260	256	227	255	264	262	261
六安	262	263	260	234	251	252	250	263	263	263	264	264
亳州	245	239	249	236	238	245	243	251	256	261	263	263
宣城	130	119	95	85	103	120	127	147	202	239	181	218
福州	3	5	3	3	3	3	3	3	6	6	12	41
厦门	59	53	51	53	33	29	23	22	22	13	23	21
莆田	229	242	241	225	252	230	215	220	211	194	226	202
三明	54	64	56	48	57	91	154	88	67	66	142	127
泉州	128	130	141	163	158	153	105	111	105	85	73	67
漳州	215	217	233	238	229	226	209	244	171	212	235	230
南平	61	85	63	63	81	121	164	76	78	83	82	96
龙岩	73	79	105	121	131	139	112	104	69	105	113	135
宁德	203	206	244	261	262	258	254	247	253	256	251	258
南昌	53	50	30	28	55	40	36	33	28	24	35	80
景德镇	71	81	67	40	23	28	44	30	54	53	47	37
萍乡	90	69	102	122	132	140	137	158	163	157	150	132
九江	140	135	136	138	142	137	126	137	168	161	141	152
新余	220	227	180	200	174	218	245	235	208	165	197	193

续表

城市	1990年	1991年	1992年	1993年	1994年	1995年	1996年	1997年	1998年	1999年	2000年	2001年
鹰潭	223	221	161	133	120	142	160	189	172	159	137	143
赣州	263	251	232	227	200	178	192	216	250	232	256	253
吉安	258	237	218	170	194	158	226	233	234	177	192	211
宜春	260	261	253	241	263	249	255	236	197	223	239	243
上饶	216	203	211	209	187	168	189	182	170	188	212	227
济南	17	19	10	10	11	12	13	13	25	21	22	20
青岛	33	30	36	38	36	21	26	31	29	29	26	27
淄博	34	34	41	39	45	49	58	74	86	56	56	49
枣庄	116	94	96	100	100	94	92	143	175	183	200	97
东营	111	96	101	104	76	101	145	192	98	67	103	91
烟台	152	125	110	99	124	111	102	112	122	117	81	72
潍坊	107	104	58	62	98	145	119	106	92	130	167	123
济宁	142	157	183	184	186	197	213	229	154	218	190	222
泰安	55	60	80	111	107	124	99	101	109	137	168	87
威海	114	108	125	69	95	74	54	63	82	113	130	66
日照	218	236	228	210	239	235	223	225	230	230	173	155
莱芜	43	45	53	66	72	71	77	97	102	102	107	125
临沂	214	219	214	254	230	246	253	204	222	179	147	175
德州	104	174	146	187	183	171	149	145	148	186	225	228
聊城	186	196	170	194	233	204	131	228	245	199	234	179
滨州	144	147	106	107	151	98	120	139	147	152	102	128
菏泽	201	193	215	237	211	256	262	264	261	258	259	247
郑州	46	46	49	51	39	26	32	39	49	48	46	30
开封	250	255	255	255	234	212	185	164	152	160	169	187
洛阳	171	164	109	65	83	112	123	154	108	131	160	95
平顶山	108	109	86	103	108	130	150	174	194	147	106	118
安阳	230	241	200	221	218	222	238	243	239	226	163	161
鹤壁	169	170	88	112	118	88	75	130	124	108	95	106
新乡	188	200	144	90	90	83	85	129	161	123	100	100
焦作	191	180	184	178	159	169	172	187	169	172	178	141

续表

城市	1990年	1991年	1992年	1993年	1994年	1995年	1996年	1997年	1998年	1999年	2000年	2001年
濮阳	237	246	235	190	213	191	217	210	184	184	187	196
许昌	180	185	198	218	214	202	175	162	142	112	128	119
漯河	256	262	258	220	225	238	205	193	190	174	155	156
三门峡	137	159	117	78	71	107	163	157	143	125	114	111
南阳	248	252	256	229	231	255	261	259	238	249	252	251
商丘	261	264	262	253	257	248	249	256	257	250	248	248
信阳	242	249	240	197	203	205	248	249	237	215	216	223
周口	198	210	224	231	215	208	197	188	173	153	162	225
驻马店	185	178	176	219	242	220	258	248	251	251	246	239
武汉	22	17	11	16	18	22	11	11	15	20	19	14
黄石	56	54	66	76	53	33	28	23	35	47	67	43
十堰	193	190	150	148	130	157	181	176	174	166	159	126
宜昌	187	188	197	147	144	134	170	211	140	167	203	166
襄阳	227	211	210	222	210	207	219	232	235	233	233	215
鄂州	179	153	156	151	128	97	81	87	77	92	98	122
荆门	208	199	188	154	129	144	159	138	166	168	172	186
孝感	196	204	173	173	222	224	117	168	215	221	228	238
荆州	134	154	131	125	122	109	101	152	210	241	231	231
黄冈	177	156	157	149	155	160	165	255	260	259	260	262
咸宁	166	142	145	139	156	223	233	253	232	217	229	246
随州	156	186	155	130	207	182	142	127	128	151	180	219
长沙	63	59	73	35	32	32	33	36	38	37	33	38
株洲	124	120	129	134	117	117	97	103	120	119	121	138
湘潭	105	101	69	83	73	67	64	53	48	68	83	57
衡阳	162	158	166	192	191	206	212	153	162	150	133	144
邵阳	231	233	207	201	208	232	202	156	209	173	182	240
岳阳	246	245	247	189	198	216	225	241	229	171	151	181
常德	249	250	257	258	184	225	211	226	217	208	218	160
张家界	190	195	221	203	140	228	216	94	167	93	148	165
益阳	247	244	243	247	226	201	232	181	193	224	232	244

城市	1990年	1991年	1992年	1993年	1994年	1995年	1996年	1997年	1998年	1999年	2000年	2001年
郴州	240	248	252	226	148	244	221	214	206	169	164	236
永州	253	258	259	259	220	234	239	180	214	163	220	259
怀化	139	138	165	223	228	241	235	238	233	204	209	208
娄底	133	149	185	175	212	219	218	194	156	134	124	129
广州	5	3	4	4	6	7	10	7	7	5	5	5
韶关	84	83	87	97	77	96	125	119	106	84	129	192
深圳	8	7	9	6	4	4	5	4	3	2	3	3
珠海	15	8	5	11	15	13	16	25	16	9	6	6
汕头	118	132	126	152	165	114	177	135	121	192	196	206
佛山	143	160	203	235	240	215	178	150	134	149	144	168
江门	155	182	194	232	241	183	168	160	153	141	154	190
湛江	91	103	175	213	224	131	162	206	204	190	189	182
茂名	210	231	242	245	139	164	187	221	200	138	221	200
肇庆	157	139	112	157	185	173	190	172	129	144	166	198
惠州	168	176	151	137	126	150	128	136	127	107	86	88
梅州	85	106	135	172	190	210	194	175	125	34	48	83
汕尾	213	194	219	251	255	237	201	183	165	148	230	242
河源	173	167	181	188	176	163	153	155	159	156	149	170
阳江	160	213	226	257	259	199	222	252	178	185	238	195
清远	145	133	159	233	256	188	214	239	248	253	240	216
东莞	77	80	103	118	116	104	111	122	115	91	91	84
中山	131	129	139	141	125	99	86	83	68	57	78	77
潮州	176	184	195	205	244	196	206	224	231	196	219	234
揭阳	103	116	149	243	260	242	188	198	192	225	245	256
云浮	65	66	137	202	236	233	224	223	220	206	194	189
南宁	68	61	57	23	41	31	38	50	60	73	60	55
柳州	9	15	24	49	62	58	60	59	62	63	58	48
桂林	40	35	31	44	40	37	40	60	91	72	71	62
梧州	141	134	116	86	115	138	155	177	158	154	179	133
北海	226	232	196	179	227	190	220	230	236	237	217	185

续表

城市	1990年	1991年	1992年	1993年	1994年	1995年	1996年	1997年	1998年	1999年	2000年	2001年
防城港	126	136	140	131	143	102	176	197	205	209	120	153
钦州	241	243	246	240	253	262	264	257	258	262	258	250
贵港	172	165	192	168	182	192	199	217	226	234	224	210
玉林	106	115	121	88	105	180	237	242	241	238	227	172
百色	194	216	216	207	179	147	107	100	145	143	125	130
河池	159	148	187	208	209	217	166	126	144	164	191	224
海口	38	28	27	24	19	16	14	12	10	15	17	17
三亚	121	117	104	96	66	50	72	90	100	40	37	36
重庆	183	146	134	126	119	103	103	105	114	95	50	40
成都	113	77	76	91	82	70	66	62	63	59	75	103
自贡	161	163	174	176	169	195	227	215	180	146	134	150
攀枝花	18	14	19	20	28	27	34	40	33	50	31	28
泸州	184	192	227	250	250	254	230	196	223	231	237	229
德阳	221	215	191	136	152	174	186	212	182	214	175	148
绵阳	202	181	171	155	147	133	118	117	133	140	139	169
广元	153	161	147	135	135	128	132	186	221	242	208	137
遂宁	236	235	245	252	243	240	231	234	244	240	236	233
内江	212	208	236	246	245	161	240	218	246	257	253	241
乐山	158	177	164	165	171	175	179	201	74	101	127	171
南充	254	254	248	256	247	247	244	254	191	219	199	214
宜宾	189	179	189	144	237	263	236	200	176	193	205	164
雅安	199	173	148	180	175	156	134	95	160	133	143	157
巴中	255	256	254	262	261	261	260	245	252	252	250	254
资阳	257	253	264	264	264	264	263	260	259	254	242	237
贵阳	39	40	26	25	34	41	48	57	52	45	39	35
六盘水	92	91	81	116	89	181	246	178	212	203	241	257
遵义	259	260	263	263	258	257	247	240	254	245	255	245
安顺	224	225	239	140	134	162	191	170	195	216	177	184
昆明	26	21	17	21	30	42	30	17	21	14	36	24
曲靖	211	222	160	198	178	243	200	163	218	236	223	194

续表

城市	1990年	1991年	1992年	1993年	1994年	1995年	1996年	1997年	1998年	1999年	2000年	2001年
玉溪	243	234	234	214	217	152	129	213	216	227	214	191
保山	192	197	186	150	160	167	196	205	203	220	211	204
昭通	252	238	230	182	188	231	251	262	264	255	247	226
普洱	67	73	52	31	46	59	52	48	44	38	30	29
西安	42	39	39	56	56	55	61	24	24	27	29	42
铜川	36	24	33	27	27	65	51	55	55	60	70	86
宝鸡	136	90	93	174	170	155	133	125	130	126	138	158
咸阳	146	172	177	166	195	200	193	159	137	191	183	221
渭南	225	229	225	160	197	236	210	185	164	211	244	178
延安	217	214	229	119	114	136	115	166	207	145	146	142
汉中	123	145	132	159	166	187	204	121	119	124	136	163
榆林	219	230	237	230	202	184	146	146	138	170	213	136
安康	165	137	158	169	181	177	234	222	219	213	174	220
兰州	12	18	8	7	8	6	7	14	11	16	10	10
嘉峪关	129	78	70	92	99	73	68	67	66	64	55	58
金昌	95	98	122	109	85	75	69	66	65	62	53	46
白银	175	168	154	156	146	127	108	109	89	128	87	105
天水	154	141	138	161	161	159	161	171	181	187	201	213
武威	228	226	222	162	137	179	169	208	227	243	152	173
张掖	147	105	142	120	101	110	98	110	104	175	158	162
平凉	195	152	130	153	150	146	138	148	146	182	207	235
酒泉	87	87	108	105	84	61	29	32	43	43	44	53
西宁	19	12	13	14	13	11	9	10	9	17	15	13
银川	11	16	20	29	31	38	27	20	17	11	11	18
石嘴山	109	126	77	127	157	63	74	92	101	98	115	139
吴忠	181	187	205	224	219	221	208	209	196	180	161	154
乌鲁木齐	6	6	7	9	10	9	8	9	8	8	8	8
克拉玛依	1	2	2	2	2	2	2	2	2	3	2	2

附表 2-2　　1990—2011 年 264 个城市可持续发展排名 (2002—2011 年)

城市	2002年	2003年	2004年	2005年	2006年	2007年	2008年	2009年	2010年	2011年	综合	2000年后
北京	1	1	1	1	1	1	1	1	1	1	1	1
天津	9	13	10	11	10	11	8	10	11	10	11	10
石家庄	87	74	87	71	57	67	94	77	33	36	57	62
唐山	107	110	142	132	120	114	158	163	143	146	113	126
秦皇岛	43	60	50	47	66	55	70	78	66	60	51	52
邯郸	148	135	156	160	150	133	129	138	176	156	154	141
邢台	123	132	155	185	182	157	205	174	146	131	145	154
保定	155	179	137	138	210	198	145	141	149	167	138	161
张家口	183	165	152	165	163	162	181	161	200	199	184	175
承德	125	160	179	144	152	160	168	190	167	171	171	163
沧州	226	164	166	125	140	164	152	191	185	205	170	181
廊坊	84	93	101	115	113	118	109	112	106	175	98	104
衡水	211	230	227	195	258	261	250	206	231	247	237	238
太原	11	12	12	18	21	22	17	20	24	12	17	14
大同	29	25	28	31	28	31	46	80	102	64	38	45
阳泉	62	66	58	54	51	56	49	58	72	59	69	57
长治	130	122	96	123	149	116	125	116	97	87	141	114
晋城	97	91	85	91	79	69	59	63	74	54	95	79
朔州	236	178	220	199	145	168	189	175	210	184	224	194
运城	160	168	177	181	129	88	83	93	90	81	128	122
忻州	221	192	140	154	158	161	146	152	147	98	190	174
临汾	136	119	128	131	162	141	170	208	197	136	116	142
呼和浩特	73	84	66	88	45	43	41	39	52	67	65	59
包头	93	117	37	36	25	17	21	21	20	32	39	35
乌海	75	73	72	66	54	58	52	62	65	58	44	63
赤峰	138	166	191	228	239	173	144	153	150	147	165	172
通辽	179	197	223	242	234	222	203	183	160	191	172	204
呼伦贝尔	27	36	53	26	37	59	62	102	87	83	45	48
沈阳	14	16	21	16	14	18	18	19	17	20	13	17
大连	15	18	19	27	26	25	19	16	14	18	22	18

续表

城市	2002年	2003年	2004年	2005年	2006年	2007年	2008年	2009年	2010年	2011年	综合	2000年后
鞍山	74	87	107	78	102	105	96	95	116	180	90	92
抚顺	13	14	13	15	17	21	31	54	59	84	21	21
本溪	44	49	55	65	70	76	72	101	122	177	52	78
丹东	80	85	91	85	147	137	127	128	117	211	102	113
锦州	115	113	108	105	92	146	154	155	133	161	114	117
营口	81	86	95	108	128	112	101	103	107	130	100	100
阜新	76	78	90	106	98	113	114	122	127	172	80	95
辽阳	100	71	84	107	126	91	99	79	63	88	92	90
盘锦	65	83	36	103	82	96	103	110	110	66	71	76
铁岭	143	139	150	162	160	154	165	154	136	115	198	151
朝阳	185	189	183	190	222	210	208	250	249	256	213	216
葫芦岛	105	109	105	109	117	134	123	196	206	212	111	138
长春	40	46	60	80	90	78	61	48	47	46	32	49
吉林	96	101	109	124	123	119	80	85	139	150	79	101
四平	213	239	187	244	245	246	197	204	215	218	217	223
辽源	119	125	116	110	91	115	124	158	205	155	123	125
通化	106	153	86	96	95	94	84	146	81	79	86	93
白山	118	120	129	145	157	174	137	135	99	105	108	129
松原	237	247	248	259	247	254	215	263	258	242	253	253
白城	142	163	132	163	185	149	204	225	163	196	159	170
哈尔滨	33	34	33	35	60	64	60	53	60	62	40	40
齐齐哈尔	109	145	151	164	159	127	95	73	70	119	119	112
鸡西	72	81	98	104	101	136	110	117	119	117	106	103
鹤岗	26	32	35	43	40	46	38	37	34	47	33	37
双鸭山	110	80	127	113	88	80	76	88	192	197	104	106
大庆	39	35	34	38	63	51	45	24	18	24	36	33
伊春	21	15	18	21	22	28	37	22	23	45	20	22
佳木斯	52	121	147	126	97	90	73	82	92	95	58	91
七台河	88	72	102	75	107	93	138	159	172	216	88	110
牡丹江	121	131	121	121	109	120	100	113	123	96	122	108

续表

城市	2002年	2003年	2004年	2005年	2006年	2007年	2008年	2009年	2010年	2011年	综合	2000年后
黑河	113	99	122	134	110	124	92	75	61	90	158	109
绥化	248	245	247	236	243	247	228	232	247	258	240	247
上海	4	3	3	3	4	3	3	2	3	3	4	2
南京	10	8	7	8	8	7	7	7	7	8	7	7
无锡	53	44	41	40	32	42	54	46	41	37	46	44
徐州	90	127	123	117	99	97	116	123	151	148	117	115
常州	23	24	15	17	16	40	68	72	58	51	42	30
苏州	112	111	63	77	47	39	26	31	55	35	78	55
南通	83	114	97	95	89	123	121	119	105	103	61	94
连云港	157	171	170	133	125	99	131	134	120	99	120	132
淮安	231	221	199	186	187	172	200	184	195	141	219	203
盐城	163	176	141	119	198	192	161	187	181	160	166	168
扬州	60	59	59	60	67	95	104	120	108	118	94	85
镇江	22	26	43	30	42	38	42	56	50	52	37	34
泰州	92	124	133	118	135	129	151	156	170	144	129	127
宿迁	220	236	239	231	246	233	224	244	234	221	233	235
杭州	16	21	20	19	19	9	11	8	8	6	18	12
宁波	77	77	71	61	48	34	35	38	27	26	60	46
温州	70	67	73	79	75	70	105	61	54	70	89	72
嘉兴	98	70	69	57	58	60	65	55	57	38	59	68
湖州	86	96	70	48	85	62	90	68	79	63	68	73
绍兴	89	43	49	41	46	30	58	36	39	29	53	42
金华	102	116	99	86	84	81	66	67	77	73	121	86
衢州	95	51	32	53	53	47	86	70	78	89	91	66
舟山	54	58	64	73	74	75	63	60	51	50	93	58
台州	146	151	146	94	108	100	120	107	94	107	130	111
丽水	71	64	67	70	56	36	36	41	44	44	67	60
合肥	28	31	31	25	27	35	34	33	26	22	30	26
芜湖	85	76	76	92	94	86	67	69	68	77	76	80
蚌埠	170	167	168	173	169	163	182	127	141	162	146	167

续表

城市	2002年	2003年	2004年	2005年	2006年	2007年	2008年	2009年	2010年	2011年	综合	2000年后
淮南	154	48	92	90	71	84	55	49	76	74	56	82
马鞍山	59	63	74	87	87	89	82	114	96	112	63	84
淮北	49	79	117	127	122	117	102	132	129	128	81	98
铜陵	19	29	46	34	30	32	25	23	29	48	24	25
安庆	229	173	210	197	189	191	184	192	213	200	194	202
黄山	161	180	189	203	165	128	130	115	88	78	118	149
滁州	254	250	254	234	255	237	256	253	245	240	249	252
阜阳	260	254	257	241	232	225	212	212	232	228	255	250
宿州	242	259	263	263	263	263	259	262	260	257	263	263
六安	249	251	256	258	251	221	245	227	187	223	260	256
亳州	263	264	264	262	264	264	264	264	264	262	264	264
宣城	224	237	252	248	235	235	248	241	204	204	193	237
福州	31	30	26	33	33	33	28	34	36	43	9	27
厦门	24	22	22	20	20	8	14	12	12	7	23	16
莆田	203	210	165	183	206	212	232	207	178	202	226	206
三明	132	106	131	100	137	140	150	160	140	121	101	130
泉州	67	68	68	46	49	53	85	71	56	53	85	61
漳州	217	220	215	184	181	155	156	164	198	189	220	200
南平	133	115	126	143	144	148	141	126	191	159	105	131
龙岩	199	159	163	175	170	169	167	109	184	125	124	157
宁德	264	263	259	260	261	256	254	251	208	203	256	260
南昌	32	39	44	42	64	57	48	57	42	34	34	41
景德镇	58	61	65	74	77	72	51	50	101	109	54	69
萍乡	159	156	148	171	161	203	219	224	211	194	155	176
九江	162	155	193	178	203	201	206	205	212	220	161	188
新余	214	193	145	135	138	209	160	180	131	93	189	169
鹰潭	145	137	143	128	168	135	153	166	157	157	157	147
赣州	256	257	255	257	249	234	243	246	241	241	251	255
吉安	193	211	221	225	219	206	239	235	223	237	231	218
宜春	223	235	233	232	230	228	214	199	220	248	248	239

续表

城市	2002年	2003年	2004年	2005年	2006年	2007年	2008年	2009年	2010年	2011年	综合	2000年后
上饶	230	225	236	250	237	243	209	231	253	235	232	241
济南	18	17	17	10	15	15	20	14	13	15	14	15
青岛	35	53	38	37	29	26	32	35	35	33	27	32
淄博	47	41	45	49	41	37	43	43	49	57	41	43
枣庄	129	134	139	146	139	145	185	177	162	201	136	156
东营	99	82	81	83	72	65	56	45	45	39	84	70
烟台	64	62	62	62	61	61	91	51	48	61	83	64
潍坊	131	103	111	129	132	107	133	142	104	127	110	119
济宁	210	205	186	136	105	102	143	133	137	163	168	166
泰安	108	92	78	63	69	92	106	76	134	158	96	99
威海	57	55	51	51	59	44	64	47	25	42	66	53
日照	192	232	196	192	148	151	187	201	194	166	209	183
莱芜	103	88	77	68	50	52	78	66	71	68	74	77
临沂	198	172	120	122	112	121	162	124	145	149	187	143
德州	186	222	200	214	200	218	235	195	168	183	186	210
聊城	181	202	194	188	142	159	190	144	169	195	192	182
滨州	156	190	184	200	190	196	216	129	126	140	147	165
菏泽	235	246	246	235	225	204	163	197	186	190	246	236
郑州	42	40	40	39	38	45	39	40	64	55	35	38
开封	208	228	244	240	233	251	238	219	243	233	238	233
洛阳	101	136	157	170	188	176	155	157	165	165	132	153
平顶山	122	161	160	139	151	175	169	176	159	164	137	148
安阳	152	144	164	193	191	178	249	200	190	138	206	177
鹤壁	104	112	190	159	146	165	194	233	219	185	133	159
新乡	120	104	130	153	173	156	178	179	155	142	127	133
焦作	117	147	149	166	171	166	164	169	173	145	162	158
濮阳	204	218	208	151	178	171	246	230	214	181	212	201
许昌	126	170	159	150	141	138	115	104	83	85	149	121
漯河	158	174	201	227	220	245	252	256	236	230	234	217
三门峡	114	126	144	148	153	125	166	188	216	209	134	152

城市	2002年	2003年	2004年	2005年	2006年	2007年	2008年	2009年	2010年	2011年	综合	2000年后
南阳	244	240	245	253	254	257	260	261	237	245	254	251
商丘	253	252	253	261	260	255	234	236	240	254	258	257
信阳	222	241	250	237	240	249	251	248	233	207	243	244
周口	251	256	258	243	244	250	255	255	261	255	241	248
驻马店	252	258	262	255	253	239	258	252	254	239	252	258
武汉	17	19	14	14	11	12	9	13	9	17	12	11
黄石	68	57	56	52	43	63	71	86	82	80	49	65
十堰	135	142	154	172	179	143	112	97	109	152	153	135
宜昌	137	129	115	112	103	126	108	121	103	137	144	128
襄阳	191	216	204	218	209	195	199	210	202	214	228	214
鄂州	55	75	89	76	96	106	57	83	130	97	99	89
荆门	205	185	207	205	177	167	180	168	179	192	173	187
孝感	176	224	228	217	228	238	240	228	222	238	222	230
荆州	209	231	230	239	252	244	225	247	235	236	204	242
黄冈	257	253	249	246	236	242	223	221	238	222	244	249
咸宁	250	255	238	201	201	205	207	193	209	179	227	232
随州	238	215	235	187	172	220	201	182	164	229	183	212
长沙	37	33	29	28	23	24	13	15	19	19	26	23
株洲	134	90	103	120	119	111	89	92	111	100	109	105
湘潭	61	65	82	82	83	48	44	84	86	86	72	71
衡阳	147	154	167	161	156	170	183	181	174	170	163	164
邵阳	240	227	222	198	208	211	148	162	189	182	210	211
岳阳	207	238	240	168	192	223	172	151	148	139	215	191
常德	169	191	217	226	215	189	135	165	152	124	216	179
张家界	171	123	136	152	114	108	87	87	89	108	143	116
益阳	219	229	226	182	183	217	196	218	207	224	236	219
郴州	232	169	198	216	242	232	157	178	193	176	223	208
永州	247	217	213	220	231	240	220	226	257	250	245	243
怀化	216	213	192	189	175	182	211	189	180	168	203	197
娄底	140	157	110	84	111	132	142	139	128	129	150	123

续表

城市	2002年	2003年	2004年	2005年	2006年	2007年	2008年	2009年	2010年	2011年	综合	2000年后
广州	5	5	4	4	5	5	5	5	5	5	5	5
韶关	172	146	125	142	143	98	107	105	80	76	107	118
深圳	3	4	5	5	3	2	2	3	2	2	3	3
珠海	6	6	6	6	6	6	6	6	6	4	6	6
汕头	180	149	119	98	65	87	119	100	112	114	125	124
佛山	124	105	88	99	86	68	74	89	73	94	126	96
江门	139	98	100	81	93	85	132	94	98	111	140	107
湛江	241	214	211	224	211	227	241	238	239	232	199	225
茂名	187	181	209	180	202	190	213	202	217	243	205	209
肇庆	225	118	161	137	134	77	93	108	132	153	148	137
惠州	91	100	83	64	73	82	77	91	69	69	103	83
梅州	78	102	93	116	81	103	79	64	62	40	97	74
汕尾	197	233	182	209	207	253	236	203	226	208	230	226
河源	190	186	181	191	186	184	173	170	161	116	164	171
阳江	200	175	176	202	213	188	175	167	203	206	218	198
清远	189	201	180	167	155	187	191	198	201	178	207	193
东莞	94	108	39	72	31	23	30	106	43	49	77	54
中山	56	94	80	59	76	74	113	96	75	65	87	75
潮州	245	196	188	211	214	177	179	137	144	151	201	199
揭阳	239	234	231	233	241	224	226	217	224	246	235	245
云浮	195	206	178	194	195	199	186	136	153	110	178	178
南宁	50	50	52	55	52	54	47	44	53	56	48	50
柳州	46	42	57	67	78	83	98	98	115	188	55	81
桂林	79	95	94	89	100	101	97	81	93	102	64	88
梧州	167	184	214	252	218	179	218	245	262	264	182	220
北海	166	141	174	210	196	207	117	213	255	219	211	192
防城港	149	162	203	247	229	241	227	242	252	253	188	215
钦州	259	262	261	249	257	259	262	254	263	252	261	261
贵港	206	200	202	230	197	193	242	211	218	261	221	224
玉林	177	204	234	219	216	208	244	234	230	260	200	227

续表

城市	2002年	2003年	2004年	2005年	2006年	2007年	2008年	2009年	2010年	2011年	综合	2000年后
百色	151	199	153	206	223	236	247	229	175	244	177	196
河池	182	177	169	169	133	150	139	171	196	259	175	185
海口	20	20	23	23	7	16	16	17	10	14	15	13
三亚	41	47	79	58	80	66	53	42	46	71	62	51
重庆	48	56	61	69	68	50	33	26	31	25	73	39
成都	66	38	42	45	39	41	40	30	21	16	50	36
自贡	188	183	171	156	180	200	193	223	251	169	180	186
攀枝花	30	27	24	32	44	73	69	74	95	92	31	47
泸州	178	209	175	157	115	231	217	216	225	198	225	205
德阳	150	148	158	176	193	202	237	259	156	133	185	180
绵阳	196	128	134	147	136	144	176	209	85	75	142	140
广元	218	158	124	102	127	142	159	185	91	82	156	139
遂宁	233	243	243	251	250	252	231	240	248	213	247	246
内江	202	223	195	207	217	194	230	215	244	225	239	229
乐山	116	140	138	155	166	181	177	145	121	126	152	146
南充	228	219	224	208	221	197	221	239	246	226	242	222
宜宾	201	182	205	213	205	180	147	150	182	215	196	190
雅安	168	187	113	158	116	152	198	140	138	91	151	144
巴中	262	244	241	256	259	258	253	249	229	251	257	254
资阳	261	261	251	254	248	260	263	260	256	249	262	259
贵阳	36	37	30	22	36	29	29	28	32	41	29	31
六盘水	234	226	206	196	199	226	257	257	242	210	202	240
遵义	246	249	242	215	212	183	174	172	188	174	250	231
安顺	194	208	218	212	164	186	202	222	250	234	195	207
昆明	25	23	25	13	35	20	27	11	37	21	25	24
曲靖	141	130	225	204	238	215	229	220	227	227	214	213
玉溪	215	242	212	97	104	110	81	65	166	104	176	150
保山	184	212	219	245	224	214	233	237	228	231	208	221
昭通	255	260	260	264	262	262	261	258	259	263	259	262
普洱	38	54	75	101	121	139	128	130	118	134	70	87

续表

城市	2002年	2003年	2004年	2005年	2006年	2007年	2008年	2009年	2010年	2011年	综合	2000年后
西安	63	28	27	29	24	27	22	29	40	31	28	28
铜川	111	69	47	50	55	71	50	52	38	27	47	56
宝鸡	144	133	112	93	130	130	149	148	183	154	131	134
咸阳	212	195	173	177	167	185	171	173	171	187	174	184
渭南	227	207	229	238	204	230	210	243	221	217	229	228
延安	164	203	185	130	184	158	122	149	142	173	160	160
汉中	153	143	118	141	124	131	134	147	154	132	139	136
榆林	82	107	135	223	227	248	222	194	158	135	181	173
安康	243	198	237	229	226	216	140	90	135	123	191	195
兰州	8	9	9	9	12	10	10	9	16	11	10	9
嘉峪关	51	52	54	44	13	13	23	32	22	23	43	29
金昌	45	45	48	56	62	79	111	99	67	72	75	67
白银	127	89	104	111	106	104	88	111	100	113	115	102
天水	173	150	162	179	194	213	195	186	199	186	169	189
武威	128	152	216	222	176	219	188	131	84	101	179	162
张掖	175	188	197	174	174	147	126	118	114	122	135	155
平凉	258	248	232	221	256	229	192	214	177	193	197	234
酒泉	69	97	106	114	118	122	118	125	124	106	82	97
西宁	12	10	16	24	34	49	24	25	28	28	16	20
银川	34	11	11	12	18	19	15	27	30	30	19	19
石嘴山	165	194	172	149	131	109	75	59	113	120	112	120
吴忠	174	138	114	140	154	153	136	143	125	143	167	145
乌鲁木齐	7	7	8	7	9	14	12	18	15	13	8	8
克拉玛依	2	2	2	2	2	4	4	4	4	9	2	4

附表 2 - 3   1990—2011 年 264 个城市可持续发展指数

（上一年 = 100）（1990—2001 年）

城市	1990年	1991年	1992年	1993年	1994年	1995年	1996年	1997年	1998年	1999年	2000年	2001年
北京	100	101.6	103.8	102.6	100.8	99.7	98.6	110.4	99.3	95.8	99.0	99.9
天津	100	98.5	104.9	106.4	100.7	104.7	99.8	98.6	95.8	103.6	100.8	101.0

城市	1990年	1991年	1992年	1993年	1994年	1995年	1996年	1997年	1998年	1999年	2000年	2001年
石家庄	100	98.5	101.3	98.0	97.9	97.9	97.8	100.8	103.3	99.6	102.9	96.9
唐山	100	102.7	101.2	102.3	100.0	97.7	97.6	97.5	105.3	95.8	102.5	96.6
秦皇岛	100	98.6	105.7	105.3	99.6	90.4	101.6	101.6	108.7	90.0	107.6	102.6
邯郸	100	100.1	99.7	100.4	100.4	98.2	109.3	105.9	102.8	96.8	96.7	101.4
邢台	100	100.3	100.2	107.8	94.8	94.5	111.5	105.6	89.9	105.0	95.6	104.6
保定	100	97.2	106.8	102.0	97.3	98.0	97.9	97.9	98.4	98.4	98.4	103.2
张家口	100	96.0	95.9	95.7	104.3	104.1	104.4	94.5	94.2	101.6	101.6	104.7
承德	100	107.0	106.5	106.1	105.8	97.3	97.2	97.2	97.1	97.0	105.6	105.3
沧州	100	95.0	98.6	98.6	98.6	101.6	101.5	101.5	101.5	101.5	89.5	98.2
廊坊	100	100.0	100.0	107.0	96.8	95.4	95.2	110.3	97.8	97.7	101.2	101.2
衡水	100	102.9	102.8	102.0	101.9	101.9	101.9	100.6	98.5	98.5	98.4	100.3
太原	100	102.2	102.0	102.0	102.0	101.9	101.9	101.8	101.8	95.9	99.3	105.8
大同	100	99.8	99.8	99.6	99.6	99.6	99.6	101.5	98.0	94.3	94.0	111.8
阳泉	100	100.0	100.0	100.4	100.4	100.4	100.6	100.5	100.5	100.5	100.5	100.5
长治	100	105.3	105.1	104.8	104.6	104.4	96.1	101.3	100.4	94.5	94.2	119.9
晋城	100	100.2	100.2	103.2	103.1	105.1	98.1	98.0	98.0	101.7	101.7	99.2
朔州	100	113.7	112.1	113.7	94.3	98.6	110.6	100.2	97.1	101.0	101.0	94.5
运城	100	103.0	97.1	100.6	97.9	97.9	104.2	100.6	92.2	91.6	116.8	91.8
忻州	100	101.4	103.8	103.7	103.6	103.4	101.8	91.7	91.0	102.0	101.3	97.6
临汾	100	99.9	100.1	114.1	99.7	92.4	91.8	109.7	99.6	95.7	95.5	106.9
呼和浩特	100	101.9	103.5	103.1	103.0	97.4	97.3	97.3	97.2	98.3	98.3	110.1
包头	100	101.7	99.5	97.8	97.7	97.7	97.6	111.5	98.6	98.3	98.2	98.2
乌海	100	100.5	101.9	98.5	106.6	90.8	99.7	101.6	101.6	95.6	95.4	101.3
赤峰	100	99.0	98.9	98.9	98.9	98.9	98.9	98.9	99.9	99.9	99.9	107.1
通辽	100	100.2	98.6	101.9	101.6	100.0	97.2	97.1	97.0	96.9	104.8	98.4
呼伦贝尔	100	96.8	101.1	101.1	101.1	101.1	101.1	101.0	101.0	101.0	98.5	101.3
沈阳	100	94.9	103.3	103.2	103.1	96.1	95.4	104.4	102.4	99.8	97.5	100.4
大连	100	102.2	106.8	105.3	92.7	103.1	100.1	100.1	102.1	101.3	99.4	102.1
鞍山	100	97.9	105.3	109.7	93.9	97.9	97.9	97.9	110.8	103.6	96.6	99.6
抚顺	100	99.7	99.7	99.7	98.6	98.6	101.2	101.2	101.2	101.2	101.1	101.1
本溪	100	99.8	99.8	99.8	104.8	94.4	95.9	95.7	113.4	96.4	96.2	96.1

续表

城市	1990年	1991年	1992年	1993年	1994年	1995年	1996年	1997年	1998年	1999年	2000年	2001年
丹东	100	97.4	105.9	114.0	88.0	101.0	101.0	99.9	99.9	108.8	87.4	100.7
锦州	100	100.7	100.5	100.5	102.7	95.6	95.4	104.0	106.4	96.6	98.1	98.1
营口	100	95.7	107.3	102.7	98.1	98.1	100.7	100.7	98.8	101.5	100.5	102.4
阜新	100	97.4	97.4	97.3	97.3	97.2	101.7	101.0	101.0	101.0	101.0	101.0
辽阳	100	99.9	99.9	108.0	97.9	101.5	101.3	101.3	96.8	101.7	96.8	99.4
盘锦	100	100.2	108.9	111.6	93.2	107.1	89.7	107.5	102.3	98.9	98.9	98.9
铁岭	100	95.7	104.8	104.6	98.0	98.0	97.9	104.6	104.4	104.3	104.1	103.9
朝阳	100	99.2	105.6	103.5	97.8	97.7	100.9	100.9	100.9	97.0	101.0	101.0
葫芦岛	100	96.9	108.7	107.3	97.1	97.0	102.7	96.3	96.2	96.0	95.9	95.7
长春	100	102.1	102.1	102.0	100.6	100.6	101.1	99.8	99.7	100.2	98.7	96.3
吉林	100	98.7	99.4	99.4	100.2	100.2	100.0	100.4	100.4	100.4	99.5	96.1
四平	100	107.0	106.6	101.7	101.6	101.6	101.6	106.7	95.9	95.7	97.5	98.8
辽源	100	98.3	104.1	93.2	95.1	94.8	104.4	112.8	94.0	100.9	100.9	100.9
通化	100	98.8	107.4	107.3	92.2	91.6	103.0	102.9	98.9	100.5	102.4	99.5
白山	100	100.0	100.0	100.0	107.9	98.6	98.6	98.5	98.5	92.2	102.2	102.0
松原	100	100.6	101.4	104.6	94.0	92.8	92.2	103.0	102.9	98.4	96.2	99.8
白城	100	98.8	112.8	98.7	101.5	101.1	101.1	90.6	96.9	96.8	107.8	99.2
哈尔滨	100	98.2	101.2	101.1	101.1	99.5	99.5	99.5	104.2	101.4	96.9	101.9
齐齐哈尔	100	94.8	100.7	100.7	100.7	104.9	104.7	104.4	94.7	94.5	102.1	102.1
鸡西	100	100.0	100.0	100.0	99.2	96.8	97.2	100.8	100.8	100.8	100.8	105.7
鹤岗	100	102.4	102.8	103.8	103.7	97.3	97.2	100.4	100.4	98.4	94.9	94.6
双鸭山	100	99.9	99.9	103.2	103.1	98.6	98.6	109.5	97.5	95.7	95.5	95.3
大庆	100	103.3	102.1	102.1	102.0	97.5	97.4	97.4	105.1	100.3	100.3	100.3
伊春	100	97.0	96.9	96.8	103.7	100.2	100.2	100.2	100.2	98.1	98.7	98.7
佳木斯	100	99.6	99.4	99.3	92.4	91.8	101.0	101.0	107.4	95.7	97.2	98.2
七台河	100	99.7	94.0	93.6	106.7	98.3	105.0	94.6	98.1	99.1	95.7	99.7
牡丹江	100	100.1	100.3	100.0	100.0	113.7	98.6	100.6	103.2	95.4	100.3	100.4
黑河	100	95.9	95.7	95.5	101.8	87.1	108.5	107.9	99.9	99.9	99.9	99.9
绥化	100	100.3	101.4	101.4	101.4	102.4	93.0	99.1	92.4	91.7	93.5	100.1
上海	100	100.4	100.4	107.5	102.0	102.0	102.0	101.9	97.5	104.1	103.0	98.1
南京	100	100.1	98.8	98.8	102.9	95.3	95.1	114.1	101.9	96.8	97.4	102.8

城市	1990年	1991年	1992年	1993年	1994年	1995年	1996年	1997年	1998年	1999年	2000年	2001年
无锡	100	99.5	99.5	99.5	99.5	99.1	99.0	96.2	96.1	95.9	104.4	104.2
徐州	100	99.5	111.2	110.1	94.7	100.3	94.1	100.7	98.5	103.6	93.4	102.3
常州	100	102.3	102.2	102.2	102.2	102.1	102.1	102.0	102.0	101.9	101.9	101.9
苏州	100	100.2	100.2	100.2	100.2	100.2	100.2	100.2	102.8	102.7	98.7	98.7
南通	100	97.5	97.4	97.3	99.5	99.4	99.4	103.3	97.6	98.1	96.5	100.0
连云港	100	103.9	102.7	101.9	101.9	101.9	99.4	99.4	99.4	89.7	100.9	100.9
淮安	100	99.3	99.2	99.2	91.0	105.8	97.7	97.6	97.6	99.5	97.8	111.2
盐城	100	98.0	111.7	107.6	95.4	100.0	100.0	97.8	95.1	94.9	103.9	106.1
扬州	100	105.1	104.8	104.6	95.4	95.1	106.1	99.4	99.4	99.4	104.2	102.6
镇江	100	99.8	99.8	108.6	107.9	97.8	101.1	101.1	101.1	101.1	101.1	101.1
泰州	100	104.4	104.2	104.1	100.3	100.1	100.1	112.6	94.0	103.9	94.4	103.5
宿迁	100	101.3	104.2	104.0	103.9	96.3	94.8	94.5	96.2	96.0	110.8	102.7
杭州	100	98.4	103.1	100.0	100.0	95.5	95.2	110.3	97.1	100.7	99.0	104.7
宁波	100	102.9	98.5	97.7	98.2	98.2	101.2	101.1	101.1	101.1	101.1	101.1
温州	100	100.2	100.2	100.2	100.2	100.2	100.2	100.2	100.2	95.3	105.1	105.2
嘉兴	100	97.9	108.0	96.5	104.0	98.2	98.1	98.1	98.0	98.0	98.0	101.0
湖州	100	99.5	99.5	99.5	99.5	99.4	99.4	99.4	99.4	98.8	99.8	100.5
绍兴	100	97.2	102.6	102.7	98.3	98.3	98.3	108.6	93.8	104.0	100.8	97.9
金华	100	106.8	106.4	106.0	105.6	96.7	96.7	102.4	102.4	102.3	102.3	102.2
衢州	100	102.3	102.2	102.2	102.1	102.1	100.0	101.5	101.4	101.4	102.7	102.6
舟山	100	99.7	97.6	97.5	97.4	102.4	102.4	102.3	102.3	102.2	106.8	101.8
台州	100	96.1	99.8	95.8	95.6	95.4	107.2	99.2	99.2	112.4	100.7	94.1
丽水	100	97.6	97.6	97.5	97.4	97.4	90.9	103.7	103.5	95.2	94.9	109.5
合肥	100	99.8	99.8	114.7	95.3	105.2	105.0	100.7	95.5	99.8	98.6	101.1
芜湖	100	103.8	103.7	103.6	103.4	103.3	103.2	97.6	97.5	95.2	99.3	99.3
蚌埠	100	100.7	104.4	104.3	94.9	95.9	95.7	101.0	101.0	89.7	102.0	97.9
淮南	100	100.5	105.5	101.4	101.4	101.4	98.9	95.4	95.2	96.9	96.8	96.7
马鞍山	100	93.5	101.1	101.0	101.0	99.1	99.1	97.9	97.8	100.8	100.8	100.8
淮北	100	99.9	108.1	104.4	94.4	102.5	102.4	102.4	94.7	94.4	103.2	103.1
铜陵	100	96.8	102.5	102.4	102.3	99.6	101.7	98.3	103.5	95.5	101.0	96.4
安庆	100	97.4	110.0	109.1	94.2	93.9	93.5	116.6	92.2	91.6	106.0	97.2

续表

城市	1990年	1991年	1992年	1993年	1994年	1995年	1996年	1997年	1998年	1999年	2000年	2001年
黄山	100	100.8	111.5	97.7	97.5	93.7	93.2	110.6	96.0	101.3	84.6	105.8
滁州	100	101.2	101.1	100.2	104.5	104.3	85.6	98.5	96.9	96.8	99.3	100.2
阜阳	100	101.2	109.7	97.6	97.6	97.5	94.0	93.6	93.2	103.6	101.7	101.7
宿州	100	98.6	103.4	103.3	103.2	94.1	102.0	113.1	85.8	83.5	106.2	105.8
六安	100	98.7	116.8	116.5	92.2	99.4	99.4	85.2	95.7	95.5	100.0	100.0
亳州	100	104.0	101.8	107.5	97.5	98.5	98.4	98.4	91.1	90.2	94.8	101.2
宣城	100	101.4	105.4	105.1	96.2	96.9	96.8	98.9	91.0	90.1	113.0	94.7
福州	100	96.6	109.7	104.7	104.6	93.2	103.8	105.1	87.2	98.9	91.2	88.6
厦门	100	102.5	102.4	102.3	102.3	100.0	103.2	102.0	100.4	105.6	92.4	101.3
莆田	100	96.0	107.8	106.5	89.0	109.0	101.8	100.6	100.5	100.5	93.4	105.9
三明	100	95.1	106.3	104.3	97.2	92.1	91.4	111.3	103.0	100.2	85.9	104.8
泉州	100	99.9	99.9	99.9	99.9	99.9	105.8	100.8	100.8	101.7	101.7	101.7
漳州	100	100.9	101.0	101.2	100.4	101.1	101.6	92.5	114.0	92.6	92.9	102.9
南平	100	95.0	108.5	102.2	95.3	93.6	93.2	114.4	99.1	99.1	99.1	99.1
龙岩	100	99.3	99.7	99.6	98.5	98.5	102.6	102.5	104.7	94.0	97.9	96.8
宁德	100	99.2	94.6	94.3	93.9	105.5	102.2	105.1	93.4	95.1	103.7	94.4
南昌	100	100.7	106.9	101.7	93.8	101.9	100.4	101.5	101.5	104.1	92.9	92.3
景德镇	100	98.9	107.6	107.0	104.3	96.4	96.2	106.4	92.7	99.4	100.1	103.9
萍乡	100	102.7	99.1	99.1	98.5	98.5	98.5	98.5	98.4	99.5	99.5	105.1
九江	100	100.6	102.2	102.1	99.7	99.7	99.7	99.7	94.0	100.9	100.9	100.9
新余	100	99.6	113.8	98.5	104.0	92.2	91.6	103.6	106.0	105.3	94.8	101.4
鹰潭	100	101.5	115.1	106.3	101.3	96.5	96.3	96.2	101.3	101.3	101.3	101.3
赣州	100	116.1	113.8	103.7	103.5	103.4	96.9	96.8	87.9	105.7	88.1	101.3
吉安	100	112.4	111.0	109.9	95.3	105.7	87.9	98.4	98.4	111.1	97.0	96.9
宜春	100	101.1	114.9	108.8	83.3	111.9	96.1	108.8	108.1	94.1	93.7	97.8
上饶	100	103.0	102.9	102.8	102.8	102.7	95.8	100.8	100.8	96.5	96.3	96.2
济南	100	96.7	106.4	102.4	98.9	98.9	98.9	101.1	93.3	103.8	96.5	101.0
青岛	100	100.3	100.3	100.3	99.7	103.5	99.4	99.3	99.3	100.3	99.8	100.1
淄博	100	99.7	99.5	101.7	98.2	98.2	97.5	97.4	97.3	105.8	98.9	102.0
枣庄	100	102.3	102.4	102.4	99.2	99.2	99.2	94.7	94.4	97.4	97.3	118.9
东营	100	102.0	102.0	101.9	103.7	94.5	94.2	93.8	115.2	104.9	92.5	103.4

城市	1990年	1991年	1992年	1993年	1994年	1995年	1996年	1997年	1998年	1999年	2000年	2001年
烟台	100	104.5	104.3	104.4	95.7	100.4	100.4	100.4	98.9	98.9	105.3	102.8
潍坊	100	100.2	112.3	101.5	93.0	92.5	103.1	103.0	101.1	93.6	93.1	108.6
济宁	100	96.8	100.2	101.8	98.7	98.2	96.0	95.9	114.1	88.6	104.6	95.6
泰安	100	97.1	98.2	98.1	100.8	96.8	101.7	101.7	98.9	94.2	93.9	115.3
威海	100	100.3	100.3	112.3	94.8	101.8	103.8	97.7	96.7	95.5	95.9	112.7
日照	100	96.2	108.2	105.7	92.5	101.4	100.7	100.3	97.1	99.5	110.4	104.1
莱芜	100	99.6	99.7	99.7	97.7	98.7	98.7	98.7	98.7	98.4	98.4	98.4
临沂	100	99.8	105.1	92.9	105.3	95.1	94.8	116.6	94.9	106.2	103.6	98.1
德州	100	90.9	106.8	96.7	99.9	101.4	101.3	101.3	99.1	92.9	92.4	99.9
聊城	100	97.9	108.4	99.0	91.4	106.0	108.7	85.9	94.3	110.8	91.2	114.7
滨州	100	98.5	109.5	101.9	93.5	106.4	96.8	98.2	98.2	98.1	106.9	97.3
菏泽	100	102.5	99.1	97.7	104.1	86.7	91.1	94.4	100.5	105.1	99.6	109.5
郑州	100	100.3	100.3	102.4	101.4	101.4	99.2	99.2	97.2	99.3	99.3	105.6
开封	100	100.8	104.9	104.7	105.0	104.7	103.6	103.5	101.4	97.6	97.5	98.4
洛阳	100	101.1	111.4	110.7	95.2	95.0	97.2	97.1	107.4	94.8	94.5	112.9
平顶山	100	99.8	105.4	100.5	99.2	96.0	95.9	96.7	96.5	106.4	106.0	99.1
安阳	100	96.4	116.3	99.0	99.0	99.0	94.7	99.2	99.2	103.0	110.8	102.2
鹤壁	100	100.4	114.1	99.1	99.1	102.6	102.5	93.0	100.9	100.9	100.9	99.6
新乡	100	97.7	112.6	111.2	99.3	99.3	99.3	94.9	94.6	104.3	103.2	102.0
焦作	100	102.1	102.6	102.6	102.6	98.2	98.1	98.1	101.2	98.8	98.8	106.5
濮阳	100	97.3	111.6	111.1	94.7	104.0	94.2	102.5	102.4	99.1	99.1	99.1
许昌	100	99.6	100.4	99.2	99.2	102.6	102.5	102.5	102.4	104.0	96.3	102.3
漯河	100	92.8	115.0	117.7	96.9	96.9	106.6	102.4	99.1	101.8	101.7	101.7
三门峡	100	96.0	110.0	109.0	99.8	92.9	92.4	101.5	101.4	101.4	101.4	101.4
南阳	100	100.4	103.4	114.4	97.9	91.2	90.3	104.7	110.0	91.9	99.4	99.4
商丘	100	97.1	115.3	112.0	94.7	102.9	99.2	98.6	93.3	102.5	102.4	100.3
信阳	100	97.8	111.2	111.0	97.8	99.7	88.2	101.6	101.6	104.5	99.6	99.6
周口	100	97.0	101.4	101.3	101.3	101.3	101.3	101.3	101.3	102.6	97.4	90.9
驻马店	100	102.2	103.1	95.5	93.6	104.8	84.4	109.6	95.0	95.6	105.2	101.9
武汉	100	100.6	105.1	97.8	97.8	97.8	108.5	99.4	100.7	96.2	98.9	103.2
黄石	100	100.2	100.2	100.2	103.0	103.0	102.9	102.8	95.2	96.0	95.8	105.8

续表

城市	1990年	1991年	1992年	1993年	1994年	1995年	1996年	1997年	1998年	1999年	2000年	2001年
十堰	100	101.2	108.8	102.1	102.0	95.8	95.6	100.2	100.2	100.2	100.2	106.7
宜昌	100	101.0	100.9	109.9	100.5	100.5	94.3	94.0	110.5	94.7	94.4	106.9
襄阳	100	104.4	104.2	100.5	100.5	100.5	96.7	96.6	98.2	98.8	98.8	106.9
鄂州	100	103.1	103.0	102.9	102.9	102.8	102.2	100.5	100.5	97.7	97.6	97.5
荆门	100	101.2	106.4	106.6	103.2	97.6	96.9	103.6	94.4	98.9	98.8	98.8
孝感	100	97.3	109.9	101.6	90.6	100.9	116.6	92.9	92.3	97.5	97.4	97.3
荆州	100	95.9	106.3	103.7	100.2	100.2	100.2	94.2	91.1	90.2	101.5	101.5
黄冈	100	102.2	103.5	103.3	98.6	98.6	98.6	82.0	88.9	99.3	99.3	99.3
咸宁	100	103.0	103.1	103.0	97.3	89.4	95.6	95.4	103.9	103.7	96.2	93.5
随州	100	96.2	107.4	105.8	88.5	104.2	103.8	103.7	99.6	95.1	94.8	94.5
长沙	100	100.1	100.1	110.3	99.8	99.8	99.8	99.8	99.7	99.7	99.7	99.7
株洲	100	100.4	100.4	101.9	101.9	99.3	101.2	101.2	98.2	98.2	98.2	98.1
湘潭	100	100.5	109.7	99.9	99.9	99.9	99.9	102.9	101.5	96.0	95.8	105.8
衡阳	100	99.9	102.4	98.5	98.5	97.9	97.8	110.0	98.1	100.5	100.5	100.5
邵阳	100	100.4	110.2	103.4	97.6	95.1	105.5	107.6	91.6	104.1	98.1	87.3
岳阳	100	102.3	105.0	117.4	96.9	96.8	96.7	96.4	101.5	110.6	101.8	97.4
常德	100	102.3	102.1	102.0	120.5	92.9	101.1	97.1	101.2	99.8	98.3	111.9
张家界	100	98.8	99.2	105.7	109.9	86.3	100.4	122.0	88.1	112.2	89.5	99.9
益阳	100	102.4	107.1	101.7	103.5	105.7	91.8	110.6	97.5	93.2	96.0	95.9
郴州	100	97.6	104.9	112.1	112.4	83.1	103.7	103.6	99.9	104.4	100.1	87.4
永州	100	99.2	104.9	104.0	112.6	97.1	97.0	112.4	94.3	107.3	90.6	82.4
怀化	100	99.5	99.4	93.4	97.1	97.0	99.6	99.6	99.6	105.9	99.7	99.7
娄底	100	96.4	98.9	102.9	93.4	98.8	98.8	105.1	105.4	102.5	100.4	100.4
广州	100	102.6	100.6	98.9	98.9	99.9	95.0	103.6	105.0	102.0	100.3	101.1
韶关	100	100.7	102.0	102.0	101.9	95.5	95.3	102.3	102.2	102.3	92.0	91.3
深圳	100	100.3	100.3	103.6	103.5	103.3	98.1	106.1	107.3	102.8	97.5	96.3
珠海	100	102.3	107.6	94.8	96.2	101.5	97.6	97.5	104.0	103.8	103.7	103.6
汕头	100	97.9	103.5	98.5	98.4	105.7	90.7	107.5	102.5	87.0	98.9	98.9
佛山	100	96.9	96.8	96.7	96.6	105.4	105.1	104.9	102.2	96.2	98.9	98.9
江门	100	96.3	100.9	96.0	95.8	112.3	100.9	100.9	100.9	100.9	96.2	96.0
湛江	100	98.7	93.1	96.2	96.0	116.5	94.6	94.3	98.9	100.8	100.0	102.0

城市	1990年	1991年	1992年	1993年	1994年	1995年	1996年	1997年	1998年	1999年	2000年	2001年
茂名	100	95.6	101.9	101.9	119.9	95.3	95.7	95.5	102.0	109.4	86.2	104.3
肇庆	100	102.5	107.2	95.7	95.5	101.9	96.3	102.2	107.2	95.9	95.9	95.7
惠州	100	99.3	106.9	103.6	101.3	95.9	101.0	101.0	101.0	102.2	102.2	100.9
梅州	100	97.9	98.3	96.9	96.8	96.7	101.9	101.9	109.3	116.5	95.4	95.2
汕尾	100	104.6	99.7	94.7	94.4	107.3	107.4	102.7	101.8	101.8	85.4	95.4
河源	100	101.1	101.1	101.1	101.1	101.1	100.3	100.3	99.1	99.1	99.0	99.0
阳江	100	90.7	102.0	92.9	92.3	124.1	93.6	93.1	116.1	97.6	87.9	112.5
清远	100	101.5	98.8	90.8	89.9	119.0	94.6	94.3	94.0	93.6	108.9	108.2
东莞	100	99.9	100.0	99.9	99.9	100.2	99.2	99.2	101.9	101.8	98.4	103.6
中山	100	100.5	100.4	102.0	102.0	101.9	101.9	101.9	101.8	101.7	96.1	101.0
潮州	100	99.1	100.9	100.5	91.0	110.6	96.7	96.6	96.5	106.8	95.9	95.8
揭阳	100	98.7	98.1	87.2	85.3	115.2	110.0	99.2	99.2	93.1	92.5	91.9
云浮	100	98.3	93.3	93.0	92.4	100.5	100.5	100.5	100.5	100.5	101.8	101.8
南宁	100	101.5	104.4	109.4	95.6	101.1	97.8	97.8	97.7	97.6	101.5	101.4
柳州	100	96.1	96.0	95.8	95.6	99.8	99.8	99.8	99.8	99.8	99.8	102.5
桂林	100	101.7	102.0	99.0	99.3	99.3	99.3	95.4	95.2	103.3	99.6	101.6
梧州	100	100.8	105.5	107.2	94.5	96.6	96.5	96.4	103.4	99.4	95.3	107.8
北海	100	99.4	112.1	105.0	90.7	107.4	93.2	97.8	97.7	97.7	106.2	106.2
防城港	100	98.1	102.2	103.8	98.2	103.4	90.3	97.5	97.5	97.4	115.1	96.0
钦州	100	99.7	104.7	106.6	92.1	91.4	90.6	118.0	92.5	91.9	107.4	105.7
贵港	100	101.2	98.9	105.7	97.9	97.9	97.8	97.8	95.7	95.5	103.6	103.5
玉林	100	99.0	102.0	107.4	96.7	89.4	88.2	98.9	98.9	98.9	103.4	112.1
百色	100	95.4	104.2	104.0	103.9	103.7	104.8	102.4	92.6	99.7	101.5	100.4
河池	100	100.7	98.5	98.5	98.4	98.4	107.9	106.5	96.6	95.6	95.4	95.2
海口	100	102.0	101.9	101.9	101.9	101.8	101.8	101.8	101.7	97.8	97.7	98.0
三亚	100	100.3	104.2	104.1	103.9	102.9	94.8	98.2	98.2	110.6	100.5	100.5
重庆	100	105.1	104.8	103.8	100.4	100.4	99.8	101.4	99.0	101.1	107.3	103.9
成都	100	104.1	103.9	100.5	100.5	100.5	100.5	100.5	100.5	100.5	96.5	96.4
自贡	100	99.4	101.5	101.5	101.5	95.2	92.4	104.3	104.2	104.0	100.0	100.0
攀枝花	100	100.0	98.3	98.4	98.4	98.4	100.3	100.3	101.5	94.7	104.4	101.3
泸州	100	99.1	96.7	96.6	97.3	97.2	108.2	107.6	94.0	96.6	96.5	104.3

续表

城市	1990年	1991年	1992年	1993年	1994年	1995年	1996年	1997年	1998年	1999年	2000年	2001年
德阳	100	102.5	108.4	110.8	97.0	96.9	96.8	96.7	103.4	93.7	106.1	105.6
绵阳	100	104.7	104.5	104.3	101.1	101.1	101.1	101.1	96.9	98.0	97.9	97.9
广元	100	98.7	105.2	103.7	100.0	100.0	97.2	93.8	93.2	92.7	109.6	111.7
遂宁	100	101.7	101.7	101.7	101.6	100.3	100.3	99.8	95.6	100.1	100.1	101.8
内江	100	101.4	99.0	99.0	99.0	116.8	85.1	107.5	90.0	88.9	105.3	105.0
乐山	100	97.5	104.6	102.5	98.6	98.9	97.7	97.6	119.7	95.3	95.1	94.8
南充	100	103.0	108.3	100.9	100.9	99.6	99.6	96.6	115.8	94.4	103.4	97.6
宜宾	100	101.9	101.8	108.3	84.4	81.5	121.2	109.1	102.3	96.2	97.9	107.8
雅安	100	104.2	106.6	97.5	100.3	101.9	101.2	108.4	89.9	103.1	96.1	100.5
巴中	100	101.7	106.5	96.5	96.4	99.9	99.9	113.2	94.2	95.0	102.5	96.0
资阳	100	105.2	94.1	96.5	97.4	102.1	102.1	102.0	101.9	101.9	109.3	102.4
贵阳	100	100.7	104.1	101.3	96.8	98.0	97.9	97.9	101.8	101.0	101.1	101.2
六盘水	100	100.6	103.6	97.7	104.0	87.4	85.5	115.3	95.2	99.2	90.3	89.3
遵义	100	102.0	102.6	100.8	102.1	103.7	103.6	103.5	89.8	103.6	95.6	105.4
安顺	100	101.5	101.4	119.5	100.8	95.3	95.1	103.1	95.4	95.2	106.1	99.7
昆明	100	102.9	102.8	97.2	97.2	97.1	103.7	107.4	98.6	104.1	87.8	105.5
曲靖	100	98.5	115.1	96.3	102.7	87.8	108.4	106.2	90.5	92.9	104.4	106.5
玉溪	100	103.8	106.7	106.2	98.1	110.5	101.3	89.8	98.1	96.1	103.0	104.1
保山	100	98.2	106.5	107.2	98.4	98.3	95.2	98.8	98.8	95.8	102.1	101.0
昭通	100	109.0	108.2	111.3	97.8	92.1	91.4	88.0	86.3	121.7	107.4	108.1
普洱	100	97.7	109.3	106.9	95.9	95.7	101.3	101.3	101.3	101.3	101.3	100.8
西安	100	102.2	100.8	98.7	98.6	98.6	98.6	112.2	99.2	98.5	97.5	97.4
铜川	100	102.7	99.3	102.6	99.3	90.5	103.2	99.6	99.6	98.7	97.8	97.8
宝鸡	100	105.6	102.0	91.3	101.0	101.0	101.0	103.1	99.0	99.0	96.4	99.7
咸阳	100	95.8	102.3	104.0	94.1	99.8	99.8	105.4	103.1	90.1	101.0	94.6
渭南	100	100.3	105.5	113.6	93.4	92.9	104.1	104.2	102.6	91.4	90.6	117.9
延安	100	101.4	101.3	120.8	100.4	96.9	101.5	93.5	93.0	108.5	98.2	102.7
汉中	100	95.6	104.9	98.9	98.9	96.3	96.1	113.7	101.1	96.5	96.3	98.4
榆林	100	98.4	104.0	103.8	103.7	103.6	103.6	100.7	100.7	93.8	93.4	113.2
安康	100	104.4	99.8	100.4	98.1	99.8	88.5	103.9	99.8	99.8	105.9	93.6
兰州	100	96.1	108.2	101.9	101.8	101.8	96.4	96.3	101.4	97.9	103.2	101.0

续表

城市	1990年	1991年	1992年	1993年	1994年	1995年	1996年	1997年	1998年	1999年	2000年	2001年
嘉峪关	100	106.1	105.7	98.3	98.3	102.9	100.4	100.4	100.4	100.4	100.4	100.4
金昌	100	99.8	99.8	103.4	103.3	100.6	100.6	100.6	100.6	100.6	100.6	102.0
白银	100	101.0	104.8	101.6	101.6	101.6	101.6	101.5	101.5	93.5	106.1	98.3
天水	100	100.8	103.9	99.5	99.5	99.5	98.7	98.7	97.8	97.8	97.7	97.7
武威	100	102.0	105.2	112.7	103.5	93.2	100.7	94.3	93.9	93.6	119.6	98.7
张掖	100	105.3	97.2	105.5	102.5	97.5	100.6	100.6	100.6	87.9	101.5	101.0
平凉	100	106.0	106.1	99.7	99.7	99.7	99.7	99.7	99.7	93.2	96.1	93.3
酒泉	100	100.2	100.2	102.6	102.6	102.5	109.0	98.6	98.5	98.5	98.5	98.5
西宁	100	100.8	100.8	100.8	100.7	100.7	100.7	100.7	100.3	96.8	99.2	101.9
银川	100	98.0	98.0	98.0	97.9	97.9	104.4	103.7	102.6	102.8	99.3	94.7
石嘴山	100	98.5	109.2	95.5	95.2	113.5	98.2	98.1	98.4	98.6	97.0	96.9
吴忠	100	99.4	99.4	99.4	99.4	99.4	101.0	101.0	100.9	100.9	102.5	102.4
乌鲁木齐	100	99.9	99.9	99.9	99.9	99.9	99.9	99.9	99.9	101.0	101.0	101.0
克拉玛依	100	100.3	100.3	100.3	100.3	100.3	100.3	100.3	100.3	100.3	100.3	100.3

附表 2-4　　　　1990—2011 年 264 个城市可持续发展指数

（上一年＝100）（2002—2011 年）

城市	2002年	2003年	2004年	2005年	2006年	2007年	2008年	2009年	2010年	2011年	平均	2000年后
北京	101.4	99.2	101.1	102.2	100.5	104.4	96.9	114.4	102.9	98.2	101.5	101.7
天津	100.1	99.5	103.5	99.4	103.2	103.2	100.5	102.6	102.3	101.1	101.4	101.4
石家庄	97.5	103.8	101.1	106.3	103.6	100.6	96.5	105.1	111.5	99.2	101.0	102.1
唐山	104.5	102.6	97.4	105.5	103.2	103.1	94.6	101.7	103.9	99.8	100.7	101.3
秦皇岛	97.5	99.6	104.2	103.5	98.7	104.0	97.5	101.4	104.4	101.2	101.1	101.9
邯郸	98.3	103.4	100.5	103.0	102.9	104.2	101.4	101.4	97.3	102.1	101.2	101.1
邢台	100.3	100.3	100.3	100.3	101.9	105.2	95.7	105.8	104.9	102.0	101.3	101.4
保定	101.1	99.2	108.3	103.5	92.9	104.1	106.9	103.1	100.9	97.8	100.6	101.6
张家口	101.0	105.8	104.2	102.2	102.2	102.1	99.2	103.9	97.3	100.2	100.7	102.0
承德	105.0	98.5	99.8	107.9	100.8	101.5	99.8	99.8	104.2	99.8	101.9	102.3
沧州	98.2	117.7	102.5	109.1	98.9	99.4	102.3	98.1	102.3	97.9	100.6	101.2

续表

城市	2002年	2003年	2004年	2005年	2006年	2007年	2008年	2009年	2010年	2011年	平均	2000年后
廊坊	102.4	101.3	101.2	101.2	101.7	101.7	101.7	101.6	101.6	93.1	100.5	100.8
衡水	100.7	100.9	102.7	111.3	86.8	100.9	110.5	109.5	96.7	98.2	101.3	101.4
太原	100.5	100.5	100.5	100.5	100.5	102.2	102.1	101.0	100.9	107.1	101.5	101.7
大同	104.8	104.6	102.0	101.9	101.9	101.8	96.8	96.7	96.6	109.0	100.7	101.8
阳泉	102.2	101.2	104.1	103.9	102.0	101.9	101.9	99.8	99.8	103.1	101.2	101.8
长治	95.4	103.3	107.4	99.3	97.8	107.3	98.8	103.6	103.4	102.7	102.4	102.8
晋城	103.7	103.6	103.4	103.0	103.6	103.4	102.4	100.7	100.7	104.0	101.8	102.4
朔州	94.1	119.0	95.8	108.6	107.9	99.5	99.5	103.3	97.1	104.6	103.2	102.1
运城	106.2	101.9	101.6	103.4	108.7	108.0	101.0	101.0	101.0	102.2	101.4	103.6
忻州	104.2	111.5	109.8	101.5	101.5	101.9	102.2	102.2	102.1	106.2	102.1	103.5
临汾	95.2	104.5	101.3	104.0	97.5	104.3	97.8	97.7	103.3	107.0	100.9	101.3
呼和浩特	100.7	100.0	105.8	100.3	108.1	103.7	100.4	102.3	100.0	98.1	101.3	102.3
包头	98.5	98.5	118.0	104.1	104.0	107.7	98.9	100.7	104.2	94.1	101.2	102.1
乌海	101.3	101.3	103.9	103.7	103.6	102.0	102.0	99.2	102.5	101.4	100.7	101.5
赤峰	102.1	98.9	98.9	98.3	98.2	114.8	103.9	101.7	102.2	100.1	100.9	102.2
通辽	101.9	100.4	97.6	97.5	106.3	105.9	104.4	104.2	104.1	97.6	100.7	101.9
呼伦贝尔	102.5	99.2	99.2	110.7	98.6	97.5	100.0	95.8	103.0	101.2	100.6	100.6
沈阳	100.4	102.8	99.2	103.4	102.0	101.9	100.1	101.8	104.9	98.5	100.7	101.1
大连	99.8	102.7	101.5	98.7	100.9	104.6	102.4	103.4	104.3	98.1	101.5	101.5
鞍山	99.6	99.6	99.6	108.4	97.9	101.7	101.9	102.3	97.3	94.1	100.6	99.9
抚顺	101.1	101.1	101.1	101.1	101.1	101.5	96.0	96.3	102.3	95.1	100.0	99.9
本溪	106.7	101.4	101.4	101.2	101.1	101.1	101.1	98.1	97.2	95.3	99.8	99.7
丹东	107.6	101.4	101.4	105.1	92.1	103.5	102.2	102.2	102.1	90.4	100.6	99.7
锦州	103.2	103.1	103.0	104.0	103.8	93.9	100.0	102.6	103.8	97.1	100.8	100.9
营口	101.3	101.3	101.3	101.2	99.4	104.2	101.9	101.9	100.0	98.1	100.8	101.1
阜新	98.7	100.9	100.9	100.9	103.3	99.9	100.2	100.8	100.2	95.7	99.8	100.3
辽阳	101.6	106.7	101.3	99.5	99.5	106.8	99.8	105.4	105.1	94.5	101.2	101.4
盘锦	98.8	98.8	112.0	91.9	105.2	99.6	99.6	100.9	100.9	109.5	101.6	101.3

续表

城市	2002年	2003年	2004年	2005年	2006年	2007年	2008年	2009年	2010年	2011年	平均	2000年后
铁岭	103.5	102.1	102.0	102.0	101.9	102.9	99.7	103.5	103.4	102.7	102.1	102.6
朝阳	103.1	103.0	103.0	102.9	97.0	104.9	101.7	95.2	100.4	97.7	100.7	100.9
葫芦岛	114.2	102.3	102.8	102.7	100.7	99.1	102.3	94.0	100.0	99.9	100.4	100.8
长春	101.3	100.2	100.2	100.2	100.2	103.6	103.5	103.4	103.3	101.1	101.0	101.0
吉林	98.7	101.5	101.4	101.4	102.2	102.2	106.2	102.6	93.2	98.6	100.1	100.3
四平	98.8	98.7	113.7	90.7	104.3	104.1	109.9	101.1	99.9	100.5	101.7	101.5
辽源	100.9	100.9	104.0	105.0	104.8	98.6	98.6	98.6	95.7	106.2	100.6	101.3
通化	96.0	95.9	113.2	102.1	102.0	101.7	101.7	94.2	110.4	100.7	101.1	101.7
白山	101.8	101.4	101.3	101.3	100.3	100.3	105.1	102.6	105.7	99.7	100.9	102.0
松原	110.0	100.2	103.0	98.4	112.6	102.1	110.5	88.3	106.1	105.5	101.1	102.7
白城	106.2	99.8	106.6	99.6	98.9	106.4	95.2	99.2	109.2	97.0	101.1	102.1
哈尔滨	101.2	101.7	102.6	103.7	96.1	101.2	101.5	102.6	102.0	99.8	100.8	101.0
齐齐哈尔	102.0	96.8	102.2	102.1	102.1	106.3	105.9	105.6	102.2	92.5	101.1	101.8
鸡西	105.4	100.2	100.2	102.3	102.3	96.4	104.8	101.0	100.3	101.4	100.8	101.7
鹤岗	117.4	100.8	101.2	101.8	101.8	101.7	101.7	101.7	103.9	97.3	101.2	101.6
双鸭山	107.8	107.2	95.4	106.2	105.9	103.0	100.8	100.8	88.7	100.0	100.6	100.5
大庆	102.8	102.7	102.6	102.6	96.7	104.8	101.5	107.9	107.3	97.9	101.6	102.3
伊春	103.0	106.8	100.1	100.7	101.5	99.3	98.2	106.9	102.7	93.7	100.2	100.9
佳木斯	106.4	91.0	99.1	106.8	106.4	103.0	102.6	101.7	98.6	100.3	99.9	100.9
七台河	106.3	104.3	98.7	107.8	96.9	103.8	94.3	100.0	100.5	94.8	99.6	100.2
牡丹江	100.3	100.3	104.4	104.0	103.8	100.0	104.0	99.6	99.4	104.7	101.6	101.8
黑河	118.0	104.2	99.2	102.4	105.4	99.3	105.7	105.4	104.5	94.3	101.5	103.2
绥化	107.3	106.8	101.5	111.1	101.1	103.3	105.4	102.6	96.7	94.2	100.3	102.0
上海	103.3	102.8	101.3	100.6	103.7	103.5	98.8	108.0	101.3	99.6	102.0	102.0
南京	95.7	103.3	103.2	98.7	105.4	101.7	98.9	102.1	103.9	99.1	100.8	101.0
无锡	104.1	103.9	103.7	103.6	103.5	100.3	98.1	102.2	104.1	101.4	100.8	102.8
徐州	108.7	96.2	103.5	104.9	104.6	102.2	97.4	101.3	98.7	100.1	101.2	101.1
常州	101.8	101.8	106.9	101.6	101.6	95.0	94.7	101.6	105.1	101.9	101.7	101.3

续表

城市	2002年	2003年	2004年	2005年	2006年	2007年	2008年	2009年	2010年	2011年	平均	2000年后
苏州	98.7	102.9	110.7	100.8	106.5	105.3	103.5	100.8	96.7	104.3	101.6	102.3
南通	99.1	97.8	105.2	103.8	102.9	96.5	100.6	102.6	102.9	100.4	99.9	100.7
连云港	100.9	100.9	102.8	109.1	102.9	105.8	95.8	101.8	102.5	103.6	101.3	102.3
淮安	95.2	108.3	107.2	106.3	101.4	103.8	98.1	103.7	100.7	106.2	101.3	103.3
盐城	101.3	101.3	107.0	107.2	91.8	102.9	104.8	99.0	102.5	102.4	101.5	102.5
扬州	102.6	102.5	102.5	102.4	101.4	97.3	99.5	99.5	102.4	99.6	101.2	101.4
镇江	101.1	99.9	97.9	106.6	98.3	104.1	99.0	98.6	103.7	100.8	101.5	101.0
泰州	102.1	97.0	101.9	106.1	98.6	103.1	98.1	102.0	100.0	102.9	101.6	100.8
宿迁	96.9	101.6	98.6	111.1	97.2	107.2	103.2	100.3	100.9	103.5	101.2	102.8
杭州	102.9	102.1	102.1	102.0	101.3	108.1	98.4	105.3	102.8	102.3	101.5	102.6
宁波	101.1	101.1	104.3	104.2	104.0	106.6	99.9	101.0	106.7	99.3	101.4	102.5
温州	102.5	102.4	102.2	102.2	102.1	102.8	95.2	108.7	104.3	97.5	101.3	102.5
嘉兴	101.0	106.7	103.8	104.7	101.9	102.0	99.4	103.4	102.9	104.1	101.2	102.4
湖州	100.5	100.5	107.4	106.9	96.0	106.0	95.6	106.1	99.9	103.8	100.8	101.9
绍兴	97.9	110.1	101.8	105.6	99.7	106.5	94.9	106.2	101.5	102.6	101.4	102.1
金华	101.8	100.5	105.6	105.9	101.6	102.6	102.5	102.3	100.3	100.6	102.5	102.3
衢州	95.5	110.4	106.0	99.0	101.7	104.5	92.9	105.0	100.5	97.7	101.6	101.5
舟山	101.8	101.7	101.7	101.7	101.6	101.6	102.4	102.4	104.3	101.2	101.6	102.4
台州	101.8	101.8	103.1	112.0	99.6	103.3	97.3	104.4	102.3	98.2	100.9	101.6
丽水	108.7	102.8	102.7	102.6	103.6	107.5	100.2	100.2	101.5	101.1	100.8	102.9
合肥	102.8	101.3	102.1	105.5	100.5	100.5	100.5	102.7	105.0	103.1	101.9	102.0
芜湖	101.4	103.5	103.4	101.0	101.0	103.3	103.2	101.9	102.8	97.1	101.4	101.4
蚌埠	108.8	103.0	102.9	102.8	102.8	102.3	99.3	108.1	99.9	97.9	100.7	102.3
淮南	96.6	121.1	95.1	104.6	104.1	100.0	106.1	101.7	98.5	100.0	100.9	101.8
马鞍山	100.8	101.4	101.4	101.4	101.4	101.3	101.3	97.5	103.2	98.3	100.1	100.8
淮北	103.0	96.5	96.4	102.8	102.7	102.6	102.5	98.0	101.4	101.0	100.8	101.1
铜陵	102.8	97.6	97.7	106.7	102.1	102.1	102.5	103.0	100.4	95.9	100.5	100.7
安庆	97.2	117.1	96.7	107.0	102.4	102.3	102.3	100.4	98.9	102.1	101.3	102.5

续表

城市	2002年	2003年	2004年	2005年	2006年	2007年	2008年	2009年	2010年	2011年	平均	2000年后
黄山	104.4	100.3	101.2	102.4	106.8	106.4	100.6	104.2	105.0	102.0	101.2	102.0
滁州	99.5	103.9	98.7	121.6	95.5	109.8	97.0	103.7	103.3	101.2	101.1	102.8
阜阳	101.6	106.7	98.2	122.8	106.0	104.6	104.4	101.4	97.5	102.1	101.7	104.1
宿州	116.4	90.7	89.7	112.5	113.9	105.7	107.1	98.6	103.6	101.6	101.9	104.3
六安	123.9	100.5	99.4	109.8	108.9	111.4	97.1	106.5	106.1	95.8	102.8	105.0
亳州	107.4	97.8	97.7	118.4	105.1	103.1	107.1	102.4	99.7	100.7	101.1	103.0
宣城	98.7	102.5	94.6	107.4	108.1	103.3	99.6	105.1	105.8	100.3	100.7	102.8
福州	103.5	103.4	104.0	101.1	101.1	102.6	101.2	101.2	101.2	98.8	100.1	99.8
厦门	98.9	104.9	102.1	104.1	101.2	109.4	96.9	102.2	103.9	103.8	102.0	101.8
莆田	102.3	103.0	109.7	101.5	98.3	101.7	98.5	105.6	105.4	96.9	101.6	101.9
三明	101.4	106.5	98.5	108.9	95.6	101.7	99.7	101.3	104.0	102.5	100.6	100.9
泉州	101.6	101.6	103.3	107.3	100.3	102.1	94.7	104.9	105.1	100.8	101.6	102.1
漳州	104.8	104.5	104.3	109.2	102.0	105.3	100.6	101.4	97.8	101.7	101.6	102.3
南平	96.0	105.0	100.9	100.8	101.6	101.6	101.9	103.9	94.4	103.8	100.4	100.7
龙岩	92.5	110.5	102.0	102.0	102.9	101.4	101.3	109.8	92.7	107.8	100.8	101.5
宁德	86.6	109.3	109.7	108.3	108.7	108.0	103.3	103.7	108.5	101.2	101.4	103.8
南昌	111.4	99.7	102.1	104.0	97.3	103.7	102.0	99.8	105.5	102.5	101.2	101.1
景德镇	96.9	101.8	101.7	101.7	101.7	102.1	105.1	100.9	93.1	99.3	100.8	100.7
萍乡	97.8	103.6	103.5	100.9	102.9	96.8	99.3	101.8	102.8	103.1	100.5	101.4
九江	100.5	103.9	97.3	106.5	98.0	102.8	100.8	101.9	100.4	99.7	100.6	101.1
新余	97.5	108.8	109.3	105.3	100.3	94.3	107.2	100.0	107.1	105.6	102.2	102.6
鹰潭	102.6	102.5	102.4	106.0	96.9	105.5	98.6	100.9	103.0	99.8	101.7	101.7
赣州	100.8	100.8	102.7	110.1	109.1	107.4	100.1	103.1	100.4	100.9	102.5	102.1
吉安	106.6	100.5	100.5	105.2	101.3	105.0	95.8	104.2	101.8	98.4	102.1	101.1
宜春	109.0	102.7	102.6	106.5	101.5	104.1	103.9	103.8	98.5	94.9	102.2	101.6
上饶	100.2	107.3	96.8	101.5	107.6	102.9	107.8	99.6	94.9	105.2	101.2	101.4
济南	102.5	104.8	100.8	105.2	98.7	104.9	97.4	104.2	103.9	99.4	101.0	101.6
青岛	98.6	98.6	105.4	103.6	103.4	105.3	96.9	102.0	102.3	100.1	100.9	101.3

续表

城市	2002年	2003年	2004年	2005年	2006年	2007年	2008年	2009年	2010年	2011年	平均	2000年后
淄博	102.5	102.5	102.4	102.4	103.3	104.1	98.7	101.1	101.3	99.3	100.7	101.5
枣庄	96.4	101.0	102.4	102.4	102.3	101.7	97.3	102.7	103.0	95.8	100.6	101.8
东营	100.0	105.5	103.3	103.2	103.1	103.0	102.9	102.8	102.7	102.4	101.8	102.1
烟台	102.7	102.6	102.6	102.5	102.4	102.4	95.3	108.5	103.2	98.4	101.7	102.4
潍坊	101.0	106.7	101.1	101.1	101.1	106.2	96.7	101.2	105.8	98.0	101.0	101.7
济宁	103.5	105.8	105.2	111.1	106.5	102.5	94.9	103.4	101.0	97.5	101.0	102.6
泰安	98.3	105.4	105.1	104.9	101.0	98.5	98.5	107.3	93.0	97.4	100.3	101.6
威海	103.3	103.2	103.1	103.0	100.3	105.7	96.0	104.6	110.7	94.5	101.7	102.7
日照	96.6	96.1	109.9	104.4	107.2	101.9	97.6	99.7	102.8	103.3	101.7	102.8
莱芜	105.3	105.0	104.8	104.6	104.4	102.8	95.4	104.3	101.1	101.6	100.8	102.2
临沂	98.0	108.0	109.5	103.8	103.2	100.5	96.1	106.5	99.2	99.8	101.8	102.2
德州	110.9	97.7	107.0	102.4	103.5	99.8	99.2	107.6	104.8	99.1	100.7	102.0
聊城	102.0	99.4	104.1	104.9	107.0	100.5	98.0	107.3	98.7	97.3	101.3	102.1
滨州	98.2	98.2	102.7	102.6	102.5	102.0	98.5	112.9	101.3	99.2	101.1	101.9
菏泽	107.3	99.9	101.7	111.2	105.1	106.5	106.6	98.0	102.9	100.3	101.4	104.0
郑州	98.3	101.8	103.4	103.3	101.5	101.5	101.4	101.4	98.1	101.9	100.9	101.5
开封	98.4	99.9	94.4	107.9	105.6	99.6	104.3	106.1	96.7	103.2	101.8	101.0
洛阳	100.1	96.7	100.5	102.3	99.3	103.6	103.2	102.4	100.4	100.3	101.2	101.3
平顶山	101.4	97.6	102.5	105.7	100.5	99.3	101.6	101.6	103.1	100.0	100.7	101.5
安阳	103.3	103.2	100.7	99.6	102.0	103.8	91.2	110.2	102.8	106.6	102.0	103.0
鹤壁	101.9	101.8	91.7	108.0	103.1	99.9	98.0	97.6	105.8	101.1	100.9
新乡	98.0	105.1	98.4	100.3	100.3	103.8	98.8	101.6	105.0	101.0	101.5	101.4
焦作	106.5	97.7	102.6	101.6	101.6	101.8	101.6	101.5	101.5	103.0	101.4	102.1
濮阳	101.0	101.0	104.6	112.1	99.5	102.3	90.9	106.5	102.8	105.3	102.0	102.0
许昌	100.9	97.0	104.2	104.0	102.9	102.8	104.2	104.0	103.9	100.7	101.7	101.9
漯河	101.7	101.1	98.5	100.3	102.1	98.4	99.6	100.4	105.7	102.8	102.1	101.2
三门峡	101.4	100.1	100.5	102.4	101.3	106.2	95.8	99.9	97.7	101.4	100.7	100.8
南阳	107.5	108.4	97.2	104.3	103.1	103.3	99.4	102.2	108.8	99.4	101.7	102.7

续表

城市	2002年	2003年	2004年	2005年	2006年	2007年	2008年	2009年	2010年	2011年	平均	2000年后
商丘	98.8	100.8	100.8	100.8	112.2	108.3	107.7	102.2	98.6	98.3	102.2	102.6
信阳	99.6	99.6	97.4	112.2	101.9	101.9	101.1	104.4	102.2	105.2	101.8	102.1
周口	89.9	98.3	98.3	122.2	104.4	102.3	99.4	102.3	99.1	102.8	100.8	100.6
驻马店	96.0	96.3	96.2	123.7	103.8	108.4	96.9	104.9	99.9	104.1	101.0	103.1
武汉	97.9	103.3	102.7	101.7	104.3	103.3	100.1	100.5	106.7	95.7	101.1	101.5
黄石	96.4	104.0	103.1	103.4	103.3	99.1	99.0	100.6	100.6	100.8	100.7	101.0
十堰	100.8	100.8	101.5	101.5	101.4	105.8	105.5	104.7	98.4	95.2	101.4	101.9
宜昌	106.5	103.2	104.8	104.5	102.9	98.4	103.5	100.1	103.2	96.6	101.5	102.1
襄阳	107.2	99.1	105.3	102.6	102.5	104.6	100.5	100.8	102.6	98.7	101.4	102.5
鄂州	113.7	98.4	100.7	105.7	98.8	100.7	108.7	98.0	93.9	105.0	101.6	101.6
荆门	98.8	107.8	98.4	105.8	105.4	102.5	100.5	103.0	100.5	99.0	101.3	101.6
孝感	118.0	94.5	101.2	108.4	98.4	101.0	101.6	105.4	101.1	98.1	101.0	101.9
荆州	107.5	100.2	102.2	100.3	100.3	107.0	105.0	99.5	101.6	100.8	100.4	102.3
黄冈	106.1	105.7	108.3	107.7	107.1	102.5	105.3	102.5	97.1	104.7	101.0	103.8
咸宁	98.6	98.6	114.6	117.2	101.6	101.6	101.2	103.5	99.3	105.0	101.2	102.6
随州	94.2	113.3	95.0	118.0	104.0	95.4	104.3	103.9	103.7	92.5	100.9	101.1
长沙	101.7	103.7	103.6	103.4	103.3	103.2	104.6	101.3	101.3	99.8	101.6	102.1
株洲	103.5	109.4	100.2	101.3	101.8	103.5	103.2	101.9	98.1	101.5	101.1	101.7
湘潭	101.2	101.1	100.4	103.5	101.0	109.3	100.5	95.8	99.8	101.0	101.2	101.3
衡阳	102.3	101.3	101.3	104.1	102.1	100.4	100.4	102.1	102.4	100.4	101.0	101.5
邵阳	102.0	110.9	104.0	109.0	100.0	102.0	108.6	100.8	98.3	102.0	101.8	101.9
岳阳	97.4	97.3	98.2	123.3	98.5	97.9	108.1	104.7	102.0	101.1	102.4	102.3
常德	100.6	100.2	98.3	103.2	103.0	106.3	107.2	98.7	103.6	103.3	102.6	102.9
张家界	101.5	109.0	101.3	100.9	107.7	103.3	103.2	103.1	99.6	97.4	101.9	101.4
益阳	111.3	103.0	102.9	113.1	101.3	97.7	104.0	99.4	102.6	98.2	101.9	102.1
郴州	103.0	118.0	98.5	101.8	95.3	106.1	111.5	100.0	100.0	102.5	102.2	102.0
永州	110.5	117.5	104.1	104.0	97.7	101.7	105.6	101.7	93.1	103.5	102.0	101.0
怀化	99.7	106.3	105.9	104.6	104.4	100.6	98.1	104.6	102.6	101.4	100.9	102.3

城市	2002年	2003年	2004年	2005年	2006年	2007年	2008年	2009年	2010年	2011年	平均	2000年后
娄底	100.4	100.4	109.1	108.3	97.2	98.9	99.6	102.6	102.5	100.7	101.1	101.7
广州	102.1	102.6	104.5	97.5	102.2	105.0	100.4	102.6	100.9	97.1	101.1	101.4
韶关	106.4	106.0	105.6	101.3	101.3	109.4	99.2	102.6	104.5	101.1	101.2	101.7
深圳	100.5	100.5	99.2	98.1	110.8	104.5	101.2	100.5	105.6	100.8	101.9	101.3
珠海	101.5	103.5	98.1	101.8	105.3	105.3	95.7	101.5	104.7	106.6	101.7	102.6
汕头	107.7	107.1	106.4	107.8	107.0	98.5	95.6	105.5	98.6	100.2	101.1	102.7
佛山	108.4	106.1	105.2	102.0	103.8	104.8	99.0	100.5	104.3	95.9	101.4	102.3
江门	110.9	108.4	103.0	106.9	99.4	103.3	93.7	108.1	99.6	98.6	101.4	102.0
湛江	87.8	114.4	103.3	103.2	103.1	99.6	98.7	104.3	98.8	103.2	100.4	101.6
茂名	104.9	104.6	98.1	109.1	98.4	104.5	98.3	102.8	99.5	96.3	101.2	100.6
肇庆	95.5	124.4	97.5	106.7	101.6	111.7	97.9	99.6	98.2	97.7	101.3	101.9
惠州	100.9	100.9	106.1	105.9	100.7	100.7	100.7	100.7	105.0	100.9	101.8	102.1
梅州	103.0	97.5	104.1	100.1	107.2	98.8	103.7	104.8	103.3	104.7	101.6	101.5
汕尾	116.7	95.8	113.4	101.2	101.2	94.0	105.5	107.1	97.5	103.8	101.5	101.4
河源	99.0	104.3	102.8	102.7	102.6	102.5	102.4	102.4	102.3	105.9	101.4	102.1
阳江	101.1	108.5	102.3	100.4	100.2	105.7	102.8	102.7	97.6	99.7	101.1	101.8
清远	107.6	101.6	106.0	105.7	102.8	98.6	100.9	100.9	101.4	103.3	101.1	103.8
东莞	99.6	100.4	115.3	97.1	110.2	106.4	96.8	89.2	112.9	100.0	101.5	102.5
中山	105.0	95.7	105.8	105.7	99.8	102.0	94.9	105.1	105.3	102.2	101.6	101.5
潮州	95.6	121.6	103.8	101.8	100.7	107.1	101.3	106.8	100.7	98.9	101.4	102.5
揭阳	113.0	107.8	104.0	103.9	100.0	107.2	101.3	103.6	99.3	97.2	100.4	101.8
云浮	101.8	101.7	106.9	101.7	101.7	101.6	103.4	107.5	100.1	104.4	100.7	102.9
南宁	103.1	102.3	102.3	102.2	102.2	102.1	101.9	101.9	101.2	99.9	101.2	101.8
柳州	102.4	102.3	100.0	101.7	100.4	100.8	98.2	102.6	97.7	92.9	99.2	100.1
桂林	99.3	99.3	103.0	104.9	99.7	101.7	101.2	105.1	98.3	98.6	100.3	101.0
梧州	97.9	100.7	97.9	92.7	113.4	108.0	96.4	99.0	93.0	95.2	99.9	99.8
北海	105.8	105.5	99.2	99.4	103.1	100.7	112.5	91.1	93.0	108.9	101.5	102.6
防城港	103.2	101.2	96.3	91.9	109.6	100.8	104.6	100.7	97.1	101.1	100.3	101.5

续表

城市	2002年	2003年	2004年	2005年	2006年	2007年	2008年	2009年	2010年	2011年	平均	2000年后
钦州	95.6	100.5	99.8	123.8	100.1	101.8	101.8	107.5	95.4	107.8	101.6	103.9
贵港	103.3	105.4	102.0	99.2	107.9	102.8	93.5	108.1	100.0	85.6	100.2	101.3
玉林	102.0	98.5	94.0	112.1	101.4	104.0	95.0	105.5	100.0	90.2	99.9	101.5
百色	99.1	95.9	109.1	97.6	98.1	99.9	99.9	106.7	108.3	90.4	100.8	100.6
河池	110.7	103.9	103.7	103.6	106.0	99.8	102.2	98.8	98.8	85.6	100.2	100.3
海口	100.7	103.8	99.4	103.2	116.0	93.1	99.4	102.2	106.7	98.1	101.5	101.5
三亚	100.5	100.5	97.6	105.6	99.3	103.7	103.6	103.5	101.5	95.8	101.4	101.0
重庆	99.2	101.0	101.3	102.1	102.0	105.3	104.1	104.8	101.0	101.2	102.3	102.8
成都	108.0	107.4	102.1	102.6	102.6	102.5	100.2	105.2	106.3	103.5	102.1	102.8
自贡	96.1	104.5	104.3	105.1	99.3	99.5	102.4	98.2	95.2	114.0	101.1	101.6
攀枝花	100.2	104.1	104.4	100.0	97.8	97.3	101.5	101.5	96.9	101.6	100.0	100.9
泸州	114.0	97.9	107.9	105.8	107.9	87.5	103.6	102.1	99.2	105.5	101.2	102.7
德阳	102.0	102.6	101.5	101.5	99.6	101.1	95.8	95.6	121.3	102.6	102.0	102.9
绵阳	97.8	113.0	102.3	101.1	103.3	101.3	97.9	97.8	118.1	102.7	102.1	102.6
广元	88.7	115.8	106.8	107.4	98.5	99.1	99.1	99.1	113.6	102.3	101.7	104.3
遂宁	101.8	101.2	100.3	104.4	104.2	104.0	106.7	101.4	97.7	107.8	101.6	102.6
内江	115.4	100.0	108.1	102.9	99.4	106.1	96.4	104.2	96.1	104.3	101.4	103.6
乐山	111.0	98.1	103.4	101.2	101.1	99.9	102.0	105.7	103.4	100.9	101.4	101.4
南充	97.5	108.1	101.3	108.9	98.6	106.8	97.5	100.5	97.9	104.9	102.0	101.9
宜宾	95.7	107.1	99.3	103.2	102.7	105.5	104.6	102.4	97.7	96.6	101.3	101.7
雅安	100.5	100.5	112.9	97.4	107.9	97.1	95.9	109.1	101.7	106.8	101.9	102.2
巴中	95.8	121.5	101.6	101.5	101.5	103.6	106.3	104.6	103.2	97.0	101.8	102.9
资阳	86.2	102.9	114.8	106.0	105.7	97.0	100.7	105.2	103.6	103.1	101.9	103.1
贵阳	101.4	101.5	105.3	106.3	96.8	104.1	99.9	103.0	101.0	97.6	100.9	101.6
六盘水	117.1	107.9	106.7	106.3	101.2	97.9	94.4	101.7	106.0	106.3	100.7	102.1
遵义	100.5	100.2	108.8	116.6	102.1	106.2	102.3	102.3	99.3	102.3	102.5	103.5
安顺	101.2	101.2	101.2	105.8	108.0	99.4	99.3	99.3	95.4	104.6	101.4	101.8
昆明	99.5	103.6	102.1	107.3	94.7	108.5	96.4	110.3	91.5	108.4	101.3	101.3

续表

城市	2002年	2003年	2004年	2005年	2006年	2007年	2008年	2009年	2010年	2011年	平均	2000年后
曲靖	111.3	103.6	89.0	109.3	94.1	108.6	99.3	103.4	99.2	101.2	101.4	102.5
玉溪	97.1	97.0	112.0	122.2	100.6	101.3	104.4	105.1	88.3	107.6	102.5	103.6
保山	106.3	98.8	101.9	94.6	110.6	104.4	98.8	102.1	100.8	101.1	100.9	101.9
昭通	89.0	97.2	100.0	100.0	117.3	104.2	103.3	104.7	101.0	93.8	101.5	102.2
普洱	99.0	99.0	98.9	98.9	98.9	98.9	102.2	102.2	102.1	99.0	100.6	100.1
西安	97.3	110.6	102.7	102.8	102.7	102.6	102.5	98.7	98.7	102.2	101.1	101.3
铜川	97.7	108.5	107.8	102.4	100.6	99.9	104.5	100.6	105.5	103.3	101.0	102.2
宝鸡	104.4	102.8	106.5	107.7	95.9	101.5	98.2	102.6	97.5	103.4	100.9	101.4
咸阳	102.9	107.9	106.0	103.3	103.2	99.6	102.6	102.2	101.9	99.1	100.9	102.0
渭南	91.1	110.9	97.3	100.9	111.2	98.4	105.1	97.7	103.6	101.6	101.6	102.2
延安	99.3	97.1	105.3	112.1	94.7	105.5	105.2	99.2	102.2	97.1	101.7	101.5
汉中	103.8	103.6	106.3	100.5	104.9	100.5	100.5	100.5	101.9	102.4	101.0	101.6
榆林	111.7	98.5	98.2	92.6	99.4	99.4	106.4	106.1	105.7	103.0	101.9	102.3
安康	93.2	118.3	91.1	111.0	102.2	104.8	110.8	110.2	94.9	101.8	101.5	103.3
兰州	101.0	101.0	101.0	101.0	101.0	104.3	99.0	103.8	99.9	103.1	101.0	101.6
嘉峪关	102.9	102.4	101.9	105.3	112.0	104.3	94.9	99.3	106.4	100.9	102.1	102.6
金昌	102.0	102.0	101.9	101.9	100.8	99.3	95.8	104.2	107.6	98.4	101.2	101.4
白银	98.2	108.8	100.1	102.6	102.6	102.5	102.4	98.9	102.0	98.8	101.4	101.8
天水	110.6	105.8	101.4	101.4	99.7	99.7	103.4	103.3	100.3	102.5	100.9	102.0
武威	109.3	99.1	93.9	103.9	108.2	96.3	106.1	108.5	107.8	97.3	102.3	104.1
张掖	100.9	100.9	100.9	107.4	102.2	104.6	103.5	103.4	101.7	99.7	101.2	102.3
平凉	88.3	112.3	111.1	109.4	91.0	112.3	107.0	99.0	106.6	98.6	101.4	102.1
酒泉	99.5	97.3	101.5	102.5	100.9	101.2	101.1	101.1	101.1	102.9	100.9	100.5
西宁	101.8	101.8	98.8	98.8	98.8	98.7	107.2	101.7	101.6	98.8	100.8	100.8
银川	95.3	114.0	100.8	101.5	100.0	102.5	102.1	96.9	101.3	99.0	100.5	100.6
石嘴山	98.8	98.8	106.1	105.8	105.5	105.2	105.2	104.9	92.8	99.8	101.0	101.4
吴忠	99.8	106.9	106.5	99.9	99.9	102.6	102.5	101.8	103.0	98.6	101.3	102.2
乌鲁木齐	101.0	101.0	100.9	100.9	100.9	101.3	100.1	100.1	104.6	101.8	100.7	101.2
克拉玛依	100.5	100.5	100.5	100.5	100.5	100.5	100.5	100.5	100.5	89.2	99.8	99.5

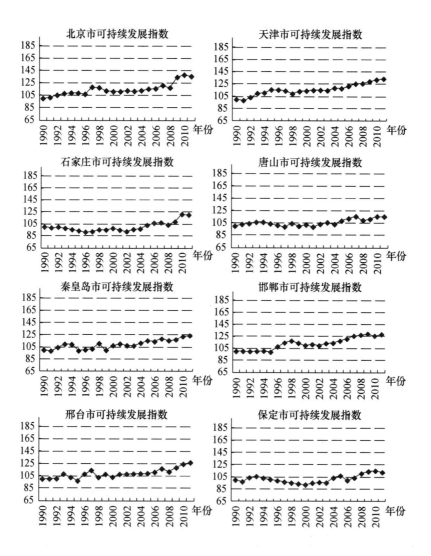

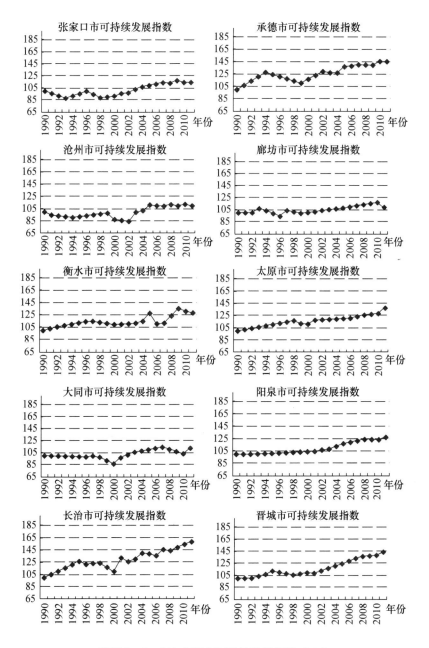

附图 2 - 1　264 个城市可持续发展指数 （Ⅰ）

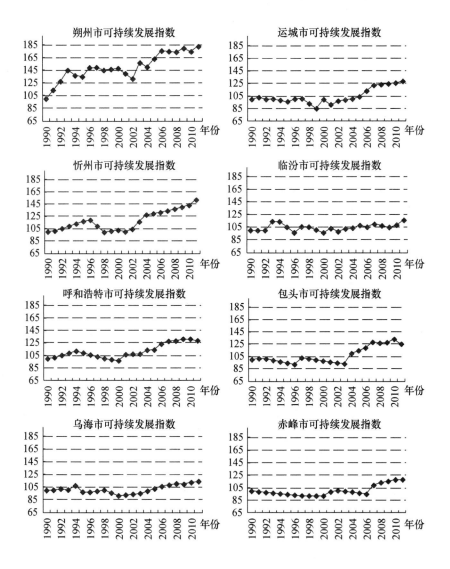

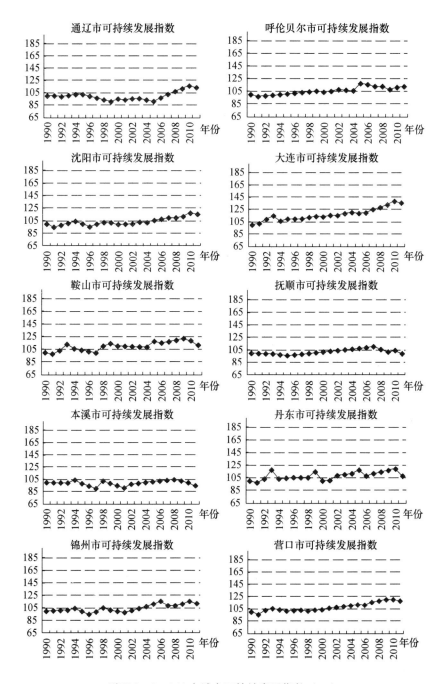

附图 2-2　264 个城市可持续发展指数（Ⅱ）

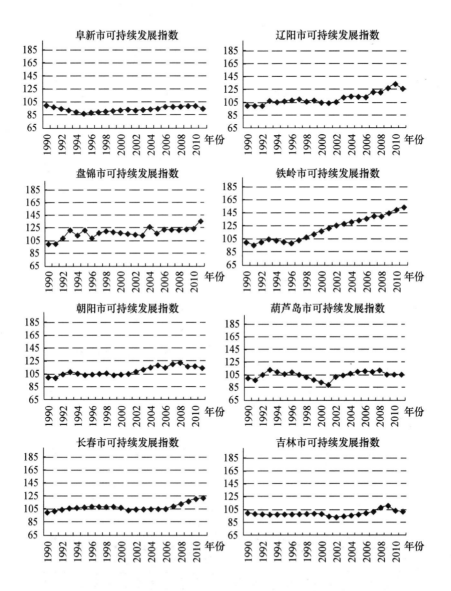

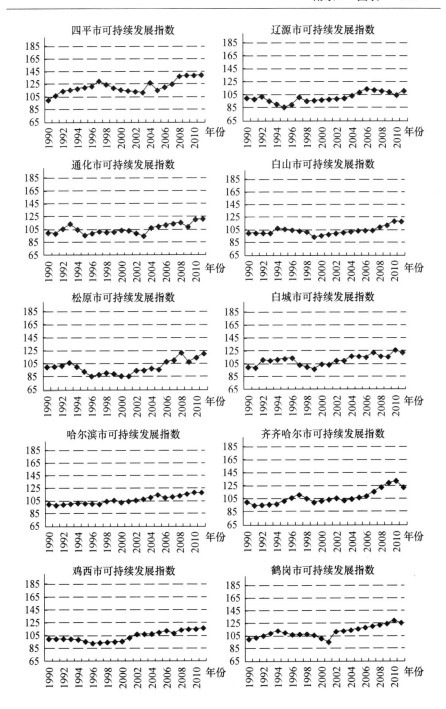

附图 2-3　264 个城市可持续发展指数（Ⅲ）

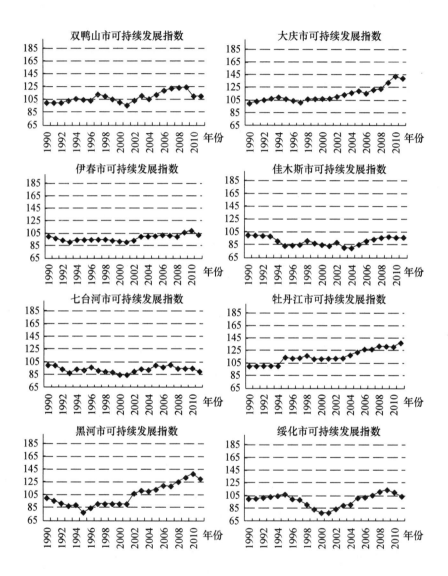

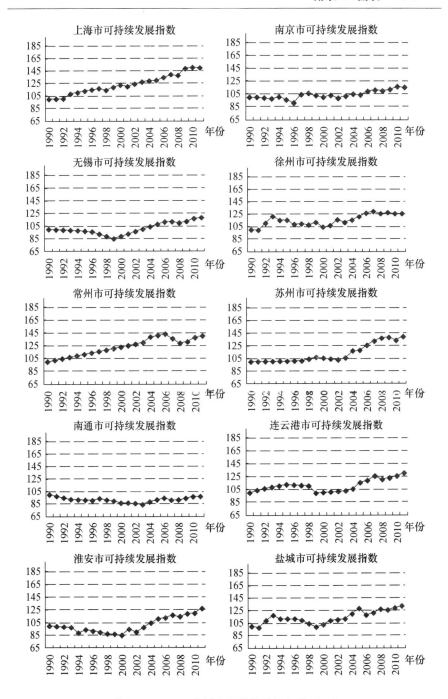

附图2-4　264个城市可持续发展指数（Ⅳ）

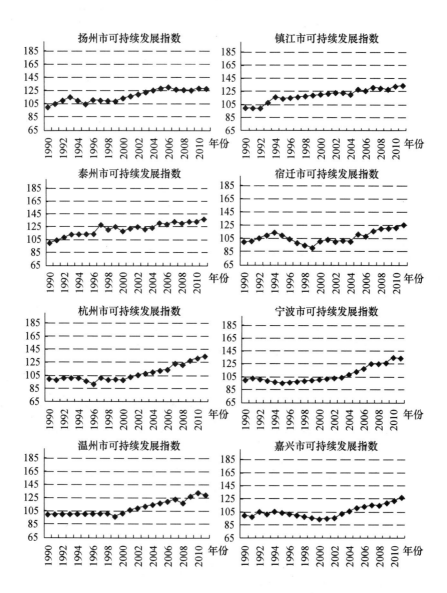

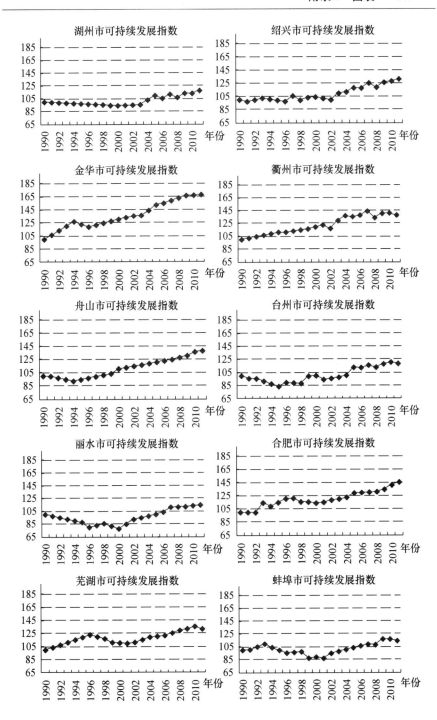

附图 2-5　264 个城市可持续发展指数（Ⅴ）

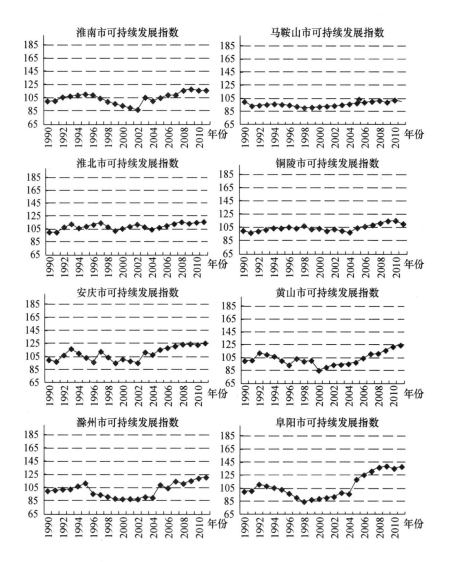

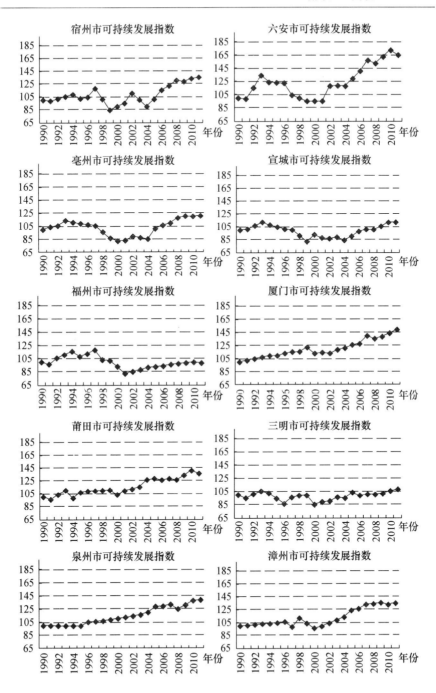

附图 2-6 264个城市可持续发展指数（Ⅵ）

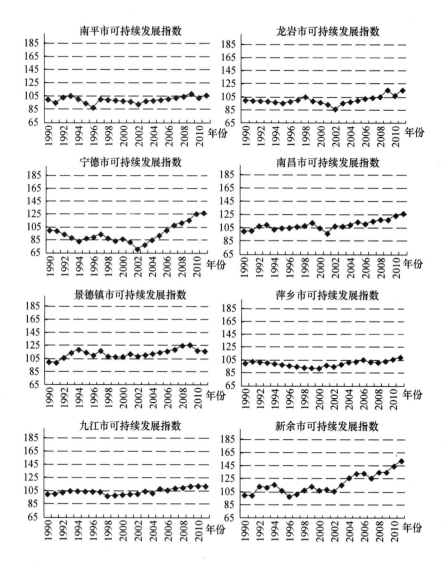

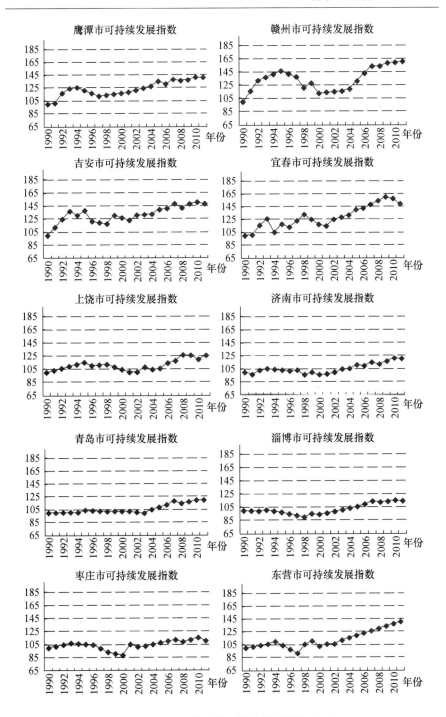

附图 2－7　264 个城市可持续发展指数（Ⅶ）

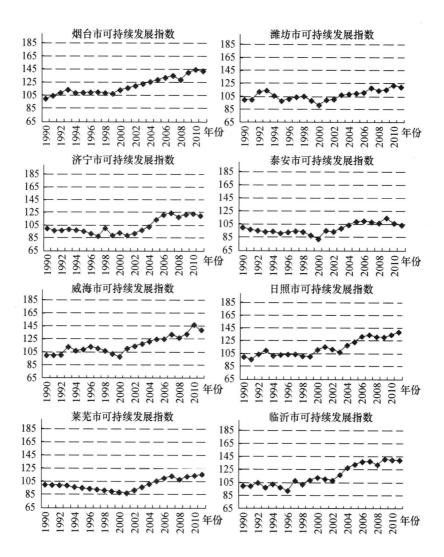

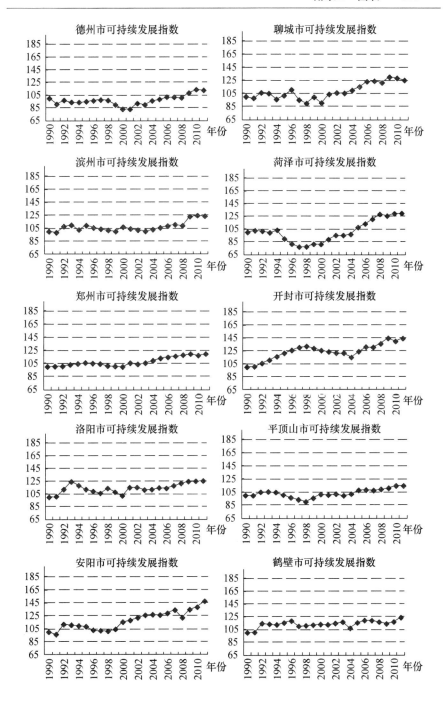

附图 2－8　264 个城市可持续发展指数（Ⅷ）

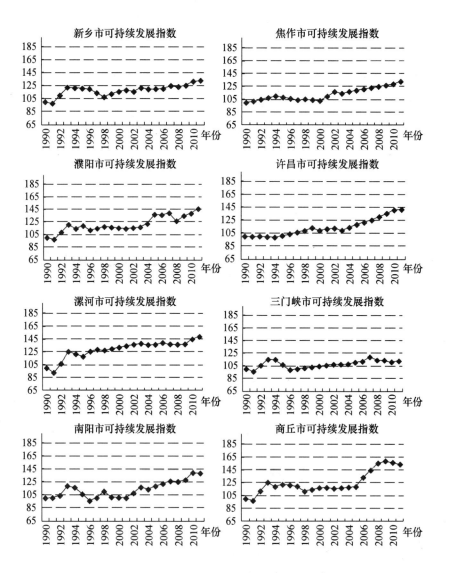

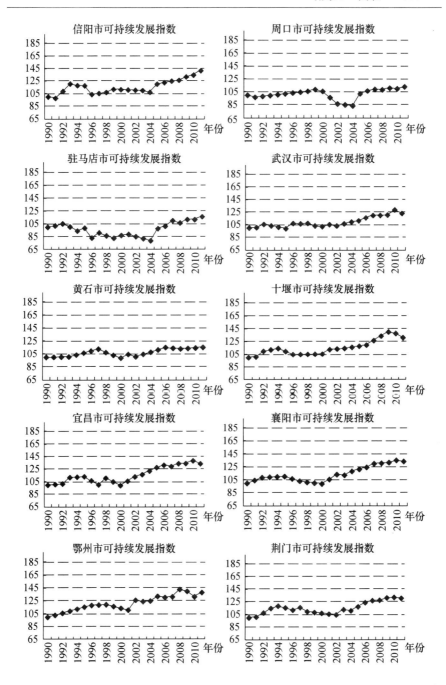

附图 2－9　264 个城市可持续发展指数（Ⅸ）

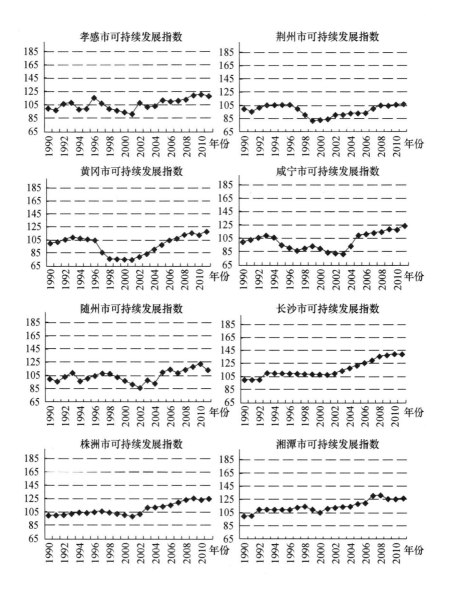

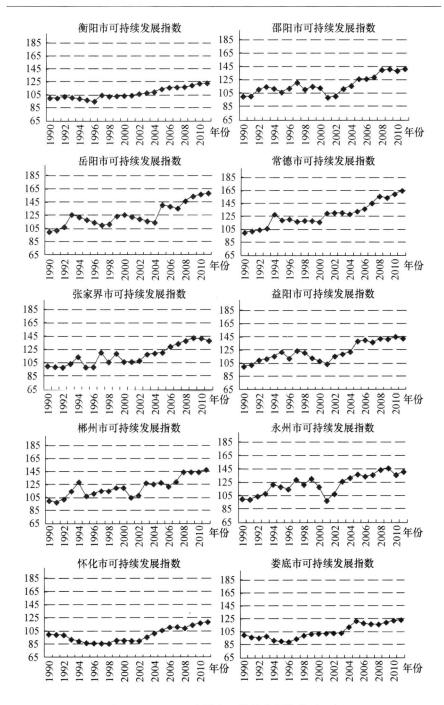

附图 2-10　264 个城市可持续发展指数（X）

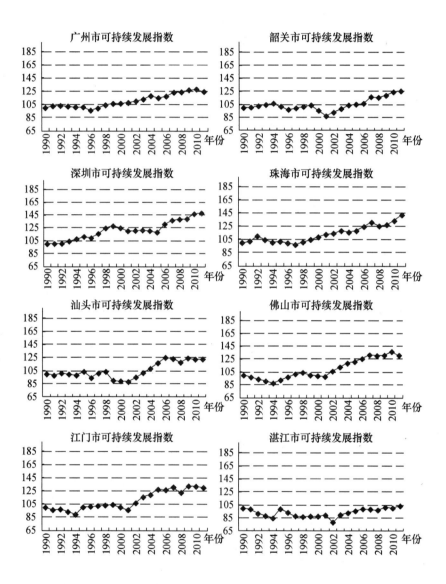

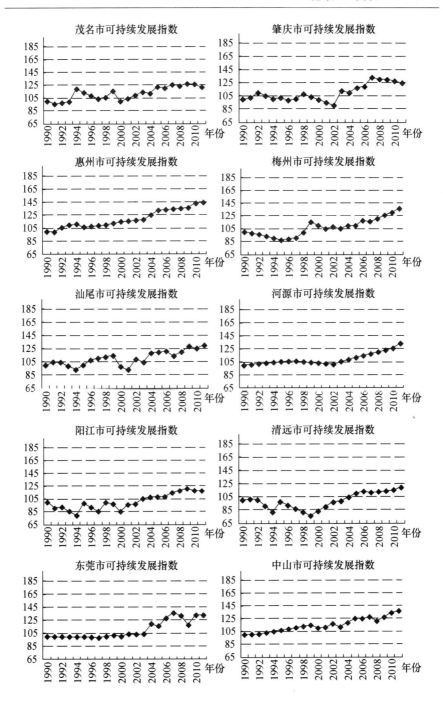

附图 2-11　264 个城市可持续发展指数（XI）

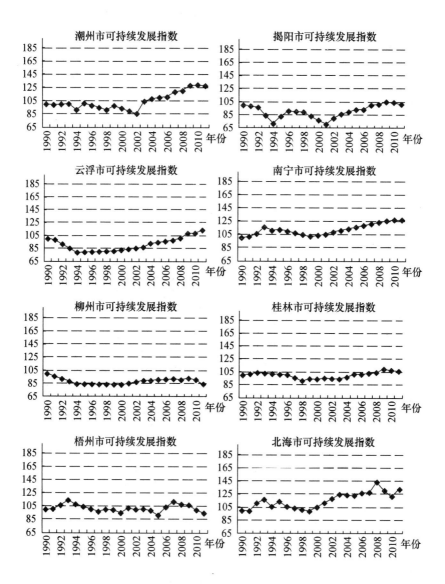

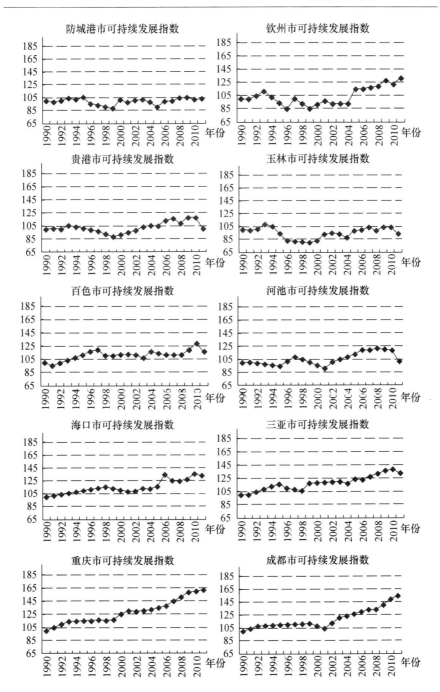

附图 2－12　264 个城市可持续发展指数（Ⅶ）

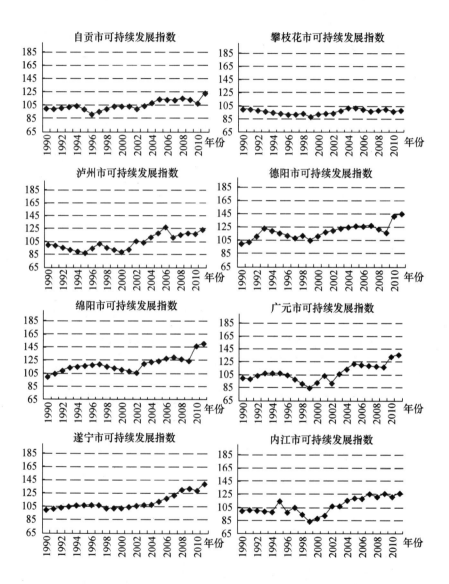

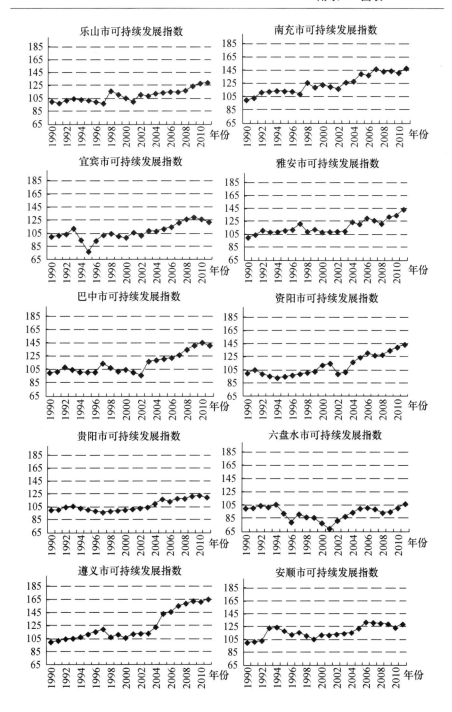

附图 2-13 264个城市可持续发展指数 (Ⅷ)

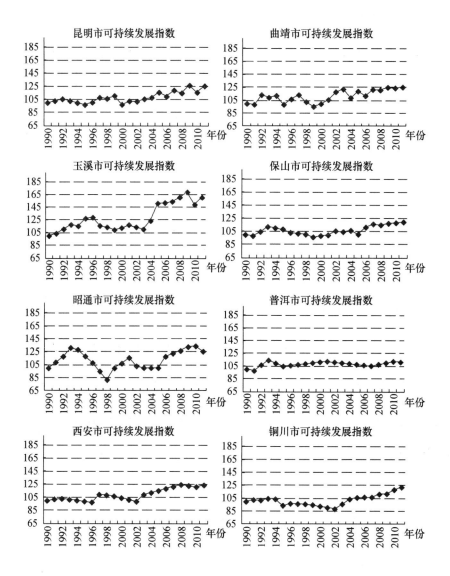

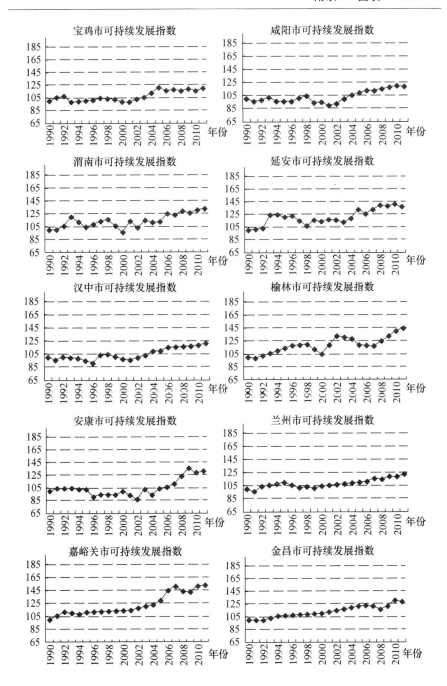

附图 2 – 14　264 个城市可持续发展指数（XIV）

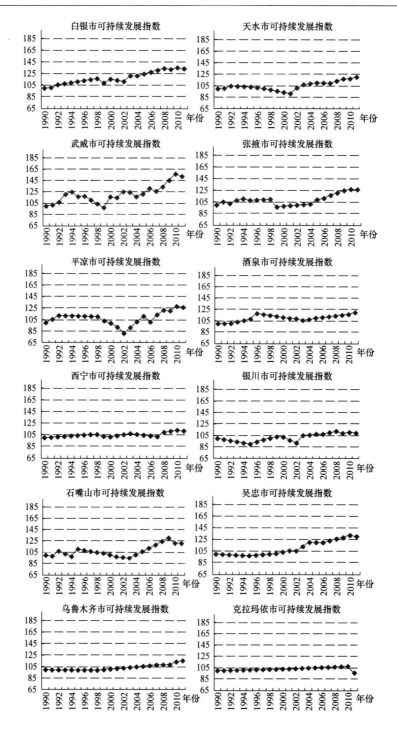

附图 2-15　264 个城市可持续发展指数（XV）

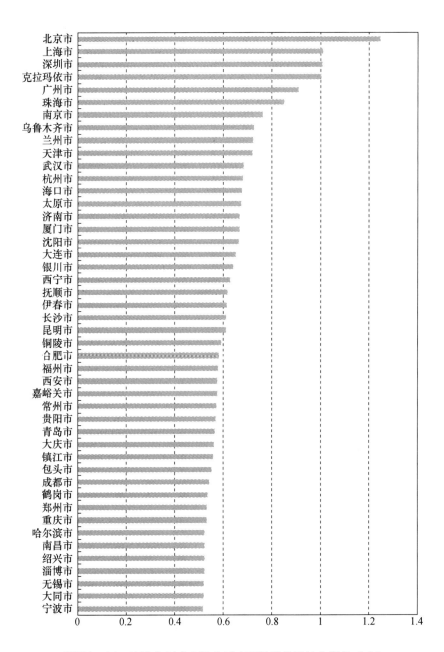

附图 2-16　2000 年以来 264 个城市可持续发展综合得分（Ⅰ）

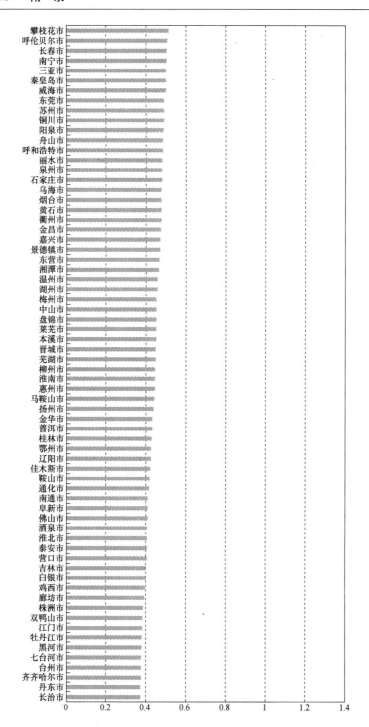

附图 2-17 2000 年以来 264 个城市可持续发展综合得分（Ⅱ）

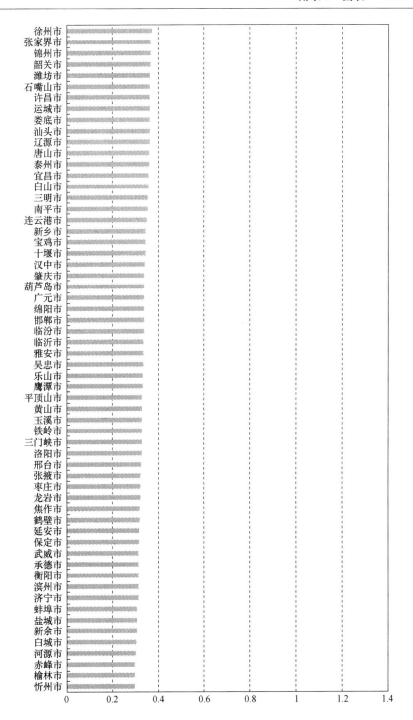

附图 2-18　2000 年以来 264 个城市可持续发展综合得分（Ⅲ）

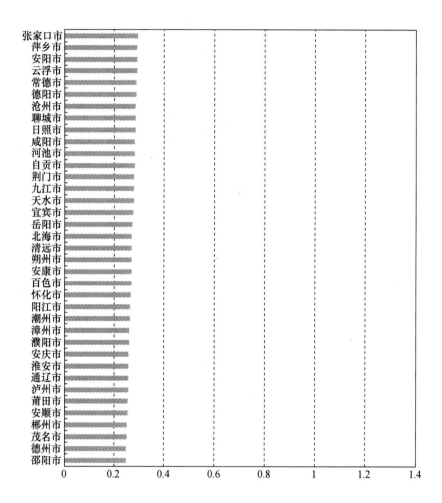

附图 2－19　2000 年以来 264 个城市可持续发展综合得分（Ⅳ）

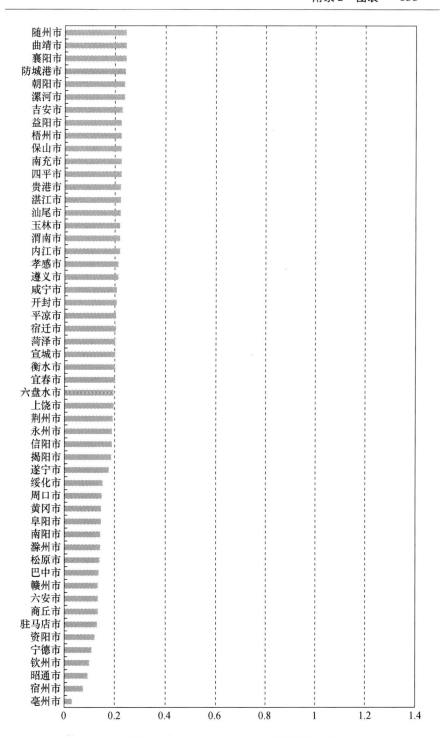

附图 2－20　2000 年以来 264 个城市可持续发展综合得分（V）

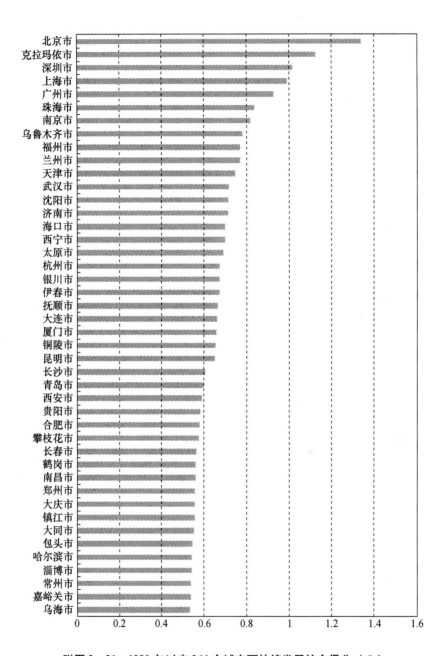

附图 2 – 21　1990 年以来 264 个城市可持续发展综合得分 （Ⅰ）

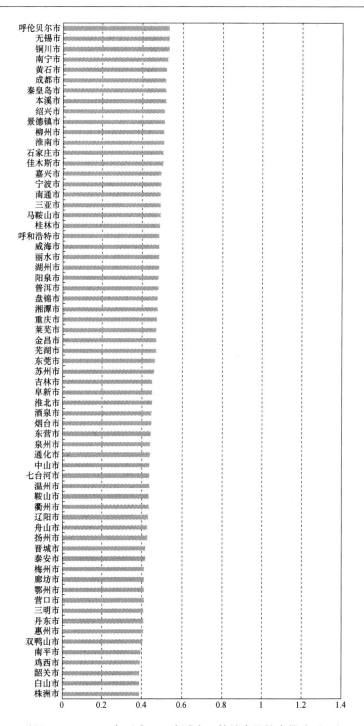

附图 2-22　1990 年以来 264 个城市可持续发展综合得分（Ⅱ）

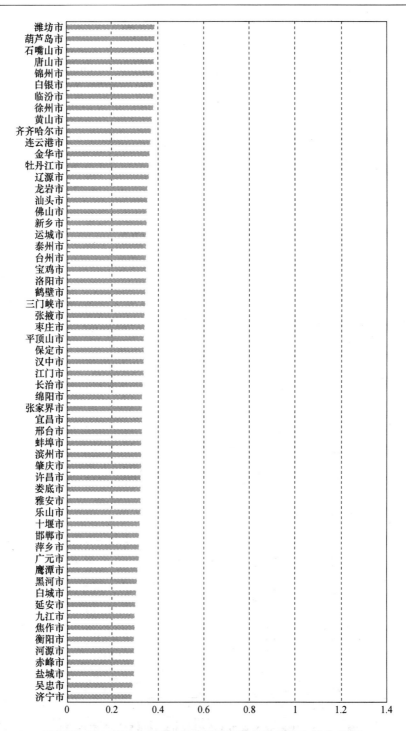

附图 2-23　1990 年以来 264 个城市可持续发展综合得分（Ⅲ）

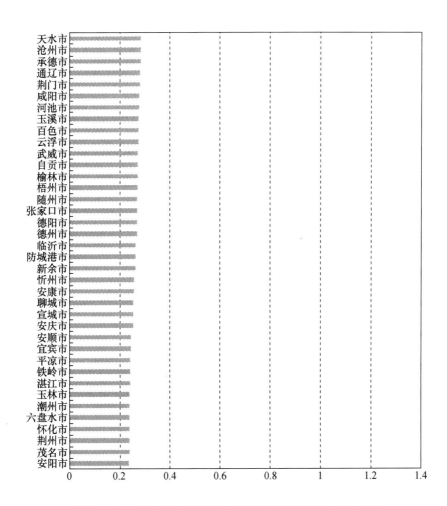

附图 2-24 1990 年以来 264 个城市可持续发展综合得分（Ⅳ）

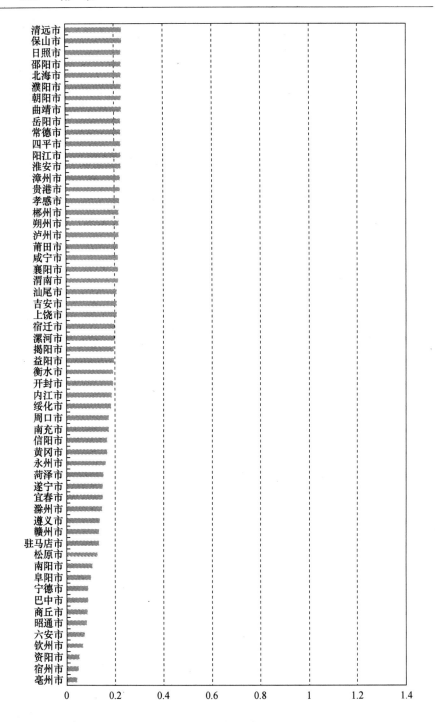

附图 2-25　1990 年以来 264 个城市可持续发展综合得分（Ⅴ）

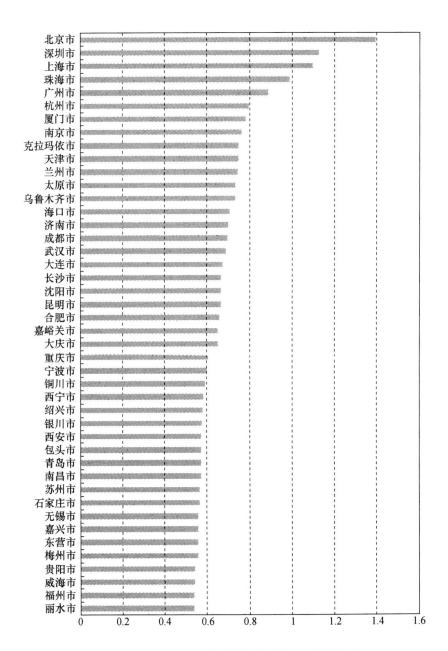

附图 2 - 26　2011 年 264 个城市可持续发展综合得分（Ⅰ）

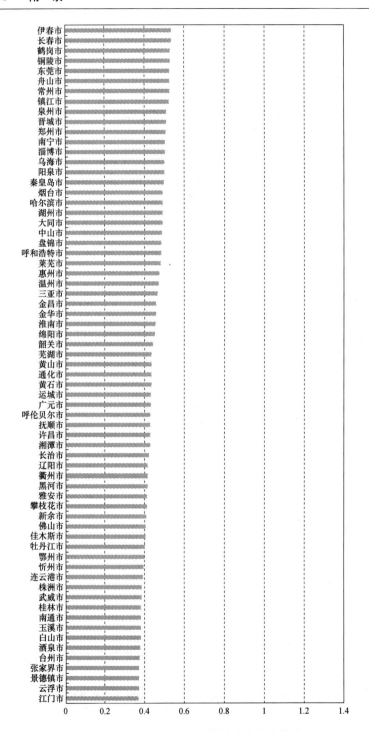

附图2-27　2011年264个城市可持续发展综合得分（Ⅱ）

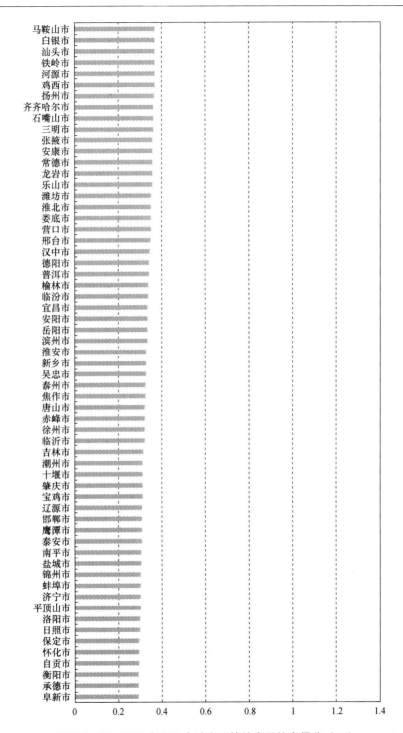

附图2-28 2011年264个城市可持续发展综合得分（Ⅲ）

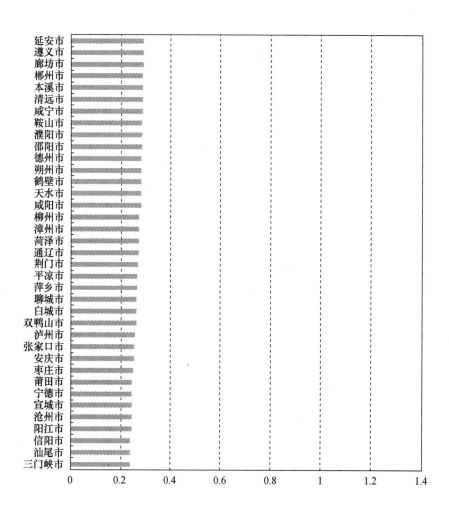

附图 2-29 2011 年 264 个城市可持续发展综合得分（Ⅳ）

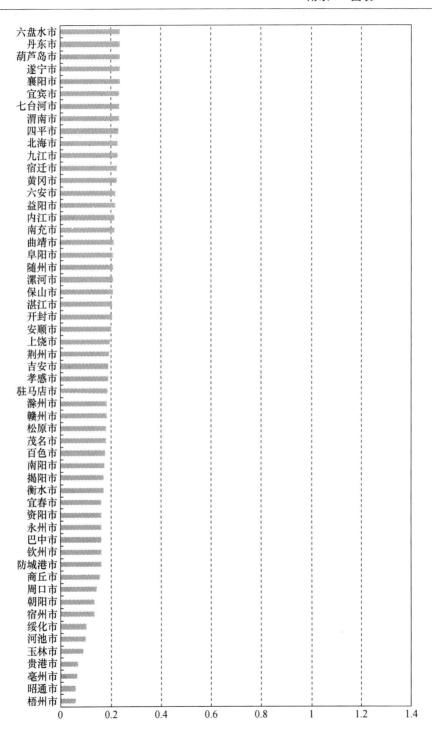

附图 2 - 30　2011 年 264 个城市可持续发展综合得分（Ⅴ）

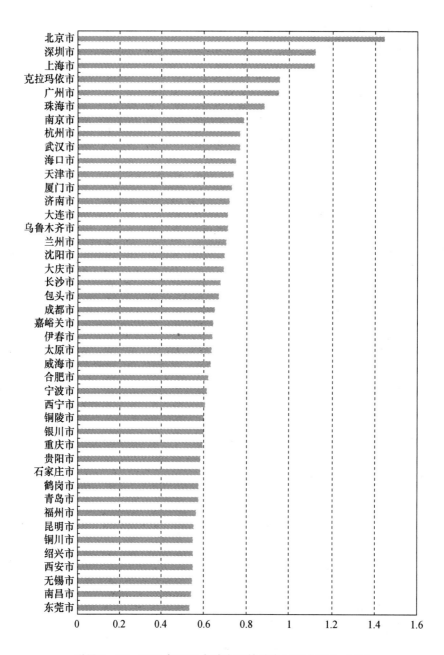

附图 2-31　2010 年 264 个城市可持续发展综合得分（Ⅰ）

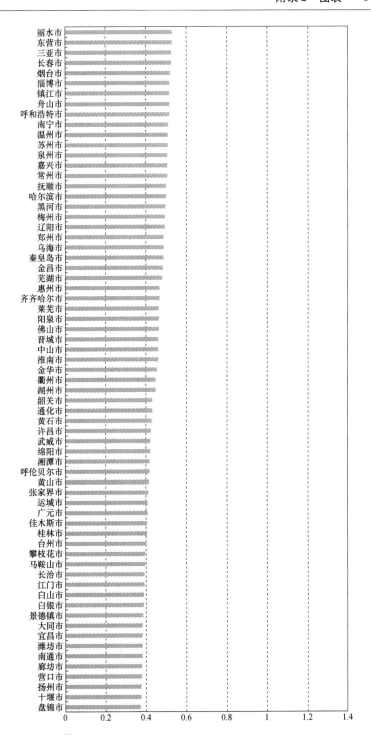

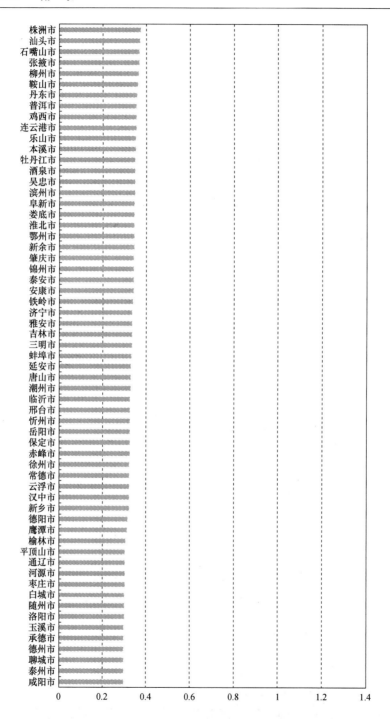

附图 2-33　2010 年 264 个城市可持续发展综合得分（Ⅲ）

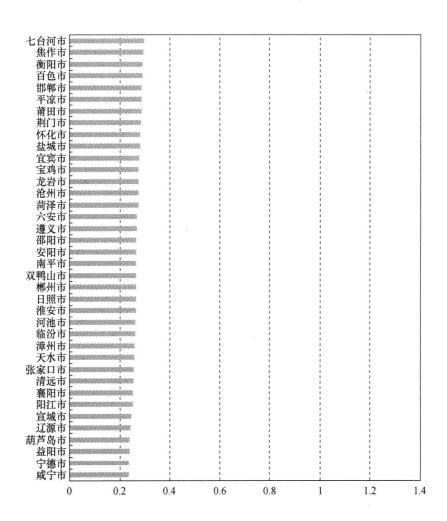

附图 2 - 34   2010 年 264 个城市可持续发展综合得分（Ⅳ）

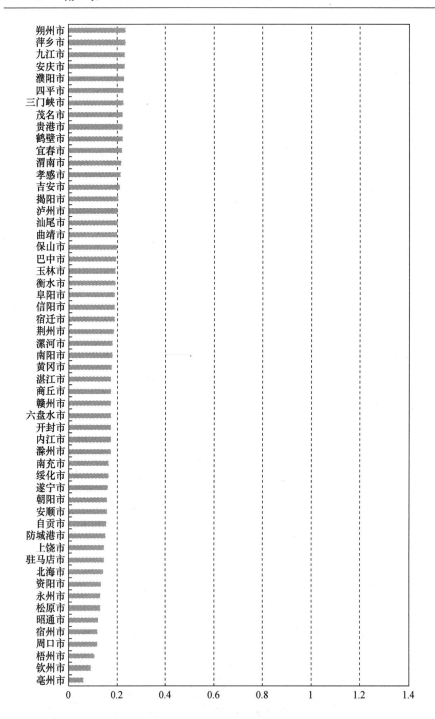

附图 2-35 2010 年 264 个城市可持续发展综合得分（V）

附表 2 – 5 1990—2011 年 264 个城市经济增长排名（1990—2001 年）

城市	1990年	1991年	1992年	1993年	1994年	1995年	1996年	1997年	1998年	1999年	2000年	2001年
北京	4	5	3	2	4	5	5	3	5	3	4	8
天津	33	47	62	27	40	10	6	9	17	9	9	15
石家庄	26	22	28	45	37	35	44	60	34	40	34	61
唐山	40	34	45	48	19	132	98	136	26	36	17	13
秦皇岛	79	133	85	110	64	108	124	129	127	101	76	56
邯郸	67	51	95	167	191	149	125	105	116	104	90	83
邢台	147	141	156	126	232	224	87	87	93	99	102	114
保定	37	61	42	41	38	90	117	183	171	150	113	75
张家口	181	182	195	206	208	213	204	199	205	152	160	118
承德	237	258	259	259	249	244	230	232	225	216	180	159
沧州	70	83	120	160	163	97	48	22	61	105	146	196
廊坊	56	58	63	56	45	74	132	92	55	43	36	34
衡水	132	122	133	210	242	133	27	94	177	148	123	108
太原	131	117	115	119	96	68	54	50	50	60	39	46
大同	163	110	84	17	30	51	102	29	89	137	185	127
阳泉	92	130	131	142	113	111	109	130	128	106	82	59
长治	216	237	227	204	153	118	106	120	162	184	241	179
晋城	178	140	129	68	66	66	67	97	101	81	46	79
朔州	220	164	102	63	101	80	86	72	59	61	60	54
运城	65	64	79	107	98	77	79	89	159	210	179	164
忻州	226	220	223	223	199	183	149	234	262	241	229	249
临汾	241	238	196	146	75	69	76	103	73	174	140	98
呼和浩特	83	66	106	83	36	36	49	78	110	102	93	86
包头	5	7	8	35	77	46	45	35	25	14	8	24
乌海	15	13	20	19	16	16	15	18	33	33	28	32
赤峰	251	242	252	255	247	246	239	247	242	213	169	241
通辽	139	206	213	214	201	165	191	100	173	226	191	205
呼伦贝尔	225	229	245	256	251	256	260	218	117	173	188	177
沈阳	136	135	56	13	35	81	105	65	52	34	44	50
大连	59	68	90	95	79	47	77	128	47	28	29	29
鞍山	82	79	94	70	81	45	33	26	22	12	27	21

续表

城市	1990年	1991年	1992年	1993年	1994年	1995年	1996年	1997年	1998年	1999年	2000年	2001年
抚顺	107	101	122	138	126	122	84	11	16	21	18	18
本溪	98	96	116	112	21	62	164	165	53	77	94	115
丹东	84	146	97	101	133	130	138	133	118	87	155	175
锦州	134	123	207	254	142	190	234	192	121	131	174	217
营口	195	195	176	166	125	116	100	101	106	86	57	65
阜新	234	230	243	248	234	228	219	226	220	215	193	167
辽阳	53	52	57	81	112	73	59	56	57	71	84	132
盘锦	68	82	64	29	63	34	29	33	44	175	168	170
铁岭	232	247	247	245	219	249	209	178	230	201	205	197
朝阳	114	134	148	179	182	258	250	252	243	232	243	202
葫芦岛	154	151	168	79	67	178	147	180	154	191	226	239
长春	76	85	117	155	178	84	135	104	76	73	67	66
吉林	123	120	137	136	179	138	175	138	96	38	88	111
四平	222	260	226	242	233	232	194	102	120	113	128	138
辽源	60	59	87	140	176	207	181	151	119	211	139	149
通化	127	125	139	88	139	189	139	137	169	100	81	161
白山	199	224	201	220	222	223	126	177	91	177	142	104
松原	202	166	238	159	160	175	203	228	195	119	133	155
白城	166	162	178	199	205	216	229	245	250	259	248	244
哈尔滨	103	116	155	188	188	160	146	168	97	108	117	95
齐齐哈尔	246	245	257	261	259	237	197	145	178	205	222	240
鸡西	71	72	77	180	95	126	171	127	82	78	69	71
鹤岗	130	128	151	173	161	162	182	213	196	151	247	209
双鸭山	198	201	218	231	226	227	226	229	226	223	216	198
大庆	14	6	5	3	2	21	21	38	4	5	1	7
伊春	218	218	232	239	210	181	169	158	148	183	220	194
佳木斯	118	119	140	183	214	210	214	235	157	154	158	219
七台河	177	176	190	169	51	79	65	77	85	59	41	48
牡丹江	239	253	256	257	257	182	208	161	167	161	164	152
黑河	250	240	251	229	172	208	240	259	261	236	255	262
绥化	264	264	261	263	262	239	259	255	256	260	264	264

续表

城市	1990年	1991年	1992年	1993年	1994年	1995年	1996年	1997年	1998年	1999年	2000年	2001年
上海	24	26	35	14	10	12	13	14	13	16	14	14
南京	63	63	41	32	44	155	137	55	11	35	30	36
无锡	48	20	17	5	3	3	2	4	6	6	5	5
徐州	117	114	53	51	39	33	39	49	74	69	64	62
常州	51	65	16	7	6	2	4	5	12	10	12	27
苏州	13	11	15	11	9	7	7	6	9	7	6	4
南通	11	12	14	141	86	113	31	19	45	55	97	135
连云港	194	160	172	182	166	153	81	106	134	133	224	248
淮安	215	215	229	238	229	226	220	243	140	118	147	204
盐城	174	169	179	191	147	121	88	154	211	224	215	187
扬州	69	70	81	116	109	114	60	71	132	120	109	105
镇江	142	92	72	69	62	52	57	75	99	53	43	35
泰州	151	202	71	80	94	64	30	36	72	42	48	52
宿迁	93	89	109	131	111	119	121	153	170	176	159	143
杭州	16	21	13	33	54	78	136	122	104	62	32	47
宁波	10	9	10	12	11	13	8	8	23	26	51	12
温州	41	77	40	76	90	39	142	86	10	51	21	23
嘉兴	58	80	31	66	60	55	18	41	29	13	26	28
湖州	42	55	47	71	85	56	63	99	133	138	144	156
绍兴	9	14	23	8	56	43	53	39	27	18	11	39
金华	200	190	184	96	46	100	128	172	94	24	19	38
衢州	88	112	158	196	158	131	110	190	145	110	75	85
舟山	137	71	154	224	246	180	187	175	158	165	74	180
台州	45	45	60	103	123	139	165	188	160	147	115	92
丽水	152	137	104	106	146	196	237	216	176	208	252	235
合肥	247	236	197	186	140	85	47	34	46	44	45	67
芜湖	206	172	136	46	57	61	72	53	115	141	161	122
蚌埠	105	104	125	148	165	234	210	174	193	200	244	254
淮南	47	40	24	38	49	40	50	68	100	98	96	89
马鞍山	27	67	65	82	59	42	41	67	112	124	143	91
淮北	138	107	91	47	73	70	82	110	184	220	176	145

续表

城市	1990年	1991年	1992年	1993年	1994年	1995年	1996年	1997年	1998年	1999年	2000年	2001年
铜陵	35	25	29	37	25	19	20	27	43	41	35	113
安庆	146	147	93	61	108	163	216	230	232	234	190	220
黄山	248	241	246	252	237	230	224	115	182	107	246	230
滁州	133	127	147	109	155	135	129	141	202	230	196	146
阜阳	99	118	161	194	200	212	158	43	139	219	251	234
宿州	227	244	221	250	253	260	263	263	264	263	262	263
六安	243	251	220	157	195	215	232	238	238	245	256	259
亳州	235	223	217	208	181	200	225	253	259	261	261	253
宣城	204	186	170	168	218	192	188	131	201	233	87	199
福州	19	39	22	24	23	22	26	45	75	83	86	125
厦门	61	57	51	59	47	30	16	20	40	50	59	60
莆田	109	131	76	55	55	58	51	57	81	63	131	84
三明	149	148	96	65	92	76	85	98	70	125	183	162
泉州	55	56	58	78	71	59	34	21	41	48	31	40
漳州	101	102	124	145	143	168	134	111	87	144	195	228
南平	116	175	78	62	119	151	206	195	223	229	127	188
龙岩	94	90	110	100	134	170	157	147	86	181	101	214
宁德	153	178	212	240	241	167	163	160	165	172	163	160
南昌	125	98	100	67	124	92	97	113	126	114	100	90
景德镇	179	185	135	98	43	65	104	83	68	82	61	53
萍乡	121	88	103	120	106	96	103	123	141	135	129	123
九江	173	139	141	152	184	176	186	119	151	160	121	144
新余	162	161	177	174	192	225	246	248	233	218	228	200
鹰潭	236	210	228	118	76	103	154	202	246	235	201	142
赣州	223	225	235	211	162	140	140	148	175	166	162	136
吉安	260	234	206	87	174	174	218	239	253	193	192	250
宜春	257	259	250	233	239	251	238	241	199	182	165	208
上饶	211	212	209	201	164	254	253	258	257	255	254	246
济南	25	36	26	21	20	20	25	48	84	72	55	97
青岛	17	43	36	31	26	38	66	135	30	17	23	42
淄博	32	37	19	9	68	9	9	10	14	20	20	19

续表

城市	1990年	1991年	1992年	1993年	1994年	1995年	1996年	1997年	1998年	1999年	2000年	2001年
枣庄	66	38	61	50	129	218	200	191	204	197	194	112
东营	12	10	9	10	8	8	11	13	18	25	24	26
烟台	31	24	34	43	34	29	36	51	83	58	40	33
潍坊	74	69	89	123	118	127	91	63	58	136	217	99
济宁	135	191	204	184	120	88	156	215	213	199	181	190
泰安	85	84	101	72	53	82	62	58	67	159	184	51
威海	29	30	37	42	27	27	38	61	66	47	33	30
日照	159	155	169	149	117	91	80	91	123	127	62	25
莱芜	49	44	50	23	33	50	74	124	95	155	231	107
临沂	184	165	152	225	235	238	243	200	143	88	38	100
德州	77	109	92	108	151	125	99	88	80	76	70	78
聊城	150	184	146	147	207	154	190	220	210	179	204	203
滨州	104	149	82	86	130	94	68	143	90	140	99	70
菏泽	157	136	174	190	215	255	258	254	260	251	263	261
郑州	89	106	49	20	18	15	71	44	21	54	105	22
开封	244	250	248	246	223	191	160	125	109	75	89	102
洛阳	102	103	123	53	58	72	144	82	38	74	111	72
平顶山	36	29	43	54	29	63	130	132	122	96	63	81
安阳	140	111	113	150	148	157	183	210	215	202	137	117
鹤壁	90	87	55	36	32	32	43	64	103	92	79	74
新乡	219	221	159	92	83	71	64	144	208	164	130	88
焦作	115	78	164	234	89	146	108	79	69	56	42	41
濮阳	128	198	153	73	114	49	83	46	88	95	98	109
许昌	201	189	182	178	145	129	111	116	113	94	65	49
漯河	126	203	188	177	135	102	35	47	49	30	25	37
三门峡	158	157	126	74	100	104	127	162	62	117	126	140
南阳	188	183	191	105	122	120	114	139	147	139	118	110
商丘	228	228	203	117	132	134	161	186	218	222	214	193
信阳	189	219	186	89	97	83	92	114	203	169	178	191
周口	167	197	193	195	171	144	148	152	152	134	106	223
驻马店	144	91	112	156	170	152	222	207	185	206	149	153

城市	1990年	1991年	1992年	1993年	1994年	1995年	1996年	1997年	1998年	1999年	2000年	2001年
武汉	54	54	59	75	65	53	56	52	39	84	53	43
黄石	240	252	239	215	159	112	61	40	78	115	157	44
十堰	95	138	98	77	99	169	233	182	200	204	212	151
宜昌	122	144	105	64	84	107	145	107	168	221	77	101
襄阳	91	150	130	125	88	48	150	173	194	198	207	126
鄂州	160	143	145	151	128	117	70	16	42	128	223	129
荆门	256	233	240	197	152	205	201	159	180	178	172	174
孝感	259	256	254	228	221	186	89	126	155	207	237	247
荆州	113	115	138	164	149	148	172	237	255	264	260	232
黄冈	245	214	241	216	220	159	143	203	252	257	259	257
咸宁	210	207	211	170	183	199	217	201	212	209	213	216
随州	252	246	214	132	228	195	215	246	251	258	253	252
长沙	80	53	69	30	107	99	78	69	60	85	104	119
株洲	145	126	128	135	110	89	116	142	150	149	135	131
湘潭	175	170	180	192	150	124	96	73	54	57	71	87
衡阳	75	75	86	115	127	222	211	167	107	158	150	128
邵阳	176	168	210	200	231	206	192	112	188	122	138	195
岳阳	171	108	202	213	203	201	141	81	108	79	73	77
常德	187	163	157	158	131	172	174	184	164	185	166	158
张家界	217	216	194	172	194	253	255	244	221	156	233	222
益阳	203	209	224	227	227	145	168	150	135	192	245	256
郴州	164	159	173	90	72	109	167	163	163	121	112	226
永州	230	239	249	253	243	242	236	208	156	145	177	168
怀化	186	187	200	249	254	261	252	251	236	187	225	236
娄底	156	152	167	165	209	187	193	194	102	67	145	211
广州	8	4	12	15	14	14	22	17	7	11	15	6
韶关	108	105	127	113	78	105	118	155	183	194	210	221
深圳	3	2	6	6	5	6	14	15	2	1	3	2
珠海	7	8	4	52	24	18	10	7	8	15	13	11
汕头	23	28	21	26	28	28	90	59	32	65	68	82
佛山	2	3	2	4	7	4	3	2	1	4	10	9

续表

城市	1990年	1991年	1992年	1993年	1994年	1995年	1996年	1997年	1998年	1999年	2000年	2001年
江门	38	27	39	99	157	93	73	70	64	31	66	124
湛江	120	132	144	226	255	158	178	196	174	132	125	186
茂名	143	100	83	85	52	17	17	23	36	37	85	57
肇庆	86	60	48	121	180	137	112	118	105	70	141	207
惠州	28	31	18	16	12	11	12	12	15	19	16	16
梅州	87	93	68	163	202	177	166	157	153	80	238	238
汕尾	141	142	149	243	263	229	170	224	216	116	187	176
河源	205	231	162	241	258	250	228	242	240	244	239	212
阳江	172	129	111	134	115	115	123	156	181	188	202	134
清远	148	62	74	93	80	60	94	146	187	180	170	171
东莞	21	18	7	28	69	41	32	30	35	29	22	17
中山	20	15	25	40	48	57	40	28	24	8	7	3
潮州	64	46	32	49	50	44	28	42	51	45	52	73
揭阳	112	95	114	205	244	156	37	31	28	46	148	233
云浮	111	124	121	217	252	247	235	240	190	90	199	251
南宁	208	199	175	162	116	128	151	181	209	171	151	178
柳州	18	17	30	60	82	110	159	170	172	162	103	147
桂林	52	50	54	104	103	87	95	117	137	129	124	120
梧州	124	113	134	130	93	150	223	187	131	109	120	96
北海	209	213	198	198	175	147	199	221	234	243	153	169
防城港	168	181	187	139	186	141	155	164	214	239	167	213
钦州	231	235	236	221	213	203	207	217	222	225	227	227
贵港	196	194	234	232	185	214	212	223	241	252	249	237
玉林	170	179	181	175	138	235	264	260	248	237	219	210
百色	261	249	242	209	137	143	179	211	231	231	218	218
河池	242	226	215	251	260	264	244	236	254	262	257	260
海口	182	180	192	207	196	217	242	214	161	112	122	150
三亚	106	99	108	122	91	95	119	166	206	49	91	31
重庆	155	173	142	102	104	101	75	62	92	66	49	45
成都	97	121	163	193	198	211	227	109	149	163	186	165
自贡	110	154	165	181	169	161	173	189	191	167	110	94

续表

城市	1990年	1991年	1992年	1993年	1994年	1995年	1996年	1997年	1998年	1999年	2000年	2001年
攀枝花	22	16	33	44	31	25	24	37	48	52	47	64
泸州	197	200	216	236	256	259	254	257	249	249	242	255
德阳	161	156	171	91	70	98	153	204	71	123	92	58
绵阳	229	255	244	185	224	236	221	222	217	212	175	163
广元	214	227	231	203	173	188	176	212	235	248	182	121
遂宁	224	193	205	212	238	257	213	225	245	190	154	182
内江	183	174	107	133	121	123	133	169	228	254	240	181
乐山	192	204	185	129	144	202	202	209	219	227	234	224
南充	233	217	237	244	236	233	261	261	247	228	209	157
宜宾	129	86	132	84	167	241	131	134	125	143	171	137
雅安	193	153	160	144	206	193	120	96	124	157	54	116
巴中	255	248	264	264	264	262	251	249	237	253	250	243
资阳	221	177	230	235	212	184	185	185	129	242	198	172
贵阳	46	32	52	111	136	166	122	80	63	64	136	166
六盘水	180	188	143	161	189	231	248	205	136	97	189	245
遵义	212	211	222	189	225	204	198	197	229	168	211	225
安顺	263	262	263	260	245	221	196	179	197	217	114	201
昆明	73	158	99	22	15	37	101	85	77	103	132	130
曲靖	213	222	166	187	177	171	184	140	166	195	156	106
玉溪	62	42	67	58	42	31	46	76	146	196	83	154
保山	238	254	253	230	211	243	245	219	224	247	230	231
昭通	262	257	255	258	250	252	249	264	263	256	232	192
普洱	253	263	258	262	261	263	262	262	258	246	206	185
西安	44	49	66	127	74	173	93	32	20	27	108	141
铜川	30	23	27	39	13	86	42	25	37	32	37	55
宝鸡	34	48	70	137	156	106	58	74	98	89	78	69
咸阳	119	145	150	124	168	164	177	90	130	146	152	206
渭南	191	192	189	114	102	209	180	149	111	170	235	93
延安	43	35	46	57	41	54	69	93	114	111	95	63
汉中	165	205	225	247	248	248	256	231	189	186	173	183
榆林	169	167	183	202	193	194	189	206	207	203	203	189

续表

城市	1990年	1991年	1992年	1993年	1994年	1995年	1996年	1997年	1998年	1999年	2000年	2001年
安康	185	171	199	171	230	245	257	250	239	238	236	215
兰州	57	41	38	34	17	26	52	108	56	39	72	68
嘉峪关	6	19	11	18	22	23	19	24	31	23	80	20
金昌	100	97	118	128	105	75	115	171	142	91	56	10
白银	72	73	80	154	187	220	247	227	198	130	58	76
天水	81	81	88	143	154	179	205	233	244	250	258	258
武威	249	243	233	153	197	240	241	193	186	153	119	184
张掖	254	232	260	219	216	219	231	256	179	240	221	242
平凉	258	261	262	237	217	198	195	176	192	189	197	229
酒泉	207	208	219	222	204	185	152	121	144	142	134	133
西宁	78	76	75	94	61	136	107	84	138	126	116	148
银川	96	94	119	176	190	142	113	95	65	93	50	139
石嘴山	39	33	44	97	141	24	23	66	19	22	107	103
吴忠	190	196	208	218	240	197	162	198	227	214	200	173
乌鲁木齐	50	74	73	25	87	67	55	54	79	68	208	80
克拉玛依	1	1	1	1	1	1	1	1	3	2	2	1

附表 2 - 6 1990—2011 年 264 个城市经济增长排名（2002—2011 年）

城市	2002年	2003年	2004年	2005年	2006年	2007年	2008年	2009年	2010年	2011年	综合	2000年后
北京	8	9	12	13	17	19	10	7	6	21	7	9
天津	12	22	13	22	21	27	28	53	63	58	21	21
石家庄	46	73	76	89	91	87	80	99	92	109	42	70
唐山	19	49	78	38	25	35	100	74	76	68	34	35
秦皇岛	100	126	79	110	121	129	145	160	107	146	98	104
邯郸	76	84	100	126	125	124	125	138	137	131	111	101
邢台	131	198	205	209	202	186	158	153	133	102	153	160
保定	107	118	117	93	162	145	123	116	150	155	89	120
张家口	133	160	113	145	146	146	184	234	242	231	184	176
承德	129	184	181	169	127	159	163	190	169	191	221	168
沧州	230	105	101	103	92	75	87	131	135	132	110	134

续表

城市	2002年	2003年	2004年	2005年	2006年	2007年	2008年	2009年	2010年	2011年	综合	2000年后
廊坊	30	26	30	52	90	121	148	134	156	198	63	71
衡水	108	112	161	185	182	177	205	56	184	175	142	140
太原	60	78	105	149	164	183	194	228	164	121	91	119
大同	33	39	135	202	213	243	262	263	241	205	133	193
阳泉	29	79	64	57	78	100	127	214	229	138	106	92
长治	112	140	153	158	141	141	182	133	125	115	164	151
晋城	113	161	179	196	185	174	157	164	158	32	113	129
朔州	53	47	84	117	129	140	150	141	186	142	90	95
运城	146	146	155	151	79	59	96	172	218	156	121	144
忻州	258	224	142	235	234	227	218	220	193	203	234	232
临汾	121	148	73	114	131	132	138	152	238	118	138	136
呼和浩特	92	91	95	97	93	81	54	68	54	80	69	77
包头	27	36	11	18	29	15	12	11	14	15	15	13
乌海	31	32	40	50	59	48	22	24	17	23	22	25
赤峰	225	223	245	255	243	211	161	206	146	179	245	221
通辽	200	201	251	244	254	148	133	174	97	144	196	201
呼伦贝尔	182	241	243	226	220	240	248	252	207	217	238	227
沈阳	75	43	55	79	88	94	88	70	57	54	58	60
大连	35	34	38	53	69	85	75	72	50	70	48	43
鞍山	18	21	56	47	34	42	32	31	20	76	30	24
抚顺	17	17	20	28	36	37	36	78	95	128	38	27
本溪	32	29	32	17	11	31	19	26	45	59	50	32
丹东	155	144	189	182	142	128	110	115	101	199	134	146
锦州	118	116	127	144	133	173	210	117	114	216	171	155
营口	62	61	63	77	97	86	60	96	122	99	96	72
阜新	223	213	215	212	215	230	240	239	246	253	237	229
辽阳	149	119	93	109	109	106	92	103	91	108	74	102
盘锦	140	214	196	171	85	133	180	173	151	152	102	165
铁岭	148	166	158	140	199	203	216	241	172	164	217	185
朝阳	173	181	197	224	211	238	220	210	225	226	222	219

续表

城市	2002年	2003年	2004年	2005年	2006年	2007年	2008年	2009年	2010年	2011年	综合	2000年后
葫芦岛	184	177	192	205	194	181	132	222	234	238	177	204
长春	71	76	91	148	186	152	112	92	68	94	92	89
吉林	187	110	83	54	54	52	29	35	110	85	94	76
四平	210	252	130	214	256	241	200	179	161	153	206	199
辽源	161	190	133	200	200	204	187	196	189	41	155	170
通化	228	247	139	180	188	195	202	243	162	96	159	183
白山	150	186	220	168	149	208	176	163	117	73	174	154
松原	183	202	164	142	174	200	228	248	182	126	185	182
白城	249	259	213	228	240	248	230	211	170	211	242	243
哈尔滨	125	155	170	178	158	170	171	194	185	214	154	157
齐齐哈尔	192	218	232	227	227	220	215	223	243	252	240	234
鸡西	80	89	106	139	139	142	143	217	235	240	118	137
鹤岗	169	132	120	120	154	189	181	195	192	224	175	184
双鸭山	205	206	221	223	226	222	225	244	249	260	233	237
大庆	5	5	5	4	8	8	8	9	10	10	4	7
伊春	189	182	190	187	210	239	258	262	264	264	227	240
佳木斯	132	219	234	240	249	250	245	249	263	262	223	246
七台河	56	46	46	60	67	91	103	81	41	133	78	58
牡丹江	195	199	163	173	153	179	173	232	237	206	212	186
黑河	256	226	256	203	232	259	239	218	250	258	257	255
绥化	261	251	229	194	218	199	214	191	217	244	262	254
上海	16	12	17	24	24	30	23	40	43	63	16	22
南京	41	44	59	51	46	36	27	43	61	113	37	40
无锡	6	3	4	5	4	7	7	8	8	13	5	6
徐州	65	75	65	71	63	55	46	75	67	72	52	57
常州	73	74	23	15	15	12	14	13	7	3	12	15
苏州	4	4	6	8	7	6	4	5	9	6	6	5
南通	147	147	154	150	148	73	79	57	35	38	56	96
连云港	186	62	162	177	161	149	193	207	153	125	160	181
淮安	178	145	165	107	155	164	195	176	139	134	189	158

续表

城市	2002年	2003年	2004年	2005年	2006年	2007年	2008年	2009年	2010年	2011年	综合	2000年后
盐城	185	179	187	199	172	153	130	154	116	106	168	169
扬州	87	70	50	45	57	47	33	59	32	47	70	54
镇江	24	68	35	26	40	34	30	61	30	26	43	30
泰州	57	123	114	100	73	49	55	52	64	34	65	59
宿迁	101	52	57	66	134	122	151	161	141	120	120	115
杭州	70	67	66	70	61	69	64	42	47	56	41	49
宁波	28	28	22	41	33	20	43	30	65	77	18	28
温州	38	25	36	44	35	32	104	85	52	114	35	37
嘉兴	49	40	54	43	38	38	56	38	106	71	32	39
湖州	204	71	19	27	32	16	34	21	44	37	53	47
绍兴	114	14	25	9	9	10	37	12	37	42	20	19
金华	78	103	88	40	37	41	35	28	71	53	72	41
衢州	157	162	136	155	116	58	126	55	75	122	122	99
舟山	162	141	150	159	143	127	128	146	78	90	157	131
台州	96	93	74	68	52	84	108	121	121	161	95	91
丽水	222	200	191	172	137	110	84	88	98	124	173	179
合肥	67	72	80	58	95	118	140	180	145	167	114	90
芜湖	102	81	60	118	130	120	129	128	80	215	109	122
蚌埠	215	246	259	253	223	193	237	182	206	207	218	241
淮南	104	121	137	122	80	115	76	33	58	95	60	82
马鞍山	61	94	110	99	75	56	24	41	59	209	67	80
淮北	117	90	195	201	166	136	99	168	191	158	129	150
铜陵	51	82	116	61	114	28	47	37	27	88	31	53
安庆	260	245	217	130	180	210	197	208	195	137	194	212
黄山	234	249	255	256	257	249	250	216	226	182	243	250
滁州	180	205	222	225	228	231	244	240	215	170	187	213
阜阳	262	235	238	233	208	182	178	187	210	200	204	239
宿州	251	264	264	264	263	261	261	259	253	242	264	264
六安	232	242	263	261	260	252	255	203	203	233	255	261
亳州	263	263	261	258	261	260	241	246	230	208	258	263

续表

城市	2002年	2003年	2004年	2005年	2006年	2007年	2008年	2009年	2010年	2011年	综合	2000年后
宣城	221	158	175	197	217	213	235	171	174	192	190	188
福州	105	165	43	75	98	93	94	110	108	147	49	97
厦门	68	20	18	35	60	70	134	89	140	135	40	56
莆田	143	212	129	186	169	157	131	122	96	174	101	145
三明	172	204	177	127	156	184	165	136	213	105	132	172
泉州	13	10	10	12	13	18	15	16	13	9	24	12
漳州	208	173	149	101	150	154	107	130	131	162	143	162
南平	151	194	193	166	222	216	170	199	204	193	176	187
龙岩	238	172	216	195	203	198	189	205	197	185	161	198
宁德	237	262	258	251	250	236	191	178	166	143	216	228
南昌	99	106	112	138	132	125	122	132	127	97	105	109
景德镇	52	64	92	104	107	101	85	95	90	101	81	75
萍乡	127	142	166	181	171	169	185	142	147	61	127	142
九江	188	139	118	152	159	135	137	202	177	168	158	148
新余	198	187	188	157	136	126	117	119	109	35	186	152
鹰潭	136	228	109	81	102	116	124	126	113	165	165	138
赣州	218	256	248	239	219	194	179	209	214	210	207	218
吉安	194	195	206	208	179	178	175	149	159	154	211	196
宜春	176	221	198	154	144	131	121	123	112	189	220	171
上饶	239	240	246	248	252	245	198	229	244	202	252	251
济南	48	24	45	59	66	66	51	76	77	104	33	55
青岛	36	53	37	42	30	17	41	34	40	52	27	31
淄博	21	15	15	21	19	21	17	17	11	17	14	14
枣庄	50	115	104	105	48	44	91	39	55	98	103	79
东营	26	30	27	25	16	11	5	6	4	2	10	10
烟台	44	54	89	73	42	29	31	29	18	31	28	33
潍坊	84	59	71	91	49	39	89	50	34	66	77	73
济宁	156	129	171	90	39	64	101	112	103	130	146	123
泰安	74	104	147	131	89	89	71	86	84	123	83	93
威海	22	18	16	23	23	23	18	19	16	11	23	17

续表

城市	2002年	2003年	2004年	2005年	2006年	2007年	2008年	2009年	2010年	2011年	综合	2000年后
日照	64	48	39	33	43	78	52	64	86	55	76	45
莱芜	23	63	31	11	12	25	58	58	38	40	44	42
临沂	201	99	61	48	26	45	57	47	24	29	126	52
德州	85	113	151	113	53	60	69	45	21	65	75	64
聊城	197	171	131	76	51	62	105	48	60	92	151	118
滨州	97	117	128	153	74	43	62	32	46	84	84	74
菏泽	231	233	239	238	225	175	98	91	100	141	236	225
郑州	34	95	98	106	99	88	67	82	72	49	46	63
开封	170	175	211	234	206	202	196	198	233	201	195	189
洛阳	43	111	82	137	126	130	111	97	74	74	80	87
平顶山	59	88	132	115	76	92	144	125	93	86	68	85
安阳	111	107	121	141	118	139	227	100	134	87	147	128
鹤壁	69	65	62	72	65	95	86	104	79	43	61	69
新乡	66	98	141	188	175	171	156	166	124	136	137	132
焦作	37	69	70	84	81	72	48	62	49	36	73	48
濮阳	120	135	138	143	120	103	74	77	73	91	93	98
许昌	42	38	48	63	64	61	82	44	23	46	86	44
漯河	25	31	86	36	45	82	65	51	36	22	62	34
三门峡	164	100	75	74	94	50	78	71	105	50	97	88
南阳	154	164	178	192	178	168	164	181	152	160	149	156
商丘	190	222	249	260	235	242	219	230	176	194	214	226
信阳	216	229	230	216	212	219	246	224	194	176	182	217
周口	264	257	241	213	237	228	221	221	196	184	209	236
驻马店	203	207	228	232	229	232	252	238	227	227	201	220
武汉	40	35	51	69	72	76	90	105	85	149	51	62
黄石	98	87	77	96	106	105	97	114	138	129	131	94
十堰	158	185	235	254	262	207	231	212	247	248	199	230
宜昌	39	27	33	32	44	63	45	80	48	119	79	46
襄阳	122	176	126	85	135	176	199	236	211	196	150	173
鄂州	47	51	53	46	145	155	115	118	144	100	100	106

续表

城市	2002年	2003年	2004年	2005年	2006年	2007年	2008年	2009年	2010年	2011年	综合	2000年后
荆门	191	138	168	191	192	191	183	162	163	187	193	180
孝感	213	136	186	135	167	166	154	156	181	220	205	191
荆州	167	180	223	230	239	258	242	247	252	239	231	244
黄冈	252	236	242	245	241	262	253	253	248	223	253	257
咸宁	242	260	214	125	193	185	172	157	228	188	213	216
随州	253	237	226	65	151	180	153	143	136	230	232	214
长沙	58	120	123	98	96	80	50	63	51	45	71	78
株洲	163	58	143	92	87	151	120	87	128	89	119	113
湘潭	119	133	152	174	163	162	135	129	104	93	124	124
衡阳	116	109	97	86	82	137	139	155	115	172	130	125
邵阳	246	217	194	156	195	212	208	197	224	235	200	205
岳阳	175	154	134	162	160	156	109	107	88	57	135	121
常德	115	122	119	134	119	107	77	150	142	111	145	127
张家界	241	211	227	219	198	226	204	183	205	225	228	222
益阳	244	231	219	112	181	233	233	185	178	212	215	224
郴州	247	151	184	207	205	192	177	186	179	177	163	192
永州	165	169	200	215	221	254	226	233	239	222	226	211
怀化	254	254	252	247	244	234	213	201	220	219	251	245
娄底	168	163	169	165	138	114	102	46	56	110	144	133
广州	9	11	8	10	10	9	16	22	26	67	9	11
韶关	63	86	115	161	173	113	192	139	216	181	141	153
深圳	3	2	1	3	2	3	3	3	3	7	3	2
珠海	10	19	21	19	20	14	59	49	81	33	13	20
汕头	94	56	34	20	18	22	25	10	28	16	25	26
佛山	7	8	7	6	3	2	1	1	1	1	2	3
江门	106	92	47	34	55	33	83	73	42	69	55	61
湛江	206	167	125	133	110	117	160	167	157	169	166	149
茂名	54	45	44	49	50	46	61	27	87	117	45	50
肇庆	250	216	160	56	77	97	73	127	123	151	125	147
惠州	20	23	28	39	47	54	39	23	25	28	19	23

续表

城市	2002年	2003年	2004年	2005年	2006年	2007年	2008年	2009年	2010年	2011年	综合	2000年后
梅州	219	183	174	176	140	138	119	84	160	62	156	174
汕尾	179	189	182	193	177	172	136	135	119	116	183	164
河源	109	149	159	160	170	188	209	188	143	107	219	178
阳江	142	85	72	67	113	111	186	93	209	171	136	135
清远	174	150	122	147	115	96	72	79	39	27	112	110
东莞	15	13	14	14	14	13	9	69	33	20	17	16
中山	2	7	3	2	5	4	6	4	5	4	8	4
潮州	95	128	29	31	28	26	20	15	19	19	29	29
揭阳	177	102	102	111	104	53	42	65	69	44	104	103
云浮	236	208	207	206	168	158	146	144	183	150	202	200
南宁	145	174	212	229	246	197	232	219	236	241	191	209
柳州	81	114	157	170	124	99	162	145	180	243	108	141
桂林	126	124	185	146	184	217	203	113	187	232	123	163
梧州	89	168	247	259	251	160	152	165	168	229	167	190
北海	141	159	183	204	197	224	217	170	257	213	208	194
防城港	160	157	176	198	189	223	212	213	255	245	198	206
钦州	209	209	262	249	233	256	254	231	245	195	244	249
贵港	245	255	260	262	253	253	257	204	212	261	254	259
玉林	227	234	250	237	247	237	249	250	221	257	248	248
百色	229	238	209	250	255	257	238	227	208	255	241	247
河池	235	248	253	243	236	229	224	261	258	263	259	260
海口	138	152	172	189	152	163	169	193	200	237	181	175
三亚	79	42	81	88	128	74	149	192	232	249	115	117
重庆	45	37	42	55	56	79	44	36	22	14	64	38
成都	110	60	67	83	83	112	159	137	82	83	140	108
自贡	134	97	145	128	86	77	53	66	53	51	128	86
攀枝花	90	101	24	29	27	51	40	20	62	18	26	36
泸州	248	232	210	136	204	190	167	159	173	139	239	215
德阳	72	41	49	64	68	65	174	255	149	30	107	84
绵阳	144	143	148	129	111	134	113	109	89	79	188	130

续表

城市	2002年	2003年	2004年	2005年	2006年	2007年	2008年	2009年	2010年	2011年	综合	2000年后
广元	139	170	204	119	165	165	155	169	167	166	192	161
遂宁	217	210	224	164	207	247	236	226	223	163	224	207
内江	123	134	144	163	157	187	206	177	130	103	169	166
乐山	202	156	180	175	187	144	142	101	126	78	179	167
南充	214	253	244	242	231	206	222	237	219	190	250	223
宜宾	152	131	156	108	147	150	141	148	148	127	139	139
雅安	196	239	146	184	191	225	223	225	155	75	162	177
巴中	240	250	231	220	259	264	260	260	254	247	261	258
资阳	171	188	201	211	209	205	190	184	202	180	203	195
贵阳	91	66	41	78	71	68	116	98	154	218	85	105
六盘水	166	153	140	124	101	147	168	158	175	82	172	159
遵义	226	197	199	190	183	196	166	151	198	186	210	197
安顺	193	178	173	246	201	215	263	242	261	259	249	231
昆明	86	77	111	95	103	104	147	147	165	145	82	116
曲靖	77	83	99	123	123	123	118	124	120	148	148	112
玉溪	128	130	107	30	31	40	21	25	29	39	57	51
保山	224	225	240	263	258	255	259	258	260	254	256	256
昭通	255	261	257	252	248	235	229	235	240	246	260	252
普洱	199	258	254	257	264	263	264	264	262	256	263	262
西安	211	96	124	167	176	143	106	140	171	157	88	143
铜川	83	125	103	121	112	102	49	108	31	25	36	66
宝鸡	159	191	108	179	70	119	114	83	129	64	87	107
咸阳	243	203	167	218	216	218	234	200	188	173	178	208
渭南	135	192	202	210	196	167	207	251	231	236	180	202
延安	82	80	87	16	41	161	66	60	66	140	59	65
汉中	207	220	203	183	190	214	201	257	222	221	225	210
榆林	130	57	68	102	122	98	81	90	83	24	152	100
安康	220	215	225	222	245	251	256	245	201	178	235	235
兰州	55	33	52	87	108	67	63	94	111	112	47	68
嘉峪关	11	6	9	7	6	5	11	14	12	8	11	8

续表

城市	2002年	2003年	2004年	2005年	2006年	2007年	2008年	2009年	2010年	2011年	综合	2000年后
金昌	14	16	26	37	22	24	13	18	15	12	39	18
白银	93	50	94	82	100	90	38	67	94	60	117	67
天水	233	193	208	217	238	246	251	256	256	251	229	253
武威	212	227	237	241	242	244	243	175	259	250	230	233
张掖	259	243	236	236	214	201	188	189	199	234	247	238
平凉	257	244	218	221	224	209	247	254	251	228	246	242
酒泉	137	230	233	231	230	221	211	215	190	197	197	203
西宁	103	108	96	116	117	108	70	111	132	183	99	114
银川	124	127	85	132	105	109	95	106	102	204	116	111
石嘴山	153	196	69	94	84	71	26	54	70	48	54	83
吴忠	181	137	90	80	62	83	93	102	99	159	170	126
乌鲁木齐	88	55	58	62	58	57	68	120	118	81	66	81
克拉玛依	1	1	2	1	1	1	2	2	2	5	1	1

附表 2 – 7　　　　1990—2011 年 264 个城市经济增长指数

（上一年 = 100）（1990—2001 年）

城市	1990年	1991年	1992年	1993年	1994年	1995年	1996年	1997年	1998年	1999年	2000年	2001年
北京	100	97.2	103.9	99.4	96.2	99.2	99.5	105.8	101.5	105.3	94.7	94.7
天津	100	95.5	98.5	110.8	95.2	108.7	101.7	99.4	99.0	105.4	99.5	97.0
石家庄	100	99.8	99.8	99.3	99.3	99.3	99.3	99.3	107.9	98.1	100.0	96.5
唐山	100	100.1	100.1	101.3	105.5	82.1	106.1	98.3	117.8	98.8	103.9	101.3
秦皇岛	100	93.1	108.1	100.1	105.6	93.8	98.6	102.8	102.7	102.6	102.5	102.5
邯郸	100	103.0	94.5	94.2	93.8	105.8	105.5	105.2	101.3	101.3	101.3	101.3
邢台	100	100.3	100.2	107.4	82.4	101.7	123.9	102.4	102.3	98.7	98.7	98.7
保定	100	94.4	106.5	102.7	97.7	91.7	97.6	94.6	103.7	103.5	103.4	105.3
张家口	100	99.6	99.6	100.3	98.4	98.4	103.6	103.5	103.3	105.8	99.5	104.3
承德	100	91.7	103.0	102.9	102.8	102.7	102.7	104.4	104.2	104.0	103.9	103.7
沧州	100	97.9	97.8	97.8	97.7	108.7	108.0	107.4	95.4	95.2	94.9	93.5
廊坊	100	100.0	100.0	104.8	100.3	94.3	93.9	107.8	107.2	101.1	101.1	101.0
衡水	100	100.8	100.8	91.6	90.9	121.2	117.5	92.9	92.4	104.9	101.6	101.6

续表

城市	1990 年	1991 年	1992 年	1993 年	1994 年	1995 年	1996 年	1997 年	1998 年	1999 年	2000 年	2001 年
太原	100	100.9	102.8	102.7	102.7	102.6	102.5	102.5	102.4	98.4	102.9	99.0
大同	100	105.8	105.5	118.3	95.0	94.8	94.5	113.0	94.8	94.0	93.6	107.5
阳泉	100	95.4	102.0	102.0	101.9	100.7	100.7	100.7	102.5	102.4	102.4	102.3
长治	100	94.1	107.4	106.8	106.4	106.0	101.4	101.4	97.1	97.0	90.3	111.1
晋城	100	104.5	103.5	111.6	99.4	99.5	99.5	99.5	102.4	102.3	103.2	96.9
朔州	100	111.2	110.0	109.1	94.6	100.7	100.7	104.1	103.6	99.6	99.6	101.2
运城	100	100.0	98.3	100.4	100.9	100.9	100.9	101.1	94.3	93.9	102.8	102.7
忻州	100	102.8	102.5	102.5	102.4	102.4	107.2	88.3	86.8	115.4	106.3	90.1
临汾	100	99.3	114.2	110.4	109.4	99.4	99.4	99.4	106.5	87.8	104.4	104.0
呼和浩特	100	102.5	96.6	106.7	106.3	98.7	98.7	98.7	98.6	100.6	100.6	100.6
包头	100	100.1	98.3	92.7	92.1	102.0	101.9	104.1	103.9	103.8	103.6	94.2
乌海	100	99.8	99.8	99.8	99.8	99.8	99.8	99.8	99.8	99.8	99.8	99.8
赤峰	100	100.7	100.7	100.7	100.7	100.7	102.0	102.0	101.9	112.0	104.7	87.8
通辽	100	90.2	101.7	101.6	100.8	105.5	98.1	115.5	93.0	92.4	106.1	96.9
呼伦贝尔	100	99.4	98.8	98.8	98.7	98.7	95.4	123.4	118.9	92.5	98.1	101.4
沈阳	100	99.8	113.3	113.9	93.0	91.9	98.1	107.6	104.4	103.5	97.0	99.5
大连	100	97.6	99.0	102.3	102.3	102.2	97.1	97.1	112.4	104.5	98.2	101.4
鞍山	100	100.1	100.1	106.4	98.1	103.5	103.4	103.3	103.2	103.7	95.2	103.1
抚顺	100	100.2	100.1	100.7	100.7	100.7	105.2	116.2	100.1	100.1	100.1	100.1
本溪	100	99.9	100.1	103.5	115.7	91.0	88.9	102.3	117.2	97.4	97.3	97.2
丹东	100	92.7	108.0	102.5	95.0	100.0	100.0	104.1	103.9	103.7	91.4	97.4
锦州	100	101.1	91.2	90.3	122.6	92.4	91.7	114.5	112.7	98.6	93.9	93.5
营口	100	100.4	104.8	104.6	104.4	101.2	102.4	102.3	102.2	102.2	102.1	99.6
阜新	100	100.7	100.6	101.8	101.8	101.7	101.2	103.3	103.2	103.1	103.0	102.9
辽阳	100	100.0	100.0	100.0	94.4	104.3	102.7	102.7	102.6	98.3	98.2	94.3
盘锦	100	97.3	105.1	110.8	92.0	103.7	101.7	101.7	100.3	84.7	100.3	100.3
铁岭	100	94.9	104.6	104.4	105.2	91.1	111.1	110.0	91.7	108.5	99.9	99.9
朝阳	100	98.3	100.7	97.9	98.7	80.9	104.4	104.2	104.0	106.7	97.5	107.0
葫芦岛	100	99.7	99.7	115.8	100.6	85.1	106.3	98.1	105.9	95.3	95.1	94.8
长春	100	98.2	98.1	98.1	95.6	112.5	94.7	106.9	106.4	99.9	99.9	100.4
吉林	100	100.1	100.2	103.4	93.1	104.7	97.1	108.3	107.7	107.1	93.1	97.0

续表

城市	1990年	1991年	1992年	1993年	1994年	1995年	1996年	1997年	1998年	1999年	2000年	2001年
四平	100	84.8	120.9	99.6	99.5	99.5	110.1	115.9	100.5	100.5	97.9	98.7
辽源	100	100.0	96.8	96.7	94.1	93.8	107.3	106.8	106.4	89.0	109.1	99.1
通化	100	100.2	100.2	110.1	92.4	91.7	109.8	103.7	97.2	109.5	101.9	91.1
白山	100	95.4	107.2	98.8	98.8	98.8	117.7	96.3	114.5	89.2	104.5	104.0
松原	100	106.5	90.1	117.6	98.0	97.4	97.3	97.3	110.7	109.7	98.0	97.9
白城	100	99.7	99.7	99.7	97.2	97.3	97.2	100.0	96.0	95.8	110.4	99.9
哈尔滨	100	97.9	97.9	97.8	97.8	104.3	104.1	100.0	112.3	98.1	98.0	102.1
齐齐哈尔	100	98.4	98.4	98.4	98.4	112.0	110.7	111.3	97.4	97.3	97.3	93.6
鸡西	100	100.1	100.1	90.6	111.8	95.3	95.0	109.2	108.4	100.0	100.0	100.0
鹤岗	100	99.8	99.8	99.8	99.8	99.3	99.3	97.4	106.3	105.3	84.7	108.3
双鸭山	100	99.6	99.6	99.6	99.6	99.6	99.6	103.4	103.3	103.2	101.3	101.3
大庆	100	105.7	101.7	101.6	101.6	86.7	99.7	99.1	118.9	99.2	107.4	91.6
伊春	100	100.5	100.5	100.5	104.4	104.2	104.1	103.9	103.7	95.5	95.3	102.9
佳木斯	100	99.8	99.8	97.1	93.6	99.6	99.6	99.6	117.5	99.5	100.1	90.9
七台河	100	99.6	99.6	106.3	116.7	94.3	102.1	102.0	102.0	102.0	101.9	99.7
牡丹江	100	94.5	102.4	102.5	95.2	123.0	97.3	110.6	102.0	99.8	99.7	102.2
黑河	100	100.7	100.7	109.7	108.8	93.5	93.0	92.5	100.7	117.2	90.6	87.2
绥化	100	90.3	123.9	101.1	101.1	114.3	89.8	109.6	96.1	95.9	80.9	113.2
上海	100	97.1	101.0	107.3	100.0	100.0	100.0	100.0	101.1	101.1	100.0	100.0
南京	100	99.5	107.7	103.9	95.7	84.3	104.4	113.0	111.5	95.6	99.9	99.3
无锡	100	105.8	105.5	105.2	100.6	100.6	100.6	100.6	100.6	100.6	100.6	100.6
徐州	100	100.1	112.4	103.6	100.1	100.1	100.0	100.0	100.0	100.0	100.0	100.5
常州	100	96.7	117.6	103.8	97.9	107.4	97.6	97.5	97.5	103.9	97.2	96.5
苏州	100	100.3	100.3	100.3	100.4	100.4	100.4	102.3	102.2	101.5	101.4	101.4
南通	100	99.5	100.8	80.4	106.7	96.1	112.1	105.2	97.1	98.5	94.6	95.5
连云港	100	105.3	100.8	100.8	100.8	100.8	111.9	99.5	99.5	99.5	88.7	90.0
淮安	100	100.3	100.4	100.5	100.0	100.7	100.7	98.5	123.6	102.2	96.6	91.5
盐城	100	100.3	100.3	100.3	105.0	104.7	104.5	94.5	94.2	97.9	102.8	102.8
扬州	100	99.6	99.6	99.6	99.6	99.6	107.1	101.1	95.8	100.5	100.5	100.5
镇江	100	105.1	104.8	104.6	100.2	100.2	100.2	100.2	100.2	104.7	100.8	102.4
泰州	100	91.9	120.8	103.4	97.3	102.9	106.2	101.5	97.1	103.9	97.9	99.9

续表

城市	1990年	1991年	1992年	1993年	1994年	1995年	1996年	1997年	1998年	1999年	2000年	2001年
宿迁	100	100.1	100.1	100.9	100.9	99.4	99.4	99.4	99.4	99.4	102.4	101.8
杭州	100	95.4	106.4	95.1	94.8	94.5	94.2	104.8	104.6	104.4	104.2	98.0
宁波	100	100.1	100.1	99.4	99.4	99.4	101.9	101.9	96.0	100.4	93.9	110.7
温州	100	91.7	110.5	95.5	97.6	106.0	88.3	109.5	118.4	90.0	106.7	99.7
嘉兴	100	95.7	112.7	95.5	99.7	99.7	109.1	97.0	104.5	104.3	96.7	99.8
湖州	100	96.3	103.2	97.7	97.6	102.9	98.9	98.9	98.9	98.9	98.9	98.9
绍兴	100	95.5	99.9	105.3	87.4	100.1	100.1	104.6	104.4	102.9	102.8	92.3
金华	100	102.5	102.5	115.7	107.1	91.5	97.5	97.4	113.1	111.6	100.2	95.6
衢州	100	96.1	97.2	97.1	104.0	103.8	103.7	92.3	109.6	104.0	103.7	98.8
舟山	100	108.5	91.7	92.0	91.3	115.5	101.1	104.7	104.5	98.4	111.9	87.7
台州	100	98.6	98.6	96.7	96.6	96.5	99.1	99.1	106.6	102.3	102.3	102.2
丽水	100	101.3	106.0	103.1	93.0	92.5	91.9	110.2	109.3	96.5	86.9	106.5
合肥	100	100.7	113.7	104.8	104.6	107.0	106.5	104.7	99.8	99.8	99.5	97.6
芜湖	100	107.0	106.5	118.2	95.8	98.7	98.7	105.3	95.3	97.0	96.9	104.3
蚌埠	100	99.8	99.8	99.8	96.2	87.6	106.4	110.6	99.7	99.3	91.2	90.4
淮南	100	100.4	108.4	96.8	96.7	99.3	99.6	99.6	99.6	99.6	99.6	100.3
马鞍山	100	90.3	101.7	101.6	101.6	101.6	101.6	97.9	97.8	97.8	97.7	105.5
淮北	100	103.1	104.4	111.4	94.5	99.2	99.2	99.2	93.1	95.2	105.1	104.8
铜陵	100	101.0	101.0	101.0	101.0	100.0	100.0	100.0	100.0	100.0	100.0	90.5
安庆	100	99.7	108.8	108.1	92.6	92.1	91.4	101.4	101.4	101.4	108.3	94.6
黄山	100	100.0	101.9	101.9	101.8	101.8	101.8	122.6	94.0	109.9	80.1	103.0
滁州	100	100.2	100.2	107.6	92.4	102.4	102.3	102.3	94.3	94.0	106.8	106.3
阜阳	100	97.5	97.5	97.4	97.3	97.3	111.9	118.5	90.7	89.7	88.5	106.5
宿州	100	96.5	109.7	95.5	95.2	96.2	91.6	102.9	102.8	99.6	98.5	98.5
六安	100	95.7	113.7	114.0	92.2	96.2	96.0	103.1	99.6	99.6	95.1	94.9
亳州	100	104.3	104.1	104.0	103.8	95.8	95.6	95.4	95.2	95.0	104.3	104.1
宣城	100	104.2	104.4	102.9	90.9	103.1	103.0	111.6	93.5	93.1	122.6	86.8
福州	100	92.2	108.7	99.7	98.9	98.8	98.8	98.8	98.8	98.8	98.8	95.4
厦门	100	101.5	101.5	101.5	101.5	101.5	105.1	100.0	98.2	98.1	98.1	100.2
莆田	100	97.1	108.6	108.5	98.3	98.2	102.1	100.8	100.8	100.8	92.2	105.9
三明	100	99.7	108.5	107.8	95.9	100.5	100.5	100.5	106.0	93.2	92.7	103.4

续表

城市	1990年	1991年	1992年	1993年	1994年	1995年	1996年	1997年	1998年	1999年	2000年	2001年
泉州	100	100.2	100.2	100.2	100.2	100.2	105.2	104.9	98.4	98.4	102.8	98.9
漳州	100	99.8	99.8	100.2	98.1	96.9	105.9	106.1	105.7	93.3	93.2	92.8
南平	100	93.3	114.5	106.8	91.2	94.4	94.1	104.7	96.7	100.1	115.7	92.3
龙岩	100	100.1	100.1	104.3	94.7	94.5	104.2	104.0	110.2	88.2	109.7	85.5
宁德	100	96.0	96.9	96.8	96.7	115.4	102.5	102.4	102.4	98.2	101.0	101.0
南昌	100	102.9	102.4	108.0	91.7	103.0	100.9	100.9	100.9	100.9	100.9	100.9
景德镇	100	98.7	108.7	108.0	107.4	95.9	95.7	104.8	104.6	98.7	101.3	101.3
萍乡	100	103.7	100.9	100.9	100.9	100.3	100.3	100.3	100.3	100.3	100.3	100.3
九江	100	103.8	101.8	101.8	93.8	100.6	100.6	112.4	98.2	98.1	104.7	97.8
新余	100	99.8	99.7	103.4	94.8	94.6	94.2	103.6	106.1	106.3	98.3	103.4
鹰潭	100	107.2	99.1	121.5	105.4	95.3	95.1	94.8	89.5	108.2	107.6	107.1
赣州	100	100.6	100.6	107.1	106.7	102.1	102.0	102.0	98.2	101.0	100.9	102.8
吉安	100	112.2	110.9	120.7	87.8	99.2	92.8	99.0	93.3	122.2	100.0	85.1
宜春	100	99.2	109.9	108.8	96.0	95.8	103.8	103.7	114.1	101.8	101.8	93.9
上饶	100	99.6	104.1	103.9	103.8	81.6	100.2	100.2	100.2	102.8	102.7	102.7
济南	100	96.0	105.7	102.7	98.5	98.5	98.5	98.5	98.4	100.7	100.7	95.1
青岛	100	90.4	104.1	103.2	99.3	95.9	95.7	95.5	117.2	103.5	98.2	95.8
淄博	100	97.4	109.4	102.8	86.7	114.1	100.1	100.1	100.1	100.1	99.4	100.7
枣庄	100	105.6	96.8	105.3	88.1	86.5	104.9	104.6	101.8	100.5	100.5	110.0
东营	100	100.8	100.8	99.7	99.7	99.7	99.7	99.7	99.7	99.7	99.7	99.7
烟台	100	100.0	99.9	100.8	99.4	99.4	99.4	99.4	99.4	102.0	101.9	101.9
潍坊	100	100.5	99.1	99.1	99.1	99.1	105.4	105.1	103.3	91.3	90.4	114.1
济宁	100	92.4	100.2	105.9	107.6	103.4	93.7	93.3	103.0	102.9	101.5	98.9
泰安	100	99.9	99.9	107.3	102.7	94.1	103.2	103.1	101.8	88.8	97.0	117.8
威海	100	97.7	101.4	101.4	101.4	98.3	98.3	98.2	102.2	102.1	102.1	102.0
日照	100	100.3	100.3	105.3	102.9	102.8	102.7	100.9	99.0	99.0	107.3	107.5
莱芜	100	100.1	99.9	109.6	95.7	95.6	97.3	97.3	106.3	91.7	90.9	116.5
临沂	100	102.5	104.1	90.8	96.1	98.7	98.7	114.2	112.4	106.3	105.9	91.8
德州	100	95.6	104.6	100.8	92.9	104.2	104.0	103.8	104.4	99.8	99.8	99.8
聊城	100	95.0	107.6	102.5	89.6	107.7	97.1	97.1	105.0	104.7	97.8	97.8
滨州	100	94.9	109.9	103.6	93.2	103.9	103.7	95.1	108.8	93.9	103.9	103.8

续表

城市	1990年	1991年	1992年	1993年	1994年	1995年	1996年	1997年	1998年	1999年	2000年	2001年
菏泽	100	102.0	97.3	99.3	95.2	87.7	96.2	110.1	95.1	105.3	83.3	111.6
郑州	100	97.3	112.4	109.7	99.4	100.4	88.4	107.1	106.6	94.2	92.9	115.6
开封	100	96.2	104.8	104.6	104.4	104.2	107.7	107.1	104.3	104.1	97.8	97.7
洛阳	100	99.8	100.2	114.0	97.2	97.1	92.5	110.2	109.3	95.0	94.8	105.3
平顶山	100	100.1	99.9	99.9	103.3	93.0	92.5	103.3	103.2	103.1	103.0	98.9
安阳	100	102.5	102.4	98.4	98.4	98.4	98.4	98.3	100.9	104.0	108.1	102.2
鹤壁	100	99.9	108.0	107.4	98.8	98.8	98.7	98.7	98.7	100.9	100.9	100.9
新乡	100	100.2	113.6	112.0	100.6	100.6	100.6	94.4	94.1	104.8	104.5	104.3
焦作	100	105.5	91.7	91.0	123.8	90.6	107.2	106.7	103.3	101.3	101.3	101.2
濮阳	100	90.6	109.0	114.2	93.3	108.5	96.8	107.5	97.6	98.7	98.6	98.6
许昌	100	103.1	103.0	102.9	102.8	102.8	102.7	102.6	102.6	102.5	102.4	102.4
漯河	100	89.8	104.8	104.5	104.3	104.2	110.6	100.4	101.7	104.3	100.6	97.2
三门峡	100	99.7	106.1	110.2	96.3	98.2	98.1	98.1	115.7	93.6	98.4	98.4
南阳	100	100.4	100.4	115.6	96.9	100.6	100.6	100.6	100.6	101.2	101.2	101.2
商丘	100	100.6	109.1	116.0	96.7	98.7	98.9	98.9	95.7	101.9	101.9	101.5
信阳	100	94.8	108.7	116.9	98.9	100.1	100.1	100.1	91.7	103.4	98.5	98.5
周口	100	95.0	102.5	102.4	102.4	102.3	102.3	102.2	102.2	102.1	102.1	85.3
驻马店	100	105.2	100.3	97.7	96.4	101.4	90.0	107.7	106.5	97.7	106.4	100.3
武汉	100	100.0	100.0	100.5	100.5	100.5	100.5	102.7	105.0	93.9	102.6	102.5
黄石	100	95.1	109.0	108.2	107.6	107.1	106.6	106.2	97.8	94.9	94.7	114.7
十堰	100	95.5	107.1	106.4	96.6	89.7	88.5	115.8	100.7	99.5	99.5	107.2
宜昌	100	97.6	106.9	109.1	96.5	96.4	96.3	107.6	94.1	93.8	119.5	96.4
襄阳	100	93.3	104.3	104.1	104.0	103.8	89.3	99.5	99.5	99.5	99.5	109.3
鄂州	100	102.0	101.9	101.9	101.8	101.8	105.4	113.3	97.0	89.6	88.3	112.8
荆门	100	110.0	102.3	112.4	104.7	91.9	102.4	109.9	99.4	100.1	100.1	100.1
孝感	100	102.7	104.9	112.5	100.6	104.0	117.0	98.3	98.3	94.1	93.7	93.3
荆州	100	99.8	99.8	99.8	99.8	99.3	99.3	90.9	90.0	88.9	111.5	115.8
黄冈	100	107.0	95.9	109.8	98.3	109.0	104.2	93.8	86.7	98.6	98.6	98.6
咸宁	100	100.8	102.0	109.5	96.7	96.7	96.5	107.6	101.2	101.8	99.7	97.0
随州	100	99.3	113.4	115.8	83.9	105.8	96.6	96.5	96.4	96.2	106.6	99.5
长沙	100	105.7	96.8	113.2	86.9	100.2	103.6	103.5	103.4	97.5	96.1	98.7

续表

城市	1990年	1991年	1992年	1993年	1994年	1995年	1996年	1997年	1998年	1999年	2000年	2001年
株洲	100	102.0	102.0	101.9	101.9	101.9	97.7	100.7	100.7	100.7	100.7	100.5
湘潭	100	100.3	100.3	100.3	104.6	104.4	104.2	105.2	104.9	99.2	97.9	97.9
衡阳	100	99.9	99.9	99.8	97.2	85.7	102.8	111.8	110.6	92.7	101.4	102.8
邵阳	100	100.5	95.5	104.5	92.3	104.7	104.5	114.6	92.8	108.2	98.1	92.8
岳阳	100	107.5	90.2	100.2	100.2	100.2	111.0	109.9	100.0	103.5	99.6	100.0
常德	100	102.8	102.8	102.7	102.6	93.7	101.5	101.2	105.6	97.1	101.9	101.8
张家界	100	100.5	107.1	106.6	94.1	87.5	97.8	109.4	108.6	110.8	90.4	99.8
益阳	100	99.7	99.7	101.5	98.9	112.5	99.8	105.0	104.8	92.3	90.0	88.8
郴州	100	100.3	100.3	114.1	102.1	94.4	94.0	102.8	102.7	104.6	100.6	85.0
永州	100	97.1	101.0	101.0	101.0	101.0	101.0	112.0	110.7	102.1	94.5	101.6
怀化	100	99.6	99.6	92.3	94.6	94.3	106.2	105.8	105.5	112.8	95.2	94.9
娄底	100	99.7	99.9	103.3	91.6	102.2	102.1	102.1	116.4	103.7	91.0	90.2
广州	100	107.7	91.5	99.0	99.0	100.0	96.2	103.4	110.2	96.8	96.7	108.3
韶关	100	99.8	99.8	104.7	104.5	95.2	98.7	98.7	98.7	98.7	98.7	95.9
深圳	100	99.9	95.4	98.7	98.6	98.6	97.0	101.1	119.0	103.0	91.4	100.6
珠海	100	100.3	105.6	84.6	105.0	101.2	103.2	103.1	103.0	95.5	100.2	101.4
汕头	100	96.3	107.1	98.4	98.4	98.4	91.7	105.7	107.7	94.5	99.1	99.1
佛山	100	98.1	101.2	95.2	95.0	103.4	102.3	109.0	102.4	96.1	91.1	100.1
江门	100	100.8	100.8	91.9	91.2	108.4	103.4	103.2	103.1	105.5	93.8	93.4
湛江	100	98.7	100.9	89.9	88.8	123.4	99.3	99.3	106.0	105.9	100.2	92.6
茂名	100	104.5	104.3	104.1	104.0	107.4	99.9	99.9	99.9	99.9	92.6	103.1
肇庆	100	104.6	104.4	92.1	91.4	104.8	104.6	102.5	104.0	103.8	91.6	90.9
惠州	100	97.4	109.2	99.7	100.3	100.3	100.3	100.3	100.3	100.3	100.3	100.3
梅州	100	98.1	105.1	92.6	92.0	103.9	103.8	103.6	102.8	109.6	80.2	97.8
汕尾	100	99.6	101.3	87.2	85.4	117.8	113.5	93.2	103.9	115.9	91.1	101.4
河源	100	93.5	117.9	89.4	88.1	106.9	106.4	100.4	100.4	101.0	104.2	104.0
阳江	100	104.7	104.5	100.6	100.6	100.6	99.0	99.0	99.0	98.9	98.9	107.8
清远	100	111.7	99.0	101.4	101.3	101.3	96.8	96.7	96.6	100.6	100.6	100.6
东莞	100	99.7	108.1	92.0	91.4	102.7	102.7	102.6	102.5	101.2	101.2	101.2
中山	100	99.8	99.8	97.1	97.0	96.9	103.9	103.7	103.6	108.6	99.5	104.1
潮州	100	103.5	105.2	98.7	98.7	98.7	104.1	100.3	100.3	100.3	98.4	98.4

续表

城市	1990年	1991年	1992年	1993年	1994年	1995年	1996年	1997年	1998年	1999年	2000年	2001年
揭阳	100	102.1	100.2	90.4	89.3	118.2	119.4	103.2	103.1	96.1	88.4	86.9
云浮	100	99.0	102.5	89.2	87.9	103.1	103.0	102.9	115.2	113.2	87.3	85.5
南宁	100	102.0	106.8	104.6	104.4	98.4	98.4	98.3	99.4	103.9	102.9	96.6
柳州	100	98.7	96.4	96.2	96.1	95.9	95.1	101.2	101.2	101.2	106.8	95.9
桂林	100	100.0	100.7	95.4	100.2	100.2	100.2	100.2	100.2	100.2	100.2	100.2
梧州	100	100.8	100.0	104.1	104.0	90.7	89.8	111.7	110.5	102.2	97.6	102.6
北海	100	99.3	106.1	102.2	102.4	102.4	94.5	98.4	98.4	98.4	118.2	97.9
防城港	100	98.0	100.7	109.9	92.1	105.5	101.0	101.0	94.6	94.3	113.4	93.2
钦州	100	98.4	105.0	105.3	100.4	101.0	101.0	101.0	100.7	100.7	100.7	97.7
贵港	100	100.9	94.8	102.8	107.3	94.4	101.2	101.2	95.7	95.5	104.2	104.0
玉林	100	98.3	101.5	103.7	103.6	84.2	81.3	110.6	109.6	108.8	105.9	99.3
百色	100	106.7	106.3	111.1	110.0	97.9	97.8	97.1	97.0	102.1	104.3	97.6
河池	100	104.0	106.0	93.5	90.5	89.5	122.2	107.7	91.7	91.0	110.2	95.3
海口	100	99.9	99.6	100.0	100.0	96.2	94.2	112.1	111.3	105.8	98.3	97.3
三亚	100	100.2	101.5	101.5	103.7	97.7	97.7	97.6	97.6	120.3	95.1	109.1
重庆	100	96.9	106.0	108.3	99.3	99.3	103.8	104.0	99.8	102.3	101.1	101.1
成都	100	97.1	97.5	97.5	97.4	97.3	97.3	124.8	97.5	97.4	97.3	103.0
自贡	100	95.3	100.6	100.2	100.2	100.4	100.4	100.4	102.4	102.3	107.1	101.6
攀枝花	100	101.8	96.0	100.6	100.1	100.1	100.1	100.1	100.1	99.2	100.2	98.1
泸州	100	99.5	99.5	98.6	88.3	99.6	102.9	102.8	102.7	102.6	105.9	89.0
德阳	100	100.3	100.3	113.6	102.3	95.2	94.9	94.6	122.3	93.5	103.8	103.7
绵阳	100	91.6	108.5	117.0	92.1	95.7	103.8	103.7	103.6	103.4	103.3	102.7
广元	100	97.9	102.7	107.6	103.7	96.1	104.8	96.7	95.7	95.5	117.1	107.8
遂宁	100	107.7	100.6	100.6	92.6	92.0	115.6	101.2	94.1	116.7	104.5	95.8
内江	100	101.1	111.1	100.0	100.0	100.0	98.8	98.8	91.0	90.1	110.6	109.6
乐山	100	98.5	105.1	111.6	95.6	91.6	101.8	101.8	99.8	99.8	99.8	99.8
南充	100	105.2	99.1	100.2	100.2	100.2	86.8	102.2	111.8	110.6	105.1	106.3
宜宾	100	104.5	96.9	110.4	87.9	86.2	122.7	102.8	103.5	97.9	95.2	104.7
雅安	100	106.3	101.3	105.2	89.4	101.0	112.7	106.0	99.6	94.9	113.0	93.2
巴中	100	102.4	90.9	90.0	108.6	107.8	107.2	106.7	103.5	94.5	102.6	102.3
资阳	100	109.1	93.4	101.4	103.1	103.0	102.9	102.8	110.7	81.8	111.5	103.2

城市	1990年	1991年	1992年	1993年	1994年	1995年	1996年	1997年	1998年	1999年	2000年	2001年
贵阳	100	101.9	97.2	94.4	95.7	95.5	107.0	108.0	104.9	99.6	91.7	96.2
六盘水	100	98.7	108.1	100.7	93.2	92.7	95.4	115.8	113.6	104.5	88.7	87.3
遵义	100	100.5	100.5	108.4	92.9	102.9	102.8	102.7	95.7	111.7	96.2	94.9
安顺	100	101.1	101.1	107.9	107.3	106.8	106.4	106.0	100.2	96.9	113.3	89.4
昆明	100	89.7	109.7	118.3	100.7	92.8	92.3	104.4	104.2	96.3	96.1	100.4
曲靖	100	98.3	112.6	99.9	99.9	99.9	99.9	109.8	98.6	96.2	104.5	105.7
玉溪	100	103.8	95.5	106.3	101.0	101.0	98.2	98.1	94.2	93.8	114.6	92.1
保山	100	94.0	105.4	109.5	102.7	92.2	98.9	111.8	101.0	92.5	109.9	96.7
昭通	100	105.7	105.4	100.9	100.9	100.8	99.6	85.1	109.6	108.8	115.6	105.2
普洱	100	90.4	111.7	98.3	98.3	98.3	95.5	106.6	106.2	109.2	113.8	101.1
西安	100	97.6	97.6	96.0	106.3	86.1	112.9	111.5	104.5	99.7	87.7	96.8
铜川	100	100.2	100.2	100.4	104.9	85.9	107.7	105.2	100.8	100.8	97.8	97.7
宝鸡	100	96.1	95.9	95.7	95.5	107.3	106.8	100.4	100.4	100.4	100.4	101.3
咸阳	100	97.5	101.4	106.5	92.4	100.2	100.2	114.1	98.3	98.3	98.2	92.2
渭南	100	100.0	102.5	114.1	101.4	84.0	107.5	106.9	107.4	92.1	91.4	119.3
延安	100	100.1	99.9	99.9	101.1	96.8	98.2	100.1	100.1	100.1	101.4	104.0
汉中	100	93.2	98.7	96.8	96.7	100.5	95.9	113.9	112.2	100.4	100.4	98.9
榆林	100	99.7	99.7	99.4	99.4	99.4	103.3	99.8	103.8	100.4	100.4	100.4
安康	100	102.0	97.6	107.3	88.4	95.1	94.8	108.0	103.5	103.4	102.5	102.4
兰州	100	103.2	103.1	103.0	102.7	95.9	95.7	95.5	108.8	102.6	95.0	100.7
嘉峪关	100	92.1	106.1	98.0	97.9	97.9	101.1	101.1	101.1	102.9	89.9	111.3
金昌	100	100.1	100.1	102.1	102.0	102.3	96.2	96.1	106.5	106.1	102.7	112.4
白银	100	99.9	99.9	94.4	94.0	93.6	93.2	110.5	109.5	108.7	108.0	98.7
天水	100	99.7	101.1	96.6	96.5	96.3	97.2	97.1	97.0	96.9	96.8	96.9
武威	100	100.3	107.3	116.8	91.8	91.1	100.0	115.7	104.0	103.8	103.7	92.3
张掖	100	107.2	93.0	118.0	99.5	98.4	96.9	96.8	122.6	88.1	107.7	92.4
平凉	100	97.7	100.6	121.2	102.6	102.5	102.5	106.2	100.2	100.2	99.1	92.6
酒泉	100	100.5	100.5	101.8	101.8	101.7	108.1	106.5	100.1	100.1	100.1	100.1
西宁	100	100.1	101.3	101.3	103.8	89.4	105.2	105.4	96.7	100.7	100.7	96.9
银川	100	99.9	99.9	95.4	95.2	107.0	105.7	104.9	106.3	97.0	104.0	90.2
石嘴山	100	100.1	100.1	93.5	93.1	118.5	100.8	94.8	110.8	101.0	86.3	100.6

续表

城市	1990年	1991年	1992年	1993年	1994年	1995年	1996年	1997年	1998年	1999年	2000年	2001年
吴忠	100	99.6	100.4	100.4	93.1	108.8	108.1	96.5	96.4	105.5	101.9	102.6
乌鲁木齐	100	94.9	100.9	114.3	88.9	102.1	102.1	102.0	100.3	100.3	84.9	116.4
克拉玛依	100	99.2	99.2	99.2	99.2	99.2	100.2	100.2	100.7	100.7	100.7	100.7

附表 2 − 8　　　**1990—2011 年 264 个城市经济增长指数**

（上一年 = 100）（2002—2011 年）

城市	2002年	2003年	2004年	2005年	2006年	2007年	2008年	2009年	2010年	2011年	平均	2000年后
北京	100.8	100.1	100.1	100.1	100.1	100.2	103.0	102.9	102.4	93.7	100.0	99.4
天津	102.0	97.4	103.9	100.0	100.0	100.0	97.1	99.2	99.2	101.5	100.5	99.7
石家庄	103.1	97.8	100.9	100.9	100.9	100.9	99.8	99.8	101.3	101.2	100.2	100.3
唐山	98.6	94.6	98.5	106.7	104.6	98.1	92.3	104.5	99.4	102.7	100.7	100.4
秦皇岛	95.9	99.3	105.8	99.6	99.6	99.6	98.8	100.1	104.9	99.9	100.7	100.7
邯郸	101.2	100.2	100.3	100.3	100.3	100.3	100.3	100.3	100.3	103.5	100.6	100.8
邢台	98.7	94.4	102.4	102.3	102.3	102.2	102.2	102.1	102.1	105.3	101.4	100.9
保定	97.0	101.2	101.2	104.0	95.2	102.1	102.0	102.0	97.6	102.1	100.3	101.1
张家口	99.1	100.0	106.7	100.3	100.3	100.3	96.3	96.6	96.8	106.4	100.9	100.5
承德	103.6	96.7	104.0	103.8	103.7	97.6	99.4	99.4	102.7	100.1	101.7	101.6
沧州	93.1	123.7	102.0	101.9	101.9	101.8	98.4	98.4	99.6	103.3	100.5	101.1
廊坊	101.0	101.0	101.3	97.9	97.8	97.8	97.7	102.9	98.4	98.4	100.3	99.7
衡水	101.5	101.5	97.8	100.4	100.4	100.4	97.0	117.1	89.4	103.6	101.1	101.0
太原	99.0	99.0	99.0	99.0	98.9	98.9	98.9	98.8	106.6	106.2	101.1	100.5
大同	113.8	99.1	93.0	96.9	96.8	96.7	91.6	101.1	110.2	109.3	101.1	100.8
阳泉	105.6	94.7	102.7	102.6	98.9	98.9	97.7	94.2	97.4	113.1	100.9	100.9
长治	110.0	98.5	101.8	101.8	101.7	100.2	96.3	106.6	100.8	103.6	101.8	101.9
晋城	96.8	96.7	101.2	101.2	101.2	101.2	101.2	101.2	101.2	114.5	101.8	101.4
朔州	101.1	101.1	98.2	99.3	99.3	99.3	99.3	102.1	96.3	107.6	101.7	100.4
运城	102.6	102.5	102.5	102.4	106.5	103.3	95.7	95.5	95.3	109.7	100.6	101.8
忻州	96.1	119.1	115.2	89.7	102.2	102.1	102.1	102.1	102.1	102.0	101.8	102.4
临汾	99.1	99.1	109.3	99.1	99.1	99.9	99.9	99.9	90.3	117.9	102.2	101.8
呼和浩特	100.6	101.5	101.5	101.5	101.5	101.5	101.4	101.4	101.4	99.5	100.9	101.1

续表

城市	2002年	2003年	2004年	2005年	2006年	2007年	2008年	2009年	2010年	2011年	平均	2000年后
包头	98.6	98.5	110.4	98.4	98.4	104.7	98.8	103.9	99.8	99.8	100.4	100.7
乌海	100.3	100.3	100.3	100.3	100.3	102.6	102.5	102.7	102.6	98.9	100.4	100.9
赤峰	106.2	102.6	97.2	99.7	106.5	106.1	106.1	98.0	105.8	100.0	101.9	101.7
通辽	104.2	100.7	91.8	106.2	98.2	118.6	101.1	98.2	106.7	99.4	101.2	102.4
呼伦贝尔	101.3	90.4	103.0	107.5	102.4	98.1	99.2	99.7	108.2	101.9	101.6	100.9
沈阳	98.1	104.2	100.0	100.0	100.0	100.0	100.0	104.0	101.3	101.3	101.4	100.4
大连	98.4	100.7	100.7	99.4	99.4	99.4	100.3	102.3	102.5	99.5	100.8	100.2
鞍山	100.3	100.3	94.7	103.6	103.5	98.8	99.5	103.0	102.9	94.2	100.9	99.9
抚顺	100.1	101.2	101.2	99.5	99.5	100.0	98.3	98.3	98.2	100.3	101.0	99.7
本溪	112.5	101.0	101.0	106.2	102.3	96.2	101.6	100.2	96.5	99.9	101.3	101.0
丹东	103.7	103.6	98.5	103.7	103.6	101.4	101.4	101.4	101.4	94.2	100.5	100.1
锦州	116.6	102.5	100.4	101.2	101.2	96.8	96.0	111.1	100.4	93.6	101.0	100.6
营口	101.1	101.1	101.1	101.0	99.4	101.3	101.4	98.6	98.6	104.3	101.5	100.8
阜新	93.6	103.4	103.3	103.2	99.8	99.5	98.7	102.5	96.9	98.1	101.0	100.4
辽阳	98.6	106.6	103.9	100.7	100.7	100.7	100.6	100.6	101.4	101.4	100.6	100.7
盘锦	104.5	92.8	106.7	106.3	107.5	96.3	96.1	102.4	102.4	102.3	100.7	101.5
铁岭	107.2	100.9	104.1	103.9	94.8	99.0	99.5	98.5	108.9	102.6	101.8	101.6
朝阳	106.5	101.3	101.3	97.5	102.8	97.8	103.5	103.3	97.7	103.2	100.7	101.6
葫芦岛	113.9	102.6	101.6	101.6	101.5	101.5	104.3	94.0	97.2	102.2	100.8	100.9
长春	100.4	100.4	100.4	97.4	97.4	103.3	103.2	103.1	103.0	99.8	100.9	100.7
吉林	93.3	111.0	104.3	104.1	101.4	101.4	101.4	101.4	92.9	104.4	101.2	100.5
四平	92.8	92.3	124.5	92.9	91.9	106.4	106.2	104.2	102.4	103.0	102.0	101.1
辽源	99.1	99.0	109.3	97.1	99.7	98.8	102.8	100.8	100.7	115.9	101.0	102.6
通化	90.2	97.7	123.0	99.2	99.2	99.2	99.2	96.7	110.3	107.7	101.4	101.3
白山	95.9	98.6	97.9	110.4	102.0	93.4	104.5	102.9	104.4	105.7	101.9	102.0
松原	97.9	99.0	108.8	104.2	97.4	97.4	97.3	97.2	110.6	107.7	101.7	101.1
白城	99.7	97.5	121.3	99.3	99.4	99.4	104.9	104.7	104.5	98.1	101.0	103.3
哈尔滨	97.7	99.4	101.8	101.8	101.8	99.5	99.5	99.5	101.4	99.6	100.5	100.2
齐齐哈尔	113.0	97.0	102.0	101.9	101.9	101.7	101.7	101.7	94.9	99.3	101.3	100.5
鸡西	100.0	100.0	100.0	100.1	100.1	100.1	100.1	94.9	96.8	101.8	100.2	99.5

城市	2002年	2003年	2004年	2005年	2006年	2007年	2008年	2009年	2010年	2011年	平均	2000年后
鹤岗	107.7	107.1	102.9	102.8	97.4	97.4	100.3	100.3	100.3	99.9	100.7	100.8
双鸭山	101.3	101.3	101.3	101.2	101.2	101.2	101.0	98.4	97.5	93.2	100.4	100.0
大庆	101.8	101.7	102.3	99.7	97.6	99.2	99.2	100.6	100.6	100.6	100.7	100.2
伊春	102.8	102.7	102.7	103.5	96.0	97.0	95.7	98.3	95.0	94.7	100.2	98.9
佳木斯	113.6	91.4	100.7	100.7	100.7	99.8	102.9	100.4	89.9	101.9	100.0	99.4
七台河	99.7	101.5	101.5	100.4	100.4	98.5	98.4	104.0	103.9	94.6	101.3	100.4
牡丹江	96.2	100.4	108.8	101.7	101.7	97.8	100.4	96.8	96.7	108.4	101.7	100.9
黑河	117.2	114.7	93.9	119.7	94.7	94.4	106.3	105.9	92.3	98.4	101.5	101.3
绥化	115.1	113.1	110.4	109.5	95.7	104.0	98.4	104.5	97.0	96.1	102.7	103.2
上海	100.0	101.9	100.1	100.5	100.5	99.0	99.5	99.5	99.5	99.4	100.3	100.0
南京	99.7	99.7	99.7	102.4	102.4	102.3	100.0	100.0	98.1	97.9	100.8	100.1
无锡	100.6	103.9	100.8	99.4	102.5	97.1	97.0	101.1	99.9	98.6	101.0	100.2
徐州	100.5	100.4	101.9	101.8	101.8	101.8	99.5	99.5	100.9	100.9	101.2	100.8
常州	93.2	101.0	110.5	102.5	101.6	101.6	98.4	102.7	104.3	104.2	101.5	101.1
苏州	101.4	101.4	101.4	96.2	102.0	102.9	99.2	100.7	96.8	104.4	100.8	100.8
南通	99.5	102.6	102.5	102.5	100.8	106.8	98.9	104.7	102.8	100.3	100.4	101.0
连云港	119.2	115.8	93.4	101.4	101.4	101.3	96.0	100.5	105.4	105.1	101.7	101.5
淮安	106.2	105.9	101.4	107.0	96.7	99.6	97.1	103.5	103.4	103.3	101.8	101.0
盐城	102.7	102.6	102.2	102.2	102.1	102.1	102.1	99.4	103.7	103.5	101.4	102.4
扬州	103.5	103.4	103.3	103.2	99.0	102.6	99.8	99.8	103.6	98.7	100.9	101.5
镇江	102.7	94.4	105.5	105.2	98.2	100.8	98.7	98.9	104.2	102.1	101.5	101.2
泰州	100.3	94.9	102.0	103.3	103.2	104.3	97.2	103.2	98.9	105.2	101.6	100.9
宿迁	106.4	106.0	101.2	101.2	95.1	101.3	97.5	100.6	102.1	104.8	100.9	101.7
杭州	97.9	101.3	101.2	102.0	101.9	99.5	99.5	105.4	99.2	100.1	100.2	100.9
宁波	95.0	100.8	104.5	97.0	103.0	103.1	94.3	104.0	96.3	100.6	100.1	100.3
温州	96.9	102.7	99.2	101.0	103.0	100.9	91.5	103.6	103.5	96.9	100.6	100.5
嘉兴	96.0	101.4	99.7	104.1	102.5	100.1	95.9	104.8	93.5	105.0	100.8	100.0
湖州	95.2	118.0	110.9	99.8	99.8	104.2	93.8	106.8	95.1	101.9	100.8	101.9
绍兴	91.7	116.8	99.3	108.5	98.5	100.7	91.6	109.3	93.9	100.3	100.3	100.5
金华	95.4	98.8	103.4	106.9	102.3	99.2	99.2	104.0	95.1	102.7	101.9	100.2

城市	2002年	2003年	2004年	2005年	2006年	2007年	2008年	2009年	2010年	2011年	平均	2000年后
衢州	92.6	102.0	105.4	100.7	103.8	106.5	93.6	108.4	97.5	99.3	100.9	101.0
舟山	103.8	104.7	102.2	101.6	101.6	101.6	100.0	100.0	106.1	101.5	101.4	101.9
台州	101.7	101.7	102.9	102.8	102.7	97.5	97.5	100.5	100.5	99.0	100.2	100.9
丽水	106.1	105.7	105.4	105.1	103.0	103.0	101.5	101.5	99.3	100.9	101.3	102.1
合肥	100.7	100.7	100.7	103.6	98.2	98.2	98.1	98.1	103.5	100.5	101.9	100.0
芜湖	104.1	103.4	103.3	97.6	99.3	101.4	99.0	101.7	103.9	91.4	101.3	100.5
蚌埠	119.9	93.9	96.9	107.0	110.3	105.8	94.3	108.7	97.2	103.0	100.8	101.5
淮南	100.3	100.3	100.3	103.8	103.7	97.8	102.7	107.4	97.2	98.7	100.5	101.0
马鞍山	105.2	97.9	99.8	103.2	103.1	103.3	103.2	99.5	98.1	89.4	99.9	100.5
淮北	104.6	104.4	92.0	103.2	103.1	103.0	102.9	96.2	97.5	106.2	101.0	101.9
铜陵	109.2	97.3	98.6	107.0	96.6	111.3	95.3	103.3	102.4	94.9	100.5	100.5
安庆	86.1	113.0	111.5	113.7	96.0	95.8	103.0	100.7	100.7	109.0	101.3	102.7
黄山	99.0	100.8	100.8	100.8	104.3	104.2	101.5	107.8	98.3	108.5	102.0	100.7
滁州	97.3	98.2	101.0	101.0	101.0	101.0	98.1	103.1	103.4	107.7	100.9	102.1
阜阳	88.1	117.3	104.0	103.8	106.1	104.1	100.2	101.1	97.5	103.9	100.9	101.8
宿州	120.3	86.8	84.8	121.0	117.3	107.3	98.3	104.8	101.0	106.8	101.6	103.8
六安	116.1	101.8	83.7	110.6	109.6	106.0	100.5	111.3	99.7	99.3	101.8	102.4
亳州	96.4	96.6	110.4	109.4	102.3	103.1	106.8	100.7	103.1	105.9	101.6	103.6
宣城	98.4	111.5	101.1	101.1	95.9	101.4	97.8	109.7	100.4	100.4	101.5	102.3
福州	103.8	95.4	114.7	99.0	99.0	100.8	99.3	100.5	100.5	99.4	100.0	100.5
厦门	100.1	109.4	102.5	97.5	97.4	99.4	94.4	105.5	96.0	103.3	100.6	100.3
莆田	93.7	93.3	114.2	97.9	101.3	101.3	102.4	102.3	102.3	96.5	100.8	100.3
三明	99.5	97.8	107.8	107.2	97.8	97.8	101.5	104.6	93.1	113.2	101.3	101.4
泉州	107.7	102.5	102.4	99.7	99.7	99.7	99.7	102.1	102.1	102.1	101.2	101.6
漳州	107.1	106.6	106.2	105.8	96.9	99.8	104.1	99.9	99.9	99.9	100.8	101.0
南平	106.0	97.5	103.8	105.8	93.0	101.5	106.0	99.0	99.0	104.1	100.9	102.0
龙岩	95.0	117.2	97.2	107.4	98.6	101.1	101.1	100.3	100.3	104.3	100.8	101.5
宁德	86.8	91.5	107.8	107.3	104.5	104.3	106.3	102.9	102.0	104.5	101.2	101.7
南昌	100.9	100.9	100.8	100.7	100.7	100.7	100.7	100.7	100.7	104.8	101.1	101.1
景德镇	101.3	99.1	99.1	100.8	100.8	100.8	100.8	100.8	100.8	101.8	101.4	100.7

续表

城市	2002年	2003年	2004年	2005年	2006年	2007年	2008年	2009年	2010年	2011年	平均	2000年后
萍乡	100.3	100.9	100.9	100.9	100.9	100.9	98.1	105.4	100.4	109.1	101.2	101.5
九江	96.3	107.7	104.1	99.8	99.8	102.2	100.0	95.8	102.8	103.2	101.2	101.2
新余	103.3	103.2	103.1	105.8	102.0	101.1	101.1	101.0	101.4	108.7	101.6	102.7
鹰潭	101.1	90.1	119.2	104.8	99.2	99.2	99.2	101.3	101.2	98.1	102.0	102.3
赣州	91.6	90.8	106.3	105.9	105.6	105.3	100.9	99.1	99.1	103.3	101.5	101.0
吉安	119.3	101.4	101.3	102.4	104.9	100.2	100.2	104.0	99.9	102.8	102.7	101.8
宜春	106.6	95.0	108.3	107.7	101.2	101.2	101.2	101.2	101.2	96.0	102.2	101.3
上饶	103.8	103.7	102.0	101.9	101.9	103.6	108.2	99.0	94.9	110.5	101.4	102.9
济南	108.1	105.1	97.0	100.4	100.4	100.4	100.4	100.4	99.6	100.5	100.3	100.7
青岛	101.8	97.6	104.0	101.7	103.1	104.1	93.2	103.6	99.0	99.7	100.3	100.2
淄博	99.4	102.3	102.2	100.3	100.3	100.3	100.3	102.8	102.8	98.0	100.9	100.7
枣庄	109.1	94.7	102.2	102.2	106.7	101.3	94.2	107.7	98.3	98.3	100.9	102.1
东营	99.7	99.7	102.9	102.8	102.7	102.7	102.6	102.5	102.5	102.3	100.9	101.6
烟台	98.8	98.8	98.8	103.3	105.5	102.7	96.9	103.6	103.4	97.8	100.6	101.1
潍坊	103.7	103.6	100.2	100.2	105.6	102.1	93.7	106.2	102.3	97.6	101.0	101.7
济宁	105.9	105.8	98.6	108.7	108.0	96.4	96.2	100.8	100.8	100.8	101.1	101.9
泰安	98.3	98.2	98.2	103.9	103.8	100.7	100.7	100.7	100.0	100.0	100.9	101.6
威海	102.0	102.0	101.9	100.5	100.5	100.4	100.4	102.0	102.0	101.9	100.8	101.5
日照	93.7	102.8	102.7	103.8	99.8	95.7	101.5	101.5	97.8	104.4	101.4	101.5
莱芜	114.1	94.4	106.0	108.7	99.6	97.6	93.3	102.7	102.6	100.7	100.9	102.2
临沂	91.1	113.8	104.9	103.4	105.9	97.0	96.9	103.8	103.7	100.8	102.0	101.6
德州	99.8	98.7	98.7	105.3	106.3	100.1	97.9	105.3	104.1	95.3	101.0	100.9
聊城	104.5	104.3	107.5	106.9	103.8	99.1	95.7	107.6	98.9	99.1	101.3	101.9
滨州	98.1	99.9	100.4	100.4	107.1	104.7	96.3	106.4	98.1	98.3	101.1	101.5
菏泽	117.8	103.1	103.0	102.9	104.7	107.2	106.7	102.1	99.8	99.8	101.4	103.5
郑州	96.5	93.7	101.5	101.5	101.5	101.4	101.0	101.0	101.0	103.2	101.2	100.9
开封	93.6	102.0	98.0	97.9	106.3	101.4	101.4	101.4	95.5	107.2	101.7	100.0
洛阳	105.0	93.6	104.4	97.7	101.0	100.1	101.4	102.4	102.4	102.3	101.2	100.9
平顶山	103.0	97.9	97.9	103.8	103.7	99.5	95.5	103.0	102.8	102.8	100.5	101.0
安阳	102.1	102.1	100.4	101.1	102.2	98.2	92.0	113.8	97.8	106.5	101.3	102.2

城市	2002年	2003年	2004年	2005年	2006年	2007年	2008年	2009年	2010年	2011年	平均	2000年后
鹤壁	101.4	101.4	101.4	101.4	101.4	97.9	100.1	100.1	102.5	105.1	101.1	101.2
新乡	104.2	98.2	98.1	98.7	101.0	100.9	100.9	100.9	103.9	101.8	101.7	101.5
焦作	101.2	96.6	100.9	100.9	100.9	101.5	101.4	101.4	101.4	102.5	101.5	100.9
濮阳	100.2	100.2	102.2	102.2	102.1	102.1	102.0	102.0	99.9	101.0	101.2	100.9
许昌	102.3	100.4	100.4	100.4	100.7	101.4	97.0	106.5	103.6	97.2	101.8	101.2
漯河	102.8	99.3	95.5	107.7	100.2	95.8	100.6	104.1	102.1	104.3	101.6	100.9
三门峡	98.4	109.6	103.6	102.4	99.3	105.6	95.6	102.9	97.0	106.5	101.5	101.5
南阳	96.1	101.6	101.6	101.6	101.3	101.4	99.7	100.6	103.0	101.6	101.3	100.9
商丘	102.7	96.0	95.9	95.7	114.8	100.1	104.4	101.5	105.5	100.0	101.7	101.7
信阳	98.5	98.5	104.6	104.4	100.9	100.4	96.6	106.7	102.1	105.3	101.3	101.3
周口	82.8	112.2	110.8	109.8	96.8	102.9	101.9	102.3	101.8	104.3	101.2	101.1
驻马店	95.0	100.5	100.5	100.5	102.6	100.8	96.6	105.1	101.7	103.2	100.7	101.1
武汉	101.1	101.1	99.0	100.3	100.3	100.3	98.2	100.4	102.0	97.5	100.4	100.4
黄石	94.6	102.5	102.4	100.3	100.3	100.3	100.3	100.3	98.3	103.9	102.1	101.0
十堰	99.6	99.6	94.6	96.1	97.9	115.7	97.8	105.3	93.0	101.8	100.3	100.7
宜昌	110.2	102.2	100.5	102.7	99.5	97.6	101.0	98.7	103.3	96.3	101.2	102.3
襄阳	101.6	96.1	108.0	105.6	96.7	96.6	97.6	97.5	103.2	104.3	100.6	101.3
鄂州	111.3	99.8	101.1	103.7	91.9	99.2	103.7	101.1	98.3	106.3	101.5	101.5
荆门	100.1	108.1	100.3	100.3	100.3	100.3	100.3	103.7	100.8	99.7	102.1	101.2
孝感	113.9	112.2	97.7	107.6	97.4	100.7	101.1	101.1	98.5	98.5	102.2	101.3
荆州	113.6	100.6	97.1	100.2	100.2	96.0	105.9	100.0	97.8	107.3	100.6	103.8
黄冈	109.3	108.5	102.7	102.6	102.6	94.1	106.1	100.9	100.9	109.2	101.7	102.8
咸宁	94.1	93.8	122.7	113.8	94.5	101.0	101.0	103.0	93.2	107.3	101.5	101.8
随州	101.9	109.1	108.3	120.7	93.7	97.7	102.6	102.1	101.1	93.6	101.9	103.1
长沙	109.2	95.2	101.0	104.1	101.6	101.6	101.6	101.6	101.6	101.5	101.1	101.2
株洲	97.2	114.0	94.3	106.1	101.5	95.2	102.7	104.2	97.2	105.4	101.3	101.6
湘潭	97.8	100.7	100.7	100.7	100.7	100.7	102.2	102.2	102.1	103.5	101.4	100.6
衡阳	102.7	102.6	102.9	102.8	101.0	95.9	99.9	99.9	103.9	97.9	100.6	101.1
邵阳	89.1	112.0	107.5	107.0	96.9	97.2	101.3	103.2	96.9	101.4	101.0	100.3
岳阳	89.5	104.9	104.7	100.3	100.3	100.3	104.1	101.8	101.8	104.5	101.6	101.0

续表

城市	2002年	2003年	2004年	2005年	2006年	2007年	2008年	2009年	2010年	2011年	平均	2000年后
常德	105.8	101.6	101.6	101.6	101.5	101.5	101.9	95.6	101.3	105.3	101.4	101.8
张家界	95.2	111.5	101.5	103.4	105.0	96.3	103.1	104.6	97.2	101.1	101.4	100.8
益阳	111.6	107.4	106.9	115.2	94.9	93.4	100.6	108.2	101.0	98.8	101.4	101.4
郴州	94.9	123.1	99.7	99.7	99.7	103.2	101.0	101.0	101.0	103.0	101.2	101.0
永州	101.6	101.6	99.8	99.8	99.8	94.8	107.0	101.7	96.8	107.1	101.5	100.5
怀化	94.7	104.3	104.1	104.0	103.8	103.7	103.6	103.4	97.5	103.2	101.1	101.0
娄底	108.7	103.2	102.7	102.7	102.6	102.5	100.7	107.8	98.8	97.5	101.3	100.7
广州	96.1	98.6	107.1	98.4	98.4	103.2	95.6	101.1	98.0	96.1	100.1	99.8
韶关	124.0	99.0	99.0	99.0	98.9	106.1	92.9	106.3	93.1	107.4	100.9	101.7
深圳	105.8	97.8	106.8	96.5	102.2	100.0	97.5	102.2	97.7	96.7	100.3	99.6
珠海	101.0	97.0	101.7	102.0	100.1	102.9	90.5	103.6	96.4	107.9	100.3	100.4
汕头	99.1	105.0	104.8	106.3	100.5	99.9	97.4	108.3	94.4	104.8	100.8	101.6
佛山	102.2	102.2	102.1	102.7	103.6	102.9	98.5	104.9	102.6	97.8	100.6	100.9
江门	103.4	103.3	106.0	104.5	97.7	104.4	93.0	103.3	103.2	98.9	100.6	100.4
湛江	99.5	107.1	106.9	102.2	102.2	99.6	96.2	101.3	101.3	101.3	101.0	100.9
茂名	101.6	101.6	101.5	101.4	101.4	101.3	96.8	107.6	92.8	100.6	101.2	100.2
肇庆	90.0	113.9	112.2	110.9	99.0	99.0	101.6	97.3	100.6	100.1	100.9	100.6
惠州	99.2	99.2	100.1	100.1	100.1	100.1	100.1	107.1	98.2	101.1	100.6	100.5
梅州	108.0	107.4	104.2	103.1	103.0	100.4	102.0	104.7	94.1	110.0	101.2	101.2
汕尾	101.4	101.4	104.2	101.5	101.5	100.8	103.2	101.7	101.7	103.0	101.4	101.1
河源	116.8	97.3	102.3	102.2	99.1	99.0	97.4	104.4	104.2	105.7	101.8	103.1
阳江	99.9	108.5	102.7	102.7	97.0	100.7	93.3	109.8	90.4	107.1	101.2	101.6
清远	100.6	105.4	105.1	100.6	103.2	101.9	101.6	101.6	104.9	103.9	101.6	102.4
东莞	101.2	101.2	101.2	101.2	101.1	101.1	101.1	90.8	104.7	104.5	100.6	100.9
中山	108.1	91.4	106.3	104.5	94.6	103.1	94.1	104.7	98.7	103.0	101.0	101.0
潮州	98.3	98.3	113.1	102.5	101.6	101.0	100.0	104.1	98.6	101.0	101.2	101.3
揭阳	112.4	111.1	101.6	101.6	101.2	105.9	99.8	99.8	99.8	103.6	101.6	101.0
云浮	106.6	110.3	104.3	104.1	104.0	101.3	101.3	101.4	97.3	105.5	101.1	100.8
南宁	105.0	99.1	97.8	99.1	98.4	109.2	95.7	104.5	96.7	101.4	101.0	100.5
柳州	108.9	98.4	98.4	101.1	104.1	102.7	94.3	103.2	97.7	92.6	99.4	100.3

城市	2002年	2003年	2004年	2005年	2006年	2007年	2008年	2009年	2010年	2011年	平均	2000年后
桂林	100.2	103.5	96.0	106.7	97.0	95.6	102.5	110.3	93.8	97.9	100.0	100.3
梧州	102.6	92.8	89.4	94.8	110.7	114.9	100.7	100.4	100.4	96.0	100.8	100.3
北海	104.2	100.7	100.7	100.7	100.7	96.3	101.9	106.9	86.0	114.3	101.4	102.4
防城港	110.0	102.8	101.0	101.0	101.0	95.3	102.3	102.2	89.7	105.7	100.7	101.5
钦州	106.7	100.8	81.2	119.3	107.0	94.8	102.7	108.5	94.5	111.6	101.8	102.1
贵港	98.2	100.3	98.3	98.3	113.4	102.5	99.1	112.6	98.9	86.4	100.5	101.3
玉林	99.3	99.3	99.2	107.5	99.9	103.3	98.7	100.2	106.0	92.0	100.6	100.9
百色	98.4	100.4	110.7	92.7	101.0	101.0	106.4	104.9	101.1	90.8	101.6	100.8
河池	116.1	101.3	101.3	106.9	103.1	102.7	101.8	90.9	101.6	94.1	101.0	102.1
海口	101.8	101.2	101.2	101.2	103.2	99.3	99.3	99.3	99.3	98.2	100.9	100.0
三亚	93.9	104.8	97.9	101.2	97.4	105.3	93.8	97.4	95.4	97.0	100.3	99.0
重庆	101.1	101.1	101.1	100.0	101.2	98.4	103.0	103.1	103.0	104.6	101.8	101.6
成都	108.0	106.5	100.7	100.7	100.8	98.4	95.4	104.0	104.3	102.4	101.1	101.8
自贡	96.4	106.8	97.9	103.9	103.7	101.4	101.4	101.3	101.3	101.3	101.2	102.0
攀枝花	98.0	100.4	112.8	100.6	101.5	96.6	99.5	107.5	93.3	108.6	100.7	101.4
泸州	109.1	108.3	108.5	111.9	93.6	102.8	101.7	102.4	99.7	105.5	101.6	103.2
德阳	99.7	104.0	100.6	100.6	100.6	100.6	90.7	89.7	116.5	114.2	101.9	102.0
绵阳	102.7	102.6	102.5	104.0	101.8	98.2	101.9	101.8	101.8	103.3	102.1	102.2
广元	98.9	98.9	98.9	112.3	96.3	100.7	100.6	100.6	100.6	102.1	101.6	102.9
遂宁	97.6	102.0	101.9	111.4	95.0	94.7	102.9	104.5	99.3	109.3	101.8	101.6
内江	108.7	101.5	101.5	100.8	100.8	97.7	97.6	105.0	104.7	104.5	101.5	103.6
乐山	107.7	107.2	100.6	103.5	99.0	104.0	100.3	104.6	98.7	106.1	101.7	102.6
南充	93.5	93.0	104.6	104.4	104.2	104.1	99.5	99.5	102.1	106.4	101.8	101.9
宜宾	99.1	105.4	100.3	105.9	97.6	100.0	100.7	100.7	100.7	104.6	101.3	101.2
雅安	92.7	92.1	120.2	99.3	99.6	95.3	101.5	102.1	106.9	108.8	101.9	102.1
巴中	102.2	102.2	110.0	103.4	91.2	97.6	105.7	100.2	102.8	104.0	101.6	102.0
资阳	100.9	100.9	100.9	100.9	100.9	100.9	102.6	102.6	97.9	105.8	101.7	102.4
贵阳	110.7	103.9	104.1	98.2	101.2	101.2	95.7	102.6	96.3	96.2	100.1	99.8
六盘水	119.3	104.1	103.9	103.8	102.5	96.3	98.1	102.4	99.4	109.8	101.7	101.3
遵义	102.0	107.2	103.7	104.7	100.7	98.5	102.9	102.8	96.0	104.3	101.5	101.2

续表

城市	2002年	2003年	2004年	2005年	2006年	2007年	2008年	2009年	2010年	2011年	平均	2000年后
安顺	103.9	103.8	103.6	90.5	110.6	97.7	86.2	115.4	91.7	99.3	101.8	100.4
昆明	106.2	102.1	98.3	103.6	100.4	100.4	96.2	101.4	99.4	104.3	100.8	100.7
曲靖	105.2	100.3	100.3	100.3	100.3	100.3	100.8	100.8	100.8	100.2	101.6	101.6
玉溪	103.0	102.9	103.6	112.1	100.6	98.6	102.5	102.0	99.0	99.0	101.0	102.5
保山	104.5	101.9	99.4	88.3	112.2	102.3	99.9	102.0	97.8	102.9	101.2	101.5
昭通	85.4	98.0	108.7	105.6	105.3	103.8	102.0	100.8	97.7	100.2	102.1	102.4
普洱	101.0	85.7	106.9	100.3	93.2	107.8	95.8	103.5	101.3	107.1	101.5	101.5
西安	92.9	116.4	99.2	99.2	99.2	103.3	103.2	98.5	98.5	103.5	100.5	99.9
铜川	97.7	97.6	103.2	101.2	101.2	101.2	103.9	96.9	109.2	102.2	100.7	100.8
宝鸡	90.7	98.4	111.7	97.1	109.5	96.5	100.3	104.6	96.4	107.1	100.6	101.2
咸阳	92.1	113.5	109.2	94.8	100.9	100.9	98.5	106.6	101.1	104.4	101.0	101.0
渭南	96.3	96.2	101.5	101.5	103.4	103.3	95.8	94.2	105.0	102.1	101.2	100.8
延安	98.9	101.3	101.3	112.6	96.5	88.9	107.9	103.1	99.6	96.3	100.4	101.0
汉中	98.9	98.8	106.9	106.5	99.6	96.3	102.3	91.5	108.7	103.4	100.9	101.0
榆林	108.5	110.5	100.3	99.2	99.2	102.7	100.8	100.8	100.8	109.6	101.7	102.7
安康	102.3	102.3	102.2	102.2	97.1	99.5	99.5	105.6	106.1	105.7	101.2	102.3
兰州	102.5	103.8	98.3	99.1	99.1	104.1	99.5	99.1	99.1	102.7	100.6	100.2
嘉峪关	103.3	108.3	98.9	102.1	100.5	103.6	90.5	102.3	102.2	102.2	100.6	101.3
金昌	99.2	99.2	99.2	99.2	104.4	100.3	101.6	101.6	101.5	101.5	101.6	101.9
白银	98.7	106.0	97.4	103.0	99.3	101.5	104.2	99.4	97.4	104.7	101.0	101.5
天水	115.5	113.4	100.8	100.8	97.5	99.7	99.7	98.8	98.8	104.5	100.1	101.9
武威	98.5	98.5	101.4	101.3	101.3	101.3	101.3	110.5	85.8	105.7	101.5	100.1
张掖	92.2	113.2	106.1	102.3	104.9	103.4	101.7	101.7	98.8	98.8	102.0	101.9
平凉	91.3	109.5	111.4	101.2	101.2	102.3	95.6	98.7	100.1	109.8	102.1	101.1
酒泉	100.1	89.3	103.6	102.3	102.2	102.2	102.1	102.1	102.0	102.0	101.3	100.7
西宁	106.5	101.0	103.0	100.4	100.4	101.3	102.6	98.5	98.5	98.4	100.5	100.7
银川	102.6	102.5	105.9	98.4	102.6	100.1	100.7	100.7	100.7	93.7	100.6	100.2
石嘴山	95.5	97.4	116.2	99.7	101.8	101.7	105.1	98.6	98.6	103.3	100.8	100.4
吴忠	101.0	107.1	106.7	102.9	102.8	98.5	98.4	100.7	100.7	97.6	101.4	101.7
乌鲁木齐	99.4	104.4	101.5	101.4	101.4	101.4	97.5	97.4	100.7	105.0	100.8	101.0
克拉玛依	100.7	100.7	100.7	100.7	100.7	100.7	96.1	102.5	102.5	93.8	99.9	100.0

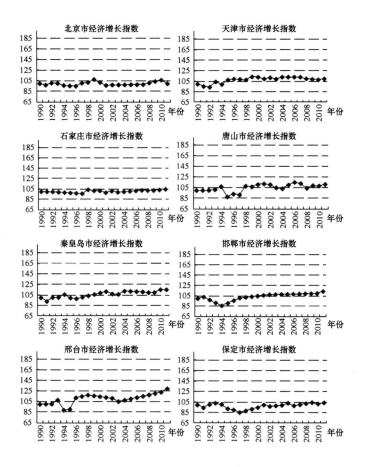

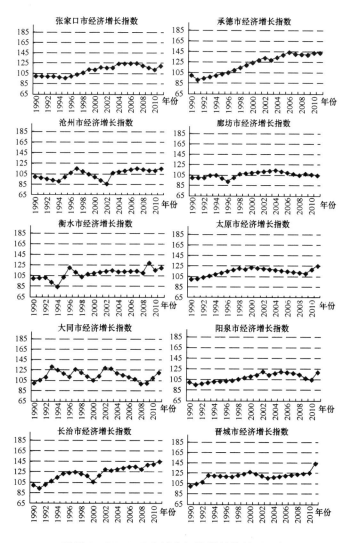

附图 2-36　264 个城市经济增长指数（Ⅰ）

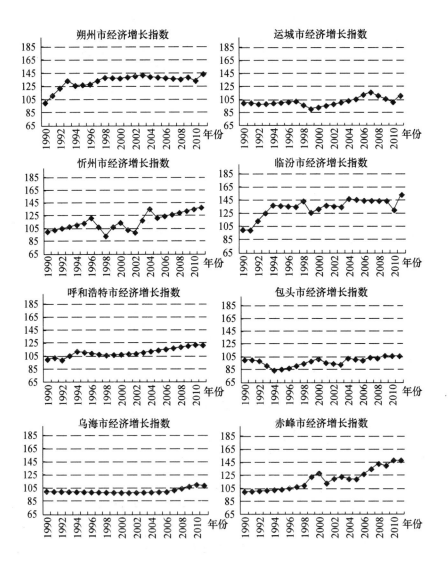

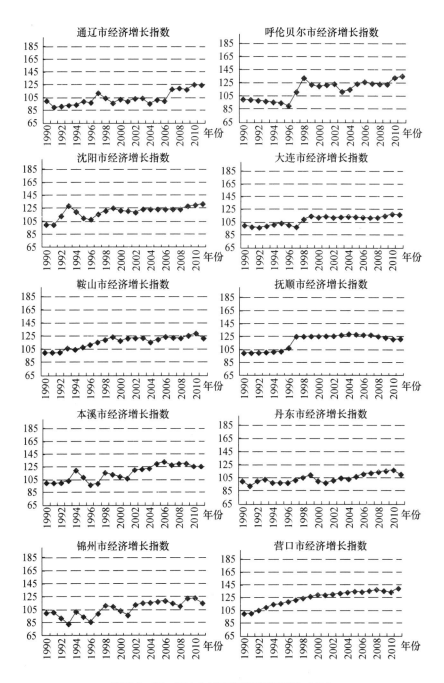

附图 2-37　264 个城市经济增长指数（Ⅱ）

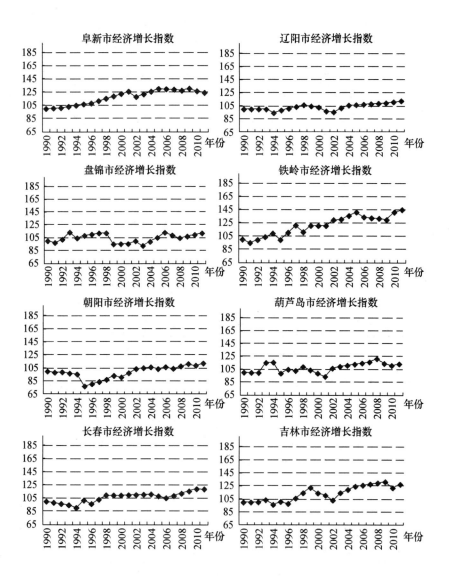

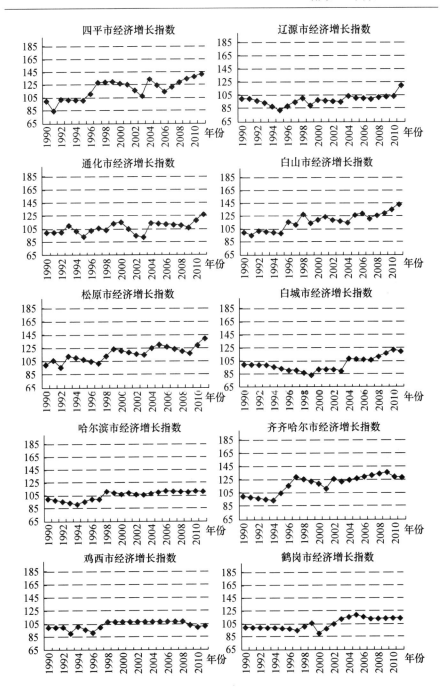

附图 2-38　264 个城市经济增长指数（Ⅲ）

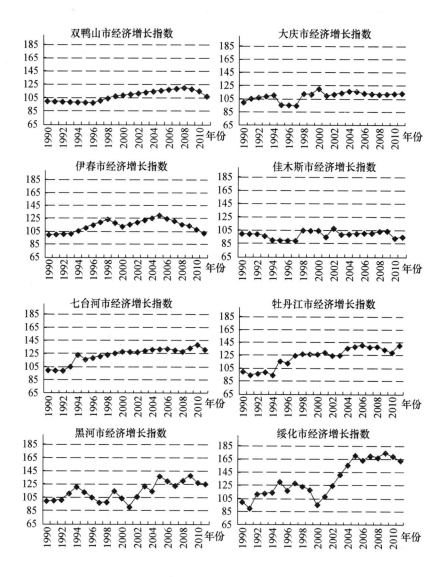

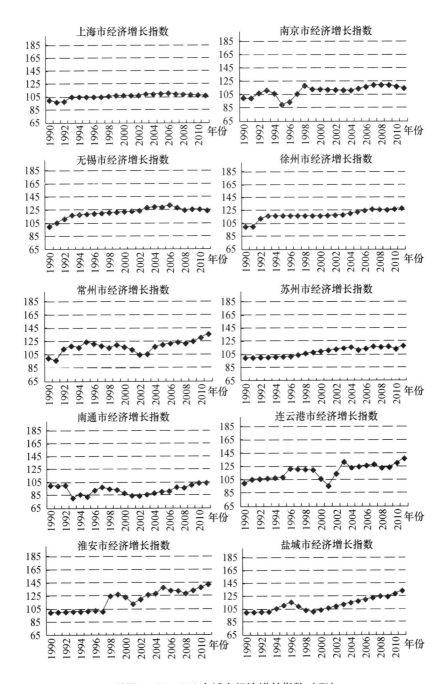

附图 2-39　264 个城市经济增长指数（Ⅳ）

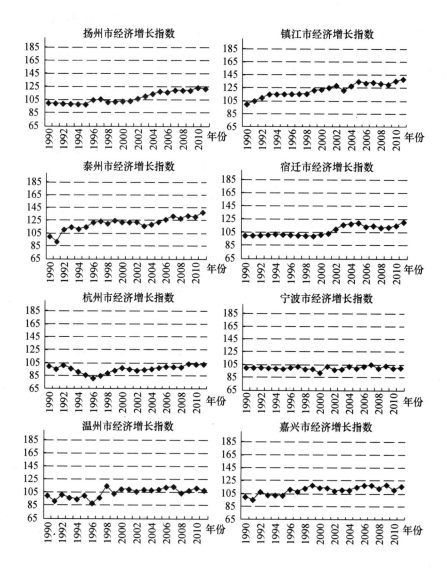

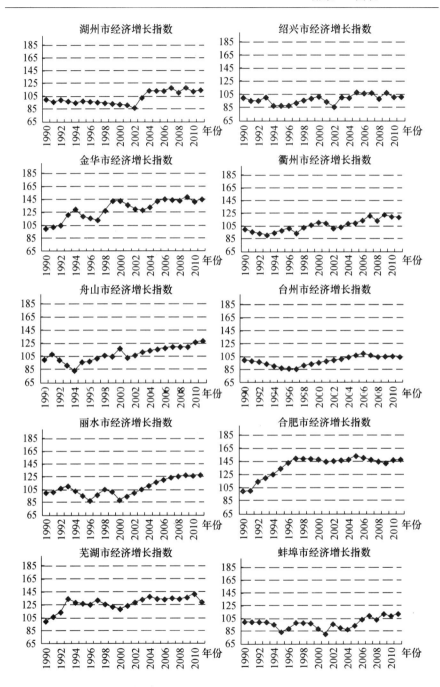

附图 2－40 264 个城市经济增长指数（V）

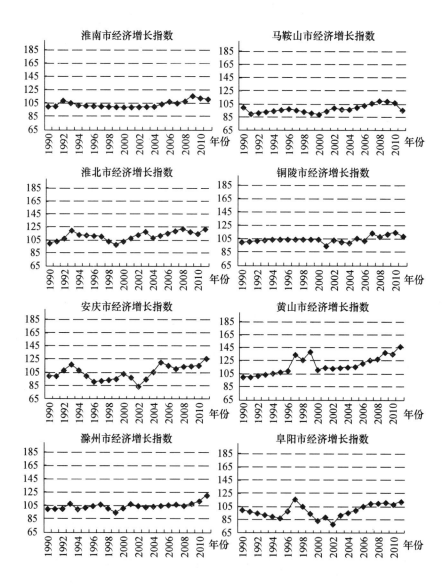

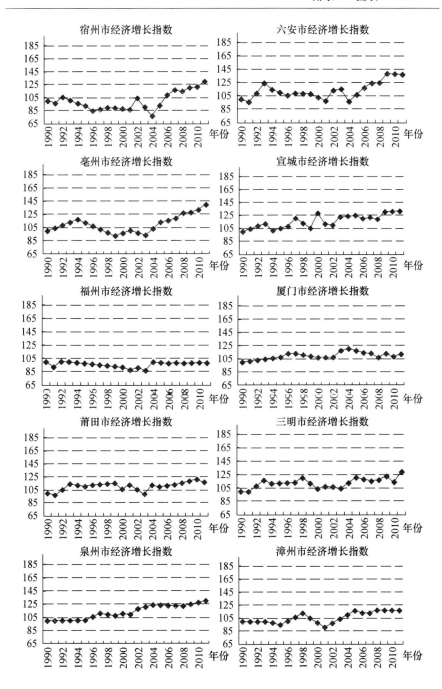

附图 2-41　264 个城市经济增长指数（Ⅵ）

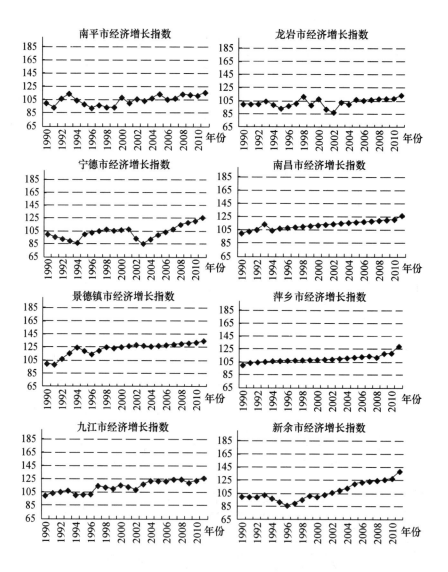

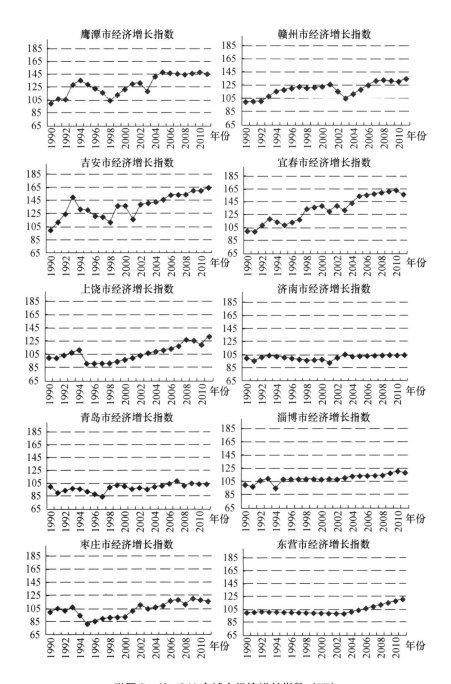

附图 2-42　264 个城市经济增长指数（Ⅶ）

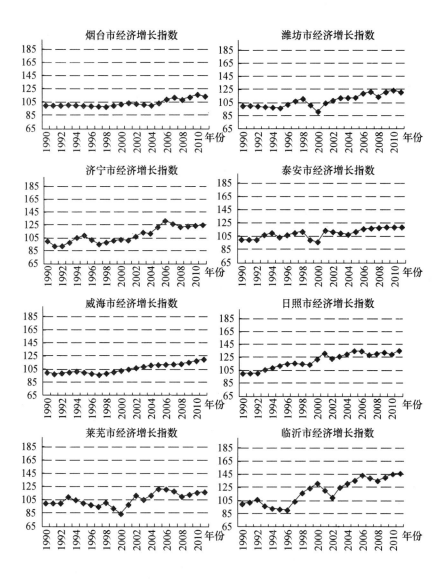

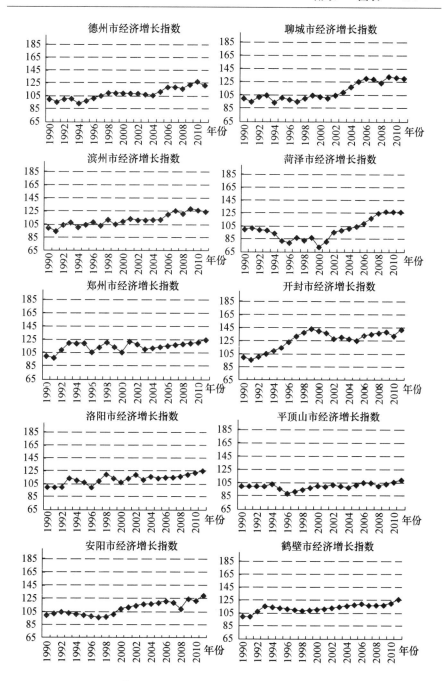

附图 2 - 43　264 个城市经济增长指数（Ⅷ）

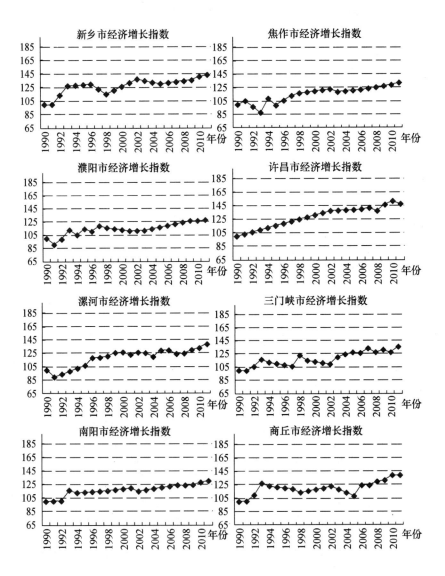

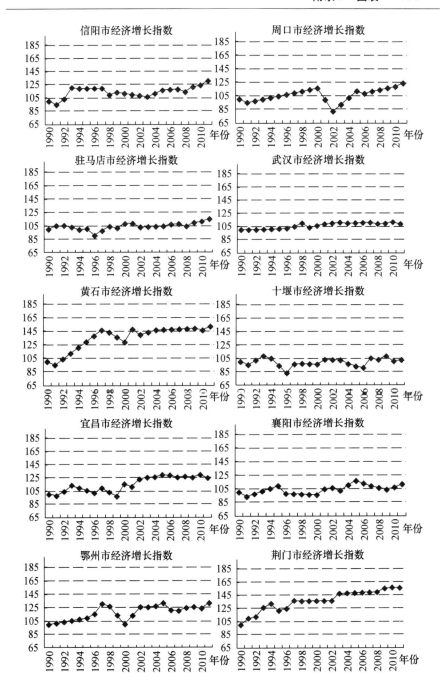

附图 2－44　264 个城市经济增长指数（Ⅸ）

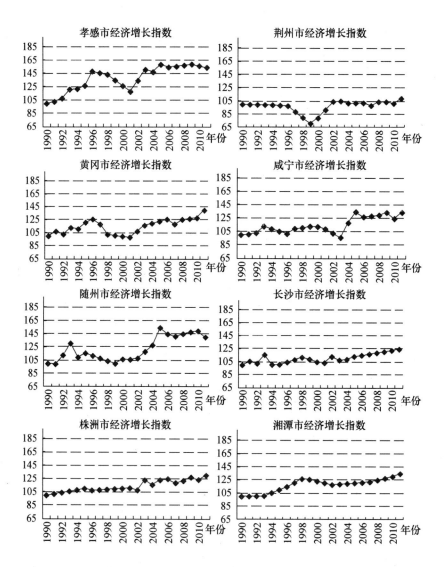

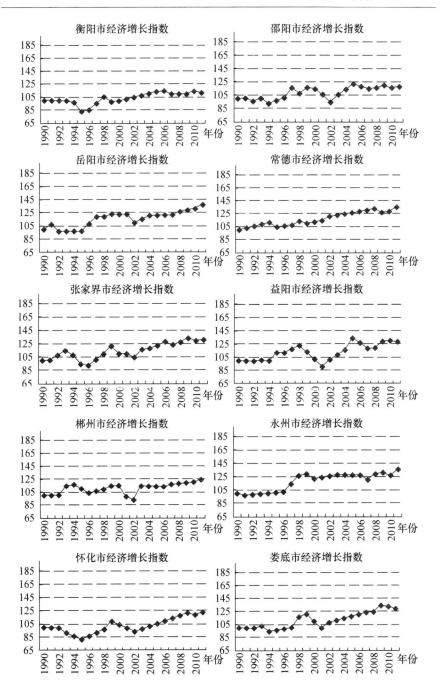

附图 2-45 264 个城市经济增长指数 (X)

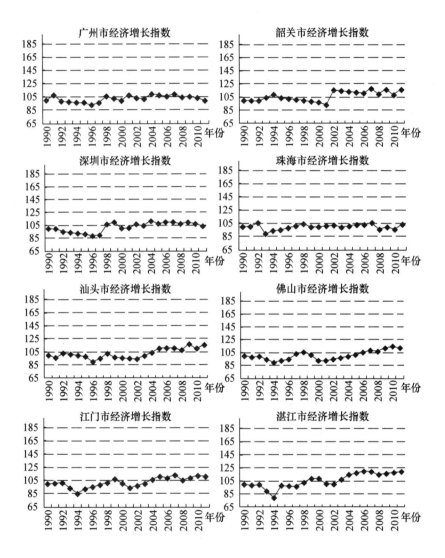

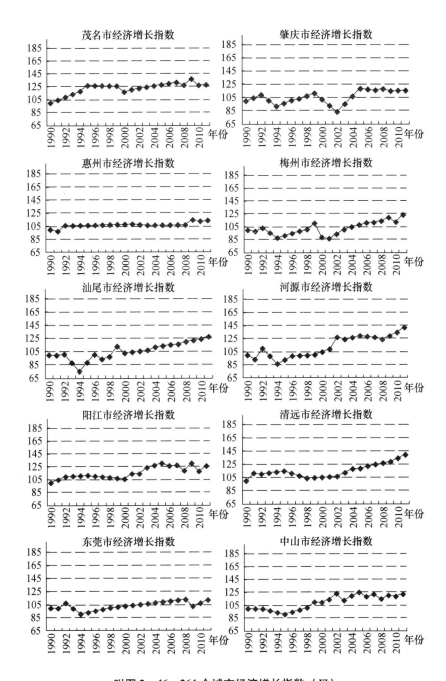

附图 2-46　264 个城市经济增长指数（XI）

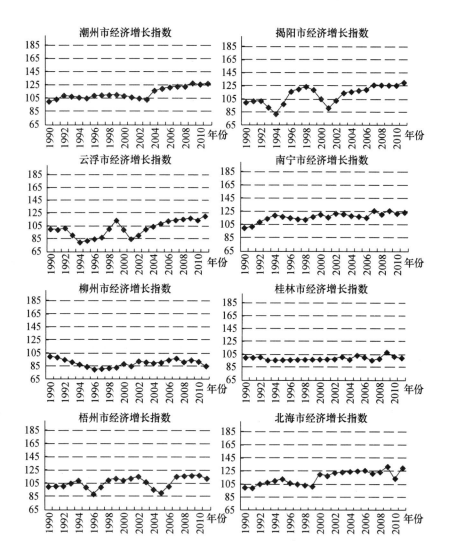

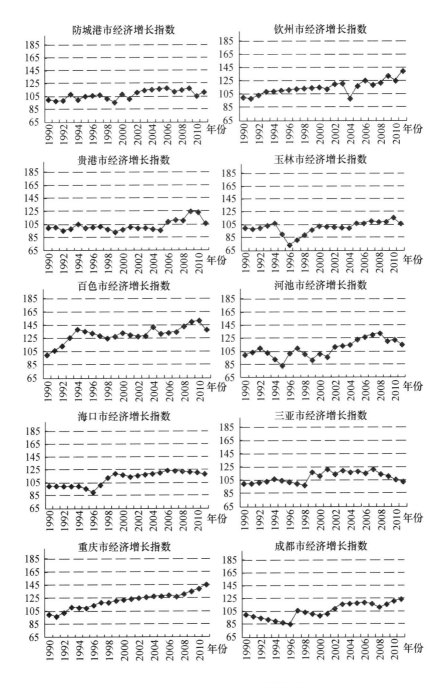

附图 2－47 264 个城市经济增长指数（XII）

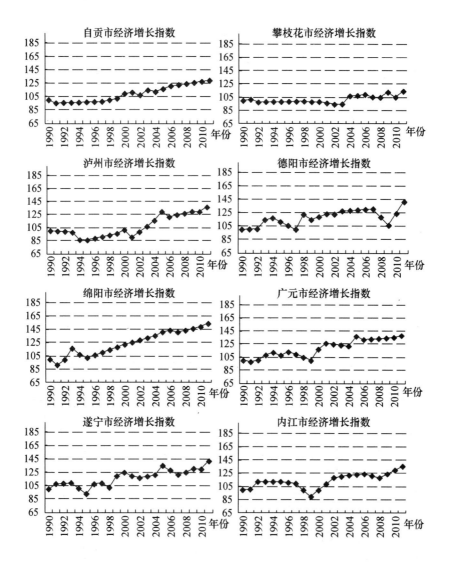

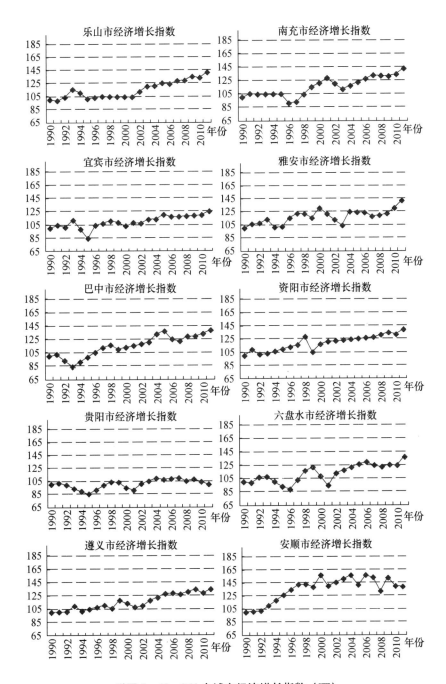

附图2-48　264个城市经济增长指数（XIII）

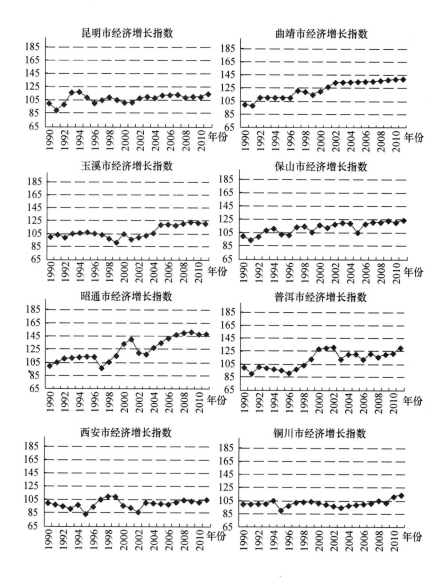

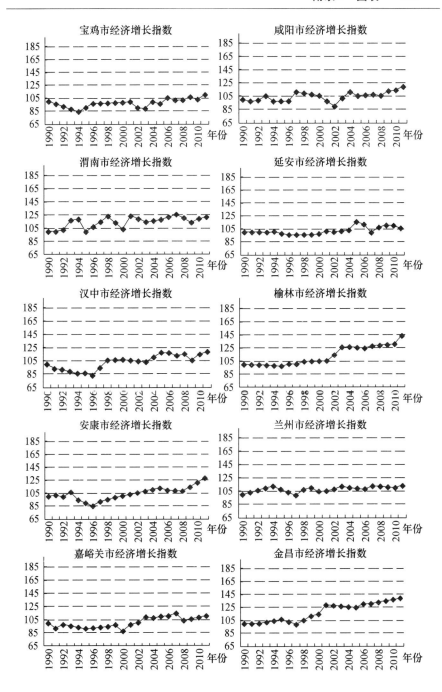

附图 2-49　264 个城市经济增长指数（XIV）

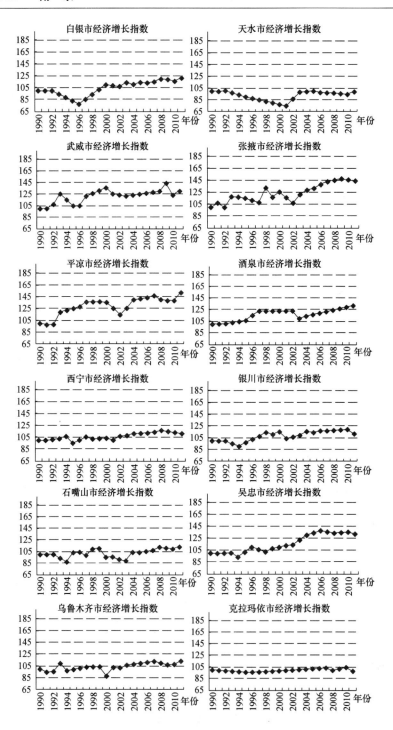

附图 2-50　264个城市经济增长指数（XV）

附表 2 – 9 1990—2011 年 264 个城市增长可持续性排名（1990—2001 年）

城市	1990年	1991年	1992年	1993年	1994年	1995年	1996年	1997年	1998年	1999年	2000年	2001年
北京	19	18	15	17	11	9	7	6	6	6	5	5
天津	80	75	109	113	106	88	84	88	75	65	38	39
石家庄	5	5	2	5	6	6	11	8	9	9	7	8
唐山	36	45	95	154	181	188	175	128	125	152	129	117
秦皇岛	15	16	27	41	47	48	83	25	21	18	15	19
邯郸	16	15	21	29	25	23	14	53	39	83	52	22
邢台	4	4	9	8	5	4	6	7	10	16	19	16
保定	6	7	8	14	21	28	16	10	8	8	8	10
张家口	44	43	34	85	15	106	55	83	98	103	121	81
承德	64	61	93	121	100	72	52	54	43	39	36	50
沧州	9	10	11	18	16	18	23	31	30	31	61	55
廊坊	39	36	58	74	69	53	38	47	47	43	30	24
衡水	50	46	70	83	68	45	40	49	52	51	60	104
太原	65	63	94	126	127	116	97	101	91	79	62	63
大同	120	116	173	79	73	55	39	148	69	92	120	98
阳泉	223	228	114	95	108	114	132	165	114	67	90	75
长治	79	89	106	114	86	49	31	32	24	35	54	43
晋城	12	11	12	15	12	11	10	13	15	15	18	28
朔州	253	210	164	176	159	131	141	156	178	155	134	152
运城	56	52	84	109	164	103	124	98	115	122	78	147
忻州	218	225	238	231	208	157	170	186	189	213	219	197
临汾	132	119	166	187	158	142	142	175	171	200	172	116
呼和浩特	194	193	201	130	176	180	186	177	96	80	76	59
包头	95	100	154	186	186	167	162	123	133	168	185	136
乌海	156	149	209	226	220	193	180	176	216	247	232	230
赤峰	153	171	228	193	209	222	237	225	235	238	186	134
通辽	139	133	182	117	79	81	56	52	61	186	197	195
呼伦贝尔	102	124	51	73	82	68	68	78	94	123	119	105
沈阳	75	81	56	48	54	56	59	75	27	47	42	53
大连	53	47	81	49	58	61	69	89	74	64	65	77
鞍山	25	27	24	10	32	22	18	20	12	24	24	33

续表

城市	1990年	1991年	1992年	1993年	1994年	1995年	1996年	1997年	1998年	1999年	2000年	2001年
抚顺	20	21	29	34	22	16	12	12	11	10	11	11
本溪	161	151	202	219	206	200	259	188	154	189	226	196
丹东	86	80	45	20	23	33	34	17	37	37	79	26
锦州	13	13	18	27	28	77	106	16	54	54	72	23
营口	59	54	104	155	171	154	43	76	48	60	105	68
阜新	211	201	237	224	193	135	94	55	35	27	28	36
辽阳	111	131	125	116	103	162	169	168	144	137	155	156
盘锦	37	35	19	23	14	20	25	34	25	21	22	25
铁岭	124	79	68	46	65	73	101	91	85	147	142	72
朝阳	43	68	102	88	88	80	74	77	57	45	46	56
葫芦岛	182	221	180	179	178	199	137	162	170	138	108	107
长春	76	97	144	67	111	152	122	155	73	77	67	101
吉林	183	169	213	173	254	232	238	258	223	134	143	194
四平	34	34	47	81	36	51	49	56	31	25	43	62
辽源	32	33	57	107	129	75	36	35	36	49	84	66
通化	83	98	54	36	122	83	136	110	121	185	168	206
白山	157	184	138	205	229	173	212	164	103	184	149	186
松原	87	102	80	47	59	57	57	71	72	106	85	86
白城	77	86	79	55	51	64	85	109	111	34	93	67
哈尔滨	42	41	72	97	91	130	125	65	51	40	49	46
齐齐哈尔	92	90	112	124	92	104	72	125	130	125	154	203
鸡西	93	92	130	168	189	185	151	124	93	104	131	123
鹤岗	235	241	184	84	137	100	195	248	169	190	130	80
双鸭山	136	123	172	161	132	98	111	137	149	163	144	132
大庆	233	233	247	242	222	253	264	259	233	223	213	234
伊春	158	209	162	253	261	223	178	157	142	139	165	149
佳木斯	101	99	153	131	72	177	146	122	67	129	170	87
七台河	84	94	103	99	89	52	66	67	68	78	66	70
牡丹江	256	220	169	227	167	134	158	121	101	82	82	78
黑河	221	231	207	152	240	260	244	198	222	229	171	115
绥化	236	244	145	166	165	145	189	233	252	262	248	233
上海	1	1	1	1	1	1	1	1	1	1	1	1

续表

城市	1990年	1991年	1992年	1993年	1994年	1995年	1996年	1997年	1998年	1999年	2000年	2001年
南京	49	44	25	25	7	25	70	24	26	32	12	18
无锡	170	176	147	71	97	164	217	215	206	208	249	222
徐州	184	182	143	77	87	93	163	196	112	117	153	139
常州	241	245	194	233	170	207	241	254	258	255	253	261
苏州	108	106	85	104	149	202	198	203	194	162	190	177
南通	28	23	28	60	42	27	61	46	53	94	100	109
连云港	58	55	83	87	66	63	29	33	22	17	14	15
淮安	227	235	193	228	237	221	242	252	245	263	259	239
盐城	189	180	168	141	71	71	119	147	156	172	183	158
扬州	175	170	141	159	194	205	245	244	236	148	127	212
镇江	216	229	219	178	160	192	224	205	179	206	201	174
泰州	126	110	78	132	142	124	117	72	84	76	110	93
宿迁	31	32	40	42	33	69	130	150	155	191	140	97
杭州	33	37	37	38	83	70	71	81	86	87	95	92
宁波	159	153	197	164	203	243	257	255	257	239	202	217
温州	100	101	133	197	113	126	218	173	140	156	147	95
嘉兴	167	163	128	103	94	137	120	127	126	115	125	154
湖州	165	157	177	216	227	242	200	228	211	175	222	227
绍兴	10	14	6	2	4	7	3	4	7	5	6	7
金华	250	256	232	238	245	231	225	249	250	245	228	166
衢州	246	251	262	264	263	262	256	264	263	259	257	259
舟山	214	203	241	261	242	234	234	242	212	132	123	181
台州	118	114	178	217	226	227	197	200	191	195	181	185
丽水	98	95	121	137	152	213	211	210	225	214	115	151
合肥	8	8	7	11	9	15	9	15	13	11	9	9
芜湖	17	17	20	12	29	41	73	26	49	50	40	49
蚌埠	52	51	16	30	49	59	76	87	90	85	89	119
淮南	197	198	113	100	134	160	108	117	124	90	71	74
马鞍山	27	30	17	13	19	17	20	23	55	48	51	60
淮北	70	71	66	45	43	42	41	68	117	159	132	120
铜陵	82	77	105	106	212	187	230	153	188	177	199	169
安庆	133	129	87	76	77	50	32	39	83	145	157	129

续表

城市	1990年	1991年	1992年	1993年	1994年	1995年	1996年	1997年	1998年	1999年	2000年	2001年
黄山	224	219	167	146	180	158	153	135	175	211	261	257
滁州	127	132	156	162	138	165	190	212	221	231	256	258
阜阳	234	238	229	220	179	218	157	182	195	216	227	246
宿州	252	252	249	200	244	254	209	213	218	226	216	232
六安	260	258	253	248	239	255	206	260	230	260	258	255
亳州	173	165	199	180	169	183	199	223	241	256	264	264
宣城	196	196	211	232	231	236	216	199	229	248	246	249
福州	18	19	22	21	38	30	24	22	18	30	33	42
厦门	45	58	65	57	64	96	78	69	99	74	53	45
莆田	88	85	90	80	119	147	183	184	168	166	167	180
三明	166	172	88	102	168	181	194	183	137	142	236	238
泉州	104	126	100	115	128	128	115	158	177	193	210	218
漳州	113	138	98	144	144	141	143	140	129	173	225	162
南平	128	146	111	151	190	175	171	207	237	257	255	190
龙岩	192	181	204	236	253	237	249	194	166	217	136	250
宁德	177	167	244	252	257	245	232	219	248	250	254	254
南昌	29	24	26	33	26	21	19	21	19	19	21	27
景德镇	117	115	107	78	37	58	45	50	46	42	41	58
萍乡	103	104	139	72	84	78	86	96	97	93	98	135
九江	107	111	82	160	162	140	140	105	80	59	55	100
新余	239	239	239	251	250	256	260	247	238	225	252	252
鹰潭	149	164	89	65	67	65	75	93	88	73	77	102
赣州	106	105	151	158	187	151	128	115	152	127	166	226
吉安	254	212	155	169	205	166	131	187	219	244	221	251
宜春	251	253	231	247	249	249	236	231	203	187	179	165
上饶	188	136	52	98	57	39	37	28	44	57	96	161
济南	46	53	63	90	105	109	118	48	62	84	37	13
青岛	66	83	118	105	121	95	91	90	89	81	47	61
淄博	207	211	116	133	99	144	159	172	160	130	116	131
枣庄	130	130	191	203	202	189	181	209	228	197	174	168
东营	137	135	132	119	125	123	123	136	172	146	198	220
烟台	96	96	73	52	80	74	63	74	77	28	31	57

续表

城市	1990年	1991年	1992年	1993年	1994年	1995年	1996年	1997年	1998年	1999年	2000年	2001年
潍坊	122	103	135	199	161	111	116	133	66	86	106	73
济宁	51	56	67	82	62	139	176	206	128	201	177	170
泰安	90	87	123	92	107	90	46	63	92	100	124	141
威海	78	82	43	35	75	35	95	61	70	91	117	83
日照	144	173	189	122	210	204	213	211	226	234	150	193
莱芜	232	217	217	181	184	206	145	116	106	99	97	122
临沂	162	156	119	120	70	101	147	152	165	161	107	142
德州	141	161	124	148	101	94	99	100	102	102	109	148
聊城	140	145	117	143	216	230	193	237	256	170	237	145
滨州	109	107	60	89	93	92	102	106	145	95	102	125
菏泽	97	91	49	64	53	44	104	119	141	153	178	84
郑州	40	38	59	53	63	62	53	62	60	58	23	32
开封	91	88	122	153	136	120	148	112	71	66	70	64
洛阳	24	26	35	44	44	36	58	36	32	71	27	14
平顶山	57	60	38	68	85	82	92	114	134	97	44	54
安阳	148	142	97	63	104	235	247	250	231	157	83	82
鹤壁	230	230	224	192	133	122	113	104	139	116	111	137
新乡	81	73	32	6	35	13	17	18	17	13	26	29
焦作	89	84	96	101	74	138	109	85	132	41	35	44
濮阳	67	62	71	70	45	31	42	43	38	29	29	52
许昌	3	3	3	4	2	3	4	2	2	3	4	4
漯河	179	183	206	198	163	117	105	171	173	114	133	113
三门峡	151	159	175	208	233	229	226	80	81	70	74	96
南阳	261	261	235	195	154	196	255	234	215	246	206	176
商丘	263	263	257	250	255	248	229	236	244	219	188	199
信阳	259	260	255	254	260	261	261	261	254	221	207	219
周口	21	22	14	22	20	19	22	29	100	56	39	40
驻马店	200	199	192	185	224	216	254	235	243	237	200	237
武汉	68	65	76	112	96	79	67	66	56	52	56	69
黄石	14	12	13	16	13	12	15	19	20	20	16	21
十堰	248	250	230	235	213	210	219	251	214	140	118	126
宜昌	215	214	157	142	228	240	214	191	187	209	230	211

城市	1990年	1991年	1992年	1993年	1994年	1995年	1996年	1997年	1998年	1999年	2000年	2001年
襄阳	210	222	198	234	241	201	207	224	255	242	240	247
鄂州	258	259	260	257	258	246	204	218	182	158	135	138
荆门	199	200	140	128	185	186	114	180	201	179	164	175
孝感	115	125	62	94	95	91	93	99	138	126	141	172
荆州	245	242	246	249	238	241	220	243	210	149	156	188
黄冈	171	152	148	140	141	148	187	201	242	236	233	244
咸宁	116	128	110	108	173	168	223	146	163	141	196	133
随州	131	141	91	54	76	76	51	79	105	118	146	192
长沙	7	6	5	7	10	5	5	5	5	7	10	6
株洲	164	155	146	170	175	102	103	94	78	61	148	157
湘潭	23	20	30	39	40	32	26	27	23	12	32	17
衡阳	138	120	115	43	135	115	98	97	107	98	92	110
邵阳	69	66	99	111	90	67	48	51	33	26	25	48
岳阳	61	59	92	40	39	29	44	38	28	38	50	38
常德	213	205	208	175	151	228	196	230	240	220	176	124
张家界	229	224	236	225	153	179	201	131	174	194	187	164
益阳	247	249	195	163	130	127	135	108	76	136	160	202
郴州	204	197	233	209	177	226	182	143	190	196	214	208
永州	187	175	216	189	126	105	90	84	120	124	145	163
怀化	125	118	176	194	191	169	164	163	151	203	161	140
娄底	168	177	120	149	183	110	50	111	127	68	69	85
广州	2	2	4	3	3	2	2	3	3	4	2	3
韶关	41	40	55	125	48	108	89	92	63	62	57	65
深圳	11	9	10	9	8	8	8	11	4	2	3	2
珠海	163	168	170	196	155	107	65	44	34	22	13	12
汕头	198	188	223	230	182	132	205	160	150	204	191	201
佛山	123	108	129	145	123	149	139	174	164	183	247	173
江门	201	202	221	221	201	224	246	256	251	240	217	200
湛江	105	112	161	157	118	113	100	179	204	169	163	159
茂名	193	195	185	139	148	84	107	144	197	164	195	183
肇庆	62	76	53	59	46	40	60	57	109	89	86	106
惠州	155	147	165	135	172	153	154	189	213	192	215	240

续表

城市	1990年	1991年	1992年	1993年	1994年	1995年	1996年	1997年	1998年	1999年	2000年	2001年
梅州	38	42	46	31	18	10	21	9	14	23	17	20
汕尾	35	25	23	26	17	14	13	14	16	14	20	31
河源	169	187	152	182	188	182	152	126	131	128	94	79
阳江	63	39	61	50	31	34	28	40	29	53	58	71
清远	99	70	77	66	41	26	33	59	87	109	101	127
东莞	242	248	248	245	235	252	258	257	264	258	250	263
中山	212	227	242	237	232	212	239	221	181	198	238	236
潮州	54	64	33	37	24	24	27	41	50	72	87	128
揭阳	178	162	205	215	110	176	80	95	108	113	151	209
云浮	135	148	127	188	214	217	227	240	227	188	241	262
南宁	119	127	183	202	196	198	208	227	176	165	184	153
柳州	55	57	86	134	131	121	112	118	119	107	138	35
桂林	22	28	39	19	34	43	62	30	58	63	45	34
梧州	228	234	243	184	211	238	250	214	193	180	242	248
北海	202	218	179	212	218	143	185	178	159	151	104	91
防城港	172	174	149	172	156	159	166	169	167	171	193	213
钦州	121	121	188	214	219	209	172	134	153	176	203	198
贵港	206	190	250	239	247	250	251	245	249	241	209	184
玉林	195	186	222	222	198	214	233	226	198	182	152	143
百色	30	29	42	51	50	60	79	73	104	101	81	76
河池	176	185	137	211	223	219	184	120	157	160	173	204
海口	222	226	261	240	252	258	262	246	239	233	194	215
三亚	190	194	240	171	147	118	150	145	136	133	99	94
重庆	231	206	181	213	234	225	222	202	202	202	162	210
成都	47	48	48	91	120	133	161	139	146	110	63	47
自贡	152	140	186	201	117	136	156	161	147	120	114	150
攀枝花	219	215	245	260	256	263	252	208	185	243	212	191
泸州	174	160	225	244	246	244	192	229	260	264	245	221
德阳	186	179	158	129	146	161	177	197	196	235	235	178
绵阳	220	236	200	147	217	233	210	217	232	253	263	243
广元	249	254	256	243	200	190	248	253	262	254	262	260
遂宁	203	204	218	207	225	251	228	239	259	227	223	189

续表

城市	1990年	1991年	1992年	1993年	1994年	1995年	1996年	1997年	1998年	1999年	2000年	2001年
内江	114	134	142	183	199	178	173	141	217	212	251	231
乐山	257	257	259	255	236	203	203	220	208	181	159	155
南充	240	243	220	223	207	170	144	216	253	249	204	146
宜宾	237	240	234	204	221	220	243	238	224	232	231	207
雅安	209	207	150	229	174	171	88	132	158	207	180	121
巴中	191	191	203	210	195	155	126	138	200	218	208	214
资阳	217	216	254	258	197	215	235	159	161	228	229	245
贵阳	85	93	101	93	102	89	82	82	79	69	73	99
六盘水	110	113	126	136	143	184	215	166	192	135	113	114
遵义	142	137	187	165	192	195	202	222	220	230	244	235
安顺	134	122	171	150	140	146	165	193	59	131	103	90
昆明	94	117	64	62	114	197	167	204	209	199	220	216
曲靖	60	67	36	32	27	112	30	37	40	44	59	89
玉溪	160	150	196	118	98	47	81	129	143	150	169	144
保山	74	72	74	69	30	46	54	42	82	75	80	118
昭通	72	69	50	56	78	129	188	232	247	215	211	182
普洱	154	192	134	156	157	150	155	190	207	144	122	108
西安	73	78	69	110	116	119	121	70	116	112	139	112
铜川	208	213	215	177	150	211	133	181	205	261	243	225
宝鸡	145	144	190	191	248	259	221	185	118	111	182	256
咸阳	71	74	75	61	60	38	35	64	45	33	88	130
渭南	185	189	159	75	124	163	168	86	123	154	192	179
延安	112	109	163	86	81	99	129	167	186	205	205	223
汉中	146	158	136	96	215	194	179	149	110	108	126	160
榆林	262	262	263	263	262	257	253	262	246	252	260	253
安康	129	49	41	58	56	54	47	102	64	46	48	51
兰州	48	50	44	24	55	85	110	151	148	105	75	37
嘉峪关	255	255	251	262	264	264	263	263	261	251	234	224
金昌	264	264	264	259	251	208	191	192	180	167	158	171
白银	243	247	252	246	230	191	149	113	95	121	112	88
天水	150	154	210	218	204	174	134	107	65	55	68	103
武威	238	208	214	190	115	125	138	130	113	96	91	111

续表

城市	1990年	1991年	1992年	1993年	1994年	1995年	1996年	1997年	1998年	1999年	2000年	2001年
张掖	180	166	160	138	166	172	160	154	184	222	224	241
平凉	147	143	108	127	109	86	64	142	162	174	175	205
酒泉	226	232	226	206	145	87	127	103	122	119	128	167
西宁	26	31	31	28	61	37	77	58	42	88	64	30
银川	244	246	258	256	259	247	240	241	234	224	189	228
石嘴山	225	237	174	167	139	156	174	195	199	210	218	242
吴忠	205	223	212	174	52	66	96	60	135	143	137	187
乌鲁木齐	181	178	227	241	243	239	231	170	183	178	239	229
克拉玛依	143	139	131	123	112	97	87	45	41	36	34	41

附表2－10　1990—2011年264个城市增长可持续性排名（2002—2011年）

城市	2002年	2003年	2004年	2005年	2006年	2007年	2008年	2009年	2010年	2011年	综合	2000年后
北京	5	6	3	2	2	2	2	2	2	2	2	2
天津	31	35	35	39	42	13	13	15	18	12	28	17
石家庄	9	7	8	5	7	8	9	9	6	3	6	6
唐山	79	73	77	102	93	114	130	193	162	139	111	119
秦皇岛	17	12	12	12	14	18	33	46	39	38	17	20
邯郸	12	26	20	24	33	39	63	69	63	70	27	37
邢台	16	20	14	19	13	25	32	35	11	14	11	15
保定	8	9	7	8	19	22	15	22	20	29	10	13
张家口	65	25	34	42	16	45	53	18	73	104	49	47
承德	53	87	70	117	70	97	126	188	191	157	81	94
沧州	41	13	13	20	25	42	60	101	115	123	26	48
廊坊	20	44	32	23	26	36	44	47	37	51	36	32
衡水	71	90	86	81	123	141	74	106	123	152	70	95
太原	54	52	51	41	35	53	61	50	22	19	53	38
大同	88	122	178	220	212	226	216	161	129	160	127	165
阳泉	60	80	129	164	223	179	155	213	161	182	136	142
长治	37	56	58	45	51	51	56	80	67	81	52	53
晋城	30	29	17	18	38	14	25	44	31	35	14	23
朔州	184	246	256	239	249	257	258	230	259	259	229	249

城市	2002年	2003年	2004年	2005年	2006年	2007年	2008年	2009年	2010年	2011年	综合	2000年后
运城	104	154	102	126	159	160	201	162	142	155	115	136
忻州	107	63	50	83	89	40	51	53	56	54	123	70
临汾	124	116	126	177	191	210	238	240	145	169	169	180
呼和浩特	63	65	63	93	53	48	45	43	60	83	86	57
包头	110	89	162	151	172	175	173	174	155	203	149	154
乌海	238	254	257	259	235	219	220	178	207	226	234	245
赤峰	133	129	135	224	131	165	159	192	201	201	202	171
通辽	182	238	232	183	201	198	191	189	174	209	162	208
呼伦贝尔	91	110	42	77	80	59	47	64	68	69	66	64
沈阳	49	47	64	43	58	28	24	25	34	27	42	31
大连	74	84	56	36	20	31	16	16	12	10	29	22
鞍山	33	45	60	65	77	81	92	112	131	142	45	66
抚顺	13	17	28	30	37	58	71	102	86	113	24	41
本溪	167	162	156	148	121	130	137	153	195	229	193	178
丹东	35	32	75	69	140	144	177	217	209	207	65	113
锦州	19	16	27	28	36	57	62	68	100	126	43	49
营口	82	138	179	181	204	213	218	158	169	129	120	148
阜新	46	57	81	76	69	111	132	118	146	166	93	76
辽阳	121	163	172	154	227	186	167	141	118	132	141	151
盘锦	24	31	43	56	75	77	134	107	104	116	44	59
铁岭	94	15	24	29	79	74	94	116	78	58	61	62
朝阳	56	41	48	61	115	82	96	154	167	179	74	87
葫芦岛	164	155	187	192	194	246	247	253	203	216	198	206
长春	85	97	82	78	92	94	98	96	103	78	89	79
吉林	219	227	205	225	196	193	183	109	178	175	215	196
四平	72	50	44	75	173	199	158	239	220	195	80	124
辽源	51	60	79	72	83	151	168	147	179	163	75	108
通化	241	156	184	150	184	123	95	88	83	71	112	130
白山	188	209	149	158	238	223	231	242	218	235	207	219
松原	128	161	204	207	216	251	243	261	263	257	158	225

续表

城市	2002年	2003年	2004年	2005年	2006年	2007年	2008年	2009年	2010年	2011年	综合	2000年后
白城	70	108	71	50	103	89	88	104	95	121	69	80
哈尔滨	38	21	46	46	52	46	35	62	53	45	48	42
齐齐哈尔	174	213	118	152	162	205	210	184	148	162	140	179
鸡西	115	114	119	133	183	216	223	228	210	215	156	182
鹤岗	142	148	128	124	174	183	194	204	181	172	174	152
双鸭山	111	93	120	108	150	189	165	245	205	236	151	168
大庆	192	130	151	175	210	230	203	205	236	234	243	216
伊春	137	101	108	123	125	168	187	182	202	225	185	159
佳木斯	103	121	91	68	71	71	127	156	151	137	106	111
七台河	62	78	106	107	128	177	162	236	255	263	121	161
牡丹江	78	75	105	67	67	100	135	130	102	88	114	88
黑河	64	82	57	27	30	27	40	31	32	41	100	43
绥化	198	204	198	167	145	187	188	167	206	228	223	210
上海	1	1	1	3	1	1	1	1	1	1	1	1
南京	25	43	16	15	11	9	11	8	10	9	12	11
无锡	194	139	141	160	143	102	90	65	46	39	132	115
徐州	132	115	74	74	88	73	70	78	150	131	107	102
常州	261	248	236	229	231	143	105	108	93	68	230	200
苏州	153	112	93	47	27	32	14	11	35	25	64	40
南通	125	113	146	165	91	192	160	91	112	99	72	120
连云港	14	18	26	25	24	49	41	49	33	21	25	24
淮安	243	229	226	206	213	150	122	121	69	42	218	173
盐城	171	170	185	185	192	182	147	115	98	75	138	139
扬州	163	195	200	163	148	109	125	105	65	63	163	122
镇江	207	206	207	189	190	133	109	82	70	50	168	135
泰州	67	117	85	94	105	78	85	74	85	56	85	75
宿迁	69	62	87	79	82	131	100	72	74	82	73	78
杭州	96	68	65	53	61	19	19	19	16	16	34	27
宁波	228	180	142	73	50	56	34	36	25	28	131	68
温州	160	160	152	131	111	91	76	76	51	118	116	104

续表

城市	2002年	2003年	2004年	2005年	2006年	2007年	2008年	2009年	2010年	2011年	综合	2000年后
嘉兴	136	173	170	173	97	101	72	85	59	46	104	99
湖州	225	168	206	166	211	119	107	98	89	89	178	145
绍兴	7	8	5	13	17	11	12	13	15	15	9	9
金华	177	128	114	106	110	41	30	33	40	49	155	69
衢州	254	247	223	230	207	139	119	94	84	107	256	198
舟山	75	143	157	140	171	79	59	58	55	60	159	90
台州	223	230	230	217	193	164	143	155	119	177	197	192
丽水	73	69	68	70	59	24	23	24	30	37	77	44
合肥	11	10	10	10	8	10	7	5	4	4	7	5
芜湖	40	98	36	35	31	66	54	42	45	57	37	45
蚌埠	114	183	96	88	98	106	117	86	76	96	71	96
淮南	81	58	67	84	144	134	67	92	116	111	98	84
马鞍山	59	76	100	85	90	61	38	30	27	36	35	50
淮北	109	103	123	179	215	197	182	151	130	125	102	141
铜陵	149	179	140	91	118	86	79	87	50	48	119	103
安庆	92	111	97	100	146	121	118	90	82	85	87	101
黄山	248	257	260	262	240	212	153	110	57	40	206	215
滁州	260	261	243	249	209	224	239	227	188	153	232	252
阜阳	235	193	145	196	137	178	179	196	214	196	216	209
宿州	232	244	246	260	230	218	206	235	245	231	251	248
六安	227	250	196	205	221	214	219	210	213	174	254	237
亳州	257	263	263	263	262	263	259	258	257	237	257	263
宣城	222	259	259	258	260	254	233	212	79	66	237	236
福州	34	34	53	54	49	54	65	67	41	55	30	46
厦门	28	24	25	17	12	20	10	10	14	13	19	14
莆田	123	118	127	115	156	239	256	223	227	258	172	205
三明	239	212	218	201	180	208	222	179	212	214	201	227
泉州	218	157	168	147	100	135	145	146	136	138	144	162
漳州	168	166	165	171	149	136	138	132	154	168	146	163
南平	221	134	166	214	234	204	200	190	211	218	210	218

续表

城市	2002年	2003年	2004年	2005年	2006年	2007年	2008年	2009年	2010年	2011年	综合	2000年后
龙岩	206	208	247	231	245	236	217	195	232	241	235	233
宁德	263	260	262	256	247	249	249	229	219	242	260	261
南昌	22	39	21	22	21	30	31	17	19	18	13	18
景德镇	61	61	103	64	32	35	55	41	97	100	55	55
萍乡	127	147	231	242	251	261	260	262	254	219	176	235
九江	134	144	131	110	84	108	123	128	159	145	109	118
新余	259	249	244	241	226	259	226	257	223	199	258	256
鹰潭	147	107	66	82	104	112	115	134	163	141	97	114
赣州	209	189	208	197	189	159	157	125	180	144	165	186
吉安	247	241	229	182	133	153	169	199	215	211	221	221
宜春	143	167	202	223	244	238	244	231	233	240	242	224
上饶	158	176	188	195	186	170	124	137	153	124	105	146
济南	43	14	29	11	22	21	26	32	36	32	32	21
青岛	66	48	52	60	46	26	29	27	38	34	50	36
淄博	140	91	113	121	78	75	87	120	125	135	124	106
枣庄	166	221	249	252	246	252	246	237	239	244	227	241
东营	191	127	137	119	108	137	171	191	198	205	157	177
烟台	100	149	159	149	142	126	140	100	54	72	76	91
潍坊	141	96	183	208	136	93	108	123	108	105	110	116
济宁	203	190	211	213	147	127	114	140	134	120	133	158
泰安	157	196	189	144	96	129	128	165	176	200	122	149
威海	112	136	133	95	62	44	36	40	21	22	54	52
日照	212	171	174	170	206	243	261	250	260	245	226	234
莱芜	146	169	209	221	199	157	144	144	141	167	166	156
临沂	116	86	117	139	101	145	156	160	168	173	129	131
德州	159	141	132	188	126	161	192	180	158	122	128	143
聊城	237	226	163	178	139	195	213	176	222	243	211	214
滨州	179	215	213	234	195	167	184	97	91	101	125	144
菏泽	93	102	115	90	85	132	68	111	132	117	91	105
郑州	27	38	41	33	23	12	17	20	17	17	21	16

城市	2002年	2003年	2004年	2005年	2006年	2007年	2008年	2009年	2010年	2011年	综合	2000年后
开封	89	142	107	99	72	72	52	63	72	86	84	71
洛阳	18	37	39	55	55	50	39	39	47	43	33	35
平顶山	39	55	54	87	106	124	113	136	144	127	78	81
安阳	86	85	121	146	141	96	129	119	127	115	134	107
鹤壁	152	135	173	203	205	217	224	252	237	185	186	202
新乡	50	23	40	57	45	33	37	38	29	23	23	28
焦作	47	64	62	105	95	98	80	77	66	53	63	63
濮阳	52	53	38	37	44	60	99	117	106	76	51	56
许昌	4	4	4	4	4	3	4	4	5	5	4	4
漯河	129	152	144	219	214	234	232	251	238	232	192	212
三门峡	97	95	73	109	102	76	89	103	96	108	113	89
南阳	217	217	228	232	257	231	202	211	200	194	241	226
商丘	210	220	235	227	229	232	227	226	231	206	253	232
信阳	220	233	227	228	237	244	240	219	230	181	259	238
周口	26	40	49	40	43	43	49	60	101	87	40	51
驻马店	214	202	199	233	222	201	214	185	166	136	225	213
武汉	58	30	18	7	5	6	8	12	8	8	16	12
黄石	15	22	31	34	28	47	82	61	43	52	20	34
十堰	101	92	94	142	197	142	180	172	177	184	196	140
宜昌	187	182	116	145	152	103	102	168	170	180	188	167
襄阳	255	245	241	202	220	215	229	221	247	255	247	251
鄂州	172	218	214	212	203	225	237	255	262	252	248	231
荆门	186	225	239	216	233	248	248	247	261	261	224	243
孝感	162	188	177	155	164	194	212	186	216	224	145	194
荆州	234	232	237	186	208	185	193	218	249	251	239	228
黄冈	233	235	220	157	155	122	106	83	113	95	175	164
咸宁	151	172	160	137	181	125	161	149	165	156	152	157
随州	229	253	250	255	250	255	245	234	235	248	191	250
长沙	6	5	6	6	9	5	5	7	9	11	8	8
株洲	99	104	109	104	81	67	64	45	110	106	92	83

续表

城市	2002年	2003年	2004年	2005年	2006年	2007年	2008年	2009年	2010年	2011年	综合	2000年后
湘潭	21	28	22	31	18	38	43	37	42	33	22	26
衡阳	106	77	83	62	54	84	97	138	147	148	96	97
邵阳	68	51	59	58	57	64	66	70	114	112	57	60
岳阳	118	109	143	120	129	171	164	171	193	176	83	123
常德	183	203	150	176	187	120	131	224	221	186	205	185
张家界	181	126	122	162	122	118	228	215	217	198	194	184
益阳	148	88	99	114	112	176	195	181	189	197	160	153
郴州	197	200	224	235	256	207	199	113	152	147	208	203
永州	126	137	148	129	161	202	181	194	196	149	148	166
怀化	113	145	186	156	179	191	198	216	185	190	173	181
娄底	105	124	95	49	47	62	83	34	48	84	79	61
广州	3	3	9	9	6	7	6	6	13	24	5	7
韶关	102	132	169	174	182	156	133	159	140	119	94	125
深圳	2	2	2	1	3	4	3	3	3	6	3	3
珠海	10	11	15	14	10	17	21	14	7	7	18	10
汕头	185	150	124	136	175	211	197	164	160	159	183	176
佛山	211	178	252	248	243	256	254	232	225	246	214	247
江门	216	211	225	198	200	196	174	198	187	178	231	211
湛江	155	153	158	130	117	158	207	202	197	208	161	175
茂名	139	81	110	103	124	95	112	133	156	165	137	128
肇庆	131	71	69	89	86	65	48	52	52	80	60	65
惠州	244	174	212	209	166	209	221	201	138	128	195	204
梅州	23	67	11	26	15	29	27	26	24	20	15	19
汕尾	36	54	61	59	56	70	78	73	117	73	39	54
河源	83	99	98	71	60	83	91	79	75	62	101	72
阳江	48	42	55	86	130	140	149	207	190	183	67	110
清远	57	49	37	66	65	116	141	131	94	44	62	74
东莞	264	264	264	264	264	260	242	263	258	250	264	264
中山	240	255	255	240	168	154	146	157	99	91	219	201
潮州	161	83	104	101	94	87	93	51	61	74	59	77

城市	2002年	2003年	2004年	2005年	2006年	2007年	2008年	2009年	2010年	2011年	综合	2000年后
揭阳	196	151	153	128	114	162	170	152	164	158	147	160
云浮	256	175	155	210	169	146	139	142	105	97	199	187
南宁	156	187	194	168	158	113	148	145	143	146	170	155
柳州	55	100	111	92	74	92	73	84	111	164	88	85
桂林	44	27	23	32	41	55	58	57	49	65	41	39
梧州	226	240	238	257	228	233	235	246	252	253	249	255
北海	76	158	171	135	151	172	204	208	243	230	180	172
防城港	201	207	254	247	263	264	263	264	264	264	250	262
钦州	252	262	251	254	261	258	252	256	250	238	238	259
贵港	251	222	234	250	255	229	257	241	248	262	255	253
玉林	180	243	201	222	202	221	209	214	224	239	222	217
百色	98	123	154	238	241	241	230	206	199	222	118	189
河池	175	105	76	138	135	105	86	127	135	202	154	132
海口	193	133	125	96	68	52	46	95	62	67	189	92
三亚	119	164	221	218	224	138	121	93	71	98	139	126
重庆	154	214	193	190	217	110	81	99	107	92	179	137
成都	90	66	45	48	34	15	22	29	26	30	47	29
自贡	145	140	161	199	198	228	225	249	253	212	182	207
攀枝花	144	181	181	159	160	190	190	200	183	187	233	191
泸州	230	239	217	236	232	240	241	222	226	220	246	242
德阳	199	185	215	215	153	166	166	139	137	102	177	174
绵阳	169	199	147	134	119	90	150	81	64	47	181	134
广元	242	205	134	153	107	104	84	59	109	90	220	147
遂宁	224	224	245	226	218	245	250	238	251	227	244	244
内江	189	184	190	204	177	200	234	220	240	247	213	230
乐山	204	252	233	237	252	250	255	248	229	210	245	240
南充	202	210	219	169	157	152	142	169	182	150	209	183
宜宾	253	251	242	244	236	203	186	175	171	170	236	229
雅安	150	177	136	132	113	149	154	129	128	79	143	127
巴中	205	216	203	191	170	115	103	163	194	204	190	190

续表

城市	2002年	2003年	2004年	2005年	2006年	2007年	2008年	2009年	2010年	2011年	综合	2000年后
资阳	262	242	248	245	254	242	253	259	241	221	252	258
贵阳	77	59	19	16	64	34	20	28	28	31	46	33
六盘水	87	72	80	63	73	117	136	122	126	114	117	98
遵义	245	219	192	141	178	155	151	143	139	140	200	193
安顺	80	70	138	122	116	173	175	150	184	189	130	129
昆明	173	159	175	98	120	63	163	48	90	61	126	117
曲靖	29	19	47	38	48	88	101	183	157	161	58	73
玉溪	122	94	78	143	127	148	208	187	192	213	135	150
保山	135	125	84	112	138	184	189	126	173	171	95	133
昭通	165	201	88	125	176	220	211	166	121	154	153	169
普洱	130	197	210	187	185	163	176	170	77	94	150	138
西安	95	74	89	80	66	68	50	54	58	64	68	67
铜川	195	198	222	211	154	128	111	173	175	151	204	188
宝鸡	236	192	197	200	225	206	205	209	204	191	217	222
咸阳	84	106	112	118	132	147	104	114	122	130	82	112
渭南	170	165	167	127	165	188	196	225	244	217	171	199
延安	213	228	191	161	219	235	185	177	208	223	184	220
汉中	138	146	90	97	87	37	42	66	120	109	103	82
榆林	250	234	216	184	239	227	172	244	228	233	262	246
安康	45	46	72	52	63	80	75	71	92	59	56	58
兰州	42	36	33	21	29	23	28	21	23	26	38	25
嘉峪关	258	258	261	261	259	253	262	243	234	256	263	260
金昌	190	191	195	243	253	262	264	260	256	260	261	254
白银	117	79	101	113	99	107	110	124	133	133	142	109
天水	120	131	180	194	188	85	57	55	88	77	108	93
武威	215	231	258	251	248	247	236	197	186	192	203	223
张掖	249	237	182	172	134	180	178	148	149	134	187	197
平凉	246	236	139	193	163	169	120	203	172	193	164	195
酒泉	200	256	240	246	242	222	215	233	246	249	212	239
西宁	32	33	30	51	39	16	18	23	44	93	31	30

续表

城市	2002年	2003年	2004年	2005年	2006年	2007年	2008年	2009年	2010年	2011年	综合	2000年后
银川	178	194	176	180	167	181	152	135	124	143	228	170
石嘴山	231	223	253	253	258	237	251	254	242	254	240	257
吴忠	176	120	92	44	40	69	77	75	80	110	99	86
乌鲁木齐	208	186	164	111	76	99	69	56	87	103	167	121
克拉玛依	108	119	130	116	109	174	116	89	81	188	90	100

附表 2-11　　1990—2011 年 264 个城市增长可持续性指数

（上一年＝100）（1990—2001 年）

城市	1990年	1991年	1992年	1993年	1994年	1995年	1996年	1997年	1998年	1999年	2000年	2001年
北京	100	100.2	102.8	100.2	100.7	100.7	100.7	100.7	100.7	100.7	100.7	106.2
天津	100	100.1	100.1	103.0	99.4	100.1	99.1	99.0	100.3	100.3	105.7	104.3
石家庄	100	99.5	104.6	95.6	97.2	97.1	97.0	102.2	100.3	101.0	101.0	100.2
唐山	100	96.8	96.7	96.6	96.5	96.4	99.7	105.9	99.2	95.1	103.1	104.0
秦皇岛	100	97.9	98.1	98.1	98.1	98.0	94.4	111.3	100.9	100.9	101.3	101.3
邯郸	100	99.5	99.5	99.4	99.4	99.4	102.0	91.0	101.7	91.8	106.5	111.2
邢台	100	97.8	94.3	101.2	101.2	98.7	98.7	98.7	98.6	97.4	100.1	102.8
保定	100	97.6	97.5	97.4	97.4	97.3	102.8	102.7	101.6	101.5	98.8	100.5
张家口	100	99.2	106.5	94.5	110.6	85.9	104.1	96.8	97.4	97.9	97.8	107.5
承德	100	100.0	100.0	100.0	100.9	100.9	100.9	100.9	100.8	100.8	100.8	100.8
沧州	100	98.9	98.9	98.8	98.8	98.8	98.8	98.8	98.8	98.8	93.5	105.0
廊坊	100	99.9	99.9	99.9	99.9	99.9	99.7	99.7	99.7	99.5	105.1	104.8
衡水	100	99.7	101.0	101.0	101.0	101.0	98.3	99.9	99.0	99.0	99.0	96.2
太原	100	100.0	100.0	99.3	99.3	99.3	100.9	98.6	100.3	99.8	103.4	103.3
大同	100	99.8	99.8	113.5	100.0	100.0	100.0	88.4	107.6	96.6	96.5	105.0
阳泉	100	98.9	121.4	104.9	97.7	97.6	96.2	96.0	105.2	104.0	97.2	104.8
长治	100	98.1	102.5	102.4	102.3	102.3	102.2	102.2	100.7	96.1	95.9	105.7
晋城	100	99.7	99.7	99.7	99.7	99.7	99.7	99.4	99.6	99.6	99.6	99.6
朔州	100	113.3	111.8	101.1	101.1	101.1	97.6	97.6	94.4	103.0	102.9	100.2
运城	100	100.0	100.3	99.6	93.3	104.5	96.3	102.5	97.3	97.2	105.6	94.9
忻州	100	98.1	103.6	103.5	103.4	103.3	97.5	96.8	96.7	95.0	99.3	107.6

续表

城市	1990年	1991年	1992年	1993年	1994年	1995年	1996年	1997年	1998年	1999年	2000年	2001年
临汾	100	100.2	100.2	100.5	102.1	99.3	99.3	95.4	97.8	94.9	104.7	110.4
呼和浩特	100	99.2	105.0	111.2	94.4	96.9	96.8	101.1	109.4	100.4	100.4	107.3
包头	100	99.0	98.5	99.5	99.5	99.5	99.5	103.8	97.7	93.4	98.4	110.3
乌海	100	100.0	98.7	99.2	100.7	100.7	100.0	100.0	91.3	90.5	105.8	105.4
赤峰	100	97.2	97.7	107.9	97.6	94.6	94.3	102.8	94.4	97.9	112.1	110.8
通辽	100	100.2	100.2	110.0	103.6	97.3	101.3	101.3	96.8	84.0	97.5	104.4
呼伦贝尔	100	97.1	116.0	98.8	98.8	98.8	98.8	98.7	97.3	94.8	100.6	104.7
沈阳	100	98.7	107.9	102.9	98.2	98.1	98.1	98.1	109.1	93.8	101.8	101.6
大连	100	100.0	100.0	106.1	97.8	97.7	97.7	97.6	100.4	100.4	100.4	100.4
鞍山	100	99.0	103.0	105.4	94.2	100.4	100.4	100.4	101.6	96.2	100.4	100.4
抚顺	100	98.9	100.7	100.7	100.7	100.7	100.7	100.7	100.7	100.7	100.7	100.7
本溪	100	100.3	99.7	99.7	101.3	98.0	80.7	123.1	102.2	94.1	93.8	108.9
丹东	100	100.1	110.4	107.1	98.0	97.0	96.9	107.0	94.5	98.6	91.8	116.7
锦州	100	98.9	98.9	98.9	98.9	90.4	96.1	116.7	89.3	99.5	96.9	116.7
营口	100	100.0	97.5	97.5	97.4	99.2	111.9	96.4	103.8	96.4	93.7	108.9
阜新	100	100.4	100.4	104.4	104.2	104.0	103.9	104.9	104.7	100.8	100.8	99.7
辽阳	100	98.0	105.6	104.5	100.3	91.5	98.4	98.4	102.6	98.8	97.6	102.8
盘锦	100	99.8	108.3	100.4	100.4	97.8	97.7	99.5	101.0	100.9	100.9	100.9
铁岭	100	106.1	105.7	105.4	96.7	96.6	96.5	99.8	99.8	91.6	100.5	112.2
朝阳	100	94.6	100.0	104.2	98.9	99.3	99.3	99.5	101.4	101.4	101.4	101.4
葫芦岛	100	93.8	111.9	101.6	100.3	94.4	106.4	96.7	96.6	103.5	103.3	103.2
长春	100	96.4	99.7	112.0	93.9	93.5	102.1	96.3	108.1	98.3	102.0	97.8
吉林	100	100.3	100.3	107.0	81.8	108.1	95.9	87.6	115.4	113.3	99.0	95.9
四平	100	99.9	99.9	97.6	106.3	95.1	97.9	99.9	105.6	101.4	94.7	99.7
辽源	100	100.1	98.0	96.6	96.5	103.9	103.7	103.6	99.1	94.6	94.3	106.4
通化	100	97.1	110.8	105.9	88.7	102.1	92.8	102.6	97.9	89.9	102.8	98.1
白山	100	95.8	111.4	95.1	94.8	106.2	92.9	106.5	106.1	88.6	105.1	98.4
松原	100	96.5	108.7	106.2	97.7	98.4	98.4	98.4	98.4	94.8	102.6	102.6
白城	100	97.9	105.7	105.4	99.1	96.7	96.6	96.5	98.8	112.5	89.5	106.7
哈尔滨	100	98.8	99.4	99.4	99.4	94.1	99.3	106.8	101.7	101.8	99.0	103.5
齐齐哈尔	100	100.1	101.9	101.9	101.8	97.2	102.1	94.0	98.3	98.3	96.7	96.6

续表

城市	1990年	1991年	1992年	1993年	1994年	1995年	1996年	1997年	1998年	1999年	2000年	2001年
鸡西	100	99.9	99.9	98.4	97.7	97.6	102.8	102.8	102.7	97.1	97.0	103.8
鹤岗	100	99.1	116.6	114.2	92.9	102.4	87.5	85.8	117.8	95.9	109.5	108.7
双鸭山	100	100.2	100.2	103.1	103.0	101.7	97.0	96.9	96.8	96.7	103.0	105.1
大庆	100	100.3	102.2	102.2	104.9	83.1	82.4	114.7	112.8	101.5	101.5	101.5
伊春	100	93.0	111.9	83.4	92.7	118.1	105.2	102.3	100.8	98.4	96.6	105.4
佳木斯	100	99.8	98.7	105.8	105.6	87.0	102.3	102.2	104.8	91.7	95.0	114.1
七台河	100	97.4	103.5	103.4	99.9	102.9	96.6	100.0	98.0	97.9	102.2	102.2
牡丹江	100	114.3	112.5	94.9	107.4	101.3	96.7	103.4	101.0	101.0	100.0	103.2
黑河	100	98.2	110.3	109.3	86.3	84.2	111.0	109.9	93.8	96.6	111.5	110.4
绥化	100	97.3	123.8	99.7	99.7	99.7	93.1	92.5	91.4	90.6	110.3	110.7
上海	100	99.5	104.0	98.9	95.2	98.3	97.5	104.3	100.0	103.5	103.5	103.8
南京	100	100.3	109.3	101.2	106.8	91.5	90.7	110.5	98.6	97.8	108.9	99.2
无锡	100	98.2	109.1	112.0	95.8	91.1	90.9	99.2	99.2	99.2	90.1	112.3
徐州	100	98.6	110.7	110.5	97.6	97.5	91.2	94.6	110.3	97.4	96.0	105.4
常州	100	99.1	118.0	96.3	108.2	93.2	90.7	89.7	98.1	100.8	102.4	98.4
苏州	100	99.8	109.3	100.3	93.8	92.0	98.4	98.3	99.1	103.9	96.0	106.2
南通	100	100.4	101.5	95.5	103.2	100.6	92.0	102.3	98.7	93.0	98.6	102.1
连云港	100	99.8	100.7	101.7	101.6	98.3	104.8	101.5	101.5	101.5	101.5	101.4
淮安	100	98.2	113.5	96.7	96.5	100.9	92.7	92.1	103.8	88.5	105.7	112.8
盐城	100	99.9	107.2	106.0	107.0	97.8	93.6	96.5	96.4	96.3	99.5	106.3
扬州	100	99.2	109.0	100.0	96.0	95.8	88.9	96.6	102.4	116.4	103.0	91.8
镇江	100	97.1	107.9	107.4	101.7	93.9	93.5	101.7	101.6	95.4	99.9	109.2
泰州	100	100.7	110.2	96.8	97.0	100.9	99.2	105.1	97.4	99.4	95.7	104.8
宿迁	100	100.1	101.2	101.2	101.2	92.1	92.1	97.6	96.9	94.0	108.0	107.4
杭州	100	98.0	103.9	101.5	93.7	98.6	98.6	98.6	98.6	98.5	99.0	102.7
宁波	100	99.8	100.7	105.7	95.2	90.6	87.5	98.9	100.2	105.7	109.4	102.3
温州	100	98.9	101.9	95.8	108.7	96.6	87.1	106.4	103.6	95.7	101.3	109.0
嘉兴	100	99.3	109.4	106.1	99.6	93.0	101.0	99.1	99.1	99.1	99.1	99.1
湖州	100	99.7	103.5	97.4	97.0	94.4	105.3	95.1	100.3	104.4	92.9	103.3
绍兴	100	98.1	104.7	107.3	96.6	94.3	106.4	99.5	94.6	102.9	98.9	101.9
金华	100	95.5	118.7	100.0	97.5	101.1	99.5	89.3	100.9	98.9	106.6	114.4

续表

城市	1990年	1991年	1992年	1993年	1994年	1995年	1996年	1997年	1998年	1999年	2000年	2001年
衢州	100	96.8	91.6	90.8	109.8	103.2	103.1	84.3	107.0	105.6	104.7	99.9
舟山	100	100.5	100.1	83.7	119.1	98.9	97.6	96.7	105.2	111.5	101.6	95.9
台州	100	99.8	99.2	97.3	97.2	97.1	102.9	98.9	98.9	98.6	102.7	102.6
丽水	100	100.3	101.3	101.3	97.3	90.2	98.9	98.9	95.5	100.2	115.7	98.5
合肥	100	99.7	99.7	97.2	101.2	96.4	101.3	98.6	100.9	101.3	101.3	101.3
芜湖	100	99.8	99.8	102.6	95.9	95.7	93.8	110.3	93.5	98.6	102.4	102.3
蚌埠	100	99.3	113.7	97.9	94.6	96.9	96.8	98.7	98.7	99.3	99.3	99.3
淮南	100	99.1	116.7	104.2	95.4	95.2	104.7	98.5	98.4	102.4	102.3	102.3
马鞍山	100	98.1	106.6	101.6	97.7	99.3	99.3	99.3	91.0	100.9	100.9	100.9
淮北	100	99.4	105.1	105.6	100.2	97.5	97.4	97.4	93.4	92.9	104.3	104.1
铜陵	100	100.1	100.6	103.1	87.3	100.9	90.6	113.0	92.5	100.9	96.0	109.2
安庆	100	99.5	111.0	103.6	99.3	101.3	101.3	100.2	92.0	91.3	98.2	107.4
黄山	100	100.7	112.6	105.5	95.6	99.7	99.7	101.4	92.5	93.4	84.0	104.9
滁州	100	99.1	102.0	101.9	101.9	95.4	94.6	95.9	96.2	96.0	92.3	100.0
阜阳	100	99.7	107.6	104.3	105.2	91.5	108.0	95.7	95.5	95.3	98.3	98.3
宿州	100	99.5	112.3	111.6	90.8	87.6	117.2	98.2	96.9	96.8	102.1	102.0
六安	100	102.2	111.7	102.7	103.3	86.7	117.6	80.5	114.4	86.6	103.9	103.8
亳州	100	99.6	101.7	104.2	100.9	95.9	95.8	95.6	92.4	91.7	91.1	101.0
宣城	100	98.9	104.3	98.9	98.8	95.9	102.2	101.9	92.5	91.8	102.2	103.0
福州	100	99.8	101.4	101.4	95.9	99.7	99.7	102.0	100.5	95.5	100.2	100.2
厦门	100	97.2	102.9	103.8	98.2	94.2	100.6	100.8	95.6	101.1	105.2	104.9
莆田	100	99.9	103.9	103.7	94.9	94.6	94.3	99.5	99.5	99.5	99.9	101.9
三明	100	98.0	116.5	100.8	92.0	96.4	96.2	101.2	105.0	97.4	85.5	103.2
泉州	100	97.6	108.4	101.6	97.6	97.5	100.1	95.0	94.7	97.1	97.0	102.6
漳州	100	97.6	109.5	98.2	98.2	98.2	99.2	99.8	100.3	91.8	92.2	114.3
南平	100	97.7	109.1	98.9	94.7	99.2	99.2	93.5	90.8	89.7	103.5	122.3
龙岩	100	100.1	103.5	96.2	91.8	104.7	92.1	114.1	101.7	91.4	113.1	84.2
宁德	100	100.1	94.7	94.4	94.1	107.8	102.1	102.2	90.3	95.9	100.2	102.1
南昌	100	100.1	102.4	100.1	100.1	100.1	100.1	100.1	100.1	100.1	100.1	100.1
景德镇	100	99.8	106.7	106.3	105.9	93.5	100.2	100.2	100.2	100.2	100.2	100.2
萍乡	100	99.4	101.7	110.8	98.1	98.1	98.1	98.0	99.2	99.1	99.1	99.1

续表

城市	1990年	1991年	1992年	1993年	1994年	1995年	1996年	1997年	1998年	1999年	2000年	2001年
九江	100	99.3	110.0	93.4	99.4	99.4	99.4	103.6	101.8	101.8	101.7	95.2
新余	100	100.1	107.1	93.8	101.7	90.2	89.2	116.0	102.7	102.6	92.1	101.8
鹰潭	100	97.6	115.3	105.2	98.8	97.8	97.8	97.7	99.8	99.8	99.8	99.8
赣州	100	99.8	100.2	101.7	96.8	101.3	101.3	101.2	93.8	101.8	95.4	94.4
吉安	100	114.4	112.6	101.1	95.5	102.3	102.2	93.0	92.5	91.3	107.9	92.6
宜春	100	99.4	116.1	97.6	97.5	97.5	101.9	101.9	101.8	101.8	101.8	104.9
上饶	100	105.2	117.0	96.2	103.8	102.6	96.4	105.9	94.2	96.1	95.0	94.8
济南	100	98.0	102.4	99.2	97.7	97.6	97.5	108.8	96.5	96.4	108.8	111.8
青岛	100	97.4	99.5	105.1	97.2	100.6	99.4	99.4	99.4	99.4	107.4	100.0
淄博	100	98.9	117.8	101.3	102.4	92.8	97.6	97.5	99.5	102.7	101.9	101.8
枣庄	100	99.3	99.1	100.3	99.4	99.3	98.9	95.0	94.7	104.3	104.1	104.0
东营	100	99.5	105.2	105.0	98.0	98.3	98.3	98.3	92.8	103.6	91.6	101.1
烟台	100	99.9	107.9	105.1	96.1	98.0	100.0	98.5	98.6	109.9	99.9	97.0
潍坊	100	101.6	101.7	95.8	103.5	103.4	98.1	98.0	105.9	97.1	97.0	107.9
济宁	100	98.7	102.5	100.7	101.5	88.9	94.9	94.6	110.8	88.3	104.2	104.2
泰安	100	99.9	99.9	106.7	97.6	100.1	103.3	98.3	95.6	97.3	97.3	100.8
威海	100	99.0	110.9	103.5	93.2	104.6	90.5	103.4	97.3	96.8	96.7	107.0
日照	100	95.9	104.5	110.6	89.0	98.1	96.6	99.1	95.4	96.3	115.7	97.0
莱芜	100	102.2	106.0	106.9	99.6	94.4	106.7	102.4	100.0	100.0	100.0	100.0
临沂	100	99.6	109.3	103.5	104.5	94.3	94.0	98.8	95.9	99.7	106.9	99.0
德州	100	97.4	109.2	100.8	104.0	98.8	98.7	98.7	98.7	98.7	98.7	98.7
聊城	100	99.1	108.4	100.2	90.6	94.2	104.5	91.1	89.9	121.1	89.0	120.2
滨州	100	99.8	112.7	98.5	98.5	98.4	98.4	98.4	94.7	104.4	98.5	101.0
菏泽	100	100.6	110.9	99.9	99.9	99.9	92.5	96.9	96.8	96.7	96.6	115.4
郑州	100	99.9	99.9	102.8	98.0	97.9	99.3	99.3	99.3	99.3	111.9	99.8
开封	100	100.1	100.1	99.9	100.4	100.4	95.5	103.4	103.3	99.9	99.3	104.6
洛阳	100	99.1	99.8	99.8	99.8	99.8	94.1	106.0	100.1	90.1	113.0	106.4
平顶山	100	99.0	108.5	97.6	97.5	97.8	97.7	96.9	96.8	103.3	109.1	101.6
安阳	100	100.1	110.6	107.0	94.5	81.6	93.7	95.3	106.9	112.6	109.5	102.8
鹤壁	100	99.6	107.2	106.7	106.3	99.3	99.3	100.8	95.2	100.6	100.6	100.6
新乡	100	100.2	112.4	111.1	90.5	103.2	99.1	100.3	100.3	100.1	97.2	101.4

续表

城市	1990年	1991年	1992年	1993年	1994年	1995年	1996年	1997年	1998年	1999年	2000年	2001年
焦作	100	100.5	102.4	102.4	102.3	90.4	102.5	102.5	93.7	112.7	101.6	101.6
濮阳	100	100.8	102.8	102.7	102.6	101.7	94.2	101.3	101.3	101.3	101.3	97.3
许昌	100	100.4	99.6	99.6	103.5	96.0	95.9	102.6	102.6	97.6	103.7	98.5
漯河	100	98.1	103.5	103.3	103.2	103.1	100.5	91.1	97.1	107.2	98.1	104.9
三门峡	100	98.4	104.2	98.0	94.6	98.3	98.3	121.2	98.8	99.5	99.6	99.8
南阳	100	100.3	122.9	108.9	103.8	93.0	81.5	111.6	100.8	90.6	110.7	109.7
商丘	100	99.6	124.8	102.3	95.7	104.5	103.9	97.2	95.4	105.7	105.4	101.6
信阳	100	99.5	112.9	99.2	93.6	95.9	89.6	108.7	108.0	108.8	102.5	102.4
周口	100	99.1	104.9	99.1	99.1	99.1	99.1	99.1	86.7	104.5	104.3	104.1
驻马店	100	99.6	107.8	102.8	93.8	98.2	85.5	108.9	95.2	100.3	107.9	97.1
武汉	100	100.6	102.5	99.0	100.1	100.1	100.1	100.1	100.1	100.1	100.1	100.1
黄石	100	99.7	99.7	99.8	99.4	99.4	99.4	99.4	99.4	99.3	101.8	101.8
十堰	100	99.1	113.6	100.9	103.7	97.2	97.1	86.6	112.2	110.9	102.7	102.6
宜昌	100	99.1	113.2	105.0	88.6	95.0	102.8	102.7	97.9	96.1	95.9	108.3
襄阳	100	97.8	109.6	96.7	96.6	105.4	96.8	96.7	88.2	102.4	102.3	100.6
鄂州	100	98.7	106.2	99.7	98.3	107.8	108.0	97.4	103.1	103.1	103.0	102.9
荆门	100	99.3	113.8	104.1	93.4	96.9	107.2	91.9	94.5	102.4	102.3	102.3
孝感	100	98.8	113.6	98.7	98.7	98.7	98.7	98.7	94.8	99.0	98.9	98.9
荆州	100	100.7	107.0	97.2	104.6	97.6	102.1	91.9	107.2	108.8	99.0	99.0
黄冈	100	101.0	105.8	103.8	98.2	97.5	93.4	97.7	88.8	101.0	101.0	100.9
咸宁	100	98.7	107.2	103.6	92.2	97.9	90.7	111.2	95.6	102.1	91.5	114.5
随州	100	98.1	111.6	107.1	96.7	97.5	101.4	96.8	95.7	96.9	96.8	96.7
长沙	100	99.8	101.7	97.1	97.0	101.5	101.4	101.2	99.3	98.9	97.9	108.5
株洲	100	99.8	106.6	99.5	99.5	105.6	99.5	99.5	101.1	101.1	89.4	101.6
湘潭	100	100.2	99.8	99.8	99.8	99.8	99.8	100.9	100.3	104.5	93.2	107.4
衡阳	100	100.8	106.1	112.1	88.5	100.9	100.9	99.0	97.8	100.2	100.2	100.2
邵阳	100	100.1	100.1	102.1	100.7	100.7	100.7	100.7	104.3	101.2	101.1	96.9
岳阳	100	100.0	100.0	109.9	100.0	100.0	94.0	103.4	101.7	97.0	97.9	105.7
常德	100	100.2	106.3	105.9	101.8	88.0	103.3	94.2	93.9	104.1	108.4	110.4
张家界	100	100.1	104.0	104.0	108.8	95.1	94.9	109.6	92.1	96.5	101.5	106.1
益阳	100	99.5	118.6	105.6	103.6	97.9	97.9	102.7	102.7	91.5	97.2	97.1

城市	1990年	1991年	1992年	1993年	1994年	1995年	1996年	1997年	1998年	1999年	2000年	2001年
郴州	100	100.4	100.4	106.6	103.7	90.2	105.2	104.9	91.1	98.3	96.4	105.9
永州	100	100.4	100.3	105.8	106.9	100.3	100.3	100.3	95.1	97.5	97.4	100.6
怀化	100	99.9	99.9	99.8	99.9	99.9	99.3	99.3	99.3	91.9	106.7	106.3
娄底	100	97.8	112.0	100.5	95.5	105.6	105.3	93.2	97.5	105.1	100.4	100.4
广州	100	99.5	96.5	101.2	102.2	99.3	96.5	99.8	100.6	98.5	108.4	95.3
韶关	100	99.5	100.8	94.5	107.7	91.8	100.7	99.1	102.1	99.6	101.5	101.5
深圳	100	100.6	100.6	100.6	100.6	97.6	99.6	99.6	104.9	104.7	104.5	104.3
珠海	100	98.3	105.4	99.5	103.7	103.5	103.4	103.3	103.2	103.1	103.0	102.9
汕头	100	101.0	101.0	100.9	106.7	102.8	89.4	106.4	99.5	91.1	102.0	101.9
佛山	100	100.5	103.4	101.4	101.4	94.7	100.1	95.3	98.9	96.4	86.9	121.1
江门	100	99.2	103.6	102.2	102.2	93.6	91.9	90.2	105.9	100.3	107.5	107.0
湛江	100	98.7	100.3	103.5	103.4	98.6	100.7	89.7	93.6	104.4	101.2	103.7
茂名	100	98.6	108.0	107.4	97.7	105.7	96.0	95.8	90.1	104.4	95.0	106.2
肇庆	100	97.6	108.1	100.9	100.9	100.3	94.3	100.8	92.5	101.0	100.3	100.3
惠州	100	100.5	102.8	106.8	95.0	99.4	99.1	94.6	93.4	102.8	95.6	98.9
梅州	100	98.0	103.8	105.2	101.5	101.5	96.6	104.7	97.4	97.3	102.1	102.1
汕尾	100	102.9	102.9	100.7	100.7	99.9	99.9	99.9	99.9	99.9	99.3	99.3
河源	100	96.8	109.7	99.3	99.2	97.6	102.6	102.5	98.3	98.2	104.8	104.5
阳江	100	104.4	99.6	103.7	103.6	97.8	98.7	98.7	102.2	92.9	99.9	99.9
清远	100	103.7	103.7	104.0	103.8	100.5	96.1	96.0	95.8	95.6	100.8	100.8
东莞	100	98.7	108.0	101.6	101.6	89.5	94.0	98.2	88.9	110.5	106.0	89.9
中山	100	97.2	103.4	101.2	101.2	100.9	91.9	104.1	103.9	96.7	92.6	103.9
潮州	100	97.9	110.1	101.3	101.2	99.3	97.5	97.5	97.4	94.5	98.6	98.5
揭阳	100	100.8	100.8	100.7	111.6	91.2	110.0	97.6	97.6	97.5	95.6	95.4
云浮	100	97.9	107.1	96.1	95.9	96.2	96.1	95.9	101.6	105.6	89.7	88.6
南宁	100	98.9	99.8	99.8	99.8	96.9	96.6	96.4	105.2	101.0	97.8	107.2
柳州	100	98.8	100.7	97.2	99.2	99.2	99.2	99.2	99.1	99.1	96.8	121.2
桂林	100	98.1	100.1	106.5	96.0	95.8	95.6	108.7	91.4	98.4	104.7	106.8
梧州	100	98.6	104.5	111.3	96.0	92.2	91.5	111.2	100.9	101.2	88.6	101.2
北海	100	97.6	111.8	98.2	98.2	106.5	93.6	100.5	100.5	100.5	105.2	105.0
防城港	100	98.5	108.6	99.6	101.2	97.6	98.3	98.2	98.2	98.2	96.8	101.4

续表

城市	1990年	1991年	1992年	1993年	1994年	1995年	1996年	1997年	1998年	1999年	2000年	2001年
钦州	100	99.5	98.7	98.6	98.6	98.6	103.3	104.2	95.7	95.5	95.6	104.9
贵港	100	101.8	96.1	102.9	96.4	96.2	96.1	99.7	99.7	99.7	109.2	108.4
玉林	100	99.8	101.1	102.3	103.0	94.4	94.0	101.9	101.8	101.8	104.4	104.2
百色	100	99.7	99.7	99.9	98.8	96.8	96.7	100.6	95.0	99.1	102.4	103.5
河池	100	97.5	111.7	94.3	97.3	97.3	103.4	108.0	93.5	98.7	98.7	98.6
海口	100	99.1	89.1	116.9	93.6	89.3	88.0	120.7	102.4	100.7	107.8	101.5
三亚	100	98.5	98.6	112.4	101.9	101.8	95.0	100.0	100.0	98.3	104.0	103.3
重庆	100	103.2	110.1	98.2	94.8	98.9	99.0	102.1	97.7	99.3	106.5	96.4
成都	100	98.8	104.6	96.5	96.3	96.2	96.0	101.7	98.4	102.0	107.6	107.1
自贡	100	100.7	100.7	100.6	108.6	95.6	97.2	98.5	100.9	100.9	100.9	98.6
攀枝花	100	99.7	100.7	86.3	104.9	85.0	116.9	113.4	101.0	87.3	108.5	107.8
泸州	100	100.3	97.2	97.1	98.2	98.2	108.5	94.0	82.7	97.6	112.9	111.5
德阳	100	99.6	108.0	106.5	96.7	96.5	96.6	96.4	97.5	91.6	100.5	115.4
绵阳	100	97.0	112.2	109.1	90.8	93.7	102.7	97.8	94.0	91.2	90.4	122.1
广元	100	96.9	106.5	107.5	108.7	98.8	85.8	92.7	92.1	108.6	93.0	107.5
遂宁	100	99.2	104.2	104.1	96.1	88.2	106.8	96.2	87.5	113.6	101.7	109.7
内江	100	98.1	104.4	97.7	97.7	100.0	98.7	103.9	87.1	99.7	89.8	112.7
乐山	100	99.5	107.5	99.3	110.9	104.3	97.2	97.1	99.3	103.6	103.5	103.4
南充	100	99.9	112.5	102.0	101.9	101.9	101.9	89.2	87.9	99.3	112.5	113.1
宜宾	100	99.7	108.1	107.4	96.9	96.8	92.0	101.3	101.3	96.0	100.7	109.6
雅安	100	99.3	113.4	92.6	107.5	97.7	108.7	94.7	94.4	92.1	104.9	111.2
巴中	100	99.2	104.4	101.2	101.2	102.1	102.0	98.4	89.6	96.0	101.3	104.1
资阳	100	99.4	95.8	94.1	123.1	94.1	93.7	113.4	97.5	87.9	100.4	99.0
贵阳	100	97.8	103.6	103.6	98.2	99.5	99.5	99.5	99.5	99.5	99.5	99.5
六盘水	100	99.2	104.1	102.1	97.6	93.8	93.4	107.3	93.7	107.5	102.6	102.6
遵义	100	100.2	100.0	104.3	96.8	96.7	96.6	96.4	97.9	95.8	96.7	108.7
安顺	100	100.2	100.2	105.3	99.6	97.1	97.0	95.0	117.1	89.9	103.4	104.9
昆明	100	96.3	112.7	102.7	93.4	88.8	102.9	93.1	97.2	100.7	96.2	105.6
曲靖	100	98.0	110.2	103.2	99.8	87.1	110.6	100.3	97.3	97.9	97.8	97.8
玉溪	100	100.3	100.3	112.2	100.7	104.7	94.5	94.2	97.4	97.3	97.2	106.5
保山	100	99.4	104.5	103.4	105.8	94.4	96.9	103.1	93.1	99.1	99.6	98.2

城市	1990年	1991年	1992年	1993年	1994年	1995年	1996年	1997年	1998年	1999年	2000年	2001年
昭通	100	99.9	107.6	101.2	96.8	92.0	91.3	92.9	92.3	107.1	100.5	109.2
普洱	100	95.0	112.3	100.5	98.7	98.7	98.6	94.7	94.4	109.3	102.8	104.2
西安	100	99.1	105.4	98.1	98.0	98.0	97.9	106.0	93.9	98.2	97.4	105.8
铜川	100	98.8	105.7	106.6	102.7	90.3	108.9	94.0	93.6	81.7	111.0	109.9
宝鸡	100	99.7	100.6	101.6	88.3	86.7	118.6	105.4	107.7	98.7	91.4	84.6
咸阳	100	99.2	104.4	104.1	99.2	102.9	97.5	95.9	102.6	102.6	89.9	98.5
渭南	100	98.5	109.1	113.0	94.0	93.6	98.5	109.0	94.9	94.6	94.2	106.3
延安	100	99.8	99.8	111.9	100.3	95.5	95.2	95.0	94.7	96.8	99.2	101.4
汉中	100	98.2	107.9	107.3	86.4	100.3	100.3	103.8	103.1	98.4	98.3	98.3
榆林	100	99.6	103.1	103.0	102.9	102.8	103.5	86.6	118.6	95.2	95.0	108.1
安康	100	110.8	106.6	98.9	98.8	98.8	98.8	93.6	103.0	102.9	101.5	102.5
兰州	100	98.7	106.0	105.8	93.2	94.9	95.5	95.3	99.4	103.5	103.3	112.3
嘉峪关	100	100.0	112.6	86.0	83.7	105.0	99.6	99.6	109.0	108.3	107.7	107.1
金昌	100	116.5	114.2	112.4	111.0	109.9	100.1	99.3	99.3	101.4	101.4	101.4
白银	100	98.9	104.4	104.2	104.1	103.9	103.8	103.6	101.0	95.2	101.2	105.9
天水	100	98.8	99.2	101.1	101.1	101.1	103.2	103.1	103.0	101.1	98.2	98.2
武威	100	105.8	105.5	105.2	107.9	97.1	97.0	100.8	100.8	100.8	100.1	100.1
张掖	100	100.5	106.0	105.4	96.0	97.3	100.2	100.2	93.1	92.7	100.2	99.9
平凉	100	100.1	109.1	100.9	100.9	100.9	100.9	91.4	95.1	96.9	100.8	98.9
酒泉	100	98.8	106.5	106.1	105.7	105.4	94.0	102.3	97.0	98.4	99.5	97.8
西宁	100	98.1	102.7	102.6	93.2	103.0	91.9	102.5	102.4	91.6	104.1	112.2
银川	100	99.3	100.7	97.7	97.6	108.1	100.4	98.2	99.9	101.5	106.8	97.3
石嘴山	100	97.3	116.5	102.5	102.4	96.0	96.5	96.4	96.9	96.8	98.6	98.6
吴忠	100	97.2	107.5	107.0	113.8	96.3	96.2	103.6	90.6	97.2	100.8	96.5
乌鲁木齐	100	98.8	98.8	98.8	98.8	98.8	98.8	110.2	95.7	100.0	89.2	107.4
克拉玛依	100	100.0	105.8	104.3	99.9	99.9	99.9	105.1	101.0	101.0	101.0	100.9

附表 2 - 12　　　　1990—2011 年 264 个城市增长可持续性指数

（上一年 = 100）（2002—2011 年）

城市	2002年	2003年	2004年	2005年	2006年	2007年	2008年	2009年	2010年	2011年	平均	2000年后
北京	101.2	102.7	110.3	109.3	108.5	107.9	116.9	101.6	111.4	94.7	103.6	105.9
天津	102.7	102.5	102.8	99.9	100.4	120.9	108.8	100.9	103.4	104.0	102.6	104.7
石家庄	103.1	105.6	104.3	102.6	102.9	108.5	103.4	100.5	118.9	115.9	102.8	105.6
唐山	107.8	103.2	103.1	96.4	101.8	105.5	103.0	92.9	105.9	103.1	100.6	102.5
秦皇岛	101.3	106.0	105.7	100.4	99.3	105.2	100.5	97.3	106.0	100.5	101.0	102.1
邯郸	104.7	97.4	106.9	98.6	98.1	107.4	99.2	100.2	103.4	100.8	100.8	102.9
邢台	101.2	101.1	108.3	97.2	105.8	102.8	101.9	100.7	122.5	98.4	101.3	103.6
保定	104.6	101.4	108.5	99.3	93.1	108.2	112.2	97.7	105.7	95.1	100.9	102.1
张家口	104.8	112.8	100.7	98.5	109.4	100.2	102.4	118.4	84.3	96.8	101.2	102.8
承德	100.8	96.7	105.8	94.2	106.8	104.4	101.4	93.0	101.4	104.9	100.7	100.9
沧州	104.8	110.1	105.8	96.9	99.1	103.4	101.4	93.5	102.1	97.7	100.1	101.1
廊坊	102.3	96.8	106.5	103.1	100.3	105.3	102.0	100.9	107.7	95.2	101.3	102.5
衡水	107.0	100.1	104.3	99.5	96.8	105.4	113.6	96.9	100.5	95.9	100.7	101.3
太原	103.2	103.1	103.0	102.9	102.9	103.7	103.6	103.4	115.1	103.1	102.2	104.2
大同	104.8	98.3	97.6	94.4	101.4	106.1	105.5	107.5	106.9	96.0	101.6	101.7
阳泉	104.6	100.3	97.4	96.0	93.8	115.3	106.0	92.7	109.8	96.2	101.6	101.2
长治	102.6	98.8	102.2	103.8	100.2	107.8	103.7	96.7	104.6	100.6	101.4	101.9
晋城	99.6	103.1	109.8	99.1	94.9	118.2	102.9	93.2	109.3	98.5	101.1	102.3
朔州	100.2	93.0	98.8	106.3	99.1	104.8	98.8	110.2	94.9	99.0	101.3	100.7
运城	107.9	97.5	110.0	96.5	97.5	108.1	98.8	105.1	104.9	98.6	100.7	102.1
忻州	115.9	109.1	105.2	94.4	100.7	119.6	101.4	101.3	101.3	101.3	102.5	104.8
临汾	102.4	103.6	101.9	94.6	98.6	106.3	98.6	98.6	118.6	96.3	101.1	102.9
呼和浩特	99.8	103.3	103.2	95.5	108.2	109.9	104.6	102.7	98.6	98.4	102.1	102.7
包头	105.5	105.2	95.2	101.1	98.4	108.6	103.3	100.7	104.3	93.5	100.7	102.0
乌海	100.4	100.4	100.4	99.0	110.5	111.1	104.4	105.3	97.9	97.1	100.8	103.1
赤峰	102.7	102.6	102.6	90.1	112.7	104.1	104.3	96.7	100.3	99.8	101.1	103.2
通辽	106.5	94.4	105.2	107.1	97.5	109.1	105.1	100.2	104.0	95.3	101.0	102.2
呼伦贝尔	104.6	100.4	113.4	94.0	101.2	112.6	106.7	99.2	100.8	102.2	101.8	103.4
沈阳	102.8	102.0	100.0	104.8	97.9	118.7	107.6	100.6	100.5	103.0	102.1	103.4
大连	103.4	101.5	106.8	106.4	106.0	105.7	114.7	102.0	109.0	99.7	102.4	104.7

城市	2002年	2003年	2004年	2005年	2006年	2007年	2008年	2009年	2010年	2011年	平均	2000年后
鞍山	100.4	100.4	99.5	98.6	99.7	107.5	103.0	98.6	100.1	98.2	100.3	100.6
抚顺	100.6	100.6	100.6	100.6	98.6	103.4	101.7	96.4	105.9	95.8	100.5	100.5
本溪	108.3	103.4	103.9	101.0	103.7	106.6	103.9	98.1	96.9	94.8	101.0	101.9
丹东	98.2	103.9	94.6	100.0	93.6	107.2	100.4	93.8	104.0	100.5	100.7	100.4
锦州	102.6	102.5	100.4	100.8	98.8	103.2	104.0	100.3	97.4	95.6	100.3	101.6
营口	100.7	96.1	99.0	99.6	97.3	107.4	103.0	107.9	101.2	105.2	100.9	101.7
阜新	99.7	99.7	99.7	99.7	102.4	102.4	102.3	102.3	99.0	97.3	101.5	100.4
辽阳	108.0	98.0	102.1	101.7	92.2	114.5	105.6	103.6	107.0	96.9	101.3	102.5
盘锦	100.9	100.9	99.7	98.4	97.0	108.0	97.7	104.1	103.9	97.2	100.7	100.8
铁岭	99.9	119.3	102.1	98.9	90.3	108.9	101.2	98.6	108.6	105.0	102.0	103.8
朝阳	100.5	106.8	101.1	97.6	94.2	112.0	102.3	93.9	100.8	97.5	100.4	100.8
葫芦岛	96.7	104.0	99.7	99.6	99.6	99.6	103.4	97.0	113.3	98.4	101.0	101.5
长春	105.1	101.4	105.0	99.6	99.6	107.8	103.6	102.1	102.4	105.8	101.5	102.7
吉林	98.8	102.8	108.6	96.2	104.6	109.0	105.0	109.9	93.8	99.6	101.5	101.9
四平	99.7	106.9	103.6	94.6	90.8	104.9	108.7	88.6	106.2	103.3	100.2	100.1
辽源	106.0	100.1	100.1	100.1	100.1	100.1	101.7	102.6	99.0	102.0	100.4	101.0
通化	94.8	119.9	100.3	103.5	96.3	116.2	107.3	102.8	103.9	103.8	101.7	104.2
白山	103.9	99.0	111.5	98.7	91.0	110.2	102.7	96.8	107.4	96.4	100.8	101.8
松原	98.5	98.9	98.8	98.8	98.8	102.1	105.3	90.7	99.6	108.5	100.1	100.4
白城	101.8	98.4	108.0	104.0	92.3	110.3	105.2	98.7	105.0	95.8	101.1	101.3
哈尔滨	103.1	107.1	96.6	101.1	99.9	109.6	108.8	94.9	103.1	103.6	101.4	102.5
齐齐哈尔	108.2	96.7	117.1	95.8	99.5	103.3	103.2	103.1	107.2	98.3	101.0	102.2
鸡西	103.7	102.9	102.8	97.9	95.0	103.7	103.4	97.4	106.0	99.4	100.5	101.1
鹤岗	96.2	101.5	105.7	100.1	95.6	107.6	102.5	98.0	105.8	100.3	102.0	102.6
双鸭山	104.8	104.6	100.5	100.8	96.3	103.9	106.4	87.6	110.7	94.5	100.6	101.5
大庆	110.9	110.1	101.1	97.3	95.8	105.6	108.1	99.6	96.1	100.2	101.5	102.3
伊春	105.1	106.7	102.8	97.6	100.5	103.5	101.3	100.9	98.7	96.5	101.0	101.3
佳木斯	100.7	100.7	107.7	101.4	101.4	108.2	97.8	96.5	103.3	101.5	101.2	102.4
七台河	103.2	101.0	100.4	98.8	98.8	103.2	104.9	89.0	97.7	88.8	99.5	99.2
牡丹江	103.1	103.0	100.2	103.1	101.8	103.6	100.4	100.8	107.9	104.3	102.9	102.6
黑河	109.4	100.7	106.7	109.0	100.8	110.0	100.4	105.4	103.3	96.4	102.9	105.3

续表

城市	2002年	2003年	2004年	2005年	2006年	2007年	2008年	2009年	2010年	2011年	平均	2000年后
绥化	109.6	101.4	105.5	102.7	103.6	103.5	103.4	103.3	96.4	96.4	101.6	103.9
上海	102.9	102.5	101.8	99.3	111.1	119.2	116.1	121.5	94.1	99.7	103.5	106.3
南京	98.7	98.7	113.4	101.3	103.8	113.8	104.2	103.4	104.0	100.8	102.6	104.2
无锡	108.7	109.3	103.2	97.7	103.3	112.4	106.1	107.0	105.2	104.4	102.5	105.0
徐州	103.5	104.6	108.5	99.1	99.6	110.3	105.4	100.0	92.9	101.9	101.6	102.3
常州	102.6	116.3	106.4	100.9	101.1	120.0	109.1	100.5	105.9	105.7	102.9	105.8
苏州	105.8	107.9	106.0	107.4	106.9	106.5	117.4	103.2	91.9	104.3	102.5	105.0
南通	101.4	104.1	99.1	97.8	109.8	96.7	107.5	110.0	101.0	102.4	100.8	102.5
连云港	101.4	101.4	101.4	101.4	101.4	101.3	106.5	99.6	110.5	106.8	102.1	102.9
淮安	101.7	108.4	105.2	102.3	99.0	117.3	108.0	100.6	111.1	108.1	102.9	106.7
盐城	102.4	102.4	102.3	100.0	99.0	110.4	107.4	104.6	105.8	105.8	102.1	103.8
扬州	110.6	97.9	104.4	103.3	102.8	112.7	103.0	102.9	109.6	101.8	102.2	103.6
镇江	97.9	103.6	104.7	102.0	99.8	114.5	108.1	105.1	104.9	104.7	102.5	104.5
泰州	106.3	97.2	107.4	97.9	99.7	112.1	103.7	103.5	101.2	105.6	101.9	102.9
宿迁	106.9	104.4	99.8	99.8	101.2	101.2	108.7	106.0	102.2	101.6	101.1	103.9
杭州	102.6	106.7	103.3	102.9	98.9	121.9	110.2	101.3	107.5	101.0	102.2	104.8
宁波	100.4	111.4	108.3	107.6	107.1	106.6	111.4	99.3	109.6	100.5	102.7	106.2
温州	96.0	103.3	104.0	101.9	103.3	110.3	106.8	101.7	107.6	89.6	101.3	102.9
嘉兴	106.0	97.9	104.1	99.4	108.8	108.1	109.2	99.6	107.1	104.3	102.2	103.6
湖州	103.2	112.9	99.3	103.5	95.3	120.7	105.9	102.1	104.7	102.6	102.0	103.9
绍兴	101.8	101.6	112.3	92.2	96.5	115.6	106.4	101.9	103.9	101.7	101.8	102.9
金华	102.7	107.8	105.8	99.8	100.5	122.5	108.7	100.9	100.5	97.1	103.1	105.6
衢州	109.6	109.0	109.1	97.7	103.6	117.6	107.3	104.3	104.6	97.7	102.6	105.4
舟山	116.8	94.9	101.5	102.2	97.3	119.9	109.7	101.5	102.4	100.4	102.6	103.7
台州	96.6	103.0	104.4	101.8	103.3	112.4	106.3	99.0	108.6	90.9	101.0	102.6
丽水	113.5	103.4	103.3	98.7	103.9	120.1	107.1	101.2	100.3	97.4	102.1	105.3
合肥	101.2	103.4	106.4	100.3	106.0	105.6	115.3	108.6	115.7	97.8	102.7	105.2
芜湖	103.5	93.3	113.6	102.0	102.1	99.5	107.2	104.5	101.3	98.5	100.9	102.5

城市	2002年	2003年	2004年	2005年	2006年	2007年	2008年	2009年	2010年	2011年	平均	2000年后
蚌埠	103.6	94.4	115.1	99.5	99.5	107.8	103.4	105.6	103.8	98.6	101.2	102.5
淮南	102.2	106.1	101.7	97.0	95.1	108.0	114.7	97.5	100.1	100.6	101.9	102.3
马鞍山	100.9	100.8	100.7	100.7	100.7	113.9	111.4	104.5	104.4	96.7	101.4	103.1
淮北	103.9	103.8	100.6	94.2	95.5	111.1	105.9	103.7	106.0	100.3	101.0	102.8
铜陵	105.8	99.0	108.1	105.3	98.4	111.6	105.7	100.4	109.7	101.6	101.8	104.2
安庆	106.9	100.3	105.6	98.4	96.4	110.7	105.2	104.4	104.4	102.1	101.8	103.3
黄山	111.8	100.3	100.1	98.2	114.8	112.9	111.5	105.8	112.2	106.3	102.9	105.2
滁州	103.0	104.3	115.5	97.5	108.8	106.2	101.4	100.6	109.7	104.8	101.2	103.7
阜阳	106.2	111.4	110.3	94.8	107.3	104.1	103.1	98.4	98.4	102.5	101.6	102.7
宿州	101.4	103.1	103.0	91.1	114.6	109.7	105.9	94.1	100.8	102.5	101.9	102.5
六安	114.8	99.6	114.4	98.3	98.3	109.7	103.1	101.1	101.1	105.3	102.7	104.4
亳州	117.9	100.5	100.5	100.7	107.3	107.1	103.3	102.3	103.9	104.9	100.8	103.4
宣城	111.2	91.4	105.0	100.5	102.7	111.4	108.5	103.1	123.4	104.2	102.4	105.6
福州	103.4	103.3	98.2	100.7	102.5	106.6	102.2	101.5	109.2	96.3	100.9	102.0
厦门	104.7	104.5	104.3	104.1	103.9	103.8	117.5	100.4	103.2	100.5	102.3	104.7
莆田	110.4	103.2	102.0	101.1	96.8	96.7	96.6	108.2	102.5	91.5	100.0	100.9
三明	102.1	110.4	104.3	101.5	102.9	105.1	101.8	105.6	97.2	99.9	101.0	101.6
泉州	102.5	113.5	101.8	102.7	105.0	104.0	103.4	99.9	104.9	99.2	101.2	103.0
漳州	103.1	103.1	103.0	99.4	103.3	109.1	104.8	100.8	100.2	97.8	101.1	102.6
南平	97.7	116.4	99.6	94.8	97.2	113.5	104.1	101.4	98.6	99.2	101.0	104.0
龙岩	114.7	103.2	96.8	103.1	98.9	110.3	106.4	103.5	95.0	98.2	101.1	102.3
宁德	91.5	114.2	100.9	106.7	107.7	107.2	103.1	103.2	104.6	95.0	100.8	103.0
南昌	101.7	99.1	109.7	99.0	102.4	106.1	104.5	110.8	104.4	99.1	101.8	103.1
景德镇	100.2	103.8	97.8	104.3	109.5	107.6	99.7	104.7	92.4	100.8	101.6	101.8
萍乡	103.5	100.1	93.1	97.5	99.9	100.3	103.1	98.8	108.2	108.7	100.6	101.0
九江	99.6	101.3	104.3	102.3	104.2	105.0	103.1	99.1	98.9	101.5	101.5	101.4
新余	101.7	112.2	105.1	101.0	103.5	98.8	113.4	91.3	111.8	103.6	101.8	103.0
鹰潭	98.0	107.8	108.1	97.1	98.3	107.4	104.3	97.9	98.7	102.9	101.4	101.7
赣州	106.2	105.8	102.5	101.1	101.1	112.4	103.8	104.2	96.0	104.2	101.1	102.2
吉安	108.0	107.4	106.9	106.4	106.1	105.7	101.7	97.5	98.5	100.6	102.0	103.3

城市	2002年	2003年	2004年	2005年	2006年	2007年	2008年	2009年	2010年	2011年	平均	2000年后
宜春	106.7	99.6	99.6	96.4	97.3	109.2	102.2	101.1	101.9	98.6	101.6	101.6
上饶	103.6	100.6	102.6	99.2	101.0	111.0	109.5	98.3	101.1	103.5	101.7	101.7
济南	93.3	110.1	99.8	110.2	94.2	109.8	104.0	100.0	102.0	102.3	101.8	103.9
青岛	100.0	106.8	102.1	99.1	104.9	115.5	104.7	102.0	99.3	101.1	101.8	103.6
淄博	101.8	107.9	101.5	98.3	106.1	108.7	102.9	96.7	102.0	98.3	101.7	102.3
枣庄	103.8	94.8	98.5	96.3	106.2	105.9	105.3	100.6	101.7	99.0	100.5	101.7
东营	108.9	110.1	102.1	102.0	102.0	104.4	100.4	98.0	101.0	98.9	100.9	101.7
烟台	94.9	97.5	102.1	101.3	101.6	109.7	102.6	105.6	111.2	99.0	101.7	101.9
潍坊	95.2	107.7	94.0	96.6	109.1	113.3	102.9	98.8	106.0	100.7	101.6	102.4
济宁	98.6	104.5	102.2	99.2	108.7	110.3	105.8	97.3	103.9	101.7	101.0	103.4
泰安	100.8	97.5	105.5	105.2	105.0	104.7	105.0	95.9	100.5	96.3	100.6	101.2
威海	99.7	99.7	103.4	103.9	106.0	113.8	107.4	99.6	113.3	99.9	102.3	104.2
日照	100.5	109.4	103.3	100.1	95.6	102.9	94.7	105.4	99.1	105.2	100.7	102.4
莱芜	100.0	100.3	98.9	97.7	103.3	114.2	105.1	100.2	103.2	96.9	101.7	101.7
临沂	106.6	105.9	100.2	97.3	104.2	103.3	103.0	99.9	101.4	98.5	101.2	102.2
德州	101.6	104.8	104.2	94.7	107.3	104.4	100.2	101.3	105.4	104.9	101.4	102.2
聊城	88.9	107.1	112.7	98.5	105.1	101.3	101.6	105.0	95.4	95.1	100.9	101.7
滨州	96.9	96.8	105.3	95.6	106.7	112.4	101.5	112.0	104.2	99.7	101.6	102.6
菏泽	101.9	101.9	101.9	101.8	101.8	101.8	114.3	94.9	100.0	101.8	101.3	102.8
郑州	101.0	101.0	101.0	104.1	104.0	116.0	105.5	100.4	107.2	100.9	102.2	104.4
开封	98.8	96.5	108.2	100.0	104.7	108.1	109.3	100.1	99.6	100.8	101.5	102.5
洛阳	99.8	97.6	101.0	98.1	100.7	110.0	108.4	100.3	100.0	103.5	101.3	103.3
平顶山	104.6	99.5	102.8	94.6	98.7	106.3	105.7	97.5	101.8	102.1	100.9	102.0
安阳	102.7	102.6	99.5	97.4	101.0	113.4	101.0	101.4	101.6	101.8	101.7	102.9
鹤壁	100.6	104.8	99.1	96.3	99.9	106.7	103.4	92.1	106.6	107.8	101.5	101.5
新乡	97.1	108.4	98.0	97.7	104.4	111.5	104.5	99.8	109.1	102.5	102.2	102.6
焦作	101.3	98.9	103.0	94.5	101.7	108.3	106.6	102.4	104.3	104.2	101.7	102.4
濮阳	101.9	101.8	105.5	101.9	99.6	104.3	97.5	99.0	105.4	106.3	101.4	101.8
许昌	103.3	101.1	108.8	104.8	97.1	118.6	102.0	106.0	105.5	101.0	102.2	104.2
漯河	101.6	99.9	104.2	91.4	100.8	105.8	103.5	94.2	105.9	101.2	100.9	101.0

城市	2002年	2003年	2004年	2005年	2006年	2007年	2008年	2009年	2010年	2011年	平均	2000年后
三门峡	103.2	103.1	106.3	95.3	101.0	112.6	102.4	99.3	104.3	99.3	101.7	102.2
南阳	96.4	103.5	103.2	98.3	96.4	113.6	108.2	98.4	104.1	100.1	102.5	103.5
商丘	101.6	101.6	101.6	101.5	100.6	107.4	104.5	98.5	102.1	104.8	102.7	102.6
信阳	102.4	102.3	105.4	98.9	99.5	106.3	104.6	102.7	100.6	106.7	102.3	102.9
周口	104.0	100.4	100.4	103.3	100.6	108.1	102.8	100.0	95.7	104.3	100.9	102.3
驻马店	108.5	105.3	105.1	94.3	102.6	111.7	101.7	104.2	104.4	104.0	101.8	103.9
武汉	103.8	109.8	109.0	108.2	107.6	109.3	103.9	95.6	111.6	97.6	102.7	104.7
黄石	101.7	100.7	101.1	100.1	103.0	102.4	97.6	106.2	105.9	99.0	100.8	101.8
十堰	105.0	103.9	103.8	94.4	94.1	115.1	99.9	101.8	100.9	97.6	102.0	101.8
宜昌	107.9	102.4	112.3	96.7	99.6	113.9	104.4	93.6	101.3	97.4	101.5	102.8
襄阳	99.7	111.7	104.3	106.5	97.9	109.0	101.8	99.3	98.2	98.1	100.9	102.5
鄂州	99.0	95.9	105.3	100.2	101.1	104.9	101.6	93.7	98.7	106.0	101.6	101.0
荆门	102.2	96.4	101.3	104.5	98.1	104.3	103.6	98.6	98.1	98.2	100.6	100.8
孝感	104.6	98.9	105.8	101.7	100.2	104.3	102.2	102.9	97.3	98.8	100.7	101.2
荆州	94.3	105.7	102.8	108.4	96.5	112.5	103.0	95.2	96.5	99.3	101.3	101.0
黄冈	105.7	105.4	107.1	106.7	101.5	111.8	106.3	104.6	99.6	102.9	101.9	104.5
咸宁	100.2	100.2	104.8	102.6	95.3	115.7	99.9	101.2	100.7	101.6	101.2	102.4
随州	96.6	98.5	105.2	95.3	107.1	105.9	106.4	100.6	102.3	97.2	100.5	100.7
长沙	100.0	105.1	102.6	100.6	100.3	115.7	109.0	96.8	102.5	97.6	101.6	103.1
株洲	110.5	102.6	103.1	99.4	104.2	110.9	105.8	105.0	92.5	100.9	101.7	102.1
湘潭	99.9	99.9	106.7	97.6	105.2	102.7	102.7	102.6	102.5	103.7	101.3	102.0
衡阳	103.8	106.5	102.7	102.6	102.7	102.6	102.5	96.0	101.8	99.2	101.2	101.7
邵阳	96.8	106.7	101.0	100.9	100.9	107.3	103.7	101.3	96.6	99.7	101.1	101.1
岳阳	89.7	103.6	99.4	102.5	100.0	103.7	104.3	99.9	98.7	101.5	100.6	100.6
常德	96.1	99.2	110.8	97.2	99.0	116.6	103.2	87.3	104.1	104.0	101.5	103.0
张家界	102.1	108.4	103.9	95.4	105.9	108.3	91.0	101.4	101.9	102.6	101.5	102.4
益阳	111.1	110.0	102.6	97.3	101.4	101.4	101.4	101.4	100.9	98.4	101.8	101.7
郴州	105.6	101.9	101.4	96.9	97.2	117.6	105.0	111.2	97.8	99.9	101.7	103.1
永州	108.3	101.2	101.9	101.9	97.4	103.5	106.5	98.5	101.6	106.3	101.5	102.1
怀化	105.9	99.0	98.9	102.6	98.3	107.6	103.0	96.4	107.4	98.1	100.9	102.5

续表

城市	2002年	2003年	2004年	2005年	2006年	2007年	2008年	2009年	2010年	2011年	平均	2000年后
娄底	100.4	100.5	107.4	106.9	102.7	104.3	100.3	113.7	97.5	96.5	102.0	102.6
广州	104.3	102.9	96.7	99.6	108.7	108.0	110.3	98.4	98.3	91.4	100.7	101.9
韶关	97.1	99.3	99.3	99.3	99.3	112.2	106.7	97.1	105.5	102.6	100.8	101.8
深圳	104.1	103.9	103.8	103.6	103.5	103.4	117.5	110.1	104.3	86.3	102.6	104.1
珠海	102.8	102.7	102.7	102.6	102.5	102.6	107.4	107.1	112.3	103.3	103.4	104.3
汕头	107.0	106.5	106.1	98.7	96.0	104.0	106.5	103.8	102.2	100.6	101.6	103.0
佛山	97.4	107.8	91.4	100.6	104.1	104.1	103.9	103.8	103.6	95.8	100.6	101.7
江门	100.6	104.0	103.4	102.7	100.3	108.9	106.6	97.9	103.2	100.1	101.4	103.5
湛江	103.6	103.5	102.5	102.8	102.7	103.4	97.9	100.3	103.0	98.4	100.7	101.9
茂名	109.6	109.1	100.7	99.5	98.7	111.7	102.4	97.9	99.7	99.1	101.5	102.5
肇庆	100.3	110.2	103.3	96.7	101.7	112.3	108.1	101.0	102.1	97.6	101.4	102.8
惠州	102.0	116.8	99.9	99.9	105.8	102.9	101.9	103.3	111.1	100.5	101.5	103.2
梅州	99.2	93.6	123.2	92.3	106.0	104.0	105.9	102.3	103.8	104.3	102.0	103.2
汕尾	99.3	99.2	101.1	101.1	101.1	105.2	103.2	102.8	96.6	108.6	101.1	101.4
河源	102.7	100.6	104.0	101.8	103.9	103.7	103.6	103.5	103.4	103.9	102.0	103.3
阳江	108.1	103.7	100.0	94.8	96.4	106.5	103.4	93.2	104.5	99.6	100.5	100.8
清远	111.0	105.4	105.1	94.1	101.5	101.5	101.5	101.5	109.2	111.0	101.9	103.6
东莞	97.1	104.6	104.8	97.4	110.5	119.3	112.3	87.9	110.3	102.7	101.5	103.6
中山	101.5	99.7	104.8	105.8	111.1	110.0	104.8	99.0	111.6	102.6	102.2	103.9
潮州	98.5	112.4	101.2	99.3	101.6	109.0	104.0	109.6	100.4	100.0	101.3	102.8
揭阳	105.7	108.5	102.8	102.7	102.6	102.6	102.5	102.5	100.8	101.5	101.4	101.9
云浮	113.7	123.8	106.1	94.0	105.4	110.7	105.6	99.6	109.1	102.0	101.8	104.0
南宁	102.8	98.9	103.4	102.5	102.4	112.7	100.5	100.5	103.1	99.1	101.1	102.6
柳州	97.3	96.5	102.7	100.8	103.3	105.5	107.6	100.1	99.7	92.1	100.7	102.0
桂林	98.6	106.4	105.5	97.5	98.8	105.0	104.5	101.8	103.1	98.8	101.0	102.6
梧州	110.7	101.1	104.5	92.2	111.4	107.4	102.9	95.9	101.3	100.1	101.1	101.4
北海	104.7	93.8	101.5	104.0	98.9	106.3	99.3	99.3	95.4	102.5	101.1	101.3
防城港	104.6	102.4	94.5	101.5	95.0	102.2	98.7	100.9	96.5	96.8	99.5	99.3
钦州	91.8	97.1	113.4	95.9	99.6	110.6	106.4	97.0	105.0	102.9	100.6	101.7
贵港	89.7	111.7	102.7	93.6	103.2	113.2	94.7	105.8	100.8	92.5	100.6	102.1

续表

城市	2002年	2003年	2004年	2005年	2006年	2007年	2008年	2009年	2010年	2011年	平均	2000年后
玉林	99.3	92.8	111.9	96.6	102.7	105.9	106.2	98.4	100.0	96.8	100.9	101.6
百色	99.8	99.9	99.9	89.4	100.8	107.4	106.0	103.7	103.0	96.7	99.9	101.0
河池	108.2	111.2	106.6	93.1	100.9	111.5	107.3	95.0	102.4	90.8	101.2	102.0
海口	106.9	110.1	104.2	102.9	104.9	112.7	105.1	93.3	108.6	100.9	102.7	104.9
三亚	100.6	97.9	96.9	99.5	99.8	119.4	107.0	104.5	106.0	97.8	102.0	103.1
重庆	111.0	95.0	107.6	100.5	96.2	122.5	108.6	98.8	102.7	102.7	102.4	104.0
成都	94.4	106.4	106.4	100.6	104.6	115.2	106.8	97.0	104.1	100.6	101.9	104.2
自贡	104.0	102.8	101.3	95.3	100.8	103.9	104.6	93.4	101.0	109.3	100.9	101.3
攀枝花	110.1	97.9	104.2	101.7	101.0	104.9	103.5	99.2	104.0	98.0	101.6	103.4
泸州	100.8	103.1	108.2	96.1	101.9	106.2	103.2	101.7	102.5	101.7	101.1	104.2
德阳	100.1	104.7	100.2	100.2	107.9	106.8	103.7	103.5	103.5	105.8	101.9	104.4
绵阳	118.1	98.4	110.2	101.5	102.8	111.0	97.4	110.6	105.8	104.9	102.8	106.1
广元	113.8	112.1	112.6	98.2	105.7	108.5	107.4	106.9	94.9	103.9	102.8	105.4
遂宁	97.3	103.8	99.9	103.8	101.8	103.1	102.1	102.2	99.0	106.0	101.2	102.5
内江	111.3	102.7	103.4	97.9	103.5	105.8	98.3	100.6	99.1	98.5	100.5	102.0
乐山	96.8	94.2	109.3	98.7	98.6	107.6	101.5	100.7	107.2	103.0	102.0	102.0
南充	95.7	101.9	103.6	105.3	102.6	108.5	105.3	97.7	100.0	104.0	102.1	104.2
宜宾	92.6	106.1	105.9	99.2	103.2	114.2	105.8	101.5	102.7	99.9	101.8	103.4
雅安	99.3	99.3	108.3	100.5	103.3	103.6	103.4	103.3	103.2	110.2	102.3	104.2
巴中	103.9	101.4	107.0	101.4	102.5	114.5	105.9	93.8	97.7	98.8	101.2	102.7
资阳	92.7	118.9	102.1	100.5	100.1	110.4	100.5	96.2	108.3	104.8	101.5	102.8
贵阳	106.1	105.8	114.7	102.9	86.9	117.1	113.8	97.4	103.2	100.4	102.2	103.9
六盘水	106.7	104.2	102.5	102.4	99.2	102.3	102.3	102.2	102.2	101.9	101.4	102.6
遵义	98.2	111.2	108.5	105.6	96.1	111.6	104.2	101.1	104.1	98.9	101.4	103.7
安顺	104.3	104.1	94.9	101.9	101.8	101.8	103.0	102.9	98.7	98.0	101.0	101.6
昆明	110.1	104.5	101.2	108.4	98.6	117.2	91.6	119.6	95.2	106.0	101.9	104.5
曲靖	113.9	106.2	96.0	103.7	98.6	99.7	102.9	91.3	105.7	99.7	100.8	101.1
玉溪	106.1	105.7	105.5	92.9	102.2	105.3	97.3	102.8	101.2	96.5	100.9	101.6
保山	101.4	103.2	108.9	95.9	98.5	103.1	102.9	107.9	96.6	100.0	100.7	101.3
昭通	105.9	97.8	118.7	95.2	94.9	102.5	106.1	105.7	108.7	95.3	101.0	103.4

续表

城市	2002年	2003年	2004年	2005年	2006年	2007年	2008年	2009年	2010年	2011年	平均	2000年后
普洱	100.9	94.1	103.2	102.8	100.0	111.5	102.2	101.6	115.8	98.9	101.8	103.2
西安	105.5	105.1	102.0	99.7	103.4	108.9	108.4	100.7	101.2	100.6	101.5	103.2
铜川	109.0	101.9	101.8	100.8	107.6	110.9	106.3	93.9	101.3	103.3	101.8	104.8
宝鸡	113.7	112.0	104.1	98.9	97.4	111.6	103.6	99.5	102.4	101.3	101.3	101.7
咸阳	108.0	100.4	102.9	98.4	99.4	106.0	109.6	99.7	102.0	98.4	101.0	101.1
渭南	104.4	103.5	102.6	104.3	97.0	105.5	103.2	93.6	99.5	105.5	101.1	101.6
延安	104.8	101.2	110.0	102.5	93.9	106.2	110.9	101.1	97.7	97.6	100.7	102.2
汉中	106.8	101.3	110.5	98.2	102.3	120.2	103.1	96.8	94.0	102.0	101.7	102.6
榆林	107.5	110.3	107.1	104.2	92.7	110.1	111.8	88.7	105.9	98.7	102.5	103.3
安康	102.5	102.4	98.4	103.9	98.1	105.2	105.6	102.5	99.8	106.5	101.9	102.4
兰州	100.5	104.3	103.8	104.2	99.3	110.9	104.4	106.3	100.7	99.7	101.9	104.2
嘉峪关	91.0	105.3	99.5	100.1	107.6	110.7	96.9	108.8	104.0	95.7	101.7	102.9
金昌	101.4	101.4	104.3	91.9	99.9	100.7	87.1	120.3	104.7	97.2	103.4	101.0
白银	99.9	106.9	101.2	97.5	102.1	107.8	103.8	99.0	101.9	99.4	102.1	102.2
天水	101.1	101.1	98.4	98.4	100.8	121.2	111.1	101.9	96.7	104.0	101.9	102.6
武威	89.8	101.4	94.7	101.8	105.6	107.5	105.7	107.3	103.3	97.9	101.6	101.3
张掖	100.5	109.2	112.2	100.6	105.1	103.5	103.4	103.3	103.2	101.5	101.5	103.5
平凉	93.5	108.9	117.0	94.6	103.8	108.0	109.9	90.2	106.6	96.4	101.1	102.4
酒泉	98.7	90.4	110.9	97.6	103.8	111.2	104.8	96.0	100.0	99.0	101.1	100.8
西宁	100.0	103.0	104.3	95.2	104.2	115.9	109.9	97.3	93.4	93.0	100.9	102.7
银川	112.6	99.1	107.0	99.6	101.9	107.1	106.8	102.3	104.8	96.6	102.1	103.5
石嘴山	105.9	105.6	97.2	97.2	104.1	113.0	99.7	97.5	106.5	97.2	101.0	101.8
吴忠	105.6	108.7	107.3	108.0	102.2	102.2	102.1	102.1	102.2	96.3	102.0	102.8
乌鲁木齐	106.9	106.5	106.1	105.7	105.4	105.1	109.2	105.0	97.0	98.5	101.8	103.5
克拉玛依	91.6	101.6	101.6	101.6	101.5	101.5	110.5	104.6	104.4	85.0	101.0	100.5

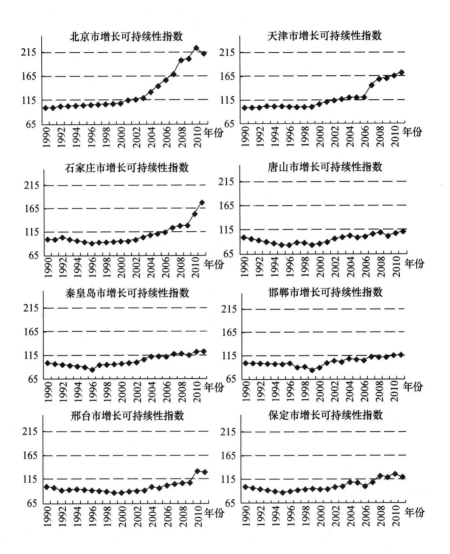

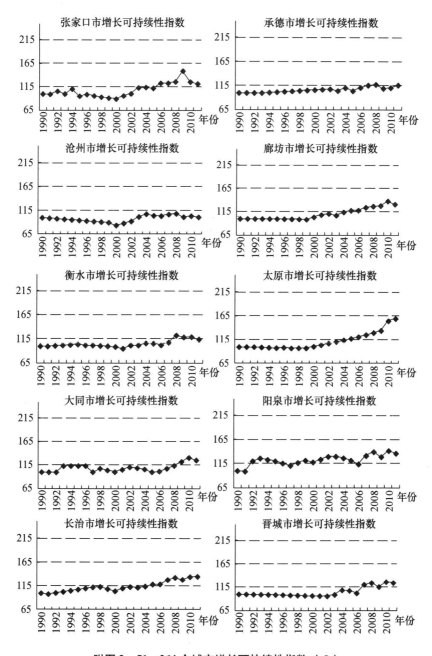

附图 2－51　264 个城市增长可持续性指数（Ⅰ）

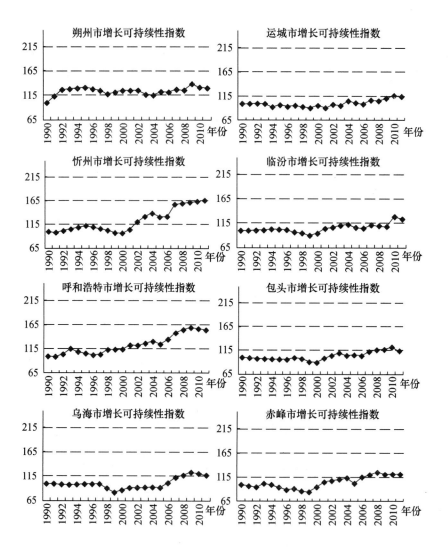

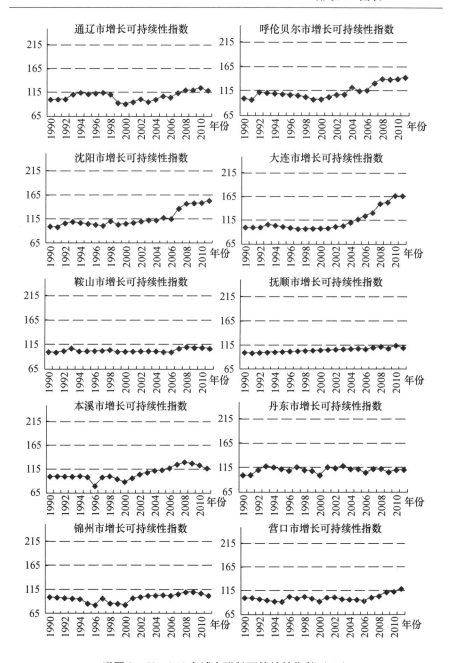

附图 2－52　264 个城市增长可持续性指数（Ⅱ）

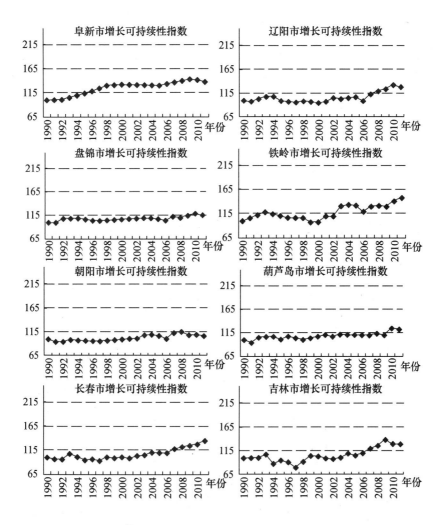

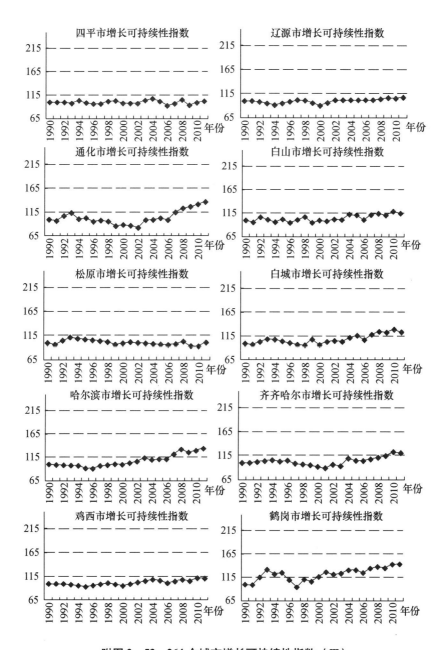

附图 2-53 264个城市增长可持续性指数 (Ⅲ)

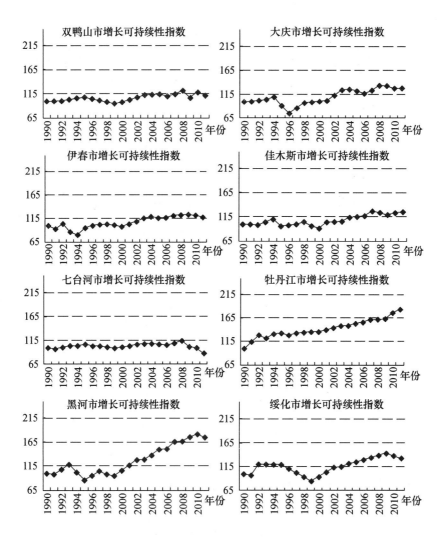

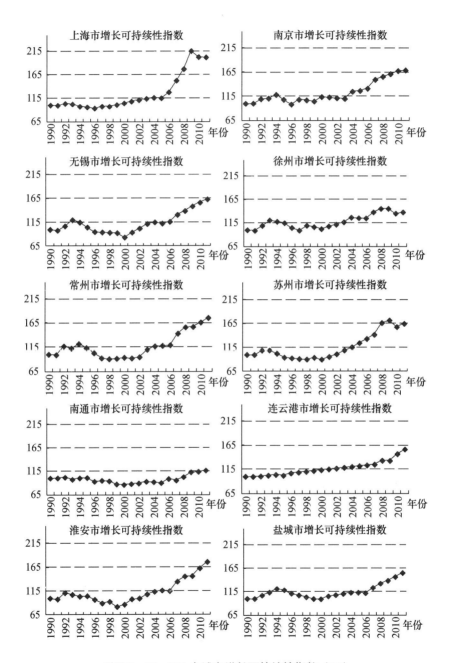

附图2-54 264个城市增长可持续性指数（Ⅳ）

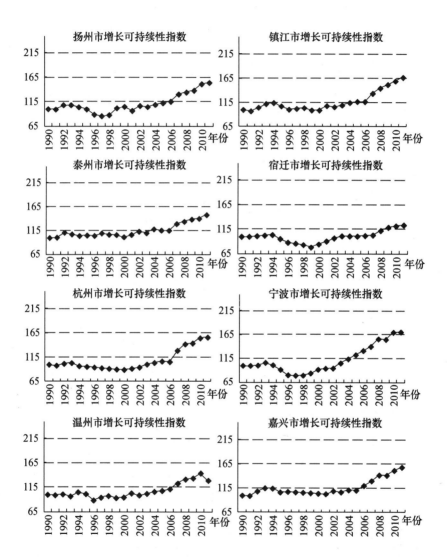

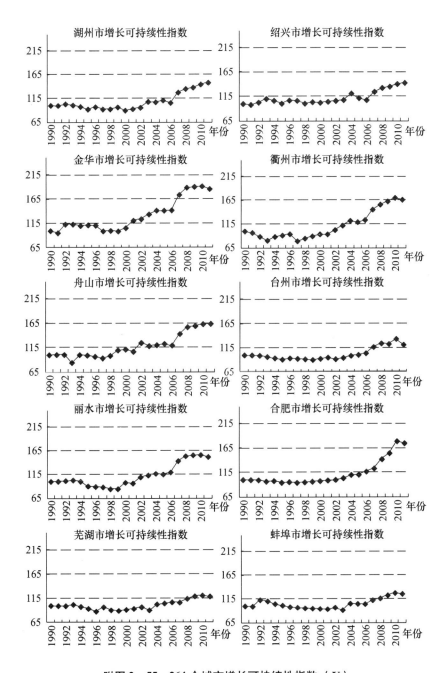

附图 2 – 55　264 个城市增长可持续性指数（Ⅴ）

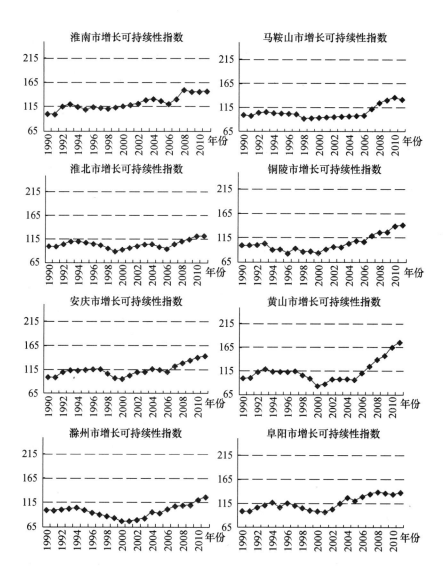

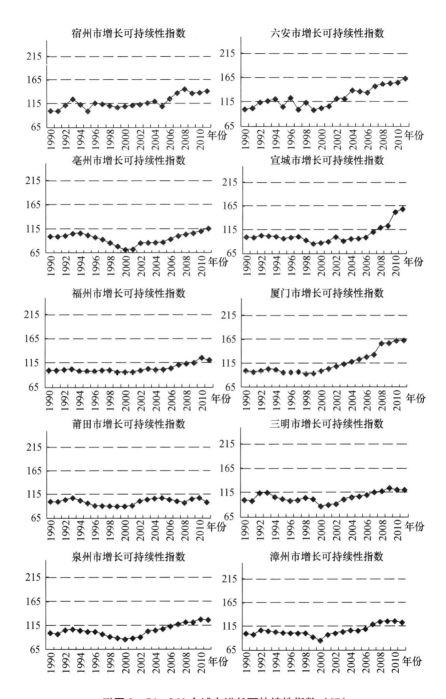

附图 2-56　264 个城市增长可持续性指数（Ⅵ）

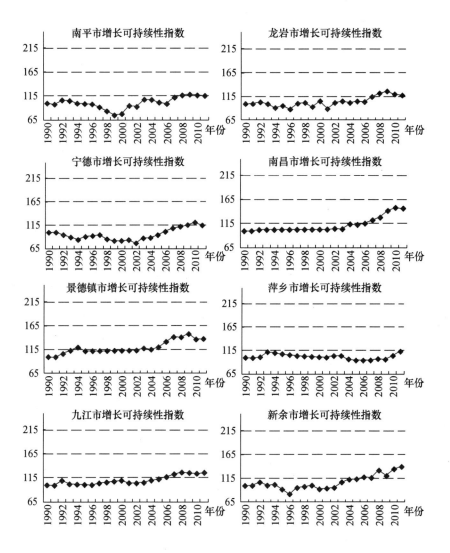

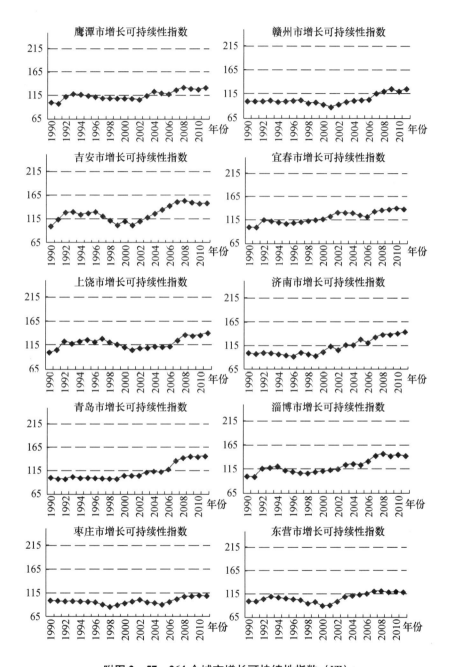

附图 2-57　264 个城市增长可持续性指数（Ⅶ）

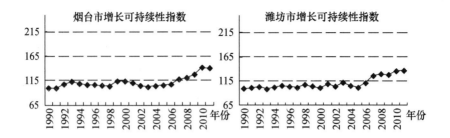

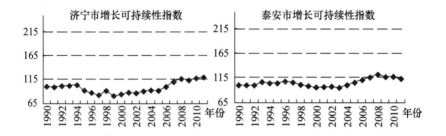

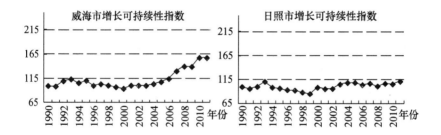

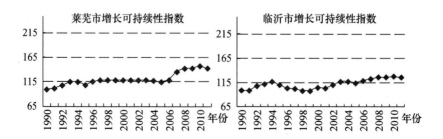

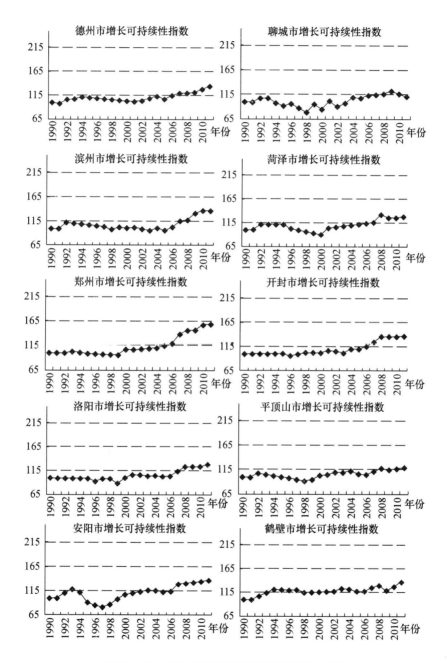

附图 2-58 264 个城市增长可持续性指数（Ⅷ）

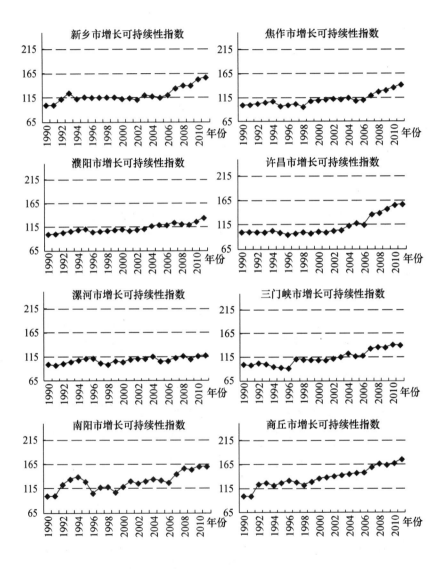

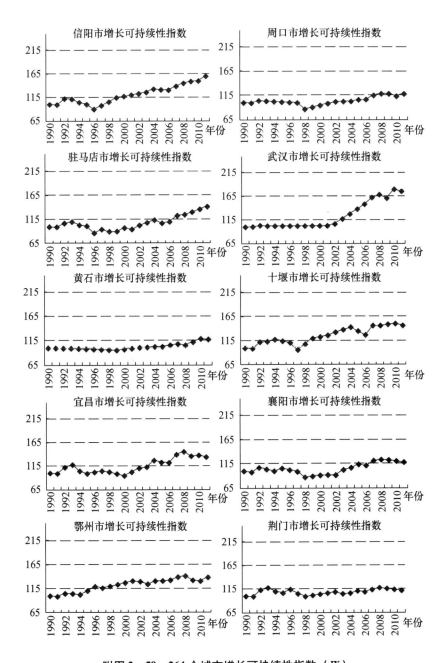

附图 2-59　264 个城市增长可持续性指数（Ⅸ）

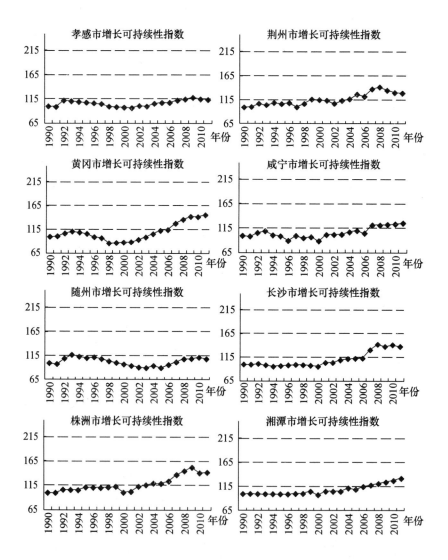

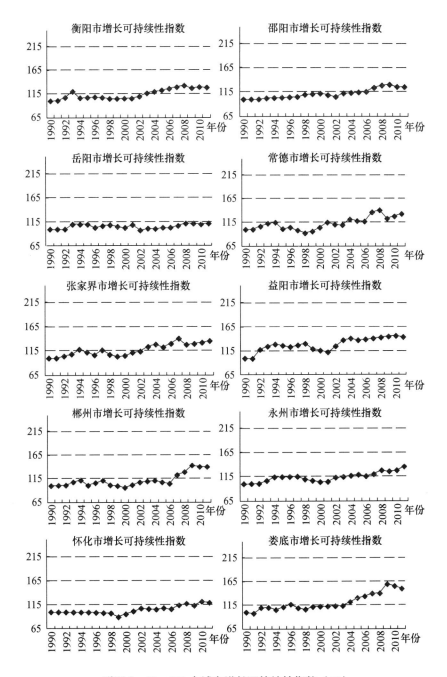

附图 2 - 60　264 个城市增长可持续性指数（X）

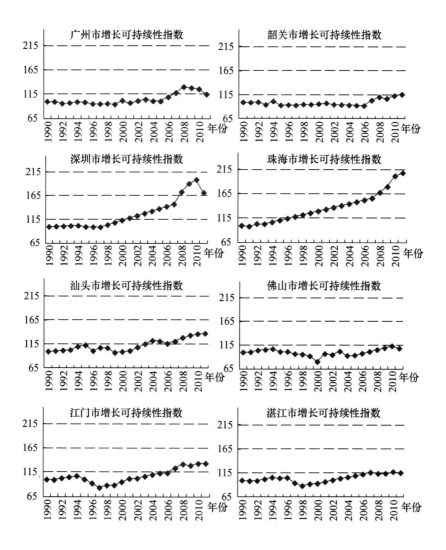

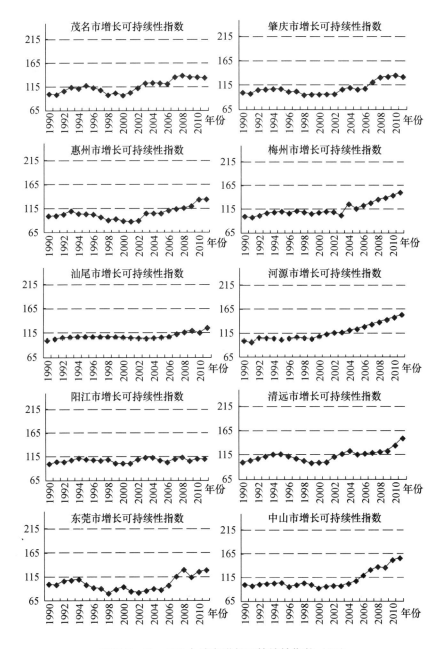

附图 2-61 264个城市增长可持续性指数（XI）

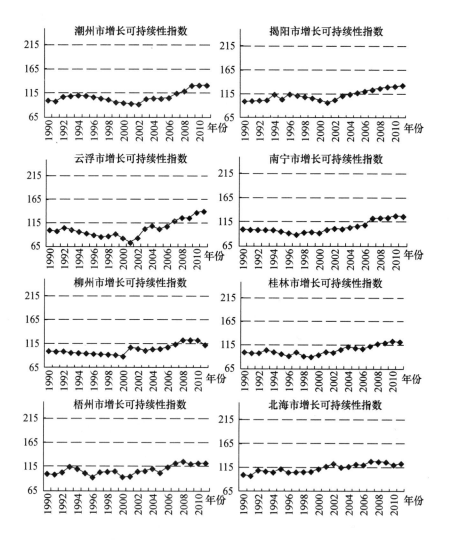

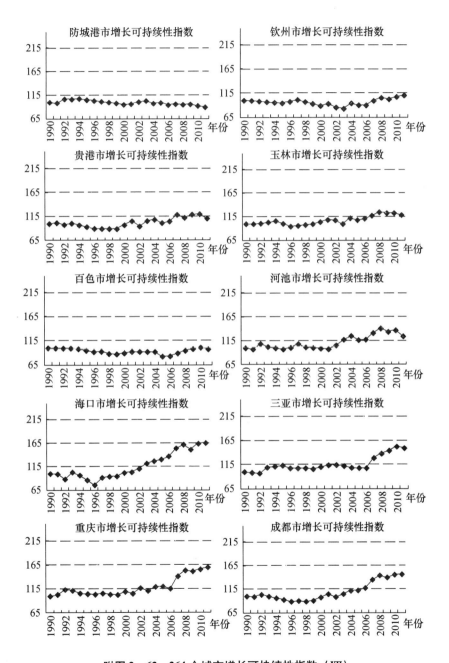

附图2-62 264个城市增长可持续性指数（Ⅻ）

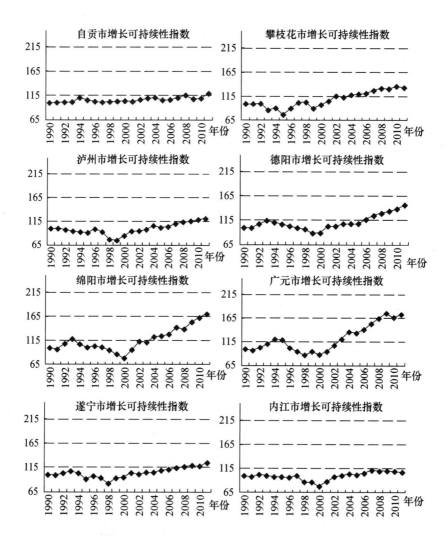

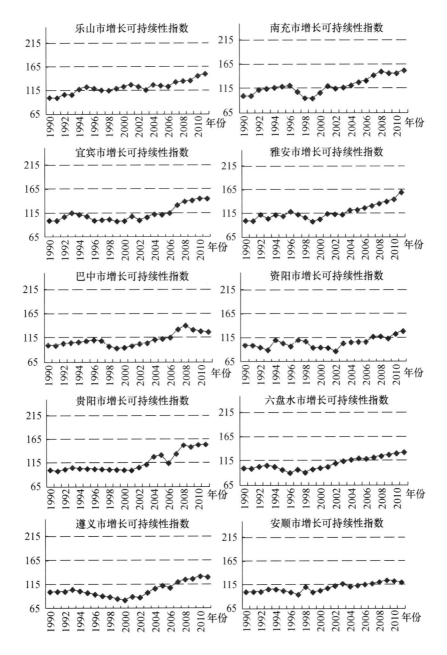

附图 2－63　264 个城市增长可持续性指数（Ⅷ）

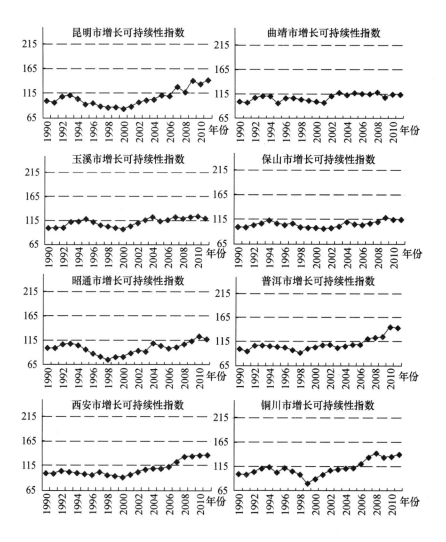

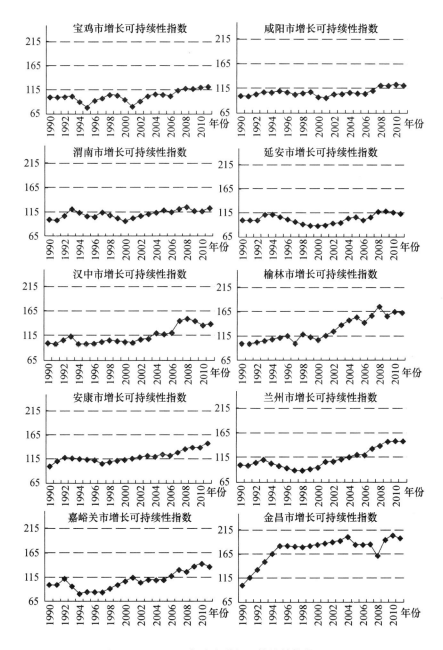

附图 2-64　264 个城市增长可持续性指数（XIV）

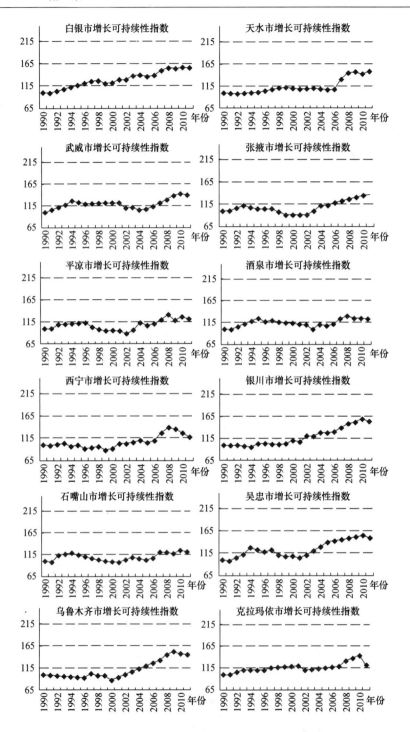

附图 2-65　264 个城市增长可持续性指数（XV）

附表 2 – 13　1990—2011 年 264 个城市环境质量排名（1990—2001 年）

城市	1990 年	1991 年	1992 年	1993 年	1994 年	1995 年	1996 年	1997 年	1998 年	1999 年	2000 年	2001 年
北京	28	27	29	29	25	22	22	21	23	25	22	18
天津	80	79	80	79	83	84	85	84	74	68	64	61
石家庄	64	65	66	66	68	61	61	61	61	60	62	62
唐山	150	154	153	155	151	152	157	148	145	126	123	124
秦皇岛	57	29	30	30	40	37	33	32	35	35	35	36
邯郸	88	87	89	89	89	99	98	92	91	90	87	77
邢台	168	121	124	126	123	129	129	127	126	123	117	117
保定	210	210	214	212	214	213	211	208	205	204	204	202
张家口	242	240	241	241	241	236	239	237	238	237	240	235
承德	206	206	208	208	207	211	213	213	212	213	212	212
沧州	192	219	220	220	220	219	199	216	216	210	210	209
廊坊	225	224	223	223	224	227	222	221	218	216	219	217
衡水	230	231	230	229	227	228	226	228	226	226	224	230
太原	105	108	111	115	118	124	127	134	135	134	127	119
大同	199	202	206	210	206	205	206	206	206	206	207	208
阳泉	240	241	242	244	243	242	242	242	242	241	241	241
长治	196	204	207	209	211	209	212	212	213	214	214	214
晋城	221	222	221	221	219	224	240	238	241	240	239	240
朔州	175	180	181	190	196	204	204	203	202	203	205	201
运城	132	125	126	130	131	137	138	143	147	149	152	155
忻州	260	260	260	260	260	260	261	261	261	261	261	261
临汾	157	161	166	167	171	170	170	173	173	178	184	193
呼和浩特	200	216	210	207	208	212	214	214	215	218	216	220
包头	115	119	122	121	121	123	124	123	124	118	119	122
乌海	18	20	19	20	21	24	32	44	44	46	42	42
赤峰	89	94	96	101	103	111	117	120	121	120	126	120
通辽	90	93	92	98	101	107	108	114	120	125	125	130
呼伦贝尔	79	80	83	85	88	100	105	106	108	110	102	103
沈阳	72	26	27	28	28	32	30	31	32	34	36	37
大连	24	19	17	17	17	17	15	17	18	19	18	21
鞍山	183	181	176	175	181	186	188	190	190	188	181	172

续表

城市	1990年	1991年	1992年	1993年	1994年	1995年	1996年	1997年	1998年	1999年	2000年	2001年
抚顺	12	12	12	12	13	14	13	15	15	16	17	19
本溪	142	139	135	134	133	131	130	133	131	129	124	125
丹东	141	148	145	147	150	156	146	155	165	163	157	151
锦州	162	166	158	148	146	153	147	152	129	148	151	149
营口	67	42	59	72	74	80	78	78	80	84	84	86
阜新	85	85	88	86	91	101	96	96	97	94	95	95
辽阳	171	220	183	162	163	163	162	162	158	157	156	154
盘锦	62	66	69	71	69	62	54	54	55	56	56	58
铁岭	218	221	219	217	213	208	208	201	200	205	197	200
朝阳	232	232	231	230	229	225	223	225	225	227	226	226
葫芦岛	10	11	11	11	11	13	10	11	12	11	9	8
长春	46	51	53	54	54	44	48	50	50	48	52	52
吉林	81	84	78	78	79	70	70	72	76	77	78	64
四平	229	229	227	228	237	237	234	232	232	234	230	231
辽源	253	252	253	251	251	252	253	253	253	253	253	253
通化	42	47	44	42	50	78	79	81	81	76	66	70
白山	194	194	193	195	190	200	202	209	210	208	236	211
松原	176	175	179	182	184	210	225	223	223	223	223	224
白城	186	153	156	123	124	127	140	142	143	144	143	137
哈尔滨	128	131	131	132	137	136	150	149	150	143	129	138
齐齐哈尔	69	67	67	68	73	67	63	62	64	62	71	75
鸡西	109	110	110	109	110	104	103	104	104	104	103	102
鹤岗	31	23	23	24	23	26	25	25	25	24	25	26
双鸭山	61	54	55	58	57	66	66	64	66	64	70	71
大庆	11	10	9	9	8	8	8	8	8	8	8	9
伊春	3	3	3	4	3	2	3	3	3	3	3	3
佳木斯	158	141	150	156	158	147	152	136	136	135	139	141
七台河	121	111	114	120	132	140	143	150	149	152	161	158
牡丹江	114	98	100	102	95	69	72	70	73	75	76	79
黑河	125	128	130	135	136	139	136	141	140	140	145	145
绥化	127	126	134	136	142	142	144	145	144	141	141	153

续表

城市	1990年	1991年	1992年	1993年	1994年	1995年	1996年	1997年	1998年	1999年	2000年	2001年
上海	84	86	85	83	84	92	89	87	87	83	77	66
南京	7	7	6	6	6	5	6	6	6	6	7	6
无锡	70	69	63	59	63	64	56	55	52	52	49	24
徐州	82	78	73	69	75	72	71	71	75	72	73	82
常州	53	56	47	43	44	47	50	48	47	47	46	48
苏州	112	116	118	118	106	91	90	93	90	88	88	80
南通	110	117	116	116	115	116	112	113	112	103	100	99
连云港	101	101	101	96	96	96	93	105	105	107	105	105
淮安	146	152	149	150	155	168	166	156	157	158	160	143
盐城	92	102	97	92	100	103	113	111	113	113	114	107
扬州	117	118	119	112	81	97	91	95	92	91	93	88
镇江	65	70	71	70	62	36	39	39	41	40	37	38
泰州	156	155	154	152	154	138	137	135	134	132	134	132
宿迁	209	207	212	213	216	220	220	219	221	221	213	216
杭州	83	82	82	82	56	65	64	63	57	57	59	50
宁波	45	50	45	45	45	50	52	47	46	45	43	44
温州	169	167	155	154	160	166	153	130	128	138	135	133
嘉兴	173	170	171	172	174	169	169	164	162	156	155	148
湖州	133	130	128	127	122	126	110	108	107	105	107	100
绍兴	144	151	144	143	125	87	87	89	88	87	90	90
金华	193	185	185	184	185	181	190	192	194	196	198	169
衢州	14	13	13	13	12	11	12	12	10	12	12	13
舟山	163	174	175	179	153	79	46	52	51	55	58	53
台州	179	179	180	177	176	175	173	177	174	175	175	167
丽水	159	159	165	168	157	159	164	165	169	171	173	171
合肥	47	52	52	52	53	58	51	51	56	54	55	55
芜湖	60	60	60	57	59	57	67	67	67	67	47	46
蚌埠	145	89	91	94	86	56	73	75	78	82	83	85
淮南	74	77	68	63	46	49	47	57	62	61	61	67
马鞍山	68	68	72	73	61	43	34	36	36	39	39	40
淮北	119	122	120	110	109	113	111	109	111	112	112	110

城市	1990年	1991年	1992年	1993年	1994年	1995年	1996年	1997年	1998年	1999年	2000年	2001年
铜陵	4	4	4	5	5	4	5	5	5	5	4	5
安庆	111	136	107	91	93	88	74	77	69	59	65	72
黄山	198	192	191	191	189	180	155	157	159	161	158	159
滁州	203	214	236	237	233	145	158	168	167	165	182	184
阜阳	205	205	205	187	182	178	191	195	191	191	185	194
宿州	197	200	199	198	201	201	207	210	211	215	217	219
六安	243	244	244	243	244	243	244	245	244	243	243	243
亳州	130	134	136	138	135	141	141	146	146	146	147	150
宣城	231	233	232	232	226	234	227	230	231	230	229	227
福州	93	83	86	88	85	94	86	85	82	74	75	78
厦门	15	15	16	15	14	10	9	9	9	9	10	11
莆田	154	158	159	161	152	135	135	139	138	136	144	144
三明	59	61	61	64	67	71	77	79	70	69	68	73
泉州	188	186	187	185	179	173	180	181	179	182	172	176
漳州	123	129	132	139	140	133	132	129	132	131	133	135
南平	58	62	64	67	71	77	83	82	86	79	81	83
龙岩	66	71	74	74	77	89	81	83	85	86	89	92
宁德	264	264	264	264	264	264	264	264	264	264	264	264
南昌	103	106	108	111	99	74	107	88	106	109	109	113
景德镇	30	32	24	19	18	15	17	28	29	31	31	32
萍乡	118	120	123	125	120	125	120	122	127	133	137	136
九江	155	95	102	104	113	85	94	94	94	95	96	97
新余	73	75	77	75	78	81	80	90	95	93	86	91
鹰潭	38	41	38	37	42	52	62	68	71	71	69	69
赣州	262	262	262	262	262	262	262	262	262	262	262	262
吉安	184	182	182	183	186	191	197	199	195	198	195	181
宜春	160	160	164	166	170	176	177	179	176	179	183	183
上饶	234	230	229	231	231	232	233	234	234	232	233	232
济南	22	24	25	25	26	27	28	29	28	29	30	30
青岛	48	48	49	50	47	40	42	43	34	36	34	35
淄博	16	16	15	14	16	18	19	20	20	20	21	22

续表

城市	1990年	1991年	1992年	1993年	1994年	1995年	1996年	1997年	1998年	1999年	2000年	2001年
枣庄	51	63	62	61	70	82	69	69	72	73	74	74
东营	50	49	51	51	29	28	24	24	26	26	26	29
烟台	43	45	46	49	35	39	37	33	31	33	33	34
潍坊	39	44	41	38	39	41	45	46	45	43	45	47
济宁	75	74	76	76	80	86	88	91	93	92	94	93
泰安	26	30	31	31	34	34	31	35	38	37	38	39
威海	165	164	152	140	127	128	126	121	123	127	130	127
日照	122	127	127	128	129	122	125	128	125	115	115	108
莱芜	49	58	57	55	60	53	58	56	54	53	51	49
临沂	40	55	48	47	55	68	68	66	63	65	63	68
德州	104	109	104	103	107	108	106	107	109	111	111	111
聊城	56	59	56	56	58	59	57	59	58	58	60	60
滨州	91	91	81	80	92	90	84	86	89	89	91	101
菏泽	178	176	170	173	175	174	175	176	175	176	177	180
郑州	139	146	151	158	166	165	171	171	170	170	168	174
开封	182	184	188	189	191	206	210	211	208	186	192	197
洛阳	204	199	204	205	212	216	194	198	204	202	196	192
平顶山	140	133	138	141	147	149	145	151	153	150	148	147
安阳	143	149	143	146	148	150	134	138	137	137	140	129
鹤壁	151	156	157	159	164	167	159	158	163	162	164	161
新乡	147	150	147	149	162	172	178	170	161	159	149	152
焦作	97	103	103	100	104	110	109	110	110	100	92	89
濮阳	212	213	209	206	200	185	182	184	184	187	188	179
许昌	167	168	168	169	172	171	176	174	172	169	171	175
漯河	215	189	189	192	210	221	219	187	180	181	180	185
三门峡	177	172	174	176	183	187	192	189	189	189	186	188
南阳	201	209	211	211	198	196	189	191	193	197	190	189
商丘	258	258	258	258	258	257	257	256	256	256	256	255
信阳	217	187	200	219	221	207	209	193	178	173	176	182
周口	187	196	197	197	194	194	196	196	197	200	200	203
驻马店	227	227	226	226	228	229	229	231	230	229	227	239

续表

城市	1990年	1991年	1992年	1993年	1994年	1995年	1996年	1997年	1998年	1999年	2000年	2001年
武汉	41	46	50	48	48	51	53	53	53	51	53	54
黄石	21	18	20	18	19	20	21	22	24	23	23	23
十堰	35	38	39	41	52	46	43	37	33	30	28	28
宜昌	135	142	142	144	139	115	115	116	114	114	113	114
襄阳	106	107	106	108	111	98	102	98	98	96	98	98
鄂州	44	43	40	39	36	38	41	42	48	49	48	51
荆门	94	96	95	97	90	95	97	101	96	102	104	109
孝感	95	97	98	106	112	119	116	119	79	80	80	81
荆州	120	112	113	114	94	106	101	102	99	99	106	106
黄冈	257	257	257	257	255	255	254	255	254	255	255	256
咸宁	233	234	235	235	236	235	235	236	237	236	234	234
随州	239	239	237	236	232	231	228	229	227	228	228	228
长沙	249	243	243	242	242	249	246	247	247	245	246	245
株洲	23	28	28	26	27	31	29	30	30	32	32	33
湘潭	27	25	22	21	22	19	20	18	17	15	13	12
衡阳	174	173	173	170	173	183	185	180	181	184	187	191
邵阳	248	249	249	250	250	250	252	252	252	252	252	251
岳阳	161	163	162	160	134	114	133	132	133	128	132	121
常德	180	178	177	178	180	179	174	178	177	174	169	178
张家界	222	218	194	181	165	143	148	137	139	139	138	139
益阳	195	197	203	201	193	189	186	188	192	194	194	195
郴州	96	100	99	99	66	75	76	73	77	78	79	84
永州	255	256	256	256	256	256	256	257	257	257	257	257
怀化	116	123	112	107	130	157	181	194	209	211	203	199
娄底	86	90	90	90	98	102	100	103	103	106	110	115
广州	5	5	7	3	4	7	7	7	7	7	5	4
韶关	129	115	121	122	126	132	128	144	148	151	154	157
深圳	9	6	5	7	7	6	2	2	2	2	2	2
珠海	13	14	14	16	15	16	16	16	16	14	11	10
汕头	136	140	133	124	114	112	114	115	116	117	118	123
佛山	138	147	141	142	144	144	149	140	141	142	146	146

续表

城市	1990年	1991年	1992年	1993年	1994年	1995年	1996年	1997年	1998年	1999年	2000年	2001年
江门	63	64	65	62	64	63	59	13	14	17	16	16
湛江	99	92	93	95	102	105	99	112	118	122	122	131
茂名	246	248	248	247	249	248	249	248	248	247	248	248
肇庆	216	188	186	188	192	199	203	204	199	193	199	205
惠州	153	157	161	163	159	162	165	160	154	166	150	166
梅州	102	99	94	93	105	117	121	118	119	119	120	126
汕尾	247	247	247	246	246	245	245	244	235	250	250	247
河源	250	251	251	254	257	258	259	258	258	259	259	259
阳江	170	201	201	199	203	198	201	202	196	195	202	204
清远	137	145	163	164	169	177	179	182	182	185	174	164
东莞	237	237	238	240	239	239	238	240	243	242	242	242
中山	152	138	139	137	138	130	131	131	130	130	128	128
潮州	256	255	252	248	248	247	248	249	249	249	247	250
揭阳	208	208	213	203	197	193	195	186	188	192	191	196
云浮	98	104	105	105	108	109	104	97	101	101	101	104
南宁	54	53	58	60	65	60	65	65	68	70	57	59
柳州	32	35	37	40	41	45	49	49	49	50	54	56
桂林	108	114	117	119	117	120	119	117	117	116	116	118
梧州	223	195	195	200	204	197	193	197	198	199	201	198
北海	254	254	255	252	252	251	250	250	250	248	249	249
防城港	126	135	146	153	145	161	168	172	171	167	165	170
钦州	252	253	254	253	253	253	251	251	251	251	251	252
贵港	34	34	33	33	33	30	27	26	27	27	27	27
玉林	263	263	263	263	263	263	263	263	263	263	263	263
百色	78	72	79	81	82	83	82	80	84	85	85	87
河池	33	36	42	44	43	42	44	45	43	42	44	45
海口	37	40	36	36	37	35	35	34	37	38	40	41
三亚	219	212	217	216	205	195	187	175	164	172	178	186
重庆	166	162	160	157	161	146	151	153	142	145	142	142
成都	226	226	225	225	225	230	230	227	228	225	225	225
自贡	213	217	218	218	217	214	215	215	217	217	215	213

续表

城市	1990年	1991年	1992年	1993年	1994年	1995年	1996年	1997年	1998年	1999年	2000年	2001年
攀枝花	19	22	26	27	31	33	36	40	42	44	50	57
泸州	181	177	178	180	178	184	160	161	155	147	136	140
德阳	245	246	246	245	245	244	243	243	245	244	244	244
绵阳	87	88	87	84	87	93	95	100	102	97	97	94
广元	164	169	169	171	168	160	154	154	152	153	153	156
遂宁	235	235	234	234	235	240	232	235	236	235	235	236
内江	189	190	190	193	195	203	205	207	207	209	211	210
乐山	241	242	240	238	240	241	241	241	239	238	238	237
南充	251	250	250	249	247	246	247	246	246	246	245	246
宜宾	124	132	129	129	143	151	156	159	160	160	166	173
雅安	20	21	21	23	24	25	18	19	21	22	24	25
巴中	238	238	239	239	238	238	237	239	240	239	237	238
资阳	259	259	259	259	259	259	258	259	259	258	258	258
贵阳	77	81	84	87	97	154	118	124	115	108	108	112
六盘水	172	171	172	174	177	182	183	183	187	183	206	222
遵义	207	198	202	202	202	188	184	185	186	190	193	190
安顺	190	191	192	196	199	202	200	205	203	207	208	207
昆明	52	37	35	34	30	23	40	38	39	28	29	31
曲靖	100	105	109	113	116	118	122	126	183	180	179	177
玉溪	244	245	245	255	254	254	255	254	255	254	254	254
保山	36	39	43	46	49	55	60	60	65	66	72	76
昭通	148	144	148	151	156	158	167	167	168	168	167	168
普洱	2	2	2	2	2	3	4	4	4	4	6	7
西安	149	165	167	165	167	164	163	163	156	154	162	160
铜川	236	236	233	233	234	222	236	222	222	222	218	215
宝鸡	211	215	216	215	218	218	218	218	220	220	221	218
咸阳	191	193	196	204	209	217	217	220	214	212	209	206
渭南	214	211	215	214	215	215	216	217	219	219	220	221
延安	107	124	125	131	141	148	142	74	83	124	131	134
汉中	220	223	222	222	222	226	224	226	224	224	222	223
榆林	8	9	10	10	10	12	14	14	13	18	20	14

续表

城市	1990年	1991年	1992年	1993年	1994年	1995年	1996年	1997年	1998年	1999年	2000年	2001年
安康	261	261	261	261	261	261	260	260	260	260	260	260
兰州	71	73	75	77	76	76	92	99	100	98	99	96
嘉峪关	29	33	34	32	32	29	23	23	22	21	19	20
金昌	17	17	18	22	20	21	26	27	19	10	15	17
白银	25	31	32	35	38	48	55	58	59	63	67	65
天水	131	137	140	145	149	155	161	166	166	164	163	162
武威	228	228	228	227	230	233	231	233	233	233	231	229
张掖	134	143	137	133	128	134	139	147	151	155	159	163
平凉	224	225	224	224	223	223	221	224	229	231	232	233
酒泉	6	8	8	8	9	9	11	10	11	13	14	15
西宁	113	113	115	117	119	121	123	125	122	121	121	116
银川	55	57	54	53	51	54	38	41	40	41	41	43
石嘴山	202	203	198	194	188	192	172	169	185	177	170	165
吴忠	185	183	184	186	187	190	198	200	201	201	189	187
乌鲁木齐	76	76	70	65	72	73	75	76	60	81	82	63
克拉玛依	1	1	1	1	1	1	1	1	1	1	1	1

附表 2-14　1990—2011 年 264 个城市环境质量排名（2002—2011 年）

城市	2002年	2003年	2004年	2005年	2006年	2007年	2008年	2009年	2010年	2011年	综合	2000年后
北京	21	10	14	12	15	18	18	26	32	32	17	16
天津	60	56	58	50	57	71	73	78	85	70	65	61
石家庄	65	66	72	85	72	92	106	84	88	80	66	74
唐山	125	109	113	80	75	56	89	74	66	79	111	87
秦皇岛	38	38	39	41	86	54	66	58	77	84	44	47
邯郸	71	75	79	61	59	59	48	35	39	38	70	57
邢台	121	127	124	145	160	130	175	135	154	146	131	136
保定	191	187	177	156	145	147	141	174	162	153	186	164
张家口	239	236	235	218	216	235	251	221	227	225	240	238
承德	214	218	219	223	209	233	219	209	198	193	217	216
沧州	210	213	218	229	237	224	167	171	174	171	214	205

城市	2002年	2003年	2004年	2005年	2006年	2007年	2008年	2009年	2010年	2011年	综合	2000年后
廊坊	200	175	178	92	134	120	154	107	123	127	192	154
衡水	229	229	231	222	234	211	235	203	219	202	233	229
太原	115	111	107	121	140	142	137	139	111	97	121	121
大同	209	212	215	150	182	167	156	136	122	133	189	173
阳泉	242	242	241	245	240	240	190	204	216	220	241	239
长治	207	208	209	166	180	114	151	150	149	172	195	175
晋城	235	231	232	244	232	168	144	122	168	170	225	219
朔州	194	191	198	180	183	172	187	157	108	123	181	170
运城	162	163	187	162	142	150	164	170	171	191	152	159
忻州	261	261	261	256	244	230	233	250	209	210	260	257
临汾	193	190	193	202	184	184	193	210	197	205	180	193
呼和浩特	222	222	221	197	139	161	185	201	212	219	213	206
包头	108	107	97	73	56	47	26	23	22	18	77	55
乌海	41	44	48	66	45	51	42	65	30	34	35	43
赤峰	135	130	141	163	194	207	204	81	147	135	129	149
通辽	130	135	139	138	137	137	133	131	105	107	117	128
呼伦贝尔	103	108	114	116	129	214	221	248	253	252	142	179
沈阳	54	50	31	44	31	45	58	30	31	28	34	37
大连	20	21	23	27	28	27	25	28	15	17	15	17
鞍山	169	170	176	213	222	228	218	230	249	250	200	212
抚顺	18	18	21	25	21	34	59	73	101	131	18	31
本溪	145	143	144	165	202	186	232	234	231	234	166	186
丹东	156	166	171	200	220	237	249	251	236	249	188	215
锦州	152	153	159	173	186	215	242	245	228	224	174	198
营口	92	83	70	52	58	67	68	76	87	93	72	71
阜新	100	102	101	89	103	116	99	114	89	89	96	97
辽阳	154	156	150	146	176	139	104	67	40	48	137	120
盘锦	55	55	52	62	82	97	119	124	128	109	69	77
铁岭	196	193	205	205	215	238	239	244	146	147	211	204
朝阳	225	224	227	238	242	245	252	252	254	255	238	250

续表

城市	2002年	2003年	2004年	2005年	2006年	2007年	2008年	2009年	2010年	2011年	综合	2000年后
葫芦岛	8	8	10	18	19	24	35	54	127	148	13	20
长春	53	59	60	63	68	79	84	99	81	77	55	66
吉林	66	58	64	70	78	89	116	127	158	179	79	86
四平	233	235	240	251	204	227	214	208	199	204	236	230
辽源	253	254	256	247	228	220	210	200	194	178	251	248
通化	75	80	86	90	93	78	33	82	53	83	63	69
白山	217	220	223	255	250	255	254	249	218	218	229	246
松原	224	225	226	235	213	221	216	224	205	212	220	226
白城	134	138	143	228	193	199	237	239	245	243	172	201
哈尔滨	138	142	137	191	191	182	181	169	157	152	150	157
齐齐哈尔	70	73	76	59	158	189	209	227	240	230	102	140
鸡西	106	112	111	123	122	164	173	187	215	207	128	146
鹤岗	29	29	30	34	32	41	46	34	60	62	25	34
双鸭山	69	77	83	130	146	136	153	137	188	129	82	109
大庆	9	9	8	9	9	10	10	8	6	6	8	8
伊春	3	3	3	4	5	4	4	3	1	1	2	3
佳木斯	141	144	147	176	135	191	172	186	186	162	154	158
七台河	157	158	164	214	131	132	136	53	24	22	124	112
牡丹江	83	89	91	97	99	101	79	85	112	108	86	90
黑河	150	152	158	190	187	200	220	222	139	168	161	171
绥化	151	154	162	196	227	232	247	232	243	242	178	208
上海	58	48	57	64	50	40	23	21	25	23	54	42
南京	5	4	4	3	4	5	5	6	5	5	6	5
无锡	24	24	18	16	13	12	12	13	17	13	24	12
徐州	82	86	78	42	26	21	32	31	46	47	56	46
常州	31	33	32	29	16	43	30	37	33	27	41	32
苏州	72	72	51	40	29	35	50	52	61	46	71	52
南通	84	88	103	129	105	123	103	147	121	112	110	105
连云港	117	118	106	81	49	66	76	95	119	120	97	94
淮安	146	137	134	132	101	94	108	96	148	159	135	124

城市	2002年	2003年	2004年	2005年	2006年	2007年	2008年	2009年	2010年	2011年	综合	2000年后
盐城	107	113	108	106	95	105	85	100	142	138	105	106
扬州	86	92	89	101	90	86	98	116	152	122	99	98
镇江	28	28	28	21	24	16	16	20	20	20	31	18
泰州	94	94	92	88	109	140	171	237	226	231	148	147
宿迁	211	214	214	194	198	143	94	93	94	103	194	163
杭州	47	51	53	53	65	75	70	60	75	81	62	59
宁波	45	42	45	45	25	29	22	41	35	36	43	39
温州	137	141	131	153	153	148	168	176	191	176	151	151
嘉兴	148	139	115	76	46	84	83	64	56	61	122	91
湖州	101	104	102	75	47	57	57	63	70	49	92	73
绍兴	87	79	74	69	61	70	80	126	135	116	94	85
金华	164	160	157	149	112	77	113	110	110	110	162	132
衢州	15	16	19	23	34	48	62	57	83	100	16	28
舟山	63	65	71	79	102	127	163	130	159	139	98	95
台州	165	162	166	143	130	119	90	56	65	68	144	122
丽水	179	182	183	210	173	179	182	178	183	174	168	177
合肥	57	54	49	58	80	83	69	48	45	42	52	54
芜湖	49	52	56	74	44	46	38	29	36	39	49	45
蚌埠	90	97	100	104	77	81	82	79	84	71	81	83
淮南	68	67	82	99	84	61	52	40	69	64	61	64
马鞍山	40	45	50	68	74	91	78	87	57	54	51	56
淮北	118	115	120	127	150	117	95	119	125	117	114	117
铜陵	6	6	6	6	7	6	6	5	7	8	7	6
安庆	77	85	88	95	100	103	110	106	100	106	88	89
黄山	166	147	156	157	119	85	86	90	74	53	143	115
滁州	167	195	201	195	207	159	207	238	247	247	205	207
阜阳	203	204	210	217	154	129	107	112	164	175	176	165
宿州	218	221	222	221	254	219	180	195	203	215	219	225
六安	245	245	249	237	206	208	211	218	250	244	244	245
亳州	153	155	163	187	218	218	228	246	257	258	196	227

续表

城市	2002年	2003年	2004年	2005年	2006年	2007年	2008年	2009年	2010年	2011年	综合	2000年后
宣城	228	232	237	234	224	206	208	184	178	181	230	223
福州	78	70	75	100	89	102	87	88	86	76	80	81
厦门	13	13	13	10	8	8	7	7	9	7	9	9
莆田	133	150	146	168	163	170	213	196	177	156	159	161
三明	76	78	84	65	76	155	162	175	167	158	83	102
泉州	176	183	172	159	120	90	143	159	98	90	163	141
漳州	126	125	122	87	87	96	91	89	97	104	113	103
南平	89	95	94	131	155	151	186	189	220	211	104	138
龙岩	96	98	99	94	110	121	135	101	109	58	90	100
宁德	264	264	264	264	264	263	262	262	260	261	264	264
南昌	104	81	95	72	64	62	60	97	76	74	87	79
景德镇	32	31	38	37	36	22	15	16	18	15	22	19
萍乡	144	121	118	117	116	131	149	188	175	184	133	142
九江	105	116	117	141	151	158	148	146	113	149	115	126
新余	51	61	65	82	83	125	129	105	54	31	76	76
鹰潭	73	60	68	56	53	58	61	32	38	33	50	50
赣州	262	262	262	262	261	260	259	258	224	229	262	260
吉安	199	198	202	211	195	202	234	207	153	151	191	195
宜春	175	180	184	171	185	112	71	94	129	161	160	148
上饶	232	230	242	250	238	201	146	149	117	125	231	220
济南	30	30	29	35	40	36	45	42	41	44	26	36
青岛	37	37	34	39	33	25	17	24	23	21	33	25
淄博	23	22	20	13	11	11	8	9	8	9	11	11
枣庄	79	84	85	71	96	72	88	92	93	88	73	78
东营	27	23	11	11	14	20	21	18	16	14	21	14
烟台	34	34	35	32	38	33	39	39	34	30	38	35
潍坊	46	47	46	51	52	53	47	45	71	63	46	49
济宁	98	74	55	49	69	69	74	69	63	86	75	70
泰安	39	41	44	20	20	30	54	50	43	51	36	38
威海	131	131	112	38	51	39	27	25	19	26	84	58

城市	2002年	2003年	2004年	2005年	2006年	2007年	2008年	2009年	2010年	2011年	综合	2000年后
日照	116	117	119	113	48	17	55	46	27	29	85	63
莱芜	43	46	47	31	37	15	14	15	13	16	37	23
临沂	74	53	54	54	55	82	92	61	78	87	59	67
德州	111	120	121	111	113	113	120	115	118	121	112	111
聊城	61	64	69	83	107	65	44	43	80	78	58	65
滨州	110	110	125	124	125	106	93	83	82	95	95	101
菏泽	174	184	180	167	115	111	155	158	150	166	165	156
郑州	158	157	154	128	144	135	124	129	182	192	155	150
开封	202	203	195	216	217	244	229	215	232	237	212	218
洛阳	182	186	192	188	190	185	174	220	241	228	202	199
平顶山	147	148	151	154	159	180	189	193	195	183	157	162
安阳	136	134	138	161	171	157	134	123	136	115	136	139
鹤壁	139	149	148	151	121	115	100	108	124	101	138	130
新乡	155	151	161	172	149	146	105	109	102	92	145	135
焦作	91	91	96	110	124	153	125	117	120	142	107	107
濮阳	183	173	182	206	166	152	166	177	211	196	184	180
许昌	171	168	174	148	138	126	122	75	62	57	147	127
漯河	172	174	175	231	231	246	225	240	210	214	208	211
三门峡	187	189	194	209	179	156	159	194	222	227	182	192
南阳	188	179	208	199	211	204	227	229	200	217	204	203
商丘	256	250	239	230	219	223	198	180	181	198	252	244
信阳	185	188	190	177	188	197	160	179	131	143	183	169
周口	205	202	196	201	203	188	226	226	238	248	207	214
驻马店	227	228	228	207	196	187	178	168	185	200	223	213
武汉	56	62	66	78	98	55	64	70	47	59	53	60
黄石	22	25	27	24	22	26	36	55	49	67	23	26
十堰	26	26	25	26	23	23	31	38	55	55	32	27
宜昌	123	82	81	96	111	128	117	145	184	188	123	119
襄阳	93	96	93	125	117	144	145	118	134	141	109	113
鄂州	52	57	59	93	91	110	96	120	132	132	60	82

续表

城市	2002年	2003年	2004年	2005年	2006年	2007年	2008年	2009年	2010年	2011年	综合	2000年后
荆门	119	114	126	140	97	63	29	36	58	66	89	84
孝感	85	99	105	120	175	210	231	197	223	232	130	155
荆州	109	123	129	185	205	222	217	233	169	173	139	166
黄冈	255	256	252	248	247	242	230	205	189	187	254	252
咸宁	234	240	245	198	223	241	183	160	116	105	232	217
随州	231	234	234	239	243	250	261	260	256	257	246	253
长沙	246	246	248	249	241	203	147	167	180	140	243	232
株洲	36	36	36	48	66	68	49	86	48	43	40	44
湘潭	14	15	17	22	27	28	24	66	68	85	20	22
衡阳	195	197	170	170	170	171	170	191	192	203	175	182
邵阳	252	255	255	259	260	258	215	223	235	240	253	254
岳阳	128	140	109	105	94	124	126	103	91	75	125	108
常德	180	177	179	174	181	178	188	156	155	150	169	167
张家界	140	145	149	147	108	76	43	44	44	73	127	99
益阳	192	192	199	192	197	209	224	242	213	226	203	209
郴州	80	87	90	115	114	99	81	62	52	50	78	80
永州	257	257	257	257	257	257	255	259	259	259	259	259
怀化	184	165	169	193	253	256	257	253	252	251	216	241
娄底	112	101	67	47	41	52	28	17	28	35	68	51
广州	4	5	5	5	2	2	2	2	2	2	4	4
韶关	160	161	142	102	70	42	56	59	50	69	108	92
深圳	2	2	2	2	3	3	3	4	4	3	3	2
珠海	11	12	9	8	10	7	11	11	12	11	10	10
汕头	122	126	128	119	63	93	112	133	143	136	116	110
佛山	97	119	116	103	118	138	177	143	173	165	134	131
江门	12	11	15	15	42	60	63	71	72	65	29	24
湛江	129	133	135	181	226	225	197	153	225	199	146	172
茂名	248	249	216	126	54	49	101	121	160	180	235	189
肇庆	213	217	212	220	192	181	158	198	196	160	199	197
惠州	143	105	132	108	104	108	114	104	103	99	132	116

续表

城市	2002年	2003年	2004年	2005年	2006年	2007年	2008年	2009年	2010年	2011年	综合	2000年后
梅州	127	132	136	135	132	133	131	128	99	113	118	125
汕尾	243	244	250	254	256	252	202	219	237	213	249	251
河源	258	258	258	258	251	254	250	235	206	208	257	256
阳江	201	206	211	243	259	259	246	228	217	223	222	237
清远	177	178	181	134	162	190	195	190	207	195	170	178
东莞	238	216	160	118	88	64	67	80	92	98	215	152
中山	132	136	140	152	174	234	238	212	246	235	167	190
潮州	251	251	230	186	189	183	179	125	114	124	242	222
揭阳	197	199	206	224	201	173	206	155	165	154	190	185
云浮	113	122	130	144	164	176	199	185	144	169	126	145
南宁	64	69	77	33	12	13	13	12	11	12	39	21
柳州	59	63	33	36	81	37	41	49	64	52	48	48
桂林	124	129	133	133	127	118	102	134	133	119	120	123
梧州	186	201	186	183	200	192	243	256	261	260	227	243
北海	249	252	253	226	236	175	223	206	187	190	250	242
防城港	173	176	185	189	167	141	115	141	73	60	149	143
钦州	254	247	251	203	199	193	191	181	201	194	247	235
贵港	25	27	26	28	35	44	51	51	37	45	28	30
玉林	263	263	263	263	263	264	264	263	263	262	263	263
百色	88	93	98	86	123	165	169	161	156	137	100	114
河池	48	32	63	57	60	73	139	142	130	164	57	72
海口	42	40	37	55	67	74	72	77	79	91	47	53
三亚	189	200	197	114	128	198	201	199	214	245	193	187
重庆	149	169	165	164	172	122	118	102	96	94	140	134
成都	221	210	204	184	148	149	111	138	137	134	210	174
自贡	215	215	217	208	230	205	244	231	229	206	221	221
攀枝花	62	71	80	109	136	166	203	214	234	239	74	133
泸州	142	146	145	137	208	249	200	225	233	222	179	191
德阳	247	248	236	233	249	248	240	216	204	201	245	247
绵阳	99	106	110	107	133	109	127	173	163	118	106	118

续表

城市	2002年	2003年	2004年	2005年	2006年	2007年	2008年	2009年	2010年	2011年	综合	2000年后
广元	159	159	152	155	161	216	222	217	244	241	177	194
遂宁	237	237	243	232	214	194	205	255	239	233	237	240
内江	216	219	220	212	221	196	157	164	190	186	201	202
乐山	240	239	244	122	147	217	165	144	95	96	228	200
南充	244	241	247	253	252	253	260	261	262	263	255	258
宜宾	178	171	168	169	248	160	150	132	176	197	164	176
雅安	35	49	43	46	62	98	130	172	170	163	42	68
巴中	241	243	238	242	255	262	263	264	264	264	256	261
资阳	259	259	259	260	262	261	258	257	258	256	261	262
贵阳	95	76	62	60	126	107	140	165	126	126	103	104
六盘水	220	223	224	175	210	236	248	241	230	238	209	228
遵义	198	181	191	136	141	145	142	111	179	189	173	160
安顺	208	209	207	225	212	154	192	163	138	157	197	188
昆明	33	35	41	30	73	38	40	14	21	25	30	29
曲靖	181	185	188	182	178	163	161	162	161	177	153	168
玉溪	250	253	254	246	225	174	123	148	172	185	248	236
保山	81	90	104	139	169	169	152	192	202	221	93	137
昭通	190	196	200	215	229	229	253	254	255	254	206	231
普洱	7	7	7	7	6	9	9	10	10	10	5	7
西安	161	164	173	178	152	134	132	140	151	167	158	153
铜川	212	205	203	179	143	100	65	33	42	40	187	129
宝鸡	219	194	155	142	168	177	256	213	221	209	218	210
咸阳	206	211	213	204	177	195	176	152	115	111	198	183
渭南	223	226	225	252	246	251	241	202	208	216	226	233
延安	114	100	87	91	85	87	77	68	59	72	101	88
汉中	226	227	229	241	235	239	236	236	242	236	234	234
榆林	10	19	12	14	17	19	19	22	29	37	12	15
安康	260	260	260	261	258	243	128	154	140	145	258	255
兰州	102	103	61	67	71	95	109	91	141	155	91	93
嘉峪关	16	14	16	19	39	88	53	98	104	82	27	33

续表

城市	2002年	2003年	2004年	2005年	2006年	2007年	2008年	2009年	2010年	2011年	综合	2000年后
金昌	19	20	24	17	18	14	20	27	14	19	14	13
白银	67	68	73	84	106	104	121	166	166	144	67	96
天水	170	172	153	158	157	226	194	211	248	246	171	196
武威	230	233	233	240	239	247	245	247	251	253	239	249
张掖	168	167	167	160	165	162	138	113	90	102	141	144
平凉	236	238	246	236	245	231	184	183	107	128	224	224
酒泉	17	17	22	98	30	31	97	151	106	114	19	40
西宁	120	124	123	227	233	213	212	243	193	182	156	181
银川	44	39	40	43	43	32	34	47	51	41	45	41
石嘴山	163	128	127	112	92	50	37	19	26	24	119	75
吴忠	204	207	189	219	156	212	196	182	145	130	185	184
乌鲁木齐	50	43	42	77	79	80	75	72	67	56	64	62
克拉玛依	1	1	1	1	1	1	1	1	3	4	1	1

附表 2－15 1990—2011 年 264 个城市环境质量指数

（上一年 ＝ 100）（1990—2001 年）

城市	1990年	1991年	1992年	1993年	1994年	1995年	1996年	1997年	1998年	1999年	2000年	2001年
北京	100	101.2	99.6	100.2	101.3	100.7	100.3	100.9	100.6	100.3	101.1	102.0
天津	100	100.5	100.1	100.1	100.2	100.6	100.3	100.3	101.3	100.8	100.6	100.8
石家庄	100	100.3	100.2	100.2	100.1	101.6	100.1	100.1	100.1	100.2	100.1	100.4
唐山	100	100.4	99.9	99.9	100.5	100.3	100.1	100.7	100.3	101.4	100.5	100.4
秦皇岛	100	104.8	100.1	100.1	98.2	101.1	101.1	100.2	100.3	100.6	100.4	100.0
邯郸	100	100.2	100.1	100.1	100.3	100.3	100.1	101.1	100.2	100.2	100.6	101.5
邢台	100	103.8	100.0	100.1	100.1	100.1	100.2	100.6	100.6	100.6	100.6	100.5
保定	100	100.1	100.2	100.1	100.3	100.4	100.3	100.4	100.5	100.6	100.1	100.7
张家口	100	100.9	99.8	99.9	100.3	101.7	99.1	100.8	100.1	100.1	100.0	100.7
承德	100	100.2	100.2	100.2	100.2	100.0	100.0	100.0	100.2	100.2	100.2	100.2
沧州	100	98.1	99.8	99.8	99.8	100.7	102.9	97.6	100.1	101.4	100.2	100.3
廊坊	100	100.3	100.3	100.2	100.2	99.8	101.3	100.3	100.5	100.8	99.5	100.4
衡水	100	100.0	100.0	100.4	100.4	100.7	100.7	100.2	100.1	100.2	100.3	98.4

续表

城市	1990年	1991年	1992年	1993年	1994年	1995年	1996年	1997年	1998年	1999年	2000年	2001年
太原	100	100.4	100.0	100.0	100.0	100.0	100.0	100.0	100.0	100.1	100.6	101.0
大同	100	100.1	100.1	99.8	100.4	100.4	100.4	100.0	100.1	100.2	100.2	100.1
阳泉	100	100.1	99.4	99.2	100.7	100.7	100.3	100.3	100.4	100.1	100.1	100.3
长治	100	99.5	100.1	100.1	100.0	100.3	100.0	99.9	100.0	100.0	100.0	100.4
晋城	100	101.5	100.0	100.0	100.0	99.9	94.6	100.7	100.1	100.0	100.4	100.0
朔州	100	99.6	99.6	99.2	99.9	99.5	100.4	100.3	100.1	100.4	99.9	100.9
运城	100	101.0	99.9	100.0	100.0	100.0	100.0	100.0	100.0	100.0	100.0	99.9
忻州	100	99.8	99.8	99.8	99.8	99.8	100.2	99.3	99.3	99.6	99.7	101.2
临汾	100	99.9	99.9	100.0	100.0	100.4	100.4	99.9	99.9	99.9	99.9	99.3
呼和浩特	100	99.0	100.7	100.6	100.0	99.9	99.9	99.9	99.5	100.3	100.3	99.4
包头	100	100.1	100.0	100.1	100.1	100.3	100.3	100.4	100.0	100.5	100.1	100.2
乌海	100	99.9	100.2	99.4	99.8	99.8	98.4	98.4	99.9	99.9	100.9	100.9
赤峰	100	100.0	100.0	99.9	100.1	99.9	99.9	100.0	100.0	100.1	99.5	101.0
通辽	100	100.3	100.0	100.0	100.2	100.0	100.1	99.7	99.7	99.7	100.0	100.1
呼伦贝尔	100	100.1	100.0	100.0	100.0	100.0	99.8	100.1	100.1	100.2	100.2	100.3
沈阳	100	108.0	100.1	100.1	100.0	100.1	100.3	100.2	100.2	100.2	99.9	100.1
大连	100	103.2	100.2	100.2	100.5	100.4	101.3	100.1	100.3	100.2	100.1	100.2
鞍山	100	100.2	100.4	100.4	99.7	100.1	100.1	100.1	100.1	100.9	100.7	100.7
抚顺	100	100.2	100.3	100.3	100.1	100.1	100.1	100.2	100.0	100.2	100.0	100.2
本溪	100	100.5	100.3	100.2	100.3	100.3	100.3	100.3	100.2	100.3	100.3	100.6
丹东	100	100.0	100.1	100.0	99.9	100.0	100.9	99.6	99.5	100.1	100.6	100.9
锦州	100	99.8	101.0	101.0	100.4	99.8	100.6	100.0	101.7	98.6	100.1	100.3
营口	100	103.7	98.7	98.3	100.3	100.0	100.7	100.1	100.0	100.1	100.0	100.1
阜新	100	100.2	100.1	100.1	100.1	100.1	100.3	100.2	100.0	100.2	100.2	100.2
辽阳	100	95.5	103.5	102.3	100.4	100.4	100.0	100.3	100.3	100.1	100.3	100.3
盘锦	100	99.5	100.0	100.0	100.6	101.8	101.1	100.1	100.1	100.0	100.3	100.3
铁岭	100	100.6	100.3	100.3	100.6	100.6	100.6	100.6	100.2	99.9	101.5	100.2
朝阳	100	100.1	100.1	100.3	100.3	102.6	99.9	99.9	99.9	99.9	100.2	100.2
葫芦岛	100	100.0	100.1	100.0	100.2	100.1	100.8	100.0	100.0	100.8	101.4	101.4
长春	100	100.0	100.1	100.1	100.1	101.6	100.0	100.0	100.1	100.3	100.1	100.3
吉林	100	100.0	100.9	100.4	100.1	102.0	100.1	100.0	100.1	100.1	100.1	101.8

城市	1990年	1991年	1992年	1993年	1994年	1995年	1996年	1997年	1998年	1999年	2000年	2001年
四平	100	100.2	100.0	100.0	98.2	99.8	100.4	102.1	100.1	100.0	100.6	99.5
辽源	100	100.7	100.2	100.2	100.2	100.6	100.2	100.0	100.2	100.3	100.0	100.3
通化	100	100.1	100.5	100.4	99.6	97.5	100.4	99.7	100.5	100.6	101.2	100.0
白山	100	100.2	100.1	100.1	100.5	99.9	99.9	99.3	100.0	100.5	93.1	107.2
松原	100	100.0	99.9	99.8	100.2	97.6	97.5	100.4	100.4	99.7	99.8	100.4
白城	100	103.4	99.6	102.6	100.0	100.3	99.2	100.1	100.1	100.1	100.3	100.6
哈尔滨	100	100.1	100.1	100.1	100.1	100.2	99.5	100.2	100.0	100.6	101.2	99.6
齐齐哈尔	100	100.6	100.2	100.1	100.1	101.9	100.0	100.3	100.0	100.0	99.8	99.8
鸡西	100	100.4	100.2	100.2	100.2	101.2	100.4	100.1	100.1	100.2	100.0	100.4
鹤岗	100	102.7	100.2	100.2	100.7	99.8	100.1	100.1	101.6	100.7	100.0	100.0
双鸭山	100	101.1	100.1	99.6	100.7	100.1	99.9	100.1	100.1	100.1	100.0	100.3
大庆	100	101.9	100.3	100.3	100.5	100.9	100.3	100.5	100.5	100.1	100.1	100.1
伊春	100	101.0	99.8	99.8	103.3	107.3	96.9	99.4	100.7	100.3	100.6	100.1
佳木斯	100	101.7	99.6	99.6	100.0	101.1	100.1	101.2	100.2	100.0	100.0	100.0
七台河	100	101.0	99.9	99.9	99.2	100.0	99.8	99.9	100.1	99.9	99.6	100.3
牡丹江	100	101.6	100.1	100.1	100.8	103.5	99.8	100.3	100.2	100.1	100.1	100.0
黑河	100	100.2	99.8	99.9	100.2	100.1	100.1	100.1	100.3	100.0	100.1	100.1
绥化	100	100.4	99.5	100.1	100.1	100.1	100.1	100.2	100.2	100.2	100.3	99.5
上海	100	100.2	100.2	100.4	100.5	100.2	100.4	100.5	100.2	100.9	100.6	101.4
南京	100	100.5	102.4	102.0	100.1	100.3	100.1	100.0	100.1	100.5	100.1	103.2
无锡	100	100.6	100.9	100.8	100.4	100.5	100.8	100.4	100.4	100.4	100.4	106.3
徐州	100	100.8	100.9	100.7	99.9	100.7	100.5	100.1	100.2	100.4	100.3	99.4
常州	100	100.1	100.8	100.7	100.1	100.4	100.1	100.2	100.1	100.3	100.2	100.2
苏州	100	100.2	100.1	100.1	101.2	102.0	100.1	100.2	100.4	100.4	100.4	101.2
南通	100	100.1	100.2	100.2	100.1	100.6	100.6	100.2	100.3	100.8	100.3	100.3
连云港	100	100.5	100.1	100.5	100.5	100.8	99.9	99.6	100.1	100.1	100.1	100.1
淮安	100	100.1	100.1	99.9	99.9	99.5	100.7	100.7	100.1	100.0	100.0	101.3
盐城	100	100.0	100.5	100.4	99.9	100.4	99.3	100.4	100.1	100.1	100.1	100.7
扬州	100	100.2	100.2	100.5	103.1	99.4	100.2	100.4	100.2	100.3	100.2	101.1
镇江	100	100.1	100.3	100.3	101.9	103.5	100.1	100.3	100.2	100.2	100.9	100.2
泰州	100	100.7	100.0	100.0	100.3	101.4	100.1	100.7	100.2	100.2	100.1	100.3

续表

城市	1990年	1991年	1992年	1993年	1994年	1995年	1996年	1997年	1998年	1999年	2000年	2001年
宿迁	100	100.4	99.9	99.9	99.7	99.7	100.1	100.1	99.9	99.9	101.6	100.2
杭州	100	100.4	100.2	100.2	103.8	100.1	100.0	100.1	101.0	100.1	100.3	101.3
宁波	100	100.1	100.5	100.4	100.2	100.2	100.3	100.3	100.5	100.2	100.4	100.4
温州	100	100.2	101.3	100.1	99.9	99.9	101.3	101.8	100.3	99.3	100.6	100.4
嘉兴	100	100.1	100.1	100.1	100.2	100.8	100.4	100.5	100.4	100.4	100.3	100.7
湖州	100	100.6	100.2	100.2	100.6	100.2	101.6	100.3	100.5	100.3	99.8	100.7
绍兴	100	100.1	100.3	100.2	101.4	104.1	100.2	100.2	100.3	100.2	100.0	100.4
金华	100	101.2	100.1	100.1	100.4	101.4	98.9	100.1	100.0	100.2	100.0	102.8
衢州	100	100.7	100.0	100.0	101.1	100.3	100.3	100.3	100.3	100.3	100.3	100.3
舟山	100	99.2	100.0	100.0	102.5	106.9	103.9	99.7	100.1	99.8	99.9	101.0
台州	100	99.8	100.1	100.5	100.5	100.5	100.5	99.9	100.1	100.1	100.2	100.8
丽水	100	100.3	99.7	99.6	101.4	100.2	100.2	99.9	99.9	99.9	99.9	100.4
合肥	100	100.0	100.2	100.2	100.1	100.1	101.2	100.0	99.6	100.5	100.2	100.4
芜湖	100	100.4	100.4	100.3	100.3	100.6	99.2	100.1	100.2	100.2	102.5	100.5
蚌埠	100	104.2	100.0	100.0	101.0	104.3	98.3	100.1	100.0	100.1	100.1	100.0
淮南	100	100.0	101.2	101.0	102.4	100.3	100.6	99.3	99.3	100.2	100.2	100.1
马鞍山	100	100.5	99.9	100.0	102.2	102.2	102.1	100.0	100.2	100.1	100.1	100.1
淮北	100	100.1	100.4	100.6	100.3	100.4	100.4	100.4	100.2	100.2	100.1	100.1
铜陵	100	101.2	99.4	99.5	102.0	101.6	99.7	101.2	100.4	100.1	100.0	100.1
安庆	100	98.9	102.1	101.3	100.3	101.5	101.5	100.0	101.0	100.9	100.0	99.8
黄山	100	100.9	100.2	100.1	100.3	102.2	102.2	100.0	100.0	100.0	100.2	100.0
滁州	100	99.2	94.9	99.6	101.2	112.3	99.6	99.5	100.1	100.1	99.3	100.0
阜阳	100	100.1	100.4	101.5	101.1	101.1	98.6	99.7	100.7	100.7	100.7	99.5
宿州	100	100.0	100.3	100.2	100.2	100.4	99.6	99.5	99.8	99.8	99.8	99.8
六安	100	100.1	100.3	99.9	99.9	100.6	99.0	100.1	100.1	100.1	100.7	100.7
亳州	100	100.0	100.0	100.0	100.4	100.0	100.0	100.0	100.0	100.1	100.1	100.1
宣城	100	99.9	100.0	100.1	101.2	99.1	101.8	99.9	100.0	100.0	100.1	101.1
福州	100	101.2	100.0	99.9	100.7	100.4	100.7	100.4	100.6	101.0	100.1	100.3
厦门	100	100.1	100.2	100.2	100.5	101.6	100.8	101.6	99.6	100.1	100.2	100.2
莆田	100	100.1	100.1	100.1	100.8	101.4	100.1	100.2	100.2	100.2	99.8	100.0
三明	100	100.1	99.8	99.9	100.1	99.9	99.9	100.0	101.1	100.3	100.3	99.9

续表

城市	1990年	1991年	1992年	1993年	1994年	1995年	1996年	1997年	1998年	1999年	2000年	2001年
泉州	100	100.1	100.1	100.1	101.2	101.1	99.8	100.1	100.2	100.1	100.8	99.9
漳州	100	100.0	99.8	99.8	100.3	100.4	100.4	100.7	99.8	100.2	100.1	99.9
南平	100	99.7	99.9	100.0	99.9	99.9	99.9	100.1	100.1	100.8	100.1	100.2
龙岩	100	100.0	100.1	100.1	99.8	99.9	101.1	100.0	100.2	100.0	100.0	99.8
宁德	100	101.2	99.9	99.9	99.9	100.4	100.8	99.7	99.7	99.8	99.8	100.0
南昌	100	100.3	99.9	99.9	101.4	103.0	97.2	102.2	98.5	100.1	99.8	99.8
景德镇	100	100.5	102.0	101.6	101.1	101.6	99.7	96.5	100.0	100.1	100.3	100.1
萍乡	100	100.2	100.0	100.0	100.3	100.1	100.8	100.2	99.8	99.5	100.1	100.0
九江	100	104.7	99.8	99.8	99.8	103.1	99.0	100.7	100.0	100.0	100.2	100.0
新余	100	100.1	100.2	100.2	100.0	100.7	100.7	99.0	99.4	100.3	101.5	99.9
鹰潭	100	100.1	100.5	100.4	99.8	99.3	99.3	99.3	100.1	100.4	100.4	100.4
赣州	100	100.5	99.9	99.9	99.9	99.9	99.9	99.9	99.9	99.9	100.1	99.7
吉安	100	100.0	100.0	100.2	99.9	100.0	99.6	100.3	100.3	100.4	100.5	101.6
宜春	100	100.2	99.9	100.0	100.0	100.0	100.3	100.1	100.1	100.1	100.1	100.1
上饶	100	101.0	100.1	100.1	100.1	99.9	99.8	100.4	100.4	100.4	99.9	99.9
济南	100	100.0	100.1	100.1	100.3	99.9	100.0	100.1	100.3	100.5	100.2	101.0
青岛	100	100.4	100.2	100.2	100.5	101.6	100.2	100.2	101.7	100.4	100.4	100.3
淄博	100	100.0	100.5	100.5	99.2	99.8	100.4	100.3	100.3	100.3	100.2	100.3
枣庄	100	98.8	100.3	100.3	99.4	99.4	101.6	100.2	100.2	100.2	100.2	100.3
东营	100	100.4	100.1	100.2	104.1	100.8	100.8	100.8	100.8	100.1	100.3	99.7
烟台	100	100.2	100.1	100.1	101.9	100.3	100.7	100.8	101.1	100.2	100.3	100.2
潍坊	100	100.1	100.5	100.5	100.3	100.3	100.1	100.1	100.2	100.2	100.2	100.1
济宁	100	100.4	100.1	100.1	100.1	100.3	100.0	100.0	99.6	100.2	100.2	100.4
泰安	100	99.9	100.0	100.1	99.1	101.3	101.0	99.2	100.1	100.2	100.1	100.4
威海	100	100.2	101.4	101.1	100.9	100.3	100.5	100.8	99.8	99.8	100.0	100.4
日照	100	100.1	100.0	100.0	100.3	100.8	100.1	100.2	100.2	100.8	100.4	100.5
莱芜	100	99.4	100.4	100.4	99.9	101.0	100.0	100.4	100.3	100.4	100.4	100.4
临沂	100	99.2	100.7	100.4	99.4	99.7	99.7	100.2	100.6	99.8	100.5	100.1
德州	100	100.1	100.7	100.1	100.2	100.4	100.4	100.2	100.1	100.1	100.1	100.0
聊城	100	100.0	100.6	100.0	100.3	100.5	100.4	100.0	100.1	99.8	100.1	100.8
滨州	100	100.6	100.9	100.1	99.4	101.1	101.0	100.0	100.0	100.0	100.0	98.9

续表

城市	1990年	1991年	1992年	1993年	1994年	1995年	1996年	1997年	1998年	1999年	2000年	2001年
菏泽	100	100.1	100.5	100.0	100.3	100.5	100.3	100.1	100.1	100.1	100.1	100.1
郑州	100	100.1	99.6	99.5	99.9	100.2	100.0	100.1	100.3	100.1	100.1	100.0
开封	100	99.3	99.9	99.9	99.9	99.1	99.9	100.0	100.3	103.4	99.4	100.0
洛阳	100	100.5	100.0	99.9	99.6	99.2	103.1	100.0	99.2	100.8	101.1	100.9
平顶山	100	100.7	99.9	100.0	99.8	100.1	100.5	99.9	99.9	100.3	100.4	100.3
安阳	100	100.0	100.1	100.1	100.1	100.1	101.2	100.1	100.1	100.1	100.1	101.0
鹤壁	100	100.2	100.0	100.0	100.0	100.0	101.0	100.2	99.9	100.0	100.0	100.3
新乡	100	100.3	100.0	100.0	99.4	99.3	100.0	100.9	100.9	100.2	100.9	100.0
焦作	100	100.1	100.2	100.2	100.1	100.1	100.3	100.1	100.4	100.8	101.0	101.0
濮阳	100	100.1	100.6	100.5	100.9	102.0	100.6	100.2	100.1	100.1	100.1	100.8
许昌	100	100.1	100.1	100.0	100.3	100.2	100.2	100.2	100.2	100.4	100.0	99.9
漯河	100	103.2	100.0	100.0	98.7	98.7	100.1	104.7	100.8	100.2	100.4	99.9
三门峡	100	100.2	100.2	100.0	99.6	99.8	99.8	100.6	100.5	100.4	100.4	100.2
南阳	100	99.5	100.1	100.1	101.6	100.3	101.4	99.9	100.0	100.1	100.8	100.8
商丘	100	101.4	100.0	100.1	100.1	98.7	100.1	104.9	100.2	100.3	100.3	100.0
信阳	100	103.8	98.8	98.2	99.3	102.5	100.4	101.8	101.8	100.6	99.9	99.9
周口	100	98.9	100.0	100.3	100.3	100.3	100.3	100.3	100.1	100.1	100.1	100.0
驻马店	100	99.9	100.0	100.0	100.1	100.6	99.8	100.3	100.3	100.3	100.3	96.7
武汉	100	100.0	100.1	100.4	100.3	100.3	100.3	100.2	100.2	100.5	100.1	100.2
黄石	100	101.6	100.1	100.1	100.1	99.9	100.1	100.0	100.5	100.8	100.3	100.3
十堰	100	99.8	100.1	100.0	99.4	101.1	101.1	101.1	101.1	101.0	101.0	101.0
宜昌	100	100.0	100.1	100.0	100.7	102.1	100.1	100.1	100.3	100.3	100.3	100.0
襄阳	100	100.5	100.2	100.2	100.0	102.0	99.6	100.5	100.2	100.1	100.1	100.1
鄂州	100	100.6	100.5	100.4	100.8	100.4	100.2	100.2	98.9	100.2	100.4	100.2
荆门	100	100.5	100.1	100.1	100.7	100.8	99.6	99.9	100.6	99.8	99.8	99.8
孝感	100	100.5	100.0	99.5	99.9	100.0	100.5	100.0	104.1	100.2	100.2	100.2
荆州	100	100.9	100.1	100.1	101.9	99.6	100.6	100.1	100.4	100.0	99.5	100.2
黄冈	100	100.7	100.1	100.1	100.1	100.1	102.4	99.8	101.9	99.2	99.2	99.2
咸宁	100	99.9	100.0	99.9	99.9	100.2	99.6	100.1	100.2	100.4	101.3	99.9
随州	100	100.2	100.5	100.5	101.5	100.7	101.0	100.4	100.4	99.8	99.7	99.7
长沙	100	104.7	100.1	100.1	100.0	95.9	102.1	100.1	100.0	100.1	100.9	100.5

续表

城市	1990年	1991年	1992年	1993年	1994年	1995年	1996年	1997年	1998年	1999年	2000年	2001年
株洲	100	100.3	100.2	100.2	100.1	100.0	100.5	100.2	100.3	100.1	100.2	100.2
湘潭	100	101.4	100.6	100.6	100.2	101.0	101.0	101.0	101.0	101.0	100.9	100.9
衡阳	100	100.0	100.3	100.3	100.2	99.8	99.8	100.8	100.1	100.0	100.0	99.9
邵阳	100	100.1	100.1	100.1	100.0	99.9	100.0	100.1	99.7	100.1	100.1	100.0
岳阳	100	100.0	100.5	100.3	102.1	102.1	98.6	100.4	100.1	100.4	100.0	101.1
常德	100	100.0	100.1	100.2	100.0	100.8	100.8	99.9	100.0	100.4	100.4	99.7
张家界	100	102.1	102.0	102.0	101.9	101.8	99.9	101.1	100.0	100.0	100.6	100.0
益阳	100	100.0	100.0	100.1	100.9	100.9	101.0	100.1	99.7	100.2	100.2	100.2
郴州	100	100.3	100.2	100.2	104.1	99.4	100.3	100.3	100.1	100.0	100.1	100.1
永州	100	99.8	100.0	100.0	99.1	100.0	100.0	100.8	100.4	100.1	99.9	99.4
怀化	100	100.0	100.8	100.6	98.6	98.6	98.5	98.4	98.4	99.9	101.4	101.4
娄底	100	100.1	100.1	100.0	100.0	100.3	100.3	100.1	100.1	100.1	99.7	99.7
广州	100	100.8	99.6	106.3	99.6	94.8	100.0	101.5	100.0	100.3	105.0	101.3
韶关	100	101.2	99.9	99.9	99.9	99.8	100.7	99.1	99.9	100.0	100.0	100.0
深圳	100	102.8	102.8	99.9	99.9	99.9	116.5	103.0	99.3	99.4	99.6	99.2
珠海	100	99.8	99.6	99.6	100.3	100.6	100.4	100.4	100.5	101.1	101.1	101.1
汕头	100	100.2	100.4	101.0	100.9	100.6	100.1	100.2	100.1	100.0	100.1	100.1
佛山	100	99.9	100.3	100.2	100.2	100.1	100.1	100.7	100.1	100.1	100.2	100.1
江门	100	100.2	100.0	100.5	100.5	100.6	100.6	110.4	99.9	100.1	100.6	100.2
湛江	100	101.0	100.0	100.1	100.1	100.3	100.6	99.2	99.6	99.7	100.2	99.6
茂名	100	99.9	100.0	100.0	100.1	100.4	100.3	100.0	100.3	100.1	100.1	100.2
肇庆	100	103.6	100.1	99.8	99.8	100.0	99.8	100.3	100.5	101.6	99.3	99.3
惠州	100	100.1	99.8	99.8	100.6	100.3	100.2	100.5	100.5	99.1	101.5	98.9
梅州	100	100.8	100.4	100.3	99.5	99.5	100.0	100.4	100.0	100.1	100.1	100.1
汕尾	100	100.5	100.3	101.0	100.9	99.5	100.8	100.9	104.1	93.2	99.8	102.4
河源	100	99.8	99.8	97.3	97.2	97.1	97.0	102.5	99.3	99.3	99.9	99.9
阳江	100	97.1	100.3	100.2	100.2	100.5	100.0	100.0	100.8	99.8	98.9	100.2
清远	100	99.9	98.6	100.0	100.0	99.7	100.1	100.1	100.1	100.1	100.9	100.9
东莞	100	100.0	99.9	99.8	99.8	100.4	99.9	100.1	98.6	100.8	99.9	100.3
中山	100	101.5	99.9	100.3	100.3	100.7	100.1	100.3	100.3	100.1	100.2	100.3
潮州	100	101.2	103.2	102.7	100.5	101.2	99.7	99.7	99.7	100.0	100.8	99.0

续表

城市	1990年	1991年	1992年	1993年	1994年	1995年	1996年	1997年	1998年	1999年	2000年	2001年
揭阳	100	100.1	99.9	100.9	100.9	100.7	100.0	101.7	100.0	99.9	100.0	100.0
云浮	100	100.0	100.2	100.0	100.0	100.7	100.7	100.7	100.1	100.0	100.0	100.0
南宁	100	100.4	99.8	99.8	100.1	100.9	99.7	99.8	100.1	100.0	101.7	100.0
柳州	100	100.1	100.0	100.1	100.1	100.1	100.1	100.1	100.1	100.1	100.1	100.1
桂林	100	100.1	100.1	100.1	100.3	100.3	100.3	100.4	100.3	100.3	100.2	100.1
梧州	100	104.0	100.0	100.0	100.1	100.7	100.7	100.0	100.1	100.2	99.9	101.2
北海	100	100.0	101.0	100.8	100.1	101.9	101.8	100.3	100.3	100.3	99.9	99.9
防城港	100	99.7	99.5	99.4	101.1	99.1	99.8	99.8	100.3	100.3	100.3	99.8
钦州	100	99.4	99.9	99.9	100.0	101.9	101.9	100.1	100.1	100.1	99.4	99.7
贵港	100	100.4	100.4	100.5	100.9	101.4	100.5	100.5	100.6	100.6	100.6	100.6
玉林	100	100.2	100.6	100.5	100.5	102.3	102.2	100.0	100.0	100.0	100.4	100.2
百色	100	101.1	99.5	99.9	100.6	100.6	100.6	100.1	100.1	100.2	100.2	100.2
河池	100	100.0	99.7	100.0	100.5	100.5	100.5	100.1	100.1	100.1	100.1	100.2
海口	100	100.0	100.8	100.6	100.1	100.9	100.7	100.2	100.1	100.2	99.9	100.2
三亚	100	101.2	100.0	100.0	101.2	101.2	101.6	101.6	101.1	99.3	99.8	99.8
重庆	100	100.4	100.5	100.4	100.0	101.3	100.1	100.0	100.8	100.1	100.3	100.1
成都	100	100.3	100.1	100.1	99.8	99.9	99.9	101.5	99.6	100.6	99.9	100.4
自贡	100	100.2	100.1	100.1	100.0	100.2	100.1	100.1	99.7	100.5	100.5	100.5
攀枝花	100	98.7	99.7	99.7	99.7	99.7	99.7	99.7	99.7	99.7	99.7	99.7
泸州	100	100.2	100.0	100.0	100.3	100.3	102.1	100.2	100.4	100.5	101.1	99.8
德阳	100	100.3	100.1	100.0	100.1	100.1	100.1	101.0	98.5	100.5	100.2	100.0
绵阳	100	100.2	100.3	100.3	100.3	100.6	99.5	99.9	100.3	100.3	100.3	100.5
广元	100	99.9	100.0	99.9	101.1	100.7	100.0	100.2	100.3	100.0	100.3	100.0
遂宁	100	100.3	100.0	100.0	100.1	98.9	102.2	99.7	100.2	99.9	99.5	100.0
内江	100	100.0	100.0	100.0	100.0	99.9	100.0	99.6	100.1	100.1	99.8	100.2
乐山	100	100.0	100.8	100.7	99.4	99.5	100.2	100.6	100.8	100.2	100.2	100.2
南充	100	100.0	100.1	101.2	101.2	101.1	99.5	100.3	100.0	100.0	101.4	100.0
宜宾	100	99.8	100.3	100.2	99.6	99.6	100.0	100.0	100.0	100.1	99.6	99.9
雅安	100	100.0	100.0	100.0	100.1	100.4	103.3	99.9	99.9	99.9	99.9	99.9
巴中	100	100.0	100.0	100.0	100.0	100.0	100.0	100.1	100.2	100.2	100.3	100.1
资阳	100	100.1	100.1	100.1	100.1	100.1	100.1	100.2	100.2	100.2	100.2	100.2

城市	1990年	1991年	1992年	1993年	1994年	1995年	1996年	1997年	1998年	1999年	2000年	2001年
贵阳	100	99.9	99.9	100.0	99.8	96.4	102.9	99.7	100.9	101.1	99.8	99.9
六盘水	100	100.1	100.1	100.0	100.3	100.0	100.0	100.4	99.9	100.5	97.5	97.4
遵义	100	100.9	100.1	100.0	100.5	101.4	101.1	100.2	100.2	100.0	99.6	100.9
安顺	100	100.0	100.0	100.0	100.2	100.2	100.2	99.9	100.0	100.0	100.0	100.6
昆明	100	101.7	100.6	100.5	101.9	101.9	97.0	100.5	100.4	102.4	100.0	100.3
曲靖	100	100.0	99.9	99.9	100.0	100.4	99.9	100.0	96.0	100.4	100.3	100.3
玉溪	100	100.3	99.9	92.5	99.4	100.5	100.4	100.7	100.5	100.5	100.6	101.7
保山	100	99.9	99.9	99.9	99.9	99.9	99.9	99.9	99.9	99.9	99.9	99.9
昭通	100	100.7	99.8	99.7	100.0	100.1	99.9	100.1	100.1	100.1	100.1	100.2
普洱	100	100.3	99.4	99.3	99.5	99.0	100.0	99.1	99.1	99.1	99.1	99.2
西安	100	98.8	100.1	100.4	100.4	100.4	100.4	100.4	100.6	100.2	99.6	100.2
铜川	100	100.5	100.4	100.4	100.0	104.1	95.1	105.1	100.0	100.1	100.9	100.9
宝鸡	100	100.0	100.0	100.1	99.9	99.9	100.0	100.0	100.1	100.0	100.0	100.5
咸阳	100	100.0	99.7	99.7	99.9	98.8	99.9	99.9	101.3	100.4	100.4	101.0
渭南	100	100.8	100.1	100.1	100.0	99.9	100.0	99.9	100.0	100.1	100.0	100.0
延安	100	99.5	99.9	99.9	99.8	99.6	100.6	106.4	99.4	96.3	99.7	100.0
汉中	100	100.4	100.0	100.0	100.2	100.0	100.0	100.1	100.0	100.3	100.5	100.0
榆林	100	99.7	99.7	99.7	99.7	99.7	99.6	100.4	100.5	99.3	99.3	102.6
安康	100	101.4	99.4	99.3	100.0	100.4	101.4	99.9	99.9	99.9	99.9	100.1
兰州	100	100.1	100.1	100.1	100.5	100.8	98.3	100.1	100.1	100.1	100.1	100.4
嘉峪关	100	99.8	99.3	101.0	101.0	101.0	101.0	101.0	101.0	101.0	101.0	101.0
金昌	100	99.8	99.7	98.6	101.5	99.3	99.4	99.9	103.4	103.3	98.9	100.1
白银	100	99.6	99.7	99.6	99.6	99.6	99.6	99.9	99.9	99.6	100.1	100.5
天水	100	100.0	99.9	99.9	99.9	99.9	99.8	99.8	100.2	100.2	100.2	100.2
武威	100	100.0	99.9	100.0	100.0	99.7	100.4	100.1	100.2	100.2	100.2	100.3
张掖	100	99.9	100.5	100.3	100.6	99.8	99.9	99.9	99.8	99.8	99.8	99.9
平凉	100	99.9	100.3	100.3	100.6	100.6	100.6	99.2	99.3	99.4	99.4	99.5
酒泉	100	99.9	99.8	99.9	100.1	99.0	99.9	100.1	100.1	100.1	100.1	100.1
西宁	100	100.3	100.0	100.0	100.1	100.2	100.2	100.1	100.4	100.2	100.2	100.7
银川	100	100.0	100.8	100.4	100.4	100.1	102.6	100.0	100.6	99.9	100.1	100.1
石嘴山	100	100.0	100.7	100.6	100.5	100.4	102.7	100.3	98.8	100.7	100.7	100.5

续表

城市	1990年	1991年	1992年	1993年	1994年	1995年	1996年	1997年	1998年	1999年	2000年	2001年
吴忠	100	100.0	100.0	99.9	100.3	100.1	99.5	99.9	99.9	100.5	101.7	100.8
乌鲁木齐	100	100.4	101.0	100.9	99.6	100.3	100.3	100.1	101.7	98.4	100.1	102.1
克拉玛依	100	103.4	99.8	101.2	97.5	97.4	96.2	101.6	100.0	100.0	100.0	100.0

附表 2 – 16　　　　**1990—2011 年 264 个城市环境质量指数**

（上一年 = 100）（2002—2011 年）

城市	2002年	2003年	2004年	2005年	2006年	2007年	2008年	2009年	2010年	2011年	平均	2000年后
北京	99.4	103.5	100.1	101.3	101.3	100.7	100.7	100.7	100.5	99.1	100.7	100.9
天津	100.6	101.2	100.8	103.1	101.5	101.0	101.0	101.4	101.4	100.8	100.8	101.2
石家庄	100.2	100.2	100.3	101.2	104.0	100.1	100.6	103.3	101.8	100.2	100.7	101.1
唐山	100.3	102.0	100.4	105.9	103.4	104.7	97.7	103.0	102.5	98.8	101.1	101.6
秦皇岛	100.3	100.3	100.7	101.1	96.4	106.9	99.7	102.4	99.8	99.4	100.7	
邯郸	100.9	100.4	100.1	104.5	102.9	102.8	102.8	102.7	101.2	100.0	101.0	101.7
邢台	100.3	100.2	101.1	100.0	101.1	105.2	98.9	105.1	100.8	100.5	100.9	101.2
保定	101.4	100.6	101.4	104.1	103.9	102.4	102.4	99.6	103.4	100.8	101.1	101.7
张家口	100.0	101.2	100.7	107.7	102.6	100.2	99.0	107.6	101.5	100.7	101.1	101.8
承德	100.5	100.0	100.1	102.0	104.6	99.1	104.9	103.0	104.0	99.8	100.9	101.5
沧州	100.3	100.1	100.2	100.4	100.6	105.7	108.5	102.1	101.9	100.6	101.0	101.8
廊坊	103.6	102.2	100.3	110.8	98.3	103.6	99.4	106.1	100.3	100.0	101.3	102.0
衡水	100.3	100.7	100.3	106.1	100.4	106.2	99.3	106.2	100.5	102.0	101.1	101.7
太原	101.0	101.0	101.0	101.0	101.0	102.4	102.3	102.3	103.6	101.2	100.8	101.5
大同	100.3	100.3	99.8	108.7	100.0	103.2	103.1	104.2	102.5	99.7	101.1	101.9
阳泉	100.7	100.4	101.5	101.4	105.5	102.8	109.9	100.2	100.7	100.0	101.1	102.0
长治	101.6	100.6	100.3	106.1	102.1	107.6	99.1	102.9	101.8	98.8	101.0	101.8
晋城	101.5	101.5	100.5	100.2	106.9	110.3	104.2	104.0	99.0	100.4	101.2	102.4
朔州	100.9	100.7	99.9	103.3	103.2	103.1	101.2	104.5	105.6	98.7	101.0	101.8
运城	99.8	100.1	98.8	103.9	105.1	101.9	100.6	102.0	102.0	97.8	100.6	101.0
忻州	98.8	99.8	100.3	118.4	115.5	105.2	102.6	97.0	110.6	100.2	102.1	104.1
临汾	99.9	100.6	100.3	101.1	105.0	102.0	101.9	99.8	104.2	98.7	100.6	101.1
呼和浩特	100.3	100.6	100.6	105.4	108.3	100.5	100.5	100.5	99.6	100.7	101.4	

续表

城市	2002年	2003年	2004年	2005年	2006年	2007年	2008年	2009年	2010年	2011年	平均	2000年后
包头	101.3	101.3	101.3	105.4	104.1	104.0	103.8	103.7	101.5	101.7	101.4	102.4
乌海	100.3	100.3	100.3	100.1	105.1	101.6	102.8	98.4	107.3	98.3	100.5	101.4
赤峰	99.3	100.9	99.6	100.1	100.2	100.7	103.7	112.5	97.0	100.7	100.7	101.3
通辽	100.3	100.2	100.2	102.6	102.5	102.5	102.4	102.4	103.7	99.5	100.7	101.4
呼伦贝尔	100.8	100.4	99.9	101.7	101.7	94.5	102.0	96.9	100.2	100.9	100.0	100.0
沈阳	97.3	101.2	104.6	99.9	104.1	100.6	100.0	104.6	102.4	100.1	101.1	101.2
大连	100.4	100.2	100.2	100.5	101.3	102.1	101.1	101.9	106.2	99.2	100.9	101.1
鞍山	100.4	100.2	100.3	98.4	101.6	101.8	103.7	100.7	98.6	99.4	100.4	100.5
抚顺	100.2	100.2	100.2	100.2	101.9	99.4	99.4	99.4	99.4	97.8	100.0	99.9
本溪	98.7	100.5	100.4	100.3	99.5	104.2	97.0	102.1	102.3	99.8	100.2	100.5
丹东	99.8	99.6	100.2	99.4	100.2	100.2	100.1	100.1	106.7	97.6	100.2	100.4
锦州	100.1	100.2	100.1	100.9	101.9	99.1	98.8	100.8	105.7	100.8	100.5	100.7
营口	99.8	101.8	101.7	104.3	102.1	101.2	101.2	101.2	101.2	99.1	100.7	101.1
阜新	100.4	100.5	100.6	104.0	100.8	100.8	104.3	100.4	104.3	99.8	100.8	101.4
辽阳	100.2	100.2	100.8	102.9	100.3	105.6	105.3	105.0	104.8	98.6	101.3	102.0
盘锦	100.7	100.7	101.2	100.9	100.5	100.5	100.5	101.1	101.5	101.2	100.6	100.8
铁岭	100.4	100.6	99.5	101.9	100.9	99.9	102.4	101.0	113.8	99.9	101.2	101.8
朝阳	100.4	101.2	100.1	100.2	102.7	102.3	99.9	98.6	101.2	99.6	100.4	100.5
葫芦岛	100.6	100.1	99.9	98.6	101.1	101.1	99.2	99.2	95.3	99.0	99.9	99.7
长春	100.2	100.1	100.7	101.9	101.9	101.0	101.4	100.2	103.5	100.0	100.6	101.0
吉林	100.2	101.8	100.2	101.4	101.4	101.4	99.7	100.7	100.0	98.2	100.5	100.6
四平	100.0	100.0	100.1	96.5	117.2	100.1	103.9	102.6	103.7	99.0	101.1	101.9
辽源	100.3	100.3	100.0	110.2	108.5	103.8	103.6	103.5	103.4	101.4	101.7	102.9
通化	100.1	100.1	100.0	102.1	101.7	104.4	107.0	96.2	104.2	97.5	100.6	101.2
白山	100.1	100.0	99.9	89.3	108.5	102.3	102.6	105.0	108.5	100.2	100.8	101.4
松原	100.2	101.0	100.3	101.3	106.6	101.3	103.1	100.7	104.8	99.6	100.7	101.6
白城	100.7	100.2	100.0	93.8	107.3	101.8	97.6	102.0	100.4	101.0	100.5	100.5
哈尔滨	100.1	100.4	101.0	97.4	103.1	103.0	102.7	103.4	103.2	100.4	100.7	101.3
齐齐哈尔	100.7	100.5	100.3	104.3	93.0	100.0	100.0	100.5	101.5	100.2	100.0
鸡西	100.2	100.5	100.6	101.1	102.9	98.5	102.1	100.6	98.9	101.2	100.4	100.6

续表

城市	2002年	2003年	2004年	2005年	2006年	2007年	2008年	2009年	2010年	2011年	平均	2000年后
鹤岗	100.4	100.1	100.2	101.3	102.0	100.8	101.3	102.4	98.4	100.0	100.6	100.6
双鸭山	100.4	100.1	100.1	97.8	101.1	103.2	100.6	103.8	98.4	104.0	100.5	100.8
大庆	100.4	100.0	101.8	101.8	101.8	103.3	102.5	102.5	102.3	100.9	101.0	101.5
伊春	100.7	100.4	100.5	100.9	100.6	103.5	101.7	101.5	108.6	100.1	101.3	101.6
佳木斯	100.3	100.3	100.1	99.8	106.6	97.8	104.2	100.6	102.7	102.4	100.8	101.2
七台河	100.5	100.1	100.2	97.4	110.6	102.6	101.8	109.9	106.7	100.7	101.4	102.5
牡丹江	100.1	100.2	99.9	102.2	102.1	102.1	104.3	101.2	99.1	100.2	100.8	101.0
黑河	100.1	100.1	100.0	99.2	103.5	100.7	100.7	101.3	110.7	98.6	100.7	101.3
绥化	100.4	100.0	100.0	99.0	98.8	101.6	100.1	105.4	100.3	99.9	100.3	100.4
上海	101.6	101.7	100.0	101.2	104.0	103.8	103.7	103.6	100.6	100.8	101.2	101.9
南京	102.8	102.9	101.7	103.0	101.2	100.4	101.8	99.5	100.6	100.2	101.1	101.4
无锡	100.7	101.1	102.0	102.7	103.2	102.6	102.6	100.5	100.4	100.7	101.3	101.9
徐州	100.4	100.5	101.1	107.3	105.1	103.4	98.8	101.7	99.3	99.6	101.0	101.4
常州	104.5	100.3	100.5	103.2	105.6	96.3	103.0	100.4	102.6	101.2	101.0	101.5
苏州	101.2	100.6	103.4	104.3	103.9	100.6	100.6	100.6	100.6	101.4	101.1	101.6
南通	102.2	100.7	98.8	100.0	104.3	101.0	104.0	98.9	102.9	100.9	100.8	101.2
连云港	99.9	100.4	101.9	105.0	106.0	100.5	100.5	100.1	99.7	99.8	100.7	101.2
淮安	100.2	101.2	100.8	102.7	105.6	103.3	100.6	102.7	98.3	99.6	100.8	101.4
盐城	100.5	100.5	100.8	103.2	103.0	101.2	104.3	100.3	99.0	100.3	100.7	101.1
扬州	100.6	100.2	100.5	101.4	103.5	103.1	100.7	100.2	99.4	101.7	100.8	101.1
镇江	103.7	100.6	100.6	102.6	101.4	105.2	101.4	100.1	101.4	100.1	101.1	101.5
泰州	104.2	100.6	100.3	103.3	99.9	99.9	99.9	94.6	104.0	99.2	100.5	100.5
宿迁	101.1	100.1	100.8	104.3	102.5	107.7	106.7	101.7	101.9	99.1	101.2	102.3
杭州	100.9	100.2	100.6	101.6	101.9	101.1	101.8	102.9	100.1	99.6	100.8	101.0
宁波	100.5	101.5	100.3	102.2	106.0	101.2	101.8	99.2	102.0	100.4	100.8	101.3
温州	100.0	100.1	101.5	100.1	102.9	103.2	100.6	101.3	101.4	101.5	100.8	101.1
嘉兴	100.2	101.1	103.0	106.5	105.7	98.6	101.8	103.3	102.3	99.9	101.2	101.9
湖州	100.7	100.6	100.7	105.6	105.3	101.8	102.0	99.9	101.0	101.8	101.1	101.7
绍兴	100.5	101.6	100.8	103.2	103.3	101.6	100.5	97.9	101.3	101.1	100.9	101.0
金华	100.6	100.6	100.8	103.1	106.1	106.3	98.7	101.7	101.7	99.9	101.1	101.9

续表

城市	2002年	2003年	2004年	2005年	2006年	2007年	2008年	2009年	2010年	2011年	平均	2000年后
衢州	100.0	100.0	100.0	100.0	100.0	100.0	100.0	101.8	99.6	98.2	100.2	100.0
舟山	99.2	100.2	100.3	101.5	99.9	99.9	99.4	105.0	100.1	101.1	100.9	100.6
台州	100.4	100.5	100.3	104.2	103.6	103.5	105.1	104.9	100.9	99.8	101.2	102.0
丽水	99.7	100.1	100.2	99.7	106.5	101.5	102.4	102.4	102.1	101.0	100.8	101.3
合肥	100.1	101.0	101.5	100.9	100.2	102.1	102.7	104.3	101.7	100.2	100.8	101.3
芜湖	100.2	100.3	100.5	100.4	106.3	102.2	102.1	102.8	100.3	99.9	100.9	101.5
蚌埠	99.8	100.0	100.1	102.3	105.2	101.9	101.9	101.8	101.6	100.8	101.1	101.3
淮南	100.1	100.6	99.5	100.6	103.9	105.4	103.0	102.4	98.3	100.5	100.8	101.2
马鞍山	100.1	100.1	100.1	100.1	102.0	100.4	102.9	101.1	103.9	100.6	100.9	101.0
淮北	100.1	100.7	100.6	101.4	100.5	105.0	104.7	99.7	101.1	100.5	100.8	101.2
铜陵	100.3	100.2	101.0	98.3	100.7	105.6	105.9	100.7	95.5	100.0	100.6	100.7
安庆	100.1	100.0	100.1	101.5	101.9	101.9	101.8	101.8	102.5	98.9	100.8	100.9
黄山	99.9	101.9	99.9	102.2	106.3	105.9	101.7	101.5	102.8	102.1	101.4	102.0
滁州	101.1	98.3	100.0	102.4	101.4	107.3	98.2	97.8	100.1	99.8	100.6	100.5
阜阳	99.5	100.0	99.6	100.9	109.4	104.5	104.3	101.3	98.5	99.4	101.0	101.5
宿州	101.3	100.0	100.0	102.7	87.4	120.9	106.7	100.7	101.1	98.8	100.9	101.6
六安	99.0	100.6	99.5	109.1	108.3	102.2	102.2	101.0	97.6	101.3	101.0	101.8
亳州	100.1	100.1	100.1	99.7	99.3	102.9	101.2	98.1	91.0	94.6	99.5	98.9
宣城	98.9	100.1	99.4	105.1	104.8	104.6	102.7	104.2	103.1	99.7	101.2	102.0
福州	100.5	101.2	100.1	99.9	103.3	101.1	103.5	101.8	102.2	100.4	100.9	101.2
厦门	100.4	100.3	100.6	102.9	103.8	103.7	103.6	100.9	99.5	102.5	101.0	101.5
莆田	101.3	98.8	100.9	100.5	103.3	101.8	98.2	104.1	104.2	101.9	100.8	101.2
三明	100.3	100.4	100.1	104.5	101.4	94.7	101.6	101.2	103.1	101.0	100.4	100.7
泉州	100.2	99.9	101.3	103.2	106.5	105.5	97.0	101.3	106.8	100.6	101.2	101.9
漳州	101.1	101.1	101.1	105.7	102.2	102.1	102.1	102.0	101.1	99.0	100.9	101.4
南平	99.7	100.2	100.2	99.1	100.6	103.1	99.2	101.7	98.7	101.3	100.2	100.3
龙岩	100.3	100.2	100.3	103.0	100.7	101.4	101.1	104.7	101.1	104.7	100.8	101.5
宁德	100.1	100.0	99.5	102.0	117.8	115.1	98.4	104.3	107.0	99.4	102.0	103.6
南昌	101.4	103.3	98.7	105.4	103.4	102.8	101.9	97.7	103.5	100.2	100.9	101.5
景德镇	100.9	100.8	99.1	102.6	102.5	104.3	104.6	102.1	100.6	100.9	101.0	101.6

续表

城市	2002年	2003年	2004年	2005年	2006年	2007年	2008年	2009年	2010年	2011年	平均	2000年后
萍乡	99.9	102.7	101.0	101.9	102.8	101.1	100.4	99.2	103.5	99.5	100.6	101.0
九江	99.9	99.8	100.7	99.8	101.9	101.8	103.1	102.8	103.7	98.0	100.8	101.0
新余	104.4	99.9	100.5	99.9	102.5	98.2	101.7	103.9	106.3	103.1	101.0	101.8
鹰潭	100.0	102.2	100.0	103.1	103.0	102.4	101.0	104.9	100.7	100.5	100.8	101.6
赣州	100.0	100.0	100.1	104.8	104.6	112.0	105.2	103.0	118.6	99.3	102.1	103.9
吉安	98.6	100.3	100.3	100.9	104.4	101.4	98.6	105.6	107.6	100.3	100.9	101.7
宜春	100.7	100.0	100.1	103.3	101.8	108.6	106.1	99.9	98.9	98.6	100.9	101.5
上饶	100.3	100.7	98.9	96.7	111.0	108.2	107.6	102.5	103.5	99.5	101.4	102.4
济南	100.7	100.5	100.6	100.9	101.5	101.8	101.1	101.2	101.9	99.2	100.5	100.9
青岛	100.2	100.6	101.2	101.5	103.1	103.5	102.7	101.3	101.4	100.7	101.0	101.4
淄博	100.2	100.9	101.2	103.5	104.3	102.3	105.2	100.7	101.1	100.4	101.0	101.7
枣庄	100.1	100.1	100.3	104.0	99.4	105.5	99.8	101.5	101.8	100.5	100.6	101.1
东营	101.2	102.0	104.6	100.4	101.4	100.2	100.3	103.8	102.9	100.5	101.1	101.4
烟台	100.7	100.6	100.4	103.0	101.1	101.8	101.3	101.4	102.5	100.4	100.9	101.1
潍坊	100.6	100.5	101.3	101.4	102.0	102.9	102.5	101.1	98.8	100.9	100.7	101.0
济宁	100.3	103.2	103.1	103.0	100.2	102.3	100.9	102.1	102.3	98.1	100.8	101.3
泰安	100.5	100.3	100.1	107.6	101.4	100.0	98.9	101.3	102.1	99.1	100.6	101.0
威海	100.2	100.7	102.2	112.1	99.8	104.1	103.1	103.0	102.9	98.1	101.4	102.2
日照	100.2	100.4	100.8	102.7	109.5	108.7	95.8	101.9	105.3	99.2	101.3	102.1
莱芜	101.4	100.5	100.7	105.5	101.2	107.4	102.6	101.8	101.5	99.0	101.1	101.9
临沂	99.9	102.9	100.9	101.6	102.8	99.4	100.9	104.4	100.2	99.4	100.6	101.1
德州	100.5	100.1	100.9	103.1	102.2	102.1	102.1	102.0	101.3	99.8	100.7	101.2
聊城	100.2	100.2	100.3	100.9	99.8	107.2	104.6	101.1	98.0	100.0	100.7	101.1
滨州	99.7	100.9	99.7	101.9	102.7	103.8	103.7	102.5	102.0	98.6	100.8	101.2
菏泽	100.6	99.8	100.6	103.2	107.5	102.5	98.7	102.1	102.7	99.5	100.9	101.5
郑州	101.3	100.5	100.7	105.0	101.2	103.0	103.5	101.3	98.1	98.6	100.6	101.1
开封	99.9	100.0	101.1	99.9	102.0	98.4	105.8	103.1	100.6	99.2	100.5	100.8
洛阳	101.0	99.8	100.0	102.1	103.0	103.0	103.6	96.7	99.8	101.7	100.7	101.1
平顶山	100.2	100.3	100.1	102.2	102.2	100.4	102.1	101.7	102.2	101.0	100.7	101.1
安阳	99.9	100.7	100.1	100.1	102.1	103.5	104.2	102.8	101.1	101.2	100.9	101.4

续表

城市	2002年	2003年	2004年	2005年	2006年	2007年	2008年	2009年	2010年	2011年	平均	2000年后
鹤壁	101.9	99.8	100.5	102.2	105.6	102.4	104.2	100.8	100.3	102.0	101.0	101.7
新乡	99.9	100.7	100.0	101.1	105.0	102.8	105.6	101.4	102.3	101.0	101.0	101.7
焦作	100.2	100.8	99.7	101.3	101.1	99.9	104.8	102.4	101.2	98.9	100.7	101.0
濮阳	99.9	100.9	99.8	100.0	106.6	103.7	101.1	101.1	98.5	102.0	100.9	101.2
许昌	100.4	100.6	100.2	104.5	103.6	103.3	103.1	105.6	102.8	100.6	101.2	102.1
漯河	100.8	100.2	100.6	95.8	102.3	99.7	106.9	100.0	105.8	100.2	100.9	101.1
三门峡	100.1	99.9	100.1	100.6	106.1	104.2	101.9	99.2	99.0	99.5	100.6	100.9
南阳	100.2	100.9	97.7	103.1	101.5	102.9	99.8	101.9	105.6	98.3	100.7	101.1
商丘	99.6	107.3	106.8	106.4	104.1	102.3	105.8	103.5	102.3	98.3	101.9	103.1
信阳	99.9	99.9	100.5	102.8	102.2	101.5	105.7	100.7	105.8	99.5	101.1	101.5
周口	100.0	101.0	101.0	101.4	102.6	104.0	98.2	101.8	100.6	97.8	100.4	100.7
驻马店	103.4	100.6	100.6	107.2	103.8	103.4	103.2	102.7	100.7	98.2	101.0	101.8
武汉	100.1	100.1	100.4	100.9	100.2	108.0	100.1	100.8	103.7	99.1	100.7	101.1
黄石	100.9	100.2	100.2	101.8	101.8	101.3	99.7	99.0	102.1	98.6	100.4	100.5
十堰	101.0	101.0	101.0	101.0	102.1	102.2	99.8	100.4	99.1	100.4	100.7	100.8
宜昌	99.7	105.1	100.4	100.8	100.8	100.8	103.8	99.7	99.0	99.1	100.6	100.8
襄阳	101.6	100.3	100.4	99.6	103.2	100.3	101.7	104.6	100.5	99.7	100.7	101.0
鄂州	100.2	100.2	100.9	98.2	102.7	100.2	104.0	99.6	100.8	100.2	100.4	100.6
荆门	99.8	101.1	100.0	100.4	106.7	106.3	105.9	100.4	98.9	99.6	100.9	101.6
孝感	99.8	99.3	100.1	100.7	98.0	98.6	100.0	106.4	99.1	98.9	100.3	100.1
荆州	100.2	99.8	100.0	96.8	101.0	100.5	103.1	100.1	109.7	100.0	100.7	100.9
黄冈	100.2	100.2	106.2	105.8	105.7	105.4	105.1	104.9	104.6	99.5	101.8	103.0
咸宁	100.0	100.0	100.0	111.3	99.9	99.4	110.4	104.2	104.9	100.6	101.5	102.7
随州	99.7	99.8	100.3	102.8	102.7	101.1	83.0	111.7	105.1	100.8	100.5	100.5
长沙	100.3	100.7	100.2	102.0	109.1	108.4	107.7	101.0	100.9	103.0	101.7	102.9
株洲	100.2	100.3	100.4	100.2	100.3	102.1	104.3	97.6	104.9	100.7	100.6	101.0
湘潭	99.9	99.9	99.9	99.9	100.9	101.7	101.7	96.4	101.4	98.7	100.5	100.2
衡阳	99.5	100.3	102.7	102.2	102.9	102.3	102.7	100.1	102.7	98.2	100.7	101.1
邵阳	100.1	100.0	100.1	94.2	98.7	118.9	115.9	100.5	100.5	99.5	101.3	102.4
岳阳	99.8	99.4	103.4	103.3	103.2	99.6	102.0	103.8	103.2	101.0	101.1	101.6

续表

城市	2002年	2003年	2004年	2005年	2006年	2007年	2008年	2009年	2010年	2011年	平均	2000年后
常德	100.2	100.2	100.4	102.6	102.6	102.0	102.0	104.8	102.4	100.4	100.9	101.5
张家界	100.1	100.1	100.0	102.7	106.2	106.1	105.8	100.9	101.4	97.2	101.4	101.8
益阳	100.3	100.3	100.1	102.4	102.4	100.9	100.9	99.3	106.2	99.0	100.7	101.0
郴州	100.8	100.1	99.7	99.6	103.0	104.0	103.8	103.3	102.5	100.1	101.0	101.4
永州	100.2	100.2	102.9	102.8	100.5	111.1	102.4	96.3	98.4	98.3	100.6	101.0
怀化	101.4	101.8	100.1	100.0	85.1	109.4	98.2	105.6	106.1	100.6	100.2	100.9
娄底	100.7	102.0	104.6	104.4	104.2	100.4	104.3	105.3	99.1	98.0	101.1	101.9
广州	101.4	101.5	101.7	102.9	103.5	104.0	100.9	102.3	101.6	101.4	101.4	102.3
韶关	100.0	100.1	102.2	106.6	106.2	105.8	100.3	100.3	102.5	98.4	101.0	101.9
深圳	99.2	101.4	100.2	99.4	101.8	101.4	101.9	100.7	100.8	101.3	101.4	100.6
珠海	100.2	100.1	102.9	103.3	100.1	105.6	99.2	99.9	101.1	100.9	100.8	101.3
汕头	100.5	100.5	100.3	102.8	108.9	99.2	100.4	100.0	101.3	100.5	100.8	101.2
佛山	104.9	98.4	101.0	103.8	100.8	100.6	99.3	105.2	99.8	101.0	100.7	101.2
江门	102.3	100.3	100.1	101.0	96.4	99.8	100.7	100.7	101.6	100.7	100.8	100.4
湛江	100.6	100.3	100.3	97.9	97.9	103.0	106.3	105.9	95.0	102.9	100.5	100.8
茂名	100.3	100.2	113.2	111.6	110.4	103.3	96.2	100.0	99.6	98.3	101.6	102.8
肇庆	99.3	100.1	101.3	101.1	105.9	103.4	104.4	98.9	102.7	103.5	101.1	101.6
惠州	102.1	104.3	98.0	105.1	102.2	102.1	102.1	102.1	102.0	100.4	101.0	101.7
梅州	100.1	100.2	100.2	102.6	102.5	102.5	102.4	102.3	104.2	98.7	100.8	101.3
汕尾	101.8	100.7	98.2	98.6	98.6	114.6	112.8	99.4	99.7	103.8	101.4	102.5
河源	101.2	100.0	101.3	110.2	107.0	106.6	106.2	105.8	105.5	100.0	101.5	103.6
阳江	101.3	99.4	100.0	95.1	88.1	109.7	113.3	105.5	103.5	99.4	100.7	101.2
清远	99.4	100.1	100.2	106.7	100.0	100.0	102.3	102.3	102.0	101.3	100.6	101.1
东莞	102.3	106.8	106.4	106.0	105.6	105.3	100.9	100.6	100.8	99.3	101.5	102.9
中山	100.2	100.1	100.3	101.1	101.1	95.5	102.1	105.5	97.1	102.3	100.4	100.5
潮州	99.0	101.6	110.1	109.2	102.9	102.9	102.8	106.5	102.6	99.3	102.0	103.1
揭阳	100.0	100.2	99.7	99.7	105.6	105.3	99.3	106.8	101.5	101.0	101.1	101.6
云浮	99.9	100.1	99.7	101.0	101.0	101.0	101.0	103.1	105.7	98.8	100.6	100.9
南宁	100.0	99.9	100.0	109.5	108.6	101.1	103.1	101.2	102.3	100.0	101.3	102.3
柳州	100.0	99.7	106.0	101.8	96.5	107.5	101.5	100.3	99.9	101.0	100.7	101.2

城市	2002年	2003年	2004年	2005年	2006年	2007年	2008年	2009年	2010年	2011年	平均	2000年后
桂林	100.1	100.1	100.1	102.6	103.2	102.8	103.7	99.5	101.8	100.7	100.8	101.2
梧州	101.2	99.0	101.8	101.9	101.5	103.4	96.0	92.2	85.8	105.5	99.8	99.1
北海	100.1	100.0	100.1	115.5	100.2	110.8	97.7	104.0	104.8	99.2	101.8	102.7
防城港	99.9	100.0	100.0	101.3	105.1	104.9	104.7	99.9	107.1	101.2	101.1	102.0
钦州	99.8	104.7	99.8	116.0	103.1	103.0	102.9	102.8	99.9	100.9	101.6	102.7
贵港	100.9	100.8	100.8	100.8	100.8	100.8	100.8	100.8	103.5	98.6	100.7	100.8
玉林	99.2	100.2	100.0	98.2	104.5	102.9	93.0	114.2	99.7	102.9	101.0	101.3
百色	100.2	100.3	99.7	103.9	99.0	98.3	102.5	102.7	102.7	101.2	100.6	100.9
河池	100.2	104.6	95.6	102.6	102.5	101.0	95.5	102.4	102.3	98.6	100.3	100.5
海口	99.9	101.5	101.2	99.0	101.6	101.6	101.5	101.5	101.5	99.0	100.5	100.7
三亚	99.8	99.2	100.7	109.8	101.5	96.1	102.7	102.0	100.0	95.7	100.7	100.6
重庆	100.0	98.6	100.9	102.2	102.3	106.6	102.9	102.8	102.7	99.9	101.1	101.6
成都	101.6	102.6	101.5	103.4	106.5	102.6	105.5	99.7	101.9	100.2	101.3	102.2
自贡	100.5	100.4	100.4	103.4	99.1	106.4	97.3	104.5	102.0	103.1	100.9	101.5
攀枝花	99.7	99.7	99.7	99.7	99.7	99.7	99.7	99.7	99.7	99.6	99.7	99.7
泸州	100.2	100.0	100.6	103.5	95.9	95.8	111.2	98.4	101.4	101.8	100.6	100.8
德阳	100.2	100.1	105.4	105.1	98.4	104.1	105.1	104.8	103.9	100.6	101.3	102.3
绵阳	100.4	100.1	99.9	103.1	99.6	104.6	100.6	98.9	103.0	102.6	100.7	101.1
广元	100.0	100.2	101.2	102.2	102.1	97.1	102.0	102.0	98.6	100.7	100.4	100.5
遂宁	100.7	100.5	100.1	106.5	105.1	104.9	101.9	89.2	111.4	101.0	101.0	101.7
内江	100.0	100.1	100.1	103.9	101.2	105.5	105.7	102.1	100.2	99.8	100.8	101.6
乐山	100.3	101.0	100.1	119.4	100.5	95.7	107.8	104.3	105.5	99.7	101.7	102.9
南充	101.2	102.7	98.0	97.4	102.3	108.6	94.5	94.2	93.8	99.4	99.9	99.5
宜宾	99.9	100.6	100.9	102.1	91.4	116.2	102.8	103.8	98.8	98.0	100.6	101.2
雅安	97.9	97.8	101.7	101.6	100.6	98.4	99.1	99.1	102.5	101.0	100.1	100.0
巴中	100.1	100.2	101.8	101.9	92.3	91.7	90.9	101.2	90.8	102.4	98.8	97.8
资阳	100.2	100.3	100.6	101.7	98.0	112.2	108.2	103.2	99.6	105.6	101.4	102.5
贵阳	102.6	102.5	102.4	102.4	95.9	103.9	99.3	100.5	104.5	100.0	100.6	101.1
六盘水	101.0	99.9	100.4	108.1	99.4	98.9	100.2	103.7	103.9	98.7	100.5	100.8
遵义	99.3	101.7	99.6	107.3	102.2	102.1	102.1	104.7	97.1	98.7	100.9	101.3

续表

城市	2002年	2003年	2004年	2005年	2006年	2007年	2008年	2009年	2010年	2011年	平均	2000年后
安顺	100.2	100.6	100.5	99.8	104.8	108.1	99.3	104.7	103.9	99.0	101.0	101.8
昆明	100.0	100.0	99.6	104.8	96.0	106.4	101.6	109.3	97.7	99.2	101.0	101.3
曲靖	100.1	100.0	100.0	102.3	103.9	103.4	102.4	102.4	102.3	99.0	100.6	101.4
玉溪	100.6	100.6	100.0	109.7	108.9	108.1	107.5	100.1	100.1	98.9	101.4	103.1
保山	99.9	99.9	99.0	99.0	99.9	102.4	103.6	99.1	100.7	98.4	100.0	100.1
昭通	98.5	99.9	100.1	100.2	100.2	102.9	96.3	98.7	100.7	102.1	100.0	100.0
普洱	99.2	99.2	101.4	101.4	101.4	101.3	101.9	100.6	101.3	99.3	100.0	100.4
西安	100.4	100.0	99.9	101.2	105.5	104.0	102.3	101.9	101.1	99.6	100.8	101.3
铜川	100.9	101.9	100.7	103.7	106.6	106.2	105.8	105.5	100.3	100.0	101.8	102.8
宝鸡	100.8	103.8	103.7	103.5	100.5	101.3	88.2	114.4	101.4	101.6	100.9	101.6
咸阳	100.4	100.0	100.1	103.2	105.7	100.5	104.4	104.2	104.1	100.4	101.1	102.0
渭南	99.9	100.3	101.0	91.7	109.0	102.0	105.8	107.5	101.3	99.4	100.9	101.5
延安	102.2	102.1	102.1	102.0	102.7	102.6	102.5	102.5	102.4	98.8	101.0	101.6
汉中	99.4	100.4	100.1	99.8	105.5	102.8	102.7	102.6	100.9	100.7	100.7	101.3
榆林	102.5	97.0	102.9	101.0	101.0	100.9	100.9	102.0	100.2	97.6	100.3	100.7
安康	100.1	102.6	100.4	99.5	110.7	121.5	115.6	100.3	103.2	99.6	102.5	104.5
兰州	100.3	100.8	105.3	101.8	102.0	99.9	100.5	103.5	98.0	99.4	100.5	101.0
嘉峪关	100.9	100.9	100.9	99.8	98.2	96.0	106.1	96.7	101.3	101.8	100.5	100.4
金昌	99.9	99.9	100.0	103.8	100.7	104.5	98.0	100.5	106.5	97.6	100.7	100.9
白银	100.3	100.3	100.3	101.3	99.9	102.6	101.2	98.4	102.2	101.5	100.2	100.7
天水	99.8	100.1	102.1	102.0	102.8	95.8	106.5	99.5	96.8	100.4	100.5	100.5
武威	100.0	100.3	100.2	101.5	104.4	100.9	103.5	101.2	101.1	97.7	100.5	100.9
张掖	99.8	100.6	100.5	102.6	102.6	102.6	104.3	104.1	104.0	98.7	100.9	101.6
平凉	99.6	100.4	99.8	105.4	101.3	105.2	108.8	102.2	107.9	98.6	101.3	102.3
酒泉	100.1	100.2	99.9	90.5	111.2	101.6	94.8	97.8	104.8	99.3	100.0	100.0
西宁	100.1	100.4	100.9	92.0	101.4	105.6	102.5	97.8	109.7	100.6	100.6	101.0
银川	100.1	101.9	100.7	101.8	102.6	103.0	101.5	99.9	100.9	101.1	100.8	101.1
石嘴山	100.5	103.6	100.9	103.7	104.4	107.4	103.1	106.2	99.4	100.8	101.6	102.6
吴忠	98.5	99.8	102.2	98.7	109.5	96.9	104.9	103.0	105.3	100.8	101.0	101.9
乌鲁木齐	102.0	102.0	101.0	97.8	102.2	102.2	102.1	102.1	102.0	101.2	100.9	101.4
克拉玛依	99.9	100.3	100.3	100.3	95.2	102.2	96.8	98.1	95.1	99.5	99.3	99.0

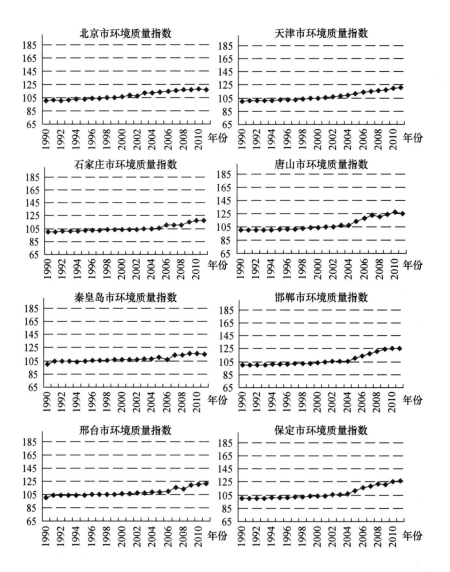

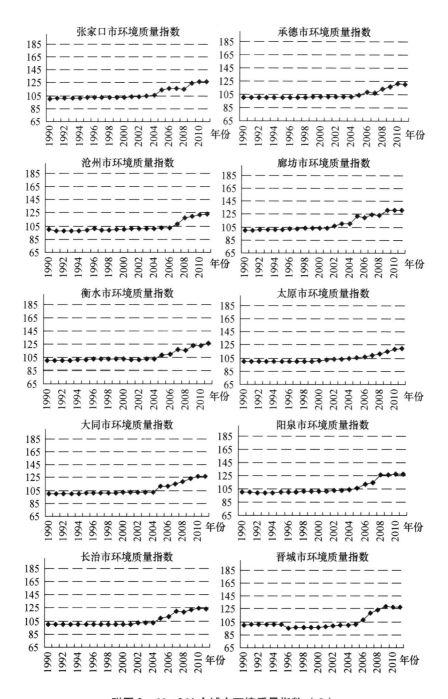

附图2-66 264个城市环境质量指数（Ⅰ）

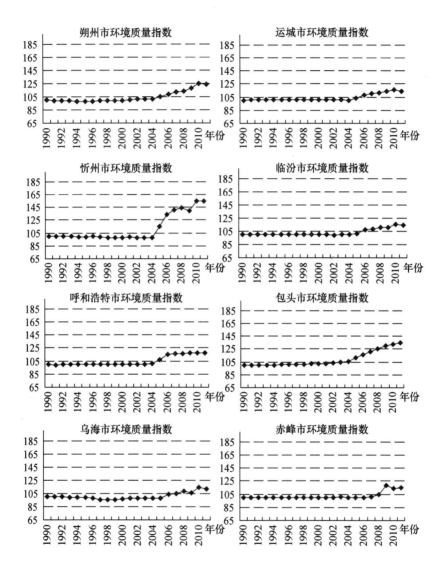

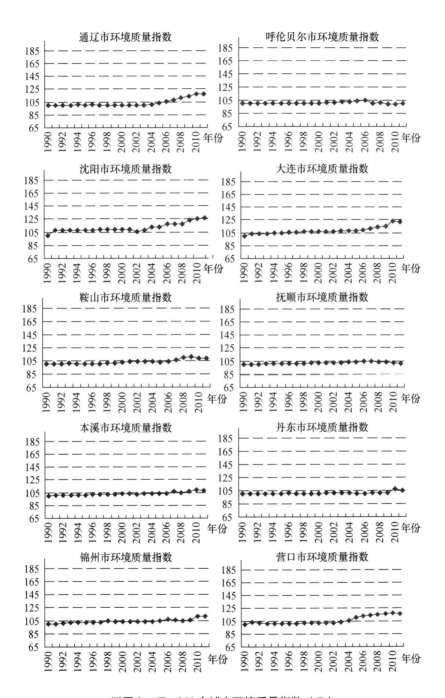

附图 2-67 264 个城市环境质量指数（Ⅱ）

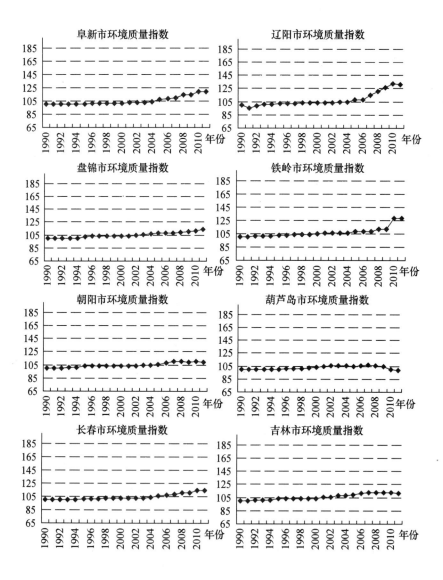

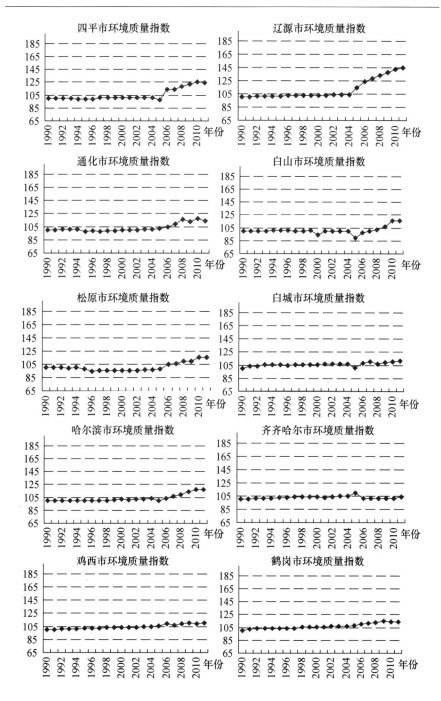

附图 2-68 264 个城市环境质量指数 (Ⅲ)

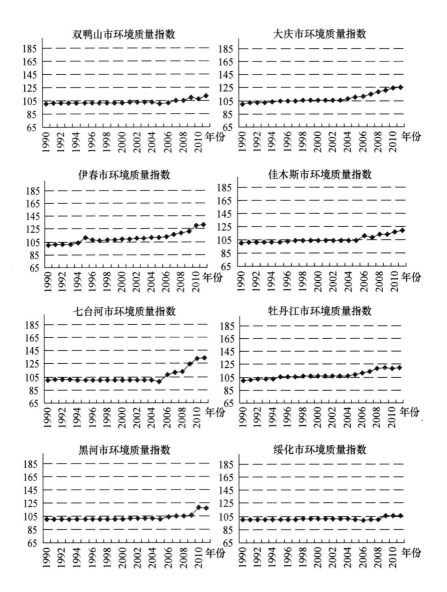

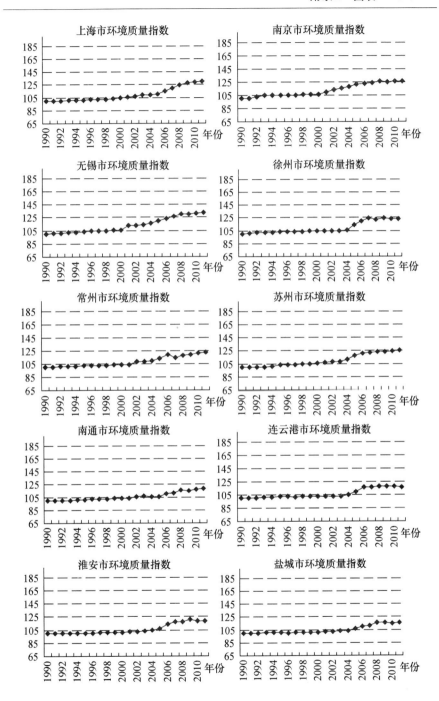

附图2-69 264个城市环境质量指数（Ⅳ）

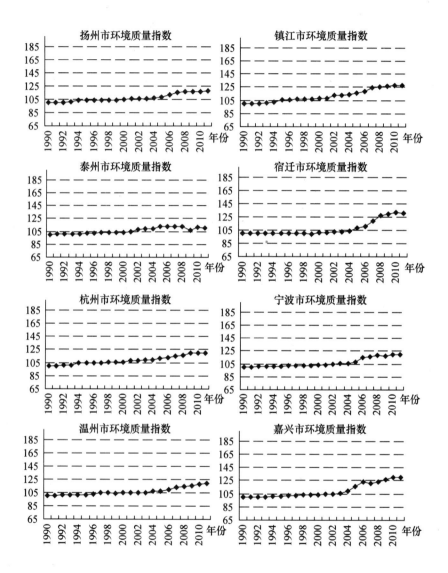

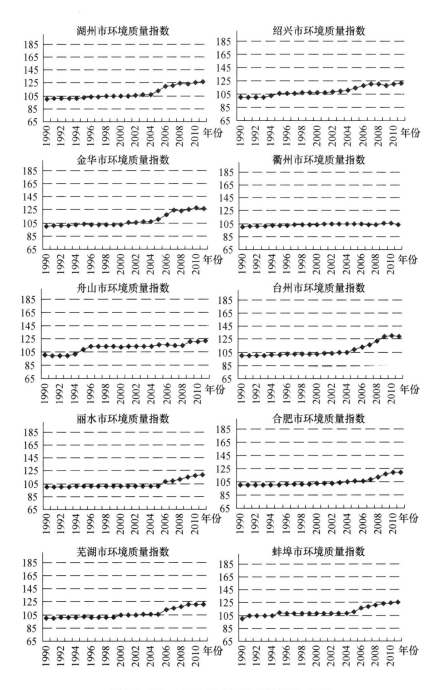

附图 2-70　264 个城市环境质量指数（Ⅴ）

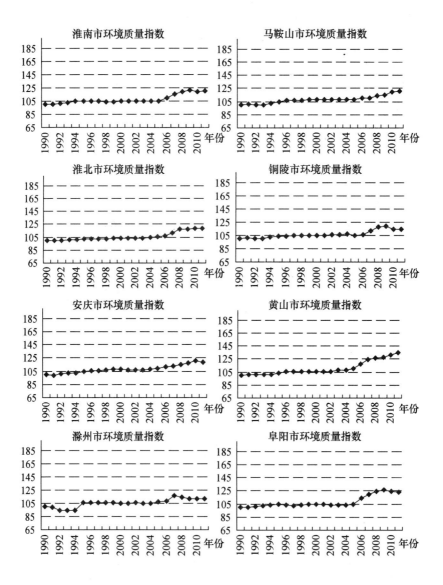

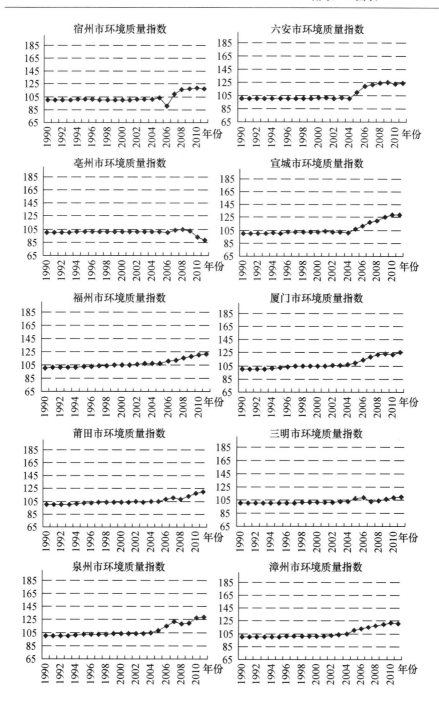

附图 2-71 264 个城市环境质量指数 (Ⅵ)

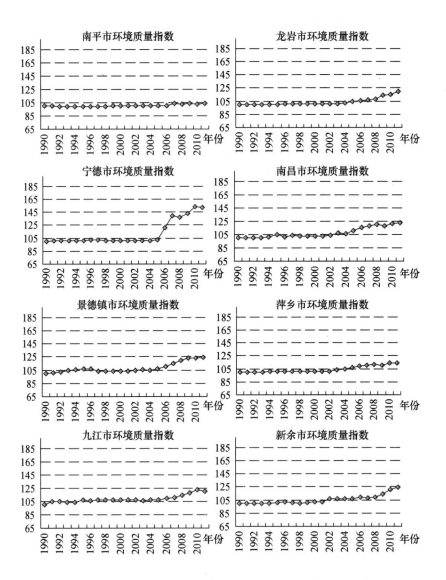

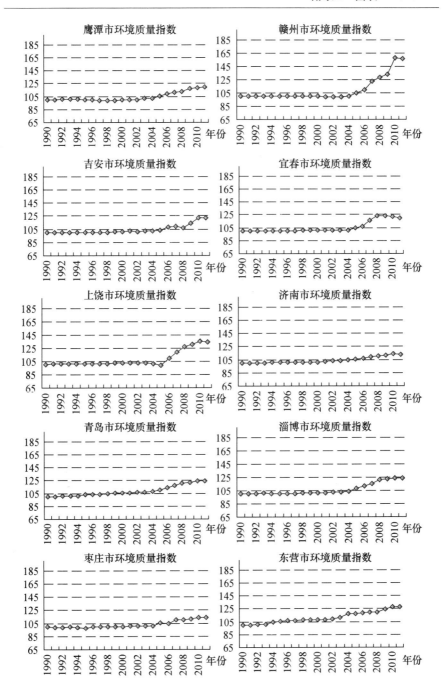

附图 2-72　264 个城市环境质量指数（Ⅶ）

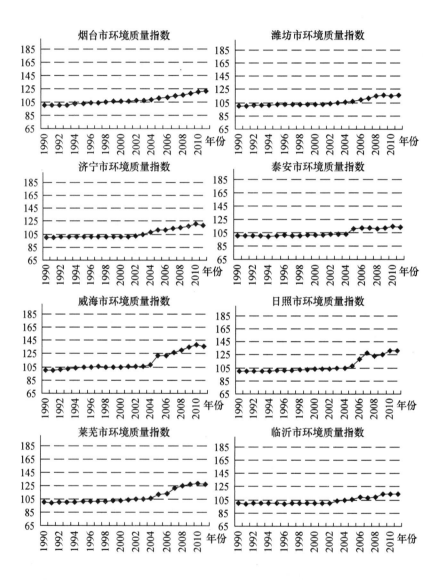

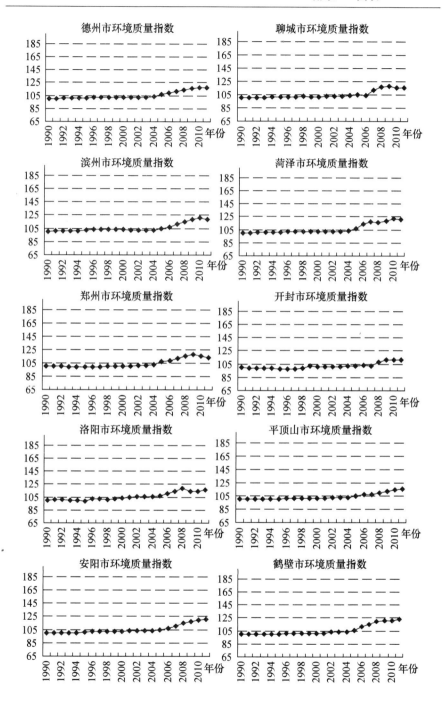

附图2-73 264个城市环境质量指数 (Ⅷ)

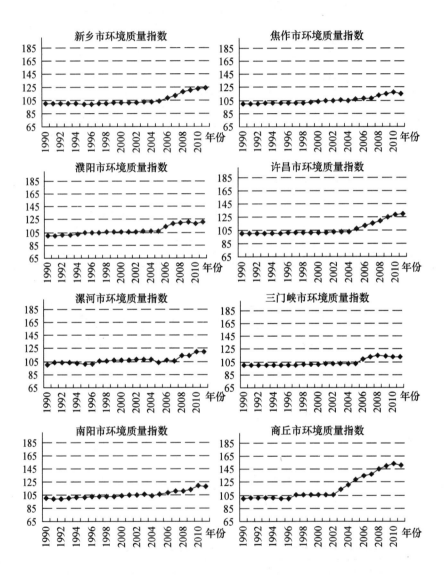

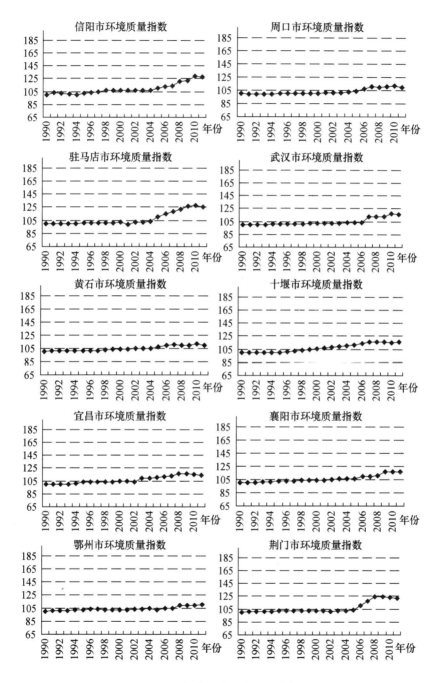

附图 2-74　264 个城市环境质量指数（Ⅸ）

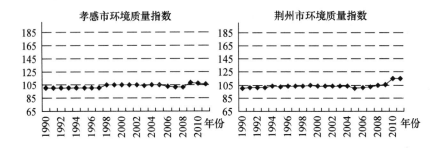

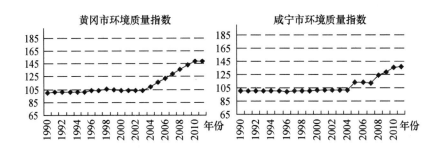

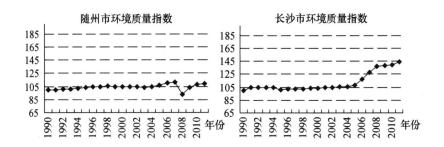

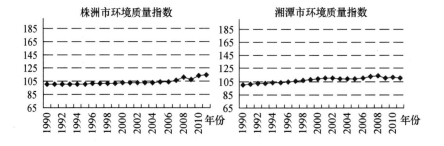

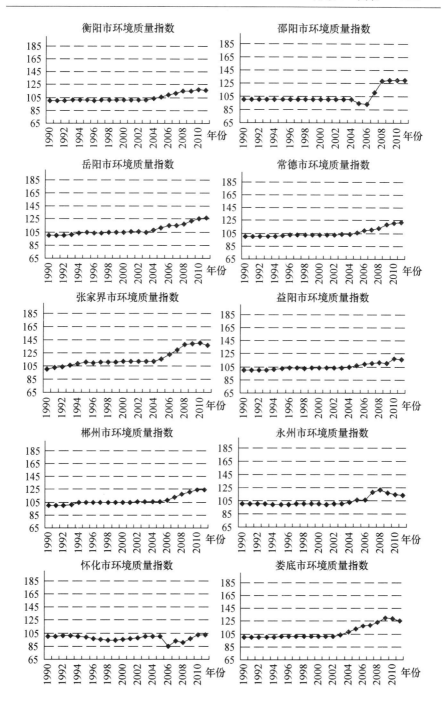

附图2-75 264个城市环境质量指数（X）

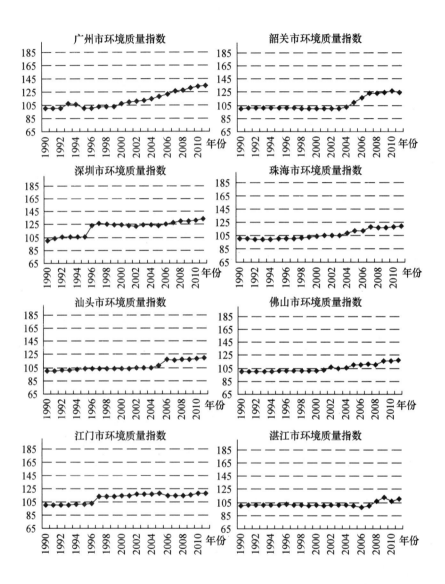

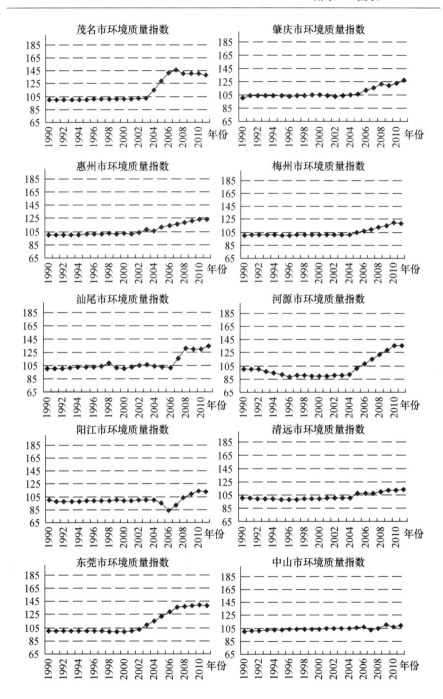

附图 2-76 264 个城市环境质量指数（XI）

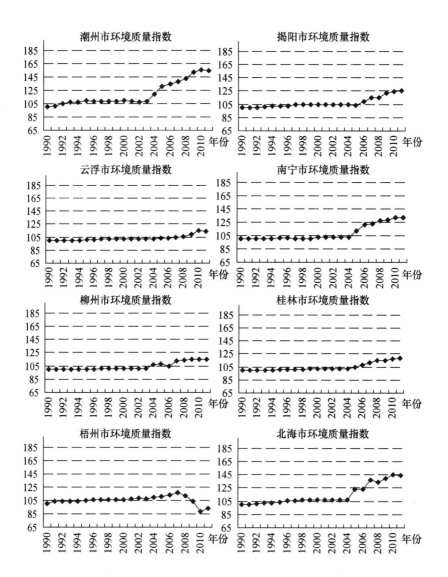

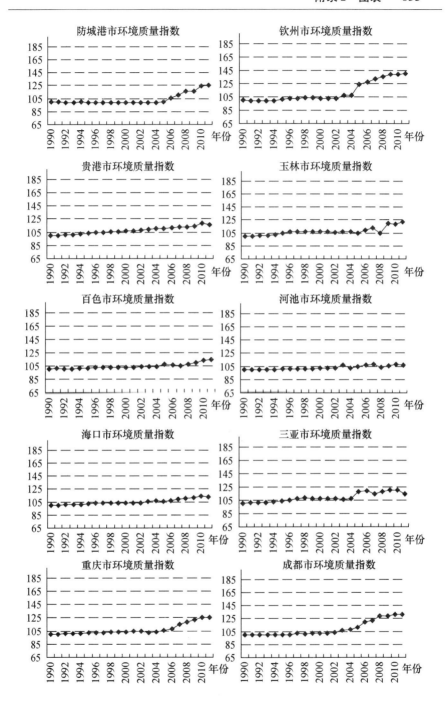

附图2-77 264个城市环境质量指数（XII）

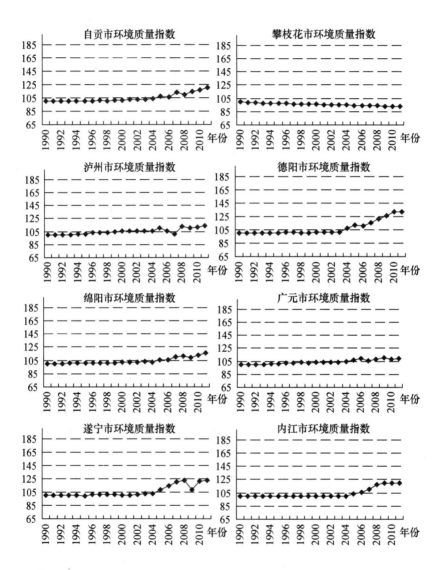

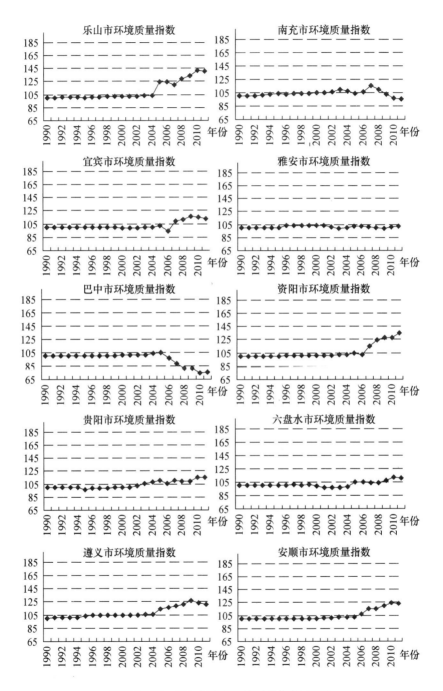

附图 2-78 264 个城市环境质量指数（XⅢ）

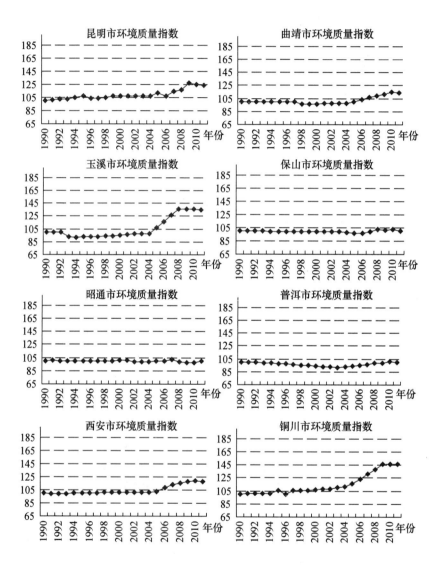

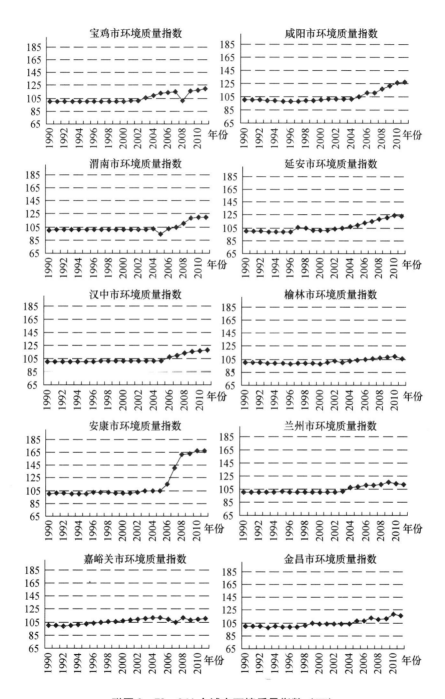

附图2－79 264个城市环境质量指数（XIV）

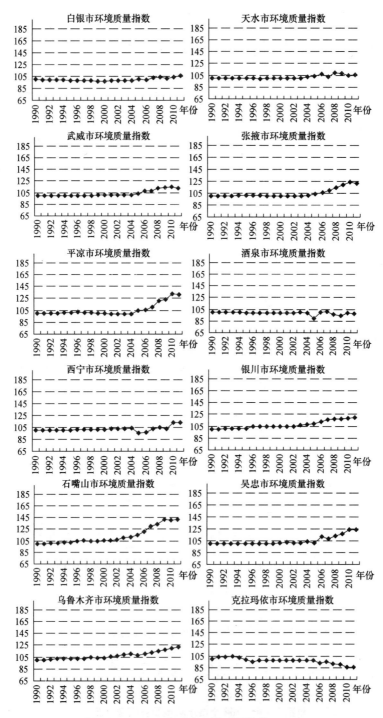

附图 2-80 264个城市环境质量指数（XV）

附表 2 - 17　　1990—2011 年 264 个城市政府效率排名（1990—2001 年）

城市	1990 年	1991 年	1992 年	1993 年	1994 年	1995 年	1996 年	1997 年	1998 年	1999 年	2000 年	2001 年
北京	2	2	2	1	1	2	1	1	1	1	2	2
天津	11	19	22	24	15	16	26	25	22	27	34	27
石家庄	155	160	143	132	102	115	102	82	76	91	90	111
唐山	154	151	148	141	135	123	123	158	132	132	126	161
秦皇岛	127	120	114	100	96	100	103	109	100	93	79	73
邯郸	204	188	186	184	183	175	164	168	178	162	174	193
邢台	168	130	128	114	117	179	135	169	149	145	166	178
保定	137	112	112	117	122	108	87	106	127	164	155	180
张家口	122	132	141	133	137	151	157	161	159	166	168	170
承德	80	85	80	72	79	84	90	99	112	115	115	117
沧州	239	237	221	210	190	209	223	207	179	216	218	229
廊坊	260	248	264	264	261	261	262	231	238	217	201	213
衡水	249	250	248	249	254	248	237	253	255	260	241	241
太原	10	12	16	19	23	26	20	20	15	28	23	21
大同	63	68	61	59	66	65	58	61	66	67	69	71
阳泉	37	35	37	38	33	31	31	35	33	35	31	28
长治	152	119	101	78	86	89	74	72	63	72	91	101
晋城	216	233	218	205	217	173	214	215	230	235	239	240
朔州	244	244	242	237	249	250	243	242	241	230	231	207
运城	223	226	222	221	229	231	219	223	229	236	221	211
忻州	222	231	228	232	242	249	245	251	256	258	258	261
临汾	171	175	164	144	173	190	217	209	184	170	150	182
呼和浩特	18	10	14	20	24	27	30	32	27	33	37	26
包头	113	115	117	122	145	149	113	86	85	90	82	83
乌海	142	141	129	130	134	142	131	130	113	102	107	107
赤峰	170	176	171	163	172	163	169	218	168	195	224	195
通辽	116	126	124	126	128	139	141	166	182	210	215	225
呼伦贝尔	134	145	134	154	165	168	172	178	181	198	206	217
沈阳	5	9	9	9	7	8	8	8	9	11	6	6
大连	16	16	12	11	8	9	7	7	8	7	4	4
鞍山	28	25	23	17	22	24	27	23	26	26	24	31

城市	1990 年	1991 年	1992 年	1993 年	1994 年	1995 年	1996 年	1997 年	1998 年	1999 年	2000 年	2001 年
抚顺	42	39	36	21	32	33	33	31	24	18	25	17
本溪	46	45	38	36	42	36	42	48	46	41	41	40
丹东	45	41	30	31	35	28	28	30	42	40	39	39
锦州	107	99	88	85	89	71	67	83	88	71	68	70
营口	62	60	53	52	49	59	70	94	93	116	97	97
阜新	76	64	70	75	95	119	126	122	120	118	119	128
辽阳	56	52	54	51	51	57	41	41	36	31	28	45
盘锦	106	82	79	88	90	79	78	96	94	99	93	79
铁岭	123	131	156	180	184	178	179	190	198	173	159	123
朝阳	158	152	119	118	151	181	187	195	205	205	173	146
葫芦岛	180	179	167	152	108	99	97	137	141	168	186	201
长春	47	43	33	32	20	25	18	18	20	19	16	24
吉林	95	93	78	69	73	68	57	71	74	85	102	80
四平	94	95	97	112	83	104	130	98	116	94	108	92
辽源	103	114	116	135	125	124	162	152	196	175	184	171
通化	70	73	75	70	64	70	128	101	137	155	142	153
白山	146	146	144	136	140	129	167	155	157	129	180	156
松原	225	212	217	213	208	169	148	170	201	184	139	126
白城	203	199	200	192	203	216	224	197	187	182	178	186
哈尔滨	27	27	21	18	13	17	36	39	35	38	45	42
齐齐哈尔	35	33	45	48	57	60	64	79	86	97	111	115
鸡西	193	183	175	170	126	145	153	144	135	146	149	141
鹤岗	60	63	57	67	65	54	51	67	54	56	46	32
双鸭山	33	32	28	35	36	39	59	55	41	37	54	99
大庆	53	55	52	47	47	48	43	38	31	32	32	29
伊春	92	98	95	76	87	110	89	89	69	86	61	53
佳木斯	75	80	66	64	67	78	95	95	77	80	81	81
七台河	24	29	27	33	27	34	46	62	47	49	51	55
牡丹江	49	44	55	62	114	73	63	60	58	60	59	56
黑河	255	257	251	258	252	255	239	221	226	229	228	227
绥化	229	202	239	250	258	257	261	262	262	261	259	262

续表

城市	1990 年	1991 年	1992 年	1993 年	1994 年	1995 年	1996 年	1997 年	1998 年	1999 年	2000 年	2001 年
上海	3	1	1	2	2	1	2	2	2	2	1	1
南京	1	3	3	4	6	7	6	4	3	3	3	3
无锡	48	48	72	98	75	69	82	69	62	54	57	77
徐州	196	189	181	169	171	154	117	123	118	119	94	91
常州	32	31	35	37	41	40	52	51	65	104	105	105
苏州	118	107	94	90	71	114	77	85	80	84	80	72
南通	40	42	40	42	53	41	37	53	60	92	86	78
连云港	153	157	138	129	127	95	84	103	111	107	117	114
淮安	174	184	182	178	189	191	228	238	234	228	185	177
盐城	167	138	127	175	191	208	194	188	192	206	199	203
扬州	82	51	92	123	148	159	146	126	124	121	122	84
镇江	68	65	73	84	39	52	71	43	92	88	75	82
泰州	221	219	219	208	204	205	207	222	218	213	213	214
宿迁	219	218	213	202	196	177	168	154	140	128	156	194
杭州	9	7	6	6	5	5	5	5	7	4	9	15
宁波	71	76	69	68	68	85	99	107	99	98	99	104
温州	145	154	140	143	143	135	105	108	90	113	100	94
嘉兴	166	127	142	147	200	199	197	200	186	190	203	196
湖州	205	192	191	204	180	188	196	180	170	136	130	136
绍兴	147	135	151	156	141	201	200	203	204	208	212	184
金华	163	140	163	173	139	186	151	160	128	131	125	129
衢州	182	177	179	187	167	160	155	120	91	75	65	50
舟山	235	229	224	217	174	193	174	133	142	137	140	125
台州	130	163	155	167	185	200	222	219	220	193	177	179
丽水	44	47	44	45	45	76	144	138	133	96	78	69
合肥	22	24	60	26	26	29	23	24	23	23	27	34
芜湖	66	87	96	81	124	121	114	66	53	59	64	60
蚌埠	65	71	59	54	46	38	39	45	40	46	42	38
淮南	74	70	122	151	121	116	88	100	103	111	118	116
马鞍山	64	72	86	107	92	88	85	52	48	48	48	48
淮北	177	143	161	160	179	162	159	153	148	147	134	137

续表

城市	1990 年	1991 年	1992 年	1993 年	1994 年	1995 年	1996 年	1997 年	1998 年	1999 年	2000 年	2001 年
铜陵	61	54	62	74	85	74	72	80	67	63	62	54
安庆	79	86	83	83	104	141	160	184	174	161	189	210
黄山	206	170	193	191	186	183	184	186	194	199	197	198
滁州	160	171	165	159	166	170	171	208	215	225	240	253
阜阳	124	134	125	120	142	136	134	136	155	174	205	209
宿州	91	103	100	86	97	97	94	114	109	101	110	120
六安	199	195	203	209	198	182	191	199	175	143	138	142
亳州	232	238	240	248	248	252	256	263	264	263	263	263
宣城	96	106	115	113	120	107	110	134	153	171	198	165
福州	23	20	18	22	28	13	19	26	29	45	44	35
厦门	41	37	31	25	21	23	24	21	21	20	14	25
莆田	211	223	233	234	222	192	199	189	180	178	196	159
三明	34	23	39	39	63	51	45	46	50	43	50	47
泉州	226	225	205	201	195	187	212	220	171	167	191	189
漳州	234	234	249	259	227	217	251	256	253	252	255	254
南平	117	158	160	161	133	80	54	58	51	36	52	75
龙岩	241	242	234	241	219	180	226	213	203	212	147	144
宁德	175	204	209	224	244	227	247	243	235	231	222	212
南昌	20	18	19	16	12	19	14	15	19	22	21	16
景德镇	43	46	48	50	50	53	55	56	56	57	60	63
萍乡	108	123	99	109	110	111	118	146	126	120	146	163
九江	78	90	109	103	88	77	68	68	70	73	76	108
新余	143	153	145	106	74	81	96	97	96	100	112	112
鹰潭	210	190	166	177	156	164	192	182	166	181	182	185
赣州	202	209	215	222	246	223	234	229	227	219	234	237
吉安	185	200	212	235	253	236	252	252	252	243	217	155
宜春	237	216	220	223	233	232	221	226	231	238	242	249
上饶	264	263	262	260	260	263	263	264	263	262	262	259
济南	15	11	8	5	4	10	10	10	11	10	10	10
青岛	69	74	63	53	40	47	40	36	39	42	53	51
淄博	111	109	106	119	101	109	115	121	145	125	129	121

续表

城市	1990 年	1991 年	1992 年	1993 年	1994 年	1995 年	1996 年	1997 年	1998 年	1999 年	2000 年	2001 年
枣庄	139	128	187	193	193	197	220	217	202	187	171	219
东营	198	191	192	176	178	166	166	164	161	163	151	149
烟台	195	174	178	172	149	150	140	143	138	127	143	138
潍坊	126	129	126	134	157	167	173	176	213	221	233	230
济宁	189	155	139	174	181	210	203	201	214	191	169	190
泰安	173	182	180	197	197	228	210	212	207	234	235	231
威海	120	125	113	93	94	137	98	90	84	83	73	58
日照	200	206	202	179	138	147	129	125	143	157	181	154
莱芜	208	215	226	188	170	220	206	191	185	188	190	191
临沂	187	167	198	196	152	212	258	245	257	233	223	233
德州	105	117	103	111	115	94	122	128	151	160	187	224
聊城	257	260	259	255	255	246	242	248	254	253	243	250
滨州	238	239	241	240	245	237	215	228	237	246	252	236
菏泽	251	262	255	254	257	260	248	249	251	251	251	260
郑州	29	49	42	44	69	50	44	16	38	53	35	41
开封	119	110	108	102	105	127	133	150	139	138	128	130
洛阳	52	62	49	41	43	67	73	76	73	68	85	95
平顶山	102	96	118	97	80	130	139	147	154	169	176	199
安阳	156	165	136	125	98	103	127	151	144	140	154	175
鹤壁	138	148	132	155	164	134	143	139	122	123	152	166
新乡	89	89	82	71	61	63	81	92	108	156	153	132
焦作	85	121	110	94	177	152	152	165	172	183	188	192
濮阳	254	241	245	239	243	241	233	216	211	220	230	223
许昌	99	105	158	181	187	213	238	230	221	222	249	245
漯河	207	217	225	229	221	206	190	167	167	152	163	172
三门峡	67	56	56	63	56	61	65	70	81	76	66	93
南阳	101	122	131	138	154	161	180	214	212	158	229	216
商丘	165	162	201	186	201	158	163	194	165	189	219	197
信阳	243	245	258	261	250	225	211	206	239	245	247	246
周口	190	203	188	171	160	148	132	117	114	108	103	145
驻马店	263	251	260	262	262	233	260	261	260	257	250	258

城市	1990 年	1991 年	1992 年	1993 年	1994 年	1995 年	1996 年	1997 年	1998 年	1999 年	2000 年	2001 年
武汉	8	6	7	12	11	11	11	12	16	12	22	18
黄石	26	26	29	40	48	45	53	81	89	79	63	57
十堰	121	118	104	73	72	66	62	37	45	55	77	74
宜昌	38	34	51	66	111	117	75	118	176	179	167	152
襄阳	141	149	133	121	131	120	76	74	83	78	72	87
鄂州	197	194	194	148	161	112	119	116	129	141	148	162
荆门	181	210	208	218	176	126	195	179	158	144	131	131
孝感	159	173	183	150	215	254	205	254	209	209	208	202
荆州	214	220	223	225	226	174	175	175	164	130	144	134
黄冈	259	256	261	263	264	264	257	255	247	240	246	243
咸宁	172	178	177	230	225	253	250	240	219	186	195	222
随州	144	193	237	251	236	235	241	244	249	254	256	252
长沙	57	53	50	43	37	30	25	27	25	25	13	11
株洲	59	58	67	110	118	82	91	87	78	70	70	67
湘潭	72	75	102	99	103	87	109	91	95	89	95	86
衡阳	125	101	91	79	123	122	124	124	121	124	124	122
邵阳	115	116	111	116	130	153	182	156	183	177	170	133
岳阳	136	147	137	162	163	157	137	140	152	151	98	110
常德	151	150	168	203	205	194	189	185	210	203	207	206
张家界	98	84	98	165	182	204	176	173	173	153	161	183
益阳	84	92	87	91	100	113	147	129	134	142	145	151
郴州	133	185	190	228	216	229	204	183	206	196	192	173
永州	213	230	227	220	214	196	185	198	224	223	216	208
怀化	86	102	105	158	150	138	121	113	107	106	101	96
娄底	104	108	147	198	212	219	218	211	190	172	165	160
广州	19	17	17	13	16	14	13	11	10	9	8	7
韶关	164	166	153	164	147	86	80	65	87	69	88	106
深圳	30	28	25	23	29	21	12	22	14	17	19	19
珠海	6	8	10	8	9	4	4	6	6	6	7	9
汕头	132	139	130	108	91	125	120	93	98	81	96	65
佛山	157	124	152	139	144	144	150	148	131	139	127	109

续表

城市	1990 年	1991 年	1992 年	1993 年	1994 年	1995 年	1996 年	1997 年	1998 年	1999 年	2000 年	2001 年
江门	90	83	107	101	109	105	101	78	72	74	74	68
湛江	236	236	250	231	210	222	202	196	208	200	214	226
茂名	140	113	120	127	113	92	108	127	115	176	200	200
肇庆	240	205	232	227	228	234	213	241	242	239	237	235
惠州	192	137	199	182	119	93	104	77	82	109	141	167
梅州	148	159	162	157	159	155	136	145	163	192	183	181
汕尾	261	253	236	256	263	262	264	257	259	264	264	257
河源	149	161	154	149	169	207	183	171	225	242	194	251
阳江	248	246	211	233	256	258	254	258	248	250	209	218
清远	262	259	263	252	232	221	209	205	195	197	179	164
东莞	97	104	89	82	77	58	69	59	59	51	55	62
中山	183	180	169	142	129	132	106	104	102	110	114	127
潮州	250	243	247	244	220	224	229	239	246	247	248	244
揭阳	253	249	253	247	247	247	230	237	245	255	260	264
云浮	258	261	256	253	251	245	240	233	216	218	226	232
南宁	36	38	41	30	30	46	49	54	43	39	40	49
柳州	12	15	15	15	18	22	21	19	18	15	20	23
桂林	13	13	13	14	17	18	15	17	32	24	26	20
梧州	50	61	43	55	54	55	56	75	52	64	87	98
北海	100	91	93	92	82	101	138	135	125	126	137	119
防城港	184	198	204	207	188	202	178	162	160	154	157	157
钦州	245	247	244	243	239	218	188	174	199	232	236	228
贵港	256	264	257	257	259	256	244	234	217	202	204	220
玉林	150	144	135	131	132	143	145	157	177	204	193	176
百色	186	201	196	189	206	226	225	227	228	224	220	215
河池	242	252	246	236	241	243	208	202	191	185	175	168
海口	114	79	77	65	55	43	50	49	61	61	89	113
三亚	110	94	149	140	155	156	165	141	136	134	136	140
重庆	58	66	58	58	38	44	61	63	64	58	83	76
成都	21	36	32	49	60	49	48	44	34	30	29	33
自贡	73	57	74	104	81	90	92	115	119	114	116	90

城市	1990 年	1991 年	1992 年	1993 年	1994 年	1995 年	1996 年	1997 年	1998 年	1999 年	2000 年	2001 年
攀枝花	54	59	47	56	52	62	47	47	71	44	33	30
泸州	51	67	71	77	99	140	142	131	117	66	43	46
德阳	128	100	64	57	59	56	29	29	37	52	49	37
绵阳	112	78	84	87	84	96	100	50	97	112	123	85
广元	83	69	65	60	62	64	60	57	57	65	58	66
遂宁	212	211	172	115	116	98	93	88	79	95	92	103
内江	179	156	146	146	162	184	149	142	146	149	120	118
乐山	217	227	231	219	199	215	227	232	232	215	225	187
南充	129	133	121	95	78	72	83	84	75	62	67	61
宜宾	176	187	173	145	136	118	107	110	156	165	106	59
雅安	228	235	229	226	230	240	232	235	243	249	253	239
巴中	246	255	252	245	240	251	259	260	258	256	254	238
资阳	247	254	254	242	237	238	235	225	222	211	172	158
贵阳	31	30	26	29	19	12	22	28	17	16	17	22
六盘水	88	111	90	89	70	102	161	181	188	194	232	255
遵义	109	168	174	153	146	131	116	105	106	105	113	139
安顺	191	197	197	206	207	195	186	177	169	150	133	174
昆明	17	21	20	28	25	35	38	42	44	29	36	36
曲靖	178	186	185	183	209	203	201	172	147	122	109	100
玉溪	93	97	85	80	76	75	66	64	55	50	30	43
保山	227	232	189	199	213	171	193	192	200	214	227	234
昭通	224	222	238	238	238	259	253	247	240	226	210	188
普洱	209	207	230	212	224	230	236	236	236	241	245	248
西安	25	22	24	27	31	32	32	40	49	47	47	52
铜川	87	77	76	105	107	106	112	112	104	77	84	89
宝鸡	55	50	46	46	44	37	34	34	30	34	38	44
咸阳	131	136	176	166	168	176	111	111	110	103	104	135
渭南	194	196	195	194	202	198	231	224	233	237	238	221
延安	188	181	170	190	153	128	86	119	101	87	71	88
汉中	215	224	210	200	211	189	170	204	223	227	164	147
榆林	231	228	207	195	192	239	255	259	261	259	261	256

城市	1990 年	1991 年	1992 年	1993 年	1994 年	1995 年	1996 年	1997 年	1998 年	1999 年	2000 年	2001 年
安康	252	258	243	215	234	244	246	246	244	244	244	242
兰州	4	4	4	3	3	3	3	3	4	5	5	5
嘉峪关	161	164	150	137	175	172	156	132	130	135	132	148
金昌	230	214	214	216	231	185	198	163	123	133	135	150
白银	169	172	157	128	112	91	79	73	68	82	56	64
天水	218	213	184	168	158	146	154	159	162	159	160	169
武威	201	208	206	211	223	242	249	250	250	248	257	247
张掖	162	169	159	185	194	165	177	193	197	207	211	204
平凉	233	240	235	246	235	211	181	187	189	201	202	205
酒泉	220	221	216	214	218	214	216	210	193	180	162	143
西宁	14	14	11	10	10	6	9	9	5	8	11	8
银川	7	5	5	7	14	15	16	14	13	13	12	12
石嘴山	135	142	123	124	93	83	125	102	105	117	121	102
吴忠	81	88	81	96	106	133	158	149	150	148	158	124
乌鲁木齐	39	40	34	34	34	20	17	13	12	14	15	13
克拉玛依	77	81	68	61	58	42	35	33	28	21	18	14

附表 2 - 18　1990—2011 年 264 个城市政府效率排名（2002—2011 年）

城市	2002 年	2003 年	2004 年	2005 年	2006 年	2007 年	2008 年	2009 年	2010 年	2011 年	综合	2000 年后
北京	2	2	2	2	2	2	2	2	2	1	2	2
天津	29	27	33	32	31	30	27	22	27	25	24	28
石家庄	140	101	74	76	84	65	81	76	72	69	97	81
唐山	183	191	189	203	190	173	172	139	149	150	146	171
秦皇岛	78	83	68	68	57	69	70	79	77	76	89	68
邯郸	192	195	145	176	155	160	151	128	150	163	173	166
邢台	179	159	173	181	180	206	185	202	171	186	163	185
保定	177	207	164	171	185	153	156	88	199	195	134	172
张家口	173	192	149	155	142	125	144	143	101	125	137	142
承德	119	142	98	64	72	73	90	81	84	89	91	95
沧州	243	228	205	151	175	192	201	189	188	190	221	204

续表

城市	2002年	2003年	2004年	2005年	2006年	2007年	2008年	2009年	2010年	2011年	综合	2000年后
廊坊	168	133	157	162	150	142	199	172	191	180	228	175
衡水	247	227	204	247	231	250	251	226	246	247	256	251
太原	19	16	23	26	26	27	24	25	21	20	18	22
大同	81	92	121	104	106	109	107	138	138	132	80	107
阳泉	28	38	28	31	37	54	41	34	39	41	33	35
长治	110	111	69	61	104	76	123	130	126	122	94	103
晋城	237	241	238	230	233	230	218	167	177	176	227	222
朔州	185	198	196	174	201	201	207	222	225	218	235	210
运城	199	211	198	196	199	219	226	261	262	262	240	241
忻州	260	264	250	251	255	251	246	240	229	223	259	261
临汾	190	157	152	146	149	189	170	191	190	185	175	174
呼和浩特	24	22	14	15	17	22	23	31	26	22	22	24
包头	48	25	16	12	10	8	13	16	17	23	46	23
乌海	105	98	114	106	134	134	94	78	50	40	106	93
赤峰	194	237	235	179	198	136	141	155	157	164	183	190
通辽	216	220	215	206	222	181	169	149	175	167	171	198
呼伦贝尔	222	218	208	215	220	208	212	224	221	198	199	218
沈阳	5	4	5	11	12	7	8	6	9	10	6	7
大连	6	7	6	5	7	11	7	7	4	5	5	6
鞍山	31	39	49	47	46	50	42	56	58	66	31	39
抚顺	18	23	24	22	23	21	18	19	24	33	26	21
本溪	37	43	50	56	49	52	62	57	54	62	41	45
丹东	30	37	17	37	52	51	51	40	43	47	34	37
锦州	65	70	58	49	30	56	49	54	66	73	64	52
营口	63	74	67	79	75	63	63	84	106	108	69	77
阜新	122	119	117	121	114	123	108	133	144	140	107	124
辽阳	39	42	54	43	51	53	76	98	52	61	44	46
盘锦	89	102	107	103	99	60	37	42	48	49	79	66
铁岭	134	160	124	127	112	115	140	162	167	175	147	136
朝阳	139	131	143	157	191	194	175	165	146	149	164	158

续表

城市	2002年	2003年	2004年	2005年	2006年	2007年	2008年	2009年	2010年	2011年	综合	2000年后
葫芦岛	174	197	148	165	143	119	125	121	145	135	139	153
长春	33	32	40	41	41	39	35	26	19	16	27	27
吉林	93	96	53	46	40	43	43	39	46	50	59	54
四平	70	141	166	199	202	210	205	182	173	166	124	155
辽源	206	154	147	123	90	68	46	35	28	37	109	90
通化	106	66	80	73	67	61	64	59	62	77	86	79
白山	160	205	194	173	139	149	164	151	158	169	149	168
松原	169	171	176	150	146	144	133	159	137	139	174	148
白城	196	180	207	216	221	221	227	204	181	184	212	201
哈尔滨	36	40	38	35	42	34	30	29	31	27	30	33
齐齐哈尔	161	156	197	153	173	168	167	150	182	209	96	160
鸡西	147	112	101	116	130	131	138	147	135	134	133	130
鹤岗	49	30	30	39	38	36	34	47	49	59	47	38
双鸭山	97	107	136	154	123	148	139	152	151	165	61	123
大庆	27	26	62	70	27	31	26	24	32	31	38	32
伊春	61	71	91	85	102	97	72	83	92	82	83	71
佳木斯	91	86	103	75	54	44	44	53	53	60	65	60
七台河	40	41	73	97	93	84	95	123	139	131	50	75
牡丹江	94	62	47	53	73	57	54	36	61	48	53	53
黑河	228	236	227	231	252	254	254	260	258	259	257	254
绥化	262	248	233	209	195	179	189	180	203	206	252	231
上海	1	1	1	1	1	1	1	1	1	2	1	1
南京	3	3	3	3	3	4	3	5	7	6	3	3
无锡	68	80	89	118	109	126	117	104	73	52	71	83
徐州	76	88	120	138	157	145	143	158	134	147	131	120
常州	95	93	108	100	125	98	84	93	88	92	58	99
苏州	71	63	61	67	56	75	61	58	47	57	73	58
南通	80	125	137	184	171	167	149	196	168	171	84	134
连云港	116	120	155	142	65	67	80	71	129	121	111	109
淮安	154	137	139	135	138	161	184	201	197	174	189	163

续表

城市	2002年	2003年	2004年	2005年	2006年	2007年	2008年	2009年	2010年	2011年	综合	2000年后
盐城	215	222	254	260	213	233	220	242	231	212	219	233
扬州	98	123	111	90	83	122	114	122	147	154	110	115
镇江	74	75	84	94	110	99	105	112	116	116	74	91
泰州	248	223	229	224	225	231	235	234	247	246	234	237
宿迁	224	234	199	211	259	262	233	251	260	260	224	246
杭州	16	18	19	18	21	18	17	10	14	11	10	14
宁波	108	110	100	92	79	88	40	48	41	42	76	69
温州	117	122	127	147	140	143	135	148	130	120	120	126
嘉兴	180	190	144	144	158	155	146	135	95	65	159	144
湖州	156	168	153	111	115	116	97	109	110	105	144	127
绍兴	207	152	159	175	166	152	145	146	117	117	166	156
金华	159	132	131	136	163	178	173	161	219	222	152	161
衢州	77	65	76	125	119	120	115	87	112	128	114	88
舟山	101	100	112	110	98	112	98	108	98	70	135	108
台州	176	184	186	192	197	216	237	225	223	204	203	202
丽水	90	69	79	89	88	124	111	117	132	123	82	96
合肥	38	36	32	23	22	24	25	28	34	30	28	29
芜湖	53	58	64	63	82	94	91	85	121	113	78	72
蚌埠	44	48	45	30	44	71	69	68	75	96	49	48
淮南	115	116	128	164	135	141	136	125	148	138	117	131
马鞍山	52	73	75	81	45	33	77	52	68	54	56	50
淮北	131	136	160	158	170	255	245	250	251	249	179	199
铜陵	54	50	56	58	78	79	85	51	33	35	55	49
安庆	205	193	217	222	217	209	183	203	189	189	156	203
黄山	184	213	195	197	205	213	230	228	156	155	206	200
滁州	253	258	253	257	250	261	260	255	232	220	231	259
阜阳	198	199	223	221	226	242	256	243	256	256	196	236
宿州	137	139	177	190	215	240	259	256	234	233	138	197
六安	142	113	140	159	169	164	155	195	213	215	177	164
亳州	263	262	263	264	263	264	264	263	264	264	264	264

续表

城市	2002年	2003年	2004年	2005年	2006年	2007年	2008年	2009年	2010年	2011年	综合	2000年后
宣城	226	232	261	262	262	257	214	235	220	214	190	247
福州	32	33	34	34	28	26	33	49	38	46	29	36
厦门	23	11	15	20	19	17	15	17	15	8	16	16
莆田	188	201	216	238	245	253	252	248	201	229	226	224
三明	42	35	35	42	36	35	59	60	44	55	40	43
泉州	193	200	222	223	204	198	186	176	170	162	210	194
漳州	239	221	240	233	227	214	210	220	215	230	247	239
南平	82	61	57	59	64	70	74	63	65	63	72	59
龙岩	121	104	109	86	131	130	121	120	90	64	167	112
宁德	143	127	135	131	116	154	150	154	74	80	187	133
南昌	15	15	21	24	25	25	22	23	20	28	17	19
景德镇	66	87	70	51	53	47	50	43	59	72	51	56
萍乡	141	117	93	119	129	118	96	65	81	111	113	114
九江	85	105	82	82	101	49	52	62	85	78	77	74
新余	130	99	106	84	80	86	129	113	103	97	102	105
鹰潭	178	162	187	160	151	137	142	164	140	151	170	159
赣州	230	245	231	189	181	190	204	199	183	208	225	212
吉安	88	81	94	99	77	81	73	106	142	142	169	110
宜春	221	179	142	132	145	111	126	115	143	181	208	167
上饶	251	214	221	220	194	186	179	173	180	205	258	220
济南	9	9	11	13	15	12	11	13	10	13	9	10
青岛	51	55	52	54	50	55	48	45	45	45	48	47
淄博	132	153	180	170	165	147	134	145	118	112	122	135
枣庄	233	243	214	210	247	247	240	244	248	252	222	242
东营	83	47	31	28	39	38	65	111	165	156	119	70
烟台	150	126	102	117	122	41	71	55	42	43	118	86
潍坊	231	242	230	226	224	215	206	213	214	200	205	223
济宁	195	208	206	191	188	191	192	215	196	203	198	195
泰安	249	252	239	236	239	237	232	241	242	245	232	250
威海	72	106	97	108	118	139	137	97	105	86	98	98

续表

城市	2002年	2003年	2004年	2005年	2006年	2007年	2008年	2009年	2010年	2011年	综合	2000年后
日照	155	212	219	225	235	218	222	206	227	226	195	211
莱芜	189	178	226	208	216	232	242	221	185	177	215	208
临沂	217	170	154	156	111	107	99	102	97	127	178	146
德州	213	216	241	241	242	222	221	216	216	234	172	228
聊城	240	203	202	129	71	66	79	77	60	84	209	132
滨州	238	257	237	245	237	239	243	238	238	235	249	252
菏泽	258	229	220	167	186	195	193	217	209	228	250	225
郑州	41	44	37	36	43	48	38	38	56	56	39	41
开封	149	169	182	201	209	217	224	237	237	231	153	196
洛阳	87	108	85	72	69	72	88	136	96	109	66	89
平顶山	212	224	225	234	234	223	223	194	152	143	165	209
安阳	171	185	171	168	184	187	203	187	198	199	155	187
鹤壁	165	173	181	166	174	193	188	177	195	187	154	179
新乡	113	144	162	105	132	140	148	166	176	188	112	141
焦作	211	194	178	182	179	177	162	170	163	145	151	181
濮阳	227	231	245	250	258	260	257	219	217	221	248	249
许昌	235	251	228	214	212	229	229	212	187	202	218	230
漯河	158	124	119	205	232	236	216	193	159	168	201	184
三门峡	99	84	44	124	58	83	128	116	109	87	70	84
南阳	197	165	169	183	189	204	213	207	224	216	181	205
商丘	191	188	224	219	230	235	241	247	252	254	217	232
信阳	250	253	247	252	243	248	263	239	240	238	255	255
周口	204	174	190	195	208	238	248	252	259	255	191	215
驻马店	259	259	257	229	249	227	236	223	244	244	261	256
武汉	12	10	13	16	14	15	14	11	13	14	13	13
黄石	60	89	65	48	81	85	87	89	78	91	52	67
十堰	64	59	59	65	61	46	57	69	86	88	60	62
宜昌	166	172	185	185	159	170	157	107	111	114	116	152
襄阳	148	163	203	200	192	183	194	181	133	161	127	154
鄂州	172	167	192	180	182	184	196	188	194	179	168	180

续表

城市	2002年	2003年	2004年	2005年	2006年	2007年	2008年	2009年	2010年	2011年	综合	2000年后
荆门	128	130	150	115	97	89	127	127	120	137	142	125
孝感	218	230	234	239	260	258	244	245	233	232	230	245
荆州	124	151	132	149	154	162	176	169	212	197	176	157
黄冈	245	247	243	240	244	241	247	249	249	250	260	253
咸宁	200	176	175	187	187	176	177	171	200	213	213	191
随州	255	204	165	101	95	106	86	95	89	94	197	147
长沙	10	21	26	21	18	20	20	20	22	18	23	17
株洲	73	79	41	44	48	45	56	82	99	104	67	57
湘潭	111	95	72	74	76	91	106	119	108	100	92	92
衡阳	118	97	71	93	107	95	101	92	87	98	104	102
邵阳	127	181	138	145	148	207	219	227	230	207	160	183
岳阳	114	135	83	130	136	128	109	134	127	110	126	117
常德	181	233	211	148	128	174	180	163	155	141	188	178
张家界	187	202	212	217	218	180	234	246	241	240	185	213
益阳	162	182	210	227	164	169	171	190	210	193	136	186
郴州	167	187	123	98	89	80	60	91	102	99	145	119
永州	186	175	163	128	124	117	163	174	184	182	202	169
怀化	84	82	87	55	96	121	110	105	115	101	100	94
娄底	152	158	146	120	161	166	116	131	141	136	158	145
广州	4	5	4	4	4	6	6	3	6	9	7	4
韶关	125	109	77	96	126	105	83	103	162	173	108	111
深圳	20	20	12	9	6	5	5	12	3	3	14	9
珠海	14	13	10	17	20	19	19	18	18	17	11	15
汕头	75	85	118	69	87	100	103	126	174	170	105	106
佛山	112	129	158	188	172	220	239	211	179	159	148	170
江门	58	52	105	113	120	135	124	129	160	160	95	104
湛江	202	164	172	194	167	151	187	205	208	201	220	192
茂名	209	217	209	232	238	224	249	254	254	257	186	244
肇庆	234	240	200	114	113	113	118	124	119	115	207	162
惠州	126	183	141	134	152	129	132	153	128	144	130	139

续表

城市	2002年	2003年	2004年	2005年	2006年	2007年	2008年	2009年	2010年	2011年	综合	2000年后
梅州	203	177	170	204	214	226	238	236	243	251	193	217
汕尾	261	255	232	237	240	252	255	259	261	261	262	262
河源	223	189	161	186	223	246	250	197	235	224	211	219
阳江	225	210	191	242	210	212	208	184	218	217	241	216
清远	164	209	179	218	162	182	181	208	228	219	223	193
东莞	57	29	18	27	13	13	28	33	29	24	42	30
中山	129	140	183	193	177	185	202	210	205	192	143	173
潮州	242	244	256	261	246	203	211	230	211	225	253	248
揭阳	264	261	264	263	264	263	262	264	263	263	263	263
云浮	254	254	259	249	193	197	200	198	226	242	245	234
南宁	34	45	39	33	35	37	39	27	23	29	35	34
柳州	22	24	27	19	24	23	45	37	40	36	19	26
桂林	25	28	25	14	11	14	16	15	16	19	15	18
梧州	69	67	81	88	117	108	120	118	104	107	68	97
北海	107	147	168	177	147	132	158	160	172	178	123	149
防城港	163	161	184	172	178	202	182	209	202	210	192	188
钦州	241	249	258	259	256	245	225	258	253	243	251	257
贵港	232	238	252	244	236	188	209	233	250	241	254	235
玉林	170	146	156	152	156	150	147	140	136	106	140	150
百色	201	196	201	207	200	158	161	175	122	93	204	177
河池	157	166	130	133	133	138	119	100	93	75	180	129
海口	123	76	110	78	59	64	68	66	64	51	63	76
三亚	136	77	88	77	62	58	55	61	69	53	103	80
重庆	86	78	99	91	108	102	102	72	80	85	62	85
成都	35	31	43	40	33	29	29	30	30	21	32	31
自贡	79	68	95	95	92	92	100	114	123	133	93	101
攀枝花	26	34	46	62	55	74	58	44	37	34	43	40
泸州	46	49	51	57	63	90	122	101	100	103	75	61
德阳	55	56	78	87	74	78	66	70	114	130	54	63
绵阳	56	64	42	50	103	103	93	99	67	74	81	73

续表

城市	2002年	2003年	2004年	2005年	2006年	2007年	2008年	2009年	2010年	2011年	综合	2000年后
广元	43	54	86	112	121	104	160	231	222	227	85	113
遂宁	92	121	134	169	203	156	168	192	164	153	129	138
内江	109	118	113	137	160	159	165	178	192	196	141	140
乐山	144	155	167	198	176	211	190	179	161	152	214	182
南充	59	60	55	45	86	96	131	142	125	126	87	78
宜宾	62	51	48	71	68	77	75	74	76	95	99	64
雅安	210	149	116	126	85	101	82	73	71	67	182	128
巴中	220	239	242	256	254	225	153	141	178	191	246	221
资阳	175	225	218	213	219	228	215	232	239	239	236	214
贵阳	17	19	22	25	29	40	36	41	36	38	25	25
六盘水	257	260	251	235	253	196	217	200	193	183	184	240
遵义	146	91	66	60	60	62	67	75	83	71	101	82
安顺	182	186	188	178	183	163	152	144	245	248	194	189
昆明	47	46	36	38	34	32	47	64	113	90	37	44
曲靖	102	103	125	139	144	157	166	183	206	194	157	137
玉溪	67	114	92	83	66	59	53	46	55	39	57	55
保山	236	235	249	254	261	259	261	257	255	253	243	260
昭通	244	256	262	255	228	165	198	156	107	124	233	207
普洱	252	246	246	248	241	249	253	186	186	157	239	243
西安	50	53	60	52	47	42	31	32	35	32	36	42
铜川	96	94	90	109	94	114	112	90	63	58	90	87
宝鸡	45	57	63	66	70	82	89	67	51	44	45	51
咸阳	135	138	115	143	127	127	113	110	79	102	121	118
渭南	219	219	248	253	251	243	258	262	257	258	242	258
延安	104	148	129	122	105	93	78	86	94	81	115	100
汉中	153	150	126	161	196	200	197	218	166	172	200	176
榆林	256	263	260	243	211	171	130	94	82	83	229	206
安康	246	250	255	258	229	234	178	168	153	158	244	227
兰州	8	8	9	7	5	3	4	4	5	4	4	5
嘉峪关	145	128	151	80	100	87	104	132	131	129	128	122

续表

城市	2002年	2003年	2004年	2005年	2006年	2007年	2008年	2009年	2010年	2011年	综合	2000年后
金昌	103	90	104	102	141	146	159	96	124	119	150	121
白银	100	72	96	107	91	110	32	50	57	68	88	65
天水	151	145	174	163	168	175	174	137	91	118	162	151
武威	229	215	236	228	206	205	195	214	204	237	238	229
张掖	208	226	213	202	248	244	231	253	207	211	216	226
平凉	214	206	244	246	257	256	228	229	236	236	237	238
酒泉	120	115	133	141	137	133	92	80	70	79	161	116
西宁	7	6	7	6	8	10	10	8	8	15	8	8
银川	11	12	8	10	16	16	12	14	12	12	12	12
石嘴山	138	134	193	212	207	199	191	185	169	146	132	165
吴忠	133	143	122	140	153	172	154	157	154	148	125	143
乌鲁木齐	21	17	29	29	32	28	21	21	25	26	20	20
克拉玛依	13	14	20	8	9	9	9	9	11	7	21	11

附表 2 - 19　　　　1990—2011 年 264 个城市政府效率指数

（上一年 = 100）（1990—2001 年）

城市	1990年	1991年	1992年	1993年	1994年	1995年	1996年	1997年	1998年	1999年	2000年	2001年
北京	100	102.1	100.9	105.4	110.1	93.6	104.1	101.3	102.8	99.8	98.0	105.2
天津	100	93.3	95.7	99.3	110.0	99.6	93.1	97.2	100.9	97.7	96.3	102.1
石家庄	100	101.0	101.0	100.9	107.0	96.9	104.5	105.8	101.0	97.4	102.0	95.6
唐山	100	102.7	97.3	99.5	102.8	101.6	100.2	92.3	106.4	100.8	102.4	94.0
秦皇岛	100	103.6	99.9	100.9	99.8	98.6	100.8	97.6	102.3	103.7	105.6	101.9
邯郸	100	105.0	99.8	99.2	100.5	100.5	103.7	99.4	98.0	105.2	98.9	98.8
邢台	100	111.9	97.9	101.0	101.0	83.5	113.3	91.5	106.7	101.3	96.0	100.6
保定	100	109.0	98.1	95.1	99.1	103.1	105.9	95.3	94.3	93.4	102.9	97.7
张家口	100	99.0	95.4	99.6	99.8	97.5	97.0	99.1	101.6	99.1	100.3	102.4
承德	100	99.3	98.2	98.2	98.2	98.7	98.7	98.7	95.9	100.9	100.9	100.9
沧州	100	102.3	104.4	104.2	105.1	96.2	96.1	106.4	106.0	94.2	101.1	97.8
廊坊	100	111.9	84.0	100.1	110.7	99.7	99.3	122.7	98.4	108.5	105.9	99.6
衡水	100	101.6	103.1	99.6	99.6	104.6	104.4	93.6	100.5	96.6	113.6	101.6

续表

城市	1990 年	1991 年	1992 年	1993 年	1994 年	1995 年	1996 年	1997 年	1998 年	1999 年	2000 年	2001 年
太原	100	98.0	98.0	97.9	97.9	97.8	102.8	98.4	103.2	91.3	105.4	100.7
大同	100	99.6	99.6	97.6	100.2	100.2	100.2	100.7	95.9	100.0	100.0	100.7
阳泉	100	101.3	98.7	99.6	104.3	104.1	96.2	96.0	100.6	100.4	101.9	100.6
长治	100	110.1	103.0	103.0	97.0	99.6	105.7	100.6	104.0	96.7	96.6	98.5
晋城	100	94.4	104.7	104.3	97.7	111.0	90.5	102.0	95.5	100.4	100.3	101.4
朔州	100	101.7	101.7	102.5	98.6	100.1	101.8	101.3	101.9	105.5	101.7	108.6
运城	100	100.2	100.0	99.7	101.0	99.3	102.5	99.7	99.8	99.8	106.1	105.1
忻州	100	98.4	98.6	98.5	98.5	98.5	100.8	98.1	98.0	100.4	100.5	100.2
临汾	100	99.5	101.2	102.0	94.9	93.7	93.3	104.4	104.8	105.3	105.8	96.8
呼和浩特	100	106.1	98.0	94.8	98.2	99.0	96.6	95.6	102.2	98.2	97.6	107.2
包头	100	99.7	98.2	95.4	95.0	99.2	108.4	107.9	100.2	99.4	104.0	100.6
乌海	100	101.8	100.2	98.2	99.4	99.4	100.7	100.7	104.1	103.9	100.6	100.6
赤峰	100	99.5	99.5	99.5	99.3	99.5	99.5	89.3	115.2	94.2	93.6	110.5
通辽	100	96.4	99.4	97.2	99.3	98.4	98.4	93.6	95.2	96.6	100.3	98.7
呼伦贝尔	100	99.3	99.2	93.7	98.5	97.0	99.9	98.8	99.0	99.2	99.5	99.7
沈阳	100	96.4	98.7	101.1	101.1	101.1	101.1	99.8	99.4	101.6	101.5	100.5
大连	100	101.2	102.1	100.7	102.4	102.1	101.6	103.2	99.5	100.1	103.4	99.8
鞍山	100	101.3	100.4	107.4	97.6	98.3	98.3	98.2	96.7	102.0	103.8	92.8
抚顺	100	103.0	100.3	111.1	92.6	98.4	101.4	98.7	104.7	107.1	94.5	104.9
本溪	100	100.9	101.5	101.1	96.8	101.9	97.9	97.9	99.2	102.6	102.5	98.3
丹东	100	103.2	102.9	101.2	97.5	107.8	98.4	95.6	92.4	101.7	102.3	98.8
锦州	100	102.7	99.6	99.5	97.0	107.8	102.5	94.0	98.7	105.4	102.3	100.2
营口	100	102.6	99.3	99.4	102.3	96.0	93.3	92.8	99.9	94.9	106.6	102.5
阜新	100	104.9	94.8	94.6	94.3	93.9	98.8	100.9	100.9	100.9	100.9	100.9
辽阳	100	102.0	97.1	100.6	101.4	96.9	107.1	99.8	100.9	105.6	102.4	89.5
盘锦	100	109.4	97.3	94.9	97.7	103.9	101.2	95.2	99.9	99.9	104.1	103.9
铁岭	100	99.4	92.0	91.3	99.7	99.7	99.7	98.2	98.8	107.8	104.9	111.2
朝阳	100	104.2	106.0	97.2	93.5	90.1	98.8	98.8	98.8	102.2	108.8	108.1
葫芦岛	100	101.4	101.3	101.3	112.4	101.1	101.1	90.7	99.4	94.2	98.3	98.3
长春	100	102.0	103.6	101.0	111.1	97.1	103.2	97.6	101.0	101.2	102.3	93.7
吉林	100	102.4	101.7	99.8	100.3	100.6	105.1	94.1	98.7	98.7	96.4	107.0

城市	1990 年	1991 年	1992 年	1993 年	1994 年	1995 年	1996 年	1997 年	1998 年	1999 年	2000 年	2001 年
四平	100	100. 9	97. 0	93. 5	106. 9	94. 8	94. 6	109. 3	95. 1	107. 0	97. 7	106. 5
辽源	100	97. 7	98. 4	91. 2	103. 6	99. 3	91. 1	103. 3	89. 5	106. 7	100. 0	105. 6
通化	100	101. 4	95. 1	98. 1	105. 9	95. 1	84. 9	107. 8	90. 7	97. 2	103. 9	99. 2
白山	100	101. 5	97. 4	99. 8	99. 8	102. 6	90. 4	103. 5	101. 0	106. 5	90. 6	106. 7
松原	100	105. 9	97. 3	100. 5	103. 3	109. 4	108. 6	93. 4	93. 0	106. 1	111. 5	106. 5
白城	100	101. 4	97. 8	102. 4	96. 9	96. 8	96. 8	108. 6	103. 1	103. 0	102. 9	101. 2
哈尔滨	100	99. 9	104. 1	104. 0	103. 8	98. 0	84. 4	98. 9	99. 0	99. 3	100. 7	99. 1
齐齐哈尔	100	101. 5	91. 3	98. 5	97. 8	97. 7	97. 7	93. 4	97. 7	97. 6	97. 8	100. 0
鸡西	100	103. 2	100. 4	99. 6	111. 7	96. 0	98. 1	101. 7	101. 6	99. 1	99. 8	104. 2
鹤岗	100	100. 9	98. 4	93. 7	104. 1	103. 7	102. 0	92. 0	105. 1	99. 2	106. 3	105. 9
双鸭山	100	99. 9	99. 1	97. 0	100. 6	96. 1	90. 7	104. 2	104. 0	103. 8	91. 7	88. 3
大庆	100	100. 4	99. 8	100. 6	100. 9	98. 1	103. 7	102. 9	102. 8	100. 4	100. 4	100. 4
伊春	100	99. 3	98. 1	102. 5	96. 3	94. 9	105. 5	101. 1	106. 7	95. 8	109. 1	103. 6
佳木斯	100	99. 9	100. 2	98. 7	101. 1	93. 3	95. 6	100. 5	104. 7	101. 2	100. 4	100. 9
七台河	100	96. 3	98. 6	98. 6	106. 1	92. 6	93. 8	93. 7	105. 6	99. 6	100. 0	97. 6
牡丹江	100	103. 9	92. 1	95. 3	86. 2	111. 8	105. 2	101. 8	99. 0	98. 7	102. 0	102. 3
黑河	100	103. 2	103. 8	94. 5	107. 6	99. 2	108. 0	107. 4	99. 8	99. 6	101. 9	101. 9
绥化	100	112. 6	85. 3	95. 4	95. 2	102. 8	94. 4	101. 4	102. 0	101. 9	102. 7	99. 8
上海	100	102. 6	102. 5	102. 4	102. 4	102. 3	102. 3	102. 2	100. 6	101. 3	105. 5	102. 5
南京	100	99. 0	99. 4	88. 9	102. 0	98. 4	101. 7	105. 1	109. 8	106. 3	105. 1	99. 4
无锡	100	100. 4	88. 7	90. 0	106. 7	101. 9	96. 2	103. 8	103. 6	103. 5	100. 3	93. 5
徐州	100	101. 7	101. 6	101. 5	101. 4	103. 5	108. 0	98. 5	101. 2	100. 5	110. 1	101. 8
常州	100	99. 5	96. 9	98. 8	97. 0	98. 7	96. 5	101. 4	90. 7	89. 8	101. 8	100. 9
苏州	100	103. 7	100. 2	99. 9	107. 1	86. 5	111. 3	98. 2	101. 1	100. 0	102. 3	102. 3
南通	100	100. 0	97. 1	99. 5	96. 1	103. 5	102. 0	95. 7	92. 9	91. 0	103. 7	102. 1
连云港	100	101. 0	100. 9	100. 9	100. 8	107. 4	104. 0	94. 6	98. 1	102. 1	98. 3	102. 7
淮安	100	98. 6	98. 6	98. 5	98. 4	98. 2	90. 7	97. 6	102. 0	104. 2	113. 6	103. 9
盐城	100	109. 6	100. 6	86. 9	94. 3	96. 2	104. 3	101. 4	99. 6	99. 6	103. 3	99. 7
扬州	100	111. 2	84. 1	91. 0	94. 2	97. 2	103. 6	104. 2	99. 6	102. 4	100. 6	112. 8
镇江	100	102. 7	94. 1	93. 8	124. 2	92. 1	91. 4	114. 4	81. 7	102. 5	105. 3	98. 7
泰州	100	102. 3	98. 6	103. 2	102. 0	99. 7	99. 1	98. 1	101. 7	102. 9	102. 0	101. 9

续表

城市	1990 年	1991 年	1992 年	1993 年	1994 年	1995 年	1996 年	1997 年	1998 年	1999 年	2000 年	2001 年
宿迁	100	102.3	99.6	103.5	102.4	104.2	104.0	103.9	103.7	103.6	94.9	94.7
杭州	100	101.8	100.4	100.4	105.3	100.6	99.9	102.3	97.1	103.3	93.1	91.2
宁波	100	101.2	97.8	97.6	102.6	91.4	96.8	98.0	102.2	101.5	101.1	100.5
温州	100	99.5	100.3	96.9	101.1	102.7	106.5	99.4	105.2	95.2	104.7	104.1
嘉兴	100	111.6	94.4	95.4	88.2	99.5	101.3	99.8	103.4	101.3	98.9	103.8
湖州	100	104.4	98.9	94.5	108.9	96.0	99.1	104.4	104.2	108.4	101.6	101.6
绍兴	100	105.0	93.1	96.3	104.9	84.5	100.9	100.2	100.2	101.4	101.0	109.4
金华	100	107.9	92.3	95.6	108.7	87.7	111.9	96.8	107.4	100.4	102.4	102.3
衢州	100	102.4	96.9	96.8	106.4	101.2	101.2	107.6	108.7	105.9	105.6	105.3
舟山	100	103.8	100.3	100.9	117.3	93.4	105.9	111.1	98.0	101.9	99.8	106.8
台州	100	94.1	100.0	95.1	95.1	94.9	94.6	103.1	100.4	108.3	105.0	102.1
丽水	100	98.7	98.8	99.4	100.7	86.1	83.8	100.8	100.8	111.8	107.5	102.3
合肥	100	98.7	82.4	119.9	102.5	99.3	103.0	95.5	100.3	102.3	97.2	92.1
芜湖	100	94.4	94.0	101.6	89.7	99.8	101.7	117.0	105.7	96.2	101.0	101.2
蚌埠	100	99.6	100.7	100.5	105.0	103.1	99.3	98.5	100.2	99.6	103.2	100.3
淮南	100	103.0	82.9	89.9	108.6	100.3	107.9	98.4	98.4	99.0	99.0	102.5
马鞍山	100	98.6	90.6	92.6	103.2	101.3	101.9	117.5	99.1	100.8	100.8	99.1
淮北	100	111.1	93.7	96.9	96.5	102.2	102.1	102.1	101.8	100.5	103.1	103.0
铜陵	100	103.8	95.3	91.0	96.4	104.9	101.4	97.3	104.0	102.2	101.9	103.6
安庆	100	98.1	97.3	97.5	93.7	93.4	92.9	94.7	104.0	103.8	95.6	96.8
黄山	100	113.9	91.2	99.1	101.6	99.4	99.4	101.4	98.0	101.8	101.9	101.4
滁州	100	99.4	98.8	99.2	99.9	96.0	101.3	92.1	98.6	98.6	96.9	96.5
阜阳	100	99.4	99.4	99.4	94.8	102.6	99.0	100.4	95.8	95.6	95.4	100.7
宿州	100	98.5	98.1	101.2	95.9	99.8	101.2	95.0	102.3	102.3	99.2	99.2
六安	100	102.4	94.5	98.4	103.7	103.6	98.5	98.5	107.3	108.7	101.4	101.4
亳州	100	99.1	96.4	98.0	103.4	95.8	95.7	95.5	99.0	99.0	99.5	108.4
宣城	100	98.8	96.0	96.6	98.8	102.6	99.9	94.5	95.9	95.7	97.0	108.5
福州	100	103.5	100.8	95.4	98.4	112.0	95.4	92.8	95.8	93.6	102.2	101.3
厦门	100	102.5	101.8	104.6	105.8	99.5	98.7	99.7	101.0	101.5	105.9	89.3
莆田	100	95.0	94.7	100.1	106.7	108.1	98.8	102.4	102.3	102.3	99.5	108.5
三明	100	105.9	89.1	100.7	90.5	102.9	102.9	101.0	95.7	104.9	97.5	100.3

续表

城市	1990 年	1991 年	1992 年	1993 年	1994 年	1995 年	1996 年	1997 年	1998 年	1999 年	2000 年	2001 年
泉州	100	101.3	105.9	100.7	102.3	102.3	93.7	100.0	113.6	101.3	97.2	102.8
漳州	100	101.0	92.7	93.1	120.8	102.7	87.5	99.6	103.4	100.8	99.4	103.9
南平	100	89.9	97.5	96.4	108.9	113.8	112.1	99.0	102.4	109.0	92.4	91.6
龙岩	100	100.7	101.7	96.7	111.2	110.2	89.1	106.0	102.3	99.9	116.8	103.2
宁德	100	91.7	95.3	95.1	94.9	106.9	92.3	103.3	103.6	103.9	104.3	105.3
南昌	100	100.9	98.3	103.6	103.9	97.4	100.9	97.6	98.2	98.3	100.8	100.8
景德镇	100	99.1	97.9	97.5	101.3	97.7	98.2	102.0	97.5	99.6	99.6	99.5
萍乡	100	96.2	104.6	94.1	101.0	99.0	97.6	94.3	103.8	102.9	95.2	98.1
九江	100	96.1	93.0	98.4	102.7	104.8	103.3	99.3	99.7	99.7	101.5	91.9
新余	100	99.2	99.1	108.0	110.4	96.7	96.6	100.2	99.2	100.8	98.1	101.6
鹰潭	100	107.1	106.6	94.4	108.2	94.9	94.0	103.0	106.0	96.2	102.2	102.1
赣州	100	97.5	96.0	97.0	94.3	109.3	96.4	102.3	102.6	102.9	97.7	100.2
吉安	100	94.1	93.7	92.3	94.1	110.2	91.8	100.8	102.6	105.3	110.6	116.3
宜春	100	109.0	97.8	98.2	100.0	100.0	102.7	99.5	99.6	99.7	99.7	100.4
上饶	100	101.6	101.4	102.4	100.9	98.2	98.2	100.9	101.1	101.3	101.5	110.6
济南	100	102.3	102.2	103.2	109.5	89.6	101.6	99.6	100.4	102.4	98.7	99.0
青岛	100	100.8	101.2	101.8	106.8	96.8	102.9	102.8	96.6	99.6	95.1	100.8
淄博	100	100.9	98.9	93.3	103.7	98.5	98.5	98.5	94.9	105.9	99.4	104.6
枣庄	100	103.5	83.7	97.2	99.0	99.0	94.2	103.3	103.2	105.7	105.4	91.9
东营	100	102.7	98.9	102.3	101.3	101.0	101.0	100.9	102.1	99.6	103.4	103.3
烟台	100	106.0	96.7	100.3	106.8	100.1	101.6	99.0	101.3	103.3	97.7	103.7
潍坊	100	100.3	98.4	95.9	95.7	95.5	99.4	99.4	92.1	99.0	99.0	101.7
济宁	100	111.0	100.4	90.6	97.6	92.2	101.6	101.6	97.8	107.2	106.4	98.5
泰安	100	98.7	98.6	93.8	99.8	92.0	105.0	101.2	101.5	94.9	101.2	102.3
威海	100	100.5	102.2	102.1	98.2	91.9	108.3	103.0	101.7	101.7	104.1	105.6
日照	100	98.8	98.8	106.4	111.7	98.7	103.4	101.2	96.2	97.4	96.2	107.4
莱芜	100	96.2	94.5	115.3	106.1	86.2	103.1	103.5	102.5	101.9	101.8	101.8
临沂	100	106.6	88.7	99.3	114.3	84.2	81.3	111.1	94.9	114.2	104.3	98.2
德州	100	98.0	101.7	94.1	100.5	104.0	93.0	99.0	95.5	98.4	95.8	92.3
聊城	100	103.9	98.7	104.2	101.2	106.1	101.9	97.5	99.1	101.7	106.8	99.9
滨州	100	100.2	97.8	100.0	101.9	105.3	105.0	97.4	97.9	98.5	99.3	108.1

续表

城市	1990 年	1991 年	1992 年	1993 年	1994 年	1995 年	1996 年	1997 年	1998 年	1999 年	2000 年	2001 年
菏泽	100	101.5	101.6	101.9	99.2	95.7	110.7	100.8	101.0	101.4	101.9	94.8
郑州	100	90.9	100.1	99.7	88.6	108.5	103.1	120.3	84.6	93.5	110.0	97.5
开封	100	103.8	98.5	98.5	98.5	94.8	98.4	96.1	102.7	101.1	102.9	102.2
洛阳	100	98.4	102.9	104.2	97.9	88.1	97.8	99.3	100.1	102.0	97.5	98.7
平顶山	100	102.4	92.6	102.7	103.9	88.6	97.6	98.5	98.5	96.7	100.3	97.2
安阳	100	99.1	104.5	102.1	105.3	98.4	95.0	94.7	101.9	101.9	97.4	98.9
鹤壁	100	99.2	100.4	92.6	99.0	107.9	97.7	100.0	104.2	100.9	94.2	99.3
新乡	100	101.3	99.2	99.2	109.6	98.7	91.4	96.3	96.1	89.4	101.6	106.9
焦作	100	90.8	101.2	101.2	81.7	106.0	100.4	95.9	99.3	97.6	101.5	101.4
濮阳	100	113.0	96.6	101.9	101.8	101.8	103.3	106.9	101.5	98.9	98.9	103.2
许昌	100	99.4	84.8	91.6	99.3	93.0	92.4	104.3	104.1	100.3	93.0	103.3
漯河	100	95.6	95.9	98.8	104.4	104.2	104.4	107.1	101.6	103.0	98.7	101.5
三门峡	100	105.3	96.8	95.1	106.9	97.0	97.0	96.6	96.8	102.5	105.2	93.8
南阳	100	95.4	95.0	95.7	98.4	95.9	94.5	94.3	101.0	114.8	85.6	106.6
商丘	100	103.0	85.1	105.0	95.7	112.5	97.6	92.4	109.9	94.9	94.6	108.1
信阳	100	100.8	93.3	96.6	112.3	110.9	103.3	103.2	91.2	99.2	101.7	101.7
周口	100	95.4	103.6	103.6	103.5	103.4	103.3	103.2	101.5	102.3	103.2	91.2
驻马店	100	111.8	95.1	98.1	100.5	121.7	83.9	102.5	103.2	104.3	105.9	95.8
武汉	100	102.3	99.3	96.5	101.3	101.3	101.2	94.7	96.2	111.6	87.1	101.6
黄石	100	99.1	95.6	95.4	95.2	100.9	96.0	89.1	97.2	104.7	106.9	102.2
十堰	100	103.2	101.9	104.3	103.8	101.6	101.6	113.6	95.0	94.8	94.0	100.5
宜昌	100	102.8	91.5	91.0	87.6	96.8	112.9	88.9	87.5	99.5	104.5	105.1
襄阳	100	100.0	100.5	101.7	97.7	101.6	113.6	101.1	97.0	102.8	102.7	97.0
鄂州	100	100.5	98.9	110.1	98.4	112.7	97.5	100.8	96.8	98.9	98.8	98.8
荆门	100	89.9	98.7	96.1	117.2	111.5	83.9	104.5	107.3	103.0	102.9	102.9
孝感	100	98.1	94.5	106.5	84.6	86.5	119.0	85.4	118.1	102.0	102.0	101.9
荆州	100	99.4	97.1	98.8	102.8	113.2	100.3	100.9	104.5	107.4	98.5	104.4
黄冈	100	105.5	95.8	97.3	98.2	103.2	105.9	105.6	105.3	105.0	99.5	102.1
咸宁	100	98.7	98.7	82.7	104.3	88.3	101.4	107.0	108.2	109.5	100.6	94.6
随州	100	87.5	82.9	94.7	110.5	101.0	97.7	98.8	99.0	99.3	99.5	105.8
长沙	100	102.8	100.5	101.9	104.1	108.6	101.6	96.3	100.5	99.5	116.4	100.7

城市	1990 年	1991 年	1992 年	1993 年	1994 年	1995 年	1996 年	1997 年	1998 年	1999 年	2000 年	2001 年
株洲	100	102.5	93.3	85.2	98.9	109.1	97.7	101.9	102.3	103.2	101.4	102.0
湘潭	100	101.4	88.9	98.0	97.7	104.6	94.8	105.4	98.1	103.5	100.7	102.3
衡阳	100	109.1	98.8	101.7	89.1	99.5	99.5	100.5	100.5	100.5	100.5	103.1
邵阳	100	99.7	99.7	94.8	97.2	95.2	90.2	108.8	92.9	103.6	103.5	110.6
岳阳	100	99.2	99.2	92.0	101.1	101.1	104.9	99.0	97.9	100.5	116.1	98.3
常德	100	102.1	93.0	87.6	100.5	102.3	101.8	102.0	95.0	104.0	100.3	101.5
张家界	100	106.8	92.1	82.2	95.8	93.4	107.8	101.4	101.6	104.7	99.2	99.0
益阳	100	97.9	97.6	97.5	96.3	97.5	92.9	103.8	98.0	100.1	100.1	100.1
郴州	100	88.4	96.1	87.2	105.7	96.4	106.9	106.4	95.1	105.0	102.9	106.2
永州	100	95.5	98.8	101.9	104.4	104.3	102.7	98.0	95.4	100.8	104.1	103.9
怀化	100	97.3	96.9	84.2	103.8	103.6	102.2	102.2	102.1	100.6	103.4	103.3
娄底	100	99.8	87.2	86.1	96.0	98.9	98.9	104.4	105.0	105.8	102.9	102.8
广州	100	101.1	101.1	101.1	101.1	100.8	101.1	104.0	101.4	102.1	99.0	102.6
韶关	100	101.0	101.1	94.9	105.9	114.6	103.3	105.5	93.0	105.6	96.3	96.2
深圳	100	100.4	101.1	101.2	99.1	108.5	105.1	88.6	107.2	99.1	99.1	99.1
珠海	100	99.2	97.8	102.4	99.1	110.7	99.3	99.9	99.0	98.5	98.5	98.4
汕头	100	100.3	99.7	103.7	103.5	92.3	101.2	108.1	98.1	107.2	97.5	108.7
佛山	100	110.6	91.0	100.3	100.3	100.1	98.9	100.0	103.3	99.4	103.7	106.8
江门	100	103.9	90.7	98.2	98.2	99.6	102.3	107.2	101.3	100.1	101.9	101.8
湛江	100	100.9	93.4	108.5	107.8	98.0	104.9	101.8	98.2	104.5	98.1	97.3
茂名	100	109.8	95.6	95.4	104.6	104.4	95.9	95.7	103.3	86.9	96.8	101.8
肇庆	100	116.7	87.8	102.8	102.7	98.1	105.3	92.9	100.3	103.6	102.0	102.0
惠州	100	116.6	81.4	104.7	118.3	106.3	97.4	108.3	98.8	93.4	92.9	96.7
梅州	100	98.9	96.6	98.7	100.9	100.9	103.9	98.4	96.8	93.6	103.5	103.4
汕尾	100	109.7	108.5	92.2	91.5	103.1	97.0	111.7	100.5	85.6	100.7	122.5
河源	100	99.1	99.0	97.7	97.7	88.6	105.2	105.0	88.8	95.7	117.0	85.0
阳江	100	103.9	114.8	92.7	92.1	98.5	100.5	100.5	108.4	100.7	117.2	99.7
清远	100	108.9	91.1	114.2	112.4	103.3	102.6	102.5	102.4	102.4	105.0	104.8
东莞	100	100.1	99.9	100.1	100.7	111.5	93.2	106.3	98.3	105.7	97.5	97.6
中山	100	101.5	101.4	104.0	103.9	99.9	105.9	100.5	100.5	99.3	100.2	98.7
潮州	100	106.7	99.2	101.4	111.5	99.6	98.0	98.0	97.9	100.5	102.5	103.0

续表

城市	1990年	1991年	1992年	1993年	1994年	1995年	1996年	1997年	1998年	1999年	2000年	2001年
揭阳	100	105.9	99.7	103.3	103.2	100.1	105.7	99.0	97.9	96.6	95.0	94.7
云浮	100	104.3	100.8	103.4	103.2	102.9	102.8	102.8	106.6	100.8	99.5	99.5
南宁	100	99.5	95.3	109.2	101.5	88.4	99.2	99.1	102.3	102.1	102.1	94.1
柳州	100	99.0	99.0	98.7	99.3	99.2	98.7	98.7	101.8	102.4	96.7	98.5
桂林	100	100.1	100.1	97.3	100.5	100.5	100.5	95.6	89.1	107.2	99.5	104.4
梧州	100	98.2	103.2	94.5	102.2	98.2	98.2	92.6	110.1	94.8	94.2	99.0
北海	100	103.6	95.9	98.8	101.8	94.2	92.1	101.2	101.2	101.2	97.7	107.8
防城港	100	95.3	94.9	99.0	107.3	95.0	106.2	105.9	101.6	101.6	100.6	101.3
钦州	100	101.4	101.7	100.7	106.6	106.2	107.1	104.7	94.3	94.0	100.2	104.0
贵港	100	94.7	109.4	102.1	96.3	106.1	106.1	105.8	106.4	106.0	100.8	97.6
玉林	100	103.1	98.9	100.1	99.8	98.6	98.6	96.1	96.0	95.8	104.5	105.7
百色	100	93.9	101.0	101.1	95.2	95.0	99.5	100.7	101.3	102.2	103.1	104.0
河池	100	94.7	104.0	104.6	100.6	100.6	110.3	102.8	103.1	103.4	103.6	104.0
海口	100	112.8	95.8	102.3	107.8	103.0	98.2	101.0	92.2	100.1	93.2	94.3
三亚	100	104.7	83.8	99.6	98.7	98.7	96.7	106.6	101.1	101.6	99.7	102.1
重庆	100	99.4	99.4	98.7	112.9	94.8	92.1	100.4	97.1	103.1	93.8	102.1
成都	100	90.4	101.4	90.7	97.3	101.9	101.9	101.5	104.5	103.8	101.2	95.3
自贡	100	107.2	91.0	88.9	105.8	97.8	99.7	94.0	99.0	103.0	100.6	109.0
攀枝花	100	100.0	102.1	95.1	103.5	95.4	106.2	100.6	87.3	115.2	106.4	100.8
泸州	100	96.4	94.8	94.6	93.3	92.8	98.3	102.7	103.2	116.9	114.7	95.9
德阳	100	110.2	109.3	101.7	101.5	99.7	117.9	96.7	93.9	95.5	101.2	105.7
绵阳	100	112.5	93.7	96.9	99.0	97.3	99.6	123.3	81.4	97.8	97.7	112.4
广元	100	106.1	97.1	100.3	102.6	98.2	99.6	102.4	98.5	97.0	103.6	97.7
遂宁	100	101.9	113.5	111.9	101.6	102.4	102.3	102.3	102.2	96.6	102.8	98.6
内江	100	109.1	98.6	97.6	97.5	93.0	111.6	100.7	99.4	99.4	108.4	103.3
乐山	100	97.1	97.0	103.7	108.5	96.0	96.3	99.8	100.5	107.2	98.6	113.7
南充	100	100.6	101.0	104.1	103.9	103.8	96.4	100.0	101.4	106.5	99.7	102.8
宜宾	100	97.6	103.3	103.3	103.8	103.6	103.5	98.8	90.7	98.2	117.5	114.9
雅安	100	99.0	100.5	101.2	102.0	97.6	101.0	99.8	97.6	99.3	100.9	107.5
巴中	100	98.7	101.8	104.0	106.1	93.9	93.5	102.5	102.9	103.1	103.1	109.2
资阳	100	98.9	101.6	104.3	106.9	100.4	100.4	103.1	103.4	103.6	111.0	104.6

城市	1990 年	1991 年	1992 年	1993 年	1994 年	1995 年	1996 年	1997 年	1998 年	1999 年	2000 年	2001 年
贵阳	100	99.5	101.0	100.4	108.4	104.6	93.9	93.5	108.5	101.3	100.0	96.1
六盘水	100	94.8	102.5	99.0	107.2	88.4	86.8	95.1	98.6	101.3	92.1	91.4
遵义	100	86.0	96.6	102.1	103.3	103.2	103.1	103.0	99.9	100.7	99.7	95.2
安顺	100	98.3	98.3	95.9	100.2	102.5	102.4	103.6	103.8	104.0	104.2	95.3
昆明	100	98.6	99.0	95.1	103.3	90.9	97.0	99.1	98.2	110.7	95.0	99.4
曲靖	100	98.6	98.5	99.0	92.9	101.2	101.2	108.0	107.4	106.9	104.7	104.5
玉溪	100	100.1	99.9	99.9	100.8	101.2	104.0	102.2	102.2	104.0	112.1	92.4
保山	100	100.5	114.7	96.1	95.9	110.7	95.8	99.7	99.1	98.9	98.2	99.2
昭通	100	101.4	92.5	100.6	104.2	86.8	104.1	105.6	105.3	106.5	106.8	107.6
普洱	100	100.8	89.5	105.3	99.4	98.1	97.8	100.7	100.7	101.1	100.2	100.5
西安	100	101.1	97.9	99.1	99.1	99.1	99.1	93.3	95.2	102.7	99.8	97.2
铜川	100	106.5	95.9	89.3	99.5	99.5	99.4	99.4	102.4	109.5	99.6	99.6
宝鸡	100	103.0	99.4	99.4	101.9	101.8	104.4	98.9	101.2	99.7	97.5	96.7
咸阳	100	100.4	88.5	100.9	100.7	95.1	119.7	99.5	100.3	103.4	101.6	93.4
渭南	100	98.7	98.7	98.7	98.7	100.3	91.4	102.6	98.3	101.2	101.2	107.3
延安	100	101.7	101.9	92.6	111.5	105.2	111.3	91.7	104.5	106.7	104.8	96.7
汉中	100	97.0	103.9	103.8	96.8	106.0	105.6	92.7	96.7	99.0	117.8	106.5
榆林	100	102.4	105.3	104.5	100.3	89.6	88.3	100.7	100.8	101.0	98.5	109.3
安康	100	102.2	106.8	112.0	96.4	96.3	98.1	101.7	102.0	102.0	102.3	101.7
兰州	100	100.2	101.1	99.6	106.0	102.8	98.5	97.4	97.4	97.3	99.4	100.9
嘉峪关	100	100.9	100.9	100.9	92.4	97.9	106.3	105.9	100.1	100.1	100.1	100.1
金昌	100	107.4	98.6	98.6	98.6	112.2	97.2	110.1	109.2	99.4	99.4	100.1
白银	100	101.0	101.8	105.0	104.8	104.5	104.4	102.1	102.0	96.7	109.7	97.5
天水	100	103.1	110.0	103.3	103.2	103.1	98.1	98.1	100.7	100.7	100.7	100.7
武威	100	98.3	98.0	97.2	99.1	94.0	95.3	101.7	101.7	101.6	97.3	108.3
张掖	100	100.2	100.2	91.3	96.4	107.7	96.8	96.7	99.8	100.5	101.2	102.1
平凉	100	97.9	100.4	96.6	107.7	107.2	106.7	99.9	100.1	100.3	100.5	100.7
酒泉	100	101.2	100.1	100.0	100.9	101.2	99.3	103.2	103.9	104.7	105.6	106.6
西宁	100	101.7	100.8	100.8	101.1	105.1	99.1	99.0	106.3	96.9	96.8	102.6
银川	100	101.6	104.7	95.1	94.8	99.5	99.0	100.2	99.4	107.2	100.0	99.1
石嘴山	100	100.5	102.9	97.4	106.4	103.2	89.8	106.5	99.4	97.6	99.7	108.4

续表

城市	1990年	1991年	1992年	1993年	1994年	1995年	1996年	1997年	1998年	1999年	2000年	2001年
吴忠	100	98.5	98.9	93.1	97.2	94.4	93.0	103.2	100.2	99.6	99.7	110.8
乌鲁木齐	100	100.9	100.9	101.0	101.0	113.5	99.7	101.4	103.2	101.2	97.5	99.4
克拉玛依	100	100.2	100.2	99.6	105.2	105.0	105.1	101.4	101.8	110.0	101.6	103.9

附表 2 - 20　　　　1990—2011 年 264 个城市政府效率指数

（上一年＝100）（2002—2011 年）

城市	2002年	2003年	2004年	2005年	2006年	2007年	2008年	2009年	2010年	2011年	平均	2000后
北京	100.3	95.8	101.6	105.9	97.6	98.9	99.0	106.9	101.6	102.8	101.5	101.1
天津	100.6	100.9	103.1	101.6	101.8	102.8	102.9	102.5	100.9	104.7	100.3	101.7
石家庄	95.6	111.2	113.6	101.5	98.2	107.1	99.0	101.9	101.6	102.6	102.1	102.5
唐山	98.2	101.3	110.8	99.3	103.2	104.7	101.4	110.0	97.9	101.0	101.3	102.0
秦皇岛	101.4	99.7	110.7	101.2	102.9	100.3	101.4	99.3	101.2	102.5	101.6	102.3
邯郸	101.8	100.9	119.8	97.6	107.0	100.3	101.7	107.2	96.7	98.8	101.9	102.5
邢台	100.9	107.1	106.6	100.8	101.3	96.5	106.0	101.0	104.2	99.8	101.3	101.7
保定	101.7	96.7	118.3	100.9	99.9	108.2	99.7	117.1	82.3	102.3	100.9	102.3
张家口	101.1	98.9	116.9	101.8	105.3	105.1	97.6	102.2	108.7	97.7	101.2	103.2
承德	101.2	96.9	119.0	108.7	99.7	102.5	97.8	103.4	100.7	100.9	100.9	102.7
沧州	97.8	107.5	120.3	110.9	97.1	99.0	100.1	105.0	100.6	101.4	102.4	103.2
廊坊	112.3	110.2	102.8	101.2	105.9	102.6	91.0	107.4	98.0	103.1	103.4	103.3
衡水	101.1	108.5	120.4	88.0	109.6	95.4	100.5	111.5	94.6	101.4	102.3	103.9
太原	100.7	100.7	100.7	100.7	100.7	101.4	101.4	101.4	104.5	103.2	100.3	101.8
大同	98.8	98.8	99.9	106.2	101.8	100.9	100.9	97.8	99.2	102.4	100.1	100.6
阳泉	101.9	95.1	111.3	99.0	100.0	93.9	104.5	105.8	98.7	99.3	100.6	101.0
长治	98.7	101.1	118.8	102.2	94.1	107.6	92.2	100.9	100.2	104.7	101.6	101.3
晋城	102.3	102.3	112.7	103.9	101.7	101.4	104.7	113.3	98.8	101.9	102.1	103.7
朔州	107.9	99.3	112.4	104.2	97.0	101.5	99.5	100.8	100.7	101.7	102.3	102.9
运城	105.0	99.0	116.1	101.0	101.0	96.8	99.0	92.5	91.9	100.5	100.7	101.2
忻州	101.1	100.3	123.9	103.4	101.6	102.1	103.2	105.4	105.2	102.3	101.8	104.1
临汾	99.5	109.8	108.9	104.1	102.2	93.2	104.8	100.0	100.5	102.5	101.2	102.3
呼和浩特	103.0	98.6	111.2	103.3	100.2	96.6	100.1	97.2	105.6	104.9	100.6	102.1

城市	2002年	2003年	2004年	2005年	2006年	2007年	2008年	2009年	2010年	2011年	平均	2000后
包头	114.3	112.5	111.1	106.3	106.4	101.8	98.7	97.6	98.8	99.0	102.5	104.3
乌海	103.2	103.1	103.0	103.6	97.2	102.7	107.0	106.5	108.6	103.3	102.2	103.3
赤峰	102.8	91.4	111.6	115.5	98.5	114.8	99.7	99.7	99.2	100.2	101.5	103.1
通辽	105.0	100.5	114.1	104.4	98.1	108.8	103.8	107.3	95.5	102.8	100.6	103.3
呼伦贝尔	100.1	102.5	115.7	99.2	101.3	102.8	100.6	101.4	101.4	106.3	100.7	102.5
沈阳	100.8	105.6	96.1	94.7	103.1	104.8	102.0	103.9	100.7	100.3	100.7	101.2
大连	97.4	99.0	101.7	102.7	100.2	97.8	105.6	102.8	105.8	102.1	101.4	101.5
鞍山	100.9	96.9	101.8	100.7	101.6	101.0	103.2	98.7	98.6	99.9	100.0	100.0
抚顺	99.6	95.1	105.6	102.4	102.2	101.4	104.2	99.9	99.4	95.0	101.0	100.3
本溪	103.0	99.6	102.0	96.8	104.4	102.1	97.8	103.7	101.5	99.4	100.5	100.9
丹东	105.7	98.2	116.1	91.2	94.7	102.9	101.0	104.6	100.1	98.9	100.7	101.2
锦州	102.7	101.3	110.3	103.8	110.9	90.9	103.4	101.1	97.0	99.6	101.4	102.0
营口	109.7	99.7	107.6	98.9	101.8	104.2	102.9	96.2	96.9	102.0	100.4	102.4
阜新	103.0	102.1	107.9	102.5	103.0	100.9	102.4	98.6	97.6	102.0	100.3	101.8
辽阳	105.2	100.6	99.7	105.3	97.8	101.7	95.4	96.3	112.7	99.5	100.8	100.5
盘锦	98.9	98.9	106.1	102.3	102.7	110.4	109.4	100.5	99.3	99.6	101.6	103.0
铁岭	99.2	96.5	114.9	103.0	104.7	101.7	96.8	97.3	99.3	100.7	100.8	102.5
朝阳	104.2	103.2	104.4	100.5	95.9	101.4	104.4	104.2	104.0	101.0	101.4	103.4
葫芦岛	108.7	97.1	119.4	99.2	107.5	106.9	99.2	102.7	95.8	103.0	101.8	103.0
长春	93.3	100.0	101.7	101.7	101.6	101.6	101.6	107.6	107.0	106.7	101.7	101.6
吉林	98.5	100.9	120.3	102.9	105.0	100.5	100.0	102.4	99.2	99.2	101.5	102.7
四平	106.1	85.8	103.5	97.1	100.8	98.6	102.7	107.9	102.1	102.7	100.5	101.0
辽源	94.4	113.9	109.1	108.3	107.7	107.1	107.5	106.9	106.5	95.0	102.0	105.2
通化	115.3	111.5	103.2	103.2	102.2	102.9	102.5	103.3	99.2	98.5	101.0	103.7
白山	101.5	93.5	114.1	104.2	109.8	99.4	97.2	106.4	98.3	99.6	101.1	101.8
松原	92.2	101.3	109.5	106.4	103.4	101.6	103.2	97.5	104.0	101.0	102.5	103.2
白城	98.8	106.4	105.5	98.4	101.4	100.7	99.0	111.4	102.8	101.9	101.7	102.5
哈尔滨	103.7	99.7	105.0	103.5	98.6	104.6	104.7	100.7	101.8	103.4	100.8	102.1
齐齐哈尔	91.8	103.9	102.4	108.8	97.5	103.2	101.0	106.9	94.2	96.9	99.0	100.4
鸡西	100.8	110.0	111.3	98.2	99.5	102.1	99.4	100.4	101.9	101.7	101.8	102.4

续表

城市	2002年	2003年	2004年	2005年	2006年	2007年	2008年	2009年	2010年	2011年	平均	2000后
鹤岗	93.8	110.5	105.3	97.5	102.7	100.9	100.8	97.6	100.4	98.5	100.9	101.7
双鸭山	101.5	99.5	99.6	100.1	108.8	96.6	103.1	100.1	99.9	98.7	99.2	99.0
大庆	103.3	99.4	91.1	98.9	119.9	99.9	104.0	101.7	99.0	102.0	101.3	101.7
伊春	97.4	99.9	100.8	103.5	97.8	103.0	106.8	98.6	99.8	104.4	101.1	102.1
佳木斯	99.2	102.9	103.6	107.7	107.1	106.6	99.0	100.4	100.3	99.6	101.0	102.3
七台河	108.4	101.4	93.3	96.5	102.5	104.4	97.7	97.3	97.2	103.5	99.3	100.0
牡丹江	90.4	110.2	113.3	98.4	95.0	105.8	103.6	108.1	92.7	104.0	100.9	102.2
黑河	101.8	101.0	115.7	98.6	97.3	99.4	100.6	100.7	99.4	100.3	101.9	101.6
绥化	101.6	118.6	115.7	109.7	103.7	103.4	100.9	103.8	96.2	101.6	102.2	104.8
上海	101.1	100.8	102.0	99.7	99.9	98.5	100.7	102.0	100.8	100.0	101.5	101.1
南京	90.9	98.0	102.0	97.8	99.5	99.7	102.7	99.4	100.9	100.9	100.3	99.7
无锡	104.3	98.6	105.3	95.5	103.4	99.2	101.8	104.6	107.2	106.9	100.7	101.7
徐州	105.1	98.3	99.4	99.4	99.4	102.9	102.1	98.8	104.4	99.7	101.8	101.8
常州	104.0	102.1	104.1	103.2	97.9	106.7	104.7	98.5	103.0	100.7	99.9	102.3
苏州	102.2	103.5	107.5	99.5	104.1	97.8	105.0	103.5	103.7	97.9	101.7	102.4
南通	101.3	91.0	104.7	94.8	103.3	103.0	105.7	94.6	103.8	101.6	99.4	100.8
连云港	102.0	100.2	100.2	106.1	117.2	102.0	99.4	102.7	89.4	105.2	101.6	102.1
淮安	106.7	106.2	105.9	105.8	101.0	96.9	96.9	100.9	101.0	104.5	101.4	103.6
盐城	100.4	98.9	99.3	101.0	119.0	96.4	104.1	98.4	105.0	103.8	101.0	102.4
扬州	98.6	95.1	111.0	106.4	102.2	96.0	101.6	100.9	95.7	99.9	100.4	101.7
镇江	103.3	102.6	103.4	99.0	99.2	104.4	98.5	101.4	101.0	101.8	100.7	101.5
泰州	91.6	109.2	111.8	103.5	101.6	98.1	100.3	104.4	96.4	101.8	101.4	101.9
宿迁	94.4	99.5	122.5	98.3	89.1	93.5	117.6	97.9	94.3	101.7	101.2	99.9
杭州	98.0	98.9	102.4	103.0	101.8	103.7	101.3	109.9	99.0	105.2	100.9	100.6
宁波	100.8	100.3	111.1	103.3	103.1	101.2	114.2	99.7	103.5	99.3	101.2	103.2
温州	95.3	100.0	105.7	99.8	103.8	100.6	102.8	100.1	102.7	105.6	101.5	102.1
嘉兴	105.1	101.2	117.4	103.6	99.7	101.9	103.6	103.9	108.5	107.8	102.3	104.6
湖州	97.6	99.4	111.8	110.6	101.9	101.8	103.9	99.9	101.3	103.1	102.4	102.9
绍兴	96.4	115.3	106.0	99.5	103.7	105.1	102.7	101.4	107.0	101.8	101.6	104.1
金华	94.6	108.3	107.7	102.7	96.3	98.5	102.2	104.5	91.1	100.6	100.9	100.9

城市	2002年	2003年	2004年	2005年	2006年	2007年	2008年	2009年	2010年	2011年	平均	2000后
衢州	93.3	104.2	103.6	92.7	102.8	101.9	101.0	108.0	96.3	99.2	101.9	101.2
舟山	107.7	101.9	104.1	102.2	104.7	99.2	103.5	100.8	102.9	107.4	103.3	103.4
台州	101.9	101.3	109.9	100.5	100.9	96.5	96.0	107.6	101.7	105.4	100.6	102.4
丽水	96.4	107.7	103.8	99.3	101.1	96.3	102.5	100.9	97.5	105.4	100.1	101.7
合肥	101.0	101.9	106.7	106.4	103.0	100.4	99.5	99.5	100.0	104.1	100.7	101.0
芜湖	103.7	99.9	104.4	100.2	97.1	100.7	101.2	103.3	94.0	104.1	100.5	100.9
蚌埠	98.4	98.6	107.2	108.0	94.7	93.8	101.9	101.8	98.9	98.6	100.5	100.5
淮南	102.4	101.0	104.4	96.2	108.5	100.6	102.0	103.7	96.6	102.7	100.3	101.6
马鞍山	99.0	95.4	105.5	100.3	112.0	107.2	88.5	108.7	96.2	104.4	101.0	101.4
淮北	102.9	101.1	103.1	102.4	99.3	83.7	104.3	102.2	100.2	102.4	100.6	100.6
铜陵	100.7	103.6	104.2	97.7	97.5	103.0	100.2	110.6	110.1	98.6	101.3	102.6
安庆	104.0	104.6	105.4	101.3	102.0	102.2	107.5	100.8	101.8	101.7	100.0	102.0
黄山	105.3	95.3	117.1	100.6	99.4	99.4	97.2	104.9	114.4	101.7	102.0	103.2
滁州	102.7	101.8	110.0	103.0	105.8	93.3	104.1	104.7	112.0	102.9	100.8	102.8
阜阳	104.9	102.4	105.4	102.5	100.4	95.8	96.3	109.0	92.6	103.5	99.8	100.7
宿州	97.9	101.6	101.6	99.5	96.1	94.8	94.8	103.3	112.2	101.4	99.8	100.1
六安	102.5	108.3	101.0	99.7	99.7	103.2	103.0	96.5	96.4	100.4	101.3	101.1
亳州	103.4	104.4	104.2	98.7	105.0	101.6	101.7	103.0	88.3	100.7	100.0	101.6
宣城	88.9	100.4	95.4	99.5	105.7	106.7	115.3	99.1	104.7	101.7	100.1	101.9
福州	104.0	99.5	105.1	101.1	104.7	103.1	95.8	95.8	106.5	95.9	100.1	101.3
厦门	101.6	109.0	98.9	99.7	103.5	103.8	103.7	97.7	104.8	110.4	102.0	102.4
莆田	96.6	99.3	107.9	94.0	101.6	97.8	101.3	105.8	113.2	96.5	101.5	101.8
三明	104.4	104.2	104.0	99.5	105.1	100.1	92.6	102.8	104.9	97.8	100.3	101.1
泉州	100.6	100.3	106.1	102.0	104.9	103.1	103.7	103.9	101.4	103.3	102.3	102.5
漳州	108.4	107.7	107.2	103.0	105.5	103.0	101.8	102.4	101.3	99.3	102.0	103.6
南平	100.3	107.9	108.3	98.1	100.5	101.4	101.0	104.2	100.4	102.3	101.7	100.7
龙岩	107.6	106.0	106.6	107.4	93.0	102.2	102.1	102.1	107.6	107.2	103.6	105.2
宁德	118.5	105.6	105.1	104.9	104.6	94.5	102.0	102.4	115.7	101.6	102.3	105.4
南昌	100.8	100.8	99.0	100.6	102.0	101.3	100.9	101.0	105.0	97.3	100.4	100.9
景德镇	99.7	96.3	111.7	107.8	100.2	104.1	100.0	103.6	96.0	98.5	100.4	101.4

续表

城市	2002年	2003年	2004年	2005年	2006年	2007年	2008年	2009年	2010年	2011年	平均	2000后
萍乡	108.2	106.5	114.0	97.0	100.3	104.0	104.0	110.2	96.7	96.6	101.1	102.6
九江	107.4	97.4	112.7	102.2	97.6	116.2	99.7	99.5	95.3	103.1	101.0	102.0
新余	97.5	109.9	105.7	107.0	101.0	101.7	92.8	104.8	103.2	103.5	101.7	102.2
鹰潭	102.1	106.0	105.7	105.4	105.1	104.9	99.5	97.4	104.9	99.7	102.1	102.9
赣州	103.7	99.9	114.6	112.7	103.0	99.8	99.2	104.8	101.8	96.9	101.5	102.9
吉安	119.9	103.9	103.7	100.2	106.1	101.8	103.3	94.9	93.5	101.6	101.9	104.7
宜春	111.8	112.8	115.3	106.3	99.3	107.8	98.5	104.0	95.2	95.8	102.4	103.9
上饶	110.8	112.8	111.4	102.2	106.8	102.5	103.4	103.3	99.1	97.8	103.1	105.2
济南	99.0	99.0	98.9	101.5	102.9	102.8	102.8	102.7	102.9	101.3	101.0	101.0
青岛	101.6	99.3	108.0	100.4	101.9	100.8	103.0	102.9	100.8	100.0	101.1	101.2
淄博	99.1	98.4	104.0	102.3	103.7	105.3	103.5	100.0	106.9	102.6	101.0	102.5
枣庄	96.4	101.0	120.6	102.7	92.3	101.3	102.4	102.9	99.2	99.8	100.2	101.3
东营	118.2	115.4	113.4	102.7	97.1	101.0	92.5	91.9	91.2	102.8	101.9	102.7
烟台	99.2	107.0	114.6	98.4	101.3	123.6	92.1	107.4	103.9	99.7	102.9	104.0
潍坊	101.6	100.4	115.0	103.4	103.1	102.0	103.2	102.8	100.2	104.3	100.6	103.1
济宁	100.0	100.1	112.3	103.8	101.7	101.3	101.6	98.2	104.9	99.7	101.3	102.4
泰安	97.3	101.9	116.2	101.8	101.8	101.8	101.7	101.7	101.7	100.2	100.7	102.5
威海	96.5	94.0	109.7	98.8	100.6	97.9	101.4	109.2	99.8	106.6	101.5	102.0
日照	102.4	90.1	110.3	99.7	99.7	104.8	99.5	108.5	97.0	101.1	101.3	101.4
莱芜	101.8	104.9	100.5	106.0	99.0	96.9	98.6	110.4	107.3	102.8	101.9	102.7
临沂	107.5	113.7	112.0	102.3	111.4	102.1	102.8	101.4	102.5	96.5	102.2	104.6
德州	106.3	100.3	103.9	101.6	103.1	106.7	100.9	105.9	100.0	99.0	100.0	101.3
聊城	104.8	114.6	112.7	115.1	113.1	103.4	99.3	101.8	105.1	97.1	104.0	106.1
滨州	100.8	98.0	118.5	98.8	106.0	99.5	100.4	105.8	101.8	102.7	102.0	103.3
菏泽	100.4	121.2	115.7	111.2	99.4	100.0	101.6	98.4	101.7	98.2	102.6	103.7
郑州	100.9	101.7	105.6	102.5	99.1	99.0	103.5	101.5	95.3	101.9	100.4	101.6
开封	98.0	97.3	107.8	98.7	99.0	99.5	99.0	101.6	101.4	103.3	100.1	100.9
洛阳	102.5	96.6	113.5	104.5	101.3	102.1	98.6	92.9	108.3	99.6	100.3	101.3
平顶山	99.5	97.1	113.7	97.8	103.0	102.9	101.0	111.9	107.0	103.1	100.7	102.9
安阳	102.5	99.3	112.2	101.7	99.8	100.7	99.0	105.9	98.3	101.3	100.9	101.4

城市	2002年	2003年	2004年	2005年	2006年	2007年	2008年	2009年	2010年	2011年	平均	2000后
鹤壁	102.4	100.4	108.5	103.4	100.8	98.8	102.4	104.2	98.4	102.5	100.8	101.3
新乡	107.0	95.2	104.3	114.3	97.5	100.2	99.5	98.1	99.1	100.2	100.2	102.0
焦作	97.6	105.6	114.2	101.3	101.4	102.3	103.4	101.6	101.7	104.9	100.5	103.1
濮阳	101.6	101.2	106.6	99.9	100.7	97.2	104.9	116.9	100.6	100.4	102.6	102.7
许昌	104.8	99.3	120.9	104.8	101.2	97.2	101.1	108.7	105.4	98.7	100.3	103.2
漯河	103.9	110.2	108.5	88.5	94.6	99.8	106.2	109.6	105.5	99.8	101.9	102.2
三门峡	99.6	105.3	120.9	83.1	114.8	97.6	92.6	103.8	102.7	107.1	100.9	102.2
南阳	106.1	108.9	109.0	99.9	100.2	99.0	98.6	105.5	97.6	102.0	100.2	101.6
商丘	103.6	102.9	102.8	102.8	99.1	98.9	99.4	101.8	98.5	100.8	100.4	101.1
信阳	101.6	101.6	112.3	100.6	106.3	100.0	91.2	117.1	101.7	103.4	102.3	103.3
周口	90.3	108.3	107.7	100.3	98.4	94.7	97.7	100.3	97.1	104.4	100.6	99.5
驻马店	98.9	108.7	108.0	117.4	97.2	106.7	99.0	107.6	94.4	102.8	102.9	103.5
武汉	105.0	101.1	100.3	102.2	104.5	101.8	101.4	105.6	100.3	101.4	100.8	101.0
黄石	99.4	94.2	113.0	107.2	92.0	102.2	101.1	100.9	102.5	99.8	99.8	101.8
十堰	104.2	104.2	106.5	98.2	102.3	108.1	97.3	99.0	97.7	101.6	101.5	101.1
宜昌	99.9	100.5	108.0	101.1	107.9	98.8	103.0	113.2	100.1	101.5	100.1	103.6
襄阳	87.8	98.6	103.3	101.7	102.8	102.5	100.3	104.7	108.8	97.0	101.1	100.6
鄂州	100.7	102.9	106.0	103.4	100.8	100.8	100.2	104.3	100.0	103.3	101.6	101.7
荆门	102.8	101.7	103.3	110.1	105.4	103.7	94.0	101.8	102.2	97.4	101.8	102.4
孝感	99.2	98.7	110.5	99.1	96.8	100.5	106.8	103.4	106.4	101.6	101.0	102.2
荆州	104.2	97.3	109.6	100.8	102.0	98.8	98.7	103.5	93.5	104.5	101.8	101.3
黄冈	102.0	103.4	111.1	102.4	102.4	101.4	99.7	102.8	101.1	101.0	102.3	102.4
咸宁	108.3	107.6	110.0	99.6	101.7	103.6	101.3	103.4	96.0	98.0	101.1	102.0
随州	100.1	121.8	117.9	115.2	103.5	99.1	106.7	98.8	103.1	100.8	102.0	106.0
长沙	99.7	87.1	104.5	104.3	104.1	100.7	100.7	100.7	100.7	107.3	101.9	102.2
株洲	99.5	100.5	120.1	100.3	99.1	104.1	96.5	95.0	98.6	100.7	100.5	101.5
湘潭	95.6	106.0	112.3	101.6	100.5	99.5	96.9	100.4	103.1	104.2	100.7	101.9
衡阳	102.4	108.0	113.5	96.2	99.5	104.2	99.7	103.8	102.7	99.7	101.5	102.8
邵阳	103.0	91.8	115.9	102.9	102.1	89.1	99.1	102.0	101.1	105.1	100.4	102.2
岳阳	100.7	97.0	120.7	93.0	100.8	103.7	103.6	98.4	100.5	106.8	101.6	103.3

续表

城市	2002年	2003年	2004年	2005年	2006年	2007年	2008年	2009年	2010年	2011年	平均	2000后
常德	108.1	90.5	118.9	113.6	106.6	92.4	100.7	105.1	101.7	104.0	101.4	103.6
张家界	99.9	99.1	108.8	100.6	101.6	108.4	90.1	100.3	103.5	102.6	99.9	101.1
益阳	100.1	98.5	104.5	97.2	115.7	100.4	100.4	100.5	96.3	104.8	100.0	101.6
郴州	102.7	98.1	122.6	108.1	103.0	104.5	105.9	95.3	98.7	103.0	101.7	104.3
永州	107.7	104.4	111.1	110.0	103.3	103.0	91.2	101.5	98.8	102.5	102.0	103.5
怀化	103.2	103.1	106.0	108.6	93.1	97.6	102.1	103.4	99.8	104.9	101.0	102.4
娄底	104.5	101.5	109.9	109.0	94.4	99.7	111.5	99.7	97.9	102.1	100.8	103.0
广州	101.4	100.0	102.6	101.6	105.5	98.7	101.8	107.8	97.1	95.9	101.3	101.2
韶关	96.9	105.8	116.0	97.1	97.1	105.0	106.9	96.7	90.7	99.3	101.3	100.3
深圳	99.1	99.1	108.6	107.9	107.4	104.8	102.9	92.6	119.9	106.4	102.6	103.9
珠海	90.8	100.6	105.4	98.5	99.9	101.6	100.6	102.0	102.0	105.0	100.4	100.3
汕头	99.0	99.0	99.0	113.8	96.9	100.3	100.3	97.4	92.4	102.3	100.9	100.5
佛山	101.4	97.7	101.9	97.4	103.8	92.9	95.9	111.6	106.0	105.2	101.3	102.0
江门	105.4	104.3	92.5	99.5	101.4	99.6	102.1	101.2	94.9	101.3	100.3	100.5
湛江	110.5	109.5	108.7	98.3	106.0	105.7	94.6	100.3	99.0	102.7	102.2	102.6
茂名	100.9	98.6	114.7	95.1	101.3	103.9	94.6	100.1	100.8	100.2	100.0	100.7
肇庆	102.0	102.0	124.7	117.6	102.3	102.0	99.9	100.9	102.9	102.4	103.2	105.0
惠州	110.9	91.5	116.0	106.0	98.5	106.0	100.1	99.1	103.6	98.9	102.1	101.7
梅州	97.0	107.8	110.8	96.8	98.3	98.3	98.2	104.8	97.9	98.9	100.2	101.3
汕尾	97.2	113.8	119.0	99.2	102.7	96.7	100.1	101.1	92.9	99.7	102.1	103.8
河源	112.9	111.5	114.7	97.9	95.0	94.8	99.1	119.7	92.5	103.4	100.9	103.6
阳江	99.7	106.2	116.4	88.3	111.5	100.7	102.0	108.7	94.5	101.2	102.6	103.8
清远	102.7	92.6	118.2	94.0	113.0	97.4	102.4	97.7	96.9	102.5	103.0	102.3
东莞	102.7	115.0	113.0	97.7	112.4	102.0	89.6	97.4	104.8	106.7	102.4	103.0
中山	100.8	99.4	101.1	100.1	103.8	100.3	99.3	100.7	101.2	104.4	101.1	100.8
潮州	102.9	103.8	101.5	98.7	114.6	112.8	98.8	100.1	104.6	98.6	102.5	103.5
揭阳	102.5	110.2	102.5	102.5	100.4	108.6	109.3	90.3	99.3	100.4	101.3	
云浮	95.3	103.7	103.2	110.2	118.9	100.7	101.2	104.0	94.9	96.9	102.5	102.3
南宁	109.5	96.4	106.0	105.7	101.2	99.0	99.0	109.1	105.3	98.5	101.0	102.2
柳州	99.0	97.5	104.5	106.0	99.6	101.2	89.2	104.3	101.0	103.0	99.9	100.0

城市	2002年	2003年	2004年	2005年	2006年	2007年	2008年	2009年	2010年	2011年	平均	2000后
桂林	95.5	98.1	107.8	109.6	106.2	99.6	98.3	101.8	99.5	100.3	100.5	101.7
梧州	108.1	102.8	103.1	100.1	96.0	103.1	99.2	102.2	103.6	101.9	100.2	101.1
北海	105.5	92.6	104.0	100.9	108.3	104.9	94.9	102.0	98.6	101.0	100.4	101.5
防城港	101.6	102.0	105.8	103.1	100.8	97.5	105.0	98.1	101.6	100.3	101.1	101.5
钦州	97.6	101.2	101.8	106.6	104.0	105.7	105.7	92.7	104.0	106.8	102.1	102.5
贵港	97.6	102.5	102.8	107.1	105.9	112.0	96.3	99.0	95.3	106.5	102.6	102.0
玉林	102.7	107.5	105.6	103.5	102.6	102.1	102.4	102.9	100.2	109.4	101.6	104.1
百色	105.6	102.8	111.3	100.2	102.3	110.3	99.9	99.9	110.5	108.8	102.2	104.9
河池	104.3	99.8	116.2	103.3	101.3	101.3	104.1	105.6	102.9	105.5	103.5	104.3
海口	99.7	115.2	98.5	109.0	104.5	101.2	101.6	101.6	101.6	104.2	101.7	102.0
三亚	103.1	118.0	104.0	103.9	103.7	103.4	103.3	100.3	97.6	105.8	101.7	103.8
重庆	98.8	104.6	101.8	103.2	98.5	103.1	100.6	108.3	99.1	101.8	100.6	101.3
成都	101.0	102.6	100.0	102.7	105.1	104.4	100.6	100.5	102.2	107.8	100.8	101.9
自贡	104.7	104.1	100.2	101.1	102.4	102.5	99.0	99.3	98.8	99.1	100.3	101.7
攀枝花	104.2	95.6	100.5	94.0	103.7	98.2	105.1	106.3	105.5	101.8	101.2	101.8
泸州	101.8	99.7	105.7	96.5	100.2	97.2	95.0	105.7	101.6	101.6	100.4	101.3
德阳	92.5	101.2	100.0	100.0	103.3	101.9	104.2	100.2	93.0	97.9	101.2	100.1
绵阳	111.1	98.3	115.5	98.4	89.2	101.6	102.2	101.3	108.9	99.7	101.7	103.0
广元	112.6	95.1	97.9	95.7	101.0	104.7	90.7	89.8	103.0	100.5	99.7	99.4
遂宁	103.9	94.5	103.8	96.4	96.5	111.3	98.1	99.6	104.4	103.2	102.2	101.1
内江	104.1	99.0	109.0	98.1	98.1	101.8	98.8	100.5	99.2	100.2	101.2	101.7
乐山	110.9	99.8	105.8	97.3	105.0	94.4	107.3	104.1	103.9	102.7	102.3	103.6
南充	101.8	100.8	108.9	104.7	89.2	101.0	94.5	100.3	102.8	103.3	101.3	100.8
宜宾	99.7	106.5	108.0	93.3	101.6	100.7	102.2	101.1	100.2	99.0	102.2	103.7
雅安	112.1	116.8	114.4	101.5	108.3	100.1	105.7	102.9	101.3	102.8	103.3	106.2
巴中	108.5	96.6	110.0	96.9	103.6	109.8	117.7	105.2	93.4	100.3	102.8	104.5
资阳	98.6	90.1	115.6	102.9	100.2	98.0	104.7	100.3	99.6	101.8	102.3	102.3
贵阳	102.7	98.5	101.4	100.7	98.2	96.6	101.1	100.3	106.3	97.8	100.5	100.0
六盘水	100.9	100.3	117.8	109.1	97.8	117.2	96.1	108.9	101.2	103.0	100.4	103.0
遵义	100.6	115.8	113.6	101.7	101.6	101.6	101.6	99.2	99.4	104.1	101.5	102.8

续表

城市	2002年	2003年	2004年	2005年	2006年	2007年	2008年	2009年	2010年	2011年	平均	2000后
安顺	99.4	102.1	109.9	103.3	100.6	105.4	103.1	104.5	81.1	101.0	100.9	100.8
昆明	96.4	101.9	108.5	102.0	103.9	101.6	93.9	97.2	91.3	106.6	99.5	99.8
曲靖	100.8	101.1	101.3	101.3	101.2	99.3	98.2	100.1	96.5	104.0	101.2	101.1
玉溪	90.9	90.0	113.3	104.4	104.2	104.1	103.9	103.8	98.3	106.6	101.7	102.0
保山	101.0	104.5	104.2	100.9	101.2	99.1	101.6	104.6	100.4	104.1	101.4	101.6
昭通	86.7	99.9	97.7	114.4	112.6	114.6	96.2	110.7	109.7	99.4	102.9	104.7
普洱	101.4	105.1	109.4	101.0	106.0	98.9	98.8	123.0	100.5	106.0	102.0	104.2
西安	101.8	99.8	103.9	104.7	102.0	104.7	105.2	101.7	101.7	102.5	100.5	102.1
铜川	99.6	102.1	108.7	96.8	105.1	98.3	101.0	107.2	106.7	103.0	101.3	102.3
宝鸡	100.3	95.9	104.3	99.8	100.2	100.2	100.2	106.4	105.9	102.0	100.9	100.8
咸阳	102.2	101.3	112.9	97.1	105.7	102.0	102.8	102.6	107.1	98.7	101.6	102.3
渭南	103.1	101.4	101.4	100.4	105.1	102.9	95.7	98.4	103.3	100.5	100.4	101.7
延安	97.7	92.3	111.0	105.1	104.8	104.6	104.4	99.7	99.7	104.2	102.4	102.1
汉中	100.5	103.8	111.2	96.3	96.5	100.5	102.5	98.7	109.3	101.2	102.1	103.7
榆林	101.2	96.5	114.9	113.0	111.5	110.3	109.3	108.6	104.0	102.5	103.3	106.6
安康	101.6	101.7	105.0	104.8	112.6	99.2	115.0	104.1	103.3	100.4	103.1	104.3
兰州	94.3	100.7	100.1	103.9	109.0	104.0	101.0	100.6	102.0	102.7	100.9	101.6
嘉峪关	102.9	105.8	102.6	118.8	97.3	104.8	97.5	97.2	99.7	103.0	101.6	102.5
金昌	114.0	104.6	104.4	101.2	95.5	100.5	98.1	114.6	95.8	104.2	102.9	102.7
白银	92.2	109.4	100.7	98.9	105.1	98.3	124.8	95.1	98.2	99.1	102.3	102.4
天水	105.8	103.7	103.2	103.1	100.9	100.9	101.2	110.5	109.5	97.3	102.6	103.1
武威	107.3	106.8	106.4	103.9	106.8	102.2	104.0	99.1	101.8	96.2	101.2	103.3
张掖	102.9	95.7	116.8	104.6	90.3	102.1	104.6	94.9	116.4	100.8	101.0	102.7
平凉	100.9	104.7	98.7	100.8	99.8	100.7	110.7	104.1	99.5	102.4	101.8	102.0
酒泉	107.6	102.9	102.8	102.7	102.7	103.1	107.6	105.2	102.9	100.4	102.9	104.2
西宁	98.4	103.7	97.8	104.0	101.5	99.1	101.7	105.0	104.8	93.6	100.9	100.7
银川	98.1	96.6	108.9	100.6	96.2	105.1	103.1	99.2	106.6	101.9	100.8	101.3
石嘴山	93.0	102.9	98.4	97.2	102.1	103.5	103.6	103.4	102.5	106.4	101.1	101.8
吴忠	99.4	99.8	112.2	99.8	100.2	96.9	104.5	101.9	100.9	103.0	100.3	102.4
乌鲁木齐	93.1	101.3	96.8	101.4	100.6	104.2	104.4	100.1	102.4	101.7	101.2	100.3
克拉玛依	98.7	99.0	99.0	113.7	101.7	101.7	101.7	101.6	101.6	107.6	102.7	102.7

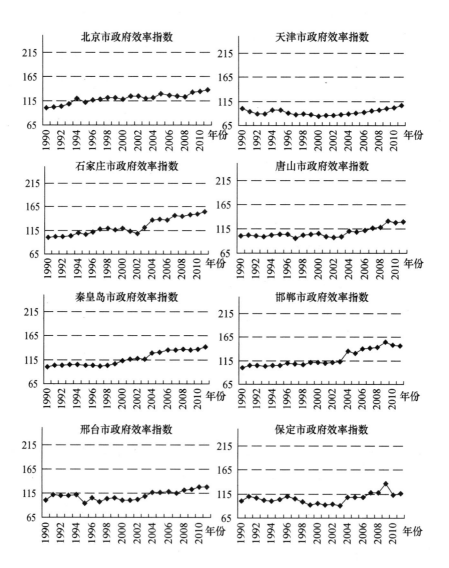

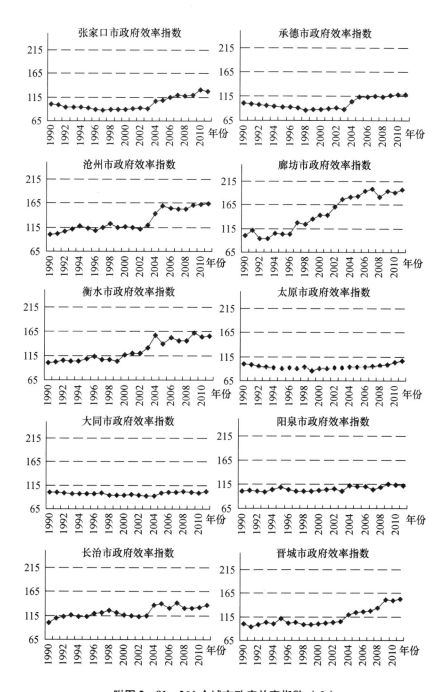

附图2-81 264个城市政府效率指数（Ⅰ）

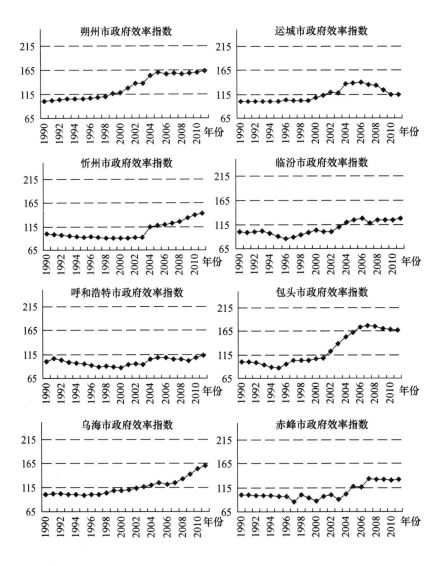

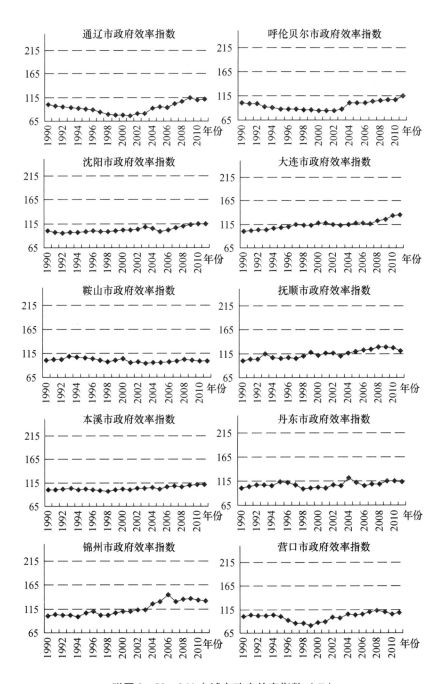

附图 2-82　264 个城市政府效率指数（Ⅱ）

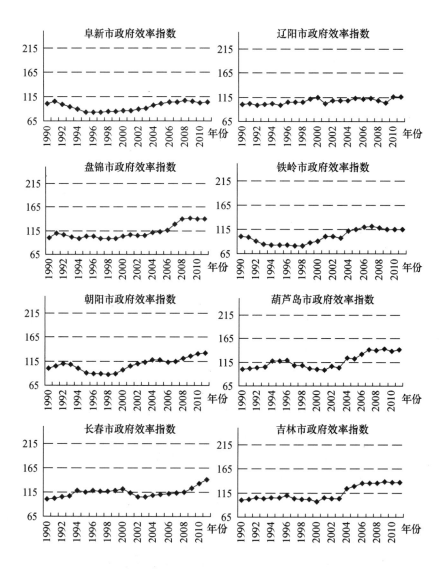

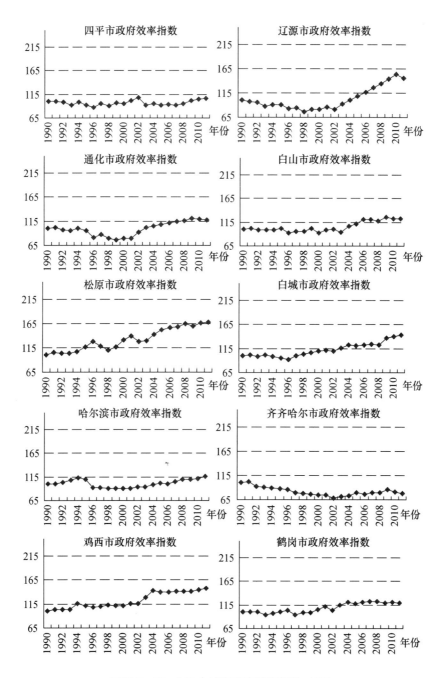

附图 2 - 83　264 个城市政府效率指数（Ⅲ）

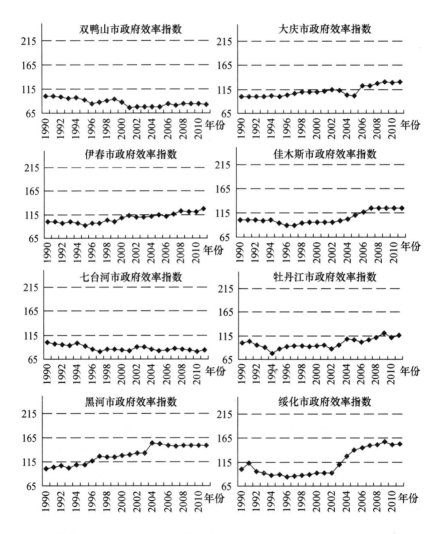

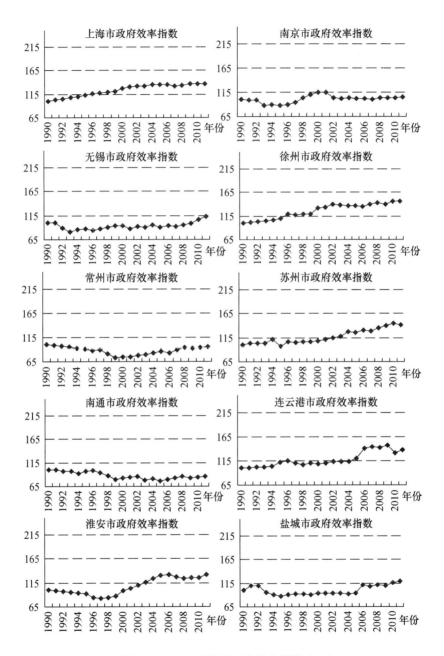

附图 2-84　264 个城市政府效率指数（Ⅳ）

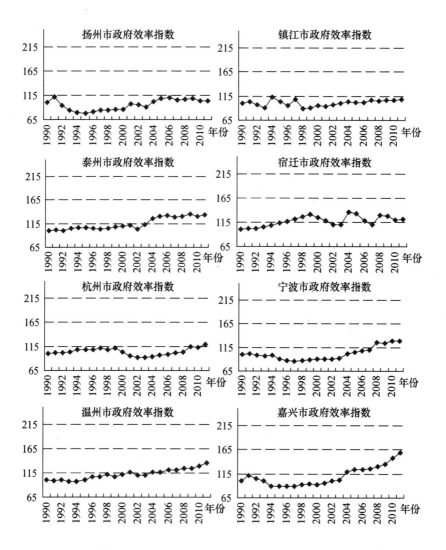

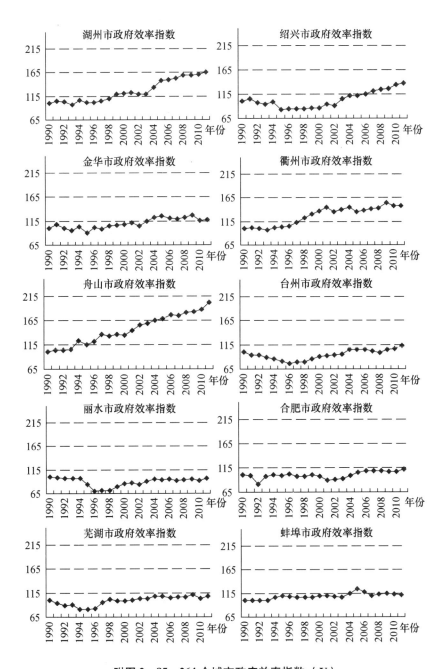

附图 2–85　264 个城市政府效率指数（Ⅴ）

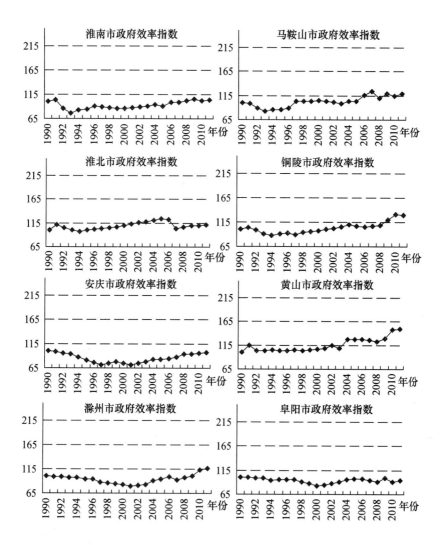

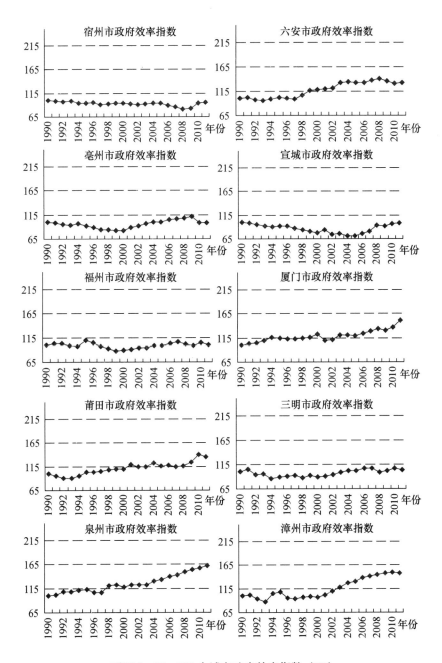

附图 2 - 86　264 个城市政府效率指数（Ⅵ）

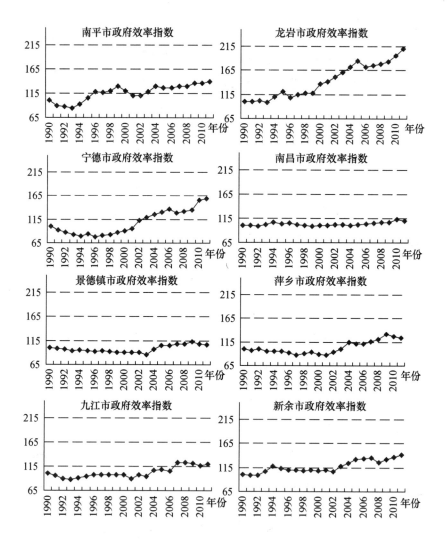

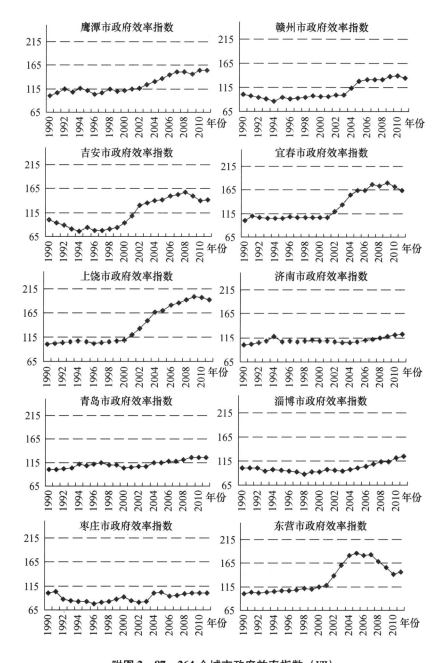

附图 2 - 87　264 个城市政府效率指数（Ⅶ）

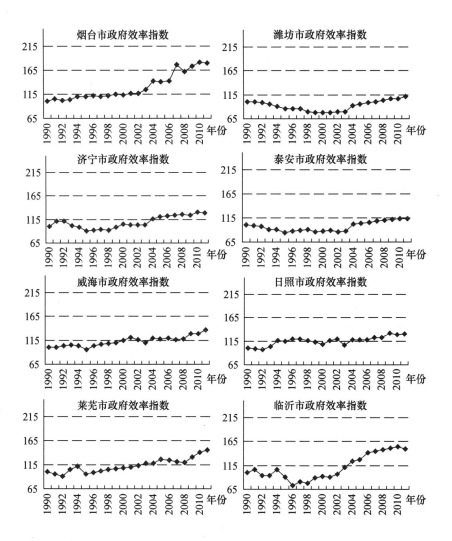

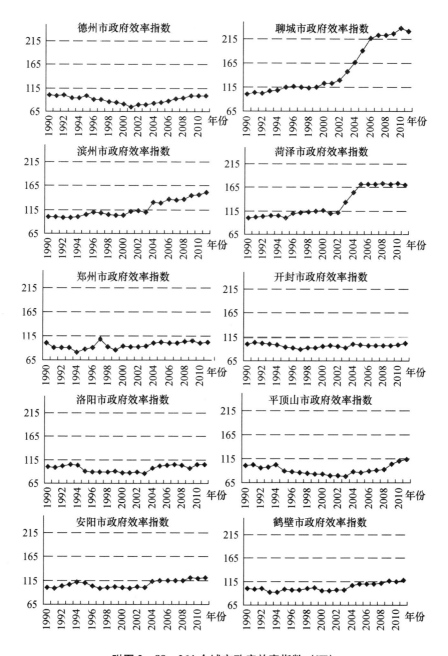

附图2-88　264个城市政府效率指数（Ⅷ）

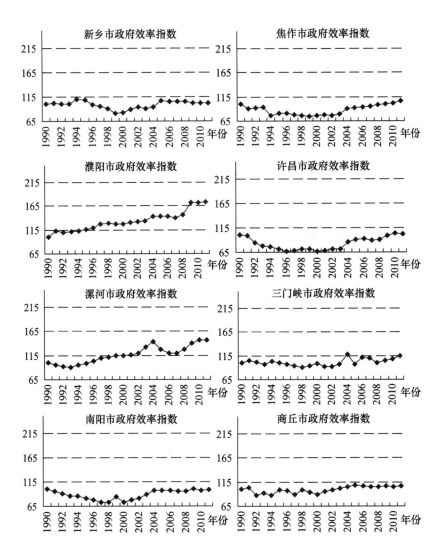

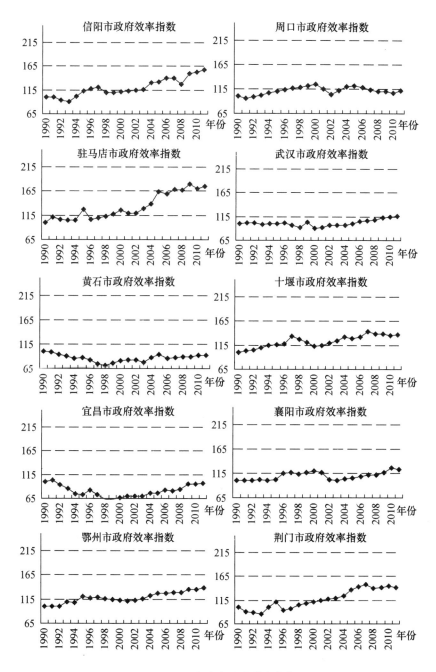

附图 2-89　264 个城市政府效率指数（Ⅸ）

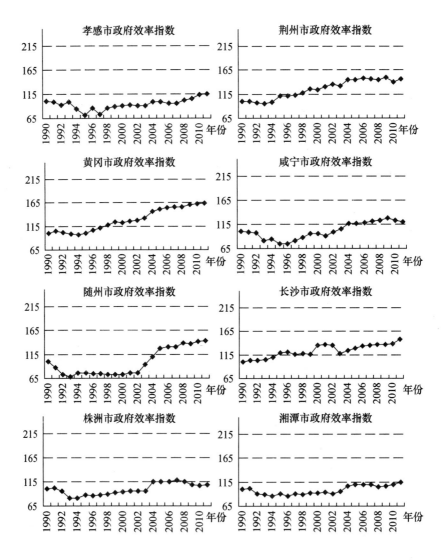

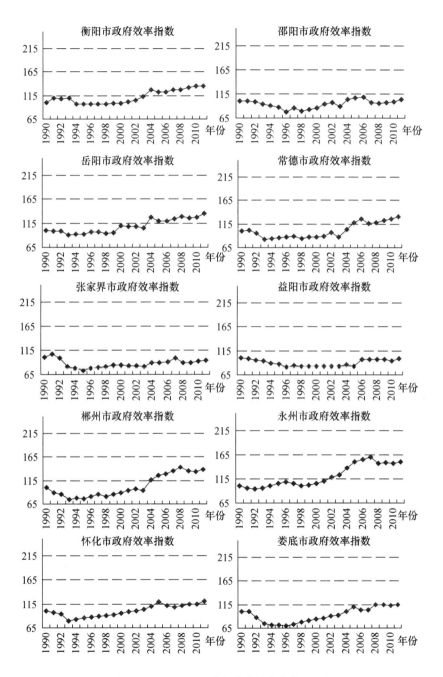

附图2-90 264个城市政府效率指数（X）

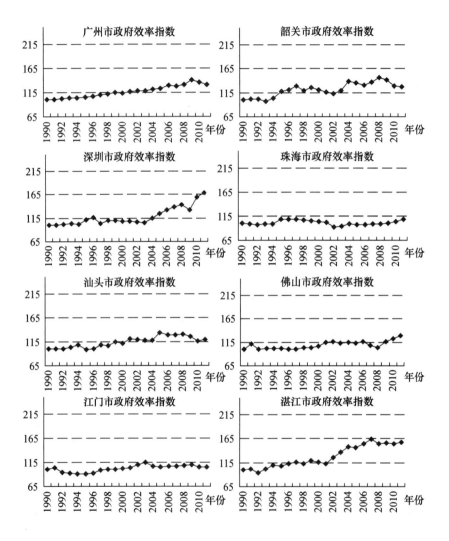

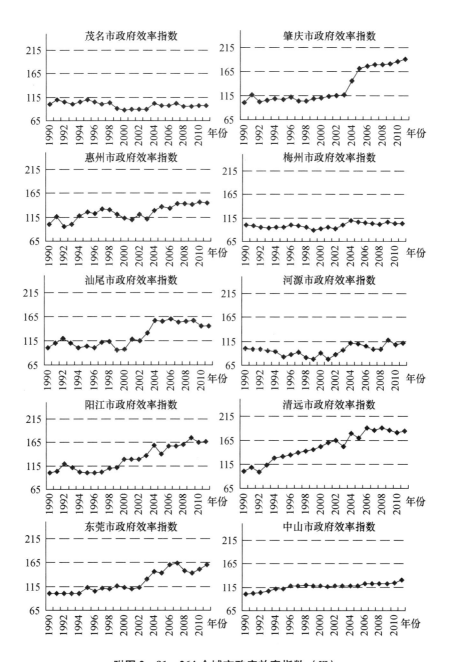

附图 2 - 91   264 个城市政府效率指数（XI）

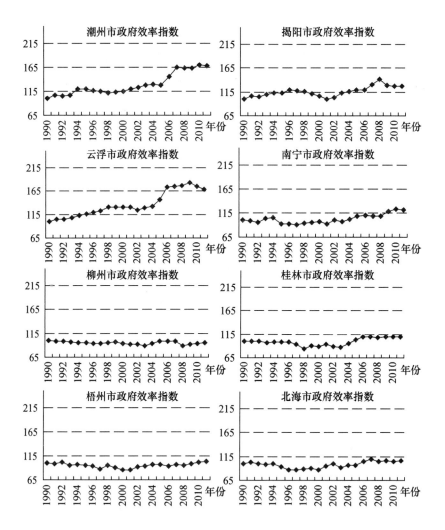

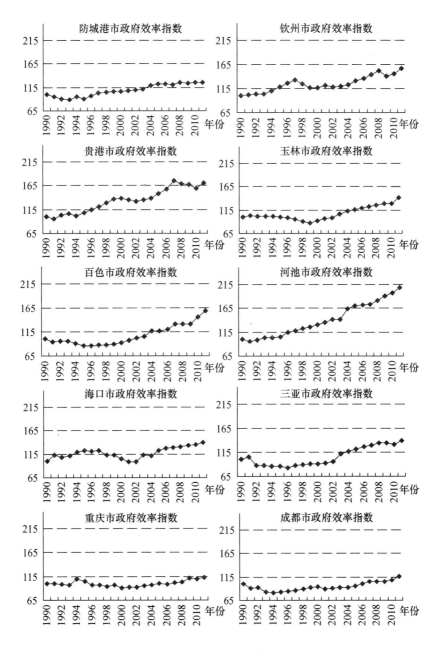

附图 2-92　264 个城市政府效率指数（XII）

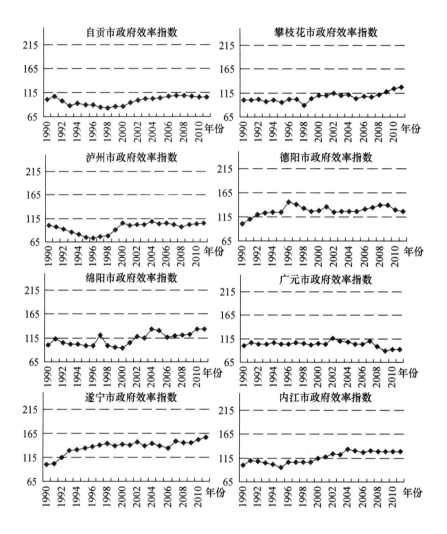

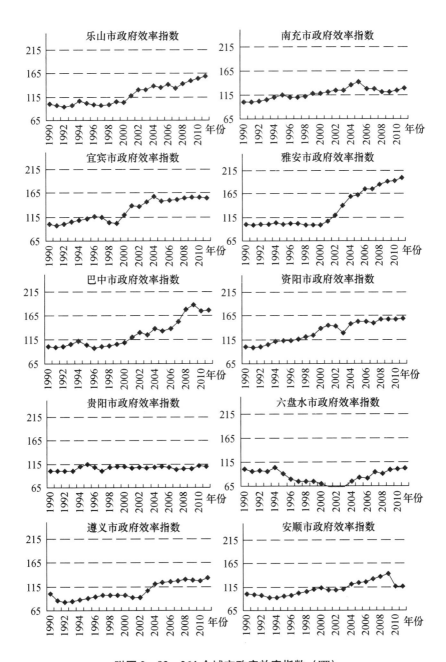

附图 2-93 264个城市政府效率指数（XIII）

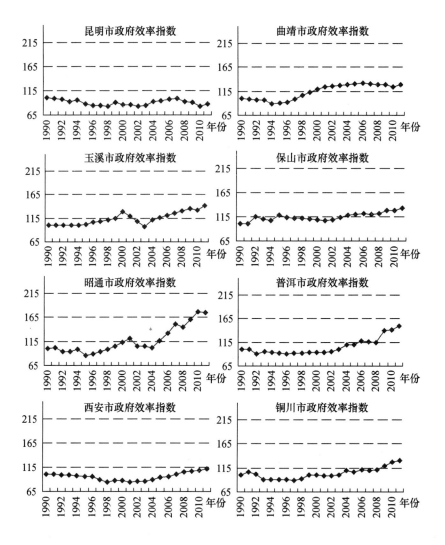

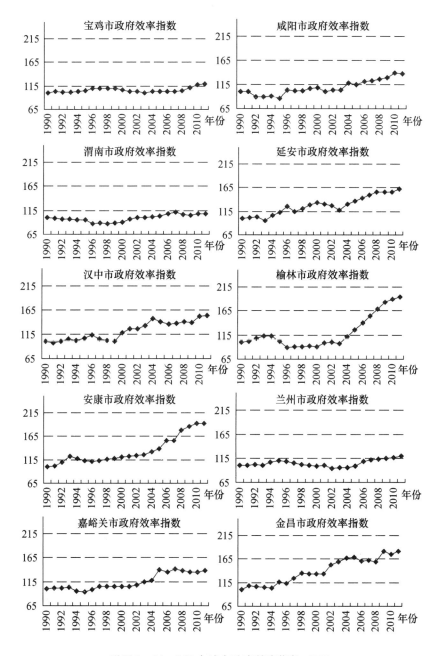

附图 2 - 94　264 个城市政府效率指数（XIV）

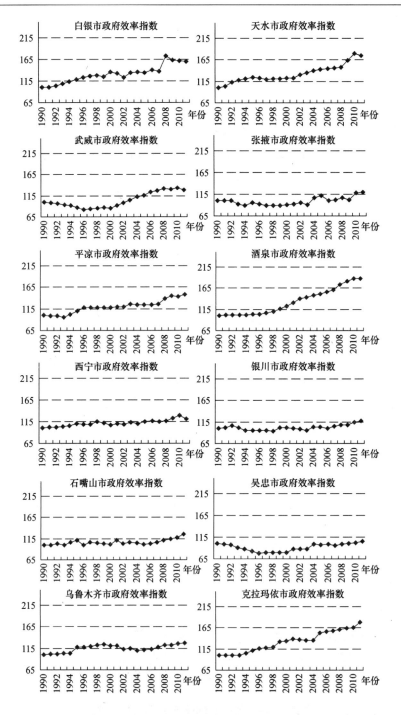

附图 2－95　264个城市政府效率指数（ⅩⅤ）

附表 2-21　1990—2011 年 264 个城市人民生活排名（1990—2001 年）

城市	1990 年	1991 年	1992 年	1993 年	1994 年	1995 年	1996 年	1997 年	1998 年	1999 年	2000 年	2001 年
北京	2	2	3	3	1	1	2	2	2	3	3	3
天津	43	40	45	45	39	40	41	46	36	27	20	25
石家庄	181	181	207	199	185	170	87	148	135	104	98	154
唐山	54	58	64	36	40	37	37	36	29	61	75	127
秦皇岛	109	99	56	89	123	146	136	39	51	136	92	120
邯郸	234	239	251	248	249	242	232	227	213	202	169	168
邢台	157	155	182	118	104	78	83	72	149	137	170	149
保定	180	160	145	91	142	126	111	102	81	93	194	200
张家口	87	84	103	77	52	131	171	99	211	223	202	167
承德	52	54	60	84	114	86	76	65	44	43	41	56
沧州	75	75	86	86	85	75	64	86	85	121	219	219
廊坊	169	176	69	79	93	108	130	128	215	155	146	131
衡水	224	208	237	206	139	121	113	145	163	183	214	208
太原	5	5	5	5	5	7	4	5	5	10	17	7
大同	104	109	118	112	103	81	77	91	48	36	36	44
阳泉	28	30	33	39	44	53	62	76	70	66	70	84
长治	103	105	129	99	119	134	112	97	100	98	102	125
晋城	179	138	101	121	122	158	195	197	164	150	91	133
朔州	155	166	204	221	222	217	155	179	166	177	193	162
运城	177	141	201	205	221	161	134	137	137	125	104	205
忻州	124	95	111	107	97	80	82	77	63	120	135	124
临汾	41	39	43	25	22	23	27	29	30	106	86	47
呼和浩特	23	21	23	21	18	32	52	82	94	76	65	62
包头	39	29	19	27	42	65	90	33	32	95	90	72
乌海	119	106	66	156	154	157	169	192	190	196	128	95
赤峰	211	210	149	188	208	225	241	175	207	184	187	155
通辽	184	186	217	220	224	212	172	203	194	189	192	209
呼伦贝尔	57	65	54	50	34	27	24	20	15	11	9	15
沈阳	27	37	40	40	36	34	34	13	12	9	30	21
大连	13	10	10	11	11	13	15	19	22	26	12	14
鞍山	190	195	99	106	108	104	104	115	102	75	81	82

城市	1990 年	1991 年	1992 年	1993 年	1994 年	1995 年	1996 年	1997 年	1998 年	1999 年	2000 年	2001 年
抚顺	6	9	28	22	19	18	18	15	14	14	21	18
本溪	14	22	44	42	27	22	31	40	43	52	66	37
丹东	140	143	133	132	120	106	177	163	138	132	129	71
锦州	65	55	46	48	31	46	56	79	46	48	64	43
营口	210	222	135	123	160	151	148	149	77	72	87	90
阜新	38	35	48	71	88	102	50	56	53	51	54	66
辽阳	172	162	171	158	134	88	88	88	142	129	114	171
盘锦	64	62	72	23	67	56	47	25	49	88	48	35
铁岭	216	223	244	251	250	238	224	245	185	138	106	68
朝阳	241	246	238	136	199	169	150	134	116	128	93	76
葫芦岛	33	33	35	33	25	25	42	22	91	167	159	187
长春	69	70	82	68	46	35	43	57	61	45	47	52
吉林	45	46	49	52	84	85	98	107	66	30	51	88
四平	129	128	154	164	76	105	140	109	119	193	189	214
辽源	92	96	104	161	171	175	78	70	93	70	53	50
通化	191	182	98	98	117	127	142	165	71	108	72	80
白山	7	11	14	18	35	58	55	60	57	56	62	94
松原	80	81	97	152	192	235	255	251	237	240	251	250
白城	111	116	138	140	105	113	133	154	148	139	109	103
哈尔滨	73	68	83	82	86	83	75	69	65	54	43	54
齐齐哈尔	208	213	136	166	181	133	115	101	140	172	217	188
鸡西	147	146	190	189	172	190	173	161	139	146	186	138
鹤岗	72	60	119	96	69	47	32	61	23	58	44	48
双鸭山	178	175	203	185	157	197	168	173	160	149	134	153
大庆	91	74	55	41	21	36	58	89	103	63	31	26
伊春	25	26	29	29	33	44	54	73	76	81	78	102
佳木斯	22	23	25	24	23	28	65	31	21	47	69	36
七台河	49	51	58	65	72	93	116	135	177	200	171	169
牡丹江	223	217	196	223	156	114	119	133	145	199	132	180
黑河	146	180	224	240	223	230	238	247	251	239	203	176
绥化	154	152	177	179	137	142	153	168	209	241	239	254

续表

城市	1990 年	1991 年	1992 年	1993 年	1994 年	1995 年	1996 年	1997 年	1998 年	1999 年	2000 年	2001 年
上海	24	19	20	17	12	9	9	6	11	8	11	13
南京	44	45	50	59	45	39	35	16	18	22	25	23
无锡	106	114	134	137	131	123	109	146	86	38	14	9
徐州	202	203	124	111	98	138	170	150	122	151	196	130
常州	83	83	100	101	101	91	79	64	41	29	23	27
苏州	102	102	128	131	74	143	132	122	96	141	101	77
南通	11	12	17	19	30	54	46	23	39	19	22	28
连云港	194	184	125	202	153	145	138	132	127	168	184	224
淮安	185	200	228	235	248	247	256	262	264	262	255	223
盐城	120	120	76	49	55	61	143	162	165	171	190	144
扬州	68	67	79	149	133	115	106	71	79	94	95	93
镇江	42	41	47	55	53	59	85	106	121	67	32	22
泰州	78	78	94	116	132	139	97	63	104	74	83	91
宿迁	158	169	206	212	213	223	237	250	253	259	253	262
杭州	70	71	87	104	115	82	67	66	83	100	73	8
宁波	88	88	106	100	90	74	72	68	80	65	57	39
温州	143	149	90	126	174	194	215	212	173	118	137	118
嘉兴	16	16	18	16	14	19	29	42	50	62	59	61
湖州	63	64	73	75	59	41	39	43	33	39	40	45
绍兴	100	112	77	83	87	84	91	83	59	44	35	42
金华	115	125	160	203	191	188	214	231	226	195	205	107
衢州	246	248	259	254	187	174	164	195	151	107	89	113
舟山	74	48	52	61	58	57	80	49	35	37	33	41
台州	71	73	68	62	48	38	33	48	62	53	68	69
丽水	20	20	22	47	43	15	13	37	74	119	111	81
合肥	101	111	132	210	163	100	71	51	105	103	122	109
芜湖	10	8	9	10	13	8	12	28	40	82	99	115
蚌埠	186	188	202	181	145	236	203	208	197	246	248	197
淮南	55	47	70	95	91	76	81	81	68	59	55	63
马鞍山	12	14	21	43	71	20	11	12	13	55	123	100
淮北	125	101	116	109	100	72	60	47	28	46	71	96

续表

城市	1990 年	1991 年	1992 年	1993 年	1994 年	1995 年	1996 年	1997 年	1998 年	1999 年	2000 年	2001 年
铜陵	76	86	31	32	26	43	26	41	56	50	46	57
安庆	204	164	127	144	151	179	207	239	216	192	208	260
黄山	162	163	193	184	178	166	154	130	112	114	185	178
滁州	183	196	226	232	243	243	242	257	254	252	261	261
阜阳	263	263	256	244	257	258	258	259	256	264	264	264
宿州	251	253	236	237	245	245	184	198	243	261	246	236
六安	258	262	241	172	230	251	262	264	263	263	263	257
亳州	207	185	220	236	240	253	261	263	261	260	262	263
宣城	36	27	32	37	41	50	61	182	191	209	210	242
福州	3	3	2	2	2	2	3	4	4	4	4	5
厦门	132	119	131	117	102	77	69	52	60	28	45	46
莆田	237	245	252	242	233	221	233	230	217	207	245	237
三明	60	72	74	57	79	97	125	151	146	117	198	194
泉州	89	93	140	167	170	168	163	147	118	96	108	148
漳州	164	174	208	208	205	202	187	201	178	163	177	206
南平	21	24	12	12	17	26	36	50	167	112	166	98
龙岩	50	52	61	103	110	71	95	119	130	134	149	166
宁德	94	89	141	178	252	260	210	228	225	243	240	253
南昌	35	34	38	38	29	29	28	30	34	49	50	65
景德镇	110	108	143	150	146	150	151	157	150	175	143	141
萍乡	122	103	139	162	173	182	200	216	218	204	213	106
九江	127	136	170	182	179	184	197	156	108	101	94	108
新余	227	227	169	228	150	216	254	244	183	185	200	212
鹰潭	257	243	230	191	251	263	228	243	250	228	216	216
赣州	229	232	243	241	244	231	223	219	199	205	244	245
吉安	242	221	209	153	167	177	193	229	205	182	161	175
宜春	236	240	249	243	241	219	180	171	152	217	250	243
上饶	95	97	117	110	75	118	102	92	73	113	145	217
济南	32	43	13	26	80	49	17	59	87	90	115	74
青岛	84	100	51	67	56	48	57	74	54	64	58	73
淄博	79	76	39	34	38	52	68	85	89	92	80	89

续表

城市	1990年	1991年	1992年	1993年	1994年	1995年	1996年	1997年	1998年	1999年	2000年	2001年
枣庄	163	153	147	81	109	125	86	103	117	142	179	195
东营	112	91	85	97	107	109	117	124	128	116	67	38
烟台	51	53	59	66	83	92	105	118	111	109	124	110
潍坊	145	154	192	192	186	181	158	142	124	123	131	142
济宁	138	145	188	213	228	252	226	189	169	198	157	204
泰安	59	69	80	80	113	120	107	100	129	135	150	151
威海	121	121	148	74	61	99	40	55	64	68	76	105
日照	175	178	200	143	193	228	225	233	198	222	174	198
莱芜	48	50	57	64	63	95	89	96	90	71	60	55
临沂	247	251	253	261	189	205	220	225	244	201	206	252
德州	215	214	222	249	212	203	202	199	180	197	220	225
聊城	218	228	158	214	236	124	108	123	134	131	110	111
滨州	144	148	93	141	182	165	217	241	230	126	112	140
菏泽	196	179	223	250	260	259	260	260	255	234	195	189
郑州	53	57	63	70	54	45	38	53	55	34	27	30
开封	249	238	257	258	246	195	201	205	175	181	133	129
洛阳	56	59	67	35	66	101	96	93	101	111	119	116
平顶山	176	177	91	187	152	185	131	131	126	159	113	192
安阳	107	117	150	169	180	187	221	218	200	140	105	123
鹤壁	123	122	152	155	141	141	139	139	120	78	141	83
新乡	192	199	166	90	129	154	101	136	162	165	153	112
焦作	195	187	180	135	196	201	209	220	203	180	152	134
濮阳	160	158	185	204	158	152	206	210	195	176	156	165
许昌	264	264	239	262	197	193	196	184	158	157	121	157
漯河	213	211	229	173	200	220	218	204	193	169	164	191
三门峡	86	94	102	87	77	60	51	44	26	23	16	20
南阳	221	219	235	196	226	155	156	164	202	255	247	251
商丘	228	236	248	231	258	248	263	254	245	236	234	232
信阳	193	197	216	165	238	209	246	246	231	218	199	213
周口	152	147	172	171	159	148	141	141	182	216	204	220
驻马店	116	124	84	174	216	211	250	153	233	249	236	231

城市	1990年	1991年	1992年	1993年	1994年	1995年	1996年	1997年	1998年	1999年	2000年	2001年
武汉	8	6	7	8	7	6	6	8	8	25	18	16
黄石	133	104	113	105	92	70	74	80	69	77	88	139
十堰	151	156	88	93	96	96	103	105	99	87	118	145
宜昌	217	216	231	168	215	240	251	249	235	210	182	196
襄阳	214	212	234	224	214	239	264	211	259	250	243	239
鄂州	165	189	112	88	106	16	19	14	42	32	29	32
荆门	81	79	89	142	95	122	120	117	147	154	160	207
孝感	159	194	181	127	124	112	110	114	168	158	147	173
荆州	161	171	210	222	231	232	236	242	246	238	260	249
黄冈	114	140	199	219	227	237	244	256	258	247	238	234
咸宁	206	198	187	133	121	213	253	200	260	166	188	248
随州	134	161	92	146	147	156	118	87	110	105	97	114
长沙	67	66	75	76	73	66	63	75	95	110	82	78
株洲	168	172	197	225	201	167	189	143	170	162	173	215
湘潭	174	167	121	128	127	119	146	121	92	124	162	147
衡阳	197	183	213	108	184	137	99	138	107	147	136	143
邵阳	205	215	179	170	188	180	167	196	234	191	211	246
岳阳	232	231	153	134	143	163	178	237	227	148	126	146
常德	149	135	186	201	209	218	198	235	229	227	207	203
张家界	226	225	240	246	168	226	166	127	201	194	225	229
益阳	255	257	245	245	256	249	227	224	204	230	232	233
郴州	238	241	250	230	235	233	234	238	208	203	209	256
永州	261	259	255	252	220	214	219	213	236	213	224	228
怀化	253	254	247	257	261	261	259	255	241	229	228	230
娄底	240	244	258	239	259	255	252	258	247	233	181	132
广州	18	13	8	9	9	12	10	11	6	7	6	6
韶关	182	191	146	119	112	110	121	111	78	42	61	85
深圳	4	4	4	4	4	4	7	3	3	2	2	2
珠海	17	17	16	13	10	10	8	10	10	6	5	4
汕头	142	115	123	113	99	149	126	104	133	99	74	67
佛山	219	220	211	253	264	229	257	217	222	224	130	70

续表

城市	1990 年	1991 年	1992 年	1993 年	1994 年	1995 年	1996 年	1997 年	1998 年	1999 年	2000 年	2001 年
江门	148	159	214	233	253	246	240	240	242	188	144	121
湛江	170	170	195	177	144	159	165	185	187	214	226	177
茂名	189	204	219	218	218	262	235	159	220	225	231	184
肇庆	139	134	65	60	49	55	84	113	72	79	96	128
惠州	200	193	161	147	175	222	185	209	206	187	197	160
梅州	108	118	151	190	211	206	190	176	131	84	49	40
汕尾	150	144	163	154	135	129	135	110	88	83	77	97
河源	118	130	164	186	190	204	174	155	123	122	103	101
阳江	61	98	122	130	126	117	145	177	174	178	183	199
清远	262	261	263	260	239	136	157	186	196	215	212	226
东莞	85	87	109	115	118	111	152	126	132	80	79	92
中山	47	42	26	20	20	21	23	27	24	21	34	34
潮州	252	258	261	259	262	257	243	222	176	190	257	255
揭阳	58	80	114	148	169	183	161	191	223	244	229	222
云浮	166	173	205	207	198	192	191	223	239	221	227	235
南宁	156	133	144	125	37	69	114	45	114	57	117	64
柳州	26	28	30	31	32	42	53	62	58	60	116	58
桂林	40	38	42	44	57	73	45	78	98	130	140	136
梧州	99	132	194	215	229	241	216	202	161	127	154	156
北海	46	49	53	63	68	89	149	160	157	156	142	159
防城港	188	190	156	145	94	79	129	181	212	161	107	117
钦州	225	224	167	157	183	227	249	234	248	256	259	241
贵港	231	229	218	217	194	178	213	236	240	235	201	227
玉林	62	56	62	69	65	63	66	84	82	91	139	99
百色	220	230	227	209	166	153	147	152	136	153	155	185
河池	171	165	159	129	161	191	183	174	155	245	252	240
海口	77	63	108	78	50	87	73	54	31	24	13	17
三亚	136	126	168	180	155	140	162	120	75	85	52	79
重庆	245	247	191	211	217	200	205	221	228	220	168	161
成都	128	127	157	160	148	147	144	125	115	86	148	122
自贡	209	201	175	229	202	162	239	190	159	179	180	181

城市	1990 年	1991 年	1992 年	1993 年	1994 年	1995 年	1996 年	1997 年	1998 年	1999 年	2000 年	2001 年
攀枝花	37	32	37	56	70	62	59	58	47	40	38	33
泸州	199	206	225	226	219	208	188	169	224	253	237	193
德阳	235	235	215	198	140	207	247	215	221	211	221	164
绵阳	203	209	174	159	165	171	179	194	156	186	223	201
广元	167	157	107	94	130	116	127	178	214	237	233	170
遂宁	130	139	165	151	204	164	175	172	186	143	215	211
内江	117	129	162	176	176	176	181	144	172	208	230	158
乐山	131	123	130	138	136	130	124	116	97	89	84	104
南充	256	256	246	227	242	234	229	206	153	133	120	135
宜宾	222	218	221	195	254	264	208	214	189	212	163	183
雅安	243	234	176	194	195	144	160	187	192	232	222	152
巴中	250	250	233	263	210	196	194	232	249	254	242	247
资阳	254	255	264	256	237	199	159	129	184	206	175	179
贵阳	93	90	110	114	116	107	93	95	67	73	56	53
六盘水	113	137	183	197	206	210	222	226	219	258	254	259
遵义	260	260	262	264	263	256	231	248	238	242	258	244
安顺	259	237	198	163	162	173	186	188	210	231	241	202
昆明	90	113	115	102	81	64	48	18	38	16	85	51
曲靖	198	207	232	234	225	250	230	252	257	251	249	238
玉溪	201	202	189	193	203	189	182	180	232	219	218	218
保山	173	168	105	122	128	128	137	166	179	226	235	221
昭通	98	110	142	200	232	254	248	261	262	257	256	258
普洱	187	192	71	58	82	90	92	94	84	69	63	60
西安	82	82	96	72	47	31	22	26	17	17	37	75
铜川	31	25	27	28	28	33	21	35	52	35	24	24
宝鸡	141	142	178	183	177	172	176	158	141	152	167	172
咸阳	137	150	126	92	149	132	123	112	143	174	158	137
渭南	212	205	184	139	164	186	212	170	171	170	176	150
延安	244	249	155	124	89	135	128	140	144	145	178	190
汉中	126	131	95	46	51	67	94	90	37	33	39	49
榆林	248	252	260	255	255	244	245	253	252	248	191	210

续表

城市	1990 年	1991 年	1992 年	1993 年	1994 年	1995 年	1996 年	1997 年	1998 年	1999 年	2000 年	2001 年
安康	153	151	173	175	138	103	122	98	109	115	151	163
兰州	30	44	11	7	8	11	16	9	9	12	7	10
嘉峪关	34	36	41	53	62	68	70	67	45	31	26	31
金昌	15	15	15	14	15	14	14	17	16	13	10	11
白银	230	226	212	216	207	198	199	167	125	160	127	126
天水	233	233	242	238	234	215	211	207	188	173	165	186
武威	97	107	137	54	78	98	100	108	106	102	100	119
张掖	105	85	78	85	125	160	192	193	181	164	172	182
平凉	135	77	81	73	60	51	44	38	25	41	42	86
酒泉	29	31	34	15	16	17	20	21	19	18	19	29
西宁	19	18	24	30	24	24	25	24	20	15	15	19
银川	66	61	120	120	111	94	49	32	27	20	28	59
石嘴山	96	92	36	51	64	30	30	34	113	97	125	87
吴忠	239	242	254	247	247	224	204	183	154	144	138	174
乌鲁木齐	9	7	6	6	6	5	5	7	7	5	8	12
克拉玛依	1	1	1	1	3	3	1	1	1	1	1	1

附表 2 – 22　1990—2011 年 264 个城市人民生活排名（2002—2011 年）

城市	2002 年	2003 年	2004 年	2005 年	2006 年	2007 年	2008 年	2009 年	2010 年	2011 年	综合	2000 年后
北京	2	3	2	2	3	4	9	2	1	3	2	2
天津	35	27	24	29	32	28	23	17	6	9	17	17
石家庄	159	141	123	136	132	142	145	136	102	118	135	123
唐山	119	87	95	97	105	94	99	101	80	81	74	94
秦皇岛	109	121	134	141	124	120	139	123	92	84	109	113
邯郸	152	190	171	172	209	224	260	246	230	229	232	211
邢台	170	193	194	203	217	231	240	235	227	234	173	213
保定	182	166	165	178	236	225	204	210	210	237	166	205
张家口	155	116	122	122	121	149	147	183	135	157	132	142
承德	115	111	97	100	101	123	154	166	137	143	91	112
沧州	203	183	147	130	172	218	205	213	206	217	141	201

续表

城市	2002年	2003年	2004年	2005年	2006年	2007年	2008年	2009年	2010年	2011年	综合	2000年后
廊坊	141	173	189	162	141	152	181	173	122	173	144	153
衡水	191	198	179	195	259	263	222	184	203	225	206	226
太原	6	6	7	5	12	9	20	36	20	27	8	10
大同	23	31	57	75	77	76	62	69	85	90	70	61
阳泉	83	33	28	28	26	26	37	44	62	60	43	44
长治	105	91	67	83	135	112	128	93	114	94	105	104
晋城	86	57	53	44	51	54	49	59	79	80	99	68
朔州	132	150	150	150	133	140	130	135	156	126	162	138
运城	151	127	128	165	175	115	201	170	146	107	150	141
忻州	123	98	100	155	119	114	92	80	84	134	101	110
临汾	90	53	96	82	107	169	239	251	133	145	84	117
呼和浩特	49	47	46	45	43	38	35	39	76	69	45	56
包头	68	82	80	25	15	12	8	8	16	18	24	21
乌海	65	54	37	35	24	18	15	10	27	25	65	30
赤峰	130	118	121	126	109	110	125	146	163	150	167	128
通辽	207	220	231	212	199	160	111	117	138	146	195	180
呼伦贝尔	15	15	13	12	13	27	43	38	87	82	25	26
沈阳	18	22	23	18	25	15	17	26	19	24	13	19
大连	9	17	17	14	18	20	18	13	15	16	11	12
鞍山	111	94	85	71	66	67	50	55	75	97	89	82
抚顺	41	23	19	19	20	23	25	29	55	68	16	28
本溪	57	40	43	36	35	58	41	40	70	87	36	53
丹东	44	38	30	46	54	87	75	67	98	129	95	75
锦州	39	36	31	39	61	113	109	96	110	123	62	76
营口	82	64	61	77	93	79	68	58	48	78	96	71
阜新	64	74	89	80	108	45	85	64	86	99	69	81
辽阳	70	68	49	62	73	74	61	78	81	86	97	84
盘锦	28	24	34	58	78	53	31	28	42	40	35	33
铁岭	84	80	60	65	67	61	76	122	120	113	138	92
朝阳	79	99	101	95	97	104	95	99	134	174	129	105

续表

城市	2002年	2003年	2004年	2005年	2006年	2007年	2008年	2009年	2010年	2011年	综合	2000年后
葫芦岛	148	73	74	118	129	134	122	174	107	154	92	121
长春	60	84	90	85	82	64	59	74	78	85	63	74
吉林	48	62	71	121	76	52	55	47	130	103	73	83
四平	149	106	112	149	161	111	113	111	185	162	133	140
辽源	47	66	48	54	53	51	44	57	142	135	83	69
通化	98	132	148	60	65	82	51	130	121	112	108	95
白山	114	149	131	125	91	102	82	53	71	65	58	91
松原	250	256	263	263	263	258	248	244	214	201	244	259
白城	99	115	115	98	90	100	97	121	131	130	115	109
哈尔滨	42	55	26	23	41	62	90	84	45	52	57	48
齐齐哈尔	174	196	181	199	147	119	93	77	65	122	139	126
鸡西	165	174	156	119	151	194	175	124	124	138	155	145
鹤岗	54	60	51	37	33	42	48	33	53	70	53	49
双鸭山	168	156	98	90	85	83	63	65	150	125	128	111
大庆	8	12	12	11	11	14	11	9	7	14	14	11
伊春	116	85	91	112	96	125	115	88	100	205	80	107
佳木斯	59	138	138	92	123	131	98	133	97	120	68	103
七台河	175	189	182	144	154	163	162	214	236	245	147	191
牡丹江	224	213	228	188	208	183	141	208	180	144	185	187
黑河	137	186	146	211	186	210	136	137	139	223	203	172
绥化	239	251	252	257	258	260	197	221	242	255	230	251
上海	12	9	9	7	8	8	10	18	5	13	9	7
南京	37	34	22	30	39	30	36	31	24	10	21	22
无锡	7	8	6	9	9	16	16	14	13	15	20	9
徐州	138	194	188	184	163	157	185	193	192	185	165	177
常州	30	41	40	41	42	43	32	32	29	34	41	31
苏州	61	63	41	32	21	19	24	27	18	20	56	27
南通	38	49	56	61	58	57	86	66	82	75	34	59
连云港	219	217	192	189	167	158	212	211	154	151	178	193
淮安	223	212	219	208	198	182	206	200	176	163	241	214

续表

城市	2002年	2003年	2004年	2005年	2006年	2007年	2008年	2009年	2010年	2011年	综合	2000年后
盐城	129	114	152	176	187	189	183	190	172	179	136	168
扬州	93	107	108	109	100	96	103	92	96	89	93	99
镇江	13	13	11	8	10	11	13	23	38	33	22	15
泰州	95	76	105	104	110	107	112	108	99	121	98	102
宿迁	260	260	261	251	250	249	241	257	238	241	255	260
杭州	11	18	16	24	16	13	12	15	32	30	28	18
宁波	29	26	38	40	45	50	40	34	26	12	40	25
温州	101	72	88	93	69	66	123	97	30	38	104	77
嘉兴	69	32	25	26	31	29	47	75	28	36	26	34
湖州	46	71	82	86	94	92	101	113	64	57	61	72
绍兴	45	43	44	51	52	41	83	52	23	26	51	35
金华	74	65	78	115	88	81	105	100	39	44	118	85
衢州	71	58	52	66	55	69	94	103	61	59	121	70
舟山	56	51	70	68	47	39	27	24	43	47	44	41
台州	80	61	87	64	70	72	106	107	40	53	60	67
丽水	26	29	47	87	87	40	104	68	52	54	48	62
合肥	91	117	117	99	98	89	78	60	17	23	81	64
芜湖	118	124	120	114	99	86	84	76	33	39	38	80
蚌埠	167	239	246	241	188	203	228	218	178	193	215	223
淮南	75	77	65	49	71	70	57	85	77	66	67	66
马鞍山	67	112	106	96	92	98	67	102	60	58	52	89
淮北	128	159	127	185	190	136	102	128	115	105	107	119
铜陵	85	81	86	74	64	78	72	42	21	37	47	55
安庆	212	211	176	214	211	220	188	217	224	216	210	225
黄山	140	144	110	153	128	126	140	141	117	117	137	131
滁州	263	264	260	259	249	252	251	227	189	218	259	261
阜阳	244	262	249	254	247	253	252	256	252	258	264	262
宿州	194	246	262	261	248	254	225	253	257	256	257	257
六安	259	258	214	228	231	235	227	230	153	203	261	246
亳州	261	259	259	264	264	262	264	259	259	262	263	264

续表

城市	2002年	2003年	2004年	2005年	2006年	2007年	2008年	2009年	2010年	2011年	综合	2000年后
宣城	246	250	240	242	230	221	221	205	193	186	163	230
福州	16	7	10	13	22	21	39	50	44	29	5	14
厦门	40	46	39	48	30	10	4	3	10	8	23	13
莆田	226	135	160	113	115	135	171	168	128	124	204	163
三明	208	200	186	191	156	147	132	151	103	91	124	157
泉州	143	78	99	94	120	118	117	126	94	73	117	106
漳州	205	229	239	250	240	207	219	224	173	168	205	221
南平	156	161	205	215	180	150	151	156	170	140	103	160
龙岩	171	177	183	168	138	108	120	106	181	95	119	136
宁德	264	252	253	258	233	197	152	134	127	100	220	228
南昌	81	48	68	76	56	35	28	20	34	28	33	38
景德镇	120	125	130	120	158	170	124	157	195	198	146	146
萍乡	100	92	116	143	148	166	170	202	186	188	159	148
九江	121	147	191	170	224	239	224	220	209	202	168	183
新余	211	133	114	105	111	143	137	149	106	93	175	130
鹰潭	217	187	153	129	210	201	160	155	147	159	222	182
赣州	230	202	230	240	243	247	238	228	228	231	243	243
吉安	188	179	169	135	197	223	172	207	244	257	201	200
宜春	248	184	208	205	219	216	200	219	232	236	235	231
上饶	222	218	198	230	234	240	223	237	237	248	172	227
济南	76	75	62	56	49	32	38	37	37	22	42	46
青岛	58	59	55	42	48	48	46	48	31	32	50	42
淄博	92	96	79	38	44	49	60	73	72	64	64	65
枣庄	198	102	107	116	145	174	191	215	159	190	142	164
东营	20	16	8	6	7	7	6	7	14	7	18	8
烟台	89	97	93	70	59	55	73	56	56	50	75	73
潍坊	146	119	111	106	125	130	138	147	101	98	130	116
济宁	195	206	178	148	114	129	164	177	168	176	186	169
泰安	178	146	129	142	134	146	187	171	152	181	125	155
威海	125	122	133	81	79	65	79	62	63	63	82	88

续表

城市	2002年	2003年	2004年	2005年	2006年	2007年	2008年	2009年	2010年	2011年	综合	2000年后
日照	221	238	237	223	205	199	161	191	123	115	197	192
莱芜	52	42	54	50	34	31	87	83	66	56	59	57
临沂	172	160	142	133	192	205	237	229	240	222	234	210
德州	233	162	174	182	202	230	232	233	199	204	216	218
聊城	104	139	155	160	168	228	250	238	216	228	179	184
滨州	185	128	167	158	160	159	209	176	111	102	158	143
菏泽	166	180	143	152	178	168	180	231	220	211	226	190
郑州	36	20	27	22	29	77	80	86	50	46	39	39
开封	232	248	247	229	238	248	254	249	251	250	242	239
洛阳	136	95	125	140	136	156	165	158	155	149	112	132
平顶山	202	203	164	157	153	185	216	216	207	199	171	189
安阳	102	103	113	163	137	132	231	234	215	171	160	154
鹤壁	110	110	141	159	146	148	166	178	171	167	131	139
新乡	144	113	145	177	174	172	214	225	211	206	164	174
焦作	127	142	136	137	142	144	158	203	191	132	170	144
濮阳	180	165	166	156	159	198	243	245	255	207	196	204
许昌	157	204	225	245	235	244	242	241	212	141	231	209
漯河	214	215	222	175	207	238	246	255	219	213	218	224
三门峡	27	52	83	110	106	99	129	163	145	165	78	93
南阳	254	245	226	255	256	259	258	262	249	247	252	258
商丘	255	255	258	249	254	255	220	236	250	259	258	255
信阳	209	224	211	226	220	241	235	240	253	251	237	235
周口	227	236	238	256	252	261	256	258	264	261	228	254
驻马店	249	240	216	246	245	246	247	252	262	240	236	249
武汉	14	21	20	20	23	24	26	25	9	21	10	16
黄石	150	164	157	111	131	105	155	189	104	96	113	120
十堰	200	219	204	164	116	97	108	142	93	184	123	137
宜昌	193	210	185	145	150	127	116	104	58	76	182	125
襄阳	215	201	206	169	165	162	159	164	157	164	223	197
鄂州	53	89	94	52	57	33	19	22	68	51	54	43

续表

城市	2002年	2003年	2004年	2005年	2006年	2007年	2008年	2009年	2010年	2011年	综合	2000年后
荆门	231	222	209	213	216	204	168	150	164	172	157	199
孝感	204	243	232	232	226	209	215	209	221	212	188	220
荆州	238	254	236	237	232	200	210	186	231	230	240	244
黄冈	252	257	256	227	222	155	150	160	246	238	238	238
咸宁	240	235	210	218	241	190	174	180	177	161	214	217
随州	135	168	170	138	122	173	167	152	183	197	134	149
长沙	94	67	73	72	75	44	22	12	22	17	49	37
株洲	169	167	162	197	201	137	142	114	161	153	174	165
湘潭	164	130	137	151	166	124	88	79	88	104	122	114
衡阳	161	185	199	194	177	188	182	172	261	210	176	196
邵阳	235	223	235	221	214	233	186	161	256	249	221	234
岳阳	177	207	248	244	253	234	233	226	223	200	209	222
常德	196	230	234	247	246	212	203	201	169	180	211	219
张家界	192	188	200	248	228	184	211	182	141	160	208	206
益阳	220	221	245	233	225	208	217	232	243	239	248	237
郴州	236	231	221	236	262	245	213	250	258	208	249	245
永州	234	226	233	234	221	193	190	195	260	253	245	236
怀化	242	228	244	217	203	192	202	148	165	175	246	215
娄底	139	155	193	207	212	242	244	185	239	196	239	203
广州	5	4	3	4	6	6	5	4	4	4	6	6
韶关	72	88	66	69	74	103	134	116	136	119	102	98
深圳	4	5	4	10	5	5	7	11	8	6	3	5
珠海	3	1	5	3	4	3	3	5	3	2	4	3
汕头	66	79	81	57	38	47	64	61	125	128	86	78
佛山	31	10	18	16	17	17	14	16	25	31	88	20
江门	113	129	84	89	95	106	100	105	119	114	156	108
湛江	229	227	217	231	237	226	249	248	226	226	212	232
茂名	253	249	229	235	257	256	255	260	254	260	247	252
肇庆	179	154	158	131	149	109	114	115	129	148	111	124
惠州	126	101	104	78	83	88	81	82	95	74	127	100

城市	2002年	2003年	2004年	2005年	2006年	2007年	2008年	2009年	2010年	2011年	综合	2000年后
梅州	32	45	50	59	60	63	58	72	91	79	90	60
汕尾	122	153	187	201	206	227	229	192	208	227	152	181
河源	124	137	139	181	169	181	178	194	196	183	154	156
阳江	147	151	196	180	184	151	133	120	126	136	140	151
清远	187	178	168	134	103	117	107	131	116	243	202	159
东莞	73	83	36	31	19	22	29	110	109	88	79	63
中山	43	37	33	21	14	37	65	63	51	48	27	36
潮州	257	232	215	196	181	165	195	153	233	242	253	233
揭阳	225	209	212	206	189	153	176	206	204	246	193	212
云浮	184	171	151	117	117	139	143	169	179	152	187	170
南宁	88	126	144	101	72	75	74	81	112	101	94	96
柳州	78	104	76	103	102	101	127	94	83	108	72	97
桂林	173	195	149	147	173	138	156	129	148	155	114	150
梧州	186	182	202	202	191	175	218	165	201	220	191	194
北海	108	109	154	127	112	122	119	119	166	116	116	122
防城港	145	143	175	225	196	196	148	145	144	142	151	152
钦州	258	263	255	219	255	176	257	247	235	156	251	250
贵港	243	199	227	253	251	243	262	239	263	264	250	253
玉林	97	105	77	91	143	141	184	139	198	252	110	135
百色	216	176	163	171	194	229	226	196	151	244	194	198
河池	237	241	201	193	227	211	234	264	205	263	225	248
海口	24	30	45	43	36	25	21	19	35	35	30	23
三亚	96	123	109	124	118	71	56	46	49	83	100	87
重庆	133	145	159	174	179	128	135	118	59	62	169	115
成都	55	70	92	88	84	68	89	35	12	11	77	47
自贡	183	163	180	173	171	177	196	188	187	106	189	171
攀枝花	34	39	35	33	50	59	70	90	54	49	46	45
泸州	206	197	207	210	193	187	179	179	202	182	213	202
德阳	199	172	195	198	183	180	146	140	158	131	198	173
绵阳	160	225	223	209	170	195	157	143	105	109	183	175

续表

城市	2002年	2003年	2004年	2005年	2006年	2007年	2008年	2009年	2010年	2011年	综合	2000年后
广元	158	148	118	139	139	154	110	87	108	127	143	129
遂宁	213	181	224	216	204	219	193	187	182	194	190	208
内江	162	158	173	187	152	171	177	175	218	224	181	188
乐山	103	93	103	146	126	161	169	125	140	137	120	118
南充	142	157	172	154	140	145	173	162	225	214	199	166
宜宾	201	208	242	239	215	222	207	222	200	215	224	216
雅安	134	120	161	190	127	167	194	132	132	133	180	147
巴中	256	233	243	243	261	251	259	198	175	235	254	247
资阳	245	152	184	183	162	191	199	197	188	209	219	195
贵阳	51	69	72	34	46	46	54	49	69	55	66	58
六盘水	251	244	190	186	185	250	245	263	167	178	229	241
遵义	247	253	250	222	242	214	208	223	245	158	260	242
安顺	197	234	251	204	213	237	263	242	234	147	227	229
昆明	87	56	32	53	40	36	33	21	113	45	55	51
曲靖	241	242	254	260	244	257	253	254	241	232	256	256
玉溪	210	216	218	179	144	133	118	138	217	111	192	178
保山	228	247	257	238	223	232	236	243	229	221	207	240
昭通	262	261	264	262	260	264	261	261	248	254	262	263
普洱	63	214	213	220	229	202	149	127	174	189	126	158
西安	33	14	21	27	27	34	30	30	47	43	29	32
铜川	21	28	29	47	28	73	34	70	143	110	37	54
宝鸡	117	131	132	128	113	121	96	112	184	177	145	127
咸阳	131	134	124	166	164	178	126	154	222	219	148	162
渭南	153	170	140	167	176	186	131	159	190	191	177	167
延安	190	175	119	107	130	116	91	109	149	169	149	134
汉中	62	100	69	123	86	95	163	95	162	170	87	101
榆林	218	237	241	252	239	215	144	144	89	72	233	185
安康	176	205	220	224	218	164	121	98	194	187	153	176
兰州	19	44	59	73	68	90	66	54	57	41	19	40
嘉峪关	22	19	15	17	2	2	1	1	2	1	7	4

续表

城市	2002年	2003年	2004年	2005年	2006年	2007年	2008年	2009年	2010年	2011年	综合	2000年后
金昌	10	11	14	15	37	80	53	51	46	42	15	24
白银	107	136	135	161	182	213	198	204	160	195	184	161
天水	189	192	203	200	200	217	189	167	247	233	217	207
武威	112	108	102	84	89	85	71	71	41	71	85	86
张掖	181	191	197	192	155	179	192	199	197	166	161	186
平凉	163	169	177	132	157	206	153	181	118	139	106	133
酒泉	50	50	58	63	62	56	42	43	73	61	32	52
西宁	25	25	63	79	80	84	52	41	67	67	31	50
银川	106	90	64	67	81	93	69	89	90	92	71	79
石嘴山	77	86	75	102	104	91	77	91	74	77	76	90
吴忠	154	140	126	108	195	236	230	212	213	192	200	179
乌鲁木齐	17	35	42	55	63	60	45	45	36	19	12	29
克拉玛依	1	2	1	1	1	1	2	6	11	5	1	1

附表 2 - 23　　　1990—2011 年 264 个城市人民生活指数

（上一年＝100）（1990--2001 年）

城市	1990年	1991年	1992年	1993年	1994年	1995年	1996年	1997年	1998年	1999年	2000年	2001年
北京	100	98.9	103.6	102.0	103.2	99.5	97.8	114.3	98.3	86.0	102.1	101.2
天津	100	100.1	100.1	101.1	100.1	100.1	100.1	100.1	100.1	101.9	101.1	101.5
石家庄	100	100.7	100.6	100.6	100.7	100.9	107.8	94.6	100.8	102.5	100.2	96.3
唐山	100	100.0	100.0	103.3	99.4	100.3	100.3	100.3	100.3	96.5	98.1	96.3
秦皇岛	100	101.5	105.4	97.6	97.5	97.5	100.7	110.1	98.3	91.2	104.2	99.0
邯郸	100	101.0	100.9	100.9	100.8	100.8	100.8	100.8	100.8	100.7	103.1	102.6
邢台	100	100.5	100.5	105.2	101.3	101.3	100.4	101.2	92.4	100.1	96.8	103.7
保定	100	102.7	103.7	104.2	95.5	101.3	101.3	101.2	101.2	98.5	90.5	102.5
张家口	100	100.2	100.2	102.2	102.2	93.0	96.3	107.4	88.8	97.9	102.5	106.1
承德	100	100.0	100.0	98.1	98.0	101.5	101.4	101.4	101.4	100.0	100.0	100.0
沧州	100	100.1	100.1	100.2	100.2	100.2	101.7	98.6	99.0	95.8	90.5	103.2
廊坊	100	100.2	111.4	99.3	99.3	98.0	98.0	100.4	91.1	105.8	100.2	103.3
衡水	100	103.0	99.2	105.4	105.1	101.1	100.8	97.4	97.4	97.3	97.2	103.3

续表

城市	1990 年	1991 年	1992 年	1993 年	1994 年	1995 年	1996 年	1997 年	1998 年	1999 年	2000 年	2001 年
太原	100	100.6	99.3	100.4	102.4	95.6	105.1	98.8	97.8	95.0	98.4	109.1
大同	100	100.3	101.0	101.0	101.0	101.0	101.0	99.1	103.6	100.7	100.7	100.7
阳泉	100	99.8	99.8	99.3	99.3	99.3	99.3	99.2	99.8	99.8	99.8	99.8
长治	100	100.3	100.3	102.6	98.3	98.2	101.9	101.9	99.4	99.3	99.3	99.2
晋城	100	104.4	105.3	98.8	99.6	96.5	96.4	100.4	101.6	101.0	105.2	97.7
朔州	100	99.5	99.5	97.9	99.4	99.4	106.5	98.1	100.2	98.3	98.3	105.4
运城	100	103.0	97.9	99.9	97.3	105.8	102.1	99.7	99.9	99.9	102.2	93.2
忻州	100	102.7	100.8	100.7	100.7	100.7	100.7	100.7	100.7	93.5	98.0	103.2
临汾	100	100.1	100.1	103.1	100.1	100.1	100.1	100.1	98.5	92.4	101.5	106.3
呼和浩特	100	100.0	99.7	99.7	100.6	98.0	97.9	97.9	97.9	101.4	101.4	101.3
包头	100	102.1	102.8	97.9	97.8	97.9	97.8	106.9	98.9	93.5	100.0	103.7
乌海	100	101.6	105.6	93.5	99.4	99.4	98.5	98.5	98.8	98.8	106.3	105.9
赤峰	100	100.4	109.8	97.3	97.2	97.2	97.1	108.6	95.8	101.7	99.9	105.4
通辽	100	101.0	99.2	100.3	99.0	100.3	104.2	98.1	99.0	99.9	99.9	101.1
呼伦贝尔	100	99.5	101.4	101.4	101.4	101.3	100.9	100.9	100.9	100.9	100.9	100.9
沈阳	100	98.1	100.3	100.3	100.3	100.3	100.3	104.5	102.1	98.5	95.6	103.8
大连	100	99.5	99.5	99.5	99.3	99.3	99.3	99.3	99.3	99.3	102.5	102.5
鞍山	100	100.3	111.3	99.8	99.8	99.8	99.8	99.8	100.8	102.1	98.8	101.7
抚顺	100	98.1	94.1	100.5	100.5	100.5	100.5	100.5	100.5	99.0	99.0	102.6
本溪	100	96.2	96.0	101.2	101.2	101.2	99.0	99.0	99.0	98.9	98.9	105.3
丹东	100	99.8	103.3	100.6	100.6	100.6	93.9	101.7	101.7	99.5	99.5	108.3
锦州	100	101.1	101.0	101.0	101.0	98.8	98.8	98.8	102.3	99.5	98.8	104.1
营口	100	99.2	112.1	101.6	96.4	100.2	100.2	100.1	106.4	100.1	98.0	101.4
阜新	100	100.3	98.6	98.6	98.6	98.5	105.1	99.8	99.8	99.8	99.8	99.8
辽阳	100	101.4	101.5	101.5	101.5	103.4	100.5	100.5	94.1	100.2	101.1	97.5
盘锦	100	100.0	100.0	105.9	95.2	101.1	101.0	103.6	96.0	95.9	104.1	103.9
铁岭	100	99.8	99.1	99.1	101.4	101.4	101.4	96.7	107.4	103.4	103.3	105.5
朝阳	100	100.6	105.7	111.9	94.2	102.2	101.5	101.5	101.4	97.7	103.5	103.4
葫芦岛	100	100.1	100.5	100.5	100.5	100.5	97.8	103.4	92.1	91.8	100.5	100.5
长春	100	100.0	99.9	101.6	101.6	101.6	99.1	99.1	99.1	101.4	99.4	101.3
吉林	100	100.0	100.5	100.5	97.0	99.4	99.4	99.4	103.6	103.4	97.5	97.5

续表

城市	1990 年	1991 年	1992 年	1993 年	1994 年	1995 年	1996 年	1997 年	1998 年	1999 年	2000 年	2001 年
四平	100	100.4	100.4	99.3	107.4	97.0	96.9	103.2	98.6	92.2	100.3	100.6
辽源	100	99.6	101.4	96.1	98.8	98.9	109.3	101.1	97.1	101.9	101.9	101.8
通化	100	101.8	109.7	100.2	98.6	98.5	98.5	98.5	108.5	95.9	103.3	100.8
白山	100	97.9	97.8	97.8	97.7	97.6	100.3	100.3	99.4	99.9	99.9	97.7
松原	100	99.9	99.9	96.0	95.7	94.9	94.6	102.2	102.2	97.4	96.1	102.9
白城	100	100.3	100.3	100.3	102.4	98.6	98.5	98.5	99.8	99.8	102.8	102.7
哈尔滨	100	100.6	99.9	99.9	99.9	99.9	101.1	101.1	99.8	100.6	101.2	100.2
齐齐哈尔	100	100.1	110.9	98.0	98.0	103.9	101.7	101.7	96.0	95.8	95.5	106.0
鸡西	100	100.2	99.6	100.0	100.9	97.6	101.2	101.6	101.6	98.2	95.9	106.6
鹤岗	100	101.1	96.0	102.3	102.2	102.2	102.1	97.1	104.6	95.0	101.4	101.4
双鸭山	100	100.6	100.1	101.7	101.7	95.8	102.5	100.0	100.2	100.6	100.6	100.6
大庆	100	102.2	102.4	102.4	102.3	97.9	97.9	97.8	97.8	103.8	103.6	103.5
伊春	100	99.7	99.8	99.8	99.0	99.0	98.9	98.9	98.9	98.9	99.9	99.9
佳木斯	100	99.7	99.7	99.7	99.7	99.8	95.9	104.4	101.3	95.7	98.2	105.7
七台河	100	100.0	100.0	100.0	99.2	97.6	98.3	98.3	95.7	96.9	102.8	102.7
牡丹江	100	101.9	106.4	96.7	106.3	102.9	100.0	98.6	98.6	94.0	105.8	98.7
黑河	100	97.5	97.4	97.3	103.3	98.4	98.4	98.3	98.3	100.5	106.0	105.6
绥化	100	100.5	100.5	100.3	102.9	99.0	99.0	99.0	94.7	94.4	100.3	96.7
上海	100	100.3	100.3	100.3	101.9	100.8	100.2	101.7	99.2	99.2	99.2	101.7
南京	100	100.1	100.1	100.1	100.9	100.9	100.9	103.6	99.2	99.2	99.2	102.9
无锡	100	100.2	100.2	100.3	100.1	100.0	101.1	97.2	105.0	104.8	104.6	104.4
徐州	100	101.0	110.2	101.3	101.3	96.1	96.9	102.2	102.2	96.5	95.4	108.0
常州	100	100.1	100.1	100.1	100.1	100.1	101.6	101.6	101.6	101.6	101.5	101.5
苏州	100	100.3	100.3	100.3	104.5	93.8	100.9	100.9	102.4	94.8	104.0	103.9
南通	100	98.1	98.1	98.1	98.0	98.0	100.9	103.7	96.8	103.6	99.5	101.2
连云港	100	102.5	107.8	94.3	103.4	100.4	100.4	100.4	100.4	94.9	98.5	98.5
淮安	100	99.3	99.2	99.2	98.7	98.5	96.7	96.6	93.8	102.7	103.8	112.2
盐城	100	100.5	105.6	103.1	99.2	99.2	92.9	98.7	98.7	98.7	98.1	106.1
扬州	100	100.0	100.0	95.0	100.8	100.8	100.8	104.3	98.2	98.2	99.6	102.0
镇江	100	100.0	99.9	100.1	99.9	99.3	98.2	98.1	98.1	104.6	104.4	104.2
泰州	100	99.9	99.9	98.5	98.5	99.0	103.9	103.7	95.5	102.6	98.5	101.0

续表

城市	1990 年	1991 年	1992 年	1993 年	1994 年	1995 年	1996 年	1997 年	1998 年	1999 年	2000 年	2001 年
宿迁	100	99.5	99.4	99.4	99.4	97.8	97.7	97.7	97.5	97.5	99.9	95.6
杭州	100	100.1	99.2	99.2	99.2	102.1	102.0	100.4	97.5	98.2	102.4	114.7
宁波	100	100.2	100.2	100.8	100.8	100.8	100.8	100.8	97.8	101.2	101.2	104.0
温州	100	99.5	107.2	97.6	95.8	97.5	97.7	100.9	102.4	104.7	97.7	104.2
嘉兴	100	100.1	99.6	99.6	101.2	97.9	98.6	98.6	98.6	98.6	100.6	100.9
湖州	100	100.0	100.0	100.0	101.5	101.9	100.2	100.2	100.2	99.4	100.2	101.1
绍兴	100	99.7	104.8	99.8	99.8	99.8	99.8	101.5	101.4	101.4	101.4	100.9
金华	100	99.7	99.6	96.9	99.9	99.9	97.4	97.8	99.6	102.8	99.1	112.3
衢州	100	100.1	101.1	101.1	111.3	100.5	100.5	97.9	103.2	103.8	101.2	99.8
舟山	100	102.6	100.1	100.1	100.1	100.1	98.3	103.0	100.9	99.6	100.9	100.9
台州	100	100.1	101.1	101.1	101.1	101.0	101.0	98.4	98.4	100.4	98.7	100.9
丽水	100	99.7	99.7	97.0	99.8	104.3	100.8	96.2	96.1	94.7	100.4	105.2
合肥	100	99.9	100.3	94.3	103.4	105.1	103.0	102.0	94.5	99.7	96.8	104.5
芜湖	100	99.4	99.6	99.5	98.2	101.6	98.5	97.0	97.3	95.5	98.2	100.3
蚌埠	100	100.6	102.1	102.0	102.0	91.1	103.9	99.7	99.7	91.8	98.2	113.7
淮南	100	100.9	98.9	98.3	100.5	100.5	100.5	100.5	100.5	100.5	100.5	100.5
马鞍山	100	97.5	97.2	97.1	97.0	106.0	103.4	99.7	99.7	92.8	92.3	105.2
淮北	100	101.9	101.0	101.0	101.0	101.7	101.7	101.7	101.6	97.5	97.4	99.3
铜陵	100	98.8	107.6	100.1	100.1	98.2	103.0	97.9	97.8	100.4	100.4	100.4
安庆	100	105.7	105.4	98.9	98.9	97.3	97.2	95.6	102.1	102.1	98.4	87.9
黄山	100	100.3	100.4	100.5	99.9	100.7	100.7	102.3	101.3	98.8	93.2	103.6
滁州	100	99.3	99.3	99.2	99.2	99.2	99.2	96.9	99.2	99.2	95.1	99.9
阜阳	100	100.7	113.8	102.7	97.6	97.6	99.9	99.9	99.9	85.3	105.4	101.4
宿州	100	101.0	108.9	99.8	99.8	98.9	107.2	99.4	93.1	92.6	104.2	104.1
六安	100	100.6	111.8	109.6	94.0	94.9	95.6	95.4	98.6	98.5	102.8	102.7
亳州	100	103.5	98.7	97.8	100.0	96.1	95.9	95.8	101.6	101.5	96.5	97.5
宣城	100	102.5	99.2	99.2	99.2	99.2	99.2	89.7	97.8	97.7	99.9	95.4
福州	100	99.4	110.3	98.3	98.2	98.2	98.2	98.1	98.1	103.3	103.0	94.2
厦门	100	101.3	101.3	101.3	101.3	101.3	101.5	101.7	98.8	103.9	97.4	102.0
莆田	100	100.1	102.1	102.0	102.2	100.6	98.3	100.6	100.6	100.6	93.9	102.8
三明	100	99.3	100.5	102.1	97.9	97.9	97.9	97.8	99.7	101.8	92.4	103.6

续表

城市	1990 年	1991 年	1992 年	1993 年	1994 年	1995 年	1996 年	1997 年	1998 年	1999 年	2000 年	2001 年
泉州	100	99.8	98.3	97.9	99.6	99.6	99.8	102.0	102.1	101.5	98.4	97.8
漳州	100	99.8	99.7	100.1	99.5	99.5	101.4	99.2	101.0	100.2	99.0	99.9
南平	100	99.5	102.8	100.7	97.0	98.8	98.8	98.8	88.8	105.0	94.6	108.8
龙岩	100	100.0	100.0	96.8	99.5	102.6	98.3	98.4	98.4	98.3	98.3	101.0
宁德	100	101.3	97.8	97.5	90.4	95.3	110.6	97.8	99.3	95.8	100.3	97.5
南昌	100	100.1	100.1	100.4	100.4	100.4	100.4	100.4	98.3	98.3	99.8	99.8
景德镇	100	100.9	99.5	99.5	99.5	99.5	99.8	99.8	99.8	96.8	102.6	102.0
萍乡	100	101.8	99.6	98.5	98.5	98.5	98.4	98.4	98.4	101.0	99.3	113.0
九江	100	99.5	99.5	99.5	99.4	98.9	98.9	104.1	103.8	100.2	100.1	100.9
新余	100	100.8	110.3	93.8	107.5	93.3	92.8	103.4	107.7	98.4	98.4	102.1
鹰潭	100	108.2	106.2	105.9	92.1	91.5	111.3	97.8	97.7	102.8	102.7	102.7
赣州	100	100.8	100.8	100.8	100.8	100.8	100.8	100.8	100.8	98.8	94.2	100.6
吉安	100	105.8	105.5	105.2	98.4	98.4	95.9	101.8	101.8	101.7	101.7	101.7
宜春	100	101.2	101.1	101.8	101.6	101.6	104.2	101.1	101.1	92.8	92.3	104.2
上饶	100	100.2	100.2	101.0	103.0	95.8	101.4	101.5	101.5	95.1	96.6	96.5
济南	100	98.4	107.2	96.5	94.6	102.8	105.3	94.7	96.6	99.2	96.8	106.3
青岛	100	98.2	106.1	99.3	100.8	100.9	99.0	99.0	101.4	98.5	101.0	99.3
淄博	100	100.2	104.9	101.0	98.9	98.8	98.8	98.8	98.8	99.2	100.8	100.7
枣庄	100	101.3	103.1	105.2	98.0	98.0	104.0	98.3	98.3	96.7	96.6	101.4
东营	100	102.4	102.3	99.3	99.3	99.3	99.3	99.3	99.6	99.8	105.7	105.4
烟台	100	100.0	100.0	100.0	98.2	98.8	98.8	99.7	99.7	99.7	97.4	104.2
潍坊	100	99.7	99.8	99.8	99.8	99.8	101.8	101.8	101.3	98.7	98.7	101.3
济宁	100	99.6	99.5	97.6	97.5	94.7	104.8	104.6	100.6	96.6	103.7	98.6
泰安	100	99.2	100.0	100.1	97.6	98.6	101.1	101.2	97.0	98.2	98.2	101.9
威海	100	100.4	100.3	105.9	101.3	96.4	106.0	98.9	98.8	98.8	98.8	99.3
日照	100	100.1	101.0	104.6	95.0	96.0	100.0	98.9	103.1	96.7	105.5	100.4
莱芜	100	100.0	100.0	100.0	100.0	96.8	100.7	99.9	99.9	101.5	101.5	101.5
临沂	100	100.0	104.8	90.7	120.5	98.1	98.0	99.7	96.0	105.2	99.4	92.2
德州	100	100.9	102.0	95.6	106.5	100.1	100.1	100.7	100.7	97.2	97.2	102.2
聊城	100	99.7	111.0	95.5	96.5	110.9	101.1	99.0	99.0	99.0	102.0	101.9
滨州	100	100.0	107.1	96.8	95.7	101.5	94.4	96.2	101.3	110.4	101.1	99.2

续表

城市	1990 年	1991 年	1992 年	1993 年	1994 年	1995 年	1996 年	1997 年	1998 年	1999 年	2000 年	2001 年
菏泽	100	103.4	97.4	95.7	97.9	97.8	100.2	100.2	100.2	103.8	105.5	103.6
郑州	100	100.0	100.0	100.0	101.0	101.0	101.0	98.5	99.3	101.9	101.8	101.6
开封	100	105.3	98.9	98.8	105.5	105.2	99.6	100.2	101.2	98.8	103.8	102.4
洛阳	100	100.0	100.0	103.7	96.8	96.7	100.5	100.5	99.1	98.3	98.2	102.8
平顶山	100	100.2	109.6	93.2	102.1	96.6	104.7	100.3	100.3	95.9	103.8	95.9
安阳	100	99.7	99.7	98.6	98.6	98.6	96.4	100.6	100.6	105.4	103.6	99.7
鹤壁	100	100.3	100.1	100.1	100.1	100.1	100.1	100.1	101.4	103.3	93.6	108.1
新乡	100	100.2	106.4	106.0	97.2	97.1	104.7	97.0	96.9	98.8	101.0	106.5
焦作	100	102.2	104.0	103.8	94.2	99.0	99.0	99.0	100.7	101.8	102.4	103.6
濮阳	100	100.5	100.5	98.4	103.2	100.0	95.1	100.0	100.0	101.5	101.6	101.6
许昌	100	102.2	120.1	87.0	121.2	99.8	99.8	101.3	101.3	99.5	102.4	99.5
漯河	100	100.9	100.9	107.1	97.1	97.0	100.1	102.5	99.1	101.8	100.5	100.5
三门峡	100	99.2	101.2	101.2	101.2	101.2	101.3	101.3	101.3	101.2	101.2	101.2
南阳	100	101.0	100.9	105.7	96.3	106.6	99.7	99.7	95.0	90.8	100.6	100.6
商丘	100	100.1	100.5	104.0	94.9	101.4	94.6	104.5	100.9	100.1	100.1	101.6
信阳	100	100.8	100.7	105.7	92.4	102.4	93.7	101.4	101.4	101.4	101.8	101.8
周口	100	100.5	100.5	100.4	100.4	100.4	100.4	100.4	95.8	95.6	101.1	101.0
驻马店	100	99.7	105.7	93.6	95.4	99.2	93.5	114.0	90.7	95.3	102.5	103.0
武汉	100	100.0	100.1	99.5	100.5	100.3	98.8	99.5	99.9	94.8	101.1	102.6
黄石	100	102.5	101.2	101.2	101.2	101.2	100.1	100.1	100.1	98.6	98.6	96.6
十堰	100	99.9	107.7	99.9	99.9	99.4	99.4	100.3	100.3	100.3	96.1	99.4
宜昌	100	100.9	100.9	107.7	95.5	96.0	95.8	102.0	101.6	102.7	102.6	101.6
襄阳	100	100.9	100.1	102.4	101.2	96.1	85.7	121.0	89.5	101.8	101.7	101.8
鄂州	100	97.9	109.6	101.9	98.8	110.0	100.0	101.5	94.5	101.1	101.1	101.1
荆门	100	100.1	100.1	96.6	103.6	97.0	100.5	100.6	96.5	98.7	98.7	98.6
孝感	100	96.8	104.5	104.3	100.2	100.2	100.2	100.2	94.0	100.5	100.5	100.5
荆州	100	99.5	98.8	98.8	98.8	98.8	98.8	98.7	98.7	99.4	92.7	107.0
黄冈	100	98.2	98.1	98.1	98.1	98.0	98.0	97.9	96.9	101.9	101.9	101.9
咸宁	100	101.9	104.7	104.5	100.7	90.8	93.2	109.9	86.1	117.3	97.8	92.5
随州	100	98.0	108.0	96.2	99.1	99.1	103.4	103.5	96.9	100.2	100.2	100.2
长沙	100	100.0	100.0	100.0	100.4	100.4	100.4	99.5	97.4	98.0	102.2	102.2

城市	1990 年	1991 年	1992 年	1993 年	1994 年	1995 年	1996 年	1997 年	1998 年	1999 年	2000 年	2001 年
株洲	100	100.1	100.6	96.5	102.6	102.6	97.8	104.4	96.4	100.6	98.7	98.7
湘潭	100	100.9	106.1	99.9	99.9	99.9	97.7	102.4	102.3	96.0	96.4	103.3
衡阳	100	103.2	99.6	109.7	93.5	103.7	103.6	96.4	102.6	95.4	100.3	101.3
邵阳	100	99.7	107.5	100.8	97.6	100.6	100.6	98.2	94.2	104.3	98.1	95.0
岳阳	100	101.2	112.5	101.9	98.4	98.3	98.3	93.3	100.9	107.9	101.2	100.3
常德	100	101.6	98.5	98.5	98.5	97.8	102.6	95.0	100.4	99.2	103.1	103.1
张家界	100	101.0	101.0	98.6	110.1	93.5	105.8	103.9	92.3	100.4	96.3	100.8
益阳	100	101.3	108.2	100.4	97.9	101.1	103.2	101.0	101.0	95.7	100.2	100.2
郴州	100	101.2	101.1	104.6	99.5	99.4	99.4	99.4	103.2	100.1	99.3	90.9
永州	100	102.1	108.5	100.0	106.1	99.6	99.6	101.3	95.8	102.4	98.0	101.7
怀化	100	101.5	106.9	96.9	98.3	98.2	102.5	102.5	102.4	100.0	100.9	100.9
娄底	100	100.9	100.0	104.5	96.9	99.6	99.6	99.6	101.5	101.2	106.8	106.4
广州	100	102.7	102.6	98.9	98.9	98.9	100.5	100.5	101.5	101.0	104.7	99.2
韶关	100	99.8	107.1	102.3	100.5	99.4	99.4	101.1	102.4	103.5	98.5	98.5
深圳	100	100.5	100.7	99.3	101.7	101.7	93.3	115.3	98.5	109.4	103.9	90.9
珠海	100	100.3	100.4	100.5	100.5	100.5	100.5	100.5	100.2	104.5	104.3	104.2
汕头	100	102.7	101.2	101.2	101.2	95.2	102.2	102.2	97.1	102.3	102.3	102.2
佛山	100	100.6	104.8	92.7	92.1	113.7	93.1	108.9	98.2	99.1	109.4	108.6
江门	100	99.6	97.2	97.1	97.0	100.4	100.4	100.4	98.9	105.8	104.2	104.0
湛江	100	100.6	100.6	101.7	101.7	98.8	98.8	98.7	98.9	96.6	98.0	108.4
茂名	100	99.0	101.2	101.2	98.8	87.8	110.2	109.2	92.6	98.9	98.8	108.7
肇庆	100	100.8	108.0	100.9	100.9	99.5	97.6	97.5	103.5	98.3	98.3	98.3
惠州	100	102.2	105.8	101.4	97.3	94.5	103.9	98.0	98.9	101.1	99.3	105.9
梅州	100	99.7	99.7	97.3	97.2	99.7	101.4	101.4	103.9	103.7	103.6	103.5
汕尾	100	100.5	101.1	101.1	101.1	99.8	99.8	102.5	101.4	100.1	100.1	100.1
河源	100	99.6	99.6	98.5	98.5	98.5	102.5	102.4	102.3	98.8	102.2	102.1
阳江	100	95.9	100.0	100.0	100.0	100.0	97.6	97.5	99.2	99.2	99.2	101.6
清远	100	101.8	101.6	101.5	109.9	110.0	97.9	97.8	97.8	97.7	100.2	100.2
东莞	100	99.8	99.8	99.8	99.8	99.8	96.5	102.3	99.5	104.0	99.9	100.5
中山	100	100.6	104.1	100.1	100.1	100.1	100.1	100.1	100.1	100.1	97.9	101.7
潮州	100	100.3	101.2	101.4	98.1	103.5	104.2	104.0	103.8	97.8	87.7	102.6

续表

城市	1990 年	1991 年	1992 年	1993 年	1994 年	1995 年	1996 年	1997 年	1998 年	1999 年	2000 年	2001 年
揭阳	100	98.1	98.0	98.0	98.0	97.9	101.6	97.9	95.3	94.7	103.8	103.7
云浮	100	99.9	99.9	99.9	99.9	99.9	99.9	96.8	96.9	101.7	99.1	99.1
南宁	100	102.3	101.5	101.8	107.7	96.5	96.4	107.5	92.7	105.4	93.2	108.0
柳州	100	100.1	99.5	99.9	99.1	99.1	99.1	99.6	99.6	99.6	93.8	108.4
桂林	100	100.3	100.3	100.3	98.3	98.2	103.3	97.5	97.4	95.8	98.6	102.3
梧州	100	97.9	97.8	97.8	97.7	97.7	102.7	102.5	102.4	102.3	97.4	102.1
北海	100	100.0	100.0	100.0	99.4	97.8	94.9	99.4	99.4	99.4	100.8	100.8
防城港	100	100.6	106.0	101.1	104.2	100.5	95.9	95.8	95.6	104.9	105.2	100.7
钦州	100	101.0	110.1	100.9	97.1	95.0	94.8	103.9	96.7	96.6	96.4	108.2
贵港	100	101.8	104.7	101.2	101.2	101.2	96.6	96.4	99.0	99.0	105.0	99.4
玉林	100	100.8	100.0	100.0	100.0	100.0	100.0	98.9	98.9	98.9	94.6	106.6
百色	100	99.6	103.4	103.7	103.1	100.4	100.4	100.0	100.9	97.7	99.1	100.0
河池	100	101.0	102.9	102.8	97.0	96.9	100.6	101.1	101.1	87.9	96.9	105.7
海口	100	101.4	97.2	102.6	102.6	96.3	101.9	101.9	101.9	101.8	101.8	101.8
三亚	100	101.0	99.3	99.3	101.1	101.1	97.5	104.4	104.2	98.3	103.5	98.4
重庆	100	100.5	114.0	97.8	98.3	101.4	99.4	98.4	97.8	100.7	105.2	103.0
成都	100	100.0	100.0	100.0	100.0	100.0	100.0	101.7	100.7	102.3	93.5	104.4
自贡	100	102.0	105.5	94.2	103.5	103.3	91.2	106.8	101.7	97.7	99.9	102.3
攀枝花	100	100.9	99.7	98.5	98.4	100.6	100.6	100.6	100.6	100.6	100.6	102.4
泸州	100	100.5	100.4	100.4	100.5	100.5	102.1	102.1	93.3	93.3	103.2	109.9
德阳	100	102.1	106.4	102.6	104.3	93.6	93.2	107.0	97.7	100.8	98.2	108.9
绵阳	100	99.8	107.2	101.7	99.0	99.0	99.0	99.0	102.8	95.9	95.8	106.0
广元	100	101.4	106.3	101.3	97.1	100.3	99.6	95.5	95.3	95.0	101.5	110.3
遂宁	100	99.6	100.3	101.4	95.1	103.1	98.4	100.8	98.0	103.0	93.4	103.2
内江	100	99.6	99.6	99.3	99.3	99.3	99.3	103.7	96.2	96.1	97.1	110.3
乐山	100	100.6	102.0	99.8	99.8	99.8	100.9	100.9	101.3	100.1	100.1	100.1
南充	100	101.6	108.2	104.0	98.4	100.0	100.0	104.1	103.9	100.9	100.6	100.5
宜宾	100	101.8	102.7	103.7	91.5	90.7	117.0	99.8	101.4	97.0	104.6	101.0
雅安	100	103.7	110.8	98.9	98.9	104.3	98.2	98.2	98.1	94.1	101.8	109.8
巴中	100	101.8	108.0	85.1	121.8	100.4	100.4	95.8	95.8	97.2	102.6	99.9
资阳	100	101.5	97.6	106.6	106.2	103.6	103.5	103.1	94.8	96.5	103.2	102.3

续表

城市	1990 年	1991 年	1992 年	1993 年	1994 年	1995 年	1996 年	1997 年	1998 年	1999 年	2000 年	2001 年
贵阳	100	101.1	100.0	100.0	100.0	100.0	101.4	100.2	102.4	98.8	101.8	101.8
六盘水	100	98.7	98.7	98.7	98.6	98.6	98.6	99.7	99.7	91.8	98.6	98.5
遵义	100	101.5	101.6	90.4	110.8	104.6	106.1	97.2	101.5	97.1	94.5	106.5
安顺	100	110.5	109.5	102.8	99.6	98.6	98.6	100.1	96.3	96.1	98.1	109.6
昆明	100	98.2	101.6	101.6	101.5	101.5	101.8	104.8	96.1	103.8	91.3	105.6
曲靖	100	100.3	99.2	100.2	101.4	94.9	103.5	96.5	96.4	100.7	99.2	104.9
玉溪	100	101.2	105.1	99.5	98.5	100.5	100.5	100.5	93.1	101.4	99.9	102.8
保山	100	100.9	107.5	99.3	99.2	99.2	99.2	97.9	97.8	93.7	98.1	105.8
昭通	100	99.7	99.7	95.4	95.8	95.0	100.1	95.4	95.2	106.4	97.8	99.2
普洱	100	100.3	113.5	101.7	97.6	99.1	100.1	100.1	100.1	101.3	101.3	101.3
西安	100	100.1	100.1	102.2	102.1	102.1	102.0	99.8	100.9	99.9	96.8	96.7
铜川	100	102.1	99.6	99.6	99.6	99.6	102.5	97.9	97.6	101.3	102.4	102.4
宝鸡	100	99.9	99.9	99.9	99.9	99.9	99.2	102.2	101.0	98.1	98.1	102.2
咸阳	100	99.2	104.4	102.8	95.1	101.2	101.2	101.2	96.4	96.2	101.1	103.9
渭南	100	102.2	105.7	103.8	97.5	97.4	97.3	104.5	98.6	99.5	99.5	104.1
延安	100	99.7	117.3	103.0	102.5	95.7	100.7	99.0	99.0	99.0	97.0	101.7
汉中	100	99.7	105.3	105.0	99.0	98.1	98.0	101.1	104.3	100.1	100.1	100.1
榆林	100	100.1	101.8	101.8	101.8	101.7	98.8	98.8	99.1	99.1	109.2	101.0
安康	100	100.5	100.5	100.5	102.6	102.5	98.5	102.3	98.4	98.4	96.4	101.3
兰州	100	97.9	107.5	103.6	98.4	98.4	98.3	103.5	100.2	96.3	104.4	100.2
嘉峪关	100	99.9	100.1	99.0	99.0	99.0	100.6	100.6	101.4	101.4	101.3	101.3
金昌	100	99.9	99.9	99.9	99.9	99.9	99.9	99.9	99.9	99.9	101.8	101.8
白银	100	102.0	105.6	100.1	100.1	100.1	100.1	103.4	103.3	95.7	102.3	102.4
天水	100	101.1	101.0	101.3	101.3	101.2	100.7	100.7	100.7	100.7	100.7	100.7
武威	100	99.7	99.7	107.5	97.8	97.8	99.8	99.8	99.8	99.8	99.8	99.8
张掖	100	102.7	102.1	99.6	96.9	96.8	96.7	100.3	100.3	100.3	99.5	101.7
平凉	100	106.1	101.0	100.9	100.9	100.9	100.9	100.9	100.9	98.3	99.6	97.0
酒泉	100	100.2	100.2	103.5	99.6	99.6	100.0	100.0	100.0	100.0	100.0	100.0
西宁	100	100.2	98.9	98.9	100.3	100.4	100.4	100.4	100.4	100.4	100.4	101.1
银川	100	100.2	96.0	100.6	100.6	100.6	104.6	102.8	99.6	101.9	98.4	97.5
石嘴山	100	101.0	107.5	98.7	98.7	103.7	100.2	100.2	91.6	100.8	96.3	106.2

续表

城市	1990 年	1991 年	1992 年	1993 年	1994 年	1995 年	1996 年	1997 年	1998 年	1999 年	2000 年	2001 年
吴忠	100	101.2	101.4	101.4	101.1	102.3	102.3	102.2	102.2	99.9	99.9	99.9
乌鲁木齐	100	100.2	100.2	100.2	100.2	100.2	100.2	97.9	100.1	104.3	95.0	100.2
克拉玛依	100	102.9	102.8	100.6	90.9	98.3	114.2	105.3	99.9	99.9	99.9	99.9

附表 2 – 24　　　　1990—2011 年 264 个城市人民生活指数

（上一年 = 100）（2002—2011 年）

城市	2002 年	2003 年	2004 年	2005 年	2006 年	2007 年	2008 年	2009 年	2010 年	2011 年	平均	2000 年后
北京	101.8	101.8	104.8	98.1	99.7	102.6	91.6	120.9	105.9	100.2	101.6	102.5
天津	100.1	104.4	102.5	100.9	100.9	100.8	103.6	103.8	116.2	100.0	101.8	103.0
石家庄	102.1	105.3	103.3	100.3	100.4	100.8	99.5	102.9	106.5	97.4	101.1	101.2
唐山	103.9	106.4	101.4	100.9	99.6	103.5	99.3	101.3	106.4	99.5	100.8	101.4
秦皇岛	103.8	101.8	101.2	100.7	101.4	102.1	98.2	103.0	107.6	101.1	101.1	102.0
邯郸	103.3	100.1	104.7	100.9	97.0	100.5	91.5	106.9	102.9	100.4	101.0	101.1
邢台	101.1	101.0	102.6	100.5	99.0	100.3	97.7	102.6	101.2	99.7	100.4	100.5
保定	103.0	104.7	103.3	100.0	94.7	103.4	101.8	101.2	100.2	96.7	100.5	100.2
张家口	102.9	107.2	101.4	101.7	99.9	98.8	100.2	99.0	106.3	97.8	100.5	102.0
承德	96.7	103.1	103.8	101.2	100.7	98.7	97.2	100.6	104.8	99.9	100.4	100.6
沧州	103.1	105.9	105.7	102.7	96.5	98.2	100.9	100.9	101.6	98.3	100.2	100.6
廊坊	101.7	100.4	101.6	103.3	101.7	100.3	98.0	102.6	107.6	94.6	100.9	101.3
衡水	103.1	103.2	104.5	100.0	91.1	96.3	111.9	105.8	99.4	97.6	100.9	101.1
太原	101.5	105.3	100.9	100.0	97.9	106.3	94.1	96.6	113.9	99.8	100.9	102.0
大同	105.7	101.4	98.5	99.1	101.5	101.5	101.4	101.4	101.4	98.7	100.9	101.0
阳泉	102.0	110.4	102.8	101.5	101.2	101.2	98.4	100.4	104.2	99.0	100.7	101.7
长治	104.7	104.7	104.5	99.7	95.1	104.8	97.9	106.5	99.5	102.5	100.9	101.5
晋城	106.9	106.4	102.9	102.5	100.7	100.7	100.7	101.2	101.2	99.6	101.4	102.1
朔州	105.1	101.7	102.3	101.2	101.2	101.1	101.1	101.1	99.5	103.7	100.9	101.8
运城	106.8	105.7	102.0	98.6	99.1	107.5	92.7	104.0	103.8	103.7	101.1	101.6
忻州	103.1	105.6	101.9	96.6	103.0	102.9	102.8	102.7	102.7	93.6	100.8	101.3
临汾	97.4	107.3	98.0	102.6	97.9	95.2	93.9	100.1	115.6	98.7	100.4	101.2
呼和浩特	103.3	104.0	101.9	101.8	101.8	101.8	100.6	100.6	100.6	99.9	100.5	101.6

城市	2002年	2003年	2004年	2005年	2006年	2007年	2008年	2009年	2010年	2011年	平均	2000年后
包头	102.4	102.3	102.3	108.6	104.5	104.2	102.0	101.7	105.2	101.4	101.5	103.2
乌海	104.9	104.7	104.5	101.8	103.1	103.0	103.0	102.9	102.8	102.7	101.8	103.8
赤峰	105.1	104.0	101.7	101.4	101.4	102.2	98.0	99.4	99.7	102.7	101.2	101.7
通辽	101.6	102.0	101.6	103.2	102.0	103.8	105.8	100.0	100.9	99.6	101.0	101.8
呼伦贝尔	101.3	104.2	102.0	101.9	101.6	96.5	98.0	102.4	98.4	100.4	100.8	100.7
沈阳	102.7	102.8	101.2	102.8	99.8	104.7	100.7	99.0	110.4	100.3	101.3	102.0
大连	102.4	102.4	102.1	100.9	100.9	101.3	102.3	103.0	110.3	100.5	101.1	102.6
鞍山	99.7	104.7	103.3	102.3	102.0	101.2	101.8	101.8	101.8	95.5	101.3	101.2
抚顺	98.0	106.8	102.7	101.5	100.6	100.6	101.5	100.0	101.4	96.8	100.3	101.0
本溪	98.6	106.3	101.1	102.7	101.6	98.1	101.8	101.9	101.9	96.4	100.3	101.2
丹东	105.3	105.0	103.0	98.8	100.5	98.0	101.6	102.4	99.0	96.2	100.9	101.5
锦州	102.7	103.6	102.5	99.8	99.0	96.1	100.1	103.4	100.7	98.3	100.5	100.7
营口	102.9	105.7	102.2	99.5	99.8	103.2	101.4	103.0	106.5	94.7	101.6	101.5
阜新	102.3	102.4	101.0	101.9	97.5	109.9	96.4	103.4	100.8	96.9	100.5	101.0
辽阳	111.0	104.2	104.0	100.7	99.5	101.5	101.2	100.5	103.2	98.5	101.3	101.9
盘锦	103.8	103.6	99.8	98.8	98.8	104.0	103.8	103.0	102.9	102.8	101.3	102.4
铁岭	100.1	104.2	104.0	101.2	101.0	101.7	99.3	95.5	103.7	99.8	101.3	101.6
朝阳	101.9	101.9	101.9	101.8	100.9	100.9	100.9	100.9	98.2	96.6	101.3	101.1
葫芦岛	105.2	111.0	101.8	97.6	98.8	100.8	101.7	97.3	109.0	94.9	100.3	101.6
长春	100.7	101.4	101.6	101.5	101.5	103.1	100.9	100.5	103.2	98.4	100.8	101.1
吉林	106.3	102.2	101.4	96.6	105.5	104.1	99.4	102.9	93.9	101.8	100.6	100.7
四平	107.8	107.3	101.3	98.8	98.8	107.0	99.5	100.8	95.2	102.8	100.7	101.7
辽源	101.8	101.8	103.8	101.3	101.3	101.3	100.7	100.9	92.9	100.8	100.7	100.9
通化	100.4	100.4	100.8	110.3	100.4	99.9	102.8	93.4	104.0	99.9	101.2	101.4
白山	100.6	99.9	103.4	102.3	104.1	100.7	102.7	104.4	102.6	99.8	100.3	101.5
松原	103.9	100.3	100.4	101.2	102.9	102.2	103.9	102.4	104.8	101.1	100.2	101.8
白城	102.4	101.8	101.8	103.6	101.8	100.7	100.2	98.0	102.4	99.8	100.7	101.5
哈尔滨	103.6	101.7	106.7	102.2	98.4	98.2	98.1	101.7	110.6	98.9	101.1	101.8
齐齐哈尔	103.3	101.1	104.2	99.7	104.2	104.0	103.9	103.7	105.9	91.0	101.3	101.9
鸡西	100.6	102.1	104.5	104.3	97.2	97.9	101.7	105.9	103.4	98.2	100.9	101.5

续表

城市	2002年	2003年	2004年	2005年	2006年	2007年	2008年	2009年	2010年	2011年	平均	2000年后
鹤岗	100.7	103.0	103.0	103.7	101.8	100.2	99.0	104.2	102.8	95.9	100.9	101.4
双鸭山	101.3	104.0	108.0	102.0	101.9	101.9	101.8	101.8	92.3	103.3	101.0	101.6
大庆	105.4	103.5	101.3	102.5	101.2	101.2	101.2	102.5	114.1	98.1	101.9	103.2
伊春	100.9	106.2	101.7	99.2	102.6	97.8	101.6	105.0	101.2	88.5	99.9	100.4
佳木斯	98.2	96.3	102.0	105.7	97.2	101.1	104.1	97.5	107.1	96.5	100.3	100.8
七台河	101.7	101.8	103.5	104.4	98.8	100.4	100.4	97.9	97.5	98.9	99.9	100.9
牡丹江	97.7	104.9	100.6	105.6	98.2	103.4	103.6	96.7	102.8	104.7	101.3	101.9
黑河	105.3	99.1	105.8	95.7	102.7	99.4	106.1	102.0	102.0	91.5	100.5	101.8
绥化	108.6	101.4	103.4	99.9	100.2	99.6	111.1	99.6	97.1	98.3	100.3	101.3
上海	101.7	105.7	102.9	101.0	102.6	103.8	95.9	100.5	118.3	97.8	101.6	102.6
南京	99.4	103.8	104.4	99.8	99.8	101.8	99.6	103.1	110.6	109.6	101.8	102.8
无锡	104.2	102.7	105.7	97.1	102.8	97.4	101.3	102.1	111.8	99.9	102.0	102.8
徐州	101.9	98.6	103.3	101.8	101.3	101.5	98.3	101.0	100.9	101.5	101.0	101.1
常州	101.5	101.5	101.5	101.4	101.4	101.4	101.4	102.1	109.0	100.5	101.4	102.1
苏州	103.7	103.6	104.3	103.4	103.1	102.5	100.2	101.1	110.6	102.1	101.8	103.5
南通	100.2	101.3	101.3	101.3	101.2	101.2	98.1	103.4	101.7	100.3	100.3	100.9
连云港	103.0	103.2	105.6	101.5	101.3	102.0	96.3	102.1	105.7	101.5	101.1	101.6
淮安	102.7	104.7	101.7	102.1	101.5	102.4	98.3	102.5	102.4	102.3	101.0	103.0
盐城	104.5	104.3	99.3	99.3	99.3	101.0	100.4	101.1	102.1	100.8	100.6	101.4
扬州	102.0	101.9	101.9	101.9	101.8	101.8	98.9	103.7	101.9	100.8	100.7	101.5
镇江	104.0	103.9	103.7	102.0	101.1	102.1	99.0	98.4	103.4	103.3	101.3	102.4
泰州	101.6	105.6	99.5	101.5	99.4	102.9	99.0	101.5	104.5	96.7	100.6	101.0
宿迁	105.6	103.1	107.3	105.2	100.2	102.2	100.2	98.5	104.9	100.4	100.4	101.9
杭州	99.7	102.5	102.4	98.9	103.2	103.7	100.7	101.0	102.5	102.5	101.5	102.8
宁波	103.8	103.7	99.9	100.8	100.9	100.9	100.9	102.4	111.3	110.2	102.0	103.3
温州	104.1	106.3	100.7	100.7	103.7	101.5	94.1	104.9	117.6	99.5	101.7	102.9
嘉兴	100.9	108.9	103.1	101.3	100.5	100.7	97.9	99.3	115.1	99.1	101.0	102.4
湖州	101.1	101.1	101.1	100.9	100.3	102.1	99.0	99.0	112.3	100.6	101.0	101.6
绍兴	100.9	104.2	101.3	101.1	101.2	102.8	96.1	104.5	114.5	100.9	101.7	102.5
金华	104.8	104.9	100.7	98.1	103.7	102.3	96.9	102.6	114.8	99.5	101.5	103.3

城市	2002年	2003年	2004年	2005年	2006年	2007年	2008年	2009年	2010年	2011年	平均	2000年后
衢州	105.5	105.2	103.0	100.1	102.3	99.9	97.9	100.3	110.9	99.3	102.0	102.1
舟山	99.3	104.6	100.0	101.7	103.7	102.2	104.1	101.8	101.6	99.7	101.1	101.7
台州	100.9	105.6	99.9	103.7	100.3	101.3	96.2	101.1	116.0	97.3	101.1	101.8
丽水	110.3	102.2	99.1	97.5	101.2	106.9	92.8	106.5	107.4	99.5	100.8	102.4
合肥	103.2	101.2	101.7	103.6	101.1	102.7	101.5	103.6	118.4	99.0	101.8	103.1
芜湖	102.2	102.2	102.4	102.5	102.4	102.9	101.0	102.2	113.7	99.8	100.7	102.5
蚌埠	104.6	95.6	102.0	101.9	106.3	100.0	96.9	103.9	103.9	99.4	100.9	102.2
淮南	100.4	103.5	103.4	103.3	98.9	101.4	101.4	98.9	104.8	101.1	100.9	101.5
马鞍山	105.0	99.1	102.9	102.5	101.4	101.1	103.4	97.7	110.8	99.6	100.5	101.7
淮北	99.3	100.1	105.2	96.9	99.7	105.6	104.0	98.7	104.2	100.1	100.9	100.9
铜陵	98.7	104.3	101.8	101.8	102.8	100.1	100.9	104.3	114.1	97.1	101.4	102.2
安庆	118.6	104.0	105.7	97.4	100.9	101.1	102.5	99.3	99.2	100.9	100.9	101.3
黄山	105.2	103.3	104.8	98.2	102.0	101.9	98.6	101.7	105.3	99.2	101.0	101.4
滁州	98.5	103.8	113.6	101.4	103.3	101.4	99.5	105.5	105.3	96.9	100.7	102.0
阜阳	117.7	93.1	114.7	99.9	101.8	100.5	98.9	101.2	101.5	99.8	101.5	103.0
宿州	109.2	97.0	96.9	101.5	106.6	99.6	104.4	98.5	97.4	102.8	101.0	101.8
六安	103.3	105.4	113.9	100.0	100.0	101.7	99.4	101.6	109.0	95.2	101.5	102.9
亳州	106.6	106.5	106.1	96.0	101.8	101.9	100.8	104.8	99.3	98.8	100.3	101.4
宣城	103.3	103.2	105.6	100.5	102.4	103.0	98.8	104.4	101.6	101.6	100.1	101.6
福州	93.8	110.4	98.9	98.8	98.8	102.0	96.3	100.7	107.0	106.5	100.6	100.9
厦门	102.6	102.7	102.4	100.7	104.0	109.9	104.3	104.1	104.0	101.9	102.2	103.0
莆田	106.2	112.9	100.5	105.1	99.9	99.2	97.3	102.0	106.5	99.8	101.5	102.2
三明	99.9	104.4	104.3	100.7	102.5	102.4	101.8	99.5	107.9	101.7	100.7	101.8
泉州	102.9	109.9	100.3	101.8	97.5	102.5	99.9	100.3	107.2	102.7	101.0	101.8
漳州	101.4	101.4	101.4	99.3	102.2	105.4	97.8	101.7	105.4	101.9	100.8	101.4
南平	96.6	102.9	99.0	99.9	103.8	103.4	100.0	101.4	100.0	104.0	100.2	101.2
龙岩	102.0	102.4	102.4	102.3	102.3	105.6	98.4	102.6	94.6	110.6	100.7	101.9
宁德	92.9	117.8	103.5	99.8	105.4	105.1	103.7	103.6	103.4	102.2	101.0	102.9
南昌	100.3	107.4	100.0	100.0	103.9	103.8	103.6	103.5	103.4	103.3	101.3	102.4
景德镇	104.9	102.6	101.6	102.7	96.6	99.9	105.1	98.5	97.8	99.5	100.4	101.1

续表

城市	2002年	2003年	2004年	2005年	2006年	2007年	2008年	2009年	2010年	2011年	平均	2000年后
萍乡	102.5	104.2	99.5	99.5	99.4	99.4	100.3	99.5	101.9	100.6	100.6	101.6
九江	100.9	100.8	98.8	102.9	95.8	100.0	100.1	103.4	101.8	99.9	100.4	100.5
新余	101.6	111.3	103.2	102.9	99.5	98.4	100.6	100.6	107.3	101.6	101.6	102.3
鹰潭	101.5	106.4	105.7	103.1	93.6	102.3	102.9	102.5	102.4	99.1	101.7	102.1
赣州	107.3	106.8	99.6	100.0	100.0	100.7	101.1	102.8	100.5	99.9	100.9	101.1
吉安	100.5	104.1	103.9	103.8	95.3	99.5	103.7	99.3	95.4	98.5	100.9	100.6
宜春	102.4	113.6	100.4	101.5	99.2	101.9	101.4	99.9	98.7	99.4	101.0	101.2
上饶	101.3	103.2	105.3	97.9	99.6	101.2	100.9	100.2	100.6	98.8	100.1	100.2
济南	101.8	103.7	103.6	102.3	102.2	102.8	99.5	101.7	108.1	107.5	101.4	103.0
青岛	103.6	103.5	102.7	103.1	100.8	101.2	99.9	101.7	111.6	101.2	101.5	102.5
淄博	101.9	103.2	103.8	105.9	100.8	101.0	98.6	100.9	104.4	100.3	101.0	101.9
枣庄	100.8	113.1	101.5	101.1	97.2	98.6	99.3	99.7	105.6	98.0	100.7	101.1
东营	105.1	104.9	105.7	102.4	102.7	102.3	100.0	101.4	106.3	105.9	102.2	104.0
烟台	104.0	102.8	102.8	103.1	102.7	101.5	98.9	103.6	105.3	100.8	101.0	102.3
潍坊	102.2	105.9	102.6	102.5	97.9	101.6	99.0	100.7	108.4	99.3	101.0	101.7
济宁	102.0	103.0	105.4	103.7	103.1	100.3	96.4	101.1	101.6	100.3	100.7	101.6
泰安	100.4	106.2	103.4	100.5	100.5	100.5	97.0	103.0	102.7	98.4	100.3	101.1
威海	100.3	103.3	101.2	106.4	101.3	102.9	99.5	103.3	105.3	98.6	101.2	101.7
日照	99.6	100.8	102.8	103.0	102.4	101.8	102.9	99.6	109.3	99.8	101.1	102.3
莱芜	102.2	105.4	100.3	101.9	103.6	101.3	94.9	101.6	106.8	101.4	101.0	101.9
临沂	117.6	103.8	104.1	102.1	95.7	100.2	96.1	102.6	99.1	102.9	101.3	101.3
德州	101.0	111.2	101.9	100.7	98.2	99.1	98.7	101.6	104.8	99.4	100.9	101.3
聊城	102.9	100.1	101.0	100.5	99.2	97.0	95.7	104.1	103.2	99.1	100.8	100.6
滨州	98.5	109.0	99.2	101.6	100.0	100.9	96.7	104.7	108.7	100.2	101.1	101.6
菏泽	104.0	101.7	105.9	100.7	97.9	101.4	99.8	96.4	102.1	101.0	100.8	101.7
郑州	101.0	106.3	100.6	102.3	99.9	95.5	100.4	100.4	110.0	100.9	101.1	101.7
开封	92.7	100.4	104.0	104.0	99.1	99.9	97.2	104.3	99.3	101.4	101.0	100.7
洛阳	100.3	107.3	99.2	100.3	100.0	99.8	99.3	102.5	101.7	101.7	100.4	101.1
平顶山	100.2	103.7	106.6	101.3	100.3	99.0	97.2	102.2	101.7	100.1	100.7	101.0
安阳	104.6	103.1	100.7	97.6	101.9	102.1	91.2	101.5	102.9	105.6	100.6	101.2

续表

城市	2002年	2003年	2004年	2005年	2006年	2007年	2008年	2009年	2010年	2011年	平均	2000年后
鹤壁	99.8	102.8	99.7	99.7	101.2	101.2	98.5	101.1	101.1	101.9	100.6	100.7
新乡	98.9	106.3	99.6	98.9	100.0	101.0	97.0	100.3	102.7	100.1	100.8	101.0
焦作	103.5	102.1	102.5	101.1	99.7	101.3	98.7	98.7	101.6	106.6	101.1	101.8
濮阳	100.4	104.7	103.0	102.0	99.5	98.2	94.3	102.0	97.8	107.8	100.5	101.1
许昌	102.2	99.1	100.6	98.6	101.8	100.1	99.4	102.7	104.3	108.0	102.3	101.6
漯河	99.3	103.5	101.5	106.1	97.4	98.9	97.2	100.3	106.0	100.6	100.8	101.0
三门峡	101.2	99.0	98.9	98.9	100.5	103.0	96.4	98.4	103.6	98.4	100.4	100.1
南阳	103.6	106.3	106.4	96.8	99.7	99.1	100.0	100.2	105.3	101.6	100.7	101.7
商丘	97.8	104.1	104.0	103.8	98.9	100.6	105.5	100.2	97.6	98.1	100.6	101.0
信阳	101.8	101.7	104.2	99.8	101.4	98.8	100.0	101.4	97.5	101.5	100.5	101.0
周口	101.0	102.4	102.4	97.6	101.1	97.6	102.1	101.5	96.9	101.6	100.0	100.5
驻马店	99.3	106.5	106.1	97.7	100.8	100.9	99.1	101.7	96.2	106.7	100.3	101.7
武汉	102.2	102.2	102.1	100.9	100.9	100.9	101.6	101.6	118.3	95.1	101.0	102.5
黄石	101.8	101.7	103.7	105.4	97.8	105.3	94.6	99.0	111.0	100.6	101.0	101.3
十堰	97.5	101.4	104.8	104.6	104.4	104.2	98.3	98.3	108.6	90.5	100.7	100.7
宜昌	101.5	102.5	104.9	104.6	99.4	103.8	101.3	103.2	111.3	95.8	101.6	102.7
襄阳	108.3	104.7	102.5	104.4	100.0	101.2	100.7	101.5	102.1	100.0	101.3	102.4
鄂州	98.6	100.5	101.6	105.6	100.6	104.0	105.8	99.9	97.3	103.0	101.6	101.6
荆门	98.6	104.7	104.6	100.4	100.4	102.6	102.7	103.1	100.0	100.5	100.4	101.2
孝感	98.5	98.4	104.9	101.4	101.2	103.4	98.9	103.1	98.6	100.8	100.5	100.9
荆州	106.5	99.6	107.8	101.5	101.0	104.5	99.3	103.6	96.2	100.1	100.5	101.7
黄冈	100.1	100.1	106.9	106.5	101.3	106.8	100.4	100.8	92.2	101.8	100.3	101.7
咸宁	105.7	105.4	105.7	100.3	97.9	106.8	101.3	101.2	101.0	102.4	101.2	101.5
随州	100.2	99.9	103.0	103.6	101.3	96.8	100.8	103.0	98.6	98.6	100.5	100.5
长沙	100.6	106.2	101.5	101.3	101.2	105.4	105.1	104.9	104.6	104.4	101.6	103.3
株洲	106.5	102.9	103.5	98.4	99.6	106.6	99.6	104.0	97.2	102.0	100.9	101.5
湘潭	101.4	106.4	101.4	100.4	98.4	105.5	105.2	102.4	102.3	96.1	101.1	101.6
衡阳	101.3	101.3	101.2	102.0	101.2	100.5	100.5	102.6	88.3	109.9	100.8	100.9
邵阳	106.5	105.3	101.2	103.4	101.0	100.1	103.9	103.4	89.1	103.6	100.6	100.9
岳阳	100.3	100.3	97.5	101.8	98.2	106.1	98.8	102.7	100.9	102.5	101.1	100.9

续表

城市	2002年	2003年	2004年	2005年	2006年	2007年	2008年	2009年	2010年	2011年	平均	2000年后
常德	101.9	100.5	101.7	99.8	100.2	106.3	101.0	101.7	103.3	100.1	100.7	101.9
张家界	107.7	104.0	101.6	95.5	103.3	105.5	98.0	104.0	105.9	97.9	101.2	101.7
益阳	107.1	102.7	99.9	102.8	101.4	103.3	98.4	100.1	99.0	101.3	101.2	101.4
郴州	110.5	104.8	104.2	99.6	94.1	106.7	104.1	96.7	96.6	109.5	101.1	101.4
永州	101.7	105.0	101.6	101.6	102.0	103.8	100.4	101.2	90.2	104.1	101.2	100.9
怀化	100.9	106.7	100.8	104.1	101.9	102.3	99.6	105.7	99.6	100.3	101.5	102.0
娄底	101.9	101.8	99.6	99.6	100.1	98.3	98.3	109.2	95.0	105.0	101.2	101.8
广州	103.3	107.8	102.3	95.5	102.8	101.1	100.6	104.5	112.2	99.7	101.8	102.8
韶关	102.8	102.7	104.1	100.8	100.8	98.7	96.4	102.7	100.7	101.5	101.1	100.7
深圳	97.0	102.3	99.8	94.7	108.3	99.4	98.2	99.0	114.0	104.2	101.5	101.0
珠海	102.1	112.9	89.1	99.7	106.1	105.8	98.0	96.5	116.7	104.1	102.1	103.3
汕头	102.2	102.1	102.0	104.2	104.0	99.9	97.9	102.6	95.0	99.3	100.9	101.2
佛山	107.9	109.3	99.6	100.7	101.4	101.9	102.5	100.9	105.1	99.8	102.3	103.9
江门	103.8	101.6	106.6	100.6	100.6	100.6	100.6	100.6	101.4	99.6	101.0	102.0
湛江	96.6	103.9	103.7	99.8	99.8	103.2	95.6	102.4	103.0	100.9	100.5	101.3
茂名	91.9	105.1	106.8	100.7	96.1	101.1	99.6	100.4	102.3	98.1	100.4	100.8
肇庆	98.2	105.4	102.6	103.1	98.5	106.4	99.1	100.7	101.9	98.1	100.8	100.9
惠州	105.6	105.3	102.3	103.5	100.9	101.2	101.2	101.2	101.2	102.7	101.5	102.5
梅州	103.4	101.1	101.1	101.1	100.8	100.8	100.8	100.8	100.8	101.6	101.1	101.6
汕尾	100.1	100.1	100.1	99.8	99.8	99.8	98.6	106.0	99.7	97.6	100.4	100.1
河源	100.2	101.9	101.8	98.3	100.5	100.5	100.5	100.5	100.5	102.3	100.5	100.9
阳江	106.4	103.1	98.9	102.6	99.8	103.6	102.3	102.0	102.8	98.7	100.5	101.7
清远	106.8	104.1	104.0	103.8	103.7	100.1	100.8	99.1	104.3	87.0	101.4	101.2
东莞	103.6	103.1	107.5	102.9	103.3	101.0	99.1	90.7	103.2	103.1	100.9	101.5
中山	100.5	104.7	102.0	103.9	104.0	95.8	97.0	102.1	107.0	101.0	101.0	101.5
潮州	102.6	111.8	104.8	103.7	101.3	101.7	98.6	104.8	93.4	99.5	101.2	101.0
揭阳	102.0	105.4	101.9	101.9	102.1	103.8	98.6	99.6	100.7	94.8	99.9	101.5
云浮	110.4	104.8	104.5	104.4	99.6	99.6	99.6	99.6	100.0	103.8	100.9	102.1
南宁	99.4	99.8	100.8	105.5	103.8	101.1	100.7	100.7	98.6	100.4	101.1	101.0
柳州	99.6	101.2	104.9	98.9	100.8	102.1	96.6	105.8	104.9	95.1	100.3	101.0

城市	2002年	2003年	2004年	2005年	2006年	2007年	2008年	2009年	2010年	2011年	平均	2000年后
桂林	99.8	100.9	106.8	101.4	97.8	104.5	98.4	104.4	99.8	99.8	100.3	101.2
梧州	99.5	103.9	101.0	101.3	101.3	102.1	96.3	106.8	98.0	98.0	100.3	100.6
北海	107.2	102.7	98.9	103.7	101.4	100.5	100.7	100.7	97.5	105.7	100.5	101.7
防城港	99.7	103.9	99.7	96.2	103.5	101.0	103.8	102.4	101.8	100.8	101.1	101.6
钦州	98.1	97.1	114.0	107.2	95.0	110.8	90.0	105.2	102.2	109.4	101.4	102.8
贵港	99.3	110.1	99.6	97.2	100.5	103.8	93.5	108.8	94.3	89.9	100.1	100.1
玉林	102.0	102.7	104.9	99.9	95.5	101.8	96.5	105.6	95.9	93.8	99.9	100.0
百色	99.0	107.2	104.0	100.4	98.6	98.1	99.1	105.5	105.2	90.4	100.7	100.5
河池	104.5	103.0	108.6	102.2	96.6	103.5	96.8	91.9	115.7	83.4	100.0	100.7
海口	100.7	101.6	99.5	101.8	102.8	102.7	102.7	102.6	102.5	101.4	101.4	101.9
三亚	100.5	100.7	103.5	100.4	100.3	107.5	101.4	102.9	105.7	94.3	101.2	101.6
重庆	104.9	102.1	101.6	99.7	99.7	106.0	99.3	102.6	114.2	98.1	102.0	103.0
成都	109.1	102.1	100.2	101.4	101.7	103.1	98.6	106.7	121.8	101.3	102.2	103.7
自贡	101.4	105.3	101.5	101.7	100.0	100.7	99.2	101.9	101.1	108.5	101.3	102.0
攀枝花	102.3	102.3	102.2	102.2	98.9	99.9	99.6	99.5	109.6	100.9	100.9	101.7
泸州	99.9	104.9	101.6	100.8	102.2	101.5	100.7	101.8	98.8	102.9	101.0	102.4
德阳	98.6	106.1	101.0	101.0	101.4	101.1	102.7	102.7	99.9	103.6	101.5	102.1
绵阳	105.6	97.0	103.0	102.8	103.4	99.4	103.2	103.1	106.8	98.5	101.3	102.0
广元	103.0	104.5	104.3	99.9	99.9	100.1	104.9	104.7	99.7	97.7	101.0	102.5
遂宁	101.3	106.5	98.6	101.9	101.9	100.3	102.0	101.9	101.5	99.3	100.5	101.0
内江	102.0	103.4	101.7	100.2	102.5	99.3	100.3	102.0	96.5	99.7	100.3	101.3
乐山	102.2	104.1	101.5	97.6	101.5	98.0	99.9	105.5	101.1	100.5	100.8	101.0
南充	102.0	101.9	101.8	102.4	101.0	101.0	97.9	102.4	95.0	101.3	101.3	100.6
宜宾	99.8	103.1	98.7	101.5	103.1	101.3	101.0	100.3	102.6	98.2	101.0	101.3
雅安	104.4	104.3	99.4	98.6	105.0	97.6	98.7	107.1	102.7	99.5	101.6	102.4
巴中	99.9	111.3	101.8	100.9	96.0	104.9	95.9	113.0	102.4	94.4	101.3	101.9
资阳	93.6	115.0	100.0	101.6	101.2	99.3	99.6	101.7	101.6	97.6	101.4	101.4
贵阳	101.8	101.7	101.7	106.6	99.5	101.5	98.5	102.8	102.6	102.0	101.2	101.9
六盘水	109.6	106.0	110.1	101.7	100.1	94.1	100.1	95.8	116.9	100.1	100.7	102.6
遵义	103.6	102.3	104.6	105.3	98.0	105.2	100.2	100.2	97.0	111.0	101.8	102.4

续表

城市	2002年	2003年	2004年	2005年	2006年	2007年	2008年	2009年	2010年	2011年	平均	2000年后
安顺	101.7	99.8	99.8	107.9	99.4	99.7	91.4	109.4	101.4	110.6	101.9	102.4
昆明	97.9	106.9	105.5	98.8	103.4	101.1	100.9	106.4	89.3	113.0	101.4	101.7
曲靖	103.6	103.4	101.4	97.5	106.5	96.7	101.6	102.7	102.6	101.5	100.7	101.8
玉溪	102.8	102.7	102.6	105.1	102.7	102.5	101.9	99.6	93.7	111.6	101.3	102.3
保山	101.1	99.9	100.9	105.6	102.7	100.6	98.4	101.3	101.9	101.4	100.6	101.5
昭通	99.2	106.1	103.6	103.5	103.4	96.1	103.9	101.6	104.8	100.1	100.1	101.6
普洱	101.5	90.2	102.4	100.6	99.4	104.3	104.1	103.9	96.7	99.8	100.9	100.4
西安	108.3	107.6	100.2	100.0	100.8	99.9	101.8	101.8	102.4	102.7	101.3	101.6
铜川	102.3	101.9	101.9	98.5	104.1	95.9	104.7	97.8	94.2	102.8	100.4	100.7
宝鸡	107.3	101.9	101.8	101.8	101.8	100.5	103.3	98.8	95.3	101.6	100.7	100.2
咸阳	103.7	102.9	102.8	98.1	100.0	100.0	105.0	99.0	94.7	100.6	100.4	101.0
渭南	102.2	101.8	105.1	99.4	99.2	100.5	105.1	98.9	98.6	100.5	101.0	101.2
延安	101.5	104.7	107.0	103.2	97.6	103.6	103.5	98.0	98.0	99.1	101.4	101.2
汉中	100.1	99.7	105.5	96.4	104.5	100.6	92.8	109.7	94.0	100.6	100.7	100.3
榆林	101.0	101.0	102.3	98.8	103.1	104.7	105.5	102.0	110.2	101.5	102.0	103.3
安康	101.3	100.3	101.2	100.6	101.4	105.1	104.9	104.7	91.9	101.5	100.7	100.9
兰州	98.7	99.3	99.8	99.7	102.2	99.4	102.4	103.2	105.1	105.1	101.1	101.6
嘉峪关	103.6	103.8	103.7	100.2	120.5	107.2	102.2	102.1	102.1	107.6	102.6	104.6
金昌	101.7	104.6	100.5	100.5	97.6	96.3	102.4	102.4	106.3	102.9	100.8	101.6
白银	104.5	100.7	102.2	99.1	98.7	98.8	101.2	101.3	104.4	96.8	101.0	101.0
天水	101.4	103.3	101.7	101.6	100.2	100.2	102.2	103.3	92.4	102.3	100.9	100.8
武威	103.3	103.2	103.1	103.0	100.9	101.8	101.7	101.7	110.2	93.4	101.1	101.8
张掖	101.7	102.7	102.3	101.8	102.6	99.5	99.5	101.2	100.7	103.8	100.7	101.4
平凉	95.2	102.4	102.4	104.7	97.9	97.8	104.2	99.4	108.9	97.5	100.8	100.6
酒泉	98.3	103.7	101.2	101.2	101.1	101.6	101.6	101.6	101.6	101.5	100.8	101.1
西宁	101.1	103.0	96.8	99.5	101.1	101.5	102.9	102.8	102.7	98.7	100.6	101.0
银川	97.7	104.8	104.6	101.4	99.5	100.6	102.7	99.5	103.1	98.8	100.7	100.7
石嘴山	103.1	103.0	102.9	99.0	100.5	103.3	101.8	100.1	105.8	98.8	101.1	101.7
吴忠	103.3	105.1	103.1	103.4	92.9	98.0	99.3	104.7	100.2	102.7	101.2	101.0
乌鲁木齐	100.2	100.2	100.2	100.2	100.2	101.5	101.7	101.7	109.2	108.5	101.0	101.6
克拉玛依	99.6	92.3	112.9	114.0	88.2	102.2	89.0	95.6	107.2	106.7	101.0	100.6

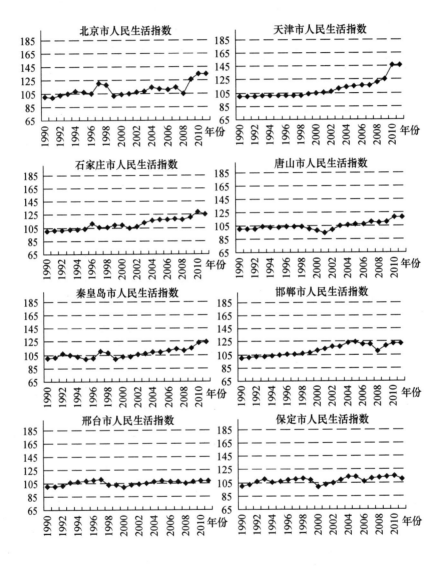

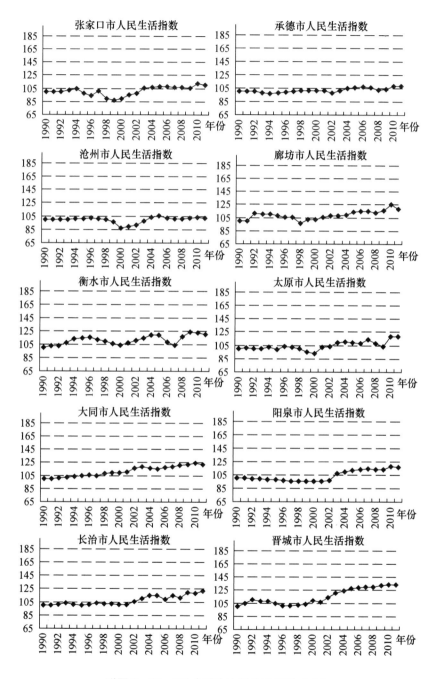

附图 2-96　264个城市人民生活指数（Ⅰ）

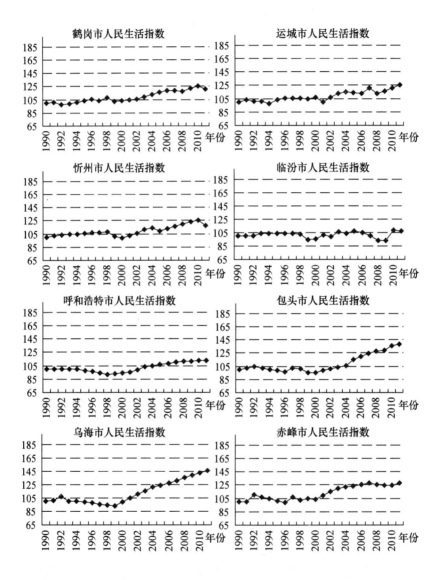

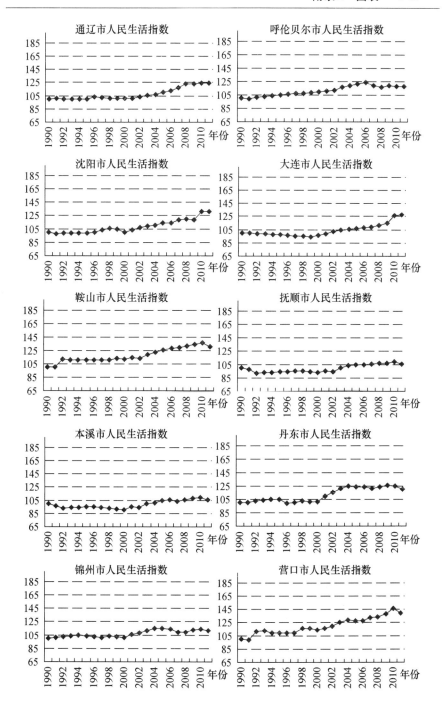

附图 2-97　264 个城市人民生活指数（Ⅱ）

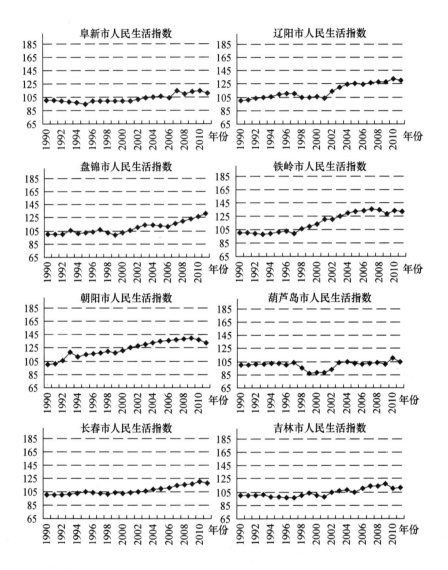

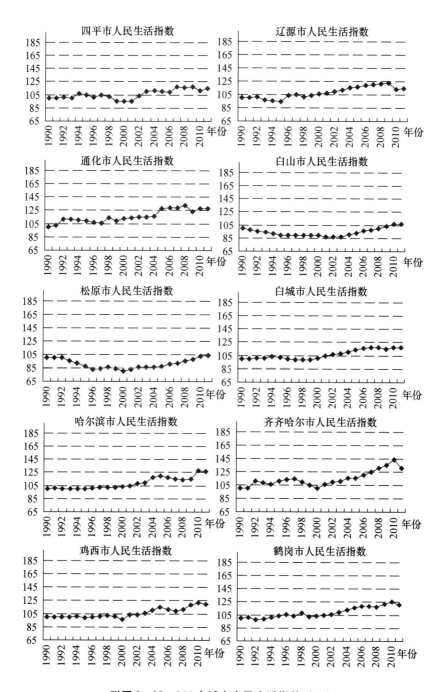

附图2－98　264个城市人民生活指数（Ⅲ）

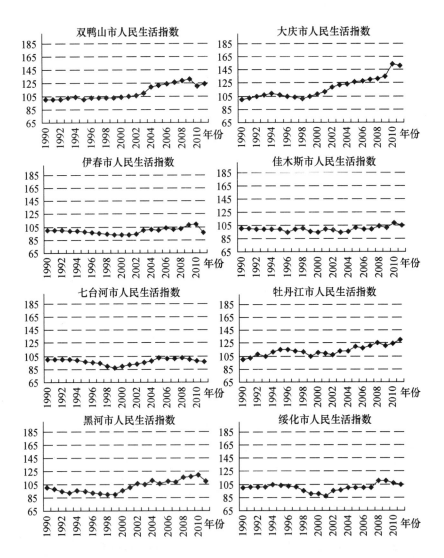

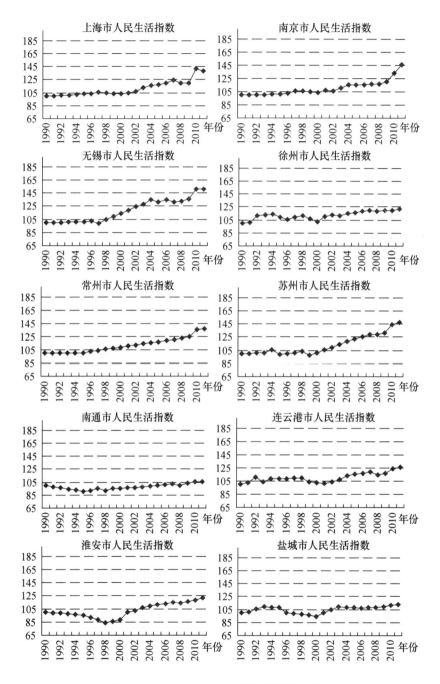

附图 2-99　264 个城市人民生活指数（Ⅳ）

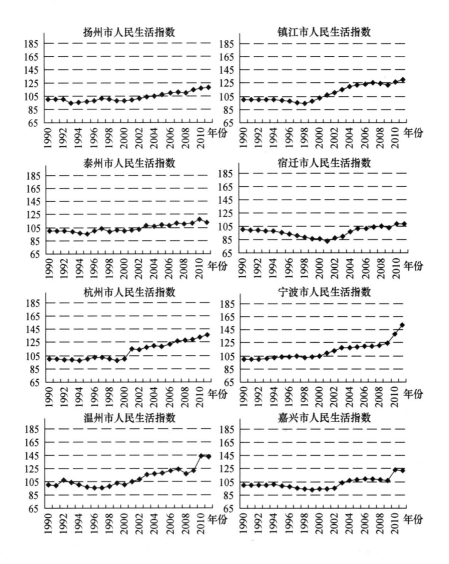

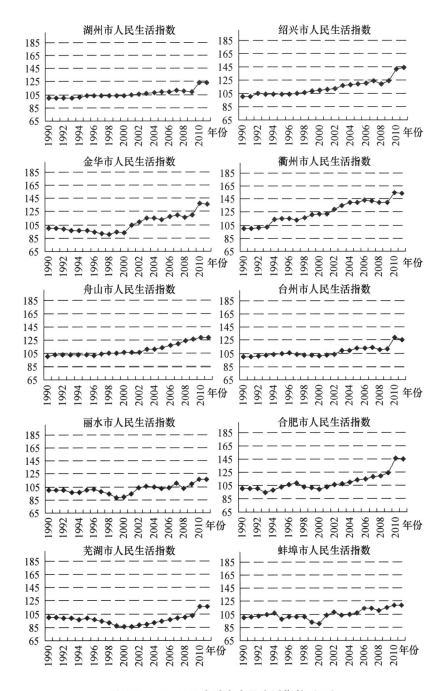

附图 2－100　264 个城市人民生活指数（Ⅴ）

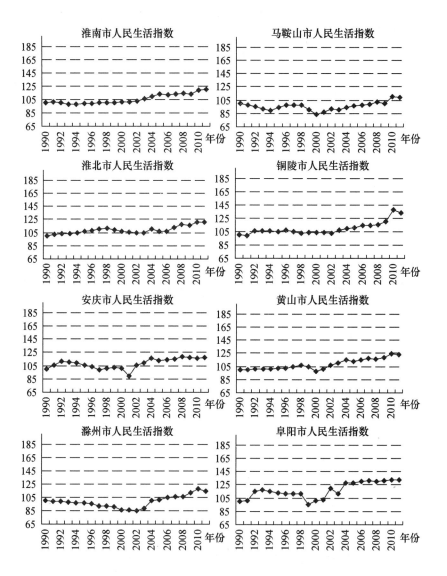

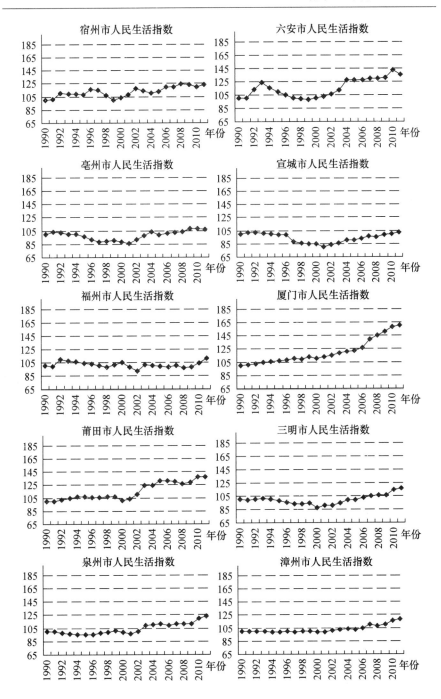

附图 2-101　264 个城市人民生活指数（Ⅵ）

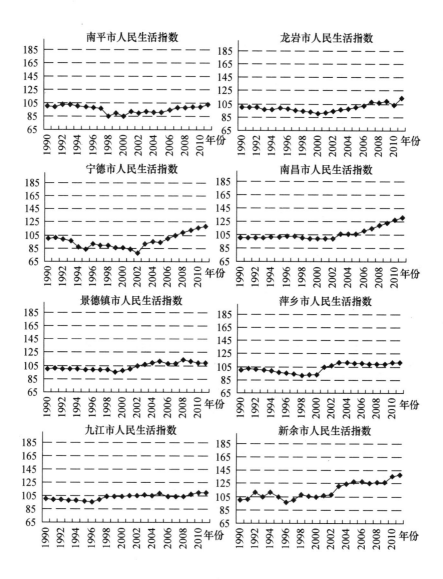

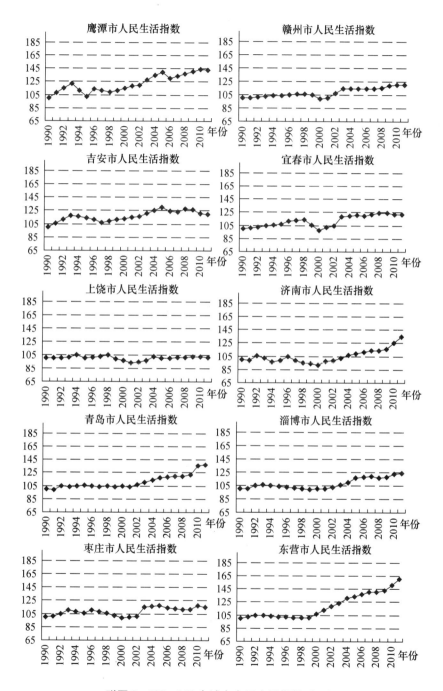

附图 2-102　264 个城市人民生活指数（Ⅶ）

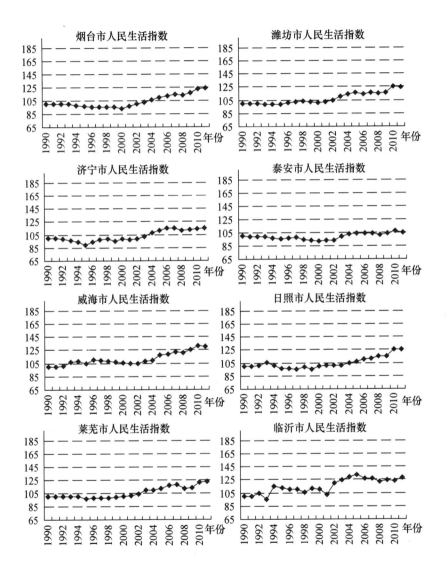

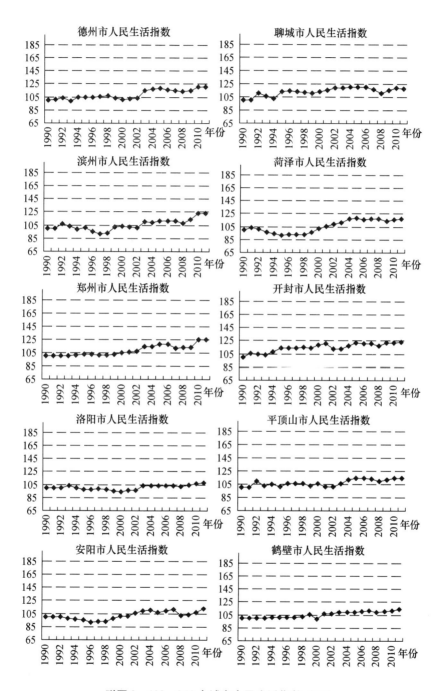

附图 2－103　264 个城市人民生活指数（Ⅷ）

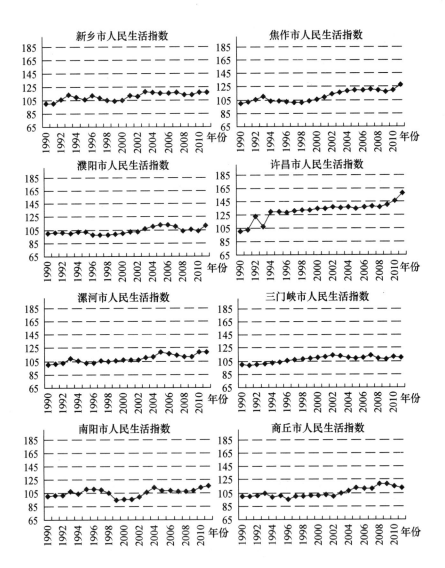

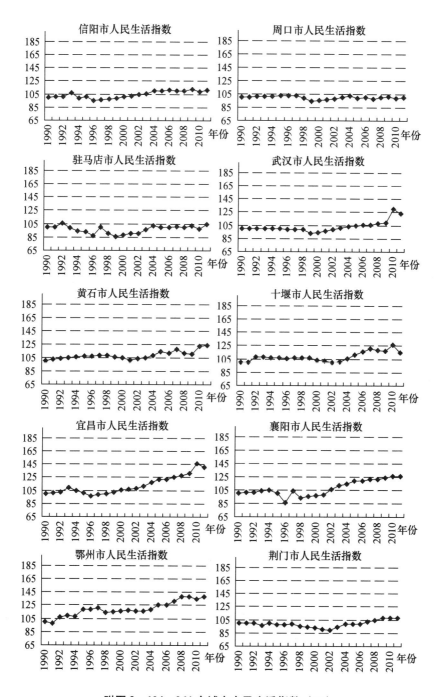

附图 2-104　264个城市人民生活指数（Ⅸ）

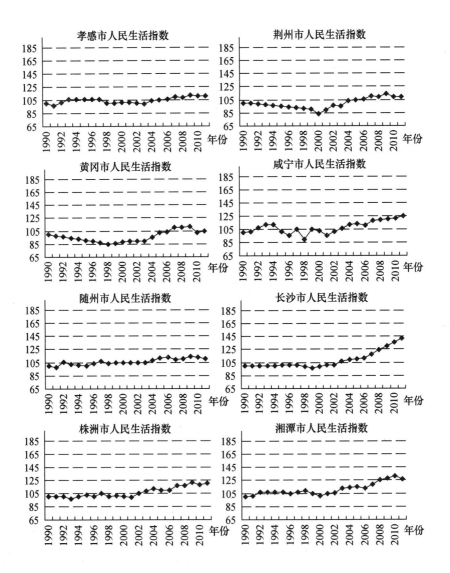

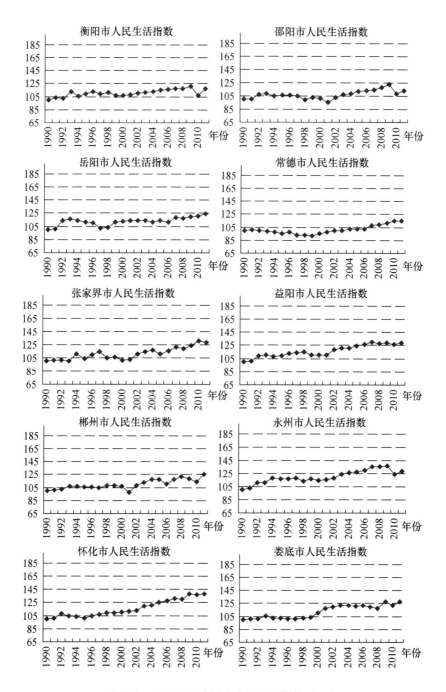

附图 2-105　264 个城市人民生活指数（X）

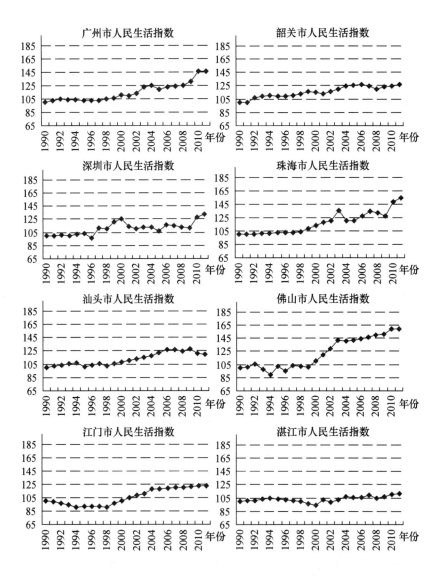

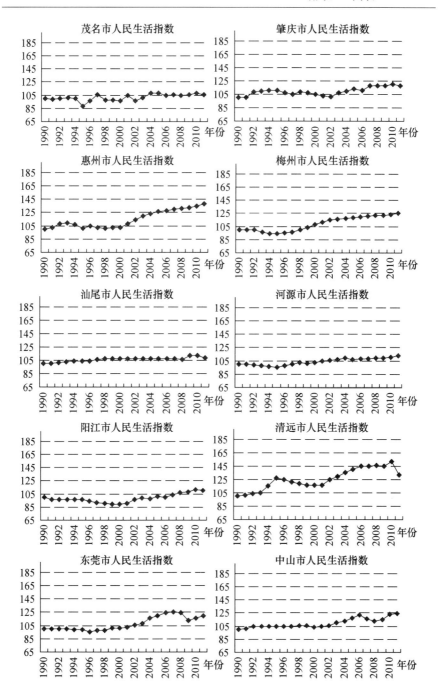

附图 2－106　264 个城市人民生活指数（Ⅺ）

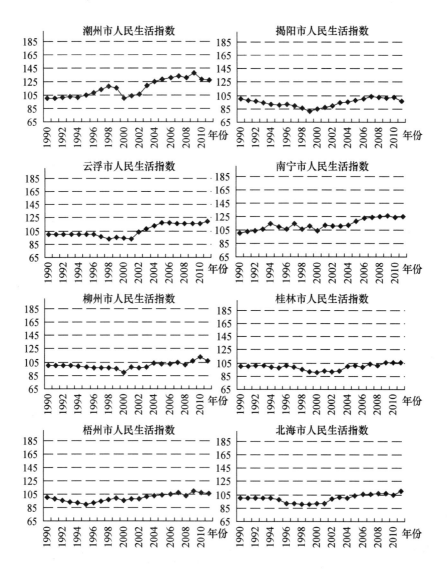

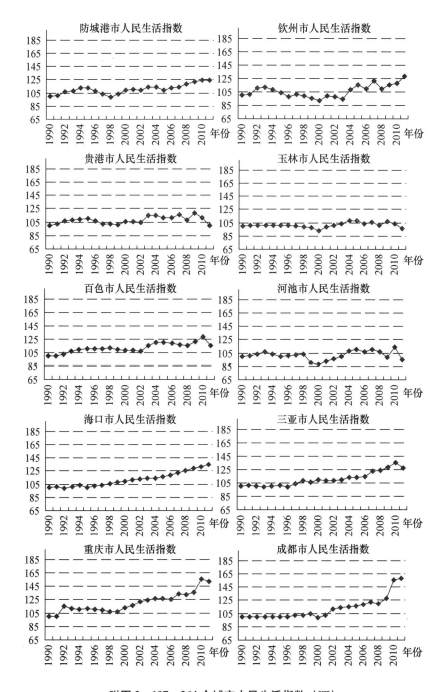

附图 2–107　264 个城市人民生活指数（Ⅻ）

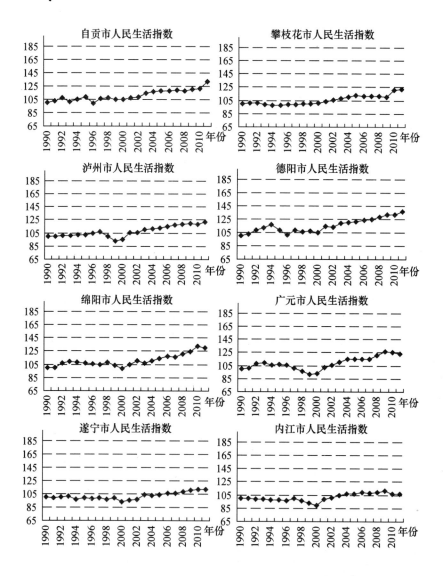

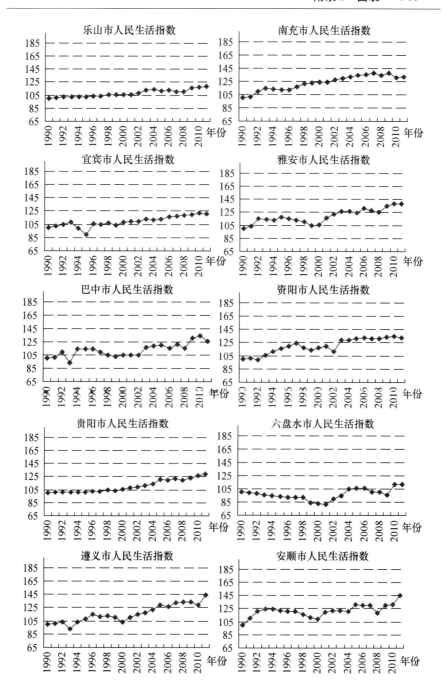

附图2-108 264个城市人民生活指数（ⅩⅢ）

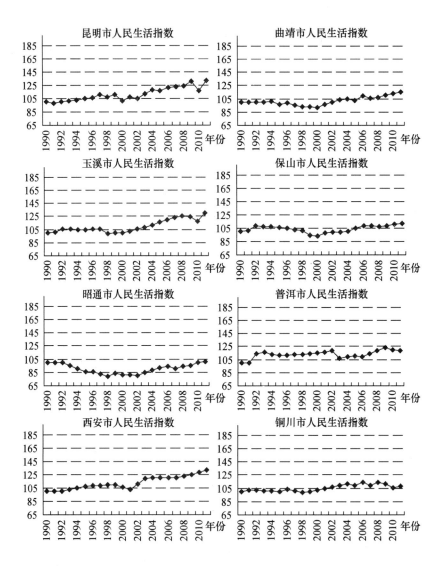

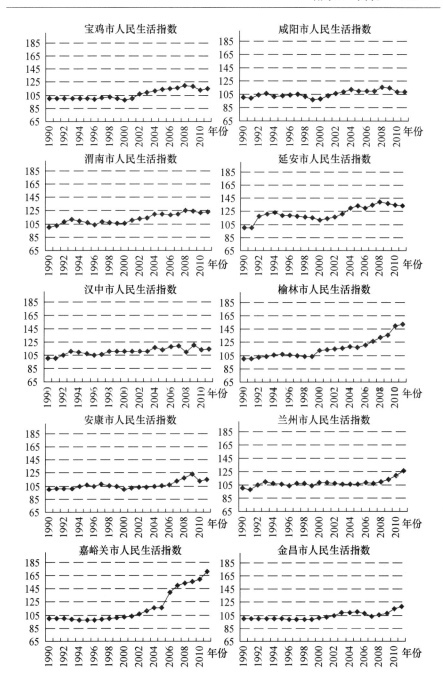

附图 2-109　264 个城市人民生活指数（XIV）

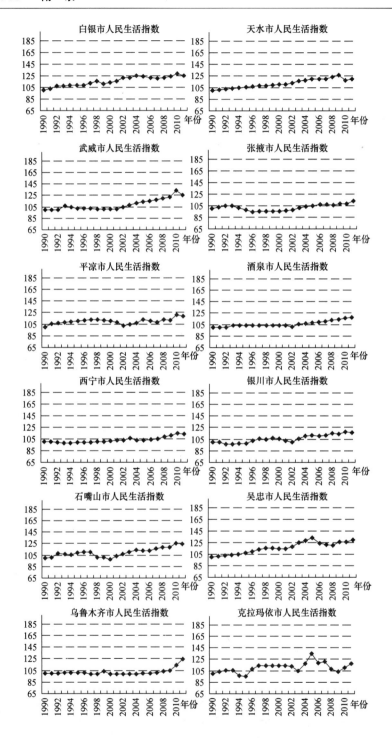

附图2-110 264个城市人民生活指数（XV）

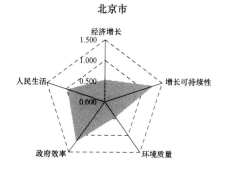

北京市

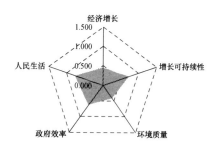

天津市

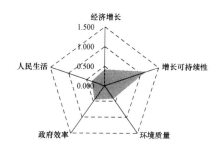

石家庄市

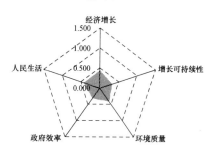

唐山市

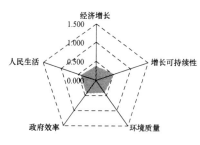

秦皇岛市

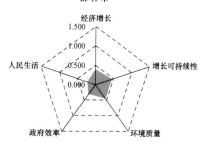

邯郸市

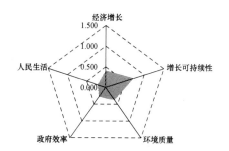

邢台市

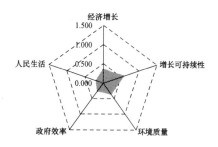

保定市

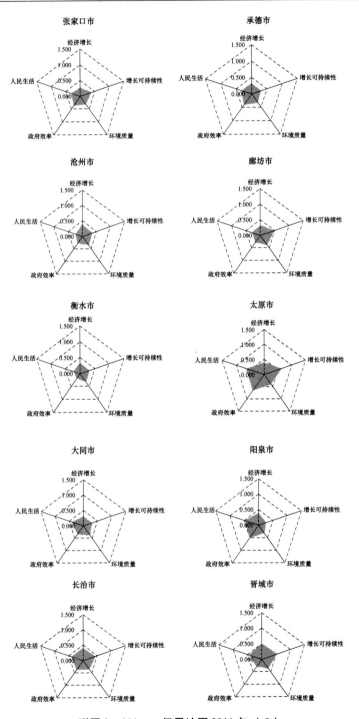

附图 2–111　一级雷达图 2011 年（Ⅰ）

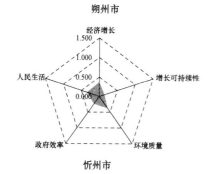

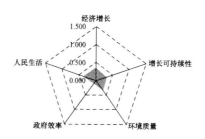

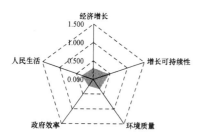

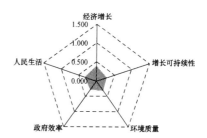

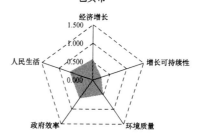

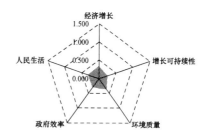

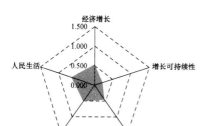

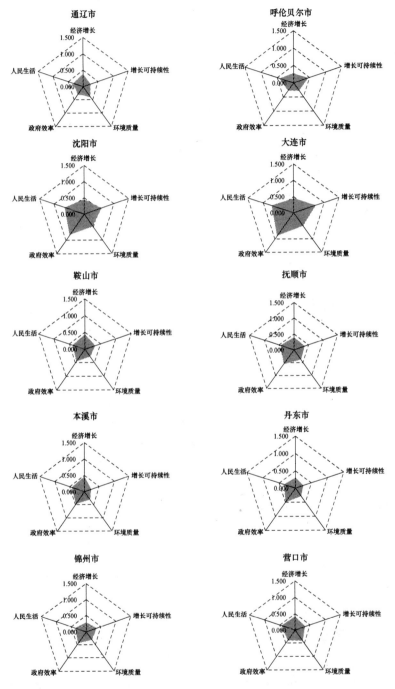

附图 2 - 112　一级雷达图 2011 年（Ⅱ）

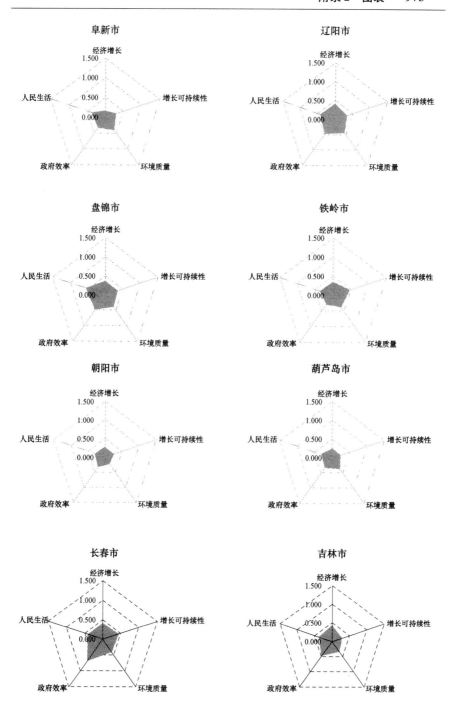

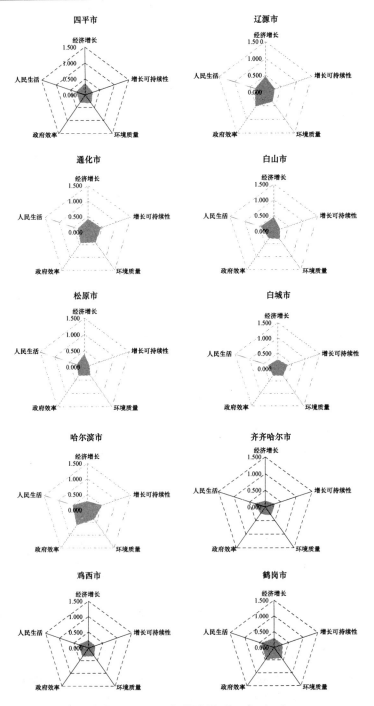

附图 2－113　一级雷达图 2011 年（Ⅲ）

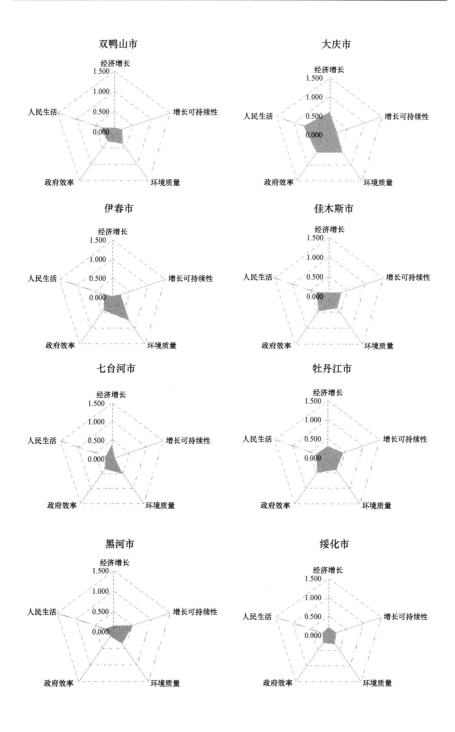

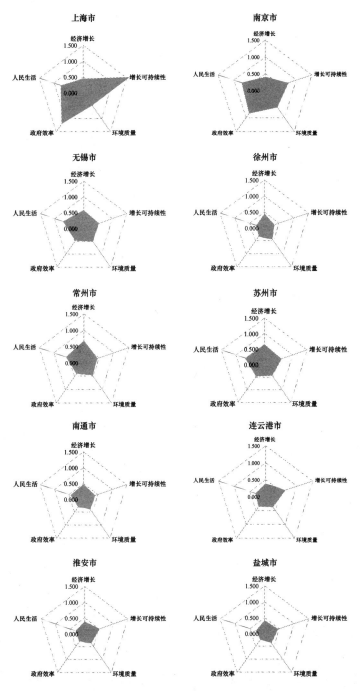

附图 2-114 一级雷达图 2011 年（Ⅳ）

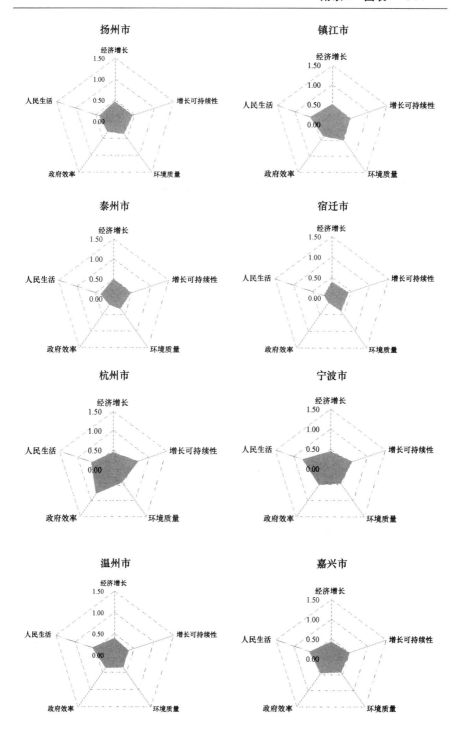

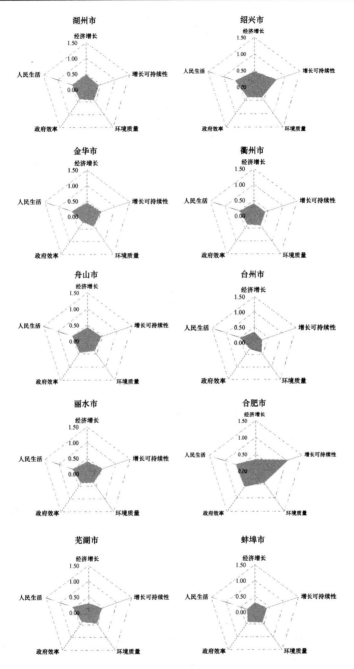

附图 2–115　一级雷达图 2011 年（Ⅴ）

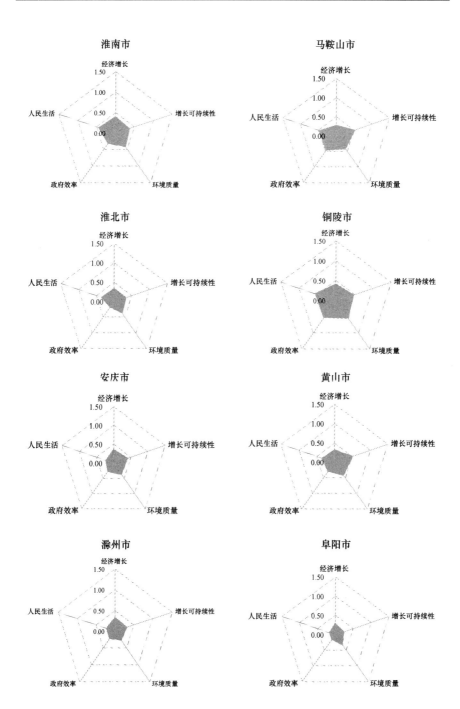

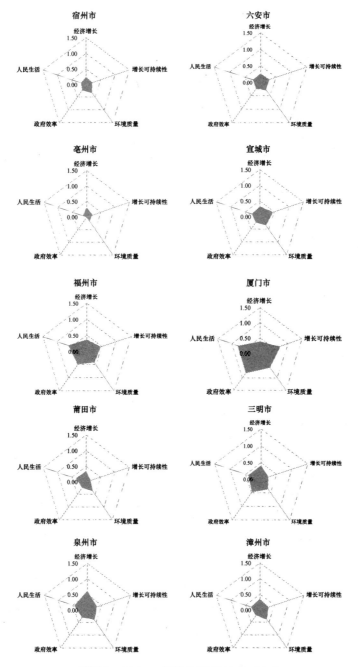

附图 2－116　一级雷达图 2011 年（Ⅵ）

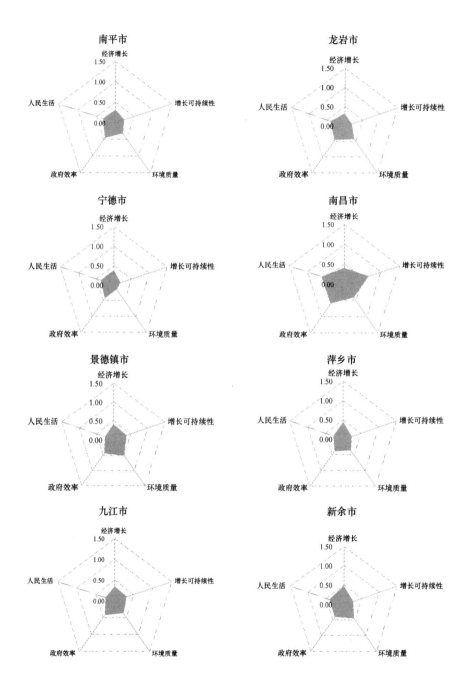

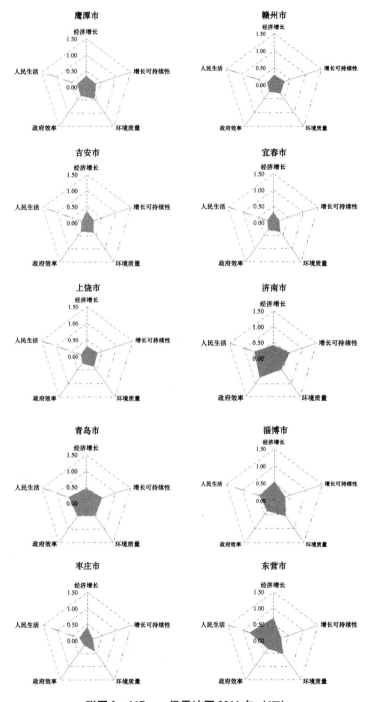

附图 2–117　一级雷达图 2011 年（Ⅶ）

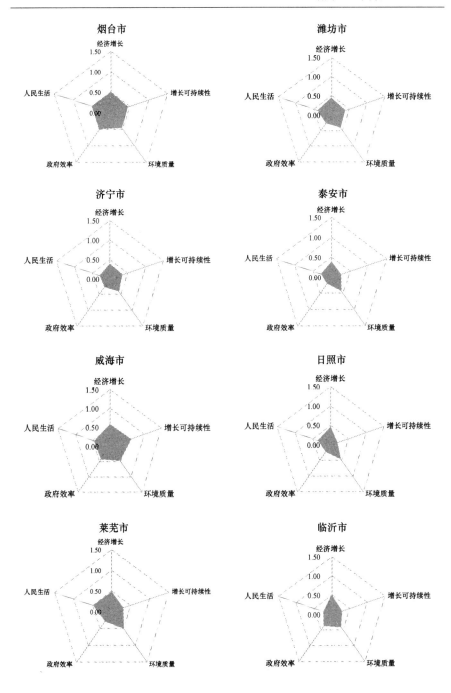

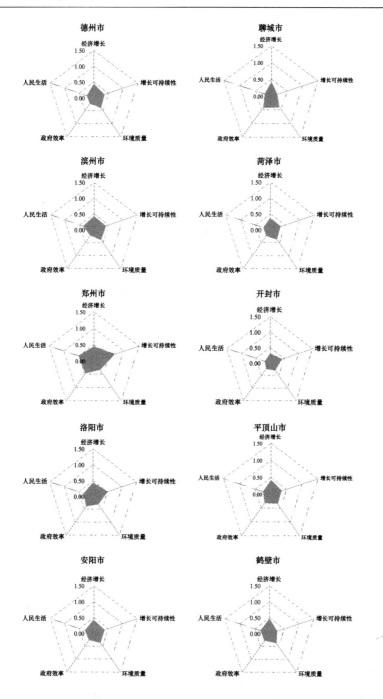

附图 2-118　一级雷达图 2011 年（Ⅷ）

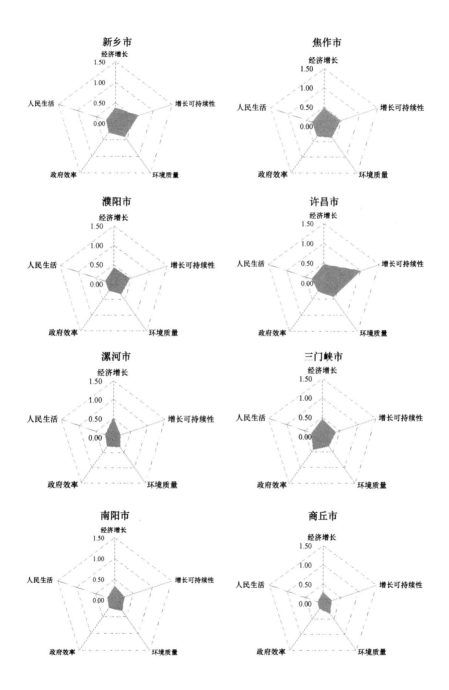

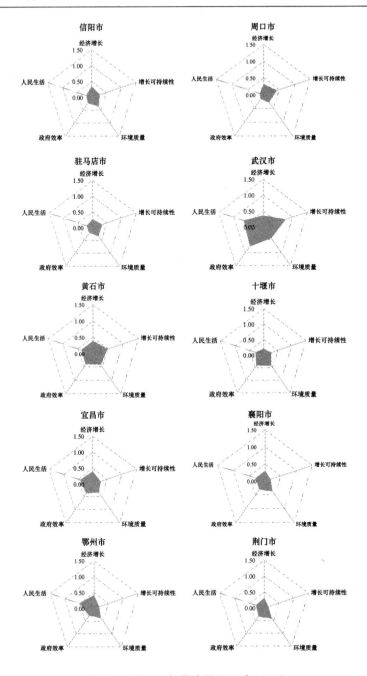

附图 2－119　一级雷达图 2011 年（Ⅸ）

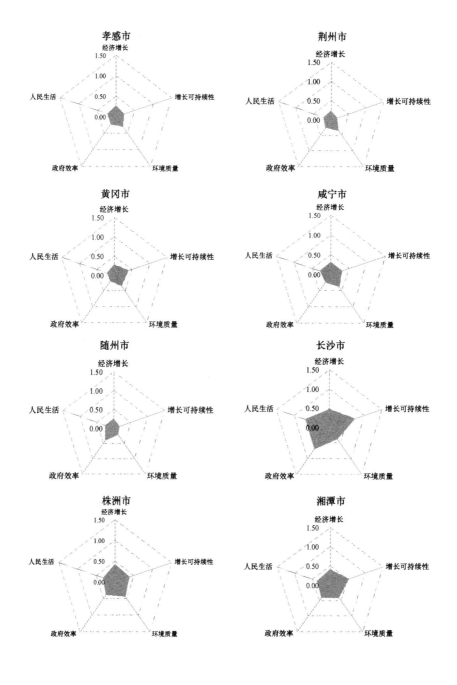

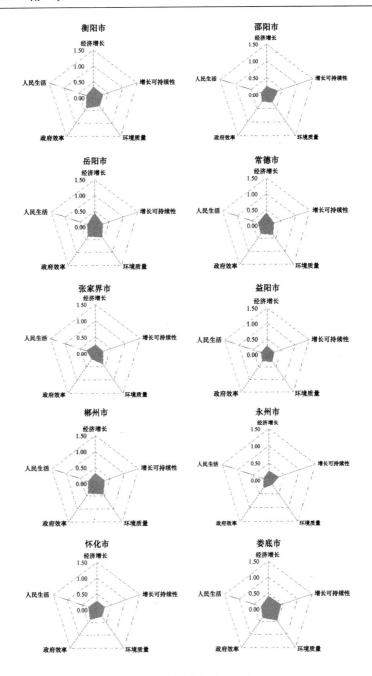

附图 2-120 一级雷达图 2011 年（X）

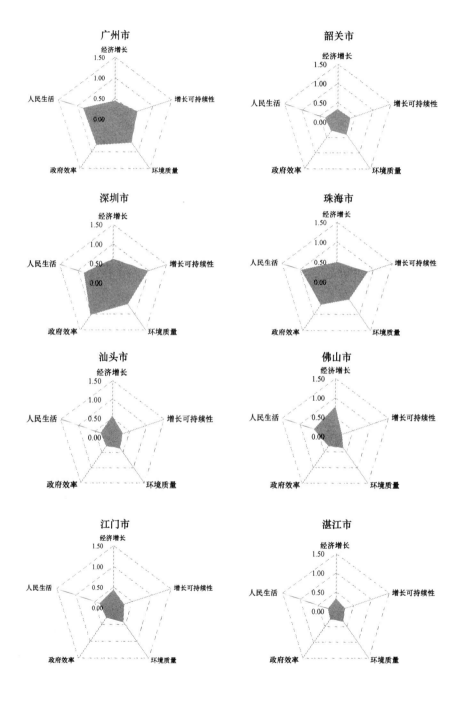

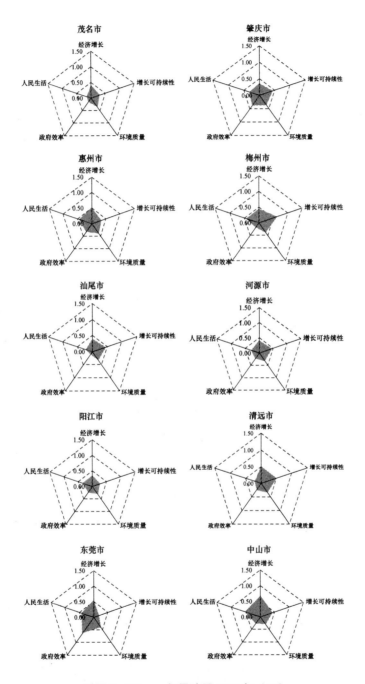

附图 2-121　一级雷达图 2011 年（Ⅺ）

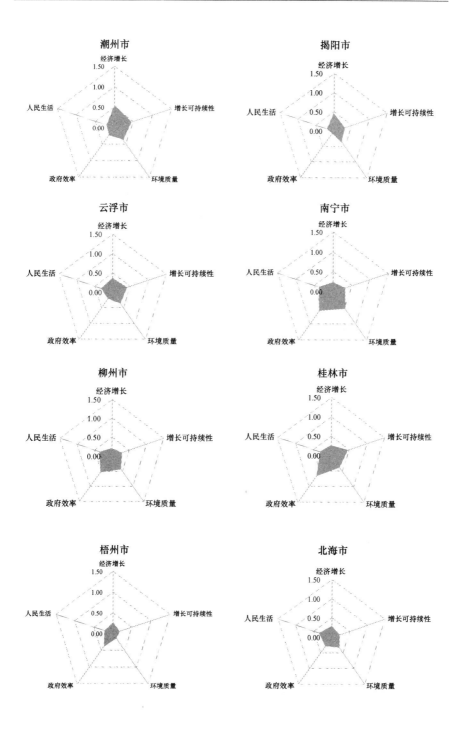

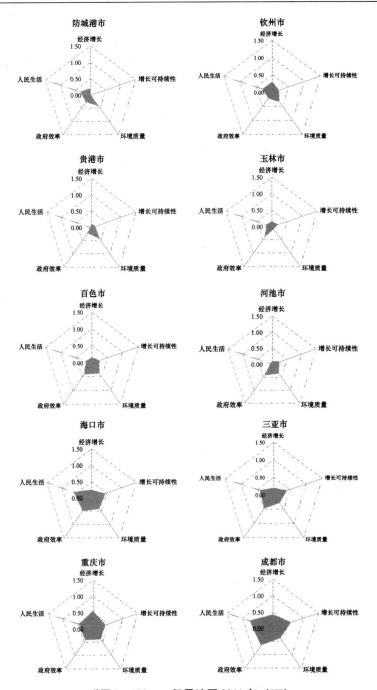

附图 2－122　一级雷达图 2011 年（Ⅻ）

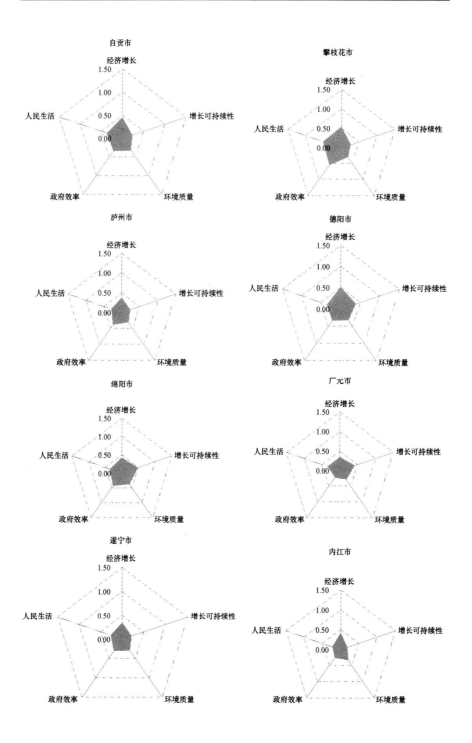

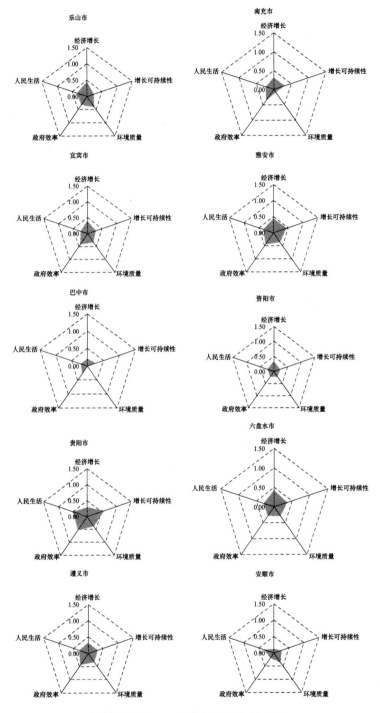

附图 2-123 一级雷达图 2011 年 (ⅩⅢ)

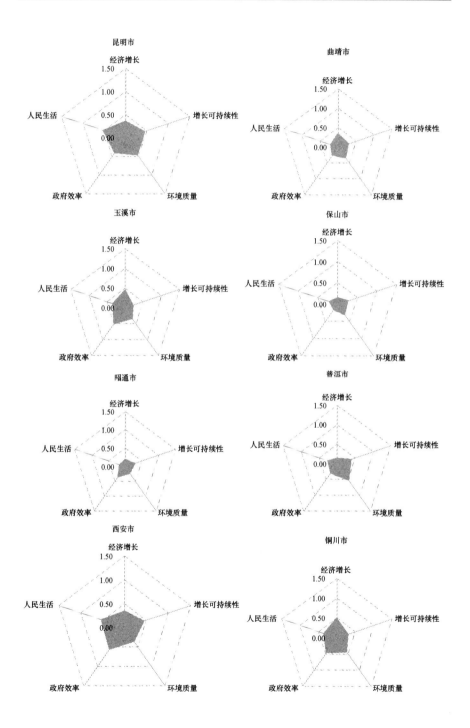

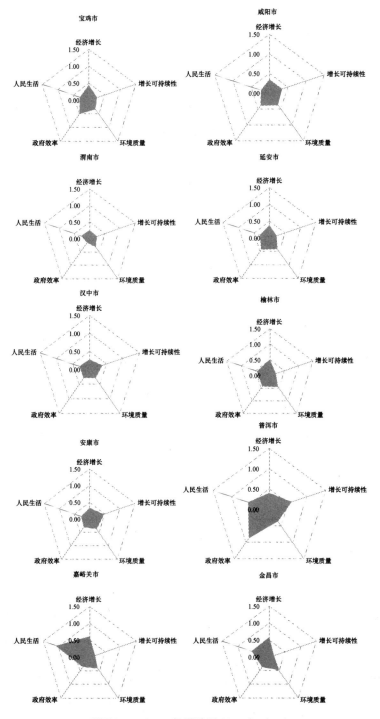

附图 2-124 一级雷达图 2011 年（XIV）

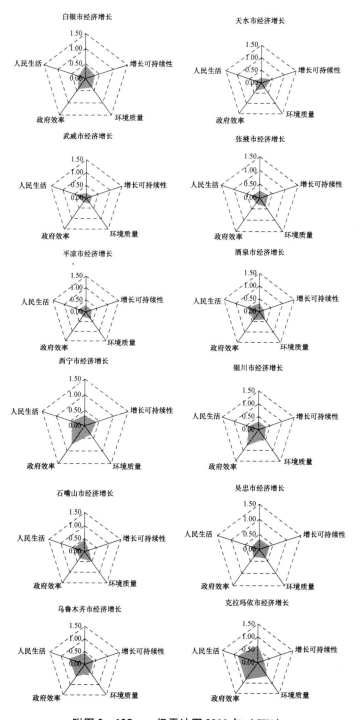

附图 2-125　一级雷达图 2011 年（XV）